HISTORIES APODEXIS

역사

제1판 1쇄 2009년 2월 10일
제1판 15쇄 2020년 11월 10일
제2판 1쇄 2022년 3월 10일
제2판 2쇄 2024년 11월 10일

지은이 헤로도토스
옮긴이 천병희
펴낸이 강규순
펴낸곳 도서출판 숲
등록번호 제406-2004-000118호
주소 경기도 파주시 돌곶이길 108-22
전화 (031)944-3139 **팩스** (031)944-3039
E-mail book_soop@naver.com
디자인 씨디자인

HISTORIES APODEXIS
HERODOTOS

역사

헤로도토스 지음 | 천병희 옮김

최초의 역사가이자 최초의 이야기꾼, 헤로도토스

1. 생애

키케로가『법률론』(*De legibus*) 1권 1장 5절에서 "역사의 아버지"라고
한 헤로도토스(Herodotos)의 생애에 관한 주요 출전들은 그 자신의
진술 외에 주로 기원후 10세기 말에 편찬된 그리스 문학사전인『수다』
(*Souda* 라/*Suda*)의 '헤로도토스' 및 '파뉘앗시스'(Panyassis) 항목이
다. 헤로도토스는 페르시아 전쟁 와중인 기원전 485년경 소아시아 서
남부 카리아(Karia) 지방에 있는 할리카르낫소스(Halikarnassos 지금
의 터키 Bodrum) 시에서 태어났다. 이 도시는 이오니아 지방 등에 뿌
리 내리기 시작한 그리스 문화의 영향권에 들어 있었지만, 그의 아버지
뤽세스(Lyxes)와 이름난 서사시인인 그의 숙부 파뉘앗시스의 이름으
로 미루어 그의 집안은 원래 카리아계로 추정된다.

페르시아 전쟁이 끝나고 기원전 460년 그는 페르시아에 의해 할리
카르낫소스의 참주가 된 뤽다미스(Lygdamis)를 축출하려 했지만 실
패해 잠시 사모스로 망명한다. 다시 기원전 454년 이전에 귀향해 뤽다
미스를 축출하는 데 기여하지만 동료 시민들과의 견해차로 훗날 영영
고향을 떠나 기원전 444년 아테나이의 후원으로 남이탈리아에 건설된
범그리스 식민시 투리오이(Thourioi)로 이주하여 그곳에서 생을 마감
했다고도 하고, 일설에는 마케도니아의 펠라(Pella)에서 여생을 마쳤

다고도 한다.

　헤로도토스는 기원전 445/4년 아테나이에서 자신의 저술을 낭독하여 큰돈을 벌었으며, 정치가 페리클레스(Perikles)와 비극시인 소포클레스(Sophokles)와 친교를 맺었다고 한다. 헤로도토스와 소포클레스는 지속적으로 서로 영향을 주고받은 것으로 보인다. 펠로폰네소스 전쟁이 발발했을 때 헤로도토스는 53세였는데 이 전쟁의 처음 몇 년을 그는 몸소 체험한다. 아리스토파네스의 희극 『아카르나이 구역민들』(Acharnes)(523행 이하)에서 『역사』의 몇몇 대목(1권 4장)이 패러디되는 것으로 미루어 그의 『역사』는 기원전 424년에는 이미 간행된 것으로 보인다. 그리고 얼마 뒤 그는 세상을 떠난 것으로 추정된다.

　헤로도토스는 누구보다도 여행을 많이 한 것으로 생각된다. 그는 우선 흑해 연안을 거쳐 스퀴타이족의 나라로 올라가며 흑해 남안과 트라케 지방과 마케도니아 지방까지 체험한 것 같다. 다음에는 나일강 상류 지방에 있는 엘레판티네(Elephantine) 시와 나일강 제1폭포까지 여행하며 이집트에 4개월을 머무는 동안 북아프리카의 퀴레네(Kyrene) 시를 찾은 것으로 보인다. 그다음에는 서아시아의 튀로스(Tyros) 시와 에우프라테스강과 바빌론을 찾은 것으로 보이는데 정작 페르시아는 찾지 않은 듯하다. 그리고 페르시아 전쟁과 관계가 있는 그리스 본토의 모든 지방과 소아시아, 남이탈리아, 시칠리아를 여행하며 그가 갈 수 있는 곳은 어디든 다니며 자료를 모은 것으로 보인다.

2. 작품 구성

헤로도토스의 『역사』는 온전한 상태로 남아 있다. 『역사』를 9권으로 나눈 것은 저자의 구분은 아니고, 헤로도토스 주석을 쓰기도 한 알렉산드리아의 문헌학자 사모트라케의 아리스타르코스(Aristarchos)에게서 비롯된 관행으로 보인다. 『역사』의 서언은 다음과 같다. "이 글은 할리카르낫소스 출신 헤로도토스가 제출하는 탐사 보고서이다. 그 목적은 인간의 행적들이 시간이 지나면서 망각되고, 헬라스인과 비(非)헬라스인의 위대하고도 놀라운 업적들이 사라지는 것을 막고, 무엇보다도 헬라스인과 비헬라스인이 서로 전쟁을 하게 된 원인을 밝히는 데 있다." 신화시대로부터 그리스인과 비그리스인 사이에 있었던 갈등들을 간단히 언급한 다음 헤로도토스는 그다지 멀지 않은 역사시대, 말하자면 뤼디아(Lydia) 왕 크로이소스(Kroisos 재위 기간 기원전 560~546년)에게로 눈을 돌리며, 크로이소스야말로 무력으로 조세를 바치도록 강요함으로써 그리스인에게 부당한 짓을 한 최초의 비그리스인이라고 확언한다. 그리하여 그리스인을 복속시키려던 일련의 비그리스인 또는 이민족의 왕 즉 크로이소스(1권 6~94장), 퀴로스(1권 141~214장), 캄뷔세스(2권 1~3권 70장), 다레이오스(3권 61~7권 4장), 크세르크세스(Xerxes 7권 5장~8권 끝)가 사건 전개의 핵심으로 떠오른다.

이 주제에 헤로도토스는 길고 짧은 여담 형식의 지리학적·인종학적·민속학적·역사적 자료들을 수없이 덧붙이다가 그 말미에 본론이 중단된 부분에서 다시 시작한다. 그리고 개별 민족과 나라와 역사 등은 언제나 그것이 정복 세력 페르시아와 처음 마주치는 대목에서 소개된다. 예컨대 1권 178~200장에서는 바빌론인이, 1권 201~216장에서는 맛사게타이족(Massagetai)이, 2권 2~182장에서는 이집트인이, 3권 20~24장에서는 아이티오피아인이, 4권 5~82장에서는 스퀴타이족이, 1권 142~151장에서는 이오니아인이, 3권 39~60장 및 120~149장에서는 사모스인이 소개된다. 그리스 본토 특히 아테나이(1권 59~64장, 5권 55~96장, 6권 121장 이하)와 스파르테(1권 65~68장, 5권 39~48장, 6권 51~84장)의 역사는 그와는 달리 여러 단계로 나누어 기술하고 있다.

한편 페르시아 전쟁은 양대 세력이 충돌하기까지 한쪽에서의 사건들과 다른 쪽에서의 사건들을 병행해서 기술된다. 마라톤에서 좌초한 다레이오스의 원정에 이어 전쟁 결의(7권 5장 이하), 군대의 사열(7권 59장 이하), 테르모퓔라이(Thermopylai) 전투(7권 198~239장), 아르테미시온(Artemision) 전투(8권 1~23장), 살라미스(Salamis) 해전(8권 40~96장)에서 플라타이아이(Plataiai)에서의 승리와 뮈칼레(Mykale)에서의 승리(9권 90~107장)까지 크세르크세스의 원정이 기술되고 있다. 그리스인이 수세에서 공세로 돌아선 기원전 479년의 세스토스 함락에서 『역사』는 끝난다.

『역사』가 완성작이냐 여부에 관해서는 의견이 분분하며 아직도 결론을 내리지 못하고 있다.

3. 작품의 생성 과정

『역사』의 구조적 특성 중 하나는 앞서 말했듯이 '여담(餘談) 형식의 지리학적·인종학적·민속학적·역사적 자료들'이 대량으로 제시되는 한편, 헤로도토스가 서언에서 밝힌 중심 주제라 할 페르시아 전쟁은 사실상 마지막 3권에 압축되어 있다. 다소 불균형을 이루는 이러한 구성을 이른바 '분석파'에 속하는 학자들은 다음과 같이 해석한다. 헤로도토스는 처음에 헤카타이오스(Hekataios) 같은 지지(地誌)학자 겸 민속학자로서 원래는 독립된 이야기들(logoi)을 썼는데, 페리클레스 시대의 아테나이에 가 본 뒤로는 역사가로 변신해 아테나이인의 자랑거리인 페르시아 전쟁을 기술하기로 결심했다는 것이다. 그리하여 그의 『역사』는 이질적인 자료들을 끌어안은 불균형한 전체를 이루게 되었다는 것이다.

그러나 이른바 '통일파'에 속하는 학자들은 『역사』는 언뜻 보면 계획 없이 집필된 것으로 보이지만 실제로는 정연한 구성을 이루고 있으며 처음부터 지금과 같은 형태로 구상되고 집필되었다고 주장한다.

4. 출전과 역사적 방법

'지리학적·인종학적·민속학적' 부분에서 헤로도토스는 가끔 헤카타이오스 같은 문헌을 이용하고 있다(2권 70~73장 참조). 그러나 '역사적' 부분에서 이용할 수 있는 문헌은 그 당시 전무하다시피 했다. 헤로도토스는 가끔 아이스퀼로스(Aischylos)의 비극 『페르시아인』 같은 문학작품과 비명(碑銘)들과 신탁(神託) 모음집 등을 이용했지만, 이렇다 할 역사서나 지역 연대기나 관리들 또는 승리자 명단을 이용할 수는 없었다. 고대 서아시아나 이집트의 기록들은 해독할 능력이 없었다. 그래서 그는 '지리학적·인종학적·민속학적' 부분에서는 주로 견학(見學)과 현지 체험을 통해 보고 들은 것에 의존하고, '역사적' 부분에서는 개인이나 직업집단이나(예컨대 사제들) 익명의 지역 주민이나(예컨대 '이집트인' '스퀴타이족' '카르타고인') 도시들에서(예컨대 '아테나이인' '코린토스인' '퀴레나이인') 들은 구전(口傳)에 의존하는 방법을 택했다.

헤로도토스는 실은 여행을 해 본 적도 없는 책상물림으로 그의 이야기뿐 아니라 그의 견학도 증인도 모두 순전히 지어낸 것으로 신뢰할 수 없는 불안전한 것이라고 주장하는 학자들도 있었지만, 이는 우리에게 『비교 영웅전』으로 잘 알려진 플루타르코스의 헤로도토스 평가처럼("헤로도토스의 악의에 관하여" 참조) 반박할 가치조차 없는 근거 없는 모험으로 받아들여지고 있다. 확인할 수 없었던 지역들에 대한 발굴과 문헌 자료들이 발견되고 민속학과 지리학적 발견으로 어둠에 묻혀 있던 고대의 세계가 활짝 열림에 따라 "역사의 아버지"로서의 헤로도토스의 공헌은 더욱 빛나는 것이 되었다. 사실 헤로도토스의 전무후무한 학문적 업적은 이렇다 할 문헌도 없는 상황에서 여러 도시, 수많은 사람들에게서 끌어모은 다양하고 때로는 상반된 구전의 잡동사니 속에서 페르시아 전쟁사를 지금과 같은 하나의 통일체로 빚어 냈다는 데 있다.

헤로도토스의 역사 기술의 원칙은 '나는 들은 대로 전할 의무는 있지만, 그것을 다 믿을 의무는 없다'는 것이다(7권 152장 및 4권 34장 이하 참조). 그래서 그는 경우에 따라서는 어느 한쪽을 대변하지 않고 상이하거나 때로는 상반된 견해를 병기하기도 한다. 예컨대 플라타이아이 전투에 관한 스파르테와 테게아와 아테나이의 평가를 대등하게 나란히 제시하고 있다.

5. 경향과 신빙성

헤로도토스는 비그리스인, 특히 이집트인이 그리스인에 비해 우수하다고 인정하는가 하면(2권 4장, 32장, 50장, 58장, 77장, 82장 참조) 비그리스인의 관습과 습관을 소상히 기술한다. 예컨대 이집트인, 바빌론인, 스퀴타이족, 맛사게타이족에 관한 그의 보고는 대체로 신빙성이 있는 것으로 확인되고 있다. 그는 아이스퀼로스와 마찬가지로 페르시아 전쟁을 자유와 예속의, 민주주의와 전제주의의, 개인적 탁월성과 익명의 군중의 전쟁으로 보고 있지만, 그렇다고 해서 '민족해방전쟁'을 무조건 찬양하는 국수주의자는 아니다. 그는 다레이오스와 크세르크세스와 아르타크세르크세스(Artaxerxes) 치세 때의 페르시아 전쟁들로 인해 그리스는 이전의 20세대 동안 받은 것을 합친 것보다 더 많은 피해를 입었다고 보고 있다. 그는 또 그리스인의 결점과 약점들, 이를테면 의견의 불일치, 지방분권주의, 상호간의 경쟁과 반목, 많은 도시들의 페르시아 편들기, 이오니아 반란 시 소아시아 거주 그리스인의 능력 부족 등을 꼬집고 있다. 그는 스파르테인의 관습과 용감성을 높이 평가하면서도(7권 101~104장 참조), 이른바 '아테나이인에 관한 대목'(7권 139장)에서는 아테나이인을 사실상의 '그리스의 구원자'로 보고 있다. 아테나이에 거침없이 찬사를 보낸다고 해서 그의 저서를 친아테나이를 표방하는 경향 문학으로 폄하하는 것은 바람직하지 않을 것이다.

6. 세계상과 역사관

인간사는 덧없는 것이라는 생각이 그의 『역사』 전체를 지배하는데, 이러한 생각은 특히 솔론(Solon)과 크로이소스의 대화(1권 207장 참조)에 잘 드러난다. 이따금 합리주의가 모습을 드러내지만, 인간의 운명은 정해져 있지 않을 뿐더러 신은 인간의 지나친 행운을 시기하며, 인간이 교만해지면 신에게 벌받는다는 종교관이 전체를 지배하고 있다(1권 30~33장의 크로이소스, 3권 39장 이하의 사모스 참주 폴뤼크라테스, 7권 35장의 크세르크세스 참조). 신이 세계를 관장한다는 생각은 전조나 꿈이나 신탁 등의 언급을 통해 표출되지만, 인간의 동기와 결정도 적지 않은 역할을 한다.

7. 이야기꾼으로서의 헤로도토스

키케로 이후 헤로도토스는 서양에서 최초의 역사가이자 최초의 이야기꾼으로 통한다. 『역사』가 담고 있는 수많은 일화와 기담과 이야기 가운데 백미로 꼽을 만한 것으로, 람프시니토스(Rhampsinitos)의 악동소설(2권 121장), 폴뤼크라테스의 반지(3권 40~45장), 힙포클레이데스(Hippokleides)의 경솔(6권 126장 이하), 하르파고스(Harpagos)의 인육 식사(1권 117장 이하) 등이 있다. 그런 이야기들은 그 자체가 목적이 아니라 그 속에 헤로도토스적 세계관을 담고 있는데, 이 점은 대화들도 마찬가지이다.

8. 언어와 문체

헤로도토스의 언어가 다채롭다는 것은 이미 고대에서부터 지적된 바 있는데, 다양하고 풍부한 내용을 반영하다 보니 그럴 수밖에 없었을 것이다. 통속적 화술, 객관적인 보고 문체, 서사시, 비극, 소피스트의 언어 수단들이 헤로도토스 특유의 문체를 구성하고 있는 주요 요소라고 할 수 있을 것이다.

9. 후세에 미친 영향

헤로도토스는 이후의 그리스 로마 역사 기술 전체에 지대한 영향을 주었다. 그로 인해 역사라는 특수 분야가 탄생했다. 그러나 『펠로폰네소스 전쟁사』를 쓴 투퀴디데스(Thoukydides)는 이름을 거명하지 않았지만 헤로도토스와 대비해 자신의 역사 기술 방법을 표명했다(1권 22장 참조). 수사학적이고 극적이거나 교훈적인 역사 기술 방법은 훗날 헬레니즘 시대에 개발되었지만 사실은 헤로도토스의 『역사』에서부터 비롯된 것이다. 사모트라케의 아리스타르코스 같은 대학자가 『역사』의 주석을 썼다는 것은 헤로도토스가 이미 고전 작가의 반열에 올랐음을 말해 주며, 플루타르코스의 악의적인 저술도 헤로도토스가 영향력 있는 저술가였음을 말해 준다.

　중세에는 『역사』의 교열본이 두 가지가 있었다. 인문주의와 르네상스 시대에 헤로도토스는 로렌 발라(Lorenzo Valla)의 라틴어 번역본

(1452~1456)을 통해 알려져 있었지만, 20세기가 되도록 믿지 못할 이야기꾼쯤으로 통했다. 근래에 와서야 그는 비로소 투퀴디데스의 그늘에서 벗어나기 시작했는데, 거기에는 『역사』의 폭넓은 역사관, 지리학적·인류학적·민속학적 분야에 대한 세심한 배려, '들은 대로 전한다'는 발견적 방법 등이 기여한 것으로 생각된다.

차 례

VII

일러두기

1. 이 번역서의 대본으로는 C. Hude, *Herodoti Historiae*, 2vols., Oxford, ³1927 (Oxford Classical Texts)의 그리스어 텍스트를 사용했다. 주석은 W. W. How/ J. Wells (2 vols., Oxford ²1928 1-9권), H. Stein (5 Bde. Berlin ⁴⁻⁶1893-1908 1-9권), D. Asheri/ A. Lloyd/ A. Corcella (Oxford 2007 영어판 1-4권), J. H. Sleeman (Bristol Classical Press reprint 2003 제1권), G. A. Sheets (Bryn Mawr Commentaries 1993 제1권), E. I. Mcqeen (Bristol Classical Press reprint 2001 제6권), E. Powell (Bristol Classical Press reprint 2003 제8권), A. M. Bowie (Cambridge University Press 2007 제8권), M. A. Flower/J. Marincola (Cambridge University Press 2002 제9권)의 것을 참고했다. 현대어 번역 중에서는 D. Grene (University of Chicago Press 1987), R. Waterfield (Oxford 1998), A. De Sélincourt (Penguin Books 2003), A. L. Purvis (New York 2007), W. Blanco (W. W. Norton & Company 1992)의 영어 번역과 A. Horneffer (Kröner Verlag ³1963), Th. Braun (Insel Verlag 2001), Chr. Bähr (marixverlag 2007)의 독일어 번역을 참고했다.

2. 고유명사는 원전의 이오니아 방언을 따르지 않고 앗티케 방언에 따라 표기했다. 현존하는 고대 그리스의 주요 고전이 아테나이에서 사용되던 앗티케 방언으로 씌어 있어 그러는 것이 더 편리할 것이라고 생각했다. 예, Adrestos→Adrastos.

3. 본문 중 설명이 필요하다고 생각되는 부분은 주를 달았다.

4. [ ]에 든 부분은 훗날 다른 사람에 의해 가필된 것이 확실시되는 부분이다.

5. 『역사』는 훗날 헬레니즘 시대 학자들에 의해 9권으로 나뉘어 시가(詩歌)의 여신들인 9명의 무사 여신들에게 각 권이 헌정되었다. 참고로 클레이오(Kleio 라/Clio)는 역사(歷史)를, 에우테르페(Euterpe)는 피리 및 피리가 반주하는 서정시(敍情詩)를, 탈레이아(Thaleia 라/Thalia)는 희극(喜劇) 및 목가(牧歌)를, 멜포메네(Melpomene)는 비극(悲劇)을, 테릅시코레(Terpsichore)는 무용을, 에라토(Erato)는 뤼라(lyra) 및 뤼라가 반주하는 서정시를, 폴륌니아(Polymnia 라/Polyhymnia)는 찬신가(讚神歌)를 나중에는 무언극(無言劇)을, 우라니아(Ourania 라/Urania)는 천문학(天文學)을, 칼리오페(Kalliope 라/Calliope)는 서사시(敍事詩)를 관장한다.

I

클레이오

시가(詩歌)의 여신들인 무사 여신 중 클레이오는 역사를 관장한다

이 글은 할리카르낫소스[1] 출신 헤로도토스가 제출하는 탐사 보고서이다. 그 목적은 인간의 행적이 시간이 지나면서 망각되고, 헬라스[2]인과 이민족의 위대하고도 놀라운 업적이 사라지는 것을 막고, 무엇보다도 헬라스인과 이민족[3]이 서로 전쟁을 하게 된 원인을 밝히는 데 있다.

1   페르시아 학자들에 따르면, 헬라스인과 이민족이 반목하게 된 것은 포이니케[4]인 탓이라고 한다. 포이니케인은 홍해[5]라 불리는 바다에서 우리 쪽 바다[6]로 옮겨왔는데, 지금 사는 곳에 정착하면서부터 해외무역에 종사했다고 한다. 그들은 아이귑토스[7]와 앗쉬리아[8]의 화물을 싣고 여러 곳을 들르곤 했는데, 그중 한 곳이 아르고스[9]였다. 당시의 아르고스는 지금 헬라스라 불리는 나라에서 모든 점에서 가장 중요한 도시국가였다. 한번은 포이니케인이 아르고스에 도착해 물건을 팔기 시작했다. 도착한 지 5일째 아니면 6일째 되어 물건이 거의 다 팔렸을 때쯤, 많은 여인과 함께 공주가 해변으로 내려왔다. 그녀의 이름은 이나코스의 딸 이오였는데, 헬라스인도 그녀를 그렇게 부른다. 여인들은 뱃고물 주위에 둘러서서 가장 마음에 드는 물건을 사고 있었다. 그때 포이니케

1 소아시아 카리아 지방의 도시.
2 그리스의 그리스어 이름.
3 barbaros. '야만족'으로 옮길 수 있다.
4 페니키아의 그리스어 이름.
5 erythre thalassa. 여기서는 지금의 페르시아만을 말한다. 지금의 홍해는 이 책에서 '아라비아만'(Arabios kolpos)이라 불린다. 2권 102장 참조.
6 지금의 지중해.
7 이집트의 그리스어 이름.
8 아시리아의 그리스어 이름. 니네베(Nineveh) 주변의 티그리스강 유역.
9 펠로폰네소스반도 북동부에 있는 도시.

인이 서로 부추기며 여인들을 덮쳤다. 대부분의 여인들은 도망쳤지만, 이오는 몇몇 여인과 함께 사로잡혔다. 그러자 포이니케인은 여인들을 배에 태우고 아이귑토스로 출항했다고 한다.

2 페르시아인에 따르면, 이오는 헬라스인의 주장[10]과 달리 이렇게 해서 아이귑토스로 가게 되었고, 이것이 범죄행위의 시작이라고 한다. 그 뒤 몇몇 헬라스인이 포이니케의 튀로스에 상륙해 에우로페 공주를 납치했다고 한다.[11] 페르시아인은 이들의 이름을 대지는 못하지만, 이들은 아마 크레테인이었으리라. 그리하여 그들은 서로 장군멍군이 되었다. 그 뒤 페르시아인에 따르면, 헬라스인이 두 번째 불법을 저질렀다고 한다. 헬라스인은 전함을 타고 콜키스의 아이아[12]와 파시스[13]강에 이르러 일단 그곳에서 볼일[14]을 보고 나서 메데이아 공주를 납치했다는 것이다.[15] 콜키스의 왕이 헬라스로 전령을 보내 납치 행위를 했으니 보상금을 지불하고 딸을 돌려 달라고 요구했지만, 헬라스인은 "당신들도 아르고스의 공주 이오를 납치하고 보상을 하지 않았으니, 우리도 당신들에게 보상금을 지불하지 않을 것이오"라고 대답했다고 한다.

3 페르시아인이 말하기를, 그로부터 한 세대 뒤 프리아모스의 아들 알렉산드로스[16]가 이 이야기를 듣고 헬라스에서 아내를 납치해 오기로 결심했다고 한다. 먼젓번 납치 행위도 벌받지 않았으니 그도 보상금을 물지 않아도 되리라고 확신한 것이다. 그래서 그가 헬레네를 납치했다고 한다. 헬라스인은 처음에 사절단을 보내 헬레네를 돌려 달라고 하고 그녀를 납치한 대가로 보상금을 청구하기로 했다. 이런 요구에 트로이아인은 메데이아를 납치해 간 일을 들먹이며 "당신들도 보상금은 커녕 메데이아도 내주지 않았는데 상대에게서 정말로 보상금을 받기를 기

대하는 것이오?"라고 말했다고 한다.

4 이때까지는 서로 상대측 여자를 납치하는 데 불과했지만 그 후에 벌어
진 일은 대체로 헬라스인 책임이라는 것이다. 아시아가 에우로페를 공
격하기 전에 그들이 먼저 아시아로 군대를 진격시켰기 때문이다. 여인
들을 납치한 것은 물론 범죄행위이지만 그 때문에 야단법석을 떨며 이
미 납치된 여인들을 위해 복수한다는 것은 어리석은 짓이고, 납치 사
건은 덮어두는 것이 현명한 처사라고 페르시아인은 생각한 것이다. 요
구에 응하지 않으면 여인들이 납치되지 않을 것이 분명하다는 것이다.
페르시아인의 주장에 따르면, 아시아 측 사람들은 자신들의 여인들이
납치된 것을 대수롭잖게 여겼는데 헬라스인은 라케다이몬[17] 출신의
한 여인[18] 때문에 대군을 일으켜 아시아로 쳐들어와서는 프리아모스

---

10 그리스신화에 따르면, 제우스의 사랑을 받게 된 이오가 암송아지로 변신하자 헤
라가 온몸에 눈이 있는 아르고스라는 목자를 보내 감시하게 하다가 아르고스가 헤르
메스에게 살해되자 다시 쇠파리를 보내 이오를 괴롭힌다. 암송아지로 변신한 이오는
온 대지를 떠돌아다니다가 이집트에 가서 본래의 모습을 되찾고 에파포스(Epaphos)
라는 아들을 낳는다.
11 그리스신화에 따르면, 튀로스 왕 아게노르의 딸 에우로페는 눈처럼 흰 황소로 변
신한 제우스에 의해 크레테섬으로 납치되어 미노스 등 세 아들을 낳아 주었다.
12 콜키스는 흑해 동쪽 기슭의 한 지역을 말한다. 아이아는 콜키스의 옛 이름이다.
13 흑해 동쪽 기슭으로 흘러드는 강.
14 황금 양모피를 그리스로 가져오는 일.
15 그리스신화에 따르면, 메데이아 공주는 납치된 것이 아니라 아르고호 선원들
(Argonautai)을 이끌고 온 이아손(Iason)에게 첫눈에 반해 조국과 가족을 배신하고
제 발로 그를 따라나섰다.
16 파리스(Paris)의 본명.
17 스파르테.
18 헬레네.

와 그의 군대를 궤멸했다는 것이다. 그때부터 페르시아인은 헬라스인을 늘 적대시했다는 것이다. 페르시아인은 아시아를 고향으로 여기고, 그곳에 사는 비헬라스계 부족을 친척으로 여기는 반면, 에우로페와 헬라스는 이국(異國)으로 간주하기에 하는 말이다.

5 페르시아인의 주장에 따르면, 사건의 경위는 이러하며, 헬라스인을 향한 그들의 적대감은 일리온[19]이 함락된 것에서 비롯되었다. 이오의 납치에 관해 포이니케인은 페르시아인과 달리 말한다. 포이니케인의 주장에 따르면, 그들은 이오를 억지로 아이귑토스로 납치해 가지 않았다. 아르고스에서 배의 선장과 살을 섞은 이오는 임신 사실을 알고는 부모를 대할 낯이 없는데다 자신의 일이 알려지는 것이 두려워 자진해 포이니케인과 배를 타고 떠났다는 것이다. 이상이 페르시아인과 포이니케인의 주장이다. 나는 사실은 이랬느니 저랬느니 하며 꼬치꼬치 따지고 싶지 않다. 대신 내가 알기에 헬라스인에게 맨 처음 적대행위를 시작했음이 분명한 남자에 관해 이야기하고자 한다. 나는 그가 누구인지 밝힌 후 나머지 이야기를 계속하며 크고 작은 도시에 관해 이야기하겠다. 전에는 강력했던 수많은 도시가 미약해지고, 내 시대에 위대한 도시들이 전에는 미약했기 때문이다. 인간의 행복이란 덧없는 것임을 알기에 나는 큰 도시와 작은 도시의 운명을 똑같이 언급하려 한다.

6 크로이소스[20]는 뤼디아[21] 출신으로, 알뤼앗테스의 아들이다. 크로이소스는 할뤼스[22]강 서쪽의 여러 민족을 통치했다. 할뤼스강은 남쪽에서 발원해 쉬리아[23]와 파플라고니아 사이를 지나 북쪽으로 흘러 이른바 흑해[24]로 유입된다. 우리가 알기로 크로이소스는 일부 헬라스인과 동맹을 맺기도 했지만 헬라스인에게 조공을 강요한 최초의 이민족이다.

그는 이오네스족과 아이올레이스족과 아시아에 사는 도리에이스족에게 조공을 강요했고, 라케다이몬인과는 동맹을 맺었다. 그가 통치하기 전 모든 헬라스인은 자유로웠다. 크로이소스 치세 전에도 킴메리오이족[25]이 이오니아 지방까지 침입한 적이 있지만, 그들은 도시를 정복하지 않고 약탈 행위를 벌였을 뿐이다.

7 전에 헤라클레스의 자손이 행사한 뤼디아의 왕권이 메르므나다이가(家)라 불리는 크로이소스가(家)로 넘어간 경위는 다음과 같다. 칸다울레스라는 인물— 헬라스인은 뮈르실로스라 부른다 — 은 사르데이스의 통치자로, 헤라클레스의 아들 알카이오스의 후손이다. 헤라클레스가에서 나온 최초의 사르데이스 왕은 아그론인데, 그는 니노스의 아들로 벨로스의 손자요 알카이오스의 증손이다. 그리고 뮈르소스의 아들 칸다울레스가 마지막 왕이었다. 아그론 이전에 이 나라는 아튀스의 아들 뤼도스의 자손이 통치했다. 그래서 전에는 메오니에인이라 불리던 그곳의 전 주민은 뤼디아인이라고 불렸다. 헤라클레스의 자손은 어떤 신탁(神託) 덕분에 뤼도스의 자손에게서 뤼디아의 왕권을 위임받았다가 차지해 버린 것이다. 헤라클레스와 이아르다노스 소유의 한 계집종의 자손인 헤라클레스 자손은 22대 또는 505년 동안 아버지에게서 아

---

19 트로이아의 다른 이름.
20 재위 기간 기원전 560~546년.
21 소아시아 중서부 지방.
22 소아시아에서 가장 긴 강. 지금의 터키 키질이르마크(Kizilirmak)강.
23 여기서는 지중해 동쪽 기슭의 시리아가 아니라 흑해 남쪽 기슭의 시리아를 말한다.
24 그리스어로 pontos Euxeinos('손님에게 친절한 바다').
25 스퀴타이족에게 밀려 남러시아에서 기원전 679년 이전에 남하한 유목민족. 기원전 630년대 초까지 소아시아에 머물며 주변 왕국에 막대한 피해를 주었다.

들로 왕권을 계승하다가 뮈르소스의 아들 칸다울레스의 대에 이른 것이다.

8 이 칸다울레스는 아내를 너무나 사랑한 나머지 자기 아내가 세상에서 가장 아름다운 여자라고 생각했다. 그의 경호원 중에 다스퀼로스의 아들 귀게스라는 자가 있었는데, 칸다울레스는 그를 총애해 가장 중요한 일은 그와 상의했으며, 아내가 미인이라는 자랑까지 늘어놓았다. 칸다울레스는 패가망신할 숙명을 타고났기에, 그 뒤 오래지 않아 귀게스에게 이런 말까지 했다. "귀게스, 자네는 내 아내의 미모에 관해 내가 한 말을 믿지 않는 것 같은데(하긴 사람들은 눈보다는 귀를 덜 믿는 편이지) 그렇다면 내 아내의 알몸을 한번 보도록 하게!" 귀게스가 목청을 돋우어 말했다. "주인님, 저더러 여주인님의 알몸을 보라 하시다니, 당치 않은 말씀이십니다. 여자란 옷을 벗으며 부끄러운 마음도 벗어던지지요. 인간에게는 오래전부터 반드시 배워야 할 진리가 전해 오고 있는데, 그중 하나가 '각자 제 것만 보라'는 거예요. 저는 여주인님이 세상에서 가장 아름다운 여자라는 주인님의 말씀을 믿어요. 제발 저더러 불의한 짓을 하라고 요구하지 마세요!"

9 귀게스는 그런 말로 거절했으니 그랬다가는 재앙이 닥치지 않을까 두려웠던 것이다. 칸다울레스는 그의 항변에 이렇게 대답했다. "걱정 말게, 귀게스! 두려워 말라고. 내가 자네를 떠보려고 이런 말을 하는 것도 아닐 뿐더러 내 아내도 자네를 해코지는 못할 테니 말일세. 자네가 내 아내를 보았다는 것을 아내가 전혀 눈치채지 못하도록 조치하겠네. 나는 자네를 우리 침실의 열려 있는 문 뒤에 세워 두겠네. 내가 침상에 가 있으면 아내가 뒤따라 들어올 것이네. 문 가까이 의자가 하나 있는데,

아내는 옷을 하나하나 벗어 그 위에 올려놓을 테고, 그럼 자네는 편안하게 내 아내를 볼 수 있을 것이네. 아내가 의자를 뒤로하고 침상으로 오려고 자네 쪽으로 등을 돌리면, 자네는 내 아내에게 들키지 않고 문간을 빠져나가도록 하게!"

10 귀게스는 하는 수 없이 승낙했다. 칸다울레스는 취침 시간이 되었다 생각되자 귀게스를 침실로 데리고 들어갔고, 곧 그의 아내도 들어왔다. 귀게스는 그녀가 방에 들어와 옷을 벗어 의자에 올려놓는 것을 지켜보았다. 그리고 그녀가 등을 돌려 침상으로 가자 살그머니 방에서 빠져나갔다. 그녀는 그가 나가는 것을 보았고 그것이 남편의 소행임을 알았지만 부끄러워 소리지르지 않았다. 칸다울레스에게 복수할 요량으로 아는 체하지도 않았다. 뤼디아인뿐 아니라 대부분의 이민족들은 남자라도 알몸을 보이는 것을 큰 치욕으로 여겼기 때문이다.

11 당장에는 이처럼 아무 말 없이 가만히 있던 그녀가 날이 새자마자 가장 충실하다고 여겨지는 하인들을 대령시킨 다음 귀게스를 불렀다. 귀게스는 간밤에 일어난 일을 그녀가 전혀 모를 거라고 생각하며 부름에 응했다. 전에도 부를 때마다 왕비에게 갔기 때문이다. 귀게스가 도착하자 그녀는 이렇게 말했다. "귀게스, 그대 앞에는 지금 두 갈래 길이 있는데, 어느 쪽을 선택할지는 그대에게 맡기겠소. 그대는 칸다울레스를 죽이고 나와 뤼디아의 왕권을 차지하든지, 아니면 앞으로도 칸다울레스가 시키는 대로 아무 생각 없이 그대가 보아서는 안 될 것을 보는 일이 없도록 지금 당장 죽어야겠소. 그런 계획을 세운 그가 죽든지 아니면 그럴 권리도 없는데 내 알몸을 본 그대가 죽든지, 둘 중 한 명은 죽어야겠단 말이오." 귀게스는 처음에 그녀의 말에 너무 놀라 말문이 막혔

지만 곧 그런 끔찍한 선택을 강요하지 말아 달라고 간청했다. 그녀를 설득할 수 없자, 자신이 실제로 주인을 죽이든지 아니면 남의 손에 죽든지 둘 중 하나를 선택할 수밖에 없다는 것을 알고 삶을 선택했다. 그는 그녀에게 이렇게 물었다. "그대가 나더러 본의 아니게 내 주인님을 죽이라고 강요하시니, 우리가 그분을 어떻게 해치울 수 있는지 말해 주시오!" 그녀가 대답했다. "그가 그대에게 내 알몸을 보여 준 바로 그곳에서 그를 공격하되 그가 잠들었을 때 해치우시오!"

12 이렇게 그들은 음모를 꾸몄다. 밤이 되자 그는 여인을 따라 침실로 들어갔다. (귀게스에게는 달리 방법이 없었고, 자기가 죽든지 칸다울레스를 죽이든지 할 수밖에 없었다.) 그녀는 그에게 비수를 주며 바로 그 문 뒤에 숨어 있게 했다. 이윽고 칸다울레스가 잠자고 있을 때 귀게스는 살그머니 다가와 그를 죽이고 그의 아내와 왕권을 차지했다. 당대에 살았던 파로스섬 출신 시인 아르킬로코스[26]도 약강격 트리메트론에서 그렇게 노래한다.

13 그렇게 귀게스는 뤼디아의 왕이 되었고, 델포이의 신탁 덕분에 권력을 유지하게 되었다. 뤼디아인은 처음에 칸다울레스가 당한 일에 분개하여 손에 무기를 들었지만, 귀게스의 지지자들은 나머지 뤼디아인들과 합의를 보았다. 그 내용은 만약 신탁이 귀게스를 뤼디아 왕으로 선언하면 그가 통치하고, 그러지 않으면 헤라클레스의 자손에게 왕권을 돌려주자는 것이었다. 신탁이 귀게스에게 유리한 말을 하자, 그는 뤼디아의 왕이 되었다. 예언녀 퓌티아는 귀게스의 5대손에게 헤라클레스의 자손이 복수할 것이라고 덧붙였지만, 뤼디아인도 그들의 왕들도 이 예언이 이루어질 때까지 그것에 전혀 주목하지 않았다.

14 이렇게 메르므나다이가(家)는 헤라클레스의 자손에게서 뤼디아의 왕권을 찬탈했다. 귀게스는 일단 왕이 되자 적잖은 봉헌 공물을 델포이로 보냈다. 실제로 델포이에 은으로 만든 공물을 그보다 많이 봉헌한 사람은 없고, 은제 공물을 비롯해 그는 수많은 금제 공물도 봉헌했다. 그중 특별히 언급할 만한 가치가 있는 것으로는 금으로 만든 포도주 희석용 동이[27] 여섯 개이다. 무게가 30탈란톤[28]이나 되는 이 희석용 동이들은 코린토스인의 보물 창고에 보관되어 있는데, 엄밀히 말해 그곳은 코린토스 시민 전체가 아니라 에에티온의 아들 큅셀로스의 보물 창고이다. 우리가 알기로, 귀게스는 고르디아스[29]의 아들로 프뤼기아 왕인 미다스[30] 이후로 델포이에 공물을 봉헌한 최초의 이민족이었다. 미다스도 그가 재판할 때 앉곤 하던 옥좌를 봉헌한 적이 있기 때문이다. 한번 볼 만한 가치가 있는 그 옥좌는 귀게스의 희석용 동이와 같은 장소에 보관되어 있다. 델포이인은 귀게스가 봉헌한 금은 집기를 봉헌자의 이름을 따 '귀가다스'[31]라고 부른다. 귀게스는 왕위에 오른 뒤 밀레토스와 스뮈르나에 군대를 진격시키고 콜로폰 시를 함락하기도 했지만, 그것 말고는 재위 38년 동안 이렇다 할 업적을 남기지 못했다. 그에 관해서는 이미 진술한 것 이상 말하지 않겠다.

15 그래서 나는 귀게스의 아들이자 왕위 계승자인 아르뒤스에 관해 언급

---

26 기원전 7세기 그리스의 풍자시인.

27 '희석용 동이'(krater). 고대 그리스인은 희석용 동이에다 포도주를 물로 희석해 마셨다.

28 1탈란톤은 약 26킬로그램이다.

29 원전의 Gordiēs를 Gordias가 아니라 Gordios로 읽는 이들도 있다.

30 원전에는 Midēs.

31 Gygadas.

하려 한다. 아르뒤스는 프리에네를 함락하고 밀레토스를 공격했다. 하지만 그가 사르데이스를 통치하는 동안 킴메리오이족이 유목민인 스퀴타이족에 의해 고국에서 쫓겨나 아시아로 들어와 아크로폴리스를 제외하고 사르데이스 시를 완전히 함락했다.

16 아르뒤스가 49년간 통치한 뒤 그의 아들 사뒤앗테스가 왕위를 계승하여 12년간 통치했다. 사뒤앗테스의 뒤를 이어 알뤼앗테스가 왕위를 계승했는데, 알뤼앗테스는 데이오케스의 자손인 퀴악사레스 휘하의 메디아인과 전쟁을 했다. 그는 킴메리오이족을 아시아에서 몰아내고, 콜로폰의 식민 도시인 스뮈르나를 함락하고, 클라조메나이를 공격했다. 그러나 클라조메나이에서는 뜻을 이루지 못하고 큰 손실을 입고 퇴각하지 않을 수 없었다. 그 밖에 알뤼앗테스가 그의 치세 때에 남긴 가장 주목할 만한 업적은 다음과 같다.

17 그는 밀레토스와 전쟁을 했는데, 이 전쟁은 아버지에게서 넘겨받은 것이었다. 그는 밀레토스에 진격하여 포위할 때 다음과 같은 방법을 썼다. 곡식이 익을 무렵 침공하곤 했는데, 그는 목적(牧笛)과 하프와 고음 및 저음의 피리 소리에 맞춰 군대를 진격시켰다. 밀레토스 영내에 진입하면 시골의 집들을 파괴하지도 불태우지도 문짝을 부수고 침입하지도 않고 모두 그대로 내버려두었다. 대신 그곳의 과수(果樹)와 곡식만 망쳐 놓고 돌아오곤 했다. 제해권은 밀레토스인이 장악하고 있어 그들의 도시를 군대로 포위해 봤자 효과가 없었기 때문이다. 뤼디아 왕이 그들의 집들을 파괴하지 않은 것은 밀레토스인이 거기서 나와 다시 씨를 뿌리고 땅을 경작할 수 있게 하여, 다음에 침입했을 때도 무엇인가 그들에게 타격을 줄 수 있도록 하기 위함이었다.

18 뤼디아 왕은 11년 동안 이러한 전쟁을 계속했다. 이 기간에 밀레토스인은 두 번이나 큰 타격을 입었는데, 한 번은 자국 영토인 리메네이온에서, 한 번은 마이안드로스 강가의 들판에서 싸우다가 그랬다. 이 11년 가운데 6년은 아르뒤스의 아들 사뒤앗테스가 뤼디아의 왕으로 있으면서 해마다 밀레토스를 침공했다. 밀레토스와 전쟁을 시작한 이는 그였다. 그러나 다음 5년 동안 전쟁을 수행한 이는 사뒤앗테스의 아들 알뤼앗테스였다. 앞서 말했듯이 그는 아버지에게 전쟁을 넘겨받아 정력적으로 전쟁을 계속했다. 이 전쟁에서 이오니아 지방에 있는 헬라스인 도시 가운데 밀레토스인을 도와준 것은 키오스뿐이었다. 키오스인은 전에 에뤼트라이인과 전쟁할 때 밀레토스인이 자기편이 되어 준 것에 보답하고자 한 것이다.

19 12년째 되던 해, 군대에 의해 또다시 곡식이 불타고 있을 때 다음과 같은 일이 일어났다. 곡식에 불이 붙자, 바람이 불길을 이곳에서는 '앗세시아'라는 별칭을 가진 아테나 여신의 신전 쪽으로 몰고 갔다. 그리하여 신전이 화염에 싸여 전소되었다. 처음에는 이 일을 대수롭지 않게 여겼는데, 나중에 군대가 사르데이스로 퇴각한 뒤 알뤼앗테스는 병에 걸렸다. 병세가 오랫동안 호전되지 않자 그는 델포이로 사절단을 보내 자신의 병에 관해 신에게 묻게 했는데, 누군가 그에게 그러도록 권했거나, 아니면 그 스스로 그러는 것이 상책이라고 여긴 듯하다. 사절단이 델포이에 도착했을 때 예언녀 퓌티아는 뤼디아인이 밀레토스의 앗세소스에서 불태워 버린 아테나 여신의 신전을 재건하기 전에는 물음에 답하지 않겠다고 했다.

20 나는 델포이인에게 듣고 그렇게 된 것을 알게 되었는데 밀레토스인은

여기에 다음과 같은 이야기를 덧붙인다. 당시 밀레토스의 참주(僭主) 트라쉬불로스와 절친한 친구 사이였던, 퀍셀로스의 아들 페리안드로스[32]가 이러한 신탁의 말씀을 듣고는, 트라쉬불로스가 다가오는 사태를 사전에 알고 대비할 수 있도록 그에게 사자를 보내 알려 주었다는 것이다.

21 밀레토스인은 일이 그렇게 된 것이라고 말한다. 알뤼앗테스는 사절단의 보고를 받자마자 밀레토스로 전령을 보냈으니, 신전을 재건할 때까지 트라쉬불로스 및 밀레토스인과 휴전 조약을 맺고 싶었던 것이다. 사절이 밀레토스로 출발했지만, 이미 사태를 파악한 트라쉬불로스는 알뤼앗테스가 어떻게 나올지 알고 다음과 같은 계략을 꾸몄다. 그는 자신의 것이든 일반 시민의 것이든 도성 안에 있는 먹을거리를 모두 시장으로 내오게 하고는, 그가 신호를 보내면 모두 흥청망청 먹고 마시기 시작하라고 일러둔 것이다.

22 트라쉬불로스는 사르데이스에서 온 전령이 산더미 같은 먹을거리와 흥청망청 먹고 마시는 사람들을 보고는 알뤼앗테스에게 보고하게 하려고 그렇게 지시한 것이다. 실제로 그가 의도한 대로 되었다. 전령은 그 모든 것을 보고 나서(뤼디아 왕이 지시한 대로 트라쉬불로스에게 전언을 전한 다음) 사르데이스로 돌아갔다. 내가 들은 바에 따르면, 바로 그런 이유로 전쟁이 종식되었다고 한다. 알뤼앗테스는 밀레토스는 식량 부족이 심각해 백성이 큰 곤경에 직면해 있는 줄 알았는데, 밀레토스에서 돌아온 전령이 보고한 것은 예상과 전혀 딴판이었다. 그 뒤 평화조약이 체결되었고, 그들은 우방이 되고 동맹군이 되기로 약속했다. 알뤼앗테스는 앗세소스에 아테나 여신의 신전을 하나가 아니라 둘

이나 지어 주고 병을 털고 일어섰다. 밀레토스인 및 트라쉬불로스와 전쟁하는 동안 알뤼앗테스에게는 이런 일이 일어났던 것이다.

23 트라쉬불로스에게 신탁의 말씀을 알려 준 페리안드로스는 큅셀로스의 아들로, 코린토스의 참주였다. 코린토스인이 전하고 레스보스인이 동의하는 바에 따르면, 그가 살아 있을 때 아주 진기한 일이 일어났는데, 메튐나 출신인 아리온이 돌고래를 타고 바다를 건너 타이나론까지 갔다는 것이다. 아리온은 당대 제일의 키타라[33] 연주자이자 가인(歌人)이었으며, 디튀람보스[34]를 맨 처음 작시(作詩)하고 명명했을 뿐 아니라 코린토스에서 그것을 공연한 사람이다.

24 그들이 전하는 말에 따르면, 아리온은 페리안드로스의 궁전에 오래 머문 뒤 이탈리아와 시켈리아[35]로 항해하기를 원했으며, 그곳에서 큰돈을 번 뒤 다시 코린토스로 돌아오기를 원했다고 한다. 그는 타라스[36] 항에서 출발했는데, 어느 누구도 코린토스인만큼 믿음이 가지 않기에 코린토스인의 배를 세냈다. 큰 바다로 나오자 그들은 아리온을 배 밖으로 던져 버리고 그의 돈을 가로챌 음모를 꾸몄다. 그들의 의도를 알아차린 아리온은 돈은 내줄 테니 목숨만은 살려 달라고 간청했다. 그들은 그의 탄원에도 마음을 누그러뜨리지 않고, 육지에 묻히고 싶으면 스스로 목

---

32 기원전 584년까지 코린토스의 참주.

33 kithara. 하프와는 달리 현의 길이가 모두 같은 일곱 현으로 된 고대 그리스의 발현악기(撥弦樂器) 뤼라(lyra)를 개량한 것.

34 dithyrambos. 주신(酒神) 디오뉘소스에게 바치는 찬가.

35 시칠리아의 그리스어 이름.

36 지금의 타란토(Taranto).

숨을 끊든지 아니면 당장 바다로 뛰어들라고 명령했다. 이런 절망적인 상황에서 아리온은 일단 그들이 그렇게 결정했다면 자기가 가인으로서 예복을 차려입고 고물[37] 쪽 자리에 서서 노래하는 것을 허락해 달라고 간청했다. 그러고는 노래를 부른 뒤에 스스로 목숨을 끊겠다고 약속했다. 그러자 뱃사람들은 천하제일 명창의 노래를 듣고 싶어 고물에서 배의 중앙으로 물러났다. 아리온은 예복을 차려입더니 키타라를 손에 들고 고물 쪽에 자리잡고 선 채 고음으로 노래 한 곡을 불렀다. 그는 노래가 끝나자 예복을 입은 채 바다에 뛰어들었다. 뱃사람들은 코린토스를 향해 계속 항해했고, 그는 돌고래가 등에 태워 타이나론으로 싣고 갔다는 것이다. 아리온은 육지에 상륙해 가인의 예복을 차려입은 채 코린토스로 갔고, 그곳에 도착하자마자 사건의 전말을 말했다. 그러나 페리안드로스는 아리온의 말을 믿지 않았고 그를 엄중히 감시하게 하면서 뱃사람들이 돌아오는지 예의 주시하게 했다. 뱃사람들이 도착하자 그는 그들을 불러 놓고 아리온의 안부를 물었다. 그들은 아리온이 이탈리아에서 무사히 지내고 있으며 타라스에서 작별할 때도 잘 지내고 있더라고 말했다. 바로 그때 아리온이 바다에 뛰어들었을 때와 똑같은 모습으로 그들 앞에 나타났다. 뱃사람들은 깜짝 놀랐고, 당사자가 증인으로 나온 터라 더이상 범행을 부인하지 못했다. 코린토스인과 레스보스인은 이렇게 이야기한다. 실제로 타이나론에는 한 남자가 돌고래를 타고 있는 자그마한 청동상이 있는데, 그것은 아리온이 봉헌한 것이다.

25 뤼디아 왕 알뤼앗테스는 밀레토스인과의 전쟁을 중단하고 얼마 뒤 죽었는데, 그의 재위 기간은 57년이었다. 그는 병이 나았을 때 그의 가문에서는 두 번째로 델포이에 공물을 봉헌했는데, 큼직한 은제 포도주 희석용 동이 하나와 무쇠를 용접한 희석용 동이 받침대가 그것이다. 델포

이에 봉헌된 수많은 공물 중 가장 볼 만한 것 가운데 하나인 이 받침대
는 키오스 사람 글라우코스의 작품으로, 그는 모든 인간 가운데 유일하
게 용접 기술을 발명한 사람이었다.

26 알뤼앗테스가 죽은 뒤 그의 아들 크로이소스가 35세의 나이로 왕위에
올랐다. 그는 에페소스인을 헬라스인 가운데 맨 먼저 공격했다. 도시
가 포위되자 에페소스인은 신전에서부터 바깥 성벽까지 밧줄을 쳐 도
시를 아르테미스 여신에게 봉헌했는데, 그때 포위당한 구 시가지에
서 신전까지의 거리는 7스타디온[38]이었다. 크로이소스는 맨 처음에
에페소스인을 공격했지만, 나중에는 이오니아와 아이올리스[39] 지방
에 있는 헬라스인 도시를 차례차례 모두 공격했다. 그는 매번 다른 일
로 트집을 잡아 공격했는데, 중대한 일로 그럴 때도 있었고 사소한 일
을 구실 삼을 때도 있었다.

27 그는 일단 아시아의 헬라스인을 복속시켜 조공을 바치게 한 다음, 함선
을 건조하여 섬들을 공격할 참이었다. 함선을 건조할 만반의 준비가 끝
났을 때, 일설에는 프리에네의 비아스가, 일설에는 뮈틸레네의 핏타코
스[40]가 사르데이스로 왔는데, 크로이소스가 헬라스 소식을 묻고 그가

---

37 당시의 배는 고물 쪽이 더 높아 마치 무대처럼 그곳에 서서 노래 부를 수 있었다.
38 1스타디온은 약 177미터이다.
39 이오니아와 아이올리스는 소아시아 서해안과 그 부속 도서로 이루어져 있는데
이오니아가 중앙에, 아이올리스는 그 북쪽에 자리잡고 있다.
40 비아스와 핏타코스는 '일곱 현인'에 포함된다. 그들 외에도 아테나이의 솔론, 밀
레토스의 탈레스, 라케다이몬의 킬론, 코린토스의 페리안드로스, 로도스의 클레오불
로스가 포함된다.

다음과 같이 대답하자 함선 건조 계획을 중단했다고 한다. "전하, 섬사람들은 사르데이스에 있는 전하를 공격할 계획으로 수없이 많은 말을 사들이고 있어요." 크로이소스는 그의 말이 참말인 줄 알고 이렇게 말했다고 한다. "제발 섬사람들이 뤼디아인의 아들들을 말을 타고 공격하는 쪽으로 생각한다면 좋겠는데!" 그는 이런 대답을 들었다. "전하, 전하의 기원을 들어 보니, 전하께서는 섬사람들이 말을 타고 오면 육지에서 사로잡기를 원하는 것 같은데, 아마도 그렇게 되겠지요. 하지만 전하께서 그들과 전쟁하기 위해 함선을 건조할 계획이라는 것을 알게 되면, 어때요, 섬사람들은 육지에 사는 헬라스인을 전하께서 복속시킨 것을 앙갚음하기 위해 바다에서 뤼디아인을 사로잡게 해 달라고 기도하지 않을까요?" 크로이소스는 그의 말을 듣고 크게 기뻐하며 그의 논리가 옳다고 여기고는 함선 건조 계획을 포기했다. 그리하여 크로이소스는 여러 섬에 사는 이오니아인과 우호조약을 맺었다.

28 얼마 뒤 크로이소스는 할뤼스강 서쪽에 사는 거의 모든 민족을 복속시켰다. 킬리키아인과 뤼키아인 말고는 모든 민족이 그에게 복속되었는데, 뤼디아인, 프뤼기아인, 뮈시아인, 마리안뒤노이족, 칼뤼베스족, 파플라고니아인, 트라케인 중 튀노이족과 비튀니스인, 카리아인, 이오네스족, 도리에이스족, 아이올레이스족, 팜퓔리아인이 그들이다.

29 크로이소스가 이들 모두를 복속시켜 뤼디아 왕국에 합병하자, 당시에 살아 있던 헬라스의 모든 학자가 번영의 절정에 있던 사르데이스를 방문했는데 때로는 이 사람이, 때로는 저 사람이 찾아왔다. 아테나이의 솔론도 그중 한 명이었다. 솔론은 아테나이인의 요구에 따라 입법을 해 주고 나서 10년 동안 타국에 머물렀다. 그는 세상 구경차 외유 중이라

고 했지만, 사실은 자신이 만든 법을 폐기하도록 강요받지 않기 위해서였다. 왜냐하면 아테나이인은 솔론이 만든 법을 10년 동안 지키겠다고 엄숙히 맹세한 터라 자기들만으로는 법을 폐기할 수 없었기 때문이다.

30 그래서 솔론은 견학도 할 겸 외유 중이었다. 그는 여행 중에 아이귑토스에서 아마시스를, 사르데이스에서 크로이소스를 방문했다.[41] 크로이소스는 솔론을 맞아 궁전에서 환대했다. 솔론이 도착한 지 2, 3일 뒤 크로이소스는 시종들을 시켜 그를 자신의 보물 창고로 데리고 다니며 보물들 하나하나가 얼마나 굉장하고 값진지 보여 주게 했다. 솔론이 꼼꼼히 모든 것을 살펴보았을 때 크로이소스가 기회를 엿보다 그에게 물었다. "아테나이에서 온 손님이여, 그대의 지혜에 관한 소문은 우리도 익히 들어 알고 있소. 우리는 또 그대가 지혜를 사랑하는 마음에서 세상을 구경하고자 여러 나라를 방문했다는 말도 들었소. 그래서 나는 그대가 이 세상 누구보다도 더 행복한 사람을 만난 적이 있는지 진심으로 묻고 싶소이다." 크로이소스는 자신이 세상에서 가장 행복한 사람이라 믿고 그렇게 물은 것이다. 솔론은 그에게 아부하려 하지 않고 진실을 말했다. "전하, 아테나이의 텔로스가 가장 행복한 사람이옵니다." 뜻밖의 대답에 깜짝 놀란 크로이소스가 다급하게 물었다. "어째서 그대는 텔로스가 가장 행복한 사람이라고 여기시오?" 솔론이 대답했다. "텔로스는 번성하는 도시에 살며 훌륭하고 탁월한 아들들을 두었는데, 그 아들들에게 빠짐없이 아이들이 태어나 모두 살아 있사옵니다.

---

41 솔론의 입법은 기원전 594년 또는 591년에 있었고, 크로이소스는 기원전 560년에 왕위에 올랐다. 따라서 솔론이 법을 제정하고 나서 10년 동안 외유하며 크로이소스를 만났다는 것은 사실이 아니라, 헤로도토스가 지어낸 이야기다.

그리고 그는 우리 기준에서 보아 살림이 넉넉할 때 장렬한 죽음을 맞았사옵니다. 아테나이인이 엘레우시스에서 이웃나라들과 싸울 때 전투에 참가하여 적군을 패주케 하고는 더없이 아름답게 죽었던 것이옵니다. 그래서 아테나이인은 그가 전사한 곳에 나랏돈으로 그를 매장해 주고 그의 명예를 드높여 주었사옵니다."

31 이처럼 솔론이 텔로스를 기리는 말을 자꾸 늘어놓자, 크로이소스는 궁금증이 생겨 그에게 텔로스 다음으로는 누가 가장 행복하다고 생각하는지 물었다. 크로이소스는 자신이 두 번째로 행복한 사람은 되리라 믿은 것이다. 솔론이 말했다. "그다음은 클레오비스와 비톤이옵니다. 아르고스에서 태어난 이들 형제는 살림도 넉넉하고 체력도 뛰어났사옵니다. 둘 다 경기에서 상을 탄 적이 있는 이들에 관해서는 이런 이야기가 전해 오고 있사옵니다. 아르고스에서 헤라 축제가 개최되었을 때 이들 형제의 어머니는 소달구지를 타고 급히 신전으로 가야 하는데, 들판에 나간 소들이 제때 돌아오지 못했사옵니다. 시간이 촉박하자 두 젊은이가 몸소 멍에를 쓰고 어머니가 탄 달구지를 끌었사옵니다. 그리고 45스타디온을 달려 신전에 도착했답니다. 그들은 축제에 모인 사람들이 보는 앞에서 그런 일을 완수한 다음 가장 훌륭한 죽음을 맞았는데, 신께서는 그들의 죽음을 통해 인간에게는 삶보다 죽음이 더 좋은 것임을 보여 주셨던 것이옵니다. 아르고스인이 둘러서서 남자들은 두 젊은이의 체력을 찬양하고, 여인들은 그런 자식들을 두어 행복하겠다고 어머니를 부러워했사옵니다. 그러자 어머니는 아들의 행위와 명성이 너무나 기뻐 여신의 신상 앞으로 다가가, 어머니의 명예를 그토록 높여 준 두 아들 클레오비스와 비톤에게 여신께서 인간이 얻을 수 있는 최선의 것을 베풀어 달라 기도했사옵니다. 그 기도가 끝나자 두 젊은이는 제사

와 회식에 참가한 뒤 쉬기 위해 신전 안에 누웠다가 다시는 일어나지 않았사옵니다. 그들은 그곳에서 죽음을 맞이한 것이지요. 아르고스인은 그들이야말로 가장 훌륭한 장부(丈夫)라고 보고, 그들의 입상을 제작해 델포이에 봉헌했나이다.”

32 솔론이 두 번째로 행복한 사람으로 이들 젊은이를 이야기하자 화가 치민 크로이소스가 말했다. “아테나이에서 온 손님이여, 나를 그런 평범한 자들보다 못하다고 여기다니 그대는 내 행복은 완전히 무시하는 거요?” 솔론이 대답했다. “크로이소스 전하, 전하께서는 제게 인간사에 관해 물으시지만, 저는 신께서 매우 시기심이 많고 변덕스러우시다는 것을 잘 알고 있나이다. 인간은 오래 살다 보면 보고 싶지 않은 것도 많이 보고, 겪고 싶지 않은 것도 많이 겪어야 하나이다. 저는 인간의 수명을 일흔 살로 잡는데, 70년은 윤달을 빼고도 25,200일이나 되옵니다. 계절이 역월(曆月)과 일치하도록 거기에 한 해 걸러 한 번씩 한 달을 덧붙이면, 70년에 35개 윤달이 추가되는데, 이 윤달들은 1,050일이 될 것이옵니다. 그러면 70년은 모두 26,250일이 되는데, 그중 똑같은 일이 일어나는 날은 단 하루도 없사옵니다. 크로이소스 전하, 인간이란 전적으로 우연의 산물이옵니다. 보아하니, 전하께서는 큰 부자에다 수많은 백성을 다스리는 왕이시옵니다. 하지만 저는 전하께서 행복하게 생을 마감했다는 것을 알기 전에는 전하의 물음에 답할 수가 없사옵니다. 큰 부자라도 운이 좋아 제가 가진 부를 생을 마감할 때까지 즐기지 못한다면 그날그날 살아가는 사람보다 더 행복하다 할 수 없기 때문이옵니다. 많은 거부(巨富)가 불운했는가 하면, 재산이 넉넉하지 못하더라도 운이 좋은 사람도 많사옵니다. 재산이 많지만 불운한 사람은 단 두 가지에서 후자보다 유리하지만, 가난하지만 운이 좋은 사람은 여러

가지에서 유리하나이다. 부자는 자신의 욕구를 쉽게 충족할 수 있고 재난을 견디기가 수월하나이다. 가난한 사람은 그리 쉽게 욕구를 충족하고 재난을 견디지 못한다 하더라도 운이 좋으면 피할 수는 있사옵니다. 그는 또 몸이 온전하고, 건강하고, 시련을 당하지 않고, 자식복이 있고, 잘생겼을 수도 있사옵니다. 게다가 그가 훌륭하게 생을 마감한다면, 그런 사람이야말로 전하께서 찾고 계시는 사람, 곧 행복하다고 불릴 자격이 있는 사람이옵니다. 누군가 죽기 전에는 그를 행복하다고 부르지 말고, 운이 좋았다고 하소서. 물론 한 사람이 그런 복을 다 타고날 수는 없사옵니다. 한 나라도 필요한 것을 다 갖추지 못하고, 어떤 것이 있으면 어떤 것은 없나이다. 가장 훌륭한 나라는 가장 많이 가진 나라이옵니다. 사람도 자족하는 사람은 아무도 없고 무엇인가 부족하기 마련이옵니다. 그러나 제가 말한 복을 가장 많이 타고나고 그것을 끝까지 누리다가 편안하게 죽는 사람이야말로 제가 보기에 행복한 사람이라고 불릴 자격이 있는 것 같나이다, 전하! 무슨 일이든 그 결말이 어떻게 되는지 눈여겨보아야 하옵니다. 신께서 행복의 그림자를 언뜻 보여 주다가 파멸의 구렁텅이에 빠뜨리시는 경우가 비일비재하니까요."

33 솔론의 이런 말이 크로이소스에게는 전혀 마음에 들지 않았다. 크로이소스는 솔론을 냉담하게 떠나보냈다. 그는 현재의 행복을 무시하고 무슨 일이든 그 결말을 눈여겨보라는 솔론을 아는 척하는 바보쯤으로 여긴 것이다.

34 솔론이 떠나간 뒤 크로이소스에게 무서운 신벌(神罰)이 내렸는데, 아마도 그가 자신을 세상에서 가장 행복한 사람으로 여긴 탓인 듯하다. 그 뒤 곧 그는 자기 아들에게 닥칠 불행을 거짓 없이 사실대로 미리 알

려 주는 꿈을 꾸었다. 크로이소스에게는 아들이 둘 있었다. 그런데 그 중 한 명은 농아(聾啞)로 불구자였고, 다른 아들 아튀스는 또래 중에서 도 출중했다. 크로이소스는 그런 아튀스가 무쇠 창끝을 맞고 죽는 꿈을 꾸었다. 크로이소스는 꿈에서 깨어 곰곰이 생각해 보니 무서운 생각이 들었다. 그는 먼저 아들을 장가들였고, 다음으로는 지금까지 늘 군대 를 싸움터로 이끌던 아들의 출진을 막았으며, 투창이며 창이며 그 밖의 다른 무기를 남자들이 기거하는 방에서 규방으로 옮겨 쌓아 두게 했으 니, 벽에 걸린 무기가 아들의 머리에 떨어지지 않게 하려 한 것이다.

35 크로이소스가 아들의 결혼 준비를 할 때 사람을 죽인 불행한 이방인 하 나가 사르데이스에 왔는데, 그는 프뤼기아인으로 왕족이었다. 그는 크 로이소스의 궁전으로 가서 그곳 관습에 따라 자신을 살인죄에서 정화 해 주기를 간청했고, 크로이소스는 그렇게 해 주었다. 정화 의식은 뤼 디아에서나 헬라스에서나 비슷했는데, 의식이 다 끝나자 크로이소스 는 그가 어디서 온 누군지 알고 싶어 물었다. "여보게, 자네는 뉘시며, 프뤼기아의 어느 곳에서 탄원자로 내 집을 찾았는가? 어떤 남자 혹은 여자를 죽였는가?" 그가 대답했다. "전하, 저는 고르디아스의 아들이 자 미다스의 손자로, 아드라스토스라 하옵니다. 저는 본의 아니게 형 을 죽이고 아버지에게 쫓겨났으며, 가진 것을 모두 빼앗겼나이다." 크 로이소스가 그에게 대답했다. "자네 가족과 내 가족은 친구간이니, 자 네는 친구 집에 온 셈이네. 내 집에 머무는 동안 자네는 필요한 것은 무 엇이든 갖게 될 것이네. 자네의 불행에 너무 상심하지 말게. 아마도 그 리하는 것이 자네에게 가장 좋을 것이네."

36 그리하여 아드라스토스는 크로이소스의 궁전에서 머물게 되었다. 바

로 그 무렵 뮈시아의 올륌포스[42]산에 큰 멧돼지 한 마리가 출현했다. 녀석은 산중 소굴에서 내려와 뮈시아인의 들판을 쑥대밭으로 만들었다. 뮈시아인이 여러 차례 녀석을 뒤쫓았지만, 녀석을 응징하기는커녕 오히려 녀석에게 피해를 입었다. 마침내 뮈시아인의 사절단이 크로이소스를 찾아와 이렇게 말했다. "전하, 엄청나게 큰 멧돼지 한 마리가 우리 나라에 나타나 들판을 쑥대밭으로 만들고 있나이다. 우리는 녀석을 잡고자 하지만 역부족이옵니다. 하오니 우리가 그 짐승에게서 벗어날 수 있도록 전하의 아드님을 엄선한 젊은이들과 사냥개들과 함께 우리에게 보내 주소서!" 그렇게 그들은 간청했지만 크로이소스는 자신이 꾼 꿈을 기억하고는 다음과 같이 대답했다. "내 아들은 더이상 언급하지 말게. 그 애만큼은 자네들에게 보낼 수 없네. 장가든 지 얼마 되지 않은 아들은 새로운 생활에 정신이 쏠려 있다네. 대신 뤼디아인의 정예부대와 사냥개들이라면 모두 보낼 것이며, 자네들의 나라가 그 짐승에게서 벗어날 수 있도록 있는 힘을 다해 도와주라고 그들에게 단단히 일러 놓겠네."

37 그의 대답에 뮈시아인은 만족했다. 그러나 그때 크로이소스의 아들이 뮈시아인의 요구 사항을 전해 듣고는 그곳에 나타났다. 크로이소스가 집요하게 아들을 함께 파견하기를 거절하자 젊은이가 아버지에게 말했다. "아버지, 지난날 전쟁터나 사냥터에 나가 두각을 드러내는 것이 제게는 가장 명예롭고 고귀한 낙이었어요. 그런데 지금 아버지께서는 제가 비겁하거나 용기가 없다는 어떠한 증거도 없는데 두 가지 모두를 거절하는군요. 이런 마당에 제가 시장을 오갈 때 시민들 눈에 어떻게 비치겠어요? 그들이 저를 어떤 사람으로 보겠어요? 제 신부는 또 저를 어떻게 생각하겠어요? 그녀는 자기가 어떤 남편과 살고 있다고 생각

하겠어요? 아버지께서는 제가 사냥에 참가하게 해 주시든지, 아니면 가지 않는 것이 제게 더 나은 이유를 설명해 주세요!"

38 크로이소스가 다음과 같이 대답했다. "내 아들아, 내가 이러는 것은 네가 비겁하다거나 그 밖의 다른 결함이 있어서가 아니라, 내가 자다가 네가 무쇠 창끝에 찔려 요절하는 꿈을 꾸었기 때문이다. 이 꿈 때문에 나는 너를 그렇게 서둘러 장가들인 것이고, 또한 너를 이번 사냥에 내보내지 않는 것이다. 내가 살아 있는 동안이라도 너를 지켜 주고 네가 죽는 것을 막아 주고 싶구나. 너는 내게 하나밖에 없는 아들이고, 청력이 망가진 또 다른 아들은 내 아들로 생각지 않으니까 말이다."

39 젊은이는 다음과 같이 대답했다. "아버지, 아버지께서 그런 꿈을 꾸었다면, 저를 지켜 주시려고 하는 것은 전혀 탓할 일이 아녜요. 하지만 아버지께서는 그 꿈을 잘못 이해하신 것 같아요. 그 점을 설명드리는 것이 제 도리겠지요. 아버지께서는 제가 무쇠 창끝에 죽는 꿈을 꾸었다고 말씀하시는데, 멧돼지에게 손이 있나요? 아버지께서 두려워하시는 무쇠 창끝을 멧돼지가 들 수 있나요? 제가 멧돼지의 엄니나 그 밖의 다른 무기에 죽는 꿈을 꾸셨다면, 아버지의 예방 조치는 정당하겠지요. 그러나 아버지께서는 창끝이라 하셨어요. 이번에는 사람을 상대로 싸우러 가는 것이 아닌 만큼 제가 갈 수 있게 해 주세요!"

40 크로이소스가 대답했다. "아들아, 네 해몽이 옳다. 네가 이겼고 내가 졌

---

42 소아시아 북서부 뮈시아와 비튀니스와 프뤼기아의 경계에 있는 산. 지금의 UluDag. 최고봉은 해발 2,543미터이다.

으니, 내가 생각을 바꿔 너도 이번 사냥에 참가하도록 허락하겠다."

41 크로이소스는 그렇게 말하고 프뤼기아인 아드라스토스를 불러오게 하더니 그가 도착하자 이렇게 말했다. "아드라스토스여, 자네를 나무라려는 것이 아니라, 자네가 큰 어려움에 처했을 때, 나는 자네를 구해 주고 정화해 주었으며 자네를 내 집에 맞아들여 자네에게 필요한 것을 다 갖춰 주었네. 내가 자네에게 은혜를 베풀었으니 자네는 내게 은혜를 갚을 의무가 있네. 사냥터로 가는 내 아들을 자네가 보호해 달란 말일세. 도중에 도둑 떼가 나타나 자네들을 해코지하지 않도록 말일세. 그일이 아니라도 자네는 이름을 날릴 수 있는 곳이면 어디든 가야 할 것이네. 자네 선조도 그렇게 했고, 게다가 자네는 건장하니 말일세."

42 아드라스토스가 대답했다. "전하, 저는 여느 때 같으면 그런 모험에 동행하지 않았을 것이옵니다. 제가 당한 것과 같은 불행을 당한 사람이 자기보다 행복한 동년배와 어울린다는 것은 적절치 못한 일이옵니다. 저 역시 그러고 싶지 않으며, 여러 이유에서 사양하곤 했사옵니다. 하지만 전하께서 그러기를 권하고, 저도 전하께서 베푸신 은혜를 갚아야 하는 만큼 기꺼이 동행하겠나이다. 전하의 아드님을 보호하는 일을 제게 맡기신다면 전하께서는 아드님이 무탈하게 돌아오리라 기대하셔도 좋을 것이옵니다."

43 그는 크로이소스에게 그렇게 대답했다. 일행은 엄선한 젊은이들과 개떼를 데리고 출발했다. 올륌포스산에 도착했을 때 그들은 멧돼지를 찾았고, 멧돼지를 찾아내자 빙 둘러서서 멧돼지를 향해 창을 던져 대기 시작했다. 그때 크로이소스가 살인죄를 정화해 준 아드라스토스라고

불리는 그 손님이 멧돼지를 향해 던진 창이 빗나가 크로이소스의 아들을 맞혔다. 그리하여 크로이소스의 아들이 창끝에 맞아 죽었으니, 꿈의 예언이 실현된 것이다. 사자는 크로이소스 집안에 일어난 일을 보고하러 급히 달려갔고, 사르데이스에 도착한 사자는 멧돼지와 싸운 일과 그의 아들이 죽은 일을 그에게 전했다.

44 크로이소스는 아들의 죽음에 충격을 받았고, 자신이 살인죄를 정화해 준 자의 손에 아들이 죽었다는 데서 더 큰 충격을 받았다. 너무나 슬펐던 그는 자기 손님에게 당한 끔찍한 일의 증인이 되어 달라고 정화의 신 제우스를 불렀다. 그는 또 화로의 신 제우스와 우의(友誼)의 신 제우스[43]를 불렀는데, 화로의 신 제우스를 부른 것은 그런 줄도 모르고 아들을 죽인 자를 자기집에서 접대했기 때문이고, 우의의 신 제우스를 부른 것은 그가 호위자로 딸려 보낸 자가 가장 무서운 적이 되었기 때문이다.

45 오래지 않아 뤼디아인들이 시신을 운구해 왔고 살인자가 그 뒤를 따랐다. 그는 시신 앞에 서서 두 손을 내밀며 자신을 크로이소스에게 맡겼다. 그리고 시신 위에서 자기를 죽여 주기를 청하며, 자기는 처음에 형을 죽인 데다 이제는 자기를 정화해 준 분을 불행에 빠뜨렸으니 더는 살 가치가 없다고 말했다. 그 말을 듣자 크로이소스는 자신도 그토록 심한 고통에 빠져 있으면서도 아드라스토스를 불쌍히 여기고 말했다. "여보게, 자네 스스로 자네는 죽어 마땅하다고 선언했으니 나는 자네

---

43 '정화의 신 제우스'와 '화로의 신 제우스'와 '우의의 신 제우스'는 그리스어로 Zeus katharsios, Zeus ephestios(원전 epistios), Zeus hetaireios이다.

에게 충분한 보상을 받은 셈이네. 내가 불행을 당한 것은 자네 책임이 아닐세. 자네는 본의 아니게 그렇게 했으니까. 그 책임은 내게 무슨 일이 일어날지 이미 오래전에 경고하신 어떤 신에게 있네." 크로이소스는 격식을 갖춰 아들의 장례를 치렀다. 미다스의 손자요 고르디아스의 아들로, 형을 죽이고 자신을 정화해 준 사람까지 망쳐 놓은 아드라스토스는 애도하던 사람들이 다 떠나고 무덤 주위가 조용해졌을 때 자기가 아는 한 세상에서 가장 불행한 사람이 자신이라고 믿고 무덤가에서 스스로 목숨을 끊었다.

46 크로이소스는 아들을 잃고 2년 동안이나 비탄에 잠겼다. 그러다가 퀴악사레스의 아들 아스튀아게스의 왕국[44]이 캄뷔세스의 아들 퀴로스의 손에 무너지며 페르시아의 세력이 날로 커지자 크로이소스는 슬퍼하기를 그만두고 팽창하는 페르시아 세력이 너무 커지기 전에 억제할 방법을 심사숙고하기 시작했다. 마음을 그렇게 정한 그는 헬라스의 신탁소들과 리뷔에[45]의 신탁소에 물어보기로 하고 각지로 사절단을 파견했는데, 더러는 델포이로, 더러는 포키스 지방의 아바이[46]로, 또 더러는 도도네[47]로 갔다. 또 더러는 암피아라오스[48]와 트로포니오스[49]와 밀레토스의 브랑키다이[50]로 파견되었다. 이상이 크로이소스가 예언을 들어 보라고 사절을 보낸 헬라스의 신탁소이다. 그는 또 리뷔에의 암몬[51] 신탁소에도 사절을 보냈다. 이렇듯 사방으로 사절을 보낸 것은 먼저 신탁이 잘 맞히는지 떠보고 나서 맞히는 신탁소가 있으면 그곳으로 다시 사절을 보내 페르시아를 침공해야 하는지 물어보기 위해서였다.

47 그는 신탁을 떠보기 위해 뤼디아인을 파견하며, 그들이 사르데이스를 출발한 날로부터 계산해 100일째 되는 날에 뤼디아인의 왕인, 알뤼앗테

스의 아들 크로이소스가 무엇을 하는지 물어보라고 지시했다. 그리고 이 질문에 대한 각 신탁소의 답변을 적어 자기에게 가져오라고 했다. 다른 신탁소의 답변은 어느 곳에도 전해지지 않고 있지만 뤼디아인이 델포이로 가서 신탁을 듣기 위해 신전에 들어가 크로이소스가 지시한 대로 물었을 때, 예언녀 퓌티아는 헥사메트론 운율로 이렇게 말했다.

나는 바닷가 모래알의 수도 알고 바다의 너비도 알며,
벙어리의 마음도 알고 침묵하는 자의 말도 알아듣는다네.
내 코에는 등껍질이 딱딱한 거북을 청동 솥 안에서
새끼 양의 살코기와 함께 삶는 냄새가 솔솔 나는구나.
솥은 바닥이 청동이고, 뚜껑도 청동이구나.

48   뤼디아인은 퓌티아의 이 예언을 적어 가지고 사르데이스로 돌아왔다.

---

44 메디아.

45 지금의 북아프리카.

46 포키스 지방의 북동부 아바이에 있던 아폴론 신탁소는 델포이의 신탁소보다 더 오래된 것이라고 한다.

47 그리스 서북부 에페이로스 지방의 도도네에 제우스의 신탁소가 있었는데, 그리스에서 가장 오래된 것이라고 한다.

48 예언자 암피아라오스는 이른바 '테바이를 공격한 일곱 장수' 중 한 명으로 테바이에서 전사했는데, 그가 전사한 곳에 신탁소가 세워졌다. 그곳 사제들은 꿈결에 신탁의 말씀을 받았다고 한다.

49 영웅 트로포니오스의 신탁소는 보이오티아 지방의 레바데이아에 있었는데, 지하 동굴에 있던 그의 신탁소에는 사다리를 타고 내려갔다고 한다.

50 밀레토스에서 남쪽으로 16킬로미터 떨어진 브랑키다이 일명 디뒤마(지금의 Didim)에는 유명한 아폴론의 신전과 신탁소가 있었다.

51 이집트 신 암몬을 그리스인은 제우스와 동일시했다.

다른 사절단도 신탁을 적어 가지고 돌아오자 크로이소스는 하나씩 개봉하여 적어 놓은 것을 읽기 시작했다. 어느 것도 그의 마음에 들지 않았다. 그러나 델포이의 답변을 들었을 때, 그는 즉시 칭찬하며 옳다고 시인했다. 델포이의 신탁만이 그때 그가 한 일을 알아맞혔으니 진정한 신탁이라고 그는 말했다. 그는 신탁소로 사절단을 파견해 놓고 정해진 날짜에 맞춰 아무도 알아맞힐 수 없는 일을 생각해 냈는데, 거북과 새끼 양 몇 마리를 토막 내어 청동 솥에 함께 넣고 삶으며 그 위에 청동 뚜껑을 덮었던 것이다.

49 이것이 크로이소스가 델포이에서 받은 신탁이었다. 뤼디아인이 신전에서 관행에 따라 의식을 거행했을 때, 그들에게 암피아라오스의 신탁이 어떻게 답변했는지에 관해 나는 말할 수 없다. 그에 관해서는 어떤 기록도 남아 있지 않기 때문이다. 내가 아는 것은 이 신탁도 제대로 맞혔다고 크로이소스가 말했다는 것뿐이다.

50 그 뒤 크로이소스는 엄청난 제물을 바쳐 델포이에 계신 신의 호감을 사려 했다. 그는 온갖 종류의 가축 3,000마리를 제물로 바쳤고, 금을 입힌 침상과 은을 입힌 침상과 황금으로 만든 잔과 자줏빛 옷을 장작더미 위에 산더미처럼 쌓아 놓고 불태웠다. 그는 그럼으로써 그만큼 더 신의 호감을 살 수 있기를 바랐다. 그는 뤼디아인들도 빠짐없이 저마다 가진 것 중에서 좋은 것을 신에게 제물로 바치라고 말했다. 그는 제물을 다 바치고 나서 엄청난 양의 금을 녹여 금괴 117개를 만들게 했는데, 각 금괴는 길이가 6팔라이스테,[52] 너비가 3팔라이스테, 두께가 1팔라이스테였다. 그중 네 개는 순금으로 만들어졌는데 무게가 각각 2.5탈란톤이고, 나머지는 금과 은의 합금으로 무게가 각각 2탈란톤이었다. 그는

또 순금으로 무게가 10탈란톤이나 되는 사자상(獅子像) 하나를 만들게 했다. 델포이 신전이 불탔을 때[53] 이 사자상은 대좌(臺座) 역할을 하던 금괴들에서 떨어져, 지금은 코린토스인의 보물 창고에 보관되어 있는데, 무게가 6.5탈란톤밖에 안 된다. 3.5탈란톤이 불에 녹아 버렸기 때문이다.

51 이것들이 완성되자 크로이소스는 델포이로 보내며 추가로 다른 것들도 보냈는데, 두 개의 큼직한 포도주 희석용 동이가 그것이다. 하나는 금으로 다른 하나는 은으로 만들었는데, 금으로 만든 것은 신전으로 들어가면 오른쪽에, 은으로 만든 것은 왼쪽에 서 있었다. 신전이 소실되었을 때 옮겨져 금으로 만든 것은 지금 클라조메나이인의 보물 창고에 보관되어 있고, 무게가 8.5탈란톤 12므나[54]이다. 은으로 만든 것은 신전의 주랑 현관 구석에 서 있으며, 용량은 600암포레우스[55]이다. 테오파니아제[56] 때 델포이인이 포도주를 물로 희석하는 데 그것을 사용하면서 알려진 것이다. 델포이인은 그것이 사모스의 테오도로스의 작품이라고 주장하는데, 나도 동의하는 바이다. 내가 보기에 그것은 결코 예사로운 작품이 아니다. 그는 또 은제 항아리 네 개를 보냈는데, 그것들은 코린토스인의 보물 창고에 보관되어 있다. 그 밖에도 그는 성수를 담아 뿌리는 대야 두 개를 보냈는데, 하나는 금으로 다른 하나는 은으

---

52 1팔라이스테(palaiste)는 7.4센티미터이다.
53 기원전 548년.
54 1므나(mna)는 431그램이다.
55 1암포레우스는 39리터이다.
56 Theopania. 겨울에 떠나 있던 아폴론 신이 다시 돌아오는 것을 기리는 델포이의 봄 축제.

로 만든 것이다. 금으로 만든 대야에는 라케다이몬인의 공물이라는 명문이 새겨져 있어, 라케다이몬인은 자기들이 그것을 바쳤다고 주장하지만 그건 사실이 아니다. 그것은 크로이소스가 바친 것인데, 어떤 델포이인이 라케다이몬인의 환심을 사려고 그들의 이름을 새겨넣었기 때문이다. 나는 그가 누군지 알지만 그 이름은 밝히지 않겠다. 그 손을 통해 성수가 똑똑 떨어지는 소년상은 라케다이몬인이 봉헌한 것이지만, 성수 대야는 어느 것도 그렇지 않다. 크로이소스는 그 밖에 명문을 새기지 않은 공물도 많이 봉헌했는데, 은으로 만든 둥글고 큰 잔들과 높이가 3페퀴스[57]인 황금 여인상도 거기에 포함된다. 델포이인의 주장에 따르면, 그것은 크로이소스의 빵 굽는 여인[58]의 입상이라고 한다. 크로이소스는 또 아내의 목걸이와 허리띠도 봉헌했다.

52   이런 것들을 크로이소스는 델포이로 보냈다. 암피아라오스의 용기와 불행에 관해 전해 들은 크로이소스는 그에게 순금으로 만든 방패와, 자루도 창끝도 모두 순금으로 만든 창을 봉헌했다. 이 두 가지 물건은 오늘날에도 테바이에 있으며, 그곳의 아폴론 이스메니오스의 신전에 보관되어 있다.

53   크로이소스는 이 선물들을 두 신전으로 가져갈 뤼디아인들에게 명해 자신이 페르시아인과 전쟁을 해야 하는지, 그럴 경우 동맹군을 구해야 하는지 신탁에 묻게 했다. 그래서 뤼디아인들은 목적지에 도착해 공물을 바치고 나서 다음과 같이 신탁에 물었다. "뤼디아인과 그 밖의 다른 민족의 왕이신 크로이소스는 이곳의 신탁만이 세상에서 유일하게 참된 신탁이라고 믿고 그대들의 지혜에 걸맞은 공물을 봉헌했나이다. 그리고 지금 자신이 페르시아인과 전쟁을 해야 하는지, 그럴 경우 동맹군

을 구해야 하는지 묻고 있나이다." 그들은 이렇게 물었다. 두 신탁소의 대답은 똑같았는데, 만약 크로이소스가 페르시아인과 전쟁을 하면 대국(大國)을 멸하게 될 것이라며, 가장 강력한 헬라스 국가를 찾아내어 동맹을 맺으라고 권고했다.

54 크로이소스는 그의 백성이 가져온 대답에 크게 기뻐하며 자신이 퀴로스의 왕국을 멸하게 될 것이라고 확신했다. 그는 먼저 델포이의 인구를 알아낸 다음 다시 퓌토[59]에 사절단을 보내 각자에게 황금 2스타테르[60]씩 주게 했다. 그 보답으로 델포이인은 크로이소스와 뤼디아인에게 누구보다 먼저 신탁에 물어볼 수 있는 우선권과 면세 특권과 축제 때 앞자리를 보장해 주고, 원하는 뤼디아인은 누구든 영구히 델포이의 시민이 되게 해 주었다.

55 크로이소스는 델포이인에게 선물을 준 뒤 세 번째로 신탁에 물었다. 그곳의 신탁이 잘 맞는 것을 알게 된 그는 철저히 델포이의 신탁을 이용하고 싶었던 것이다. 이번에 그는 자신의 왕권이 오래 지속될지 물었다. 퓌티아가 그에게 이렇게 대답했다.

　　노새가 메디아인의 왕이 되거든, 발이 부드러운 뤼디아인이여,

　　그때는 지체 없이 자갈이 많은 헤르모스강을 따라 도망가라,

57 1페퀴스(pechys)는 44.4센티미터이다.

58 크로이소스의 계모가 크로이소스를 독살하려 했을 때 '빵 굽는 여인'이 이를 알려 주었다고 한다.

59 델포이의 옛 이름.

60 1스타테르(stater)는 18그램이다.

겁쟁이라고 불리는 것을 부끄러워하지 말고.

56 크로이소스는 이 대답을 전해 듣고 크게 기뻐했으니, 사람이 아닌 노새가 메디아인의 왕이 되는 일은 결코 없을 것이며, 따라서 그도 그의 자손도 왕권을 잃는 일은 결코 없으리라 확신했기 때문이다. 그 뒤 그는 동맹을 맺기 위해, 가장 강력한 헬라스 국가가 어느 나라인지 조사했다. 그는 라케다이몬과 아테나이가 주도적인 국가인데, 라케다이몬에는 도리에이스족이 살고 아테나이에는 이오네스족이 산다는 것을 알아냈다. 이 두 종족이 두각을 나타냈는데, 이오네스족은 원래 펠라스고이족[61]이고, 도리에이스족은 헬라스인이었다. 펠라스고이족은 다른 곳으로 이주한 적이 없지만 헬라스인은 많이 떠돌아다녔다. 데우칼리온왕 치세 때 그들은 프티아 땅에서 살았고, 헬렌의 아들 도로스 치세 때는 히스티아이오티스라 불리는, 옷사산과 올륌포스산 주변 지역에서 살았다. 그 뒤 그들은 카드모스의 자손에 의해 히스티아이오티스에서 쫓겨나 핀도스산에서 살았는데, 그곳에서 그들은 마케드노스족이라 불렸다. 거기서 그들은 다시 드뤼오피스[62]로 이주하고, 드뤼오피스에서 마지막으로 펠로폰네소스에 이르러 도리에이스족이라 불리게 되었다.

57 펠라스고이족이 어떤 언어를 사용했는지 확언할 수 없지만 아직도 남아 있는 펠라스고이족, 이를테면 튀르레니아[63] 북쪽에 있는 크레스톤[64] 시에 거주하는 자들— 그들은 지금은 텟살리오티스라 불리는 땅에 살며 지금은 도리에이스족이라 불리는 종족과 접경해 있었다 — 이나 아테나이인과 나란히 앗티케 땅에 살면서 헬레스폰토스 해협에 플라키에와 스퀼라케[65]를 세웠던 자들이나, 나중에 이름을 바꾼 그 밖의 다른

펠라스고이족 도시들을 미루어 짐작하건대 펠라스고이족은 비헬라스계 언어를 사용한 것 같다. 펠라스고이족 전체가 그랬다면, 앗티케 주민도 펠라스고이족이므로 헬라스인에 동화되면서 언어도 바뀌었음이 틀림없다. 크레스톤과 플라키에에서는 같은 언어가 사용되는데 그것은 주변 나라들의 언어와는 다르다. 이는 그들이 그곳으로 이주할 때 갖고 온 언어를 꿋꿋하게 지켰음을 말해 준다.

58 헬라스인은 분명 처음부터 줄곧 같은 언어를 사용한 것 같다. 헬라스인은 펠라스고이족과 통합되기 전에는 미약했다. 그들은 미약하게 시작해 큰 인구 집단을 이루었는데, 무엇보다도 펠라스고이족과 그 밖의 다른 비헬라스계 민족을 많이 흡수했다. 그리고 비헬라스계 민족인 펠라스고이족은 결코 인구가 크게 늘지 않았다.

59 크로이소스는 이들 부족 가운데 앗티케인이 당파싸움으로 곤욕을 치르고 있다는 것을 알게 되었다. 당시에는 힙포크라테스의 아들 페이시스트라토스가 아테나이의 참주(僭主)였다. 힙포크라테스가 개인 자격으로 올륌피아 축제를 관람하고 있을 때, 그에게 큰 이변이 일어났다. 그가 제물을 바치고 나자 고기와 물이 가득 든 솥들이 불을 때지 않았는데도 끓어 넘친 것이다. 라케다이몬의 킬론이 우연히 그곳에 있다

61 고대 그리스의 선주민.
62 훗날의 도리스(Doris).
63 대개 이탈리아의 에트루리아 지방을 말하지만 여기서는 그렇지 않다.
64 칼키디케반도의 도시.
65 '플라키에와 스퀼라케'는 지금의 마르마라 해협 퀴지코스 동쪽에 세운 그리스의 식민시다.

가 이변을 목격하고는 힙포크라테스에게 아이를 가질 수 있는 여자를 집에 들이지 않는 것이 상책이고, 아내가 있으면 내보내고 아들이 있으면 의절하는 것이 차선책이라고 충고했다. 그러나 힙포크라테스는 킬론의 이런 충고를 귀담아듣지 않았고, 얼마 뒤 앞서 말한 페이시스트라토스가 태어났다. 아테나이에서 알크마이온의 아들 메가클레스가 이끄는 해안당(海岸黨)과 아리스톨라이데스의 아들 뤼쿠르고스가 이끄는 평야당(平野黨) 사이에 당파싸움이 벌어졌을 때, 페이시스트라토스는 참주가 될 심산으로 제3당을 결성했다. 그는 추종 세력을 규합해 자신이 산악당(山岳黨)[66]의 당수라며 다음과 같은 음모를 꾸몄다. 그는 자기 몸과 노새들에게 상처를 입히고 나서 시장으로 수레를 몰고 가서는 시골로 나가려던 자기를 정적들이 죽이려 해서 간신히 도망쳐 오는 길이라고 말했다. 그러고는 아테나이 백성에게 경호대를 붙여 달라고 간청했다. 그는 전에 군대를 인솔해 가서 메가라를 공격할 때 그곳의 니사이아 항을 함락하는 등 전공을 많이 세운 터라 이미 아테나이인 사이에 신망이 두터웠다. 아테나이 백성은 그의 술책에 속아넘어가 시민 중에서 그의 경호대를 뽑아 주었다. 그러나 그들은 창을 든 경호대가 아니라 몽둥이를 든 경호대가 되었다. 나무 몽둥이를 들고 페이시스트라토스를 따라다녔기 때문이다. 그 뒤 그들은 페이시스트라토스와 함께 봉기해 아크로폴리스를 점령했다. 그리하여 페이시스트라토스는 아테나이를 통치하게 되었는데, 기존 관직을 폐지하거나 법을 바꾸지 않고 기존 제도에 따라 도시를 훌륭하고 탁월하게 다스렸다.

60 그 뒤 오래지 않아 메가클레스의 지지자들과 뤼쿠르고스의 지지자들이 힘을 모아 페이시스트라토스를 쫓아냈다. 페이시스트라토스는 처음에 아테나이의 통치권을 장악했지만 그것이 깊이 뿌리내리지 못한

탓에 결국 독재 권력을 잃고 말았다. 그러나 페이시스트라토스를 쫓아낸 자들은 또다시 서로 파벌 싸움을 벌이기 시작했다. 끊임없는 파벌 싸움에 시달리자 메가클레스는 페이시스트라토스에게 전령을 보내, 참주가 되는 조건으로 자기 딸과 결혼하겠는지 의향을 물었다. 페이시스트라토스는 이 제의를 받아들이고 조건에 동의했다. 그를 귀환시키기 위해 이들 두 사람은 내가 생각하기에 어리석기 짝이 없는 계략을 꾸몄다. 헬라스인은 먼 옛날부터 더 현명하고 덜 어리석다는 점에서 비헬라스계 민족과 구별되었음에도 두 사람은 헬라스인 중에서도 가장 지혜롭다는 아테나이인에게 다음과 같은 장난을 쳤다. 파이아니아 구역(區域)[67]에 퓌아라는 여인이 있었는데, 키가 4페퀴스에서 3닥튈로스[68]가 모자랐고 얼굴도 잘생겼다. 그들은 이 여인을 완전무장시키고 수레에 태운 다음 어떤 자세를 취해야 가장 좋은 인상을 줄 수 있는지 시범을 보여 주고는 도성으로 들어갔다. 그들은 전령들이 앞서 달려가게 했는데, 도성에 도착한 전령들은 미리 지시받은 대로 이렇게 말했다. "아테나이인이여, 페이시스트라토스를 환영하시오! 아테나 여신께서 인간 중에 특히 그분을 사랑해 몸소 자신의 성채[69]로 도로 데려오고 계시오." 전령들이 사방을 돌아다니며 이렇게 외치자, 아테나 여신이 페이시스트라토스를 다시 데리고 온다는 소문이 방방곡곡에 퍼졌

---

66 해안 주민으로 구성된 해안당(paralioi)은 상인의 이익을, 앗티케의 노른자위 땅을 차지하고 있던 자들로 구성된 평야당(pediakoi)은 귀족 지주의 이익을 대변했다. 산악당(diakrioi)은 목자와 앗티케의 가장 척박한 땅에서 농사를 짓던 소농으로 구성되었다.
67 아테나이를 수도로 하는 앗티케 지방은 모두 174개 구역(demos)으로 나뉘었다.
68 1페퀴스는 44.4센티미터이고 1닥튈로스는 1.85센티미터이므로 그녀의 키는 172센티미터 남짓 된다.
69 아테나는 아테나이의 수호 여신이다.

다. 그동안 시내에 사는 자들은 여인이 정말로 여신인 줄 알고 한갓 인간에 지나지 않는 여인을 경배하며 페이시스트라토스를 환영했다.

61   페이시스트라토스는 앞서 말한 방법으로 다시 참주가 되자 메가클레스와 협약한 바에 따라 그의 딸과 결혼했다. 그러나 그에게는 이미 다 큰 아들들이 있고, 메가클레스가 속한 알크메오니다이가(家)는 저주받았다는 말이 돌아 새 아내에게서는 아이를 갖고 싶지 않아서 비정상적인 방법으로 그녀와 살을 섞었다. 처음에 그의 아내는 이를 비밀로 했지만, 나중에는 어머니가 물어보았는지 아닌지 몰라도 어머니에게 말했고, 어머니는 또 자기 남편에게 말했다. 메가클레스는 페이시스트라토스에게 모욕당한 것에 격분했고, 홧김에 자신의 정적들과 다시 화해했다. 페이시스트라토스는 자신을 겨냥한 어떤 음모가 진행되고 있는지 알게 되자 아예 나라를 떠나 에레트리아[70]로 갔다. 그곳에 도착하자 그는 아들들과 의논했는데, 정권을 되찾아야 한다는 힙피아스의 의견이 채택되었다. 그들은 어떻게든 자기들에게 신세진 도시들로부터 헌금을 받았다. 거금을 내는 도시가 많았지만 테바이는 그들과 비교할 수 없을 정도로 많이 헌금을 했다. 펠로폰네소스에서는 아르고스의 용병들이 왔고, 낙소스에서는 뤽다미스라는 사람이 자원해서 왔는데, 그가 가져온 돈과 데려온 대원들은 군사의 사기를 높여 주었다.

62   페이시스트라토스 일행은 에레트리아를 출발해 추방된 지 11년 만에 앗티케로 돌아왔다. 그들이 맨 먼저 점령한 곳은 마라톤이었다. 그들이 그곳에 진을 치자 도성에서 그들의 지지자들이 합류했고, 농촌 구역들에서는 자유보다 참주 정치를 더 환영하는 무리가 몰려왔다. 이들은 그곳으로 몰려들었지만 도성의 아테나이인들은 페이시스트라토스가

군자금을 모으고 있을 때도, 나중에 마라톤을 점령했을 때도 아무렇지도 않게 여겼다. 그가 마라톤을 출발해 도성을 향해 진격해 온다는 것을 알았을 때에야 그를 공격하러 출동했다. 그들은 귀향하는 추방자들을 공격하러 전군을 인솔해 갔고, 페이시스트라토스의 군대는 마라톤을 출발해 도성으로 진격했다. 그리하여 양군은 팔레네[71]에 있는 아테나의 신전에서 대치했다. 그때 신의 사주를 받은 아카르나니아 출신 예언자 암필뤼토스가 페이시스트라토스에게 다가가 헥사메트론 운율로 다음과 같이 예언했다.

투망이 던져져 그물이 활짝 펼쳐졌으니,
달 밝은 밤에 참다랑어 떼가 뛰어들리라.

63 예언자가 신이 들려 이렇게 예언하자, 그 뜻을 이해한 페이시스트라토스는 신탁을 받아들이겠다고 말하고 군대를 인솔했다. 도성에서 온 아테나이인들은 때마침 점심 식사를 하느라 여념이 없었고, 식사를 마친 뒤 더러는 주사위 놀이를 했고, 더러는 낮잠을 잤다. 페이시스트라토스의 군대는 아테나이인을 기습해 패주시켰다. 도망치는 아테나이인들이 다시 규합되지 않고 그대로 흩어지도록 페이시스트라토스는 묘책을 생각해 냈다. 그는 아들들을 말에 태워 먼저 내보낸 것이다. 그의 아들들은 도망치는 아테나이인들을 따라잡아 페이시스트라토스의 명령이라며 겁내지 말고 각자 제 고향으로 돌아가라고 말했다.

---

70 에우보이아섬에 있는 도시.
71 앗티케 지방의 한 구역.

제I권 **61**

64 아테나이인들이 이 지시에 따르자, 페이시스트라토스는 세 번째로 아테나이를 장악했다. 그는 이번에는 수많은 용병과, 일부는 앗티케 자체에서, 일부는 스트뤼몬[72]강 유역에서 들어오는 세수(稅收)에 힘입어 권력을 더욱 공고히 했다. 또한 즉시 도망치지 않고 버티던 아테나이인들의 자식들을 인질로 잡아 낙소스로 보냈다. 그는 이 섬도 함락하여 뤼그다미스에게 맡겼던 것이다. 그 밖에 그는 신탁이 지시한 대로 델로스섬을 다음과 같은 방법으로 정화했다. 그는 신전에서 보이는 무덤을 모두 파내어 시신을 섬의 다른 쪽으로 이장하게 했다. 그리하여 페이시스트라토스는 아테나이의 참주가 되었고, 아테나이인들은 일부는 전사하고 일부는 알크메오니다이가(家) 사람들을 따라 국외로 망명했다.

65 크로이소스는 당시 아테나이의 사정이 그러하다는 것을 알아냈다. 그러나 라케다이몬인은 큰 곤란을 극복하고 지금은 전쟁에서 테게아인보다도 더 우세하다는 것을 알았다. 레온과 헤게시클레스가 스파르테의 왕이었을 때, 라케다이몬인은 다른 전쟁에서는 모두 승승장구했지만 대(對)테게아 전쟁[73]에서는 패배를 거듭했다. 라케다이몬인은 또 전에는 아마 헬라스 전체에서 가장 열등한 법을 갖고 있었고, 저들끼리도 그리고 타국 사람과도 아무 거래가 없었다. 그러나 그들은 다음과 같은 방법으로 법을 바꿔 좋은 법을 갖게 되었다. 뤼쿠르고스라는 명망 있는 스파르테인이 신탁을 구하러 델포이에 갔는데, 그가 신전에 들어가자 퓌티아가 이렇게 말했다.

뤼쿠르고스여, 제우스와 그 밖에 올륌포스의 궁전에 사시는
모든 분의 총아여, 그대가 내 풍요로운 신전에 왔구려.

내 예언할 때 그대를 신이라 불러야 할지 인간이라 불러야 할지

모르겠구려. 하지만 그대는 역시 신인 것 같구려, 뤼쿠르고스!

일설에 따르면, 퓌티아는 이에 덧붙여 스파르테인의 현재의 법제를 받아쓰게 했다고 한다. 그러나 라케다이몬인의 주장에 따르면, 뤼쿠르고스가 스파르테인의 왕이 된 조카 레오보테스의 후견인이었을 때 현재의 법제를 크레테에서 가져왔다고 한다. 아무튼 그는 조카의 후견인이 되자마자 법을 모두 바꾸고 새 법이 엄격히 지켜지도록 했다. 그러고 나서 뤼쿠르고스는 군제(軍制)를 모두 바꿔 의형제 대(隊)[74]와 30인 대[75]와 공동식사 제도[76]를 확립하고, 이에 덧붙여 에포로스[77] 제도와 원로원 제도를 도입했다.

66 이렇게 라케다이몬인은 제도를 정비했으며, 뤼쿠르고스가 죽자 사당을 지어 크게 경의를 표했다. 그들은 땅이 비옥하고 인구가 적지 않았기에 곧 세력이 커지고 번창하면서 평화롭게 사는 데 만족하지 않았다.

---

72 트라케 지방의 강.

73 기원전 560~550년.

74 그리스어 enomatia는 '서로 맹세한 집단'이라는 뜻으로, 32~36명으로 구성되었다.

75 '30인 대'(그/triakas)에 관해 구체적인 내용은 밝혀진 바 없다. enomatia에 대한 주(註)로 옆에다 써 놓은 것으로 보는 이들도 있다.

76 공동식사 제도(그/syssitia)는 나중에 일반 시민에게로 확대되었는데, 이는 병영 생활에서 유래한 것이다.

77 ephoros. 흔히 '국정 감독관'으로 옮겨진다. 훗날에는 그들의 권력이 막강해져 왕권을 압도했다. 2명의 세습 왕, 시민들 중에서 1년 임기로 해마다 선출된 5명의 국정 감독관, 28명의 60세 이상의 원로들과 2명의 왕으로 구성된 원로원(gerousia), 시민들로 구성된 민회가 스파르테의 통치기구였다.

그들은 자신들이 아르카디아인보다 더 강하다고 확신하고 아르카디아 전체를 손에 넣을 수 없겠는지 델포이의 신탁에 물었다. 퓌티아는 다음과 같이 대답했다.

아르카디아를 요구하는가? 큰 것을 요구하는구나. 나는 그것을 그대에게 주지 않으리라. 아르카디아에는 도토리를 먹는 남자들이 많아 그들이 그대를 제지하리라. 그러나 나는 그대에게 인색하고 싶지 않아, 테게아의 무도장을 그대에게 주겠노라. 그러면 그대는 그곳을 돌아다니며 밧줄로 아름다운 들판을 측량할 수 있으리라.

이런 대답을 듣자 라케다이몬인은 아르카디아의 다른 도시들은 포기하고 테게아로 진격하며 테게아인에게 채울 족쇄를 가져갔다. 퓌티아의 애매모호한 대답을 믿고 테게아인을 노예로 삼게 될 줄 알았던 것이다. 그러나 그들은 전투에 패했고, 그 가운데 포로로 잡힌 자들은 자신들이 가져간 족쇄를 찬 채 노예로서 테게아의 들판을 밧줄로 측량했다. 그들에게 채워졌던 족쇄는 오늘날까지도 테게아에 보관되어 있는데 아테나 알레아의 신전 벽에 걸려 있다.

67 이렇듯 스파르테인은 처음에는 테게아인과의 전투에서 늘 재미를 보지 못했지만, 아낙산드리데스와 아리스톤이 라케다이몬의 왕이던 크로이소스 치세 때는 전쟁에서 우세해지기 시작했는데 그 경위는 다음과 같다. 그들은 전쟁에서 테게아인에게 늘 지자 델포이로 사절단을 보내, 전쟁에서 테게아인에게 이기려면 어떤 신을 달래야 하는지 묻게 했다. 그러자 퓌티아가 아가멤논[78]의 아들 오레스테스의 유골을 스파르테로 가져가라고 대답했다. 오레스테스의 무덤을 찾을 수 없자 그들은

다시 델포이로 사절단을 보내 오레스테스가 묻힌 곳이 어딘지 묻게 했다. 그들의 물음에 퓌티아는 이렇게 대답했다.

아르카디아의 들판에 테게아라는 곳이 있으니, 그곳에서는
강력한 필연에 의해 두 가지 바람이 불고 있노라.
가격이 반격으로 이어지며 고통에 고통이 겹치는구나.
그곳에 생명을 낳는 대지가 아가멤논의 아들을 붙들고 있으니,
그대가 그를 집으로 데려가면 테게아의 주인이 되리라.

이 신탁에 따라 라케다이몬인은 오레스테스가 묻힌 곳을 찾기 위해 이 잡듯 수색했지만 여전히 오리무중이었다. 그러다 '선행을 베푸는 이들'[79]이라고 불리는 스파르테인 중 한 명인 리카스가 마침내 찾아냈다. '선행을 베푸는 이들'이란 정년이 되어 기병대를 제대하는 시민들로 해마다 다섯 명씩 배출되었는데, 제대하는 해에 그들은 스파르테인의 공동체를 위해 쉴 새 없이 여기저기 심부름을 다녀야 했다.

68 이 가운데 한 명인 리카스가 운도 좋았지만 기지를 발휘해 무덤을 찾아냈던 것이다. 당시에는 스파르테인과 테게아인 사이에 왕래가 있던 터라 리카스는 어느 대장간에 들렀다가 대장장이가 쇠를 두드려 펴는 것을 보고 그의 재주에 감탄했다. 그의 탄성을 들은 대장장이가 하던 일을 멈추고 말했다. "라코니케[80]에서 온 이방인이여, 그대는 지금 내가

---

78 트로이아 전쟁 때 그리스군 총사령관.
79 agathoergoi. 300명으로 이루어진 친위대에서 정년이 되어 제대하는 자들.
80 스파르테는 수도를, 라코니케는 스파르테가 통치하는 주변 지역을, 라케다이몬은 수도와 주변 지역을 모두 말하지만 대개 스파르테와 동의어로 쓰인다.

쇠 다루는 것을 보고 감탄하는데, 내가 보았던 것을 보게 되면 틀림없이 감탄을 금치 못할 것이오. 나는 여기 이 안마당에 우물을 파기로 하고 땅을 파 내려가다가 길이가 7페퀴스나 되는 관(棺)을 발견했다오. 옛사람들의 키가 지금보다 더 컸으리라는 사실이 믿어지지 않아 관을 열고 보니 시신은 관과 크기가 똑같았소. 나는 관의 길이를 재고 나서 구덩이를 도로 메워 버렸소." 대장장이가 그렇게 자기가 본 것을 이야기하자, 그의 말을 곱씹어 생각하던 리카스는 그 시신이 신탁이 말한 오레스테스의 것이 틀림없다고 판단했다. 그는 그곳 대장장이의 풀무들이 '두 가지 바람'이고, 망치와 모루가 '가격과 반격'이며, '고통에 고통이 겹친다' 함은 무쇠의 발견이 인간에게 재앙이 된 만큼 대장장이가 무쇠를 두드려 펴는 것을 말하는 것이라고 결론지었던 것이다. 그런 결론에 이르자 그는 곧 스파르테로 돌아가 라코니케인에게 사건의 전말을 이야기했다. 그들은 짐짓 그에게 죄를 덮어씌우고 국외로 추방했다. 그러자 리카스는 테게아로 돌아가 대장장이에게 사정을 이야기하고 그 안마당을 세내려 했다. 처음에 대장장이는 세를 주려 하지 않았지만 리카스는 결국 설득에 성공하고, 세를 들자마자 무덤을 파헤치고 유골을 수습해 스파르테로 가져갔다. 그날 이후 양쪽이 전쟁할 때마다 라케다이몬인이 월등히 우세했고, 그들은 이제 펠로폰네소스반도 대부분을 정복했다.

69 이런 모든 정보를 알아낸 크로이소스는 사절단에게 선물을 가지고 스파르테로 가서 동맹을 청하되 어떻게 말해야 하는지 일러 주었다. 사절단은 스파르테에 도착하자 이렇게 말했다. "뤼디아인과 그 밖의 다른 민족의 왕인 크로이소스께서 저희를 보내며 다음과 같이 말씀하셨소. '라케다이몬인이여, 신께서 나더러 헬라스인과 동맹을 맺으라 하셨

소. 그래서 나는 그대들이 헬라스에서 가장 강력하다는 것을 알기에, 신탁에 따라 속임수나 한 치의 거짓 없이 그대들과 친구가 되고 동맹군이 되기를 제의하는 바이오'라고." 이렇게 사절단을 통해 크로이소스가 제의하자 라케다이몬인은, 크로이소스에게 주어진 신탁을 이미 듣고 알고 있던 터라, 뤼디아인이 찾아온 것을 크게 기뻐하며 우의를 지킬 것과 동맹할 것을 엄숙히 맹세했다. 사실 그들은 지난날 크로이소스에게 신세진 일이 있었다. 지금 라코니케의 토르낙스에 안치되어 있는 아폴론 상을 제작하는 데 쓸 금을 사려고 그들이 사르데이스로 사절단을 보냈을 때, 크로이소스가 흔쾌히 금을 선사한 것이다.

70 이런 이유에서 라케다이몬인은 동맹 제의를 받아들였다. 또한 그것은 크로이소스가 온 헬라스인 가운데 다른 누구도 아닌 그들을 친구로 선택했기 때문이기도 했다. 그래서 그들은 그가 부르면 언제든지 달려갈 준비가 되어 있었다. 그들은 또 가장자리를 온갖 동물 형상으로 장식한 300암포레우스들이 포도주 희석용 동이를 청동으로 만들어 그가 있는 사르데이스로 보내게 했다. 그러나 이 포도주 희석용 동이는 사르데이스에 도착하지 못했는데, 그 이유에 관해서는 두 주장이 맞선다. 라케다이몬인은, 희석용 동이가 사르데이스로 운반되던 중에 사모스섬에 접근했을 때 사모스인이 알고 전함을 타고 나와 빼앗아 갔다고 주장한다. 반면 사모스인은, 포도주 희석용 동이를 싣고 너무 늦게 도착한 라케다이몬인이 사르데이스가 함락되고 크로이소스가 사로잡혔다는 말을 듣고는 그것을 사모스에서 팔았는데, 몇몇 시민이 그것을 사서 헤라 신전에 봉헌했다고 주장한다. 사실은 사절단이 그것을 팔아 치우고 스파르테에 돌아와서는 사모스인에게 탈취당했다고 말했을 수도 있다.

71 이상이 포도주 희석용 동이에 얽힌 이야기다. 한편 크로이소스는 신탁의 뜻을 잘못 알고는 퀴로스와 페르시아 왕국을 멸할 수 있으리라 믿고 캅파도키아로 출병했다. 크로이소스가 페르시아를 공격할 준비를 하고 있을 때 산다니스라는 뤼디아인이 그에게 조언했다. 그는 전부터 현인(賢人)으로 알려져 있었지만 다음과 같은 조언을 한 뒤로는 뤼디아인 사이에서 명성이 자자했다. "전하, 전하께서 공격하려고 준비하시는 자들로 말하자면 바지를 비롯해 온통 가죽옷만 입고 다니는 자들이옵니다. 또한 땅이 척박한 그들은 원하는 만큼이 아니라 가진 만큼 먹는 자들로, 그들은 포도주가 아니라 물을 마시는데 그들에게 좋은 것이라고는 아무것도 없으며, 심지어는 후식으로 먹을 무화과 열매조차 없나이다. 사정이 이러하니 전하께서 이겨도 본래 가진 게 거의 없는 그들에게서 무엇을 얻으실 수 있겠나이까? 그러나 만에 하나 전하께서 패하신다고 가정하면, 좋은 것들을 얼마나 많이 잃게 될지 생각해 보소서. 그들이 일단 우리의 좋은 것들을 맛보고 나면 거기에 매달릴 것이며, 그들을 쫓아낸다는 것은 불가능한 일이 될 것이옵니다. 제 생각 같아서는, 신들께서 페르시아인에게 뤼디아인을 공격할 생각을 불어넣어 주시지 않는 것에 우리는 감사해야 할 것이옵니다." 이런 말로도 그는 끝내 크로이소스를 설득하지 못했다. 그런데 뤼디아인을 정복하기 전까지는 페르시아인에게 세련되고 좋은 것이라고는 어떤 것도 없다는 그의 진언(進言)은 사실이었다.

72 헬라스인은 캅파도키아인을 쉬리아인이라고 부른다.[81] 쉬리아인은 당시 퀴로스의 지배하에 있었다. 그러나 페르시아인이 통치하기 전에 그들은 메디아인의 지배를 받았다. 뤼디아 왕국과 메디아 왕국의 경계이기도 한 할뤼스강은 아르메니아 지방의 산중에서 발원해 킬리키아 지

방을 관통해 흐른 다음 북쪽으로 마티아노이족의 나라를, 남쪽으로 프뤼기아인의 나라를 끼고 서쪽으로 흐르다가 다시 오른쪽으로는 쉬리아인 또는 캅파도키아인의 나라를, 왼쪽으로는 파플라고니아인의 나라를 끼고 북쪽으로 흐른다. 이처럼 할뤼스강은 퀴프로스섬 맞은편 지중해에서부터 흑해에 이르기까지 아시아 저지대[82]의 거의 전부를 떼어놓고 있다. 퀴프로스섬 맞은편의 지중해에서 흑해에 이르는 이 지역은 이 대륙 전체의 지협(地峽)으로, 건장한 나그네라면 걸어서 5일 안에 통과할 수 있다.[83]

73 크로이소스가 캅파도키아로 출병한 것은 자기 영토를 확장하겠다는 욕심 때문이었지만, 그 주된 이유는 앞서 말한 신탁을 믿고는 퀴로스에게 아스튀아게스의 원수를 갚겠다는 것이었다. 퀴악사레스의 아들인 아스튀아게스는 메디아인의 왕으로 크로이소스의 매부였는데, 캄뷔세스의 아들 퀴로스가 그를 굴복시켰던 것이다. 크로이소스가 아스튀아게스의 매부가 된 사연은 다음과 같다. 유목민 스퀴타이족 가운데 반란을 일으킨 한 무리가 메디아 땅으로 잠입했다. 당시에는 프라오르테스의 아들이자 데이오케스의 손자인 퀴악사레스가 메디아인의 왕이었다. 이들 스퀴타이족이 탄원자로 다가왔기에 그는 처음에 그들을 환대하고 높이 평가했다. 그래서 그는 자기 아들들을 그들에게 맡겨 그들의 마술(馬術)과 궁술을 배우게 했다. 얼마 뒤부터 사냥을 간 스퀴타이

---

81 캅파도키아는 옛날에 앗쉬리아 땅이었다. 그래서 그곳 주민은 흔히 쉬리아인이라고 불리며, 지중해 동쪽 기슭의 쉬리아와는 무관하다.

82 소아시아의 서부 지방. 동쪽의 내륙보다 고도가 낮은 편이다.

83 450킬로미터쯤 되는 거리로, 5일 안에 통과하기는 어려울 듯하다.

족은 무엇인가를 갖고 돌아오곤 했다. 그러나 하루는 운이 나빠 아무것도 잡지 못한 그들이 빈손으로 돌아왔다. 그때 퀴악사레스— 그는 분명 성미가 급한 사람인 것 같다— 가 그들을 거칠게 대하고 모욕을 주었다. 퀴악사레스의 이런 부당한 처사에 분개한 스퀴타이족은 자기들이 가르치던 그의 아들 중 한 명을 죽여 마치 사냥해서 잡은 짐승을 요리하듯 음식을 만든 다음 실제 사냥해서 잡은 고기인 양 퀴악사레스에게 바치기로 결의했다. 그런 다음, 그들은 되도록 빨리 사르데이스로 사뒤앗테스의 아들 알뤼앗테스를 찾아갈 작정이었다. 일은 계획대로 진행되어, 퀴악사레스와 식사에 초대받은 손님들은 그 고기를 먹었고, 일을 마친 스퀴타이족은 곧바로 알뤼앗테스를 찾아가 탄원했다.

74 그 뒤 퀴악사레스가 스퀴타이족을 인도해 줄 것을 요구했지만 알뤼앗테스가 들어주지 않았고, 마침내 뤼디아인과 메디아인 사이에 전쟁이 벌어졌다. 이 전쟁은 5년간이나 계속되었는데 때로는 메디아인이 뤼디아인을 이겼고, 때로는 뤼디아인이 메디아인을 이겼다. 한번은 야간전투를 하기도 했는데, 전쟁이 6년째로 접어들던 때로 양측이 백중지세로 맞붙은 전투 중에 갑자기 낮이 밤으로 바뀐 것이다.[84] 밀레토스의 탈레스는 이런 일식 현상을 이오니아인에게 예언하며 일식이 일어난 바로 그해에 그런 현상이 일어날 것이라고 말한 바 있다. 뤼디아인과 메디아인은 낮이 밤으로 바뀌는 이변에 놀라 전쟁을 중지하고 서로 평화조약을 체결하고 싶어 했다. 이때 양군 사이에 화평을 중재한 이는 킬리키아의 쉬엔네시스[85]와 바뷜론의 라뷔네토스였다. 그들은 양측이 평화조약을 체결하고 서로 혼인하도록 주선했는데, 알뤼앗테스가 그의 딸 아뤼에니스를 퀴악사레스의 아들 아스튀아게스에게 아내로 주도록 결정한 것이다. 그런 확고한 결연이 없다면 맹약은 오래가지 못한

다는 것이 그 이유였다. 두 나라 백성은 헬라스인과 같은 방법으로 맹세했고, 그 밖에도 팔의 살갗에 생채기를 내어 상대방의 피를 서로 핥았다.

75 퀴로스는 자신의 외조부인 이 아스튀아게스를 굴복시켰는데, 그 이유는 나중에 이야기하겠다. 그래서 크로이소스는 퀴로스에게 원한을 품고 페르시아인을 공격해야 하는지 신탁에 물은 것이다. 그리고 애매모호한 신탁을 받자 자기에게 유리하게 해석하고는 페르시아인의 영토에 침입한 것이다. 할뤼스강에 도착한 크로이소스는 군대가 강을 건너도록 했는데, 현재에도 있는 다리를 이용했다는 것이 내 생각이다. 그러나 헬라스인 대부분의 보고에 따르면, 밀레토스의 탈레스가 군대를 건네주었다는 것이다. 말하자면 당시에는 아직 그 다리들이 놓이지 않아 어떻게 하면 군대가 강을 건널 수 있을지 크로이소스가 고민하는데, 군영에 있던 탈레스가 군대의 왼쪽뿐 아니라 오른쪽에도 강물이 흐르게 함으로써 크로이소스를 도와주었다는 것이다. 다시 말해 탈레스는 군대가 진을 치고 있는 곳의 상류 지점에서 반달형의 깊은 해자를 파기 시작해 그 해자가 군영 뒤로 지나가게 하더니, 강물이 방향을 바꿔 원래의 강바닥에서 해자로 흘러들게 했고, 일단 군대가 원래의 강바닥을 건너자 강물이 도로 원래의 강바닥으로 돌아가게 했다는 것이다. 이렇게 강물이 분산됨으로써 두 곳 모두 걸어서 건널 수 있게 되었다고 한다. 옛날 강바닥은 당시 완전히 말라 있었다고 주장하는 이들도 있지만 나는 그렇다고 믿지 않는다. 그랬다면 돌아오는 길에 그들이 어떻게 강

---

84 기원전 585년 5월 28일.
85 킬리키아 왕의 세습적 칭호.

제I권 71

을 건넜겠는가?

76 일단 할뤼스강을 건너자 크로이소스와 군대는 캅파도키아의 프테리아라는 지역에 도착했는데, 프테리아는 이 지역에서 가장 견고한 요새로 흑해 남쪽 기슭의 시노페 시 근처에 있다. 그는 그곳에 진을 치고 쉬리아인의 농지를 쑥대밭으로 만들고, 프테리아인의 도시를 함락하고 그곳 주민을 노예로 팔았으며, 인근의 작은 도시도 모두 점령했다. 게다가 그는 자기에게 아무 해코지를 하지 않았는데도 쉬리아인을 집에서 내쫓았다. 한편 퀴로스는 자신의 군사를 모으고 점령지 주민을 모두 징발하여 크로이소스와 맞섰다. 그는 군대를 출동시키기 전에 이오니아인에게 사절단을 보내 크로이소스에게서 이탈하도록 선동했지만 이오니아인은 그의 말을 듣지 않았다. 퀴로스가 도착해 크로이소스 맞은편에 진을 치자 그곳 프테리아 땅에서 양군은 있는 힘을 다해 싸웠다. 전투는 치열했고, 양측 모두가 수많은 전사자를 냈다. 밤이 되자 양군은 어느 쪽도 이기지 못한 채 갈라섰다. 양군은 그렇듯 치열하게 싸웠다.

77 크로이소스는 자신이 이기지 못한 것이 자기 군사가 수가 적었기 때문이라고 생각했다. 실제로 그의 편에서 싸운 군사는 퀴로스의 군사보다 훨씬 수가 적었다. 그는 이튿날 퀴로스가 다시 공격해 오지 않자 사르데이스로 철수했다. 그는 라케다이몬인과 동맹을 맺기 이전에 아이컵토스 왕 아마시스와 동맹을 맺은 터라 아이컵토스인을 원군으로 부를 작정이었다. 그는 또 바뷜론인과도 동맹을 맺은 터라 ─ 당시 바뷜론인의 왕은 라뷔네토스였다 ─ 그들에게도 사절을 보낼 생각이었다. 라케다이몬인에게도 정해진 날짜에 당도해 달라고 전할 참이었다. 그는

이들 원군이 모두 도착하면 자신의 군대도 사열한 다음, 겨울이 끝나고 봄이 시작될 무렵 페르시아인을 공격할 계획이었다. 이렇게 마음을 정리한 그는 사르데이스에 도착하자 곧바로 동맹군에게 전령을 보내 그로부터 4개월 뒤에 사르데이스에 집결하라고 일렀다. 그리고 그는 페르시아인과의 전투에 동원된 군대 가운데 이방인 용병은 모두 해산해 집으로 돌려보냈다. 그토록 대등하게 맞서 싸웠는데 퀴로스가 감히 사르데이스로 진격해 오리라고는 꿈에도 생각지 않은 것이다.

78 크로이소스가 이런 계획을 세우는 동안 도시의 변두리에는 온통 뱀 떼가 득실댔다. 뱀 떼가 풀밭에 나타나자 말들은 풀 뜯기를 그만두고 뱀을 잡아먹었다. 이 광경을 크로이소스는 신이 보낸 전조라고 생각했는데, 사실이 그러했다. 그는 즉시 텔멧소스의 점술가들에게 사절단을 보냈다. 사절단은 텔멧소스인에게 전조의 의미를 들었지만 크로이소스에게 그 대답을 전할 수 없었다. 사절단이 배를 타고 사르데이스로 돌아가기 전에 크로이소스가 포로가 되어 버린 것이다. 텔멧소스인은 이방의 군대가 크로이소스의 나라에 쳐들어와 그곳 주민을 제압하게 되리라 하고 풀이하며 뱀은 대지의 자식이고 말은 적대적 침입자이기 때문이라고 했다. 크로이소스는 이미 포로가 되었는데도 텔멧소스인은 사르데이스와 크로이소스가 어떻게 되었는지 알지 못하고 이렇게 풀이한 것이다.

79 프테리아 전투가 끝나고 크로이소스가 군대를 철수하자마자 퀴로스는 그가 군대를 해산할 것임을 알았다. 퀴로스는 숙고 끝에 뤼디아인의 군세가 재집결되기 전에 되도록 빨리 사르데이스로 진격하는 것이 상책이라고 생각했다. 그는 이 결론을 재빨리 실행에 옮겨 뤼디아로 진격

했는데, 자신이 자신의 진격을 알리는 전령으로서 크로이소스 앞에 나타났다. 사태가 예상과 다르게 전개되자 크로이소스는 몹시 당황했지만, 그럼에도 뤼디아인을 이끌고 싸움터로 나갔다. 당시 아시아에는 뤼디아인보다 더 용감하고 강력한 민족은 없었다. 그들은 말을 타고 싸웠고, 긴 창을 들고 다녔으며, 탁월한 기수(騎手)들이었다.

80 양쪽 군대는 사르데이스 앞면에 있는 나무가 없는 넓은 평야에서 마주쳤는데, 휠로스강을 비롯해 여러 강이 이 평야를 가로질러 흐르다가 헤르모스라는 가장 큰 강으로 합류한다. 헤르모스강은 어머니 딘뒤메네[86]의 신성한 산에서 발원해 포카이아 시에서 바다로 유입된다. 그곳에서 전투대형을 갖춘 뤼디아인을 본 퀴로스는 그들의 기병대가 두려워 메디아인 하르파고스의 조언을 받아들여 다음과 같은 조치를 취했다. 퀴로스는 먼저 군량과 장비를 운반하기 위해 군대를 따르던 낙타를 모두 징발해 짐을 풀게 하고 그 위에 기병으로 무장한 군사를 태웠다. 그리고 그들이 맨 선두에서 크로이소스의 기병대와 맞서게 했다. 또한 그들 뒤에 보병대를 세우고 보병대 뒤에는 전 기병대를 배치했다. 모두 대오를 갖추고 섰을 때, 퀴로스는 대원들에게 뤼디아인을 닥치는 대로 모조리 무자비하게 도륙하되 크로이소스는 어떤 저항을 감수하고라도 반드시 사로잡으라고 명령했다. 퀴로스가 낙타를 크로이소스의 기병대와 맞서게 한 것은 다음과 같은 이유에서였는데, 무엇보다도 말은 낙타를 무서워하여 낙타를 보거나 낙타 냄새를 맡는 것을 견디지 못하기 때문이다. 퀴로스는 크로이소스가 든든하게 믿고 승리를 기대하는 그의 기병대를 무력화하는 작전을 세운 것이다. 아닌 게 아니라 전투가 시작되어 낙타 냄새가 나고 낙타들이 보이자 말들은 돌아섰고, 크로이소스의 희망은 물거품이 되었다. 그럼에도 뤼디아인은 여전히 용기를 잃지

않았다. 사태를 파악한 그들은 곧바로 말에서 내려 페르시아인과 싸운 것이다. 결국 양측에서 많은 전사자가 나오자 뤼디아인은 패주했고, 성벽 안에 갇힌 채 오도 가도 못 하는 신세가 되어 페르시아인의 포위 공격을 받아야만 했다.

81 포위공격은 그렇게 시작되었다. 포위공격이 오래 지속될 것이라 판단한 크로이소스는 동맹군에게 새로운 사절단을 보냈다. 앞서 보낸 사절단은 동맹군에게 4개월 뒤에 사르데이스에 집결하도록 일렀지만, 이번 사절단은 크로이소스가 이미 포위공격을 받고 있으니 되도록 빨리 와서 도와 달라고 요청하러 간 것이다.

82 그는 다른 동맹군에게도 사절을 보냈는데 특히, 라케다이몬인의 도움이 절실했다. 그러나 이때 스파르테인은 튀레아라는 지역을 둘러싸고 아르고스인과 분쟁에 휘말린 상태였다. 이 튀레아 지역은 원래 아르고스 영토의 일부였는데, 라케다이몬인이 떼어내어 차지하고 있었다. 당시 아르고스 영토는 서쪽으로 말레아곶까지 뻗어 있었는데 본토는 물론이고 퀴테라섬과 그 밖의 다른 섬까지도 아우른 상태였다. 아르고스인이 잘려 나간 영토를 되돌려 줄 것을 요구하러 왔을 때, 양측은 각각 300명의 전사가 나와 싸우되 어느 쪽이건 이기는 쪽이 그 지역을 차지하기로 합의했다. 그들이 싸우는 동안 양군의 본대는 자기 나라로 철수하고 그곳에 머물지 않기로 합의했는데, 자기 편이 지는 것을 보고 돕는 일이 없도록 하기 위해서였다. 이 합의가 이루어지자 양군의 본대는

---

86 프뤼기아 지방의 지모신(地母神) 퀴벨레(Kybele). 프뤼기아의 딘뒤몬(Dindymon)산에 그녀의 성역이 있어 딘뒤메네라는 별칭을 갖게 된 것이다.

철수하고, 선발된 자들만 뒤에 남아 서로 싸웠다. 그들은 팽팽하게 맞서 싸웠고, 600명의 전사 가운데 세 명만이 살아남았다. 그들은 아르고스 측의 알케노르와 크로미오스, 라케다이몬 측의 오트뤼아데스였다. 그때는 이미 한밤중이었는데, 두 아르고스인은 자기들이 이겼다고 여기고 서둘러 아르고스인 본대로 돌아갔다. 그러나 라케다이몬인 오트뤼아데스는 전사한 아르고스인에게서 벗긴 무구(武具)를 자기 나라 군대의 진영으로 가져간 다음 원래 배정받은 자리를 지켰다. 이튿날 결과를 알아보기 위해 양군이 다가왔다. 한동안 양군은 서로 자기들이 이겼다고 팽팽하게 맞서며 승리를 주장했다. 한쪽에서는 자기들 쪽 대원이 더 많이 살아남았다고 했고, 다른 쪽에서는 그들은 분명 싸움터에서 도주했는데 자기들 쪽 대원은 끝까지 버티고 서서 전사한 적의 무구를 벗겼다고 했다. 말다툼 끝에 결국 전투가 벌어져 양측 모두 많은 전사자를 냈지만 결국 라케다이몬인이 이겼다. 아르고스인은 전에는 머리를 길게 기르는 것이 관행이었지만 그때부터 머리를 짧게 깎았다고 한다. 그리고 뤼레아를 다시 빼앗아 찾기 전까지 머리를 길게 기르는 아르고스 남자와 황금 장신구를 차고 다니는 아르고스 여자는 저주받도록 법으로 정했다. 라케다이몬인은 그와는 반대되는 법을 제정했다. 그들은 전에는 머리를 길게 기르지 않았지만 앞으로는 머리를 길게 기르게 한 것이다. 전하는 말에 따르면, 300명 중에서 유일하게 살아남은 오트뤼아데스는 다른 전우들은 다 전사했는데 혼자서 스파르테로 돌아가기가 부끄러워 그곳 뤼레아에서 스스로 목숨을 끊었다고 한다.

83 포위당한 크로이소스를 구해 낼 원군을 요청하기 위해 사르데이스를 출발한 전령들이 도착했을 때, 스파르테인의 사정은 그러했다. 그럼에도 전령의 말을 듣고 그들은 구원대를 보낼 준비를 했다. 준비를 끝내

고 함선이 출발하려 했을 때, 두 번째 전언이 도착했는데, 뤼디아인의 성벽이 함락되고 크로이소스는 포로가 되었다는 소식이었다. 뜻밖의 비보에 스파르테인은 가슴이 아팠지만 구원대 파견은 포기해야 했다.

84 사르데이스는 다음과 같이 함락되었다. 포위한 지 14일째 되는 날, 퀴로스는 기수들을 보내 성벽에 맨 먼저 오르는 자에게 후한 상을 내리겠다고 자기 군사들에게 알리게 했다. 그러자 용기백배한 군사들이 물불을 가리지 않고 성벽을 타려 했지만 누구도 성공하지 못했다. 그렇게 모두들 포기했을 때, 휘로이아데스라는 마르도이족이 경비병이 아무도 배치되지 않은 성채 쪽으로 기어오르기 시작했다. 그곳에 경비병이 배치되지 않은 것은 가파른 난공불락의 지형이라 공격당할 염려가 없었기 때문이다. 사르데이스의 옛 왕 멜레스도 사자(獅子)를 들고 성벽을 돌면 사르데이스는 난공불락의 도시가 된다는 텔멧소스인의 예언에 따라, 첩이 낳아 준 사자[87]를 안은 채 성채를 돌았는데 이곳만은 돌지 않았다. 멜레스는 공격당할 수 있는 성채 곳곳을 사자를 안고 돌았는데, 이곳은 가파른 곳이라 공격당할 염려가 없기에 돌지 않은 것이다. 이곳은 도시가 트몰로스산에 면해 있는 쪽이었다. 마르도이족인 휘로이아데스는 전날 뤼디아인 한 명이 이쪽으로 성채를 내려와 굴러 떨어진 투구를 주워 올라가는 것을 보았다. 그는 그 장소를 명심해 두었다가 이번에는 자신이 올랐고, 다른 페르시아인도 뒤따르기 시작했다. 그렇게 수많은 페르시아인이 잇달아 오르자 사르데이스는 함락되고 도성 전체가 약탈되었다.

---

[87] 사람이 어떻게 사자를 낳을 수 있었는지 헤로도토스는 설명하지 않고 있다.

85 한편 크로이소스에게는 다음과 같은 일이 일어났다. 앞서 말한 것처럼
그의 아들 중에 한 아들은 다른 점에서는 정상인데 말을 못 하는 벙어
리였다. 행복했던 지난날 크로이소스는 그런 아들을 위해 자신이 할 수
있는 것은 다 해 주고, 그에 관해 묻고자 델포이로 사절을 보내기도 했
다. 그러자 퓌티아는 이렇게 말했다.

> 수많은 민족을 다스리는 뤼디아 왕이여, 아둔한 크로이소스여,
> 궁전에서 그대가 오랫동안 고대한, 그대 아들의 목소리를
> 듣기를 바라지 마라. 그러는 것이 그대에게 훨씬 좋으리라.
> 그가 처음 말하는 그날이 그대에게는 재앙의 날이 되리라.

성채가 함락되었을 때 한 페르시아인 병사가 크로이소스를 알아보지
못하고 죽이려고 다가갔다. 크로이소스도 다가오는 병사를 보았지만
자신의 불행에 압도되어 내버려두었다. 칼에 찔린다 해도 어쩔 수 없는
상황이었다. 페르시아인 병사가 아버지에게 다가가는 것을 본 그의 벙
어리 아들은, 두렵고 괴로운 나머지 말문이 터져 소리를 질렀다. "이봐,
크로이소스를 죽이지 마!" 이것이 그가 맨 처음 한 말이고, 그 뒤로는
살아 있는 동안 계속 말할 수 있었다.

86 그렇게 페르시아인은 사르데이스를 점령하고 크로이소스를 포로로
잡았다.[88] 크로이소스는 14년간 통치했고,[89] 14일간 포위되어 있었다.
그는 신탁이 예언한 대로 대국을 멸했는데, 그것은 바로 자신의 대국이
었다. 페르시아인은 그를 붙잡아 퀴로스에게 데려갔다. 퀴로스는 거대
한 화장용 장작더미를 쌓게 하더니 결박된 크로이소스를 14명의 뤼디
아 소년과 함께 그 꼭대기에 올라서게 했다. 퀴로스가 그렇게 한 것은

어떤 신에게 승리의 첫 제물로 그들을 바칠 의도였거나, 전에 서약한 어떤 것을 이행할 의도였거나, 그도 아니면 크로이소스가 경건한 삶을 살았음을 알고 그가 산 채로 불타 죽게 함으로써 위급한 순간에 어떤 신이 나서서 구해 주는지 보기 위해서였을 것이다. 아무튼 퀴로스는 그렇게 했다. 장작더미에 올라선 크로이소스는 절체절명의 상황에 직면해 "인간은 살아 있는 한 그 누구도 행복하지 못하다"는 솔론의 영감 어린 말이 생각났다. 이 말이 생각나자 그는 오랜 침묵을 깨고 깊게 탄식하며 "솔론!"이라는 이름을 세 번 불렀다. 이 소리를 들은 퀴로스는 대체 누구를 부르는지 통역을 시켜 물어보게 했다. 통역의 물음에 크로이소스는 처음에는 대답하지 않다가 통역이 대답을 다그치자 마침내 실토했다. "모든 왕이 천금을 주더라도 반드시 만나서 이야기를 들어봐야 할 인물이지요." 그의 대답이 모호해 무슨 뜻인지 통역이 다시 물었다. 그렇게 통역이 끈질기게 물고 늘어지자 크로이소스는, 전에 솔론이라는 아테나이인이 사르데이스에 온 적이 있는데 온갖 재물을 다 보여 주었는데도 대수롭지 않게 여겼으며, 특별히 그에 관해서 말한 것이 아니라 자신을 행복하다고 여기는 인간과 인생 일반에 관해 말했는데도 솔론의 예언은 모두 적중했다고 말했다. 크로이소스가 대답하고 있는데, 어느새 장작더미에 불이 붙었고 가장자리는 타오르는 중이었다. 통역에게서 크로이소스가 한 말을 전해 들은 퀴로스는 자신도 한갓 인간이면서 자기 못지않게 행운을 누린 다른 인간을 산 채로 불태우려는 자신의 결정을 후회했다. 그는 또 응보가 두려웠고, 인생이 무상하다는 생각이 들었다. 그래서 타오르는 불길을 되도록 빨리 끄고 크로이

---

88 기원전 546년이 정설이지만 기원전 541년이라는 주장도 있다.
89 기원전 560~546년.

소스와 소년들을 끌어내리라고 명령했다. 그러나 불길은 이미 걷잡을
수 없는 상태가 되었다.

87 뤼디아인의 말에 따르면, 크로이소스는 퀴로스의 마음이 바뀐 줄 알았
지만 모두가 나서도 불길을 잡지 못하는 것을 보자 큰 소리로 아폴론을
부르며, 그가 전에 신에게 마음에 드는 제물을 바친 적이 있다면 신께
서 자신을 궁지에서 구해 달라고 기도했다고 한다. 그렇게 그가 눈물
흘리며 신을 부르자, 구름 한 점 없는 맑은 하늘에 갑자기 구름이 모이
더니 폭풍이 불고 폭우가 쏟아지며 불이 꺼졌다고 한다. 퀴로스는 크로
이소스가 신에게 사랑받는 착한 사람임을 알고 그를 장작더미에서 데
려오게 하더니 이렇게 물었다. "크로이소스여, 대체 어떤 사람이 그대
에게 내 나라로 쳐들어와 내 친구가 되는 대신 내 적이 되라 했소?" 크
로이소스가 대답했다. "전하, 그것은 제가 한 일이며, 그것이 결국 전하
께는 덕이 되었지만, 제게는 해가 되었나이다. 그 책임은 전쟁하도록
나를 부추긴 헬라스인의 신에게 있사옵니다. 평화보다 전쟁을 선택할
만큼 어리석은 자가 어디 있겠나이까? 평화로울 때는 아들이 아버지
의 장례를 치르지만, 전시에는 아버지가 아들의 장례를 치르니까요.
일이 이렇게 된 것도 다 신의 뜻이겠지요."

88 크로이소스가 이렇게 말하자 퀴로스는 그의 결박을 풀어 주더니 자기
옆에 앉히고 우대했다. 그와 그의 측근은 크로이소스를 보며 감탄을 금
치 못했다. 생각에 잠긴 크로이소스는 아무 말이 없었다. 잠시 뒤 그는
고개를 돌려 페르시아인들이 뤼디아인의 도성을 약탈하는 것을 보고
말했다. "전하, 제가 생각한 바를 말씀드려도 될까요, 아니면 지금은 침
묵을 지켜야 하나이까?" 퀴로스가 그에게 주저 말고 하고 싶은 말을 하

라고 하자, 크로이소스는 물었다. "저기 저 사람들이 몰려다니며 무엇을 저리 열심히 하나이까?" 퀴로스가 대답했다. "저들은 그대의 도시를 약탈하여 그대의 재물을 가져가는 중이오." 크로이소스가 대답했다. "저들이 약탈하는 것은 제 도시도 저의 재물도 아니옵니다. 그것은 이미 제 것이 아니옵니다. 저들은 전하의 것을 약탈해 가고 있사옵니다."

89 이 말에 감명받은 퀴로스는 주위 사람을 물리고 이런 상황을 어찌하면 좋겠는지 크로이소스의 조언을 구했다. 크로이소스가 말했다. "신들께서 저를 전하에게 종으로 주셨으니, 전하께서 못 보시는 것을 제가 보았다면 전하께 말씀드리는 것이 제 의무일 것이옵니다. 페르시아인은 천성이 거만하고 재물을 소유하는 데 익숙하지 못합니다. 그들이 약탈하여 저토록 큰 재물을 가져가도록 수수방관하신다면 전하께서는 그들 중 가장 많은 재물을 약탈한 자가 전하께 반란을 일으키는 사태를 각오하셔야 합니다. 제 조언이 마음에 드신다면 이렇게 하옵소서. 말하자면 성문마다 전하의 친위대로 파수병을 세워, 시내에서 전리품을 갖고 나오는 자들에게 제우스께 십일조를 바쳐야 한다며 전리품의 일부를 압수하게 하소서. 그러면 그들은 재물을 억지로 빼앗기더라도 전하를 원망하지 않을 것이며, 전하의 행동이 정당하다고 인정하고는 기꺼이 재물을 내줄 것이옵니다."

90 퀴로스는 이 말을 듣고 훌륭한 조언이라 여기며 기뻐했다. 퀴로스는 크로이소스를 크게 칭찬하고 그가 조언한 대로 실행할 것을 친위대에게 지시하고는 그에게 이렇게 말했다. "크로이소스여, 그대의 언행을 보니 과연 왕답소이다. 그대가 내게 부탁이 있다면, 내 당장 그대의 부탁

을 들어주겠소." 크로이소스가 말했다. "제 주인이시여, 신들 중에서 제가 가장 존중하던, 헬라스인의 신[90]에게 제가 여기 이 족쇄를 보내 잘 섬기는 자들을 속이는 것이 그분의 관행인지 묻게 해 주신다면, 제게는 그보다 더한 기쁨이 없겠나이다." 대체 그 신에게 무슨 불만이 있어 그런 요구를 하느냐고 퀴로스가 물었다. 크로이소스가 그에게 자신이 의도한 모든 일과 신탁이 준 대답들, 특히 자신의 봉헌물 이야기를 하며 자기는 신탁에 고무되어 페르시아인을 공격했다고 말했다. 이야기를 끝내며 그는 신에게 이런 기만행위를 나무랄 기회를 자기에게 달라고 다시 요청했다. 퀴로스가 웃으며 말했다. "물론 나는 기꺼이 허락할 것이오, 크로이소스. 그리고 앞으로도 그대의 요청이라면 무엇이든 들어주겠소." 그 말을 듣고 크로이소스는 델포이로 뤼디아인 사절단을 보내 족쇄들을 신전 문턱에 올려놓고는, 페르시아인을 공격해 퀴로스의 왕국을 멸하라고 신탁으로 크로이소스를 부추긴 일이 부끄럽지도 않느냐고 신에게 묻게 했다. 그리고 이것이 그 왕국을 정벌해서 얻은 첫 공물이라며 족쇄들을 가리키게 했다. 또한 배은망덕한 것이 헬라스 신들의 관행이냐고도 묻게 했다.

91 뤼디아인이 도착해 지시받은 대로 말하자 퓌티아가 이렇게 말했다고 한다. "정해진 운명은 신도 피할 수 없느니라. 크로이소스는 5대조[91]의 죗값을 치른 것이다. 그의 5대조는 헤라클레스가의 한갓 친위대인 주제에 여인의 농간에 넘어가 주인을 죽이고 전혀 걸맞지 않은 자리를 차지했느니라. 사실 록시아스[92]께서는 크로이소스 당대보다는 그의 아들 대에 이르러 사르데이스가 함락되게 하려고 했지만 운명을 바꾸실 수는 없었느니라. 운명이 허용하는 만큼만 그분께서는 크로이소스에게 도움을 주셨느니라. 그분께서는 사르데이스의 함락을 3년이나 늦

추셨느니라. 그러니 크로이소스는 정해진 것보다 3년이 지나 자신이 포로로 잡혔음을 알아야 하리라. 다음으로, 그가 장작더미 위에서 불타고 있을 때 그분께서 그를 구원해 주셨느니라. 그러므로 자신이 받은 신탁에 관해 크로이소스는 불평할 까닭이 없다. 록시아스께서는 그가 페르시아인을 공격할 경우 대국을 멸하게 되리라고 예언하셨다. 그런 대답을 들었다면 다시 사절단을 보내 록시아스께서 말씀하시는 것이 퀴로스의 왕국인지 자신의 왕국인지 물어보는 것이 현명한 처사였을 것이다. 그러나 크로이소스는 말씀을 오해하고 다시 묻지 않았으니 자신 말고 누구를 나무라겠는가! 게다가 그의 마지막 질문에 록시아스께서 노새에 관해 말씀하신 것도 그는 오해했느니라. 그 노새란 바로 퀴로스였다. 퀴로스는 종족이 다른 양친에게서 태어났는데 어머니는 고귀한 가문에서, 아버지는 미천한 가문에서 태어났음이라.[93] 어머니는 메디아인으로 메디아 왕인 아스튀아게스의 딸이었지만, 아버지는 페르시아인으로 메디아의 속국민이라 모든 점에서 못한데도 제 여주인과 결혼했으니 말이다." 이것이 퓌티아가 뤼디아인에게 준 대답이었다. 뤼디아인은 사르데이스로 돌아와 크로이소스에게 보고했다. 그제야 그는 신이 아니라 자신에게 잘못이 있음을 인정했다.

92 이상이 크로이소스가 왕국을 통치하고 처음 이오니아를 정복한 이야기다. 크로이소스가 헬라스에 봉헌한 공물은 앞서 말한 것 말고도 많았다. 보이오티아의 테바이에는 그가 아폴론 이스메니오스에게 봉헌한

90 아폴론.
91 귀게스.
92 아폴론의 별칭.
93 노새는 수나귀와 암말 사이에서 태어난 잡종이다.

황금 세발솥이, 에페소스에는 순금으로 만든 암소들과 수많은 기둥이, 델포이에 있는 아테나 프로나이아[94]의 신전에는 큼직한 황금 방패가 있었다. 이것들은 내가 방문한 때도 남아 있었지만, 다른 공물은 사라지고 없었다. 내가 듣기로, 크로이소스는 밀레토스 지역의 브랑키다이에도 공물을 봉헌했는데 델포이에 봉헌한 공물과 무게와 종류가 비슷했다고 한다. 그가 델포이와 암피아라오스의 신전에 바친 공물은 그 자신의 재산으로, 아버지에게서 물려받은 것이었다. 그러나 나머지 것들은 한 정적[95]의 재산에서 나온 것으로, 크로이소스는 왕이 되기 전에 그자가 판탈레온을 뤼디아인의 왕으로 삼으려 했기에 그자와 대결하지 않을 수 없었다. 판탈레온도 알뤼앗테스의 아들이었지만 크로이소스의 배다른 형[96]이었다. 크로이소스의 어머니는 카리아인이었는데 판탈레온의 어머니는 이오니아인이었다. 크로이소스는 아버지의 뜻에 따라 왕위에 오르자 그 정적을 고문해 죽이고 그의 재산은 전에 신들에게 서약한 대로, 앞서 말한 방법으로, 앞서 말한 신전들에 봉헌했다. 그가 봉헌한 공물에 관해서는 이쯤 해 두자.

93 다른 나라와 비교해 뤼디아는 트몰로스산에서 씻겨 내려오는 사금(砂金) 말고는 기록으로 남길 만한 진기한 것이 별로 없다. 그러나 뤼디아에는 아이귑토스와 바뷜론의 것들을 제외하고는 세상에서 가장 큰 건조물이 하나 있다. 바로 크로이소스의 아버지 알뤼앗테스의 무덤으로, 기초는 큰 돌들로 이루어져 있지만 무덤 자체는 흙을 쌓아올린 것이다. 그것은 상인들과 기술자들과 창녀들이 만든 것이다. 지금도 봉분 위에는 기둥 다섯 개가 남아 있는데, 거기에는 세 집단이 각각 얼마씩 작업을 분담했는지 기록되어 있다. 계산해 보면 창녀들의 작업량이 가장 많았음이 명백하다. 뤼디아 하층민의 딸들은 결혼할 때까지 창녀 노릇을

하여 지참금을 벌며, 남편을 스스로 선택한다. 무덤의 둘레는 6스타디온 2플레트론이고, 너비는 13플레트론이다. 뤼디아인의 말에 따르면 무덤 근처에는 물이 마르지 않는 큰 호수가 하나 있는데, 귀게스 호수라고 불린다. 알뤼앗테스의 무덤은 이상과 같다.

94 딸들이 창녀 노릇을 하는 것 말고는 뤼디아인의 풍습은 헬라스인과 비슷하다. 그러나 그들은 우리가 아는 한 최초로 금화와 은화를 주조하여 사용한 민족이며, 최초의 소매상이기도 하다. 뤼디아인의 주장에 따르면, 지금 그들과 헬라스인이 즐기는 놀이는 그들이 창안한 것이다. 그들의 주장에 따르면, 이들 놀이는 그들이 튀르레니아[97]를 식민지화할 때 창안한 것인데, 그 경위는 다음과 같다. 마네스의 아들 아튀스가 왕이었을 때 뤼디아 전역에 심한 기근이 들었다. 처음에 뤼디아인은 묵묵히 참고 견뎠지만 기근이 계속되자 고통을 완화해 줄 수단을 찾았는데, 저마다 다른 것을 생각해 냈다. 그때 그들은 주사위 놀이와 공기놀이와 공놀이를 포함한 온갖 종류의 놀이를 창안했다고 한다. 그러나 그들도 서양장기만은 자신들이 창안한 것이라고 주장하지 않는다. 이런 놀이들을 창안한 다음, 뤼디아인은 다음과 같은 방법으로 기근에 대처했다고 한다. 즉 하루 걸러 하루는 온종일 놀이를 하느라 음식 생각을 않다가 이튿날에는 놀이를 하지 않고 먹는 것이다. 그렇게 18년을 살았지만 고통이 완화되기는커녕 더 악화되자 왕은 온 뤼디아인을 두 패로 나

---

94 '(델포이의 아폴론 신전) 앞에 있는 아테나'라는 뜻.

95 사뒤앗테스(Sadyattes).

96 크로이소스는 아버지 알뤼앗테스의 재위 23년째 되던 해에 태어났으므로 판탈레온이 형이었을 것이다.

97 이탈리아 에트루리아 지방 또는 이탈리아의 그리스어 이름.

누어 어느 패가 뤼디아에 남고 어느 패가 이주할지 제비를 뽑게 했다. 뤼디아에 남게 될 자들의 통치자로 그는 자신을 임명했고, 이주하게 될 자들의 통솔자로 튀르레노스라는 자기 아들을 임명했다. 제비뽑기에 따라 나라를 떠나게 된 자들은 스뮈르나로 내려가 자신들이 탈 배를 건조했다. 그리고 필요한 장비를 배에 싣고 생계와 나라를 찾아 떠났다. 그들은 배를 타고 수많은 민족 옆을 지나 옴브리케[98]인의 나라에 이르러 그곳에 도시들을 세우고 오늘날까지 살고 있다. 그들은 뤼디아인이라는 이름 대신 개명해 통솔자인 왕자의 이름을 따 자신들을 튀르레니아인이라고 불렀다고 한다. 그러나 본국의 뤼디아인은 앞서 말했듯이 페르시아인의 노예가 되고 말았다.

95 이제 크로이소스의 왕국을 멸한 퀴로스가 어떤 인물이며, 페르시아인이 어떻게 아시아의 주인이 되었는지 이야기할 차례이다. 퀴로스에 관한 이야기는 세 가지지만 퀴로스의 업적을 찬양하기보다는 있는 그대로를 말하려는 몇몇 페르시아인의 진술에 기초해 내 이야기를 기술할 것이다. 앗쉬리아인은 520년 동안 상부 아시아를 지배했다.[99] 메디아인이 맨 먼저 그들에게 반란을 일으켰다. 앗쉬리아인과 독립전쟁을 하면서 메디아인은 점점 용감해져 예속을 벗어던지고 자유민이 되었다. 그러자 다른 민족도 메디아인의 뒤를 따랐다.

96 그러나 대륙에 살던 여러 민족은 독립을 쟁취한 뒤 다음과 같이 하여 도로 전제 통치를 받게 되었다. 메디아에는 프라오르테스의 아들로 데이오케스라는 교활한 자가 살고 있었는데, 이 데이오케스는 독재가가 되기를 열망하다가 다음과 같이 뜻을 이루었다. 당시 메디아인은 부락을 이루고 살았는데, 데이오케스는 그가 살던 부락에서 이미 명망이 높

앉지만 이제는 정의롭다는 명성을 얻으려고 더욱 열심히 노력했다. 당시에는 메디아 전역에 불법이 판을 쳤는데, 그는 정의로운 사람은 불법을 싫어한다는 것을 잘 알고 있었던 것이다. 그의 부락에 살던 메디아인은 그의 태도를 보고 그를 자신들의 재판관으로 선출했고, 그는 권력욕에 사로잡혀 공명정대하게 처신했다. 이런 처신으로 그는 같은 부락민에게 적잖은 칭송을 들었다. 그러자 재판관의 불공정한 판결에 고통받던 다른 부락 주민도 데이오케스만이 유일하게 공정한 재판관이라는 말을 듣고 그에게 재판받고자 기꺼이 그를 찾았고, 종국에는 다른 재판관은 아무도 찾지 않았다.

97 그를 찾는 사람 수가 점점 늘어났는데, 그의 판결이 공정하다는 말이 퍼졌기 때문이다. 데이오케스는 모두들 자기에게 의지하고 있음을 알고 늘 앉아 재판해 오던 재판관석에 앉기를 거부했고, 더이상 재판관으로 봉사하고 싶지 않다며 자기 일을 소홀히 하고 온종일 이웃을 위해 재판해 봤자 자신에게는 덕 될 것이 없다는 이유를 댔다. 마을마다 도둑질과 불법행위가 전보다 더 판을 치자 메디아인은 회의장에 모여 앞으로 어떻게 해야 할지 의논했다. 다음과 같이 발언한 자들은 아마도 데이오케스의 지지자였으리라. "지금과 같은 상태가 지속된다면 우리는 더이상 이 나라에서 살 수 없을 것이오. 자, 우리를 통치할 왕을 뽑도록 합시다. 그러면 나라가 잘 다스려질 것이고, 우리는 불법행위로 인해 이주하는 일 없이 안심하고 생업에 종사하게 될 것이오."

---

98 지금의 이탈리아 움브리아 지방.
99 앗쉬리아 제국은 기원전 612년에 멸망했으므로 헤로도토스의 계산에 따르면 기원전 1230년에 시작되었다.

98   이제 그들에게는 누구를 왕으로 뽑을 것이냐 하는 문제가 제기되었다.
모두들 이구동성으로 데이오케스를 칭송하고 추천하자 그들은 결국
그를 자신들의 왕으로 삼기로 합의했다. 그러자 그는 왕에게 걸맞은 궁
전을 지어 주고 친위대를 붙여 달라고 요구했고 메디아인은 그렇게 해
주었다. 그들은 그가 지정한 장소에 크고 튼튼한 궁전을 지어 주었고,
온 메디아인 중에서 마음대로 친위대원을 고르게 해 준 것이다. 일단
권력을 잡은 데이오케스는 메디아인에게 하나의 수도를 지어 지키되
다른 소도시들에는 크게 관심을 갖지 못하게 했다. 메디아인은 이것도
그가 시키는 대로 했다. 그들은 동심원의 성벽으로 이루어진, 오늘날
악바타나라 불리는 강력한 도시를 지어 준 것이다. 그 성채는 안쪽 성
벽이 바깥쪽 성벽보다 흉벽(胸壁)만큼 더 높아지도록 설계되었다. 성
채가 언덕에 자리잡고 있어 그런 설계가 유리한 점도 있었지만 의도적
으로 그렇게 설계한 것이다. 모두 일곱 개의 원이 있는데, 맨 안쪽 원 안
에 궁전과 보물 창고들이 있다. 가장 큰 원은 둘레가 아테나이의 성벽
과 비슷하다. 맨 바깥쪽 흉벽은 흰색이고, 두 번째 것은 검정색이고, 세
번째 것은 진홍색이고, 네 번째 것은 청색이고, 다섯 번째 것은 주황색
이었다. 이 다섯 원의 흉벽은 이처럼 다양하게 색칠되었다. 마지막 두
원 중 첫 번째 원의 흉벽은 은으로, 두 번째 원의 흉벽은 금으로 도금되
어 있었다.

99   이처럼 데이오케스는 자신을 위해 궁전을 짓고 성벽을 두른 뒤, 모든
백성에게 성벽 바깥에 집을 지으라고 명령했다. 건설 작업이 모두 끝나
자 데이오케스는 처음으로 다음과 같은 궁정 예법을 도입했다. 말하자
면 아무도 왕의 면전으로 다가가서는 안 되고, 모든 것은 사자(使者)를
통해 처리되어야 하며, 왕의 모습은 어느 누구에게도 보여서는 안 되

며, 게다가 왕의 면전에서 웃거나 침 뱉는 것은 누구를 막론하고 무례로 간주된다는 것이었다. 그가 자신과 관련해 이런 엄격한 규정을 도입한 것은, 그와 함께 자란 동년배들이 그를 보지 못하게 하려는 것이었다. 그들 역시 좋은 집안에서 태어나고 용기도 뒤지지 않았던 만큼 그를 보게 되면 샘이 나서 음모를 꾸밀 수도 있지만, 그를 보지 못하면 그가 변했다고 믿을 수도 있기 때문이었다.

100 이런 제도를 확립하고 통치권을 공고히 한 뒤 그는 정의의 열렬한 옹호자가 되었다. 백성은 소송할 일이 있으면 그에게 서면으로 보냈고, 그는 판결을 내려 소송 문건을 돌려보냈다. 그는 소송 제도뿐 아니라 다른 제도도 정비했는데, 누군가 범법 행위를 한다는 말을 들으면 그자를 데려오게 하여 그 행위에 걸맞은 벌을 내리곤 했다. 그리고 그는 전국에 밀정과 도청꾼을 풀어 놓았다.

101 데이오케스는 메디아 민족을 통일했다. 그러나 그는 이들만을 통일하여 통치했다. 메디아인은 부사이족, 파레타케노이족, 스트루카테스족, 아리잔토이족, 부디오이족, 마고이족으로 구성된다. 이들이 메디아인의 모든 부족이다.

102 53년간 데이오케스가 통치하다 죽자 그의 아들 프라오르테스가 왕위를 계승했다. 프라오르테스는 메디아를 통치하는 것으로 만족하지 못하고 페르시아인을 공격했다. 페르시아인은 그가 공격해 메디아인에게 복속시킨 최초의 민족이었다. 이처럼 강력한 두 민족을 거느리고 그는 아시아 민족을 차례차례 복속시켰고, 결국에는 니노스를 수도로 하는 앗쉬리아인과 충돌했다. 이들 앗쉬리아인은 전에는 앗쉬리아 전체를

다스렸지만 지금은 동맹군이 모두 이탈하여 고립되어 있었다. 하지만 그들만으로도 여전히 강력했다. 그래서 프라오르테스는 재위 22년째 되던 해에 그들과 싸우다가 이 전쟁에서 수많은 군사와 함께 전사했다.

103 프라오르테스가 죽자, 그의 아들이자 데이오케스의 손자인 퀴악사레 스가 왕위를 계승했다.[100] 그는 그의 선조보다 훨씬 더 호전적이었다고 한다. 그는 처음으로 아시아인 군대를 부대별로 나누고 창병, 궁수, 기 병대처럼 무기별로 분리했는데 이들은 이전까지는 뒤죽박죽으로 한 데 섞여 있었다. 전투 중 낮이 밤으로 바뀌었을 때 뤼디아인과 싸운 것 도 그였고,[101] 할뤼스강 동쪽의 온 아시아를 합병한 것도 그였다. 그는 자신이 복속시킨 모든 민족을 모아 니노스로 진격했는데, 아버지의 원 수를 갚고 이 도시를 함락하기 위해서였다. 그가 전투에서 앗쉬리아인 을 이기고 니노스를 포위공격하고 있는데, 프로토튀에스의 아들로 스 퀴타이족 왕인 마뒤에스가 이끄는 스퀴타이족의 대군(大軍)이 공격해 왔다. 스퀴타이족은 킴메리오이족을 에우로페에서 몰아낸 다음 도망 치는 킴메리오이족을 뒤쫓다가 이렇게 메디아 땅에 들어온 것이다.

104 마이오티스 호수[102]에서 파시스강과 콜키스인의 나라까지는 걸음이 잰 나그네에게 30일 거리다. 콜키스에서 메디아까지는 그리 먼길이 아 니다. 그 사이에는 사스페이레스족이라는 한 부족만이 사는데, 그들의 나라를 통과하면 메디아 땅이다. 그러나 스퀴타이족은 이쪽 길로 쳐들 어오지 않고, 카우카소스산을 오른쪽에 끼고 훨씬 먼 위쪽 길로 우회하 여 침입했다. 그곳에서 메디아인과 스퀴타이족이 교전했는데 메디아 인은 전투에 패해 나라가 해체되었고, 스퀴타이족은 아시아 전체를 차 지했다.

105 그곳에서 스퀴타이족은 아이귑토스로 진군했다. 그리고 그들이 쉬리아 땅의 팔라이스티네에 이르렀을 때, 아이귑토스 왕 프삼메티코스가 그들을 만나러 와서 선물을 바치고 애원하여 그들이 더이상 진군하지 못하게 막았다. 그들은 돌아섰고, 회군하던 길에 쉬리아 땅의 아스칼론 시에 이르렀을 때 대부분의 스퀴타이족은 아무 해코지도 하지 않고 통과했지만, 몇몇 낙오병은 아프로디테 우라니아[103]의 신전을 약탈했다. 내가 탐사하여 알게 된 바에 따르면, 이 신전은 이 여신의 신전 가운데 가장 오래된 것이다. 퀴프로스섬의 신전도 이 신전에서 비롯된 것이라고 퀴프로스인 스스로 주장하며, 퀴테라에 있는 신전은 쉬리아 땅에서 건너온 포이니케인이 세웠기 때문이다. 여신은 스퀴타이족 중에서 아스칼론에 있는 자신의 신전을 약탈한 자들과 그들의 자손이 대대로 여성병(女性病)[104]에 걸리게 했다. 스퀴타이족은 이 병이 그 일에서 비롯된 것이라고 주장할 뿐 아니라 스퀴타이족 나라에 와 보면 그들이 '에나레이스'[105]라 부르는, 이 병에 걸린 환자들의 상태를 볼 수 있다고 말한다.

---

100 데이오케스의 재위 기간은 기원전 700~647년, 프라오르테스의 재위 기간은 647~625년, 퀴악사레스의 재위 기간은 625~585년, 아스튀아게스의 재위 기간은 585~529년이다.

101 74장 참조.

102 지금의 아조프(Azov)해.

103 '하늘의 아프로디테'라는 뜻. 앗쉬리아의 뮐릿타(Mylitta), 아라비아의 알릴라트(Alilat), 페니키아의 아스타르테(Astarte), 쉬리아의 아테르가티스(Atergatis) 또는 데르케토(Derketo)를 가리키는 그리스어 이름.

104 theleia nosos 원전 thelea nousos. 이 병이 무엇을 의미하는지 확실치 않다. 남자끼리의 성교로 보는 이들이 있고, 성교 불능으로 보는 이들도 있지만 어느 쪽도 만족스럽지 못하다.

105 enareis. 고대 이란어로 '남자답지 못한 자들'이라는 뜻.

106 스퀴타이족은 28년 동안 아시아를 지배했고, 그들의 난폭하고 오만불손한 태도 때문에 모든 것이 쑥대밭이 되었다. 그들은 모든 사람에게 세금을 부과해 거둬 갔으며, 그것 말고도 말을 타고 돌아다니며 저마다 임의로 재산을 약탈해 갔다. 마침내 견디다 못한 퀴악사레스와 메디아인은 스퀴타이족을 잔치에 초대해 술에 취하게 한 다음 이들 대부분을 도륙했다. 그리하여 메디아인은 국권을 회복하고 다시 그들이 이전에 다스리던 자들의 주인이 되었다. 또한 그들은 니노스를 함락하고(어떻게 함락했는지는 다른 저술에서 설명할 것이다),[106] 바뷜론 지역을 제외하고는 앗쉬리아를 복속시켰다. 퀴악사레스는 스퀴타이족의 지배 기간을 합쳐 40년간 통치하다가 죽었다.

107 퀴악사레스의 아들 아스튀아게스가 왕위를 계승했다. 그에게는 만다네라는 딸이 있었는데, 그는 이 딸이 어마어마한 양의 오줌을 누어 그의 도시가 잠기고 온 아시아의 강이 흘러넘치는 꿈을 꾸었다. 그는 해몽할 줄 아는 마고스[107]들에게 꿈 이야기를 했고, 그들의 해몽을 자세히 들은 그는 겁이 났다. 만다네가 결혼할 나이가 되자 그는 그 꿈이 두려워 자신의 집안에 걸맞은 메디아인 중에서 사위를 고르지 않고, 캄뷔세스라는 페르시아인에게 시집을 보내 버렸다. 그는 이 페르시아인이 비록 집안이 좋고 성품이 조용했지만 메디아의 중류층보다 훨씬 지위가 낮다고 본 것이다.

108 만다네가 캄뷔세스에게 시집간 첫 해 아스튀아게스가 또 꿈을 꾸었는데, 딸의 생식기에서 포도나무 한 그루가 자라더니 온 아시아를 뒤덮는 것이 아닌가. 그는 이번에도 해몽가들에게 꿈 이야기를 하고 사람을 보내 이미 임신 중인 딸을 페르시아에서 불러오게 했다. 그는 곁에 두고

감시하다가 딸이 아이를 낳으면 곧바로 그 아이를 죽일 참이었다. 딸이 낳은 아이가 그를 대신해 왕이 되리라는 마고스들의 해몽 때문이었다. 마침내 만다네는 퀴로스를 해산하고, 외손자 퀴로스가 태어나자 아스튀아게스는 그의 친족 중 한 명인 하르파고스를 불렀다. 하르파고스는 메디아인 중에서 그가 가장 신뢰하는 심복이었고, 그의 모든 재산을 관리했다. 그가 말했다. "하르파고스여, 내가 지금 자네에게 명령하는 바를 자네는 반드시 이행하고, 나를 속이거나 다른 사람 편을 들어 훗날 스스로 파멸의 구렁텅이에 빠지는 일이 없도록 하게. 만다네가 낳은 이 아이를 받아 자네 집으로 안고 가 죽이도록 하게. 그리고 자네 좋을 대로 묻어 주게!" 하르파고스가 대답했다. "전하, 전하께서도 보셨다시피, 저는 지난날 전하께 조금도 불충한 적이 없사오며, 앞으로도 전하의 감정을 상하게 하지 않으려고 노력할 것이옵니다. 그러기를 원하신다면 저는 기꺼이 제 임무를 수행하겠나이다."

109   하르파고스는 이렇게 대답하고 죽기 전에 옷을 갈아입은 어린아이를 건네받아 울면서 집으로 돌아가 아내에게 아스튀아게스에게 들은 말을 모두 전했다. 그러자 아내가 "지금 당신 어쩔 작정이세요?" 하고 물었고 그가 대답했다. "아스튀아게스가 지금보다 더 미쳐 날뛴다 하더라도 나는 그가 시킨 대로 하지 않을 것이며, 그런 살인의 하수인 노릇은 하지 않을 것이오. 내가 이 아이를 죽일 수 없는 이유는 한두 가지가 아니오. 첫째, 이 아이는 내 친족이오. 다음, 아스튀아게스는 노인인데 남손이 없소. 만약 그가 죽은 뒤, 지금 내 손을 빌어 그 아들을 죽이려는

106 이 약속은 지켜지지 않았다.
107 페르시아와 메디아의 사제 계급.

그의 딸에게 왕위가 넘어간다면, 그때부터 나는 죽은 목숨이나 다름없을 것이오. 내 안전을 위해 아이는 반드시 죽어야 하지만 아이를 죽이는 일은 내 수하 중 한 명이 아니라, 아스튀아게스의 수하 중 한 명이 맡아야 하오."

110 하르파고스는 이렇게 말하고 즉시 미트라다테스라는 자에게 사자를 보냈는데, 아스튀아게스의 소치기 중 한 명인 그자는 그가 알기에 이 목적에 가장 부합하는 곳, 말하자면 야수가 득실대는 산중에서 소를 치고 있었다. 그자는 역시 아스튀아게스의 여자 노예와 살고 있었는데, 그녀의 이름은 헬라스 말로는 퀴노, 메디아 말로는 스파코[108]였다. 메디아인은 암캐를 스파카라고 부르기 때문이다. 이 소치기가 소를 먹이던 산기슭은 악바타나 북쪽에 있었고, 흑해 쪽을 향하고 있었다. 메디아 땅은 사스페이레스족의 나라와 인접한 그쪽에만 산이 많고 높으며 숲이 우거지고 나머지는 모두 평평하기 때문이다. 목자가 명을 받고 허겁지겁 달려왔을 때, 하르파고스가 말했다. "네가 이 아이를 안고 가 되도록 빨리 죽을 수 있도록 산속 더없이 후미진 곳에 내다 버리라고 아스튀아게스 님께서 분부하셨다. 네가 이 아이를 죽이지 않고 어떻게든 살려 둔다면 너 자신이 가장 비참하게 죽게 될 것이라고 네게 일러두라는 명령을 나는 받았느니라. 나는 또 아이가 정말로 내다 버려졌는지 확인하라는 명령도 받았느니라."

111 소치기는 이 말을 듣고는 아이를 안고, 왔던 길을 되돌아가 자신의 오두막에 도착했다. 그의 아내도 마침 임신해 오늘내일 해산을 기다리던 참이었는데, 신의 섭리에 의해서인지 소치기가 도시에 가고 없을 때 아이가 태어났다. 두 사람은 서로를 위해 걱정했는데, 그는 아내가 해산

을 앞두고 있었기 때문에 걱정했고, 아내는 하르파고스가 자기 남편을 부르는 것이 예사롭지 않았기에 걱정했다. 그가 집에 돌아오자 아내는 뜻밖에 무사하게 자기 앞에 서 있는 남편을 보고 무슨 일로 하르파고스가 그렇게 급히 부르더냐고 물었다. 그가 말했다. "여보, 나는 도시에 불려가 보고 싶지 않은 것을, 우리 주인님들에게 일어나지 말았어야 할 일에 대해 보고 들었소. 하르파고스 님의 집은 온통 울고불고 난리였소. 나는 깜짝 놀랐지만 안으로 들어갔소. 들어가자마자 버둥대며 우는 어린아이를 보았는데, 황금 장신구를 차고 수를 놓은 옷을 입고 있었소. 하르파고스 님은 나를 보시자마자 당장 아이를 안고 야수가 가장 득실대는 산중으로 가 버리라고 명령하셨소. 그분은 또 이것은 아스튀아게스 전하께서 내게 내리신 명령이며, 그 명령에 따르지 않으면 나는 죽은 목숨이라고 위협하셨소. 나는 아이를 안고 이리로 오며 어느 계집종의 자식이겠거니, 생각했다오. 나로서는 누구 자식인지 알 길이 없으니까. 하지만 나는 아이가 황금 장신구를 차고 수를 놓은 옷을 입고 있는 것과 하르파고스 님의 집이 울고불고 난리였던 점이 아무래도 마음에 걸렸소. 곧 나는 돌아오는 길에 사건의 전말을 알게 되었소. 나를 도시에서 바래다주며 아이를 넘겨준 하인이 이야기해 주었으니까. 그 아이는 아스튀아게스 전하의 딸 만다네와 그녀의 남편 캄뷔세스 사이에서 태어난 아들 퀴로스로, 이 아이를 죽이라고 명령한 것은 아스튀아게스 전하라는 것이었소. 자, 이 아이가 바로 그 아이요."

---

108 퀴노는 '개'라는 뜻의 그리스어 kyon에서 유래한 이름이다. 로마를 건국한 로물루스와 레무스 형제가 암 늑대의 젖을 먹고 자랐듯이 퀴로스가 암캐의 젖을 먹고 자랐다는, 페르시아 전설을 합리화한 것으로 볼 수 있다. 스파코는 '개'라는 뜻의 메디아어 spaka에서 유래한 이름이다.

112 　이렇게 말하며 소치기는 덮개를 벗기고 아이를 보여 주었다. 아내는 아이가 크고 잘생긴 것을 보자 울음을 터뜨리며 남편의 두 무릎을 부여안고 무슨 일이 있어도 아이를 내다 버리지 말라고 간청했다. 그는 하르파고스가 첩자를 보내 확인할 것이고, 시킨 대로 하지 않으면 그 자신이 가장 비참하게 죽게 될 터이니 달리 어쩔 도리가 없다고 말했다. 아내는 남편을 설득할 수 없자 이번에는 이렇게 말했다. "아이를 내다 버리지 말라고 내가 당신을 설득할 수 없으니 이렇게 하세요. 아이가 버려진 모습을 반드시 보여야 한다면 말이에요. 저도 아이를 낳았는데, 슬프게도 우리 아이는 죽은 채 태어났어요. 이미 죽은 우리 아이를 내다 버리세요. 그리고 우리는 아스튀아게스 전하 따님의 아이를 우리 아이인 양 길러요! 그러면 당신은 주인님들을 속이다가 잡히는 일이 없을 테고, 우리도 손해 볼 게 없잖아요. 우리의 죽은 아이는 왕자답게 묻힐 것이고, 살아 있는 아이는 목숨을 잃지 않을 테니까요."

113 　소치기는 현 상황에서 아내가 한 말이 지당하다고 여기고 지체 없이 그녀의 말대로 했다. 그는 죽이려고 안고 온 아이는 아내에게 안겨 주고, 죽은 제 아이는 다른 아이를 담아 온 상자에 넣고 그 아이의 장신구로 장식한 다음 깊은 산속 후미진 곳으로 들고 가 버렸다. 아이를 내다 버린 지 3일째 되는 날, 소치기는 아이를 지키도록 조수 한 명을 파수꾼으로 남겨 두고 곧장 하르파고스의 집으로 달려가 아이의 시신을 보여 줄 준비가 되어 있다고 말했다. 하르파고스는 자신의 호위대 중에서 가장 믿을 수 있는 몇 명을 보내 시신을 확인하고는 소치기의 아이를 묻어 주었다. 그리하여 한 아이는 묻히고, 훗날 퀴로스라 불릴 다른 아이는 소치기의 아내가 거두어 길렀다. 물론 그녀는 그 아이에게 퀴로스가 아닌 다른 이름을 지어 주었다.

114 소년이 열 살이 되었을 때 우연하게도 다음과 같은 일이 생겨 혈통이 밝혀졌다. 소년은 소치기들의 축사가 있는 바로 그 마을 길바닥에서 같은 또래 소년들과 놀고 있었다. 놀이를 하던 중 소년들은 소치기 아들이라고 불리던 그 소년을 왕으로 뽑았다. 소년은 아이들에게 직책을 분담시켰는데, 몇몇은 집을 짓게 하고, 몇몇은 친위대가 되게 했다. 그리고 그중 한 명은 '왕의 눈'[109]이 되게 하고, 다른 한 명에게는 자기에게 각종 보고를 전달하는 명예를 부여했다. 이렇듯 소년은 각자에게 역할을 나눠주었다. 그런데 같이 놀던 소년 중에 아르템바레스라는 명망 있는 메디아인의 아들이 있었다. 이 소년이 퀴로스에게 복종하기를 거부하자, 퀴로스는 다른 소년들을 시켜 이 소년을 붙잡게 했다. 다른 소년들이 시키는 대로 하자 퀴로스가 이 소년을 거칠게 다루며 매질을 했다. 이 소년은 풀려나자마자 자기 신분에 걸맞지 않게 모욕당했다고 느끼고 격분하여 도시로 돌아가 퀴로스에게 매를 맞았다고 아버지에게 하소연했다. 물론 이 소년은 퀴로스라 부르지 않고(아직은 이 이름을 쓰지 않았으니까) 아스튀아게스의 소치기의 아들이라고 불렀다. 화가 난 아르템바레스는 아들을 데리고 아스튀아게스에게 나아가 자기 아들이 참을 수 없는 모욕을 당했다며, "전하, 전하의 하인인 소치기의 아들에게 우리는 이런 수모를 당했나이다"라고 말하며 아들의 양어깨를 보여 주었다.

115 사정을 듣고 상처를 살핀 아스튀아게스는 아르템바레스의 높은 지위를 고려해 그의 아들의 원수를 갚아 줄 양으로 소치기와 그의 아들을

---

109 페르시아 왕의 비서실장. 헤로도토스는 페르시아의 이런 직함이 메디아에서 유래한 것으로 생각하는 것 같다.

불러오게 했다. 두 사람이 앞에 서자 아스튀아게스는 퀴로스를 응시하며 말했다. "너는 이런 하찮은 자의 자식인 주제에 감히 내 중신(重臣)의 아들에게 이런 행패를 부렸더란 말이냐?" 소년이 대답했다. "주인님, 제가 그렇게 한 것은 당연하옵니다. 마을 아이들— 이 소년도 그중 한 명이었사옵니다— 이 놀이를 하다가 저를 자기들의 왕으로 뽑았사옵니다. 제가 왕으로서 가장 적임자라고 여겼기 때문이지요. 다른 소년들은 모두 제가 시키는 대로 했는데, 이 소년은 제가 시켜도 듣지 않고 저를 무시하다 결국 벌을 받은 것이옵니다. 그것 때문에 제가 벌을 받아 마땅하다면, 기꺼이 벌을 받겠습니다."

116 이렇게 소년이 말하는 동안 아스튀아게스는 소년이 누군지 알 것 같은 느낌이 들었다. 얼굴 표정이 자기와 많이 닮은 것 같고, 대답하는 태도가 노예보다는 자유민에 가까웠으며, 소년의 나이도 아이를 내다 버린 기간과 맞아떨어졌다. 깜짝 놀란 그는 한동안 말문이 막혔지만, 이윽고 간신히 정신을 차렸다. 그리고 소치기를 개인적으로 심문하기 위해 아르템바레스를 내보내고 싶어 이렇게 말했다. "아르템바레스여, 그대와 그대의 아들이 만족하도록 내가 이 일을 처리할 것이오." 이렇게 아르템바레스 부자를 돌려보내고 그는 하인들에게 명해 퀴로스를 데리고 들어가게 했다. 그리하여 소치기와 둘만 남게 되자, 아스튀아게스는 어디서 그 소년을 얻었으며, 누가 그 소년을 주더냐고 소치기에게 물었다. 소치기는 그 아이는 자기 아들이며, 아이 어머니도 여전히 자기집에 있다고 말했다. 아스튀아게스는 고문을 받고 싶어 하는 것은 어리석은 짓이라며, 친위대에게 그를 체포하라고 눈짓으로 명령했다. 끌려갈 처지가 되자 소치기는 이실직고했다. 그는 그간의 경위를 사실대로 털어놓은 다음 제발 용서해 달라고 빌었다.

117 아스튀아게스는 자초지종을 털어놓은 소치기에게는 노여움이 누그러졌지만, 하르파고스는 몹시 괘씸하다는 생각이 들어 친위대를 시켜 불러오게 했다. 하르파고스가 나타나자 아스튀아게스가 물었다. "하르파고스, 그때 내가 자네에게 맡긴 내 딸의 아이를 자네는 어떻게 죽였는가?" 하르파고스는 그 자리에 있는 소치기를 보고 어설프게 둘러대다가는 심문하면 탄로 날 것 같아 이렇게 말했다. "전하, 저는 전하에게서 아이를 받고는 어떻게 하면 제가 전하의 명령을 이행하여 전하의 뜻을 어기지 않되 전하의 따님과 전하 자신에게 아이의 살해자로 비치지 않을 수 있을까 고민했사옵니다. 그래서 저는 여기 있는 이 소치기를 불러 아이를 넘겨주며 아이를 죽이라고 명령하신 것은 전하라고 말했사옵니다. 그것은 거짓말이 아니었사옵니다. 전하께서는 그렇게 명령하셨사옵니다. 저는 저자에게 아이를 넘겨주며 후미진 깊은 산중에 내다 버리되 아이가 죽을 때까지 옆에 서서 지키라고 일렀사옵니다. 그리고 그가 명령을 수행하지 않을 경우 혼내 주겠다고 으름장을 놓았사옵니다. 그는 제가 시키는 대로 했고, 그 뒤 아이가 죽자 저는 제가 가장 신뢰하는 호위대원을 보내 확인하고 묻어 주게 했사옵니다. 전하, 이 일은 그렇게 된 것이며, 아이는 그렇게 죽었사옵니다."

118 하르파고스는 그렇게 이실직고했다. 정황을 파악한 아스튀아게스는 격분했다. 그러나 내색하지 않고 먼저 자기가 이 사건에 관해 소치기에게서 들은 것을 하르파고스를 위해 한 번 더 되풀이하더니 그 아이는 아직 살아 있으며, 일이 이렇게 되어 다행이라고 말을 맺었다. 그는 말을 이었다. "나는 아이에게 그런 짓을 하고 나서 마음이 몹시 불편했고, 딸과 사이가 나빠지는 것도 아주 부담스러웠네. 다행이 모든 일이 좋게 끝났으니, 자네 아들을 지금 우리에게 돌아온 소년의 놀이 친구로

보내 주되, 자네도 내 잔치에 손님으로 와 주게나. 내 손자를 안전하게 지켜 주신 신들에게 나는 감사의 제물을 바칠까 하네."

119 이 말을 들은 하르파고스는 왕 앞에 꿇어 엎드렸다. 그는 자신의 잘못이 뜻밖의 좋은 결과로 돌아오고 이런 좋은 계기에 식사 초대까지 받은 사실에 우쭐하며 집으로 갔다. 그는 집에 도착하자마자 열세 살쯤 된 외아들을 아스튀아게스에게 보내며 그곳에 가면 왕이 시키는 대로 하라고 일렀다. 그러고는 흐뭇해하며 아내에게 자초지종을 이야기했다. 하르파고스의 아들이 도착하자 아스튀아게스는 그 애를 죽여서 손발을 잘라 내고 몸통의 일부는 굽고 일부는 삶아 다 손질한 다음 언제든 내놓을 수 있도록 대기하도록 명령했다. 식사 시간이 되자 다른 손님들과 함께 하르파고스도 들어왔다. 다른 손님들과 아스튀아게스의 식탁에는 양고기가 가득 차려졌지만, 하르파고스에게는 그의 아들의 살코기가 모두 차려졌다. 머리와 손발만 빼고. 이것들은 덮개가 덮인 바구니에 따로 보관되어 있었다. 하르파고스가 배불리 먹었을 때쯤 맛있게 먹었느냐고 아스튀아게스가 물었다. 하르파고스가 아주 맛있었다고 말하자, 미리 명령받은 자들이 덮개가 덮인 바구니에 담긴 그의 아들의 머리와 손발을 가져오더니 하르파고스 앞에 서서 덮개를 벗기고 마음에 드는 것을 집으라고 했다. 하르파고스가 그들이 시키는 대로 덮개를 벗기자 아들 몸의 나머지 부분이 보였다. 그러나 그는 그것들을 보고도 당황한 기색을 내보이지 않았으며 그야말로 태연자약했다. 아스튀아게스는 그에게 어떤 사냥감의 고기를 먹었는지 알겠느냐고 물었다. 하르파고스가 알고 있으며, 자기는 왕이 하는 일은 무엇이든 기꺼이 받아들이겠다고 말했다. 그리고 그는 아들 몸의 나머지 부분들을 집어 들고 집으로 갔다. 생각건대, 아들 몸의 나머지 부분이라도 수습해 묻어 주

기 위함이었으리라.

120 그렇게 하르파고스를 벌한 뒤 아스튀아게스는 퀴로스를 어떻게 할까 생각하다 당시 자기 꿈을 해몽해 준 바로 그 마고스들을 불렀다. 그들이 오자 아스튀아게스는 다시 한번 해몽해 줄 것을 부탁했다. 그들은 같은 대답을 했다. 소년이 죽지 않고 살아남았다면 반드시 왕이 될 것이라고. 아스튀아게스가 그들에게 다시 물었다. "소년은 죽지 않고 아직 살아 있소. 그 애는 시골에서 자라고 있었고, 마을 아이들이 그 애를 자신들의 왕으로 삼았소. 그래서 그 애는 진짜 왕처럼 온갖 일을 처리했으며, 친위대와 문지기와 사자(使者)를 뽑는 등 그들을 통치했소. 그대들이 보기에 지금 이 일이 뭘 의미하는 것 같소?" 마고스들이 말했다. "만약 소년이 살아서 전하의 조작으로 왕이 된 것이 아니라면, 전하께서는 염려 말고 안심하옵소서. 그 애는 두 번씩이나 왕이 되지는 못할 것이옵니다. 신탁조차도 때로는 시시하게 끝나고, 꿈도 가끔은 사소한 일로 실현되는 법이니까요." 아스튀아게스가 이렇게 대답했다. "마고스들이여, 나도 그대들과 동감이오. 소년이 일단 왕이라 불렸으니 내 꿈은 실현된 것이고, 소년은 이제 더이상 내게 위협이 되지 못하오. 그럼에도 그대들은 심사숙고하여, 내 집과 그대들 자신의 안전을 위해 내가 어떻게 해야 할지 조언해 주시오!" 마고스들이 대답했다. "전하, 전하의 왕위가 존속되는 것은 저희에게도 매우 중요한 일이옵니다. 혹시라도 왕권이 페르시아인인 그 소년에게 넘어가 이방인의 차지가 된다면, 저희 메디아인은 노예가 될 것이며, 이방인이라 하여 페르시아인에게 멸시받을 것이옵니다. 그러나 저희와 동족인 전하께서 왕으로 계시는 동안에는 저희도 통치에 참여하고 또한 전하의 은덕으로 우대받고 있나이다. 그러니 저희는 전하와 전하의 통치권을 지키기 위해 할

수 있는 일은 다 해야 하옵니다. 그래서 저희는 이와 관련해 위험이 닥치는 것을 보면 전하께 미리 알려 드리곤 한 것이옵니다. 하오나 이제 그 꿈이 아무것도 아닌 것으로 드러났으니, 저희는 안심하며 전하께서도 안심하시라고 권하옵니다. 그러니 그 소년이 전하의 눈에 띄지 않도록 페르시아에 있는 그의 양친에게 보내소서!"

121 그 말을 듣고 아스튀아게스는 마음이 흐뭇하여 퀴로스를 불러 놓고 이렇게 말했다. "얘야, 이루어지지도 않을 한낱 꿈 때문에 내가 네게 못할 짓을 했구나. 하지만 운명이 너를 구했구나. 이제 너는 즐거운 마음으로 페르시아로 가거라. 내가 호위대를 딸려 보내겠다. 그곳에 가면 너는 소치기 미트라다테스와 그의 아내와는 다른 너의 진짜 어미와 아비를 만나게 될 것이다."

122 그렇게 말하고 아스튀아게스는 퀴로스를 떠나보냈다. 소년이 캄뷔세스의 집으로 돌아오자 양친은 소년을 맞아들였고, 자초지종을 듣고 크게 기뻐했다. 당시 그들은 오래전에 자기 아들이 죽은 줄 알고 있었기 때문이다. 그가 어떻게 살아남았는지 그들이 물었다. 그가 말하기를, 그는 여태까지 자기가 누군지 전혀 몰라 잘못 알고 있었지만 오는 길에 자신의 불운에 관해 알게 되었다고 했다. 자신이 아스튀아게스의 소치기의 아들인 줄 알았지만 오는 길에 호위대에게 자초지종을 들었다는 것이다. 그는 또 그 소치기의 아내가 자기를 길러 주고 정성껏 돌봐 주었다고 줄곧 그녀를 칭찬하며 퀴노 이야기만 했다. 양친은 그 이름을 명심해 두었다가, 자기들의 아들이 살아남은 것이 페르시아인에게 신의 섭리인 것처럼 생각되도록, 내다 버려진 퀴로스를 암캐가 젖을 먹여 길렀다는 소문을 퍼뜨렸다.

123 이 소문은 그렇게 시작되었다. 퀴로스가 성년이 되고 동년배 중에서 가
장 용감하고 가장 사랑받게 되자, 하르파고스가 그에게 선물을 보내 환
심을 사려 했으니, 아스튀아게스에게 아들의 복수를 하고 싶었던 것이
다. 하르파고스 자신은 한갓 사인(私人)이라 자력으로 아스튀아게스
에게 복수할 능력이 없다고 생각하고는 퀴로스가 커 가는 것을 보고 퀴
로스도 아스튀아게스에게 자기와 같은 봉변을 당한 만큼 그를 제 편으
로 삼으려 했다. 그전에 그는 다음과 같은 조치를 미리 강구해 두었다.
하르파고스는 메디아의 요인을 일일이 만나 아스튀아게스는 메디아
인에게 가혹한 통치자이다, 그러므로 퀴로스를 왕으로 삼고 아스튀아
게스를 왕위에서 축출하자, 그렇게 설득한 것이다. 일단 이 일에 성공
하여 모든 준비가 끝나자 하르파고스는 퀴로스에게 자신의 계획을 알
리려 했다. 그러나 퀴로스는 페르시아에 살고 있고 도로마다 경비가 삼
엄하여 어쩔 수 없이 다음과 같은 계략을 쓸 수밖에 없었다. 그는 산토
끼 한 마리를 구해 배를 짼 다음 모피는 건드리지 않고 자신의 계획을
적은 서찰을 집어넣었다. 그러고는 산토끼의 배를 다시 봉합한 다음 심
복에게 사냥꾼처럼 보이게 하려고 그물과 함께 그 토끼를 주었다. 그
심복을 페르시아로 보내며 퀴로스에게 산토끼를 전달하되 주위에 아
무도 없을 때, 손수 산토끼의 배를 열어 보도록 이르라고 구두로 지시
했다.

124 하르파고스의 계획은 빈틈없이 이행되었다. 퀴로스는 산토끼를 받아
배를 열어 보고 뱃속에 서찰이 들어 있는 것을 발견하고는 꺼내 읽었
다. 서찰에는 이렇게 적혀 있었다. "캄뷔세스의 아드님이시여, 신께서
는 그대를 돌봐 주고 계십니다. 그렇지 않다면 그대는 이처럼 운이 좋
지 못했을 것입니다. 이제는 그대를 죽이려 한 아스튀아게스에게 복수

하십시오. 그의 뜻대로 되었다면 그대는 이미 죽었을 것이며, 그대가 살아 있는 것은 순전히 신들과 제 덕분입니다. 그대는 그대에게 일어난 모든 일과, 그대를 죽이기를 거부하고 소치기에게 넘겨준 까닭에 제가 아스튀아게스에게 어떤 고통을 당했는지 이미 알고 있으리라 생각합니다. 제 조언을 받아들인다면 현재 아스튀아게스가 다스리는 모든 영토는 모두 그대가 다스리게 될 것입니다. 그대는 반란을 일으키도록 페르시아인을 설득하여 메디아로 진격하십시오. 그대와 맞서도록 아스튀아게스가 저를 장군으로 임명하든, 메디아의 다른 요인을 임명하든 그대가 뜻한 대로 일은 순조롭게 진행될 것입니다. 그들 요인이 먼저 아스튀아게스를 배신하고 그대 편이 되어 그를 무너뜨리려 하고 있기 때문입니다. 이쪽에서는 모든 준비가 다 끝났으니, 그대는 실행하되 지체 없이 행동하십시오!"

125 퀴로스는 서찰을 읽고 반란을 일으키도록 페르시아인을 어떤 방법으로 설득하는 것이 가장 좋을까 궁리하다가 다음 방법이 가장 적절하겠다고 생각하고 실행에 옮겼다. 그는 제멋대로 서찰 한 통을 작성한 다음, 페르시아인의 회의를 소집해 놓고 거기서 서찰을 펼쳐 들고는 아스튀아게스가 자기를 페르시아인의 장군으로 임명했노라고 큰 소리로 읽었다. "페르시아인이여, 내 이제 그대들 모두에게 명하노니, 각자 낫을 들고 이곳에 모이시오!" 하고 그는 말했다. 퀴로스는 그렇게 명령했다. 페르시아인은 여러 부족으로 구성되어 있는데, 퀴로스는 그중 일부만 소집해 메디아인에게 반란을 일으키도록 설득했으니, 나머지 페르시아인은 모두 이들 부족에 종속되어 있었기 때문이다. 이들 부족이란 파사르가다이족, 마라피오이족, 마스피오이족이다. 그중에서도 파사르가다이족이 가장 주도적 위치에 있으며, 페르시아 왕을 배출하는

아카이메니다이가(家)도 이 부족에 속한다. 다른 페르시아 부족이란 판티알라이오이족, 데루시아이오이족, 게르마니오이족으로 이들은 농사를 짓는다. 그 밖에 나머지 부족인 다오이족, 마르도이족, 드로피코이족, 사가르티오이족은 유목민이다.

126 이들 모두가 앞서 말한 낫을 들고 모이자, 퀴로스는 그들에게 각 변이 18 내지 20스타디온이나 되는, 온통 엉겅퀴로 뒤덮인 묵은 땅을 하루 안에 개간하라고 명령했다. 페르시아인들이 이 일을 끝마치자 그는 이튿날 모두들 목욕재계하고 다시 모이라고 명령했다. 그사이 퀴로스는 아버지의 염소떼와 양떼와 소떼를 모두 한곳에 모아 도살하고 페르시아인 군대를 접대할 준비를 했고, 포도주와 맛있는 요리도 마련했다. 이튿날 페르시아인들이 모이자 그는 그들을 풀밭에 앉히고 융숭하게 접대했다. 식사가 끝난 뒤 퀴로스가 그들에게 어제와 오늘의 일정 가운데 어느 쪽이 더 마음에 드는지 물었다. 그들은 하늘과 땅 차이라며, 어제는 힘들기만 했는데 오늘은 좋기만 하다고 말했다. 그 말을 듣자 퀴로스는 기다렸다는 듯이 이런 말로 자신의 계획을 모두 털어놓았다. "페르시아의 전사들이여, 이것이 여러분이 처한 상황이오. 내 말을 들으면 오늘과 같은 즐거움과 그 밖의 다른 즐거움을 계속 누리며 노예처럼 일할 필요도 없을 것이오. 그러나 내 말을 듣지 않겠다면, 어제와 같은 고통을 계속 겪을 것이오. 그러니 내 말을 듣고, 자유민이 되시오! 나는 분명 여러분을 신의 섭리에 따라 자유민으로 만들 과업을 맡고 태어났소. 나는 여러분이 전쟁에서나 그 밖의 다른 일에서나 결코 메디아인 못지않다고 믿소. 내 호소하노니, 여러분은 되도록 빨리 아스튀아게스에게 반기를 드시오!"

127 그리하여 이제 지도자를 만난 페르시아인들은 기꺼이 자유를 쟁취하려 했다. 사실 그들은 오래전부터 메디아인의 지배가 못마땅했다. 아스튀아게스는 퀴로스의 행동을 전해 듣고 사자를 보내 그를 소환했다. 그러나 퀴로스는 사자에게 명하여, 자기는 아스튀아게스가 바라는 것보다 더 일찍 그에게 갈 것이라고 전하게 했다. 그 말을 듣고 아스튀아게스는 메디아인의 전군(全軍)을 무장시키고는, 자기가 하르파고스에게 한 짓은 까맣게 잊고, 우둔하게도 하르파고스를 사령관에 임명했다. 메디아인이 페르시아인과 교전하자 메디아인 가운데 음모에 가담하지 않은 몇몇 사람만 싸우고, 다른 자들은 페르시아인에게로 탈주했으며, 대부분은 일부러 몸을 사리며 달아났다.

128 그처럼 메디아군은 참패했다. 그런 줄 알면서도 아스튀아게스는 퀴로스를 가만히 내버려두지 않겠다고 위협했다. 그렇게 말하고 그는 먼저 자기에게 퀴로스를 놓아주기를 권한 해몽가 마고스들을 책형(磔刑)에 처한 다음, 도시에 남아 있던 메디아인을 늙은이나 젊은이 할 것 없이 모두 무장시켰다. 그리고 그들을 이끌고 나가 페르시아인과 교전했지만 패해, 이끌고 간 군사를 모두 잃고 자신도 생포되었다.

129 아스튀아게스가 포로로 잡히자, 하르파고스가 조롱하고 야유했다. 그러고는 그의 마음을 아프게 하려고 그가 자기에게 아들의 살점을 먹게 한 연회를 상기시키며 왕 대신 노예가 된 기분이 어떠냐고 물었다. 아스튀아게스는 그를 쳐다보며 퀴로스가 해낸 일을 자신의 공적으로 간주하느냐고 되물었다. 하르파고스는 자기가 퀴로스에게 서찰을 썼으니 당연히 공은 자기 것이라고 말했다. 아스튀아게스는 하르파고스야말로 세상에서 가장 어리석고 가장 불의한 사람이라면서, 가장 어리석

다 함은 이번 사태가 그의 소행이라면 그 자신이 왕이 될 수 있었는데도 권력을 남에게 양보했기 때문이며, 가장 불의하다 함은 한갓 연회 때문에 그가 메디아인을 노예로 만들었기 때문이라고 했다. 왕권을 그 자신이 차지하지 않고 굳이 다른 사람에게 넘겨야 했다면 그런 영예는 페르시아인보다는 메디아인에게 넘기는 것이 더 옳았을 것이라고 했다. 그 결과 메디아인은 아무 잘못이 없는데도 주인 대신 노예가 되었고, 전에는 메디아인의 노예였던 페르시아인은 메디아인의 주인이 되고 말았다고 했다.

130 그렇게 아스튀아게스는 35년간 통치하던 나라를 잃었고, 메디아인은 할뤼스강 동쪽의 아시아를 스퀴타이족이 통치한 기간[110]을 빼고 128년간 통치하다가 아스튀아게스의 폭정으로 말미암아 페르시아인에게 굴복했다. 훗날 메디아인은 페르시아인에게 굴복한 것을 후회하고 다레이오스에게 반기를 들었지만[111] 패하여 다시 종속되었다. 그러나 아스튀아게스가 통치하던 이때는 퀴로스 휘하의 페르시아인이 메디아인에게 반란을 일으켰고, 이때부터 그들은 아시아를 지배했다. 퀴로스는 아스튀아게스에게 아무 해코지도 하지 않고 죽을 때까지 자기 곁에 붙들어 두었다. 이상이 퀴로스가 태어나고 자라나 왕이 된 경위이다. 훗날 퀴로스는 앞서 말했듯이 먼저 공격해 온 크로이소스에게 이김으로써 아시아 전체를 지배하게 된다.

---

110 아스튀아게스가 통치한 기간은 기원전 584~550년이다. 스퀴타이족이 통치한 기간은 기원전 634~606년이다.
111 기원전 520년.

131 내가 알기로, 페르시아인의 관습은 다음과 같다. 신상을 만들고 신전을 세우고 제단을 마련하는 것은 그들의 관습이 아니다. 그런 짓을 하는 자들을 그들은 어리석은 자로 여기는데, 아마도 그들은 헬라스인처럼 신들이 사람의 형상이라고 믿지 않기 때문인 것 같다. 그들은 산꼭대기에 올라가 제우스에게 제물을 바치곤 하는데, 둥근 하늘 전체를 그들은 제우스라 부른다. 그들은 해, 달, 대지, 불, 물, 바람 들에도 제물을 바친다. 원래는 이들만이 그들이 제물을 바치는 신이었지만 훗날 '아프로디테 우라니아'에게도 제물을 바치는 법을 배웠는데, 그녀를 숭배하는 의식은 앗쉬리아인과 아라비아인에게서 유래했다. 아프로디테 우라니아를 앗쉬리아인은 뮐릿타라고, 아라비아인은 알릴라트라고, 페르시아인은 미트라[112]라고 부른다.

132 페르시아인이 앞서 말한 신들에게 제물을 바치는 의식은 다음과 같다. 그들은 제물을 바치려 할 때 제단도 마련하지 않고 불도 피우지 않으며, 헌주하지도 않고 피리도 불지 않으며, 화관도 씌우지 않고 보리알도 뿌리지 않는다. 누군가 신 중 한 분에게 제물을 바치기로 작정하면 제물로 바칠 가축을 정결한 장소로 몰고 가 대개 도금양으로 장식한 두건을 쓴 채 그 신을 부른다. 제물을 바치는 사람은 자기 혼자만의 복(福)을 빌어서는 안 되고, 모든 페르시아인과 왕의 안녕을 기구해야 한다. 그도 모든 페르시아인에 포함되기 때문이다. 그러고 나서 그는 제물로 바친 동물을 해체해 그 고기를 삶은 다음, 가장 부드러운 풀 ― 대개는 클로버 ― 을 깔고 그 위에다 고기를 모두 올려놓는다. 그가 그러고 나면 마고스 한 명이 와서 신들의 탄생을 찬미하는 노래를 읊는다. 아무튼 그들의 주문(呪文)은 그런 종류의 것이라고 한다. 마고스의 입회 없이 제물을 바쳐서는 안 된다. 제물을 바친 사람은 잠시 뒤 고기를 가져

가 임의로 처분한다.

133 페르시아인은 저마다 자기 생일을 가장 축하한다. 이날은 다른 날보다 음식을 더 많이 장만해야 된다고 믿는다. 부자들은 소, 말, 낙타, 당나귀를 가마솥에 통째로 구워 차려 내게 하고, 가난한 사람들은 더 작은 가축[113]을 차려 내게 한다. 그들은 주식(主食)은 많이 먹지 않지만, 후식은 여러 종류이며 차례차례 나온다. 그래서 페르시아인이 말하기를, 헬라스인은 주식이 끝나고 나서 후식은 조금밖에 또는 전혀 나오지 않기 때문에 식후에도 배가 고프며, 후식이 제공된다면 헬라스인도 먹기를 멈추지 않을 것이라고 한다. 페르시아인은 술을 몹시 좋아하지만 남이 보는 앞에서 구토나 방뇨는 허용되지 않는다. 그 점에서 그들은 엄격하다. 그러나 그들은 가장 중요한 안건을 술에 취한 채 토의하는 습관이 있다. 그들이 어떤 결정을 내리건 이튿날 술이 깨면, 회의장으로 사용된 집의 주인이 그 건을 다시 상정한다. 술이 깨어서도 동의하면 결정된 바를 실행에 옮기고, 그러지 않을 경우 폐기한다. 또한 맑은 정신으로 미리 상의한 것은 술 취한 상태에서 다시 논의한다.

134 페르시아인이 길에서 서로 마주칠 경우 두 사람이 같은 신분인지 아닌지는 서로 인사하는 것을 보면 알 수 있다. 같은 신분일 경우 그들은 서로 입을 맞춘다. 한 사람의 신분이 조금 낮을 경우 그들은 서로 볼에다 입맞추고, 신분 차이가 현격할 경우 신분이 낮은 사람이 높은 사람 앞

112 Mitra. 태양신으로, 남성 신. 헤로도토스는 여기서 물의 여신 아나히타 (Anahita)와 미트라를 혼동하고 있다.
113 양이나 염소.

에 무릎을 꿇고 엎드린다. 페르시아인은 자신들 다음에는 자신들과 가장 가까운 곳에 사는 자들을 존중하며, 다음에는 이들과 가장 가까운 곳에 사는 자들을 존중하는 등 자신들과 가까운 순서대로 존중한다. 왜냐하면 그들은 자신들이 모든 면에서 세상에서 가장 훌륭한 민족이고, 다른 사람들은 점점 질이 떨어져 자신들에게서 가장 멀리 떨어져 사는 자들이 세상에서 가장 열등한 민족이라 여기기 때문이다. 메디아인이 통치할 때도 여러 민족이 각각 다른 민족을 지배했다. 메디아인은 모든 민족을 지배하되 특히 자신들과 가장 가까운 이웃을 지배하고, 이들은 또 자신들의 이웃을 지배하는 식이었다. 페르시아인도 같은 방식으로 서열을 매긴다. 그래서 각 민족은 서열에 따라 이웃 민족을 지배한다.

135 하지만 페르시아인처럼 타국의 관습을 기꺼이 받아들이는 민족은 달리 찾아보기 힘들다. 예컨대 그들은 메디아의 옷이 자신들의 옷보다 더 아름답다고 여기고 입고 다니며, 전쟁터에는 아이귑토스의 흉갑을 입고 나간다. 어떤 종류의 향락을 배우게 되건 자기 것으로 만든다. 이를테면 그들은 헬라스인에게서 소년과의 남색(男色)을 받아들였다. 페르시아 남자는 정식으로 결혼한 아내가 여럿이고, 첩은 더 많다.

136 남자의 주된 미덕은 전쟁터에서 용감한 것이고, 그다음은 아들을 많이 보여 주는 것이다. 아들을 가장 많이 보여 주는 자에게 왕은 해마다 선물을 내리는데, 그들은 수(數)에서 힘이 나온다고 생각하는 것이다. 그들은 소년들을 다섯 살부터 스무 살까지 교육하되 승마와 궁술과 정직, 이 세 가지만 가르친다. 다섯 살이 되기 전까지 소년들은 아버지 앞에 나타나지 않고 여자들에 둘러싸여 자란다. 소년이 성장하다가 죽어 아버지가 마음 아파하는 일이 없게 하기 위해서이다.

137 그들의 이런 관습도 칭찬하지만, 내가 칭찬하는 것이 또 하나 있다. 왕
조차도 한 가지 과실을 저지른 누군가를 죽여서는 안 되며, 나머지 다
른 페르시아인도 단 한 가지 잘못 때문에 하인에게 치명적인 위해를 가
해서는 안 된다는 것이다. 잘 생각해 보고 하인이 좋은 일보다는 나쁜
짓을 한 경우가 더 많다고 생각되면 분통을 터뜨려도 된다. 그들의 주
장에 따르면, 제 아버지나 어머니를 죽인 사람은 아직 아무도 없다. 조
사해 보면 그런 자식은 어김없이 바꿔치기 당한 아이거나 서자임이 드
러난다는 것이다. 진짜 부모가 제 자식의 손에 살해되는 것은 말도 안
된다는 것이다.

138 페르시아인은 해서는 안 되는 것은 입 밖에 내서도 안 된다. 그들은 거
짓말을 가장 수치스런 짓으로 여긴다. 그다음은 돈을 빌리는 것이다.
여러 다른 이유가 있겠지만 주된 이유는 돈을 빌린 사람은 거짓말을 할
수밖에 없기 때문이라고 한다. 도성의 주민 중에 어떤 종류든 나병에
걸린 사람은 도성으로 돌아와서는 안 되고, 다른 페르시아인과 접촉해
서도 안 된다. 그들이 말하기를, 태양에 죄를 지으면 이 병에 걸린다고
한다. 그들은 이 병에 걸린 이방인은 누구나 나라 밖으로 추방한다. 그
들은 흰 비둘기도 같은 죄를 지었다고 해서 내쫓는다.[114] 그들은 강에
오줌을 누거나 침을 뱉거나 손을 씻지 않으며, 남이 그러는 것을 보고
방관하지도 않는다. 그들은 무엇보다도 강을 숭배하기 때문이다.

139 페르시아인에게는 또 다른 특징이 있는데, 그들 자신은 알지 못해도 나
는 알게 되었다. 신체적 특징이나 그것의 장점을 나타내는 이름은 하나

114 흰 비둘기가 이 병을 옮기는 것으로 생각한 것 같다.

같이 모두 도리에이스족은 '산'[115]이라 부르고, 이오네스족은 '시그마'라고 부르는 문자로 끝난다는 것이다. 자세히 조사해 보면 알겠지만, 페르시아인의 이름은 예외 없이 모두 이 문자로 끝난다.[116]

140 페르시아인의 이런 관습은 내가 알고 있기에 자신 있게 말할 수 있다. 그러나 다음의 관습은 죽은 자들에 관한 것으로, 비밀인 양 에둘러 모호하게 표현된다. 예컨대 페르시아 남자의 시신은 새나 개가 끌고 다니며 갈기갈기 찢어 놓기 전에는 매장되지 않는다고 그들은 말한다. 나는 마고스가 이 관습을 지킨다는 것은 확실히 알고 있다. 그들은 공개적으로 그러기 때문이다. 그러나 페르시아인은 대개 시신을 땅에 묻기 전에 밀랍으로 방부 처리한다. 마고스는 일반인과는 아주 다르고, 아이컵토스의 사제와도 다르다. 아이컵토스의 사제는 부정을 피하기 위해 제물로 바치는 동물 말고는 어떤 동물도 죽이지 않는다. 그러나 마고스는 개와 사람 말고는 모든 것을 손수 죽이며, 서로 경쟁하듯 개미와 뱀과 모든 길짐승과 날짐승을 닥치는 대로 죽인다. 이것은 오래된 관습이니 그들더러는 지키라고 하고, 나는 내 이야기로 돌아갈까 한다.

141 뤼디아인이 페르시아인에게 정복되자마자 이오니아인과 아이올리스인은 사르데이스로 퀴로스에게 사절단을 보내, 전에 크로이소스에게 그랬던 것과 같은 조건으로 퀴로스에게 복종하고 싶다고 했다. 퀴로스는 그들의 제의를 듣고 나서 그들에게 우화 하나를 들려주었다. "전에 피리 부는 한 남자가 바닷속에 물고기들이 있는 것을 보고 물고기들이 뭍으로 나오리라 생각하며 피리를 불기 시작했는데 그의 희망이 물거품이 되자 그물을 던져 물고기들을 수없이 잡아 밖으로 끌어냈지. 그는 물고기들이 퍼덕거리는 것을 보고, '춤 좀 그만 춰! 내가 피리를 불 때

너희는 나와서 춤추려 하지 않았잖아'라고 말했지." 퀴로스가 이오니아인과 아이올리스인에게 이 우화를 들려준 것은, 전에 퀴로스가 사절단을 보내 크로이소스에게 반기를 들라고 요청했을 때 이오니아인이 그의 청을 들어주지 않았는데 일이 다 끝난 지금에야 퀴로스에게 복종하려 했기 때문이다. 그는 화가 나서 사절단에게 그렇게 대답했다. 사절단이 이 대답을 도시들에 전하자 밀레토스인을 제외한 모든 이오니아인은 각 도시에 방벽을 쌓은 뒤 판이오니온[117]에 모였다. 퀴로스는 밀레토스인과는 그들이 전에 크로이소스와 맺은 것과 같은 조건으로 조약을 맺었기 때문이다. 나머지 이오니아인은 스파르테로 사절단을 보내 도움을 청하기로 만장일치로 결의했다.

142 판이오니온을 공유하는 이오니아인은 우리가 아는 한 세상에서 가장 기후가 좋은 지역에 도시들을 세웠다. 북쪽에 있는 나라들도, 남쪽에 있는 나라들도 그리고 동쪽에 있는 나라들과 서쪽에 있는 나라들도 이오니아와는 비교가 안 된다. 북쪽에 있는 나라들은 너무 춥고 습하고, 남쪽에 있는 나라들은 너무 덥고 건조하기 때문이다. 이오니아인은 모두 같은 말을 쓰지 않으며, 이들에겐 네 가지 방언이 있다. 그들의 도시 중 가장 남쪽에 있는 것이 밀레토스이고, 그다음이 뮈우스와 프리에네이다. 이들 도시는 카리아 지방에 있고 같은 방언을 쓴다. 그다음은 뤼디아 지방에 있는 도시들로 에페소스, 콜로폰, 레베도스, 테오스, 클라

---

115 그리스어로 san.
116 여자 이름은 해당되지 않는다. 남자 이름도 그리스어로 옮겨 적을 때 s를 덧붙인 경우가 많다.
117 '온 이오니아'라는 뜻의, 사모스섬 맞은편 뮈칼레곶에 있는 포세이돈 신전. 이오니아 지방의 모든 도시가 이곳에 모여 회합을 갖곤 했다.

조메나이, 포카이아인데, 이들 도시는 앞서 말한 도시들과는 다른 방언을 쓰지만 자기들끼리는 같은 방언을 쓴다. 그 밖에도 이오니아인 도시가 세 곳 더 있는데, 그중 두 곳, 즉 사모스와 키오스는 섬에 있고, 한 곳, 즉 에뤼트라이는 대륙에 있다. 키오스인과 에뤼트라이인은 같은 방언을 쓰고, 사모스인은 독특한 방언을 쓴다. 그곳에서는 이렇게 네 가지 방언이 사용되고 있다.

143 이들 이오니아인 가운데 밀레토스인은 퀴로스와 조약을 맺은 덕분에 두려워할 필요가 없었다. 섬에 사는 이오니아인도 안전한 편이었다. 포이니케인은 아직 페르시아인에게 종속되지 않았고, 페르시아인 자신은 해양 민족이 아니었기 때문이다. 이들 12도시의 이오네스족이 나머지 다른 이오네스족과 갈라선 것은 바로 당시 헬라스인 전체가 무력한 데다 그중에서도 이오네스족이 가장 무기력하고 미약했기 때문이다. 사실 아테나이 외에는 이렇다 할 이오네스족 도시가 없었다. 아테나이인을 포함해 다른 이오네스족은 이오네스족이라고 불리기를 원치 않았고, 이오네스족이라는 이름을 피했으며, 내가 보기에 오늘날에도 대부분의 이오네스족은 이 명칭을 수치스럽게 여기는 것 같다. 그러나 12도시의 이오네스족은 이 명칭을 자랑스럽게 여겨 자신들만 사용할 신전을 짓고 판이오니온이라고 이름 지었으며, 다른 이오네스족은 그곳에 들이지 않기로 결의했다. 들어가게 해 달라고 부탁한 도시는 스뮈르나밖에 없었다.

144 전에는 6개 도시 지역이라고 불렸지만 지금은 5개 도시 지역이라 불리는 곳에 거주하는 도리에이스족도 이와 비슷하게 하고 있다. 이들도 이웃에 사는 도리에이스족이 트리오피온의 신전에 들어가지 못하게 하

며, 심지어 자신들과 같은 도시에 사는 사람도 신전을 모독할 경우 회원 자격을 박탈하기 때문이다. 트리오피온의 아폴론을 기리는 경기에서 그들은 오래전부터 우승자를 위해 청동 세발솥을 상으로 내놓았다. 우승자는 그것을 집으로 가져가서는 안 되고 신에게 봉헌하게 되어 있었다. 그런데 한번은 아가시클레스라는 할리카르낫소스인이 우승한 뒤 이 법을 어기고 세발솥을 고향으로 가져가 집에 걸어 두었다. 그래서 린도스, 이알뤼소스, 카메이로스, 코스, 크니도스의 5개 도시가 여섯 번째 도시인 할리카르낫소스를 회원에서 탈퇴시켰다. 이것이 5개 도시가 할리카르낫소스에 내린 벌이었다.

145 내 생각에, 이오네스족이 12도시로 연맹을 결성하고 더이상 회원을 늘리지 않은 것은 그들이 아직 펠로폰네소스반도에 거주할 때 12지파로 나뉘어 있었기 때문인 듯하다. 그때 이오네스족을 쫓아낸 아카이오이족이 지금 12지파로 나뉘어 있듯이. 아카이오이족의 12지파는 시퀴온에서 출발해 서쪽으로 가면서 다음과 같다. 펠레네, 아이게이라, 아이가이(이 도시를 관통해 흐르는 크라티스강은 마르는 일이 없으며, 이탈리아에 있는 같은 이름의 강도 이 강 이름을 딴 것이다), 부라, 헬리케(이오네스족이 아카이오이족에게 패한 뒤 피난한 곳이다), 아이기온, 뤼페스, 파트라이, 파라이, 올레노스(이곳에는 큰 강인 페이로스가 흐른다), 뒤메, 마지막으로 트리타이아(이곳만은 해안이 아닌 내륙에 있다)가 그것이다.

146 이상이 지금은 아카이오이족의, 전에는 이오네스족의 12지파이다. 그리고 이것이 이오네스족이 12도시를 세운 이유이다. 이들 이오네스족이 자신들을 다른 이오네스족보다 혈통이 더 순수하고 고귀하다고 여

겨 그렇게 했다는 주장은 어불성설이다. 첫째 12도시의 시민 가운데 적잖은 수가 에우보이아에서 건너온 아반테스족인데, 그들은 '이오네스족'이라는 이름을 쓸 권리가 없다. 그 밖에도 이들 이오네스족에는 오르코메노스에서 건너온 미뉘아이족, 카드모스의 자손, 드뤼오피스인, 포키스의 이주민[118], 몰롯시아인, 아르카디아에서 온 펠라스고이족, 에피다우로스에서 온 도리에이스족과 기타 여러 민족[119]이 섞여 있다. 이들 이오네스족 가운데 아테나이의 시청에서 출발해 이주한,[120] 따라서 이오네스족 가운데 가장 고귀한 자라고 자부하던 자들도 이주할 때 아내를 데려오지 않아 일부 카리아인을 살해하고 그들의 딸들을 아내로 삼았다. 이 학살 때문에 그들의 아내들은 앞으로 남편과 함께 식사하지 않고 남편의 이름을 부르지 않기로 스스로 맹세하고 딸들에게도 대대로 그러도록 시켰다. 그들의 남편들이 그들의 아버지와 남편과 아들을 죽이고 그들과 결혼했기 때문이다. 그런 일이 일어난 곳은 밀레토스였다.

147   더구나 이들 이오네스족 가운데 일부는 힙폴로코스의 아들 글라우코스의 자손인 뤼키아인의, 일부는 멜란토스의 아들 코드로스의 자손인 필로스의 카우코네스족의, 또 일부는 양쪽 모두의 지배를 받았다. 하지만 이들 이오네스족이 다른 이오네스족보다 그 명칭에 더 집착하는 것은 사실이므로, 이들이 순수한 이오네스족이라고 해 두자. 그러나 사실은 아테나이에서 유래하고 아파투리아[121] 축제를 개최하는 자들은 모두 이오네스족이다. 이오네스족은 모두 이 축제를 개최한다. 에페소스인과 콜로폰인을 제외하고는. 이들만이 아파투리아 축제를 개최하지 않는 것은 살인사건 때문이다.

148 판이오니온은 뮈칼레곶에 있는 성지로 북쪽을 향하고 있으며, 이오네
스족의 합의에 따라 헬리케의 포세이돈에게 봉헌되었다. 뮈칼레는 대
륙에서 서쪽의 사모스섬 쪽으로 튀어나온 곶(岬)이다. 12개 도시의 이
오네스족은 이곳에 모여 축제를 개최하곤 하며, '판이오니아제(祭)'라
는 이름을 붙였다. 이오네스족의 축제들만이, 페르시아인의 이름들이
s로 끝나듯이, 모두 a라는 같은 문자로 끝나는 것이 아니라, 헬라스인
의 축제도 모두 a[122]로 끝난다.

149 이상이 이오네스족의 도시들이다. 아이올레이스족의 도시는 다음과
같다. 프리코니스[123]라고도 불리는 퀴메, 레리사이, 네온테이코스, 템
노스, 킬라, 노티온, 아이기로엣사, 피타네, 아이가이아이, 뮈리나, 그
뤼네이아. 이상이 아이올레이스족의 11개 도시다. 아이올레이스족도
원래 대륙에 12개 도시를 갖고 있었는데 그중 한 곳인 스뮈르나는 이
오네스족에게 빼앗겼다. 이들 아이올레이스족은 이오네스족보다 더
비옥한 땅을 차지하고 있지만 기후는 그보다 좋지 못하다.

---

118 미뉘아이족은 테오스에, 카드모스의 자손은 프리에네와 콜로폰에, 드뤼오피스
인은 스튀라에, 포키스인은 포카이아에 정착했다고 한다.
119 뤼키아인, 카리아인, 팜퓔리아인, 크레테인, 뤼디아인 등.
120 그리스 이민자들은 본국의 시청에서 성화를 채화하여 출발했다고 한다.
121 아테나이에서 지금의 11월에 3일 동안 열리던 축제. 이때 출생이나 입양으로 아
테나이 시민이 된 자들은 개별 씨족단에 받아들여져 처음으로 씨족의 공동식사에 참
가한다.
122 그리스의 축제들은 중성 복수이다. 예컨대 아테나이에서 3월 말에 열리던 디오
뉘소스 축제 Dionysia도 여성 단수가 아니라 중성 복수이다.
123 테르모퓔라이 부근 로크리스 지방에 있는 프리키오스(Phrikios)산에서 유래한
이름. 퀴메의 이민자들이 소아시아로 건너오기 전에 살던 곳.

150 아이올레이스족이 스뮈르나를 잃게 된 경위는 다음과 같다. 그들은 당 파싸움에서 져 고국에서 추방된 콜로폰의 난민을 받아 준 적이 있었다. 그런데 이들 콜로폰 난민이 성벽 밖에서 스뮈르나 주민이 디오뉘소스 축제를 개최하기를 기다렸다가 성문을 닫고 도시를 차지했다. 사방에서 아이올레이스족이 도우러 왔고, 결국 이오네스족이 아이올레이스족에게 동산(動産)을 모두 넘겨주는 조건으로 아이올레이스족이 도시를 떠나기로 합의를 보았다. 스뮈르나에 살던 주민이 도시를 떠나자 11개 도시가 그들을 나누어 수용하고 시민권을 부여했다.

151 이상이 대륙에 있는 아이올레이스족의 도시들이다. 이들 외에 이데산 주위에도 도시들이 있지만 이들 도시는 다른 연맹체를 이루고 있다. 섬에 있는 도시 가운데 다섯 곳은 레스보스에 있고(레스보스에는 아리스바라는 여섯 번째 도시가 있었는데 메튐나인이 동족인데도 그들을 노예로 삼았다), 테네도스에 한 곳이 있고, '일백 섬'[124]이라는 곳에 또 한 곳이 있다. 레스보스와 테네도스의 주민은 섬에 사는 이오네스족과 마찬가지로 두려울 게 없지만, 나머지 아이올레이스족의 도시들은 이오네스족과 행동을 같이하기로 공동으로 결의했다.

152 일이 신속히 진행되어 이오네스족과 아이올레이스족의 사절단이 스파르테에 도착했을 때, 그들은 퓌테르모스라는 포카이아인을 대변인으로 선출했다. 퓌테르모스는 스파르테인의 주목을 끌고 되도록 많이 모이게 하려고 진홍색 옷을 입고 나타나 자기들을 도와 달라고 장광설을 늘어놓았다. 그러나 라케다이몬인은 귀를 기울이지 않고 이오네스족을 돕기를 거절했다. 그래서 사절단은 떠났지만, 라케다이몬인은 이오네스족의 사절단을 물리쳤음에도 오십노선에 군사들을 태워 보냈

는데, 내 생각에 퀴로스의 상황과 이오니아에서 벌어지는 일을 정탐하기 위함인 것 같다. 이들은 포카이아에 도착하자 자기들 중에서 가장 탁월한 라크리네스라는 자를 사르데이스로 파견해 퀴로스에게 라케다이몬인의 결의를 전하게 했는데, 결코 앉아서 보기만 하지는 않을 터이니 헬라스 땅의 도시를 한 곳도 파괴하지 말라는 취지였다.

153 전령이 그렇게 전하자 퀴로스는 대체 라케다이몬인이 어떤 자들이며 그 수가 얼마나 되기에 감히 자기에게 그런 말을 하게 하는지 주위의 헬라스인에게 물었다고 한다. 그리고 그는 질문에 대한 대답을 듣고 스파르테의 전령에게 이렇게 말했다고 한다. "나는 서로 만나 서로 거짓 약속을 하는 공간을 도시 한복판에 따로 마련한 자들을 두려워해 본 적이 없다. 내가 건강을 유지한다면, 그들은 이오네스족의 고통이 아니라 자신의 고통에 관해 지껄이게 되리라." 이것은 퀴로스가 헬라스인 전체에게 내뱉은 말이었다. 헬라스인에게는 물건을 사고파는 시장이 있지만, 페르시아인은 장사를 하지 않고 아예 시장이란 게 없기 때문이다. 그 뒤 퀴로스는 사르데이스 시를 타발로스라는 페르시아인에게 맡기고, 크로이소스와 그 밖의 다른 뤼디아인의 황금을 모아 운반하는 일은 팍튀에스라는 뤼디아인에게 맡기고 나서 크로이소스를 데리고 악바타나로 돌아갔다. 그는 당시 이오네스족에게는 관심이 없었다. 그의 마음은 바뷜론, 박트리아의 여러 민족, 사카이족, 아이귑토스인에게 가 있었다. 그래서 이들과의 전쟁에는 그가 몸소 출전하고, 이오네스족은 다른 장군을 보내 치도록 할 작정이었다.

124 레스보스섬과 대륙 사이의 수많은 작은 섬.

154 퀴로스가 사르데이스에서 철군하자, 팍튀에스는 타발로스와 퀴로스에게 반기를 들도록 뤼디아인을 부추겼다. 사르데이스의 모든 황금이 수중에 있는 만큼 그는 또 해안 지방으로 내려가 용병을 모집하는 한편 자신과 함께 진격하자고 해안 지방 주민을 설득했다. 그러고 나서 사르데이스로 진격해 성채에 타발로스를 몰아넣고 포위공격했다.

155 도중에 보고를 받은 퀴로스는 크로이소스에게 이렇게 말했다. "크로이소스, 언제쯤 내가 이 일에서 벗어날 수 있겠소? 뤼디아인은 내게도, 그들 자신에게도 끝없이 말썽만 피울 것 같으니 말이오. 그들을 노예로 만들어 버리는 것이 상책이 아닐까 싶소. 나는 지금 아버지는 죽이고 자식들은 살려 둔 사람만큼 어리석은 짓을 했다는 생각이 드오. 나는 뤼디아인에게 아버지 이상이던 그대를 데려가면서 도시는 뤼디아인에게 돌려주었거늘, 그들이 내게 반기를 들다니 놀라울 따름이오." 이렇게 그는 심중의 생각을 털어놓았다. 크로이소스는 그가 정말로 사르데이스를 쑥대밭으로 만들까 봐 겁이 나 이렇게 대답했다. "전하, 지당한 말씀이옵니다. 하오나 노여움에 사로잡혀 오래된 도시를 파괴해서는 안 될 것이옵니다. 도시는 전에 일어났던 일에도, 지금 일어나는 일에도 책임이 없사옵니다. 전에 있었던 불상사는 제가 한 짓이며, 그래서 제가 죗값을 치르고 있는 것이옵니다. 이번 불상사는 팍튀에스의 소행이며, 사르데이스를 그자에게 맡기신 분은 전하이옵니다. 그러니 그자를 벌하고, 뤼디아인은 용서하소서! 그러나 뤼디아인이 반기를 들어 전하께 말썽을 부리는 일이 다시는 없도록 다음과 같은 조치를 취하소서. 뤼디아인에게 사자를 보내 무기 소지를 금하소서! 그리고 겉옷 아래 속옷을 받쳐 입고, 발에 부드러운 반장화를 신고, 그들 자신은 키타라와 하프 연주를 배우고, 자식들은 소매상인이 되도록 가르치라고 명

하소서! 전하, 머지않아 전하께서는 그들이 남자 대신 여자가 되는 것을 보시게 될 것이며, 그러면 그들이 전하께 반기를 들까 두려워하실 필요가 없게 될 것이옵니다."

156 크로이소스가 퀴로스에게 그렇게 조언한 것은, 그러는 것이 노예가 되어 팔려 가는 것보다는 뤼디아인에게 더 낫다고 보았고, 그럴듯한 제안이 아니고서는 마음을 바꾸도록 퀴로스를 설득할 수 없음을 알았으며, 뤼디아인이 이번에는 위험을 면한다 해도 언젠가는 다시 페르시아인에게 반기를 들다가 몰살당할까 두려웠기 때문이다. 퀴로스는 그 조언이 마음에 들어 노여움을 누그러뜨리며 크로이소스가 말한 대로 하겠다고 약속했다. 퀴로스는 마자레스라는 메디아인을 불러 크로이소스가 말한 대로 뤼디아인에게 포고하고, 뤼디아인과 합세하여 사르데이스로 진격한 자들은 모조리 노예로 팔되, 팍튀에스는 어떤 일이 있어도 생포하여 자기에게 데려오라고 지시했다.

157 퀴로스는 도중에 이런 조치를 취하고 나서 계속해서 페르시아로 행군했다. 한편 팍튀에스는 자신을 치도록 파견된 군대가 다가온다는 말을 듣고 겁이 나 퀴메로 도망쳤다. 메디아인 마자레스는 퀴로스 군대의 일부를 인솔하고 사르데이스로 진격했지만, 팍튀에스 일당이 그곳에 보이지 않자 우선 뤼디아인에게 강제적으로 퀴로스의 지시를 따르도록 했다. 그리하여 뤼디아인은 퀴로스의 명령에 따라 생활방식을 완전히 바꾸었다. 그리고 나서 그는 퀴메로 사자를 보내 팍튀에스를 인도할 것을 요구했다. 퀴메인은 먼저 브랑키다이의 신[125]에게 조언을 구하기로

125 아폴론.

결의했다. 그곳에는 오래된 신탁소가 있었는데, 이오네스족과 아이올레이스족은 모두 그곳에 가서 묻곤 했다. 브랑키다이는 밀레토스 영내에 있으며, 그곳에서는 판오르모스 항구가 내려다보인다.

158 퀴메인은 브랑키다이로 사절단을 보내 자기들이 팍튀에스를 어떻게 처리해야 신들의 마음에 들겠는지 묻게 했다. 그러자 묻는 자들에게 내려진 신탁은 팍튀에스를 페르시아인에게 인도하라는 것이었다. 퀴메인은 이런 대답을 듣자 팍튀에스를 인도하려 했다. 그러기를 다수가 원했음에도 헤라클레이데스의 아들 아리스토디코스라는 시민들 사이에 명망 있는 퀴메인이, 퀴메인이 그러지 못하게 제지했다. 그는 신탁의 대답을 믿지 않았고, 신탁을 구하러 간 사절단이 거짓말한다고 여긴 것이다. 결국 팍튀에스에 관해 다시 묻기 위해 두 번째 사절단이 파견되었고, 아리스토디코스도 그중 한 명이 되었다.

159 그들이 브랑키다이에 도착했을 때, 아리스토디코스가 모두의 대변인이 되어 이렇게 신탁에 물었다. "왕이시여, 팍튀에스라는 뤼디아인이 페르시아인에게 비명횡사당하는 것을 피해 탄원자로서 저희를 찾아왔나이다. 페르시아인은 저희 퀴메인더러 그를 인도하라고 요구하나이다. 저희는 페르시아인의 힘이 두렵긴 하지만, 저희가 어떻게 해야 하는지 그대가 분명히 알려 주시기 전에는 탄원자인 그를 감히 인도할 수 없었나이다." 그렇게 그는 물었다. 그러나 신께서는 지난번과 같이 대답하며 팍튀에스를 페르시아인에게 인도하라고 다시 말씀하셨다. 그러자 아리스토디코스는 작심한 듯 다음과 같은 짓을 했다. 그는 신전을 한 바퀴 빙 돌며 참새와 신전에 집을 짓고 사는 다른 새를 모조리 쫓아냈다. 그가 그러고 있을 때 신전 안쪽에서 목소리가 들려왔는데, 아

리스토디코스를 향해 이렇게 말했다고 한다. "가장 불경한 자여, 어찌 감히 이런 짓을 하는 게냐? 너는 내 신전에서 내 탄원자들을 빼앗을 참이냐?" 아리스토디코스는 당황하지 않고 대답했다고 한다. "왕이시여, 그대는 그대의 탄원자들은 비호하면서 퀴메인에게는 그들의 탄원자를 인도하라고 명령하시나이까?" 그러자 신께서 대답하셨다고 한다. "그렇다. 내가 너희에게 그렇게 명령하는 것은, 너희가 더 빨리 불경죄를 짓고 망하게 되어 다시는 탄원자의 인도와 관련해 내게 상의하러 오는 일이 없게 하려는 것이니라."

160 이런 대답을 받아 오자 퀴메인은 팍튀에스를 인도해 망하고 싶지도, 그를 붙들고 있다가 포위당하고 싶지도 않아 팍튀에스를 뮈틸레네로 보냈다. 그래서 마자레스가 뮈틸레네로 사자를 보내 팍튀에스를 인도해 달라고 요구하자 뮈틸레네인은 얼마간의 돈을 받고 인도하려 했다. 얼마나 많은 돈이었는지 나는 정확히 알지 못한다. 거래가 이루어지지 않았기 때문이다. 뮈틸레네인의 의도를 알아챈 퀴메인이 레스보스섬으로 배 1척을 보내 팍튀에스를 키오스섬으로 호송하게 했기 때문이다. 그러나 키오스인은 도시의 수호 여신 아테나[126]의 신전에 있던 그를 끌어내어 페르시아인에게 인도했다. 인도해 준 대가로 그들은 레스보스 맞은편 뮈시아 지방에 있는 아타르네우스라는 지역을 받았다. 페르시아인은 팍튀에스를 인도받아 퀴로스에게 보여 주려고 엄중히 감시했다. 키오스인은 오랫동안 아타르네우스에서 난 보리알을 신에게 뿌리는 제물로 쓰지 않았고, 그곳에서 난 곡식으로 제물로 바칠 케이크를

---

126 그리스어로 Athena poliouchos. Athena polias로 더 잘 알려져 있다.

굽지 않았다. 그곳에서 난 것이면 무엇이든 제사에 쓰지 않은 것이다.[127]

161 키오스인이 일단 팍튀에스를 인도하자, 마자레스는 타발로스를 포위 공격하는 데 가담한 자들을 공격해 프리에네를 노예로 삼았고, 마이안드로스강 유역의 온 들판을 휩쓸고 다니며 군대가 그곳을 약탈하게 했으며, 마그네시아도 그렇게 했다. 그 뒤 곧 마자레스는 병들어 죽었다.

162 마자레스가 죽자 하르파고스가 후임 사령관이 되었다. 그도 메디아인으로, 메디아인의 왕 아스튀아게스에게 법도에 어긋난 식사 대접을 받고 퀴로스가 왕이 되도록 한몫 거든 바로 그 사람이었다. 이때 하르파고스는 퀴로스에 의해 장군으로 임명되어 이오니아에 도착하자 그곳 도시들을 함락하기 위해 토루(土壘)를 쌓기 시작했다. 그는 이들 도시에 사는 주민을 성벽 안에 가두고 그 앞에 토루를 쌓음으로써 도시들을 함락한 것이다.

163 하르파고스가 맨 먼저 공격한 이오니아 도시는 포카이아였다. 포카이아인은 헬라스인 중에서 맨 먼저 장거리 항해에 나선 사람들로, 아드리아스해,[128] 튀르레니아,[129] 이베리아,[130] 타르텟소스[131]를 발견한 것도 그들이었다. 그들은 선체가 둥근 장삿배가 아니라 오십노선을 타고 항해했다. 그들은 타르텟소스에 도착해 아르간토니오스라는 그곳 왕과 친해졌는데, 그는 타르텟소스를 80년간 통치했고 장장 120년을 살았다. 그는 포카이아인과 친해진 나머지 그들에게 이오니아를 떠나 자기 나라로 이주해 어디든 마음에 드는 곳에 살라고 권했다. 포카이아인이 그렇게 하려 하지 않자 그는 메디아의 세력이 커지고 있다는 말을 듣고 그들의 도시에 성벽을 두르도록 돈을 대주었다. 그는 돈을 넉넉히 대주

었던 것 같다. 성벽의 둘레가 여러 스타디온에 이르는 데다 전체가 서로 빈틈없이 들어맞는 큰 돌덩이들로 축조되어 있으니 말이다.

164 포카이아인의 성벽은 그렇게 축조되었다. 하르파고스는 군대를 이끌고 와서 그들을 포위한 다음, 포카이아인이 성벽의 성탑 하나만 허물고 집 한 채만 헌납하면 만족하겠다고 전하게 했다. 그러나 포카이아인은 남에게 예속되는 것이 싫어 하루만 협의할 시간을 달라며, 그러고 나서 통보하겠으니, 자신들이 협의하는 동안 성벽에서 군대를 철수해 달라고 하르파고스에게 요청했다. 하르파고스는 그들의 의도가 무엇인지 잘 알고 있기는 하지만 그들에게 협의할 시간을 주겠다고 전하게 했다. 하르파고스가 성벽에서 군대를 철수시키는 동안 포카이아인은 오십노선을 바다에 띄우고 아이들과 여자들과 모든 가재도구와, 그 밖에도 신전의 신상과, 봉헌물도 청동이나 돌이나 그림으로 된 것 말고는 모두 실은 다음 자신들도 승선해 키오스로 항해했다. 그래서 페르시아인은 사람이라고는 아무도 없는 텅 빈 포카이아를 점령했다.

165 포카이아인은 키오스인에게서 오이눗사이[132]라는 섬들을 사려 했지만, 키오스인은 팔려고 하지 않았다. 그 섬들이 교역의 중심지가 되고 그들의 섬은 교역에서 배제될 것을 염려한 것이다. 그래서 포카이아인

127 피의 대가라고 할 수 있기 때문이다.
128 지금의 아드리아해.
129 이탈리아의 에트루리아 지방 또는 이탈리아.
130 에스파냐의 그리스어 이름.
131 남(南)에스파냐의 한 지역.
132 키오스와 대륙 사이에 있는 다섯 섬.

은 퀴르노스[133]로 떠날 준비를 했다. 그들은 20년 전에 신탁의 지시에 따라 그곳에 알랄리아라는 도시를 건설해 두었던 것이다. 이때는 아르간토니오스는 이미 죽고 없었다. 그들은 퀴르노스로 떠나기 전에 먼저 배를 타고 포카이아로 돌아가 하르파고스가 도시를 지키라고 남겨 둔 페르시아인 수비대를 도륙했다. 그러고 나서 일행 가운데 뒤에 처져 원정에 참가하지 않는 자는 누구든 저주했다. 그들은 쇳덩어리 하나를 바다에 빠뜨리고 그것이 다시 떠오를 때까지는 포카이아로 돌아오지 않겠다고 맹세했다. 그러나 그들이 퀴르노스로 항해할 준비를 하는 동안에도 같이 맹세한 시민 중 반수 이상이 고향 도시와 그곳 관습이 애타게 그리워 맹세를 어기고 포카이아로 회항했다. 맹세를 성실히 지킨 다른 자들은 오이눗사이에서 닻을 올리고 출항했다.

166 그들은 퀴르노스에 도착한 뒤 5년 동안 선주민과 함께 살며 그곳에 신전을 지었다. 그러나 그들이 계속해서 이웃 주민을 약탈하자 튀르레니아인과 카르케돈[134]인이 동맹을 맺고 각각 60척의 함선을 타고 와 그들을 공격했다. 포카이아인도 함선 60척을 준비해 적군을 맞으러 이른바 사르도니온해[135]로 출동했다. 그 해전에서 포카이아인은 '카드메이아의 승리'[136]를 거두었다. 함선 40척이 전부 파괴되고, 남은 20척은 충각(衝角)이 구부러져 전함으로서 쓸모없게 되었기 때문이다. 그들은 알랄리아로 돌아가 아이들과 여자들과 배에 실을 수 있는 재물을 모두 싣고 퀴르노스를 뒤로하고 레기온[137]으로 향했다.

167 카르케돈인과 튀르레니아인은 침몰한 함선에 승선한 포카이아인을 제비뽑기로 나눠 가졌는데, 튀르레니아인 중에서도 아퀼라[138]인에게 월등히 많은 포로가 돌아갔다. 그들은 포로들을 도시 밖으로 데리고 나

가 돌로 쳐서 죽였다. 그런 일이 있은 뒤 아귈라에서는 양떼든 수레를 끄는 짐승이든 사람이든 포카이아인이 돌에 맞아 죽어 누워 있는 곳을 지나면 뒤틀리고, 불구가 되고, 마비되었다. 그래서 아귈라인은 자신들의 잘못을 바로잡고자 델포이로 사절을 보냈다. 퓌티아는 그들에게 어떤 관행을 도입하도록 지시했는데, 아귈라인은 지금도 그것을 지키고 있다. 죽은 포카이아인을 위해 제사를 후히 지내 주고 육상경기와 전차 경주를 개최하라는 것이었다. 이상이 이들 포카이아인의 운명이었다. 한편 레기온으로 달아난 다른 포카이아인은 그곳을 기지로 삼고 오이노트리아[139] 땅에 지금은 휘엘레[140]라고 불리는 도시를 건설했다. 그들이 그곳에 도시를 세운 것은, 퓌티아는 퀴르노스섬이 아니라 영웅 퀴르노스를 말했다는 것을 어떤 포세이도니아[141]인에게서 들었기 때문이다. 이상이 이오니아의 포카이아인에게 일어난 일이다.

168 테오스인도 포카이아인과 비슷하게 행동했다. 하르파고스가 토루로 그들의 도시를 함락하자 그들도 모두 배를 타고 트라케로 항해해 가서

---

133 코르시카의 그리스어 이름.

134 카르타고의 그리스어 이름.

135 지금의 사르디니아섬의 서해와 남해.

136 '막대한 희생을 치른 승리'라는 뜻. 아르고스의 일곱 장수가 테바이를 침공했을 때, 테바이는 승리는 했어도 왕이 전사하는 등 막대한 손실을 입은 데서 생긴 말이다. 카드메이아는 테바이의 성채이다.

137 이탈리아반도 서남단에 있는 도시.

138 남에트루리아 지방의 도시. 훗날의 카이레(Caere).

139 이탈리아의 서남부.

140 훗날의 엘레아.

141 훗날의 파이스툼(Paestum).

그곳에 압데라 시를 건설했다. 전에 클라조메나이 출신 티메시오스가 압데라를 건설하려다 성공하지 못하고 트라케인에게 쫓겨났다. 그러나 지금은 압데라의 테오스인에 의해 그는 영웅으로 추앙받고 있다.

169 노예가 되느니 차라리 고국을 떠나겠다며 이를 행한 이오니아인은 이들 두 도시의 주민뿐이다. 밀레토스인을 제외한 나머지 이오니아인은 하르파고스에 맞서, 조국을 떠난 자들 못지않게 저마다 조국을 위해 용감하게 싸웠지만 결국 도시들이 함락되며 패하자 고향에 남아 페르시아인이 시키는 대로 복종했다. 그러나 밀레토스인은 앞서 말했듯이 퀴로스와 조약을 맺었던 까닭에 평온을 유지할 수 있었다. 그리하여 이오니아인은 두 번째로 노예가 되었고, 하르파고스가 대륙의 이오니아인을 정복하자 섬에 사는 이오니아인도 겁이 나 퀴로스에게 항복했다.

170 이오니아인은 패배했음에도 여전히 판이오니온에 모이곤 했는데, 그곳에서 프리에네의 비아스가 그들에게 아주 유익한 조언을 했다고 나는 들었다. 그들이 그의 말을 들었다면 온 헬라스인 가운데 가장 행복했으리라. 그의 조언이란 그들이 함께 사르도[142]섬으로 이주해 그곳에 온 이오니아인의 유일 도시를 건설하라는 것이었다. 그러면 그들은 세상에서 가장 큰 섬에 살며 다른 사람들을 지배할 테니 예속을 면하고 번창할 수 있을 것이라고 했다. 그러나 그들이 이오니아에 머물면 자유를 찾을 희망은 보이지 않는다고 했다. 이오니아인이 패배한 뒤 프리에네의 비아스는 그들에게 그런 조언을 했다. 이오니아가 함락되기 전에 원래 포이니케 혈통인 밀레토스의 탈레스도 그들에게 좋은 조언을 해주었다. 이오니아인은 이오니아의 중앙인 테오스에 공동 의사당을 짓고 나머지 도시들은 모두 이른바 지방 정부로 편입하자는 것이었다.

171 비아스와 탈레스는 이오니아인에게 그런 조언을 했다. 하르파고스는 이오니아를 정복한 뒤 이오니아인과 아이올리스인 일부를 자신의 군대에 편입하고 카리아인과 카우노스인과 뤼키아인을 향해 진격했다. 이 가운데 카리아인은 여러 섬에서 살다 대륙으로 건너온 사람들이었다. 옛날에 이들 카리아인은 미노스왕의 지배를 받으며 렐레게스족이라는 이름으로 여러 섬에 흩어져 살았다. 탐문한 바에 따르면, 그들은 미노스에게 조공은 바치지 않고, 미노스가 요구할 경우 그의 함선에 선원을 공급했다. 미노스가 승승장구하며 많은 나라를 정복한 덕분에 이때 카리아인은 가장 존경받는 민족이었다. 그들이 발명한 것으로 헬라스인이 사용하는 것이 세 가지 있다. 카리아인, 그들은 처음으로 투구에 깃털 장식을 꽂았고, 방패에 문장을 그렸으며, 방패에 손잡이를 붙였다. 그때까지 방패를 사용하는 모든 민족은 손잡이 없는 방패를 들고 다녔고, 목과 왼쪽 어깨에 멘 가죽 멜빵으로 방패를 다루었다. 오랜 세월이 지난 뒤 카리아인은 도리에이스족과 이오네스족에 의해 섬에서 쫓겨나 이렇게 대륙으로 이주하게 된 것이다. 크레테인은 카리아인의 역사를 그렇게 이야기한다. 그러나 카리아인은 이에 동의하지 않고, 자신들은 대륙의 토착민이고 먼 옛날부터 지금과 같은 이름을 갖고 있었다고 주장한다. 그들은 그 증거로 뮐라사에 있는 카리아의 제우스의 오래된 신전을 내세우며, 뤼디아인과 뮈시아인도 카리아인의 형제 민족으로서 그 신전을 찾는데, 카리아인의 전설에 따르면 뤼도스와 뮈소스는 카르[143]와 형제간이기 때문이라는 것이다. 그래서 뤼디아인과 뮈

---

142 지금의 사르데냐.
143 뤼도스, 뮈소스, 카르는 각각 뤼디아인, 뮈시아인, 카리아인의 선조로 여겨지는 전설상의 인물들이다.

시아인은 그 신전을 찾을 수 있어도, 다른 민족은 설령 카리아인과 같은 말을 쓴다 해도 그 신전을 찾을 수 없다.

172 내가 보기에 카우노스인은 토착민인 듯한데 그들 자신은 크레테에서 건너왔다고 주장한다. 그들의 말은 카리아인의 말과 비슷해졌다. 아니면 카리아인의 말이 그들의 말과 비슷해졌다. 나로서는 단언할 수 없기에 하는 말이다. 그러나 그들의 관습은 카리아인뿐 아니라 그 밖의 다른 부족의 그것과 사뭇 다르다. 예컨대 그들은 남자든 여자든 아이든 친한 사이끼리 또는 나이가 같은 또래끼리 크게 무리 지어 술 마시는 것을 세상에서 가장 좋은 일로 여긴다. 그들은 한때 이방의 신들에게도 신전을 지어 주었는데 곧 이를 후회하고 앞으로는 선조의 신들만 공경하기로 결정했다. 그래서 입대할 나이가 된 모든 카우노스인이 무장하고 창으로 허공을 찌르며 칼륀다 쪽 국경까지 몰려간 적이 있는데, 그들은 자신들이 이방의 신들을 몰아내는 중이라고 했다.

173 이상이 카우노스인의 관습이다. 뤼키아인은 먼 옛날 크레테에서 이주해 왔다. (당시에는 크레테 전체를 비헬라스계 주민이 차지하고 있었다.) 당시 크레테는 에우로페의 아들들인 사르페돈과 미노스가 왕권을 놓고 다투고 있었는데, 미노스가 싸움에서 이기자 사르페돈과 그의 추종자들을 추방했다. 추방된 자들은 아시아의 밀뤼아스 땅으로 건너갔는데 지금 뤼키아인이 사는 곳이 당시 밀뤼아스라고 불렸고, 밀뤼아스인은 솔뤼모이족이라고 불렸다. 사르페돈이 통치하던 동안 그들은 테르밀라이족이라고 불렸는데, 이것은 그들이 크레테에 살 때의 이름이며, 지금도 이웃 주민은 뤼키아인을 그렇게 부른다. 그 뒤 판디온의 아들 뤼코스가 역시 형 아이게우스에 의해 아테나이에서 추방되어 테르

밀라이족의 나라로 사르페돈을 찾아와 의탁하자 그들은 뤼코스라는 그의 이름을 따 차츰 뤼키아인이라고 불렸다. 그들의 관습은 일부는 크레테적이고, 일부는 카리아적이다. 그들에게는 세상 어디서도 볼 수 없는 독특한 관습이 하나 있는데, 그들은 아버지가 아니라 어머니의 성을 따른다. 그들 중 한 명이 이웃에게 가문을 물으면, 질문을 받은 사람은 어머니의 이름을 말하고 어머니 쪽 할머니들의 이름을 주워섬긴다. 여자 시민이 노예와 살면 그녀의 자식들은 자유민으로 간주된다. 그러나 사회적 지위가 아주 높아도 남자 시민이 이방인 아내나 첩을 두고 있다면, 그의 자식들에게는 시민권이 부여되지 않는다.

174 어쨌거나 카리아인은 눈부신 활동을 전혀 보여 주지 못한 채 하르파고스에 의해 노예가 되었다. 맥을 못 춘 것은 카리아인만이 아니라 그곳에 사는 헬라스인도 모두 마찬가지였다. 그중에는 라케다이몬의 이주민인 크니도스인도 포함되어 있었는데, 이들은 트리오피온이라는 해안 지대를 차지하고 있다. 크니도스인의 영토는 뷔밧소스반도에서 시작되며 약간을 제외하고는 전부 바다로 둘러싸여 있다. (북쪽으로는 케라메이코스만과 접해 있고, 남쪽으로는 쉬메 앞바다 및 로도스 앞바다와 접해 있기 때문이다.) 하르파고스가 이오니아를 정복하는 동안 크니도스인은 자신들의 영토를 섬으로 만들려고 5스타디온밖에 안 되는 지협(地峽)에 운하를 파기 시작했다. 크니도스인의 영토 전체가 운하 안쪽[144]에 포함될 참이었다. 영토가 끝나고 대륙이 시작되는 바로 그 지점에 그들은 운하를 파고 있었기 때문이다. 많은 인력을 동원하여 열심히 작업을 하는데, 납득할 수 없을 정도로 일꾼들이 돌의 파편에

---

144 서쪽.

몸의 여러 부위, 그중에서도 특히 눈에 부상을 입는 일이 잦았다. 뭔가 이상하다 싶어 델포이로 사절단을 보내, 그들의 작업을 방해하는 것이 무엇인지 묻게 했다. 크니도스인의 이야기에 따르면, 퓌티아는 그들에게 트리메트론 운율[145]로 이렇게 답변했다고 한다.

지협을 가로지르는 성벽을 쌓지 말고, 운하도 파지 마라.
제우스께서 원하셨다면 이미 섬으로 만드셨으리라.

퓌티아에게서 이런 대답을 듣고 크니도스인은 운하 파기를 중단했고, 하르파고스가 군대를 이끌고 진격해 오자 싸우지 않고 항복했다.

175 할리카르낫소스 북쪽 오지에는 페다사인이 살았는데, 그들이나 그들의 인근 주민에게 뭔가 불상사가 일어나려 할 때마다 아테나 여신의 여사제 얼굴에 수염 한 가닥이 길게 자라곤 했다. 그런 일은 세 번 일어났다. 카리아 지방에 사는 주민 중에 이들 페다사인만이 얼마 동안이라도 하르파고스에게 대항했다. 그들은 리데라는 언덕에 요새를 쌓고 그를 몹시 난처하게 만들었던 것이다.

176 결국 페다사인도 제압되었다. 뤼키아인은 하르파고스가 군대를 이끌고 크산토스[146] 평야로 진격해 오자 밖으로 나가 소수임에도 다수를 상대로 용감하게 싸웠지만 패하여 도성 안에 갇혀 버렸다. 그들은 아내와 자식, 재물과 노예를 성채에 모아 놓고 불질러 버린 다음 모두 죽기로 맹세하고 출격했다. 그들은 싸우다가 모두 전사하고 말았다. 지금 뤼키아인으로 자처하는 크산토스인 가운데 80가족을 제외하고 대부분은 이주민이다. 이들 80가족은 요행히 크산토스를 떠나 있었기에 살아

남았다. 하르파고스는 그렇게 크산토스를 점령했고, 카우노스도 비슷한 방법으로 함락했다. 카우노스인은 대개 뤼키아인의 선례를 따랐기 때문이다.

177 하부 아시아[147]는 하르파고스가 정복했고, 상부 아시아는 퀴로스 자신이 한 곳도 그냥 지나치는 일 없이, 모든 민족을 남김없이 정복했다. 나는 그들을 대부분 지나쳐 버리며, 그를 매우 난처하게 만드는 등 특히 언급할 만한 가치가 있는 민족에 관해서만 언급할 것이다.

178 퀴로스는 대륙의 민족을 모두 정복한 뒤 앗쉬리아인을 공격했다. 앗쉬리아에는 대도시가 많았는데, 가장 유명하고 가장 견고한 도시는 니노스가 파괴된 뒤 왕궁의 소재지가 된 바뷜론이었다. 이 도시는 다음과 같이 세워졌다. 이 도시는 넓은 평야에 자리잡고 있고, 각 변의 길이가 120스타디온인 사각형이다. 그래서 도시의 둘레는 모두 480스타디온이다. 바뷜론은 크기도 하지만, 우리가 아는 도시 가운데 가장 아름답기도 하다. 먼저, 물이 가득찬 깊고 넓은 해자가 도시 전체를 둘러싸고 있다. 다음으로, 두께 50왕실페퀴스, 높이 200페퀴스의 성벽이 있다. 왕실페퀴스는 일반 페퀴스보다 3닥튈로스가 더 길다.[148]

---

145 이 운율의 도식은 약강약강 약강약강 약강약강이다. 신탁에는 대개 강약약격이 여섯 번 반복되는 헥사메트론 운율이 사용된다.
146 뤼키아 지방의 강 이름이자 도시 이름.
147 '하부 아시아'는 소아시아 해안 지방을 말한다. 그리스인은 이곳은 저지대이고, 동쪽의 내륙은 고원이라고 생각했다.
148 1페퀴스는 44.4센티미터, 1왕실페퀴스는 49.95센티미터, 1닥튈로스는 1.85센티미터이다. 약 25미터의 두께는 몰라도, 약 100미터의 높이란 지나친 비약인 듯하다.

179 여기서 나는 해자(垓子)를 팔 때 나온 흙이 어떻게 사용되었으며, 어떤 방법으로 성벽이 축조되었는지 보고하지 않을 수 없다. 그들은 해자를 팔 때 나온 흙으로 벽돌을 만들었는데, 벽돌이 넉넉하게 만들어지면 가마에 넣어 구웠다. 그리고 나서 뜨거운 역청을 모르타르로 사용하며 벽돌 30장이 쌓일 때마다 갈대를 엮어 넣는 방식으로 먼저 해자의 둑을 쌓고 이어 성벽을 쌓았다. 그리고 성벽 위 양쪽 가장자리를 따라 서로 마주보도록 단칸방 건물들을 지었는데, 건물들 사이의 공간은 사두마차가 지날 수 있을 만큼 넓었다. 성벽에는 모두 100개의 성문이 나 있었는데, 모두 청동으로 만들어졌고 문설주와 상인방(上引枋) 역시 청동으로 만들어졌다. 바빌론에서 8일 거리에 이스라는 또 다른 도시가 있다. 그곳에는 역시 이스라고 불리는 크지 않은 강이 있는데, 에우프라테스강으로 흘러든다. 이 이스강에는 수많은 역청 덩어리가 떠내려가는데, 바빌론 성벽을 쌓는 데 쓰인 역청은 여기서 난 것이다.

180 바빌론의 성벽은 그렇게 축조되었다. 도시 자체는 양분되어 있는데, 에우프라테스강이 도시 한가운데를 흐르고 있기 때문이다. 크고 깊고 유속이 빠른 이 강은 아르메니아 지방에서 발원해 '홍해'[149]로 흘러든다. 양쪽의 성벽은 강과 직각을 이루며 강까지 이어지다가, 거기서부터는 각도를 꺾어 양쪽 강기슭을 따라 야트막한 벽돌담으로 이어진다. 도시에는 3, 4층짜리 건물이 가득 들어서 있으며, 시가지의 반듯한 도로들이 바둑판처럼 교차하는데, 더러는 강물과 같은 방향으로, 더러는 도시를 가로질러 강 쪽으로 나 있다. 강 쪽으로 나 있는 이들 도로 끝에는 강을 따라 쌓은 벽돌담에 뒷문이 하나씩 나 있는데 뒷문의 수는 이들 도로의 수와 같다. 역시 청동으로 만든 이 뒷문을 지나면 강으로 가까이 갈 수 있다.

181 이 외벽은 흉갑과도 같은 것이다. 그러나 그 안에 또 하나의 성벽이 도
시를 둘러싸고 있는데, 외벽보다 많이 약하지는 않아도 더 좁다. 도시
의 양 구역 가운데 한 구역 중앙에는 높고 튼튼한 담으로 둘러싸인 왕
궁이 있고, 다른 구역의 중앙에는 청동 문이 달린 제우스 벨로스[150]의
신전이 있는데, 내가 방문했을 때만 해도 그대로 남아 있던 이 신전은
각 변이 2스타디온인 사각형이다. 이 성역 중앙에는 높이와 너비가 모
두 1스타디온인 견고한 탑이 세워졌는데, 그 위에 또 탑이 세워지고,
그 위에 또 탑이 세워지는 식으로 8층 탑이 세워져 있다. 바깥에 있는
나선형 계단을 통해 전 층의 탑에 오를 수 있다. 계단을 반쯤 오르면 휴
게소가 있어 계단을 오르는 자들은 그곳 의자에 앉아 쉬며 잠시 숨을
돌릴 수 있다. 맨 마지막 탑에는 큰 신전이 있는데, 신전에는 좋은 덮개
를 깔아 놓은 침상이 있고, 그 옆에는 황금 탁자가 있다. 그러나 그곳에
는 어떤 신상도 없다. 벨 신의 사제들인 칼다이오이족[151]의 말에 따르
면, 바빌론 출신의 모든 여인 중에서 신에게 선택된 여인 말고는 사람
은 아무도 그곳에서 밤에 잠을 잘 수 없다.

182 칼다이오이족은 신이 몸소 신전에 와서 침상에 누워 쉰다고 주장한다.
나는 그들의 말을 믿지 않는다. 비록 아이귑토스의 테바이에서도 같은
일이 일어난다고 아이귑토스인이 주장하지만. 그곳에 있는 테바이의
제우스 신전에서도 한 여인이 잠을 자지만, 테바이 여인이든 바빌론 여

---

149 여기서는 페르시아만을 말한다.
150 바빌론 신화에서 주신(主神)인 벨(Bel) 또는 바알(Baal)을 그리스인은 제우스
와 동일시했다.
151 바빌론의 사제 집단으로 점성술에 밝았다.

인이든 어느 쪽도 남자와는 교합하지 않으니 말이다. 그 점에서는 뤼키아 지방의 파타라에 모셔 놓은 신의 여사제도 마찬가지다. 여사제가 그곳에 오면 말이다. 그곳에서는 사시사철 신탁이 주어지는 것이 아니기에 하는 말이다.[152] 여사제가 오면, 그녀는 밤에 신전 안에 신과 함께 갇힌다.

183 바빌론의 성역에는 그보다 높이가 낮은 또 하나의 신전이 있는데, 그 안에는 제우스의 커다란 황금 좌상(坐像)이 있고, 그 옆에는 커다란 황금 탁자가 있다. 대좌도 옥좌도 황금으로 만들어졌다. 칼다이오이족의 말에 따르면, 이것들을 만드는 데 800탈란톤의 금이 들었다. 신전 밖에는 황금 제단이 있고, 그 외에도 더 큰 제단이 또 하나 있는데, 여기서는 다 자란 짐승이 제물로 바쳐진다. 황금 제단에서는 젖먹이 짐승만 제물로 바쳐진다. 더 큰 제단에서는 해마다 이 신의 축제 때 칼다이오이족이 1,000탈란톤의 유향(乳香)을 피운다. 퀴로스에게 정복될 당시 이 성역에는 높이가 12페퀴스나 되는, 순금으로 만든 남자 상(像)이 하나 있었다. 내가 직접 본 것은 아니고, 칼다이오이족이 말하는 것을 보고 할 뿐이다. 휘스타스페스의 아들 다레이오스는 이 상에 눈독을 들였지만 가져갈 용기가 나지 않았다. 그러나 그의 아들 크세르크세스는 그 상을 가져갔을 뿐 아니라, 그에게 그 상을 옮기지 말라던 사제를 죽이기까지 했다. 바빌론의 이 성역은 그처럼 훌륭하게 장식되어 있었고, 그 밖에도 개인 봉헌물이 다수 있었다.

184 이러한 바빌론을 만드는 데 여러 왕이 기여했는데, 바빌론의 성벽을 쌓고 신전을 장식한 그들에 관해서는 나의 '앗쉬리아 역사'[153]에서 보고할 것이다. 그들 중에는 두 명의 여왕도 있다. 첫 번째 여왕은 두 번째

여왕보다 5세대 전에 통치했다. 이름이 세미라미스인 그녀는 평야에 제방을 쌓았는데 실로 장관이었다. 그 이전까지는 강물이 평야 전체에 범람하곤 했다.

185 니토크리스라는 두 번째 여왕은 첫 번째 여왕보다 더 현명했다. 그녀가 남긴 기념 건조물에 관해 나는 여기서 보고하려 한다. 그 밖에도 그녀는 크고 지칠 줄 모르는 메디아인의 세력이 니노스를 포함한 여러 도시를 정복하는 것을 보고 그녀가 할 수 있는 모든 예방책을 강구했다. 그녀는 먼저 바빌론 도심을 지나는 에우프라테스강의 수로를 바꾸었다. 그때까지 곧게 흐르던 강을 그녀가 도시 위쪽에 운하를 파 구불구불하게 만들었다. 그러자 강물이 앗쉬리아의 어떤 마을 옆을 세 번이나 지나가게 되었는데 에우프라테스강이 세 번 지나가는 마을 이름은 아르데릭카이다. 지금도 이쪽 바다[154]에서 바빌론으로 여행하는 이들은 배를 타고 에우프라테스강 하류로 내려갈 때 3일간 세 번이나 이 마을을 지나야 한다. 이것은 전적으로 그녀의 업적이다. 그녀는 또 양쪽 강기슭에 놀랄 만한 규모의 크고 높은 제방을 쌓았다. 그 밖에도 바빌론 위쪽에 호수를 만들 목적으로 바닥에서 물이 나올 때까지 못을 파게 했는데 강에서 멀리 떨어지지 않게 했고, 못의 너비가 420스타디온이 되게 했다. 여기서 나온 흙을 그녀는 강의 제방을 쌓는 데 이용했다. 못을 다 파자 그녀는 다른 곳에서 돌을 싣고 와 못에 테두리를 둘렀다. 그녀가 이 두 공사를 진행한 것은, 곧 강이 구불구불하게 하고 못이 늪이 되게

152 아폴론은 겨울에만 파타라에 가 있고, 나머지 계절은 델포이에서 보낸다.
153 헤로도토스는 '앗쉬리아 역사'라는 책을 쓰려고 한 것 같다.
154 지중해.

한 것은 강이 여러 번 굴절함으로써 유속이 느려지고, 바빌론으로 들어오는 뱃길이 구불구불해지고, 마지막으로 못을 멀리 우회하도록 하기 위함이었다. 이런 공사가 진행된 곳은 메디아에서 앗쉬리아로 들어오는 지름길이 통과하는 지점으로, 메디아인이 그녀의 백성과 교류하며 나라 사정을 정탐하지 못하게 하는 데 목적이 있었다.

186 니토크리스는 이렇게 흙을 파내 도시의 방비를 튼튼하게 하는 한편 그 흙을 다음과 같은 공사에 이용했다. 강이 도심을 지나기 때문에 도시는 두 부분으로 나뉘어 있었다. 이전 왕들이 통치하는 동안에는 도시의 이쪽에서 저쪽으로 가려면 배를 타고 건너야 했는데, 이는 아마도 불편한 일이었을 것이다. 니토크리스는 이에 대해서도 대책을 세웠다. 못 파는 일이 끝나자 그녀는 그것을 이용해 또 다른 기념비적인 건조물을 후세에 남겼다. 그녀는 큰 돌들을 떠 오게 했는데, 돌들이 준비되고 못 파는 일이 다 끝나자, 강물이 모두 못으로 흘러들게 했다. 강물로 못이 차며 강의 옛 강바닥이 마르자, 그녀는 성벽을 쌓았을 때와 같은 방법으로 도시를 지나가는 강을 따라 불에 구운 벽돌로 죽 제방을 쌓게 하고 뒷문에서 강가에 이르는 계단을 만들게 했다. 동시에 그녀는 떠 오게 한 돌로 도심쯤에 다리를 놓게 했는데, 그녀는 그 돌들을 쇠와 납으로 연결했다. 그리고 낮에는 네모난 두꺼운 널들을 가로 걸쳐 놓아 바빌론 주민이 강을 건널 수 있게 했다. 밤에는 널들을 철거했는데, 주민이 밤에 강을 건너다니며 서로 도둑질하지 못하도록 하기 위해서였다. 파놓은 못이 강물로 가득차고 다리가 다 완공되자 그녀는 에우프라테스강을 다시 옛 강바닥으로 돌려보냈다. 그리하여 못은 늪이 되어 본래의 목적을 달성했고, 시민들은 다리를 갖게 되었다.

187   이 여왕은 또 다음과 같은 교묘한 방법으로 후세 사람들을 속였다. 그
       녀는 도시에서 사람의 왕래가 가장 잦은 문 바로 위에 자신의 무덤을
       만들게 하고 무덤에 다음과 같은 문구를 새겨넣게 했다. "내 뒤에 바뷜
       론의 왕이 된 자 중에 돈이 궁한 자가 있다면 내 무덤을 열고 마음껏 가
       져가라. 그러나 돈이 궁하지 않는데도 다른 이유에서 내 무덤을 열면
       좋지 못하리라." 다레이오스가 왕이 될 때까지 이 무덤은 그대로 보존
       되었다. 다레이오스는 그 문을 이용할 수 없다는 것에, 그리고 그 안에
       돈이 들어 있다는 문구까지 새겨져 있는데도 가져가지 못한다는 것에
       화가 치밀었다. 그가 그 문을 이용하고 싶지 않았던 것은, 시신 밑을 통
       과해야 했기 때문이다. 그는 무덤을 열어 보았는데, 돈은 보이지 않고
       시신과 다음과 같은 명문(銘文)만 보였다. "그대가 돈에 물리지 않는
       욕심꾸러기가 아니었다면, 죽은 자의 무덤을 열지는 않았으리라." 이
       여왕은 그런 사람이었다고 한다.

188   퀴로스는 바로 이 여왕의 아들을 공격했다. 그는 아버지의 이름 따라
       뷔네토스라고 불렸고, 아버지를 이어 앗쉬리아인의 왕이 되어 있었다.
       페르시아의 대왕(大王)[155]이 출정할 때는 식량과 가축을 집에서 충분
       히 준비해 갈 뿐 아니라, 물은 수사 옆을 지나가는 코아스페스강에서
       퍼 간다. 대왕은 이 강물만 마시기 때문이다. 코아스페스강에서 물을
       퍼 와 끓여서 은으로 만든 통들에 담으면 사람들은 노새가 끄는 수많은
       사륜거에 싣고 대왕이 향하는 곳이면 어디든 따라간다.

189   퀴로스는 바뷜론으로 행군하다가 귄데스 강가에 이르렀다. 귄데스는

---

155 basileus ho megas. 페르시아 왕의 칭호.

마티아노이족이 사는 산중에서 발원해 다르다나이족의 나라를 지나 또 다른 강인 티그리스로 흘러드는데, 티그리스는 오피스 시를 지나 홍 해로 흘러든다. 퀴로스가 배를 타야 건널 수 있는 권데스강을 건널 궁 리를 하고 있을 때, 그의 신성한 백마 가운데 한 마리가 혈기를 못 이겨 강물 속으로 뛰어들어 강을 건너려고 했지만 강물에 휩쓸려 떠내려갔 다. 퀴로스는 강이 그런 난폭한 짓을 한 것에 격분해 앞으로는 여자들 도 무릎을 적시지 않고 쉽게 건널 만큼 강을 무력하게 만들어 버리겠다 고 위협했다. 그는 바빌론으로 진격하는 것을 중단하고 군대를 두 패로 나누었다. 그리고 권데스강 양쪽 강기슭에 각각 180개의 직선 수로를 방사형으로 표시한 다음 그들에게 땅을 파도록 명령했다. 많은 인력이 투입되었기에 공사는 완성되었지만, 그들은 여름 내내 그곳에서 공사 에 매달려야 했다.

190 퀴로스는 그처럼 강물을 360개 수로로 분산함으로써 권데스강을 벌 하고 나서 이듬해 봄이 되어 바빌론으로 진격했다. 바빌론인은 군대를 이끌고 도시에서 나와 퀴로스가 도착하기를 기다렸다. 퀴로스가 다가 오자 바빌론인은 그를 공격했지만 패해 도시로 쫓겨 들어갔다. 그들은 퀴로스가 평화주의자가 아니라는 것을 이미 오래전부터 알고 있었고, 다른 민족을 무차별적으로 공격하는 것을 보아 온 터라 여러 해 먹을 식량을 도시에 비축해 두었다. 그래서 그들은 포위당해도 개의치 않고, 퀴로스는 시간이 지나도 아무 성과가 없자 어찌할 바를 몰라 난처 해했다.

191 난처해하는 그에게 다른 사람이 조언했는지, 아니면 어떻게 할지 그 자 신이 생각해 냈는지 그는 다음과 같이 했다. 자신의 주력군을 강이 도

시로 흘러드는 곳에 배치하고 다른 부대를 강이 도시에서 흘러 나가는 도시 뒤쪽에 배치한 다음, 걸어서 강을 건널 수 있겠다 싶으면 강바닥에서 도시로 쳐들어가라고 명령했다. 그곳에 군대를 배치하고 그렇게 지시한 다음, 자신은 비전투원들을 데리고 물러갔다. 그는 그 못에 도착해 강과 못에게 전에 바빌론의 여왕이 한 것과 똑같은 짓을 했으니, 운하를 파 늪이 되어 버린 못으로 강물이 흘러들게 한 것이다. 강물이 빠지자 옛 강바닥은 걸어서 건널 수 있게 되었다. 그리하여 퀴로스가 강가에 배치해 둔 페르시아인들이 강바닥을 통해 바빌론으로 쳐들어갔다. 에우프라테스강은 물이 빠져 넓적다리 중간까지밖에 차오르지 않았다. 만약 바빌론인이 퀴로스의 의도를 사전에 들었거나 알았더라면, 페르시아인이 도시로 쳐들어오지 못하게 비참하게 도륙했을 것이다. 만약 그들이 강으로 내려가는 뒷문을 모두 잠그고 강을 따라 쌓은 담 위에 올라가기만 했더라면 페르시아인들을 통발에 든 물고기 잡듯 했으리라. 그러나 페르시아인의 기습은 그들에게는 천만뜻밖이었다. 그곳 주민의 말에 따르면, 바빌론은 넓어서 도심에 사는 사람들은 도시 외곽이 이미 적군의 손에 떨어졌을 때에도 적군이 쳐들어온 사실조차 몰랐다고 한다. 그리고 그날은 축제일이라 그들은 그 시각에 한창 춤을 추며 놀았다고 한다. 진상을 상세히 알게 될 때까지. 그리하여 바빌론은 이때 처음으로 함락되었다.[156]

192 바빌론의 자원이 얼마나 풍부한지 나는 다음 방법을 위시하여 여러 방법으로 보여 줄까 한다. 대왕이 지배하는 모든 나라는 조세 외에도 대왕과 그의 군대를 위해 생필품 조달을 분담해야 한다. 1년 12개월 가운

---

156 바빌론이 퀴로스에게 함락된 것은 기원전 538년이다.

데 4개월 동안은 바빌론 땅이 조달하고, 나머지 8개월 동안은 아시아의 다른 민족 전체가 조달한다. 이처럼 앗쉬리아 땅은 아시아 전체 자원의 3분의 1을 차지하고 있다. 페르시아인이 태수직이라 부르는, 이 지방의 통치기구는 모든 태수직 가운데 가장 강력하다. 예컨대 아르타바조스의 아들 트리탄타이크메스가 대왕에 의해 이곳 태수로 임명되었을 때 그의 수입은 매일 은 1아르타베였다. 아르타베는 페르시아의 건량(乾量) 단위로 1앗티케 메딤노스 하고도 3앗티케 코이닉스[157]에 해당한다. 그에게는 군마(軍馬) 외에도 사적인 용도로 종마 800필과 암말 16,000필이 있었는데, 종마 한 마리가 암말 20마리와 교미한 것이다. 그는 또 인도산(産) 사냥개들을 많이 소유하고 있어, 평야에 있는 네 개 마을이 다른 조세를 모두 면제받는 조건으로 그 개들에게 먹이를 대주었다. 바빌론 태수는 그만큼 수입이 많았다.

193 앗쉬리아 땅은 비가 적게 오지만 곡식이 뿌리내릴 만큼은 온다. 그런데 강에서 물을 끌어와 곡식이 익게 하고 낟알이 자라게 한다. 강이 저절로 불어나 들판에 범람하는 아이귑토스와 달리 앗쉬리아에서는 손을 써서 방아 두레박으로 물을 퍼 올려 작물에 물을 댄다. 바빌론 전체가 아이귑토스와 마찬가지로 운하로 연결되어 있기 때문이다. 그중 가장 큰 운하는 배도 다닐 수 있고 남동쪽으로 나 있어, 에우프라테스강을 또 다른 강인 티그리스강과 연결해 주는데, 니노스 시는 이 티그리스 강가에 자리잡고 있다. 이곳의 곡물 생산량은 우리가 아는 모든 나라 가운데 단연 최고이다. 그들은 무화과나무, 포도나무, 올리브나무 같은 다른 과수는 아예 재배하려고도 하지 않는데, 곡물은 잘 자라 평균 200배, 가장 잘될 때는 300배의 소출을 올린다. 이곳에서 자란 밀과 보리의 잎은 너비가 4닥튈로스나 된다. 기장과 깨가 얼마나 크게 자라는

지 나는 잘 알지만 여기서 말하지 않겠다. 바뷜론에 가 보지 않은 사람들은 내가 앞서 곡식에 관해 보고한 것조차 믿지 않을 것이 분명하기 때문이다. 그들은 올리브유는 전혀 사용하지 않고, 깨로 짠 기름만 사용한다. 평야에는 어디서나 대추야자 나무들이 자란다. 그것들은 대부분 열매를 맺는데, 그 열매는 식용으로 쓰이거나 술이나 꿀을 만드는 데 쓰인다. 그곳에서 대추야자 나무를 재배하는 방법은 헬라스에서 무화과나무를 재배하는 방법과 여러모로 비슷하다. 헬라스인이 '수컷'이라고 부르는 대추야자 나무의 열매를 대추야자 열매가 달린 나무에 묶어 줌으로써 가루받이 벌이 열매 속으로 들어가 열매를 익게 하고 열매가 떨어지지 않게 해 준다는 점에서 특히 그러하다. 수컷 대추야자 나무의 열매 속에는 실제로 야생 무화과나무처럼 가루받이 벌이 들어 있다.

194 이번에는 앗쉬리아에서, 나로서는 바뷜론 다음으로 가장 놀라웠던 것을 기술하고자 한다. 그들이 강물을 타고 바뷜론으로 내려가는 데 사용하는 배들은 둥글고 전체가 가죽으로 되어 있다. 그들은 앗쉬리아에서 상류 쪽에 있는 아르메니아에서 버들가지를 베어 틀을 만들고 그 바깥에 방수용 짐승 가죽을 입혀 선체 노릇을 하게 한다. 그러나 고물을 넓히지도 이물을 좁히지도 않고, 배가 방패처럼 둥글게 내버려둔다. 그러고 나서 속을 짚으로 채우고 화물을 실은 다음 강물을 따라 떠내려가게 한다. 배들이 운반하는 화물은 대개 포도주가 가득 든 대추야자 나무 통들이다. 똑바로 서서 저마다 키를 잡은 두 남자가 배를 조종한다. 한 사람은 키를 몸 쪽으로 당기고, 다른 사람은 키를 몸밖으로 밀어낸

157 1메딤노스(medimnos)는 51.84리터이고, 1코이닉스(choinix)는 1.08리터이다.

다. 배는 크게 만들어지기도 하고, 작게 만들어지기도 한다. 가장 큰 것은 5,000탈란톤의 짐을 싣고 다닌다. 배마다 살아 있는 당나귀를 한 마리씩 싣고 다니고, 더 큰 배들은 여러 마리를 싣고 다닌다. 바빌론에 도착해 짐을 다 처분하고 나면 배의 틀과 짚도 다 팔아 버린 다음 짐승 가죽을 당나귀에 싣고 아르메니아로 몰고 돌아간다. 유속이 빨라 강물을 거슬러 항해하는 것은 도저히 불가능하기 때문이다. 그래서 그들은 나무가 아닌 짐승 가죽으로 배를 만드는 것이다. 당나귀를 몰고 일단 아르메니아로 돌아오면 그들은 똑같은 방법으로 다시 배를 만든다.

195 그들의 배는 그러하다. 그들의 옷차림에 관해 말하자면, 그들은 무릎까지 내려오는 리넨 속옷을 입고, 그 위에 모직 내의를 껴입은 다음 그 위에 자그마한 흰 겉옷을 걸친다. 신발은 그곳 특유의 것을 신는데, 보이오티아의 샌들과 아주 비슷하다. 머리카락은 길게 기르고 머리에는 터번을 두르며 온몸에 향유를 바른다. 저마다 자신의 인장 반지를 끼고 있고 조각한 지팡이를 들고 다니는데, 지팡이에는 사과, 장미, 백합, 독수리 등의 형상이 새겨져 있다. 아무 도안도 없는 지팡이를 들고 다니는 것은 그들 세계에서는 비정상이다. 그들의 몸단장에 관해서는 이쯤 해 두고, 이번에는 그들의 관습에 관해 기술하고자 한다.

196 그들의 관습 가운데 내가 보기에는 다음과 같은 것이 가장 현명한데, 듣자 하니 일뤼리콘의 에네토이족[158]도 이 관습을 지킨다고 한다. 마을마다 해마다 한 번씩 다음과 같은 행사가 열렸다. 시집갈 나이가 된 처녀들이 소집되어 전부 한곳에 모이면, 남자들이 그들을 둘러선다. 그러면 전령이 처녀들을 한 명씩 일으켜 세워 경매에 붙인다. 경매는 가장 예쁜 처녀부터 시작되는데, 그 처녀가 높은 값에 팔리면 그다음으로

예쁜 처녀를 경매에 붙이곤 했다. 처녀들은 노예가 아니라 아내로서 팔렸던 것이다. 장가들고 싶은 바빌론 남자 가운데 부자들은 젊고 예쁜 여인을 사려고 서로 더 높은 값을 제시했다. 그러나 장가들기를 원하는 하층민은 미색(美色)은 따지지 않고, 못생긴 처녀를 아내로 얻고 돈까지 덤으로 받았다. 전령은 가장 잘생긴 처녀들을 다 팔고 나면 가장 못생긴 또는 불구인 처녀를 일으켜 세워 경매에 붙이되, 가장 돈을 적게 받고 그 처녀에게 장가들겠다는 남자에게 팔았기 때문이다. 그 돈은 잘생긴 처녀들을 팔고 생긴 것이라, 어떤 의미에서는 잘생긴 처녀들이 못생기고 불구인 처녀들을 시집보내는 셈이었다. 자기 딸이라도 자기들이 좋아하는 사람에게 시집보내는 것은 누구에게도 허용되지 않았고, 처녀를 샀다 해도 보증인 없이 집으로 데려가는 것도 허용되지 않았다. 실제로 그녀와 같이 살 것임을 보증하는 보증인을 세워야만 집으로 데려갈 수 있었다. 둘이 서로 의견이 맞지 않으면 남자는 받은 돈을 돌려주는 것이 관례였다. 다른 마을에서 온 사람도 원한다면 경매에 참가할 수 있었다. 이것이 그들의 가장 아름다운 관습이었지만, 지금은 지켜지지 않고 있다. 그들은 요즘 새로운 방법을 생각해 냈다. [그들이 여자들에게 부당한 짓을 하거나 타국으로 데려가지 않도록 하기 위하여.][159] 바빌론이 함락되며 살기가 어려워지자 궁핍한 서민들은 모두 딸에게 매춘을 시키고 있기에 하는 말이다.

197 그다음으로 현명한 관습은 이런 것이다. 그들은 의사가 없어 환자들을 시장으로 싣고 간다. 그러면 행인 가운데 몸소 그와 유사한 병을 앓은

---

158 지금의 베네치아 일대에 살던 민족.
159 문맥상으로 앞뒤가 맞지 않아 [ ] 안은 훗날 가필된 것으로 추정된다.

적이 있거나 다른 사람이 앓는 것을 본 적이 있는 사람이 환자에게 다가가 그 병에 관해 조언을 해 준다. 그들은 그에게 조언하며 자신이 병들었을 때 어떤 치료제가 효험 있었는지, 또는 다른 환자가 어떤 치료제로 병이 낫는 것을 보았는지 일러 준다. 어느 누구도 어떤 병을 앓고 있는지 물어보지도 않고 말없이 환자 옆을 지나쳐서는 안 된다.

198 그들은 사람이 죽으면 꿀에 담갔다가 매장하며, 장례식은 아이귑토스에서와 비슷하다. 바뷜론 남자는 아내와 교합하고 나면 향을 피우고 아내 앞에 앉아 몸을 정화하고, 그의 아내도 맞은편에 앉아 그렇게 한다. 날이 새면 두 사람은 목욕을 한다. 목욕하기 전에는 어떤 그릇도 만지지 못하게 되어 있다. 그 점에서는 아라비아인도 그들과 같다.

199 바뷜론인의 관습 가운데는 다음과 같은 것이 가장 수치스럽다. 이 나라에 사는 여자라면 누구나 일생에 한 번 아프로디테 신전에 가서 그곳에 앉아 있다가 낯선 남자와 교합해야 한다. 돈이 많은 자존심 강한 여자들은 그곳에서 다른 여자들과 섞여 있는 것을 꺼려 덮개 달린 마차를 타고 신전으로 가서 수많은 하인에 둘러싸인 채 기다린다. 그러나 대부분의 여자는 노끈으로 만든 띠를 머리에 두르고 아프로디테의 성역 안에 앉아 있는다. 나고 드는 여자들로 그곳은 몹시 붐빈다. 북새통을 이루는 여자들 사이로 직선 통로가 사방으로 나 있어, 낯선 남자들이 그 통로를 지나가며 여자를 고른다. 여자가 일단 그곳에 자리잡고 앉으면, 낯선 남자 가운데 한 명이 그녀의 무릎에 은화 한 닢을 던지고 신전 밖에서 그녀와 교합하기 전에는 집으로 돌아가지 못한다. 은화를 던지는 남자는 "뮐릿타 여신께서 그대를 축복하시기를!"이라고 말해야 한다. 앗쉬리아인은 아프로디테를 '뮐릿타'라고 부른다. 액수는 아무래

도 좋다. 일단 던진 돈은 신성한 돈이라 거절하지 못하게 되어 있다. 여자는 자신에게 돈을 던진 첫 번째 남자를 따라가야 하며 절대로 거절해서는 안 된다. 여자는 일단 교합하고 나면 여신에 대한 의무를 이행한 것이 되어 집으로 돌아가도 된다. 그 이후로는 그가 아무리 많은 돈을 주어도 그녀를 차지할 수 없다. 잘생기고 키가 큰 여자들은 금세 돌아가지만, 못생긴 여자들은 의무를 다할 수 없어 오랫동안 기다려야 한다. 실제로 3, 4년을 기다리는 여자도 더러 있다. 퀴프로스섬 몇몇 지역에도 이와 비슷한 관습이 있다.

200 바빌론인의 관습에 관해서는 이쯤 해 두자. 그들 중에는 물고기밖에 먹지 않는 부족이 셋 있다. 그들은 일단 물고기를 잡으면 햇볕에 말린다. 그다음에 절구통에 넣어 절굿공이로 빻아 그 가루를 아마천으로 거른다. 그리고 취향에 따라 죽으로 끓여 먹기도 하고, 빵처럼 굽기도 한다.

201 퀴로스는 앗쉬리아를 정복하자 맛사게타이족을 복속시키고 싶어졌다. 이들은 해 뜨는 동쪽 아락세스강 저편 잇세도네스족 맞은편에 사는 민족으로, 인구도 많고 호전적이라고 한다. 이들을 스퀴타이족 일파로 보는 이들도 있다.

202 아락세스강이 이스트로스[160]강보다 더 크다는 이들도 있고, 더 작다는 이들도 있다. 이 강에는 레스보스만큼 큰 섬들이 여러 개 있는데, 이 섬들의 주민은 여름에는 온갖 뿌리를 캐 먹으며 살고, 겨울에는 나무에 열린 것을 보아 둔 열매들이 익으면 식량으로 저장했다가 먹는다고 한

160 도나우강.

다. 그들은 또 독특한 열매가 열리는 나무들도 찾아냈다고 한다. 많은 사람이 함께 모이면 그들은 불을 피우고 빙 둘러앉아 그 열매를 불속에 던져 넣는다. 열매 타는 냄새를 맡으면 그들은 마치 헬라스인이 포도주에 취하듯 취한다. 열매를 불속에 많이 던져 넣을수록 그들은 더욱더 취해 종국에는 일어나 춤추고 노래하기 시작한다. 그것이 그들의 생활 방식이라고 한다. 아락세스강은 퀴로스가 360개의 수로로 나눠버린 귄데스강과 마찬가지로 마티아노이족이 사는 곳에서 발원해, 40개의 하구로 끝난다. 그중 한 곳만 제외하고 모두 늪과 습지로 흘러드는데, 그 늪지들에는 물고기를 날로 먹고 물개 가죽을 입고 다니는 사람들이 살고 있다고 한다. 단 하나의 하구를 통해 아락세스강은 거침없이 카스피에해로 흘러든다. 카스피에해는 내해로, 다른 바다와 연결되어 있지 않다. 헬라스인이 다니는 바다와 헤라클레스의 기둥들[161] 저편에서 시작되는 이른바 아틀란티스해와 홍해는 실제로는 하나로 연결되어 있기에 하는 말이다.

203 카스피에해는 내해로, 길이는 노를 저어 건널 경우 15일 걸리는 길이고 너비는 가장 넓은 곳이 8일 걸리는 너비다. 이 바다의 서쪽으로는 세상에서 가장 크고 높은 카우카소스산맥이 뻗어 있다. 카우카소스에는 다양한 부족이 흩어져 사는데, 그들은 거의 전적으로 숲속의 야생 열매를 먹고 산다. 그곳에는 특이한 잎이 나는 나무들이 있다고 하는데, 사람들은 그 잎을 비빈 다음 물에 녹여 염료를 만들어 옷에 무늬를 그려 넣는 데 사용한다. 그 무늬는 처음부터 짜 넣기라도 한 양, 빨아도 지워지지 않고 천이 해질 때까지 간다. 그리고 이곳 사람들은 가축처럼 남녀가 공개적으로 교합한다고 한다.

204 이른바 카스피에해는 서쪽으로는 카우카소스산맥과 맞닿아 있고, 해 뜨는 동쪽으로는 넓은 평원이 끝 간 데 없이 뻗어 있다. 퀴로스가 지금 공격하려는 맛사게타이족은 이 광대한 평원의 상당 부분을 차지하고 있다. 그들을 공격하도록 그를 부추기는 주요 요인은 여러 가지였다. 첫째, 출생을 들 수 있다. 즉 그는 자신이 인간 이상으로 태어났다고 여겼다. 둘째, 전쟁할 때마다 그를 따라다니는 행운을 들 수 있다. 퀴로스가 어느 곳을 공격하든 그곳 민족은 도망칠 수가 없었다.

205 맛사게타이족의 왕이 죽고, 그의 아내가 왕위에 올랐는데 이름이 토뮈리스였다. 퀴로스는 사절을 보내 그녀를 아내로 맞고 싶다고 겉치레로 그녀에게 구혼하게 했다. 그러나 토뮈리스는 그가 구혼하는 것이 그녀가 아니라 맛사게타이족의 왕위임을 알아채고 그가 오는 것을 거절했다. 계략으로는 아무것도 얻지 못하자 퀴로스는 아락세스강으로 나아가 공공연히 맛사게타이족에게 싸움을 걸었다. 그는 군대가 건널 수 있게 강에 다리를 놓고, 그의 군대를 건네줄 뗏목에 탑을 세우기 시작했다.

206 그가 이 일에 전념하고 있을 때, 토뮈리스는 사절을 보내 그에게 이렇게 전했다. "메디아인의 왕이여, 지금 열중하고 있는 일을 중단하시오. 그대가 지금 하고 있는 일이 완성된다고 해서 그것이 그대에게 유익할지 어떨지 그대는 알지 못하기 때문이오. 그러니 중단하고 그대는 그대의 백성이나 다스리고, 내가 내 백성을 다스리는 것을 보고 참도록 하시오. 그러나 그대는 내 조언을 따르지 않을 것이며 무슨 일이 있어도

---

161 지금의 지브롤터 해협.

평화를 원치 않겠지요. 맛사게타이족을 시험해 보는 것이 그토록 그대의 소원이라면, 자, 그대는 강에 다리를 놓느라 수고할 필요가 없소. 우리가 강에서 3일 거리만큼 물러날 터이니 그대가 우리 쪽으로 건너오시오. 그러나 그대가 그대의 나라에서 우리를 맞고 싶다면, 그대가 3일 거리만큼 물러나시오!" 퀴로스는 이 말을 듣자 페르시아의 요인들을 소집하고 자신이 어떻게 해야 하는지를 안건으로 상정하며 조언을 구했다. 그러자 참석자들은 이구동성으로 토뮈리스와 그녀의 군대를 자국으로 맞아들이자고 했다.

207 그러자 그 자리에 있던 뤼디아의 크로이소스가 그런 조언을 비난했다. 그는 그들과 반대되는 의견을 제시하며 이렇게 말했다. "전하, 전에도 말씀드렸지만 제우스께서 저를 전하께 주셨으니, 재앙이 전하의 집을 위협하는 것이 보이면 그것이 무엇이든 저는 힘닿는 대로 물리칠 것이옵니다. 제 쓰라린 고통이 제게는 약이 되었기 때문이옵니다. 전하께서 전하 자신과 전하께서 통솔하는 군대를 불멸이라고 여기신다면 전하께 제 의견을 말씀드리는 것은 아무 소용이 없는 짓일 것이옵니다. 하오나 전하 자신과 전하의 신하들이 한갓 인간임을 알고 계신다면, 전하께서 맨 먼저 알아 두셔야 할 것은 인간사란 수레바퀴처럼 돌고 돌아 같은 사람들이 늘 행복하도록 내버려두지 않는다는 점이옵니다. 지금 이 안건에 대해 저는 여기 계신 이분들과 생각이 다르옵니다. 적군이 우리 나라에 들어오는 것을 허용할 경우, 거기에는 위험이 따르옵니다. 만약 전하께서 패할 경우 나라 전체를 잃으신다는 것이옵니다. 맛사게타이족이 이기면, 그들은 분명 고향으로 철수하지 않고 전하의 나라로 진격할 것이옵니다. 또한 전하께서 이긴다 하더라도 전하께서 그쪽으로 건너가 맛사게타이족을 무찌르고 도망치는 그들을 추격할 때

만큼 소득을 올리지 못하실 것이옵니다. 그 경우에는 앞서 말씀드린 것과 정반대되는 일이 일어나, 전하께서 적군을 무찌르고 곧장 토뮈리스의 나라로 진격하실 수 있을 것이옵니다. 게다가 앞서 말씀드린 것과는 별도로 캄뷔세스의 아드님이신 퀴로스께서 한갓 여인 앞에서 뒤로 물러선다는 것은 참을 수 없는 치욕이옵니다. 그러니 제 생각에 우리는 강을 건너 그들이 퇴각한 지점까지 나아가, 그곳에서 다음과 같은 방법으로 그들을 제압해야 하옵니다. 제가 알기로, 맛사게타이족은 페르시아풍의 호사스럽고 사치스런 생활방식은 알지도 못하고 경험해 보지도 못했사옵니다. 그런 자들을 위해 우리는 아낌없이 가축을 잡아 음식을 장만한 다음 우리 진영에서 잔치를 벌이되 물로 희석하지 않은 포도주가 든 독도 수없이 준비하고 온갖 진미도 아낌없이 그리고 넉넉하게 마련하는 것이옵니다. 준비가 끝나면 우리는 우리 군대의 가장 약한 부대만 남겨 두고 나머지 부대를 이끌고 강 있는 데까지 도로 철수하는 것이옵니다. 제 생각이 틀리지 않는다면, 적군은 산더미같이 장만되어 있는 진수성찬을 보고 달려들 것이고, 그러면 우리는 혁혁한 전과를 올릴 기회를 잡게 되는 것이옵니다."

208 이렇게 두 의견이 맞서자, 퀴로스는 첫 번째 의견을 버리고 크로이소스의 의견을 받아들였다. 그리고 자기가 그녀에게 건너갈 터이니 그녀는 군대를 철수시키라고 토뮈리스에게 전하게 했다. 그러자 그녀는 처음 약속한 대로 군대를 철수시켰다. 퀴로스는 자신의 왕국을 물려줄 아들 캄뷔세스에게 크로이소스를 맡기며, 맛사게타이족 원정이 실패할 경우 그를 존중하고 잘 대해 주라고 신신당부를 했다. 그리고 나서는 크로이소스와 아들을 페르시아로 돌려보내고 자신은 군대를 이끌고 강을 건넜다.

209 퀴로스는 아락세스강을 건너던 날 밤 맛사게타이족의 나라에서 다음
과 같은 꿈을 꾸었다. 휘스타스페스의 아들 가운데 맏아들의 양어깨에
날개가 돋아 이쪽 날개는 아시아에, 저쪽 날개는 에우로페에 그늘을 드
리우고 있는 꿈이었다. 휘스타스페스는 아르사메스의 아들로 아카이
메니다이가(家) 출신이고, 그의 맏아들 다레이오스는 당시 스무 살가
량의 소년으로 전쟁터에 나가기에는 너무 어려 페르시아에 남아 있었
다. 잠에서 깬 퀴로스는 꿈에 관해 곰곰이 생각해 보았다. 그러다가 중
대한 꿈이라는 생각이 들자 휘스타스페스를 불러오게 한 뒤 주위를 물
리고 말했다. "휘스타스페스여, 그대의 아들이 나와 내 왕국에 음모를
꾸미다가 발각되었소. 내가 어떻게 그것을 확실히 알게 되었는지 말하
겠소. 신들께서는 나를 보살펴 주며 내게 닥칠 일들을 모두 미리 보여
주신다오. 간밤에 잠을 자다가 그대 맏아들의 양어깨에 날개가 돋아 있
는 꿈을 꾸었는데, 이쪽 날개는 아시아에, 저쪽 날개는 에우로페에 그
늘을 드리우고 있었소. 이 꿈으로 미루어 그는 의심할 여지 없이 내게
음모를 꾸미고 있소. 그러니 그대는 어서 페르시아로 돌아가, 내가 전
쟁에 이기고 귀국하면 심문할 수 있도록 그대의 아들을 내 앞에 데려올
방도를 강구하시오!"

210 퀴로스는 다레이오스가 자기에게 음모를 꾸미고 있다고 믿고 그렇게
말했다. 그러나 신은 그가 이곳 맛사게타이족의 나라에서 최후를 맞을
것이고 그의 왕권은 다레이오스에게 넘어가리라는 것을 그에게 알리
고 싶었던 것이다. 휘스타스페스는 다음과 같이 대답했다. "전하, 전하
께 음모를 꾸미는 페르시아인은 아무도 태어나지 말았으면 좋겠사오
나, 혹시 그런 자가 있다면 되도록 빨리 죽여야 할 것이옵니다. 전하께
서는 노예였던 페르시아인들을 자유민으로 만드셨고, 전에는 남의 지

배를 받던 그들이 남을 모두 지배하게 하셨나이다. 제 자식이 전하께 음모를 꾸미고 있다는 꿈의 계시가 있다면 제 자식을 넘겨드릴 테니 전하 마음대로 처분하소서!" 휘스타스페스는 이렇게 대답하고, 퀴로스를 위해 아들 다레이오스를 감시하려고 아락세스강을 건너 페르시아로 돌아갔다.

211 퀴로스는 아락세스강에서 하루 행군할 수 있는 거리만큼 맛사게타이족의 나라로 들어가 크로이소스가 조언한 대로 했다. 그러고는 상태가 좋은 군사들을 데리고 아락세스강으로 철수하고 상태가 좋지 못한 군사들은 뒤에 남겨 두었다. 그러자 맛사게타이족 군대의 3분의 1이 퀴로스가 남겨 둔 군사를 기습해 저항하는 그들을 도륙했다. 일단 적군을 무찌른 맛사게타이족은 진수성찬이 차려져 있는 것이 보이자 반쯤 기대 누워 잔치를 벌였고, 술과 음식을 배불리 먹자 그곳에서 잠이 들었다. 그러자 페르시아인들이 습격해 다수를 죽이고 그보다 더 많은 자를 사로잡았는데, 그중에는 토뮈리스의 아들로 맛사게타이족의 장수인 스파르가피세스도 있었다.

212 여왕은 자신의 군대와 아들에게 일어난 일을 듣고 퀴로스에게 전령을 보내 이렇게 말하게 했다. "피에 물리지 않는 퀴로스여, 그대는 이번 일로 우쭐하지 마시오. 그대는 이번에 포도 열매를 사용했는데, 그대들 페르시아인도 그것을 잔뜩 마시면 미치게 되어, 포도주가 몸안으로 내려가면 상스런 말이 혀로 올라오는 법이오. 그대는 그 독약으로 내 아들을 속여 제압한 것이지, 싸워서 힘으로 제압한 것이 아니었소. 내 그대에게 호의에서 충고하니 그대는 명심해서 들으시오. 그대는 내 아들을 돌려주시오. 그러면 그대는 비록 맛사게타이족 군대의 3분의 1에

게 행패를 부렸지만 대가를 치르지 않고 이 나라를 떠날 수 있소. 만약 그러지 않을 경우, 맛사게타이족의 지배자이신 태양신의 이름으로 맹세하노니, 나는 피에 물리지 않는 그대를 피에 물리게 해 줄 것이오."

213 이런 전언을 듣고도 퀴로스는 전혀 주의를 기울이지 않았다. 한편 여왕 토뮈리스의 아들 스파르가피세스는 술이 깨자 자신이 어떤 처지에 놓였는지 알고, 퀴로스에게 사슬을 풀어 달라고 간청했다. 그의 간청이 이루어져 자유의 몸이 되고 손을 마음대로 쓸 수 있게 되자, 그는 자살했다.

214 그렇게 그는 최후를 맞았다. 토뮈리스는 퀴로스가 자기 말을 듣지 않자 군사를 모두 모아 그와 싸웠다. 나는 이 전투가 이민족 사이에 벌어진 모든 전투 가운데 가장 치열했다고 생각한다. 실제로 그랬던 것으로 나는 알고 있다. 처음에 그들은 멀리서 서로 화살을 쏘아 대다가 화살이 다 떨어지자 창과 단검으로 육박전을 벌였다고 한다. 오랫동안 그들은 서로 맞붙어 싸웠고, 어느 쪽도 물러서려 하지 않았다고 한다. 결국 맛사게타이족이 이겼다. 페르시아군은 대부분 그곳에서 섬멸되고, 퀴로스 자신도 재위 29년 만에 최후를 맞았다. 토뮈리스는 가죽부대에 사람 피를 가득 담은 다음 페르시아의 전사자들 사이에서 퀴로스의 시신을 찾았고, 그의 시신을 찾아내자 그의 머리를 가죽부대에 담그며 시신을 조롱하며 말했다. "내 비록 살아 있고 전쟁에서 이겼지만 그대는 계략으로 내 아들을 사로잡음으로써 나를 망쳐 놓았소. 하지만 나는 위협한 대로 그대가 피에 물리게 해 줄 것이오." 퀴로스의 죽음에 관해서는 수많은 이야기가 전해지고 있는데, 내게는 이 이야기가 가장 신빙성이 있어 보인다.

215 맛사게타이족은 의복과 생활방식이 스퀴타이족과 비슷하다. 그들은 말을 타고 싸우기도 하고, 말을 타지 않고 싸우기도 한다. (그들에게는 기병도 있고 보병도 있다.) 그들은 활과 창을 쓰기도 하지만 대개 양날 도끼를 들고 다닌다. 그들은 온갖 종류의 물건에 금과 청동을 쓴다. 창날과 화살촉과 양날 도끼의 날에 청동을 쓰고, 머리띠와 허리띠와 어깨띠는 황금으로 장식한다. 마찬가지로 그들이 말에게 입히는 흉갑은 청동으로 만들고, 고삐와 재갈과 얼굴을 가리는 투구는 금으로 만든다. 그들은 철과 은은 일절 사용하지 않는다. 그들의 나라에서는 금과 청동은 무진장 많이 나지만, 철과 은은 전혀 나지 않기 때문이다.

216 그들의 관습은 다음과 같다. 그들은 저마다 한 명의 아내와 결혼하지만, 아내를 공유한다. 헬라스인은 그것이 스퀴타이족의 관습이라고 말하지만 스퀴타이족이 아니라 맛사게타이족의 관습이다. 맛사게타이족 남자가 어떤 여자를 원하면 그녀의 수레 앞에다 화살통을 걸어 두고 거리낌없이 교합한다. 그들에게 달리 연령 제한이 있는 것은 아니지만 누군가 고령이 되면 친척이 모두 모여, 양이나 염소 몇 마리와 함께 그를 죽여 그 고기를 삶아 먹는다. 그들은 그것을 큰 행복으로 여긴다. 한편 병들어 죽는 사람은 먹지 않고 땅에 묻는데, 그들은 먹히지 못하게 되는 것을 재앙으로 여긴다. 그들은 농사는 짓지 않고 가축과 물고기만으로 살아간다. 아락세스강에서 무진장으로 잡히는 물고기 덕분이다. 그들은 또 젖을 마신다. 그들은 신들 가운데 태양신만을 숭배하며, 태양신에게는 말을 제물로 바친다. 그들은 신들 중에 가장 날랜 분에게는 필멸의 피조물 가운데 가장 날랜 것을 바쳐야 한다고 생각한다.

II
에우테르페

시가(詩歌)의 여신들인 무사 여신 중
에우테르페는 피리 및 피리가 반주하는 서정시를 관장한다

1 퀴로스가 죽자 캄뷔세스가 왕위를 계승했다.[1] 캄뷔세스는 퀴로스와 파르나스페스의 딸 캇산다네 사이에 태어난 아들이었다. 캇산다네가 먼저 죽자 퀴로스는 몹시 슬퍼했고, 자신의 모든 신하에게도 애도하라고 명령했다. 이 여인과 퀴로스의 아들인 캄뷔세스는 이오니아인과 아이올리스인을 아버지에게서 물려받은 노예로 간주했다. 그래서 그는 아이귑토스 원정에 나설 때 그가 통치하는 다른 민족과 함께 그의 지배를 받는 헬라스인도 데리고 갔다.

2 아이귑토스인은 프삼메티코스가 그들의 왕이 되기[2] 전에는 자신들이 세상에서 가장 오래된 민족이라고 생각했다. 그런데 왕이 된 프삼메티코스가 어느 민족이 가장 오래되었는지 알고 싶어 했다. 그때 이후로 아이귑토스인은 프뤼기아인이 자기들보다 더 오래되었고, 자기들은 그다음으로 오래되었다고 믿고 있다. 프삼메티코스는 어느 민족이 가장 오래되었는지 알아낼 방법이 없자 다음과 같은 묘안을 생각해 냈다. 그는 평범한 가정에서 태어난 두 신생아를 한 목자에게 맡기며 양떼 사이에서 기르도록 했다. 아이들이 듣는 데서는 어떠한 말도 하지 말고 외딴 오두막에 따로 누워 있게 하다가 때가 되면 염소들을 데리고 들어가 충분히 젖을 먹이고 그 밖에 아이들에게 필요한 일을 뒷바라지하라고 일렀다. 프삼메티코스가 이런 명령을 내린 것은, 아이들이 무심결에 옹알대는 시기를 넘기고 나서 무슨 말을 맨 먼저 하는지 알고 싶었기 때문이다. 그리고 그가 지시한 대로 시행되었다. 2년 동안 아이들을 그렇게 보살피던 목자가 어느 날 방문을 열고 들어서자 두 아이가 그의

1 기원전 529년.
2 기원전 660년경.

앞에 엎드려 손을 내밀며 '베코스'³라고 외쳤다. 처음에는 이 말을 듣고도 목자는 아무에게도 말하지 않았지만, 아이들을 보살피러 갈 때마다 아이들이 같은 말을 되풀이하자 주인에게 알렸고, 지시에 따라 아이들을 주인 앞으로 데려갔다. 프삼메티코스는 직접 그 말을 듣고 '베코스'가 대체 어느 민족의 말인지 탐문하게 했다. 그 결과 프뤼기아인이 빵을 '베코스'라고 부른다는 사실을 알게 되었다. 이 일로 인해 아이귑토스인은 프뤼기아인이 자기들보다 더 오래된 민족이라는 결론을 내리고 그들에게 첫 번째 자리를 양보했다. 나는 이 이야기를 멤피스의 헤파이스토스⁴ 사제들에게 들었다. 헬라스인은 여러 가지 터무니없는 이야기를 덧붙이는데, 프삼메티코스가 몇몇 여인의 혀를 자른 다음 아이들을 이 여자들과 함께 살게 했다는 이야기도 그중 하나이다.

3 이상이 내가 아이들과 그들의 양육에 관해 들은 이야기다. 나는 또 멤피스에서 헤파이스토스의 사제들과 대화하며 다른 이야기도 들었다. 그래서 그곳에서도 내가 멤피스에서 들은 것과 같은 이야기를 하는지 확인하고자 테바이와 헬리우폴리스로 갔다. 그에 관한 한 헬리우폴리스의 주민이 아이귑토스인 가운데 가장 해박하다고 들었기 때문이다. 하지만 신들에 관해 내가 들은 이야기는 신들의 이름 외에는 어떤 것도 여기서 전하고 싶지 않다. 신들에 관해서는 어느 누구도 남보다 더 많이 알지 못한다고 나는 생각한다. 내가 신들에 관해 언급한다면, 이야기의 진행상 부득이한 경우에 한할 것이다.

4 인간사에 관한 한 사제들은 이구동성으로 내게 이렇게 말했다. 그들의 주장에 따르면, 아이귑토스인이 모든 인간 중에서 처음으로 해〔年〕를 고안했고, 그것을 열두 달로 나눴다고 한다. 그들은 별을 보고 그렇게

했다고 하는데, 내가 보기에, 그들의 계산 방식이 헬라스인의 그것보다 더 합리적이다. 헬라스인은 계절과 맞추기 위해 한 해 걸러 한 번씩 윤달을 끼워 넣는데, 아이귑토스인은 1년을 열두 달로, 한 달을 30일로 하고 거기에 해마다 5일을 덧붙여 계절의 주기가 매번 역년(曆年)과 일치하게 만들기 때문이다. 그들의 주장에 따르면, 12신의 이름도 자신들이 처음 정했으며, 헬라스인은 그 이름을 받아들인 것이라고 한다. 신들에게 제단과 신상과 신전을 지어 주고 돌에 형상을 새겨넣은 것도 아이귑토스인이 처음이라고 한다. 그들은 자기들의 주장이 대부분 사실이라는 명백한 증거를 보여 주었다. 그들의 말에 따르면, 아이귑토스를 통치한 최초의 인간은 민[5]이다. 그의 치세 때 테바이 일대를 제외하면 아이귑토스는 전역이 늪이고, 모이리스호(湖) 북쪽 지역은 모두 물에 잠겨 있었다. 지금은 바다에서 강을 거슬러 배를 타고 가면 모이리스호까지 7일이 걸린다.

5 이 나라에 관한 사제들의 주장은 내가 보기에 옳은 것 같았다. 지각 있는 사람이라면 사전 정보 없이도, 헬라스인이 배를 타고 가는 아이귑토스는 강의 범람으로 새로 얻은 땅이며 강의 선물이라는 것쯤은 쉽게 알 수 있기 때문이다. 모이리스호에서 상류로 3일 배를 타고 올라가야 하는 지역도 그 점에서는 다르지 않다. 비록 사제들은 이 지역에 관해 그런 말을 하지는 않았지만 말이다. 아이귑토스 땅의 성질은 다음과 같다. 바다에서 이 나라로 다가가며 육지에서 아직도 하루쯤 떨어진 바다

---

3 bekos. 이오니아 방언으로 '빵'이라는 뜻.
4 이집트의 프타(Ptah).
5 Min. 또는 메네스(Menes). 역사 기록이 남아 있는 최초의 이집트 왕. 기원전 3400년경 남부 왕국과 북부 왕국을 통일한 것으로 생각된다.

에 측연선(測鉛線)을 내리면 벌써 진흙이 딸려 올라오고 수심은 11오르귀이아[6]밖에 안 된다. 이것은 충적토가 거기까지 떠내려왔음을 말해 준다.

6 아이귑토스 자체의 해안선 길이는 60스코이노스[7]이다.[8] 폴린티네[9]만에서부터 카시오스산 아래 있는 세르보니스[10]호까지를 아이귑토스로 본다면 두 지점 사이의 거리가 60스코이노스라는 말이다. 국토가 좁은 민족은 땅을 오르귀이아로 측량하고, 덜 좁은 민족은 스타디온으로, 국토가 넓은 민족은 파라상게스[11]로, 아주 넓은 민족은 스코이노스로 측량한다. 1파라상게스는 30스타디온이고, 아이귑토스의 측량 단위인 스코이노스는 60스타디온이다. 따라서 아이귑토스의 해안선 길이는 3,600스타디온이 된다.

7 해안에서 내륙에 있는 헬리우폴리스에 이르기까지 아이귑토스는 넓으며, 평야와 물과 늪지로 이루어져 있다. 해변에서 헬리우폴리스로 올라가는 길은 아테나이에 있는 12신의 제단에서 피사[12]에 있는 제우스 올륌피오스 신전으로 가는 길과 거리가 비슷하다. 두 길을 정확히 재 보면 근소한 차이는 있겠지만 그 차이는 15스타디온을 넘지 않을 것이다. 아테나이에서 피사로 가는 길은 1,500스타디온에서 15스타디온이 모자라지만, 해안에서 헬리우폴리스로 가는 길은 정확히 1,500스타디온이기 때문이다.

8 헬리우폴리스에서 계속 남쪽으로 가면서 아이귑토스는 좁아진다. 아이귑토스는 한쪽으로는 이른바 홍해에 이를 때까지 북에서 남으로 쭉 뻗어 있는 아라비아산맥과 경계를 접하고 있다. 이들 산속에 멤피스의

피라미드를 짓는 데 쓴 석재를 캐어 온 채석장들이 있다. 그곳에서 산들은 내리막이 되며 앞서 말했듯이, 홍해 쪽으로 방향을 바꾼다. 내가 탐문한 바로는, 가장 넓은 곳에서 이 산들을 동에서 서로 횡단하는 데는 두 달이 걸리며, 그 동쪽 끝에서는 유향이 난다고 한다. 이 산맥은 그러하다. 리뷔에 쪽으로도 아이귑토스는 바위투성이인 또 다른 산맥과 맞닿아 있는데, 이들 산속에는 피라미드들이 있다. 이들 산은 모래로 덮여 있으며, 아라비아산맥과 마찬가지로 북에서 남으로 뻗어 있다. 이처럼 헬리우폴리스 남쪽에는 아이귑토스 땅이 넓지 않다. 배를 타고 강을 거슬러 올라갈 경우 4일쯤 걸리니까 아이귑토스의 기준으로 보면 땅은 좁은 편이다. 내가 보기에, 가장 좁은 곳에서는 아라비아산맥에서 이른바 리뷔에산맥까지 200스타디온이 넘지 않는 것 같다. 거기서부터 상류로 올라가면 아이귑토스는 다시 넓어진다.

9 이 나라 땅의 성질은 그러하다. 헬리우폴리스에서 테바이까지 배를 타고 강을 거슬러 올라가면 9일이 소요되는데, 그 거리는 4,860스타디온 또는 81스코이노스이다. 앞서 말한 거리를 모두 열거해 보면, 해안선의 길이는 앞서 말했듯이 3,600스타디온이고, 해안에서 내륙의 테바이

---

6 1오르귀이아는 1.8미터이다.
7 1스코이노스는 10.66킬로미터이다.
8 헤로도토스의 계산에 따르면, 60스코이노스는 3,600스타디온이다. 1스타디온을 178미터로 잡으면 60스코이노스는 640.80킬로미터이다. 하지만 실제 길이는 476.26킬로미터이다.
9 훗날의 알렉산드리아 근처에 있는 만.
10 이집트 동부에 있는 호수.
11 1파라상게스는 5.33킬로미터이다.
12 그리스 엘리스 지방의 옛 도시. 올륌피아에서 가깝다.

까지의 거리가 얼마인가 하면 6,120스타디온이다. 테바이에서 엘레판티네라는 도시까지가 또 1,800스타디온이다.

10 내가 말하고 있는 이 나라의 대부분은, 사제들이 내게 말해 준 바에 의하면 그리고 내가 생각하기에도, 아이귑토스인이 근래에 얻은 충적평야이다. 멤피스 남쪽 앞서 말한 산맥들 사이에 있는 평야는 내가 보기에, 일리온,[13] 테우트라니아,[14] 에페소스 주위의 들판과 마이안드로스강 유역 평야처럼 바다의 만(灣)이었던 것 같다. 이런 작은 들판을 아이귑토스의 큰 들판과 비교할 수 있다면 말이다. 이들 충적평야를 만든 강 가운데 그 어느 것도 네일로스[15]강의 단 하나의 지류와 견줄 수 없는데, 네일로스강의 지류는 다섯이나 되기에 하는 말이다. 크기로는 네일로스강에 미치지 못하지만, 큰일을 해낸 다른 강들도 있다. 다른 강들도 있지만 특히 아켈로오스강을 예로 들 수 있는데, 이 강은 아카르나니아[16] 지방을 지나 바다로 흘러들며 이미 에키나데스 군도의 반을 본토로 바꿔 놓았다.

11 아이귑토스에서 멀지 않은 아라비아에는 이른바 홍해에서 들어오는 바다의 만[17]이 하나 있는데, 이 만은 곧 기술하겠지만 아주 길고 좁다. 그 길이는 만의 안쪽 구석에서 출발해 노를 저어 넓은 바다로 나갈 경우 14일이 걸리지만, 그 너비는 가장 넓은 곳에서 배를 타고 건너도 반날밖에 안 걸린다. 이 만에서는 썰물과 밀물이 날마다 바뀐다. 내 생각에는 아이귑토스도 그런 만이었으며, 내가 곧 기술할 아라비아만[18]이 남쪽 바다에서 쉬리아 쪽으로 들어와 있는 반면, 이 만은 북쪽 바다[19]에서 아이티오피아 쪽으로 들어와 있었을 것 같다. 이들 두 만은 둘 사이에 있는 좁은 지대만 뚫었다면 끝부분이 서로 맞닿았을 것이다. 만약

네일로스강이 방향을 바꿔 아라비아만으로 흘러든다면, 2만 년 안에 이 만이 충적토로 메워지는 것을 무엇으로 막을 수 있겠는가? 내 생각 같아서는 아마 1만 년 안에 메워질 것이다. 하물며 내가 태어나기 이전의 긴긴 세월 동안, 내가 지금 말하고 있는 만보다 훨씬 더 큰 만이라 하더라도 어떻게 그처럼 크고 힘센 강에 의해 충적토로 메워지지 않았겠는가?

12 그래서 나는 아이귑토스에 관해 그런 말을 하는 사람들을 믿으며, 나 또한 그 말이 옳다고 확신한다. 왜냐하면 나는 아이귑토스가 인접 지역보다 바다로 더 돌출해 있고, 산속에서 조개껍질들이 발견되고, 땅거죽에서 바다 소금이 나와 피라미드가 부식될 정도이고, 아이귑토스에서 모래 산이라야 멤피스를 굽어보고 있는 것뿐이고, 그 밖에 인접한 아라비아와 리뷔에도, 그리고 쉬리아도(아라비아의 해안 지대에는 쉬리아인이 살고 있기에 하는 말이다) 아이귑토스와는 토양이 전혀 다른 것을 보았기 때문이다. 아이귑토스의 토양은 검고 잘 부서지는데, 그것은 그 토양이 전에는 아이티오피아에서 강물에 떠내려온 진흙과 충적토였음을 말해 준다. 우리가 알기로, 리뷔에의 토양은 붉은빛을 띤 모래흙이며, 아라비아와 쉬리아의 토양은 점토질이고 밑바닥에는 돌

---

13 트로이아의 다른 이름.
14 소아시아 지방의 도시.
15 나일강의 그리스어 이름.
16 그리스반도의 중서부 지방.
17 지금의 홍해. 헤로도토스의 '홍해'란 대개 인도양을 말한다.
18 지금의 홍해.
19 지중해.

이 많다.

13 사제들은 이 나라가 그렇게 생성되었음을 입증해 줄 또 다른 증거를 내
    게 말해 주었다. 모이리스왕 치세 때는 강물이 8페퀴스만 불어도 멤피
    스 이북의 아이귑토스는 물에 잠겼다고 했다. 내가 사제들에게 그런 말
    을 들은 것은 모이리스왕이 죽은 지 아직 900년도 안 되었을 때였다.
    그러나 지금은 강물이 15 내지 16페퀴스가량 불어나지 않으면 범람하
    지 않는다. 내 생각에는, 이런 비율로 땅이 높아지고 넓어져 더이상 네
    일로스강이 범람하지 않는다면, 모이리스호 이북, 특히 이른바 삼각주
    (三角洲)에 사는 아이귑토스인은 헬라스인이 처해 있다고 그들이 말
    한 바 있는 처지에, 언젠가는 그들 자신이 영원히, 놓이게 될 것 같다.
    그들은 헬라스 전체가 자기들처럼 강물로 관개하지 않고 강우(降雨)
    에 의존하는 것을 알고는 헬라스인은 언젠가는 큰 낭패를 당해 기아의
    고통에 시달릴 것이라고 말했다. 그 말뜻은, 만약 신께서 헬라스인에
    게 비를 내려 주시지 않아 가뭄이 계속된다면, 제우스께서 그들의 유일
    한 수원(水源)인 만큼 그들은 굶어 죽게 되리라는 것이다.

14 아이귑토스인이 헬라스인에 관해 이렇게 말하는 것은 옳다. 그렇다면
    이번에는 아이귑토스인의 사정은 어떠한지 말하겠다. 앞서 말했듯이
    지금 자라나고 있는 멤피스 이북 지역이 지금까지와 같은 비율로 높아
    진다면 나라에 비가 내리지 않아 강이 들판으로 흘러넘치지 않을 경우,
    그곳에 사는 아이귑토스인은 굶어 죽을 수밖에 없지 않을까? 물론 지
    금 그들은 나머지 아이귑토스인을 포함해 다른 어떤 사람들보다 힘을
    덜 들이고 곡식을 수확하고 있다. 그들은 쟁기로 밭고랑을 갈거나 괭이
    질을 하거나 다른 사람들이 힘들여 하는 다른 농사일을 할 필요가 없

다. 그들은 강물이 저절로 흘러들어 와 농경지를 관개하고 나서 물러가기를 기다리기만 하면 된다. 그러면 저마다 제 들판에 씨를 뿌리고, 그씨를 밟도록 돼지를 몰아넣고 수확기가 되기를 기다리면 된다. 수확기가 되면 돼지를 이용해 탈곡을 하고 곡식을 거둬들이면 되는 것이다.

15 만약 우리가 이오니아인의 주장을 받아들인다면 어떻게 될까. 그들의 주장에 따르면, 삼각주만이, 말하자면 이른바 페르세우스의 망대에서부터 펠루시온[20]의 물고기 염장 업소들에 이르는 40스코이노스[21] 거리의 해안선과, 바다에서 내륙 쪽으로 네일로스강이 나뉘어 각각 펠루시온과 카노보스[22]로 흘러가는 지점인 케르카소로스[23] 시까지만 아이귑토스이고, 나머지 아이귑토스 땅은 리뷔에 땅이거나 아라비아 땅이라는 것이다. 만약 우리가 이 견해에 따른다면, 아이귑토스인은 원래 나라가 없었다는 것을 입증하는 결과가 될 것이다. 왜냐하면 삼각주란, 아이귑토스인 자신들도 그렇게 말하고 나도 그렇다고 생각하지만 충적평야로, 최근에 생겨난 땅이라고 할 수 있기 때문이다. 아이귑토스인이 국토가 없었다면 어떻게 자신들이 가장 오래된 민족이라는 문제로 시간 낭비를 했겠는가? 그들은 아이들이 맨 먼저 하는 말이 무엇인지 알아내려고 실험도 하지 않았을 것이다. 내 생각으로는, 아이귑토스인은 이오니아인이 삼각주라 부르는 지대와 함께 존재한 것이 아니라, 인류가 존재하는 동안 계속해서 존재하다가 그들의 나라가 자꾸 커

---

20 이집트의 동쪽 관문. 포트사이드에서 남동쪽으로 40킬로미터 거리에 있다.
21 427킬로미터쯤 되는 거리. 실제로는 300킬로미터쯤 된다.
22 알렉산드리아에서 서쪽으로 22킬로미터쯤 떨어져 있는 도시.
23 카이로에서 북서쪽으로 6킬로미터 남짓 떨어져 있다.

지자 상당수가 살던 곳에 그대로 남았지만 또 상당수는 내륙에서 하류 쪽으로 이주한 것 같다. 옛날에는 테바이 지역이 아이귑토스라고 불렸는데, 이 지역은 둘레가 6,120스타디온이다.

16 우리의 이러한 견해가 옳다면, 이오니아인은 아이귑토스에 관해 잘못 알고 있는 셈이다. 그러나 이오니아인의 견해가 옳다면, 나는 이오니아인을 포함한 헬라스인이 계산에 어둡다는 것을 보여 줄 수 있다. 그들은 전 세계가 에우로페, 아시아, 리뷔에의 세 부분으로 나뉜다고 주장하는데, 아이귑토스의 삼각주가 아시아의 일부도 아니고 리뷔에의 일부도 아니라면 네 번째 부분으로 간주해야 한다. 그들의 주장에 따르면, 네일로스강은 아시아와 리뷔에의 국경을 이룬다. 그런데 네일로스강이 삼각주의 정점에서 나뉘어 삼각주를 돌아 흐름으로써 삼각주는 아시아와 리뷔에의 중간에 있는 별도의 땅이 되었기 때문이다.

17 이오니아인의 견해에 관해서는 더이상 말하지 않기로 하자. 이 문제에 관한 내 의견을 말하자면, 아이귑토스인이 사는 지역 전체가 아이귑토스라는 것이다. 마치 킬리키아인이 사는 지역이 킬리키아이고, 앗쉬리아인이 사는 지역이 앗쉬리아이듯 말이다. 그리고 나는 솔직히 말해 아이귑토스의 경계 말고 아시아와 리뷔에의 경계를 알지 못한다. 헬라스인의 일반적인 견해에 따른다면 우리는 카타두파[24]와 엘레판티네 시에서 바다에 이르는 아이귑토스 전역이 둘로 나뉘어 각각 다른 이름을 가진 채 이쪽은 리뷔에에, 저쪽은 아시아에 속하는 것으로 생각해야 하리라. 네일로스강은 카타두파에서 시작해 아이귑토스 한가운데를 지나 바다로 흘러가며 그곳을 둘로 갈라놓기 때문이다. 케르카소로스 시까지는 하나의 강줄기로 흐르던 네일로스강은 그곳에 이르러서는 세

줄기로 나뉜다. 그중 한 지류는 동쪽으로 흐르며 펠루시온 하구라 불리고, 다른 지류는 서쪽으로 흐르며 카노보스 하구라 불린다. 네일로스강의 세 번째 지류는 해안 쪽으로 똑바로 흐르다가 삼각주의 정점에 이르러 삼각주를 둘로 나누며 바다로 흘러든다. 네일로스강의 이 지류가 수량도 가장 많고 가장 널리 알려져 있는데, 세벤뉘테스 하구라 불린다. 이 세벤뉘테스 하구에서 다시 두 개의 하구가 갈라져 나와 바다로 흘러드는데 그중 하나는 사이스 하구라 하고, 다른 하나는 멘데스 하구라 한다. 그러나 볼비티논 하구와 부콜리콘 하구는 자연 하구가 아닌 인공 운하이다.

18 아이귑토스는 내가 기술한 만큼 크다는 내 판단을 뒷받침해 줄 증거가 있는데, 바로 암몬의 신탁이다. 내가 이 신탁을 알게 된 것은 아이귑토스에 관한 내 견해가 정립된 뒤의 일이다. 리뷔에와 인접한 아이귑토스 도시인 마레이아와 아피스의 주민은 자신들이 아이귑토스인이 아니라 리뷔에인이라고 여겼고, 자신들이 지켜야 했던 몇 가지 종교 계율을 성가시게 여겼다. 특히 그들은 암소 고기를 먹지 말라는 계율을 지키고 싶지 않았다. 그들은 암몬의 신탁소에 사절단을 보내 자기들은 아이귑토스인과 어떤 공통점도 없다고 말했다. 그들은 자기들이 삼각주 바깥에 살고 있으며 아이귑토스인과 완전히 다른 만큼 원하는 것은 무엇이든 먹을 수 있게 해 달라는 것이었다. 그러나 신은 그들의 청을 거절하며, 네일로스강이 범람하여 물을 대주는 곳은 모두 아이귑토스 땅이며, 엘레판티네 시 북쪽에서 네일로스강의 물을 마시는 자는 모두 아이귑토스인이라고 했다. 이것이 그들에게 주어진 신탁이었다.

24 나일강의 제1폭포. 강의 맨 북쪽에 있다.

19 네일로스강이 범람할 때는 삼각주뿐 아니라 리뷔에 땅 쪽으로도 아리
    비아 땅 쪽으로도 걸어서 이틀 거리에 있는 곳— 그 이상일 때도 있고,
    그 이하일 때도 있다— 은 물에 잠긴다. 나는 이 강의 성질에 관해 사
    제나 그 밖의 다른 사람에게서도 정보를 얻을 수 없었다. 나는 특히 그
    들에게서 왜 네일로스강이 하지 때 범람하기 시작해 100일 동안 계속
    범람하다가 100일이 지나면 물이 줄고 빠져 다시 하지가 될 때까지 겨
    울 내내 낮은 수위를 유지하는지 그 까닭을 알고 싶었다. 이에 관해서
    는 어떤 아이귑토스인에게서도 그 무엇도 알아낼 수 없었고, 어째서 네
    일로스강은 세상의 다른 강들과 반대되는지[25] 물었지만 누구도 대답
    하지 못했다. 나는 그것이 알고 싶어 자꾸 묻다가 내친김에 세상의 모
    든 강 가운데 왜 네일로스강에서만 시원한 미풍이 불어오지 않는지도
    물어보았다.

20 몇몇 헬라스인이 자신의 지식을 과시하려고 범람의 원인에 관해 세 가
    지 이론을 제시한 바 있다. 그중 두 가지는 논의할 가치가 없어 보여 간
    단하게만 언급한다. 그중 한 이론에 따르면, 북서계절풍[26]에 막혀 네일
    로스강이 바다로 흘러들지 못하기 때문에 범람한다는 것이다. 하지만
    북서계절풍이 불지 않을 때도 네일로스강은 범람한다. 게다가 북서계
    절풍이 범람의 원인이라면 이 계절풍을 맞아 흐르는 다른 강들도 네일
    로스강이 당하는 것과 같은 일을 당해야 한다. 그것도 더 심하게 당해
    야 할 것이다. 다른 강들은 더 작고 흐름이 약하니 말이다. 쉬리아와 리
    뷔에에도 다른 강이 많이 있지만 그중 어느 것도 네일로스강과 같은 행
    태를 보이지는 않는다.

21 두 번째 이론은 멋있게 들릴지 모르지만 방금 말한 이론보다 더 불합리

하다. 그에 따르면, 네일로스는 오케아노스에서 흘러나오고 오케아노스는 온 대지를 감싸고 흐르므로 그런 현상이 일어난다는 것이다.

22 세 번째 이론은 가장 그럴듯해 보이지만 진실과는 가장 거리가 멀다. 그 이론에 따르면 네일로스강은 눈 녹은 물이 흘러내리는 것이라는데, 이것은 말도 안 되는 소리다. 네일로스강은 리뷔에에서 발원해 아이티오피아의 한가운데를 지나 아이귑토스로 흘러든다. 네일로스강은 세상에서 가장 더운 지방에서 대체로 더 서늘한 곳으로 흐르는데, 어떻게 눈 내리는 곳에서 발원할 수 있겠는가? 이런 문제를 합리적으로 판단할 줄 아는 사람에게 그건 어불성설이다. 먼저 가장 강력한 증거는 리뷔에와 아이티오피아에서 불어오는 바람은 덥다는 것이다. 두 번째 증거는 그곳에는 비도 없고 서리도 없다는 것이다. 눈이 온 뒤에는 5일 내에 반드시 비가 온다. 따라서 그 지역들에 눈이 온다면 비도 오기 마련이다. 세 번째 증거는 그곳 사람들의 살갗이 검은 것은 그곳이 덥기 때문이라는 것이다. 또 솔개와 제비는 1년 내내 그곳에 머물고, 학은 겨울이 오면 스퀴티스 지방에서 겨울을 나기 위해 이 지방들로 이주한다. 만약 네일로스강이 통과하는 지역과 발원하는 지역에 조금이라도 눈이 온다면, 그런 일들은 당연히 일어날 수 없으리라.

23 오케아노스 이론을 제시한 자를 논박하기는 불가능한데, 그 이론은 모호하고 불확실한 것에 근거하고 있기 때문이다. 나는 오케아노스강의 존재를 알지 못하며, 생각건대, 호메로스나 옛 시인 가운데 한 명이 오

25 그리스는 겨울이 우기(雨期)인데, 이집트는 여름이 우기다.
26 지중해에서 여름이면 불어오는 이 바람의 그리스어 이름은 etesiai이다.

케아노스라는 이름을 생각해 내어 시(詩)에서 소개한 것 같다.

24 나는 앞서 말한 이론들을 논박한 만큼 규명되지 않은 이 현상에 대해 내 자신의 견해를 제시해야 할 것이다. 내 생각에, 네일로스강이 여름에 범람하는 이유는 다음과 같다. 겨울에는 불어오는 폭풍에 태양이 본궤도에서 벗어나 리뷔에의 내륙으로 밀려난다. 설명을 되도록 간단하게 요약하자면, 태양신이 가장 가까이 지나가는 나라일수록 그만큼 더 물이 부족하고 강물이 마르기 마련이다.

25 내 견해를 더 자세히 설명하면 다음과 같다. 리뷔에의 내륙은 항상 공기가 맑고, 땅은 태양에 노출되어 있고, 바람은 차지 않다. 그래서 태양이 이곳을 통과할 때는 여름에 하늘 한가운데를 통과할 때와 같은 역할을 한다. 태양이 물기를 빨아들여 내륙으로 밀어내면 그 위를 지나가는 바람들이 그것을 받아 수증기 형태로 흩어 버리는 것이다. 그래서 이 지역에서 불어오는 남풍과 남서풍은 자연히 모든 바람 가운데 가장 많은 비를 머금고 있다. 그러나 태양은 해마다 네일로스강에서 빨아들이는 물기를 매번 다 흩어 버리는 것이 아니라, 그중 일부는 자신을 위해 간직하는 것 같다. 겨울 폭풍이 잠잠해지면 태양은 다시 하늘 한가운데로 돌아오고, 그때부터는 모든 강에서 똑같이 물기를 빨아들인다. 이들 다른 강은 그때까지는 비가 많이 오고 급류가 쏟아져 수량이 많았지만, 여름에는 비가 오지 않고 태양이 강물을 빨아들여 수량이 빈약하다. 그러나 네일로스강만은 겨울에는 비가 오지 않는 데다 태양에 물기를 흡수당해 당연히 여름에 비해 수량이 줄어든다. 왜냐하면 네일로스강은 여름에는 다른 강과 똑같이 태양에 물기를 흡수당하지만, 겨울에는 혼자 그런 고통을 당하기 때문이다. 그래서 나는 태양이 이들 현상

의 원인이라는 결론을 내렸던 것이다.

26 내 생각에 그곳의 공기가 건조한 것도 태양 때문인 것 같다. 태양은 자
   신이 통과하는 길을 태우기 때문이다. 그래서 리뷔에의 내륙은 언제나
   여름이다. 하늘의 방위가 바뀌어 지금 북풍과 겨울이 차지하고 있는 곳
   을 남풍과 여름이 차지하고, 지금 남풍이 불어오는 곳에서 북풍이 불어
   온다면, 만약 그런 일이 일어난다면, 태양은 겨울과 북풍에 하늘 한가
   운데에서 밀려나 마치 지금 리뷔에 내륙으로 들어가듯 에우로페의 내
   륙으로 들어갈 것이고, 에우로페 전역을 통과하며 지금 네일로스강에
   미치는 것과 같은 영향을 이스트로스[27]강에 미칠 것이다.

27 네일로스강에서 시원한 미풍이 불어오지 않는 것에 관해서는, 더운 곳
   으로부터는 당연히 미풍이 불어오지 않는다는 것이 내 견해이다. 시원
   한 미풍이란 서늘한 곳에서 불어오는 법이다.

28 이런 일들은 예나 지금이나 변함이 없으니 있는 그대로 내버려두기로
   하자. 네일로스강의 수원(水源)에 관해서는, 내가 만나 이야기해 본 어
   떤 아이귑토스인도, 리뷔에인도, 헬라스인도 확실히 알고 있다고 주장
   하지 못했다. 아이귑토스의 사이스에 있는 아테나[28]의 보물 창고를 관
   리하는 서기(書記)[29] 말고는. 그러나 그가 정확히 알고 있다고 말했을
   때 내게는 그가 농담하는 것처럼 들렸다. 그의 말에 따르면, 테바이 지

---

27 지금의 도나우강.
28 이집트의 네이트(Neith) 여신.
29 당시의 서기는 고위 성직자였던 것 같다.

방의 쉬에네[30] 시와 엘레판티네 시 사이에 봉우리가 뾰족한 산이 둘 있는데, 그 이름은 크로피와 모피라는 것이다. 이 산들 사이에서 깊이를 알 수 없는 네일로스강의 원천이 솟아나 그 물의 반은 북쪽의 아이귑토스로, 반은 남쪽의 아이티오피아로 흘러간다는 것이다. 서기의 말에 따르면, 이들 원천의 깊이를 알 수 없다는 것을 아이귑토스 왕 프삼메티코스가 실험해 보고 확인했다고 한다. 왕이 수천 오르귀이아의 밧줄을 꼬아 아래로 내려도 바닥에 닿지 않더라는 것이다. 만약 서기의 말이 사실이라면, 내 생각에, 그의 말은 그곳에 격렬한 소용돌이나 역류가 일어나 물이 산 쪽으로 내닫는 까닭에 측연(測鉛)이 바닥에 닿을 수 없었다는 뜻인 것 같다.

29 나는 서기 외에 다른 사람에게서는 전혀 정보를 얻을 수 없었다. 그러나 내가 몸소 엘레판티네 시까지 가서 그곳 사정을 내 눈으로 목격하고, 이어 다른 사람들에게 문의한 결과 최대한 알아낼 수 있었던 것은 다음과 같다. 엘레판티네에서 남쪽으로 갈수록 지세는 험해진다. 마치 소에 줄을 매듯 배의 양현에서 양쪽 강기슭으로 밧줄을 매고 나아가야 한다. 밧줄이 끊어지면 배는 강물에 휩쓸려 하류로 떠내려간다. 이런 지형을 무려 4일 동안 배로 헤쳐 가야 하는데, 그곳의 네일로스강은 마이안드로스[31]강처럼 구불구불하며, 그렇게 가야 하는 거리가 12스코이노스나 된다. 그리고 나면 평지에 들어서게 되는데, 그곳에서 네일로스강은 타콤프소라는 섬을 돌아 흐른다. 엘레판티네 시 이남 주민은 아이티오피아인인데, 이 섬의 주민도 반은 아이티오피아인이고 반은 아이귑토스인이다. 섬에서 멀지 않은 곳에 큰 호수가 하나 있고, 호수 주변에는 아이티오피아의 유목민이 살고 있다. 배를 타고 호수를 건너면, 이 호수로 흘러드는 네일로스강으로 다시 들어선다. 거기서부터는

배에서 내려 강가를 따라 도보로 40일을 가야 한다. 그곳의 네일로스 강에는 날카로운 바위와 수많은 암초가 있어 항해할 수 없기 때문이다. 40일 걸려 이 지역을 통과하고 나서 다시 다른 배에 올라 12일 동안 항해하면 메로에라는 대도시에 이른다. 이 도시는 전(全) 아이티오피아의 수도라고 한다. 그곳에서는 제우스와 디오뉘소스[32] 두 신만을 경배하지만, 두 신을 크게 받들어 모신다. 그곳에는 또 제우스의 신탁소가 있다. 신이 신탁을 통해 명령하면 그들은 군대를 보내며, 신이 어디로 가라고 하건 그곳으로 간다.

30 이 도시를 지나, 앞서 엘레판티네에서 메로에까지 가는 데 걸린 날수만큼 배를 타고 상류로 거슬러 올라가면 '탈주자들'의 나라에 도착한다. '탈주자들'은 아이귑토스 말로 아스마크[33]라고 하는데, 이를 헬라스 말로 옮기면 '왕의 왼쪽[34]에 서 있는 자들'이라는 뜻이다. 24만 명의 아이귑토스인 전사는 다음과 같은 이유에서 아이티오피아로 탈주했다. 프삼메티코스왕의 치세 때 여러 곳에 수비대를 주둔시켰는데, 엘레판티네 시에는 아이티오피아인을, 펠루시온의 다프나이에는 아라비아인과 쉬리아인을, 마레이아에는 리뷔에인을 막기 위해서 배치했다. 오늘날에도 프삼메티코스 치세 때와 같은 곳들에 페르시아의 국경 수비대가 배치되어 있어, 엘레판티네와 다프나이에서는 페르시아군이 국경을 지키고 있는 것을 볼 수 있다. 아무튼 아이귑토스인 수비대

---

30 지금의 아스완.
31 소아시아의 유명한 사행천(蛇行川).
32 이집트의 아몬과 오시리스.
33 Asmach.
34 그리스인은 왼쪽을 불길한 방향으로 여겼다.

는 엘레판티네에서 3년 동안 경비 임무를 다했지만 그들과 교대해 줄 사람이 아무도 오지 않았다. 그들은 의논 끝에 프삼메티코스에게 반기를 들기로 만장일치로 결의하고 아이티오피아로 넘어갔다. 프삼메티코스가 이를 전해 듣고는 그들을 추격했고, 그들을 따라잡자 장광설을 늘어놓으며 고국의 신들과 처자를 버리지 말라고 그들에게 간곡히 부탁했다. 그러자 탈주자 가운데 한 명이 자신의 남근을 가리키며 이것만 있으면 어디서든 처자는 생길 것이라고 말했다고 한다. 그리하여 그들은 아이티오피아로 넘어가 아이티오피아인의 왕에게 투항했고, 왕은 다음과 같이 그들에게 보답했다. 아이티오피아의 몇몇 부족이 왕에게 반기를 들었는데, 왕은 탈주자들더러 그들을 몰아내고 그들이 살던 곳에 살라고 한 것이다. 탈주자들이 그곳에 살게 되자 아이티오피아인은 아이귑토스인의 생활 습관을 받아들임으로써 더 개명했다.

31 이처럼 네일로스강은, 아이귑토스로 흘러드는 지점을 지나 남쪽으로 수로와 물길로 4개월[35]이 걸리는 거리까지는 알려져 있다. 엘레판티네에서 방금 말한 '탈주자들의 나라'에 이르는 길을 합산해 보면 그만큼 많은 달수가 걸린다는 것을 알게 될 것이다. 그 지점에서는 네일로스강이 서쪽에서 흘러온다. 그러나 그곳에서부터는 강이 어떻게 되는지 확실히 말해 줄 수 있는 사람은 아무도 없다. 그 지방에는 폭염으로 사람이 살지 않기 때문이다.

32 그러나 나는 몇몇 퀴레네인에게서 들었는데, 그들은 암몬의 신탁소[36]를 방문했다가 암몬인의 왕 에테아르코스와 면담하던 자리에서 마침 네일로스강이 화제가 되자 그 원천을 아는 사람은 아무도 없다는 말을 들었다고 했다. 에테아르코스의 말에 따르면, 나사모네스족 사람 몇

명이 그의 궁전을 찾아왔다고 한다. 이들은 쉬르티스[37]만과 쉬르티스 만에서 동쪽으로 조금 떨어진 곳에 사는 리뷔에의 한 부족이다. 이들 나사모네스족이 그를 찾아왔을 때 그는 그들에게 리뷔에 사막의 알려 지지 않은 부분에 관해 말해 줄 수 있는지 물었다고 한다. 그들이 대답 하기를, 그들 추장의 자제들 중에 매우 담대한 자들이 더러 있어 성인 이 되자 온갖 터무니없는 계획을 실행에 옮겼는데 특히, 추첨으로 자기 들 가운데 다섯 명을 뽑아 이때까지 사막을 찾은 어느 누구보다도 더 멀리 들어가 더 많이 볼 수 있는지 알아보기 위해 리뷔에 사막을 탐사 해 보기로 했다는 것이다. 아이귑토스에서부터 리뷔에의 끝인 솔로에 이스[38]곶에 이르기까지 북쪽 바다[39]에 접한 리뷔에의 모든 해안에는 헬 라스인과 포이니케인이 차지하고 있는 곳을 제외하고는 리뷔에인의 여러 부족이 곳곳에 살고 있다. 그러나 바닷가에 사는 이들을 뒤로하고 남쪽 내륙으로 들어가면 야수들이 득실댄다. 야수들이 득실대는 거기 서 더 내륙으로 들어가면 물이라고는 전혀 없는 불모의 모래사막이다. 동년배들에 의해 파견된 젊은이들은 물과 식량을 잔뜩 준비하고는 먼 저 사람이 사는 곳을 지나 야수들이 득실대는 곳에 이르렀고, 거기서 다시 사막을 지나 줄곧 서쪽으로 나아갔다고 한다. 넓은 모래 지대를 건너자 여러 날 만에 마침내 나무가 자라는 평야가 시야에 들어와서 그

---

35 정확히는 112일.
36 숫양 머리를 한 제우스의 이 신탁소는 대상(隊商)의 집결지인 시와(Siwa) 오아시 스에 있었는데, 크로이소스(1권 46장 참조)와 알렉산드로스 대왕 등이 찾을 정도로 고대에는 유명한 신탁소였다.
37 북아프리카에 있는 만. 여기서는 대(大)쉬르티스를 말한다.
38 지금의 모로코 스파르텔(Spartel)곶.
39 지중해.

들은 나무에 열린 열매를 따려고 했다고 한다. 그러나 그사이 보통 키보다 더 작은 소인(小人)들이 다가와 그들을 붙잡아 끌고 갔다고 한다. 나사모네스족은 그들의 말을 알아들을 수 없었고, 그들도 나사모네스족의 말을 알아들을 수 없었다고 한다. 소인들은 그들을 데리고 넓은 늪지대를 통과해 마침내 한 부락에 이르렀는데, 그곳 사람들도 모두 그들을 데려간 자들처럼 작고 살갗이 검었다고 한다. 부락 옆에는 큰 강이 서쪽에서 동쪽으로 흐르고 있었는데, 그 강에서 악어를 볼 수 있었다고 한다.

33 암몬인의 왕 에테아르코스의 이야기는 이쯤 해 두겠다. 한 가지 덧붙인다면, 퀴레네인의 보고에 따르면, 에테아르코스는 나사모네스족이 모두 무사히 돌아왔고, 그들이 찾아간 곳의 백성은 모두 마법사였다고 말했다는 것이다. 또한 에테아르코스는 부락 옆을 흐르는 강이 네일로스강이라고 추정했다. 그건 실제로 일리가 있는 말이다. 왜냐하면 네일로스강은 리뷔에에서 발원해 리뷔에를 둘로 나누며 아이귑토스로 흘러들고, 아는 것에서 모르는 것을 추론하건대, 총 길이는 이스트로스강과 같을 것으로 생각되기 때문이다. 이스트로스강은 켈토이[40]족의 나라에 있는 퓌레네[41] 시에서 발원해 에우로페의 한가운데를 흘러 지나간다. 켈토이족은 헤라클레스의 기둥들 너머에 살며 에우로페의 맨 서쪽에 사는 퀴네시오이족과 국경을 맞대고 있다. 그리고 이스트로스는 에우로페를 관통해 흐른 다음 흑해로 흘러들며, 밀레토스인이 세운 식민시 이스트리아[42]에서 끝난다.

34 이스트로스강은 사람이 사는 나라들을 관통해 흐르는 까닭에 잘 알려져 있다. 하지만 네일로스강이 관통해 흐르는 리뷔에 지역에는 사람이

살지 않는 사막이라 네일로스강의 원천이 어디 있는지 말할 수 있는 사람은 아무도 없다. 이 강의 흐름에 관해 내가 탐문해서 알아낸 것은 남김없이 다 전했다. 네일로스강은 아이컵토스에서 끝난다. 아이컵토스는 대충 킬리키아의 산악 지대 맞은편에 있다. 거기서 흑해 연안의 시노페까지는 건장한 나그네의 걸음으로 5일 걸린다. 시노페는 이스트로스가 바다로 유입되는 지점의 맞은편에 있다. 그래서 나는 리뷔에 전체를 관통해 흐르는 네일로스강이 이스트로스강과 길이가 같다고 생각한다. 네일로스강에 관해서는 이쯤 해 두자.

35 나는 이제 아이컵토스에 관해 소상하게 이야기하고자 한다. 그곳에는 세상 어느 곳보다 놀라운 것이 많고, 필설로 다할 수 없는 건조물이 많기 때문이다. 그래서 나는 그곳에 관해 더 정확히 기술하려 한다. 아이컵토스의 기후가 특이하고 그곳의 강이 다른 강과 다르듯이, 아이컵토스인의 관습과 풍속도 거의 모든 점에서 다른 민족의 그것과 정반대이다. 아이컵토스에서는 여자들이 시장에 나가 장사를 하고, 남자들은 집안에서 베를 짠다. 베를 짤 때 다른 민족은 씨실을 위로 쳐 올리는데, 아이컵토스인은 아래로 쳐 내린다. 짐을 남자들은 머리에 이는데, 여자들은 어깨에 멘다. 오줌은 여자들이 서서 누고, 남자들이 앉아서 눈다. 배변은 집안에서 하고, 식사는 노상에서 한다. 그들의 설명인즉 혐오스럽지만 피할 수 없는 일은 몰래 해야 하고, 혐오스럽지 않은 일은 공개적으로 해야 한다는 것이다. 남신들을 위해서든 여신들을 위해서

---

40 켈트족의 그리스어 이름.
41 피레네산맥의 동쪽 끝에 있는 지금의 Port Vendres.
42 실제로는 도나우강 하구에서 남쪽으로 40킬로미터 지점에 있는 도시. 기원전 7세기 말 또는 6세기 초에 밀레토스인이 세웠다.

든 사제직은 남자가 맡아 보아야 하고 여자가 맡으면 안 된다. 아들은 싫으면 부모를 봉양하지 않아도 되지만, 딸은 싫어도 부모를 봉양해야 한다.

36 세상 어디서나 사제들은 머리를 길게 기르는데, 아이컵토스에서 그들은 삭발한다. 다른 민족은 상(喪)을 당하면 가장 가까운 친척이 머리털을 자르는 관습이 있는데, 아이컵토스에서는 사람이 죽으면 전에는 짧게 깎던 머리와 수염이 자라도록 내버려둔다. 다른 민족은 가축과 떨어져 생활하는데, 아이컵토스인은 가축과 함께 생활한다. 다른 민족은 밀과 보리가 주식이지만, 아이컵토스인은 그런 곡식을 주식으로 삼는 것을 치욕으로 여기고, 흔히 '제이아'라고도 불리는 다른 종류의 곡식으로 빵을 굽는다. 반죽은 발로 이기고, 진흙은 손으로 이기며, 똥도 손으로 수거한다.[43] 아이컵토스인의 영향을 받지 않은 다른 민족은 성기(性器)를 자연 그대로 내버려두지만, 아이컵토스인은 할례를 한다. 남자는 저마다 옷을 두 가지 입지만, 여자는 한 가지만 입는다. 다른 나라 사람들은 고리와 아딧줄을 배 바깥에 부착하지만, 아이컵토스인은 배 안에 부착한다. 헬라스인은 문자와 숫자를 왼쪽에서 오른쪽으로 쓰지만, 아이컵토스인은 오른쪽에서 왼쪽으로 쓴다. 그러면서도 그들은 자기들은 오른쪽으로 썼고, 헬라스인은 왼쪽으로 썼다고 우긴다. 그들에게는 두 가지 문자가 있는데, 하나는 '신성 문자'라 불리고, 다른 하나는 '통속 문자'[44]로 불린다.

37 아이컵토스인은 지나칠 정도로, 아니 세상의 어떤 다른 민족보다 더 경건하며 다음과 같은 계율을 지킨다. 그들은 청동 잔으로 마시며 그것을 날마다 깨끗이 문질러 닦는데, 누구는 하고 누구는 안 하는 것이 아니

라 다들 그렇게 한다. 그들은 아마포 옷을 늘 깨끗이 빨아 입는데, 청결하게 빨아 입는 일에 특히 신경을 쓴다. 그들이 할례를 받는 목적도 청결을 유지하기 위함인데, 그들은 아름다움보다는 청결함을 높이 평가하기 때문이다. 사제들은 하루 걸러 한 번씩 온몸의 털을 깎는데, 신에게 봉사하는 자신들의 몸에 이나 그 밖의 다른 불결한 것이 생기지 않게 하기 위함이다. 사제들은 아마포로 만든 옷만 입고, 파피루스로 만든 신발만 신는다. 다른 옷을 입거나 다른 신발을 신어서는 안 된다. 사제들은 낮에 두 번, 밤에 두 번 찬물에 목욕하며, 그 밖에도 지키는 계율이 무수히 많다. 반면에 그들은 적잖은 특혜를 누린다. 그들은 어떤 것도 사재(私財)를 들여 입거나 소비할 필요가 없다. 그들을 위해서는 신성한 빵이 구워지고, 소고기와 거위 고기가 날마다 넉넉하게 지급되며 포도주도 공급되기 때문이다. 다만 물고기를 먹으면 안 된다. 아이귑토스인은 자신들의 나라에서 콩은 전혀 재배하지 않으며, 그곳에서 자생하는 콩은 날로든 익혀서든 일절 먹지 않는다. 사제들은 콩을 부정한 열매로 간주하기 때문에 콩을 보는 것조차 참지 못한다. 각각의 신에게는 한 명이 아니라 여러 명의 사제가 있으며, 그중 한 명이 수석 사제이다. 사제가 한 명 죽으면 그의 아들이 대신 사제로 임명된다.

38 아이귑토스인은 황소를 에파포스[45] 신의 소유물로 여기며, 그래서 다음과 같이 검사한다. 검은 털이 하나라도 발견되는 황소는 부정(不淨)한 것으로 여겨진다. 황소에 검은 털이 있는지 검사하는 일은 사제 가

---

43 땔감으로 쓰려고.
44 '신성 문자'는 상형문자를 말하고, '통속 문자'는 일반 백성 사이에 쓰인 문자를 말한다.
45 이집트의 아피스(Apis) 신.

운데 한 명이 맡는데, 그는 황소가 똑바로 서 있을 때도, 등을 대고 누웠을 때도 검사한다. 사제는 또 황소의 혀를 잡아당겨 특정한 표지들이 있는지 살펴보는데, 이 표지들에 관해서는 나중에 기술할 것이다.[46] 사제는 꼬리털도 정상적으로 자랐는지 살펴본다. 황소가 이 모든 점에서 흠이 없으면, 사제는 황소의 두 뿔에 파피루스를 감고 그 위에 봉인 진흙을 칠하고 나서 사제의 인장 반지를 누른다. 그러고 나면 사람들이 황소를 끌고 간다. 그렇게 표시되지 않은 황소를 제물로 바치는 죄는 사형으로 다스린다. 그렇게 짐승을 검사하고 나면, 제물 바치는 의식은 다음과 같이 진행된다.

39 그들은 표시가 된 짐승을 제물 바치는 의식이 진행될 제단으로 끌고 가서 불을 피운다. 제물로 바쳐질 짐승의 머리와 제단에 포도주를 뿌리며 신을 부르고 나서 짐승의 멱을 따고, 그다음에는 몸통에서 머리를 잘라낸다. 몸통은 가죽을 벗기고, 머리는 저주를 퍼부은 다음 가져간다. 시장이 있고 헬라스 상인이 상주하는 곳이라면 머리를 시장에서 팔아 버리지만, 헬라스 상인이 없는 곳에서는 강물에 던져 버린다. 황소의 머리에 퍼붓는 저주는 다음과 같다. "제물을 바치는 우리에게 또는 아이귑토스 전역에 어떤 재앙이 닥치려 하건 그것이 이 머리에 떨어지게 하소서!" 제물로 바친 짐승의 머리를 처리하고 포도주를 뿌리는 관습은 모든 아이귑토스인이 제물을 바칠 때마다 그대로 따른다. 이 관습 때문에 아이귑토스인은 어떤 동물의 머리도 먹지 않는다.

40 제물로 바친 짐승의 내장을 꺼내고 불태우는 방법은 제물에 따라 다르다. 나는 이제 아이귑토스인의 가장 위대한 여신[47]과 그녀를 위해 열리는 가장 큰 축제에 관해 말하겠다. 황소의 가죽을 벗긴 다음 그들은 기

도 드리고 나서 위장을 모두 꺼내고 다른 내장과 지방은 몸안에 그대로 둔 채 다리와 엉덩이와 어깨와 목을 잘라 낸다. 그런 다음 황소의 남은 몸통을 깨끗한 빵 덩어리들과 꿀과 건포도와 무화과와 유향과 몰약과 다른 향료로 가득 채우고 나서 불을 붙이고 불에다 올리브유를 듬뿍 붓는다. 그들은 제물을 바치기 전에는 단식한다. 제물이 불타는 동안 그들은 모두 비탄하며 가슴을 친다. 비탄하며 가슴을 치는 일이 끝나면 그들은 제물로 바친 짐승의 남겨 둔 부위로 잔치를 벌인다.

41 아이컵토스에서는 흠 없는 황소와 수송아지를 제물로 바치는 것이 관행인데, 암소를 제물로 바치는 일은 허용되지 않는다. 암소는 이시스 여신의 성스런 짐승이기 때문이다. 이시스의 입상(立像)은 암소의 뿔이 난 여인의 모습을 하고 있는데, 아이컵토스인은 모두 가축들 중에서 암소를 가장 신성시하고 그 암소는 헬라스인이 그리는 이오와 비슷하다. 그래서 아이컵토스인은 남자든 여자든 헬라스인과 입맞추지 않을 것이며, 헬라스인의 칼이나 꼬챙이나 냄비를 사용하지 않을 것이다. 그들은 흠 없는 황소의 고기라 하더라도 헬라스의 칼로 썬 것이면 먹지 않을 것이다. 그들이 죽은 가축을 땅에 묻는 방법은 다음과 같다. 암소가 죽으면 강물에 던진다. 황소가 죽으면 저마다 자신이 사는 도시의 교외에 묻어 주는데 한쪽 뿔 또는 양쪽 뿔이 땅 위로 나오게 하는 식으로 표지를 남겨 둔다. 그리고 짐승의 사체가 썩고 정해진 때가 되면 거룻배 1척이 프로소피티스라는 섬에서 아이컵토스의 각 도시를 찾아간다. 이 섬은 삼각주 안에 있으며 둘레가 9스코이노스이다. 이 섬에는 다

46 3권 28장 참조.
47 이시스.

른 도시도 여럿 있지만, 황소의 뼈를 수거해 오도록 거룻배를 내보내는 도시는 아타르베키스라고 불리며, 그곳에는 어김없이 아프로디테[48]의 신성한 신전이 있다. 사람들은 이 도시에서 아이귑토스의 다른 도시로 배를 타고 가 뼈를 파낸 다음 아타르베키스로 수거해 와서 한곳에 묻는다. 다른 가축도 죽으면 황소처럼 묻어 주는데, 그것이 그곳의 관행이다. 다른 가축도 죽이면 안 되기 때문이다.

42 제우스 테바이에우스[49]의 신전을 짓는 자들, 또는 테바이 지방 출신자들은 양은 멀리하고 염소를 제물로 쓴다. 모든 아이귑토스인이 모든 신을 다 같이 숭배하는 것은 아니기 때문이다. 이시스와 우리의 디오뉘소스에 해당한다는 오시리스만은 모든 아이귑토스인이 다 같이 숭배한다. 반면에 멘데스[50]의 신전을 소유하고 있는 자들, 또는 멘데스 지방 출신자들은 염소는 멀리하고 양을 제물로 쓴다. 테바이인과, 테바이인의 영향을 받아 양을 멀리하는 자들의 말에 따르면, 이러한 관행은 다음과 같은 이유에서 도입되었다. 헤라클레스[51]는 한사코 제우스를 보기를 원했지만, 제우스는 그가 자기를 보는 것을 원치 않았다. 헤라클레스가 집요하게 간청하자 결국 제우스는 한 가지 꾀를 생각해 내어, 숫양의 가죽을 벗기고 그 머리를 잘라 낸 다음 숫양의 머리로 얼굴을 가리고 그 모피를 입은 자신의 모습을 헤라클레스에게 보여 주었다고 한다. 그래서 아이귑토스인은 숫양의 머리를 가진 제우스의 신상을 만들고 있고, 암몬인은 아이귑토스인에게서 그것을 받아들였는데, 암몬인은 원래 아이귑토스와 아이티오피아에서 이주해 온 자들이고 그들의 언어도 두 나라 말이 뒤섞인 것이다. 내가 생각하기에, 암몬인이라는 이름도 제우스에게서 비롯된 것 같다. 아이귑토스인은 제우스를 아문[52]이라 부르기 때문이다. 아무튼 그런 연유에서 테바이인은 숫양을

신성시하게 되었고 제물로 쓰지 않는다. 그러나 1년에 하루씩 제우스의 축제일에는 숫양 한 마리를 잡아 가죽을 벗긴 다음, 그 모피를 제우스의 신상에 입힌다. 헤라클레스의 상을 제우스의 신상 가까이 가져가면 신전 안팎에서 모두들 숫양의 죽음을 애도하다가 그 숫양을 신성한 관에 넣어 묻어 준다.

43 나는 헤라클레스에 관해, 그가 아이컵토스에서는 12신에 포함된다는 말을 들었다. 그러나 헬라스인이 알고 있는 또 다른 헤라클레스에 관해서는 아이컵토스 어느 곳에서도 아무 말도 들을 수 없었다. 그리고 헤라클레스라는 이름은 아이컵토스인이 헬라스인에게서 차용한 것이 아니라 헬라스인이 아이컵토스인에게서 차용했으며, 헬라스인은 헤라클레스라는 이름을 암피트뤼온의 아들에게 붙였다. 이 사실을 입증해 줄 증거를 나는 많이 갖고 있다. 무엇보다도 헤라클레스의 양친인 암피트뤼온과 알크메네는 아이컵토스 출신이다.[53] 또한 아이컵토스인은 자기들은 포세이돈과 디오스쿠로이들[54]의 이름을 알지 못한다고

---

48 이집트의 하토르(Hathor) 여신.

49 '테바이의 제우스'라는 뜻.

50 삼각주의 북동부에 있는 도시. 그곳에는 오시리스의 유명한 신전이 있었다.

51 테바이의 주신(主神) 아몬-레(Amon-Re)의 아들인 촌수(Chonsu)를 가리키는 듯하다.

52 Amoun. 그리스어로는 Ammon 또는 Ammous.

53 암피트뤼온의 아버지 알카이오스(Alkaios)와 알크메네의 아버지 엘렉트뤼온(Elektryon)은 영웅 페르세우스(Perseus)의 아들들이고, 페르세우스는 이집트 왕이던 아이컵토스와 그의 아우 다나오스(Danaos)의 먼 후손이다.

54 제우스와 레다의 쌍둥이 아들 카스토르(Kastor)와 폴뤼데우케스(Polydeukes). 이들은 '쌍둥이자리'라는 하늘의 별자리가 되어 풍랑을 만난 뱃사람들을 구조해 주는 것으로 믿어졌다.

주장하며, 이 신들은 그들의 다른 신들에 포함되지 않는다. 그러나 아이컵토스인이 헬라스인에게서 신들의 이름을 차용했다면, 당시는 이미 아이컵토스인은 항해를 했고 헬라스인 뱃사람들도 더러 있었을 것이라는 내 견해가 옳다면, 아이컵토스인은 포세이돈과 디오스쿠로이들의 이름을 잊지 않고 헤라클레스의 이름보다는 이들의 이름을 명심하고 있었을 것이다. 아이컵토스인에게 헤라클레스는 오래된 신이다. 그들의 주장에 따르면, 8신이 12신이 되고 헤라클레스도 12신에 포함된 것은 아마시스왕의 치세[55]가 시작되기 17000년 전 일이라고 한다.

44 나는 이에 관해 되도록 명확히 알고 싶어 배를 타고 포이니케 지방의 튀로스로 간 적이 있는데, 그곳에도 헤라클레스[56]에게 바쳐진 신전이 있다는 말을 들었다. 가서 보니, 신전은 수많은 공물로 화려하게 장식되어 있었다. 신전 안에는 무엇보다도 두 개의 기둥이 있는데, 하나는 순금 기둥이고, 다른 하나는 밤이 되면 찬란하게 빛나는 에메랄드 기둥이었다. 나는 그곳에 모셔 놓은 신의 사제들과 이야기하며 신전이 얼마나 오래됐는지 물었는데, 그들 역시 헬라스인과 다른 견해를 갖고 있음을 알았다. 그들의 주장에 따르면, 그곳 신전은 튀로스 시와 동시에 세워졌는데, 튀로스 시에 사람이 산 지 2300년이 되었기 때문이다. 나는 튀로스에서 헤라클레스의 또 다른 신전을 보았는데, 그 신전은 타소스의 헤라클레스의 신전이라고 불렸다. 그래서 나는 또 타소스[57]로 갔고, 그곳에서 포이니케인이 세운 헤라클레스의 신전을 발견했는데, 포이니케인은 에우로페를 찾아 항해하던 중 타소스 시를 건설한 것이다. 이역시 헬라스에서 암피트뤼온의 아들 헤라클레스가 태어나기 5세대 전일이었다. 내가 탐사한 바에 따르면, 헤라클레스는 오래된 신임이 분명하다. 내가 생각하기에는, 몇몇 헬라스 도시들이 서로 다른 두 종류

의 헤라클레스 신전을 세워 한 종류의 신전에서는 올림포스의 불사신으로서의 헤라클레스에게 제물을 바치고, 다른 종류의 신전에서는 영웅으로서의 헤라클레스에게 제사를 지낸 것[58]으로 보는 것이 옳은 일인 것 같다.

45 그 밖에도 헬라스인은 사려 깊지 못한 이야기들을 많이 한다. 예컨대 헤라클레스에 관한 다음과 같은 이야기도 어리석기 짝이 없다. 그들에 따르면, 헤라클레스가 아이컵토스에 갔을 때 아이컵토스인이 그를 제우스에게 제물로 바치기 위해 그의 머리에 화관을 씌우고 행렬을 지어 끌고 갔는데, 처음에는 가만히 있던 그가 제단가에서 그를 축성하기 시작하자[59] 있는 힘을 다해 그들을 모두 때려 죽였다는 것이다. 내가 보기에, 이런 이야기를 하는 헬라스인은 아이컵토스인의 성격과 관습을 전혀 모르는 사람들이다. 아이컵토스인은 흠이 없는 양과, 황소와 수송아지와 거위 말고는 어떤 짐승도 제물로 바치지 않는데 어떻게 사람을 제물로 바쳤겠는가? 게다가 헤라클레스는 한 명이고 헬라스인의 주장에 따르면 아직은 인간이었는데, 어떻게 그가 수만 명의 인간을 죽였겠는가? 이 일에 관해서는 이쯤 해 두겠으며, 내가 이런 말을 하더라도 신들과 영웅들께서는 나를 고깝게 여기는 일이 없으시기를!

46 앞서의 아이컵토스인[60]이 암수 불문하고 염소를 제물로 바치지 않는

---

55 기원전 570~526년.
56 헤로도토스 시대에는 주로 해신(海神)이었던 멜콰르트(Melqart)를 말한다.
57 에게해 북부에 있는 섬 및 도시.
58 예컨대 시퀴온(Sikyon) 시처럼.
59 머리털을 자르기 시작함으로써.

이유는 다음과 같다. 이들 멘데스인은 판 신이 8신에 포함되며, 8신이 12신보다 더 오래되었다고 주장한다. 아이귑토스에서는 화가도 조각가도 판 신을 헬라스인과 마찬가지로 염소의 머리와 숫염소의 다리를 가진 형상으로 그리거나 조각한다. 물론 그들도 판 신이 그런 모습을 하고 있다고는 생각지 않고 다른 신들과 같은 모습을 하고 있다고 믿는다. 그럼에도 그들이 그렇게 그리는 까닭은 말하지 않는 편이 더 나을 것 같다. 아무튼 멘데스인은 모든 염소를 신성시하되, 숫염소를 암염소보다 더 신성시하고, 숫염소를 치는 목자가 다른 목자보다 더 존중받는다. 숫염소 가운데 한 마리가 특별히 존중받는데, 그 숫염소가 죽으면 멘데스 지방 전체가 그 숫염소를 애도한다. 아이귑토스에서 '멘데스'라는 말은 '숫염소'를 의미하기도 하고 '판' 신을 의미하기도 한다. 내가 멘데스에 갔을 때 그곳에서는 놀라운 사건이 일어났는데, 숫염소가 공공연히 한 여인과 교합한 것이다. 말하자면 사람들이 보는 앞에서 그런 일이 벌어진 것이다.

47 그런가 하면 아이귑토스인은 돼지를 부정한 동물로 여긴다. 누군가 지나가다가 돼지와 스치기만 해도 강으로 달려가 옷을 입은 그대로 강물에 몸을 담근다. 또한 돼지치기만은 아이귑토스 토박이라 하더라도 신전에 들어갈 수 없다. 그들에게는 아무도 자기 딸을 시집보내려 하지 않으며, 누구도 그들의 딸과는 결혼하겠다고 나서지 않는다. 그래서 돼지치기는 자기들끼리 결혼한다. 아이귑토스인은 셀레네[61]와 디오뉘소스를 제외한 다른 신들에게는 돼지를 제물로 바치는 것이 적절치 않다고 여긴다. 이 두 신에게는 같은 시기에, 말하자면 만월 때 돼지를 제물로 바치고, 그 고기를 먹기도 한다. 다른 축제에서 쓰지 않던 제물을 이때에만 쓰는 까닭에 관해 아이귑토스인 사이에 전해 오는 이야기가

있다. 물론 나는 그 이야기를 알고 있지만 여기서는 말하지 않는 편이
좋겠다. 셀레네에게 제물을 바치는 의식은 다음과 같이 진행된다. 돼
지를 잡은 다음 꼬리 끝부분과 비장과 복막을 한데 모아 놓고 그것들을
짐승 뱃속에 있는 지방으로 싼 다음 불태운다. 남은 고기는 제물 축제
가 열리는 보름날에 먹는다. 그러나 다른 날에는 그 고기를 입에 대려
하지 않을 것이다. 그 가운데 가난한 사람들은 산 돼지를 마련할 수가
없어 밀가루로 돼지를 빚은 다음 구워서 제물로 바친다.

48 디오뉘소스 축제 전날 밤에는 저마다 자기집 문간 앞에서 돼지의 멱을
딴 다음, 그것을 판 돼지치기에게 도로 가져가라고 돌려준다. 아이귑
토스인이 거행하는 디오뉘소스 축제의 나머지 다른 부분은 합창가무
가 없다는 점을 제외하고는 헬라스인이 행하는 것과 거의 같다. 그러나
그들은 남근상(男根像) 대신 길이가 1페퀴스나 되는 인형들을 고안해
냈는데, 실로 조종되는 것이다. 여자들이 이 인형들을 들고 마을을 돌
아다녔는데, 인형마다 크기가 몸 전체만 한 남근이 달려 위아래로 끄덕
거렸다. 피리 부는 자가 앞장서고, 여자들은 디오뉘소스 찬가를 부르
며 뒤따라간다. 인형의 남근이 그처럼 크고, 온몸에서 남근만이 움직
이는 연유에 관해서는 종교와 관련된 이야기가 전해지고 있다.[62]

49 아뮈테온의 아들 멜람푸스는 이 축제를 모르기는커녕 잘 알고 있었으

60 멘데스인.
61 달의 여신. 이집트의 이시스.
62 세트(Seth)에게 살해되어 해체된 오시리스의 시신을 이시스가 복원하다가 남근
을 찾지 못하자 모형을 사용했다는 전설을 말한다.

리라 나는 생각한다. 멜람푸스가 헬라스인에게 디오뉘소스의 이름과
축제를 소개하고, 남근상 행렬을 들여왔기 때문이다. 엄밀히 말해 그
는 축제의 세세한 부분을 다 가르쳐 주지는 못했다. 축제를 완전하게
발전시킨 것은 훗날 태어난 현인들이었다. 어쨌거나 디오뉘소스를 위
한 남근상 행렬을 헬라스인에게 소개한 이는 멜람푸스였고, 헬라스인
은 지금 행하고 있는 의식을 그에게 배웠다. 내가 보기에, 멜람푸스는
예언술에 정통한 현인으로, 디오뉘소스 의식을 포함해 아이컵토스에
서 여러 가지를 배운 다음 조금 변형해 헬라스에 소개한 것 같다. 아이
컵토스와 헬라스에서 비슷한 의식이 행해지고 있는 것을 우연의 일치
라고 믿기 어렵다. 우연의 일치였다면 헬라스의 의식은 더 헬라스적이
었을 것이고, 근래에야 소개되지는 않았을 것이다. 그렇다고 아이컵토
스인이 이런저런 관습을 헬라스인에게서 빌려 왔다고 믿기도 어렵다.
내 생각에는, 멜람푸스가 튀로스 출신인 카드모스와, 그를 따라 오늘
날 보이오티아라 불리는 지방으로 이주해 온 포이니케인에게 디오뉘
소스 의식을 배웠을 개연성이 가장 크다.

50 거의 모든 신의 이름이 아이컵토스에서 헬라스로 전해졌다. 나는 신들
의 이름이 이민족에게서 유래했음을 탐문을 통해 알아냈으며, 대개
아이컵토스에서 유래했다고 확신한다. 앞서 언급한 포세이돈과 디오
스쿠로이들 말고는. 그리고 헤라, 헤스티아, 테미스, 카리스[63] 여신들
과 네레우스[64]의 딸들 말고는. 다른 신들의 이름은 모두 옛날부터 늘 아
이컵토스 땅에 있어 왔다. 나는 아이컵토스인이 하는 말을 그대로 전하
고 있다. 아이컵토스인이 그 이름을 모르겠다는 신들의 경우, 포세이
돈을 제외하고는 펠라스고이족[65]이 이름을 붙인 듯하다. 헬라스인은
포세이돈을 리뷔에인에게 배웠다. 리뷔에인만이 처음부터 포세이돈

이라는 이름을 알았고, 그를 늘 숭배했기에 하는 말이다. 그러나 아이 겁토스인은 영웅은 숭배하지 않는다.

51 이런 것들뿐 아니라, 내가 앞으로 언급할 다른 것들도 헬라스인은 아이 겁토스인에게 배웠다. 그러나 남근이 발기한 헤르메스상을 만드는 것은 헬라스인이 아이겁토스인이 아니라 펠라스고이족에게 배웠으며, 헬라스인 중에서는 아테나이인이 맨 먼저 그런 관행을 받아들였고, 그러자 다른 헬라스인도 아테나이인의 뒤를 따랐다. 아테나이인이 이미 헬라스인으로 간주되던 시기에 펠라스고이족이 앗티케에 정착한 까닭에 펠라스고이족도 헬라스인으로 간주되었기 때문이다. 사모트라케인이 펠라스고이족에게 전수받아 행하고 있는 카베이로이들[66]의 비의(秘儀)에 입문한 사람이라면 누구나 내 말이 무슨 뜻인지 알 것이다. 아테나이인과 함께 살게 된 펠라스고이족은 전에는 사모트라케에 살았는데 사모트라케인이 그들의 의식을 받아들인 것이다. 아무튼 아테나이인은 남근이 발기된 헤르메스상을 헬라스인 가운데 맨 먼저 만들었고, 그들은 그것을 펠라스고이족에게 배웠다. 펠라스고이족은 또 사모트라케의 비의에서 계시되는 것에 관해 종교와 관련된 이야기를 들려주곤 했다.

52 내가 도도네에서 들어 파악한 바에 따르면, 원래 펠라스고이족은 무슨

63 우미(優美)의 여신. 복수형은 카리테스(Charites).
64 바다의 신. 그에게는 쉰 명의 아리따운 딸들이 있었다.
65 그리스의 선주민.
66 두 명의 신으로, 나이가 더 많은 한 명은 대개 카베이로스(Kabeiros)라 불린다.

제물을 바치든 신들에게 기도하되 어떤 신에게도 별칭이나 이름을 붙이지 않았다. 그들은 아직도 신들의 이름을 들어 보지 못했기 때문이다. 그들이 신들을 '신들'[67]이라 부른 것은 신들이 만물을 질서정연하게 배열하고,[68] 모든 것을 적재적소에 배치했기 때문이다. 긴긴 세월이 지난 뒤 그들은 아이귑토스에서 들여온 다른 신들의 이름을 모두 알게 되었는데, 디오뉘소스의 이름은 훨씬 뒤에야 알게 되었다. 그들은 얼마 뒤 신들의 이름과 관련해 도도네의 신탁소(神託所)에 물었다. 도도네의 신탁소는 헬라스 전체에서 오래되고, 당시에는 유일한 신탁소였다. 이민족에게서 유래한 신들의 이름을 받아들여야 하는지 펠라스고이족이 묻자, 신탁이 그들에게 그렇게 하라고 명령했다. 그때부터 펠라스고이족은 제물을 바칠 때 신들의 이름을 사용했고, 헬라스인은 훗날 펠라스고이족에게서 신들의 이름을 물려받았다.

53 이들 신이 저마다 어디서 생겨났으며, 그들이 모두 언제나 존재했는지, 그들이 어떻게 생겼는지 헬라스인이 알게 된 것은 말하자면 엊그제의 일이다. 헤시오도스와 호메로스는 나보다 기껏해야 400년 전에 살았던 것으로 생각되며, 헬라스인을 위해 신들의 계보를 만들고, 신들에게 이름을 붙여 주고, 신들 사이에 직책과 활동 영역을 배분하고, 신들이 어떻게 생겼는지 우리에게 말해 준 것은 이들이기 때문이다. 호메로스와 헤시오도스 이전에 살았다는 시인들[69]은 내가 생각하기에, 이들보다 나중에 태어난 것 같다. 내가 앞서 말한 것[70] 중에 첫 번째 것은 도도네의 여사제들의 견해이고, 헤시오도스와 호메로스에 관해 내가 나중에 말한 것은 내 자신의 견해이다.

54 헬라스의 신탁소와 리뷔에의 신탁소에 관해 아이귑토스인은 다음과

같은 이야기를 하고 있다. 제우스 테바이에우스의 사제들에 따르면, 두 여사제가 포이니케인에 의해 테바이에서 납치되었는데, 그중 한 명은 리뷔에로 팔려 가고, 다른 한 명은 헬라스로 팔려 갔음을 알게 되었다고 한다. 사제들은 바로 이 여인들이 그 두 나라에 신탁소를 처음 세웠다고 주장한다. 어떻게 그렇게 확언할 수 있는지 묻자 사제들이 말하기를, 자기들은 이 여인들을 백방으로 수색해 보았는데 그들을 찾는 데는 실패했지만 자기들이 방금 내게 말해 준 것이 사실임을 나중에 알게 되었다고 했다.

55 이것이 내가 테바이의 사제들에게 들은 이야기다. 그러나 도도네의 여사제들은 다음과 같은 이야기를 하고 있다. 검은 비둘기 두 마리가 아이귑토스의 테바이를 출발해, 한 마리는 리뷔에로 날아가고 다른 한 마리는 자신들이 있는 도도네로 날아왔는데, 그 비둘기는 참나무에 내려 앉아 인간의 언어로 그곳에 제우스의 신탁소를 세우라고 말했다는 것이다. 그래서 그것이 신의 명령임을 알아차린 도도네인들은 비둘기가 시키는 대로 했다는 것이다. 한편 리뷔에로 날아간 다른 비둘기도 리뷔에인에게 그곳에 제우스의 또 다른 신탁소인 암몬의 신탁소를 세우라고 명령했다는 것이다. 도도네의 여사제들은 내게 그런 이야기를 들려주었는데 그중 가장 연장자는 프로메네이아이고, 그다음은 티마레테이고, 최연소자는 니칸드라였다. 신전과 관계가 있는 다른 도도네인들

67 그리스어로 theoi.
68 '만물을 질서정연하게 배열하고'는 그리스어로 ti-themi이다. 일종의 민속에 기원을 둔 설명이다.
69 오르페우스, 무사이오스, 리노스 같은 가인(歌人)을 말한다.
70 52장을 말하는 것 같다.

의 말도 여사제들의 말과 일치했다.

56 이 일에 대한 내 견해는 다음과 같다. 실제로 포이니케인이 그 여사제
    들을 납치해 그중 한 명은 리뷔에에 다른 한 명은 헬라스에 팔았다면,
    지금은 헬라스라고 불리는 곳— 헬라스는 전에는 펠라스기아라고 불
    렸는데 둘은 결국 같은 곳이다— 으로 온 여인은 테스프로토이족에게
    팔렸을 것이며, 그들을 위해 노예로 일하면서 그곳에 자라고 있던 참나
    무 아래 제우스의 신전을 세웠을 것으로 생각된다. 왜냐하면 그녀는 테
    바이의 제우스 신전에서 봉사한 만큼 어느 곳에 있든 그곳에서도 제우
    스를 섬기는 일은 당연했으리라. 그 뒤 그녀는 헬라스 말을 배우게 되
    자 신탁소를 개설했고, 그녀의 언니도 그녀를 팔아 버린 바로 그 포이
    니케인에 의해 리뷔에로 팔려 갔다고 말했을 것으로 생각된다.

57 생각건대, 도도네인이 여인들을 '비둘기'라고 부른 것은 그녀들이 이
    민족이라 그녀들이 하는 말이 비둘기 울음소리처럼 들렸기 때문일 것
    이다. 얼마 뒤 여인이 알아들을 수 있도록 말을 하자 그들은 '비둘기가
    사람의 목소리로 말했다'고 했다. 그녀가 비헬라스어를 말하는 동안에
    는 그녀의 말이 그들에게는 새가 지저귀는 소리쯤으로 들린 것이다. 그
    도 그럴 것이 비둘기가 어찌 사람의 목소리로 말할 수 있겠는가. 그들
    이 비둘기를 검다고 한 것은 여인이 아이귑토스인임을 말해 준다. 아
    이귑토스의 테바이와 도도네에서 예언하는 방법은 서로 비슷하며, 제
    물로 바친 짐승의 내장을 보고 예언하는 기술은 아이귑토스에서 온 것
    이다.

58 아무튼 아이귑토스인이 축제와 행렬과 제물 바치는 의식을 세상에서

맨 먼저 시작했고 헬라스인은 이런 것들을 그들에게 배웠다. 그 증거로, 이런 관행은 아이귑토스에서는 아주 오래됐지만 헬라스에는 최근에야 도입되었다는 점을 들 수 있다.

59 아이귑토스에서는 축제가 1년에 한 번씩이 아니라 자주 개최된다. 그중에서도 그들이 가장 성대히 개최하는 축제는 부바스티스 시의 아르테미스제(祭)이고, 그다음으로 중요한 축제가 부시리스 시에서 열리는 이시스제이다. 부시리스는 아이귑토스의 삼각주 한복판에 자리잡은 도시로, 이시스의 가장 큰 신전이 그곳에 있는데, 이시스는 헬라스 말로 옮기면 데메테르이다. 세 번째로 중요한 축제는 사이스 시에서 개최되는 아테나제이고, 네 번째로 중요한 축제는 헬리우폴리스에서 열리는 헬리오스제이며, 다섯 번째로 중요한 축제는 부토 시의 레토제이며, 여섯 번째로 중요한 축제는 파프레미스 시에서 열리는 아레스제이다.

60 사람들이 축제에 참가하러 부바스티스로 갈 때는 다음과 같이 한다. 수많은 남녀가 떼 지어 저마다 자기 거룻배를 타고 간다. 항해하는 동안 몇몇 여자는 딸랑이를 들고 흔들어 대고, 몇몇 남자는 항해하는 내내 피리를 불어 대며, 나머지 여자들과 남자들은 노래를 부르며 손뼉을 친다. 항해 중에 어떤 도시 옆을 지나게 되면, 그들은 강가로 바짝 거룻배들을 몰아 가서는 다음과 같이 한다. 몇몇 여인은 앞서 말했듯이 딸랑이를 흔들어 대고, 몇몇 여인은 그 도시에 사는 여인들을 큰 소리로 부르며 놀려 대고, 더러는 춤을 추고, 더러는 일어나 옷을 벗어던지고 알몸을 보여 준다. 그런 일은 강가에 있는 도시를 지날 때마다 되풀이된다. 부바스티스에 도착하면 그들은 성대히 제물을 바치며 축제를 개최한다. 이 축제 때 소비하는 술의 양은 자그마치 나머지 1년 동안 소비하

는 양보다도 더 많다. 그곳 토박이의 말에 따르면, 축제 때 모여드는 남녀의 수는 어린아이를 빼고 70만 명에 이른다고 한다.

61 부바스티스에서는 그런 일이 벌어진다. 부시리스에서 이시스 축제가 어떻게 벌어지는지에 관해서는 이미 말한 바 있다.[71] 이 축제에서는 제물을 바친 뒤 수만 명에 이르는 남녀가 하나같이 가슴을 치며 비탄한다. 그들이 누구[72]를 애도하는지 말하는 것은 불경한 짓이 되리라. 아이귑토스에 거주하는 카리아인은 아이귑토스인보다 한술 더 떠 칼로 이마를 짼다. 그것을 보고 사람들은 그들이 이방인이며, 아이귑토스인이 아님을 분명하게 알게 된다.

62 사이스에서는 제물을 바치는 날 밤, 각자의 집밖에다 빙 돌아가며 수많은 등불을 켠다. 그들이 사용하는 등불이란 소금과 기름을 가득 채운 납작한 접시로, 거기에 심지를 꽂아 밤새도록 타게 하는 것이다. 이 축제를 그들은 '등불 축제'라고 부른다. 이 축제에 참가하지 않는 아이귑토스인들도 축제의 밤이 되기를 기다리다가 모두들 등불을 켠다. 그래서 사이스뿐 아니라 아이귑토스 전역에 등불이 켜진다. 이날 밤에 불을 밝히고 축제를 개최하는 연유에 관해 종교와 관련된 이야기가 전해 오고 있다.

63 헬리우폴리스와 부토에 사람들이 모여드는 것은 단지 제물을 바치기 위해서이다. 파프레미스에서도 다른 곳과 비슷하게 제물을 바치고 의식을 거행한다. 그러나 해질 무렵이 되면 몇몇 사제는 신상을 모시느라 바쁘고 대부분의 사제는 나무 곤봉을 들고 신전 입구에 버티고 선다. 그들 맞은편에는 1,000명도 더 되는 무리가 서약을 이행하기 위해 역

시 곤봉을 들고 버티고 선다. 신상은 축제 전날 밤 사제들이 금박을 입힌 작은 나무 신전에 넣어 다른 신성한 건물로 옮겨 놓는다. 신상과 함께 뒤에 남게 된 소수의 사제들은 모형 신전과 그 안에 든 신상을 운반하는 사륜거를 끌기 시작한다. 문간에 서 있는 다른 사제들은 그들이 신상을 갖고 들어오지 못하게 막는다. 하지만 서약한 자들은 신을 편들며 신이 들어가지 못하게 막는 자들에게 곤봉을 휘두른다. 그리하여 격렬한 싸움이 벌어져 서로 곤봉에 맞아 머리가 깨진다. 내 생각에는 부상당해 죽는 사람이 허다할 것 같은데, 아이귑토스인은 죽는 사람은 한 명도 없다고 말한다. 토박이들은 이 축제에 관해 다음과 같이 설명한다. 그곳 신전에는 아레스의 어머니가 살았다고 한다. 아레스는 다른 곳에서 자랐지만 장성해지자 되돌아와 어머니와 교합하기를 원했지만 전에 그를 본 적이 없는 그녀의 시종들이 그를 제지했다고 한다. 그러자 아레스는 다른 도시에서 사람들을 데리고 와서 시종들을 흠씬 두들겨 패 주고 어머니가 있는 곳으로 들어갔는데, 이런 연유로 주먹다짐이 아레스 축제의 일부가 되었다고 한다.

64 또한 신전 안에서는 여자와 교합하지 못하며, 여자와 교합한 뒤에는 목욕하지 않고 신전에 들어가지 못한다는 계율을 맨 처음 지킨 이들도 아이귑토스인이다. 왜냐하면 아이귑토스인과 헬라스인을 제외하고는 거의 모든 민족이 신전 안에서 교합하며, 여자와 교합한 뒤 목욕도 하지 않고 신전으로 들어가기 때문이다. 그들은 인간도 다른 동물과 같다고 생각한다. 그들의 주장에 따르면, 우리는 온갖 종류의 짐승과 새가

---

71 40장 참조.
72 오시리스.

신전 안이나 성역 안에서 교미하는 것을 볼 수 있는데, 만약 이것이 신의 마음에 들지 않는다면, 신이 짐승들의 그런 짓을 방치하지는 않을 것이라는 것이다. 하지만 나는 그런 논리가 별로 마음에 들지 않는다. 이것은 아이귑토스인이 종교 계율을 얼마나 엄격히 지키는지 보여 주는 하나의 본보기에 불과하다.

65 리뷔에와 경계를 맞대고 있음에도 아이귑토스에는 야생동물이 많지 않다. 아이귑토스에서는 가축이든 야수든 모든 동물이 신성시된다. 동물이 신성시되는 연유를 말하고자 한다면 신들에 관한 일을 언급하지 않을 수 없는데, 이는 내가 가급적 피하고자 하는 일이다. 그에 관해 나는 지금까지 이야기의 진행을 위해 마지못해 부차적으로 언급한 것이다. 그러나 그들이 동물을 어떻게 대하는지에 관해서는 기술하겠다. 동물의 종별로 아이귑토스인 가운데 남자나 여자가 사육자로 임명되는데, 그 직책은 아버지에게서 아들로 세습된다. 각 도시의 주민은 다음과 같은 방법으로 자신이 한 서약을 이행한다. 즉 그들은 그 동물이 속하는 신에게 기도하고 나서 자식들의 머리털을 전부 또는 반, 또는 3분의 1을 잘라 그것을 저울에 달아 그 무게만큼의 은을 그 동물의 사육자에게 준다. 그러면 동물을 사육하는 여인은 그 값어치만큼의 물고기를 사서 자른 다음 그 동물에게 먹이로 제공한다. 이것이 동물을 사육하는 방법이다. 이들 동물 중 한 가지를 죽인 자는 고의일 경우 사형에 처해지고, 고의가 아닐 경우 사제가 정한 벌금을 물어야 한다. 그러나 따오기나 매를 죽인 자는 고의든 고의가 아니든 죽음을 면치 못한다.

66 아이귑토스에는 사람들과 함께 사는 짐승의 수가 많지만, 만약 고양이에게 다음과 같은 일이 일어나지 않았다면 그 수는 더 늘어났으리라. 암

고양이는 새끼를 낳으면 더이상 수고양이를 가까이하지 않는다. 수고양이는 암고양이와 교미하기를 간절히 원하지만 뜻을 이루지 못하자 한 가지 꾀를 생각해 냈다. 암고양이에게서 새끼 고양이를 몰래 채어 가 죽여 버리는 것인데, 이 경우 죽이기는 해도 먹지는 않는다. 그러면 새끼를 빼앗긴 암고양이는 다시 새끼를 갖고 싶어 수고양이에게 다가간다. 고양이라는 동물은 새끼를 무척 사랑하기 때문이다. 집에 불이 나면 고양이들은 이상한 짓을 한다. 아이컵토스인은 불 끌 생각은 않고 집 주위에 죽 늘어서서 고양이에게만 신경을 쓴다. 그런데도 고양이들은 사람들 사이를 지나 또는 사람들 위를 뛰어넘어 불속으로 뛰어든다. 그런 일이 일어나면 아이컵토스인은 크게 상심한다. 어떤 집에서 고양이가 자연사하면 그 집에 사는 사람 모두가 눈썹을 깎는다. 하지만 그 이상은 깎지 않는다. 그러나 개가 죽으면 온몸의 털과 머리털을 깎는다.

67 죽은 고양이는 부바스티스 시로 운반되어 미라로 만들어진 다음 그곳의 신성한 묘실(墓室)에 매장된다. 암캐는 각자가 자기 도시에서 축성된 관에 넣어 묻어 준다. 족제비도 개와 같은 방법으로 매장된다. 들쥐와 매는 부토 시로 운반되고, 따오기는 헤르메오폴리스로 운반된다. 곰은 드물고, 늑대는 여우보다 별로 크지 않은데, 이것들은 죽어 누워 있는 것이 발견된 그 자리에 매장된다.

68 악어의 본성은 다음과 같다. 겨울 4개월 동안 악어는 아무것도 먹지 않는다. 악어는 네발짐승이고 뭍에서도 살고 물에서도 산다. 악어는 지상에서 산란하고 부화하며, 낮 시간의 대부분을 마른땅에서 보내지만 밤 동안에는 내내 물속에서 지내기에 하는 말이다. 그것은 물이 밤공기나 이슬보다 더 따뜻하기 때문이다. 우리가 아는 한, 악어처럼 그렇게

작게 태어나 그렇게 큼직하게 자라는 동물은 없다. 악어 알은 거위 알보다 별로 크지 않으며, 갓 태어난 악어 새끼도 알만큼이나 작다. 그러나 다 자란 악어는 최소 17페퀴스[73] 이상이다. 악어의 눈은 돼지의 눈과 같고, 덩치에 비례해서 이빨과 엄니도 크다. 악어는 동물 중에 유일하게 혀가 없다.[74] 또한 동물 중에 유일하게 아래턱을 움직이지 않고 위턱을 아래턱으로 끌어당긴다. 악어는 강력한 발톱을 갖고 있으며, 등은 뚫을 수 없는 비늘 가죽으로 덮여 있다. 악어는 물속에서는 눈이 어둡지만 물 밖에서는 더없이 눈이 밝다. 악어는 물속에서 살아가기 때문에 입안이 거머리로 가득차 있다. 다른 새와 짐승은 악어를 피하지만 물떼새만은 악어와 살가운 사이다. 물떼새는 악어에게 유익하기 때문이다. 악어가 물에서 뭍으로 나와 입을 크게 벌리면(악어는 대개 서풍이 불어오면 그렇게 한다) 물떼새가 악어의 입안으로 들어가 거머리를 게걸스레 먹어 치운다. 이것이 이롭기도 하고 즐겁기도 해서 악어는 물떼새에게 아무런 해코지를 하지 않는 것이다.

69 아이귑토스인 중에는 악어를 신성시하는 자도 있고, 그러지 않고 적대시하는 자도 있다. 테바이와 모이리스 호수 주변에 사는 사람들은 악어를 특히 신성시한다. 그 지방에서는 어디서나 악어 한 마리를 골라 훈련하고 길들인다. 그곳 사람들은 악어에게 유리와 황금으로 만든 귀걸이를 달고 앞다리에 발찌를 끼우며, 특식과 제물로 바친 짐승을 먹여 키우는 등 살아 있는 동안 그야말로 호강을 시킨다. 그러다 악어가 죽으면 미라로 만들어 축성된 관에 넣어 묻는다. 그러나 엘레판티네 시와 그 주변에 사는 자들은 악어를 신성시하기는커녕 잡아먹기까지 한다. 악어의 아이귑토스어 이름은 크로코데일로스가 아니라 캄프사[75]이다. 이오니아인이 악어를 크로코데일로스라고 이름 지어 붙인 것은, 그들

에게는 악어가 돌담에서 볼 수 있는 도마뱀[76]과 비슷해 보여서이다.

70 악어를 사냥하는 방법은 종류도 많고 가짓수도 많다. 그중 가장 언급할
    만한 가치가 있다고 생각되는 것을 여기 기술하겠다. 사냥꾼은 갈고리
    에 돼지 등뼈를 미끼로 달고는 강 한가운데에 던진 다음 강가에 서서
    자신이 데려온 살아 있는 새끼 돼지에게 매질을 한다. 새끼 돼지의 비
    명소리를 들은 악어는 소리 나는 방향으로 다가오다가 등뼈를 발견하
    고는 집어삼킨다. 그러면 사람들이 악어를 뭍으로 끌어당긴다. 일단
    강가로 끌어올린 다음 사냥꾼은 맨 먼저 악어의 두 눈에 진흙을 바른
    다. 그러고 나면 악어를 아주 쉽게 제압할 수 있지만, 그러지 않으면 애
    를 먹는다.

71 하마는 파프레미스 지방에서는 신성시되지만 아이귑토스의 다른 곳
    에서는 신성시되지 않는다. 하마의 모습은 다음과 같다. 하마는 네발
    짐승이고, 발굽이 소의 발굽처럼 갈라져 있으며, 사자 코에 말갈기가
    있으며, 엄니가 튀어나와 있고, 꼬리와 울음소리가 말과 비슷하며, 크
    기는 가장 큰 황소만 하다. 가죽은 매우 두꺼워 그것을 말리면 창 자루
    를 만들 수 있다.[77]

---

73 갓 태어난 악어 새끼는 15~20센티미터쯤 되고, 다 자란 악어는 6미터쯤 되며, 헤
로도토스가 말하는 7.54미터(17페퀴스)에는 못 미친다.
74 악어의 혀는 짧아서 잘 보이지 않을 뿐 없는 것이 아니다.
75 champsa.
76 krokodeilos.
77 하마 가죽으로 방패와 투구를 만들었다는 기록은 있지만, 창 자루를 만들었다는
기록은 없다.

72 강물에는 수달도 있는데, 이 역시 신성시된다. 물고기 중에서는 이른바 레피도토스[78]와 뱀장어가 신성시된다. 이 물고기들은 네일로스강에 바쳐진 신성한 물고기라고 하며, 새 중에서는 '여우 거위'가 그러하다.

73 또 다른 신성한 새가 있는데, 이름은 포이닉스이다. 나는 그 새를 그림으로밖에 보지 못했다. 그 새는 아주 드물게 아이귑토스를 찾아오기 때문이다. 헬리우폴리스 주민에 따르면, 그 새는 500년에 한 번씩 나타난다고 하는데 아비 새가 죽었을 때가 그때이다. 그 새가 정말로 그림과 같다면 크기와 생김새는 다음과 같다. 그 새의 깃털은 일부는 금빛이고 일부는 붉은색인데, 외모와 크기는 독수리를 쏙 빼닮았다. 나로서는 도무지 믿기지 않지만, 포이닉스는 다음과 같은 일을 해낸다고 한다. 포이닉스는 아라비아를 출발해 몰약으로 싼 아비 새의 유해를 헬리오스의 신전으로 나른 다음 그곳에 묻는다는 것이다. 그 새는 다음과 같이 아비 새의 유해를 나른다고 한다. 먼저 그 새는 몰약으로 자기가 운반할 수 있을 만큼 무거운 알을 만든 다음 그것을 나르는 실험을 한다. 실험이 끝나면 알을 파내고 아비 새의 유해를 채워 넣은 뒤, 구멍을 파고 아비 새의 유해를 채워 넣은 자리를 다른 몰약으로 봉인한다. 그러면 아비 새의 유해가 들어 있는 지금 알의 무게는 파내기 전과 같아진다. 그렇게 알을 봉한 다음 포이닉스는 아비 새의 유해를 아이귑토스에 있는 헬리오스의 신전으로 옮겨온다. 그들의 말에 따르면, 그 새는 그렇게 한다고 한다.

74 테바이 주변에는 신성한 뱀도 있는데 사람을 해코지하지 않는다. 이 뱀들은 작고 머리에 뿔이 두 개 나 있다. 이 뱀들이 죽으면 제우스의 신전에 묻는데, 이것들은 제우스에게 바쳐졌기 때문이라고 한다.

75 나는 부토[79] 시 근처에 있는 아라비아의 한 지역에 간 적이 있는데, 날개 달린 뱀에 관해 탐문하기 위해서였다. 그곳에서 나는 말로 표현할 수 없을 만큼 많은 뱀의 뼈와 등뼈를 보았다. 등뼈 무더기가 많이 있었는데, 그중 더러는 컸고, 더러는 작았으며, 더러는 더 작았다. 이 등뼈들이 땅에 흩어져 있는 장소는 산에서 넓은 평야로 통하는 좁은 고갯길로, 이 평야는 아이귑토스의 평야와 맞닿아 있다. 전해 오는 이야기에 따르면, 봄이 되면 날개 달린 뱀이 아라비아에서 아이귑토스로 날아오는데, 따오기가 이 고갯길에서 뱀을 맞아 통과하지 못하게 하고 죽인다고 한다. 아라비아인에 따르면, 그래서 아이귑토스인은 따오기를 높이 숭배한다고 한다. 아이귑토스인도 자신들이 이 새를 숭배하는 것은 그런 연유에서라고 인정한다.

76 따오기의 겉모습은 다음과 같다. 온몸이 새까맣고, 학의 다리를 갖고 있으며, 부리는 매우 구부정하며, 크기는 흰눈썹뜸부기만 하다. 이것이 뱀에 맞서 싸우는 검은색 따오기의 모습이다. 두 종류의 따오기 가운데 다른 종류는 대개 사람들이 사는 곳에서 발견되는데, 이 따오기는 머리와 목 전체에 털이 없으며, 머리와 목과 날개 끝과 꼬리 끝을 제외하고는(이런 곳들은 새까맣다) 흰색이다. 다리와 부리는 다른 종류의 따오기와 같다. 날개 달린 뱀은 생김새가 물뱀과 비슷하다. 그것의 날개는 깃털이 없으며, 박쥐의 그것과 가장 가깝다. 신성한 동물에 관해서는 이쯤 해 두자.

---

78 비늘이 많은 큰 물고기.
79 앞서 59장과 63장에서 언급된 부토와는 다른 곳이다.

77 아이귑토스인 자신에 관해 말하자면, 이 나라의 농경지에 사는 자들은
모든 민족의 역사를 잘 기록해 두고 있으며, 그래서인지 내가 만나 탐
문해 본 민족 가운데 가장 해박했다. 그들의 생활방식은 다음과 같다.
그들은 매달 3일 동안 연속해서 하제(下劑)를 복용한다. 그들이 구토
제와 관장으로 건강을 유지하려 하는 것은, 만병이 섭취하는 음식에서
비롯된다고 믿기 때문이다. 아닌 게 아니라 아이귑토스인은 리뷔에인
다음으로 세상에서 가장 건강한 민족이다. 그것은 기후 때문이라고 생
각되는데, 말하자면 계절의 변화가 심하지 않다는 것이다. 사람이 병
에 걸리는 것은 대개 변화 때문이며, 그중에서도 특히 계절의 변화 때
문이다. 그들은 올뤼라이[80]로 만든 빵을 먹는데, 그들은 이 빵을 퀼레스
티스[81]라고 부른다. 그들은 보리로 만든 술을 마시는데, 그들의 나라에
는 포도나무가 자라지 않기 때문이다. 물고기는 햇볕에 말리거나 소금
에 절여 날로 먹는다. 새들 중에 메추라기와 오리와 그보다 더 작은 것
들은 소금에 절인 뒤 날로 먹는다. 그 밖의 다른 종류의 새와 물고기는
성스러운 짐승 말고는 모두 굽거나 삶아서 먹는다.

78 저녁 식사 후 개최되는 아이귑토스의 부자들의 연회에서는 한 남자가
나무로 시신처럼 보이게 만든 것을 관에 넣고 방안을 도는데, 실감 나
게 색칠하고 조각한 이 시신은 길이가 1페퀴스나 2페퀴스쯤 된다. 그
남자는 연회에 참석한 손님 한 사람 한 사람에게 그것을 보여 주며 말
한다. "이것을 보시며 즐겁게 마시세요. 당신도 죽으면 이렇게 될 테니
까요." 아이귑토스인은 연회 때 그렇게 한다.

79 아이귑토스인은 조상 전래의 관습을 고수하며 다른 관습은 받아들이
지 않는다. 그들에게는 주목할 만한 관습이 많은데, 그중에서도 특히

주목할 만한 것은 '리노스'라는 노래이다. 이 노래는 포이니케와 퀴프로스와 그 밖의 다른 곳에서도 부르지만, 민족에 따라 이름이 다르다. 하지만 아이귑토스인의 노래에 나오는 인물은 헬라스인의 노래에 나오는 인물과 동일인인 듯한데, 그렇다면 아이귑토스에 관한 수많은 수수께끼 가운데 하나는 그들이 '리노스'라는 노래를 어디서 배웠는지다. 아이귑토스인이 이 노래를 옛날부터 불렀던 것은 분명하다. 비록 리노스가 아이귑토스어로는 마네로스[82]라고 불리기는 하지만. 아이귑토스인에 따르면, 마네로스는 아이귑토스 초대 왕의 외아들로 요절하자 그들이 그를 추모하여 지은 만가(輓歌)인데, 그것이 아이귑토스 최초의 노래이자 당시에는 유일한 노래였다고 한다.

80 헬라스인, 더 정확히 라케다이몬인의 관습과 일치하는 아이귑토스의 관습이 또 하나 있다. 젊은이가 길에서 연장자를 만나면 길을 양보하고 옆으로 비킨다. 또 연장자가 다가오면 젊은 사람이 자리에서 일어선다. 그러나 아이귑토스인이 어떤 헬라스인과도 일치하지 않는 점은, 그들은 길에서 만나면 서로 인사말을 주고받지 않고 손을 무릎 있는 데까지 내리고 절을 한다는 것이다.

81 그들은 다리까지 내려오는, 술 장식이 달린 아마포 키톤[83]을 입는데, 그것을 그들은 칼라시리스[84]라 부른다. 그 위에는 흰 모직 외투를 입는다.

80 olyrai. 밀의 일종.
81 kyllestis.
82 Maneros.
83 chiton(원전 kithon). 로마의 투니카(tunica). 소매가 짧고 무릎까지 오는 셔츠.
84 kalasiris.

그러나 신전 안으로 양모를 갖고 들어가면 안 되고, 사후에 양모 제품과 함께 매장되어서도 안 된다. 그것은 불경한 일이기 때문이다. 그들의 이러한 관습은 이른바 오르페우스교와 박코스[85]교(이것들도 사실은 아이귑토스와 퓌타고라스에서 유래한 것이긴 하지만)의 의식과 일치한다. 이들 의식에 입문한 자들에게도 모직 옷을 입고 매장되는 것은 불경한 것이다. 이 일들에 관해서는 종교와 관련된 이야기가 전해 오고 있다.

82 그 밖에도 아이귑토스인이 발견한 것들이 몇 가지 있다. 어느 달과 어느 날이 각각 어떤 신에게 바쳐졌으며, 어느 날에 태어난 자는 어떤 운명을 받아들이고, 어떤 죽음을 맞으며, 어떤 부류의 인물이 되는지다. 그리고 헬라스의 시인들이 그것들을 이용했다.[86] 아이귑토스인은 세상의 어느 민족보다 더 많은 전조(前兆)를 찾아냈다. 어떤 전조가 나타나면 그들은 그 결과를 기다렸다가 기록해 둔다. 어느 날 비슷한 일이 다시 일어나면 그들은 같은 결과가 생기리라고 생각한다.

83 예언에 관해 말하자면, 그들은 인간은 아무도 예언 능력을 갖지 못하며 몇몇 신만이 가진다고 믿는다. 아닌 게 아니라 아이귑토스에는 헤라클레스, 아폴론, 아테나, 아르테미스, 아레스, 제우스[87]의 신탁소가 있다. 그들이 가장 숭배하는 것은 부토 시에 있는 레토의 신탁소이다. 그러나 신탁을 내리는 방법은 어디서나 똑같지 않고 서로 다르다.

84 의술(醫術)은 다음과 같이 정리되어 있다. 모든 의사는 여러 가지 병을 보지 않고 특정한 병만 본다. 그래서 어디서나 의사가 넘쳐난다. 눈을 보는 의사, 머리를 보는 의사, 치아를 보는 의사, 배를 보는 의사가 있는

가 하면, 속병을 보는 의사도 있다.

85 그들이 죽은 자를 애도하고 매장하는 방법은 다음과 같다. 명망 있는
사람이 죽으면 그 집의 여인들은 모두 머리와 얼굴에 진흙을 바른 다음
시신을 집안에 둔 채 옷을 풀어 젖히고 가슴을 드러내고는 가슴을 치며
시내를 돌아다닌다. 그 행렬에는 그들의 친척 여자들도 동참한다. 남
자들도 옷을 풀어 젖히고 가슴을 친다. 그러고 나서 그들은 미라를 만
들기 위해 시신을 운구한다.

86 미라 만드는 일을 직업으로 삼는 전문가들이 있다. 시신이 옮겨지면,
그들은 운구해 온 사람들에게 실감 나게 색칠한 목제(木製) 시신 견본
을 보여 주며 선택하라고 한다. 그들은 이 견본 가운데 가장 좋은 것은
어떤 신[88]을 모방한 것이라고 말하는데, 여기서 그분의 이름을 말하는
것은 불경한 짓일 것이다. 그들은 또 이보다 조금 못하고 값도 더 싼 두
번째 방법으로 만든 견본과, 가장 값이 싼 세 번째 방법으로 만든 견본
도 보여 준다. 그들은 그 과정을 설명하고 시신이 어떤 방법으로 처리
되기를 원하는지 친족에게 묻는다. 흥정이 끝나면 친족은 집으로 돌아
가고, 미라 기술자들은 작업장에 남아 곧장 미라를 만들기 시작하는
데, 가장 정교한 방법은 다음과 같다. 먼저 쇠갈고리로 콧구멍을 통해

---

85 주신(酒神) 디오뉘소스의 다른 이름.
86 특히 서사시인 헤시오도스(Hesiodos)가 그랬다. 그의 『일과 날』 765~828행 참조.
87 헤라클레스=Onuris, 아폴론=Horos, 아테나=Neith, 아르테미스=Bastet, 아레스
=Montju, 제우스=Amun, 레토=Wadjet.
88 오시리스. 사후에 오시리스의 왕국에 들어가려면 오시리스를 닮아야 하는 것으
로 그들은 믿었다.

뇌를 꺼내고, 나머지는 콧구멍으로 약물을 주입해 녹인다. 그러고 나서 예리한 아이티오피아산(産) 돌칼로 옆구리를 절개하고 내장을 모두 제거한 뒤 배 안을 깨끗이 씻고 야자 술과 으깬 향료로 헹군다. 그런 다음 으깬 몰약과 계피와 다른 향료로(하지만 유향은 사용하지 않는다) 시신의 배 안을 가득 채우고 봉합한다. 그들은 시신을 양잿물에 70일 동안 푹 담가 둔다. 절대로 70일 넘게 담가 두면 안 된다. 70일이 지나면 그들은 시신을 씻고 고운 아마포로 만든 붕대로 온몸을 싸고 그 위에 아이귑토스인이 아교 대신 사용하는 고무를 바른다. 그러면 친척들이 시신을 가져가 사람 모양의 목관을 만들어 그 안에 넣는다. 그리고 관을 봉한 다음 벽에 똑바로 세워서 묘실(墓室)에 안치한다.

87 이상이 시신을 미라로 만드는 가장 값비싼 방법이다. 비용을 아끼기 위해 차선의 방법을 선택하는 유가족이 있는데, 그 처리 과정은 다음과 같다. 삼나무에서 뽑아낸 기름을 주사기에 가득 넣고 시신의 배에 가득 주입하되 옆구리를 절개하지도, 내장을 꺼내지도 않고 항문으로 넣으며 도로 흘러나오지 않도록 마개를 사용한다. 그들은 정해진 일수만큼 시신을 가성소다액에 담가 두었다가, 마지막 날 앞서 주입한 삼나무 기름을 배에서 빼낸다. 삼나무 기름은 위와 내장이 모두 녹아 몸밖으로 함께 씻겨 나오게 하는 데 효과가 있다. 살은 양잿물에 녹기 때문에 시신은 살갗과 뼈만 남는다. 그러고 나서 그들은 시신을 가족에게 인도하고 더이상 다른 처치는 하지 않는다.

88 더 가난한 사람들의 시신을 미라로 만드는 데 이용되는 세 번째 방법은 하제로 내장을 씻어 낸 다음 70일 동안 시신을 양잿물에 담갔다가 건져서 가족에게 인도하는 것이다.

89 명망 있는 사람의 아내가 죽었을 때, 시신은 곧바로 미라 기술자에게 넘겨지지 않는다. 잘생긴 여자나 그 밖에 탁월한 여자의 경우도 마찬가지다. 죽은 지 3일 또는 4일째 되는 날까지 기다렸다가 미라 기술자에게 넘겨진다. 미라 기술자가 이들의 시신을 간음하는 것을 막기 위해서이다. 미라 기술자 중 한 명이 갓 죽은 여자의 시신을 간음하다가 동업자의 고발로 붙잡힌 적이 있다고 한다.

90 아이귑토스인이든 이방인이든 악어에게 붙잡혀 가거나 강물에 빠져 죽은 것이 명백한 경우에는 그가 떠밀려 온 도시에 사는 주민은 반드시 그의 시신을 미라로 만들고 되도록 후하게 대접한 다음 축성된 관에 넣어 묻어 주어야 한다. 친척이든 친구든 아무도 그에게 손을 대서는 안 되고, 네일로스강의 사제만이 그에게 손을 대고 묻어 줄 수 있다. 그의 시신은 인간 이상의 것으로 간주되기 때문이다.

91 아이귑토스인은 헬라스인의 관습을, 아니 일반적으로 이민족의 관습을 받아들이기를 꺼린다. 다른 아이귑토스인은 이 원칙을 지키지만, 네아폴리스에서 멀지 않은 테바이 지방의 대도시 켐미스만은 예외이다. 이 도시에는 다나에의 아들 페르세우스의 네모난 성역이 있고 그 주위에는 야자수가 자라고 있다. 성역의 출입문은 거석으로 만든 돌문인데 그 옆에는 두 개의 거대한 석조 입상이 서 있다. 이 경내(境內)에 신전이 하나 있고, 그 안에 페르세우스의 입상이 있다. 켐미스 사람들에 따르면, 페르세우스는 종종 이 지방과 이 성역에 나타난다고 하며, 그럴 때면 그가 신던 샌들 한 짝을 볼 수 있는데 그 길이가 2페퀴스나 된다고 한다. 그 샌들이 보이면 아이귑토스 전역이 번영을 누린다고 한다. 이상이 그들의 주장이다. 그들은 헬라스식으로 페르세우스에게 경

의를 표하기 위해 온갖 종목의 육상경기를 개최하고 가축, 외투, 모피를 상으로 내놓는다. 왜 페르세우스는 그들에게만 모습을 드러내며, 아이귑토스인 중에 왜 그들만이 체육 경기를 개최하느냐고 내가 묻자, 그들은 페르세우스가 원래 이 도시 출신이라고 대답했다. 다나오스와 륑케우스는 켐미스 사람이었는데 배를 타고 헬라스로 건너갔다는 것이다. 그들은 이들로부터 시작해 페르세우스에 이르기까지 세대의 수를 셌다.[89] 페르세우스가 아이귑토스에 온 것은 헬라스인의 주장처럼 리뷔에에서 고르고[90]의 머리를 가져가기 위해서였는데, 켐미스에 왔다가 친척을 알아보았다는 것이다. 페르세우스는 아이귑토스에 오기 전에 벌써 어머니한테 들어서 켐미스라는 이름을 알고 있었다고 했다. 또한 그의 명령에 따라 그들이 체육 경기를 개최하는 것이라고 했다.

92 지금까지 기술한 것은 늪지대 남쪽에 사는 아이귑토스인의 관습이다. 늪이 많은 해안 지대에 사는 사람들의 관습도 다른 아이귑토스인과 대동소이하다. 이를테면 그들도 헬라스인처럼 일부일처제를 지킨다. 차이가 있다면 그들은 값싼 식량원을 찾아냈다는 점이다. 강이 불어 들판이 물에 잠기면 백합이 지천으로 자라는데, 아이귑토스인은 그것을 '로토스'[91]라 부른다. 그들은 이것을 따 햇볕에 말렸다가, 양귀비 비슷한 이 꽃의 가운데 부분을 빻은 다음 불에 구워 빵을 만든다. 그 뿌리도 먹을 수 있는데, 모양은 둥글고 크기는 사과만 한 것이 제법 달짝지근하다. 장미와 비슷하며 역시 강물에서 자라는 다른 종류의 백합도 있다. 그 열매는 꽃받침이 아니라 뿌리에서 돋아난 별도의 줄기에 달려 있고, 모양은 벌집과 아주 흡사하다. 열매 안에는 올리브 씨만큼 굵은 씨가 많이 들었는데, 싱싱할 때도 먹고 말려서도 먹는다. 그곳에서 해마다 자라는 파피루스를 그들은 늪에서 뽑아, 윗부분은 잘라서 다른 용도로

쓰고, 1페퀴스쯤 되는 아랫부분은 먹기도 하고 팔기도 한다. 파피루스를 가장 맛있게 먹으려면 발갛게 단 화덕에 굽는다. 늪지대에 사는 자들 중에 물고기만 먹고 사는 자들이 있는데, 그들은 물고기를 잡아 내장을 빼고 햇볕에 말려 마른 채로 먹는다.

93 떼 지어 다니는 물고기들은 강에서는 나지 않고 호수에서 자란다. 그리고 번식기가 되면 떼 지어 바다로 나간다. 수컷이 앞장서며 정액을 쏟으면 암컷이 따라가며 그것을 삼키고 새끼를 밴다. 바다에서 새끼를 배고 나면 물고기들은 원래 살던 곳으로 되돌아간다. 그러나 이번에는 수컷이 앞장서지 않고 암컷이 앞장선다. 암컷은 헤엄치며 앞서의 수컷처럼 한다. 암컷이 기장쌀만 한 알을 한 번에 몇 알씩 쏟으면 뒤따르던 수컷이 그것을 삼키는 것이다. 이렇게 물고기들이 번식하는데, 수컷이 삼키지 않은 것들만이 물고기로 자란다. 바다로 나가다가 잡힌 물고기들은 머리 왼쪽에 상처가 보이고, 돌아오다가 잡힌 물고기들은 머리 오른쪽에 상처가 나 있다. 그것은 물고기들이 바다로 내려갈 때나 바다에서 돌아올 때나 물살을 헤치고 나가려다 길을 잃는 일이 없도록 되도록 이면 왼쪽 강기슭으로 바짝 붙어 이동하기 때문이다. 네일로스강이 불

---

89 아이귑토스의 아들 륑케우스(Lynkeus)와 다나오스의 딸 휘페르메스트라(Hyper-mestra 또는 Hypermnestra) 사이에 아바스(Abas)란 아들이 태어나면서 세대는 아바스→아크리시오스→다나에→페르세우스로 이어진다.
90 고르고(Gorgo)는 머리털이 뱀으로 되어 있는 무서운 괴물로, 보는 이를 돌로 변하게 했다고 한다. 고르고 자매는 세 명인데, '고르고'라고 하면 대개 그중 유일하게 죽게 되어 있는 메두사(Medousa)를 말한다. 페르세우스는 메두사를 직접 보지 않고 아테나 여신이 준 청동 방패에 비친 그녀의 모습을 보고 그녀를 죽여 목을 베어 올 수 있었다.
91 lotos.

어나기 시작하면 강에서 물이 졸졸 흘러들어 와 강가의 우묵한 곳이나 웅덩이에 먼저 물이 차기 시작한다. 그러면 그 일대가 작은 물고기들로 가득찬다. 이 물고기들이 어디서 생겼는지 나는 이해할 것 같다. 전년에 네일로스 강물이 빠질 때, 물고기들은 진흙에 알을 낳아 놓고는 마지막 남은 물과 함께 빠져나간다. 그 뒤 때가 되어 물이 다시 들어오면 그 알들에서 작은 물고기들이 부화하는 것이다. 이것이 네일로스강의 물고기에 관한 이야기다.

94 늪지대 가까이 사는 아이귑토스인은 아이귑토스어로 키키[92]라 부르는 아주까리 열매에서 짠 기름을 사용한다. 그 제조법은 다음과 같다. 아주까리는 헬라스에서는 자생하는 야생식물이지만 아이귑토스인은 강가나 호숫가에 심는다. 아이귑토스의 변종은 열매를 많이 맺지만, 열매에서는 악취가 난다. 사람들은 그 열매를 모아 잘게 썰어 짜거나 볶아서 졸인다. 그리고 거기서 흘러나오는 걸쭉한 액체를 모은다. 그것은 등잔 기름으로는 올리브유 못지않지만 느끼한 냄새가 난다.

95 그들은 그곳의 엄청나게 많은 모기떼에 다음과 같이 대처한다. 늪지대 남쪽에 사는 자들은 탑 모양의 높은 침실로 올라가 잠을 자는데, 그것은 큰 도움이 된다. 모기가 바람에 날려 높이 날지 못하는 것이다. 늪지대 주변에 사는 자들은 탑 모양의 방 대신 다른 것을 생각해 냈다. 그곳 사람들은 저마다 그물을 갖고 있는데, 그들은 이 그물을 낮에는 물고기 잡는 데 쓰지만, 밤에는 다른 용도로 쓴다. 말하자면 그들이 잠을 자는 침상 주위에 그물을 치고는 그 안에 들어가 잠을 자는 것이다. 외투나 아마포를 덮고 자는 것은 소용없다. 모기는 그것들을 뚫고 물기 때문이다. 그러나 모기는 그물을 뚫고 물 엄두는 내지 못한다.

96 그들의 짐배는 아카시아나무로 만든다. 아카시아나무는 그 모양이 퀴레네 지방의 로토스와 가장 비슷하고, 고무 같은 수액이 나온다. 그들은 이 아카시아나무에서 길이 2페퀴스쯤 되는 널빤지들을 잘라 내어 그것들을 벽돌처럼 쌓는다. 그들은 다음과 같은 방법으로 배를 만든다. 그들은 긴 나무못을 박아 2페퀴스짜리 널빤지들을 이어 붙인다. 그리하여 일단 선체가 완성되면 그 위에 가로장을 얹는다. 늑재(肋材)는 일절 사용하지 않고, 대신 파피루스를 뱃밥으로 사용해 이음매를 배 안쪽에서 틀어막는다. 키는 하나밖에 없는데, 용골을 관통하고 있다. 돛대도 아카시아나무로 만들고, 돛은 파피루스로 만든다. 이 배들은 순풍이 불지 않는 한 강물을 거슬러 항해할 수 없으므로 강둑에서 견인해 주어야 한다. 하류로 항해할 때는 위성류로 만든 뗏목에 갈대 멍석을 이어 붙인 것과, 무게가 2탈란톤쯤 되는 구멍 뚫린 돌덩이를 준비한다. 뗏목은 밧줄로 배 앞쪽에 매달아 앞장서서 떠내려가게 하고, 돌덩이는 다른 밧줄로 배 뒤쪽에 매단다. 뗏목은 일단 물살에 휩쓸리면 빠르게 나아가며 '바리스'[93]—이 배들의 아이귑토스어 이름—를 끌고 돌은 뒤에서 강바닥을 따라 끌려가며 배의 진로를 바로잡아 준다. 그곳에는 이런 배들이 수없이 많고, 수천 탈란톤의 짐을 운반하는 것들도 더러 있다.

97 네일로스강이 육지에 범람하면, 물위로 도시만 보이는데, 그 모습은 마치 아이가이온[94]해의 도서 지방 같다. 아이귑토스 전역이 바다가 되

고, 도시만이 그 위로 나와 있기에 하는 말이다. 그런 일이 일어나면 사람들은 강바닥을 따라서가 아니라 배를 타고 들판을 가로질러 왕래한다. 예컨대 나우크라티스에서 멤피스로 가려면 배가 피라미드 바로 옆을 지나가는데, 이것은 평상시의 항로가 아니다. 평상시의 항로는 삼각주의 정점과 케르카소로스 시 옆을 경유하는 것이기 때문이다. 그리고 바닷가의 카노보스에서 평야를 지나 나우크라티스로 항해하면 안퉁라 시와 아르칸드로스의 이름을 딴 도시[95] 옆을 지나가게 된다.[96]

98 이 가운데 안퉁라는 유명한 도시로, 역대 아이귑토스 왕이 왕비에게 신발 마련하는 비용으로 쓰라고 특별히 하사한 곳이다. 그것은 물론 아이귑토스가 페르시아의 지배를 받게 된 이후의 일이다. 내 생각에, 아르칸드루 폴리스라고 불리는 다른 도시는 프티오스의 아들이자 아카이오스의 손자로 다나오스의 사위가 된 아르칸드로스의 이름을 딴 것 같다. 물론 또 다른 아르칸드로스가 있을 수도 있다. 아무튼 아르칸드로스가 아이귑토스의 이름이 아닌 것만은 확실하다.

99 내가 지금까지 아이귑토스에 관해 말한 것은 내가 직접 보고 판단하고 탐사한 것에 근거한다. 이제부터는 내가 아이귑토스인에게 들은 것을 그대로 전하되 내가 직접 본 것도 간혹 덧붙이려 한다. 사제들에 따르면, 아이귑토스의 초대 왕은 민으로, 그는 네일로스강에 제방을 쌓아 멤피스를 보호했다고 한다. 당시 강물은 리뷔에 쪽 모래 산맥을 따라 흐르곤 했는데, 민이 멤피스 남쪽 100스타디온 지점에 있는 만곡부(彎曲部)에 제방을 쌓아 본래의 강바닥을 고갈시키고 두 산맥의 중간[97]을 흐르도록 물길을 돌렸다고 한다. 오늘날에도 네일로스강의 이 만곡부는 강물이 지금의 강바닥을 따라 흐르도록 페르시아인이 엄중히 감시

하고 있으며, 그들은 또 해마다 제방을 보강한다. 만약 강물이 이 지점에서 제방을 뚫고 범람한다면 멤피스가 완전히 물에 잠길 위험이 있기 때문이다. 물길이 차단된 곳이 마른땅이 되자 초대 왕 민은 그곳에 오늘날 멤피스라 불리는 도시를 세웠다. (멤피스도 아이귑토스의 이 좁은 지대에 자리잡고 있기 때문이다.) 그리고 그는 도시 외곽에 도시의 북쪽과 서쪽으로(동쪽으로는 네일로스강 자체가 울이 되어 주기 때문이다) 강물을 끌어들여 호수를 파게 했으며, 도시 안에 가장 언급할 만한 가치가 있는 거대한 헤파이스토스 신전을 지었다고 한다.

100 사제들은 파피루스 두루마리를 보고 민의 뒤를 이은 330명에 이르는 역대 왕의 이름을 읽어 주었다. 330대를 이어 온 그들 가운데 아이티오피아 출신 왕이 18명이고, 아이귑토스 출신 여왕이 1명이며, 나머지는 모두 아이귑토스 출신 남자들이었다. 여왕의 이름은 니토크리스로, 바뷜론 여왕[98]의 이름과 같았다. 사제들에 따르면 그녀는 오라비의 원수를 갚았다고 한다. 아이귑토스인은 그녀의 오라비가 자신들의 왕인데도 그를 죽이고 왕위를 그녀에게 넘겨주었지만 그녀는 오라비의 원수를 갚기 위해 다음과 같은 계략으로 그들 중 다수를 죽였다고 한다. 말하자면, 그녀는 지하에 거대한 방을 만들게 하고는 낙성식을 올린다는 핑계로 오라비의 죽음에 가장 깊이 관여한 것으로 생각되는 아이귑토스인을 다수 초대한 다음, 그들이 한창 식사 중일 때 커다란 비밀 통로

---

95 아르칸드루 폴리스(Archandrou polis).
96 보통 때는 카노보스 항에서 나우크라티스 시로 가려면 여러 운하를 이용해 빙빙 돌아가야 한다고 한다.
97 이집트 평야.
98 1권 185장 이하.

를 통해 강물이 그들을 덮치게 했다고 한다. 이것이 내가 니토크리스 여왕에 관해 들은 전부이다. 그녀는 그러고 나서 보복을 피하려고 뜨거운 재로 가득찬 방에 몸을 던졌다고 한다.[99]

101 사제들은 다른 왕들에 관해서 이렇다 할 빛나는 업적을 하나도 내세우지 못했지만, 마지막 왕 모이리스만은 예외였다. 그가 세운 기념물로는 헤파이스토스 신전의 북문과, 호수와, 그 호수 안의 피라미드들을 들 수 있다. 호수의 둘레가 몇 스타디온이나 되며, 피라미드들은 또한 얼마나 큰 규모인지 나중에 밝히겠다.[100] 모이리스는 그런 업적을 남겼지만, 다른 왕들은 내세울 만한 업적을 하나도 남기지 못했다고 했다.

102 그래서 나는 그들을 건너뛰어, 그들의 후계자인 세소스트리스[101]라는 왕에 관해 언급하려 한다. 사제들에 따르면, 그는 처음으로 함대를 이끌고 아라비아만[102]을 떠나 홍해[103] 연안의 주민을 모두 정복했으며 수심이 얕아 더이상 항해를 할 수 없는 바다에 이를 때까지 앞으로 나아갔다고 한다. 그 뒤 그는 아이귑토스로 돌아와, 사제들의 보고에 따르면, 대군을 모아 대륙을 횡단하며 닥치는 대로 모든 민족을 정복했다. 독립을 지키려고 치열하게 싸우는 용감한 민족을 만날 경우 그는 그들의 영토에 그의 이름과 조국을 알리는, 그리고 그가 그들을 힘으로 제압했음을 알리는 내용이 새겨진 비석을 세우게 했다. 그가 싸우지도 않고 쉬이 도시들을 함락한 경우 용감한 민족을 만났을 경우와 똑같은 내용을 비석에 새겨넣되 여자의 성기도 그려 넣게 했다. 그들이 겁쟁이임을 보여 주기 위해서였다.

103 그는 그렇게 대륙을 횡단하다가 아시아에서 에우로페로 건너가 스퀴

타이족과 트라케인을 정복했다. 내 생각에, 이곳이 아이귑토스 군대가 진격한 가장 먼 지점인 것 같다. 그곳에서는 아이귑토스인의 비석이 발견되지만 그 이상에서는 발견되지 않기 때문이다. 그곳에서 돌아선 그는 귀향길에 올랐다. 그가 파시스강에 이르렀을 때, 그의 군대의 일부가 그곳에 처졌다. 하지만 세소스트리스왕이 자신의 군대 일부를 그 나라에 정착시켰는지, 아니면 군대 일부가 행군에 지쳐 제멋대로 파시스강 주위에 정착하게 되었는지 확실히 말할 수 없다.

104 콜키스인은 분명 아이귑토스인의 후손이기에 하는 말이다. 나는 남에게 듣기 전에 그런 줄 알고 있었다. 그런 생각이 떠올라 내가 양쪽 백성에게 물어보았더니, 아이귑토스인이 콜키스인에 관해 기억하는 것 이상으로 콜키스인이 아이귑토스인에 관해 많은 것을 기억하고 있었다. 아이귑토스인은 콜키스인이 세소스트리스 군대에서 파생된 것으로 믿는다고 말했다. 나는 콜키스인의 피부색이 검고[104] 머리털이 곱슬머리라는 사실에 근거해 그렇게 추정한다. 하지만 그것만으로는 부족하다. 그런 특징을 지닌 민족은 그 밖에도 많기 때문이다. 더 유력한 증거는 세상에서 콜키스인과 아이귑토스인과 아이티오피아인만이 처음부

---

99 질식해 죽기 위해.
100 149~150장.
101 여기 나오는 세소스트리스를 12왕조 때의 센보스레트 1세 및 3세와 람세스 2세를 짜깁기한 인물로 보는 이들도 있다.
102 지금의 홍해.
103 지금의 인도양.
104 '피부색이 검다'(melanchroes)는 말만 보고는 헤로도토스가 아이귑토스인을 흑인으로 보는지, 아니면 그리스인에 비해 피부색이 검다고 보는지 알 수 없다.

터 할례를 받았다는 것이다. 포이니케인과 팔라이스티네[105]에 사는 쉬리아인은 그런 관행을 아이귑토스인에게 배웠다고 인정하고 있고, 테르모돈강과 파르테니오스 강가에 사는 쉬리아인과 그들의 이웃인 마크로네스족은 할례를 근래에 콜키스인에게 배웠다고 말한다. 세상에서 할례를 받는 민족은 이들뿐이고, 이들 민족은 분명 아이귑토스인과 같은 방법으로 할례를 받는다. 아이귑토스인과 아이티오피아인 가운데 어느 쪽이 어느 쪽에게 배웠는지는 단언할 수 없다. 아이귑토스에서도, 아이티오피아에서도 할례는 분명 아주 오래된 관습이기 때문이다. 그러나 다른 민족은 아이귑토스와의 교류를 통해 할례를 받아들인 것 같다. 그 유력한 증거로 헬라스와 교류하게 된 포이니케인은 [성기와 관련해] 아이귑토스인을 모방하기를 그만두고 아이들에게 할례를 행하지 않는다는 점을 들 수 있다.

105 콜키스인이 아이귑토스인과 유사한 점 또 하나를 밝히겠다. 콜키스인과 아이귑토스인만이 아마를 같은 방법으로 가공한다. 그들의 전반적인 생활방식과 말도 서로 비슷하다. 헬라스인은 콜키스산(産) 아마는 사르도니코스[106] 아마라 부르고, 아이귑토스에서 수입된 아마는 아이귑토스 아마라 부른다.

106 아이귑토스의 세소스트리스왕이 정복한 나라들에 세운 비석은 대부분 없어졌다. 그러나 나는 팔라이스티네의 쉬리아에서 몇 개를 보았는데, 거기에는 앞서 말한 비문과 여자의 성기가 새겨져 있었다. 이오니아 지방에도 바위에 새겨진 이 왕의 형상이 두 군데 있는데, 하나는 에페소스에서 포카이아로 가는 길에 있고, 다른 하나는 사르데이스에서 스뮈르나로 가는 길에 있다. 두 군데 다 4와 2분의 1페퀴스[107] 높이의

남자상이 부조되어 있는데 오른손에 창을, 왼손에 활[108]을 들었으며, 그 밖의 무구(武具)도 거기에 맞춰 일부는 아이귑토스식이고, 일부는 아이티오피아식이다.[109] 한쪽 어깨에서 다른 쪽 어깨로 가슴을 가로질러 아이귑토스의 상형문자로 다음과 같은 비명(碑銘)이 새겨져 있다. "나는 이 나라를 내 두 어깨로 정복했노라!" 정복자의 이름과 나라는 거기에 드러나 있지 않지만, 다른 데서는 드러난다. 그 조각을 본 사람 중에는 그것이 멤논[110]의 상이라 생각하는 자도 더러 있지만, 그것은 사실과 거리가 아주 멀다.

107 사제들에 따르면, 아이귑토스 왕 세소스트리스는 귀국할 때 그가 정복한 나라들에서 수많은 포로를 데리고 왔다. 세소스트리스가 펠루시온의 다프나이에 도착했을 때, 그의 원정 기간 중 아이귑토스의 통치권을 위임받았던 그의 아우가 그에게 연회를 베풀며 그의 아들들도 함께 초대했다. 그와 그의 아들들이 왔을 때, 그의 아우는 집밖에 장작을 빙 둘러쌓고 불을 질렀다. 세소스트리스는 어떤 일이 벌어지고 있는지 알고는 즉시 아내에게 조언을 구했다. 그는 아내도 함께 데려간 것이다. 그

---

105 팔레스타인의 그리스어 이름.
106 사르도니코스(Sardonikos)는 사르도(Sardo 지금의 사르데냐)의 형용사인데, 콜키스산 아마가 사르디니아와 무슨 관계가 있는지 알 수 없다.
107 약 199.8센티미터.
108 창은 아이귑토스인이, 활은 아이티오피아인이 애용한 무기이다.
109 스뮈르나에서 사르데이스로 가는 도로의 남쪽에 있는 카라벨(Karabel) 고갯길의 부조를 가리키는 것으로 추정된다. 하지만 이 부조는 왼손에 창을 들고, 오른쪽 어깨에 활을 메고 있어 헤로도토스는 여기서 다른 부조를 설명하고 있는 것으로 보는 이들도 있다.
110 트로이아 전쟁에 참전한 아이티오피아 왕.

의 아내는 그의 여섯 아들 가운데 두 아들을 화염 위에 뉘면 나머지는 그들을 다리처럼 밟고 탈출할 수 있다고 조언했다. 세소스트리스는 그렇게 했고 비록 두 아들은 불타 죽었지만, 나머지 아들들은 아버지와 함께 탈출할 수 있었다.

108 세소스트리스는 아이귑토스로 돌아오자마자 아우를 응징한 다음 그가 데려온 수많은 전쟁 포로를 다음과 같은 일에 동원했다. 세소스트리스의 치세에는 엄청나게 큰 돌들이 헤파이스토스 신전으로 운반되었는데, 이들 포로가 돌을 끌어온 것이다. 지금 아이귑토스에 있는 운하들도 모두 강제 동원된 이들이 판 것이다. 이들은 전에는 사방팔방으로 말과 마차를 달릴 수 있던 아이귑토스를 본의 아니게 말과 마차가 없는 나라로 만들었다. 그때부터 아이귑토스는 전체가 평야임에도 말과 마차가 지나다닐 수 없게 되었다. 그것은 사방으로 뻗어 있는 수많은 운하 탓이다. 왕이 국토를 이렇게 운하로 잘라 놓은 것은 강가에서 떨어진 내륙의 도시들에 물을 공급하기 위해서였다. 그곳의 도시들은 강물의 수위가 떨어지면 물이 부족해 우물에서 소금기 있는 물을 퍼 마시지 않으면 안 되었다. 아이귑토스가 운하로 분할된 것은 그 때문이다.

109 사제들에 따르면, 왕은 또 국토를 나누어 모든 아이귑토스인에게 같은 크기의 네모난 땅을 주고 해마다 소작료를 받아 세수를 충당했다. 받은 땅의 일부가 강물에 떠내려갔을 경우 당사자는 왕을 찾아가 신고했다. 그러면 왕이 조사관을 파견해 할당된 땅이 얼마나 줄었는지 다시 측량하게 하여 땅이 준 만큼 소작료도 줄여 주었다. 내 생각에, 그런 연유로 기하학[111]이 창안되어 헬라스로 수입된 것 같다. 해시계와 해시계의 바늘과 하루를 12부분으로 나누는 지식은 헬라스인이 바뷜론인에게 배

웠기에 하는 말이다.

110 세소스트리스는 아이티오피아까지 통치한 유일한 아이귑토스 왕이
다. 그는 자신의 통치를 기념해 헤파이스토스 신전 앞에 자신과 아내의
30페퀴스짜리 석상 두 개와, 네 아들의 20페퀴스짜리 석상 네 개를 남
겼다. 먼 훗날 페르시아 왕 다레이오스가 이 오래된 입상들 앞에 자신
의 입상을 세우려 하자, 헤파이스토스의 사제가 그의 업적은 아이귑토
스 왕 세소스트리스의 업적에 못 미친다며 거절했다. 세소스트리스는
다레이오스가 정복한 민족을 다 정복하고 스퀴타이족까지 정복했지
만 다레이오스는 스퀴타이족을 정복하지 못했다는 것이다. 따라서 다
레이오스가 세소스트리스의 업적을 능가하지 못하면서 세소스트리스
앞에 서는 것은 옳지 못하다는 것이었다. 다레이오스도 그 말을 듣고
사제를 용서했다고 한다.

111 사제들에 따르면, 세소스트리스가 죽자 그의 아들 페로스가 왕위를 계
승했다고 한다. 페로스는 군사적 업적은 하나도 없고, 다음과 같은 일
로 눈이 멀었다고 한다. 한번은 네일로스강이 여느 때보다 크게 불어
수위가 18페퀴스나 되었다. 들판이 물에 잠기자 바람이 세차게 불며
강물이 요동치기 시작했다. 페로스왕이 오만무도하게도 창을 집어 들
고 소용돌이치는 강물 속으로 던졌는데, 그 뒤 곧 눈병이 나서 장님이
되었다고 한다. 그는 10년을 장님으로 지내다가 11년째 되던 해 부토
시로부터 신탁을 받았는데, 이제 처벌 기간이 지나 그가 오로지 남편하

---

111 '기하학'의 그리스어 geometria (원전 geometrie)는 직역하면 '땅을 측량하는 기
술'이라는 뜻이다.

고만 동침하고 다른 남자는 전혀 알지 못하는 여인의 오줌으로 눈을 씻으면 다시 볼 수 있게 된다는 것이었다. 그는 먼저 자기 아내를 시험해 보았다. 그러나 여전히 시력이 회복되지 않았고, 수많은 여인을 차례차례 시험해 보았다. 마침내 그가 시력을 회복하자, 그 오줌으로 씻어 그가 시력을 회복하게 해 준 여인만 제외하고 그가 시험해 본 여인 모두를 지금은 에뤼트레 볼로스[112]라 불리는 하나의 도시에 모이게 했고, 그들이 모이자 도시와 함께 그들을 불태웠다고 한다. 그리고 그 오줌으로 씻어 그가 시력을 회복하게 해 준 그 여인을 그는 아내로 삼았다. 눈병이 낫자 그는 이름 있는 모든 신전에 공물을 바쳤다. 가장 주목할 만한 것은 그가 헬리오스의 신전에 바친 두 개의 오벨리스크인데, 돌 하나로 된 이 오벨리스크들은 각각 높이가 100페퀴스이고 너비가 8페퀴스이다.

112 사제들에 따르면, 헬라스어로 프로테우스라는 멤피스 출신의 한 남자가 페로스의 왕위를 계승했다. 지금도 멤피스에는 헤파이스토스 신전 남쪽에 시설이 잘 갖춰진 아름다운 그의 성역이 있다. 그 성역 주위에는 튀로스 시 출신의 포이니케인이 살고 있으며, 그 구역 전체가 '튀로스인의 진영(陣營)'이라 불린다. 프로테우스의 성역 안에는 '이방의 아프로디테에게 바쳐진 신전이 있다. 추측건대, 이 신전은 튄다레오스의 딸 헬레네에게 바쳐진 신전이리라. 내가 그렇게 생각하는 것은, 헬레네가 한동안 프로테우스의 궁전에 머물렀다는 이야기를 들었을 뿐 아니라, 특히 이 신전이 '이방의 아프로디테의 신전이라고 불리기 때문이다. 아프로디테의 수많은 신전 가운데 여신에게 '이방의라는 별칭이 붙은 곳은 그곳뿐이기에 하는 말이다.

113 내가 헬레네에 관해 묻자 사제들은 다음과 같이 이야기했다. 알렉산드
로스[113]는 스파르테에서 헬레네를 납치해 고국으로 항해하던 중 아이
가이온해에서 폭풍을 만나 아이귑토스 앞바다를 표류하게 되었는데,
계속해서 바람이 불자 결국 아이귑토스의, 지금은 카노보스 하구라고
불리는 곳에 있는 물고기 염장(鹽藏) 업소에 상륙했다. 그곳 바닷가에
는 헤라클레스의 신전이 있었는데 지금도 남아 있다. 어느 집 노예든
그곳으로 피신해 자신을 신에게 바친다는 표시로 몸에 신성한 낙인이
찍히면 아무도 그에게 손댈 수 없다. 이러한 관습은 옛날부터 지금까지
존속되고 있다. 알렉산드로스의 몇몇 하인이 이 신전에 그런 법이 있음
을 알게 되자 그의 곁을 떠나 신에게 탄원하는 자들로서 신전 안에 눌
러앉았다. 그들은 알렉산드로스에게 해코지하려고 그를 고발하며 헬
레네에 관한 이야기와 그가 메넬라오스에게 저지른 부당 행위를 남김
없이 일러바쳤다. 그들은 사제들뿐 아니라 네일로스강 이쪽 하구의 간
수인 토니스라는 자에게도 그를 고발했다.

114 그들의 고발을 들은 토니스는 즉시 멤피스에 있는 프로테우스에게 다
음과 같은 전갈을 보냈다. "한 이방인이 이곳에 도착했는데, 그자는 테
우크로스[114]의 자손으로 헬라스에서 불경한 짓을 저질렀나이다. 그자
는 자신을 환대한 주인의 아내를 유혹해 그녀와 함께 막대한 재물을 싣
고 도망가는 중 바람에 떠밀려 전하의 나라로 떠내려왔나이다. 저희는
그자가 벌받지 않고 배를 타고 떠나게 해야 하나이까, 아니면 그자가

---

112 에뤼트레 볼로스(Erythre Bolos)는 '붉은 흙덩이'라는 뜻이다.
113 트로이아 왕자 파리스의 본명.
114 트로이아 왕가의 시조.

갖고 가는 것을 빼앗아야 하나이까?" 이 전갈에 대해 프로테우스는 다음과 같은 회신을 보냈다. "자신을 환대한 주인에게 불경한 짓을 했다는 그자가 누구이건, 그자가 무슨 말을 하는지 듣고 싶으니 그대들은 그자를 붙잡아 내 앞에 데려오도록 하라!"

115 이 말을 듣자 토니스는 알렉산드로스를 붙잡아 가두고 그의 함선들을 억류했다. 그리고 헬레네와 재물과 탄원자들과 함께 알렉산드로스를 멤피스로 데리고 갔다. 그들이 모두 대령하자 프로테우스가 알렉산드로스에게 그가 누구이며 어디서 배를 타고 왔는지 물었다. 알렉산드로스가 선조의 이름을 열거하고 고향 이름을 말하고 어디서 배를 타고 오는 길인지도 말했다. 프로테우스가 그에게 어디서 헬레네를 손에 넣었는지 물었다. 알렉산드로스가 더듬대며 사실을 말하지 않자, 탄원자가 된 하인들이 그의 말을 반박하며 그가 저지른 불의한 짓의 자초지종을 남김없이 이야기했다. 마침내 프로테우스는 이런 판결을 내렸다. "바람에 떠밀려 내 나라로 떠내려온 어떤 이방인도 죽이지 않는 것을 내 의무로 삼지 않았다면, 나는 저 헬라스인을 위해 그대를 응징했을 것이오. 악당이여, 그대는 그에게 환대를 받고도 그에게 가장 불경한 짓을 저질렀소. 그대는 그의 아내를 유혹했고, 그것도 성에 차지 않아 정열의 날개를 타고 그대와 함께 도망치도록 그녀를 꼬드겼소. 그것도 모자라 이리로 오기 전에 그대는 그대를 환대한 주인의 집을 약탈했소. 나는 어떤 일이 있어도 이방인을 죽이지 않을 것이오. 그러나 나는 이 여인과 재물은 그대가 가져가도록 허락하지 않고, 그대를 환대한 그 헬라스인이 와서 가져갈 때까지 맡아 둘 것이오. 그대와 그대의 일행에게 이르노니, 3일 안으로 배를 타고 내 나라를 떠나 다른 나라로 가도록 하시오. 그러지 않으면 나는 그대들을 적으로 취급할 것이오."

116 사제들에 따르면, 헬레네는 그렇게 해서 프로테우스의 궁전에 오게 되었다고 한다. 호메로스도 이 이야기를 알고 있었으리라 나는 생각한다. 이 이야기는 그가 채택한 다른 이야기만큼 그의 서사시에 적합하지 않아 의도적으로 생략했을 것이다. 그럼에도 그는 이 이야기도 알고 있었음을 보여 주고 있다. 그는 『일리아스』에서 알렉산드로스가 헬레네를 데려가다가 표류해 포이니케의 시돈에 갔었다고 하며 알렉산드로스의 방랑에 관해 이야기하고 있고, 다른 데서 자신이 한 말을 철회하지 않았다. 호메로스는 '디오메데스의 무훈'[115]에서 알렉산드로스의 방랑에 관해 언급하는데, 그 시행은 다음과 같다.

  그곳에는 시돈의 여인들이 온갖 솜씨를 다 부려 만든 옷들이
  간직되어 있었으니, 이 여인들은 신과 같은 알렉산드로스가
  고귀한 가문에서 태어난 헬레네를 데리고 오는 길에
  넓은 바다를 항해하면서 시돈에서 손수 데려온 것이다.

[호메로스는 『오뒷세이아』의 다음 시행에서도 그것에 관해 언급하고 있다.

  제우스의 딸은 여러모로 도움이 되는 이런 영험한 약들을
  갖고 있었는데, 아이귑토스에서 톤의 아내 폴뤼담나가 그녀에게
  준 것이었다. 그곳에서는 양식을 대주는 대지가 수많은 약초를

---

115 『일리아스』6권 289~292행. 『일리아스』가 지금처럼 24권으로 나뉘기 전에는 '디오메데스의 무훈' '아가멤논의 무훈' 같은 제목이 사용되었다. '디오메데스의 무훈'이란 지금의 5권에 붙여진 제목이다.

기르고 있었는데 이로운 것과 해로운 것이 서로 섞여 있었다.[116]

그 밖에도 메넬라오스는 텔레마코스에게 이렇게 말한다.

> 고향에 돌아가고 싶어 하는 나를 신들께서는 여전히 아이귑토스에
> 붙들어 두셨네. 그것은 내가 신들께 마음에 들 만한 헤카톰베를 바
> 치지 않았기 때문이라네.[117]]

이 시행을 보면 호메로스가 알렉산드로스의 방랑에 관해 알고 있었음
이 분명하다. 쉬리아는 아이귑토스의 이웃나라이고, 시돈 시를 건설한
포이니케인은 쉬리아에 살고 있기 때문이다.

117 이 시행과 이 구절은 『퀴프리아』[118]가 호메로스가 아닌 다른 시인의 작
품이라는 가장 유력한 증거이다. 『퀴프리아』의 시인은 순풍이 불고 바
다가 잔잔하여 알렉산드로스가 헬레네를 데리고 스파르테를 떠난 지 3
일째 되는 날 일리온[119]에 도착했다고 말한다. 반면, 호메로스는 『일리
아스』에서 알렉산드로스가 헬레네를 데리고 표류했다고 말한다. 호메
로스와 『퀴프리아』에 관해서는 이쯤 해 두자.

118 내가 사제들에게 일리온에서 있었던 일에 관해 헬라스인이 말하는 것
이 과연 사실인지 아닌지 묻자, 그들은 메넬라오스에게 직접 물어 알게
되었다며 이렇게 말했다. 헬레네가 납치된 뒤 헬라스인의 대군(大軍)
이 메넬라오스를 돕기 위해 테우크로스의 나라[120]로 가서 그곳에 상륙
한 다음 진지를 구축했다고 한다. 그러고 나서 그들은 일리온으로 사절
단을 보냈는데, 메넬라오스도 그들과 함께 갔다고 한다. 사절단은 성

내에 들어오자 헬레네와, 알렉산드로스가 훔쳐간 재물을 돌려주고 범죄행위에 대해 보상할 것을 요구했다. 그러나 테우크로스의 자손은 맹세를 하든 하지 않든 훗날에도 똑같은 대답을 되풀이하는데, 자기들은 헬레네도 문제의 재물도 갖고 있지 않으며 그것들은 모두 아이컵토스에 있다고 말했다는 것이다. 그리고 아이컵토스 왕 프로테우스가 갖고 있는 것들에 대해 자기들이 보상하는 것은 부당하다고 말했다는 것이다. 그러자 헬라스인은 자기들이 우롱당하고 있다고 믿고는 포위공격 끝에 결국 도시를 함락했다는 것이다. 도시를 함락해도 헬레네는 보이지 않고 종전과 같은 말을 듣게 되자, 그제야 헬라스인은 처음 들은 말을 믿게 되었고 메넬라오스를 프로테우스에게 보냈다고 한다.

119 아이컵토스에 도착한 메넬라오스는 네일로스강을 거슬러 멤피스까지 올라가 사건의 전말을 사실대로 말하고는 큰 환대를 받았고, 무탈한 헬레네와 자신의 재물을 모두 돌려받았다. 그렇게 환대받고도 메넬라오스는 아이컵토스인에게 몹쓸 짓을 하고 말았다. 그는 출항하고 싶었지만 역풍이 계속 불어 발이 묶이자 몹쓸 짓을 생각해 내어, 그곳 주민의 아이 두 명을 붙잡아 제물로 바친 것이다. 그의 비행이 탄로 나 아이컵토스인이 분개하여 추격하자 그는 함선을 이끌고 곧장 리뷔에로 도망

---

116 『오뒷세이아』 4권 227~230행.
117 『오뒷세이아』 4권 351~352행.
118 *Kypria.* 단편(斷片)밖에 남아 있지 않은 이른바 '서사시권(敍事詩圈) 서사시'들의 하나. '파리스의 심판'에서부터 그리스군의 트로이아 도착까지를 그리고 있다.
119 트로이아의 다른 이름.
120 '테우크로스'는 트로이아 왕가의 시조이다. '테우크로스의 나라'는 트로이아를 말한다.

쳤다. 그가 거기서 어디로 갔는지 아이귑토스인도 내게 말해 줄 수 없었다. 사제들에 따르면, 그들은 이런 일의 일부는 탐문해서 알게 되었지만, 그들의 나라에서 일어난 일은 확실히 알고 하는 말이라고 했다.

120 이상이 아이귑토스의 사제들이 내게 들려준 이야기다. 나는 헬레네에 관해 그들이 한 말에도 동의하는데, 다음과 같은 이유에서이다. 헬레네가 일리온에 있었다면 알렉산드로스가 동의하든 말든 헬라스인에게 반환되었을 것이다. 프리아모스도 그의 다른 친척도 알렉산드로스가 헬레네와 동침할 수 있게 해 주기 위해 자기 몸과 자식들과 도시를 위험에 빠뜨리려 할 만큼 어리석지 않기 때문이다. 처음에는 그들도 그렇게 해 주고 싶었겠지만 수많은 트로이아인이 헬라스인과 싸우다 전사하고, (우리가 서사시를 믿어야 한다면) 프리아모스 자신의 아들들도 교전 때마다 두세 명씩 죽는다면, 생각건대 프리아모스는 설령 그 자신이 헬레네와 동거한다 해도 다가오는 재앙을 피하기 위해 헬레네를 아카이오이족[121]에게 내주었을 것이다. 게다가 알렉산드로스는 왕위 계승자가 아닌 만큼 노왕(老王) 프리아모스를 대신해 전권을 휘두를 처지도 아니었다. 그의 형님으로, 그보다 더 남자다운 헥토르가 프리아모스가 죽은 뒤 왕위를 계승했을 것이기 때문이다. 헥토르는 자신과 모든 트로이아인에게 안겨 준 엄청난 불행 때문에라도 말썽꾸러기 아우를 비호하려 하지 않았을 것이다. 천만에. 트로이아인에게는 내줄 헬레네가 없었던 것이고, 사실을 말해도 헬라스인은 그들의 말을 믿지 않은 것이다. 내 의견을 말해도 된다면, 신께서 트로이아를 쑥대밭으로 만든 것은 그럼으로써 큰 악행에는 신이 내리는 엄한 벌이 따르기 마련이라는 것을 인간에게 명명백백히 보여 주시기 위함이었다. 그것이 내 생각이고, 내가 여기서 말하는 것도 그것이다.

121 사제들에 따르면, 프로테우스의 왕위는 람프시니토스[122]가 계승했다. 그가 남긴 기념물로는 헤파이스토스 신전의 서문(西門)이 있다. 이 문 앞에 그는 높이가 25페퀴스나 되는 입상 두 개를 세웠다. 아이귑토스인은 북쪽을 향한 입상을 '여름'이라 부르고, 남쪽을 향한 입상을 '겨울'이라 부른다. 그들은 '여름' 앞에서는 고개를 숙이며 엎드리고 경배하지만, '겨울'에게는 정반대의 태도를 보인다.

a) 람프시니토스왕은 은이 엄청 많았는데, 이후 왕 가운데 어느 누구도 그 점에서 그를 능가하기는커녕 근처에도 못 갔다고 한다. 그는 자신의 재물을 안전한 곳에 보관하고 싶어 석실(石室) 하나를 지었는데, 그 한쪽 벽은 왕궁의 외벽에 맞닿아 있었다. 건축업자가 음모를 꾸며, 그 돌 가운데 하나는 두 사람 또는 한 사람이라도 쉽게 벽에서 빼낼 수 있게 장치를 마련해 두었다. 방이 완공되자 왕은 그 안에 재물을 쌓아 두었다. 얼마 뒤 자신이 죽을 때가 되었다고 느낀 건축업자는 아들들(그에게는 두 아들이 있었다)을 불러 놓고, 자기는 선견지명이 있어 왕의 보물 창고를 지을 때 장치를 마련해 두었으니 그들이 남부럽잖게 살게 될 것이라고 했다. 그는 그 돌을 어떻게 빼낼 수 있으며, 그 돌이 벽의 어디쯤인지 자세히 일러 주었다. 또한 그들이 자신의 유언을 명심하고 있으면 왕의 재물 관리인이 될 것이라고 그는 말했다. 그가 죽자, 그의 아들들은 지체 없이 일에 착수해, 야음을 틈타 왕궁으로 가서 방안의 돌을 찾아낸 다음 그것을 쉽게 빼내고 많은 재물을 가져갔다.

b) 왕은 보물 창고의 문을 열어 보고는 궤짝들에 돈이 약간 비는 것을 보고 놀랐지만 봉인이 모두 뜯기지 않고 문이 그대로 닫혀 있어 범인을

---

121 그리스인.
122 19 및 20 왕조 때 흔한 이름인 Ramesses와 여신의 이름인 Neith를 합성한 것이다.

찾을 수가 없었다. 두 번 세 번 보물 창고의 문을 열어 볼 때마다 돈이 줄어든 것이 명백하자— 도둑들이 훔치기를 그만두지 않았기 때문이다— 왕은 다음과 같은 조치를 취했다. 그는 덫을 몇 개 만들어 돈이 든 궤짝들 주위에 갖다 놓게 했다. 도둑들은 여느 때처럼 다가가서 그중 한 명이 방안으로 살금살금 들어갔는데, 궤짝들에 다가가는 순간 덫에 치였다. 그는 자기가 어떤 처지에 놓이게 되었는지 알아차리고 당장 큰 소리로 아우를 부르며 무슨 일이 일어났는지 말하고는 사람들이 자기를 알아보면 그의 아우도 목숨을 잃게 될 테니 되도록 빨리 들어와 자기 목을 베라고 했다. 아우는 형의 말이 옳다고 여기고 형이 시킨 대로 했다. 그러고 나서 아우는 돌을 제자리에 갖다 놓고 형의 머리를 들고 집으로 갔다.

c) 이튿날 아침 왕은 보물 창고에 들어가 보고는 누군가 들어온 흔적도, 나간 흔적도 없이 창고는 멀쩡한데 머리 없는 시신이 덫에 걸려 있는 것을 보고 놀랐다. 왕은 어찌할 바를 몰라 하다가 다음과 같이 했다. 그는 도둑의 시신을 성문 밖에 매달고 파수병을 그 옆에 배치한 다음 누구든 시신을 애도하고 동정하는 것이 보이면 붙잡아 자기 앞으로 데려오라고 그들에게 명령했다. 그렇게 시신이 매달리자 그의 어머니는 몹시 상심하여 살아남은 아들에게 이르기를, 어떻게든 형의 시신을 내려 집으로 옮겨오라고 했다. 어머니는 만약 시킨 대로 하지 않으면 왕에게 가서 그가 그 재물을 갖고 있다고 일러바치겠다고 위협했다.

d) 살아남은 아들은 무슨 말을 해도 어머니가 들으려 하지 않고 계속해서 심하게 나무라자 한 가지 꾀를 생각해 냈다. 그는 당나귀를 몇 마리 구한 다음 술이 가득 든 가죽부대를 싣고 밖으로 몰고 나갔다. 그리고 파수병들이 성문 밖에 매달린 시신을 지키는 곳에 이르러, 두세 개의 가죽부대의 목을 잡아당겨 매듭을 풀어 버렸다. 술이 흘러나오자 그는

어느 당나귀부터 손봐야 할지 모르겠다는 듯이 소리를 지르며 자기 머리를 쳤다. 파수병들은 술이 철철 흘러내리는 것을 보자 손에 동이를 들고 거리로 몰려와 이게 웬 떡이냐며 쏟아지는 술을 받기 시작했다. 젊은이는 화난 척하며 그들 모두에게 욕설을 퍼부었지만, 파수병들이 달래자 잠시 뒤 마음이 가라앉고 화가 풀린 척하며 당나귀들을 길가로 몰고 나가 짐을 다시 정돈하기 시작했다. 그가 파수병들과 말을 주고받는 동안 그중 한 명이 농담을 던져 그를 웃기자 그는 가죽부대 하나를 그들에게 주었다. 그들은 그 자리에 둘러앉아 술을 마시기로 하고는 젊은이도 데려가더니 자기들과 함께 마시자고 권했다. 물론 그는 못 이기는 척하고 그곳에 눌러앉았다. 파수병들이 거나하게 취해 그에게 상냥하게 대하자 그는 가죽부대를 하나 더 주었다. 그들은 곧 만취 상태가 되었고, 쏟아지는 잠을 이기지 못해 마시던 그 자리에 드러누워 버렸다. 젊은이는 밤이 되기를 기다렸다가 시신을 내렸고 파수병들을 놀리려고 그들 각자의 오른쪽 뺨을 면도했다.[123] 그러고 나서 그는 형의 시신을 당나귀에 싣고 집으로 돌아갔다. 그는 어머니의 소원을 이루어 준 것이다.

e) 왕은 도둑의 시신을 도둑맞았다는 보고를 받고 노발대발했다. 그는 무슨 수를 써서라도 그런 술수를 쓴 자를 찾아내기 위해, 나로서는 믿기지 않는 일이지만, 다음과 같은 짓을 했다. 그는 자기 딸을 유곽으로 보내며 모든 남자에게 가리지 않고 몸을 맡기되, 교합하기 전에 반드시 그들이 평생 동안 저지른 짓 가운데 가장 영리하고 가장 사악한 짓을 말하게 하라고 명령했다. 그리고 누구든 그 도둑이 저지른 짓을 말하는 자가 있으면, 꼭 붙잡고 달아나지 못하게 하라고 명령했다. 소녀는 아

---

123 이집트인은 수염을 기르지 않았다. 여기 나오는 파수병은 외국의 용병인 듯하다.

버지가 시키는 대로 했다. 도둑은 왜 왕이 그런 짓을 했는지 알고는 자기가 왕보다 더 영리하다는 것을 보여 주고 싶어 다음과 같은 짓을 했다. 그는 죽은 지 얼마 안 되는 시신의 어깨에서 팔을 잘라 낸 다음 그것을 외투 속에 감추고 공주가 있는 곳으로 갔다. 다른 남자들과 같은 질문을 받자 그는 자기가 저지른 가장 사악한 짓은 왕의 보물 창고에서 덫에 치인 형의 목을 벤 일이며, 가장 영리한 짓은 파수병들을 취하게 한 다음 성문 밖에 매달려 있던 형의 시신을 내린 일이라고 말했다. 그 말을 들은 그녀가 그를 붙잡으려 했지만, 도둑은 어둠 속에서 시신의 팔을 그녀에게 내밀었다. 그녀는 그의 팔인 줄 알고 그 팔을 꼭 붙잡았다. 그러나 도둑은 그녀에게 팔을 맡겨 두고 문밖으로 빠져나갔다.

f) 이번 일도 왕에게 보고되자 왕은 그자의 기지와 대담성에 놀라움을 금치 못하고, 사방팔방의 도시들로 사람을 보내 도둑이 그의 앞에 출두하면 죄를 사면하고 큰 상을 내릴 것이라고 알리게 했다. 도둑이 그 말을 믿고 왕 앞에 출두하자 람프시니토스는 크게 감탄하고 그가 세상에서 가장 영리한 사람이라며 그에게 딸을 아내로 주었다. 그것은 아이귑토스인이 어떤 다른 민족보다 더 영리한데, 그는 다른 아이귑토스인보다 더 영리하기 때문이라고 그는 말했다고 한다.

122 사제들에 따르면, 그 뒤 람프시니토스는 살아서 헬라스인이 하데스[124] 라고 부르는 곳으로 내려가 그곳에서 데메테르[125] 여신과 주사위 놀이를 했다. 때로는 여신에게 이기기도 하고, 때로는 지기도 하여 황금 두건을 선물로 받아 지상으로 돌아왔다고 한다. 람프시니토스가 저승으로 내려갔다가 지상으로 돌아온 일을 기념해 아이귑토스인은 축제를 개최했다고 한다. 나는 그들이 지금도 그 축제를 개최하는 것을 알고 있지만, 과연 그 일이 계기가 되었는지는 확실히 말할 수 없다. 축제 당

일 사제들은 예복을 한 벌 짠 뒤 머리띠로 자기 가운데 한 명의 눈을 가리고 그 예복을 양손에 들려 준다. 그러고 나서 그들은 그 사제를 데메테르 신전으로 가는 길까지 데려다주고 자신들은 돌아온다. 눈이 가려진 그 사제는 늑대 두 마리가 도시에서 20스타디온 떨어진 데메테르 신전으로 데려갔다가, 나중에 그를 처음 만난 곳으로 도로 데려온다고 한다.

123 아이컵토스인의 이 이야기가 믿기는 사람은 믿어도 되리라. 하지만 내가 이 책을 쓰며 고수하는 원칙은 여러 민족이 전승한 것을 내가 들은 그대로 기록하는 일이다. 아이컵토스인에 따르면, 지하 세계를 지배하는 것은 데메테르와 디오뉘소스[126]라고 한다. 또한 아이컵토스인은 영혼불멸을 주장한 최초의 민족이기도 하다. 그들의 주장에 따르면, 육신이 죽으면 영혼은 갓 태어난 다른 생물 속으로 들어가고, 뭍살이 짐승과 물살이 짐승과 날짐승을 두루 거친 뒤 다시 갓 태어난 어린아이의 몸속으로 들어가는데, 한 번 순환하는 데 3000년이 걸린다는 것이다. 헬라스인 중에도 혹은 옛날에, 혹은 근래에 이 이론을 받아들여 자신의 이론인 양 내세우는 자들[127]이 있는데, 나는 그들의 이름을 알고 있지만 여기에 적지는 않겠다.

124 사제들에 따르면, 람프시니토스왕이 다스릴 때까지 아이컵토스는 훌륭하게 통치되고 크게 번성했다. 그러나 그의 뒤를 이어 케옵스가 왕이

124 저승.

125 이시스.

126 이시스와 오시리스.

127 오르페우스, 퓌타고라스, 엠페도클레스 등을 두고 한 말 같다.

되자 민생이 도탄에 빠졌다. 그는 먼저 모든 신전을 폐쇄하고 그 안에서 제물을 바치지 못하게 한 다음 모든 아이컵토스인이 자기를 위해 일하도록 강요했다. 어떤 자들은 아라비아산맥에 있는 채석장들에서 큰 돌덩이를 네일로스강까지 끌어와야 했고, 그 돌덩이들이 배에 실려 강을 건너고 나면 그는 다른 자들을 시켜 이른바 리뷔에산맥으로 그것들을 다시 끌고 가게 했다. 한 번에 10만 명의 인원이 3개월 교대로 동원되었다. 돌덩이를 끌고 갈 길을 내느라 10년 동안 백성의 고생은 계속되었다. 아마 길을 내는 일이 피라미드를 건조하는 일 못지않게 힘든 노역이었을 것이다. (길은 길이가 5스타디온이고, 너비가 10오르귀이아이고, 높이는 가장 높은 곳이 8오르귀이아인데, 동물의 형상을 새겨 넣은 반들반들 닦은 돌들로 만들어졌기 때문이다.) 이 길을 내고 피라미드가 서 있는 언덕에 현실(玄室)을 만드는 데 다시 또 10년이 걸렸다. 케옵스왕이 자신의 묘실로 지은 이 방들은 수로를 통해 네일로스강의 물을 끌어들임으로써 일종의 섬이 되었다. 피라미드 자체를 건조하는 데는 20년이 걸렸다. 피라미드는 사각형인데 각 변이 8플레트론이고, 높이도 마찬가지다.[128] 피라미드는 빈틈없이 들어맞는 반들반들 닦은 돌덩이들로 만들어졌는데, 길이가 30푸스 이하의 돌덩이는 하나도 없었다.

125   피라미드는 다음과 같은 방법으로 건조되었다. 먼저 성가퀴[129]라 부르기도 하고, 제단계단[130]이라 부르기도 하는 일련의 계단실을 만든 다음, 짧은 나무로 만든 지레를 사용해 남은 돌덩이들을 들어올린다. 돌덩이를 먼저 땅바닥에서 첫 번째 계단실로 들어올리면, 거기까지 올라온 돌덩이는 첫 번째 계단실에 있는 다른 기중기 위에 올려지고, 거기서 또 돌덩이는 두 번째 계단실과 또 다른 기중기에 실린다. 계단실 수만큼

기중기가 있었거나, 아니면 기중기가 다루기 쉬울 경우 싣고 있던 돌덩이를 내린 다음 같은 기중기가 차례차례 다음 계단실로 옮겨졌다. 내가 두 방법을 다 언급하는 것은 두 가지를 다 전해 들었기 때문이다. 아무튼 그들은 먼저 피라미드의 꼭대기 부분을 완성한 다음 그 바로 아래 부분을 완성하고, 마지막으로 땅바닥의 가장 낮은 마지막 부분을 완성했다. 피라미드에는 일꾼들이 얼마나 많은 무와 양파와 마늘을 소비했는지 아이귑토스 문자로 기록되어 있다. 그 문자를 해독한 통역자가 내게 말해 준 숫자를 내가 정확히 기억하고 있는 것이라면, 거기에 1,600탈란톤의 은이 들었다. 그 말이 맞는다면, 철제 도구를 장만하고 일꾼을 먹이고 입히는 데는 또 얼마나 많은 돈이 들었겠는가! 앞서 말했듯이 피라미드를 건조하는 데 20년이나 걸렸고, 돌덩이를 캐어 운반해 오고 현실(玄室)을 만드는 데도 적지 않은 시간이 걸렸을 테니 말이다.

126 그러나 케옵스는 돈이 궁해지자 자기 딸을 유곽에 보내며 일정액의 돈
     ── 얼마였는지 사제들은 말해 주지 않았다── 을 바치라고 명령할 정
     도로 사악했다. 그녀는 아버지가 시킨 대로 했지만, 자신을 위해서도
     기념물을 남기리라 결심하고는, 찾아오는 남자마다 공사장에 돌덩이
     를 하나씩 기증해 달라고 부탁했다. 사제들에 따르면, 대(大)피라미드
     앞에 있는, 세 피라미드 중 가운데 피라미드는 그런 돌들로 건조되었
     다. 그 피라미드는 각 변의 길이가 1과 2분의 1플레트론이다.

---

128 8플레트론은 236미터쯤 되는데, 실측에 따르면 각 변은 230미터쯤 되고, 수직의
높이는 146.7미터이고, 사면의 길이는 186미터라고 한다.
129 그리스어로 krossai.
130 그리스어로 bomides(단수형 bomis).

127 아이귑토스인에 따르면, 케옵스는 50년간 통치했고, 그가 죽자 그의 아우 케프렌이 왕위를 계승했다. 그도 형과 다를 바 없었고, 그도 피라미드를 만들었지만 형 것만큼 규모가 크지는 않았다. 나는 두 피라미드를 실제로 재 보았다. 두 번째 피라미드에는 지하 현실이 없고, 다른 피라미드처럼 인공 수로를 통해 네일로스 강물이 흘러들지도 않는다. 그러나 케옵스가 묻혀 있다는 피라미드는 마치 섬처럼 강물에 둘러싸여 있다. 케프렌의 피라미드 맨 아래층은 색깔이 있는 아이티오피아산 돌덩이로 건조되었고, 전체적인 규모는 다른 피라미드와 같지만, 높이가 40푸스 더 낮다. 이들 두 피라미드는 높이가 100푸스쯤 되는 같은 언덕 위에 서 있다. 케프렌은 56년간 통치했다.

128 이처럼 아이귑토스인은 106년 동안 온갖 고통에 시달렸고, 그 기간 동안 신전은 모두 폐쇄되고 한 번도 열린 적이 없었다. 아이귑토스인은 이들 왕을 미워해 이름조차 입에 담고 싶어 하지 않으며, 피라미드도 당시 이 지방에서 가축 떼를 치던 목자 필리티스의 이름을 따서 부른다.

129 사제들에 따르면, 케프렌 다음의 아이귑토스 왕은 케옵스의 아들 뮈케리노스였다. 그는 아버지가 한 일들이 마음에 들지 않아, 신전을 다시 개방하고 심히 핍박받던 백성이 자유롭게 생업에 종사하며 제물을 바칠 수 있게 했다. 그는 또 역대 왕 가운데 가장 공정하게 재판을 진행했다. 그래서 아이귑토스인은 자신들을 지배한 모든 왕 중에서 뮈케리노스를 가장 찬양한다. 그는 재판에 공정했을 뿐 아니라 자신의 재판에 불만이 있는 자에게는 그 불만을 달래기 위해 자신의 재물에서 얼마쯤을 주었다고 한다. 뮈케리노스는 백성에게 인자했고 또 그런 생활방식을 고수했지만, 그에게도 불행이 닥치기 시작했으니, 먼저 집안에 하

나뿐인 외동딸이 죽은 것이다. 몹시 상심한 그는, 딸에게 여느 무덤과는 다른 무덤을 만들어 주고 싶어, 나무로 속이 빈 암소를 만들게 하고 거기에 금박을 입힌 다음 죽은 딸을 그 안에 묻어 주었다.

130 그런데 이 암소는 땅에 묻히지 않고, 사이스 시에 있는 왕궁의 화려하게 장식한 방에 앉아 있는 모습을 최근에도 볼 수 있었다. 사람들은 날마다 그 옆에다 온갖 향을 피우고, 밤마다 밤새도록 등불을 켜 둔다. 이 암소에서 멀지 않은 다른 방에는 입상들이 서 있는데, 사이스의 사제들은 그것들이 뮈케리노스의 첩들이라고 말해 주었다. 나무로 만든 이 여인상은 거대한 나체상으로 그 수는 20개쯤 되었다. 그들이 누군지 나는 단지 내가 들은 바를 전할 수 있을 뿐이다.

131 이 암소와 입상에 관해 전혀 다르게 이야기하는 자들도 있다. 그들에 따르면, 뮈케리노스는 제 딸에게 반해 제 딸을 겁탈했다. 딸이 괴로워하며 목매달아 죽자 그는 딸을 암소 안에 묻었다. 그녀의 어머니는 딸을 아버지에게 넘겨준 시녀들의 손을 잘라 버렸다. 그래서 이 입상들에는 살아생전에 그랬듯 손이 없다는 것이다. 내 생각에, 이야기의 다른 부분도 그렇지만 특히 입상의 손에 관한 부분은 말도 안 되는 소리다. 입상의 손이 떨어진 것은 오랜 세월 때문이며, 그 손은 내가 방문했을 때만 해도 입상의 발 앞에 눈에 보이게 놓여 있는 것을 내 눈으로 보았기에 하는 말이다.

132 암소는 온몸이 진홍색 천으로 덮여 있었다. 다만 두껍게 금박을 입힌 목과 머리만 눈에 보인다. 두 뿔 사이에는 태양을 나타내는 황금 고리가 있다. 암소는 서 있지 않고 무릎을 꿇고 앉아 있으며, 살아 있는 큰

암소만큼 크다. 1년에 한 번씩 아이귑토스인이 이와 관련해 그 이름을 말해서는 안 되는 어떤 신의 죽음을 애도할 때[131] 방에서 밖으로 운반되어 나온다. 그때는 그들이 암소를 햇빛 속으로 운반해 나오는데, 그것은 딸이 죽어 가며 1년에 한 번씩 햇빛을 볼 수 있게 해 달라고 아버지 뮈케리노스에게 간청했기 때문이라고 한다.

133 딸의 죽음에 이어 뮈케리노스왕에게 두 번째 재앙이 찾아왔으니, 그가 6년을 더 살고 7년째 되는 해에 죽게 된다는 부토 시로부터 받은 신탁이 그것이다. 분개한 그는 신탁소로 사절단을 보내, 아버지와 숙부는 신전을 폐쇄하고 신들을 무시하고 사람들을 못살게 굴었어도 오래오래 살았는데, 자기는 경건한데도 일찍 죽어야 하느냐고 신에게 항의하게 했다. 그러자 신탁소로부터 두 번째 전언이 왔는데, 바로 그 때문에 그의 명이 단축된 것이라고 했다. 그는 제 소임을 다하지 못했다고 했다. 아이귑토스는 150년 동안 핍박받게 되어 있는데 그 이전의 두 왕은 그 점을 알고 있었지만 그는 알지 못했다고 했다. 뮈케리노스는 이 말을 듣자 자신의 운명은 이미 정해져 있음을 알고 수많은 등을 만들게 하더니 밤이 되면 거기에 불을 켜고 밤낮없이 마시며 즐겼고 늪이든 숲이든 놀기 좋다는 곳은 어디든지 찾아다녔다. 그가 그렇게 한 것은, 밤을 낮으로 만들어 6년이 12년이 되게 함으로써 신탁이 거짓임을 입증하기 위해서였다.

134 그도 피라미드를 하나 남겼는데, 아버지의 것보다는 훨씬 규모가 작다. 그의 피라미드는 사각형 각 변의 길이가 3플레트론에서 20푸스가 모자라며, 그 높이의 반까지만 아이티오피아산 돌덩이로 건조되었다. 헬라스인 중에는 이 피라미드가 창녀 로도피스에 의해 건조되었다고

주장하는 자들이 있는데, 그들의 주장은 잘못되었다. 그들은 분명 로도피스가 누군지도 모르는 것 같다. (그렇지 않다면 수천 탈란톤이라는 거금이 든 그런 피라미드를 그녀가 건조했다고 말하지 않았을 것이다.) 게다가 로도피스는 뮈케리노스왕의 치세 때가 아니라, 아마시스왕의 치세 때 전성기를 누렸다. 그녀는 피라미드를 남긴 왕들보다 훨씬 후대 사람이다. 그녀는 트라케 출신으로, 사모스 사람인, 헤파이스토폴리스의 아들 이아드몬의 노예였으며, 우화 작가 아이소포스[132]의 동료 노예였다. 아이소포스도 이아드몬의 노예였음은 무엇보다도 다음과 같은 사실로 입증된다. 델포이인이 신탁에 따라, 누구든지 아이소포스의 사망 보상금을 수령하기를 원하는 자는 출두하라고 여러 차례 전령을 시켜 고지했을 때, 이아드몬과 이름이 같은 이아드몬의 손자 외에는 아무도 출두하지 않았다. 그래서 아이소포스가 이아드몬의 노예였음이 입증된 것이다.

135 사모스 사람 크산테스가 로도피스를 아이귑토스로 데리고 왔다. 그녀가 본업에 종사할 수 있도록, 스카만드로뉘모스의 아들로 여류시인 삽포의 오라비인 뮈틸레네의 카락소스가 거금을 주고 그녀를 자유의 몸으로 만들어 주었다. 자유의 몸이 된 로도피스는 아이귑토스에 머물면서 요염한 자태로 재산을 모았다. 그녀에게는 물론 큰 재산이 있었지만 그런 피라미드를 건축할 정도는 아니었다. 그녀의 재산의 10분의 1이 어느 정도인지 오늘날에도 알고 싶은 사람은 누구든지 알 수 있을 만큼 거부였다고 주장할 필요는 없으리라. 로도피스는 헬라스에 자신의 기

---

131 오시리스 축제 때.
132 이솝의 그리스어 이름.

념물을 남기고자 일찍이 아무도 생각한 적 없고 신전에 바친 적 없는 공물을 자신의 기념물로 델포이에 봉헌하려 했으니 말이다. 그녀는 황소 한 마리를 구울 수 있을 만큼 굵은 석쇠들을 자기 재산의 10분의 1로 만들 수 있는 만큼 많이 만들게 하여 델포이로 보냈다. 이 석쇠들은 지금도 신전 맞은편, 키오스인이 봉헌한 제단 뒤에 쌓여 있다. 아무튼 나우크라티스의 창녀들이 유난히도 요염한 것 같다. 지금 이야기하고 있는 이 여인도 헬라스인이라면 누구나 로도피스라는 그 이름을 알 만큼 유명해졌고, 훗날 아르키디케라는 또 다른 창녀도 로도피스처럼 널리 세인의 입에 오르내리지는 않았어도 헬라스 전역에서 노래의 주제가 되었으니 하는 말이다. 카락소스는 로도피스를 자유의 몸으로 만들어 준 다음 뮈틸레네로 돌아갔고, 삽포는 어떤 시에서 그를 몹시 조롱했다. 이상으로 나는 로도피스에 관해 할 말을 다했다.

136 사제들에 따르면, 뮈케리노스 다음에는 아쉬키스가 아이귑토스의 왕이 되었다. 그는 헤파이스토스 신전의 동문(東門)을 지었는데, 이 동문은 가장 아름답기도 하거니와 규모도 가장 크다. 다른 문도 모두 조각과 수많은 건축 장식물로 장식되었지만 아쉬키스의 동문은 다른 문들을 압도한다. 이 왕의 치세 때에는 돈이 돌지 않아, 아버지의 미라를 담보로 돈을 차용할 수 있다는 법안이 아이귑토스에서 통과되었다. 이 법안에는 채권자는 채무자의 가족 묘지 전체를 압류할 수 있으며, 채무자가 채무 변제를 거절할 경우 그 벌로 본인은 물론이요, 가족 구성원도 조상 전래의 묘지와 그 밖의 다른 묘지에도 매장될 수 없다는 추가 조항이 있었다. 이 왕은 이전의 아이귑토스 왕들을 능가하고 싶어 벽돌로 건조한 피라미드를 기념물로 남겼는데, 그는 거기에 다음과 같은 글을 새겨넣게 했다. "나를 돌로 만든 피라미드보다 못하다고 생각지 마라!

제우스가 다른 신들을 능가하듯, 나는 돌로 만든 피라미드를 능가한다. 호수 바닥에 장대를 내려 거기 묻어 올라온 진흙을 모아 벽돌이 만들어졌고, 그 벽돌로 내가 만들어졌노라!" 아쉬키스의 업적에 관해서는 이쯤 해 두자.

137 아쉬키스 다음에는 아뉘시스 시 출신의 아뉘시스라는 장님이 왕이 되었다고 한다. 그의 치세 때 사바코스왕이 이끄는 아이티오피아의 대군이 아이귑토스로 쳐들어왔다고 한다. 그러자 장님 왕은 늪지대로 도망치고, 아이티오피아인이 50년간 아이귑토스를 통치했는데, 이 기간 동안 그의 치적은 다음과 같다. 아이귑토스인이 죄를 지으면 사바코스는 사형에 처하지 않고 죄의 경중에 따라 죄인의 고향 도시 근처에 제방을 쌓게 했다. 그리하여 도시들이 종전보다 지속적으로 더 높아졌다. 도시들은 처음에 세소스트리스왕 치세 때 운하를 파던 일꾼들에 의해 높아졌는데, 아이티오피아 왕 치세 때 또다시 높아졌기 때문이다. 아이귑토스의 다른 도시들도 높아졌지만, 내 생각에 가장 높이 돋우어진 도시는 부바스티스 시인 것 같다. 이 도시에서는 부바스티스의 신전이 가장 주목할 만하다. 더 크고 비용이 많이 든 신전도 있지만 이 신전만큼 아름다운 신전은 없다. 부바스티스의 헬라스 이름은 아르테미스이다.

138 그녀의 신전은 다음과 같다. 입구를 제외하면 신전은 전체가 하나의 섬이다. 네일로스강에서 두 개의 운하가 들어와 있는데, 하나는 신전 한쪽을 돌아 흐르고, 다른 하나는 신전의 다른 쪽을 돌아 흐르다가 서로 합류하지 않고 입구 바로 옆에서 끝난다. 운하의 너비는 각각 100푸스이고, 나무그늘이 드리워져 있다. 문은 높이가 10오르귀이아이고, 6페퀴스 높이의 훌륭한 형상들로 장식되어 있다. 신전은 도심에 자리잡고

있어 그 주위를 걸으며 사방에서 들여다볼 수 있다. 도시는 흙더미로 돋우어진 반면, 신전은 처음 지은 그대로 남아 있어 그 안을 들여다볼 수 있게 된 것이다. 신전은 여러 형상을 새긴 돌담으로 둘러져 있고, 그 안에는 여신의 신상을 모셔 놓은 대(大)신전 주위로 큰 나무들이 자라는 작은 숲이 있다. 신전은 사각형으로, 길이도 너비도 모두 1스타디온이다. 신전 앞에는 돌을 깐 도로가 있는데, 길이가 3스타디온이나 되는 이 도로는 도시의 시장을 지나 동쪽으로 나 있으며 너비는 4플레트론이다. 도로 양쪽에는 하늘을 찌를 듯 나무들이 서 있고, 도로는 헤르메스 신전에서 끝난다. 이 신전은 그러하다.

139 사제들에 따르면, 아이귑토스가 아이티오피아 왕의 통치에서 벗어난 경위는 다음과 같다. 아이티오피아 왕은 자다가 꿈을 꾸고 아이귑토스에서 달아났는데, 그는 한 남자가 그의 머리맡에 서서 아이귑토스의 사제들을 모두 한자리에 모이게 한 다음 그들의 몸통을 두 토막으로 잘라 버리라고 조언하는 꿈을 꾸었다고 한다. 이런 꿈을 꾸고 나서 그는 자기가 신성을 모독하는 죄를 짓고 신들과 인간에게 벌받게 하려는 핑계를 만들려고 신들께서 그런 꿈을 보내신 것 같다고 말했다. 그러나 그는 그러지 않을 것이며, 그가 아이귑토스를 통치할 것이라고 신탁이 예언한 기간도 끝나 이제 아이귑토스를 떠날 때가 되었다고 말했다. 그가 아이티오피아에 있을 때 아이티오피아인이 신탁을 구하던 신탁소에서 그는 50년 동안 아이귑토스를 통치하게 될 것이라고 말했기 때문이다. 그 기간도 지나고 꿈도 뒤숭숭해 사바코스는 자진해 아이귑토스를 떠난 것이다.

140 아이티오피아인이 아이귑토스를 떠나자 눈먼 왕이 늪지대에서 돌아

와 다시 통치하기 시작했다. 그는 재와 흙으로 섬을 쌓아올린 다음 늪지대에서 50년을 살았던 것이다. 아이귑토스인은 그의 명령에 따라 아이티오피아 왕 모르게 그에게 식량을 대주었는데, 그들이 올 때마다 재도 덤으로 가져다주어야 했다. 이 섬은 아뮈르타이오스왕 치세 이전에는 아무도 발견할 수 없었다. 아뮈르타이오스 이전에 아이귑토스의 왕이었던 자들은 700년 이상이나 이 섬을 찾아내지 못했다. 이 섬의 이름은 엘보이며, 사방이 각각 10스타디온이다.

141 아뷔시스 다음에는 세토스라는, 헤파이스토스의 사제가 왕이 되었다고 한다. 그는 이제 더이상 필요 없다는 듯 아이귑토스의 전사계급을 무시했으며, 특히 선왕들이 그들 각자에게 하사한 12아루라[133]의 정선된 토지를 몰수함으로써 그들을 모욕했다. 얼마 뒤 아라비아인과 앗쉬리아인의 왕 사나카리보스가 대군을 이끌고 아이귑토스에 쳐들어왔지만 아이귑토스의 전사들은 그를 돕기를 거부했다. 헤파이스토스의 사제인 왕은 절망한 나머지 신전 안으로 들어가 자기가 어떤 위험에 처했는지 신상에 하소연했다. 그는 그렇게 하소연하다가 잠이 들어 꿈을 꾸었는데, 신이 그의 머리맡에 서서 "내가 원군을 보내 줄 것인즉, 아라비아인 군대를 맞아 싸워도 너는 불상사를 당하지 않으리라"며 그를 격려하는 것 같았다. 그는 그 꿈을 믿고는 자기를 따르려는 아이귑토스인들을 데리고 나가 (아이귑토스의 관문인) 펠루시온에 진을 쳤다. 그를 따르는 것은 소매상인과 수공업자와 시장 상인뿐이고, 전사는 한 명도 없었다. 그러나 그곳에 적군이 도착했을 때 들쥐 떼가 밤에 그들의 화살 통과 활과 방패의 손잡이를 갉아먹기 시작했다. 이튿날 적군은 무

---

133 1아루라(aroura)는 100제곱페퀴스이다.

기도 없이 도주할 수밖에 없었고, 군사들이 많이 쓰러졌다. 지금도 헤파이스토스의 신전에 가면 손에 쥐 한 마리를 들고 서 있는 세토스왕의 석상을 볼 수 있는데, 석상에는 이런 글귀가 새겨져 있다. "그대들은 나를 보고 신들을 공경하라!"

142 여기까지의 기록은 아이귑토스인과 그들의 사제들이 들려준 것에 의존한 것이다. 그들에 따르면, 아이귑토스의 최초의 왕에서 최후의 왕인 헤파이스토스의 사제에 이르기까지는 341대를 헤아리고, 그 세대마다 대사제와 왕이 한 명씩 있었다고 한다. 인간의 3세대가 100년이므로 인간의 300세대는 10000년이 된다. 그리고 남은 41세대는 1340년이 된다. 사제들에 따르면, 그러니까 도합 11340년 동안 신이 인간의 모습을 하고 나타난 적은 한 번도 없었다. 그런 일은 그 전에도, 그 후의 아이귑토스 왕들의 치세 때도 일어나지 않았다. 이 기간에 태양은 네 번이나 통상적인 위치 밖에서 떠올랐는데, 두 번은 지금 지는 곳에서 떠오르고, 두 번은 지금 떠오르는 곳에서 졌다. 사제들에 따르면, 땅에서 생산되는 것과 강에서 생산되는 것과 관련해서도, 질병이나 인간의 죽음과 관련해서도 아이귑토스는 그로 인해 달라진 것이 아무것도 없었다고 한다.

143 전에 역사가 헤카타이오스[134]가 테바이를 방문해 자신의 가계(家系)를 추적하다가 자신의 16대조가 신이었다고 주장했을 때, 테바이의 제우스의 사제들은 내가 내 가계를 말하지 않았음에도 내게 한 것과 똑같은 일을 그에게도 했다. 그들은 나를 큰 홀로 데리고 들어가더니 그곳에 있는 목상(木像)들을 보여 준 것이다. 그들이 그 목상을 세어 보니 앞서 말한 수만큼 많았다. 대사제들은 생전에 이미 그곳에 자신의 상을

세웠기 때문이다. 사제들은 최근에 죽은 대사제의 목상에서 시작해, 목상을 일일이 세며 매번 아들이 아버지를 계승하고 있음을 보여 주었다. 헤카타이오스가 자신의 가계를 추적하며 자신의 16대조가 신이라고 주장한 것에 맞서 그들은 나름대로 세대를 세는 방법을 내세우며 인간이 신에게서 태어났다는 주장을 반박했다. 그들은 나름대로 계보를 만들면서, 모두 345개나 되는 목상 하나하나가 나타내는 것은 '피로미스'에서 태어난 '피로미스'라고 말했다. 말하자면 그들은 목상 가운데 어느 것도 신이나 또는 영웅과 연결시키지 않았다. '피로미스'는 헬라스 말로 옮기면 '신사(紳士)'[135]라는 뜻이다.

144 이처럼 사제들은 이 목상이 나타내는 이들은 모두 인간이고 신들과는 아무 상관이 없음을 보여 주었다. 그러나 이들 인간 이전에는 신들이 아이귑토스의 왕이었으며, 인간과 함께 살기는 했어도 통치권을 행사하는 것은 언제나 신들 중 한 명이었다고 사제들은 말했다. 마지막으로 아이귑토스를 통치한 신은 오시리스의 아들 호로스였다고 하는데, 호로스를 헬라스인은 아폴론이라고 부른다. 사제들에 따르면, 호로스는 튀폰을 축출하고 아이귑토스를 통치한 마지막 신이 되었다. 오시리스는 헬라스 말로 디오뉘소스이다.

145 헬라스인 사이에서는 헤라클레스와 디오뉘소스와 판이 가장 젊은 신으로 여겨지고 있다. 그러나 아이귑토스인 사이에서 판은 8신이라 불리는 최초의 신족에 속하는 가장 오래된 신이고, 헤라클레스는 12신이

---

134 기원전 500년경에 활동한 그리스의 역사가.
135 그리스어 kalos kagathos는 직역하면 '착하고 잘생긴 남자'라는 뜻이다.

라 불리는 두 번째 신족에 속하며, 디오뉘소스는 12신에게서 태어난 세 번째 신족에 속한다. 헤라클레스와 아마시스왕 사이의 기간을 아이귑토스인이 몇 년으로 보는지에 관해서는 앞서[136] 밝힌 바 있다. 판은 더 오래되었다고 하며, 가장 짧다는 디오뉘소스와 아마시스왕 사이의 기간도 15000년이나 된다고 한다. 아이귑토스인은 언제나 햇수를 계산해 그것을 기록해 두기에 자기들은 이에 관해 정확히 알고 있다고 주장한다. 그러나 카드모스의 딸 세멜레의 아들이라는 디오뉘소스는 지금으로부터 1600년 전에 태어났고, 알크메네의 아들 헤라클레스는 900년 전에 태어났으며, 페넬로페의 아들 판은(헬라스인에 따르면 판은 페넬로페와 헤르메스의 아들이라고 하니까) 트로이아 전쟁 이후에, 또는 지금으로부터 약 800년 전에 태어났다.

146 누구든 이 두 가지 설(說) 가운데 더 신빙성이 있다고 생각되는 쪽을 따르면 될 것이다. 이에 관해 나는 내 견해를 피력한 바 있다.[137] 만약 세멜레의 아들 디오뉘소스와 페넬로페의 아들 판도 암피트뤼온의 아들 헤라클레스처럼 헬라스에 나타나 그곳에서 자랐다면, 앞서 말한 두 신도 헤라클레스처럼 옛 신들의 이름을 붙인 인간이라고 말할 수 있을 것이다. 헬라스인에 따르면, 제우스는 디오뉘소스가 태어나자마자 자신의 허벅지에 넣고 꿰맨 다음 아이귑토스보다 더 남쪽에 있는 아이티오피아의 뉘사산으로 데려갔다고 한다. 판에 관해서는 그가 태어난 뒤 어디로 갔는지 헬라스인은 아무 말도 못 하고 있다. 따라서 헬라스인은 분명 이들 신의 이름을 다른 신의 이름보다 나중에 알게 된 것 같다. 그들은 이들 신을 처음 알게 된 때를 이들 신이 탄생한 시기로 잡고 있는 것이다.

147 지금까지 나는 아이컵토스인 자신이 말하는 것을 전했지만, 앞으로는 아이컵토스의 역사에 관해 아이컵토스인뿐 아니라 다른 민족에게 들은 것도 전할 것이며, 내가 직접 본 것도 덧붙일 것이다. 헤파이스토스의 사제 세토스의 왕정이 종식된 뒤 아이컵토스인은 왕정에서 해방되었다. (그러나 그들은 왕 없이는 한시도 살 수 없었기 때문에) 아이컵토스를 12지역으로 나누고 12왕을 세웠다. 이들 12왕은 서로 사돈 관계를 맺고는 서로 축출하거나 나라를 빼앗으려 하지 않고 사이좋게 지내기로 협정을 맺고 통치했다. 그들이 이런 협정을 맺고 이를 엄격히 지킨 이유는, 그들이 처음 왕위에 올랐을 때 그들 중 누구든 헤파이스토스의 신전에서 청동 잔으로 헌주하는 자가 온 아이컵토스의 왕이 될 것이라는 신탁이 내려졌기 때문이다. 당시 그들은 모든 신전에서 회합을 갖곤 했다.

148 그 밖에 이들 12왕은 공동으로 자신들의 기념물을 남기기로 결의하고, 그 결의에 따라 모이리스호 조금 위쪽 이른바 '악어의 도시' 옆에 미궁(迷宮)을 지었다. 나는 그 미궁을 직접 보았는데, 말로 표현할 수 없을 정도였다. 헬라스인의 성벽과 다른 건조물을 다 합친다 해도, 이 미궁보다는 분명 노동력과 경비가 덜 들었음을 알 수 있을 것이다. 물론 에페소스의 신전[138]과 사모스의 신전[139]이 훌륭한 건물이기는 하지만 말이다. 피라미드도 말할 수 없이 웅장하고, 수많은 피라미드 하나하나가 헬라스인의 큰 건축물 여러 개와 맞먹지만, 미궁은 피라미드도 능가

---

136 43장.
137 43~49장.
138 아르테미스 신전.
139 헤라 신전.

한다. 미궁에는 지붕이 있는 안뜰이 12개 있고, 문은 서로 마주보고 있는데 6개는 북쪽에, 6개는 남쪽에 일렬로 나 있다. 이 모든 것을 하나의 담장이 바깥에서 에워싼다. 미궁에는 2층 건물이 있고 모두 3,000개의 방이 있는데, 그중 반은 지하방이고, 나머지 반은 지하방 위에 있다. 지상의 방은 지나가며 내가 직접 보았기에 내가 본 것을 말할 수 있지만, 지하방은 남이 하는 말을 들었을 뿐이다. 미궁을 관리하는 아이귑토스인은 처음에 미궁을 지은 왕의 관과 신성한 악어들의 관이 그곳에 안치되어 있다며 한사코 지하방을 보여 주려 하지 않았다. 지하방에 관해서는 내가 들은 바를 전할 수 있을 뿐이다. 내가 직접 본 지상의 방들은 사람이 지은 어떤 건물보다 더 웅장했다. 이를테면 방에서 방으로 통하는 복도와 안마당을 지나는 꼬불꼬불한 통로는 너무나 복잡해 감탄하지 않을 수 없었다. 안마당을 지나면 방이 나오고, 그 방을 지나면 주랑이 나오고, 그 주랑을 지나면 다른 방이 나오고, 거기서 다시 다른 안마당으로 이어졌으니 말이다. 건물 전체의 지붕은 담과 마찬가지로 돌로 만들어져 있고, 담에는 여러 형상이 가득 조각되어 있고, 안마당은 모두 빈틈없이 잘 맞는 흰 대리석으로 만들어졌으며 주랑으로 둘러싸여 있다. 미궁이 끝나는 맨 뒤쪽에는 높이가 40오르귀이아나 되는 피라미드가 서 있는데, 그 피라미드에는 큰 동물들의 형상이 새겨져 있다. 이 피라미드에 이르는 통로는 지하도이다.

149 미궁은 그러했다. 미궁이 자리잡은 호숫가, 이른바 모이리스호는 더 경탄을 자아낸다. 이 호수의 둘레는 3,600스타디온 또는 60스코이노스로, 아이귑토스의 해안선만큼이나 길다. 호수는 남북이 길고, 가장 깊은 곳은 50오르귀이아나 된다. 그것이 사람 손으로 파낸 인공호라는 것을 호수 자체가 보여 주고 있는데, 호수 한가운데 서 있는 두 개의 피

라미드가 그것이다. 이 피라미드들은 수면 위의 높이가 50오르귀이아이고, 수면 아래 깊이도 마찬가지다. 각각의 피라미드 꼭대기에는 왕좌에 앉아 있는 남자의 석상이 자리잡고 있다. 그러니까 이들 피라미드는 전체 높이가 100오르귀이아인데, 100오르귀이아는 1스타디온 또는 6플레트론이다. 1오르귀이아는 6푸스 또는 4페퀴스이고, 1푸스는 4팔라이스테이고, 1페퀴스는 6팔라이스테이기 때문이다. 호수의 물은 (이 지역은 물이 몹시 귀한 곳이라) 바닥에서 솟아나지 않고, 운하를 통해 네일로스강에서 유입된다. 물은 6개월 동안은 호수로 흘러들고, 6개월 동안은 네일로스강으로 도로 흘러 나간다. 물이 흘러 나가는 6개월 동안 호수는 물고기를 잡는 값으로 왕가에 매일 은 1탈란톤을 바치지만, 물이 흘러드는 기간에는 그 3분의 1인 20므나밖에 바치지 않는다.

150 이곳 토박이들에 따르면, 멤피스 남쪽의 언덕을 따라 서쪽 내륙으로 통하는 지하수로가 있는데, 그 지하수로를 통해 이 호수의 물은 리뷔에의 쉬르티스로 흘러 나간다. 호수를 파낸 흙더미가 아무 데도 보이지 않아 궁금해진 나는 호수 가까이 사는 사람들에게 파낸 흙더미는 어디 있느냐고 물어보았다. 그들은 흙을 갖다 버린 곳을 말해 주었는데, 내게는 그들의 대답이 그럴듯하게 들렸다. 앗쉬리아의 도시 니노스에서도 비슷한 일이 있었다고 나는 들었기 때문이다. 니노스의 사르다나팔로스 왕은 지하 보물 창고에 많은 재물을 감춰 두고 있었는데, 몇몇 도둑이 그것을 훔칠 궁리를 했다고 한다. 도둑들은 자기들 집에서 왕궁까지 땅굴을 파기 시작했고, 밤이 되면 파낸 흙을 니노스 옆을 지나가는 티그리스강에 갖다 버리곤 하여 결국 목적을 달성했다고 한다. 아이귑토스의 호수를 팔 때도 밤이 아니라 낮에 행해졌을 뿐 비슷한 일이 있었다

고 나는 들었다. 아이귑토스인은 파낸 흙을 네일로스강에 갖다 버렸고, 네일로스강은 그 흙을 휩쓸어 가며 흩어 버렸다고 한다. 이 호수는 그렇게 만들어졌다고 한다.

151 이렇듯 12왕은 협정을 맺고 충실히 이행했다. 얼마 뒤 그들이 헤파이스토스의 신전에서 제물을 바치고 축제의 마지막 날 신에게 헌주하려 했을 때, 대사제가 수를 잘못 세어 12왕을 위해 헌주할 때 사용하곤 하던 황금 잔을 11개만 가져왔다. 맨 뒤에 서 있던 프삼메티코스는 잔이 없자 청동 투구를 벗어 그것을 내밀어 술을 받아 가지고 헌주하려 했다. 다른 왕들도 그때 일반적인 관행에 따라 모두 청동 투구를 쓰고 있었다. 그래서 프삼메티코스는 아무 흑심 없이 투구를 내민 것인데, 다른 왕들은 그의 행동을 대번에 그 가운데 누구든 청동 잔으로 헌주하는 자가 아이귑토스의 유일 왕이 될 것이라는 신탁과 관련지었다. 심문 결과 프삼메티코스가 아무 흑심 없이 그렇게 행동했다는 것을 알게 되자 그들은 그를 죽이는 것은 옳지 못하다고 생각했지만, 그의 권력을 대부분 박탈하고 그를 늪지대로 추방하기로 결의했다. 그리고 그가 늪지대에서 나오거나 아이귑토스의 다른 곳과 소통하지 못하게 했다.

152 이 프삼메티코스는 전에도 아버지 네코스를 죽인 아이티오피아 왕 사바코스를 피해 망명한 적이 있었다. 그때 그는 쉬리아로 망명했는데, 그 뒤 아이티오피아인이 꿈을 꾸고 아이귑토스를 떠나자 사이스 지역의 아이귑토스인들이 그를 도로 데려갔다. 그는 다시 왕이 되었지만 자신의 투구 때문에 11왕에게 추방되어 이번에는 늪지대로 도피하지 않으면 안 되었다. 프삼메티코스는 자신에 대한 11왕의 처사가 심히 부당하다고 여기고 자기를 박해한 그들에게 복수하기로 결심했다. 아이

컵토스인이 가장 신뢰하는, 부토 시에 있는 레토의 신탁소에 사절을 보내자, 사절은 바다에서 청동 인간이 나타나면 그의 복수가 이루어질 것이라는 답변을 받아 왔다. 그는 청동 인간이 구원자로 나타날 것이라는 말이 도무지 믿어지지 않았다. 그러나 그 뒤 오래지 않아 해적질에 나섰던 이오니아인과 카리아인이 아이컵토스로 떠내려오는 일이 일어났다. 그들은 청동으로 무장한 채 해안에 상륙했다. 전에 청동으로 무장한 인간을 본 적이 없는 한 아이컵토스인이 늪지대로 프삼메티코스를 찾아가 청동 인간이 바다에서 와서 들판을 약탈하고 있다고 보고했다. 프삼메티코스는 신탁이 실현되었음을 깨닫고 이오니아인과 카리아인과 친교를 맺었고, 후한 포상을 약속하며 자기편이 되어 달라고 설득했다. 설득에 성공하자 그는 자신을 추종하는 아이컵토스인들과 이들 원군의 도움으로 다른 왕들을 폐했다.

153 프삼메티코스는 아이컵토스 전역의 왕이 되자 멤피스에 있는 헤파이스토스의 신전에 남문을 세우고, 이 남문 맞은편에 아피스가 나타날 때마다 보살펴 줄 수 있도록 안뜰을 하나 만들었다. 안뜰은 온통 주랑으로 둘러싸여 있고, 여러 형상의 조각으로 가득차 있다. 안뜰의 지붕은 기둥 대신 12페퀴스 높이의 입상이 떠받치고 있다. 아피스는 헬라스 말로는 에파포스이다.

154 프삼메티코스는 자기에게 협력한 이오니아인과 카리아인에게 땅을 주어 살게 했는데, 네일로스강을 사이에 두고 서로 마주보고 있는 이 땅에는 '군영'(軍營)[140]이라는 이름이 붙여졌다. 땅 외에도 그는 그들

---

140 그리스어로 Stratopedon.

에게 약속한 다른 것도 다 주었다. 그 밖에도 그는 아이귑토스의 아이들을 그들에게 맡겨 헬라스 말을 배우게 했는데, 지금 아이귑토스에서 통역관으로 활동하는 자들은 헬라스 말을 배운 이 소년들의 자손이다. 이오니아인과 카리아인은 그곳에서 오래 살았는데, 그곳은 부바스티스 시에서 약간 바다 쪽으로, 네일로스강의 이른바 펠루시온 하구에 자리잡고 있다. 그 뒤 아마시스왕이 그들을 그곳에서 데려가 멤피스에서 살게 했는데, 그는 그들을 아이귑토스인으로부터 자신을 지켜 줄 호위대로 삼았다. 그들은 아이귑토스에 정착한 최초의 외국인이었다. 그들이 아이귑토스에 정착하고, 헬라스인이 그들과 교류할 수 있었기에 우리는 프삼메티코스왕 이후의[141] 아이귑토스 역사를 정확히 알고 있는 것이다. 아마시스에 의해 멤피스로 옮겨지기 전 그들이 원래 살던 곳에 남겨진 선거(船渠)와 폐가를 내가 갔을 때도 볼 수 있었다. 그렇게 프삼메티코스는 아이귑토스의 왕이 되었다.

155 나는 앞서 아이귑토스의 신탁소에 관해 여러 번 언급한 적이 있는데, 여기서는 더 자세히 설명하려 한다. 그럴 만한 가치가 있기 때문이다. 아이귑토스의 신탁소란 레토의 신탁소를 말하는데, 이 신탁소는 바다에서 상류로 올라갈 경우 오른쪽에 있는 네일로스강의 이른바 세벤뉘테스 하구에 위치한 대도시에 세워져 있다. 신탁소가 있는 도시 이름은 앞서 말했듯이 부토이다. 부토 시에는 아폴론 신전과 아르테미스 신전도 있다. 신탁소가 있는 레토 신전은 규모가 크고 문의 높이가 10오르귀이아나 된다. 그곳에서 본 것 중 가장 놀라운 것은 레토의 이 성역 안에 있는 사당으로, 단 하나의 돌덩이를 깎아 만들었으며, 각각의 벽은 길이도 높이도 똑같이 4페퀴스이다. 마찬가지로 지붕도 단 한 장의 돌로 되어 있는데, 처마가 4페퀴스나 된다.

156 이처럼 레토의 성역에서 볼 수 있는 것 가운데 가장 놀라운 것은 이 사당이다. 그다음으로 놀라운 것은 켐미스라는 섬이다. 이 섬은 부토 신전 옆의 깊고 넓은 호수 안에 있는데, 아이귑토스인은 이 섬을 떠 있는 섬이라고 주장한다. 하지만 나는 섬이 떠서 움직이는 것을 보지 못했고, 떠 있는 섬이 있을 수 있다는 것에 놀라움을 금치 못할 뿐이다. 이 섬에는 규모가 큰 아폴론 신전과 세 개의 제단이 있고, 대추야자 나무와 이런저런 나무가 많이 자라는데, 어떤 것은 열매를 맺고, 어떤 것은 열매 맺지 않는다. 아이귑토스인에게는 왜 이 섬이 떠 있게 되었는지 그 내력에 관한 이야기가 전해 오고 있다. 그 이야기에 따르면, 이 섬은 원래부터 떠 있는 섬이 아니었고, 최초의 8신 중 한 명인 레토는 자신의 신탁소가 있는 부토 시에서 살았다. 이시스가 그녀에게 아폴론을 맡기자 그녀는 튀폰이 오시리스의 아들을 찾아 사방을 돌아다니다가 왔을 때 그를 지금은 떠 있는 섬으로 알려진 이 섬에 숨겨 두고 안전하게 지켜 주었다. 디오뉘소스[142]와 이시스가 아폴론과 아르테미스의 부모이지만 레토가 그들의 유모 겸 보호자가 되었다고 한다. 아이귑토스 말로 아폴론은 호로스이고, 데메테르는 이시스이며, 아르테미스는 부바스티스이다. 에우포리온의 아들 아이스퀼로스가 이전의 시인들과는 달리 아르테미스를 데메테르의 딸로 만든 것[143]은 바로 이 전설에서 유래했다. 아이귑토스인에 따르면, 이 섬은 그런 연유로 떠 있게 되었다.

157 프삼메티코스는 54년 동안 아이귑토스를 통치했다. 그중 29년 동안

---

141 프삼메티코스의 재위 기간은 기원전 663~609년이다.
142 오시리스.
143 문제의 이 드라마는 현재 남아 있지 않다.

그는 쉬리아의 대도시 아조토스를 포위공격해 드디어 함락했다. 아조토스 시는 우리가 아는 모든 도시 가운데 가장 오랫동안 포위공격을 버텨 낸 도시였다.

158 프삼메티코스의 아들 네코스[144]가 아버지의 뒤를 이어 아이귑토스의 왕이 되었다. 그가 처음으로 홍해로 통하는 운하를 파기 시작했는데, 이 운하는 나중에 페르시아인 다레이오스가 완공했다. 이 운하의 길이는 배를 타고 4일을 가야 할 정도이고, 너비는 삼단노선 2척이 나란히 항해할 수 있을 정도이다. 물은 네일로스강에서 유입되는데, 운하는 부바스티스 시의 약간 남쪽 지점에서 시작해 아라비아의 도시 파투모스 옆을 지나 홍해로 흘러든다. 운하를 처음 파기 시작한 곳은 아라비아에 가장 가까운 아이귑토스 평야였다. 이 평야의 바로 남쪽에는 멤피스 옆으로 산맥이 뻗어 있고, 그 산들에는 채석장이 있다. 운하는 이 산들의 기슭을 따라 서에서 동으로 길게 뻗어 나가다 협곡으로 들어가고, 일단 산들을 지나면 남쪽으로 방향을 틀어 아라비아만으로 흘러든다. 북해[145]에서 홍해라 불리는 남해에 이르는 최단거리는 아이귑토스와 쉬리아의 경계를 이루는 카시오스산에서 아라비아만에 이르는 것인데, 그 거리는 정확히 1,000스타디온이다. 그것이 최단거리지만 운하는 굴곡이 많아 그보다 훨씬 길다. 네코스왕 시대에 12만 명의 아이귑토스인이 운하를 파다가 죽었다. 네코스는 그가 하는 일이 다음에 올 이민족[146]을 위하는 결과가 될 것이라는 신탁의 만류로 도중에 운하를 포기했다. 아이귑토스인은 자기들과 다른 말을 쓰는 자들을 모두 이민족이라 부른다.

159 운하 파기를 중단한 네코스는 이번에는 전쟁에 관심을 가졌다. 그리하

여 삼단노선이 일부는 북해에서, 일부는 홍해 옆 아라비아만에서 건조 되었는데, 그 선거들은 아직도 볼 수 있다. 그는 이 함선들을 그때그때 상황에 따라 이용했다. 그는 또 육지에서 쉬리아인과 전쟁해 막돌로스 에서 승리했다. 그 전투에 이어 쉬리아의 대도시 카뒤티스[147]도 함락했 다. 그는 그런 위업을 달성할 때 입었던 옷을 밀레토스의 브랑키다이 신전으로 보내 아폴론에게 봉헌했다. 그는 모두 16년을 통치한 뒤 죽 었고, 왕위는 그의 아들 프삼미스가 계승했다.

160 이 프삼미스가 아이귑토스의 왕이었을 때, 엘리스인 사절단이 그를 방 문했다. 그들은 자신들이 창설한 올륌피아 경기가 세상에서 가장 공정 하고 아름다운 축제라고 자부했고, 세상에서 가장 현명한 민족인 아이 귑토스인조차 이를 개선할 수는 없을 것이라고 생각했다. 엘리스인이 아이귑토스에 도착해 용건을 말하자 프삼미스왕은 아이귑토스에서 가장 지혜롭다는 자들을 불러오게 했다. 아이귑토스인은 경기 운영과 관련해 엘리스인에게 자세히 물었다. 엘리스인은 다 설명하고 나서, 아이귑토스인이 더 공정한 경기 운영 방식을 찾아낼 수 있는지 물어보 러 왔다고 말했다. 아이귑토스인은 잠시 의논한 뒤 엘리스인에게 그들 의 동료 시민도 경기에 참가하는지 물었다. 엘리스인은 자신들의 동료 시민이든 다른 헬라스인이든, 원하면 누구든 경기에 참가할 수 있다고 대답했다. 그러자 그것은 공정의 원칙에 완전히 위배된다고 아이귑토

144 재위 기간은 기원전 609~593년이다.
145 지중해.
146 그리스어로 barbaros.
147 지금의 팔레스타인 가자(Gaza).

스인이 말했다. 동료 시민이 경기에 참가할 경우 엘리스인은 동료 시민의 편을 들 수밖에 없고, 그것은 타지방 출신 경쟁자에게는 불공평하다는 것이다. 만약 그들이 경기를 공정하게 운영하기를 원하고, 그래서 아이귑토스를 방문한 것이라면, 경기는 타지방 출신자에게만 개방하고 엘리스인은 경기에 참가하지 못하게 하라고 했다. 아이귑토스인은 엘리스인에게 그렇게 조언했다.

161 프삼미스가 아이귑토스를 통치한 것은 6년뿐이었다. 그는 아이티오피아를 공격했지만 그 뒤 곧 죽었고, 그의 아들 아프리에스가 왕위를 계승했다. 증조부 프삼메티코스를 제외하고는 선대의 왕 중 아프리에스보다 더 운이 좋은 왕은 없었다. 그는 25년 동안 통치했으며[148], 그동안 시돈을 공격하고 튀로스 왕과 해전을 벌였다. 그는 불행한 종말을 맞게 되어 있었다. 그때의 상황에 관해서는 나중에 리뷔에에 관해 이야기할 때[149] 상세히 논할 것이므로 여기서는 요점만 말하겠다. 아프리에스는 대군을 보내 퀴레네인을 치게 했지만 참패했다. 그러자 아이귑토스인이 분개해 그에게 반란을 일으켰는데, 그들은 자기들이 죽고 난 뒤 그가 남은 아이귑토스인들을 더 안전하게 지배하기 위해 고의적으로 자기들을 사지로 몰아넣었다고 믿은 것이다. 이에 분개해, 살아서 돌아온 자들과 전사자의 친구들이 합세하여 그에게 공공연하게 반란을 일으킨 것이다.

162 아프리에스는 그 소식을 듣고, 말로 그들을 달래기 위해 아마시스를 보냈다. 역적 무리를 찾아간 아마시스는 그들이 계획을 포기하도록 압력을 가했다. 그가 말하는 동안 한 아이귑토스인이 그의 뒤로 다가가 투구를 씌워 주며, 자기는 지금 그에게 왕관을 씌워 주는 것이라고 말했

다. 아마시스도 그것이 싫지 않다는 것을 보여 주었다. 아이귑토스의 역적 무리가 그를 왕으로 세우자, 그는 아프리에스를 공격할 준비를 갖추었으니 말이다. 아프리에스는 이 소식을 듣고 측근의 중신 중 한 명인 파타르베미스라는 자를 아마시스에게 보내며 그를 생포해서 자기에게 데려오라고 명령했다. 파타르베미스가 가서 왕 앞에 출두하기를 요구하자 (마침 말을 타고 있던) 아마시스는 안장에서 일어서서 방귀를 뀌더니, 이것이나 아프리에스에게 가져다주라고 말했다. 파타르베미스가 계속해서 아마시스에게 왕 앞에 출두할 것을 요구하자, 아마시스는 자기는 벌써 오래전부터 그럴 준비를 했으며, 곧 다른 사람들을 대동하고 출두할 것이니 아프리에스가 출두와 관련해 자기를 나무랄 이유는 없을 것이라고 대답했다. 파타르베미스는 그 말을 듣자 그의 의도를 확실히 알아차렸다. 그리고 그가 준비하는 것을 보자, 되도록 빨리 왕에게 사태를 보고하기 위해 서둘러 출발했다. 파타르베미스가 아마시스를 대동하지 않고 나타나자 아프리에스는 버럭 화를 내며 해명할 기회도 주지 않고 그의 귀와 코를 베게 했다. 아프리에스에게 충성을 다하던 다른 아이귑토스인들도 자기들 가운데 가장 저명한 인사가 그토록 수치스런 대접을 받는 것을 보자 지체 없이 역적 무리 편에 가담하며 아마시스에게 몸을 맡겼다.

163 아프리에스는 이 소식을 듣자 용병을 무장시켜 아이귑토스인을 향해 진격했다. 그에게는 3만 명이나 되는 카리아인과 이오니아인으로 조

---

148 프삼미스의 재위 기간은 기원전 595~589년이다. 아프리에스의 재위 기간은 기원전 589~569년으로 20년인데, 헤로도토스가 통치 기간을 잘못 헤아린 것 같다.
149 4권 159장.

직된 친위대가 있었고, 또한 사이스 시에는 크고 훌륭한 궁전이 있었다. 아프리에스와 함께하는 자들은 아이귑토스인을 향해 진격했고, 아마시스와 함께하는 자들은 이민족 용병을 향해 진격했다. 양군은 모멤피스 시에서 만나 서로 싸울 태세를 갖추었다.

164 아이귑토스 사회에는 일곱 계급이 있다. 그들은 각각 사제, 전사, 소치기, 돼지치기, 소매상인, 통역관, 키잡이라 불린다. 이상이 아이귑토스인의 계급이고, 그들은 직업에 따라 이름이 붙여진다. 전사계급은 칼라시리에스와 헤르모튀비에스로 나뉘는데, 이들은 다음에 언급할 주(州) 출신이다. 아이귑토스 전체가 여러 주로 나뉘어 있기 때문이다.

165 헤르모튀비에스의 출신 주는 부시리스, 사이스, 켐미스, 파프레미스, 프로소피티스라 불리는 섬과 나토 주의 절반이다. 헤르모튀비에스는 이 주 출신이고, 가장 많았을 때는 그 수가 16만 명에 이르렀는데 그들은 어느 누구도 직업교육을 받지 않으며 오직 전쟁에만 종사한다.

166 칼라시리에스의 출신 주는 테바이, 부바스티스, 압티스, 타니스, 멘데스, 세벤뉘스, 아트리비스, 파르바이티스, 트무이스, 오누피스, 아뉘티스, 뮈엑포리스이다. 뮈엑포리스 주는 부바스티스 맞은편 섬에 있다. 칼라시리에스는 이 주 출신이고, 가장 많았을 때는 그 수가 25만 명에 달했다. 그들도 직업교육을 받지 않으며 부자 세습으로 전쟁에만 종사한다.

167 헬라스인이 이것도 아이귑토스인에게 배웠는지 나로서는 정확한 판단을 내릴 수가 없다. 나는 트라케인, 스퀴타이족, 페르시아인, 뤼디아

인과 거의 모든 이민족이 직업에 필요한 기술을 습득하는 자들과 그들의 자손을 천하게 여기고, 기술과 무관한 자들, 특히 전쟁에 전념하는 자들을 귀히 여기는 것을 보았기에 하는 말이다. 아무튼 모든 헬라스인, 그중에서도 특히 라케다이몬인이 그러한 태도를 받아들였다. 손기술을 가장 덜 멸시하는 이들은 코린토스인이다.

168 아이귑토스인 중에서 사제 계급 말고는 전사계급에게만 특권이 주어졌다. 그들은 각자 12아루라의 정선된 토지를 하사받고 토지세를 물지 않았다. 1아루라는 100아이귑토스제곱페퀴스이고, 아이귑토스의 페퀴스[150]는 사모스의 페퀴스와 같다. 이것이 그들 모두에게 주어지는 특권이고, 그 밖에도 그들에게는 해마다 번갈아가며 은전(恩典)이 주어진다. 1,000명의 칼라시리에스와 1,000명의 헤르모튀비에스가 해마다 왕의 친위대를 구성하는데, 이들에게는 근무 기간 동안 앞서 말한 토지의 소출 외에 매일 5므나의 빵과 2므나의 소고기[151]와 4아뤼스테르의 술이 하사된다. 이것이 친위대원에게 주어지는 일당이다.

169 용병을 이끄는 아프리에스와 온 아이귑토스인을 이끄는 아마시스는 그렇게 모멤피스 시에서 만나 서로 싸웠다. 외국인 용병은 잘 싸웠지만 수적으로 워낙 열세여서 패하고 말았다. 아프리에스는 설령 신이라 해도 자기를 권좌에서 축출할 수 없으리라는 신념을 가졌다고 한다. 그만큼 자신의 왕권이 탄탄하다고 믿었다. 이번 전투에서 패한 그는 포로가

---

150 이집트의 페퀴스는 0.523미터이고, 1아루라는 2735.29제곱미터이다.
151 1앗티케 므나를 431그램으로 잡을 경우 왕의 친위대원은 하루에 각각 빵 2.16킬로그램과 소고기 862그램을 받고, 1아뤼스테르를 0.27리터로 잡으면 1리터 남짓한 술을 하사받는다.

되어 전에는 그의 것이었지만 이제는 아마시스의 것이 된 사이스의 궁전으로 압송되었다. 얼마 동안 아마시스는 그를 왕궁에 머물게 하여 잘 보살펴 주었다. 그러나 결국 그가 자기들의 철천지원수이며 자신의 원수이기도 한 자를 돌보아 주는 것은 잘못이라고 아이귑토스인들이 항의하자, 그는 아프리에스를 백성에게 넘겨주었다. 그들은 그를 목매달아 죽이고 그의 가족 묘지에 묻었다. 그의 가족 묘지는 아테나 여신의 성역에 있는데, 성역으로 들어가면 왼쪽으로 신전 바로 옆에 있다. 사이스인은 사이스 출신의 모든 왕을 이 성역에 매장했다. 아마시스의 묘지도 아프리에스와 그의 선조의 묘지보다는 신전에서 더 멀리 떨어져 있지만 역시 이 성역에 있다. 아마시스의 묘지는 돌로 된 거대한 주랑인데, 대추야자 나무처럼 보이게 깎은 기둥과 온갖 값진 장식물로 치장되어 있다. 이 주랑 안에는 문이 둘 달린 방이 있고 문 뒤에는 관이 안치되어 있다.

170 사이스에 있는 아테나의 성역에는 이 일과 관련해 이름을 말하는 것이 불경하다고 생각되는 분[152]의 무덤도 있는데, 그 무덤은 신전 뒤쪽에 있으며 성역의 한쪽 담벼락 모두를 차지하고 있다. 그 밖에도 돌로 된 큰 오벨리스크가 있고, 그 옆에는 보기 좋게 돌로 가장자리를 두른 못이 하나 있다. 모양은 원형이고, 크기는 델로스섬의 이른바 '둥근 못'만한 것 같았다.

171 이 못에서는 밤에 이 신의 수난을 극화(劇化)해서 보여 주는데, 그것을 아이귑토스인은 비의(秘儀)라고 부른다. 나는 이 비의에 관해 상세히 알고 있지만 말하지 않겠다. 마찬가지로 헬라스인이 테스모포리아제(祭)[153]라고 부르는 데메테르 축제에 관해서도 불경죄에 저촉되지 않

을 정도로만 말하고 그 이상은 말하지 않겠다. 이 의식을 아이귑토스에
서 가져와 펠라스고이족 여인들에게 가르쳐 준 것은 다나오스의 딸들
이다. 그 뒤 도리에이스족의 침입으로 펠로폰네소스의 전 주민이 쫓겨
나면서 이 의식은 소멸되고, 펠로폰네소스의 주민 중 유일하게 쫓겨나
지 않고 남았던 아르카디아인만이 이 의식을 보존했다.

172   [그렇게] 아프리에스가 제거되자 아마시스가 왕이 되었다.[154] 그는 사
이스 주 출신으로, 시우프라는 도시가 고향이었다. 아이귑토스인은 처
음에 아마시스를 가볍게 보고 별로 경의를 표하지 않았다. 왜냐하면 그
는 전에 평민으로, 명문가 출신이 아니었기 때문이다. 그는 가혹한 조
처를 취하지 않고 현명한 처사로 결국 아이귑토스인의 환심을 샀다. 아
마시스의 수많은 보물 중에는 발 씻는 황금 대야가 있었는데, 이 대야
로 아마시스와 그의 만찬 손님들이 모두 발을 씻곤 했다. 그는 이 대야
를 두드려 신상을 만들게 한 다음 도시에서 가장 적당하다고 생각되는
곳에 세워 두게 했다. 그러자 아이귑토스인들이 그 신상에 다가가 열심
히 경배했다. 아마시스는 시민들의 행동에 관해 들어 알게 되자, 아이
귑토스인을 불러모아 놓고 그들이 지금 열심히 경배하는 그 신상이 사
실 얼마 전까지 그들이 토하고 오줌 누고 발을 씻던 대야로 만든 것이
라고 진상을 밝혔다. 자기도 전에는 일개 평민이었지만 지금은 그들의
왕이 되었으니 그 발 씻는 대야와 처지가 다르지 않다며, 자기를 존경
하고 존중해 달라고 했다. 이런 방법으로 아마시스는 자기를 기꺼이 주

---

152 오시리스.
153 Thesmophoria. 여인들의 축제로, 아테나이에서 가을(10~11월)에 3일 동안 열
렸다. 여기서는 오시리스의 아내 이시스의 축제를 말하는 것 같다.
154 아마시스의 재위 기간은 기원전 569~525년이다.

인으로 섬기도록 아이귑토스인을 설득했다.

173 그는 다음과 같은 방법으로 업무를 처리하곤 했다. 이른 아침부터 시장이 붐빌 때까지는 그는 처리할 업무를 열심히 해냈지만, 그때부터는 술을 마시고 술친구들과 농담이나 하며 하는 일 없이 빈둥거리며 놀았다. 그러자 몇몇 친구가 이를 못마땅하게 여기고 그를 나무랐다. "전하, 이런 하찮은 일로 소일하는 것은 전하답지 못한 생활방식이옵니다. 전하께서는 높은 옥좌에 위엄 있게 앉아 온종일 업무를 보셔야 하옵니다. 그러시면 아이귑토스인은 자기들이 위대한 사람의 통치를 받는다고 생각할 것이고, 전하의 평판도 더 높아질 것이옵니다. 지금 전하의 처신은 전혀 국왕답지 않사옵니다." 아마시스가 대답했다. "활을 가진 자는 필요할 때만 활을 당기는 법이오. 활을 늘 당긴 상태로 두면 활이 부러져 정작 활이 필요할 때는 쓸 수 없게 된다오. 사람의 일도 그와 같소. 인간도 늘 진지하기만 하고 하찮은 일로 전혀 긴장을 풀어 주지 않으면 자신도 모르게 미치거나 멍청해질 것이오. 나는 그것을 알기에 그 두 가지 모두에 시간을 할애하는 것이오." 이것이 그가 친구들에게 한 대답이었다.

174 아마시스는 사인(私人)이었을 때도 술과 농담을 좋아했고, 결코 진지한 사람이 아니었다고 한다. 술 마실 돈과 유흥비가 떨어지면 이리저리 돌아다니며 도둑질을 하곤 했다. 그가 자기 재물을 훔쳤다고 주장하는 사람들은, 그가 부인할 경우 신탁소가 있는 곳에서는 그를 신탁소로 끌고 가곤 했다. 그러면 그는 때로는 신탁에 의해 유죄가 인정되기도 하고, 때로는 죄를 벗기도 했다. 그는 왕이 되자마자, 그의 절도죄를 벗겨준 신들의 신전은 거들떠보지도 않았다. 이들 신은 무가치하고 그들의

신탁은 거짓말이라 하여 그는 그 신전들에 제물을 바치지 않았고, 유지비조차 대주지 않았다. 반면에, 그의 절도 행위에 유죄를 인정한 신들은 진정한 신이고 거짓 없는 신탁을 내린다 하여 극진히 모셨다.

175 아마시스는 먼저 사이스에 있는 아테나 신전을 위해 놀랄 만한 문을 하나 세웠는데, 그것은 높이와 크기에서, 그리고 사용한 돌의 크기와 아름다움에서 모든 문을 압도했다. 그는 또 거대한 입상과 거대한 남자 스핑크스[155]를 세우게 했고, 신전 수리용으로 엄청나게 큰 돌덩이를 운반해 오게 했다. 이들 돌덩이 가운데 일부는 멤피스에 있는 채석장에서 가져온 것이지만 엄청나게 큰 것들은 사이스에서 배로 20일 거리에 있는 엘레판티네에서 운반해 오게 한 것이다. 내가 가장 경탄을 금할 수 없는 것은 바로 돌덩이 하나로 된 방이었다. 이 돌덩이도 엘레판티네에서 가져왔는데, 운반하는 데 3년이 걸렸고, 전부 키잡이 계급 출신인 2,000명의 인부가 배정되었다. 그 방의 바깥쪽은 길이가 21페퀴스, 너비가 14페퀴스, 높이가 5페퀴스이다. 이상은 돌덩이 하나로 된 그 방의 바깥쪽 치수이고, 안쪽은 길이가 18페퀴스 1퓌곤,[156] 〈너비가 12페퀴스〉, 높이가 5페퀴스이다. 그것은 성역의 입구에 두었는데, 다음과 같은 이유에서 그것을 성역 안으로 끌고 들어가지 않았다고 한다. 그 집을 끌고 들어가고 있을 때 일꾼들 우두머리가 끝없는 노고에 지쳐 한숨을 쉬었는데, 이를 불길한 전조로 여긴 아마시스가 그 집을 더이상 끌고 들어가지 못하게 했다는 것이다. 또 일설에는, 인부 한 명이 지레를

---

155 그리스의 스핑크스는 사자의 몸에 여자 얼굴을 하고 있지만, 이집트의 스핑크스는 사자의 몸에 파라오의 얼굴을 하고 있다.
156 1퓌곤(pygon)은 37센티미터이다.

조작하다가 그 집에 깔려 죽자 더는 안으로 끌어들이지 않았다고 한다.

176 아마시스는 다른 유명한 신전에도 놀랄 만큼 큰 작품들을 봉헌했다. 그 중 하나가 멤피스의 헤파이스토스 신전 앞의 거대한 와상(臥像)인데, 길이가 75푸스나 된다. 같은 대좌 위에 아이티오피아산(産) 돌로 만든 입상이 둘 서 있는데, 거대한 와상의 양옆에 서 있는 이 입상들은 높이가 각각 20푸스이다. 사이스에도 멤피스의 와상과 똑같이 누워 있는, 같은 크기의 와상이 하나 있다. 아마시스는 또 멤피스에 이시스를 위해 크고 아주 훌륭한 신전을 지어 주었다.

177 아마시스왕 치세 때 아이귑토스는 최대의 번영을 누렸는데, 강은 대지에게 베풀고 대지는 인간에게 베풀었다고 한다. 그때 아이귑토스에는 사람이 사는 도시가 2만 개나 되었다고 한다. 아마시스는 또 아이귑토스인은 저마다 자신의 수입을 해마다 주 장관에게 신고해야 한다는 법령을 공포했다. 신고하지 않거나 정당한 수입임을 입증할 수 없는 자는 사형에 처하게 했다. 아테나이의 솔론은 아이귑토스에서 이 법을 가져다가 아테나이인에게 시행했는데, 이 법은 훌륭한 법이므로 아테나이인은 이 법을 언제까지나 지키기를!

178 아마시스는 헬라스인을 좋아하여 그들에게 여러 특권을 부여했는데, 무엇보다도 아이귑토스에 정착하기를 원하는 헬라스인에게 나우크라티스 시를 내주었다. 아이귑토스에 정착하기를 원치 않는 헬라스인 장사꾼들에게는 그들의 신들을 위해 제단을 설치하고 신전을 지을 땅을 주었다. 이 신전 가운데 가장 크고 유명하며 가장 참배객이 많은 곳이 이른바 헬레니온[157]인데, 이 신전을 건립하는 데 참여한 도시는 다음과

같다. 이오네스족의 키오스, 테오스, 포카이아, 클라조메나이, 도리에
이스족의 로도스, 크니도스, 할리카르낫소스, 파셀리스, 그리고 아이
올레이스족의 도시로는 유일하게 뮈틸레네가 참여했다. 이들 도시가
신전을 공유하고 있으며, 항구를 관장할 관리를 임명할 권리도 이들 도
시가 갖고 있다. 헬레니온 신전의 의식에 참여하기를 요구하는 다른 도
시들은 타당성이 없는 요구를 하는 셈이다. 그와는 별도로 아이기나인
은 독자적인 제우스 신전을, 사모스인은 헤라 신전을, 밀레토스인은
아폴론 신전을 갖고 있다.

179 옛날에는 나우크라티스가 아이컵토스에 하나밖에 없는 무역항이었
다. 배를 타고 네일로스강의 다른 하구로 들어온 자는 누구든 고의로
그곳에 온 것이 아니라고 선서해야 했고, 선서한 뒤에는 같은 배를 타
고 카노보스로 항해해야만 했다. 또는 역풍이 불어 항해할 수 없을 경
우에는 화물을 거룻배에 옮겨 싣고 삼각주를 돌아 나우크라티스로 가
야 했다. 그만큼 나우크라티스는 특권을 누렸다.

180 (델포이의 옛 신전이 실화로 소실되어) 인보동맹(隣保同盟)[158] 회원국
이 300탈란톤을 들여 현재의 신전을 새로 세우기로 계약을 체결했을
때, 델포이 주민은 그 금액의 4분의 1을 분담하게 되었다. 델포이인은
여러 도시를 돌며 모금했는데, 그 과정에서 아이컵토스에서 적잖은 도

---

157 '헬라스(그리스) 신전'이라는 뜻.
158 Amphiktyonia. 봄에는 델포이의 아폴론 신전에서, 가을에는 테르모퓔라이
(Thermopylai 또는 Pylai) 고갯길 근처 안텔레(Anthele)에 있는 데메테르 신전에서
함께 제물을 바치는 열두 인근국가들(amphiktyones)이 맺은 동맹. 이들 국가는 델
포이 신전을 관리하고 그곳에서 4년마다 개최되던 퓌토 경기를 주관했다.

움을 받았다. 아마시스는 명반(明礬) 1,000탈란톤을, 아이귑토스에 살던 헬라스인은 20므나[159]를 기부했기에 하는 말이다.

181 아마시스는 퀴레네인과 우호 동맹조약을 맺은 뒤 그곳 출신 여자와 결혼하기로 결정했는데, 헬라스 여인을 원했기 때문이거나 아니면 퀴레네인과의 우호 관계를 유지하기 위해서였을 것이다. 그는 라디케라는 여자와 결혼했는데, 그녀는 밧토스의 딸이라고도 하고, 아르케실라오스의 딸이라고도 하고, 명망 있는 시민인 크리토불로스의 딸이라고도 한다. 아마시스는 다른 여자들과는 교합할 수 있었지만, 그녀와 동침할 때는 그럴 수가 없었다. 한동안 그런 상태가 지속되자 아마시스가 라디케에게 말했다. "여인이여, 그대는 내게 마법을 걸었음이 틀림없으니, 모든 여인 중에서 가장 비참하게 죽는 수밖에 없소." 라디케가 부인했지만, 아마시스의 마음은 누그러지지 않았다. 그녀는 마음속으로 아프로디테에게 기도하며, 만약 아마시스가 그날 밤 자기와 교합할 수 있게 되어 문제가 해결되기만 하면 퀴레네로 여신의 입상 하나를 보내드리겠다고 서약했다. 서약한 뒤 곧 아마시스는 그녀와 교합했고 그 뒤로는 그녀에게 갈 때마다 교합하게 되어, 그녀를 무척 사랑하게 되었다. 한편 라디케는 여신에게 서약한 대로 신상을 만들게 하여 퀴레네로 보냈는데, 그 신상은 내 시대에도 퀴레네 시에서 바깥쪽을 바라보며 무탈하게 서 있었다. 캄뷔세스가 아이귑토스를 정복했을 때, 이 라디케는 아무런 해도 입지 않았다. 그녀가 누구인지 알게 되자 캄뷔세스가 그녀를 무사히 퀴레네로 돌려보냈기 때문이다.

182 아마시스는 헬라스에 공물을 봉헌하기도 했다. 퀴레네에는 금도금을 한 아테나 신상과 자신의 화상(畵像)을, 린도스의 아테나에게는 돌로

된 신상 두 개와 아마포 가슴받이를, 사모스의 헤라에게는 자신의 목상 (木像) 두 개를 봉헌했는데, 이 목상들은 내 시대에도 대신전 문짝들 뒤에 서 있었다. 그가 사모스에 이런 선물을 보낸 것은 아이아케스의 아들 폴뤼크라테스[160]와의 우호 관계 때문이었다. 그러나 그가 린도스 에 선물을 보낸 것은 우호 관계 때문이 아니라, 린도스에 있는 아테나 신전이 아이귑토스의 아들들을 피해 도망하다가 그곳에 상륙한, 다나 오스의 딸들에 의해 세워졌다는 이야기가 전해 오고 있기 때문이다. 이 런 공물을 아마시스는 봉헌했다. 또한 아마시스는 퀴프로스를 함락해 조공을 바치게 한 최초의 인간이었다.[161]

159 약 8.6킬로그램.
160 그는 기원전 533~522년경까지 사모스섬의 참주였다.
161 그 이전에도 히타이트족, 페니키아인, 아시리아인이 이 섬의 전부 또는 일부를 장악했다고 한다.

III

탈레이아

시가(詩歌)의 여신들인 무사 여신 중 탈레이아는 희극 및 목가(牧歌)를 관장한다

1 바로 이 아마시스를 공격하기 위해 퀴로스의 아들 캄뷔세스가 자신의 신하가 된 여러 민족과, 헬라스인 중에서는 이오니아인과 아이올리스인을 이끌고 진격했는데, 그 사연은 다음과 같다. 캄뷔세스는 아이귑토스로 사절을 보내 아마시스의 딸을 달라고 요구했는데, 그것은 아마시스에게 원한을 품고 있던 한 아이귑토스인의 조언에 따른 것이었다. 그가 아마시스에게 원한을 품게 된 것은, 캄뷔세스가 아이귑토스로 사절을 보내 아이귑토스에서 가장 훌륭한 안과 의사를 보내 달라고 요청했을 때 아마시스가 아이귑토스의 모든 의사 가운데 하필이면 그를 페르시아로 보내 처자식과 떨어져 있게 했기 때문이다. 그런 처사에 원한을 품고 그 아이귑토스인은 캄뷔세스에게 아마시스의 딸을 요구하라고 조언한 것인데, 딸을 줄 경우 아마시스는 속이 상할 것이고, 거절할 경우 캄뷔세스와 적이 될 것이 분명했기 때문이다. 아마시스는 페르시아의 국력이 두렵고 무서워 캄뷔세스의 요구를 거절할 수도, 들어줄 수도 없는 난처한 처지가 되었다. 그는 캄뷔세스가 자기 딸을 아내가 아닌 첩으로 삼으리라는 것을 잘 알고 있었기 때문이다. 아마시스는 오랫동안 깊이 생각한 끝에 다음과 같이 처리했다. 전왕 아프리에스에게는 니테티스라는 호리호리하고 아리따운 딸이 있었는데, 그의 가문의 유일한 유족인 이 소녀를 아마시스는 고운 옷과 황금으로 치장한 다음 자기 딸인 양 페르시아로 보냈다. 얼마 뒤 캄뷔세스가 그 소녀를 아마시스의 딸이라고 부르며 인사하자 그녀가 그에게 대답했다. "전하, 전하께서는 아마시스에게 속았다는 것을 모르고 계시는군요. 그는 자기 딸인 양 저를 금으로 치장해 전하께 보냈지만, 저는 사실은 아프리에스의 딸이옵니다. 아마시스가 아이귑토스인과 함께 반란을 일으켜 살해한 그의 주인 아프리에스의 딸이란 말이옵니다." 이 말에 퀴로스의 아들 캄뷔세스가 격분해 아이귑토스를 공격하게 되었다는

것이다. 아무튼 페르시아인은 그렇게 말한다.

2 그러나 아이귑토스인은 캄뷔세스가 아이귑토스인이라고 주장한다. 그들에 따르면, 캄뷔세스는 바로 이 아프리에스의 딸의 아들이며, 아마시스에게 사절을 보내 딸을 달라고 요구한 것은 캄뷔세스가 아니라 퀴로스였다는 것이다. 이러한 그들의 주장은 사실이 아니다. (페르시아인 관습에 관해서는 어느 누구보다도 더 잘 알고 있는) 아이귑토스인이 첫째, 적자가 살아 있는데 서자가 페르시아 왕위를 계승한다는 것은 있을 수 없는 일이고, 둘째, 캄뷔세스가 아이귑토스 여인의 아들이 아니라 아카이메니다이가(家)에 속하는 파르나스페스의 딸 캇산다네의 아들이라는 것을 모를 리 없기에 하는 말이다. 그럼에도 아이귑토스인은 자신들이 퀴로스의 인척임을 내세우고 싶어 사실을 왜곡하는 것이다.

3 이에 관해서는 이쯤 해 두자. 나로서는 믿어지지 않지만 또 다른 이야기에 따르면, 한 페르시아 여인이 퀴로스의 아내들을 방문했다가 캇산다네 옆에 그녀의 크고 잘생긴 자녀들이 서 있는 것을 보고는 감탄하며 입에 침이 마르도록 그들을 칭찬하자, 퀴로스의 아내가 이렇게 대답했다고 한다. "나는 이런 자식들을 낳아 주었건만 퀴로스는 나를 무시하고, 아이귑토스에서 얻어 온 여인을 떠받들고 있다니까요." 그녀가 니테티스에게 원한을 품고 이렇게 말하자 그녀의 맏아들 캄뷔세스가 이렇게 말했다고 한다. "어머님, 제가 어른이 되면 위가 밑이 되고 밑이 위가 되도록 아이귑토스를 뒤집어엎을게요." 열 살밖에 안 된 소년이 그렇게 말하자 여인들은 놀라움을 감추지 못했다고 한다. 이 말을 기억하던 캄뷔세스가 어른이 되어 왕위에 오르자 아이귑토스 원정길에 올

랐다는 것이다.

4 그 밖에 아이귑토스 원정을 조장하는 다른 사건도 일어났다. 아마시스
   의 헬라스인 용병 중에 파네스라는 자가 있었는데, 그는 할리카르낫소
   스 출신으로, 지략이 뛰어나고 용감한 전사였다. 파네스는 아마시스에
   게 원한을 품고 배를 타고 아이귑토스에서 탈출했는데 캄뷔세스와 면
   담하기 위해서였다. 그는 아마시스의 용병 중에서는 요인이고, 아이귑
   토스의 사정에 정통해, 아마시스는 어떻게든 그를 체포하려고 가장 충
   직한 내시 한 명을 보내 삼단노선으로 그를 추격하게 했다. 내시는 뤼
   키아에서 파네스를 붙잡았지만 그의 꾀에 넘어가 아이귑토스로 압송
   하는 데는 실패했으니, 파네스가 파수병들을 취하게 한 다음 페르시아
   로 달아나 버린 것이다. 캄뷔세스는 아이귑토스 원정을 위해 열심히 준
   비하고 있었는데, 어떻게 사막을 건너야 할지 난감했다. 그때 파네스
   가 나타나 아마시스에 관한 모든 정보를 주었고, 사막을 건너는 길도
   일러 주었다. 그는 또 아라비아 왕에게 사절을 보내 그의 나라를 안전
   하게 통과할 수 있도록 부탁해 두라고 조언했다.

5 아이귑토스로 들어가는 확실한 진입로는 다음뿐이다. 포이니케에서
   카뒤티스[1] 시 지역까지는 이른바 팔라이스티네의 쉬리아인의 땅이다.
   내 생각에 사르데이스보다 별로 작지 않은 카뒤티스에서 이에뉘소스
   시 사이의 항구들은 아라비아 왕에게 속한다. 이에뉘소스에서 세르보
   니스호까지는 다시 쉬리아인의 땅인데, 이 호수를 따라 카시오스산이
   바다까지 뻗어 있다. 전설에 따르면 튀폰이 숨어 있다고 하는 세르보니

   _____

   1 지금의 팔레스타인 가자.

스호 저편은 벌써 아이귑토스 땅이다. 이에뉘소스 시와 카시오스산과 세르보니스호 사이의 지역은 상당히 넓어 건너는 데 3일이 걸리며 물 없는 사막이다.

6 여기서 나는 배를 타고 아이귑토스로 들어가는 자 가운데 소수만이 알아차렸으리라 짐작되는 것을 말하고자 한다. 즉 아이귑토스는 헬라스 전역과 포이니케에서 포도주가 가득 든 토기 독을 해마다 수입하는데, 아이귑토스에서 빈 술독은 단 하나도 눈에 띄지 않는다는 것이다. 대체 이 독들이 어디에 쓰이는지 궁금할 것인데, 이제 설명하겠다. 각 지역의 수장(首長)은 자기 도시의 독을 모두 모아 멤피스로 보내게 되어 있고, 그러면 멤피스 주민은 독에 물을 가득 채워 쉬리아의 사막지대로 보내게 되어 있다. 그리하여 아이귑토스로 수입된 독은 일단 비워진 다음 쉬리아로 가서 이전에 그곳에 가 있던 다른 독과 합류하는 것이다.

7 아이귑토스로 들어가는 이 길에 그런 방법으로 물을 공급한 것은 페르시아인인데, 아이귑토스를 정복하자마자 그들은 그렇게 했다. 당시에는 아직 그곳에 물이 없어 캄뷔세스는 할리카르낫소스 출신 친구인 파네스의 조언에 따라 아라비아 왕에게 사절을 보내 안전한 통행을 부탁했다. 아라비아 왕이 부탁을 받아들이자 양측은 서로 서약을 주고받았다.

8 세상에 아라비아인만큼 서약을 존중하는 민족은 없다. 그들은 다음과 같은 방법으로 서약을 주고받는다. 두 사람이 서약을 주고받으려 할 때는 제3자가 둘 사이로 들어가 서서 날카로운 돌로 두 사람의 엄지손가락 근처의 손바닥을 베어 상처를 낸다. 그리고 두 사람의 겉옷에서 모직을 한 조각씩 뜯어내 피를 묻힌 다음 둘 사이에 놓인 일곱 개 돌에 피

를 칠하며 디오뉘소스와 우라니아를 부른다. 그런 의식이 일단 끝나고 나면 서약하는 자는 이방인 또는 경우에 따라서는 같은 동포를 친구에게 추천한다. 그러면 친구들도 서약을 존중하는 것을 자신들의 의무라고 생각한다. 그들이 실존한다고 인정하는 신은 디오뉘소스와 우라니아뿐이다. 그들은 자신들이 디오뉘소스처럼 머리를 깎는다고 주장한다. 즉 그들은 머리를 둥글게 깎고 관자놀이 털은 면도한다. 아라비아말로 디오뉘소스는 오로탈트이고, 우라니아는 알릴라트이다.

9 아라비아 왕은 캄뷔세스의 사절단과 맹약을 맺자마자 다음과 같은 방법을 생각해 냈다. 즉 그는 낙타 가죽으로 만든 부대들에 물을 가득 채운 다음 자신의 살아 있는 모든 낙타의 등에 싣고는 낙타를 사막으로 몰고 가서 그곳에서 캄뷔세스의 군대가 도착하기를 기다렸다. 내가 보기에, 이것이 더 믿음이 가는 이야기다. 믿음이 덜 가기는 하지만 다른 이야기도 전해 오고 있으니, 이 또한 전하지 않을 수 없다. 아라비아에는 코뤼스라는 큰 강이 있는데, 이른바 홍해로 흘러든다. 아라비아 왕은 소가죽과 다른 짐승 가죽을 이어 붙여 강에서 사막에 닿을 만큼 긴 도수관을 만든 다음, 이 도수관을 통해 강물을 거대한 저수조들로 끌어들였다. 그는 강물을 받아 저장하도록 이 저수조들을 미리 파 둔 것이다. 이 강에서 사막까지는 12일 거리다. 그는 세 개의 도수관을 통해 세 곳으로 물을 끌어들였다고 한다.

10 아마시스의 아들 프삼메니토스는 네일로스강의 이른바 펠루시온 하구에 진을 치고 캄뷔세스를 기다리고 있었다. 캄뷔세스가 아이귑토스로 진격했을 때 아마시스는 이미 죽고 없었다. 아마시스는 44년 동안 통치하다가 죽었는데, 재위 기간 중 한 번도 험한 꼴을 당하지 않았다.

그의 시신은 미라가 되어 손수 지은 성역 안 묘실에 안치되었다. 아마시스의 아들 프삼메니토스의 재위 중에는 큰 이변이 일어났는데, 아이귑토스의 테바이에 비가 온 것이다. 테바이인에 따르면, 그곳에 비가 오는 일은 내 시대에 이르기까지 전무후무한 일이라고 한다. 상부 아이귑토스에는 전혀 비가 오지 않기 때문이다. 그러나 그때는 테바이에 빗방울이 떨어졌던 것이다.

11 사막을 건너온 페르시아인은 싸우기 위해 아이귑토스인 가까이 진을 쳤다. 그러자 헬라스인과 카리아인으로 구성된 아이귑토스의 용병들은 파네스가 아이귑토스로 적군을 끌어들인 것을 응징하기 위해 다음과 같이 했다. 파네스는 자식들을 아이귑토스에 남겨 두었는데, 헬라스인 용병들은 그의 자식들을 아이귑토스인 군영으로 데리고 왔다. 그리고 아이들의 아버지가 볼 수 있도록 양군의 한가운데에 큼직한 포도주 희석용 동이를 하나 갖다 놓더니 아이들을 한 명씩 끌어내어 멱을 따고 그 피를 희석용 동이에 받았다. 용병들은 아이들을 모두 죽인 다음 술과 물을 가져와 희석용 동이에 붓고는 한 명도 빠짐없이 피를 마시고 전투에 뛰어들었다. 격전이 벌어져 양군 모두 수많은 전사자를 냈고, 결국 아이귑토스인이 패주했다.

12 나는 그곳 토박이에게 듣고 전투가 벌어졌던 곳에 갔다가 참으로 놀라운 광경을 목격했다. 그 전투에서 전사한 자들의 뼈가 사방에 흩어져 있었는데, 양군이 처음 싸우기 시작했을 때 서로 떨어져 있었듯 한쪽에는 페르시아인의 뼈가, 다른 한쪽에는 아이귑토스인의 뼈가 나뒹굴고 있었다. 페르시아인의 두개골은 연약해 조약돌을 한 번만 던져도 구멍이 나는 반면, 아이귑토스인의 두개골은 단단해 돌멩이로 내리쳐도 깨

지지 않을 정도였다. 그곳 토박이가 말해 준 이유에 나도 동의했는데, 아이귑토스인은 어릴 때부터 머리를 깎기 때문에 뼈가 햇빛에 노출되어 점점 더 단단해진다는 것이었다. 같은 이유로 그들은 대머리가 되지 않는다. 세상에 아이귑토스에서만큼 대머리가 드문 나라는 없으니 하는 말이다. 그것은 아이귑토스인의 두개골이 단단한 이유이기도 하고, 페르시아인의 두개골이 연약한 이유이기도 하다. 페르시아인은 어려서부터 모전(毛氈)으로 된 두건[2]을 써 햇빛으로부터 머리를 보호하기 때문이다. 이 문제는 이쯤 해 두자. 다레이오스의 아들 아카이메네스 휘하의 페르시아인이 리뷔에인 이나로스에게 궤멸된 적이 있는 파프레미스에서도 나는 이와 비슷한 차이를 내 눈으로 본 적이 있다.

13 아이귑토스인은 등을 돌려 무질서하게 달아났다. 그들이 멤피스에 틀어박히자, 캄뷔세스는 아이귑토스인과 협상하기 위해 페르시아인 전령 한 명을 태운 뮈틸레네의 함선 1척을 상류로 올려 보냈다. 아이귑토스인은 함선이 멤피스로 다가오는 것을 보자 성벽에서 쏟아져 나와 함선을 부수고 뱃사람들을 갈기갈기 찢어 죽인 다음 성벽 안으로 끌고 들어갔다. 아이귑토스인은 포위공격을 당하자 결국에는 항복했다. 이웃인 리뷔에인도 아이귑토스인 꼴이 될까 두려워 싸우지도 않고 항복하고는 조공을 바치고 선물을 보냈다. 퀴레네인과 바르케인도 리뷔에인처럼 겁을 먹고 같은 행동을 취했다. 캄뷔세스는 리뷔에인이 보낸 선물은 흔쾌히 받았지만, 퀴레네인의 선물은 못마땅하게 여겼다. 아마도 약소했기 때문일 텐데, 퀴레네인은 은 500므나를 보낸 것이다. 캄뷔세스는 그것들을 집어 들더니 군사들 사이에 손수 흩어 주었다.

2 티아라(tiara).

14 캄뷔세스는 멤피스성을 함락하고 10일째 되는 날, 왕이 된 지 6개월밖에 안 되는 아이귑토스 왕 프삼메니토스를 다른 아이귑토스인과 함께 성문 밖에 앉히고 일부러 모욕함으로써 그의 정신력을 시험해 보았다. 그는 프삼메니토스의 딸에게 노예 옷을 입힌 뒤 물동이로 밖에서 물을 길어 오게 했다. 또한 아이귑토스 귀족의 딸들도 공주와 같은 옷을 입고 공주와 함께 가게 했다. 소녀들이 울며불며 아버지들 옆을 지나가자 자식들이 치욕을 당하는 것을 보고 아버지들도 덩달아 울고불고했다. 그러나 프삼메니토스는 소녀들이 다가오는 것을 보고 무슨 일이 벌어지고 있는지 알아차리고 묵묵히 고개를 숙였다. 물동이를 든 소녀들이 지나가자, 캄뷔세스는 왕의 아들을 같은 나이 또래의 아이귑토스인 2,000명과 함께 밖으로 내보냈는데, 그들의 목에는 밧줄이 매어져 있고 입에는 재갈이 물려 있었다. 함선을 타고 멤피스에 갔다가 살해된 뮈틸레네인의 원수를 갚기 위해 그는 그들을 끌고 가게 한 것이다. 한 명당 아이귑토스 귀족 10명이 죽도록 왕실의 판관들이 판결을 내렸기 때문이다. 프삼메니토스는 젊은이들이 지나가는 것을 보고 자기 아들이 죽음의 행렬 선두에 서 있는 것을 알아차렸다. 그의 옆에 앉아 있던 다른 아이귑토스인은 울고불고 야단이었지만 그는 딸을 보았을 때와 같은 행동을 보여 주었다. 행렬이 모두 지나갔을 때, 한 중늙은이가 우연히 아마시스의 아들 프삼메니토스와 교외에 앉아 있던 다른 아이귑토스인 옆을 지나갔다. 그는 왕의 술친구 중 한 명이었지만 재산을 모두 잃고 알거지가 되어 병사들에게 구걸을 하고 있었다. 프삼메니토스는 그를 보자 울음을 터뜨렸고 옛친구 이름을 부르며 괴로워하며 자신의 머리를 쳤다. 그곳에는 파수병들이 서 있었는데, 그들은 행렬이 지나갈 때마다 프삼메니토스의 일거수일투족을 캄뷔세스에게 보고했다. 캄뷔세스는 프삼메니토스의 행동을 보고받고는 깜짝 놀라 사자를

보내 그에게 다음과 같이 묻게 했다. "프삼메니토스여, 그대의 주인이신 캄뷔세스께서는, 딸이 굴욕을 당하고 아들이 형장으로 끌려가는 것을 보고도 비명을 지르거나 눈물을 흘리지 않던 그대가 듣자 하니 그대와는 친인척도 아닌 거지에게 그토록 경의를 표하는 까닭이 무엇인지 물어보라 하셨소." 캄뷔세스의 이런 물음에 프삼메니토스는 이렇게 대답했다. "퀴로스의 아드님이시여, 제 집안의 불행은 울고불고하기에는 너무나 크옵니다. 하지만 제 친구의 고통은 울어 줄 만하옵니다. 그는 부자요, 행운아였는데 노년의 문턱에서 거지로 전락하고 말았으니 말이옵니다." 아이귑토스인에 따르면, 이 대답을 전해 들은 캄뷔세스는 좋은 말이라고 생각했고, 크로이소스도(그도 캄뷔세스를 따라 아이귑토스에 와 있었다), 그 자리에 있던 페르시아인도 눈물을 흘렸다고 한다. 캄뷔세스도 측은한 생각이 들어 즉시 명령을 내려, 프삼메니토스의 아들을 처형하지 말고 프삼메니토스 자신은 교외에서 자기 앞으로 데려오게 했다고 한다.

15 사자들이 한발 늦게 도착하는 바람에 프삼메니토스의 아들은 구하지 못했다. 그는 맨 먼저 처형되었기 때문이다. 하지만 사자들이 프삼메니토스는 캄뷔세스 앞으로 데려갔다. 그날 이후 그는 캄뷔세스의 궁전에서 어떤 고통도 당하지 않고 여생을 보냈다. 만약 그가 말썽을 부리지 않고 조용히 지냈다면 아이귑토스를 돌려받아 캄뷔세스의 태수(太守)로서 통치할 수 있었으리라. 페르시아인은 왕의 아들들을 존중하는 관습이 있었으니까. 왕이 반란을 일으킨 경우에도 페르시아인은 그의 아들들에게 왕권을 돌려준다. 페르시아인에게 그런 관습이 있음을 입증해 줄 사례는 허다한데, 이를테면 이나로스의 아들 탄뉘라스와 아뮈르타이오스의 아들 파우시리스는 아버지의 왕권을 돌려받았다. 이나

로스와 아뮈르타이오스만큼 페르시아인을 해코지한 자는 아무도 없는데도 말이다. 프삼메니토스는 역모를 꾀하다가 응분의 대가를 받았다. 그는 반란을 일으키도록 아이귑토스인을 사주하다가 붙잡혔다. 캄뷔세스에게 발각된 그는 황소 피를 마시고 그 자리에서 죽었다. 프삼메니토스는 그렇게 최후를 맞았다.

16 캄뷔세스는 사이스에서 꼭 하고 싶은 일이 있어 멤피스를 떠나 사이스로 갔다. 그는 아마시스의 궁전에 도착하자마자 아마시스의 시신을 관에서 꺼내 오도록 명령했다. 그리고 시신을 꺼내 오자 부하들에게 시신을 채찍질하고, 모발을 잡아 뽑고, 몰이 막대기로 찌르는 등 온갖 모욕을 가하라고 명령했다. 그의 부하들이 지치도록 쳐도 미라가 된 시신이 조금도 훼손되지 않자 캄뷔세스는 불태우라고 명령했는데, 그것은 불경한 명령이었다. 페르시아인은 불을 신으로 여기기 때문이다. 시신을 불태우는 것은 페르시아인에게도, 아이귑토스인에게도 관습이 아니다. 페르시아인은 앞서 말했듯 신에게 인간의 시신을 바치는 것은 부당하다고 생각하고, 아이귑토스인은 불을 무엇이든 닥치는 대로 잡아먹다가 배불리 먹으면 먹힌 것과 함께 죽고 마는 살아 있는 동물로 여긴다. 그들에게는 시신을 동물에게 먹으라고 넘겨주는 것은 절대 금물이다. 그래서 그들은 시신을 미라로 만드는 것이다. 시신이 관 속에 누워 있다가 벌레에게 먹히지 않도록 말이다. 이와 같이 캄뷔세스의 명령은 아이귑토스의 관습에도, 페르시아의 관습에도 배치되었다. 아이귑토스인에 따르면, 그런 수모를 당한 것은 실은 아마시스가 아니라 아마시스와 체격이 같은 다른 아이귑토스인인데, 페르시아인은 아마시스인 줄 알고 그를 모욕했다는 것이다. 아마시스는 자기가 죽고 나면 자기 시신이 어떤 일을 당하게 될지 신탁을 통해 알고는 이를 막기 위해 나

중에 매질당한 그 시신을 자신의 묘실 문 바로 앞에 묻고 자기 시신은 되도록 묘실 안쪽 구석에 묻도록 아들에게 지시했다는 것이다. 나는 아마시스가 자신의 시신과 그 사람의 시신에 관해 실제로 그런 지시를 내린 것이 아니라, 아이귑토스인이 자신들의 체면을 세우려고 그런 이야기를 지어낸 것이라고 생각한다.

17 그 뒤 캄뷔세스는 세 가지 원정 계획을 세웠는데, 하나는 카르케돈[3]인을 공격하는 것이고, 다른 하나는 암몬인을 공격하는 것이었으며, 또 다른 하나는 리뷔에 남쪽 남해[4]의 기슭에 사는 장수(長壽)하는 아이티오피아인[5]을 공격하는 것이었다. 그는 카르케돈인에게는 자신의 함대를, 암몬인에게는 자신의 육군의 일부를 보내기로 결심했다. 그리고 아이티오피아인에게는 그들의 국왕에게 선물을 전달한다는 핑계로 먼저 첩자를 보내, 저 유명한 '태양의 식탁'이 과연 그들에게 있는지 살펴보고 그곳 사정을 정탐해 오게 할 참이었다.

18 '태양의 식탁'이란 도시 교외에 있는 초원으로, 그곳에는 온갖 종류의 네발짐승을 삶은 고기가 지천으로 널려 있다고 한다. 밤이 되면 그때그때 그럴 책임을 맡은 시민들이 이 초원에 고기를 갖다 둔다고 한다. 낮이 되면 원하는 사람은 누구든 와서 고기를 먹는다고 한다. 그러나 그곳 백성은 매번 고기가 땅에서 저절로 자라난다고 믿는다고 한다. 이상이 이른바 '태양의 식탁'에 관한 이야기다.

---

3 카르타고의 그리스어 이름.
4 인도양.
5 헤로도토스는 여기서 실재하는 아이티오피아인과 대지의 남단에 산다는 전설상의 아이티오피아인을 하나로 묶고 있다.

19 캄뷔세스는 아이티오피아인에게 첩자를 보내기로 결심하자 지체 없
이 아이티오피아 말을 할 줄 아는 익튀오파고이족[6] 몇 명을 엘레판티
네 시에서 불러들였다. 그들을 데려오는 동안 그는 자신의 해군에 명해
카르케돈을 공격하게 했다. 그러나 포이니케인은 그 명령을 듣지 않았
다. 그들의 말인즉 그들은 엄숙하게 맹세한 터라 자기 자식들[7]을 향해
진격한다는 것은 불의한 짓이라는 것이었다. 포이니케인이 가려 하지
않자, 나머지 해군으로는 전쟁을 치를 수가 없었다. 그리하여 카르케
돈인은 페르시아인의 노예가 되는 것을 피할 수 있었다. 포이니케인은
자진해 페르시아인에게 항복했고 페르시아의 전 해군이 포이니케인
에게 의존하고 있어, 캄뷔세스는 그들에게 강권을 발동하고 싶지 않았
다. 그 밖에 퀴프로스인도 페르시아인에게 항복해 아이귑토스 원정에
참가했다.

20 익튀오파고이족이 엘레판티네에서 도착하자, 캄뷔세스는 그들이 가
서 전할 말을 일러 주며 아이티오피아로 보냈다. 그리고 자주색 외투와
황금 목걸이와 팔찌들과, 몰약이 든 설화석고 항아리와 야자열매로 담
근 술 한 독을 선물로 가져가게 했다. 캄뷔세스가 사절단을 보낸 이들
아이티오피아인은 세상에서 가장 키가 크고 가장 잘생겼다고 한다. 그
들의 관습은 다른 민족의 그것과는 전혀 다르다고 한다. 특히 왕제(王
制)가 그러한데, 그들은 백성 가운데 누구든 가장 키가 크고 키에 걸맞
은 힘을 가진 자를 왕으로 뽑아야 한다고 생각한다는 것이다.

21 익튀오파고이족이 그들의 나라에 도착해 왕에게 선물들을 바치며 이
렇게 말했다. "페르시아인의 대왕 캄뷔세스께서는 전하와 친교를 맺
고자 저희를 보내 전하를 알현하고 이 선물들을 바치게 하셨나이다. 이

선물들은 대왕께서 특별히 애용하시는 물품이옵니다." 그들이 정탐하러 왔음을 알아차린 아이티오피아인의 왕은 이렇게 말했다. "페르시아인의 왕은 정말로 나와 친교를 맺고 싶어 선물을 들려 그대들을 내게 보낸 것이 아니며, 그대들도 거짓말을 하고 있다. (그대들은 첩자로서 내 나라에 왔으니까.) 그대들의 왕이란 자는 불의한 사람이다. 그가 의로운 사람이라면 남의 나라를 탐내지 않을 것이며, 그에게 아무 해코지도 하지 않은 사람들을 노예로 삼지도 않을 것이다. 그대들은 여기 이 활을 그에게 가져다주고 이렇게 전하도록 하라! '아이티오피아인의 왕이 페르시아인의 왕에게 충고하노니, 페르시아인이 이처럼 큰 활을 나처럼 이렇게 쉽게 당길 수 있게 되거든 그때는 대군을 이끌고, 장수하는 아이티오피아인을 공격하러 오시라. 그때까지는 신들께서 아이티오피아인의 아들들에게 자신들의 영토 외에 다른 나라를 손에 넣을 생각을 불어넣어 주시지 않는 것을 감사해야 할 것이오.'라고."

22 그는 이렇게 말하고 활을 늦춘 다음 사절단에게 건네주었다. 그러고는 자주색 외투를 집어 들더니 그게 무엇이며 어떻게 만드는지 물었다. 자주색이 무엇이며 그것을 어떻게 염색하는지 익뒤오파고이족이 사실대로 설명하자 "그대들은 사람만 겉 다르고 속 다른 줄 알았더니, 입는 옷마저 겉 다르고 속 다르구먼!" 하고 왕이 말했다. 이어서 그는 황금 목걸이와 팔찌들에 관해 물었다. 익뒤오파고이족이 장신구를 어떻게 차는지 설명해 주자, 왕은 웃으며 — 그는 그것들을 족쇄라고 생각한 것이다 — 자기 나라에는 더 튼튼한 족쇄가 있다고 말했다. 세 번째로

---

6 Ichthyophagoi. '물고기를 먹는 자들'이라는 뜻.
7 카르타고는 페니키아 지방의 튀로스 시민이 건설한 식민시다.

그는 몰약에 관해 물었다. 사절단이 그것을 어떻게 만들어 어떻게 몸에 바르는지 설명하자, 왕은 의복에 관해 말한 것과 같은 말을 했다. 그가 술에 관해 묻고 그 제조법을 알게 되자 조금 맛을 보더니 좋아했다. 그는 그들의 왕은 무엇을 먹으며, 가장 장수하는 페르시아인은 얼마나 오래 사는지 물었다. 그들은 왕은 빵을 먹는다며 밀이 어떻게 자라는지 설명해 주었고, 여든 살이 최대 수명이라고 말했다. 왕은 그들이 똥거름을 먹고 사니 그렇게 단명(短命)하는 것은 놀랄 일이 못 된다며, "그들이 저 음료로 원기를 돋우지 않는다면 그만큼도 살지 못할 것이다"라고 말했다. 그는 익튀오파고이족에게 술을 가리키며 페르시아인이 자기들보다 나은 점은 그것 하나뿐이라고 말했다.

23 이번에는 익튀오파고이족이 아이티오피아인의 수명과 생활방식에 관해 물었다. 왕은 아이티오피아인은 대개 120년을 살며, 그 가운데 더 오래 사는 사람도 더러 있는데, 삶은 고기를 먹고 우유를 마신다고 말했다. 그들의 긴 수명에 놀란 첩자들을 왕은 어떤 샘으로 데리고 갔는데, 그 샘물로 씻으니 마치 올리브유가 함유되어 있는 양 살갗에 윤기가 났고, 제비꽃 냄새 같은 것이 났다. 첩자들에 따르면, 이 샘물은 비중(比重)이 낮아 나무든, 그보다 더 가벼운 것이든 어떤 것도 뜨지 못하고 모든 것이 바닥에 가라앉았다고 한다. 이 보고가 사실이라면 아이티오피아인이 장수하는 것은, 어디에나 이 샘물을 사용하기 때문이리라. 그들은 샘을 떠나 감옥으로 안내되었는데, 그곳 죄수들은 모두 황금 족쇄를 차고 있었다. 아이티오피아인 사이에서는 청동보다 귀하고 값진 것은 아무것도 없기 때문이다. 그들은 감옥을 보고 나서 이른바 '태양의 식탁'도 보았다.

24 마지막으로 그들은 아이티오피아인의 관을 보았는데, 그것들은 투명석(透明石)[8]으로 다음과 같이 만들어진다고 한다. 아이귑토스식이든 그 밖의 다른 식으로든 먼저 시신을 건조한 다음 온몸에 석고를 입히고 되도록 생전의 모습과 닮아 보이도록 색칠한다. 그리고 속을 파낸 투명석 기둥 안에 시신을 넣는데, 투명석은 그들의 나라에서는 많이 나고 가공도 쉽다. 시신은 기둥 안에 들어 있어도 또렷이 보인다. 악취를 풍기지도 않고 다른 어떤 불쾌감도 주지 않는다. 보는 이의 눈과 시신 사이에 아무것도 없는 양 모든 것이 또렷이 보인다. 1년 동안 가장 가까운 친척이 그 기둥을 집안에 간직하며 과일의 맏물을 올리고 제물을 바친다. 그러고 나서 그들은 그 기둥을 밖으로 갖고 나가 도시 주위에 세워 둔다.

25 첩자들은 이 모든 것을 본 뒤 아이귑토스로 돌아갔다. 그들의 보고를 듣자마자 캄뷔세스는 크게 노해 군량 걱정도 않고, 또 자신이 대지의 끝으로 군대를 진군시키고 있다는 사실마저 잊고서 아이티오피아인을 공격하러 즉시 원정길에 올랐다. 익튀오파고이족의 보고를 들은 캄뷔세스는 완전히 이성을 잃고 자신의 군대 가운데 헬라스인만 아이귑토스에 남게 하고 전 보병 부대를 이끌고 원정길에 오른 것이다. 원정군이 테바이에 도착하자 그는 자신의 군대 가운데 5만 명을 떼어내, 암몬인을 노예로 만들고 암몬의 제우스 신탁소를 불사르라 명령했다. 그 자신은 나머지 군사를 이끌고 아이티오피아인을 공격하러 진군했다. 그러나 군대가 원정길의 5분의 1도 못 가서 가져간 군량이 바닥났다.

8 그리스어로 hyalos. 설화석고, 수정, 호박 등으로 해석하는 이들도 있지만, 정확히 어떤 돌인지 알 수 없다.

그들은 운반용 동물들을 잡아먹었는데 그것도 오래가지 못했다. 그때라도 캄뷔세스가 상황을 파악하고 마음을 바꿔 회군했다면, 현명한 처신으로 처음 실수를 바로잡을 수 있었으리라. 그러나 그는 상황을 고려하지 않고 계속 앞으로 진군했다. 땅에 무엇이 나 있는 동안, 군사들은 그것을 먹고 연명했다. 사막에 들어서자 그들 중 일부는 끔찍한 짓을 생각해 냈는데, 제비뽑기로 열 명 가운데 한 명을 뽑아 잡아먹은 것이다. 캄뷔세스는 이 소식을 듣자 군사들이 서로 잡아먹을까 두려워 아이티오피아 원정을 포기하고 회군했다. 그가 테바이에 도착했을 때는 이미 대부분의 군사를 잃은 뒤였다. 그는 테바이에서 멤피스로 내려가 헬라스인 부대를 해산한 뒤 배를 타고 집으로 돌아가게 했다.

26 아이티오피아 원정은 그렇게 끝났다. 한편 그가 암몬인을 공격하도록 파견한 부대는 길라잡이들과 함께 테바이를 출발했는데, 그들이 오아시스 시에 도착한 것은 확실하다. 오아시스는 아이스크리온 부족에 속한다는 사모스인이 거주하는 도시로, 테바이에서 사막을 건너 7일 거리에 있다. 그곳은 헬라스 말로 '축복받은 자들의 섬'[9]이라 한다. 전하는 이야기에 따르면, 군대는 그곳까지는 갔다고 한다. 그 뒤 그들이 어떻게 되었는지는 암몬인에게 직접 또는 간접으로 들은 사람들 외에는 아무도 말할 수 없다. 그들은 암몬인에게 간 적도 없고 돌아오지도 않았기 때문이다. 암몬인은 그들이 사라진 일을 다음과 같이 설명한다. 그들이 오아시스에서 사막을 지나 암몬으로 가다가 오아시스와 암몬의 중간쯤에서 점심을 먹고 있는데 갑자기 엄청나게 강한 남풍이 모래더미를 몰고 오더니 그들을 묻어 버렸고, 그래서 그들은 사라졌다는 것이다. 아무튼 암몬인은 그 군대의 운명에 관해 그렇게 전하고 있다.

27 캄뷔세스가 멤피스에 도착했을 때, 헬라스인이 에파포스라고 부르는 아피스가 아이컵토스인 앞에 나타났다. 그것을 본 아이컵토스인은 즉시 성장(盛裝)하고 축제를 벌였다. 아이컵토스인의 그런 모습을 본 캄뷔세스는 자신이 원정에 실패한 것이 기뻐서 그러는 줄 알고 멤피스 관리들을 소환했다. 관리들이 나타나자 그는 전에 자기가 멤피스에 머물 때는 아이컵토스인이 그런 짓을 하지 않더니 하필이면 자기가 군사 대부분을 잃고 돌아온 지금 그러느냐고 물었다. 그들이 대답하기를, 신은 오랜 간격을 두고 나타나곤 하며, 그럴 때는 모든 아이컵토스인이 기뻐서 축제를 벌인다고 했다. 그 말을 듣자 캄뷔세스는 그들이 거짓말한다며 거짓말쟁이인 그들을 처형하게 했다.

28 관리들을 처형한 다음 그는 사제들을 불러오게 했다. 사제들도 관리들과 같은 말을 하자, 캄뷔세스는 과연 인간의 손에 길이 든 신이 아이컵토스인에게 나타났는지 직접 확인해 보겠다고 말했다. 그는 사제들에게 아피스를 끌고 오라고 명령했고, 사제들이 가서 아피스를 끌고 왔다. 이 아피스 또는 에파포스는 한 번 수태하면 다시는 수태할 수 없는 암소에게서 태어난 송아지로, 아이컵토스인에 따르면, 하늘에서 한줄기 빛살이 암소에게 내려와 그 빛살에 의해 암소가 아피스를 낳게 된다고 한다. 아피스라 불리는 송아지는 다음과 같은 특징이 있다. 온몸이 검고, 이마에 네모난 흰 반점이 있으며, 등에는 독수리 형상이 있고, 꼬리에는 이중으로 털이 나 있으며, 혀 밑에는 풍뎅이 모양의 결절이 있다.

29 사제들이 아피스를 끌고 오자 미치광이나 다름없는 캄뷔세스는 단검

---

9 그리스어로 makaron nesoi.

을 뽑아 아피스의 배를 찔렀지만 빗나가 넓적다리를 맞혔다. 그는 폭소를 터뜨리며 사제들에게 말했다. "이 불쌍한 것들 같으니라고. 살도 있고, 피도 있고, 무쇠에 부상당하는 이런 것들이 너희 신이더란 말이냐! 아이컵토스인에게는 이런 신이 어울리겠지. 하지만 너희가 그리 쉽게 나를 조롱하지는 못하리라." 그는 형리들에게 명해 사제들을 채찍질하고, 축제를 벌이다 잡힌 아이컵토스인은 누구든 죽이게 했다. 그리하여 아이컵토스인의 축제는 중단되었고 사제들은 처형되었으며, 넓적다리에 부상을 입은 아피스는 신전 안에 누워 있다가 결국 숨을 거두었다. 사제들은 죽은 아피스를 캄뷔세스 몰래 묻어 주었다.

30 아이컵토스인에 따르면, 캄뷔세스는 이 범행을 저지르고 나서 즉시 발광했다. 그는 이전부터 제정신이 아니었다. 그가 저지른 첫 번째 악행은 아버지도 같고 어머니도 같은 친아우 스메르디스를 제거한 것이었다. 그러기 전에 그는 시기심에서 이미 아우를 아이컵토스에서 페르시아로 돌려보냈는데, 익튀오파고이족이 아이티오피아인에게서 받아온 활의 시위를 아우가 페르시아인 중에서는 유일하게 그것도 2닥튈로스나 당겼기 때문이다. 다른 페르시아인은 아무도 그만큼 당길 수 없었다. 스메르디스가 페르시아로 돌아간 뒤, 캄뷔세스는 자다가 꿈을 꾸었다. 그에게 사자(使者)가 달려와 스메르디스가 옥좌에 앉아 있는데 그 머리가 하늘에 닿았다고 보고하는 꿈이었다. 캄뷔세스는 아우가 자기를 죽이고 왕위에 오를까 두려워 자신의 충복인 프렉사스페스를 페르시아로 보내 아우를 죽이게 했다. 프렉사스페스는 수사로 가서 스메르디스를 죽였는데, 함께 사냥하러 가서 죽였다고도 하고, 홍해[10]로 데리고 가서 물에 빠뜨려 죽였다고도 한다.

31 이 사건이 캄뷔세스가 저지른 첫 번째 악행이라고 한다. 두 번째 악행
    은 그를 따라 아이귑토스에 와 있던 누이를 죽인 일이다. 그녀는 그의
    아내이자 친누이였는데, 그가 그녀와 결혼하게 된 경위는 다음과 같
    다. 그 이전에는 누이와 결혼하는 것은 페르시아인의 관습이 아니었
    다. 누이 가운데 한 명을 사랑하게 된 캄뷔세스는 그녀와 결혼하고 싶
    었지만 자신의 의도가 관습에 어긋나자, 이른바 왕실 재판관을 불러 놓
    고 오누이 사이의 결혼을 인정하는 법이 없는지 물었다. 왕실 재판관은
    페르시아인 중에서 정선된 자들로, 그들의 직무는 부정이 발각되지 않
    는 한 종신직이다. 그들은 페르시아인에게 판결을 내렸고, 전해 오는
    법조항을 해석했으며, 어떤 송사건 다 맡았다. 캄뷔세스의 물음에 그
    들은 법에 위배되지도 않고 자신들의 안전에 위태롭지도 않은 답변을
    찾아냈다. 그들의 말인즉, 오누이간 결혼을 인정하는 법은 없지만 페
    르시아인의 왕은 원하는 것이면 무엇이든 할 수 있다는 법은 있다는 것
    이었다. 이렇게 누이들과 결혼하고 싶어 하는 캄뷔세스를 지지하는 규
    정을 찾아냄으로써 그들은 캄뷔세스가 두려워 법을 어기지 않아도 되
    었고, 법을 수호하느라 목숨을 걸지 않아도 되었다. 캄뷔세스는 사랑
    하는 누이와 결혼하게 되었다. 그 뒤 오래지 않아 그는 다른 누이도 아
    내로 맞아들였다. 캄뷔세스를 따라 아이귑토스에 왔다가 그의 손에 죽
    은 누이는 둘 가운데 나이가 어린 쪽이었다.

32 이 누이의 죽음에 관해서는 스메르디스의 경우처럼 두 가지 이야기가
    전해진다. 헬라스인에 따르면, 캄뷔세스가 새끼 사자와 강아지에게 싸
    움을 붙였는데 이 누이도 함께 구경하고 있었다. 강아지가 싸움에 지자

---

10 여기서는 페르시아만인 것 같다.

형제간인 다른 강아지가 줄을 끊으면서 구하러 왔고, 강아지 두 마리가 합세해 사자를 이겼다. 이것을 보고 캄뷔세스는 기뻐했지만 옆에 있던 아내는 눈물을 흘렸다. 캄뷔세스가 왜 우느냐고 묻자, 그녀가 대답하기를, 강아지가 형제 강아지를 돕는 것을 보고 스메르디스가 생각났고, 캄뷔세스에게는 도와줄 사람이 아무도 남아 있지 않다는 생각에 울었다고 했다. 헬라스인에 따르면, 바로 이 대답 때문에 그녀는 캄뷔세스에게 살해되었다고 한다. 그러나 아이컵토스인에 따르면, 캄뷔세스와 그의 아내가 식사하려고 식탁가에 앉아 있을 때 아내가 양상추 하나를 집어 잎을 뜯어내더니 잎을 떼어낸 것과 잎이 붙어 있는 것 가운데 어느 쪽이 더 예쁘냐고 남편에게 물었다고 한다. 잎이 다 붙어 있는 쪽이 더 예쁘다고 남편이 대답하자, 그녀는 "당신은 퀴로스의 집안에 내가 양상추에게 한 짓을 하여, 벌거숭이로 만들어 놓으셨어요"라고 말했다. 화가 난 캄뷔세스가 그녀를 걸어찼고, 당시 임신 중인 그녀는 유산을 했고 그 과정에서 죽었다고 한다.

33 이상이 캄뷔세스가 자신의 가장 가까운 혈족에게 저지른 미친 짓이다. 그가 미치게 된 것은 아피스 사건 때문일 수도 있고, 또 다른 어떤 일 때문일 수도 있다. 수많은 재앙에 노출되어 있는 것이 사람 목숨이 아니던가. 이를테면 캄뷔세스는 태어날 때부터 흔히 '신성한 병'[11]이라 불리는 중병을 앓았다고 한다. 그의 육신이 그런 중병을 앓고 있었다면 그의 정신이 건강하지 못한 것은 놀랄 일이 아니다.

34 그는 다른 페르시아인에게도 미친 짓을 저질렀다. 이를테면 프렉사스페스의 경우가 그렇다. 프렉사스페스는 그가 남달리 존중하던 신하로 그를 위해 전갈을 전하는 소임을 맡았고, 그의 아들은 캄뷔세스에게 술

을 따르는 시종으로 이 역시 요직이었다. 그는 프렉사스페스에게 이렇게 말했다고 한다. "프렉사스페스, 페르시아인은 나를 어떤 사람으로 보고 있는가? 그들은 나에 관해 어떤 말을 하는가?" 프렉사스페스가 대답했다. "전하, 그들은 다른 점에서는 전하를 높이 칭송하나이다. 다만 전하께서 술을 너무 좋아하신다고 말하고 있나이다." 그가 이렇게 페르시아인의 평판을 보고하자 왕은 화를 내며 말했다고 한다. "그러니까 페르시아인은 지금 나를 주정뱅이에 미치광이로 부른단 말이지? 그렇다면 그들이 전에 한 말은 거짓말이었군그래." 전에 한번 캄뷔세스는 크로이소스를 포함한 페르시아의 조언자들과 합석한 자리에서, 아버지 퀴로스와 비교해 자기가 어떻다고 생각하느냐고 물은 적이 있었다. 그들은 그가 아버지 퀴로스보다 훨씬 낫다며, 그는 아버지의 영토를 모두 보유한 데다 아이귑토스와 바다까지 갖게 되었기 때문이라고 했다. 페르시아인들은 그렇게 말했지만, 크로이소스만은 이에 동의하지 않고 캄뷔세스에게 이렇게 말했다. "퀴로스의 아드님이시여, 저는 전하께서 전하의 부왕과 대등하다고 생각지 않나이다. 전하께서는 그분께서 남기신 것과 같은 아드님을 남기지 못하셨기 때문이옵니다." 캄뷔세스는 이 말을 듣고 기뻐하며 크로이소스의 판단을 칭찬했다.

35 캄뷔세스는 그때 일을 생각하고 화내며 프렉사스페스에게 말했다. "페르시아인들의 말이 사실인지, 아니면 그런 말을 하는 그들이 과연 제정신인지 지금 직접 보도록 하게! 저기 문간에 자네 아들이 서 있네. 내가 그의 심장을 맞히면 페르시아인들의 말은 헛소리가 되는 것이고, 맞히지 못하면 페르시아인들의 말이 옳고 내가 제정신이 아니라고 말

11 간질.

해도 좋네." 이렇게 말하고 그는 활을 당겨 소년을 겨냥하고 화살을 쏘았다. 소년이 쓰러지자 그는 시종들에게 명해 소년의 몸을 가르고 상처를 살펴보도록 했다. 소년의 심장에서 화살촉이 발견되자 그는 소년의 아버지 쪽으로 돌아서서 폭소를 터뜨렸다. 그리고 기쁨을 주체하지 못한 채 말했다. "프렉사스페스, 이젠 내가 미친 것이 아니라 페르시아인들이 제정신이 아님이 밝혀졌네. 그런데 세상에 이처럼 정확히 활을 쏘는 사람을 알고 있거든, 말해 보게!" 프렉사스페스는 그가 제정신이 아님을 깨닫고 제 목숨마저 잃을까 두려워하며 말했다. "전하, 저는 신이라도 그렇게 훌륭하게 쏠 수는 없으리라 생각하옵니다." 그때 그는 그런 짓을 했다. 또 한번은 페르시아의 최상층 귀족 12명을 이렇다 할 죄목이 없음에도 붙잡아 가 머리를 아래쪽으로 향하게 하여 생매장하게 했다.

36 뤼디아인 크로이소스는 그의 이러한 행동을 나무라는 것이 옳다고 여기고 이렇게 말했다. "전하, 매사에 젊은 혈기와 격정을 앞세우지 말고 자제하고 또 자제하도록 하소서. 앞을 내다본다는 것은 좋은 일이며, 선견지명이 있는 자는 지혜롭나이다. 전하께서는 이렇다 할 죄도 없는데 전하의 백성을 그것도 아이들을 잡아 죽이고 있나이다. 전하께서 이런 일을 되풀이한다면 페르시아인이 반란을 일으키지 않도록 감시하셔야 할 것이옵니다. 제가 이런 말씀을 드리는 것은, 부왕 퀴로스께서 전하께 이익이 된다고 생각되는 것은 무엇이든 충언을 아끼지 말라고 신신당부하셨기 때문이옵니다." 크로이소스가 좋은 뜻에서 그렇게 조언하자 캄뷔세스가 대답했다. "그대가 내게도 감히 이래라저래라 하다니! 그대는 그대의 나라를 잘도 다스렸구려. 또 맛사게타이족이 우리 나라로 건너오려고 하는데도 아락세스강을 건너 그들의 나라로 진

격하라고 그대는 내 부왕께 잘도 조언했구려! 그 결과 그대는 그대의 나라를 잘못 다스려 스스로 패가망신하고, 그 조언으로 부왕 퀴로스께서 망하게 하지 않았던가! 하지만 이번에는 그대 뜻대로 되지 않을걸. 사실 나는 오래전부터 그대를 잡을 핑계를 찾고 있었으니까." 이렇게 말하고 캄뷔세스가 그를 쏘아 죽이려고 활을 집어 들자 크로이소스는 황급히 자리에서 일어나 밖으로 달아났다. 그를 쏘아 죽일 수 없게 되자, 왕은 시종들에게 그를 잡아 죽이라고 명령했다. 그러나 왕의 성정을 잘 아는 시종들은 크로이소스를 숨겨 두었다. 그들은 머지않아 자기 행동을 후회한 캄뷔세스가 크로이소스를 찾을 것이며, 그때에 그를 데려와 그를 살려 둔 공으로 상금을 받을 생각이었다. 또한 왕이 후회하지 않고 그를 찾지 않을 경우, 그때 가서 죽여도 늦지 않다고 생각했다. 과연 그 뒤 오래지 않아 캄뷔세스는 크로이소스를 아쉬워했고, 시종들은 곧바로 크로이소스가 아직 살아 있다고 아뢰었다. 캄뷔세스는 크로이소스가 살아 있어 기쁘기는 하지만 그를 살려 둔 자들은 사형에 처할 수밖에 없다고 말하고 그대로 실행했다.

37 캄뷔세스는 페르시아인뿐 아니라 동맹국 백성에게도 그런 미친 짓을 많이 했다. 그는 멤피스에 머무는 동안 오래된 무덤을 열고 시신을 살펴보았다. 또한 헤파이스토스의 신전에 들어가 신상을 실컷 조롱했다. 그곳의 헤파이스토스상은 포이니케인이 자신들의 삼단노선의 선수(船首)에 부착해 다니는 포이니케인의 파타이코이들[12]의 상과 매우 흡사하다. 파타이코이들의 상을 보지 못한 사람들을 위해 한마디 덧붙이면, 파타이코이들은 난쟁이 모습을 하고 있다. 캄뷔세스는 사제들 말

---

12 그리스어로 Pataikoi.

고는 누구도 들어가서는 안 되는, 카베이로이들의 신전에도 들어가 그곳 신상들을 실컷 조롱한 다음 불태워 버리게 했다. 그곳의 신상들은 헤파이스토스상과 흡사하며, 카베이로이들은 헤파이스토스의 아들들이라고 한다.

38 이 모든 점으로 미루어 캄뷔세스는 완전히 실성했음이 분명하다. 그렇지 않다면 그는 결코 남의 신앙이나 관습을 조롱하려 들지 않았을 것이다. 세상의 어느 민족이든 모든 관습 중에서 가장 훌륭한 것을 선택하라고 하면 일일이 검토한 뒤 자신들의 관습을 선택할 것이다. 그만큼 모든 민족은 자신들의 관습이 가장 훌륭하다고 믿는다. 그러니 미치지 않고서야 어느 누가 그런 것들을 조롱의 대상으로 삼을 수 있겠는가! 실제로 모든 민족이 자신들의 관습을 가장 훌륭하다고 생각하는 증거는 비일비재하다. 예컨대 다레이오스가 왕이 되었을 때, 자신의 궁전에 와 있던 헬라스인을 불러 놓고 돈을 얼마나 주면 그들의 죽은 아버지의 시신을 먹을 용의가 있느냐고 물었다. 헬라스인은 돈을 아무리 많이 주어도 그런 짓은 하지 않겠다고 대답했다. 다음에 다레이오스는 부모의 시신을 먹는 칼라티아이족이라는 인디아[13] 부족을 불러 놓고, 그들이 하는 말을 입회한 헬라스인이 통역을 통해 알아들을 수 있도록 조처한 다음, 돈을 얼마나 주면 부모의 시신을 화장하도록 허락하겠느냐고 물었다. 그들은 비명을 지르며 그런 불경한 말씀은 제발 삼가 달라고 말했다. 관습이란 그런 것이며, 나는 "관습이야말로 만물의 왕이다"[14]라고 한 핀다로스의 말이 옳다고 생각한다.

39 캄뷔세스가 아이귑토스 원정길에 올랐을 때, 라케다이몬인은 아이아케스의 아들 폴뤼크라테스가 정권을 전복하고 권력을 장악한 사모스

를 공격했다.[15] 처음에 그는 나라를 삼분해 아우인 판타그노토스와 쉴
로손에게도 나누어주었지만, 나중에 판타그노토스는 죽이고 막내아
우 쉴로손은 추방해 사모스 전체를 독차지했다. 그리고 아이귑토스 왕
아마시스와 우호 동맹을 맺고 서로 선물을 주고받았다. 단기간에 그의
세력은 급속히 늘어나 이오니아 지방과 그 밖의 다른 헬라스 땅에서 화
젯거리가 되었다. 그가 어느 곳으로 진격하든 늘 승승장구했기 때문이
다. 그에게는 100척의 오십노선과 1,000명의 궁수가 있어, 가리지 않
고 닥치는 대로 아무 곳이나 약탈했다. 친구라 해도 아예 빼앗지 않는
것보다는 빼앗았다 돌려주면 더 고마워할 것이라고 그는 말했다. 그는
다수의 섬을 정복했고, 대륙에 있는 상당수의 도시도 정복했다. 또한
전 함대를 보내 밀레토스인을 구한 레스보스인과의 해전에서도 승리
했는데, 이때의 포로들이 훗날 족쇄를 찬 채 사모스 성벽 주위의 해자
(垓字)를 전부 다 팠다.

40 아마시스도 폴뤼크라테스의 운수가 흥성한다는 것을 알고 마음이 불
편했다. 그의 운수가 점점 더 흥성하자 아마시스는 다음과 같은 서찰을
사모스로 보냈다. "아마시스가 폴뤼크라테스에게 말합니다. 동맹을
맺은 친구가 번창하고 있다는 소식을 듣는 것은 반가운 일입니다. 하지
만 나는 신들께서 시기심이 많으시다는 것을 알기에, 그대의 잇단 큰

---

13 인도.
14 그리스의 서정시인 핀다로스(Pindaros 기원전 522~442년)의 이 시구(nomos
panton basileus)는 플라톤의 대화편 『고르기아스』(Gorgias) 484b에 좀 더 길게 인용
되고 있다. 여기서 '관습'(nomos)이라는 말은 '(강자가 약자를 지배하는 것은) 자연
의 이치'라는 뜻으로 쓰이고 있다.
15 기원전 532년경.

행운을 지켜보는 일이 즐겁지만은 않습니다. 나는 나 자신뿐 아니라 내가 사랑하는 사람들도 어떤 일은 성공하고 어떤 일은 실패하기를 바랍니다. 매사에 성공하는 것보다는 성공과 실패를 거듭하며 살아가는 것이 더 낫기 때문입니다. 매사에 성공하는 사람치고 말로가 비참하지 않은 사람의 이야기를 들어 본 적이 없기에 하는 말입니다. 그러니 그대는 내 말대로 그대의 행복에 맞서 이런 조처를 취하십시오. 그것을 잃게 되면 마음이 가장 아플, 그대에게 가장 소중한 것이 무엇인지 곰곰이 생각해 보시고, 그것을 다시는 인간 세상으로 돌아올 수 없는 곳에다 던져 버리십시오. 그런 뒤에도 그대에게 행운과 불행이 번갈아 오지 않는다면, 내가 말씀드린 방법으로 계속 치유해 보도록 하십시오!"

41 이 서찰을 읽은 폴뤼크라테스는 아마시스의 조언이 그럴듯하다고 여기고, 그가 가진 재물 중 잃어버리면 가장 마음 아플 그것이 과연 무엇일지 골똘히 생각했다. 그리고 그것은 그가 차고 다니는 인장 반지라는 결론을 내렸다. 그것은 에메랄드를 박은 황금 인장 반지로, 사모스 사람 텔레클레스의 아들 테오도로스의 작품이었다. 그는 이 인장 반지를 던져 버리기로 결심하고 오십노선 1척에 뱃사람들을 배치한 다음, 자신도 올라 난바다로 나가도록 명령했다. 배가 섬에서 멀어지자 그는 인장 반지를 뽑아 동승한 자들이 모두 보는 앞에서 바다에 던져 버렸다. 그리고 궁전으로 돌아와 소중한 재물을 잃어버린 일을 슬퍼했다.

42 그러고 나서 5, 6일쯤 뒤에 다음과 같은 일이 일어났다. 한 어부가 크고 잘생긴 물고기를 잡게 되자, 폴뤼크라테스에게 선물하는 것이 좋겠다고 생각했다. 그는 궐문으로 가서 폴뤼크라테스를 만나 뵙고 싶다고 말했다. 허락이 떨어지자 그는 물고기를 바치며 이렇게 말했다. "전하, 비

록 제가 제 손으로 벌어먹고 살지만 이 물고기를 잡고는 시장으로 가져
갈 생각을 하지 않았사옵니다. 이 물고기는 이 나라를 다스리시는 전하
께 합당하다고 여겼기 때문이옵니다. 그래서 제가 전하께 바치는 것이
옵니다." 폴뤼크라테스는 어부가 하는 말이 마음에 들어 다음과 같이
대답했다. "그러기를 잘했네. 자네의 선물도, 자네의 말도 고맙네. 그
에 대한 보답으로 나는 자네를 식사에 초대하고 싶네." 어부는 식사 초
대에 우쭐하며 집으로 돌아갔다. 그사이 시종들이 물고기의 배를 가르
자 물고기의 뱃속에서 폴뤼크라테스의 인장 반지가 나왔다. 시종들은
인장 반지를 보자 얼른 집어 들고 기뻐하며 폴뤼크라테스에게 가져가
그 경위를 보고했다. 폴뤼크라테스는 일이 이렇게 된 것은 신의 뜻이라
고 보고, 자기가 한 일과 자기에게 일어난 일을 모두 적은 서찰을 아이
귑토스로 보냈다.

43 아마시스는 폴뤼크라테스가 보낸 서찰을 읽고, 어떤 사람도 다른 사람
을 정해진 운명에서 구할 수 없으며, 던져 버린 것도 다시 찾을 만큼 매
사에 운 좋은 폴뤼크라테스는 좋지 못한 최후를 맞게 되리라는 것을 알
았다. 그는 사모스로 사절을 보내 그와의 우호 동맹을 파기했다. 그가
그렇게 한 것은, 폴뤼크라테스가 끔찍한 재앙을 당할 때 친구인 그로
말미암아 마음의 고통을 당하지 않도록 하기 위해서였다.

44 매사에 운이 좋은 바로 이 폴뤼크라테스를 공격하기 위해 라케다이몬
인은 진격했는데, 훗날 크레테에 퀴도니아 시를 건설한 사모스인의 요
청에 따른 것이었다. 퀴로스의 아들 캄뷔세스가 아이귑토스를 공격할
군사를 모집할 때의 일이다. 폴뤼크라테스는 캄뷔세스에게 사모스인
몰래 사절을 보내면서 캄뷔세스가 사모스에도 사람을 보내 자기에게

병력을 파견해 달라고 해 주기를 청했다. 캄뷔세스는 그 말을 듣고 기꺼이 사모스로 사람을 보내, 폴뤼크라테스에게 아이귑토스를 공격할 함대를 보내 달라고 했다. 그러자 폴뤼크라테스는 시민 중에서 반란을 일으킬 혐의가 가장 짙은 자들을 뽑아 40척의 삼단노선에 태워 보내며, 다시는 그들을 사모스로 돌려보내지 말아 달라고 캄뷔세스에게 부탁했다.

45 일설에 따르면, 폴뤼크라테스가 파견한 이들 사모스인은 아이귑토스까지 가지 않고 카르파토스섬에 이르렀을 때 서로 담합해 더이상 항해하지 않기로 결의했다. 다른 설에 따르면, 그들은 아이귑토스까지 항해했지만 감시망을 뚫고 탈주했다. 그들이 사모스에 돌아왔을 때 폴뤼크라테스는 함대를 이끌고 나가 그들과 맞서 싸웠다. 그가 패하자 귀향한 자들이 섬에 상륙했지만 그곳에서의 지상전에서 패해, 배를 타고 라케다이몬으로 갔다. 아이귑토스에서 귀향한 자들이 폴뤼크라테스에게 승리를 거뒀다고 주장하는 자들도 있지만, 내 생각에 그 주장은 옳지 않은 것 같다. 그들이 자력으로 폴뤼크라테스를 제압할 수 있었다면 결코 라케다이몬인에게 도움을 청하지 않았을 것이다. 게다가 외국인 용병과 자국인 궁수를 다수 거느린 폴뤼크라테스가 귀향한 소수의 사모스인에게 졌다는 것은 이치에도 맞지 않다. 폴뤼크라테스는 아직도 자기에게 복종하는 사모스인이 자기를 배신하고 귀향한 자들에게 가담하는 것을 막기 위해 그들의 처자식을 조선소에 가두게 했는데, 여차하면 조선소와 함께 그들을 불태울 참이었다.

46 폴뤼크라테스에 의해 추방된 사모스인들은 스파르테에 도착하자마자 당국자를 만나 급박한 사정을 강조하기 위해 장광설을 늘어놓았다. 처

음 접견했을 때 스파르테인은 그들이 처음 말한 것은 잊어버렸고, 나중에 한 말은 이해할 수 없다고 대답했다. 그래서 두 번째 면담 때 사모스인은 자루를 하나 갖고 와 "자루에 곡식이 필요하오"라고만 말했다. 스파르테인이 대답하기를, "'자루'라는 말은 필요 없소"[16]라고 했다. 그들은 추방당한 사모스인을 돕기로 결의했다.

47 그 뒤 라케다이몬인은 준비를 갖추고 사모스로 진격했다. 사모스인에 따르면, 그것은 전에 멧세니아인과 싸우던 라케다이몬인을 자기들이 함대를 파견해 도와준 것에 대한 보답이었다고 한다. 그러나 라케다이몬인에 따르면, 그것은 도움을 청하는 사모스인을 돕기 위해서라기보다는 전에 자기들이 크로이소스에게 보낸 포도주 희석용 동이와 아이귑토스 왕 아마시스가 자기들에게 선물한 흉갑을 약탈해 간 사모스인을 응징하기 위해서였다. 사모스인은 포도주 희석용 동이보다 1년 앞서 이 흉갑을 약탈해 간 적이 있었다. 아마포로 만든 이 흉갑에는 여러 형상이 짜 넣어져 있었고, 금실과 면실로 화려하게 수놓아져 있었다. 이 흉갑의 가장 놀라운 점은, 천을 짠 실이 가는데도 그 하나하나가 360개의 올로 되어 있고, 그 올 하나하나가 다 보인다는 것이다. 아마시스는 이것과 똑같은 것을 린도스 시에 있는 아테나 신전에 봉헌한 적이 있다.

48 사모스 원정에는 코린토스인도 기꺼이 참가했다. 이번 원정이 있기 1세대 전, 포도주 희석용 동이가 약탈된 바로 그 시기에 사모스인은 코린토스인에게도 무례한 짓을 했기 때문이다. 큅셀로스의 아들 페리안드로

---

16 간결한 표현은 스파르테인의 특징 가운데 하나이다.

스는 케르퀴라섬 요인들의 아들 300명을 거세하도록 사르데이스의 알뤼앗테스에게 보낸 적이 있다. 그런데 이 소년들을 데려가는 코린토스인이 사모스에 들렀을 때, 소년들을 사르데이스로 데려가는 이유를 알게 된 사모스인이 소년들에게 아르테미스 신전으로 피신해 그곳을 꼭붙잡으라고 일러 준 것이다. 나중에 그들은 탄원자인 소년들을 신전에서 끌어내지 못하게 했다. 코린토스인이 소년들을 굶겨 죽이려 하자, 사모스인이 축제를 개최했는데 그 축제는 오늘날에도 같은 방법으로 열리고 있다. 소년들이 탄원자로서 신전에 머무는 동안 사모스인은 저녁마다 소년 소녀들이 신전 가까이에서 춤추게 했고, 그렇게 춤추는 동안에는 깨와 꿀로 만든 케이크를 손에 들게 해 케르퀴라 소년들이 그것을 낚아채 먹을 수 있게 해 준 것이다.

49 페리안드로스가 죽은 뒤, 코린토스인과 케르퀴라인 사이가 좋아졌다면 코린토스인이 그때 일을 빌미로 이번 사모스 원정에 참가하지는 않았을 것이다. 코린토스가 케르퀴라섬을 식민지화한 뒤로 두 나라는 동족이면서도 늘 서로를 적대시했다. 그래서 코린토스인은 사모스인에게 원한을 품게 되었다. 페리안드로스가 케르퀴라의 요인들의 아들들을 뽑아 거세하도록 사르데이스로 보낸 것은 먼저 자기에게 잔혹 행위를 한 케르퀴라인에게 복수하기 위해서였다.

50 페리안드로스가 아내 멜릿사를 죽이자, 그에게 또 다른 재앙이 닥쳤다. 그에게는 멜릿사가 낳은 아들이 둘 있었는데, 한 명은 열일곱 살이고, 한 명은 열여덟 살이었다. 이 젊은이들의 외할아버지로, 에피다우로스의 참주였던 프로클레스가 이들을 불러들여 외손자이니 당연한 일이지만 환대해 주었다. 프로클레스는 그들을 다시 집으로 돌려보내며 작

별 인사를 이렇게 했다. "얘들아, 누가 너희 어머니를 죽였는지 알고 있겠지?" 둘 가운데 형은 이 말을 아무렇지도 않게 들었다. 그러나 이름이 뤼코프론인 아우는 프로클레스의 말을 듣고 마음이 산란해져 코린토스로 돌아갔을 때 아버지가 어머니를 죽였다고 확신하고는 아버지에게 인사도 하지 않고, 대화에도 응하지 않았으며, 물어도 대답하지 않았다. 결국 페리안드로스는 크게 화를 내며 그를 집에서 내쫓았다.

51 차남을 쫓아낸 뒤 페리안드로스는 외할아버지가 무슨 말을 하더냐고 장남에게 물어보았다. 장남은 외조부가 아주 환대해 주었다고 말했는데, 외조부가 작별할 때 한 말까지는 생각나지 않았다. 프로클레스가 틀림없이 그들에게 어떤 암시를 주었을 것이라며 페리안드로스가 집요하게 묻자, 장남은 마침내 그 말을 기억해 내고는 아버지에게 말했다. 사건의 전말을 파악한 페리안드로스는 온건한 조치로는 안 되겠다 싶어 추방당한 아들이 체류하는 집으로 사자를 보내, 집주인에게 자기 아들을 받지 말라고 명령했다. 그래서 뤼코프론은 이 집에서 쫓겨나 저 집으로 갔고, 그 집에서도 역시 쫓겨났다. 그는 계속해서 다른 친구들에게 갔고, 그러면 친구들은 겁이 나면서도 역시 페리안드로스의 아들인 그를 받아 주었다.

52 결국 페리안드로스는 자기 아들을 받아들이거나 자기 아들에게 말을 거는 자는 일정액의 벌금을 아폴론 신전에 바쳐야 한다는 포고령을 내렸다. 이 포고령 때문에 뤼코프론에게 말을 걸거나 집으로 그를 받아들이려는 사람은 아무도 없었다. 뤼코프론도 금령을 어기는 것은 옳지 못하다고 생각하고는 계속해서 주랑 사이를 돌아다녔다. 3일 뒤 페리안드로스는 씻지도 먹지도 못한 초췌한 아들의 모습이 측은하다는 생각

이 들어, 노여움을 누그러뜨리고 아들에게 다가가 말했다. "애야, 지금
의 네 처지와 내 왕권과 부귀영화 가운데 어느 쪽이 더 바람직해 보이
느냐? 내 왕권과 부귀영화는 네가 네 아버지인 내게 복종하기만 하면
물려받게 될 것이다. 너는 내 아들이고, 부유한 코린토스의 왕자이다.
그런 네가 가장 그래서는 안 될 사람에게 반항심과 원한을 품고 거지
생활을 선택하다니. 네가 내게 원한을 품을 만한 어떤 불상사가 일어났
다면, 그것은 어디까지나 내게 일어난 일이다. 내가 저지른 일이니까
그것은 누구보다도 나와 관련이 있지 않겠느냐. 이제 너는 연민의 대상
보다 선망의 대상이 되는 것이 얼마나 더 나은지, 그리고 부모나 자기
보다 더 강한 자들에게 원한을 품는 것이 어떤지 알게 되었을 터이니
집으로 돌아가자꾸나!" 페리안드로스는 그런 말로 아들을 설득했다.
아들은 아버지도 자기에게 말을 걸었으니 신에게 벌금을 물어야 공평
하다고 대답했다. 페리안드로스는 아들의 불행이 치유할 수 없는 절망
적인 상태에 이르렀음을 알고는 아들을 보지 않으려고 배 1척을 의장(艤
裝)해 눈에 보이지 않도록 케르퀴라로 보냈다. 당시 페리안드로스는 케
르퀴라도 통치하고 있었다. 아들을 보내고 나서 페리안드로스는 이번 사
태의 가장 큰 책임은 장인인 프로클레스에게 있다고 보고 원정길에 올
라 에피다우로스를 함락하고 프로클레스를 생포했다.

53 세월이 흐르자 페리안드로스도 늙어 자신이 더는 정무를 볼 능력이 없
음을 깨닫고, 케르퀴라로 사람을 보내 참주 자리에 앉히려고 뤼코프론
을 불러오게 했다. 아무리 생각해도 두 아들 중 장남은 아둔해 그럴 능
력이 없다고 본 것이다. 뤼코프론은 이 소식을 전하러 온 사람에게 대
답조차 하지 않았다. 그럼에도 페리안드로스는 차남을 포기하고 싶지
않아 차남의 누이인 자신의 딸을 그에게 다시 보냈는데, 십중팔구 누이

의 말은 듣겠지 싶었던 것이다. 누이가 케르퀴라에 가서 말했다. "얘야, 나라가 다른 사람들 손에 넘어가기를 원하는 거니? 그리고 돌아와 아버지의 집을 직접 차지하기보다는 집안이 풍비박산되기를 원하는 거니? 그만 자학하고 이젠 집으로 돌아가자. 자존심도 지나치면 해로울 수 있어. 악을 악으로 고치려 들지 마. 많은 사람이 자비가 정의보다 더 낫다고 생각해. 어머니 편을 들다가 아버지의 유산을 잃은 사람이 어디 한둘인 줄 아니! 왕권이란 믿을 것이 못 돼. 탐내는 사람이 한둘이라야지. 아버지는 이제 늙으셨고, 한창때가 지나갔어. 마땅히 네가 차지해야 할 좋은 것들을 남에게 넘겨주지 마!" 누이는 오라비를 가장 잘 설득할 수 있을 만한 말을, 아버지가 시키는 대로 말했지만, 그는 아버지가 살아 있는 동안에는 결코 코린토스로 돌아가지 않겠다고 대답했다. 딸이 이런 대답을 받아 오자 페리안드로스는 세 번째로 전령을 보내, 자기가 케르퀴라로 가겠으니 뤼코프론은 코린토스로 돌아와 왕권을 물려받으라고 전하게 했다. 아들이 이에 동의해, 페리안드로스는 케르퀴라로, 아들은 코린토스로 떠날 채비를 했다. 일의 전말을 알게 된 케르퀴라인은 페리안드로스가 자기들 나라로 오지 못하게 하려고 젊은 이를 죽여 버렸다. 이상이 페리안드로스가 케르퀴라인에게 복수하려는 이유이다.

54 라케다이몬인은 대군을 이끌고 와서 사모스를 포위공격했다. 그들은 도시의 성벽을 공격해 도시의 바다 쪽 끝에 있는 성탑에 올랐는데, 그때 폴뤼크라테스가 몸소 수많은 증원부대를 이끌고 와서 그들을 몰아냈다. 언덕의 능선에 있는 위쪽 성탑에는 외국인 용병과 수많은 사모스인이 출동했지만 잠시 라케다이몬인과 맞서다가 후퇴했다. 그러자 라케다이몬인이 그들을 추격해 죽였다.

55 그날 그곳에 있던 라케다이몬인이 아르키아스와 뤼코페스만큼 용감히 싸웠다면 사모스는 함락되었으리라. 아르키아스와 뤼코페스만이 퇴각하는 사모스인을 따라 성벽 안으로 들어갔다가 퇴로가 차단되어 사모스인의 도시에서 죽었으니 하는 말이다. 사모스에서 죽은 이 아르키아스의 손자로, 사미오스의 아들인 또 다른 아르키아스를 나는 그의 고향 마을인 피타네에서 직접 만났다. 그는 모든 외국인 가운데 사모스인을 가장 존중했으며, 그의 아버지가 사미오스라는 이름을 갖게 된 것은 할아버지 아르키아스가 사모스에서 장렬하게 전사했기 때문이라고 말했다. 그가 사모스인을 존중하는 것은, 사모스인이 나랏돈으로 할아버지의 장례를 치러 주었기 때문이라고 했다.

56 사모스를 포위공격한 지 40일이 되어도 전세가 조금도 호전되지 않자 라케다이몬인은 펠로폰네소스로 철수했다. 폴뤼크라테스가 도금한 납으로 주화를 다량으로 찍어 라케다이몬인에게 주자, 그들이 그것을 받고 철수했다는 다소 어이없는 이야기도 유포되고 있다. 그것은 라케다이몬의 도리에이스족이 아시아를 향해 진격한 최초의 원정이었다.

57 폴뤼크라테스에게 적대적인 사모스인은 라케다이몬인이 자기들을 버리려 하자 자신들도 시프노스섬을 향해 출항했다. 그들은 돈이 궁했고, 당시 번영의 절정에 이른 시프노스 사람들은 섬사람 중에서 가장 부유했다. 그 섬에는 금광과 은광이 있어, 그 수입의 10분의 1로도 델포이에, 그곳의 가장 훌륭한 보물 창고와 견주어도 손색이 없는 보물 창고를 지을 수 있었다. 그들은 또 해마다 광산의 수입을 저들끼리 나누어 가졌다. 그들은 보물 창고를 지었을 때 자신들의 행운이 오래 지

속될지 신탁에 물었다. 그러자 퓌티아가 다음과 같이 대답했다.

시프노스의 시청이 하얘지고 시장의 이마마저 그렇게 되면,
그때는 나무로 된 매복처와 붉은 전령을 피하라고 일러 줄
선견지명을 가진 자가 그대들에게 필요하리라.

아닌 게 아니라 당시 시프노스의 시청과 시장은 파로스섬에서 나는 흰 대리석으로 장식되어 있었다.

58 그러나 시프노스인은 이 신탁이 무슨 뜻인지, 그때는 물론이고 사모스 인이 도착할 때까지도 깨닫지 못했다. 사모스인은 시프노스에 정박하 자마자 사절단을 배에 실어 도시로 보냈다. 옛날에는 모든 배에 주홍색을 칠했는데, 퓌티아가 시프노스인에게 나무로 된 매복처와 붉은 전령을 피하라고 경고한 것은 바로 이때 일을 염두에 두고 한 말이었다. 사절단은 도착하자마자 시프노스인에게 10탈란톤을 빌려 달라고 요구했다. 시프노스인이 거절하자 사모스인은 그들의 경작지를 유린했다. 이 사실을 알고 시프노스인은 즉시 출동해 사모스인과 싸웠지만 패했고, 다수의 시프노스인은 퇴로가 차단되었다. 그러자 사모스인은 그들에게 100탈란톤의 몸값을 요구했다.

59 그 뒤 사모스인은 펠로폰네소스 앞바다에 있는 휘드레아섬을 헤르미오네인한테서 사들여 트로이젠인에게 맡겨 두었다. 그리고 그들은 크레테에 퀴도니아 시를 건설했다. 하지만 그들이 그곳에 간 목적은 식민시 건설이 아니라 자퀸토스인을 섬에서 몰아내기 위해서였다. 그들은 5년 동안 그곳에 머물며 번영을 누렸다. 딕튄나의 신전을 비롯해 오늘

날 퀴도니아에 있는 모든 신전을 그들이 지었을 정도였다. 그러나 6년째 되던 해, 아이기나인이 크레테인의 도움을 받아 그들을 해전에서 이기고 노예로 삼았고, 사모스인이 선수상(船首像)으로 부착하고 다니던 멧돼지를 이물에서 잘라 내어 아이기나에 있는 아테나 신전에 봉헌했다. 아이기나인이 그렇게 한 것은 사모스인에게 원한이 있었기 때문이다. 전에 암피크라테스가 사모스의 왕이었을 때, 사모스인이 아이기나인을 공격해 저들도 큰 피해를 입었지만 아이기나인에게 큰 피해를 입힌 적이 있었다. 아무튼 이것이 아이기나인이 내세우는 핑계이다.

60 내가 사모스인에 관해 장황한 이야기를 늘어놓은 것은 그들이 헬라스에서 가장 위대한 공사를 셋이나 완성했기 때문이다. 첫째, 그들은 높이가 150오르귀이아나 되는 산 아래에 입구가 둘인 터널을 뚫었다. 터널 길이는 7스타디온이고, 높이와 너비는 각각 8푸스이다. 이 터널 밑에는 이 터널만큼 긴 제2터널을 파 놓았는데, 깊이가 20페퀴스이고 너비가 3푸스인 이 터널을 따라 큰 샘에서 관을 통해 시내로 물이 흘러든다. 이 터널을 시공한 자는 나우스트로포스의 아들 에우팔리노스라 불리는 메가라인이었다. 이것은 세 가지 공사 중 하나이고, 두 번째 것은 항구 주변 바다에 쌓은 방파제로, 깊이가 20페퀴스이고 길이가 2스타디온이 넘는다. 사모스인의 세 번째 공사는 내가 본 것 가운데 가장 큰 신전 공사이다. 이 신전을 처음 지은 이는 필레아스의 아들 로이코스로, 그는 사모스 토박이였다. 이런 공사를 했기에 나는 사모스인에 관해 장황한 이야기를 늘어놓았다.

61 퀴로스의 아들 캄뷔세스가 정신 나간 짓을 하며 아이귑토스에 머물고 있을 때, 두 마고스 형제가 그에게 반란을 일으켰는데, 그중 한 명은 캄

뷔세스가 자기집 집사로 남겨 두고 온 자였다. 이자는 스메르디스의 죽음이 비밀에 부쳐져, 페르시아인 가운데 그것을 아는 사람은 소수이고, 대부분은 그가 아직 살아 있다고 믿고 있음을 알고 왕위를 찬탈할 음모를 꾸민 것이다. 앞서 말했듯이 그에게는 공범인 형이 한 명 있었는데, 친형제 사이임에도 캄뷔세스가 죽이게 한, 퀴로스의 아들 스메르디스를 꼭 빼닮았다. 그의 형은 얼굴만 스메르디스를 닮은 게 아니라 이름도 스메르디스였다. 마고스 파티제이테스는 자기가 형을 위해 만사를 잘 처리하겠다고 설득해, 형을 데리고 가서 왕좌에 앉혔다. 그러고 나서는 아이귑토스를 위시해 사방으로 전령을 보내 앞으로는 캄뷔세스가 아니라 퀴로스의 아들 스메르디스의 명령을 받들라고 군대에 통고했다.

62 다른 전령들도 다 그렇게 통고했고, 아이귑토스로 파견된 전령 역시 캄뷔세스가 쉬리아의 악바타나에 와 있는 것을 발견하고는 이들 전령에 둘러싸인 채 마고스가 명령한 대로 통고했다. 전령의 말을 듣자 캄뷔세스는 그 말이 사실인 줄 알고는, 프렉사스페스가 자기를 배신하고 스메르디스를 죽이라는 명령을 이행하지 않았다고 믿었다. 그는 프렉사스페스를 노려보며 말했다. "프렉사스페스여, 내가 자네에게 일을 이렇게 처리하라고 이르던가?" 프렉사스페스가 대답했다. "전하, 전하의 아우 스메르디스가 전하께 반란을 일으켰다는 것은 사실이 아니옵니다. 그분으로 인해 전하에게 크든 작든 성가신 일이 생기는 일은 결코 없을 것이옵니다. 저는 전하의 명령을 이행하고 나서 이 손으로 그분을 묻어 드렸습니다. 만약 죽은 자들이 이제 다시 일어선다면 전하께서는 저 메디아인 아스튀아게스도 전하께 반란을 일으킬 것이라고 믿으셔야 할 것이옵니다. 세상 이치가 예나 지금이나 변한 게 없다면 전

하께서는 스메르디스로 인해 어떤 괴로운 일이 닥칠까 염려하실 필요가 없사옵니다. 제 생각에는 전하께서 전령을 붙잡아 스메르디스왕에게 복종을 요구하도록 누가 그를 보냈는지 문초하는 것이 좋을 듯하옵니다."

63 프렉사스페스의 이 말이, 캄뷔세스는 마음에 들었다. 사람들이 전령을 뒤쫓아 다시 데려오자 프렉사스페스가 물었다. "이봐, 자네는 퀴로스의 아들 스메르디스의 전령으로 왔다고 말하는데, 이실직고해야 여기서 무사히 나갈 수 있다. 스메르디스가 몸소 자네 앞에 나타나 그런 지시를 했느냐, 그의 신하 가운데 한 명이 그리했느냐?" 그자가 대답했다. "캄뷔세스 전하께서 아이귑토스 원정길에 오르신 뒤로, 저는 퀴로스의 아드님 스메르디스 님을 본 적이 없사옵니다. 캄뷔세스 전하께서 당신의 재산관리인으로 임명하신 저 마고스가 제게 그렇게 지시하며, 제가 말씀드린 것을 전하도록 명령한 이는 퀴로스의 아드님 스메르디스라고 말했사옵니다." 전령의 말은 사실 그대로였다. 캄뷔세스가 말했다. "프렉사스페스, 자네는 내 명령을 성실히 이행했으니 자네에게는 혐의가 없네. 한데 페르시아에서 스메르디스의 이름을 사칭하며 내게 반란을 일으킨 자가 대체 누구일까?" 프렉사스페스가 대답했다. "전하, 어찌된 일인지 알 것 같사옵니다. 전하께 반란을 일으킨 자들은 두 마고스이옵니다. 전하께서 전하의 재산관리인으로 남겨 둔 파티제이테스와 그자의 형 스메르디스 말이옵니다."

64 캄뷔세스는 스메르디스란 이름을 듣는 순간 프렉사스페스의 말이 사실임을, 그리고 스메르디스가 왕좌에 앉아 있는데 그의 머리가 하늘에 닿아 있더라고 누군가 전한 자신의 꿈이 이루어졌음을 대번에 알아차

렸다. 그는 공연히 아우 스메르디스를 죽였음을 깨닫고 아우를 위해 애도했다. 그는 이 모든 재앙에 마음이 들떠, 되도록 빨리 수사로 가서 마고스를 토벌하려고 말 등에 올랐다. 그가 말 등에 오르는 순간 칼집에서 칼자루 머리가 빠져나왔고, 그 칼날이 그의 허벅지를 찔렀다. 하필이면 그가 부상당한 부위는 그가 예전에 아이귑토스의 신 아피스를 내리쳤던 바로 그 자리였다. 그는 자신의 부상이 치명상이라 여기고, 이 도시 이름이 무엇이냐고 물었다. 악바타나라고 사람들이 대답했다. 그는 전에 부토 시에 있는 신탁소에서 그가 악바타나에서 생을 마감하리라는 신탁을 받은 적이 있었다. 그는 자신이 제국의 수도인 메디아의 악바타나에서 늙어 죽을 줄 알았는데, 신탁이 말한 곳은 쉬리아의 악바타나였다. 도시 이름을 물었다가 그 이름을 듣게 되자, 그는 마고스의 반란 소식과 자신의 부상에 심한 충격을 받고 제정신으로 돌아왔다. 그는 신탁의 뜻을 알고, "퀴로스의 아들 캄뷔세스는 이곳에서 죽을 운명이로구나!"라고 말했다.

65 그때는 그렇게만 말했지만, 20일 뒤 그는 자신과 함께한 페르시아인 중에서 가장 저명한 자들을 불러모으고 이렇게 말했다. "페르시아인들이여, 나는 감추려고 최선을 다한 내 비밀을 그대들에게 말하지 않을 수 없게 되었소. 나는 아이귑토스에 있을 때, 결코 꾸지 말았어야 할 꿈을 꾼 적이 있소. 그것은 사자(使者)가 집에서 와서 스메르디스가 옥좌에 앉아 있는데 그의 머리가 하늘에 닿아 있더라고 내게 전하는 꿈이었소. 나는 아우에게 왕위를 빼앗길까 두려워 현명하다기보다는 조급하게 행동했소. 이제야 나는 운명을 피한다는 것은 인간의 능력 밖의 일임을 알게 되었으니 하는 말이오. 나는 어리석게도 프렉사스페스를 수사로 보내 스메르디스를 죽이게 했소. 그토록 큰 악행이 행해지자 나

는, 이제 스메르디스가 제거되었으니 다른 사람이 내게 반란을 일으킬 것이라고는 꿈에도 생각지 않고 두려움 없이 지냈소. 나는 영문도 모르고 그럴 필요가 없는데도 아우를 죽였고, 지금은 나라조차 빼앗기고 말았소. 신께서 꿈에서 내게 반란을 일으킬 것이라고 알려 주신 자는 마고스 스메르디스였소. 그러나 나는 이미 그런 짓을 저지르고 말았소. 그대들은 퀴로스의 아들 스메르디스는 더이상 이 세상 사람이 아니라고 믿으시오. 내 왕권은 두 마고스의 수중에 있소. 내가 내 재산의 관리인으로 남겨 두고 온 마고스와 그의 형 스메르디스 말이오. 내게 이런 치욕을 안긴 마고스들을 응징해야 할 사람은 가장 가까운 친족의 손에 비참하게 살해되고 말았소. 그는 이미 이 세상 사람이 아니니, 나는 죽기 전에 차선책으로 페르시아인들이여, 그대들에게 내 마음의 간절한 소망을 일러두겠소. 나는 우리 왕가를 지켜 주시는 신들의 이름으로 그대들 모두에게, 특히 이 자리에 와 있는 아카이메니다이가(家) 사람들에게 부탁하오. 왕권을 다시 메디아인에게 넘겨주지 마시오. 그들이 계략으로 왕권을 되찾으면, 그대들도 계략으로 빼앗아 오시오. 그들이 폭력으로 왕권을 빼앗으면, 그대들도 힘으로 도로 빼앗으시오. 그러면 그대들의 들판은 열매를 맺을 것이고, 그대들의 아내와 가축은 다산할 것이며, 그대들은 영원히 자유인으로 살아갈 것이오. 그대들이 왕권을 찾아오지 못하거나 찾으려고 노력조차 하지 않는다면, 나는 방금 말한 좋은 것과 정반대되는 일이 그대들에게 일어나고 모든 페르시아인이 나처럼 이렇게 비참하게 죽게 해 달라고 기도할 것이오." 캄뷔세스는 이렇게 말하고 자신에게 일어난 모든 일을 슬퍼하며 울었다.

66 페르시아인들은 왕이 우는 것을 보자 입고 있던 옷을 찢으며 애통해했다. 그 뒤 곧 뼈가 썩고 허벅지가 곪아, 퀴로스의 아들 캄뷔세스는 재위

7년 5개월 만에 한 점 혈육도 없이 세상을 떠났다. 그에게는 아들이건 딸이건 자식 하나 없었다. 그 자리에 있던 페르시아인들은 마고스들이 왕권을 차지했다는 그의 말을 믿으려 하지 않았다. 그들은 온 페르시아가 스메르디스에게 대항하도록 하려고 스메르디스가 죽었다는 이야기를 캄뷔세스가 지어냈다고 믿었다.

67 그들은 왕위에 오른 이가 퀴로스의 아들 스메르디스라고 믿었다. 또한 프렉사스페스도 스메르디스를 죽이지 않았다고 완강히 부인했다. 캄뷔세스가 죽은 마당에 퀴로스의 아들을 제 손으로 죽였다고 시인하는 것은 위험천만한 일이었다. 캄뷔세스가 죽자, 마고스는 퀴로스의 아들 스메르디스의 이름을 사칭하며 7개월 동안 거리낌없이 왕 노릇을 했는데, 7개월은 캄뷔세스가 재위 기간 8년을 채우는 데 모자라는 기간이었다. 그사이 그자는 모든 신하에게 선정을 베풀었고, 그자가 죽자 페르시아인을 제외한 모든 아시아인이 그자를 아쉬워했다. 이 마고스는 자신이 통치하는 모든 민족에게 사자를 보내, 3년 동안 병역과 납세의 의무를 면제한다고 포고했기 때문이다.

68 그자는 왕위에 오르자마자 이런 포고령을 내렸고, 8개월째 되던 달에 다음과 같이 그 정체가 탄로 났다. 파르나스페스의 아들 오타네스는 가장 고귀하고 가장 부유한 페르시아인 가운데 한 명이었다. 마고스가 퀴로스의 아들 스메르디스가 아니라 사기꾼일 것이라는 의심을 맨 먼저 품은 이가 바로 오타네스였는데, 그는 마고스가 성채를 떠나는 일도, 페르시아의 요인 가운데 어느 누구도 면전으로 부르는 일도 일절 없었기 때문에 그런 의심을 품었다. 그러면서 그는 다음과 같이 했다. 파이뒤미아라는 오타네스의 딸은 캄뷔세스의 아내였는데, 그때는 스메르

디스의 아내가 되어 있었다. 스메르디스는 캄뷔세스의 아내들을 모두 제 아내로 삼았기 때문이다. 오타네스는 이 딸에게 사람을 보내 지금 그녀와 잠자리를 같이하는 자가 누구인지, 퀴로스의 아들 스메르디스 인지 아니면 다른 사람인지 묻게 했다. 그녀는 모르겠다는 답신을 보내며, 자기는 퀴로스의 아들 스메르디스를 본 적이 없고 지금의 남편이 누구인지도 알지 못한다고 했다. 이제 그는 두 번째로 사람을 보내 전하게 했다. "네가 퀴로스의 아들 스메르디스를 알지 못한다면, 너희 두 사람의 남편이 누구인지 아톳사에게 물어보아라. 그녀는 제 오라비를 알고 있을 것이다." 딸이 답신을 보내왔다. "저는 아톳사와 만나 이야기를 나눌 수도 없고 왕의 다른 아내들을 누구도 볼 수가 없어요. 지금의 왕이 누군지 몰라도, 그는 왕위에 오르자마자 우리를 모두 따로 떼어놓았으니까요."

69 이 말을 듣자 오타네스는 자신이 의심한 일이 점점 사실로 드러나는 것 같아, 딸에게 세 번째로 다음과 같은 전갈을 보냈다. "내 딸아, 너는 고귀한 집안에서 태어났으니, 네 아비의 명령을 위험을 감수하더라도 수행해야 한다. 그가 퀴로스의 아들 스메르디스가 아니라 내가 의심하는 그자라면, 너와 잠자리를 같이하고 페르시아를 통치한 대가를 톡톡히 치러야 한다. 그냥 넘길 일이 아니다. 그러니 이렇게 해라. 그가 너와 동침하다가 잠들었다 싶으면 그의 귀를 만져 보아라. 그에게 분명 귀가 있으면 너는 퀴로스의 아들 스메르디스와 동침하고 있다고 믿어도 좋다. 그러나 귀가 없으면 너는 마고스 스메르디스와 동침하고 있는 것이다." 그러자 파이뒤미아가 그건 매우 위험한 일이라는 답신을 보내왔다. 그에게 귀가 없을 경우 그녀가 자신의 귀를 만져 본다는 것을 알아차리면 틀림없이 그녀를 죽일 것이기 때문이라고 했다. 그럼에도 그녀

는 그러겠다고 했다. 그렇게 그녀는 아버지 말을 따르겠다고 약속했다. 캄뷔세스의 아들 퀴로스는 왕위에 오르자 마고스 스메르디스가 어떤 중죄를 지은 탓에 그 벌로 그의 귀를 잘랐었다. 오타네스의 딸 파이뒤미아는 차례가 되었을 때(페르시아에서는 아내들이 번갈아가며 남편 곁에 가기 때문이다) 마고스에게 가서 동침했고, 아버지에게 한 약속을 생각하고는 마고스가 잠에 곯아떨어졌을 때 그의 귀를 만져 보았다. 그녀는 그에게 귀가 없다는 것을 힘들이지 않고 쉽게 알아냈고, 날이 새자마자 아버지에게 전갈을 보내 사건의 전말을 알렸다.

70 오타네스는 페르시아인 중에 제일인자이며 가장 절친한 친구인 아스파티네스와 고브뤼아스를 제 편으로 끌어들이고, 그들에게 사건의 전말을 이야기해 주었다. 그들은 자신들도 의심한 터라 오타네스의 말을 의심하지 않았다. 그들은 저마다 페르시아인 중에서 가장 믿을 수 있는 사람을 한 명씩 동지로 끌어들이기로 결의했다. 오타네스는 인타프레네스를, 고브뤼아스는 메가뷔조스[17]를, 아스파티네스는 휘다르네스를 끌어들였다. 그리하여 그들은 여섯 명이 되었다. 휘스타스페스의 아들 다레이오스가 페르시아에서 수사로 오자 — 그의 아버지는 페르시아의 태수였다 — 그들은 그도 자기들 동아리에 가담시키기로 결의했다.

71 이들 7인이 만나 사태를 논의하고 서로 맹약을 주고받았다. 의견을 말할 차례가 되자, 다레이오스는 이렇게 말했다. "나는 왕이 된 자는 마고스이고, 퀴로스의 아들 스메르디스가 이미 살해되었다는 것을 아는 사람은 나뿐인 줄 알았소. 그래서 마고스를 죽이기 위해 이렇듯 급히

17 텍스트에는 메가뷕소스(Megabyxos)로 되어 있다.

수사로 온 것이오. 나만이 아니라 그대들도 알고 있음을 알았으니 지금 당장 결행하고 미루지 않는 것이 좋을 듯하오. 미뤄서 더 좋을 것이 아무것도 없기 때문이오." 오타네스가 대답했다. "휘스타스페스의 아들이여, 그대의 아버지도 훌륭한 분이시지만 그대도 아버지 못지않은 것 같소. 하지만 이번 계획을 너무 서둘러 추진하는 것은 현명하지 못한 일 같소. 좀 더 신중할 필요가 있소. 우리는 거사하기 전에 동지의 수를 더 늘려야 하기 때문이오." 다레이오스가 대답했다. "이 자리에 모인 여러분, 오타네스의 조언을 따른다면 여러분은 가장 비참하게 죽게 될 것임을 알아 두시오. 여러분 중 누군가 개인적인 이익을 위해 마고스에게 고자질할 수 있기 때문이오. 이번 거사는 여러분만으로 결행했어야 하오. 하지만 여러분은 동지의 수를 늘리기로 결의하고 나를 가담시켰으니, 우리는 오늘 당장 결행해야 하오. 그러지 않고, 여러분은 알아 두시오, 여러분이 하루라도 연기하면 다른 사람이 나보다 먼저 밀고하는 일이 없도록 내가 마고스에게 가서 밀고하겠소이다."

72 오타네스는 다레이오스가 격앙되어 있는 것을 보자 다음과 같이 대답했다. "그대가 우리에게 서두르라 재촉하고 거사를 미루는 것을 허용하지 않으니, 자 말해 보시오, 어떻게 우리가 궁전으로 들어가 저들을 공격할 수 있겠는지. 궁전 곳곳에 경비병이 배치되어 있는 것을 그대도 알고 있소. 그대가 직접 보지 못했더라도 남에게 들었을 테니 말이오. 우리가 어떻게 경비병을 통과하지요?" 다레이오스가 대답했다. "오타네스여, 말로는 표현할 수 없어도 행동으로 실행할 수 있는 경우는 많소이다. 그런가 하면, 말하기는 쉬워도 영웅적인 행동이 따르지 못하는 경우도 허다하지요. 여러분도 아시다시피 배치된 경비병을 통과하는 것은 어려운 일이 아니오. 우리처럼 명망 있는 사람들이라면 경비병

중 어느 누구도 입궐을 막지 않을 것이오. 우리를 존경하는 마음에서, 그리고 두려움에서 말이오. 게다가 내게는 그들을 통과할 수 있는 그럴 듯한 핑계가 있소. 나는 방금 페르시아에서 왔는데, 아버지의 전언을 전하께 전하고 싶다고 말할 수 있을 테니까요. 필요할 때는 거짓말도 해야 하오. 거짓말을 하건 참말을 하건, 우리가 추구하는 목표는 똑같이 이익이오. 사람들이 거짓말을 하는 것은 그럼으로써 이익을 얻기 위함이고, 참말을 하는 것도 신임을 받아 역시 이익을 얻기 위함이오. 말하자면 방법은 달라도 추구하는 목표는 같소. 이익을 기대할 수 없다면 참말을 하는 사람도 똑같이 거짓말할 것이고, 거짓말쟁이도 참말을 할 것이오. 경비병 가운데 우리를 기꺼이 통과시켜 주는 자에게는 훗날 더 좋은 일이 있소. 그러나 우리를 막으려고 하는 자는 우리가 당장 적으로 간주해, 그자를 밀치고 들어가 거사할 것이오."

73 그러자 고브뤼아스가 말했다. "친구들이여, 우리가 왕권을 되찾는 데, 아니면 왕권을 되찾으려다가 실패해 죽는 데 지금보다 더 좋은 기회가 언제 또 오겠소? 우리는 페르시아인인데 메디아인의, 그것도 귀도 없는 마고스의 지배를 받고 있소이다. 여러분 중 캄뷔세스가 병석에 누워 있을 때 그 자리에 계셨던 분들은, 그분이 임종하며 왕권을 되찾으려고 노력하지 않는 페르시아인에게 어떤 저주를 내리겠다고 했는지 기억하고 계실 것이오. 그때는 캄뷔세스가 모함한다고 믿고 우리는 그분 말씀을 믿지 않았소. 그러나 지금 나는 우리가 이렇게 모였다가 흩어지지 말고, 그대로 가서 마고스를 해치우자는 다레이오스의 조언에 찬성하오." 고브뤼아스가 이렇게 말하자 다른 사람들도 모두 찬동했다.

74 그들이 이렇게 의논하는 사이, 마침 다음과 같은 일이 벌어졌다. 논의

끝에 마고스들이 프렉사스페스를 자기들 편으로 끌어들이기로 한 것이다. 우선 프렉사스페스는, 캄뷔세스가 화살을 쏘아 그의 아들을 죽였으니, 캄뷔세스에게 험한 꼴을 당한 사람이었다. 다음에는 프렉사스페스가 제 손으로 죽인 만큼 퀴로스의 아들 스메르디스의 죽음에 관해 알고 있는 유일한 사람이고, 그 밖에도 프렉사스페스는 페르시아인 사이에서 명망이 높은 사람이었다. 이런 이유에서 마고스들은 그를 불러 놓고 친구라 부르며, 그들이 페르시아인을 기만한 행위를 그가 비밀에 부치고 어느 누구에게도 누설하지 않겠다는 약속과 맹세를 받아 내려 했다. 그리고 그렇게만 해 주면 그 대가로 그를 큰 부자로 만들어 주겠다고 약속했다. 프렉사스페스가 마고스들이 원하는 대로 하겠다고 약속하자, 그들은 두 번째 제의를 했다. 그들이 모든 페르시아인을 궁전의 성벽 밑으로 불러모을 터이니 프렉사스페스더러 성탑에 올라, 그들을 다스리는 이는 퀴로스의 아들 스메르디스이고 다른 사람이 아니라는 취지의 연설을 해 달라는 것이었다. 그들이 그에게 이런 부탁을 한 것은, 그가 페르시아인에게 가장 신임을 받고 있으며, 또 그는 퀴로스의 아들 스메르디스는 아직 살아 있고 자기는 그를 죽인 적이 없다고 거듭 주장했기 때문이다.

75 그것도 할 용의가 있다고 프렉사스페스가 말하자, 마고스들은 페르시아인들을 불러모은 다음 그를 성탑 위로 올려 보내며 연설하라고 명령했다. 그는 그들이 말하라고 요구한 것을 일부러 모두 무시하고, 아카이메네스에서부터 시작해 퀴로스의 가계(家系)를 죽 열거하고 나서 퀴로스 대에 이르자 그가 페르시아인에게 베푼 선행을 늘어놓은 다음 진상을 밝히며, 여태까지는 사실을 말하는 것이 위험하다 싶어 비밀에 부쳤지만 지금은 말하지 않을 수 없게 되었다고 했다. 그러면서 그는,

자신이 캄뷔세스의 강요에 따라 퀴로스의 아들 스메르디스를 죽였으며 지금 제국을 통치하는 것은 마고스들이라고 말했다. 그는 페르시아인이 왕권을 되찾고 마고스들을 벌주지 않는다면 페르시아인을 저주하겠다고 위협하고는 성탑에서 거꾸로 떨어졌다. 이것이 살아 있는 동안 내내 명망을 누렸던 프렉사스페스의 최후였다.

76 한편 7인의 페르시아인은 당장 마고스들을 공격하기로 결의하고 신들에게 기도하고 길을 떠났는데, 프렉사스페스의 신상에 어떤 일이 일어났는지 전혀 모르는 상태였다. 길을 반쯤 갔을 때에야 그들은 프렉사스페스에게 일어난 일을 알게 되었다. 그들은 길가로 나가 다시 의논했다. 오타네스 일파는 사태가 진정될 때까지 거사를 미루자고 강력히 주장했고, 다레이오스 일파는 당장 가서 계획대로 거사하고 뒤로 미루지 말자고 주장했다. 그들이 열심히 토론하고 있을 때, 갑자기 일곱 쌍의 매가 나타나 두 쌍의 독수리를 추격하더니 갈기갈기 털을 뽑고 살을 찢는 것이었다. 이 광경을 보자 7인은 모두 다레이오스의 의견에 동조했고, 새의 전조에 고무되어 서둘러 궁으로 향했다.

77 그들이 궐문에 이르렀을 때, 모든 것이 다레이오스가 예상한 대로 진행되었다. 경비병들은 페르시아인 중에서 제일인자인 그들에게 경의를 표했고, 그들이 계획한 그런 일을 그들이 행하리라고는 꿈에도 생각지 않고 그들을 통과시켜 주었다. 신들이 그들의 길을 안내했고, 그들에게 질문하는 사람은 아무도 없었다. 궁전 안뜰에 들어섰을 때, 그들은 왕에게 전언을 전달하는 내시들과 마주쳤다. 내시들은 그들에게 용건이 무엇이냐고 물었고, 그들을 통과시켜 주었다고 문지기들을 나무라며 7인이 앞으로 나아가려 하자 더이상 들어가지 못하게 막았다. 그러

자 7인은 서로 격려의 말을 하며 단검을 빼어 자신들을 제지하던 내시들을 그 자리에서 찌르고, 한달음에 남자들이 기거하는 방으로 갔다.

78 때마침 마고스들은 둘 다 그 안에 있었고, 프렉사스페스의 행동에 대해 대책을 논의하고 있었다. 그들은 내시들이 소리지르며 소란 피우는 것을 보자 둘 다 벌떡 일어섰고, 무슨 일이 벌어지고 있는지 알아차리고 방어 태세를 갖추었다. 그들 중 한 명은 재빨리 활을 내렸고, 다른 한 명은 창을 집어 들었다. 그리하여 양편은 뒤엉켜 싸웠다. 적들이 너무 가까이서 덤비는 까닭에 활은 아무 쓸모가 없었다. 그러나 다른 마고스는 창을 휘둘러 아스파티네스의 허벅지와 인타프레네스의 눈에 부상을 입혔다. 인타프레네스는 부상으로 눈을 잃었지만 죽지는 않았다. 이렇듯 둘 가운데 한 마고스는 두 명에게 부상을 입혔다. 다른 마고스는 활이 아무 쓸모가 없자 남자들의 방에서 옆방으로 도망쳐 문을 잠그려 했지만 7인 중 다레이오스와 고브뤼아스가 함께 뛰어들어 갔다. 고브뤼아스는 마고스와 뒤얽혀 싸웠고, 다레이오스는 방안이 어두워 혹시 고브뤼아스를 맞힐까 염려되어 어찌할 바를 몰라 옆에 서 있었다. 다레이오스가 우두커니 서 있는 것을 보자 고브뤼아스가 그에게 왜 치지 않느냐고 물었다. "그대를 칠까 두려워서 그러오"라고 다레이오스가 말했다. 고브뤼아스가 대답했다. "칼로 찌르시오. 우리를 둘 다 찌르게 되더라도." 다레이오스는 시키는 대로 단검으로 찔렀고, 다행히 마고스만을 찔렀다.

79 그렇게 그들은 마고스들을 죽여 목을 베었고, 자기 편 부상자들은 뒤에 남겨 두었는데, 그것은 부상자들이 움직일 수가 없고 자신들은 성채를 지켜야 했기 때문이다. 그리고 다섯 사람은 마고스들의 머리를 들고 요

란하게 함성을 지르며 뛰어나가 다른 페르시아인을 부른 다음, 사건의
전말을 설명하고 머리들을 보여 주었고 다른 마고스를 닥치는 대로 죽
였다. 7인의 행위와 마고스들의 기만극을 알게 된 페르시아인들은 자
신들도 7인처럼 행동해야 한다고 믿고는 단검을 빼어 닥치는 대로 마
고스를 죽였다. 밤이 다가와 말리지 않았다면 마고스를 한 명도 남겨두
지 않았을 것이다. 모든 페르시아인이 이날을 최고의 축제일로 기념해
더없이 성대한 축제를 거행하는데, 그들은 이 축제를 '도륙되는 마고
스들'[18]이라고 부른다. 이 축제 기간에는 마고스들은 밖에 모습을 드러
내서는 안 되고, 온종일 집에만 틀어박혀 있어야 한다.

80 5일 뒤, 소란이 진정되자 마고스들에게 반기를 들었던 자들은 사태를
논의하기 위해 모였다. 이 모임에서 연설이 행해졌는데, 헬라스인 중
에는 믿을 수 없다고 주장하는 자들이 더러 있기는 하지만, 그런 연설
이 있었던 것은 확실하다. 오타네스는 나라의 통치를 페르시아 백성에
게 맡겨야 한다고 주장하며 이렇게 말했다. "이제 더이상 우리 가운데
한 사람이 독재자가 되어서는 안 된다는 것이 내 신념이오. 독재정치란
즐거운 것도, 좋은 것도 아니기 때문이오. 캄뷔세스의 횡포가 얼마나
심했는지 여러분도 알고 있을 것이며, 마고스의 횡포도 여러분은 겪어
보았소이다. 아무 책임도 지지 않고 무엇이든 마음대로 할 수 있는 독
재정치를 어찌 좋은 제도라 할 수 있겠소? 세상에서 가장 훌륭한 인물
이라도 일단 독재자가 되고 나면 평상시 사고방식에서 벗어나기 마련
이오. 독재자의 두 가지 악덕은 시기심과 교만인데, 교만은 그가 가진
지나친 부와 권력으로 말미암아 생기고 시기심은 인간의 타고난 본성

18 그리스어로 magophonia.

이오. 이 두 가지 악덕은 모든 악의 뿌리니, 그가 저지르는 모든 악행은 교만과 시기심에서 생겨나기 때문이오. 독재자는 원하는 것을 다 갖고 있어 시기심이 없을 것이라고 여러분은 생각할지 모르지만, 그가 신하들을 대하는 태도는 여러분의 예상과는 정면으로 배치되오. 독재자는 백성 중 가장 훌륭한 자들이 살아 있는 것을 시기하고, 가장 열등한 자들이 살아 있는 것은 좋아하며, 모함에는 누구보다도 귀를 잘 기울이지요. 그는 누구보다도 상대하기 어려운 사람이오. 그를 적당히 찬양하면 충분히 찬양하지 않는다고 역정을 내고, 지나치게 찬양하면 아첨꾼이라고 역정을 내니 말이오. 독재정치의 가장 큰 문제점은 아직 말하지 않았는데, 그것은 독재자는 조상 전래의 규범을 철폐하고, 여인을 겁탈하며, 재판 없이도 사람을 죽인다는 것이오. 그러나 민중 정치는 첫째, 법 앞에 만인이 평등하니 그 이름부터 가장 좋고 둘째, 독재자가 하는 못된 짓을 하나도 하지 않소. 민중 정치에서 관리는 추첨으로 선출되고 직무에 책임을 지며 모든 안건이 민회에 제출되오. 나는 우리가 독재정치를 철폐하고 민중의 힘을 늘리기를 제의하오. 국가는 민중에게 달려 있기 때문이오."

81 이것이 오타네스가 제시한 의견이었다. 그러나 메가뷔조스는 과두정치를 권하며 이렇게 말했다. "독재정치를 철폐해야 한다고 말한 오타네스의 의견에는 나도 동감이오. 그러나 민중에게 정권을 맡겨야 한다는 그의 주장은 최선의 판단이라 할 수 없소이다. 아무 쓸모가 없는 군중보다 더 어리석고 교만한 것은 아무것도 없기 때문이오. 독재자의 교만을 피하려다 절제 없는 민중의 손아귀에 들어간다는 것은 도저히 용납할 수 없는 일이오. 독재자는 무엇을 할 때 알고 하지만, 민중은 알지를 못하오. 훌륭한 것이 무엇인지 배운 적도 없고 타고난 감각도 없는

데 알 턱이 없지요. 그들은 겨울철에 불어난 강물처럼 맹목적으로 정치에 뛰어들어 좌충우돌할 뿐이오. 페르시아인에게 악의를 품고 있는 자들만이 민중 정치에 찬성하시오. 우리는 가장 훌륭한 자들의 단체를 선발하여, 그들에게 정권을 맡길 것이오. 물론 그들 속에는 우리도 포함될 것이오. 가장 훌륭한 자들에게서 가장 훌륭한 의견이 나온다는 것은 당연한 일일 것이오." 메가뷔조스는 그런 의견을 제시했다.

82 세 번째로, 다레이오스가 일어나 이렇게 말했다. "나는 메가뷔조스가 민중에 관해 말한 것은 옳다고 생각하지만, 과두정치에 관해 말한 것은 옳지 않다고 생각하오. 우리가 논의를 위해 문제의 세 정체(政體)들, 즉 민주정체와 과두정체와 군주제가 최선의 상태에 있다고 가정한다면 나는 군주제가 월등히 우수하다고 단언하오. 가장 탁월한 한 사람에 의한 지배보다 더 나은 것은 분명 없기 때문이오. 그의 식견은 그의 탁월함에 걸맞아, 그는 나무랄 데 없이 민중을 통치할 것이며, 그가 나라의 적에게 취하는 조처는 다른 정체하에서보다 더 용이하게 그 비밀이 유지될 것이오. 과두정체에서는 많은 사람이 공익을 위해 공을 세우려고 다투다가 격심한 개인적 반목이 생겨나기 십상이오. 그들은 저마다 우두머리가 되고 싶어 하고 자신의 의견이 관철되기를 원하기 때문이오. 그렇게 되면 그들은 서로 심하게 반목해서 파벌 싸움이 생겨나고, 파벌 싸움은 유혈 사태로, 유혈 사태는 결국 도로 군주제로 이어지기 마련이오. 이것만 보아도 군주제가 최선의 정체라는 것을 알 수 있소. 민중이 지배하면 국가에 부패가 만연할 수밖에 없는데, 부패한 자들은 서로 반목하기보다는 서로 형제가 되기 십상이오. 그들은 결탁해 국가를 약탈하기 때문이오. 그런 행위는 누군가 민중의 지도자로 부상해 그들의 부패 행각에 종지부를 찍을 때까지 계속되오. 그 결과 그는 민중

에게 찬양받고, 찬양받다 보면 결국 군주가 되기 마련이오. 이 또한 군주제가 최선의 정체라는 증거요. 한마디로 우리의 자유는 어디서 났으며, 누가 우리에게 자유를 주었지요? 민중인가요 과두정체인가요, 아니면 군주인가요? 우리는 한 사람[19]에 의해 자유를 얻은 만큼 한 사람을 통해 자유를 견지해야 한다는 것이 내 생각이오. 그 밖에도 우리는 조상 전래의 건전한 관습을 폐지해서는 안 되오. 그것은 우리에게 도움이 되지 못하오."

83 이렇듯 세 가지 의견이 제시되자, 7인 중 네 명은 다레이오스의 의견에 찬동했다. 오타네스는 페르시아인을 위해 법 앞의 평등을 확립하려던 자신의 제안이 관철되지 못하자, 그들 모두를 향해 이렇게 말했다. "동지 여러분, 추첨으로 선출하든, 페르시아 백성에게 그들이 좋아하는 사람을 뽑으라고 맡기든, 아니면 어떤 다른 방법으로든 분명 우리 가운데 한 명이 왕이 되어야 할 것 같소. 나는 여러분과의 경선에 참가하지 않겠소. 나는 지배하기도 지배받기도 싫기 때문이오. 그래서 사퇴하되 한 가지 조건이 있소. 그것은 나 자신도, 내 후손도 여러분 중 어느 누구의 지배도 받지 않는다는 것이오." 나머지 여섯 사람이 그의 제안에 동의하자, 그는 경선에 참가하지 않고 사퇴했다. 오늘날에도 그의 집안은 페르시아에서 유일한 자유 가문으로 원할 때만 왕의 지배를 받지만, 페르시아인의 법을 위반하는 것은 허용되지 않는다.

84 남은 여섯 사람은 어떻게 해야 가장 공정하게 왕을 선출할 수 있을지 의논했다. 그들은 우선 7인 중 오타네스 외에 누군가 다른 사람이 왕이 될 경우, 오타네스와 그의 후손에게 해마다 메디아풍 옷 한 벌과 페르시아인이 가장 귀하게 여기는 갖은 선물을 주기로 결의했다. 그들이 그

런 것을 그에게 주기로 한 것은, 그가 맨 먼저 봉기를 주도하고 그들을 규합했기 때문이다. 오타네스에게 그런 특권을 주기로 결의한 다음, 그들은 7인 모두를 위해 다음과 같이 결의했다. 즉 그들은 누구든 왕이 여인과 동침하는 경우가 아니고서는 사전에 통보하지 않고도 궁전으로 들어갈 수 있으며, 왕은 같이 봉기한 동지들의 집안 외의 다른 집안에서 왕비를 맞아들여서는 안 된다는 것이었다. 또한 왕의 선출에 관해서 그들은 다음과 같이 결의했다. 그들은 말을 타고 성문 밖으로 나가되, 해가 떴을 때 맨 먼저 우는 말의 임자가 왕이 된다는 것이었다.

85 다레이오스에게는 오이바레스라는 영리한 마부가 있었다. 회의가 끝나자 다레이오스는 그에게 이렇게 말했다. "오이바레스, 왕을 뽑는 것과 관련해 우리는 다음과 같이 하기로 결의했다네. 우리가 말을 타고 나가되 해가 떴을 때 맨 먼저 우는 말의 임자가 왕이 되기로 말일세. 자네에게 무슨 묘책이 있으면 다른 사람이 아닌 우리가 그 상을 탈 수 있도록 해 주게나." 오이바레스가 대답했다. "주인님, 주인님께서 왕이 되느냐 못 되느냐가 전적으로 거기에 달려 있다면 안심하고 걱정 마십시오. 주인님 아닌 다른 분은 왕이 되지 못할 테니까요. 제게 그런 비책이 있사옵니다." 다레이오스가 말했다. "자네에게 진실로 그런 묘책이 있다면 지체 없이 당장 실행하게. 우리의 경기는 바로 내일 개최되니 말일세." 오이바레스는 그 말을 듣고 다음과 같이 조처했다. 밤이 되자 그는 다레이오스의 수말이 가장 좋아하는 암말을 몰고 나가 성문 밖에 매어 둔 다음, 다레이오스의 수말을 그곳으로 몰고 나가 한동안 암말 가까이 가끔은 닿을락 말락하게 몰고 다니다가, 마지막에는 수말이 암

19 퀴로스가 페르시아인을 메디아의 지배에서 해방해 주었다.

말과 교미하게 해 주었다.

86 날이 밝자 여섯 사람은 약속한 대로 말을 타고 나타났다. 그들이 말을 타고 성문 밖으로 나가 간밤에 암말을 매어 둔 곳에 이르자, 다레이오스의 수말이 앞으로 내달으며 울었다. 말이 우는 바로 그 순간, 맑게 갠 하늘에 번개가 치며 곧이어 천둥소리가 들렸다. 하늘이 보낸 이러한 전조들은 다레이오스가 왕으로 선출되었음을 확인해 주는 것 같았다. 그래서 다른 사람들은 말에서 뛰어내려 다레이오스 아래 고개를 숙이고 엎드렸다.

87 오이바레스의 계략에 관해서는 또 다른 이야기가 전해 오고 있다. (페르시아인은 두 가지 이야기를 전하고 있기에 하는 말이다.) 오이바레스는 손으로 그 암말의 음부를 문지른 다음, 그 손을 바지 안에 감추고 있다가 날이 새어 여섯 사람이 말을 달리려고 했을 때, 손을 내밀어 다레이오스의 수말의 콧구멍에 바싹 갖다 대자 그 냄새를 맡은 수말이 콧김을 내뿜으며 울어 댔다는 것이다.

88 그리하여 휘스타스페스의 아들 다레이오스는 왕이 되었다.[20] 아시아의 모든 민족이 처음에는 퀴로스에게, 다음에는 캄뷔세스에게 정복되어 그의 신하가 되었다. 하지만 아라비아인만은 그렇지 않았다. 아라비아인은 페르시아에 예속된 적이 없고, 캄뷔세스의 아이귑토스 원정 때에도 자기들 나라를 무사히 통과하게 해 준 덕분에 페르시아의 우방이 되었다. 아라비아인이 그런 호의를 베풀지 않았다면 페르시아인은 아이귑토스를 침공할 수 없었을 것이다. 다레이오스는 처음에 페르시아 여인들, 즉 퀴로스의 두 딸 아톳사와 아르튀스토네와 결혼했는데,

아톳사는 먼저 오라비 캄뷔세스와, 다음에는 마고스와 결혼했었고 아르튀스토네는 아직 처녀였다. 그는 또 파르뮈스라는, 퀴로스의 아들 스메르디스의 딸과 결혼했고, 마고스의 정체를 밝힌 오타네스의 딸도 아내로 맞았다. 그가 통치하는 영토의 구석구석에서는 그의 힘이 느껴졌다. 그는 맨 먼저 돌로 기념물을 만들어 세우는 일을 했다. 기마상이 양각되어 있는 그 기념비에는 다음과 같은 글귀가 새겨져 있다.

> 휘스타스페스의 아들 다레이오스는 그의 말(여기서 그는 그 말의 이름을 언급했다)의 탁월함과
> 그의 마부 오이바레스의 탁월함에 힘입어 페르시아의 왕위를 차지했노라.

89 다레이오스는 페르시아제국을 20개의 행정구역으로 나누었는데, 페르시아인은 그것을 사트라페이아[21]라고 부른다. 그는 행정구역을 정한 다음, 그곳에 태수를 임명하고 민족별로 자기에게 세금을 바치게 했다. 행정상 편의를 위해 이웃에 사는 민족을 한 단위로 묶었고, 외곽의 부족은 필요에 따라 이 민족 또는 저 민족에 속하는 것으로 간주되었다. 여러 행정구역에서 해마다 바치는 조공이 어느 정도였는지 언급하기 전에, 은으로 바치는 자들은 바뷜론 탈란톤을 무게 단위로 사용하고, 금으로 바치는 자들은 에우보이아 탈란톤을 무게 단위로 사용했다는 것을 먼저 말해 두고자 한다. 바뷜론 탈란톤의 무게는 78에우보이아 므나에 해당한다. 퀴로스와 캄뷔세스의 치세 때는 정해진 세액 같은

---

20 기원전 521년.
21 그리스어로 satrapeia.

것은 없었고, 여러 민족이 선물을 바쳤을 뿐이다. 이러한 세액 산정과 그와 유사한 조치들 때문에 페르시아인 사이에서는, 다레이오스는 장사꾼이고 캄뷔세스는 폭군이며 퀴로스는 아버지라는 말이 있는데, 다레이오스는 모든 것에 값을 매기고 캄뷔세스는 가혹하고 교만하며 퀴로스는 인자하여 좋은 것은 모두 그의 덕택이기 때문이라는 것이다.

90 징세 목적을 위해 하나의 단위로 간주된 이오니아인, 아시아의 마그네시아인, 아이올리스인, 카리아인, 뤼키아인, 밀뤼아스인, 팜퓔리아인으로부터는 은 400탈란톤이 들어왔다. 이것이 징세를 위한 제1구역[22]이었다. 뮈시아인, 뤼디아인, 라소니오이족, 카발리오이족, 휘텐네이스족으로부터는 500탈란톤이 들어왔다. 이것이 제2구역이었다. 배를 타고 들어올 경우 헬레스폰토스 해협의 오른쪽 기슭에 거주하는 자들, 곧 프뤼기아인, 아시아의 트라케인, 파플라고니아인, 마리안뒤노이족, 쉬리아인으로부터는 360탈란톤의 세수가 들어왔다. 이것이 제3구역이었다. 킬리키아인으로부터는 연중 매일 한 필씩 360필의 백마와 은 500탈란톤이 들어왔다. 그중 140탈란톤은 킬리키아 지방을 지키는 기병대의 유지비로 사용되고, 나머지 360탈란톤은 다레이오스에게 갔다. 이것이 제4구역이었다.

91 암피아라오스의 아들 암필로코스가 세운 포시데이온 시에서 아이귑토스에 이르는 지역은(물론 과세 대상이 아닌 아라비아인의 나라는 제외하고) 350탈란톤의 세금을 내야 했다. 이 징세 구역에는 포이니케 전역과 팔라이스티네의 쉬리아와 퀴프로스가 포함된다. 이것이 제5구역이었다. 아이귑토스, 아이귑토스 징세 구역에 포함되는 인접한 리뷔에 지방, 퀴레네, 바르케로부터는 700탈란톤이 징수되었다. 여기에는 모이

리스호의 고기잡이에서 들어오는 세수는 포함되지 않았다. 이 돈과 할당된 곡식을 제외하고 700탈란톤이 들어온 것이다. 곡식에 관해 말하자면, 멤피스의 '하얀 성채'에 주둔한 페르시아인과 용병에게 120,000 메딤노스가 추가로 공여되었다. 이것이 제6구역이었다. 삿타귀다이족, 간다리오이족, 다디카이족, 아파뤼타이족은 공동으로 170탈란톤을 바쳤다. 이것이 제7구역이었다. 수사 및 킷시아 땅의 나머지에서 300탈란톤이 들어왔다. 이것이 제8구역이었다.

92 바뷜론 및 나머지 앗쉬리아 지방으로부터는 은 1,000탈란톤과 500명의 내시 소년이 들어왔다. 이것이 제9구역이었다. 악바타나, 나머지 메디아 땅, 파리카니오이족, 오르토코뤼반티오이족으로부터는 450탈란톤이 들어왔다. 이것이 제10구역이었다. 카스피오이족, 파우시카이족, 판티마토이족, 다레이타이족은 공동으로 200탈란톤을 바쳤다. 이것이 제11구역이었다. 박트리아에서 아이글로이족의 나라에 이르는 지역으로부터는 360탈란톤의 세금이 징수되었다. 이것이 제12구역이었다.

93 팍튀이케와 아르메니아와 그 인접 지방에서 흑해에 이르는 지역으로부터는 400탈란톤이 들어왔다. 이것이 제13구역이었다. 사가르티오이족, 사랑가이족, 타마나이오이족, 우티오이족, 뮈코이족, 페르시아왕이 이른바 유랑민을 정착시킨 홍해의 섬들에 사는 자들, 이들 모두로부터는 600탈란톤의 세금이 들어왔다. 이것이 제14구역이었다. 사카이족과 카스피오이족은 250탈란톤을 바쳤다. 이것이 제15구역이었다. 파르티아인, 코라스미오이족, 속도이족, 아레이오이족은 300탈란

---

22 그리스어로 nomos. satrapeia와 사실상 같은 뜻인 것 같다.

톤을 바쳤다. 이것이 제16구역이었다.

94 파리카니오이족과 아시아의 아이티오피아인은 400탈란톤을 바쳤다.
이것이 제17구역이었다. 마티아노이족, 사스페이레스족, 알라로디오
이족에게는 200탈란톤의 세금이 부과되었다. 이것이 제18구역이었
다. 모스코이족, 티바레노이족, 마크로네스족, 못쉬노이코이족, 마레
스족에게는 300탈란톤의 세금이 부과되었다. 이것이 제19구역이었
다. 인디아인은 내가 아는 한 가장 인구가 많은 민족으로, 어느 민족보
다 더 많은 360탈란톤의 사금(砂金)을 세금으로 바쳤다. 이것이 제20
구역이었다.

95 여기서 언급된 바빌론 탈란톤으로 납입된 은을 에우보이아 탈란톤으
로 환산하면 9,880에우보이아 탈란톤이 된다. 그리고 금의 가치를 은
의 13배로 치면 인디아의 사금은 4,680에우보이아 탈란톤이 된다. 이
를 모두 합하면, 다레이오스의 세수는 해마다 14,560에우보이아 탈란
톤에 이르렀다. 여기서 나는 10탈란톤 이하의 단위는 무시해 버렸다.

96 이상이 다레이오스가 아시아와 리뷔에의 극히 일부에서 거둬들이던
세수였다. 그러나 훗날에는 여러 섬[23]과, 텟살리아에 이르는 에우로페
의 주민으로부터도 세금이 징수되었다. 이들 세수를 왕은 다음과 같은
방법으로 보관했다. 왕은 세금으로 들어온 것을 녹여 토기에 붓고, 토
기가 가득차면 바깥의 토기를 제거한다. 그리고 돈이 필요할 때마다 덩
어리에서 필요한 만큼 잘라 썼다.

97 행정구역과 조세 부과에 관해서는 이쯤 해 두자. 나는 납세의 의무를 지

는 민족에 페르시아인을 포함시키지 않았는데, 그들은 자신들의 나라였기에 조세를 면제받았다. 또한 세금이 아니라 선물을 바치도록 요구받은 민족도 더러 있다. 아이귑토스와 경계를 맞대고 사는 아이티오피아인— 이들은 캄뷔세스가, 장수하는 아이티오피아인을 공격하러 갈 때 정복했다— 과 신성한 뉘사산 주변에 살며 디오뉘소스를 위해 축제를 여는 자들이 여기에 포함된다. 이들 아이티오피아인과 그들의 이웃 부족은 인디아의 칼란티아이족과 같은 씨앗을 사용한다. 그들은 또 지하에 거주한다. 이들 두 민족은 한 해 걸러 한 번씩 정제되지 않은 금 2코이닉스, 흑단(黑檀) 통나무 200개, 아이티오피아 소년 다섯 명, 대짜 상아 20개를 바치는데, 그런 관행은 지금까지도 존속되고 있다. 그 밖에 콜키스인과 콜키스와 카우카소스산 사이에 사는 여러 부족도(페르시아제국의 영향력은 거기까지 미쳤고, 카우카소스산 너머에서는 아무도 페르시아인에 아랑곳하지 않는다) 자진해 세금을 거두어 지금도 4년에 한 번씩 바치는데, 그들이 바치는 세금은 소년 100명과 소녀 100명이었다. 끝으로 아라비아인은 해마다 1,000탈란톤의 유향을 바쳤다. 이상이 이들 민족이 세수와는 별도로 왕에게 바치는 선물이었다.

98 인디아인은 페르시아 왕에게 사금을 바친다고 앞서 말한 적이 있는데, 그들이 막대한 양의 금을 얻는 방법은 다음과 같다. 인디아 땅의 동쪽은 모래사막이다. 우리가 믿을 만한 정보를 갖고 있는 모든 아시아 민족 가운데 인디아인이 맨 동쪽에 살고 있고, 인디아인의 나라 동쪽은 모래뿐인 사막이다. 인디아에는 서로 다른 말을 하는 여러 부족이 사는데, 더러는 유목민이고 더러는 아니다. 그들 중 더러는 강가의 늪지대

---

23 에게해의 섬들.

에 살며, 대나무 배를 타고 나가 잡은 물고기를 날로 먹는다. 배는 큰 대나무 줄기 하나로 만들어진다. 이들 인디아인은 갈대로 옷을 지어 입는다. 강에서 갈대를 베어 와 돗자리처럼 엮은 뒤 흉갑처럼 입는 것이다.

99 이들의 동쪽에 사는 또 다른 인디아 부족은 유목민으로, 고기를 날로 먹는다. 그들은 파다이오이족이라 불리며 다음과 같은 관습을 갖고 있다고 한다. 남자든 여자든 동족 가운데 한 명이 병이 들면, 남자일 경우 가장 가까운 남자 친구들이 그가 병에 걸려 뼈만 남으면 고기를 못 먹게 된다며 그를 죽인다. 그는 병에 걸리지 않았다고 부인하지만 그들은 막무가내로 그를 죽여 먹어 치운다. 여자가 병에 걸린 경우, 가장 가까운 여자 친구들이 똑같은 짓을 한다. 누군가 고령이 되면 그들은 그를 죽여 잔치를 벌인다. 그러나 그런 경우는 드물다. 고령이 되기 전에 그들 대부분은, 무슨 병이든 들어 친구들 손에 죽기 때문이다.

100 생활방식이 다른, 또 다른 인디아 부족도 있다. 그들은 살아 있는 것은 일절 죽이지 않으며, 농사도 짓지 않고, 집도 소유하지 않으며, 채식을 한다. 그곳에는 껍데기 속에 든, 기장만 한 크기의 곡식이 자생하는데 그들은 그것을 모아 와 껍데기째 삶아 먹는다. 그들 중 한 명이 병이 들면 외딴곳에 가서 눕는다. 그가 죽든 않든 아무도 신경쓰지 않는다.

101 앞서 말한 인디아 부족은 모두 가축처럼 공공연히 성교를 한다. 그들은 모두 아이티오피아인처럼 피부색이 검다. 그들이 여인들 몸에 사정하는 정액은 다른 민족의 그것처럼 흰색이 아니라 그들의 피부처럼 검은색이다. 아이티오피아인의 정액도 역시 검은색이다. 이들 인디아인은 페르시아의 먼 남쪽에 살고 다레이오스왕에게 예속된 적이 없다.

102 다른 인디아인의 북쪽, 카스파튀로스 시와 팍튀이케 땅 근처에는 또 다른 인디아인이 살고 있다. 그들의 생활방식은 박트리아인과 비슷하다. 그들은 인디아에서 가장 호전적인 부족으로, 금을 찾아 떠나는 자들도 바로 그들이다. 이 지방에는 모래사막이 있기 때문이다. 이 사막의 모래 속에는 개보다는 작지만 여우보다는 큰 개미가 있는데, 그중 몇 마리가 포획되어 페르시아 왕의 궁전에 보관되어 있다. 이들 개미는 땅 밑에 집을 지으며, 헬라스의 개미처럼 모래를 던져 올리는데(그 생김새도 헬라스의 개미와 비슷하다), 그것들이 던져 올리는 모래에는 금이 함유되어 있다. 그래서 이들 인디아인은 이 금을 얻으려고 사막으로 떠나는 것이다. 이때 저마다 낙타 세 마리를 한데 묶는데, 양쪽에 수컷을 배치해 고삐를 끌게 하고 가운데에 암컷을 배치한다. 그들은 저마다 이 암컷을 타는데, 암컷은 되도록 최근에 새끼를 낳아 새끼와 억지로 떼어놓아야 하는 것을 고른다. 그들의 낙타는 말 못지않게 날래며, 게다가 더 무거운 짐을 나를 수 있다.

103 낙타는 헬라스인에게도 알려져 있어, 나는 여기서 낙타의 생김새는 기술하지 않고, 알려지지 않은 것만 말하겠다. 낙타의 뒷다리에는 허벅지와 무릎이 각각 네 개씩 있고, 생식기는 뒷다리 사이에 꼬리를 향해 나 있다.

104 인디아인은 이렇게 장비를 갖추고 금을 찾아 떠나는데, 가장 더운 낮 시간에 도착해 금을 손에 넣을 수 있도록 일정을 짠다. 더워지면 개미들이 땅속으로 들어가기 때문이다. 인디아에서는 아침나절이 가장 덥다. 다른 나라에서는 한낮이 가장 더운데, 인디아에서는 해가 뜬 뒤부터 시장이 파하는 정오까지가 가장 덥기 때문이다. 이때 그곳은 헬라스의 한

낮보다 더 덥다. 그래서 이때는 사람들이 물속에 들어가 있다고 한다. 한낮의 더위는 인디아나 다른 나라나 큰 차이없이 비슷하다. 그러나 오후가 되면 인디아는 다른 나라의 아침나절만큼 덥고, 그때부터는 점점 선선해져 해질 무렵에는 꽤 추워진다.

105 인디아인은 그곳에 도착해 가져간 자루들을 모래로 가득 채운 다음 되도록 빨리 되돌아온다. 페르시아인에 따르면, 냄새를 맡은 개미들이 그들을 즉시 추격하기 때문이라고 한다. 이들 개미는 어떤 다른 동물보다 더 빠르기 때문에, 개미들이 모이는 동안 인디아인이 앞서 출발하지 않으면 그들 중 아무도 살아 돌아오지 못할 것이라고 한다. 암낙타만큼 빨리 달리지 못하는 수낙타가 뒤에 처지기 시작하면 한 마리씩 풀어 개미에게 넘겨준다. 암낙타는 집에 있는 새끼들을 생각하며 쉬지 않고 달린다. 페르시아인에 따르면, 인디아인은 대부분의 금을 이렇게 얻는다고 한다. 소량이긴 하지만 그들의 나라에서도 금이 채굴된다.

106 헬라스가 가장 온화한 기후라는 복을 받았듯이, 세상 끝에 있는 나라들도 나름대로 더없이 값진 것을 가지고 있다. 이를테면 인디아는, 조금 앞서 말했듯이, 세상의 맨 동쪽에 있는데 그곳 동물은 네발짐승이든 날짐승이든 다른 나라 것보다 훨씬 크다. 그러나 말은 예외이다. (인디아의 말은 네사이온산(産) 말이라 불리는 메디아 말들만 못하다) 그곳에는 금이 엄청나게 많은데, 일부는 채굴한 것이고 일부는 강물에 떠내려온 것이고 일부는 앞서 말했듯이, 개미에게서 빼앗아 온 것이다. 그곳에는 또 양모보다 더 곱고 더 질긴 솜털을 뽑을 수 있는 열매가 열리는 야생 나무가 있는데, 인디아인은 이 나무의 열매[24]로 옷을 지어 입는다.

107 세상의 맨 남쪽 나라는 아라비아이다. 유향, 몰약, 계피, 육계(肉桂), 방
향(芳香)수지는 세상에서 이 나라에서만 난다. 몰약은 그렇지 않지만,
아라비아인은 이런 것들을 채취하느라 애를 먹는다. 그들은 유향을 채
취하기 위해 포이니케인이 헬라스에 수출하는 스토락스 향을 피운다.
유향이 나는 나무마다 작고 알록달록하고 날개 달린 뱀들이(이것들이
아이귑토스를 침범하는 뱀들이다)[25] 떼 지어 살며 지키고 있어, 스토
락스 향의 연기 말고는 어느 것도 뱀 떼를 나무에서 몰아낼 수 없기 때
문이다.

108 아라비아인에 따르면, 내가 독사에게 일어나는 것으로 알고 있는 그런
일이 이 뱀에게도 일어나지 않는다면 온 나라가 이들 뱀으로 가득찰 것
이라고 한다. 신의 섭리는 현명하여, 겁이 많고 먹이가 되는 짐승은 다
잡아먹혀 멸종되는 일이 없도록 새끼를 많이 낳게 하는가 하면, 사납고
위험한 짐승은 새끼를 적게 낳게 했다. 이를테면 산토끼는 온갖 짐승과
새와 사람이 노리는 사냥감이다. 그래서 산토끼만이 짐승 가운데 유일
하게 임신 중에도 새끼를 밴다. 태내의 새끼 중 어떤 것은 이미 털이 나
있고, 어떤 것은 아직 털이 나지 않고, 어떤 것은 형체를 갖추어 가고 있
는데, 산토끼는 또 새끼를 배는 것이다. 이것이 산토끼다. 한편 가장 강
하고 가장 대담한 동물인 암사자는 일생에 단 한 번, 그것도 단 한 마리
의 새끼를 낳는다. 암사자는 새끼와 함께 자궁을 몸밖으로 밀어내기 때
문이다. 그 이유는 다음과 같다. 새끼 사자가 자궁 안에서 움직이기 시
작하면 어떤 다른 동물의 발톱보다 더 날카로운 발톱으로 자궁 안을 긁

24 목화.
25 2권 75장.

는데, 자라면서 점점 더 심하게 긁는 탓에 새끼를 낳을 때쯤이면 자궁은 성한 데가 하나도 없을 정도가 된다.

109 독사나 아라비아의 날개 달린 뱀의 경우도 마찬가지다. 이들 뱀이 타고난 능력을 다 발휘한다면 너무나 많이 번식해 사람이 살 수 없을 것이다. 그러나 이것들은 교미할 때 수컷이 정액을 사정하는 순간, 암컷이 수컷의 목을 물고는 목안으로 다 삼킬 때까지 놓아주지 않는다. 그렇게 수컷은 죽는다. 암컷도 수컷에게 지은 죗값을 치른다. 암컷의 뱃속에 든 새끼들이 아버지의 원수를 갚느라 어미의 뱃속을 다 먹어 치우고는 그것을 뚫고 세상에 나오기에 하는 말이다. 사람에게 위험하지 않은 다른 뱀들은 알을 낳아 수많은 새끼를 깐다. 독사는 도처에 있지만, 날개 달린 뱀은 아라비아에만 있고 다른 곳에는 없다. 그리고 아라비아에만 있기 때문에 그곳에서 그들은 수가 많아 보인다.

110 아라비아인이 유향을 채취하는 방법은 이상과 같고, 계피를 채취하는 방법은 다음과 같다. 계피를 채취하러 갈 때 그들은 소가죽이나 다른 가죽으로 온몸과, 눈을 제외한 얼굴을 가린다. 계피는 깊지 않은 호수에서 자라는데, 호숫가나 호수에는 박쥐와 매우 흡사한 날짐승이 살고 있다. 이 동물은 무시무시한 비명을 지르는 데다 아주 공격적이다. 그래서 계피를 채취할 때는 이 동물로부터 눈을 보호하지 않으면 안 된다.

111 아라비아인이 육계를 수집하는 방법은 이보다 더 놀랍다. 육계가 어디서 자라며 그 산지가 어느 나라인지 그들도 말하지 못한다. 그들 중 몇 몇은 디오뉘소스가 자랐던 곳이 그 산지일 것이라고 주장하는데, 일리

가 있는 것 같다. 그들에 따르면, 우리가 포이니케인에게 배워 키나모 몬[26]이라 부르는 마른나무 막대기를 큰 새들이 날라 오는데, 사람이 오를 수 없는 산 절벽에 진흙으로 지은 보금자리로 나른다고 한다. 그래서 아라비아인은 다음과 같은 방법을 생각해 냈다. 죽은 소나 당나귀나 그 밖의 다른 운반용 동물의 사지를 되도록 큼직큼직하게 토막 내어 둥지가 있는 곳으로 가져가 가까이 놓아 두고 멀찍이 물러나는 것이다. 새들이 내려와 운반용 동물의 사지를 둥지로 날라 가면 무게를 감당하지 못한 둥지들이 무너져 내린다. 그러면 아라비아인이 다가가 바라던 것을 수거한다. 그렇게 수집된 육계는 다른 나라로 수출된다.

112 아라비아인이 라다논[27]이라 부르는 방향 수지를 얻는 방법은 이보다 더 놀랍다. 방향 수지는 냄새가 가장 향기롭지만 가장 냄새가 고약한 곳에서 난다. 말하자면 그것은 수산양의 수염에서 자라, 거기에 수지처럼 달라붙어 있다. 그것은 수많은 종류의 향료에 원료로 사용되며, 아라비아인은 그것을 주로 향으로 태운다.

113 향료에 관해서는 이쯤 해 두자. 아라비아 땅에서는 놀랍도록 향기로운 냄새가 난다는 말만 덧붙이고자 한다. 그곳에는 또 다른 곳에는 없는 두 가지 종류의 놀라운 양이 있다. 그중 한 종류는 꼬리가 긴데, 3페퀴스 이상이다. 꼬리가 끌리도록 내버려둔다면 꼬리가 땅바닥에 닿아 다치게 될 텐데 목자들은 저마다 목수의 재주를 발휘해 조그마한 수레를 만들어 꼬리 밑에 하나씩 달아 준다. 다른 종류의 양은 꼬리가 넓은데,

---

26 그리스어로는 kinamomon, 영어로는 cinnamon.
27 ladanon.

그 너비가 1페퀴스나 된다.

114 사람이 사는 세상에서 서남쪽으로 가장 멀리 떨어져 있는 나라는 아이티오피아이다. 이 나라에서는 금과 코끼리와 온갖 종류의 야생 나무와 흑단이 많이 나고, 그곳 사람들은 세상에서 가장 키가 크고, 가장 잘생겼으며, 가장 장수한다.

115 이상이 아시아와 리뷔에의 맨 끝에 있는 나라들이다. 에우로페의 서쪽 끝에 있는 나라들에 관해서는 나는 자신 있게 말할 수 없다. 아무튼 북쪽 바다로 흘러들며 호박(琥珀)의 원산지라는, 토착민이 에리다노스[28]라 부르는 강이 있다는 것을 나는 믿지 않는다. 우리 나라로 들어오는 주석의 원산지라는 캇시테리데스 군도가 실재하는지도 나는 알지 못한다. 첫째, 에리다노스는 비헬라스계 이름이 아니라 어떤 시인이 만들어 낸 헬라스계 이름이기 때문이다. 둘째, 나는 아무리 애써도, 에우로페 너머에 바다가 있다는 것을 직접 보고 내게 전해 줄 사람을 찾을 수가 없었다. 그러나 우리의 주석과 호박이 세상의 끝에서 오는 것만은 확실하다.

116 에우로페의 북쪽에서 금이 다량으로 산출되는 것은 분명하다. 그러나 그것이 어떻게 얻어지는지에 관해서는 자신 있게 말할 수 없다. 일설에 따르면, 외눈박이인 아리마스포이족이 그륍스[29]로부터 금을 빼앗는다고 한다. 나는 다른 점에서는 다른 사람들과 똑같은, 외눈박이 인간이 존재한다는 것을 믿을 수 없다. 하지만 다른 나라를 에워싸고 있는 세상의 맨 끝에 있는 나라들에서 우리가 가장 소중하고 희귀하게 여기는 것들이 난다는 것은 가능하다고 생각한다.

117　아시아에는 사방이 산으로 둘러싸인 평야가 하나 있는데, 그 산맥에는 다섯 개의 갈라진 틈이 있다. 이 평야는 전에는 코라스미오이족의 영토의 일부로, 코라스미오이족, 휘르카니오이족, 파르티아인, 사랑가이족, 타마나이오이족 사이의 경계를 이루고 있었는데 지금은 페르시아인에게 정복되어 페르시아 왕의 차지가 되었다. 평야를 둘러싸고 있는 산맥으로부터는 아케스라는 큰 강이 흘러나오고 있다. 이 강은 전에는 다섯 개 지류로 나뉘어, 다섯 개의 갈라진 틈마다 지류가 하나씩 쏟아져 나옴으로써 앞서 말한 나라들에 물을 대주곤 했다. 그러나 평야가 페르시아인의 지배하에 들어간 지금, 강들은 다음과 같이 관리되고 있다. 페르시아 왕은 산맥이 갈라진 틈들을 막고 틈마다 수문을 설치하게 했다. 물이 흘러 나갈 수 없자 산속 평야는 거대한 호수로 변했다. 강물은 흘러드는데 나갈 데가 없었기 때문이다. 그로 인해 전에 그 물을 관개에 이용하던 부족은 큰 어려움을 겪게 되었다. 겨울에는 그곳에도 다른 나라처럼 하늘에서 비가 내리지만, 기장과 참깨를 재배하는 여름에는 그들에게 강물이 필요하다. 물이 공급되지 않으면 그들은 아내와 함께 페르시아로 가 궐문 앞에 서서 요란하게 울부짖는다. 그러면 왕은 가장 간절히 애원하는 자들의 나라로 물을 들여보내는 수문을 열어 주라고 명령한다. 그들의 땅이 물을 실컷 마시면 그 갑문은 닫히고, 그다음으로 간절히 애원하는 자들의 나라로 물을 대주는 수문을 열라고 왕은 명령한다. 내가 들어 아는 바에 따르면, 왕은 수문을 열어 주는 대가로 세금과는 별도로 거액을 징수한다. 이에 관해서는 이쯤 해 두자.

28　대개 이탈리아의 포강 또는 프랑스의 론강을 가리키는 것으로 생각되었다.
29　독수리 머리와 날개에 사자 몸을 가진 괴조. 영어로는 griffin.

118 마고스에게 반기를 들었던 7인 중 한 명인 인타프레네스는 봉기 직후 다음과 같은 불손한 행위로 처형되었다. 그는 왕과 상의할 일이 있어 궁 안으로 들어가려고 했다. 사실 마고스에게 반기를 들었던 7인은 왕이 여인과 동침할 때를 제외하고는 전령을 거치지 않고 왕을 배알할 수 있다는 특전이 있었다. 인타프레네스는 누군가 자신의 도착을 알릴 필요가 없다고 보고, 7인 중 한 명으로서 바로 들어가려고 했다. 그러나 문지기와 전언을 전달하는 시종이, 왕은 지금 여인과 동침 중이라는 이유로, 그를 들여보내지 않았다. 인타프레네스는 그들이 거짓말한다고 믿고 단검을 빼어 그들의 두 귀와 코를 벤 다음, 그것들을 자신의 말고삐에 꿰었다. 그리고 그 고삐를 그들의 목에 걸어 주며 가라고 놓아주었다.

119 그들은 왕에게 자신들의 모습을 보여 주며 왜 그런 봉변을 당했는지 말해 주었다. 다레이오스는 여섯 사람이 서로 짜고 그런 짓을 한 것이 아닐까 겁이 나서 그들을 따로따로 불러 인타프레네스가 한 짓에 찬동하는지 의중을 떠보았다. 인타프레네스가 그들과 짜고 행동한 것이 아니라는 것을 알게 되자, 다레이오스는 그를 아들들과 모든 남자 친척과 함께 잡아들이게 했다. 그가 친척과 함께 모반을 꾀한다고 확신했기 때문이다. 그는 그들을 체포해 사형수로서 투옥하게 했다. 그러자 인타프레네스의 아내가 궐문으로 가서 울면서 하소연했다. 그녀가 계속해서 그렇게 하자, 다레이오스는 측은한 생각이 들어 그녀에게 사자를 보내 다음과 같이 말하게 했다. "부인, 다레이오스 전하께서는 투옥된 친척 가운데 누구든 부인이 고르는 한 분을 살려 주시겠다고 합니다." 그녀가 생각 끝에 대답했다. "전하께서 내 친척 중 한 명의 목숨을 살려 주시겠다면 나는 누구보다도 내 오라비를 고르겠소." 다레이오스는

그녀의 대답을 듣고 놀라 다른 사람을 보내 말하게 했다. "부인, 전하께서는 무슨 생각에서 부인이 남편과 아들들을 버리고 아들들보다는 더 멀고 남편보다는 덜 소중한 오라비를 살리려는지 물으십니다." 그녀가 대답했다. "전하, 신의 뜻이라면 제게는 다른 남편이 생길 것이며, 지금의 아이들을 잃는다 해도 다른 아이들이 생길 것이옵니다. 그러나 아버지와 어머니께서 돌아가신 지금 제게는 다른 오라비가 생길 수 없나이다. 그런 생각에서 저는 그렇게 말씀드린 것이옵니다." 다레이오스는 여인의 말이 옳다고 여기고, 그녀가 원한 오라비 외에 장남도 석방해 주었다. 그만큼 그녀의 대답이 마음에 들었던 것이다. 그러나 나머지는 모두 처형하게 했다. 7인 중 한 명은 그렇게 곧바로 죽었다. 어떻게 죽었는지는 앞서 말한 바 있다.

120 캄뷔세스가 병들었을 무렵, 다음과 같은 사건이 일어났다. 퀴로스가 사르데이스의 태수로 임명한 페르시아인 오로이테스는 끔찍한 범죄를 저지르기로 작정했다. 오로이테스는 사모스의 폴뤼크라테스에게 해코지를 당하거나 나쁜 말을 들은 적도 없건만 아니, 그를 만난 적도 없건만 그를 붙잡아 죽이고 싶어 했다. 여러 사람이 전하는 바에 따르면 그 연유는 다음과 같다. 하루는 오로이테스와 다스퀼레이온 구역의 태수로 미트로바테스라 불리는 다른 페르시아인이 궐문 앞에 앉아 이야기를 주고받다가 서로 제가 잘났다고 언쟁을 벌이게 되었는데, 이때 미트로바테스가 오로이테스를 다음과 같은 말로 조롱했다고 한다. "그대의 통치 구역 앞바다에 있는 사모스섬도 대왕의 영토로 만들지 못하는 주제에 그대가 사내대장부란 말이오! 사모스섬은 그곳의 토박이 한 명이 중무장 보병 15명을 거느리고 반란을 일으켜 권력을 장악한 뒤 지금도 그곳을 통치할 정도로[30] 정복하기가 식은 죽 먹기인데도

말이오." 그런 말을 듣자 속이 상한 오로이테스는 그런 말로 조롱한 자에게 앙갚음하는 것이 아니라, 그런 비난을 듣게 한 폴뤼크라테스를 완전히 없애 버리기로 작정했다는 것이다.

121 소수의 주장이긴 하지만, 오로이테스가 무슨 부탁이 있어(어떤 부탁인지는 전해지지 않는다) 사모스로 전령을 보냈는데, 그가 도착했을 때 폴뤼크라테스는 테오스의 아나크레온과 함께 식당의 긴 의자에 반쯤 누워 있었다고 주장하는 사람들도 있다.[31] 고의적이든 우발적이든 폴뤼크라테스는 오로이테스의 부탁을 무시했는데, 오로이테스의 전령이 들어와 말을 걸어도 마침 벽 쪽을 향해 누운 폴뤼크라테스는 얼굴을 돌리지도 대꾸하지도 않았다는 것이다.

122 폴뤼크라테스의 죽음에 관해서는 이렇게 두 가지 원인이 제시되는데, 저마다 마음에 드는 쪽으로 믿으면 될 것이다. 아무튼 마이안드로스 강가의 마그네시아에 웅거하던 오로이테스는 폴뤼크라테스의 야망을 알고, 귀게스의 아들인 뤼디아인 뮈르소스를 사모스로 보내 말을 전하게 했다. 크놋소스의 미노스왕과 그전에 바다를 다스리던 몇몇 다른 왕을 제외하면 폴뤼크라테스는 우리가 아는 한 바다를 제패하기를 열망한 최초의 헬라스인이었다. 영웅시대가 지난 뒤에는 폴뤼크라테스가 그렇게 한 최초의 인간이었으며, 그는 이오니아 지방과 여러 섬을 통치할 야망을 품고 있었다. 그의 이러한 야망을 알고 오로이테스는 전령을 보내 이렇게 말하게 했다. "오로이테스가 폴뤼크라테스에게 다음과 같이 제의합니다. 나는 그대가 원대한 뜻을 품고 있지만 그 뜻을 이룰 자금이 없다는 것을 알고 있습니다. 내 제의를 수락한다면 그대는 성공하실 것이고, 그것은 또 나를 구해 주시는 일도 될 것입니다. 내가 얻은

정보에 따르면 캄뷔세스왕은 분명 나를 죽일 음모를 꾸미고 있기 때문입니다. 그러니 그대가 와서 나를 내 재물과 함께 나라 밖으로 데려가신다면 내 재산의 일부는 그대의 것이 될 것입니다. 나머지는 내게 맡기십시오. 그 돈만 가지면 그대는 온 헬라스를 통치하시게 될 것입니다. 내가 돈에 관해 말하고 있는 것이 믿어지지 않는다면, 그대는 가장 믿음직한 심복을 보내 주십시오. 내가 그에게 돈을 보여 주겠습니다."

123   이 말을 듣자 폴뤼크라테스는 기꺼이 그 제안을 받아들였다. 돈이 궁한 그는 먼저 같은 사모스인으로 자신의 비서였던, 마이안드리오스의 아들 마이안드리오스를 보내 오로이테스의 주장이 사실인지 살펴보게 했다. 이 마이안드리오스는 얼마 뒤 폴뤼크라테스의 궁전 식당에 있던 화려한 장식을 모두 헤라 신전에 봉헌한 바로 그 인물이었다. 오로이테스는 살펴보기 위해 누군가 오고 있다는 말을 듣고 다음과 같은 조치를 취했다. 즉 그는 여덟 개 상자를 거의 가장자리까지 돌멩이들로 가득 채우고 돌멩이들 위에 금을 얹은 다음, 상자들을 줄로 묶고 검사받을 채비를 갖추었다. 마이안드리오스는 가서 보고는 본 것을 폴뤼크라테스에게 보고했다.

124   폴뤼크라테스는 몸소 오로이테스를 방문하기로 결심했다. 그러나 예언자들과 친구들은 간곡히 만류했다. 그의 딸도 자다가 꿈을 꾸었는데, 그녀의 아버지가 제우스에 의해 씻기고 태양신에 의해 기름이 발라진 채 공중에 떠 있는 꿈이었다. 그녀는 그런 꿈을 꾸고 나서 폴뤼크라

---

30 3권 39장.
31 고대 그리스인은 반쯤 누운 자세로 식사를 하거나 술을 마셨다.

테스가 오로이테스에게 가는 것을 말리려고 할 수 있는 노력을 다했고, 아버지가 오십노선에 오르려 할 때는 불길한 말을 내뱉기까지 했다. 그래서 아버지는 딸에게, 자기가 무사히 돌아오면 그녀는 오랫동안 처녀로 남게 될 것이라고 위협했다. 딸은 아버지를 잃기보다는 차라리 오랫동안 처녀로 남는 편이 더 낫겠으니, 제발 아버지의 위협이 이루어지게 해 달라고 기도했다.

125 폴뤼크라테스는 온갖 경고에도 불구하고 배를 타고 오로이테스에게 갔다. 그를 수행한 수많은 친구 중에는 크로톤 사람으로 칼리폰의 아들인 데모케데스도 있었는데, 그는 당시 가장 뛰어난 의사였다. 폴뤼크라테스는 마그네시아에 도착해 그곳에서 비참하게 죽었는데, 그것은 그 자신에게도 그의 웅대한 야망에도 어울리지 않는 죽음이었다. 쉬라쿠사이의 참주들을 제외하고는 폴뤼크라테스와 웅대한 뜻을 다툴 만한 헬라스의 참주는 한 명도 없었다. 오로이테스는 언급하고 싶지 않은 방법으로 폴뤼크라테스를 죽이고 나서 십자가에 매달았다. 그는 폴뤼크라테스의 수행원 가운데 사모스인은 모두 방면하며, 자기가 그들을 방면해 주는 것에 감사해야 할 것이라고 했다. 그러나 사모스인이 아닌 자들과 수행원의 노예는 모두 자신의 노예로 삼았다. 폴뤼크라테스가 십자가에 매달림으로써 모든 것이 그의 딸의 꿈대로 되었다. 그는 비가 올 때면 제우스[32]에 의해 씻기고, 더워서 몸에서 땀이 날 때면 태양신에 의해 기름이 발라졌으니 말이다. 오랫동안 지속된 폴뤼크라테스의 행운은 그렇게 끝났다. [아이귑토스 왕 아마시스가 예언한 그대로였다.]

126 그 뒤 오래지 않아 오로이테스도 폴뤼크라테스를 죽인 대가를 치렀다. 캄뷔세스가 죽고 마고스들이 통치한 동안, 오로이테스는 사르데이스

에 조용히 머물며 메디아인에게 빼앗긴 국권을 되찾으려는 페르시아인을 조금도 도와주지 않았다. 오히려 그는 이 혼란기를 틈타 폴뤼크라테스 건으로 자기를 조롱한 다스퀼레이온 태수 미트로바테스와 그의 아들 크라나스페스를 죽였는데, 이 두 사람은 페르시아인 사이에서 명망이 높았다. 그 밖에도 그는 온갖 못된 짓을 했다. 이를테면 그는 다레이오스가 보낸 사자를 전언이 마음에 들지 않는다는 이유로 죽였다. 그는 자객을 매복해 두었다가 돌아가는 사자를 죽이게 했고, 죽인 다음 시신과 말이 눈에 띄지 않게 치워 버리게 했다.

127 다레이오스는 권력을 장악하자 오로이테스의 온갖 범죄행위, 특히 미트로바테스와 그의 아들을 살해한 행위를 응징하고 싶었다. 그러나 그는 아직은 정국이 불안하고 그가 집권한 지 얼마 되지 않아 오로이테스에게 직접 군대를 파견하고 싶지는 않았다. 그는 무엇보다도 오로이테스의 힘이 막강하다는 것을 잘 알았다. 오로이테스는 1,000명의 페르시아인을 친위대로 거느리고 있었고, 프뤼기아 구역과 뤼디아 구역과 이오니아 구역의 태수였다. 다레이오스는 다른 수단을 쓰기로 하고, 가장 명망 높은 페르시아인을 불러 놓고 이렇게 말했다. "페르시아인이여, 그대들 중에 누가 나를 위해 힘이나 수적 우위가 아니라 지략으로 다음과 같은 일을 수행해 주시겠소? 지략이 필요한 곳에서는 힘이 전혀 쓸모없기에 하는 말이오. 누가 나를 위해 오로이테스를 산 채로 잡아오거나 아니면 죽여 없애겠소? 그자는 페르시아인에게 도움을 주기는커녕 오히려 큰 피해를 입히곤 했소. 그자는 우리 친구 가운데 두 명인 미트로바테스와 그의 아들을 없애더니, 이번에는 그자를 소환하

---

32 제우스는 하늘의 신으로, 기상 현상을 주관한다.

려고 내가 보낸 사자들을 죽였소. 이건 분명 용납할 수 없는 무례요. 그자가 페르시아인에게 더 큰 해악을 끼치기 전에 우리는 그자를 죽여 없애야 하오."

128 다레이오스가 그렇게 묻자, 그중 서른 명이 자청하고 나섰다. 그들이 서로 다투는 것을 막기 위해 다레이오스는 추첨으로 결정하라고 명령했다. 추첨에서 아르톤테스의 아들 바가이오스가 뽑히자, 그는 여러 내용의 서찰을 몇 통 쓴 뒤 다레이오스의 인장으로 봉인한 다음, 그것들을 가지고 사르데이스로 갔다. 그곳에 도착해 오로이테스를 만나게 된 그는 가져온 서찰을 한 통씩 꺼내 큰 소리로 읽으라며 왕의 직속 비서관에게 건넸다. (모든 태수 곁에는 왕의 직속 비서관이 있었다.) 바가이오스가 서찰을 읽으라고 건넨 것은 친위대가 오로이테스에게 반기를 들 수 있을지 떠보기 위해서였다. 그는 친위대가 서찰들에 경의를 표하고, 서찰들의 내용에는 더 큰 경의를 표하는 것을 보자 다음과 같은 글귀가 적혀 있는 다른 서찰을 건넸다. "페르시아인이여, 다레이오스왕은 그대들이 앞으로 오로이테스의 친위대로 근무하는 것을 금하노라!" 그들은 이 말을 듣자 바가이오스 앞에 창을 내려놓았다. 바가이오스는 그들이 서찰에 순순히 복종하는 것에 고무되어 마지막 서찰을 비서관에게 건넸는데, 거기에는 다음과 같이 적혀 있었다. "다레이오스왕은 사르데이스에 있는 페르시아인에게 오로이테스를 죽이라고 명령하노라!" 친위대는 이 말에 따라 단검을 빼어 그 자리에서 오로이테스를 죽였다. 페르시아인 오로이테스는 사모스인 폴뤼크라테스를 죽인 대가를 그렇게 치렀다.

129 오로이테스의 재산이 몰수되어 수사로 옮겨지고 얼마 지나지 않아, 사

낭을 나갔던 다레이오스왕이 말에서 뛰어내리려다 발목을 삐는 사고가 일어났다. 얼마나 심하게 삐었던지 복사뼈가 탈구될 정도였다. 다레이오스는 의술에서 제일인자로 간주되던 아이귑토스인을 늘 대기시켜 두었던 터라, 그들에게 진찰을 받았다. 그들은 그의 발목을 함부로 비틀어 상태를 더 악화시켜 놓았다. 다레이오스는 7일 낮 7일 밤을 심한 통증으로 말미암아 잠을 이룰 수가 없었다. 8일째 되는 날, 여전히 차도가 없던 다레이오스에게 전에 사르데이스에서 크로톤 사람 데모케데스의 의술에 관해 들었던 어떤 사람이 그 사실을 알렸다. 다레이오스는 당장 그를 불러오라고 명령했다. 그들은 그가 아무 보살핌도 받지 못하고 오로이테스의 노예들 사이에 섞여 있는 것을 발견하고는, 족쇄를 차고 누더기를 입은 그대로 왕 앞으로 데리고 왔다.

130 그가 다레이오스 앞에 서자 왕은 그에게 의술을 아는지 물었다. 데모케데스는 자신의 정체가 드러나면 영영 헬라스로 돌아가지 못하게 될까 두려워 모른다고 했다. 그러나 다레이오스는 그가 분명 의술을 알고 있다는 것을 알아차리고, 그를 끌고 온 자들에게 채찍과 몰이 막대기를 가져오라고 명령했다. 그러자 데모케데스는 의술을 안다고 시인하면서도, 자기는 제대로 아는 것이 아니라 어떤 의사와 함께 살면서 수박 겉핥기로 조금 알게 되었다고 말했다. 그럼에도 다레이오스가 치료를 맡기자, 데모케데스는 헬라스식 치료법과 강압적 치료제 대신 부드러운 치료제를 사용함으로써 왕이 다시 잠을 잘 수 있게 하여, 다시는 제대로 쓰지 못할 줄 알았던 왕의 발을 단시일에 낫게 해 주었다. 다레이오스는 그에게 황금 족쇄 두 쌍을 선물로 주었다. 그러자 데모케데스가 자신의 고통을 배가하는 것이 치료해 준 보답이냐고 물었다. 다레이오스는 그의 대답이 마음에 들어 자신의 아내들에게 그를 보냈다. 내시들

이 그를 안으로 안내하며, 왕의 생명을 구해 준 은인이 바로 이 사람이라고 하자, 여인들은 저마다의 궤짝에서 술잔으로 금화를 가득 퍼내 데모케데스에게 선물로 주었다. 얼마나 많이 주었던지 데모케데스를 따르던 스키톤이라는 하인은 술잔에서 넘쳐 떨어진 스타테르 금화만 주웠는데도 상당량의 금을 모을 수 있었다.

131 이 데모케데스가 크로톤에서 와서 폴뤼크라테스와 함께하게 된 경위는 다음과 같다. 그는 크로톤에서 성질이 급한 아버지와 살았는데 사이가 나빴다. 참다못해 그는 그곳을 떠나 아이기나로 갔다. 시술에 필요한 도구가 없었는데도 첫 해에 그는 이미 그곳 의사들을 모두 능가했다. 둘째 해에는 아이기나섬 주민이 1탈란톤의 급료를 주고 그를 공의(公醫)로 고용했고, 셋째 해에는 아테나이인이 100므나의 급료를 주고 그를 고용했으며, 넷째 해에는 폴뤼크라테스가 2탈란톤의 급료를 주고 그를 고용했다. 그리하여 데모케데스는 사모스로 오게 되었고, 크로톤인이 의사로서 이름을 날리게 된 것은 주로 데모케데스의 성공 덕분이었다. [다레이오스에게 그런 사고가 났을 때 크로톤 출신 의사가 헬라스에서 으뜸가고, 퀴레네 출신 의사가 버금간다는 말이 있었기에 하는 말이다. 아르고스인은 음악에서는 헬라스인 중에 으뜸이라는 말을 들었다.]

132 데모케데스는 수사에서 다레이오스를 치유해 준 뒤, 가장 큰 저택에 살며 왕의 식탁에 손님으로 초대받았다. 헬라스로 돌아갈 수 없다는 것만 빼고 그에게 부족한 것은 아무것도 없었다. 전에 왕을 치료한 아이귑토스 출신 의사들이 헬라스 출신 의사에게 졌다는 이유로 말뚝에 꿰이는 형벌을 받게 되었을 때, 그는 왕에게 간청하여 그들의 목숨을 구해 주

었다. 그는 또 폴뤼크라테스를 수행했다가 지금은 노예들 속에 방치된 엘리스 출신 예언자도 구해 주었다. 한마디로 데모케데스는 왕에게는 중요한 인물이었다.

133 그 얼마 뒤 다음과 같은 일이 또 일어났다. 퀴로스의 딸로 다레이오스의 아내인 아톳사의 가슴에 종기가 하나 생기더니, 그것이 터지면서 주위로 퍼졌다. 종기가 아직 작았을 때, 그녀는 그것을 감추며 부끄러워 누구에게도 말하지 않았다. 증세가 악화되자 그녀는 데모케데스를 불러 종기를 보였다. 그는 치료해 주겠다고 약속하고는 그 대신 자기 청을 한 가지 들어주겠다고 맹세해 달라며, 불명예스러운 것은 청하지 않겠다고 했다.

134 그 뒤 그가 아톳사를 치유해 주자, 다레이오스와 잠자리를 같이하게 되었을 때 그녀는 그가 시킨 대로 이렇게 말했다. "전하, 전하께서는 그토록 막강한 국력을 갖고 계시면서도 하는 일 없이 앉아 계세요. 전하께서는 더이상 영토를 확장하거나 페르시아의 국력을 신장하려 하지 않으세요. 젊음과 막대한 부를 소유한 대장부라면 눈에 띄는 위업을 달성하여, 페르시아인에게 자기들을 다스리는 분이 진정한 대장부임을 알려 주셔야지요. 거기에는 두 가지 이점이 있어요. 페르시아인은 대장부가 자기들을 다스리고 있다는 것을 알게 될 것이고, 그들이 전쟁으로 피폐해지면 전하께 음모를 꾸밀 여가가 없어진다는 것이지요. 게다가 전하께서 젊은 지금이야말로 위업을 달성하실 수 있어요. 육체가 성장하면 정신도 성장하지만, 육체가 늙어 가면 정신도 늙어 무슨 일을 하든 무뎌지기 마련이니까요." 데모케데스가 가르쳐 준 대로 그녀가 그렇게 말하자, 다레이오스가 다음과 같이 대답했다. "여보, 당신은 내가

의도하는 바를 말하는구려. 나는 이 대륙에서 저 대륙으로 다리를 놓아 스퀴타이족을 정벌하기로 결심했다오. 머지않아 그렇게 될 것이오." 아톳사가 말했다. "잠깐만요. 전하께서는 스퀴타이족부터 정벌하려고 애쓰실 필요가 없지요. 그들은 전하께서 원하시기만 하면 전하의 것이 될 테니까요. 대신 전하께서는 헬라스를 정벌하세요. 저는 라코니케 여인과 아르고스 여인과 앗티케 여인과 코린토스 여인에 관한 이야기를 들었는데, 그 여인들을 하녀로 갖고 싶어요. 전하의 곁에는 헬라스에 관해 정보를 제공해 주고 길라잡이가 되어 줄 최적임자가 있잖아요. 전하의 발을 낫게 해 준 그 의사 말이에요." 다레이오스가 대답했다. "여보, 당신 생각에 우리가 먼저 헬라스를 시험해 보는 것이 좋겠다면, 먼저 당신이 말한 그 사람과 함께 몇몇 페르시아인을 보내 그곳 사정을 자세히 정탐해 오도록 하는 것이 상책인 것 같구려. 그들은 그곳에서 보고 발견한 모든 것에 관해 상세한 보고를 할 것이고, 그러면 나는 헬라스 침공에 필요한 정보를 얻겠구려." 그는 그렇게 말했고, 그의 말은 곧 실행되었다.

135 날이 새자 다레이오스는 명망 높은 페르시아인 15명을 불러 놓고, 데모케데스와 함께 헬라스의 해안을 두루 정탐하되 데모케데스가 그들에게서 달아나지 못하게 하고, 무슨 일이 있어도 반드시 그를 도로 데려오라고 신신당부했다. 그들에게 그렇게 이른 다음, 그는 데모케데스를 불러 놓고 15명의 페르시아인에게 헬라스 전역을 보여 주며 설명하되, 일이 끝나면 페르시아로 돌아와 달라고 부탁했다. 그는 데모케데스에게 동산(動産)은 모두 가져가 아버지와 형제들에게 선물로 주라며, 돌아오면 몇 배를 더 주겠다고 약속했다. 그는 또 데모케데스에게 온갖 값진 물건을 가득 실은 화물선 1척을 딸려 보내겠다고 했다. 내 생각에,

데모케데스를 함정에 빠뜨리려고 다레이오스가 그런 말을 한 것 같지는 않다. 데모케데스는 자기를 떠보는 줄 알고 겁이 나서 제공된 것을 덥석 잡으려 하지 않고, 그의 재산은 돌아왔을 때 쓸 수 있도록 그대로 남겨 두고 형제들에게 줄 선물을 싣고 가라고 준 화물선은 받겠다고 말했다. 다레이오스는 데모케데스에게도 그를 수행하는 페르시아인들에게 내린 것과 똑같은 지시를 한 다음, 그들을 바닷가로 내려보냈다.

136 그들은 포이니케에 도착하자 그곳의 시돈 시에서 즉시 삼십노선 2척과 큰 화물선 1척을 의장한 다음, 화물선에 온갖 값진 물건을 가득 실었다. 모든 준비를 끝내고 그들은 헬라스를 향해 출항했다. 그들은 헬라스의 해안선을 바싹 따라 돌며 주요 해안선을 대부분 정탐했고, 정탐한 것을 문서로 작성한 다음 이탈리아의 타라스로 갔다. 그곳의 타라스 왕 아리스토필리데스는 데모케데스에게 호의를 보이려고 메디아 함선에서 키를 빼내고 페르시아인들을 첩자로 몰아 감금했다. 페르시아인들이 그런 어려움을 당하는 사이, 데모케데스는 크로톤으로 도망쳤다. 그가 고향 도시에 도착하자 아리스토필리데스는 페르시아인들을 풀어 주고 함선에서 빼낸 키를 돌려주었다.

137 그곳에서 페르시아인들은 배를 타고 데모케데스를 뒤쫓아 크로톤에 도착했다. 그들은 그곳 시장에서 데모케데스를 발견하고는 붙잡으려 했다. 크로톤인 중 일부는 페르시아의 세력이 두려워 그를 페르시아인들에게 넘겨주려 했지만, 나머지는 이에 반대하며 몽둥이로 페르시아인들을 흠씬 두들겨 팼다. 그러자 페르시아인들이 다음과 같이 위협했다. "크로톤인이여, 그대들이 무슨 짓을 하는지 알고나 있소? 그대들은 왕에게서 도망친 노예를 빼앗고 있는 것이오. 그대들은 다레이오스

왕께서 이런 수모를 당하고도 좋아하실 줄 아시오? 우리에게서 그자를 빼앗고도 그대들이 잘나갈 줄 아시오? 우리가 어느 도시를 이 도시보다 먼저 공격하며, 어느 도시를 먼저 노예로 삼을 것 같소?" 페르시아인들은 그렇게 말했지만 크로톤인을 설득할 수는 없었다. 그래서 페르시아인들은 데모케데스를 잃고 동행한 화물선마저 빼앗긴 채 아시아로 회항했다. 그들은 이제 더이상 본래 계획대로 헬라스를 정탐하는 일을 포기했으니, 길라잡이를 잃었기 때문이다. 그들이 출항하려 했을 때 데모케데스는 자기가 밀론의 딸과 결혼한다는 말을 다레이오스에게 전해 달라고 그들에게 부탁했다. 레슬링 선수 밀론은 페르시아 왕에게도 유명 인사였다. 내 생각에, 데모케데스가 거금을 들여 이 결혼을 서두른 것은 자기가 고국에서도 명사임을 다레이오스에게 보여 주기 위해서였던 것 같다.

138 페르시아인들은 크로톤에서 출항했지만 이아퓌기아 앞바다에서 난파당해 노예가 되었고, 타라스의 망명객 길로스가 그들을 사서 다레이오스왕에게 데려다주었다. 그 보답으로 다레이오스가 그에게 원하는 것이면 무엇이든 주겠다고 하자, 길로스는 자신의 불운한 처지를 설명한 뒤 타라스로 돌아가고 싶다고 했다. 그는 자기 때문에 이탈리아로 대군이 파견됨으로써 헬라스를 혼란에 빠뜨리고 싶지 않아 자기를 귀국시키는 데는 크니도스인만으로도 충분할 것이라고 말했다. 크니도스인은 타라스인과의 사이가 각별해 틀림없이 자신이 귀국하게 해 줄 수 있으리라 생각한 것이다. 다레이오스는 그가 부탁한 대로 크니도스로 사자를 보내 길로스를 타라스로 귀국시킬 수 있도록 필요한 조치를 취하라고 명령했다. 크니도스인은 다레이오스가 시키는 대로 했지만 타라스인을 설득할 수 없었고, 그렇다고 그러도록 그들을 강요할 힘도 없었

다. 이 사건에 관해서는 이쯤 해 두자. 그들은 아시아에서 헬라스로 건너온 최초의 페르시아인이었는데, 앞서 말한 이유에서 헬라스를 정탐하러 온 것이다.

139 그 뒤 다레이오스왕은 사모스를 정복했는데, 이것이 헬라스와 비헬라스를 통틀어 그가 정복한 최초의 도시였다. 그가 그곳을 정복한 이유는 다음과 같다. 퀴로스의 아들 캄뷔세스가 아이귑토스 원정길에 올랐을 때 헬라스인 상당수도 아이귑토스로 갔는데, 일부는 물론 장사할 목적으로 갔고, 일부는 관광차 그 나라에 갔다. 관광객 중에 사모스에서 추방된 쉴로손이 있었는데, 그는 아이아케스의 아들로 폴뤼크라테스와 형제간이었다. 이 쉴로손이 다음과 같은 행운을 만났다. 쉴로손은 갖고 있던 붉은 외투를 입고 멤피스의 시장을 거닐고 있었다. 그때 캄뷔세스의 친위대원으로 아직은 별로 중요한 인물이 아니었던 다레이오스는 그 외투가 탐이 나 쉴로손에게 다가가 외투를 팔지 않겠느냐고 했다. 쉴로손은 다레이오스가 외투를 몹시 갖고 싶어 하는 것을 보자 순간적으로 영감이 떠올라 말했다. "아무리 많은 돈을 주어도 나는 이 외투를 팔지 않을 것이오. 하지만 그대가 이 외투를 꼭 가져야겠다면, 내가 그대에게 거저 주겠소이다." 다레이오스는 고맙다고 인사하며 외투를 받았고, 쉴로손은 곧 소중한 외투를 내주다니 내가 참으로 멍청한 짓을 했다고 생각했다.

140 그사이 캄뷔세스가 죽고 7인이 마고스에게 반기를 들었는데, 7인 중에서 다레이오스가 왕이 되었다. 쉴로손은 자기가 아이귑토스에서 외투를 거저 준 바로 그자가 페르시아의 왕이 되었다는 것을 알았다. 그는 수사로 올라가 궐문 앞에 앉아 자기는 왕의 은인이라고 말했다. 그 말

을 들은 문지기가 왕에게 보고하자, 의아해하며 다레이오스가 말했다. "내 은인이라는 헬라스인이 대체 누구지? 나는 최근에 왕이 되었고, 수사로 나를 찾아온 헬라스인은 전무하다시피 한데. 나는 헬라스의 어느 누구에게도 신세진 적이 없어. 하지만 그가 무슨 뜻에서 그런 말을 하는지 들어 보고 싶으니 들여보내도록 하라!" 문지기가 쉴로손을 데려와 왕 앞에 세우자 통역이 나서서 그가 대체 누구이며, 무슨 일을 했기에 왕의 은인으로 자처하는지 물었다. 그러자 쉴로손이 외투에 관한 이야기를 빠짐없이 늘어놓으며 자기가 바로 그 외투를 준 사람이라고 했다. 다레이오스가 대답했다. "그대야말로 참으로 후한 사람이오. 그대가 아무 권세도 없던 내게 선물을 한 바로 그 사람이란 말이오? 그것이 대단한 것이 아니었다 하더라도, 나는 지금 엄청난 선물을 받은 것처럼 그것이 고맙게 느껴지기만 하오. 그대가 휘스타스페스의 아들 다레이오스에게 선행을 베푼 것을 후회하는 일이 없도록 내 그대에게 금과 은을 헤아릴 수 없을 만큼 줄 것이오." 쉴로손이 대답했다. "전하, 제게 금도 은도 주지 말고, 제 조국 사모스를 돌려주소서. 제 형 폴뤼크라테스가 오로이테스의 손에 죽은 뒤로, 사모스는 우리 노예의 수중에 들어가 있나이다. 사모스를 제게 주시되, 그곳 주민을 죽이거나 노예로 삼지는 말아 주소서!"

141 다레이오스는 이 말을 듣자 원정군을 보냈다. 그는 7인 중 한 명인 오타네스를 장군으로 임명하며 그에게 쉴로손이 요구하는 대로 해 주라고 일렀다. 오타네스는 해안 지대로 내려가서 전열을 갖추었다.

142 이때는 마이안드리오스의 아들 마이안드리오스가 폴뤼크라테스에게서 권력을 위임받아 사모스를 통치하고 있었다. 마이안드리오스는 가

장 정직한 사람이 되고 싶었지만 그 소원은 이루어지지 않았다. 폴뤼크라테스가 죽었다는 보고를 듣고 그는 먼저 도시의 교외에 해방자 제우스에게 제단을 봉헌하고 그것을 담으로 둘렀는데, 그 담은 아직도 남아 있다. 제단이 완성되자 그는 온 시민이 참가하는 민회를 소집해 놓고 이렇게 말했다. "여러분도 아시다시피, 폴뤼크라테스의 왕홀과 모든 권력은 내게 맡겨져 있어, 원하기만 하면 나는 지금 그대들의 통치자가 될 수 있소. 하지만 나는 남이 내게 하면 나무랄 일을 내가 남에게 하는 일은 되도록 피하고 싶소. 나는 폴뤼크라테스가 자신과 동등한 사람들 위에 군림하는 것이 마음에 들지 않았고, 누구든 다른 사람이 그런 짓을 해도 싫어할 것이오. 폴뤼크라테스가 최후를 맞은 지금 나는 권력을 공동체에 넘겨주고 여러분에게 법 앞의 평등을 선포하고자 하오. 나는 다음과 같은 특권을 요구하오. 첫째, 폴뤼크라테스의 재산에서 6탈란톤을 갖게 해 주고, 둘째, 해방자 제우스의 사제직을 나와 내 후손이 영원히 맡게 해 주시오. 나는 그분께 이 신전을 지어 드렸고, 여러분에게 지금 자유를 돌려주니 말이오." 그는 사모스인에게 그렇게 선언했다. 그러나 그들 중 한 명이 일어서서 이렇게 말했다. "그대는 우리를 통치할 자격이 없소. 그대는 지체가 낮은 악당이니까. 그보다는 차라리 그대가 만지던 돈의 액수나 보고하도록 하시오."

143 시민들 사이에 명망이 높은 텔레사르코스라는 사람이 한 말이었다. 마이안드리오스는 자기가 권력을 내놓더라도 다른 사람이 자기 대신 독재자가 되리라는 것을 깨닫고 권력을 내놓지 않기로 결심했다. 성채로 돌아간 그는 돈에 관해 설명하겠다며 요인들을 한 명씩 따로 불렀고, 그들이 도착하자 체포해 투옥했다. 그들이 감금된 뒤 마이안드리오스가 병이 나자, 뤼카레토스라는 그의 아우는 그가 죽을 줄 알고 더 쉽게

사모스의 권력을 장악하기 위해 감금된 자들을 모두 죽였다. 사모스인은 아마도 자유를 원치 않았던 것 같다.

144 그리하여 페르시아인이 쉴로손을 복권시키려고 사모스에 상륙했을 때, 그들 중 누구도 손가락 하나 까딱하지 않았다. 마이안드리오스와 그의 지지자들은 휴전협정이 체결되는 대로 자진해 섬을 떠나겠다고 선언했다. 오타네스는 그런 조건에 동의하고 휴전협정을 체결했고, 페르시아인 중에서 저명인사 대부분은 성채의 맞은편에 앉아 있었다.

145 독재자 마이안드리오스에게는 카릴라오스라는 반미치광이 아우가 있었는데, 어떤 죄를 짓고 감옥에 갇혀 있었다. 이때 그는 일이 어떻게 돌아가는지 듣고는 감방에 난 구멍을 통해 엿보다가 페르시아인이 태평스레 앉아 있는 것을 보자 면담할 일이 있으니 마이안드리오스를 불러달라고 고래고래 고함을 질렀다. 그 말을 듣고 마이안드리오스는 카릴라오스의 족쇄를 풀고 자기 앞으로 데려오게 했다. 형 앞에 나타난 카릴라오스는 험담과 욕설을 늘어놓으며, 페르시아인을 공격하라고 다음과 같은 말로 형을 설득하려 했다. "형님은 악당 중에 악당이시오. 아무 죄도 짓지 않은 여기 이 아우는 족쇄를 채워 감옥에 처넣는 것이 정당하다고 여기면서도 형님을 나라에서 내쫓으려는 페르시아인을 응징할 용기는 없으니 말이오. 저들을 쉽게 제압할 수 있는데도 말이오. 그들이 두려우시면 내게 용병을 내주시오. 그러면 내가 그들이 여기 온 대가를 치르게 할 테니. 나는 형님이 이 섬에서 무사히 탈출할 수 있도록 해 드릴 것이오." 카릴라오스는 그렇게 말했다.

146 마이안드리오스는 그의 제안을 받아들였다. 그것은 아마도 그의 군대

가 대왕의 군대를 이기리라고 믿을 만큼 그가 어리석어서가 아니라, 쉴로손이 아무 수고도 하지 않고 도시를 온전히 차지하는 것을 시기했기 때문이리라. 그는 페르시아인을 성나게 하여 국력이 약해질 대로 약해진 사모스를 넘겨주고 싶었다. 그는 페르시아인이 피해를 입을 경우 사모스인에게 심하게 보복하리라는 것을 잘 알고 있었고, 또 자신은 언제든 원할 때 무사히 섬에서 빠져나갈 수 있었다. 그는 성채에서 바닷가로 통하는 비밀 통로를 파 놓고 있었다. 그리하여 마이안드리오스는 배를 타고 사모스를 떠났고, 카릴라오스는 용병을 모두 무장시킨 다음 성문을 활짝 열고, 모든 일이 평화롭게 해결된 줄 알고 그런 일이 일어나리라고는 꿈에도 생각지 않던 페르시아인을 기습했다. 용병은 그곳에 앉아 있던 페르시아 요인들을 습격해 죽였다. 그러나 그사이 다른 페르시아인 부대가 구원병으로 투입되어 몰아붙이자 용병들은 성채로 퇴각했다.

147 장군 오타네스는 페르시아인이 큰 피해를 입은 것을 보자 떠날 때 다레이오스에게 받은 명령을 잊어버렸는데, 다레이오스는 그에게 사모스인은 아무도 죽이거나 노예로 삼지 말고 아무런 피해 없이 온전한 상태로 쉴로손에게 섬을 넘겨주라고 명령한 것이다. 오타네스는 군사들에게 어른이든 아이든 닥치는 대로 죽이라고 명령했다. 그리하여 페르시아군 일부가 성채를 포위공격하는 동안, 다른 일부는 신전 안에서든 신전 밖에서든 닥치는 대로 모두 죽였다.

148 마이안드리오스는 배를 타고 사모스에서 도망쳐 라케다이몬으로 갔다. 그는 그곳에 도착하자 도망칠 때 갖고 온 재물을 뭍으로 옮겨 놓고 다음과 같이 했다. 그는 가끔 은잔과 금잔을 꺼내 하인들을 시켜 닦게

한 다음 스파르테 왕, 아낙산드리데스의 아들 클레오메네스와 면담하고는 집으로 데려오곤 했다. 클레오메네스는 그 잔들을 볼 때마다 감탄해 마지않았다. 그럴 때마다 마이안드리오스는 그에게 원하는 만큼 잔을 가져가라고 말했다. 마이안드리오스는 두 번 세 번 그런 말을 했지만, 클레오메네스는 철두철미하고 정직한 사람이었다. 그는 선물 받기를 거절했을 뿐 아니라, 다른 시민이 그에게서 선물을 받을 경우 그를 도와줄까 염려되어 에포로스[33]들을 찾아가, 사모스에서 온 손님이 자기나 다른 스파르테인을 타락시키지 못하도록 펠로폰네소스에서 내보내는 것이 스파르테를 위해 더 좋겠다고 말했다. 에포로스들은 그의 말에 찬동하고 마이안드리오스를 추방한다고 선포했다.

149 페르시아인은 저인망으로 물고기를 잡듯 사모스인을 쓸어 버린 다음, 텅 빈 섬을 쉴로손에게 넘겨주었다. 나중에 장군 오타네스는 성기에 병이 걸린 데다 꿈도 꾸고 해서 그곳에 헬라스인이 이주해 와서 살도록 도와주었다.

150 함대가 사모스로 떠난 뒤, 바뷜론인은 매우 세심한 준비 끝에 반란을 일으켰다. 마고스가 통치하던 기간과 7인의 반란에 이은 동란기 내내 그들은 포위공격에 대비했는데, 무슨 이유에서인지 비밀이 새어 나가지 않았다. 마침내 공공연히 반기를 들 때가 되자 바뷜론인은 다음과 같은 조치를 취했다. 그들은 각자 어머니와 그 밖에 집안 여인 가운데 누구를 고르든 한 명만 제외하고 나머지 여인들은 모두 한데 모은 다음 목매달아 죽였다. 여인 한 명씩을 살려 둔 것은 그들에게 음식을 장만해 주게 하기 위해서였고, 나머지 여인들을 목매달아 죽인 것은 그들이 식량을 축내지 못하게 하기 위해서였다.

151 이 소식을 듣고 다레이오스는 자신의 전군을 동원해 바빌론으로 진격
하여 도시를 포위했다. 그러나 바빌론인은 포위당한 것을 아무렇지 않
게 여겼다. 그들은 성가퀴에 올라가 춤추며 다레이오스와 그의 군대를
조롱했고, 누군가는 또 이렇게 말했다. "페르시아인이여, 너희는 왜 이
곳에 버티고 앉아 떠나지 않는 것이냐? 노새가 새끼를 밴다면 너희가
우리 도시를 함락하게 되겠지." 바빌론인이 그렇게 말한 것은 그런 일
은 절대 일어날 수 없다고 믿었기 때문이다.[34]

152 어느새 1년하고 7개월이 지나도 바빌론을 함락할 수 없자 다레이오스
와 그의 군대는 안달이 났다. 온갖 작전과 계략을 다 썼지만 다레이오
스는 결코 바빌론을 무너뜨릴 수 없었다. 물론 그는 전에 퀴로스가 바
빌론을 함락했을 때 썼던 계략[35]도 써 보았다. 그러나 아무 소용이 없
었다. 바빌론인의 경계가 삼엄해 전혀 허점이 보이지 않았던 것이다.

153 그렇게 20개월째 되던 무렵, 마고스를 죽인 7인 중 한 명인 메가뷔조스
의 아들 조퓌로스에게 실로 놀라운 일이 일어났다. 식량을 나르던 그의
노새 한 마리가 새끼를 낳은 것이다. 조퓌로스는 그 보고를 받고서 도
무지 믿기지 않아 노새 새끼를 직접 눈으로 확인한 다음, 그것을 본 사
람들에게 누구에게도 발설하지 말라고 이르고 곰곰이 생각했다. 그는
포위공격을 시작할 무렵, 그 바빌론인이 노새가 새끼를 낳으면 바빌론
이 함락될 것이라고 말한 것을 기억하고는 이제 바빌론이 함락될 때가

33 그리스어로 ephoros. 흔히 '국정 감독관'으로 옮겨진다.
34 수나귀와 암말의 잡종인 노새는 지구력이 뛰어나 짐 나르는 데는 적격이지만 생
식 능력이 없다.
35 1권 191장.

되었구나 생각했다. 그 바뷜론인이 그렇게 말한 것, 그의 노새가 새끼를 낳은 것 모두 신의 뜻임이 틀림없다고 굳게 믿은 것이다.

154 이제 드디어 바뷜론이 함락될 때가 되었다고 믿은 조퓌로스는 다레이오스에게 가서 바뷜론을 함락하는 것이 그에게 과연 그리도 중요한지 물었다. 다레이오스가 그렇다고 대답하자, 조퓌로스는 이번에는 어떻게 하면 자기가 바뷜론을 함락하는 위업을 달성할 수 있을까 곰곰이 생각했다. 페르시아인은 왕을 위해 공을 세우는 것을 높이 샀다. 그러나 아무리 생각해도 그가 바뷜론을 함락하려면 자신을 불구자로 만든 다음 바뷜론인에게로 탈주하는 수밖에 없는 것 같았다. 그는 가벼운 마음으로 다시는 회복되지 못할 정도로 스스로를 불구자로 만들었다. 즉 그는 자신의 코와 두 귀를 베고 보기 흉하게 삭발한 다음 몸에 매질하고는 다레이오스 앞으로 나아갔다.

155 다레이오스는 조퓌로스 같은 명망가가 그런 불구자가 된 것을 보자 깜짝 놀라 옥좌에서 벌떡 일어서더니, 대체 누가 무슨 이유로 그에게 그런 짓을 했는지 큰 소리로 물었다. 조퓌로스가 말했다. "제게 이런 짓을 할 수 있을 만큼 힘있는 사람은 세상에 전하밖에 없사옵니다. 다른 사람이 아니라 저 자신이 제게 이런 짓을 했으며, 앗쉬리아인이 페르시아인을 비웃는 것이 괴로워 그렇게 했사옵니다." 다레이오스가 대답했다. "무모한 사람 같으니, 그대가 포위된 자들 때문에 그대 자신을 치유할 길 없이 망쳐 놓았다고 말한다면, 그것은 그대의 가장 수치스런 짓을 가장 그럴듯한 미사여구로 미화하는 것이오. 이 어리석은 사람아, 그대가 불구자가 되었다고 해서 우리 적들이 조금이라도 더 빨리 항복할 것 같소? 이렇게 자신을 불구자로 만들다니 그대는 분명 제정신이

아니오." 조퓌로스가 말했다. "제가 계획을 미리 말씀드렸더라면 전하께서는 결코 용납하시지 않았을 것이옵니다. 그래서 독단으로 일을 저질렀사옵니다. 이제는 전하께서 도와주시기만 하면 우리는 바뷜론을 함락할 수 있을 것이옵니다. 저는 이 모양 이 꼴로 바뷜론인의 성채로 탈주하여, 전하께서 저를 이렇게 만들었다고 그들에게 말할 것이옵니다. 그러면 분명 그들은 제 말을 믿고 자신들의 군대 일부를 제게 맡길 것이옵니다. 제가 성 안으로 들어간 지 10일째 되는 날, 전하께서는 잃어버리셔도 큰 타격이 안 될 전하의 군사 1,000명을 이른바 세미라미스 성문 앞에 배치하소서. 그러고 나서 7일 뒤에는 이른바 니노스 성문 앞에 2,000명을 배치하소서. 다시 20일이 지난 뒤 4,000명을 이끌고 나오셔서 이른바 칼다이오이족의 문 앞에 배치하소서. 이들 세 부대의 대원은 어느 누구도 단검 외에 다른 무기를 지녀서는 아니 되옵니다. 단검만을 지니게 하소서. 다시 20일이 지난 뒤 즉시 전하의 나머지 군사에게 명해 사방에서 성벽을 공격하게 하시되, 페르시아인을 이른바 벨로스 성문과 킷시아 성문 앞에 집중해 배치하소서. 생각건대, 제가 일단 바뷜론인을 위해 큰 공을 세운 다음이면 그들은 제게 다른 것은 물론이고 성문의 열쇠도 맡길 것이옵니다. 그렇게만 되면 저와 페르시아인은 해야 할 일을 해낼 수 있을 것이옵니다."

156 이렇게 이른 뒤 조퓌로스는 진짜 탈주자인 양 자꾸 뒤돌아보며 바뷜론의 성문 쪽으로 갔다. 성탑 위에서 망보던 자들이 그를 보고는 뛰어 내려와 성문을 조금 열고 그가 누구이며, 무슨 용무로 왔는지 물었다. 그는 자기 이름은 조퓌로스이며 그들에게로 탈주해 오는 길이라고 말했다. 그 말을 듣자 문지기들이 그를 바뷜론인의 관리들에게 데려갔다. 그곳에서 그는 우는소리를 늘어놓으며 사실은 자기 손에 당한 일을 다

레이오스에게 당했다고 말하고는, 그가 그런 일을 당한 것은 아무래도 도시를 함락할 희망이 보이지 않으니 군대를 철수하자고 다레이오스에게 조언했기 때문이라고 했다. 그는 말을 이었다. "바뷜론인이여, 내가 지금 그대들에게 온 것은 그대들에게는 가장 큰 복이지만, 다레이오스와 그의 군대[와 페르시아인]에게는 가장 큰 화가 될 것이오. 나를 이렇게 불구자로 만든 그는 반드시 대가를 치르게 될 것이오. 나는 그의 계획을 속속들이 다 알고 있소." 그렇게 그는 말했다.

157 바뷜론인은 페르시아에서 가장 명망 높은 사람이 코와 두 귀가 베이고 매를 맞아 피투성이가 된 것을 보고 그의 말이 참말이며, 그가 친구로서 왔다고 확신하고는 그의 요구는 무엇이든 기꺼이 들어주려 했다. 그가 요구하는 것은 군대였다. 그들에게서 군대를 얻게 되자 그는 다레이오스와 약속한 대로 했다. 10일째 되는 날 그는 바뷜론의 군사를 이끌고 나가, 맨 먼저 보내 달라고 다레이오스에게 요구한 1,000명을 포위해 섬멸했다. 바뷜론인은 그의 언행이 일치하는 것을 보자 크게 기뻐하며 무슨 일이든 그가 하자는 대로 하려 했다. 그 뒤 약속한 날수가 지나자 그는 다시 정선된 바뷜론 전사를 이끌고 나가 다레이오스의 군사 2,000명을 섬멸했다. 이것을 보자 바뷜론인은 너나없이 입에 침이 마르도록 조퓌로스를 칭찬했다. 다시 약속한 날수가 지나자 그는 약속된 장소로 군사를 이끌고 나가 4,000명을 포위한 다음 섬멸했다. 이제 조퓌로스는 바뷜론인에게 전부였다. 그는 총사령관 겸 성벽 방어 사령관에 임명되었다.

158 약속대로 다레이오스가 사방에서 성채를 공격하자, 조퓌로스의 계략은 그 전모를 드러냈다. 바뷜론인이 성벽에 올라가 다레이오스 군대의

공격을 막아 내고 있는 동안, 조퓌로스는 킷시아 성문과 벨로스 성문을 활짝 열고 페르시아인을 성벽 안으로 들인 것이다. 바뷜론인 중 일부는 무슨 일이 일어났는지 보고 제우스 벨로스의 신전으로 도망쳤지만, 보지 못한 다른 사람들은 배신당했음을 스스로 알게 될 때까지 저마다 제자리를 굳건히 지키고 있었다.

159 이제 바뷜론은 두 번째로 함락되었다. 다레이오스는 바뷜론인을 제압하자 성벽을 허물고 돌쩌귀에서 성문을 모두 빼냈다. (처음 바뷜론을 함락했을 때 퀴로스는 성벽을 허물지도, 성문을 빼내지도 않았다.) 다레이오스는 또 그곳의 요인 3,000명에게 말뚝에 꿰어져 죽는 벌을 내렸지만, 나머지 바뷜론인은 예전처럼 도시에서 계속 살게 해 주었다. 그리고 바뷜론인이 대를 이어 줄 여인들을 가질 수 있도록(앞서 말했듯이 바뷜론인은 식량을 절약하기 위해 자신들의 여인들을 목매달아 죽였기 때문이다) 다레이오스는 다음과 같은 조치를 취했다. 그는 이웃 부족에게 명해 일정 수의 여인들을 바뷜론으로 보내게 했다. 모두 5만 명의 여인이 그곳에 모였는데, 이들이 지금의 바뷜론인의 어머니들이다.

160 다레이오스는 조퓌로스만큼 페르시아를 위해 큰 공을 세운 사람은 전무후무하다고 판단했다. 그러나 퀴로스는 예외였다. 퀴로스와 견줄 수 있다고 생각하는 페르시아인은 아무도 없었기 때문이다. 다레이오스는 스무 개의 바뷜론을 더 얻기보다는 조퓌로스가 불구자가 되지 않았더라면 자기에게는 더 좋았을 것이라고 말하곤 했다고 한다. 그만큼 다레이오스는 조퓌로스를 극진히 우대했다. 다레이오스는 해마다 그에게 페르시아인이 가장 값지게 여기는 선물을 주었고, 세금을 내지 않고

종신 태수로서 바뷜론을 다스리게 했으며, 그 밖에도 많은 선물을 주었
다. 아이귑토스에서 페르시아군을 지휘해 아테나이인과 그들의 동맹
군을 공격한 메가뷔조스는 바로 이 조퓌로스의 아들이다. 그리고 페르
시아에서 아테나이로 탈주한 또 다른 조퓌로스는 이 메가뷔조스의 아
들이다.

VOLUME

IV

멜포메네

시가(詩歌)의 여신들인 무사 여신 중 멜포메네는 비극을 관장한다

1 바빌론을 함락한 뒤 다레이오스는 몸소 원정군을 이끌고 스퀴타이족
을 공격했다. 아시아의 인구가 크게 늘어나고 막대한 세수가 들어오
자, 다레이오스는 스퀴타이족을 응징하기를 원한 것이다. 그들이 전에
메디아에 침입하여 항전하는 자들을 무찌름으로써 먼저 도발했기 때
문이다. 앞서 말했듯이,[1] 이들 스퀴타이족은 상부 아시아를 28년간 통
치했다. 그들은 킴메리오이족을 추격해 아시아에 들어왔다가 메디아
인의 왕국을 무너뜨렸다. 스퀴타이족이 침입하기 전에는 아시아를 메
디아인이 지배했기에 하는 말이다. 스퀴타이족이 28년 동안 고향을 떠
나 있다가 오랜만에 다시 귀향하자 메디아인과 치른 전쟁 못지않은 고
난이 그들을 기다리고 있었는데, 돌아와 보니 대군이 그들의 입국을
막고 있었다. 스퀴타이족 남자들이 그토록 오래 집을 비운 사이 스퀴
타이족 여인들이 노예들과 동거했기 때문이다.

2 스퀴타이족은 자신들이 마시는 젖을 짜기 위해 노예들을 모두 장님으
로 만드는데, 그들이 젖을 짜는 방법은 다음과 같다. 피리처럼 생긴 골
제(骨制) 관(管)을 암말의 생식기에 집어넣고 바람을 불어넣는데, 한
사람이 바람을 불어넣는 동안 다른 사람이 젖을 짜는 식이다. 그러는
것은 바람을 불어넣어 암말의 혈관이 부풀면 젖통이 아래로 처지기 때
문이라고 한다. 젖을 짜고 나면 나무통에 붓고, 눈먼 노예를 통 주위에
늘어세우고 젖을 젓게 한다. 위에 뜨는 것을 가장 품질이 좋은 것으로
여겨 따로 떠내고, 밑에 가라앉는 것은 품질이 그만 못한 것으로 여긴
다. 이런 이유로 스퀴타이족은 전쟁 포로를 모두 장님으로 만드는데,
그들은 농경민족이 아니라 유목민이기 때문이다.

---

1 1권 15~16, 103장.

3 이들 노예와 스퀴타이족 여인들 사이에서 태어난 새 세대의 아이들이
   장성하여 자신들의 출생 배경을 알게 되자, 메디아에서 귀환하는 스퀴
   타이족과 맞서 싸우기로 결심했다. 그들은 먼저 타우로스산맥에서 마
   이오티스호[2]가 가장 넓은 곳에 이르기까지 넓은 참호를 파 국토를 떼
   어냈다. 그런 다음 그들은 정해진 자리에 버티고 서서 스퀴타이족이 참
   호를 넘어오려고 할 때마다 맞서 싸웠다. 몇 차례 전투를 벌였지만 스
   퀴타이족이 그들을 이길 수 없자, 마침내 스퀴타이족 가운데 한 명이
   이렇게 말했다. "스퀴타이족 전사들이여, 우리가 대체 무슨 짓을 하고
   있소? 우리는 우리 노예들과 싸우고 있소. 그들이 우리를 죽이면 우리
   수가 줄어들 것이고, 우리가 그들을 죽이면 우리 노예 수가 줄어들 것
   이오. 내 생각에 우리는 창과 활을 버리고, 각자 말채찍을 들고 그들에
   게 다가가는 것이 좋을 것 같소. 우리가 무기를 든 것을 보는 동안 그들
   은 자신들이 우리와 대등하며, 자신들의 아버지도 우리와 대등하다고
   생각할 것이오. 그러나 우리가 무기 대신 채찍 든 것을 보게 되면 그들
   은 자신들이 우리 노예임을 알게 될 것이며, 일단 알고 나면 감히 우리
   에게 맞서지 못할 것이오."

4 스퀴타이족은 이 말을 듣고 그대로 실행했다. 그러자 적들이 깜짝 놀라
   싸우는 것도 잊어버리고 도망쳤다. 그렇게 스퀴타이족은 아시아를 지
   배하다가 메디아인에게 도로 쫓겨나 그들의 고국으로 돌아갔다. 다레
   이오스가 그들을 공격할 군대를 모은 것은 그들의 침략을 응징하기 위
   해서였다.

5 스퀴타이족에 따르면, 그들은 세상에서 가장 젊은 민족으로, 그들이
   생겨난 경위는 다음과 같다. 당시 사람이 살지 않던 그들 나라에 맨 먼

저 태어난 사람은 타르기타오스라는 남자였다. 스퀴타이족에 따르면, 이 타르기타오스의 부모는, 나로서는 믿어지지 않지만, 제우스와 하신 (河神) 보뤼스테네스[3]의 딸이었다고 한다. 그런 혈통에서 태어난 타르기타오스에게 다시 세 아들이 태어났는데, 리폭사이스와 아르폭사이스와 막내아들 콜락사이스가 그들이다. 그들이 나라를 다스릴 때 하늘에서 황금으로 만든 물건들이 스퀴타이족의 나라에 떨어졌는데 쟁기, 멍에, 전부(戰斧), 잔이 그것이라고 한다. 맏이가 맨 먼저 보고 그것들을 집으려고 달려갔지만 다가가는 순간, 황금이 화염에 싸였고, 그래서 그는 뒤로 물러나고 둘째가 다가가자, 그에게도 똑같은 일이 일어났다고 한다. 이들 두 형은 불타는 황금에 의해 쫓겨났지만 셋째인 막내가 다가가자 화염이 꺼져, 그가 황금을 집으로 가져갔다고 한다. 두 형은 그것을 하늘의 뜻으로 받아들이고 왕국 전체를 막내에게 넘겨주었다고 한다.

6 리폭사이스에게서는 스퀴타이족 가운데 아우카타이족이라는 씨족이, 둘째인 아르폭사이스에게서는 카티아로이족과 트라스피에스족이라는 씨족이, 막내에게서는 파랄라타이라는 왕족이 태어났다고 한다. 이들 씨족은 모두 왕의 이름을 따 자신들을 스콜로토이족[4]이라 부른다고 한다. 헬라스인은 그들을 스퀴타이족이라고 부른다.

7 스퀴타이족에 따르면, 그들은 그렇게 생겨났으며, 초대 왕 타르기타오

---

2 지금의 아조프해.
3 지금의 드네프르강.
4 Skolotoi를 콜락사이스의 애칭으로 보는 이들도 있다.

스로부터 다레이오스의 스퀴티스 침공까지는 통틀어 1000년쯤 되고 그 이상은 아니라고 한다. 왕은 앞서 말한 신성한 황금을 정성껏 지키며 해마다 다가가 성대한 제물을 바친다. 스퀴타이족에 따르면, 축제 때 신성한 황금을 지키다가 노천에서 잠이 드는 자는 그해 안에 죽는다. 그래서 신성한 황금을 지키는 자는 말을 타고 하루 동안 다닐 수 있을 만큼의 토지를 받는다고 한다. 영토가 광대하여 콜락사이스는 왕국을 셋으로 나누어 아들들에게 주었는데, 그중 황금이 보관되어 있는 왕국을 가장 크게 만들었다고 한다. 스퀴타이족의 나라와 북쪽으로 인접해 있는 나라는 수많은 깃털이 날아다녀 들여다볼 수도, 들어갈 수도 없다고 한다. 대지도 대기도 깃털로 가득차 시야를 가리기 때문이라고 한다.

8 스퀴타이족은 자신들과 자신들의 북쪽 이웃나라에 관해 그렇게 말한다. 그러나 흑해 연안에 사는 헬라스인이 하는 이야기는 다르다. 그들에 따르면, 헤라클레스가 게뤼오네스[5]의 소떼를 몰고 지금은 스퀴타이족이 살고 있지만 당시에는 사람이 살지 않던 이 나라에 왔다고 한다. 게뤼오네스의 집은 흑해에서 서쪽으로 멀리 떨어진, 헬라스인에게는 에뤼테이아로 알려진 섬에 있었다고 하는데, 이 섬은 헤라클레스의 기둥들[6] 밖 오케아노스의 기슭에 자리잡고 있는 가데이라[7] 맞은편에 있다. 오케아노스는 동쪽에서 발원해 대지를 감돌아 흐른다고 하지만, 이를 입증할 증거는 아무것도 없다. 그곳에서 헤라클레스는 지금 스퀴티스라고 불리는 나라로 왔는데, 폭풍과 추위가 심해서 사자 가죽을 덮어쓰고 잠을 잤다. 그런데 그사이 멍에를 멘 채 풀을 뜯던 그의 암말들이 온데간데없이 사라졌다고 한다.

9 잠에서 깬 헤라클레스는 암말들을 찾아 온 나라를 돌아다니다가 마침
내 휠라이에라는 곳에 이르러, 그곳의 어느 동굴에서 반은 처녀이고 반
은 뱀인 괴물을 발견했는데, 엉덩이 위쪽은 여인이고 아래쪽은 뱀이었
다고 한다. 헤라클레스는 그녀를 보고 놀라며 혹시 자기 암말들이 돌아
다니는 것을 보았는지 물었다. 그녀가 대답하기를, 그 말들은 자기가
갖고 있는데, 자기와 살을 섞기 전에는 돌려주지 않겠다고 했다. 헤라
클레스는 그런 조건으로 그녀와 살을 섞었다고 한다. 헤라클레스는 말
들을 몰고 떠나고 싶었지만, 그녀는 가능하다면 오래 그와 함께 살고
싶어 말들을 돌려주는 일을 자꾸 뒤로 미뤘다. 마침내 그녀는 말들을
돌려주며 말했다. "이곳에 온 당신의 암말들은 내가 당신을 위해 간직
해 두었고, 당신은 내게 그 대가를 지불했어요. 나는 당신 아들을 셋이
나 가졌으니까요. 말씀해 주세요. 이 애들이 어른이 되면 어떻게 할까
요? 이곳에 살게 할까요, (이곳은 내 땅이니까요) 아니면 당신에게 보
낼까요?" 그녀가 묻자 그가 대답했다. "아이들이 자라 어른이 되거든
당신은 지금 내가 이르는 대로 하시오. 그러면 허물이 없을 것이오. 그
가운데 여기 이 활을 이렇게 당기고, 여기 이 혁대를 이렇게 맬 수 있는
아이에게 이 나라를 주어 살게 하시오. 그러나 그 일들을 해내지 못하
는 아이는 나라에서 내쫓으시오. 그러면, 당신도 행복해질 뿐 아니라
내 명령을 이행하는 것이 되기도 할 것이오."

10 헤라클레스는 자신의 활 하나(그때까지 그는 활을 두 개씩 갖고 다녔

---

5 Geryones 또는 Geryoneus, 또는 Geryon. 머리 셋에 몸 셋인 거한. 그가 기르던 소
떼를 그리스로 몰고 오는 것이 헤라클레스의 12고역 중 하나였다.
6 지금의 지브롤터 해협.
7 에스파냐 남서부에 있는 지금의 카디스(Cadiz).

다고 한다)를 잡아당기고 혁대 매는 방법을 그녀에게 보여 주고 나서 활과 혁대를 그녀에게 주었는데, 혁대의 쇔쇠 끝에는 황금 잔이 매달려 있었다고 한다. 그런 것들을 주고 나서 헤라클레스는 길을 떠났다. 한 편 그녀는 아들들이 어른이 되자 이름을 지어 주었는데, 한 명은 아가 튀르소스, 둘째는 겔로노스, 막내는 스퀴테스라고 불렀다고 한다. 그 녀는 맡은 바 임무를 명심하고 있다가 그가 시킨 대로 했다. 두 아들 아 가튀르소스와 겔로노스는 부과된 임무를 완수하지 못해 어머니에 의 해 나라에서 추방되었고, 막내아들 스퀴테스는 임무를 완수하고 나라 에 머물렀다고 한다. 스퀴타이족의 모든 왕은 헤라클레스의 아들 스퀴 테스의 자손이며, 스퀴타이족이 오늘날까지도 쇔쇠에 잔을 달고 다니 는 것은 저 혁대의 잔에서 유래한 것이라고 한다. 스퀴테스의 어머니가 그를 위해 해 준 것은 그가 나라에 머물도록 한 것이 전부이다. 이상은 흑해 연안에 사는 헬라스인이 전하는 이야기다.

11 그 밖에 또 다른 이야기가 있는데, 내게는 이것이 가장 그럴듯해 보인 다. 스퀴타이족은 아시아에 살던 유목민이었는데 전쟁에서 맛사게타 이족에게 밀리자 아락세스강을 건너 킴메리아로 들어왔다고 한다. 지 금 스퀴타이족이 사는 나라는 옛날에는 킴메리오이족의 땅이었다고 한다. 스퀴타이족이 대대적으로 침입해 오자 킴메리오이족은 어떻게 할지 의논했다. 서로 의견이 엇갈려 팽팽하게 맞섰지만 왕족 측 의견이 더 나았다. 백성의 의견은 강력한 적군에 맞서 위험을 자초하느니 나라 를 떠나자는 것이고, 왕족 측 의견은 나라를 위해 침략자에 맞서 끝까 지 싸우자는 것이었으니 말이다. 백성은 왕족 측 판단에 따르려 하지 않았고, 왕족 측은 백성의 판단에 따르려 하지 않았다. 백성은 싸우지 않고 침입자에게 나라를 내주고 철수하기로 결의했지만, 왕족은 백성

과 함께 도망치지 않고 조국 땅에 묻히기로 결의했다. 그들은 조국으로 부터 받은 온갖 좋은 것과 그들이 조국에서 도망쳤을 때 당할 것으로 예상되는 온갖 나쁜 것을 동시에 생각했다. 그렇게 결의한 뒤 왕족은 같은 수의 두 패로 나뉘어 서로 싸웠다고 한다. 그들이 상대방의 손에 모두 죽자, 킴메리오이족의 백성이 그들을 튀라스[8] 강가에 묻어 주었 다고 하는데 그곳에 가면 아직도 그들의 무덤을 볼 수 있다. 그들을 묻 어 주고 나서 백성이 고국을 떠나자 스퀴타이족이 들어와 빈 나라를 차 지했다고 한다.

12 지금도 스퀴타이족의 나라에는 '킴메리오이족의 성벽'과 '킴메리오 이족의 나루터'가 있고, '킴메리아'라는 지역과 '킴메리오이족의 보스 포로스'[9]라는 곳이 있다. 킴메리오이족이 스퀴타이족을 피해 아시아로 들어와 지금 헬라스의 도시 시노페가 자리잡은 곳에 정착한 것도 사실 인 것 같다. 그리고 스퀴타이족이 킴메리오이족을 추격하다가 길을 잘 못 들어 메디아로 침입한 것도 사실인 것 같다. 킴메리오이족은 줄곧 흑해 연안을 따라 도망쳤는데, 스퀴타이족은 카우카소스산을 오른쪽 에 끼고 추격하다가 내륙으로 방향을 틀어 메디아 땅으로 들어갔기에 하는 말이다. 이상이 헬라스인과 이민족이 똑같이 전하는, 또 다른 이 야기다.

13 프로콘네소스[10] 출신인, 카위스트로비오스의 아들 아리스테아스는 자

---

8 지금의 드네스트르강.
9 흑해와 아조프해를 잇는 좁은 해협.
10 지금의 마르마라해에 있는 마르마라섬.

신의 서사시에서 자기는 신에게서 영감을 받아 잇세도네스족의 나라에 갔는데, 잇세도네스족 너머에는 외눈박이인 아리마스포이족이, 아리마스포이족 너머에는 황금을 지키는 그륍스들이, 그륍스들 너머에는 휘페르보레이오이족이 거주하며, 거기서 더 가면 바다에 이른다고 말한다. 휘페르보레이오이족을 제외하고는 아리마스포이족을 위시한 이들 민족은 줄곧 이웃 민족을 공격한다고 한다. 잇세도네스족은 아리마스포이족에 의해 나라에서 쫓겨나고, 스퀴타이족은 잇세도네스족에 의해 쫓겨나고, 남해[11] 연안에 사는 킴메리오이족은 스퀴타이족의 압박을 받아 고국을 떠났다는 것이다. 이처럼 아리스테아스의 이 이야기도 이 나라에 관한 스퀴타이족의 이야기와 일치하지 않는다.

14 이런 이야기를 한 아리스테아스가 어디 출신인지는 이미 말한 바 있고, 이번에는 프로콘네소스와 퀴지코스에서 그에 관해 내가 들은 것을 말하고자 한다. 아리스테아스는 프로콘네소스에서 누구 못지않은 명망가로 마전장이의 작업장에 갔다가 그곳에서 죽었다고 한다. 마전장이는 작업장 문을 닫고 고인의 친척에게 소식을 전하러 갔다고 한다. 그래서 아리스테아스가 죽었다는 소문이 온 도시에 퍼졌다고 한다. 그런데 아르타케 시에서 온 퀴지코스 출신 남자 한 명이 이를 반박하며 자기는 퀴지코스로 가는 아리스테아스를 만나 대화까지 나눴다고 말했다고 한다. 그는 자기 말이 옳다고 집요하게 주장했지만, 고인의 친척은 시신을 거둘 물건을 챙겨 작업장으로 갔다. 그들이 문을 열었을 때, 그곳에는 죽었든 살았든 아리스테아스가 없었다고 한다. 그 뒤 7년째 되던 해에 아리스테아스가 프로콘네소스에 나타나 지금 헬라스에서 '아리마스포이족 이야기'[12]라고 불리는 서사시를 지었다고 하는데, 시를 짓고 난 그는 두 번째로 자취를 감췄다고 한다.

15 프로콘네소스와 퀴지코스에서는 그렇게 이야기한다. 그러나 내가 알기로, 아리스테아스가 두 번째로 실종된 지 240년 뒤—이것은 내가 프로콘네소스에서 있었던 일과 메타폰티온[13]에서 있었던 일을 계산하여 얻은 결론이다— 이탈리아의 메타폰티온에서는 다음과 같은 일이 일어났다. 메타폰티온인에 따르면, 아리스테아스가 그들의 도시에 나타나 아폴론의 제단을 세우고 그 옆에 '프로콘네소스의 아리스테아스'라는 이름의 입상을 세우라고 명령했다고 한다. 그가 말하기를, 이탈리아에서 아폴론이 방문한 곳은 그들의 나라뿐이며, 지금은 그가 아리스테아스이지만 아폴론을 수행했을 당시에는 까마귀[14]였다고 했다. 그렇게 말하고 나서 그는 사라졌다고 한다. 메타폰티온인에 따르면, 그들은 델포이로 사절단을 보내 이 환영(幻影)이 무엇을 의미하는지 신에게 묻게 했다. 예언녀 퓌티아는 그들에게 환영이 시킨 대로 하라며, 그러는 것이 그들에게 더 나을 것이라고 말했다. 그들은 신탁을 받아들여 신탁이 시키는 대로 했다고 한다. 그리하여 그곳 시장에는 월계수로 둘러싸인 아폴론의 신상 옆에 지금도 '아리스테아스'란 이름의 입상이 서 있다. 아리스테아스에 관해서는 이쯤 해 두자.

16 지금 여기서 논의 중인 나라의 북쪽에 무엇이 있는지 확실히 말할 수 있는 사람은 아무도 없다. 그곳을 직접 보았다고 주장하는 사람을 나는 만난 적이 없기 때문이다. 방금 언급한 아리스테아스조차도 그의 서사시에서 자기도 잇세도네스족의 나라까지만 가 보았다고 시인한다. 그

---

11 여기서는 흑해.
12 그리스어로 Arimaspeia.
13 이탈리아 타렌토만에 있는 지금의 메타폰토.
14 까마귀는 아폴론에게 바쳐진 새이다.

보다 더 먼 지역에 관한 것은 그가 잇세도네스족에게 들어서 알게 된 것이라고 말한다. 하지만 나는 탐사 결과 북쪽 나라들에 관해 내가 얻을 수 있었던 정보를 되도록 상세하게 빠짐없이 전하고자 한다.

17 스퀴티스의 해안 지대 한가운데에 있는 보뤼스테네스 강가의 무역 거점을 기준으로 첫 번째 부족이 칼립피다이족이라는 헬라스계 스퀴타이족이다. 그들 너머에는 알리조네스족이라는 다른 부족이 살고 있다. 알리조네스족과 칼립피다이족은 다른 점에서는 여타 스퀴타이족과 관습이 같지만, 그들은 농사를 지어 곡물과 양파와 편두콩과 기장을 먹는다. 알리조네스족 너머에는 농경 스퀴타이족이 사는데, 그들은 자신들이 먹기 위해서가 아니라, 내다팔기 위해 곡물을 재배한다. 그들 너머에는 네우로이족이 살고 있다. 그러나 네우로이족 북쪽 땅에는 우리가 아는 한, 사람이 살지 않는다. 이들이 보뤼스테네스강 서쪽, 휘파니스[15] 강가에 사는 부족이다.

18 보뤼스테네스강을 건너면, 해안에서 내륙 쪽으로 첫 번째 지역이 휠라이에이다. 거기서 북쪽으로 올라가면 농경 스퀴타이족이 사는데, 휘파니스 강가에 사는 헬라스인은 이들을 보뤼스테네스인이라고 부른다. 이들 헬라스인은 자신들을 올비오폴리타이족이라 부른다. 이들 농경 스퀴타이족이 거주하는 지역은 동쪽으로는 판티카페스강에 이르기까지 3일 걸리는 거리만큼 뻗어 있고, 북쪽으로는 배를 타고 보뤼스테네스강을 거슬러 올라갈 경우 11일 걸리는 거리만큼 뻗어 있다. 이들 북쪽에는 사람이 살지 않는 광대한 지역이 있고, 그다음에는 안드로파고이[16]족이 사는데, 이들은 스퀴타이족과는 무관한 별개 부족이다. 이들 너머 북쪽 지역은 우리가 아는 한, 그야말로 사람이라고는 아무도 살지

않는 완전한 사막이다.

19 이들 농경 스퀴타이족의 나라에서 동쪽으로 판티카페스강을 건너면
    유목 스퀴타이족이 사는데, 그들은 씨를 뿌리지 않고 쟁기질도 하지 않
    는다. 휠라이에 지방을 제외하고는 스퀴타이족의 나라에는 어디에도
    나무가 자라지 않는다. 이들 유목민족이 사는 나라는 동쪽으로 게르로
    스강에 이르기까지 14일 걸리는 거리만큼 뻗어 있다.

20 게르로스강 저편에는 이른바 왕령(王領)이 있다. 그곳에는 가장 고귀
    하고 가장 규모가 큰 스퀴타이족 부족이 사는데, 이들은 다른 스퀴타이
    족을 자신의 노예로 여긴다. 그들이 사는 나라는 남쪽으로는 타우리케
    까지, 동쪽으로는 장님 노예의 자식들이 파 놓은 참호와, 크렘노이라
    는 마이오티스 호숫가의 무역 거점까지 뻗어 있다. 그들의 나라 일부는
    타나이스[17]강에 접해 있다. 이들 왕령 스퀴타이족의 북쪽에는 멜랑클
    라이노이족[18]이라는 비(非)스퀴타이계 부족이 살고 있다. 멜랑클라이
    노이족의 나라 북쪽은 호수 지대이며 우리가 알고 있는 한, 사람이 살
    지 않는다.

21 타나이스강을 건너면 스퀴타이족 나라를 떠나 먼저 사우로마타이족
    의 나라에 들어서게 되는데, 그들이 사는 나라는 마이오티스호의 북단
    에서 북쪽으로 15일 걸리는 거리만큼 뻗어 있다. 그들의 나라에는 야

15 지금의 부크(Bug)강.
16 식인종이라는 뜻.
17 지금의 돈(Don)강.
18 '검은 외투족'이라는 뜻.

생 나무든 심은 나무든 어디에도 나무 한 그루 없다. 그들 너머 두 번째 지역에는 부디노이족이 사는데, 그들이 사는 나라에는 어디에나 온갖 종류의 나무가 울창하게 자라고 있다.

22 부디노이족 너머 북쪽에는 먼저 7일 걸리는 거리만큼 펼쳐진 사막이 나오고, 사막을 지난 다음 동쪽으로 조금 방향을 틀면, 특이한 부족으로 인구수가 많은 튓사게타이족이 살고 있다. 그들은 사냥으로 살아간다. 그들의 이웃에는 같은 지역 안에 사는 이위르카이족이라는 부족이 있다. 이들도 사냥으로 살아가는데, 그들이 사냥하는 방법은 다음과 같다. 온 나라 어디든 지천으로 자라고 있는 나무에 올라가 사냥감을 기다린다. 각자의 말은 준비 태세를 갖춘 채 눈에 잘 띄지 않도록 배를 깔고 눕도록 훈련되어 있다. 그 점에서는 개도 마찬가지다. 사냥꾼은 나무에서 망을 보다가 사냥감이 보이면 화살을 쏜 다음 말에 올라 추격하고, 개는 그 뒤를 바싹 따른다. 이들 너머에는 동쪽으로 조금 방향을 틀면 다른 스퀴타이족 부족이 사는데, 그들은 왕령 스퀴타이족에 맞서 반란을 일으키고 그곳으로 옮겨온 것이다.

23 이들 스퀴타이족의 나라까지는 앞서 말한 나라들은 모두 지형이 평평하고 토심(土深)이 깊다. 그러나 거기서 더 나아가면 땅은 바위투성이고 울퉁불퉁해진다. 이 바위투성이 땅을 한참 지나고 나면 높은 산들의 기슭에 대머리 부족이 사는데, 남녀 모두가 태어날 때부터 대머리인 그들은 사자코에 턱이 크고 고유한 언어를 사용하지만, 스퀴타이족풍의 옷을 입는다고 한다. 그들은 나무 열매를 주식으로 먹고 살아가는데, 그들이 그 열매를 채집하는 나무의 이름은 폰티코스이며, 크기는 무화과나무만 하다. 거기서 열리는 열매는 콩알만 하고 그 안에 씨가 들어

있다. 열매가 익으면 그들은 천에다 거른다. 그러면 검은색 진한 액즙이 나오는데 이것을 그들은 아스퀴[19]라고 부른다. 그들은 이 액즙을 핥아먹거나 우유에 타서 먹는다. 가라앉은 찌꺼기는 이겨서 케이크를 만들어 먹는데, 그곳에는 목초지가 빈약해 가축이 많지 않기 때문이다. 그들은 저마다 나무 아래 살며, 겨울에는 두껍고 흰 모전으로 나무를 싸고, 여름에는 모전을 걷어 낸다. 이들 대머리 부족에게 해코지하는 자는 아무도 없다. 그들은 신성시되며 무기를 갖고 있지 않기 때문이다. 그들은 이웃 부족 사이의 분쟁을 조정해 주며, 자신들을 찾아온 망명객에게는 아무도 해코지하지 않는다. 그들은 아르깁파이오이족이라 불린다.

24 이들 대머리 부족에 이르기까지는 그들의 나라뿐 아니라 앞서 말한 여러 부족에 관해서도 많은 것이 잘 알려져 있다. 스퀴타이족이 종종 이들 지역을 방문하고, 또 보뤼스테네스 강가의 무역 거점이나 흑해 연안의 다른 무역 거점들에서 헬라스인이 방문하는데, 이들 덕분에 힘들이지 않고 자세한 정보를 얻는 것이다. 이들 부족을 찾아가는 스퀴타이족은 볼일을 보려면 일곱 가지 언어를 위해 일곱 명의 통역이 필요하다.

25 이들 대머리 부족의 나라까지는 어느 정도 정확한 정보를 얻을 수 있다. 그러나 이들 대머리 부족 북쪽에 무엇이 있는지는 어느 누구도 정확히 알고 있다고 장담할 수 없다. 접근하기 힘든 높은 산들이 길을 막고 있어 누구도 넘을 수 없기 때문이다. 나는 믿지 않지만 대머리 부족에 따르면, 이 산속에는 염소 발을 가진 인간이 살고 있으며, 이들 너머

---

19 그리스어로 aschy.

에는 연중 6개월을 자는 다른 부족이 산다고 한다. 나는 그들의 말을 전혀 받아들일 수 없다. 대머리 부족의 동쪽에 잇세도네스족이 사는 것은 확실하다. 대머리 부족과 잇세도네스족 북쪽에 있는 나라에 관해 우리는 그들에게서 들은 것 말고는 아무것도 알지 못한다.

26 잇세도네스족의 관습은 다음과 같다고 한다. 한 남자의 아버지가 죽으면 모든 친척이 양과 염소를 몰고 와 제물로 바치고 나서 그 살을 저민다. 집주인의 죽은 아버지의 살도 저미며, 두 가지 고기를 한데 섞은 다음 특식으로 내놓는다. 그러나 고인의 머리는 머리털을 제거하고 속을 깨끗이 씻은 다음 금박을 입힌 뒤, 마치 신성한 상(像)인 양 해마다 아들이 성대한 제물을 바치는데, 그것은 헬라스인이 아버지의 기일(忌日)에 제사를 지내는 것과 유사하다. 그 밖의 점에서는 잇세도네스족도 정의감이 있으며, 여자도 남자와 대등한 권한을 가졌다고 한다.

27 이렇듯 우리는 잇세도네스족에 관해서도 알고 있다. 그러나 잇세도네스족 북쪽에 외눈박이 부족과 황금을 지키는 그륍스들이 산다는 이야기를 하는 이들은 바로 잇세도네스족 자신들이며, 이 이야기를 스퀴타이족이 잇세도네스족에게 듣고 우리에게 전했고, 우리는 또 스퀴타이족에게서 그것을 받아들였다. 그래서 우리는 외눈박이 부족을 '아리마스포이족'이라는 스퀴타이족 말로 부른다. 왜냐하면 '아리마'는 스퀴타이족 말로 '하나'라는 뜻이고, '스푸'는 눈이라는 뜻이기 때문이다.

28 앞서 말한 모든 나라에서는 겨울 추위가 극심한데, 8개월 동안 견딜 수 없는 추위가 계속된다. 땅이 꽁꽁 얼어붙어 땅이 진흙이 되려면 물이 아니라 불이 필요하다. 바다도 얼고 '킴메이오이족의 보스포로스'도

얼어붙는다. 그래서 '참호' 이쪽에 사는 스퀴타이족 부대는 얼음 위로 전차를 몰고 신도이족 나라로 건너간다. 이처럼 그곳에서는 8개월 동안 추위가 계속되며, 나머지 4개월도 여전히 춥다. 그곳의 겨울은 다른 나라의 겨울과 사뭇 다르다. 다른 나라에서는 비가 올 계절[20]에 그곳에는 이렇다 할 비가 오지 않고, 여름에는 계속해서 비가 내린다. 다른 곳에서 천둥 번개가 칠 때, 그곳에서는 그런 일이 일어나지 않고, 그 대신 여름에 천둥과 번개가 잦다. 겨울에 천둥 번개가 치면 스퀴타이족의 나라에서는 이를 놀라운 전조로 받아들인다. 또 그곳의 말은 겨울 추위를 잘 견뎌 내는 데 반해, 노새와 당나귀는 아예 견뎌 내지 못한다. 그러나 다른 나라에서는 말이 얼음 위에 서 있으면 동상에 걸리지만, 당나귀와 노새는 추위를 잘 견뎌 낸다.

29   내 생각에, 스퀴티스의 소에게 뿔이 나지 않는 것은 바로 이 추위 탓인 것 같다. 『오뒷세이아』에 나오는 호메로스의 다음과 같은 시행도 내 견해를 뒷받침한다.

　　그리고 날 때부터 뿔이 난 새끼 양이 있는 리뷔에에도,[21]

이 시행은 옳다. 더운 지방에서는 뿔이 빨리 자라지만 추위가 극심한 곳의 가축에게는 아예 뿔이 나지 않거나, 나더라도 조금밖에 자라지 않기 때문이다.

---

20 지중해 연안은 겨울이 우기(雨期)다.
21 4권 85행.

30 스퀴티스 지방에 그런 일이 일어나는 것은 추위 때문이다. 놀라운 한 가지(이것은 여담이지만 변명하지 않겠다. 여담은 처음부터 내 저술 의도에서 벗어나지 않기 때문이다)는 왜 엘리스[22] 지방에서는 어디서도 노새가 태어나지 않는지다. 그곳은 추운 곳도 아니니 반드시 다른 이유가 있으리라. 엘리스인은 어떤 저주 탓이라고 한다. 그래서 암말이 새끼 밸 때가 되면 그들은 암말을 국경 밖으로 몰고 나가 이웃나라에서 당나귀와 교미시키고, 암말이 새끼를 배면 도로 집으로 몰고 온다.

31 스퀴타이족에 따르면, 그들의 나라 북쪽은 대기가 깃털로 가득차 있어 앞을 볼 수도 앞으로 나아갈 수도 없다고 했는데, 그에 관해 나는 다음과 같이 생각한다. 그들의 나라 북쪽 지방은 물론 여름에는 겨울보다 덜 오겠지만 끊임없이 눈이 온다. 눈이 펑펑 쏟아지는 것을 본 사람은 내 말을 이해할 것이다. 눈이 깃털처럼 보인다. 이 대륙의 북쪽 지방에 사람이 살지 않는 것은 이런 겨울 추위 때문이다. 나는 스퀴타이족과 그들의 이웃이 눈을 깃털이라고 은유적으로 표현하는 것이라고 생각한다. 이상이 가장 먼 지역에 관해 우리가 가진 정보이다.

32 휘페르보레이오이족에 관해서는 잇세도네스족을 제외하고는 스퀴타이족도, 그 밖에 이 지역들에 사는 다른 부족도 아무것도 전해 주지 못한다. 내 생각에, 잇세도네스족도 실은 아무것도 모르는 것 같다. 그들이 알고 있다면 외눈박이 부족의 경우처럼 스퀴타이족이 그들에게서 듣고, 우리에게 전해 주었으리라. 그러나 헤시오도스는 휘페르보레이오이족에 관해 언급하고 있고,[23] 호메로스도 『후계자들』[24]에서 언급하고 있다. 이 서사시가 호메로스의 작품이 맞다면.

33 휘페르보레이오이족에 관해 가장 많이 전하는 이들은 델로스인이다. 그들에 따르면, 휘페르보레이오이족은 공물(供物)을 밀짚에 싸서 스퀴티스로 보낸다. 그러면 거기서 공물은 이웃 부족에게 차례로 전달되어 맨 서쪽의 아드리아스해에 이른다. 거기서 다시 공물은 남쪽으로 보내져 헬라스인 중에서는 도도네인이 그것을 맨 먼저 받으며, 또 거기서 공물은 멜리스만으로 내려가 에우보이아섬으로 건너간 다음, 도시에서 도시로 전달되어 카뤼스토스에 도착한다. 그 뒤 안드로스섬은 생략되고, 공물은 카뤼스토스인에 의해 테노스섬으로 운반되고, 테노스인에 의해 델로스로 운반된다고 한다. 델로스인에 따르면, 휘페르보레이오이족의 공물은 그렇게 델로스에 도착한다. 처음에 휘페르보레이오이족은 공물을 전하기 위해 두 명의 소녀를 보냈는데, 델로스인에 따르면 그 소녀들의 이름은 휘페로케와 라오디케이다. 휘페르보레이오이족은 다섯 명의 안전요원을 소녀들에게 딸려 보냈는데, 이들이 오늘날 페르페레이스로 알려진 자들로 델로스에서 크게 존경받고 있다. 파견된 자들이 귀환하지 않자, 휘페르보레이오이족은 그러한 사태가 되풀이될까 두려워 공물을 밀짚으로 싸서 국경까지 가져가 이웃 부족에게 맡기며 그것을 다음 부족에게 전해 달라고 부탁했다. 그렇게 해서 공물이 마침내 델로스에 오게 되었다고 한다. 나도 다른 곳에서 공물을 비

---

22 펠로폰네소스반도의 서북 지방.
23 Hesiodos, Merkelbach-West, 단편 150. 헤시오도스는 호메로스보다 한 세대 뒤인 기원전 700년경에 활동한 그리스의 서사시인으로, 그의 작품으로 『신들의 계보』, 『일과 날』 등이 남아 있다.
24 그리스어로 *Epigonoi*. 아르고스의 일곱 장수들이 테바이 공격에 실패한 뒤 그들의 아들들이 재차 테바이를 공격하여 함락했다는 내용의 이 서사시는 오늘날 호메로스 작이 아니라 이른바 '서사시권 서사시'의 하나로 간주되고 있다.

숫하게 다루는 것을 알고 있는데, 트라케와 파이오니아 여인들은 여왕 아르테미스에게 제물을 바칠 때는 역시 제물을 밀짚에 싸서 가져온다.

34 내가 알기로, 그들은 또 다음과 같이 한다. 델로스의 소녀들과 소년들은 델로스에 와서 죽은, 앞서 말한 휘페르보레이오이족 소녀들을 위해 머리털을 잘라 바친다. 소녀들은 결혼하기 전에 머리털을 한 타래 잘라 물렛가락에 감은 다음 휘페르보레이오이족 소녀들의 무덤에 올려놓는다. 무덤은 아르테미스 신전으로 들어가는 왼편에 있고, 무덤 위에는 올리브나무 한 그루가 자라고 있다. 소년들은 머리카락 몇 개를 풀고 어린 나뭇가지에 감아 역시 무덤에 올려놓는다. 휘페르보레이오이족 소녀들은 델로스 주민에게 이렇게 존경받고 있다.

35 델로스인에 따르면, 휘페로케와 라오디케 이전에 이미 아르게와 오피스라는 휘페르보레이오이족 처녀 두 명이 앞서 말한 경로로 해서 델로스에 온 적이 있었다. 휘페로케와 라오디케는 순산에 대한 보답으로 출산의 여신 에일레이튀이아에게 서약한 공물을 가지고 왔는데, 아르게와 오피스는 아폴론과 아르테미스를 모시고 휘페르보레이오이족 나라에서 와서 다른 방법으로 존경받고 있다고 한다. 델로스의 여인들은 그들을 위해 선물을 거둬들이며, 뤼키아인 올렌이 그들을 위해 지은 찬가에 나오는 그들의 이름을 부른다고 한다. 다른 섬 주민과 이오니아인이 선물을 거둬들이며 오피스와 아르게의 이름을 부르고 찬양하는 것은 델로스에서 배운 것이다. (올렌은 뤼키아에서 델로스로 왔으며, 델로스에서 부르는 그 밖의 다른 오래된 찬가도 그가 지었다.) 제물의 넓적다리뼈가 제단 위에서 타고 나면 그 재는 오피스와 아르게의 무덤에 뿌려진다. 두 소녀의 이 무덤은 아르테미스 신전의 뒤편, 케오스인의

연회실 바로 옆에 있는데 동쪽을 바라보고 있다.

36 휘페르보레이오이족에 관해서는 이쯤 해 두자. 화살 하나를 들고 아무 것도 먹지 않은 채 온 대지를 돌아다녔다는, 휘페르보레이오이족으로 추정되는 아바리스 이야기는 여기서 하지 않겠다. 하지만 휘페르보레이오이족이 있다면 필시 휘페르노티오이족[25]도 있지 않겠는가. 세계 지도를 그린 사람은 많지만 어느 누구도 제대로 그리지 못한 걸 보면 나는 실소를 금할 수 없다. 그들은 오케아노스가 컴퍼스로 그린 듯 둥근 대지를 감돌아 흐르는 것으로 그리고 있고, 아시아를 에우로페만큼 큰 것으로 만든다. 나는 여기서 이 두 대륙이 저마다 얼마나 크며, 지도 위에서 어떤 모습으로 그려져야 하는지 간략하게 설명하고자 한다.

37 페르시아인의 영토는 홍해라 불리는 남해[26]에까지 뻗어 있다. 북쪽으로 그들 위로는 메디아인이 있고, 메디아인 위로는 사스페이레스족이, 사스페이레스족 위로는 콜키스인이 있는데 그들의 영토는 파시스강이 흘러드는 북해[27]에 닿아 있다. 이들 네 민족이 바다와 바다 사이[28]의 땅을 다 차지하고 있다.

38 거기서 서쪽으로 두 개의 반도가 바다[29]를 향해 뻗어 있다. 이 반도들에

---

25 휘페르보레이오이족은 '북풍 너머에 사는 사람들'이라는 뜻이고, 휘페르노티오이족은 '남풍 너머에 사는 사람들'이라는 뜻이다.
26 인도양.
27 여기서는 흑해.
28 여기서는 페르시아만과 흑해 사이.
29 지중해.

관해 말하자면, 그중 북쪽의 반도는 파시스강에서 시작해 흑해와 헬레스폰토스 해협을 따라 트로아스 지방의 시게이온곶까지 뻗어 있다. 같은 반도가 남쪽으로는 포이니케 지방의 뮈리안드로스만에서부터 트리오피온곶까지 뻗어 있다. 이 반도에는 30개 부족이 살고 있다.

39 이것이 두 반도 가운데 하나이다. 또 다른 반도는 페르시아인의 영토에서 홍해로 뻗어 있는데, 거기에는 페르시아가, 그다음에는 앗쉬리아가, 그다음에는 아라비아가 포함된다. 이 반도는 물론 전통적인 구분에 따른 것이기는 하지만 다레이오스가 운하로 네일로스강과 연결시켜 놓은 아라비아만에서 끝난다. 페르시아와 포이니케 사이의 땅은 넓고 크다. 포이니케부터 이 반도는 우리 바다[30]의 해안을 따라 달리며 팔라이스티네의 쉬리아를 경유해 아이귑토스에 이르러 끝난다. 이 반도에는 세 민족만이 살고 있다.

40 이상이 페르시아 서쪽에 있는 아시아 땅이다. 페르시아인, 메디아인, 사스페이레스족, 콜키스인의 동쪽에 있는 다른 쪽 아시아 땅은 동쪽으로는 홍해가, 북쪽으로는 카스피에해와 동쪽으로 흐르는 아락세스강이 경계를 이루고 있다. 아시아에는 인디아에 이르기까지 사람이 살고 있다. 그러나 인디아 동쪽에는 사람이 살지 않고, 그곳이 어떤 나라인지 아무도 말할 수 없다.

41 아시아의 생김새와 크기는 그러하다. 그 밖에 리뷔에는 두 번째 반도에 있는데 아이귑토스와 맞닿아 있기 때문이다. 아이귑토스에서 이 반도는 좁아진다. 우리 바다에서 홍해까지의 거리는 100,000오르귀이아 또는 1,000스타디온밖에 안 되기 때문이다. 그러나 이 좁은 목 다음부

터 반도는 다시 아주 넓어지는데, 리뷔에는 그곳에 자리한다.

42   그래서 나는 리뷔에와 아시아와 에우로페의 지도를 그리는 방법에 놀
     라지 않을 수 없다. 그 세 곳의 차이점이 적지 않기 때문이다. 에우로페
     는 다른 두 곳을 합친 것만큼이나 길고,[31] 너비에서도 다른 두 곳은 에
     우로페와 비교도 안 되는 것 같기에 하는 말이다. 리뷔에는 아이귑토스
     와 맞닿아 있는 부분을 제외하고는 분명 사방이 바다로 둘러싸여 있다.
     우리가 아는 한, 그것을 최초로 입증한 사람은 아이귑토스 왕 네코스였
     다. 그는 네일로스강을 아라비아만과 이어 줄 운하 사업을 중단시킨 뒤
     포이니케인을 선단에 태워 보내며, 돌아올 때는 헤라클레스의 기둥들
     을 지나 북해[32]로 해서 아이귑토스로 돌아오라고 명령했다. 그래서 포
     이니케인은 홍해를 출발해 남쪽 바다로 항해했다. 가을이 되면 그들은
     뭍으로 올라가, 항해 도중 리뷔에의 어느 곳에 이르건 그곳에 씨를 뿌
     리고 수확기를 기다리곤 했다. 수확한 다음 그들은 항해를 계속했다. 2
     년을 항해한 뒤 3년째 되던 해에 그들은 헤라클레스의 기둥들을 돌아
     아이귑토스로 돌아왔다. 그리고 그들은 자신들이 배를 타고 리뷔에를
     돌 때 태양이 자신들의 오른쪽에 있었다고 주장하는데, 다른 사람은 믿
     을지 몰라도 나는 믿지 않는다.

43   그리하여 리뷔에가 바다로 둘러싸여 있다는 사실이 처음으로 입증되
     었다. 그다음으로 카르케돈[33]인이 리뷔에가 바다로 둘러싸여 있다고

30 지중해.
31 동서로. 여기서 헤로도토스는 아시아의 북부를 유럽의 일부로 간주하고 있다.
32 여기서는 지중해.
33 카르타고의 그리스어 이름.

주장했다. 아카이메니다이가(家) 사람으로 테아스피스의 아들인 사타스페스가 배를 타고 리뷔에를 일주하도록 파견되었지만 해내지 못했기 때문이다. 그는 길고 외로운 항해에 겁을 먹고 되돌아갔고, 어머니가 그에게 부과한 임무를 완수하지 못했다. 사타스페스는 메가뷔조스의 아들 조퓌로스의 시집 안 간 딸을 겁탈한 것이다. 그래서 그 벌로 크세르크세스왕이 그를 책형(磔刑)에 처하려 했지만, 다레이오스의 누이인 그의 어머니가 살려 달라고 사정사정하며, 자기가 아들에게 왕이 내린 것보다 더 가혹한 벌을 내리겠다고 약속했다. 즉 그가 배를 타고 리뷔에를 일주한 뒤 아라비아만으로 돌아오게 하겠다는 것이었다. 크세르크세스가 이에 동의하자, 사타스페스는 아이귑토스로 가서 배를 고르고 뱃사람들을 태운 다음 헤라클레스의 기둥들을 향해 출항했다. 그는 그곳을 통과한 다음 솔로에이스곶이라는 리뷔에의 끝을 돌아 남쪽으로 항해했다. 몇 달 동안 넓은 바다를 항해했지만 가도 가도 끝이 없자 뱃머리를 돌려 아이귑토스로 돌아왔다. 그는 아이귑토스에 와서 크세르크세스의 궁전으로 돌아가 보고했는데, 그들이 가장 먼 곳까지 내려갔을 때 야자 잎으로 지은 옷을 입은 난쟁이들의 나라 옆을 지나가게 되었다고 했다. 그들이 해안에 배를 댈 때마다 난쟁이들은 살던 부락을 버리고 산속으로 달아났다고 했다. 그들은 쳐들어가 해코지하지 않고 양과 염소만 조금 가져왔다고 했다. 그리고 리뷔에를 완전히 일주할 수 없었던 것은 그의 배가 앞으로 나아가려 하지 않고, 멈춰 선 채 꿈쩍하지 않았기 때문이라고 했다. 그러나 크세르크세스는 그가 거짓말을 한다고 믿고, 그가 임무를 완수하지 못했다는 이유로 첫 판결에 따라 그를 책형에 처했다. 이 사타스페스를 섬기던 내시 한 명이 주인이 처형되었다는 소식을 듣자마자 큰 재산을 갖고 사모스로 달아났다. 어떤 사모스인이 그것을 빼앗았는데, 나는 그자의 이름을 알고 있지만 차라리 잊고 싶다.

44 아시아의 대부분은 다레이오스에 의해 발견되었는데, 그것은 그가 네일로스강 말고는 악어가 서식하는 유일한 강인 인도스[34] 강이 어디서 바다로 흘러드는지 알고 싶었기 때문이다. 그는 사실을 말해 줄 것으로 믿어지는 뱃사람들을 태운 함선을 파견했는데, 그중에는 카뤼안다[35] 출신인 스퀼락스도 포함되어 있었다. 그들은 팍튀이케 땅의 도시 카스파튀로스에서 출발해 바다에 이를 때까지 강을 따라 동쪽으로 내려갔고, 바다에 이르러 서쪽으로 항해했다. 30개월째 되던 달 그들은 아이귑토스 왕이 배를 타고 리뷔에를 일주하라고, 앞서 말한 포이니케인을 내보낸 그곳에 도착했다. 이들이 배를 타고 일주에 성공한 뒤 다레이오스는 인디아인을 정복하고 그 뱃길을 이용하곤 했다. 그리하여 아시아는 동쪽의 일부를 제외하고는 바다로 둘러싸였다는 사실이 발견되었다. 리뷔에처럼 말이다.

45 에우로페에 관해서는 그 동쪽이나 북쪽이 바다로 둘러싸여 있는지 확실히 알고 있는 사람이 아무도 없다. 다만 에우로페가 다른 두 대륙을 합친 것만큼이나 길다는 점은 확실히 알려진 사실이다. 나는 또 왜 하나의 땅덩어리에 세 가지 이름을, 그것도 여자 이름을 부여하는지, 그리고 왜 아이귑토스의 네일로스강을 아시아와 리뷔에의 경계로, 콜키스의 파시스강 — 파시스강 대신 마이오티스호로 흘러드는 타나이스강과 '킴메리오이족의 나루터'를 드는 이들도 더러 있다 — 을 아시아

---

34 인더스강의 그리스어 이름.
35 Karyanda. 소아시아 카리아 지방 앞바다의 섬.

와 에우로페의 경계로 삼았는지 알지 못한다. 나는 또 그런 경계를 처음 확정한 이들의 이름도, 그들이 어디서 그런 이름을 따왔는지도 알지 못한다. 대부분의 헬라스인은 리뷔에라는 이름은 그곳의 토박이 여인 리뷔에에게서 유래한 것이며, 아시아라는 이름은 프로메테우스의 아내에게서 유래한 것이라고 주장한다. 그러나 뤼디아인은 아시아라는 이름은 자기들 것이라고 주장하며, 아시아라는 이름은 프로메테우스의 아내가 아니라 코튀스의 아들이자 마네스의 손자인 아시에스에게서 유래한 것이고, 사르데이스의 아시아스라는 씨족도 아시에스의 이름을 딴 것이라고 말한다. 에우로페에 관해서는 그것이 바다로 둘러싸여 있는지, 어디서 이름이 유래했는지, 누가 이름을 붙였는지 아무도 모른다. 우리가 말할 수 있는 것이라야, 에우로페는 튀로스의 여인 에우로페에게서 이름을 따왔으며, 그전에는 다른 대륙과 마찬가지로 이름이 없었다는 것 정도이다. 하지만 이 에우로페는 분명 아시아 출신이며, 오늘날 헬라스인이 에우로페라고 부르는 곳에 오지 않았다. 그녀는 포이니케에서 크레테로 갔다가 크레테에서 뤼키아로 갔을 뿐이다. 이에 관해서는 이쯤 해 두자. 우리는 이 대륙들의 통상적인 명칭을 그대로 사용할 것이다.

46 다레이오스가 군대를 진격시켰던 흑해 연안에는 스퀴타이족을 제외하고는 세상에서 가장 무지한 부족이 살고 있다. 흑해 연안에 거주하는 부족 가운데 스퀴타이족 외에는 지혜롭다고 할 만한 부족은 하나도 없고, 스퀴타이족인 아나카르시스[36] 외에는 현인(賢人)이라고 할 만한 사람은 한 명도 없기 때문이다. 나는 다른 점에서는 스퀴타이족이 훌륭하다고 생각하지 않지만 한 가지 가장 중대한 인간사에서, 그들은 우리가 아는 모든 부족을 능가한다. 그들이 해결한 중대사란 그들이 추격하

는 자는 아무도 그들에게서 벗어나지 못하고, 그들이 따라잡히고 싶지 않으면 아무도 그들을 따라잡을 수 없다는 것이다. 그들은 도시도 성벽도 없고, 집을 수레에 싣고 다니고, 말을 타고 활을 쏘는 데 능하고, 농경이 아니라 목축으로 살아가는데 그런 그들이 어찌 다루기 어려운 불패(不敗)의 부족이 되지 않겠는가?

47 그들이 문제를 그렇게 해결할 수 있는 것은 그들 나라의 지형과 하천 덕택이다. 그들 나라는 평평하고 풀이 잘 자라고 물이 흔하며, 아이컵토스의 운하만큼이나 많은 수의 하천이 관통해 흐르고 있다. 그중 배를 타고 바다에서 거슬러 올라갈 수 있는 유명 하천을 열거해 보겠다. 그곳에는 하구가 다섯인 이스트로스, 튀라스, 휘파니스, 보뤼스테네스, 판티카페스, 휘파퀴리스, 게르로스, 타나이스가 있다. 이 강들은 다음과 같이 흐른다.

48 이스트로스[37]는 우리가 아는 한 세상에서 가장 큰 강으로, 여름이나 겨울이나 그 수량이 일정하며 스퀴티스에서 서쪽으로 가장 멀리 떨어져 있다. 이 강이 가장 큰 까닭은 다른 강들이 이 강으로 흘러들기 때문이다. 이 강을 큰 강으로 만들어 주는 강 가운데 스퀴티스를 관통해 흐르는 강이 다섯 개인데, 스퀴타이족 말로는 포라타라고 하고 헬라스 말로는 퓌레토스라고 하는 강과 티아란토스, 아라로스, 나파리스, 오르뎃소스가 그것이다. 그중 첫 번째로 언급한 강은 상당히 큰 강으로, 동쪽으로 흐르다가 이스트로스와 합류한다. 두 번째로 언급한 티아란토스

36 아나카르시스에 관해서는 4권 76장 참조.
37 지금의 도나우강.

는 그리 크지 않으며 더 서쪽에 있다. 아라로스, 나파리스, 오르뎃소스는 이들 두 강 사이를 흐르며 이스트로스로 흘러든다. 이상이 스퀴티스에서 발원해 이스트로스강의 수량을 늘려 주는 지류들이다. 그 밖에 아가튀르소이족의 나라에서 발원하는 마리스강도 이스트로스로 흘러든다.

49 다른 세 개의 큰 강 아틀라스, 아우라스, 티비시스가 하이모스[38]산에서 발원해 북쪽으로 흐르다가 이스트로스로 흘러든다. 그 밖에 아트뤼스, 노아스, 아르타네스가 트라케와, 트라케인에 속하는 크로뷔조이족 나라를 지나 이스트로스로 흘러든다. 그리고 파이오니아 지방의 로도페산으로부터는 스키오스강이 하이모스산의 한가운데를 가로질러 이스트로스로 흘러든다. 일뤼리오이족의 나라로부터는 앙그로스강이 북쪽으로 흘러 트리발로이족의 평야와 브롱고스강으로 흘러들고, 브롱고스는 다시 이스트로스로 흘러든다. 그리하여 이스트로스는 두 개의 큰 강을 모두 받아들인다. 옴브리코이족의 나라 북쪽으로부터는 카르피스강과 알피스라는 또 다른 강이 북쪽으로 흘러 이스트로스로 흘러든다. 이스트로스는 에우로페 대륙 전체를 관통해 흐른다. 이스트로스는 퀴네테스족 다음으로 에우로페에서 맨 서쪽에 사는 켈토이족의 나라에서 발원해 에우로페 전역을 관통해 흘러, 스퀴티스의 측면으로 흘러들기 때문이다.

50 앞서 말한 강들과 다른 여러 강이 합류하는 까닭에 이스트로스는 세상에서 가장 큰 강이 되었다. 강의 원줄기만을 비교하면 네일로스가 이스트로스보다 수량이 더 많다. 네일로스로 흘러들어 그 수량을 늘려 주는 강이나 샘은 하나도 없으니 하는 말이다. 이스트로스가 여름이나 겨울

이나 수량이 일정한 것은, 내 생각에 다음과 같은 이유인 듯하다. 겨울에 이스트로스는 평상시의 수량을 갖거나 조금 불어난다. 그 지방에서는 겨울에 눈은 많이 와도 비는 아주 적게 오기 때문이다. 그러나 여름에는 겨울에 많이 내렸던 눈이 녹아 사방에서 이스트로스로 흘러든다. 이 눈 녹은 물과 함께 여름이 우기인 그곳에서 자주 쏟아지는 폭우가 흘러들어 이스트로스가 불어나는 것이다. 그 결과 비록 여름에는 겨울보다 수분이 더 많이 증발되지만, 지류들의 불어난 수량에 의해 보충됨으로써 균형이 이루어져 수량이 연중 일정해 보이는 것이다.

51 이스트로스는 스퀴티스의 강 가운데 하나이다. 그다음은 튀라스인데 북에서 남으로 흐르며, 스퀴타이족의 나라와 네우로이족의 나라의 경계를 이루는 큰 호수에서 발원한다. 이 강의 하구에는 튀리타이족이라 불리는 헬라스인이 살고 있다.

52 세 번째로 휘파니스는 스퀴티스에서 발원한다. 이 강의 원천은 큰 호수인데 그 호숫가에서는 야생 백마들이 풀을 뜯는다. 이 호수가 휘파니스의 어머니라고 불리는 것은 당연하다. 이 호수에서 발원하는 휘파니스는 배로 5일 걸리는 거리에서는 수심이 얕은 담수인데 바다에 이르는 마지막 4일 걸리는 거리에서는 물맛이 매우 짜다. 이 강으로 짠 샘물이 흘러들기 때문인데, 이 샘물은 어찌나 짠지 수량이 적은데도 드물게 큰 강인 휘파니스의 물맛을 망쳐 놓는다. 이 샘은 농경 스퀴타이족과 알리조네스족의 경계에 있다. 이 샘과 그 발원지의 이름은 스퀴타이족의 말로 엑삼파이오스라고 하는데, 헬라스 말로는 '신성한 길'이라는 뜻이

---

38 지금의 발칸(Balkan)산맥.

다. 튀라스와 휘파니스는 알리조네스족 나라에서 서로 가까이 다가가다 거기서부터는 서로 다른 방향으로 나아가며 둘 사이의 간격이 넓어진다.

53 네 번째로 보뤼스테네스는 이스트로스 다음으로 가장 큰 강으로, 내 생각에 스퀴티스의 강들뿐 아니라 아이귑토스의 네일로스를 제외한 세상의 모든 강 중에 가장 풍요롭다. 네일로스와 견줄 수 있는 강은 없다. 나머지 강 중에서는 보뤼스테네스가 가장 풍요롭다. 이 강은 가장 아름답고 가장 무성한 목초지는 물론이요, 가장 질 좋은 물고기를 가장 많이 제공하며, 물맛도 아주 좋다. 부근의 다른 강들이 탁한 데 반해 물이 맑으며, 또한 강가에는 가장 질 좋은 곡식이 자라며 경작하지 않는 땅에서는 풀이 무성하게 자란다. 하구에는 다량의 소금이 저절로 퇴적되며, 소금에 절이기 좋은 안타카이오스[39]라는 등뼈 없는 큰 물고기와 그 밖에도 놀라운 것들이 많이 난다. 이 강은 북에서 남으로 흐르는데, 배를 타고 강을 거슬러 40일을 가야 하는 게르로스 땅까지는 그 물길이 알려져 있지만, 그 북쪽으로는 어떤 나라를 통과하는지 아무도 말해 줄 수 없다. 다만 이 강이 사람이 살지 않는 곳을 지나 농경 스퀴타이족의 나라로 흘러드는 것은 확실하다. 농경 스퀴타이족은 배로 10일 걸리는 거리에 걸쳐 그 강가에 살고 있기 때문이다. 내가 그 수원을 알지 못하는 강은 이 강과 네일로스강뿐인데, 아마 그것을 아는 헬라스인은 아무도 없을 것이다. 바다 가까이서 보뤼스테네스는 휘파니스와 합류해 둘다 같은 늪지대로 흘러든다. 이 두 강의 하구 사이의 곳은 힙폴라오스 곶이라 불리는데, 그곳에는 데메테르의 신전이 있다. 이 신전 건너편 휘파니스 강가에는 보뤼스테네스인이 살고 있다.

54 이들 네 개 강에 관해서는 이쯤 해 두자. 이들 다음의 다섯 번째 강은 판티카페스라는 강이다. 이 강도 호수에서 발원해 북에서 남으로 흐르며, 이 강과 보뤼스테네스 사이에 농경 스퀴타이족이 살고 있다. 이 강은 휠라이에 지방으로 흘러들지만 그곳을 통과한 뒤 보뤼스테네스와 합류한다.

55 여섯 번째로 휘파퀴리스강 역시 호수에서 발원해 유목 스퀴타이족의 나라 한가운데를 지나 휠라이에 지방과 이른바 '아킬레우스의 경마장'[40]을 오른쪽에 끼고 흐르다가 카르키니티스 시 근처에서 바다로 흘러든다.

56 일곱 번째로 게르로스강은 보뤼스테네스의 물길이 모호해지는 곳 근처에서 보뤼스테네스에서 갈라져 나온다. 게르로스가 갈라져 나오는 지역은 게르로스라고 불리며, 강 이름은 그 지역 이름을 딴 것이다. 이 강은 유목 스퀴타이족과 왕령 스퀴타이족 사이의 경계를 이루며 바다 쪽으로 흐르다가 휘파퀴리스강으로 흘러든다.

57 여덟 번째로 타나이스강은 북쪽의 큰 호수에서 발원해, 왕령 스퀴타이족과 사우로마타이족의 경계를 이루는, 마이오티스라는 더 큰 호수로 흘러든다. 타나이스에는 휘르기스라는 또 다른 강이 흘러든다.

58 스퀴타이족의 나라에는 이런 유명한 강들이 있다. 그러나 그곳에서 자

---

39 antakaios.

40 지금의 텐드라(Tendra)섬의 서쪽 부분. 일설에 따르면, 트로이아 전쟁 때의 그리스 영웅 아킬레우스는 죽은 뒤 저승에 가지 않고 그곳에서 말을 달리며 살았다고 한다.

라는 목초는 우리가 아는 세상 어느 나라의 목초보다 담즙을 많이 분비하게 한다. 그것은 죽은 가축의 배를 절개해 보면 알 수 있다.

59 이상이 그들에게 주어진 주요 자연 자원이다. 이제 남은 일은 그들의 관습에 관해 기술하는 것이다. 스퀴타이족이 숭배하는 신들은 많지 않은데, 먼저 헤스티아가 있고 다음은 제우스와 가이아가 있다. 그들은 가이아를 제우스의 아내로 여긴다. 그 밖에 아폴론, 아프로디테 우라니아, 헤라클레스, 아레스가 있다. 온 스퀴타이족이 이 신들을 숭배한다. 그러나 [이른바] 왕령 스퀴타이족은 포세이돈에게도 제물을 바친다. 스퀴타이족 말로 헤스티아는 타비티, 제우스는 파파이오스[41] (내 생각에 매우 타당한 명칭인 것 같다)라고 한다. 가이아는 아피, 아폴론은 고이토쉬로스, 아프로디테 우라니아는 아르김파사, 포세이돈은 타기마사다스라고 한다. 그들은 아레스를 제외한 다른 신들을 위해서는 신상이나 제단을 만들지 않고 신전도 짓지 않는다. 아레스를 위해서만 그렇게 한다.

60 그들이 제물을 바치는 방식은 어디서나 그리고 어떤 경우에나 똑같다. 제물로 바쳐질 짐승은 두 앞발이 밧줄에 한데 묶인 채 서 있다. 제물을 바치는 자가 그 짐승 뒤에 서서 밧줄 끝을 잡아당겨 짐승을 쓰러뜨리면서 짐승이 쓰러지는 동안 제물을 받을 신을 부른다. 그러고 나서 짐승의 목에 올가미를 씌우고 올가미 밑에 작은 막대기를 집어넣은 다음 막대기를 돌림으로써 짐승을 목 졸라 죽인다. 그는 불을 피우지 않고, 축성하지 않으며, 헌주도 하지 않는다. 그는 짐승을 질식시킨 다음 가죽을 벗기고 고기를 익히기 시작한다.

61 스퀴타이족의 나라에는 나무가 거의 없다시피 해서 고기를 익힐 때는 다음과 같은 방법을 쓴다. 제물로 바친 짐승의 가죽을 벗긴 다음 그들은 뼈에서 고기를 발라내어 가마솥이 있으면 그 안에 집어넣는다. 그들의 가마솥은 레스보스의 포도주 희석용 동이와 가장 닮았지만 그보다 훨씬 크다. 고기를 가마솥에 넣은 다음 그들은 가마솥 아래 짐승 뼈를 태워 고기를 익힌다. 가마솥이 없을 경우 고기를 짐승의 위(胃)에 모두 집어넣고 그 위에 물을 부은 다음 그 아래로 짐승 뼈를 태운다. 뼈는 잘 타고, 일단 뼈에서 발라낸 고기는 위 안에 잘 들어간다. 그리하여 소나 그 밖의 다른 짐승은 자기가 자기를 익히는 것이다. 고기가 다 익으면 제물을 바치는 자가 고기와 내장 일부를 축성하고 자기 발 앞에 던진다. 그들은 양과 염소 같은 다른 가축도 제물로 쓰지만, 주로 말을 쓴다.

62 스퀴타이족은 다른 신들에게는 그런 짐승들을 그런 방법으로 제물로 바친다. 그러나 아레스에게는 다음과 같이 제물을 바친다. 행정구역마다 아레스를 위해 마른 장작더미 모양의 신전이 세워져 있는데, 길이와 너비가 3스타디온이고 높이는 그보다 낮다. 그 위에는 사각형의 단(壇)이 설치되어 있는데, 삼면은 가파르고 한 면으로만 올라가게 되어 있다. 그들은 해마다 수레 150대 분량의 장작을 그 위에 다시 쌓아올리는데, 해마다 겨울 폭풍에 그중 일부가 가라앉기 때문이다. 장작더미 위에는 쇠로 만든 단검이 꽂혀 있는데, 그것이 아레스의 상(像)이다. 이 단검에 해마다 말과 다른 가축이 제물로 바쳐진다. 그들은 이 단검에

---

41 헤로도토스는 '아버지'라는 뜻으로 보고 있는 것 같다. '아버지'라는 뜻의 그리스어 pap(p)as와 발음이 비슷하고, 그리스신화에서 제우스는 흔히 '아버지'라 불리기 때문인 듯하다.

다른 신들에게 바치는 것보다 더 많은 제물을 바친다. 이 단검에 그들은 또 전쟁 포로도 100명에 한 명씩 제물로 바치는데, 그 방법은 가축을 제물로 바칠 때와는 다르다. 그들은 포로의 머리에 술을 부은 다음 멱을 따고 그릇에 피를 받는다. 그리고 그릇을 장작더미 위로 들고 올라가 단검에 피를 붓는다. 그릇이 위로 운반되는 동안 밑에 있는 자들은 희생된 자의 오른팔을 손과 함께 잘라 내어 공중에 던진다. 제물 바치는 의식이 다 끝나면 모두들 그곳을 떠난다. 팔은 떨어진 곳에 그대로 있고, 몸통은 다른 곳에 머물러 있다.[42]

63 그들은 그렇게 제물을 바친다. 그들은 돼지는 제물로 쓰지 않으며, 그들의 나라에서 돼지는 사육하려고도 하지 않는다.

64 그들의 전쟁 관습에 관해 말하자면, 스퀴타이족은 맨 처음으로 죽인 적의 피를 마신다. 그리고 전투에서 죽인 자들의 머리를 모두 왕에게 갖다 바친다. 머리를 가져오면 전리품 분배에 참가하지만, 그러지 않으면 참가할 수 없기 때문이다. 머리 가죽을 벗기는 방법은 다음과 같다. 양쪽 귀 높이로 둥글게 칼금을 낸 뒤, 머리털을 잡고 흔들어 두개골을 빼낸다. 소의 갈비뼈로 가죽에 붙은 살을 긁어낸 다음 가죽을 손으로 문질러 부드러워지면 손수건처럼 사용한다. 그리고 자신이 타는 말의 고삐에 매달고 다니며 과시한다. 이런 가죽 손수건을 가장 많이 가진 자가 가장 용감한 자로 간주되기 때문이다. 그들 중 많은 자가 모피 외투처럼 이 머리 가죽을 함께 꿰매어 옷을 지어 입는다. 그리고 많은 자가 죽은 적들의 오른손에서 손톱이 붙은 채로 가죽을 벗겨 화살통 뚜껑을 만들어 쓴다. 사람의 가죽은 단단하고 윤이 나며, 다른 어떤 가죽보다 더 하얗게 빛난다. 그들 중 많은 자는 또 사람 가죽을 통째로 벗겨 나

무릎로 늘인 다음 말 등에 얹고 다닌다.

65 이것이 그들의 관습이다. 두개골에 관해 말하자면, 모든 사람의 것이 아니라 철천지원수의 것은 눈썹 아랫부분을 톱으로 잘라 버리고 윗부분을 깨끗이 청소한다. 가난한 사람은 그 바깥에 소가죽을 입히지만 부자는 그 안쪽에 금박을 입혀 술잔으로 사용한다. 그들은 서로 원수가 되어 왕의 면전에서 한쪽이 다른 쪽을 이겼을 경우 친척에게도 그렇게 한다. 명망 높은 손님이 내방하면 이긴 자는 두개골을 보여 주며, 이들은 그의 친척이었는데 싸움을 걸어와 제압했노라고 이야기해 준다. 그러면 손님은 그것을 영웅적인 행동이라고 말한다.

66 해마다 한 번씩 각 구역의 수장은 희석용 동이에 술을 준비하게 하고는 적을 죽인 적이 있는 남자들은 누구든 마시게 한다. 그러나 적을 죽인 적이 없는 자들은 같이 마시지 못하고 머쓱하게 한쪽에 따로 앉아 있다. 스퀴타이족에게는 이것이 가장 큰 치욕이다. 그들 중에 적을 여럿 죽인 자들은 두 잔을 받아 두 잔 다 마신다.

67 스퀴티스에는 예언자들이 많다. 그들은 버드나무 막대기를 이용해 다음과 같은 방법으로 예언한다. 버드나무 막대기를 묶은 큼직한 단을 몇 개 가져와 땅에 내려놓고 푼다. 막대기를 하나씩 땅바닥에 늘어놓으며 그들은 예언한다. 예언하는 동안 막대기를 집어 들어 다시 한데 묶는다. 이것이 스퀴타이족의 전통적인 예언 방법이다. 그러나 남녀추니인 에나레에스들은, 자신들의 예언술은 아프로디테가 준 것이라고 주장

42 오른팔이 없는 죽은 이는 복수할 힘이 없는 것으로 여긴 듯하다.

한다. 그들은 보리수나무 껍질을 이용해 예언하는데, 이것을 세 가닥으로 쪼갠 다음 손가락에 감았다 폈다 하면서 예언하는 것이다.

68 스퀴타이족의 왕이 병들면 가장 명망 높은 예언자 세 명을 불러오게 한다. 그러면 그들은 앞서 말한 대로 예언한다. 그들은 대개 동포 가운데한 명을 지목하며 아무개가 왕의 화로에 걸고 거짓 맹세를 했다고 말한다. 스퀴타이족은 가장 엄숙한 맹세를 하고 싶을 때는 대개 왕의 화로에 걸고 맹세하는 것이 관행이다. 그들이 거짓 맹세를 한 것으로 지목한 자는 즉시 붙잡혀 끌려온다. 예언자들은 그자가 왕의 화로에 걸고거짓 맹세를 했음이 예언술에 의해 드러났으며, 그 때문에 왕이 병들었다고 그자를 나무란다. 그자는 자기는 거짓 맹세를 한 적이 없다며 법석을 떤다. 그자가 부인하면 왕은 전보다 두 배나 많은 예언자를 불러오게 한다. 이들도 점괘를 검토해 본 뒤 그자가 거짓 맹세를 했다고 유죄를 입증하면 그자는 당장 목이 베어지고, 그자의 재산은 처음 세 명의 예언자들이 나눠 갖는다. 나중에 온 예언자들이 그자에게 죄가 없다고 하면, 거듭해서 다른 예언자들을 다시 불러오게 한다. 대다수가 그자에게 죄가 없다고 하면 처음의 세 예언자가 처형되는 것이 관행이다.

69 예언자들은 다음과 같이 처형된다. 먼저 달구지에 화목(火木)을 잔뜩실은 뒤 황소들을 맨다. 예언자들은 발과 손이 뒤로 묶이고 입에 재갈이 물린 채 화목 한가운데에 갇힌다. 그리고 화목에 불을 지르면 황소들이 놀라 질주한다. 황소들은 예언자들과 함께 불에 타 죽기도 하지만, 때로는 수레가 통째로 타 버리는 바람에 가볍게 그슬리기만 한 채도망치기도 한다. 스퀴타이족은 다른 죄를 지은 예언자도 '거짓 예언자'라며 그런 방법으로 태워 죽인다. 왕이 누군가에게 처형 명령을 내

리면 그자의 자식들도 무사하지 못한데, 남자들은 모조리 죽이지만 여자들은 다치게 하지 않는다.

70 스퀴타이족은 누구와 맹약을 맺든 다음과 같이 한다. 큼직한 토기 항아리에 술을 붓고 거기에 계약 당사자의 피를 섞는다. 그들은 송곳으로 몸을 찌르거나 칼로 몸을 조금 베거나 하여 피를 뽑는다. 그리고 칼, 화살, 전부(戰斧), 창을 항아리에 담그며 길게 기도한다. 마지막으로 계약 당사자와 그들의 수행원 가운데 요인들이 술과 피가 섞인 것을 다 마신다.

71 왕들의 무덤은 게르로스인의 나라에 있는데, 보뤼스테네스강이 처음으로 항해할 수 있게 되는 지점에서 멀지 않다. 왕이 죽으면 그곳 땅에 큰 사각형 구덩이를 판다. 구덩이가 완성되면 온몸에 밀랍을 바른 시신을 수레에 싣는다. 그 전에 시신의 배를 절개하고 깨끗이 청소한 다음으깬 생강, 향료, 파슬리 씨, 아니스를 넣고 다시 봉합한다. 그런 상태로 시신을 수레에 싣고 다른 부족에게 간다. 시신이 도착하면 그곳에 사는 부족은 시신을 받아들이며 왕령 스퀴타이족이 한 것과 같은 짓을 한다. 말하자면 그들은 귀를 일부 자르고, 삭발하고, 팔에 둥글게 칼자국을 내고, 이마와 코에 칼금을 내고, 화살로 왼손을 꿰뚫는다. 거기서 왕의 시신은 수레에 실려 스퀴타이족 영토 안에 있는 다른 부족에게 가고, 시신이 먼저 들렀던 부족민이 그 뒤를 따른다. 그러고 나서 시신을 싣고 예속 부족을 일주한 다음, 그들의 지배를 받는 부족 가운데 가장 멀리 사는 게르로스인의 나라에 있는 장지(葬地)에 도착한다. 시신을 그곳 무덤 안 침상에 안치하고 나서 시신의 양쪽 땅에 창을 꽂고, 그 위에 널빤지를 걸치고 갈대를 엮어 만든 지붕을 인다. 무덤 안에는 아직도 빈

공간이 있는데, 거기에는 왕의 후궁 중 한 명, 술 따르는 자, 요리사, 마부, 집사, 사자(使者) 한 명씩을 목 졸라 죽여 순장한다. 그의 말 몇 필과 재물 일부와 황금 잔 몇 개도 함께 묻는다. 스퀴타이족은 그런 일에는 은과 청동을 쓰지 않는다. 그리고 거대한 봉분을 짓기 시작하는데, 되도록 봉분을 크게 지으려고 서로 열심히 경쟁한다.

72 1년 뒤 그들은 또 다음과 같이 한다. 아직도 살아 있는 왕의 시종 — 이들은 모두 토박이 스퀴타이족이다. 왕이 부르는 자는 누구나 왕의 시종이 되며, 왕이 돈을 주고 노예를 사는 일은 없다 — 가운데 가장 훌륭한 자 50명과 왕의 준마 50필을 목 졸라 죽인다. 그들은 말 내장을 제거하고 깨끗이 씻은 뒤 왕겨를 채워 넣고 다시 봉합한다. 그런 다음 수레바퀴를 반쪽으로 나누어 그중 하나의 반쪽은 둥근 부분이 아래로 향하도록 두 개의 말뚝에 고정시키고, 수레바퀴의 다른 반쪽은 다른 두 개의 말뚝에 고정시킨다. 그런 식의 틀이 몇 개 더 만들어진다. 그러고 나서 말들의 몸속에 목 있는 데까지 막대기를 길게 박아 넣은 다음, 말들을 반쪽 수레바퀴들 위에 올려놓는다. 앞쪽의 반쪽 수레바퀴들은 말들의 어깨를 받쳐 주고, 뒤쪽의 반쪽 수레바퀴들은 뒷다리 근처의 배를 받쳐 준다. 네 개의 다리는 허공에 매달려 있다. 말들의 입에 재갈을 물리고 고삐를 달고 나서 고삐는 앞쪽으로 당겨 말뚝에 맨다. 그다음 그들은 목 졸려 죽은 50명의 젊은이를 각각 말 등에 앉히는데, 이때 젊은이들의 척추를 따라 목 있는 데까지 곧은 말뚝을 박아 넣는다. 그리고 이 말뚝의 아래로 돌출한 끝부분은 말에 수평으로 박아 놓은 말뚝에 내놓은 구멍에 맞게 되어 있다. 그들은 이들 기수를 무덤 주위에 빙 둘러 세운 다음 그곳을 떠난다.

73 그들은 왕을 그렇게 매장한다. 그러나 보통 스퀴타이족이 죽으면 그의 가까운 친척이 고인을 수레에 싣고 고인의 친구를 찾아다닌다. 그러면 친구들은 저마다 고인을 따라다니는 자들을 맞아들여 접대하고, 고인에게도 다른 사람과 똑같은 음식을 내놓는다. 보통 사람의 시신은 그렇게 40일 동안 실려 다니다가 매장된다. 장례를 마친 뒤 친척은 다음과 같은 방법으로 몸을 정화한다. 먼저 머리에 기름을 바르고 나서 도로 씻어 낸 다음 증기욕으로 몸을 깨끗이 한다. 증기욕을 하기 위해 그들은 다음과 같은 준비를 한다. 세 개의 막대기를 서로 기대 세우고 그 위에 모전 담요를 씌운다. 그곳은 되도록 밀폐되게 한다. 그리고 막대기와 모전 담요로 밀폐된 공간에 대야를 넣어 두고 그 대야에 발갛게 단 돌멩이를 던져 넣는다.

74 스퀴타이족의 나라에는 칸나비스[43]라는 식물이 자라는데, 더 굵고 더 키가 크다는 것 말고는 아마와 매우 유사하다. 그것은 자생하기도 하고 재배되기도 하는데, 트라케인은 그것으로 아마포와 비슷한 옷을 지어 입기도 한다. 전문가가 아니고는 아마로 짠 옷과 칸나비스로 짠 옷을 구별할 수 없다. 칸나비스를 본 적이 없는 사람은 틀림없이 그것을 아마 옷으로 알 것이다.

75 스퀴타이족은 이 칸나비스의 씨를 갖고 모전 담요 밑으로 기어들어 가 발갛게 단 돌멩이 위에 올려놓는다. 그러면 돌멩이 위의 씨에서 연기와 증기가 나기 시작하는데, 헬라스의 어떤 증기탕도 비교가 안 될 정도이다. 스퀴타이족은 그 증기가 좋아서 비명을 지른다. 그들은 그것으로 목

---

43 kannabis.

욕을 대신하며 물로 몸을 씻는 일은 없다. 스퀴타이족 여인들은 삼나무와 노간주나무와 향나무를 거친 돌 위에다 물을 섞어 가며 갈아 으깨다가 걸쭉한 반죽이 되면 얼굴과 온몸에 바른다. 그것은 여인들을 향내나게 할 뿐 아니라, 이튿날 반죽을 떼고 나면 깨끗하고 윤기나게 해 준다.

76 스퀴타이족도 타국의 관습, 특히 헬라스인의 관습을 받아들이기를 몹시 꺼린다. 처음에는 아나카르시스가, 나중에는 스퀼레스가 당한 일을 보면 확실히 알 수 있다. 아나카르시스는 여러 나라를 여행하며 현인으로 이름을 날리다가 스퀴타이족의 나라로 귀향길에 올랐다. 도중에 그는 배를 타고 헬레스폰토스 해협을 지나 퀴지코스에 들렀다. 퀴지코스에서 그곳 백성이 신들의 어머니⁴⁴를 위해 성대하게 축제를 벌이고 있는 것을 발견하고는, 아나카르시스는 자기가 건강하고 무탈하게 귀향하면 그곳 퀴지코스에서 본 것과 같이 제물을 바치고 고향에서도 야간 축제를 개최하겠다고 여신에게 서약했다. 스퀴티스로 돌아오자 그는 이른바 휠라이에 지방(그곳은 '아킬레우스의 경마장'에서 가깝고 도처에 온갖 종류의 나무가 우거져 있다)으로 몰래 갔다. 그곳에 숨어들어 그는 손에 팀파니를 들고 여신의 상징들을 옷에 매단 채 여신을 위해 퀴지코스에서 본 그대로 축제를 벌였다. 그런데 어떤 스퀴타이족이 그가 그러는 것을 엿보고 있다가 사울리오스왕에게 일러바쳤다. 왕은 와서 아나카르시스가 축제를 벌이고 있는 것을 보자 활을 쏘아 죽였다. 지금도 누군가 아나카르시스에 관해 물으면 스퀴타이족은 그런 사람은 모른다고 말한다. 그들이 그러는 것은 그가 헬라스를 여행하며 외국의 관습을 받아들였기 때문이다. 아리아페이테스의 집사였던 튐네스에게 들은 바에 따르면, 아나카르시스는 스퀴티스 왕 이단튀르소스의 숙부로, 그누로스의 아들이자 뤼코스의 손자이며 스파르가페이테스의 증

손자였다고 한다. 아나카르시스가 이 왕족 출신이라면 그는 자기가 아우의 손에 죽었음을 알아야 하리라. 이단튀르소스는 사울리오스의 아들이고, 아나카르시스를 죽인 것은 사울리오스이기 때문이다.

77 그러나 나는 펠로폰네소스에서 아나카르시스에 관해 다른 이야기를 들었다. 그에 따르면, 아나카르시스는 스퀴타이족 왕에 의해 헬라스를 배워 오도록 파견되었는데, 귀국해 자기를 파견한 왕에게 보고하기를, 헬라스인은 라케다이몬인을 제외하고는 어떤 종류의 것이든 지혜를 배우기에는 너무나 바빠, 오직 라케다이몬인하고만 분별 있는 대화가 가능하다고 했다는 것이다. 이것은 틀림없이 헬라스인 자신이 지어낸 허황된 이야기일 것이다. 어쨌든 앞서 말했듯이 아나카르시스는 살해되었다. 그가 그렇게 된 것은 헬라스인과 사귀며 외국의 관습을 받아들였기 때문이다.

78 여러 해가 지나 아리아페이테스의 아들 스퀼레스도 비슷한 화(禍)를 당했다. 그는 스퀴타이족의 왕 아리아페이테스의 여러 아들 가운데 한 명이었다. 그의 어머니는 토박이 스퀴타이족이 아니라 이스트리아 출신이었는데, 아들에게 헬라스 말과 글을 가르쳤다. 나중에 아리아페이테스가 아가튀르소이족의 왕 스파르가페이테스의 음모로 죽자 스퀼레스가 왕위를 물려받으며 아버지의 아내였던 오포이아라는 여자와 결혼했다. 오포이아는 토박이 스퀴타이족으로 아리아페이테스에게 오리코스라는 아들을 낳아 주었다. 스퀼레스는 스퀴타이족의 왕이 되었지만 스퀴타이족의 생활방식이 전혀 마음에 들지 않았고, 어머니의

---

44 퀴벨레(Kybele).

교육 탓에 헬라스적 생활방식에 매료되어 있었다. 그래서 그는 다음과 같이 행동했다. 그는 스퀴타이족의 군대를 이끌고 보뤼스테네스인(이들은 자기들이 밀레토스에서 왔다고 주장한다)의 나라로 갈 때마다 군대는 교외에 남겨 두고 자신은 성벽 안쪽으로 들어가 성문을 걸어 잠그게 하고는, 스퀴타이족의 옷을 벗어 버리고 헬라스 옷으로 갈아입곤 했다. 그런 모습으로 호위대나 시종도 거느리지 않은 채 시장을 돌아다니곤 했다. 스퀴타이족 누구도 헬라스 옷을 입은 그를 보지 못하도록 성문을 엄중히 감시하게 했다. 무엇보다도 헬라스식으로 신들께 제물을 바치는 등 헬라스의 생활방식을 받아들였다. 그는 한 달 이상을 그렇게 지내다가 스퀴타이족의 옷을 입고 돌아가곤 했다. 그는 여러 차례 그렇게 했다. 심지어는 보뤼스테네스에 집을 지어 놓고는 그 도시의 헬라스 여자와 결혼하여 집안으로 끌어들이기까지 했다.

79 스퀼레스는 비참한 운명을 맞게 되어 있었고, 그것은 다음과 같이 이루어졌다. 그는 디오뉘소스 박코스의 비의(秘儀)에 입문하고 싶었다. 그가 입문 의식을 치르려고 하는데 엄청난 전조가 일어났다. 잠시 전에 말했듯이, 그에게는 보뤼스테네스인의 도시에 큼직한 호화 저택 한 채가 있었는데, 그 주위에는 흰 대리석으로 만든 스핑크스들과 그륍스들이 서 있었다. 바로 그 저택에 제우스가 벼락을 던진 것이다. 그 저택이 다 타 버렸는데도 스퀼레스는 입문 의식을 다 받았다. 스퀴타이족은 헬라스인의 박코스 축제를 곱지 않게 보고 있는데, 사람을 미치게 하는 신을 찾으려 하는 것은 옳지 못하다는 것이다. 스퀼레스가 박코스 비의에 입문하자 보뤼스테네스인 가운데 한 명이 몰래 빠져나가 교외에서 기다리고 있던 스퀴타이족에게 말했다. "스퀴타이족이여, 그대들은 우리가 박코스를 숭배하고 그분에게 쒼다고 해서 우리를 비웃고 있소.

한데 지금 그대들의 왕도 그 신에 씌어 미쳐 버렸소. 내 말이 믿기지 않는다면 나를 따라오시오. 내가 그대들에게 그를 보여 주겠소." 스퀴타이족의 지도자들이 따라나서자 그 보뤼스테네스인이 그들을 데려가 성탑에 몰래 숨어 있게 했다. 스퀼레스가 박코스 추종자 무리와 함께 지나가는데, 스퀴타이족은 그가 박코스 신에 씌었음을 볼 수 있었다. 그들은 몹시 분개했고, 가서 전군(全軍)에 그들이 본 것을 말했다.

80 그 뒤 스퀼레스가 고국으로 돌아오자 스퀴타이족은 반란을 일으키고 그의 아우로, 테레스의 외손자인 옥타마사데스를 그 대신 왕위에 앉히려 했다. 스퀼레스는 자기에게 무슨 일이 일어나고 있고, 무슨 연유로 그런 일이 일어났는지 알게 되자 트라케로 달아났다. 옥타마사데스가 이를 알고 트라케로 군대를 진격시켰다. 그가 이스트로스 강가에 도착했을 때 트라케인이 그를 맞았다. 전투가 시작되려는 순간, 시탈케스 왕이 다음과 같은 전언을 옥타마사데스에게 보냈다. "왜 우리가 서로 싸워야 하지요? 그대는 내 누이의 아들이며, 그대에게는 내 아우가 있소. 그대는 내게 그를 내주시오. 나는 그대의 스퀼레스를 내주겠소. 그러면 그대도 나도 군사적 모험을 할 필요가 없을 것이오." 이것이 시탈케스가 전령을 시켜 보낸 전언이었다. 옥타마사데스 곁에는 시탈케스의 아우가 형을 피해 망명해 있었다. 옥타마사데스는 이에 동의하고 자신의 외삼촌을 시탈케스에게 내주고, 그 대신 자신의 형 스퀼레스를 받았다. 시탈케스는 아우를 데리고 갔지만, 옥타마사데스는 그 자리에서 형의 목을 쳤다. 스퀴타이족은 그만큼 자신들의 관습에 집착하고, 타국의 관습을 받아들이는 자들은 그만큼 가혹하게 처벌한다.

81 스퀴타이족 인구에 관해 나는 정확한 정보를 얻을 수 없었는데, 내가

들은 이야기들은 상반된다. 어떤 이는 인구가 많다고 하고, 어떤 이는 그러나 진짜 스퀴타이족은 적다고 한다. 그들은 내게 무언가를 보여 주었는데, 나는 그것을 보고 그들의 인구수를 짐작할 수 있었다. 보뤼스테네스강과 휘파니스강 사이에 엑삼파이오스라는 곳이 있다. 나는 앞서 그곳을 거론하며, 그곳에는 물맛이 짠 샘이 하나 있는데 그 샘물이 휘파니스강으로 흘러들어 강물을 마실 수 없게 만든다고 말한 바 있다. 그곳에는 청동으로 만든 포도주 희석용 동이가 하나 있는데, 그 크기는 클레옴브로토스의 아들 파우사니아스가 봉헌한 흑해 입구의 희석용 동이의 6배쯤 된다. 파우사니아스의 희석용 동이를 보지 못한 이를 위해, 나는 스퀴타이족의 희석용 동이의 크기를 말하고자 한다. 스퀴타이족의 희석용 동이에는 족히 600암포레우스가 들어가고, 그 두께는 6닥튈로스나 된다. 나는 그곳 토박이에게서 이 동이가 순전히 청동 화살촉으로 만들어졌다는 말을 들었다. 아리안타스라는 스퀴타이족 왕이 스퀴타이족 인구수를 알고 싶어 모든 스퀴타이족에게 화살촉 하나씩을 가져오라고 명령하며, 명령을 어기는 자는 사형에 처하겠다고 위협했다고 한다. 화살촉이 산더미같이 모이자, 왕은 그것들로 기념물을 만들어 후세에 남기기로 결심했다고 한다. 그는 화살촉들로 이 희석용 동이를 만들어 엑삼파이오스에 세워 두었다고 한다. 스퀴타이족 인구수에 관해 나는 그렇게 들었다.

82 이 나라에는 강들이 아주 크고 아주 많다는 것 말고는 별다른 특징이 없다. 그러나 강과 넓은 평야 말고도 한 가지 흥미로운 것을 말하겠다. 그들은 내게 튀라스강 근처의 바위에 나 있는 헤라클레스의 발자국을 보여 주었는데, 그것은 사람 발자국 같았고 길이가 2페퀴스나 되었다. 스퀴타이족의 나라에 관해서는 이쯤 해 두고 내가 앞서 이야기하기 시

작한 주제로 되돌아가겠다.

83   다레이오스는 스퀴타이족을 공격할 준비를 했다. 그는 사방으로 사자
     를 보내 어떤 속국에는 보병을, 다른 속국에는 함선을 대라고 명령하는
     가 하면, 또 다른 속국에는 트라케의 보스포로스[45]에 다리를 놓으라고
     명령했다. 휘스타스페스의 아들로, 다레이오스의 아우인 아르타바노
     스가 스퀴타이족은 다루기 어렵다는 이유로 스퀴티스 원정을 만류했
     다. 좋은 조언을 해도 듣지 않자 그는 형을 설득하기를 포기했고, 다레
     이오스는 만반의 준비가 갖추어지자 군대를 이끌고 수사를 출발했다.

84   그때 아들 셋이 모두 종군하게 되어 있던 오이오바조스라는 페르시아
     인이 그중 한 명이라도 자기 곁에 머물 수 있게 해 달라고 간청했다. 다
     레이오스는 마치 사소한 요구를 한 친구에게 대답하듯 세 아들 모두를
     남겨 두겠다고 대답했다. 오이오바조스는 아들들이 병역에서 면제된
     줄 알고 기뻐했다. 그러나 다레이오스는 그런 일을 담당하는 자에게
     명해 오이오바조스의 아들들을 모두 죽이게 했다. 그의 아들들은 뒤에
     남되, 목이 베어진 채 남게 되었다.

85   다레이오스는 수사를 출발해 보스포로스에 다리가 놓여 있던 칼케돈
     지역에 도착했다. 거기서 배를 타고 이른바 퀴아네아이 바위들[46]로 갔
     는데, 헬라스인에 따르면, 전에는 이 바위들이 늘 움직였다고 한다. 그

---

45 지금의 이스탄불 해협.
46 그리스어 kyaneai는 '검푸른 바위들'이라는 뜻이다. 고대 그리스인은 쉼플레가데
   스(Symplegades) 바위들이라고도 하는 이 바위들이 저절로 움직이는 것으로 믿었다.

는 그곳의 곶에 앉아 세상에서 가장 놀라운 바다인 만큼 한 번쯤 구경할 만한 흑해를 시찰했다. 흑해의 길이는 11,100스타디온이고, 너비는 가장 넓은 곳이 3,300스타디온이다. 이 바다의 입구는 너비가 4스타디온밖에 안 된다. 그러나 이 바다의 입구를 이루고 있는 보스포로스라고 불리는 해협은 길이가 120스타디온이고, 바로 그 위에 다리가 놓여져 있었다. 보스포로스는 프로폰티스[47]해로 이어지는데, 프로폰티스해는 너비가 500스타디온이고 길이는 1,400스타디온이다. 프로폰티스는 헬레스폰토스[48]로 흘러드는데, 헬레스폰토스는 너비가 가장 좁은 곳이 7스타디온이고 길이는 400스타디온이다. 헬레스폰토스는 아이가이온[49]이라 불리는 넓은 바다로 흘러든다.

86 이 수치들은 다음과 같은 방법으로 계산했다. 해가 길 때, 배는 대개 낮에는 70,000오르귀이아를, 밤에는 60,000오르귀이아를 항해한다. 그런데 흑해 입구에서 파시스강까지(이것이 흑해의 최장거리다) 아홉 낮 여덟 밤이 걸린다. 그 거리는 1,110,000오르귀이아 또는 11,100스타디온이 된다. 그리고 신디케에서 테르모돈강 하구의 테미스퀴라까지(이것이 흑해의 가장 넓은 곳이다) 사흘 낮과 이틀 밤이 걸린다. 그 거리는 330,000오르귀이아 또는 3,300스타디온이 된다. 그렇게 나는 흑해와 보스포로스와 헬레스폰토스를 측정했으며, 그 수치는 내가 앞서 말한 그대로이다. 흑해에는 또 흑해보다 그다지 작지 않은 호수가 흘러드는데, 그 호수는 마이오티스 또는 '흑해의 어머니'라고 불린다.

87 다레이오스는 흑해를 시찰하고 나서 배편으로 다리가 놓인 곳으로 되돌아갔는데, 이 다리는 사모스인 만드로클레스의 작품이었다. 다레이오스는 또 보스포로스를 시찰하고 나서 그 기슭에 흰 대리석 기둥 두

개를 세우게 하고는 한쪽 기둥에는 앗쉬리아 문자로, 다른 쪽 기둥에는 헬라스 문자로 그가 이끌고 온 민족의 이름을 모두 새겨넣게 했다. 그는 자기가 지배하는 모든 민족을 이끌고 온 것이다. 함대를 제외하고, 그들의 수는 기병대를 포함해 70만 명이나 되었고, 함선은 600척이나 집결해 있었다. 이 돌기둥들은 훗날 뷔잔티온인이 그들의 도시로 가져가 아르테미스 오르토시아[50]의 제단을 만드는 데 사용했다. 그러나 앗쉬리아 문자로 뒤덮인 다른 돌기둥은 뷔잔티온의 디오뉘소스 신전 옆에 놓여 있었다. 내 생각에, 다레이오스왕이 다리를 놓게 한 보스포로스의 지점은 뷔잔티온과 보스포로스 입구에 있는 신전[51] 사이의 중간쯤인 것 같다.

88 그리고 나서 다레이오스는 선교(船橋)가 마음에 들어 그것을 설계한 사모스의 만드로클레스에게 큰 상을 내렸다. 만드로클레스는 그 상의 일부로 보스포로스 해협에 다리를 놓는 전 과정과 다레이오스왕이 왕좌에 앉아 있는 장면과 군대가 다리를 건너는 장면을 그리게 한 뒤, 그 그림을 사모스의 헤라 신전에 봉헌하며 다음과 같은 글귀를 새기게 했다.

---

47 지금의 마르마라(Marmara)해.
48 지금의 다르다넬스 해협.
49 에게해의 그리스어 이름.
50 Orthosia. 스파르테에서 사용되던 아르테미스의 별칭. 아르테미스 오르토시아 숭배는 모시(母市)인 메가라에서 건너간 것 같다.
51 아시아 쪽의 제우스 우리오스(Ourios)를 가리키는 듯하다. 그러나 맞은편 유럽에도 신전이 있었다고 한다.

이 그림은 물고기가 많은 보스포로스에 선교를 놓은 것을

기념하여 만드로클레스가 헤라 여신께 바쳤노라.

그는 다레이오스왕이 원하는 바를 이뤄 줌으로써

자신은 영관을 얻고, 사모스인은 명성을 얻었노라.

89 선교의 설계자는 자신의 업적을 기념하여 그렇게 했다. 한편 다레이오
스는 만드로클레스에게 상을 내린 뒤 에우로페로 건너갔다. 그러나 그
전에 그는 이오니아인에게 흑해로 들어가 이스트로스강까지 항해한
다음 그곳에 다리를 놓고 자기를 기다리라고 명령했다. 해군은 이오니
아인과 아이올리스인과 헬레스폰토스인이 지휘했기 때문이다. 그래
서 해군은 퀴아네아이 바위들 사이를 지나 이스트로스강의 하구로 직
행한 다음, 이틀 동안 바다에서 강을 거슬러 올라간 뒤 이스트로스가
여러 개의 하구로 나뉘는 강의 목에다 다리를 놓았다. 다레이오스는 선
교로 보스포로스를 건너자마자 트라케를 통과해 테아로스강의 원천
이 있는 곳에 도착해 그곳에서 3일 동안 진을 쳤다.

90 테아로스강 유역에 사는 주민에 따르면 이 강물은 어떤 강물보다 치료
효과가 좋은데, 특히 사람과 말의 옴에 효험이 있다고 한다. 이 강은 수
원이 38개로, 전부 다 같은 바위에서 흘러나오는데 더러는 차고 더러
는 뜨겁다. 이 수원들은 페린토스 부근의 헤라이온 시와 흑해 연안의
아폴로니아 시에서 똑같은 거리만큼 떨어져 있는데, 어느 도시에서 출
발하든 이틀이 걸린다. 이 테아로스강은 콘타데스도스강으로, 콘타데
스도스강은 아그리아네스강으로, 아그리아네스강은 헤브로스강으로,
헤브로스강은 아이노스 시 근처에서 바다로 흘러든다.

91 다레이오스는 테아로스강에 도착하자 그곳에 진을 쳤는데, 이 강이 마음에 들어 기둥 하나를 세우고 다음과 같은 글귀를 새기게 했다. "테아로스의 수원들은 세상에서 가장 훌륭하고 가장 아름다운 물을 보내 주노라. 그리고 세상에서 가장 훌륭하고 가장 아름다운 인간으로서 페르시아인과 대륙 전체의 왕인, 휘스타스페스의 아들 다레이오스가 스퀴타이족을 정벌할 군대를 이끌고 이 수원들에 들렀노라." 이런 글귀를 그는 기둥에 새기게 했다.

92 다레이오스는 그곳을 출발해 오드뤼사이족의 나라를 관통해 흐르는 아르테스코스라는 다른 강에 도착했다. 이 강에 도착하자 그는 다음과 같은 명령을 내렸다. 그는 특정한 장소를 정해 주며 군사들에게 그곳을 지날 때 저마다 돌멩이 하나씩을 놓고 가도록 한 것이다. 군사들이 시킨 대로 하자, 다레이오스가 행군을 계속했을 때 엄청나게 큰 돌무더기가 뒤에 남았다.

93 이스트로스강에 도착하기 전에 다레이오스는 자신들은 죽지 않는다고 믿는 게타이족을 맨 먼저 정복했다. 살뮈뎃소스에 사는 트라케인과 아폴로니아와 메삼브리아 시 저편에 사는, 이른바 스퀴르미아다이족과 닙사이오이족은 싸우지도 않고 다레이오스에게 항복했다. 그러나 트라케인 중에서 가장 용감하고 법을 잘 지키는 게타이족은 완강하게 저항하다가 금세 노예로 전락하고 말았다.

94 그들은 다음과 같이 자신들이 죽지 않는다고 믿는다. 그들은 사람이 죽으면 없어지지 않고 죽은 사람은 살목시스 신에게 간다고 믿는다. 그들 중 일부는 이 신을 게벨레이지스라고 부르기도 한다. 5년마다 한 번씩

그들은 추첨으로 뽑힌 자를 살목시스에게 사절로 파견하며, 그때그때 자기들에게 필요한 것을 살목시스에게 부탁하라고 이른다. 그들이 사절을 파견하는 방법은 다음과 같다. 그들 가운데 그런 역할을 맡은 몇 명은 창 세 자루를 들고 있고, 다른 자들은 파견될 자의 손발을 잡고 창 끝에 떨어지도록 그를 공중에 던진다. 그가 꿰뚫려 죽으면 그들은 신이 자기들에게 호의적이라고 생각한다. 그러나 죽지 않으면 그들은 사절을 나쁜 사람이라고 나무란다. 그렇게 나무라고 나서 그들은 다른 사람을 신에게 파견한다. 그가 아직 살아 있을 때, 그들은 신에게 전할 전언을 미리 그에게 일러둔다. 이 트라케인 부족은 천둥 번개가 칠 때 하늘로 화살을 쏘며 신을 위협하기도 한다. 그들은 자기들의 신 말고 다른 신은 없다고 믿기 때문이다.

95 헬레스폰토스와 흑해 연안에 거주하는 헬라스인에게 들은 바에 따르면, 이 살목시스는 인간이었으며 사모스에 노예로 팔려 가 므네사르코스의 아들 퓌타고라스 밑에서 종살이를 했다고 한다. 그 뒤 그는 자유의 몸이 되어 큰돈을 모아 고향으로 돌아갔다고 한다. 트라케인은 형편이 어렵고 아둔한 반면, 헬라스인과 살고 헬라스인 중에서도 가장 지혜로운 사람 중 한 명인 퓌타고라스와 함께한 까닭에 트라케인의 그것보다 더 깊이가 있는 이오니아인의 생활방식과 성격을 알게 된 살목시스는 홀을 하나 지은 다음 동포 가운데 일인자들을 식사에 초대해 놓고 식사하면서 자기도, 자기의 손님들도, 그들의 후손도 죽지 않고 온갖 복을 누리며 영생하게 될 곳으로 가게 되리라 가르치곤 했다고 한다. 그는 잔치를 베풀며 그런 교리를 가르치는 동안 지하에 방을 하나 만들었다. 방이 완성되자 그는 트라케인 앞에서 자취를 감추었다. 그는 지하방으로 내려가 거기서 3년을 살았던 것이다. 트라케인은 그를 아쉬

워하며 그가 죽은 양 애도했다. 4년째 되던 해에 살목시스가 다시 트라케인에게 모습을 드러내자, 그들은 그의 말을 믿게 되었다. 그가 그렇게 했다고 나는 들었다.

96 살목시스와 그의 지하방에 관해 나는 불신하지도 않거니와 전적으로 믿지도 않는다. 하지만 나는 살목시스가 퓌타고라스보다 훨씬 이전에 살았다고 생각한다. 살목시스라는 인간이 있었든 그가 게타이족의 토착 신이었든 그에 관해서는 이쯤 해 두자. 아무튼 그런 관습을 가진 게타이족은 페르시아인에게 제압되어 다레이오스의 군대를 따라가야 했다.

97 다레이오스와 그의 보병이 이스트로스강에 도착해 모두들 다리를 건넜을 때, 다레이오스는 이오니아인에게 선교를 해체한 다음 함대의 군사와 함께 뭍길로 자기 뒤를 따르라고 명령했다. 이오니아인이 명령받은 대로 선교를 해체하려고 할 무렵 뮈틸레네 함대의 지휘자 에륵산드로스의 아들 코에스가 먼저 왕에게, 다른 사람이 할 말이 있으면 기꺼이 들어주겠느냐고 물은 뒤 이렇게 말했다. "전하, 전하께서는 경작지도 사람이 사는 도시도 없는 나라로 행군하시려 하옵니다. 하오니 이 다리는 그대로 두고, 다리 놓은 자들을 뒤에 남기시어 다리를 지키게 하소서. 그러시면 우리가 스퀴타이족을 발견해 소기의 성과를 거두거나 우리가 적군을 발견하지 못해도 안전한 귀향길을 확보하는 것이옵니다. 저는 우리가 스퀴타이족과의 전투에서 패할까 염려하는 것이 아니라, 그들을 찾아내지 못해 이리저리 헤매다가 변을 당하지 않을까 염려되기 때문이옵니다. 제가 뒤에 남고 싶어 저 자신을 위해 이런 조언을 드리는 것이라고 말하는 자들도 더러 있겠지만 저는 전하께 상책이

라고 생각되는 것을 말씀드리는 것이오며, 저 자신은 뒤에 남지 않고 전하를 모시고 행군하겠나이다." 다레이오스는 그 조언이 마음에 들어 다음과 같이 대답했다. "레스보스 출신 친구여, 내가 무사히 고향으로 돌아오면 나를 찾아와 주게. 나는 자네의 좋은 조언을 선행으로 보답하고 싶네."

98 그렇게 말하고 그는 혁대에 60개의 매듭을 만든 다음, 이오니아인의 지배자들을 불러 놓고 이렇게 말했다. "이오니아인이여, 다리에 관한 앞서의 명령은 철회하겠소. 그대들은 여기 이 혁대를 받아 다음과 같이 하시오. 그대들은 내가 스퀴타이족을 정벌하러 떠나는 것을 보는 날로부터 날마다 이 매듭을 하나씩 풀도록 하시오. 매듭 수만큼의 날수가 지나도 그 안에 내가 돌아오지 않으면 그대들은 배를 타고 고향으로 돌아가시오. 그러나 다리에 관해 내가 계획을 변경한 만큼 그때까지는 최선을 다해 선교를 보호하고 지켜 주시오. 그대들이 그렇게 해 주면 참으로 고맙겠소." 다레이오스는 이렇게 말하고 서둘러 진격했다.

99 트라케 땅은 스퀴티스 땅보다 더 바다 쪽으로 나와 있다. 트라케 해안이 만을 이루는 곳에서 스퀴티스가 시작되며, 하구가 동쪽을 향하는 이스트로스강도 그곳에서 바다로 흘러든다. 나는 이스트로스강에서 시작해 스퀴티스 땅의 해안선 길이를 말하고자 한다. 옛 스퀴티스 땅은 이스트로스강 하구에서 시작해 남쪽으로 흑해를 끼고 이른바 카르키니티스 시까지 뻗어 있기 때문이다. 이 도시에서부터 흑해 연안을 따라 뻗어 있는 산악 지대에는 이른바 '험준한 반도'[52] (이 반도는 동쪽에 있는 바다[53]로 이어진다)에 이르기까지 타우로이족이 거주한다. 스퀴티스의 두 경계, 즉 남쪽 경계와 동쪽 경계는 바다에 면해 있는데 그것은

앗티케 지방의 경우와 비슷하다. 타우로이족이 스퀴티스의 이 지역에 사는 것은, 작은 것을 큰 것과 비교하면, 가령 토리코스 구역에서 아나 플뤼스토스 구역에 이르는 지역에 있는 수니온곶(두 곳을 비교할 수 있기 위해서는 물론 수니온곶이 조금 더 바다 쪽으로 튀어나와 있어야 할 것이다)에 아테나이인이 아닌 다른 부족이 사는 것과도 같다. 이것이 타우리케 땅의 상황이다. 앗티케의 이 해안을 항해한 적이 없는 이들을 위해 또 하나 예를 들자면, 가령 브렌테시온 항에서 타라스[54] 항에 이르는 이아퓌기아 지방의 바다 쪽 돌출부에 이아퓌기아인이 아닌 다른 부족이 사는 것과도 같다. 나는 이 두 곳만을 예로 들지만, 타우리케와 사정이 비슷한 반도들은 비일비재하다.

100 타우리케의 북쪽 땅과 동쪽의 해안 지대에는 다시 스퀴타이족이 살고 있으며, 킴메리오이족의 보스포로스와 마이오티스호의 서쪽 땅에도 이 호수의 안쪽 구석으로 흘러드는 타나이스강에 이르기까지 스퀴타이족이 산다. 이스트로스강에서 북쪽의 내륙으로 들어가면, 스퀴타이족의 나라는 먼저 아가튀르소이족의 나라와, 다음에는 네우로이족의 나라와 그다음에는 안드로파고이족의 나라와, 끝으로 멜랑클라이노이족의 나라와 접경하고 있다.

101 스퀴타이족의 나라는 정사각형인데, 그중 두 변은 바다에 접해 있다. 내륙 쪽 변은 해안 쪽 변과 길이가 같다. 이스트로스강에서 보뤼스테네

---

52 지금의 케르치(Kertsch) 반도.

53 마이오티스호.

54 '브렌테시온'은 지금의 브린디시(Brindisi), 타라스는 지금의 타란토(Taranto)이다.

스강까지는 10일이 걸리고, 보뤼스테네스강에서 마이오티스호까지도 역시 10일이 걸리며, 해안에서 내륙으로 스퀴타이족의 북쪽에 사는 멜랑클라이노이족의 나라까지 들어가면 20일이 걸리기 때문이다. 하루에 갈 수 있는 거리를 나는 200스타디온으로 계산한다. 그러면 스퀴타이족의 나라는 동서 길이가 4,000스타디온이 되고, 내륙 쪽 곧 남북 길이도 4,000스타디온이 된다. 이것이 스퀴타이족 나라의 크기다.

102 스퀴타이족은 혼자 맞붙어 싸워서는 다레이오스의 군대를 물리칠 수 없다고 보고 이웃나라에 사절을 보냈다. 이들 이웃나라 왕들은 이미 함께 모여, 진격해 오는 대군을 맞아 어떻게 행동할지 의논하는 중이었다. 이때 함께 모인 이들은 타우로이족의 왕과 아가튀르소이족의 왕과 네우로이족의 왕과 안드로파고이족의 왕과 멜랑클라이노이족의 왕과 겔로노이족의 왕과 부디노이족의 왕과 사우로마타이족의 왕이었다.

103 그중 타우로이족은 난파선의 뱃사람과 바닷가에서 붙잡은 헬라스인을 처녀신[55]에게 제물로 바치는 관습이 있다. 그들은 먼저 제물을 봉헌하고 나서 몽둥이로 제물의 머리를 내리친다. 그러고 나서 몸뚱이는 절벽 아래로 밀어뜨리고(절벽 위에 신전이 세워졌기 때문이다) 머리는 말뚝에 꿰어 둔다고도 하고, 머리는 그러지만 몸뚱이는 절벽 아래로 밀어뜨리는 것이 아니라 땅에 묻는다고도 한다. 타우로이족에 따르면, 그들이 이런 인간 제물을 바치는 여신은 아가멤논의 딸 이피게네이아라고 한다.[56] 타우로이족은 적군을 사로잡으면 머리를 베어 집으로 가져가 긴 장대에 꽂아 지붕 위에, 대개는 굴뚝 위에 높다랗게 고정해 둔다. 그들에 따르면 그곳에 높다랗게 매달린 이들 머리가 집 전체를 지

켜 준다고 한다. 그들은 노략질과 전리품으로 살아간다.

104 아가튀르소이족은 그중 가장 세련된 부족으로, 대개 황금 장신구를 차
     고 다닌다. 그들은 아내를 공유한다. 그래서 그들은 모두 서로 형제간
     이고 친족 사이라, 시기하거나 미워하는 일 없이 화목하게 살아간다.
     그 밖의 다른 관습은 트라케인과 비슷하다.

105 네우로이족은 스퀴타이족의 관습을 따른다. 다레이오스의 원정이 있
     기 한 세대 전에 그들은 우글대는 뱀 떼를 피해 전 국토를 비우지 않을
     수 없었다. 그들의 국토에서 뱀 떼가 수없이 나온 데다, 사람이 살지 않
     는 북쪽 지역에서 다른 뱀 떼가 습격해 왔기 때문이다. 그래서 네우로
     이족은 견디다 못해 나라를 떠나 부디노이족의 나라에 정착했다. 이들
     네우로이족은 마법사인 것 같다. 스퀴타이족과 스퀴티스에 사는 헬라
     스인에 따르면, 네우로이족은 누구나 해마다 한 번씩 며칠 동안 늑대가
     되었다가 도로 사람이 된다고 하니 말이다. 나는 물론 이 이야기를 믿
     지 않지만, 그들은 사실이라고 우기며 맹세까지 한다.

106 안드로파고이족은 세상에서 가장 야만적인 삶을 살며, 정의나 법에 대
     한 관념이 전혀 없다. 그들은 유목민으로 스퀴타이족과 같은 옷을 입고
     다니고, 고유한 언어를 갖고 있으며, 이들 부족 가운데 유일하게 인육
     을 먹는다.

---

55 아르테미스.
56 그리스 비극에서는 제물을 받는 것은 아르테미스 여신이고, 이피게네이아는 그
   녀의 여사제이다.

107 멜랑클라이노이족은 모두 검은 옷을 입고 다니며, 그들의 이름도 여기서 유래했다. 그들은 스퀴타이족의 관습을 따른다.

108 부디노이족은 인구수가 많은 대규모 부족으로, 모두들 눈은 진한 회청색이고 모발은 붉은색이다. 그들의 나라에는 겔로노스라는 나무로 지은 도시가 있다. 그 도시의 성벽은 각 변이 30스타디온인데 이 높은 성벽도 나무로 만들어졌고, 집과 성역 역시 나무로 지어졌다. 그곳에는 나무로 만든 헬라스식 신상과 제단과 신전을 갖춘, 헬라스 신들의 성역이 있기에 하는 말이다. 그들은 3년마다 한 번씩 디오뉘소스 축제를 열고 망아(忘我)의 경지에 든다. 그것은 겔로노스인이 본시 무역 거점을 떠나 부디노이족의 나라로 이주한 헬라스인이었기 때문이다. 그들이 쓰는 말은 반은 스퀴타이족 말이고, 반은 헬라스 말이다.

109 부디노이족은 겔로노스인과 같은 말을 쓰지 않으며 생활방식도 다르다. 부디노이족은 토박이 유목민으로 이 지방에서 솔 씨를 먹는[57] 유일한 부족이지만, 겔로노스인은 농사를 지어 곡물을 먹고 채소도 가꾸며 생김새도 피부색도 부디노이족과 다르다. 하지만 헬라스인은 부디노이족도 겔로노스인이라고 부르는데, 이것은 잘못된 것이다. 그들의 나라는 어디나 온갖 종류의 나무가 빽빽이 들어서 있고, 숲이 가장 울창한 곳에는 갈대 늪으로 둘러싸인 크고 넓은 호수가 있으며, 그 호수에서는 수달과 비버와 얼굴이 네모난 짐승[58]이 잡히는데, 이것들의 모피는 외투의 단으로 사용되며 고환은 자궁병에 효험이 있다.

110 사우로마타이족에 관해서는 다음과 같은 이야기가 전해 오고 있다. 헬라스인은 아마조네스족[59] — 스퀴타이족은 아마조네스족을 오이오르

파타라고 부르는데, 그것은 헬라스 말로 '남자를 죽이는 자들'이라는 뜻이다. 스퀴타이족 말로 '오이오르'[60]는 '남자'라는 뜻이고, '파타'[61]는 '죽이다'라는 뜻이기 때문이다— 과 싸워 테르모돈 강가에서 승리를 거두고는 사로잡은 아마조네스족을 모두 배 3척에 싣고 출항했다고 한다. 일단 바다로 나오자 아마조네스족이 남자들을 습격하여 모두 죽였지만 항해에 관해 아는 것이 아무것도 없어, 키도 돛도 노도 사용할 수 없었다고 한다. 그래서 그녀들은 남자들을 죽인 뒤 물결치는 대로 바람 부는 대로 표류하다가 결국 마이오티스호의 크렘노이라는 곳에 도착했는데, 크렘노이는 자유 스퀴타이족의 영토 안에 있다. 그곳에서 아마조네스족은 배에서 내려 사람이 사는 내륙으로 들어갔다. 그녀들은 말 떼와 맨 먼저 마주쳤는데, 그들은 그 말 떼를 잡아타고 스퀴타이족의 나라를 약탈했다.

111 스퀴타이족은 어찌된 일인지 알 수가 없었다. 스퀴타이족은 아마조네스족 말도 복장도 국적도 모르는지라, 그들이 어디서 왔는지 도무지 알 수가 없었다. 스퀴타이족은 그들이 젊은이인 줄 알고 맞서 싸웠다. 전투가 끝난 뒤, 시신 몇 구를 확보한 스퀴타이족은 그제야 그들이 여자인 줄 알게 되었다. 그래서 스퀴타이족은 회의를 열고 앞으로는 아마조네스족을 더 이상 죽이지 않고 자신들의 가장 젊은 청년들을 대충 아마조네스족의 수만큼 그녀들이 있는 곳으로 보내기로 결의했다. 그리고

---

57 그리스어 phtheirotrageo를 기생충인 '이를 먹다'로 해석하는 이들도 있다.
58 담비 아니면 밍크인 것 같다.
59 전설상의 호전적 여인족.
60 oior.
61 pata.

이들 청년에게는 아마조네스족 가까이 진을 치고 그녀들이 하는 대로 하되, 아마조네스족이 추격해 오면 싸우지 말고 달아나고 추격을 멈추면 가까이 다가가 다시 진을 치라고 했다. 스퀴타이족이 그렇게 결의한 것은 아마조네스족에게서 자식을 얻고 싶었기 때문이다.

112 파견된 청년들은 명령받은 대로 했다. 아마조네스족은 청년들이 자기들을 해코지하러 온 것이 아님을 알게 되자 하는 대로 내버려두었다. 양쪽 야영지는 날이 갈수록 더 가까워졌다. 아마조네스족과 마찬가지로 청년들도 가진 것이라고는 무기와 말밖에 없었다. 그들도 사냥하고 약탈하며 그녀들과 같은 생활을 했다.

113 아마조네스족은 날마다 한낮이 되면 한두 명씩 흩어져 서로 떨어진 상태에서 용변을 보곤 했다. 그것을 알게 되자 스퀴타이족도 따라 했다. 청년 가운데 한 명이 아마조네스족 가운데 혼자 있던 한 명에게 다가가자, 그녀는 반항하지 않고 그가 하는 대로 내버려두었다. 둘이 서로 말이 통하지 않아 그녀는 말을 할 수는 없었지만 이튿날 같은 장소로 오되 다른 남자를 데려오라고 손짓으로 부탁했다. 그녀는 남자가 두 명이라야 하며, 자기도 다른 여자를 데려오겠다는 뜻을 분명히 했다. 청년은 돌아가 전우들에게 알렸다. 이튿날 그는 다른 전우를 데리고 그 장소로 갔다. 가서 보니 그 아마조네스족 여인이 다른 여인과 함께 기다리고 있었다. 다른 청년들도 이 사실을 알게 되자 나머지 아마조네스족을 모두 고분고분하게 만들었다.

114 그 뒤 두 야영지는 합쳐졌고, 스퀴타이족과 아마조네스족의 동거가 시작되었는데, 남자는 저마다 처음에 살을 섞은 여인을 아내로 삼았다.

남자들은 여자들의 말을 배울 수 없었지만, 여자들은 남자들의 말을 배웠다. 그리하여 그들이 서로 의사소통이 가능해지자 남자들이 아마조네스족에게 이렇게 말했다. "우리는 부모님도 계시고 재산도 있소. 그러니 이제 더이상 이렇게 살지 말고 나머지 우리 백성이 있는 곳으로 돌아가 그들과 함께 살도록 해요. 우리가 당신들 아닌 다른 여인들을 아내로 삼는 일은 결코 없을 것이오." 그러자 아마조네스족이 대답했다. "우리는 당신네 나라 여인들과는 함께 살 수 없어요. 우리는 그들과 관습이 달라요. 우리는 활을 쏘고 창을 던지고 말을 타지만 여자들이 하는 일은 배우지 못했어요. 당신네 여인들은 앞서 말한 일들은 아무것도 하지 않아요. 그들은 수레 안에 머물며 여인들이 하는 일이나 하고 사냥하러 나가거나 그 밖의 다른 곳에 가는 일이 없어요. 우리는 그런 여인들과 사이좋게 지낼 수 없어요. 당신들이 우리를 아내로 갖기를 원하고, 진실로 정직하게 처신하고 싶다면 당신들 부모님에게 돌아가 당신들 몫의 재산을 분배받아 오세요. 그리고 당신들이 돌아오면 앞으로 우리끼리만 살도록 해요."

115 설득하려다 설득당한 젊은이들은 그렇게 했다. 그들은 아버지의 재산 가운데 자신들의 몫을 받아 가지고 아마조네스족에게 돌아갔다. 그러자 여인들이 그들에게 이렇게 말했다. "우리는 이 나라에서 살자니 몹시 두려워요. 우리는 당신들한테서 부모님을 빼앗았을 뿐 아니라 당신들 나라에 큰 피해를 입혔으니까요. 당신들이 우리를 아내로 삼기를 원하시니, 우리 함께 이 나라를 떠나 타나이스강을 건너가 그곳에서 살도록 해요."

116 젊은이들은 이번에도 설득당했다. 그들은 타나이스강을 건너, 거기서

동쪽으로 3일 거리를 더 갔고, 마이오티스호에서는 다시 북쪽으로 3일 거리를 더 갔다. 그리하여 그들이 지금 사는 곳에 이르러 그곳에 정착했다. 그때부터 사우로마타이족 여인들은 언제나 옛날의 생활방식을 고수하여, 남편들과 함께 때로는 남편들 없이 말을 타고 사냥을 하러 나가기도 하고 싸움터에 나가기도 하며, 남자들과 같은 옷을 입고 다닌다.

117 사우로마타이족은 스퀴타이족 말을 쓰되 문법에 맞지 않게 쓰고 있다. 당시 아마조네스족이 스퀴타이족 말을 제대로 배우지 못했기 때문이리라. 그들의 결혼 관습에 관해 말하자면, 처녀는 적군의 남자 한 명을 죽이기 전에는 결혼할 수 없다. 이런 조건을 충족하지 못해 결혼도 못해 보고 늙어서 죽는 여자들도 있다.

118 앞서 열거한 이들 부족의 왕들이 공동의 위험에 대처하고자 회합을 가졌을 때 스퀴타이족 사절단이 와서, 페르시아인이 다른 대륙을 완전히 제압한 뒤 보스포로스의 목에 다리를 놓고 이쪽 대륙으로 건너왔으며, 이미 트라케인을 정복하고 이스트로스강에 다리를 놓음으로써 이쪽 대륙도 완전히 복속시키려는 야욕을 드러내고 있다며 다음과 같이 말을 이었다. "그대들은 우리가 망해도 수수방관하지 마시오. 우리 함께 계획을 세워 침략자들을 물리치도록 합시다. 그대들이 거절하겠다면, 우리는 어쩔 수 없이 나라를 떠나거나, 남아서 페르시아인과 타협하는 수밖에 없소. 그대들이 도와주지 않겠다면 우리로서는 달리 도리가 없지 않소? 수수방관한다고 해서 형편이 더 나아지지는 않을 것이오. 페르시아 왕은 우리 못지않게 그대들도 공격하러 왔으며, 일단 우리를 정복한 다음에는 분명 그대들도 내버려두지 않을 것이오. 우리가 한 말이

사실임을 입증해 줄 분명한 증거가 있소. 우리가 전에 페르시아를 복속시켰던 것을 응징하기 위해 페르시아 왕이 우리만을 목표로 공격해 오는 것이라면, 그는 분명 다른 민족은 해코지하지 않고 곧장 우리 나라로 진격해 왔을 것이오. 그랬더라면 그의 공격 목표는 바로 스퀴타이족뿐이라는 것을 누구나 알 수 있었겠지요. 하지만 그는 지금 이쪽 대륙으로 건너오면서 도중의 모든 부족을 굴복시키기 시작했소. 우리 이웃인 게타이족을 포함해 트라케의 모든 부족이 그의 손아귀에 들어갔단 말이오."

119 스퀴타이족의 보고를 받고 그곳에 모인 부족의 왕들은 토의했지만 의견이 엇갈렸다. 겔로노스인, 부디노이족, 사우로마타이족의 왕들은 의견 일치를 보고 스퀴타이족을 돕겠다고 약속했다. 그러나 아가튀르소이족, 네우로이족, 안드로파고이족, 멜랑클라이노이족, 타우로이족의 왕들은 스퀴타이족에게 다음과 같이 대답했다. "그대들이 먼저 페르시아인에게 부당한 짓을 하며 전쟁을 시작하지 않았다면 우리는 그대들의 요구를 정당하다고 여기고 기꺼이 그대들과 행동을 같이했을 것이오. 하지만 그대들은 우리와 상의하지 않고 페르시아인의 나라에 침입해 신께서 허락하신 만큼 그들의 주인 노릇을 했소. 그래서 이번에는 같은 신께서 받은 대로 되갚으라고 그들을 분기시키시는 것이오. 그때도 페르시아인에게 우리는 부당한 짓을 하지 않았거니와 지금도 먼저 부당한 짓을 시작하지 않을 것이오. 페르시아인이 우리 나라를 공격하고 먼저 부당한 짓을 한다면 우리도 앉아서 보기만 하지는 않을 것이오. 그러나 그런 일이 일어나는 것을 보기 전에는, 우리는 우리 나라에 머물 것이오. 우리는 페르시아인이 우리가 아니라, 지난날의 불의의 장본인을 치기 위해 진격해 온 것이라고 믿기 때문이오."

120 스퀴타이족은 이런 대답을 듣자, 이들 동맹군이 도와주려고 하지 않는
만큼 정면 대결을 피하고 퇴각하되 도중의 우물과 샘을 모두 메우고 땅
에 난 풀을 망가뜨리기로 결의했다. 그러기 위해 그들은 군대를 둘로
나누었다. 그중 스코파시스가 이끄는 부대에 사우로마타이족이 합류
하게 되어 있었는데, 이 부대는 페르시아인이 공격해 오면 마이오티스
호를 따라 타나이스강 쪽으로 퇴각하되 페르시아인이 돌아서면 그들
을 추격하라는 명령을 받았다. 이것이 왕령 스퀴타이족의 한 부대이
고, 그들의 임무는 앞서 말한 길을 가는 것이었다. 왕령 스퀴타이족의
나머지 두 부대 가운데 큰 부대는 이단튀르소스가, 세 번째 부대는 탁
사키스가 지휘했는데, 이들 부대도 하나로 합친 다음 겔로노스인과 사
우로마타이족을 합류시키고 나서 퇴각하되 페르시아인보다 하루 행
군 거리만큼 앞서 퇴각하며 작전을 수행하게 되어 있었다. 그들은 먼저
군사적 지원을 거절한 부족의 영토로 곧장 퇴각하게 되어 있었는데, 이
들 부족을 억지로라도 싸움에 끌어들이기 위해서였다. 이들 부족이 자
진해 페르시아와의 전쟁에 참전하고 싶지 않다면 본의 아니게 싸울 수
밖에 없게 만드는 것이다. 그리고 나서 그들은 스퀴타이족의 나라로 돌
아가되 공격하는 것이 유리하다 싶으면 공격에 가담할 것이었다.

121 스퀴타이족은 이런 작전계획을 세우고 나서 다레이오스 군대와 맞서
싸우러 가며 선발대로 정예 기병대를 내보냈다. 그리고 처자들이 기거
하는 모든 수레와 함께 가축 떼를 모두 보내며 북쪽으로 이동하라고 일
렀다. 물론 가축 떼 중에서 양식으로 쓸 만큼은 뒤에 남겨 두었다.

122 그렇게 그들의 수레와 가축 떼가 먼저 출발했다. 한편 스퀴타이족 선발
대는 이스트로스강에서 3일 걸리는 곳에서 페르시아인을 발견하자,

그들로부터 하루 걸리는 곳에 진을 치고 땅에서 나는 것이면 무엇이든 다 없애 버렸다. 페르시아인은 스퀴타이족의 기병대가 나타난 것을 보자 줄곧 퇴각하는 그들의 발자국을 따라 앞으로 나아갔다. 그 뒤 페르시아인은 스코파시스가 이끄는, 스퀴타이족의 한 부대를 추격하다가 동쪽의 타나이스강 쪽으로 나아가게 되었다. 스퀴타이족 부대가 타나이스강을 건너자 그들을 뒤쫓던 페르시아인은 사우로마타이족의 나라를 지나 부디노이족의 나라로 들어갔다.

123 페르시아인은 스퀴타이족의 나라와 사우로마타이족의 나라를 통과하는 동안 땅이 이미 헐벗어 있어 아무것도 파괴할 것이 없었다. 그러나 그들은 부디노이족의 나라에 들어가, 부디노이족이 떠나 버려 지키는 사람 하나 없는 목조 성벽을 발견하자 거기에 불을 질렀다. 그들은 퇴각하는 자들의 발자국을 쫓아 계속 앞으로 나아가다가 이 나라를 지나 사람이 살지 않는 지역에 이르렀다. 사람이라곤 살지 않는 이 지역은 부디노이족 나라의 북쪽에 있고, 그곳을 건너는 데는 7일이 걸린다. 이 지역의 북쪽에는 튓사게타이족이 사는데, 그들 나라에서는 네 개의 큰 강이 발원해 마이오타이족의 나라를 지나 이른바 마이오티스호로 흘러든다. 네 강의 이름은 뤼코스, 오아로스, 타나이스, 쉬르기스이다.

124 다레이오스는 사람이 살지 않는 이곳에 이르자 진격을 중단하고 오아로스 강가에 군대를 주둔시켰다. 그러고는 여덟 개의 큰 성채를 서로 60스타디온쯤 간격을 두고 지었다. 이 성채들의 잔해는 오늘날에도 남아 있다. 다레이오스가 이 일에 열중해 있는 동안 추격당하던 스퀴타이족은 북쪽을 우회하여 스퀴타이족의 나라로 돌아갔다. 그들이 완전히 종적을 감추자, 다레이오스는 그들의 흔적을 찾을 수 없어 성채들을 반

쯤 짓다 말고 서쪽으로 향했다. 그는 그 부대가 스퀴타이족의 전부이고 지금 그들이 서쪽으로 도망치고 있다고 믿은 것이다.

125 그러나 전속력으로 행군해 스퀴타이족의 나라로 돌아온 그는 스퀴타이족의 다른 두 부대와 마주치자 추격하기 시작했다. 그들은 언제나 하루 걸리는 거리만큼씩 앞서갔다. 다레이오스가 계속 추격해 오자 스퀴타이족은 작전계획에 따라 자신들을 도와주기를 거절한 부족의 나라로 향했는데, 먼저 멜랑클라이노이족의 나라로 들어갔다. 스퀴타이족과 페르시아인이 동시에 쳐들어오자 이 나라 백성은 큰 혼란에 빠졌다. 그다음 스퀴타이족은 페르시아인을 안드로파고이족의 나라로 유인했고, 이들이 혼란에 빠지자 네우로이족의 나라로 유인했다. 그곳에서도 혼란을 야기한 다음, 그들은 아가튀르소이족의 나라로 퇴각했다. 아가튀르소이족은 자신들의 이웃 부족이 스퀴타이족으로 인해 혼란에 빠져 도망치는 것을 보고 스퀴타이족이 자신들의 나라에 들어오기 전에 그들에게 전령을 보내 자기들 나라에 발을 들여놓는 것을 금하며, 만약 침입을 시도하면 그들은 먼저 자기들과 끝까지 싸워야 할 것이라고 경고했다. 이렇게 경고하고 아가튀르소이족은 침입자들을 막기 위해 국경 쪽으로 나갔다. 그러나 멜랑클라이노이족과 안드로파고이족과 네우로이족은 스퀴타이족과 페르시아인이 동시에 자기들 나라로 쳐들어오자 아예 싸우기를 포기하고 자신들이 공언한 위협의 말도 잊은 채 혼란에 빠져 계속해서 사람이 살지 않는 북쪽 지역으로 도주했다. 아가튀르소이족이 위협하자 스퀴타이족은 그들 나라로는 쳐들어가지 않고 페르시아인을 네우로이족의 나라에서 자기들의 나라로 유인했다.

126 이런 일이 끝없이 계속되자 다레이오스는 기병 한 명을 스퀴타이족의

왕 이단튀르소스에게 보내 이렇게 전하게 했다. "그대는 참 이상하시
구려. 왜 그대는 계속해서 도망만 다닐 뿐, 다음의 둘 중 하나를 택하려
하지 않으시오? 나와 맞설 자신이 있으면 이렇게 떠돌아다니지 말고
멈춰 서서 싸우시오. 그대가 나보다 약하다고 인정한다면 역시 이렇게
돌아다니기를 그만두고 그대의 주인인 내게 흙과 물을 바치며 나와 회
담하도록 하시오!"

127 스퀴타이족의 왕 이단튀르소스는 이렇게 대답했다. "페르시아인이여,
나로 말하면 여태껏 어떤 인간도 두려워 도망친 적이 없으며, 지금도
그대가 두려워 도망치는 것이 아니오. 내가 지금까지 한 일은 평화시에
내가 늘 하던 것과 크게 다르지 않소이다. 왜 내가 당장 그대와 싸우지
않는지 그 까닭도 설명하겠소. 우리 스퀴타이족에게는 도시도 경작지
도 없소이다. 그런 것들이 있다면 우리는 그것들이 함락되거나 황폐화
될까 두려워 서둘러 그대들과 맞서 싸우겠지요. 그러나 그대들이 되도
록 속히 싸우고 싶다면, 우리에게도 조상의 무덤이 있으니 그 무덤을
찾아내 파괴해 보시오. 그러면 그대들은 우리가 그 무덤을 위해 그대
들과 싸울지 싸우지 않을지 보게 될 것이오. 그러기 전에는, 그럴 만한
이유가 없는 한 우리는 그대들과 싸우지 않을 것이오. 전투에 관해서
는 이쯤 해 두고, 내가 내 주인으로 인정하는 것은 내 조상인 제우스와
스퀴타이족의 여왕 헤스티아뿐이오. 그대에게는 흙과 물 대신 그대에
게 합당한 다른 선물을 보낼 것이오. 그리고 그대가 내 주인이라고 말
한 대가를 톡톡히 치르도록 해 주겠소." [이것이 스퀴타이족의 대답이
었다.]

128 전령은 이를 다레이오스에게 전하기 위해 출발했다. 한편 스퀴타이족

의 왕들은 자기들을 노예로 삼으려 한다는 말을 듣자 격분한 나머지, 사우로마타이족이 포함된 스코파시스 휘하의 부대를 이스트로스강의 다리를 지키고 있는 이오니아인에게 보내 그들과 협상하게 했다. 뒤에 남아 있는 다른 스퀴타이족은 페르시아인을 더이상 이리저리 유인하지 않고 그들이 식량을 구하러 나올 때마다 기습하기로 결의했다. 그들은 다레이오스의 군사가 식량을 찾아 나서기를 기다렸다가 작전을 전개했다. 스퀴타이족 기병대는 언제나 페르시아 기병대를 패주시켰다. 페르시아 기병대는 보병대가 있는 곳으로 도주했고, 그러면 보병대가 그들을 구해 주곤 했다. 그러면 스퀴타이족은 적의 보병대가 두려워 말머리를 돌리곤 했다. 스퀴타이족의 이런 공격은 밤에도 되풀이되었다.

129 여기서 나는 페르시아군에게는 유리하지만 다레이오스의 군대를 기습하는 스퀴타이족에게는 불리한 매우 놀라운 사실 하나를 언급하지 않을 수 없는데, 그것은 바로 당나귀의 울음소리와 노새들의 낯선 모습이었다. 앞서 말했듯이,[62] 스퀴타이족의 나라에는 당나귀도 노새도 나지 않는다. 혹한 때문에 스퀴타이족의 나라 전역에 당나귀나 노새는 단 한 마리도 없는 것이다. 그래서 당나귀의 요란한 울음소리에 스퀴타이족의 말들이 놀라고 당황한 것이다. 때로는 스퀴타이족이 페르시아인을 공격할 때 그들의 말들이 당나귀 울음소리를 듣고 놀라 귀를 쫑긋 세우고 허둥지둥 뒷걸음질하곤 했는데, 전에 당나귀 울음소리를 들은 적이 없고 당나귀의 모습을 본 적이 없기 때문이다. 잠시나마 이것은 페르시아군에게 유리하게 작용했다.

130 스퀴타이족은 페르시아인이 계속적인 기습에 기가 죽은 것을 보자, 적군을 더 오래 자기들 나라에 붙들어 둠으로써 물자 부족으로 극심한 고

통을 겪게 만들려고 다음과 같은 작전계획을 세웠다. 즉 그들은 가끔 자신들의 양떼 가운데 일부를 양치기와 함께 남겨 두고 다른 곳으로 옮겨가곤 했다. 그러면 페르시아인이 다가와 양떼를 채어 가며 자신들의 그런 성공에 우쭐해하곤 했다.

131 이런 일이 되풀이되자 다레이오스는 결국 어찌해야 할지 몰랐고, 스퀴타이족의 왕들은 그런 줄 알고 전령을 보내 다레이오스에게 선물을 바치게 했는데, 그것은 새 한 마리, 쥐 한 마리, 개구리 한 마리 그리고 화살 다섯 개였다. 페르시아인은 선물을 가져온 자에게 선물의 의미가 무엇인지 물었다. 그는 선물을 전하고 되도록 빨리 돌아오라는 지시 외에 다른 지시는 받은 것이 없다며, 페르시아인이 지혜롭다면 선물의 의미를 스스로 알아맞힐 것이라고 말했다. 이 말을 듣고 페르시아인은 자기들끼리 머리를 맞대고 회의를 시작했다.

132 다레이오스의 의견은 스퀴타이족이 항복하고 상징적으로 흙과 물을 가져왔다는 것이었다. 쥐는 땅에서 살며 사람과 같은 음식을 먹고, 개구리는 물속에서 살고, 새는 말과 가장 닮았으며, 화살을 바치는 것은 곧 자신들의 군사력을 바치는 것이라는 해석이었다. 이런 다레이오스의 의견과 달리 마고스를 죽인 7인 중 한 명인 고브뤼아스는 선물의 의미를 다음과 같이 풀이했다. "페르시아인이여, 그대들은 새가 되어 하늘로 날아오르거나 쥐가 되어 땅속에 숨거나 개구리가 되어 연못으로 뛰어들지 않으면 이 화살들을 맞고 쓰러져 다시는 귀향하지 못하리라."

62 28장.

133 페르시아인은 그렇게 선물의 의미를 알아맞히려 했다. 그사이 전에는 마이오티스 호숫가를 지키라는 명령을 받았지만 지금은 이오니아인과 협상하도록 이스트로스강으로 파견된, 스퀴타이족의 다른 부대는 다리에 도착해 이렇게 말했다. "이오니아인이여, 우리는 그대들이 우리가 시킨 대로 할 경우 그대들에게 자유를 주러 왔소이다. 우리는 다레이오스가 그대들에게 여기 이 다리를 60일 동안만 지키고 그 기간이 지나도 그가 돌아오지 않으면 그대들의 고향으로 돌아가라고 명령한 것을 알고 있소. 그러니 그대들이 다음과 같이 하면 그에게도, 우리에게도 책임 추궁을 당하지 않을 것이오. 그대들은 정해진 기간만큼만 이곳에 머물다가 그 기간이 지나면 이곳을 떠나도록 하시오!" 이오니아인이 그러겠다고 약속하자 스퀴타이족은 서둘러 그곳을 떠났다.

134 뒤에 남아 있던 스퀴타이족 부대는 다레이오스에게 선물을 보낸 뒤, 페르시아인을 공격하기 위해 기병대도 보병 부대도 전열을 가다듬었다. 스퀴타이족이 대오를 갖추고 서 있을 때 산토끼 한 마리가 양군 사이로 뛰어들더니 달리기 시작했다. 그것을 본 스퀴타이족은 누가 먼저랄 것도 없이 산토끼를 뒤쫓기 시작했다. 스퀴타이족이 뒤죽박죽이 되어 요란하게 소리지르자 다레이오스는 적군이 왜 저렇게 소란을 피우느냐고 물었다. 적군이 산토끼를 뒤쫓고 있다는 말을 듣자 그는 심복들에게 말했다. "저놈들은 분명 우리를 아주 업신여기고 있소. 이제 와서 생각하니, 스퀴타이족의 선물에 관한 고브뤼아스의 판단이 옳았던 것 같소. 나도 이제는 그렇게 생각하는 만큼, 지금 우리에게는 이곳에서 벗어나 무사히 고향으로 돌아갈 수 있는 좋은 계책이 필요하오." 고브뤼아스가 대답했다. "전하, 저는 스퀴타이족이 다루기 어렵다는 것을 들어서 알고 있었사오나, 여기 와서 저들이 우리를 갖고 노는 것을 보고

는 더 잘 알게 되었나이다. 저는 밤이 되면 우리가 여느 때처럼 화톳불을 피우고 당나귀들을 모두 매어 두고 군사 중에 약골들을 속여 뒤에 남게 한 다음, 스퀴타이족이 다리를 끊기 위해 이스트로스강으로 향하기 전에, 또는 이오니아인이 우리를 파멸시킬 어떤 결정을 내리기 전에 되도록 빨리 철수하는 것이 상책이라고 생각하옵니다."

135 고브뤼아스는 그렇게 건의했다. 밤이 되자 다레이오스는 그가 건의한 대로 했다. 그는 당나귀들을 모두 매어 둔 다음, 군사 중에 병든 자들과 잃어도 아깝지 않은 자들을 진영에 남겨 두었다. 그가 당나귀들을 남겨 둔 것은 그것들이 울어 주기를 바랐기 때문이고, 약졸(弱卒)을 남겨 둔 것은 그들이 허약했기 때문이다. 그러나 그는 그들에게 자기가 강졸 (强卒)을 거느리고 스퀴타이족을 공격하는 동안 그들이 진영을 지켜야 한다는 핑계를 둘러댔다. 다레이오스는 뒤에 남은 자들에게 이런 핑계를 둘러댄 다음 화톳불을 피워 놓고 이스트로스강을 향해 최대한 속도를 내 행군했다. 주력부대가 떠나 버리자 버림받은 당나귀들은 더욱더 요란하게 울어 댔고, 스퀴타이족은 당나귀 울음소리를 듣고 페르시아인이 그곳에 그대로 있는 줄로만 알았다.

136 날이 밝자 뒤에 남은 페르시아인들은 자신들이 다레이오스에게 배신 당했음을 알고는 항복의 표시로 두 손을 내밀며 스퀴타이족에게 사건의 자초지종을 말했다. 스퀴타이족은 그들의 말을 듣자마자 이미 그 자리에 와 있던 스퀴타이족의 두 부대와 사우로마타이족과 함께한 부대와 부디노이족과 겔로노스인을 하나로 묶어, 페르시아인을 뒤쫓아 이스트로스강으로 직행했다. 페르시아군은 대체로 보병으로 구성되어 있는 데다 이미 닦아 놓은 길이 없어 길을 모르는 반면 스퀴타이족은

말을 타고 있는 데다 지름길도 알고 있던 터라, 양군은 서로 길이 어긋나 스퀴타이족이 페르시아인보다 훨씬 먼저 다리에 당도했다. 스퀴타이족은 페르시아인이 아직 도착하지 않았음을 알고 함선에 타고 있는 이오니아인에게 이렇게 말했다. "이오니아인이여, 정해진 기간이 다 지났는데도 그대들이 이곳에 머문다는 것은 잘못하는 짓이오. 그대들이 전에 이곳에 머문 것은 다레이오스를 두려워하는 마음 때문이었소. 이제는 어서 이 다리를 파괴하고 고향으로 떠나시오. 자유의 몸이 된 것을 기뻐하며, 신들과 스퀴타이족에게 마음속으로 감사하며. 전에 그대들의 주인인 자에 관해 말하자면, 우리는 그자가 다시는 어떤 민족도 공격하지 못하도록 만들어 놓을 것이오."

137 이와 관련해 이오니아인이 회의를 열었다. 헬레스폰토스 케르소네소스인의 장군이자 참주인 아테나이 출신 밀티아데스는 스퀴타이족이 시킨 대로 이오니아를 페르시아의 지배로부터 해방해야 한다는 의견을 표명했다. 그러나 밀레토스 출신 히스티아이오스는 이에 반대하며, 그들은 각자 다레이오스 덕분에 그들 도시의 참주가 된 만큼 만약 다레이오스의 권력이 붕괴되면 자기도 밀레토스를 지배할 수 없고 그들 중 어느 누구도 이오니아의 다른 도시를 지배할 수 없을 것이라고 했다. 이들 도시는 저마다 참주정체보다는 민주정체를 선호할 것이기에 그러하다는 견해였다. 히스티아이오스가 그런 의견을 표명하자마자 잠시 전만 해도 밀티아데스의 의견에 찬동하던 자들도 모두 그쪽으로 기울었다.

138 이 회합에서 투표한 자들은 모두 페르시아 왕에게 존중받는 자들로서 헬레스폰토스인의 참주였는데, 아뷔도스의 다프니스, 람프사코스의 힙포클로스, 파리온의 헤로판토스, 프로콘네소스의 메트로도로스, 퀴

지코스의 아리스타고라스, 뷔잔티온의 아리스톤이 그들이다. 이들은 헬레스폰토스에서 왔고, 그 밖에 이오니아에서 키오스의 스트랏티스, 사모스의 아이아케스, 포카이아의 라오다마스, 밀레토스의 히스티아이오스가 왔는데, 그가 바로 밀티아데스의 의견에 반대한 사람이다. 아이올리스의 저명한 참주 중에 이 회의에 참석한 이는 퀴메의 아리스타고라스 한 명뿐이었다.

139 그들은 히스티아이오스의 의견을 받아들이고 나서, 다음과 같은 조치를 취하되 그 진의를 속이기로 결의했다. 말하자면 그들은 다리의 스퀴타이족 나라 쪽 부분을 화살 한 바탕 거리만큼 헐기로 했는데, 이는 그들이 아무것도 하지 않으면서도 무언가 하는 것처럼 보이고, 스퀴타이족이 억지로 다리를 이용해 이스트로스강을 건너지 못하게 하려는 것이었다. 그리고 다리의 그쪽 부분을 헐면서 자기들은 스퀴타이족이 원하는 것이면 무엇이든 기꺼이 하겠다고 말할 참이었다. 히스티아이오스의 의견에 덧붙여 그러기로 결의하고 나서 히스티아이오스가 그들 모두를 대표하여 이렇게 말했다. "스퀴타이족이여, 그대들은 좋은 것을 가지고 제때에 왔소이다. 그대들이 우리에게 좋은 길을 가리켜 주었으니, 우리도 기꺼이 그대들의 뜻에 따를 것이오. 그대들도 보다시피, 우리는 다리를 헐고 있고 자유민이 되고 싶은 욕심에 열성을 다할 것이오. 우리가 다리를 허는 동안 그대들은 가서 페르시아군을 수색하는 것이 좋겠소. 그리고 그들을 발견하면 그대들과 우리를 위해 합당한 만큼 그들을 응징해 주시오."

140 스퀴타이족은 이번에도 이오니아인의 말이 참말인 줄 알고 페르시아인을 찾기 위해 되돌아섰지만 그들을 찾는 데 완전히 실패했다. 그것은

말들이 먹을 풀을 없애 버리고 우물을 메워 버린 스퀴타이족 자신들 탓이었다. 그렇게 하지 않았던들 그들은 원하기만 하면 페르시아인을 힘들이지 않고 찾아낼 수 있었을 것이다. 그때 그들이 상책이라고 생각한 것이 지금은 실패의 원인이 되었다. 말하자면 스퀴타이족은 말이 먹을 풀과 물이 있는 지역을 통과하며 적군을 수색한 것이다. 그들은 적군도 그 지역을 지나 퇴각할 것이라고 믿었다. 그러나 페르시아인은 먼젓번에 지나간 길을 따라 행군하다가 천신만고 끝에 다리 있는 곳에 도착했다. 그들은 밤에 도착해 다리가 허물어져 있는 것을 보고 이오니아인이 자기들을 버린 것이 아닌지 심한 공포에 사로잡혔다.

141 다레이오스의 측근 중에는 목소리가 아주 큰 아이귑토스인이 한 명 있었다. 다레이오스가 이 사람더러 이스트로스 강가에 서서 큰 소리로 밀레토스의 히스티아이오스를 부르게 했다. 그가 그렇게 하자 히스티아이오스가 대번에 알아듣고 모든 함선을 투입하여 군대를 날라 오게 하는 한편 다리를 다시 이었다.

142 그리하여 페르시아인은 도주했고, 스퀴타이족은 또 한번 페르시아인을 찾아내는 데 실패했다. 그 뒤로 스퀴타이족은 이오니아인을 가리켜 자유민으로서는 세상에서 가장 비열하고 비겁한 인간이지만 노예로서는 어떤 경우에도 도망치지 않는, 주인에게 가장 충직한 하인이라고 평했다. 스퀴타이족은 이오니아인에게 그런 험담을 퍼부었다.

143 다레이오스는 트라케를 지나 케르소네소스의 세스토스에 도착했다. 그곳에서 그는 배를 타고 아시아로 건너가며 페르시아인 메가바조스를 장군으로서 에우로페에 남겨 두었다. 바로 이 메가바조스에게 다레

이오스는 페르시아인이 모인 앞에서 한마디 말로 크게 경의를 표한 적이 있었다. 다레이오스가 석류 몇 알을 먹으려고 첫 번째 석류의 껍질을 벗기는데, 그의 아우 아르타바노스가 석류 속 씨들만큼 많이 갖고 싶은 것이 무엇이냐고 물었다. 그러자 헬라스를 정복하는 것보다도 메가바조스 같은 인물이 그만큼 많았으면 좋겠다고 다레이오스가 말한 것이다. 다레이오스는 전에 페르시아에서 그런 말로 그의 명예를 높여 주더니, 이번에는 그를 자신의 8만 대군을 지휘하는 장군으로서 뒤에 남겨 두었다.

144 이 메가바조스는 헬레스폰토스인의 기억에 길이 남을 명언을 남긴 인물이기도 하다. 그는 뷔잔티온에 갔다가 칼케돈이 뷔잔티온보다 17년 먼저 식민시로 건설되었다[63]는 말을 듣고 다음과 같이 말했다. "그렇다면 당시 칼케돈인은 눈이 멀었음이 틀림없소. 눈이 멀지 않고서야 더 나은 곳을 눈앞에 두고 더 못한 곳을 고르지 않았을 테니 말이오." 바로 이 메가바조스가 그때 장군으로서 뒤에 남아 아직도 페르시아에 협력하지 않는 헬레스폰토스 연안의 도시들을 정복하기 시작했다.

145 메가바조스가 그러는 동안, 또 다른 대원정이 리뷔에에 대해서도 추진되고 있었다. 그 이유를 말하기 전에, 먼저 이 나라와 관련해 몇 가지 일러둘 말이 있다. 아르고호(號) 선원들의 자손[64]은 브라우론에서 아테

---

63 보스포로스 해협을 사이에 두고 서로 마주보고 있는 뷔잔티온과 칼케돈은 둘 다 메가라인이 세운 식민시다. 뷔잔티온은 기원전 660년경에 건설된 것으로 알려져 있다.
64 아르고호 선원들은 황금 양모피를 찾아 흑해 동쪽 기슭의 콜키스로 가는 도중 렘노스섬에 들렀다가 질투심에서 남자들을 죽이고 혼자 몸으로 살던 그곳 여인들과 동거하여 자식들을 낳게 된다.

나이 여인들을 납치한 펠라스고이족에 의해 렘노스섬에서 쫓겨나자 배를 타고 라케다이몬으로 갔다. 그들이 타위게톤산에 자리잡고 불을 피우고 있는데, 라케다이몬인이 이것을 보고 사자를 보내 그들이 어디서 온 누구인지 물었다. 그들은 사자가 묻자 자기들은 미뉘아이족[65]으로, 아르고호에 동승했다가 렘노스섬에 상륙해 자신들의 조상이 된 저 영웅들의 후손이라고 대답했다. 이를 듣고서 미뉘아이족의 혈통에 관해 알게 된 라케다이몬인은 다시 사자를 보내, 그들이 무엇을 바라고 라케다이몬에 와서 불을 피웠느냐고 물었다. 그들이 대답하기를, 자기들은 펠라스고이족에게 쫓겨나 선조의 나라를 찾아왔으며 그것은 정당한 행동이라고 했다. 그러면서 그들은 시민권을 부여받고 토지를 분배받아 라케다이몬에서 살고 싶다고 했다. 라케다이몬인은 그들이 원하는 조건으로 그들을 받아들이기로 결의했다. 그들이 그렇게 한 것은, 무엇보다도 튄다레오스의 아들들[66]도 아르고호에 동승했었기 때문이다. 그래서 라케다이몬인은 미뉘아이족을 받아들여 토지를 나누어 주고 각 부족 사이에 분산 배치했다. 미뉘아이족은 즉시 라케다이몬 여인들에게 장가들었고, 그들이 렘노스에서 데려온 딸들과 누이들은 라케다이몬인에게 시집보냈다.

146 그러나 그 뒤 오래지 않아 미뉘아이족은 갑자기 교만해지기 시작하더니, 두 명의 왕 가운데 한 명은 자기들 중에서 뽑아야 한다고 요구했으며 그 밖에도 불경한 짓을 많이 저질렀다. 라케다이몬인은 그들을 죽이기로 결의하고 포박하여 감옥에 처넣었다. 라케다이몬인은 밤에만 사형을 집행하고 낮에는 일절 집행하지 않는다. 미뉘아이족이 처형되기 직전에 미뉘아이족의 아내들—그들은 라케다이몬 시민으로 스파르테 요인들의 딸이었다—이 감옥에 가서 각자 자기 남편과 면회할 수

있게 해 달라고 요청했다. 라케다이몬인은 그들이 계략을 꾸미리라고
는 꿈에도 생각지 않고 감옥에 들어가게 해 주었다. 감옥에 들어간 여
인들은 자기들이 입고 간 옷을 모두 남편에게 벗어 주고 대신 남편들이
입던 옷으로 갈아입었다. 여자 옷을 입은 미뉘아이족은 여자인 양 감옥
을 빠져나와 도주했고 다시 타위게톤산에 자리잡았다.

147 바로 그 무렵 테라스가 다른 곳에 식민시를 건설하려고 라케다이몬을
떠날 준비를 했는데, 그는 아우테시온의 아들로 테이사메노스의 손자
요 테르산드로스의 증손이요 폴뤼네이케스[67]의 고손이었다. 또한 테
라스는 카드모스가(家)의 자손으로 아리스토데모스의 아들들인 에우
뤼스테네스와 프로클레스의 외숙이었는데, 생질들이 아직 어릴 때는
섭정으로서 스파르테의 왕권을 행사할 수 있었다. 그러나 두 형제가 자
라 친정(親政)을 하게 되자 이미 권력의 맛을 본 테라스로서는 타인의
지배를 받는다는 것이 견딜 수 없어 더이상 라케다이몬에 머물지 않고
배를 타고 테라섬에 사는 친척을 찾아가겠다고 말했다. 지금은 테라라
고 불리지만 전에는 칼리스테라고 불리던 이 섬에는 포이킬레스의 아
들 멤블리아라오스라는, 포이니케인의 후손이 살고 있었다. 말하자면
아게노르의 아들 카드모스가 에우로페를 찾아다니다가 지금은 테라
라고 불리는 섬에 들렀는데, 그곳이 마음에 들었던지 아니면 다른 이유
가 있었던지 자신의 친척인 멤블리아라오스와 함께 한 무리의 포이니

---

65 Minyai. 남텟살리아와 북보이오티아 지방에 걸쳐 웅거하던 오래된 부족. 아르고
호 선원들은 대부분 미뉘아이족이었다.
66 뒨다레오스는 스파르테의 옛 왕이다. '뒨다레오스의 아들들'은 카스토르와 폴뤼
데우케스를 말한다.
67 오이디푸스의 아들.

케인을 그곳에 남겨 둔 것이다. 테라스가 라케다이몬에서 칼리스테라고 불리던 이 섬에 건너오기 전에 이들 포이니케인은 그곳에서 인간의 여덟 세대를 살았다.

148 테라스는 라케다이몬의 각 부족에서 선발한 이민단을 이끌고 이들에게 갈 준비를 하고 있었지만 이들과 함께 살고, 이들의 친구가 되기 위해서이지 이들을 몰아내기 위해서가 아니었다. 바로 그 무렵 미뉘아이족이 감옥에서 탈주해 타위게톤산에 자리잡고 있었는데, 라케다이몬인이 그들을 죽이려 하자 유혈 사태를 피하기 위해 테라스가 그들을 죽이지 말아 달라며 자기가 그들을 국외로 데리고 나가겠다고 약속했다. 라케다이몬인이 그의 청을 들어주자 그는 3척의 삼십노선을 이끌고 멤블리아라오스의 후손에게 갔다. 그러나 그는 미뉘아이족을 전부가 아니라 일부만 데리고 갔다. 대부분의 미뉘아이족은 파로레아타이족과 카우코네스족[68]의 나라로 가서 그들을 그곳에서 쫓아낸 다음 여섯 집단으로 나누어 여섯 도시를 건설했는데, 레프레온, 마키스토스, 프릭사이, 퓌르고스, 에피온, 누디온이 그것이다. 이 도시들은 대부분 우리 시대에 와서 엘리스인에 의해 파괴되었다. 한편 칼리스테섬은 이들 이민단 우두머리의 이름을 따 테라라고 불리게 되었다.

149 테라스의 아들이 아버지와 동행하려 하지 않자, 테라스는 아들을 '늑대 떼 속의 양'으로 남겨 두는 것이라고 말했다. 이 말 때문에 젊은이는 '오이올뤼코스'[69]라는 별칭을 갖게 되었는데, 그는 본명보다 이 이름으로 더 잘 통했다. 이 오이올뤼코스의 아들이 아이게우스였는데, 스파르테의 주요 씨족인 아이게이다이가(家)는 그에게서 이름을 따왔다. 이 가문의 남자에게 태어난 자식들은 늘 요절했다. 그래서 신탁의 조언

에 따라 라이오스와 오이디푸스의 원혼(冤魂)들[70]에게 사당을 지어 주었다. 그러자 아이들이 제명대로 살았는데 테라에 살던 아이게이다이가의 후손에게도 비슷한 일이 일어났다.

150 여기까지는 라케다이몬인과 테라인의 이야기가 일치한다. 그러나 다음에 나오는 그 뒷이야기는 테라인만이 전하는 것이다. 테라스의 후손으로 테라섬의 왕이던, 아이사니오스의 아들 그린노스는 그의 도시의 이름으로 헤카톰베[71]를 바치기 위해 델포이에 갔다. 몇몇 시민이 동행했고, 그중에는 폴뤼네스토스의 아들 밧토스도 포함되어 있었는데 그는 미뉘아이족으로 에우페모스의 자손이었다. 테라인의 왕 그린노스가 다른 일들에 관해 신탁에 문의하는데, 예언녀 퓌티아가 그에게 리뷔에에 도시를 세워야 한다는 엉뚱한 대답을 했다. 그는 대답했다. "왕[72]이시여, 저는 그렇게 먼길을 떠나기에는 이미 너무 늙고 몸이 너무 무겁사옵니다. 하오니 그런 일이라면 여기 있는 더 젊은 사람 가운데 한 명에게 시키소서!" 이렇게 말하며 그는 밧토스를 가리켰다. 그때는 그것으로 끝났다. 그리고 귀국했을 때, 그들은 신탁에 전혀 관심이 없었다. 그들은 리뷔에가 어디 있는지 몰랐고, 모르는 곳으로 이민단을 보낼 만큼 무모하지 않았기 때문이다.

---

68 파로레아타이족과 카우코네스족은 명칭만 다를 뿐 같은 부족인 것 같다. 그들은 그리스에 이전부터 살고 있었던 부족 가운데 하나로, 엘리스와 멧세니아 사이에 있는 험준한 트리퓔리아(Triphylia)에 살았다.

69 '양 늑대' 또는 '늑대 떼 속의 양'이라는 뜻.

70 그리스어 Erinyes는 보통 '복수의 여신들'로 옮겨진다.

71 hekatombe. 원래 '소 백 마리의 제물'이라는 뜻이지만, 대개 '성대한 제물'이라는 뜻으로 쓰인다.

72 아폴론.

151 그로부터 7년간 테라에는 비가 오지 않아, 그동안 이 섬의 나무들은 한 그루만 제외하고 모두 말라 죽었다. 테라인이 신탁에 묻자, 퓌티아가 그들에게 리뷔에에 식민시를 건설해야 한다는 점을 상기시켜 주었다. 달리 어쩔 도리가 없자 그들은 크레테인이나 크레테에 거주하는 이방인 가운데 누군가 리뷔에에 가 본 적이 있는지 알아보기 위해 크레테로 사절단을 보냈다. 사절단은 크레테섬을 이리저리 돌아다니다가 마침내 이타노스 시에 가게 되었다. 그곳에서 자주색 물감을 대주는 조개를 잡는 코로비오스라는 어부를 만났는데 그의 말인즉, 그는 바람에 떠밀려 리뷔에 앞바다의 플라테이아섬으로 떠내려간 적이 있다고 했다. 사절단은 돈을 주고 그를 테라로 데리고 갔고, 처음에는 리뷔에에 땅을 정탐하기 위해 소수의 정탐꾼만 테라에서 내보냈다. 코로비오스가 그들을 플라테이아섬으로 안내하자, 그들은 몇 달치 양식과 함께 그를 그곳에 남겨 두고 그 섬에 관해 테라인에게 보고하기 위해 서둘러 테라로 회항했다.

152 약속한 기간이 지나도 테라인이 나타나지 않자 코로비오스는 식량이 바닥났다. 그때 사모스의 배 1척 — 선주의 이름은 콜라이오스였다 — 이 아이귑토스로 항해하던 중 플라테이아섬으로 떠내려왔다. 사모스인은 코로비오스에게 사건의 전말을 전해 듣고 그를 위해 1년치 식량을 남겨 두었고 섬을 떠나 아이귑토스로 항해했다. 그러나 그들은 역풍인 동풍을 만났고, 쉴 새 없이 불어 대는 바람에 떠밀려 헤라클레스의 기둥들 사이를 지나 신의 호송을 받으며 타르텟소스에 도착했다. 당시만 해도 이 무역 거점은 잘 알려져 있지 않았다. 그래서 그들은 우리가 정확한 정보를 갖고 있는 어떤 헬라스인보다 많은 이익을 남기고 사모스로 돌아갔다. 물론 아이기나 출신으로 라오다마스의 아들인 소스트

라토스는 예외이다. 그와 비견할 수 있는 사람은 아무도 없기 때문이다. 사모스의 뱃사람들은 자신들이 얻은 이익의 10분의 1인 6탈란톤을 신들께 바치며 아르골리스의 포도주 희석용 동이를 본떠 청동 그릇을 만들게 했는데, 그 가장자리를 따라 그륍스들의 머리가 돌출되어 있었다. 그들은 이 그릇을 헤라 신전에 봉헌했다. 무릎을 꿇은 청동상 세 개가 그 대좌를 이루고 있는데, 그 높이는 각각 7페퀴스였다. 사모스인이 코로비오스를 도와준 것이 계기가 되어 퀴레네인 및 테라인과 사모스인 사이에 돈독한 우호 관계가 맺어졌다.

153 코로비오스를 섬에 남겨 두고 테라로 돌아온 테라인은 리뷔에 앞바다의 섬에 거주지를 마련했다고 보고했다. 테라인은 섬의 일곱 구역 전체에서 이민단을 보내되 형제가 여럿일 경우 누가 갈지 제비를 뽑기로 결의했다. 그리고 밧토스를 그들의 지도자 겸 왕으로 삼기로 했다. 그들은 오십노선 2척을 플라테이아로 보냈다.

154 이것은 테라인이 전하는 이야기다. 그 뒤에 있었던 일에 관해서는 퀴레네인과 테라인이 같은 이야기를 하지만 밧토스에 관해서는 서로 다른 이야기를 하는데, 퀴레네인의 이야기는 다음과 같다. 크레테에 오악소스라는 도시가 있는데, 그곳 왕이던 에테아르코스에게는 프로니메라는 딸이 있었다. 아내가 죽자 그는 후처를 얻었다. 후처는 집안에 들어오자마자 프로니메에게 진짜 계모 노릇을 하기로 작정하고는 그녀를 학대하고 갖은 방법으로 못살게 굴더니 설상가상으로 음란하다고 그녀를 모함해 아버지가 그것을 사실이라고 믿게 만들었다. 그는 아내의 말을 믿고 딸에게 천인공노할 음모를 꾸몄다. 그는 오악소스에 사는 테미손이라는 테라 출신 상인과 친교를 맺고는 자기가 부탁하는 것이면

무엇이든 들어주겠다고 맹세하게 했다. 테미손이 그러겠다고 맹세하자, 왕은 딸을 데리고 와서 그에게 넘겨주며 바다로 데리고 나가 익사시키라고 했다. 테미손은 자신이 속아서 맹세하게 된 것에 몹시 분개하여 에테아르코스와의 친교를 파기하고 다음과 같이 했다. 소녀를 데리고 출항한 그는 난바다로 나오자 에테아르코스에게 한 맹세를 이행하기 위해 소녀를 밧줄로 묶어 바닷물에 내렸다가 도로 끌어올려 테라로 데려간 것이다.

155 테라에 이르자 폴륌네스토스라는 테라의 저명인사가 프로니메를 거두어 첩으로 삼았다. 얼마 뒤 그녀가 그에게 혀짤배기에 말더듬이인 아들을 낳아 주자, 이 아이에게 말더듬이라는 뜻의 밧토스라는 이름이 붙여졌다. 아무튼 테라인과 퀴레네인은 그렇게 말한다. 그러나 나는 그가 다른 이름으로 불리다가 리뷔에에 와서 첫째, 델포이에서 받은 신탁 때문에 둘째, 이 이름이 갖는 후광 때문에 개명했다고 생각한다. 리뷔에인은 왕을 '밧토스'라고 부르기 때문이다. 예언녀 퓌티아는 그가 리뷔에의 왕이 될 것임을 알고 있었기에, 왕이라는 뜻의 리뷔에 말로 그를 불렀다고 나는 생각한다. 왜냐하면 그가 장성해 자신이 왜 말을 더듬는지 묻고자 델포이에 갔을 때, 퓌티아에게서 다음과 같은 신탁을 받았기 때문이다.

밧토스여, 그대는 목소리 때문에 왔구려. 하지만 포이보스 아폴론 왕께서는
그대를 양떼를 치는 리뷔에로 보내 식민시를 건설하게 하시노라.

이 신탁의 첫 부분은 헬라스 말로는 "왕이시여, 그대는 목소리 때문에

오셨구려"라는 뜻이 될 것이다. 아무튼 그는 다음과 같이 대답했다. "왕이시여, 저는 제 목소리에 관해 묻고자 그대에게 왔건만 그대는 저더러 리뷔에에 식민시를 건설하라고 대답하는데, 그건 제가 감당할 수 없는 일이옵니다. 대체 물자는 어디 있으며, 사람은 어디 있나이까?" 아무리 사정해도 그는 다른 신탁은 들을 수 없었다. 밧토스는 퓌티아가 여전히 같은 신탁을 되풀이하는 사이, 그녀 앞에서 물러나 테라로 돌아갔다.

156 그 뒤로 밧토스뿐 아니라 다른 테라인에게 온갖 불상사가 일어났다. 테라인은 그 원인을 알 수 없어 델포이로 사절을 보내, 왜 자기들에게 불상사가 일어나는지 신탁에 묻게 했다. 퓌티아는 그들이 밧토스와 함께 리뷔에에 식민시 퀴레네를 건설하기 전에는 사태가 호전되지 않을 것이라고 대답했다. 그래서 그들은 2척의 오십노선과 함께 밧토스를 파견했다. 밧토스 일행은 리뷔에 해안에 도착했지만 무엇을 어떻게 해야할지 알지 못해 테라로 도로 회항했다. 그러나 테라인은 그 배가 해안에 다가올 때마다 화살을 쏘아 상륙하지 못하게 하며 리뷔에로 회항하라고 말했다. 밧토스 일행은 어쩔 수 없이 회항하여, 앞서 말했듯이 플라테이아라고 불리는 리뷔에 앞바다의 섬에 정착했다. 이 섬은 지금의 퀴레네 시만큼 크다고 한다.

157 그들은 이 섬에서 2년 동안 살았다. 하지만 형편이 나아지지 않자 한 명만 남겨 두고 모두 배를 타고 델포이로 갔고, 그곳에 도착하자 자기들은 리뷔에에 정착했지만 조금도 형편이 나아진 것이 없으니 어떻게 하면 좋겠는지 신탁에 조언을 구했다. 그러자 퓌티아가 그들에게 다음과 같이 대답했다.

가 보지도 않은 그대가 가 본 나보다 양떼를 치는 리뷔에를
더 잘 안다니, 나는 그대의 지혜에 감탄을 금할 수 없노라.

그래서 밧토스 일행은 플라테이아섬으로 되돌아갔다. 그들이 리뷔에
본토에 도착하기 전에는 아폴론 신이 그들을 식민시 건설이라는 과업
에서 놓아주지 않을 것이 분명했기 때문이다. 그들은 섬으로 돌아가 뒤
에 남아 있던 자를 배에 싣고 섬 맞은편의 리뷔에 본토에 정착했다. 그
지역은 아지리스라고 불렸는데, 양쪽 모두 더없이 아름다운 골짜기로
둘러싸이고, 한쪽에는 강이 흐르고 있다.

158 이곳에서 그들은 6년을 살았다. 7년째 되던 해, 몇몇 리뷔에인이 더 나
은 곳으로 인도할 테니 이곳을 떠나라고 그들에게 권유했다. 그래서 리
뷔에인은 그들을 서쪽으로 인도하면서도 이라사[73]라는 더없이 아름다
운 지역은 헬라스인들이 보지 못하게 야간에 통과하도록 미리 세심하
게 시간을 조정했다. 리뷔에인은 그들을 아폴론의 샘[74]이라고 불리는
곳으로 데리고 가더니, "헬라스인들이여, 그대들이 정착하기에는 이곳
이 적합할 것이오. 이곳에는 하늘에 구멍이 뚫려 있으니 말이오"[75]라고
말했다.

159 식민시 창건자인 밧토스는 40년간 통치했고, 그의 아들 아르케실라오
스는 16년간 통치했다. 그들이 살아 있는 동안 퀴레네의 인구수는 리
뷔에 식민시를 건설하기 위해 처음 출발했을 때 그대로였다. 그러나
'행복 왕' 밧토스라고 불리는 3대째 왕의 재위 기간에는 퀴레네인이 이
민자를 초청하며 토지를 분배해 주자, 모든 헬라스 국가가 배를 타고
건너가 퀴레네인이 리뷔에에 식민시를 건설하는 일을 돕도록 퓌티아

가 촉구했다. 퓌티아는 다음과 같이 선언했다.

토지가 분배된 뒤 너무 늦게 사랑스런 리뷔에에
도착하는 자는 필시 후회하게 되리라.

그래서 많은 사람이 퀴레네에 모여들며 주변 토지를 잠식해 들어갔다.
토착 리뷔에인과 아디크란이라는 그들의 왕은 자신들이 토지를 빼앗
기고 이주민에 의해 외곽으로 밀려나는 것에 분개하여, 아이귑토스로
사절단을 보내 자신들의 운명을 아이귑토스 왕 아프리에스의 재량에
맡겼다. 아프리에스는 대군을 출동시켜 퀴레네를 공격하게 했다. 퀴
레네인은 이라사까지 나와 테스테스 샘이란 곳에서 아이귑토스인을
맞아 싸워 이겼다. 아이귑토스인은 전에 헬라스인과 싸워 본 경험이 없
어 과소평가하다가 참패해 소수만이 아이귑토스로 돌아갈 수 있었다.
아이귑토스인은 이 일로 아프리에스에게 원한을 품게 되어 반기를 들
었다.[76]

160 '행복 왕' 밧토스 뒤를 이어 그의 아들 아르케실라오스가 왕이 되었는
데, 그는 왕위에 오르자마자 아우들과 반목했다. 아우들은 결국 퀴레
네를 떠나 리뷔에의 다른 지역으로 옮겨가, 자력으로 예나 지금이나 바
르케라고 불리는 도시를 건설했다. 아직도 도시가 건설되고 있는 동안

---

73 리비아 고원 끝 봄바(Bomba)만 위에 있는 지금의 에르센(Ersen).
74 퀴레(Kyre)라는 이 샘에 관해서는 핀다로스의 『퓌토 송가』 제4가 294행에서도
언급되고 있다.
75 비가 자주 와서 비옥하다는 뜻인 듯하다.
76 2권 161장.

아우들은 퀴레네인에게 반기를 들도록 리뷔에인을 사주했다. 그 뒤 아르케실라오스는 아우들을 받아들이고 반기를 든 리뷔에인을 토벌하러 출동했다. 리뷔에인은 겁이 나 동쪽의 리뷔에인 부족에게로 도망쳤다. 그러나 아르케실라오스가 도망치는 자들을 레우콘까지 추격하자 리뷔에인은 그곳에서 그를 공격하기로 결의했다. 전투에서 퀴레네인이 참패해 그곳에서 중무장 보병 7,000명을 잃었다. 그렇게 참패한 뒤 아르케실라오스는 병을 얻어 약을 먹다가 아우 레아르코스에게 목이 졸려 죽었고 레아르코스도 에뤽소라는 아르케실라오스의 아내의 계략으로 살해되었다.

161   아르케실라오스의 아들 밧토스가 왕위를 계승했는데 그는 절름발이라 제대로 걷지 못했다. 이렇듯 나라에 재앙이 겹치자 퀴레네인은 델포이로 사절단을 보내 미래의 안녕을 보장받기 위해서는 어떤 정부를 세워야 하느냐고 묻게 했다. 퓌티아는 그들에게 아르카디아의 만티네이아에서 입법자를 데려오라고 명령했다. 퀴레네인이 요청하자 만티네이아인은 데모낙스라는 가장 저명한 시민 중 한 사람을 보내 주었다. 퀴레네에 도착한 데모낙스는 그곳 사정을 면밀히 검토한 뒤 주민을 세 부족으로 나누었는데, 첫 번째 부족은 테라인과 주변에 살던 리뷔에 토박이들, 두 번째 부족은 펠로폰네소스와 크레테의 이주민, 세 번째 부족은 여러 섬에서 이주한 자들로 이루어졌다. 이어서 그는 밧토스 왕을 위해 왕의 영지와 특정한 사제직을 남겨 놓고, 전에는 왕이 차지한 다른 특권을 모두 일반 백성에게 내주었다.

162   밧토스의 재위 기간에는 이 정체가 그대로 유지되었지만, 그의 아들 아르케실라오스 시대에는 왕의 특권을 둘러싸고 큰 소동이 일어났다. 절

름발이 밧토스와 페레티메의 아들인 아르케실라오스는 만티네이아 출신 데모낙스의 조치를 받아들이기를 거부하고, 선조가 누린 특권을 돌려 달라고 요구한 것이다. 그로 인해 내전이 벌어지자 그는 패하여 사모스로 달아났고, 그의 어머니는 퀴프로스섬의 살라미스로 달아났다. 당시 살라미스는 에우엘톤이 통치했는데, 그는 델포이에 주목할 만한 향로를 봉헌한 적이 있으며 그 향로는 코린토스인의 보물 창고에 보관되어 있다. 페레티메는 그에게 가서 그녀와 그녀의 아들이 퀴레네로 복귀할 수 있도록 군대를 내 달라고 했다. 에우엘톤은 그녀에게 다른 것은 다 주면서도 군대는 내주지 않았다. 그녀는 그가 주는 선물을 받을 때마다 좋은 선물이라고 치사하고, 그러나 그가 그녀의 청을 들어주어 군대를 내주면 더 좋을 것이라고 말했다. 그가 선물할 때마다 그녀는 그 말을 되풀이했다. 결국 에우엘톤은 그녀에게 황금 물레와 물렛가락과 약간의 양털을 선물로 보냈다. 이번에도 페레티메가 같은 말을 되풀이하자, 이런 것들이라면 몰라도 군대는 여자들을 위한 선물이 아니라고 에우엘톤이 대답했다.

163 그사이 아르케실라오스는 토지 재분배를 약속하며 사모스에서 닥치는 대로 사람들을 끌어모았다. 대군이 모이자 아르케실라오스는 델포이로 사절을 보내 자신의 귀환과 관련해 신탁에 묻게 했다. 퓌티아는 다음과 같이 대답했다. "록시아스께서는 그대의 가문이 여덟 세대 동안, 말하자면 네 명의 밧토스와 네 명의 아르케실라오스가 퀴레네를 통치하는 것을 허락하시노라. 그 기간을 더이상 연장하지 말라고 그분께서 조언하시노라. 그대는 일단 퀴레네에 돌아가거든 조용히 지내도록 하라. 양쪽에 손잡이가 달린 항아리가 가득 든 가마를 발견하거든 그 항아리들을 태우지 말고 순풍과 함께 떠나보내도록 하라. 가마에 불을

땔 경우 물로 둘러싸인 곳을 피하도록 하라. 그러지 않으면 그대도 죽고 더없이 아름다운 황소도 죽게 되리라."

164 퓌티아는 아르케실라오스에게 이렇게 예언했다. 그는 사모스에서 모은 군사를 이끌고 퀴레네로 돌아가 주도권을 잡았지만 신탁을 잊어버리고 그를 망명하게 한 정적들에게 복수하려 했다. 그들 중 일부는 영영 나라를 떠났고, 다른 일부는 그가 사로잡아 처형하라고 퀴프로스섬으로 보냈다. 그러나 그들은 크니도스로 떠내려갔고 덕분에 크니도스인이 그들을 구해 준 다음 배에 태워 테라로 보냈다. 또 다른 퀴레네인은 아글로마코스의 개인 요새인 높은 성탑으로 피신했지만 아르케실라오스가 성탑 주위에 장작을 쌓더니 그들을 모두 태워 죽였다. 그러고 난 뒤에야 그는 '가마에 든 항아리들을 발견하거든 태우지 말라'는 퓌티아의 말이 바로 이 행동을 두고 한 말임을 알았다. 그는 자기가 죽게 될 것이라는 예언이 두려워 의도적으로 퀴레네를 멀리했다. 왜냐하면 그는 '물로 둘러싸인 곳'을 퀴레네로 보았기 때문이다.[77] 그의 친척이기도 한 그의 아내는 알라제이르라는, 바르케인 왕의 딸이었다. 아르케실라오스는 그를 찾아가 그의 곁에 머물다가 그곳 시장에서 몇몇 바르케인과 퀴레네에서 망명해 온 자들의 눈에 띄어 그들에게 맞아 죽었으며, 그의 장인 알라제이르도 같은 변을 당했다. 그리하여 아르케실라오스는 본의든 아니든 신탁의 의미를 알아맞히지 못하고 자신의 운명을 다 채웠던 것이다.

165 아르케실라오스가 자멸 행위를 저지르고 바르케에 가 사는 동안, 그의 어머니 페레티메는 퀴레네에서 아들의 특권을 차지하고 회의에도 참석하는 등 모든 정무를 돌보았다. 바르케에서 아들이 죽었다는 소식을

듣자 그녀는 아이귑토스로 도주했는데, 아르케실라오스가 퀴로스의
아들 캄뷔세스에게 봉사한 적이 있기 때문이다. 퀴레네를 캄뷔세스에
게 내주고 세금을 바치기로 한 사람이 바로 이 아르케실라오스였기에
하는 말이다. 아이귑토스에 도착한 페레티메는 아뤼안데스 앞에 탄원
자로 앉아 자기가 복수할 수 있게 도와 달라며, 자기 아들 아르케실라
오스는 페르시아인을 편들다가 죽었다고 주장했다.

166 이 아뤼안데스는 캄뷔세스에 의해 아이귑토스의 태수로 임명되었지
만 훗날 다레이오스와 대등해지려다가 목숨을 잃었다. 다레이오스가
역대 어느 왕도 성취하지 못한 어떤 일을 함으로써 후세에 남을 기념비
를 세우고자 한다는 것을 알고 (그리고 보고) 그도 다레이오스를 따라
하다가 그 대가를 치른 것이다. 말하자면 다레이오스는 가능한 한 순도
가 높은 금으로 주화를 찍었는데, 아뤼안데스도 아이귑토스의 태수가
되자 가능한 한 순도가 높은 은으로 주화를 찍었다. 실제로 아뤼안데스
의 은화는 오늘날에도 가장 순도가 높은 은화이다. 다레이오스는 아뤼
안데스가 무슨 짓을 하는지 알게 되자 반역죄를 씌워 그를 처형했다.

167 아무튼 이때는 이 아뤼안데스가 페레티메를 동정해 아이귑토스의 육
군과 해군을 모두 그녀에게 내주며, 육군은 마라피오이족 출신인 아마
시스가, 해군은 파사르가다이족 출신인 바드레스가 지휘하게 했다. 군
대를 내보내기 전에 아뤼안데스는 바르케로 사자를 보내 누가 아르케
실라오스를 죽였는지 묻게 했다. 그러자 바르케인이 그 책임은 자기들
모두에게 있다며, 자기들에게 악행을 많이 저지른 까닭에 죽였다고 했

---

77 신탁이 말한 곳은 사실은 퀴레네가 아니라 바르케였다.

다. 그런 대답을 듣자 아뤼안데스는 군대를 내보냈고, 페레티메도 군대와 동행했다. 그것은 원정을 위한 표면상의 핑계였고, 내 생각에 리뷔에를 정복하는 것이 진정한 목적이었던 것 같다. 리뷔에에는 이런저런 부족이 많이 살고 있었는데, 그중 일부만 페르시아 왕에게 복종했고, 대부분은 다레이오스에게 관심도 없었기에 하는 말이다.

168 리뷔에에 사는 부족을 열거하자면 다음과 같다. 아이귑토스를 기점으로 첫 번째 리뷔에 부족은 아뒤르마키다이족이다. 그들의 관습은 대체로 아이귑토스인과 같지만, 그들의 복장은 다른 리뷔에인과 같다. 여인들은 양쪽 복사뼈에 발찌를 차고 다니고 머리를 길게 기른다. 여인들은 몸에서 이를 잡으면 깨문 다음 던져 버린다. 리뷔에의 부족 가운데 그들만이 그렇게 한다. 그들에게는 또 결혼 적령기 처녀들을 왕에게 보이는 독특한 관습이 있는데, 그중 왕의 마음에 든 처녀는 처녀성을 잃게 된다. 이들 아뒤르마키다이족은 아이귑토스에서 플뤼노스[78]라는 항구에 이르는 지역에 살고 있다.

169 그다음 부족이 길리가마이족인데, 그들의 거주 지역은 서쪽으로 아프로디시아스[79]섬까지 뻗어 있다. 이 지역의 중간쯤 되는 곳의 앞바다에 퀴레네인이 처음에 정착한 플라테이아섬이 있고, 육지에는 메넬라오스 항과 퀴레네인이 정착한 아지리스가 있다. 여기서부터 실피온[80]이라는 식물이 자란다. 실피온은 플라테이아섬에서 쉬르티스만의 어귀에 이르는 지역에서 자란다. 길리가마이족의 관습은 다른 리뷔에인과 비슷하다.

170 서쪽으로 길리가마이족 다음 부족은 아스뷔스타이족이다. 그들은 퀴

레네 내륙에 살며, 바닷가로 내려오지 않는다. 해안 지대는 퀴레네인의 영토이다. 사두마차를 모는 데 이들만큼 능숙한 부족이 리뷔에에는 없다. 그들은 대체로 퀴레네인의 관습을 모방하려 한다.

171 서쪽으로 아스뷔스타이족 다음 부족은 아우스키사이족이다. 그들은 바르케의 내륙지방에 살며 에우에스페리데스[81]를 통해 바다로 내려온다. 그들의 나라 한가운데에 소수 부족인 바칼레스족이 사는데, 그들은 바르케인의 도시 타우케이라[82]를 통해 바다로 내려온다. 그들의 관습은 퀴레네 내륙에 사는 자들과 같다.

172 서쪽으로 아우스키사이족 다음 부족은 나사모네스족이다. 그들은 대부족으로 여름에는 가축 떼를 해안에 남겨 두고 대추야자 열매를 수확하기 위해 내륙에 있는 아우길라라는 곳으로 올라간다. 그곳에는 대추야자 나무가 아주 많고 모두 열매를 맺는다. 그들은 또 메뚜기를 잡아 햇볕에 말렸다가 갈아서 그 가루를 우유에 타서 마신다. 남자가 여러 명의 아내를 가지는 것이 그들의 관습이며, 아내는 맛사게타이족의 경우처럼 공유한다.[83] 남자가 집 앞에 장대를 세워 두면 집안에서는 지금 교합이 이루어지고 있음을 의미한다. 나사모네스족 남자가 처음으로

---

78 이집트 서쪽 국경에 있는 지금의 솔룸(Sollum).
79 지금의 데르나(Derna) 항 서북쪽에 있는 섬.
80 silphion. 노랑꽃이 피는 식물. 뿌리와 줄기에서 추출한 액즙은 고기 요리와 생선 요리에 고급 향신료로 사용되었다. 잎은 양의 사료로 수출되었는데, 그 잎과 액즙은 퀴레네의 주요 수출품이었다고 한다.
81 지금의 벵가지(Benghazi).
82 지금의 토크라(Tokra).
83 1권 216장.

장가들 경우, 신부가 첫날밤에 모든 하객과 차례차례 교합하는 것이 관행이다. 그녀가 교합하는 남자는 누구나 집에서 가져온 것을 그녀에게 선물로 준다. 맹세하거나 점을 칠 때 그들은 이렇게 한다. 맹세할 때 그들은 선대의 가장 정직하고 가장 용감한 사람들의 이름을 부르며 그들의 무덤에 손을 얹는다. 그리고 점을 치기 위해서는 조상들의 무덤에 가서 그곳에서 기도한 뒤 잠을 잔다. 거기서 무슨 꿈을 꾸든 그것으로 점을 친다. 맹약을 맺을 때는 서로 상대방의 손에 있는 것을 마신다. 마실 것이 없을 경우 땅에서 먼지를 조금 집어 들어 그것을 핥는다.

173 나사모네스족의 이웃은 프쉴로이족이다. 그들은 다음과 같이 멸망하고 말았다. 남풍이 세차게 불어와 샘들이 마르고 쉬르티스만 동쪽에 있는 그들의 땅 전체에 물이 고갈되자, 그들은 회의를 열고 만장일치로 남풍을 치기로 결의했다. (나는 리뷔에인에게 들은 것을 전하는 것이다.) 그들이 모래사막에 이르렀을 때 남풍이 불어와 그들을 묻어 버렸다. 그들이 절멸한 뒤 나사모네스족이 그들의 영토를 차지했다.

174 거기서 남쪽으로 더 들어가면 야수가 득실대는 곳에 가라만테스족이 사는데, 그들은 모든 인간과의 교류를 피한다. 그들은 무기도 없고 자신을 지킬 줄도 모른다.

175 이 부족은 나사모네스족 남쪽에 살고 있고, 나사모네스족 서쪽 해안 지방에는 마카이족이 살고 있다. 그들은 투구의 깃털 장식 모양으로 머리를 깎는데, 가운데만 길게 자라게 두고 양쪽은 박박 밀어 버린다. 싸움터로 나갈 때, 그들은 타조 가죽으로 만든 방패를 든다. 그들의 나라는 키뉩스[84]강이 관통해 흐르는데, 이 강은 이른바 카리스[85] 여신들의 언

덕에서 발원해 바다로 흘러든다. 이 카리스 여신들의 언덕에는 나무가 울창하지만 지금까지 말한 리뷔에 땅에는 어느 곳에도 나무 한 그루 자라지 않는다. 이 언덕에서 바다까지의 거리는 200스타디온이다.

176 이들 마카이족 다음은 긴다네스족이다. 그들의 여자들은 복사뼈에 가죽 발찌를 많이 차고 다니는데, 남자와 교합할 때마다 그런 발찌를 하나씩 찬다고 한다. 발찌 수가 가장 많은 여자가 남자들의 사랑을 가장 많이 받았다 하여 가장 훌륭한 여자로 간주된다.

177 이들 긴다네스족의 나라에서 바다 쪽으로 돌출한 곳이 하나 있는데, 그곳에 로토스 나무의 열매만 먹고 사는 로토파고이족[86]이 산다. 로토스 열매는 유향수(乳香樹) 열매만큼 크고, 대추야자만큼이나 달다. 로토파고이족은 이 열매로 술을 담가 먹기도 한다.

178 해안을 따라 로토파고이족 다음 지역에 사는 부족은 마클뤼에스족이다. 그들도 로토스를 먹지만 앞서 말한 부족만큼 많이 먹지는 않는다. 그들의 영토는 트리톤이라는 큰 강에까지 이른다. 이 강은 트리토니스 호로 흘러들며, 호수에는 플라라는 섬이 있는데 바로 이 섬에 식민시를 건설하라는 신탁이 라케다이몬인에게 주어졌다고 한다.

179 다른 전설에 따르면, 이아손은 펠리온산 기슭의 바닷가에서 아르고호

---

84 지금의 와드 엘 카한(Wad El Khahan).
85 우미(優美)의 여신.
86 호메로스, 『오뒷세이아』 9권 84행 이하 참조.

를 건조한 뒤 다른 공물과 함께 청동으로 만든 세발솥을 배에 싣고 델포이로 가려고 펠로폰네소스반도를 우회했는데, 말레아곶에 이르렀을 때 북풍이 불어와 리뷔에로 떠내려갔다고 한다. 그리고 육지를 발견하기 전에 트리토니스호의 여울에 얹혀 난감해하는데, 트리톤이 이아손에게 나타나 세발솥을 자기에게 주면 수로를 가리켜 주어 일행이 무사히 돌아가게 해 주겠다고 했다고 한다. 이아손이 그렇게 하자 트리톤이 그에게 여울에서 빠져나갈 길을 가리켜 주고 세발솥을 자신의 신전에 안치한 다음, 그 세발솥에 앉아 이아손 일행에게 예언했는데, 그 예언이란 아르고호 선원들의 자손 중 한 명이 그 세발솥을 가져가면 트리토니스호 주위에는 틀림없이 일백 개의 식민시가 생겨날 것이라는 것이었다. 토박이 리뷔에인들은 이 예언에 관해 듣고 세발솥을 감춰 버렸다고 한다.

180 마클뤼에스족 다음 부족은 아우세에스족이다. 그들도 마클뤼에스족처럼 트리토니스호 주위에 사는데, 두 부족 사이의 경계는 트리톤강이다. 마클뤼에스족은 뒤쪽 머리를 기르는데, 아우세에스족은 앞쪽 머리를 기른다. 해마다 개최되는 아테나 축제 때 아우세에스족 처녀들은 두 패로 나뉘어 돌과 막대기를 들고 서로 싸운다. 그들 말에 따르면, 그럼으로써 그들은 우리가 아테나라고 부르는 그들의 토박이 여신에 대한 조상 전래의 의무를 다하는 것이라고 한다. 이때 부상당해 죽는 처녀들을, 그들은 '가짜 처녀들'이라고 부른다. 처녀들에게 싸움을 붙이기 전에 그들은 가장 잘생긴 처녀 한 명을 뽑아 공금으로 코린토스식 투구와 헬라스식 무구를 입힌 다음, 전차에 태우고 호수 주위를 돈다. 헬라스인이 가까이 이주해 오기 전에 그들이 처녀들에게 어떤 옷을 입혔는지 나로서는 전할 수 없지만, 아마도 그들은 아이귑토스의 무구를 입었을 것이

다. 방패와 투구는 아이귑토스에서 헬라스로 건너왔다고 나는 보기 때문이다. 아우세에스족에 따르면, 아테나는 포세이돈과 트리토니스호의 딸이었는데, 어떤 일로 아버지에게 원한을 품고 제우스에게 몸을 의탁하자, 제우스가 그녀를 딸로 삼았다고 한다. 아무튼 그들은 그렇게 말한다. 그들은 여자들을 공유하며, 결혼해서 같이 사는 것이 아니라 짐승처럼 아무하고나 교합한다. 여자가 낳은 아이가 다 자라면 남자들은 3개월마다 모여, 그 아이와 가장 닮은 남자를 아버지로 인정한다.

181 이상이 해안 지대에 거주하는 리뷔에의 유목민이다. 거기서 내륙으로 더 들어가면 야수가 득실대는 지역이 나오고, 야수가 득실대는 지역 너머에는 아이귑토스의 테바이에서 헤라클레스의 기둥들에 이르는 모래언덕이 이어진다. 이 모래언덕에는 약 10일 거리의 간격을 두고 소금 덩어리로 된 언덕이 이어지는데, 언덕 꼭대기에서는 소금 한가운데로부터 차고 단 샘물이 솟아오른다. 야수가 득실대는 지역의 남쪽에 있는 이들 샘 주위에는 사람들이 사는데, 이들보다 더 사막 가까이에 사는 사람들은 없다. 테바이를 기점으로 첫 번째 부족은 암몬족이다. 그들은 테바이에서 10일 거리[87]에 사는데, 그들의 신전은 테바이의 제우스 신전에서 유래한 것이다. 앞서 말했듯이, 테바이의 제우스상은 암몬의 제우스상처럼 숫양의 머리를 갖고 있다. 암몬인에게는 소금 언덕 위의 샘 말고 또 다른 샘이 있는데, 그 샘물은 이른 아침에는 미지근하고, 시장이 열릴 때[88]쯤에는 시원하며, 한낮에는 아주 차다. 그때 그들은 정원에 물을 댄다. 오후로 갈수록 물은 덜 시원해져 해질 무렵이면

---

87 테바이에서 암몬의 시와(Siwah) 오아시스까지는 10일이 아니라 20일 거리다.
88 오전 10시.

미지근해진다. 물은 점점 더워지다가 한밤중이 되면 부글부글 끓는다. 한밤중이 지나면서 물은 새벽까지 다시 식는다. 이 샘은 '태양의 샘'이라고 불린다.

182 암몬에서 모래언덕을 따라 서쪽으로 다시 10일을 더 가면 암몬에서와 같은 소금 언덕과 샘이 나온다. 그곳의 소금 언덕 주위에도 사람이 사는데, 그곳의 이름은 아우길라[89]이다. 나사모네스족이 대추야자 열매를 따러 오는 곳이 바로 이곳이다.

183 아우길라에서 다시 10일을 더 가면, 앞서 말한 두 곳에서처럼 샘이 있고 열매를 맺는 대추야자 나무가 많은 또 다른 소금 언덕이 나온다. 그곳에는 가라만테스족이라는 대(大)부족이 사는데, 그들은 소금을 흙으로 덮고 거기에 씨를 뿌린다. 로토파고이족의 나라는 그곳에서 최단 거리에 있는데, 30일 거리만큼 떨어져 있다. 그곳에서는 또 소떼가 뒤로 걸으며 풀을 뜯는다. 그 이유는 뿔이 앞으로 너무 굽어 있어 소떼가 앞으로 가며 풀을 뜯을 경우 뿔이 앞쪽의 땅에 박히기 때문이다. 그래서 소떼가 뒷걸음치며 풀을 뜯는 것이다. 이 점과 가죽이 두껍고 질기다는 것 말고는 그들의 소떼는 다른 소떼와 별반 다를 것이 없다. 가라만테스족은 사두마차를 타고 혈거(穴居) 아이티오피아인을 사냥한다. 혈거 아이티오피아인은 우리가 들어서 아는 한 세상에서 가장 빠른 부족이기 때문이다. 이들 혈거인은 뱀과 도마뱀 같은 파충류를 먹는다. 그들이 사용하는 말은 어떤 다른 말과도 달라 박쥐가 찍찍거리는 소리처럼 들린다.

184 가라만테스족의 나라에서 서쪽으로 10일을 더 가면 다시 소금 언덕과

샘이 나온다. 그곳의 소금 언덕 주위에도 사람들이 살고 있다. 그들은 아타란테스족이라는 부족으로, 우리가 아는 한 그 구성원에게 이름이 없는 것은 이 부족뿐이다. 아타란테스는 총칭이고 개인에게는 이름이 없다. 아타란테스족은 햇볕이 너무 뜨겁게 내리쬐면 태양을 저주하며 사람과 땅을 태워 없앤다고 온갖 악담을 퍼붓는다. 거기서 10일을 더 가면 다시 소금 언덕과 샘이 나온다. 이 소금 언덕 주위에도 사람이 살고 있다. 이 소금 언덕 바로 옆에는 아틀라스라는 좁은 원뿔 모양의 산이 있다. 너무나 높아 그 정상이 보이지 않는데 여름에도 겨울에도 구름에 가려 있기 때문이라고 한다. 이 산에서 이름을 따와 아틀란테스족이라 불리는 이곳 주민에 따르면, 이 산은 하늘을 떠받치는 기둥이라고 한다. 아틀란테스족은 살아 있는 것은 먹지 않고, 꿈도 꾸지 않는다고 한다.

185 이 아틀란테스족까지는 모래언덕에 사는 부족의 이름을 열거할 수 있지만, 그 이상은 내 능력 밖이다. 그러나 모래언덕은 헤라클레스의 기둥들과 그 너머까지 이어지고, 10일 거리마다 새로운 소금 언덕이 있고 그 주위에는 사람이 살고 있다고 나는 확신한다. 이들 부족은 모두 소금 덩어리로 집을 짓는데, 리뷔에의 이 지역에는 비가 오는 일이 없기 때문이다. 비가 온다면 소금 벽은 무너져 내릴 것이다. 이곳에서 캐는 소금은 백색과 자색 두 가지다. 이 모래언덕에서 남쪽 내륙으로 더 들어가면 그곳에는 사람이 살지 않고, 물도 짐승도 비도 나무도 없으며, 이슬도 내리지 않는다.

---

89 지금도 이 오아시스의 이름은 아우길라이다.

186   이처럼 아이귑토스에서 트리토니스호에 이르는 해안 지대에 사는 리
      뷔에인은 유목민으로 고기를 먹고 우유를 마신다. 그러나 그들은 아이
      귑토스인과 같은 이유에서 암소 고기는 먹지 않으며, 돼지도 치지 않는
      다. 퀴레네의 여인들조차도 아이귑토스의 이시스 여신을 존경하는 마
      음에서 암소 고기는 입에 대지 않는데, 그들은 여신을 위해 단식하고
      축제를 개최하기 때문이다. 바르케 여인들은 암소 고기뿐 아니라 돼지
      고기도 삼간다.

187   그곳에서는 그렇게 한다. 트리토니스호 서쪽 지방에서는 유목민을 더
      이상 발견할 수 없다. 그곳 사람들은 일반적인 생활방식뿐 아니라 아이
      를 다루는 방식도 유목민과는 전혀 다르다. 리뷔에의 유목민은 다 그렇
      다고 장담할 수는 없지만 대개 아이들이 네 살이 되면 양모에서 추출한
      뜨거운 기름으로 정수리의 혈관에, 더러는 관자놀이의 혈관에 뜸을 뜨
      는데 머리에서 점액질이 흘러내려 평생 동안 몸에 해를 주는 것을 막기
      위해서이다. 그들은 자기들이 세상에서 가장 건강하다고 주장한다. 실
      제로 리뷔에인은 우리가 아는 한 세상에서 가장 건강하다. 이런 관습
      때문이라고 확언할 수는 없지만 그들이 가장 건강한 것은 확실하다. 뜸
      을 뜨다가 아이가 경련을 일으키면 그들은 염소 오줌을 아이에게 뿌려
      효과적으로 치료한다. 나는 리뷔에인의 말을 전하는 것이다.

188   이들 유목민은 다음과 같이 제물을 바친다. 제물을 축성하기 위해 먼저
      귀의 일부를 잘라 내어 지붕 너머로 던진다. 그리고 제물의 목을 비튼
      다. 그들은 태양과 달에게만 제물을 바치는데, 이것은 모든 리뷔에인
      에게 공통된 관행이다. 그러나 트리토니스호 근처에 사는 부족은 주로
      아테나 여신에게 제물을 바치며, 그 밖에 트리톤과 포세이돈에게도 제

물을 바친다.

189 아테나 여신의 의상과 아이기스[90]는 헬라스인이 리뷔에 여인의 의상을 모방한 것이라고 나는 확신한다. 왜냐하면 리뷔에 여인의 의상은 가죽으로 만들어지고, 술이 뱀이 아니라 가죽띠라는 점 말고는 둘 사이에 아무런 차이도 없기 때문이다. 바로 아이기스라는 이름 자체가 팔라스[91] 상들의 의상이 리뷔에에서 유래했음을 말해 준다. 말하자면 리뷔에 여인들은 털을 제거한 염소 가죽을 붉게 물들이고 술을 달아 겉옷으로 입고 다니는데, 헬라스인은 염소 가죽이라는 뜻의 아이게스[92]를 '아이기스'로 이름만 바꾸었기 때문이다. 나는 또 제례 때 소리 높여 찬양하는 것도 리뷔에에서 유래했다고 생각한다. 리뷔에 여인들은 멋있게 찬양할 줄 알기 때문이다. 마지막으로 마차에 말 네 필을 매는 것도 헬라스인이 리뷔에인에게 배운 것이다.

190 이들 유목민은 모두 헬라스인과 같은 방법으로 죽은 이를 매장하지만 나사모네스족은 예외이다. 그들은 죽은 이를 앉은 자세로 매장하고 사람이 마지막 숨을 거두면 눕지 않고 앉아 있게 한다. 그들의 집은 갈대에 수선화 줄기를 엮어 만든 것으로, 들고 다닐 수 있다. 이들 부족의 관습에 관해서는 이쯤 해 두자.

191 트리톤강 서쪽 아우세에스족 바로 건너편에는 정상적인 집을 짓고 농

---

90 aigis. 아테나 여신이 들고 다니는 방패로, 염소 가죽으로 만들어졌다.
91 아테나의 별칭 중 하나.
92 aiges.

사를 짓는 막쉬에스[93]라는 리뷔에 부족이 사는데, 오른쪽 머리는 기르고 왼쪽 머리는 자른다. 그들은 몸에 진사(辰砂)를 바르며, 자신들이 트로이아인의 후손이라고 주장한다. 그들의 나라와 더 서쪽에 있는 리뷔에 땅은 유목민이 거주하는 동부 지방보다 야수가 훨씬 많고 수목도 더 울창하다. 유목민이 사는 리뷔에 동부 지방은 평평하고 모래가 많지만, 농민이 사는 트리톤강 서부 지방[94]은 산이 많고 숲이 울창하며 짐승이 득실댄다. 그곳에는 거대한 뱀, 사자, 코끼리,[95] 곰, 독사, 뿔난 당나귀,[96] 개의 머리를 가진 인간,[97] 가슴에 눈이 달린 머리 없는 인간,[98] (적어도 리뷔에인은 그렇게 말한다) 야생의 남자와 야생의 여자,[99] 그 밖에도 가상 속에 존재하는 것이 아니라 실재하는 많은 동물들이 있다.

192 유목민이 거주하는 지역에서는 이런 동물은 하나도 없고 대신 다음과 같은 동물이 서식한다. 엉덩이가 흰 임팔라, 가젤, 엘란드, 뿔 난 종류가 아니라 전혀 물을 마시지 않는 종류의 당나귀(그것들은 전혀 물을 마시지 않기 때문이다), 그 뿔이 현악기 뤼라의 양쪽 가장자리를 만드는 데 쓰이는 황소만큼 큰 오릭스, 여우, 하이에나, 고슴도치, 야생 양, 딕튀스,[100] 자칼, 표범, 보뤼스,[101] 큰 도마뱀처럼 생긴 3페퀴스짜리 육지 악어, 타조, 외뿔의 작은 뱀이 그것이다. 그곳에는 이들 동물이 서식한다. 그 밖의 다른 곳에서 서식하는 동물들도 발견되지만 사슴과 멧돼지는 예외로, 이 두 동물은 리뷔에에 전혀 서식하지 않는다. 리뷔에의 이 지역에는 세 종류의 쥐가 있다. 그중 한 종류는 '두 다리 쥐들'[102]이라고 불리고, 두 번째 종류는 리뷔에 말로 제게리에스(헬라스 말로는 '언덕 쥐'[103]라고 옮길 수 있을 것이다)라고 불리며, 세 번째 종류는 '털이 빳빳한 쥐'[104]이다. 실피온이 자라는 곳에는 그 속에 족제비도 서식하는데, 타르텟소스에서 발견되는 족제비와 매우 유사하다. 유목민이 거주

하는 리뷰에의 이 지방의 동물에 관해서는 이쯤 해 두자. 내가 탐문해
서 얻을 수 있는 한 최대한 자세하고 정확한 정보를 제공한 것이다.

193 막쉬에스족 다음의 리뷰에 부족은 자우에케스족으로, 그들이 전쟁터
로 나갈 때는 여인들이 전차를 몬다.

194 자우에케스족 다음은 귀잔테스족이다. 이 나라에는 꿀이 많이 생산된
다. 그중 일부는 꿀벌이 생산한 것이지만 더 많은 양은 기술자들이 조
제한 것이다. 그들은 몸에 진사를 바르며, 그들의 산에 특히 많은 원숭
이 고기를 먹는다.

195 카르케돈[105]인에 따르면, 귀잔테스족이 사는 곳의 앞바다에 퀴라우이
스라는 섬이 있는데, 길이는 200스타디온이지만 너비는 좁으며, 육지

---

93 카르타고 부근에 살았던 것으로 추정된다.
94 지금의 튀니지와 알제리.
95 하우(How)와 웰(Well)에 따르면, 헤로도토스는 코끼리(elephas)란 말을 처음 사
용한 작가라고 한다.
96 누(gnu)를 말하는 것 같다.
97 비비(狒狒)를 말하는 것 같다.
98 목이 짧아 머리가 없는 것처럼 보이는 특정한 원숭이를 말하는 것 같다.
99 고릴라.
100 diktys. 귀가 크고 몸집이 작은 아프리카산 여우.
101 borys. 영양의 일종.
102 그리스어로 dipodes.
103 그리스어로 bounai.
104 그리스어로 echines.
105 카르타고의 그리스어 이름.

에서 걸어서 건너갈 수 있으며 올리브나무와 포도나무가 많이 자란다고 한다. 그 섬에는 호수가 하나 있는데, 토박이 처녀들은 역청을 칠한 새의 깃털을 이용하여 호수 밑바닥의 진흙에서 사금을 건져 올린다고 한다. 나는 그 말이 사실인지 알지 못하며, 들은 바를 기록할 뿐이다. 하지만 사실일지도 모르겠다. 자퀸토스섬에 있는 호수의 물속에서 역청을 건져 올리는 것을 내 눈으로 보았기 때문이다. 자퀸토스에는 호수가 많은데, 그중 가장 큰 것은 가로 세로가 각각 70푸스이고 깊이가 2오르귀이아이다. 그곳 사람들은 장대 끝에 도금양 가지를 묶은 다음, 장대를 물속에 내려 도금양 가지로 역청을 건져 올린다. 그곳의 역청은 아스팔트 냄새가 나지만, 다른 점에서는 피에리아[106]산(産) 역청보다 질이 좋다. 역청은 호수 근처에 파 놓은 구덩이에 부어지고, 구덩이가 차면, 구덩이에서 손잡이 둘 달린 항아리로 옮긴다. 이 호수에 떨어지는 물건은 지하 통로를 지나 호수에서 4스타디온이나 떨어져 있는 바다에 다시 모습을 드러낸다. 이로 미루어 리뷔에 앞바다의 섬에 관한 이야기도 사실일 수 있을 것이다.

196 카르케돈인이 전하는 또 다른 이야기에 따르면, 그들은 헤라클레스 기둥들 밖에 사는 리뷔에인과 교역을 한다. 그들이 그곳에 가서 화물을 부리고 바닷가에 일렬로 늘어놓은 다음 배로 돌아가 불을 피워 연기로 신호를 보내면, 연기를 보고 바닷가로 내려온 토착민들이 물건값으로 황금을 갖다 놓고는 상품에서 멀찍이 물러선다고 한다. 그러면 카르케돈인이 배에서 내려 살펴보고 황금이 물건값으로 충분하다 싶으면 황금을 갖고 떠나지만, 충분하지 않다 싶으면 배로 돌아가 그곳에 앉아 있다고 한다. 그러면 토착민들이 다시 다가와, 카르케돈인이 만족할 때까지 황금을 더 보탠다. 어느 쪽도 상대방이 손해 보지 않게 한다는

것인데, 카르케돈인은 물건값에 상응할 때까지 황금에 손대지 않고, 토착민들은 카르케돈인이 황금을 가져갈 때까지는 물건에 손대지 않는다.

197 이상이 내가 이름을 말할 수 있는 리뷔에 부족이다. 그중 대부분은 예나 지금이나 페르시아인의 왕에게 아무런 관심도 없다. 리뷔에에 관해 내가 덧붙일 수 있는 것은, 그곳에는 우리가 아는 한 네 민족이 살고 있으며 그 이상은 없다는 것이다. 그중 두 민족인 리뷔에인과 아이티오피아인은 토박이로, 전자는 대륙의 북부 지방에 후자는 남부 지방에 살고 있다. 다른 두 민족인 포이니케인과 헬라스인은 이주민이다.

198 내가 보기에 리뷔에는 아시아와 에우로페에 견줄 만큼 땅이 기름진 것 같지 않다. 그러나 키뉩스강에서 이름을 따온 키뉩스 지방은 예외이다. 이 지방은 곡물 생산에서 지상의 가장 비옥한 지역들 못지않으며, 리뷔에의 다른 지방과도 전혀 다르다. 흙은 검고 샘물에 의한 관개시설이 잘되어 있어 가뭄 걱정이 없으며, 폭우가 쏟아지는 일도 없다. 리뷔에의 이 지방에는 비가 오기에 하는 말이다. 곡물 수확량은 대략 바뷜로니아 지방과 맞먹는다. 에우에스페리타이족이 사는 지방도 비옥한데, 이곳에 대풍(大豊)이 들 때는 파종한 씨앗의 100배를 수확한다. 그러나 키뉩스 지방에서는 300배를 수확한다.

199 퀴레네 지방은 유목민이 사는 리뷔에 땅에서 가장 높은 곳으로, 놀랍게도 1년에 세 번씩이나 수확한다. 먼저 해안 지대의 곡식이 익어 수확할

---

106 올륌포스산의 북쪽 사면 지역.

때가 된다. 먼저 그곳의 곡식을 거둬들이고 나면 '언덕들'이라는 해안 지대 위쪽 중간 지대의 곡식이 익어 수확할 시기가 된다. 두 번째 곡식을 수확하고 나면 가장 높은 지대에 있는 곡식이 익어 거둬들일 수 있다. 그리하여 첫 번째 수확한 곡식을 다 먹고 마시고 나면 마지막 곡식이 들어온다. 그래서 퀴레네에서는 8개월 동안이나 수확기가 계속된다. 이 주제에 관해서는 이쯤 해 두자.

200 페레티메의 원수를 갚아 주라고 아뤼안데스가 아이귑토스에서 파견한 페르시아인은 바르케에 도착하자 도시를 포위공격하기 시작했다. 그들은 아르케실라오스의 살해에 책임 있는 자들을 넘겨주기를 요구했지만, 바르케인은 시민 모두에게 책임이 있다는 이유로 페르시아인의 요구를 거부했다. 그러자 페르시아인은 9개월 동안 계속 포위공격하며, 그동안 성벽 안으로 통하는 땅굴을 파는 한편 맹공을 퍼부었다. 한 금속 세공인이 청동 방패를 이용해 다음과 같이 땅굴을 찾아냈다. 말하자면 그는 성벽 안쪽을 따라 돌며 청동 방패로 지면을 톡톡 쳤는데, 땅굴이 없는 곳에서는 아무 소리도 들리지 않았지만 땅굴을 판 곳에서는 지면을 치는 방패의 청동이 되울렸던 것이다. 그래서 바르케인도 마주 땅굴을 파고 들어가 땅굴을 파고 있던 페르시아인을 죽였다. 그렇게 땅굴이 발견되어, 바르케인은 자신들을 공격하던 페르시아인을 물리쳤다.

201 그 후로도 오랫동안 포위공격이 계속되며 양군이 악전고투하는 가운데 많은 전사자가 났는데, 특히 페르시아인 쪽이 더 심했다. 마침내 페르시아 육군을 지휘하던 아마시스가 바르케는 힘이 아니라 계략으로 함락해야 한다는 것을 알고 다음과 같이 작전을 짰다. 그는 밤이 되기

를 기다렸다가 넓은 도랑을 파고는 그 위에 약한 널빤지들을 걸친 다음, 그 위에 흙을 덮어 다른 곳과 같아 보이게 했다. 날이 밝자 그는 바르케인에게 회담을 요청했고, 바르케인도 기꺼이 응했다. 그들은 은폐된 도랑 위에서, 바르케인은 페르시아 왕에게 공물을 바치고 페르시아인은 앞으로 바르케인에게 해코지하지 않는다는 내용의 계약을 맺으며, 그곳 땅이 단단하다면 이 계약은 유효하다고 맹세했다. 이 계약을 믿고 바르케인은 도시에서 나왔고, 성문을 활짝 열고는 페르시아인이 마음대로 들어오게 했다. 그러자 페르시아인이 도랑 위의 널빤지들을 부수며 도시로 짓쳐들어갔다. 그들이 널빤지를 부순 것은 발밑의 땅이 그대로 있는 한 계약은 유효할 것이라는 맹세를 어기지 않기 위해서였다. 널빤지들이 부서짐으로써 계약은 무효가 된 것이다.

202 아르케실라오스의 살해에 가장 책임 있는 바르케인들이 페르시아인에 의해 페레티메에게 넘겨지자, 그녀는 그들의 척추에 말뚝을 박아 성벽 주위에 매달게 했다. 그리고 그들 아내들의 젖가슴을 도려내 역시 성벽 주위에 세워 두게 했다. 또한 나머지 바르케인들을 페르시아인에게 전리품으로 넘겨주었다. 밧토스가(家) 사람들, 그리고 살해에 연루되지 않은 자들은 예외였다. 이들에게 페레티메는 도시를 맡겼다.

203 페르시아인은 나머지 바르케인을 노예로 삼은 다음 아이귑토스로 돌아갔다. 그들이 퀴레네에 도착했을 때 퀴레네인은 어떤 신탁의 지시에 따라 그들이 도시를 통과하게 해 주었다. 페르시아 해군을 지휘하던 바드레스는 육군이 도시를 통과할 때 도시를 함락하기를 권했지만, 육군을 지휘한 아마시스는 그들이 공격하도록 파견된 헬라스 도시는 바르케뿐이라는 이유로 받아들이지 않았다. 일단 도시를 통과하고 나서 제

우스 뤼카이오스의 언덕에 진을 쳤을 때, 그들은 퀴레네를 함락하지 않은 것을 후회했다. 그들은 다시 퀴레네로 들어가려 했지만 퀴레네인이 들여놓으려 하지 않았다. 그러자 전투가 벌어지지 않았는데도 페르시아인이 느닷없이 겁에 질려 도시에서 60스타디온쯤 떨어진 곳으로 한 달음에 도주해 그곳에 진을 쳤다. 그들이 그곳에 진을 치고 있을 때, 아뤼안데스가 회군 명령을 내렸다. 페르시아인은 퀴레네인에게 행군에 필요한 물자를 요청했고, 그들의 요청이 받아들여져 물자를 공급받게 되자 아이귑토스로 출발했다. 뒤에 처진 자들과 낙오병을 리뷔에인이 닥치는 대로 붙잡아 옷과 장비 때문에 그들을 죽였는데, 그런 짓은 페르시아인이 아이귑토스에 도착할 때까지 끊임없이 계속되었다.

204 이들 페르시아 육군은 에우에스페리데스족의 나라까지 진격했다. 노예로 끌려온 바르케인들은 아이귑토스에서 다레이오스왕에게 보내졌고, 왕은 그들이 박트리아에 있는 마을에서 살게 했다. 그들은 이 마을에 바르케라는 이름을 붙였는데, 우리 시대에도 여전히 박트리아의 그 마을에는 사람들이 살고 있다.

205 페레티메 또한 삶을 행복하게 마감하지 못했다. 바르케인에게 복수하고 나서 리뷔에를 떠나 아이귑토스로 돌아오자마자 그녀는 비참하게 죽었기 때문이다. 지나친 복수심은 신의 미움을 산다는 것을 사람들에게 보여 주려는 듯, 아직 살아 있는데도 그녀의 몸에서는 구더기가 무더기로 기어나왔기에 하는 말이다. 밧토스의 딸 페레티메는 바르케인에게 그만큼 잔혹하게 복수한 것이다.

V

테릅시코레

시가(詩歌)의 여신들인 무사 여신 중 테릅시코레는 무용을 관장한다

1 다레이오스가 에우로페에 남겨 둔 메가바조스 휘하의 페르시아인은
   헬레스폰토스 주변 도시 가운데 페린토스를 맨 먼저 제압했는데, 그들
   이 다레이오스의 통치를 인정하려 들지 않았던 것이다. 전에도 페린토
   스는 파이오니아[1]인에게 심하게 유린당한 적이 있었다. 파이오니아인
   은 스트뤼몬에서 페린토스로 진격하되 대치한 페린토스인이 그들의
   이름을 부를 때만 공격하라는 신탁을 받았다. 그래서 그들은 신탁이 명
   하는 대로 했다. 그때 페린토스인은 도시 외곽에 진을 치고, 세 가지 종
   류의 결투를 벌이자고 제안했다. 사람은 사람끼리, 말은 말끼리, 개는
   개끼리 일대일 대결이었다. 두 가지 종류의 결투에서 이긴 페린토스인
   이 기뻐서 승리의 찬가 파이안[2]을 부르기 시작했다. 파이오니아인은
   신탁이 예언한 것이 바로 이것이구나 싶어 "이제 신탁이 이루어졌으
   니, 지금이 우리가 거사할 때다"라고 서로 외쳤다. 그래서 페린토스인
   은 자신들이 이긴 줄 알고 승리의 찬가 파이안을 불렀는데, 파이오니아
   인은 그들에게 압승을 거두고 소수만 살려 두었다.

2 오래 전에도 파이오니아인에게 그렇듯 험한 꼴을 당한 페린토스인은
   이번에도 자유를 위해 용감하게 싸웠건만 수적으로 우세한 페르시아
   인과 메가바조스에게 패배하고 말았다. 페린토스를 함락한 뒤 메가바
   조스와 그의 군대는 곧장 트라케를 통과하며 모든 도시와 그곳에 사는
   모든 부족을 페르시아 왕에게 복속시켰다. 그는 다레이오스에게서 트
   라케를 정복하라는 지시를 받은 것이다.

---

1 마케도니아 북부에 있는 지방.
2 paian.

3   트라케는 세상에서 인디아 다음으로 인구가 많다. 그들이 만약 한 사람
     에 의해 통합되거나 단결한다면 아마도 세상에서 월등히 강력한 민족
     이 되어 어느 누구에게도 패하지 않을 것이다. 그러나 그들이 단결한다
     는 것은 불가능하고, 그런 일은 결코 일어날 수 없기에 그들은 약하다.
     그곳 부족은 지방에 따라 각각 다른 이름을 갖고 있지만 그들이 따르는
     관습은 대체로 같다. 다만 게타이족, 트라우소이족, 크레스토니아 북
     쪽에 사는 부족은 예외이다.

4   이 가운데 자신들이 죽지 않는다고 믿는 게타이족의 관습에 관해서는
     이미 기술한 바 있다.[3] 트라우소이족의 관습은 다른 트라케 부족과 대
     동소이하지만 사람이 태어나거나 죽었을 때에는 다음과 같이 한다. 아
     이가 태어나면 친척이 둘러앉아 아이가 일단 태어난 이상 고통을 참고
     견디지 않을 수 없다고 비통해하며 인간의 온갖 고통을 열거한다. 반면
     사람이 죽으면 이제 온갖 고통에서 해방되어 완전한 행복을 누리게 되
     었다고 희희낙락 떠들며 묻어 준다.

5   크레스토니아 북쪽에 사는 부족은 다음과 같이 한다. 그들은 한 남자가
     여러 아내를 거느리는데, 남자가 죽으면 그가 어느 아내를 가장 사랑했
     는지 아내들 사이에 격론이 벌어지고, 죽은 남편의 친구들도 이 문제를
     진지하게 논의한다. 가장 사랑받고 존경받은 것으로 판정된 아내는 남
     자들과 여자들의 찬사를 한몸에 받으며, 그녀의 가장 가까운 친족의 손
     에 의해 남편의 무덤 위에서 살해되어 남편 곁에 묻힌다. 다른 아내들
     은 그것을 큰 불운으로 여긴다. 그들에게는 그보다 더한 치욕이 없기
     때문이다.

6 그 밖의 다른 트라케 부족의 관습은 다음과 같다. 그들은 자식을 타국에 판다. 미혼녀는 감시하지 않고 좋아하는 남자와 성관계를 맺도록 방치하는 반면, 기혼녀는 엄중히 감시하고 거금을 주고 그녀의 부모에게서 사 온다. 몸에 문신을 새긴 자를 명문가 자제로 여기고, 문신이 없는 자는 천한 자로 여긴다. 일하지 않는 자를 가장 귀하게 여기고, 농사일을 하는 자를 가장 하찮게 여긴다. 전쟁과 약탈로 살아가는 것은 가장 명예롭게 사는 길이다. 이상이 가장 주목할 만한 그들의 관습이다.

7 그들이 숭배하는 신들은 아레스, 디오뉘소스, 아르테미스뿐이다. 왕은 일반 백성과 달리 신 가운데 헤르메스를 가장 숭배한다. 왕은 헤르메스 신에 걸고 맹세하고, 스스로 헤르메스의 자손이라고 주장한다.

8 장례에 관해 말하자면, 부자가 죽으면 시신을 3일 동안 안치한다. 그리고 호곡(號哭)한 다음 온갖 종류의 짐승을 제물로 바치고 잔치를 벌인다. 그런 뒤에 시신을 화장하거나 그대로 매장한 후 무덤을 쌓아올리고 각종 경기가 포함된 체육대회를 개최한다. 이 대회에서 가장 큰 상은 일대일 대결에 주어진다. 이상이 트라케인의 장례 관습이다.

9 트라케 북쪽에 어떤 부족이 사는지 누구도 확실히 말할 수 없다. 이스트로스강 너머에는 사람이 살지 않는 땅이 끝없이 펼쳐져 있는 것 같다. 이스트로스강 너머에 산다고 내가 이름을 들을 수 있는 유일한 부족은 시귄나이족으로 메디아식 복장을 착용한다고 한다. 그들의 말은 온몸에 길이가 5닥튈로스⁴나 되는 털이 나 있지만 몸집이 작고 코는 사

---

3 4권 93장 이하.

자코이며 사람을 태우고 다닐 수 없다. 하지만 수레를 끄는 데는 아주 민첩해 이 지방 사람들은 수레를 타고 다닌다고 한다. 그들의 영토는 아드리아스[5] 해안에 사는 에네토이족의 나라와 맞닿아 있으며, 그들은 자신들이 메디아의 이주민이라고 주장한다고 한다. 어떻게 그것이 가능한지 나로서는 짐작이 가지 않지만, 긴긴 세월이 흐르는 동안 무슨 일이든 일어날 수 있다. 아무튼 맛살리아[6] 북쪽에 사는 리귀에스족[7]의 말로 '시귄나'는 '소매상'이라는 뜻이고, 퀴프로스 말로는 '창'(槍)이라는 뜻이다.

10 트라케인에 따르면, 이스트로스강 건너편 땅은 꿀벌이 차지하고 있어 더이상 내륙으로 들어갈 수 없다고 한다. 하지만 내가 보기에 이런 주장은 개연성이 없어 보인다. 꿀벌이란 동물은 추위를 견디지 못할뿐더러 북쪽 지역에 사람이 살지 않는 것도 추위 탓이라고 나는 생각한다. 이 지방에 관해 그렇게 말하는 것을 들었지만, 그곳의 해안 지대를 메가바조스가 페르시아인에게 복속시켰던 것이다.

11 다레이오스는 헬레스폰토스를 건너 사르데이스에 도착하자마자 밀레토스의 히스티아이오스가 자기를 도와주고 뮈틸레네의 코에스가 좋은 조언을 해 준 일을 상기하고는 두 사람을 사르데이스로 불러 어떤 보답을 원하느냐고 물었다. 히스티아이오스는 밀레토스의 참주였기에 다른 곳의 참주가 되기를 바라지 않고, 도시를 건설할 수 있도록 에도노이족의 뮈르키노스 지방을 달라고 했다. 참주가 아니라 일개 평민인 코에스는 뮈틸레네의 참주가 되게 해 달라고 했다. 이러한 요구가 수락되자 두 사람은 자신들이 선택한 곳으로 떠났다.

12 한편 다레이오스는 어떤 일을 목격하고는 메가바조스에게 파이오니
아인을 굴복시켜 에우로페에서 아시아로 이주시키라는 명령을 내리
기로 결심하게 되었다. 피그레스와 마스튀에스라는 두 파이오니아인
이 있었는데, 다레이오스가 돌아오자 파이오니아의 참주가 되고 싶었
던 둘은 훤칠한 키에 잘생긴 누이를 데리고 사르데이스로 갔다. 그들은
다레이오스가 뤼디아인의 도성 앞 재판관석에 좌정하기를 기다렸다
가 누이를 곱게 단장시킨 다음 물을 길어 오도록 내보냈다. 그녀는 머
리에 동이를 인 채 팔에 고삐를 감고 말을 끌고 가며 아마실을 잣고 있
었다. 그녀는 지나가며 다레이오스의 주목을 끌었다. 그녀의 행동은
페르시아식도, 뤼디아식도, 아시아의 어느 나라 식도 아니었기 때문이
다. 호기심이 발동한 그는 호위병 몇 명을 보내 그녀가 말을 어떻게 다
루는지 살피게 했다. 그들은 그녀를 뒤따라갔다. 강가에 이르자 그녀
는 말에게 물을 먹이고 동이에 물을 채운 다음 왔던 길을 되돌아갔다.
머리에는 물동이를 인 채 팔로 말을 끌고 물레를 돌리면서.

13 다레이오스는 부하들이 보고 전하는 말과 자신이 직접 목격한 광경에
감명받아 그녀를 면전으로 데려오게 했다. 그녀가 불려가자 가까이서
지켜보고 있던 그녀의 오라비들도 함께 왔다. 다레이오스가 그녀에게
어디서 왔느냐고 묻자, 젊은이들이 자기들은 파이오니아인이고 그녀
는 자기들의 누이라고 대답했다. 다레이오스가 물었다. "파이오니아
인은 어떤 사람들이며 어디에 사는가? 자네들은 무슨 용건으로 사르

---

4 1닥튈로스는 1.85센티미터이다.
5 지금의 아드리아해.
6 지금의 프랑스 마르세유.
7 리구리아(Liguria)인들.

데이스에 왔는가?" 그러자 그들이 말하기를, 자기들은 왕에게 몸을 의탁하러 왔으며, 파이오니아는 헬레스폰토스에서 멀지 않은 스트뤼몬 강가에 있는데, 파이오니아인은 트로이아의 테우크로스[8] 자손이 보낸 이주민이라고 했다. 그들에게 자세한 설명을 듣고 나서 다레이오스는 그곳 여인들은 다 그들의 누이처럼 근면하냐고 물었다. 그러자 젊은이들은 힘주어 그렇다고 말했다. 처음부터 그들이 노린 것은 바로 이 질문이었기 때문이다.

14 그래서 다레이오스가 트라케에 남겨 두고 온 지휘관 메가바조스에게 서찰을 보내 파이오니아인을 그들의 처자와 함께 그들의 고향에서 이끌고 나와 자기에게 데려오라고 명령했다. 말을 탄 사자 한 명이 이 전언을 갖고 헬레스폰토스로 달려가 그곳의 해협을 건넌 다음 서찰을 메가바조스에게 전달했다. 서찰을 읽은 메가바조스는 트라케 출신 길라잡이를 몇 명 데리고 파이오니아로 진격했다.

15 파이오니아인은 페르시아인이 침공해 온다는 소식을 접하고 한데 집결해 해안 쪽으로 출동했다. 페르시아인이 그리로 침공해 오리라 여긴 것이다. 파이오니아인은 메가바조스의 침공군을 물리칠 만반의 준비가 되어 있었지만, 페르시아인은 그들이 해안 쪽 접근로를 지키고 있다는 것을 알아내고는 길라잡이에게 내륙으로 통하는 길을 가리켜 달라고 했다. 그리하여 페르시아인은 파이오니아인 몰래, 전사들이 떠나고 없는 그들의 도시를 급습해 사실상 비어 있는 도시들을 힘들이지 않고 함락했다. 자신들의 도시가 적군의 수중에 떨어졌다는 말을 들은 파이오니아인은 즉시 여러 패로 흩어져 집으로 출발해 페르시아인에게 항복했다. 그리하여 파이오니아의 부족 중에서 시리오파이오네스족, 파

이오플라이족, 프라시아스호에 이르는 지역에 살던 다른 부족은 고향에서 쫓겨나 아시아로 옮겨가게 되었다.

16 팡가이온산 주변에 살던 부족과 [도베레스족, 아그리아네스족, 오도만토이족과] 프라시아스호에 살던 부족은 메가바조스로서는 전혀 손을 쓸 수 없었다. 어쨌든 그는 호수에 살던 부족도 데려가고자 했다. 이들 호수 거주자의 집은 다음과 같이 만들어진다. 호수 한가운데에 긴 말뚝들로 고대(高臺)를 고정시키는데 육지와의 통로는 좁은 다리뿐이다. 전에는 떠받치는 말뚝을 부족 전체가 힘을 모아 박았지만, 나중에는 다음과 같은 관습이 도입되었다. 즉 장가들 때마다 남자— 남자는 여러 명의 아내를 거느린다— 는 오르벨로스라는 근처 산에서 말뚝 세 개를 가져와 박아야 하는 것이다. 그들은 저마다 이 고대에 오두막과 뚜껑 문 하나를 갖는 방식으로 거주하는데, 뚜껑 문은 고대에서 호수로 연결된다. 호수로 굴러떨어지지 않도록 어린아이의 발목에는 끈을 매어 놓는다. 말과 운반용 동물에게는 물고기를 먹이는데, 물고기가 하도 많아 뚜껑 문을 열고 빈 바구니를 줄에 묶어 호수에 내렸다가 바로 끌어올려도 물고기로 바구니가 가득찰 정도이다. 물고기는 두 종류가 있는데, 그들은 그것을 파프락스와 틸론이라고 부른다.

17 그리하여 정복된 파이오니아 부족은 아시아로 이주하게 되었다. 메가바조스는 파이오니아인을 제압하고 나서 군대에서 자기 다음으로 가장 명망 있는 페르시아인 일곱 명을 마케도니아에 사절단으로 보냈다. 이들을 아뮌타스에게 파견한 것은 다레이오스왕을 위해 흙과 물을 요

8 트로이아 왕가의 시조.

구하기 위해서였다.[9] 프라시아스호에서 마케도니아까지는 그리 먼 거리가 아니다. 먼저 호수에는 훗날 알렉산드로스에게 하루에 1탈란톤의 은을 대주던 광산이 인접해 있고, 일단 광산을 지나면 뒤소론이라는 산이 이어지는데, 그 산을 넘으면 바로 마케도니아 땅이다.

18 궁전에 도착한 페르시아 사절단은 아뮌타스를 배알하고 다레이오스왕을 위해 흙과 물을 요구했다. 아뮌타스는 그들이 요구하는 것을 내주고 만찬에 초대하더니 풍성한 연회로 페르시아인들을 환대했다. 식사가 끝나고 술잔치가 시작되었을 때 페르시아인들은 이렇게 말했다. "우리의 친구인 마케도니아 왕이시여, 이런 성대한 연회에는 처첩(妻妾)도 불러내어 합석하게 하는 것이 우리 페르시아인의 관습이옵니다. 전하께서는 우리를 반가이 영접해 환대해 주었고, 또 다레이오스왕에게 흙과 물을 바쳤으니 우리의 관습에 따르시는 것이 어떠하올는지요." 아뮌타스가 대답했다. "페르시아인들이여, 우리에게는 그런 관습이 없고, 남녀는 동석하지 않게 되어 있소이다. 하지만 그대들은 우리의 주인인만큼, 그러는 것이 그대들 소원이라면 그렇게 해 드리겠소이다." 이렇게 말하고 아뮌타스는 여자들을 불러오게 했다. 부름을 받고 들어온 여자들은 페르시아인들 맞은편에 일렬로 앉았다. 페르시아인들은 아리따운 여자들을 보며 아뮌타스에게 말했다. "이건 현명한 처사가 아니옵니다. 여자들이 와서 옆에 앉지 않고 마주 앉아 우리 눈을 고문(拷問)하느니 차라리 아예 오지 말았다면 더 좋았을 것을." 아뮌타스는 하는 수 없이 페르시아인들 곁에 가 앉으라고 여자들에게 말했다. 여자들이 그의 명령에 복종하자 거나하게 취한 페르시아인들은 당장 여자들의 가슴을 만지기 시작했고, 입맞추려는 자들도 더러 있었다.

19 아뮌타스는 그것을 보자 못마땅해했지만 페르시아인들이 두려운 나머지 묵묵히 참고 견뎠다. 그러나 그 자리에 있던, 아뮌타스의 아들 알렉산드로스는 아직 세상물정을 모르는 젊은이인지라 그 광경을 보고 참다못해 화가 나 아뮌타스에게 이렇게 말했다. "아버지, 아버지께서는 연로하니 술은 이제 그만 마시고 들어가 쉬시옵소서. 이곳은 제가 남아 손님들에게 필요한 시중을 들겠나이다." 아뮌타스는 알렉산드로스가 무슨 음모를 꾸미고 있음을 알아차리고 말했다. "내 아들아, 너는 몹시 화가 나 있구나. 네 말을 들어 보니 너는 나를 내보내고 엉뚱한 짓을 하려는 게 분명해. 부탁이다. 제발 저들에게 해코지하지 마라. 네가 그러면 우리는 끝장이다. 하지만 가서 잠자리에 들라는 네 조언은 받아들이겠다."

20 아뮌타스가 아들에게 이렇게 당부하고 자리를 뜨자 알렉산드로스가 페르시아인들에게 말했다. "친구들이여, 이 여인들은 여러분의 처분에 맡기겠소이다. 여러분은 이 중 여러분이 원하는 여인과, 아니 모든 여인과 동침할 수 있습니다. 원하는 게 있으면 말씀만 하십시오. 하지만 이제 잠자리에 들 때가 되었고, 보아하니 여러분도 거나하게 취한 것 같으니, 좋다면 이 여인들을 내보내 목욕을 하게 하시지요. 그런 다음 이들이 여러분을 다시 모시게 하겠습니다." 페르시아인들이 동의하자 알렉산드로스는 여인들을 규방으로 돌려보내고 나서 같은 수의 아직 수염 나지 않은 젊은이들을 골라 이들에게 여자 옷을 입히고 단검을 주며 안으로 데리고 들어가더니 페르시아인들에게 이렇게 말했다. "페르시아인들이여, 생각건대 여러분은 융숭한 대접을 받았소이다.

---

9 항복의 표시로.

우리가 갖고 있고 우리가 댈 수 있는 모든 것을 여러분에게 제공했으니까요. 게다가 금상첨화로 우리의 어머니들과 누이들까지도 아낌없이 여러분에게 내주고 있소이다. 이로 미루어 우리가 여러분에게 걸맞게 여러분을 접대하고 있음이 분명한 만큼, 여러분을 보내신 대왕께, 마케도니아의 태수인 한 헬라스인이 식탁과 잠자리로 여러분을 환대하더라고 전할 수 있소." 이렇게 말하고 알렉산드로스는 마케도니아의 남자가 여자로서 페르시아인들 곁에 앉게 했다. 그리고 페르시아인들이 더듬기 시작하자 마케도니아인들은 그들을 찔러 죽였다.

21 그렇게 페르시아인들은 최후를 맞았고, 그들의 시종도 마찬가지였다. 페르시아인들에게는 수레와 시종과 수많은 화물이 뒤따랐는데 이 모든 것이 사절단과 함께 사라져 버렸다. 그 뒤 오래지 않아 페르시아인이 이들 사절단의 행방을 대대적으로 수색했지만, 알렉산드로스가 계교를 써서 수색이 실패하게 했으니, 페르시아인 수색 대장 부바레스에게 거금과 함께 귀가이아라는 누이를 준 것이다. 그리하여 페르시아 사절단의 죽음은 은폐되고 밝혀지지 않았다.

22 마케도니아인은 자신들이 페르딕카스의 자손으로 헬라스인이라고 주장하는데, 나도 그렇다고 믿으며, 이 책의 뒷부분[10]에서 그것을 입증할 것이다. 그것은 올림피아 경기를 주관하는 자들도 인정한 사실이다. 알렉산드로스가 경기에 참가하려고 올림피아에 갔을 때, 그의 헬라스인 경쟁 상대들이 이방인은 경기에 참가할 수 없다는 이유로 그를 배제하려고 했다. 그러나 알렉산드로스는 자기가 아르고스인임을 입증함으로써 헬라스인으로 판정받았고, 달리기 경주에 참가해 우승자와 동시에 들어왔다. 아무튼 그때 그런 일이 있었다.

23 메가바조스는 파이오니아인을 이끌고 헬레스폰토스로 가 그곳에서 해협을 건너 사르데이스에 도착했다. 이때 밀레토스의 히스티아이오스는 이미 스트뤼몬 강가의 뮈르키노스란 도시를 요새화하기 시작했는데, 이스트로스강의 선교(船橋)를 지켜 준 보답으로 이 도시를 요새화하게 달라는 그의 청을 다레이오스가 들어주었던 것이다. 메가바조스는 히스티아이오스가 무슨 짓을 하고 있는지 듣고 파이오니아인을 이끌고 사르데이스에 도착하자마자 다레이오스에게 이렇게 말했다. "전하, 히스티아이오스같이 교활하고 영리한 헬라스인에게 트라케에 요새를 건설하도록 허락하시다니 대체 어찌된 일이옵니까! 그곳에는 함선을 건조하고 노를 만드는 데 필요한 수목이 울창하게 자라고 있고 은광도 있사오며, 주위에는 그를 지도자로 삼고 그가 시키는 대로 밤낮으로 일할 헬라스인과 이민족이 무리 지어 밀집해 살고 있나이다. 전하께서는 히스티아이오스가 하는 일을 중지시키소서. 그러지 않으면 전하께서는 내전에 말려들게 되옵니다. 부드러운 말로 그를 불러들여 제지하시되, 일단 수중에 들어오면 다시는 헬라스로 돌아가지 못하게 하소서."

24 다레이오스는 이 말을 듣자마자 메가바조스가 미래를 정확히 내다본다고 확신하고는 뮈르키노스로 사자를 보내 다음과 같이 전하게 했다. "히스티아이오스여, 다레이오스왕께서 전하는 말씀이옵니다. '나는 곰곰이 생각해 본 끝에 나와 내 일에 그대보다 충성스런 인물은 없다는 결론을 얻었소. 그대의 충성심을 그대는 말이 아니라 행동으로 입증했소. 지금 나는 미래를 위해 원대한 일들을 계획 중인데, 내가 그대와 상

---

10 8권 137~138장.

의할 수 있도록 그대는 꼭 이리로 와 주시오.'" 히스티아이오스는 이 전
언을 믿고 왕의 조언자가 된다고 우쭐하며 사르데이스에 도착했다. 그
가 도착하자 다레이오스는 이렇게 말했다. "히스티아이오스여, 내가
사람을 보내 그대를 부른 까닭을 말하겠소. 스퀴티스에서 돌아와 그대
를 못 보게 된 이후 내 간절한 소원은 그대와 다시 만나 이야기하는 것
이었소. 나는 세상에서 가장 값진 재물은 현명하고 호의적인 친구라는
것을 알았는데, 그대야말로 이 두 가지 자질을 다 갖추었음을 내 자신
의 경험을 통해 알았기 때문이오. 그대는 잘 와 주었소. 그래서 내 그대
에게 한 가지 제안을 하고 싶소. 밀레토스와 그대가 트라케에 새로 요
새화한 도시는 잊어버리고 나와 함께 수사로 갑시다. 그곳에서는 내가
가진 모든 것이 그대의 것이 될 것이오. 그대는 내 식탁에서 식사하게
될 것이며 내 조언자가 될 것이오."

25 다레이오스는 이렇게 말하고 나서 자신의 이복동생인 아르타프레네
스를 사르데이스의 태수로 임명한 다음 히스티아이오스를 데리고 수
사로 갔다. 또 해안 지대의 지휘권은 오타네스에게 맡겼다. 오타네스의
아버지 시삼네스는 왕실 재판소의 판관이었는데 뇌물을 받고 부정한
판결을 내린 적이 있었다. 캄뷔세스왕은 그의 멱을 따고 가죽을 모두
벗기게 했다. 벗겨 낸 가죽으로는 가죽끈을 만들게 하여 시삼네스가 판
결할 때 앉던 의자를 이 가죽끈으로 둘러 엮게 했다. 그런 다음 그는 자
기가 죽여 가죽을 벗긴 시삼네스 대신 시삼네스의 아들을 판관으로 임
명한 다음 그가 어떤 의자에 앉아 판결을 하는지 명심하라고 경고했다.

26 이러한 의자에 앉아 재판을 해야 했던 이 오타네스가 이제 메가바조스
의 후임 장군이 되어 뷔잔티온과 칼케돈과, 트로아스 지방의 안탄드로

480 역사

스와 람포니온을 함락했다. 그는 또 레스보스인에게서 함대를 빼앗아 렘노스와 임브로스를 함락했는데, 이 두 섬에는 이때에도 여전히 펠라스고이족이 살고 있었다.

27 렘노스인은 용감히 싸우며 장기간 저항했지만 결국 패했다. 사모스의 통치자였던 마이안드리오스의 아우 뤼카레토스를 페르시아인이 살아남은 자들의 통치자로 임명했다. 뤼카레토스는 렘노스를 통치하다가 ……[11] 죽었는데 그 이유는 다음과 같다. 즉 그는 어떤 주민에게는 스퀴티스 원정 때 탈영했다는 죄로, 다른 주민에게는 스퀴티스에서 퇴각하던 다레이오스의 군대를 괴롭혔다는 죄로 전 주민을 노예로 삼고 억압한 것이다.

28 이상이 페르시아군 장군으로서의 오타네스의 업적이다. 그 뒤 잠시 휴식 기간이 이어졌지만 낙소스와 밀레토스로 인해 이오니아인에게 다시 환란(患亂)이 닥쳤다. 낙소스는 아이가이온 해의 섬 가운데 가장 부유했고, 밀레토스도 같은 기간 전무후무한 번영을 구가하며 이오니아의 자랑거리가 되었다. 두 세대 전 밀레토스는 파로스인이 각 정파를 화해시킬 때까지 내분으로 심각한 고통을 받았는데, 밀레토스인은 온 헬라스인 가운데 파로스인을 택해 중재자로 삼았다.

29 파로스인은 다음과 같이 분쟁을 종식했다. 파로스의 요인들이 밀레토스에 가서 그곳의 민생이 도탄에 빠졌음을 보고는 온 나라를 둘러보게 해 달라고 요청했고 또 그렇게 했다. 그들은 밀레토스 방방곡곡을 돌아

---

11 텍스트의 일부가 훼손된 것으로 보이는데, 문맥상 '인심을 잃고'라는 내용인 것 같다.

다니며 황폐화된 들판에서 잘 경작된 농토를 보면 그 농토 임자의 이름을 적어 두었다. 온 국토를 두루 돌아다녀도 그런 농지는 많지 않았다. 도시로 돌아오자 그들은 민회를 소집한 다음 잘 경작된 농토 임자들에게 국정을 일임한다고 선언하며, 이들은 자신의 이익 못지않게 공공의 이익도 잘 보살필 것이라고 했다. 그들은 전에 파벌 싸움에 말려들었던 다른 밀레토스인은 이들에게 복종하라고 명령했다.

30 파로스인은 밀레토스의 분쟁을 그렇게 종식했다. 한데 이 시기에 이오니아에 환란이 닥친 것은 이들 두 도시 낙소스와 밀레토스 탓이었고, 그 경위는 다음과 같다. 낙소스의 자산가(資産家) 몇 명이 민중에게 추방되어 밀레토스로 망명했다. 당시 밀레토스는 몰파고라스의 아들 아리스타고라스가 통치하고 있었는데, 그는 다레이오스가 수사에 붙들어 두고 있는, 뤼사고라스의 아들 히스티아이오스의 사위이자 사촌이었다. 사실 밀레토스의 참주는 히스티아이오스였지만, 옛친구인 낙소스인이 도착했을 때 그는 수사에 가 있었다. 낙소스인은 밀레토스에 도착하자 자기들이 고국으로 돌아갈 수 있도록 군대를 내 달라고 아리스타고라스에게 간청했다. 아리스타고라스는 자신의 도움으로 그들이 귀향할 경우 자기가 낙소스의 통치자가 될 수 있으리라 생각하고는 그들이 히스티아이오스의 친구였던 점을 빙자해 그들에게 다음과 같은 제안을 했다. "나는 물론 지금 낙소스를 장악하고 있는 자들의 뜻에 반해 그대들을 낙소스로 복귀시킬 만한 군대를 내줄 수가 없소이다. 낙소스에는 8,000명의 중무장 보병과 수많은 전함이 있다고 들었기 때문이오. 하지만 나는 이 일을 성사시키기 위해 최선을 다할 것이며, 내게 한 가지 생각이 있소이다. 아르타프레네스는 내 친구요. 그대들도 아시다시피, 그는 휘스타스페스의 아들로 다레이오스왕의 아우이며 아시아

482 역사

해안 지대의 모든 백성을 통치하고 있소. 그에게는 대군이 있고 전함도 많소. 그러면 틀림없이 우리의 요청을 들어줄 것이오." 이 말을 듣고 낙소스인은 아리스타고라스에게 선처를 부탁하고, 아르타프레네스에게 선물과 군대의 유지비를 약속하라고 일렀는데, 그 비용은 자기들이 부담하겠다고 했다. 그들은 자기들이 낙소스에 나타나면 낙소스인은 무엇이든 자기들이 시키는 대로 할 것이며, 다른 섬들의 주민도 그렇게 할 것이라고 잔뜩 희망에 부풀어 있었기 때문이다. 여태까지는 [퀴클라데스 군도의] 어느 섬도 다레이오스의 지배를 받지 않은 것이다.

31 아리스타고라스는 사르데이스에 도착하자 아르타프레네스에게 낙소스는 크지는 않지만 아름답고 비옥하고 이오니아 가까이 있으며 재물도 많고 노예도 많다고 말했다. 그는 말을 이었다. "하오니 그곳을 공격해 망명객들을 복귀시키십시오. 그대가 그렇게 하실 때를 대비해 나는 군비를 충당하고도 남을(군비는 원정을 기획하는 우리가 당연히 부담해야겠지요) 거금을 마련해 두었습니다. 게다가 그대는 낙소스섬뿐 아니라 낙소스섬에 종속되어 있는 파로스와 안드로스 같은 다른 퀴클라데스 군도도 대왕을 위해 얻게 되실 것입니다. 그러면 이 섬들을 기지 삼아 퀴프로스섬 못지않게 크고 부유하지만 쉽게 함락할 수 있는 에우보이아섬을 공략하실 수 있을 것입니다. 이 섬들을 정복하는 데는 100척의 전함이면 충분할 것입니다." 아르타프레네스가 그에게 대답했다. "그대는 왕가(王家)에 낭보를 가져오셨구려. 그대의 조언은 전함의 수만 제외한다면 다 훌륭하오. 100척 대신 200척의 전함을 그대를 위해 내년 봄에 준비해 두겠소. 하지만 이 계획은 먼저 전하의 재가를 받아야만 하오."

32 아리스타고라스는 이런 대답을 듣자 흐뭇한 마음으로 밀레토스로 돌아갔다. 한편 아르타프레네스는 수사로 사자를 보내 아리스타고라스의 제안을 다레이오스에게 보고하게 했다. 다레이오스가 친히 재가하자 아르타프레네스는 200척의 삼단노선을 준비하고 페르시아인과 동맹군으로 구성된 대군을 동원한 다음 메가바테스라는 페르시아인을 원정군의 사령관으로 임명했다. 메가바테스는 아카이메니다이가(家) 사람으로, 아르타프레네스와 다레이오스의 사촌이었다. 소문이 사실이라면 훗날 라케다이몬 왕, 클레옴브로토스의 아들 파우사니아스는 온 헬라스의 참주가 되고 싶은 욕심에서 메가바테스의 딸과 약혼한 적이 있었다. 아르타프레네스는 메가바테스를 지휘관으로 임명한 다음 군대를 아리스타고라스에게 파견했다.

33 메가바테스는 밀레토스에서 아리스타고라스와 이오니아의 파견부대와 낙소스의 망명객들과 합류한 다음 헬레스폰토스로 간다며 출항했다. 키오스섬에 이르자 그는 카우카사 항 앞바다에 닻을 내렸으니, 북풍이 불면 낙소스로 건너갈 참이었다. 그러나 낙소스는 이 원정군에게 함락되지 않을 운명이었다. 그 경위는 다음과 같다. 메가바테스가 함선을 지키도록 배치된 파수병을 순찰했을 때 뮌도스[12]에서 파견된 함선에는 지키는 사람이 아무도 없었다. 화가 난 그는 자신의 친위대에게 명해 스퀼락스라는 그 함선의 선장을 포박해 머리는 밖으로 나오되 몸통은 안으로 들어가도록 그 배의 노 구멍에 묶게 했다. 스퀼락스가 묶이자 누군가 아리스타고라스에게 메가바테스가 뮌도스에서 온 그의 친구를 포박하고 모욕했다고 알렸다. 아리스타고라스는 가서 스퀼락스를 위해 페르시아인에게 탄원했지만 거절당하자 몸소 가서 스퀼락스를 풀어 주었다. 메가바테스는 이 소식을 듣고 격분해 아리스타고라

스에게 분통을 터뜨렸다. 그러자 아리스타고라스가 말했다. "이것은 그대가 상관할 일이 아니오. 아르타프레네스가 그대를 이리로 보낼 때 내 명령에 복종하고 내가 지시하는 곳으로 항해하라고 지시하지 않던 가요? 왜 남의 일에 간섭하는 것이오?" 메가바테스는 아리스타고라스의 말에 분개해 밤이 되자마자 낙소스로 배 1척에 사람을 실어 보내 낙소스인에게 닥칠 일들을 미리 일러 주게 했다.

34 낙소스인은 이번 원정이 자기들을 목표로 하고 있다고는 꿈에도 생각지 않았다. 그러나 일단 그런 줄 알게 되자 지체 없이 물자를 들판에서 성벽 안으로 운반하고 포위공격에 대비해 식량과 물을 준비하고 성벽을 보수했다. 그렇게 그들은 적의 공격에 대비했다. 적군의 함대가 키오스에서 낙소스로 건너와 보니 낙소스인은 적군을 맞을 만반의 준비가 되어 있었다. 그리하여 포위공격이 4개월 동안 계속되었다. 페르시아인이 가져간 군자금이 모두 바닥나고 아리스타고라스도 거금의 사재를 털어 넣었다. 그래도 포위공격을 계속했지만 더 많은 돈이 필요해지자 그들은 낙소스의 망명객들을 위해 성채 하나를 지어 주고 본토로 철수했다. 원정은 실패로 끝났다.

35 아리스타고라스는 아르타프레네스와의 약속을 지킬 수 없었다. 그는 원정에 소요된 전쟁 비용을 독촉받자 궁지에 몰렸고, 원정의 실패와 메가바테스와의 불화로 인해 자칫 밀레토스의 통치권을 잃지나 않을까 두려워졌다. 이런 일들이 두려워지자 그는 모반을 생각하게 되었다. 바로 그때 수사의 히스티아이오스한테서 머리에 먹물뜨기를 한 사내

---

12 소아시아 카리아 지방의 해안 도시.

가 왕에게 반기를 들라는 전언을 갖고 도착했다. 히스티아이오스는 반기를 들라고 아리스타고라스에게 촉구하고 싶어도 도로가 모두 감시당하고 있어 안전하게 의사소통할 방법이 없었다. 그래서 그는 자신의 노예 중 가장 충직한 자의 머리를 깎고 두피에 먹물뜨기를 한 다음 모발이 다시 자라기를 기다렸다. 모발이 다시 자라자 그는 그자를 밀레토스로 보내며 밀레토스에 도착하면 아리스타고라스에게 딴말은 말고 자기의 머리를 깎고 두피를 살펴보라는 부탁만 하라고 일렀다. 두피에서 발견된 전언은 앞서 말했듯이 반기를 들라는 지시였다. 히스티아이오스가 그렇게 한 것은 수사에 억류되어 있는 것이 너무나 싫었기 때문이다. 밀레토스에 반란이 일어나면 해안 지대로 파견될 희망이 있지만, 밀레토스가 반란을 일으키지 않으면 고향에 돌아갈 가망은 없다고 본 것이다.

36 히스티아이오스는 이런 의도에서 사자를 보냈다. 그러나 아리스타고라스 입장에서는 이 모든 일이 반기를 들도록 동시에 부추겼던 것이다. 그는 자신의 추종자들에게 조언을 구하며 자신의 계획을 밝히고 히스티아이오스의 전언을 말해 주었다. 모두들 그에게 동조하며 반기를 들기를 촉구했다. 그러나 이야기 작가[13] 헤카타이오스는 예외였다. 헤카타이오스는 먼저 페르시아 왕과는 전쟁을 시작하지 말라며 다레이오스 치하의 모든 부족을 열거했고 그의 세력이 막강하다고 했다. 그래도 그들을 설득하지 못하자 그렇다면 제해권을 장악하기를 권했다. 그리고 나서 그는 밀레토스의 힘이 미약하다는 것을 잘 알기에, 그가 알고 있는 한 그런 목적을 성취하기 위해서는 브랑키다이[14] 신전에서 전에 뤼디아 왕 크로이소스가 봉헌한 보물을 모두 가져오는 수밖에 없으며, 그렇게만 하면 그 돈을 마음대로 쓸 수 있고, 적군이 보물을 약탈하는

것을 막을 수 있는 만큼 제해권을 장악할 수 있을 것이라고 했다. 이 보물들은 내가 『역사』 1권에서 밝혔듯이,[15] 규모가 엄청났다. 헤카타이오스의 이 의견은 채택되지 않았다. 그럼에도 그들은 페르시아에 반기를 들기로 결의하고는 그 첫 번째 조치로 그들 중 한 명이, 낙소스에서 퇴각한 원정군이 머물러 있던 뮈우스[16]로 배를 타고 가서 승선 중인 장군들을 사로잡기로 했다.

37 이를 위해 이아트라고라스가 파견되었고, 그는 계략을 써서 밀라사 출신으로 이바놀리스의 아들인 올리아토스, 테르메라 출신으로 튐네스의 아들인 히스티아이오스, 다레이오스에게서 뮈틸레네를 선물 받은, 에륵산드로스의 아들 코에스, 퀴메 출신으로 헤라클레이데스의 아들인 아리스타고라스와 그 밖의 많은 자를 사로잡았다. 이제 아리스타고라스는 공공연히 반기를 들었고 다레이오스에게 해로운 짓이라면 무엇이든 했다. 밀레토스인이 자진해 반란에 가담하도록 그는 먼저 명목상으로 참주정체를 철폐하고 밀레토스에 법 앞의 평등을 도입했다. 이어서 그는 이오니아의 다른 도시에도 같은 조치를 취했다. 그는 몇몇 참주를 그들의 나라에서 추방하는가 하면, 낙소스 원정에 참가한 함선에서 체포하게 한 참주들은 각각 그들의 소속 국가에 넘겨주었는데, 그곳 백성의 호감을 사기 위해서였다.

---

13 그리스어 logographos는 엄밀히 말해 헤로도토스 이전 역사가를 말한다.
14 일명 디뒤마(Didyma). 밀레토스에서 남쪽으로 20킬로미터쯤 떨어진 곳에 있는 성역으로, 아폴론 신전과 신탁소가 있었다.
15 1권 92장.
16 마이안드로스 강가에 있는 카리아 지방의 도시.

38 뮈틸레네인은 코에스를 돌려받자마자 도시 밖으로 데리고 나가 돌로 쳐 죽였다. 그러나 퀴메인은 자신들의 참주를 방면했고, 다른 도시도 대부분 그렇게 했다. 그리하여 이오니아의 도시들에서는 참주정체가 철폐되었다. 밀레토스의 아리스타고라스는 일단 참주들이 물러가게 하고 나서 도시마다 장군을 선임하게 했다. 그 자신은 삼단노선을 타고 사절로 라케다이몬으로 갔으니, 강력한 동맹군이 필요했기 때문이다.

39 그사이 스파르테 왕, 레온의 아들 아낙산드리데스는 죽고, 그의 아들 클레오메네스가 탁월한 자질이 아니라 출생의 권리에 힘입어 왕위를 계승했다. 아낙산드리데스는 누이의 딸과 결혼하여 사랑했지만 슬하에 자식은 없었다. 그래서 에포로스[17]들이 그를 불러 놓고 말했다. "비록 전하께서 자신을 돌보지 않으신다 하더라도 저희는 에우뤼스테네스의 가문이 대가 끊기도록 내버려둘 수 없나이다. 현재의 왕비께서 출산을 하지 못하시니 전하께서는 왕비를 내보내고 다른 여인과 결혼하소서. 그러시면 스파르테인이 좋아할 것이옵니다." 왕이 대답했다. "나는 어느 것도 하지 않겠소. 내게 아무 허물도 없는 지금의 아내를 내보내고 다른 여인과 결혼하라는 그대들의 조언은 부당하오. 나는 그대들이 요구하는 대로 하지 않을 것이오."

40 그러자 에포로스들과 원로들이 상의한 다음 아낙산드리데스에게 다음과 같이 제안했다. "보아하니, 전하께서는 지금의 왕비와 헤어지기 싫으신 듯하옵니다. 저희가 다른 대안을 제시하오니, 부디 반대하지 마시기 바라옵니다. 그렇지 않으면 스파르테인이 전하께 불쾌한 결정을 내릴지도 모르옵니다. 저희는 전하께 지금의 왕비와 헤어지라고 요구하지 않겠나이다. 왕비께서 지금의 특권을 계속해서 누리게 하소서.

대신 전하께서는 자식을 낳아 줄 새 왕비를 맞아들이셔야 하옵니다." 아낙산드리데스는 이에 동의하고 두 아내와 살며 두 살림을 차렸는데, 이는 스파르테의 관습에 전적으로 배치되는 것이었다.

41 얼마 뒤 새 왕비가 클레오메네스를 낳았다. 그런데 우연의 일치일까, 그녀가 스파르테인에게 왕위 계승자를 낳아 주자마자 여태까지 자식이 없던 첫째 왕비도 임신을 했다. 그녀는 실제로 임신한 것이다. 새 왕비의 친척은 이 소식을 듣고 법석을 떨며 첫째 왕비가 허풍을 치는 것이며 사실은 아이를 입양하려는 것이라고 말했다. 그들이 어찌나 법석을 떨던지 출산할 때가 되자 에포로스들도 믿기지 않아 첫째 왕비 주위에 둘러앉아 그녀의 산고를 지켜보았다. 그녀는 도리에우스를 낳았고, 그 뒤 곧 레오니다스를, 그 뒤 곧 클레옴브로토스를 가졌다. 일설에 따르면, 클레옴브로토스와 레오니다스는 쌍둥이였다고 한다. 그러나 데마르메노스의 아들 프리네타데스의 딸인, 클레오메네스의 어머니는 더는 자식을 낳지 못했다.

42 클레오메네스는 약간 정신이상자였다고 한다. 반면 동년배 중에서 두각을 나타낸 도리에우스는 자기가 탁월한 만큼 자기가 왕위를 계승하게 되리라고 굳게 믿고 있었다. 그렇게 확신하고 있는데 아낙산드리데스가 죽은 뒤 라케다이몬인이 관습에 따라 장자인 클레오메네스를 왕으로 삼자 화가 난 도리에우스는 클레오메네스의 지배를 거부했다. 그는 스파르테인에게 이민단을 요구한 다음 이들을 이끌고 이민 원정에

---

17 ephoros('국정 감독관'). 스파르테의 최고 실권자로, 시민 중에서 5명이 1년 임기로 선출되었다.

나섰다. 그는 어느 곳에 식민시를 건설해야 하는지 델포이의 신탁에 묻지도 않고, 또 관행에 따라 사전 준비도 마치지 않은 채 홧김에 테라인을 길라잡이로 삼아 리뷔에를 향해 출항했다. 리뷔에에 도착하자 그는 그곳에서 가장 아름다운 곳인 키뉩스 강가에 식민시를 건설했다. 그러나 2년 뒤 그는 마카이족이라는 리뷔에의 부족과 카르케돈[18]인에게 쫓겨나 펠로폰네소스로 돌아왔다.

43 이때 엘레온[19] 출신의 안티카레스라는 사람이 라이오스에게 내려진 신탁에 근거해 시켈리아[20]의 헤라클레이아 시를 건설하라고 도리에우스에게 권고했다. 그의 주장에 따르면, 에뤽스[21]산 주변 지역은 모두 헤라클레스가 점유한 까닭에 헤라클레스 자손의 소유라는 것이었다. 그 말을 듣자 도리에우스는 델포이로 가서 자기가 지금 찾아가려는 나라를 점령하게 될지 신탁에 물었다. 그가 점령하게 될 것이라고 퓌티아가 대답하자 도리에우스는 자신이 리뷔에로 데리고 갔던 그 이민단을 그대로 이끌고 이탈리아를 향해 출발했다.

44 쉬바리스인에 따르면, 이 무렵 쉬바리스인과 그들의 왕 텔뤼스는 크로톤[22]으로 진격하려 했는데, 이에 놀란 크로톤인이 도리에우스에게 도움을 요청해 동의를 얻었고, 그리하여 도리에우스가 함께 쉬바리스를 공격해 함께 쉬바리스를 함락했다고 한다. 이상은 쉬바리스인이 도리에우스와 그의 일행의 행적에 관해 전하는 이야기다. 그러나 크로톤인의 주장에 따르면, 그들은 대(對)쉬바리스 전에서 이아미다이가(家) 출신인 엘리스의 예언자 칼리아스 말고는 어느 외국인의 도움도 받지 않았다고 한다. 칼리아스가 쉬바리스의 참주 텔뤼스에게서 탈주해 크로톤인에게 넘어온 것은 그가 대(對)크로톤 전의 결과를 점치려는데 제

물로 바친 짐승의 내장이 불길한 전조를 보였기 때문이라고 한다. 이상은 크로톤인의 이야기다.

45 양측 모두 자신들의 주장을 뒷받침할 증거를 제시하고 있는데, 쉬바리스인은 크라티스강의 마른 강바닥 옆의 성역과 그 안의 신전을 가리키며 그것은 도리에우스가 쉬바리스를 함락한 뒤 크라티스의 아테나에게 봉헌한 것이라고 주장한다. 그들은 또 도리에우스의 죽음을 가장 확실한 증거로 들며 그는 신탁의 뜻을 거스른 탓에 목숨을 잃었다고 주장한다. 만약 그가 옆길로 새지 않고 신탁이 지시한 대로 했다면 에뤽스산 주변 땅을 함락해 차지했을 것이고, 그 자신도 그의 군사도 죽지 않았으리라는 것이다. 한편 크로톤인은 엘리스의 칼리아스에게는 크로톤 영토 안의 정선된 넓은 토지가 선물로 주어졌고, 오늘날에도 칼리아스의 자손이 소유하고 있는 반면, 도리에우스와 그의 자손은 무엇을 받았다는 증거가 없다는 점을 지적하고 있다. 만약 도리에우스가 대(對)쉬바리스 전에 참가했다면 칼리아스보다 훨씬 더 많이 받았으리라는 것이 그들의 논지다. 이상이 두 도시가 제시하는 증거이다. 각자는 둘 중 설득력이 있어 보이는 쪽에 동의하면 될 것이다.

46 다른 스파르테인도 식민시 건설에 협조하려고 도리에우스와 함께 출항했는데, 텟살로스, 파라이바테스, 켈레에스, 에우뤼레온이 그들이

---

18 카르타고의 그리스어 이름.
19 보이오티아 지방의 도시.
20 시칠리아의 그리스어 이름.
21 시칠리아 서북부에 있는 곶 및 산.
22 쉬바리스와 크로톤은 남이탈리아의 도시들이다.

다. 그들은 함선을 모두 이끌고 시켈리아에 도착했지만, 포이니케인과 에게스타인과의 전투에서 패해 전멸하고 에우륄레온만이 구사일생으로 살아남았다. 그는 패잔병을 끌어모아 셀리누스의 식민시인 미노아를 함락하고 셀리누스인이 독재자 페이타고라스에게서 해방되도록 도와주었다. 페이타고라스를 축출한 다음 에우륄레온은 자신이 셀리누스의 참주가 되려 했고, 잠시 동안 도시를 통치하기도 했다. 그러나 그 뒤 셀리누스 백성이 봉기하여, 그가 시장의 보호자 제우스의 제단으로 피신했는데도 그를 죽였다.

47 도리에우스와 함께 갔다가 함께 죽은 자 중에는 부타키데스의 아들 퓔립포스라는 크로톤인도 있었다. 그는 쉬바리스 왕 텔뤼스의 딸과 약혼했다 하여 크로톤에서 추방되자 결혼 계획이 실패로 돌아간 것에 실망하여 퀴레네로 항해해 가서 그곳에서 자신의 삼단노선을 마련하고 자비로 뱃사람들을 고용한 다음 도리에우스의 원정대에 참가했다. 그는 올륌피아 경기의 우승자였고, 당대의 헬라스인 중에 제일 미남이었다. 준수한 외모 덕분에 에게스타인은 그에게 전무후무한 경의를 표했다. 그들은 그의 무덤에 영웅의 사당을 짓고 그에게 지금도 제물을 바치고 있기에 하는 말이다.

48 도리에우스는 그렇게 최후를 맞았다. 만약 그가 클레오메네스의 통치를 감수하며 스파르테에 머물러 있었다면, 라케다이몬의 왕이 되었을 것이다. 클레오메네스는 오래 통치하지 못하고 고르고란 이름의 딸만 남긴 채 아들 없이 죽었기 때문이다.

49 아무튼 밀레토스의 참주 아리스타고라스는 클레오메네스가 다스리던

스파르테에 도착했다. 라케다이몬인에 따르면, 아리스타고라스는 협상하기 위해 동판(銅版)을 하나 갖고 갔는데, 거기에는 온 대지와 모든 바다와 모든 강이 새겨져 있었다고 한다. 아리스타고라스는 회담차 도착해 왕에게 이렇게 말했다. "클레오메네스여, 상황이 상황인 만큼 제가 서둘러 이곳을 찾았다고 해서 놀라지 마십시오. 이오니아인의 아들들이 자유민 대신 노예가 되어야 한다는 것은 우리뿐 아니라, 나머지 헬라스인, 특히 헬라스에서 주도적 역할을 하는 그대들에게도 더할 나위 없는 치욕과 고통이 될 것입니다. 헬라스 신들의 이름으로 간청하오니, 그대들은 이오니아의 동포를 예속에서 구해 주십시오. 그대들에게 그것은 쉬운 일입니다. 페르시아인은 용감하지 못한데, 그대들은 세상에서 가장 뛰어난 전사들이기 때문입니다. 그들의 전투 방식에 관해 말하자면, 그들은 활과 단창으로 싸우며, 바지를 입고 두건을 쓴 채 전투하기에 그들을 이기기는 아주 쉽습니다. 게다가 아시아 대륙의 주민들은 세상의 어느 곳 주민보다 부유하며, 금을 비롯해 은, 청동, 자줏빛 의상, 운반용 동물, 노예를 많이 갖고 있습니다. 그 모든 것을 그대들이 원하는 만큼 가질 수 있습니다." 여기서 아리스타고라스는 지니고 다니던 지도를 펼쳐 보이며 말을 이었다. "자, 보십시오. 그들은 서로 인접해 살고 있습니다. 이곳엔 이오니아인이 살고, 그 너머에는 뤼디아인이 사는데, 그곳은 땅이 기름지고 은이 많습니다. 뤼디아인 동쪽에는 프뤼기아인이 사는데, 그들이 사는 곳은 내가 아는 어느 나라보다 가축 떼가 많고 곡물이 많이 납니다. 프뤼기아인 다음에는 우리가 쉬리아인이라고 부르는 캅파도키아인이 삽니다. 그들의 이웃은 킬리키아인인데, 그들의 영토는 퀴프로스섬이 자리잡은 여기 이 바다까지 펼쳐져 있습니다. 킬리키아인은 페르시아 왕에게 해마다 500탈란톤의 조세를 바칩니다. 킬리키아인 다음에는 아르메니아인이 사는데, 이들 역시 가축 떼가 많습니다. 아르메니아인 다음에는 마티아노이족이 여기 이 땅을 차지하고 살고 있습니다. 그다음이 킷시아 땅이고, 그곳의 코아스페스 강가에 수사가 자리잡았는데, 수사는 대왕이 거주하고 그의 보고(寶庫)들이 있는 곳입니다. 그대들이 이 도시를 함락하면 감히 제우스와도 부를 겨룰 수 있을 것입니다. 왜 그대들은 이곳에서[23] 그다지 크지도 비옥하지도 않은 좁은 지역을 두고 그대들과 대등한 멧세니아인이나 아르카디아인이나 아르고스인과 싸우시는 것입니까? 금이나 은이 탐나면 싸우다 죽을 수도 있겠지요. 하지만 그대들의 적에게는 그럴 만한 금이나 은이 없습니다. 손쉽게 아시아 전역을 지배할 수 있는데 어째서 다른 길을 선택하시려는 것입니까?" 아리스타고라스가 그렇게 말하자 클레오메네스는 다음과 같이 대답했다. "밀레토스에서 온 손님이여, 이틀 뒤에 그대에게 회답하겠소이다."

50 그날의 회담은 거기까지 진척되었다. 회답하기로 약속한 날 두 사람이 만났을 때, 클레오메네스는 아리스타고라스에게 이오니아 해안에서 대왕이 있는 곳까지 며칠쯤 걸리느냐고 물었다. 지금까지 현명하게 클레오메네스를 잘 구슬리던 아리스타고라스가 여기서 그만 실수를 하고 말았다. 스파르테인을 아시아로 끌어들이기 위해서는 사실을 말하지 말았어야 하는데 그는 내륙으로 올라가는 데 석 달이 걸린다고 사실대로 말해 버린 것이다. 아리스타고라스가 여정에 관해 계속해서 설명하려 하자 클레오메네스가 제지하며 이렇게 말했다. "밀레토스에서 온 손님이여, 해가 지기 전에 스파르테를 떠나시오. 그대는 라케다이몬인을 해안에서 3개월 걸리는 거리만큼 내륙으로 끌어들이려 하는데, 그대의 제안을 그들은 달가워하지 않을 것이오."

51 클레오메네스는 이렇게 말하고 집으로 돌아갔다. 그러나 아리스타고
라스는 탄원자의 표지인 올리브 나뭇가지를 들고 뒤따라 들어가 자기
가 하는 말을 경청하되 먼저 아이를 밖으로 내보내 달라고 탄원자로서
간청했다. 마침 클레오메네스 곁에는 여덟 아니면 아홉 살쯤 된 고르고
라는 이름의 무남독녀 외동딸이 서 있었기 때문이다. 클레오메네스는
아이에게는 신경쓰지 말고 원하는 바를 말하라고 했다. 그러자 아리스
타고라스는 먼저 자기 청을 들어줄 경우 10탈란톤을 주겠다고 말했다.
클레오메네스가 거절하자 그는 액수를 점점 올리더니 마지막에는 50
탈란톤을 주겠다고 약속했다. 그러자 아이가 말했다. "아빠, 이 이방인
이 아빠를 매수하려 해요. 아빠께서 자리를 뜨시는 것이 좋겠어요." 클
레오메네스는 딸의 조언을 흐뭇하게 여기며 다른 방으로 갔고, 아리스
타고라스는 페르시아 왕의 궁전으로 올라가는 길에 관해 더 자세히 설
명할 기회도 얻지 못하고 영영 스파르테를 떠났다.

52 수사로 올라가는 길에 관해 말하자면 다음과 같다. 전 노정(路程)에 왕
실의 역참(驛站)과 훌륭한 여관들이 있고, 도로는 인가(人家)를 따라
안전한 곳으로 나 있다. 뤼디아와 프뤼기아에는 94와 2분의 1파라상
게스[24]의 거리에 걸쳐 그런 역참이 20개 있다. 프뤼기아를 지나면 할뤼
스강이 나온다. 강을 건너려면 그곳의 관문을 반드시 통과해야 하는데
관문에는 그것을 지키는 큰 초소가 버티고 있다. 강을 건너면 캅파도키
아에 들어서게 되는데 강과 캅파도키아 사이의 거리는 104파라상게스
이며 28개의 역참이 있다. 그곳 국경에서는 두 관문과 두 초소를 통과

23 지도상의 펠로폰네소스반도를 가리키며 하는 말이다.
24 1파라상게스(parasanges)는 30스타디온으로, 약 5.5킬로미터이다.

해야 한다. 그곳을 지나 킬리키아를 통과하는 길은 15와 2분의 1파라상게스이고 그곳에는 역참이 3개 있다. 에우프라테스강은 킬리키아와 아르메니아의 국경을 이루는데, 이 강은 항해가 가능할 만큼 수심이 깊다. 아르메니아에는 15개의 역참 또는 휴게소가 있으며 도로의 길이는 56과 2분의 1파라상게스이다. 이 구간에도 초소가 하나 있다. 이어서 도로는 마티아노이족의 나라로 나 있는데 그곳에는 137파라상게스의 거리에 걸쳐 역참이 34개 있다. 마티아노이족의 나라에는 항해가 가능한 강이 네 개나 흐르고 있는데, 모두 배를 타고 건너야 한다. 첫 번째는 티그리스강이다. 두 번째와 세 번째는 같은 이름의 자바토스이지만 서로 다른 강이고 발원지도 다르다. 하나는 아르메니아에서, 다른 하나는 마티아노이족의 나라에서 발원한다. 네 번째 강은 권데스인데, 퀴로스가 전에 360개의 운하로 갈라놓은 바로 그 강이다.[25] 권데스강을 건너 킷시아를 통과해 역시 배가 다닐 수 있는 코아스페스강으로 향하면 42와 2분의 1파라상게스 거리에 역참이 11개 있는데, 수사는 코아스페스강에 자리잡고 있다. 그러니까 사르데이스에서 수사로 올라갈 경우 모두 111개의 역참 또는 휴게소가 있다.

53 왕도(王道)를 파라상게스 단위로 정확히 잰 것이라면, 그리고 1파라상게스가 사실이 그러하듯 30스타디온이라면, 사르데이스에서 멤논[26]궁(宮)이라 불리는 수사의 왕궁에 이르는 거리는 450파라상게스 또는 13,500스타디온이다. 하루에 150스타디온을 간다고 보면 그것은 정확히 90일 거리다.

54 따라서 밀레토스의 아리스타고라스가 라케다이몬의 클레오메네스에게 페르시아 왕이 있는 곳까지 올라가려면 3개월 걸린다고 한 것은 옳

은 말이다. 누군가 더 정확히 계산해 주기를 요구한다면 나는 에페소스에서 사르데이스에 이르는 거리가 추가되어야 한다는 점을 지적하고 싶다. 그러면 헬라스인이 사는 바닷가에서 (멤논의 도성이라 불리는) 수사까지의 거리는 총 14,040스타디온이다. 에페소스에서 사르데이스까지가 540스타디온이기 때문이다. 이로 인해 3개월 여행에 3일이 추가된다.

55 아리스타고라스는 스파르테에서 추방되자 아테나이로 갔다. 당시 아테나이는 참주에게서 해방되어 있었는데 그 경위는 다음과 같다. 페이시스트라토스의 아들로 참주 힙피아스의 아우인 힙파르코스는 위험을 경고하는 생생한 꿈을 꾸었음에도 게퓌라이오이가(家)의 혈통을 이어받은 아리스토게이톤과 하르모디오스의 손에 살해되었다.[27] 하지만 그가 암살된 뒤 아테나이인은 4년 동안 전보다 더 심하게 참주의 압제에 시달렸다.

56 힙파르코스는 판아테나이아[28]제(際) 전야에 키가 크고 잘생긴 남자가 그의 머리맡에 서서 다음과 같은 애매모호한 말을 하는 꿈을 꾸었다.

---

25 1권 189장.
26 트로이아 전쟁 때 원군을 이끌고 트로이아에 갔다가 아킬레우스의 손에 죽은 아이티오피아 왕. 그는 소아시아에서 영웅의 대명사가 되었다고 한다. 2권 106장 참조.
27 기원전 514년.
28 Panathenaia. 아테나이의 수호신 아테나 여신을 위한 가장 중요한 축제로서 해마다 개최되었지만 매 4년마다 특히 성대하게 진행되었다. 이때에는 음악 경연 외에도 행렬, 육상경기, 전차 경주가 개최되었다.

죽은 이여, 참을 수 없는 것을 참을성 있는 마음으로 참도록 하라.
죄를 짓고도 벌받지 않는 사람은 아무도 없느니라.

날이 새자마자 그는 분명 해몽가에게 이 꿈 이야기를 했다. 그러나 그 뒤 그는 꿈 따위는 잊어버리고 축제 행렬에 참가했다가 그 와중에 살해된 것이다.

57 힙파르코스의 암살자들이 속한 게퓌라이오이가(家)는 자신들의 주장에 따르면 원래 에레트리아에서 왔다고 한다. 그러나 내가 탐사해 본 결과 그들은 포이니케인으로 카드모스[29]를 따라 지금은 보이오티아라고 불리는 지방에 이주해 온 자들 중 일부였고, 타나그라 땅을 배정받아 정착한 것으로 밝혀졌다. 카드모스의 자손이 아르고스인에 의해 추방된 후,[30] 게퓌라이오이가도 보이오티아인에 의해 추방되어 아테나이로 갔다. 아테나이인은 여기서는 언급할 가치가 없는 특정한 특권에서 배제한다는 조건으로 그들을 자신들의 시민으로 받아들였다.

58 카드모스와 함께 이주한 포이니케인— 게퓌라이오이가는 그중 일부였다— 은 보이오티아에 정착함으로써 헬라스에 여러 문명, 특히 문자를 도입했는데, 내가 알기로 그때까지 헬라스인에게는 문자가 없었다. 처음에 포이니케의 이주민은 모든 포이니케인이 사용하는 문자를 사용했다. 그러나 세월이 흐르면서 차츰 그들의 말이 바뀌며 그들의 문자도 바뀌었다. 당시 그들의 이웃에 사는 헬라스인은 대부분 이오네스족이었다. 포이니케인에게 문자를 배운 것은 이들 이오네스족이었다. 이오네스족은 포이니케 문자의 모양을 약간 변형했지만[31] 자신들이 사용하는 문자를 여전히 포이니케 문자라고 불렀는데 당연한 일이다.

포이니케인이 문자를 헬라스에 도입했기 때문이다. 이오네스족은 또 옛날에 책을 '가죽'이라고 했는데, 그들은 전에 파피루스가 없어 염소 가죽이나 양가죽에 글을 썼기 때문이다. 오늘날에도 수많은 야만족이 그런 가죽에다 글을 쓴다.

59 나는 실제로 보이오티아의 테바이에 있는 아폴론 이스메니오스[32]의 신전에서 카드모스 시대의 문자를 본 적이 있다. 그 문자는 세발솥에 새겨져 있었는데 대체로 이오네스족의 문자와 비슷했다. 어느 세발솥 에는 다음과 같은 명문이 새겨져 있었다.

> 암피트뤼온[33]이 텔레보아이족에게서 빼앗은 전리품들 중에서 나를 봉헌했노라.

이것은 카드모스의 증손이자 폴뤼도로스의 손자이며 랍다코스의 아

---

29 카드모스는 포이니케 지방에 있는 튀로스 시의 왕 아게노르(Agenor)의 아들로, 유괴된 누이 에우로페(Europe)를 찾아 그리스에 왔다가 델포이의 신탁이 지시한 대로 테바이에 성채를 세우고 테바이인의 선조가 되었다.

30 테바이는 아드라스토스를 위시한 일곱 장수가 이끄는 아르고스군의 공격을 잘 막아 냈지만, 이들 일곱 장수의 아들들 이른바 '후계자들'(epigonoi)이 이끄는 두 번째 포위공격에 함락된다.

31 그리스인은 포이니케 문자에 없던 모음을 만들어 냈다. 포이니케 문자는 알파벳의 원조이다.

32 '이스메노스의 아폴론'이라는 뜻. 이스메노스는 테바이의 강이다.

33 헤라클레스의 명목상의 아버지 암피트뤼온은 헤라클레스의 어머니 알크메네 (Alkmene)와 결혼하기 위해 그녀가 요구한 대로 그녀의 집안에 막대한 피해를 입힌 텔레보아이족을 정벌한 적이 있다. 텔레보아이족은 그리스 서부 지방 앞바다의 섬들에 살던 부족으로 해적질로 생계를 이어 갔다.

들인 라이오스[34] 치세 때의 일일 것이다.

60   다른 세발솥에는 다음과 같은 헥사메트론[35] 시행이 새겨져 있었다.

    권투 경기의 우승자 스카이오스가, 명궁 아폴론 신이시여, 그대의
    신전에 더없이 아름다운 장식이 되게 나를 그대에게 봉헌했나이다.

    스카이오스는 힙포코온의 아들일 것이다. 만약 봉헌자가 힙포코온의
    아들과 동명이인(同名異人)이 아니라면 라이오스의 아들 오이디푸스
    치세 때 사람일 것이다.

61   세 번째 세발솥에도 다음과 같은 헥사메트론 시행이 새겨져 있었다.

    라오다마스왕이, 시력이 뛰어나신 아폴론 신이시여, 그대의 신전에
    더없이 아름다운 장식이 되게 나를 손수 그대에게 봉헌했나이다.

    에테오클레스[36]의 아들인 바로 이 라오다마스의 치세 때 카드모스의
    자손은 아르고스인에게 쫓겨나 엥켈레에스족에게 피신했고, 한편 뒤
    에 남았던 게퓌라이오이가는 훗날 보이오티아인을 피해 아테나이로
    갔다. 그곳에서 그들은 자신들만의 신전을 세웠는데, 다른 아테나이인
    의 출입은 금지되었다. 그중 하나가 데메테르 아카이아[37]의 신전인데
    그곳에서는 비밀 의식이 행해졌다.

62   지금까지 힙파르코스의 꿈과 힙파르코스의 암살자들이 속한 게퓌라
    이오이가의 기원에 관해 이야기했으니, 이제는 본론으로 돌아가 어떻

게 아테나이인이 참주에게서 해방되었는지 이야기하는 것이 좋겠다.
당시 참주였던 힙피아스는 힙파르코스가 암살되자 아테나이인에게
압제를 가했다. 이때 페이시스트라토스 일족에 의해 추방된 아테나이
의 가문인 알크메오니다이가는 아테나이의 다른 망명자들과 힘을 모
아 무력을 써서 아테나이로 돌아와 나라를 압제에서 해방하려 했지만
실패하고 말았다. 그들은 파이오니아[38] 위쪽의 레이프쉬드리온이란
곳을 점령하고 요새화하는 데는 성공했지만 그 뒤 참패한 것이다. 그
뒤 알크메오니다이가는 페이시스트라토스 일족을 해롭게 할 수 있는
짓이면 무엇이든 했다. 그 일환으로 그들은 인보동맹(隣保同盟)[39]으로
부터 당시에는 없었던 델포이의 현 신전을 짓는 계약을 따냈다. 알크메
오니다이가는 부유하고 유서 깊은 명문가인지라 돈이 부족하지 않았
다. 그래서 애초 설계한 것보다 그들은 여러 가지 점에서 신전을 더 잘
지었는데, 특히 계약에는 모두 사암(沙岩)을 쓰기로 했지만 건물 전면
에는 파로스산(産) 대리석을 썼다.

---

34 아버지를 죽이고 어머니와 결혼한 오이디푸스의 아버지.
35 영어로는 hexameter.
36 오이디푸스의 아들.
37 아카이아(Achaia)가 여기서 무슨 뜻인지 알 수 없다. 데메테르가 딸 페르세포네
를 찾지 못해 괴로워했다는 의미에서 '고통'이라는 뜻의 그리스어 achos에서 유래한
이름일 것으로 보는 이들도 있다.
38 여기서는 앗티케 지방의 174개 구역(區域) 중 하나.
39 Amphiktyonia. 봄에는 델포이의 아폴론 신전에서, 가을에는 테르모퓔라이
(Thermopylai 또는 Pylai) 고갯길 근처 안텔레(Anthele)에 있는 데메테르 신전에서
함께 제물을 바치는 12인근국가들(amphiktyones)이 맺은 동맹. 이들 국가는 델포이
신전을 관리하고 4년마다 개최되던 퓌토 경기를 주관했다.

63 아테나이인에 따르면, 알크메오니다이가 사람들은 델포이에 머무는 동안 퓌티아를 매수해 개인적 용무나 공적 용무로 신탁에 문의하러 오는 모든 스파르테인에게 아테나이를 해방하는 것이 그들의 의무라고 촉구하게 했다고 한다. 라케다이몬인은 언제나 같은 신탁을 받게 되자 마침내 페이시스트라토스 일족을 아테나이에서 축출하기 위해 명망 있는 시민 중 한 명인, 아스테르의 아들 앙키몰리오스가 이끄는 군대를 파견했다. 그들은 페이시스트라토스 일족과 친근한 사이였지만, 신들에 대한 의무가 인간에 대한 의무에 우선한다고 생각했다. 이 군대는 바닷길로 파견되었고, 앙키몰리오스는 팔레론에 입항해 그곳에서 군대를 상륙시켰다. 페이시스트라토스 일족은 그것을 미리 알고 동맹국 텟살리아에 원군을 요청했다. 그들의 요청에 따라 텟살리아인은 자신들의 왕, 콘다[40]의 키네아스가 이끄는 기병 1,000명을 파견하기로 만장일치로 가결했다. 일단 증원군이 도착하자 페이시스트라토스 일족이 채택한 작전은 기병대가 활동하기 좋게 팔레론 평야 일대의 나무를 모두 베어 내고 적군에게 기병대를 보내 공격하게 하는 것이었다. 이 기병대의 공격으로 라케다이몬인은 앙키몰리오스를 포함한 수많은 전사자를 냈고, 생존자들은 함선이 있는 곳까지 밀려났다. 라케다이몬의 첫 번째 원정은 그렇게 끝나고, 앙키몰리오스는 앗티케의 알로페카이 지역에 묻혔는데, 퀴노사르게스에 있는 헤라클레스의 신전에서 멀지 않다.

64 그 뒤 라케다이몬인은 아테나이에 더 강력한 원정대를 보냈다. 아낙산드리데스의 아들 클레오메네스왕을 지휘관으로 임명하고, 이번에는 바닷길이 아니라 뭍길로 보냈다. 앗티케 땅에 들어선 그들과 맨 먼저 텟살리아의 기병대가 교전했는데, 잠시 교전을 벌이는가 싶더니 이들

은 40명 이상의 전사자를 남겨 두고 패주했다. 생존자들은 곧장 텟살리아로 돌아갔다. 클레오메네스는 자유를 원하는 아테나이인과 함께 도성에 들어가서 펠라스고이족의 성벽[41] 안에 갇혀 있던 참주 힙피아스 일파를 포위공격하기 시작했다.

65 라케다이몬인은 페이시스트라토스 일족을 결코 축출하지 못했을 것이다. 포위공격을 계속할 의도도 없었고, 페이시스트라토스 일족은 식량과 물을 충분히 비축해 두고 있었다. 따라서 라케다이몬인은 며칠 포위공격하다가 스파르테로 돌아갔을 것이다. 그런데 한쪽에는 불운하지만 다른 쪽에는 다행한 사건이 일어났으니, 페이시스트라토스 일족의 아이들이 안전을 위해 몰래 국외로 빠져나가다가 붙잡힌 것이다. 이로 인해 완전히 혼란에 빠진 페이시스트라토스 일족은 아이들을 돌려받기 위하여 5일 안에 앗티케를 떠나라는 아테나이인의 제안을 수락하지 않을 수 없었다. 그래서 그들은 스카만드로스[42] 강가에 있는 시게이온곶으로 이주했다. 그들은 아테나이를 36년간[43] 통치했다. 원래 이 가족은 퓔로스의 넬레우스의 후손인데, 그 점에서는 이주민임에도 아테나이의 왕이 된 코드로스나 멜란토스와 마찬가지다. 그래서 힙포크라테스는 네스토르[44]의 아들 페이시스트라토스의 이름을 따 자기 아들에게 페이시스트라토스란 이름을 지어 주었던 것이다. 그렇게 아테나이인은 참주에게서 해방되었다. 이제 나는 그들이 자유를 쟁취한 시

---

40 어딘지 확인되지 않고 있다.
41 아크로폴리스의 성채 중 하나.
42 트로이아 옆의 강.
43 기원전 546~510년까지.
44 넬레우스의 아들. 트로이아 전쟁 때의 그리스군 노장.

기와 다레이오스에게 반기를 든 이오니아인을 위해 도움을 요청하고자 밀레토스의 아리스타고라스가 아테나이에 도착한 시기 사이에 그들이 행하거나 당한 사건 가운데 언급할 만한 가치가 있는 것은 모두 기술하려 한다.

66 아테나이는 전에도 강력한 도시국가였지만, 일단 참주에게서 해방되자 더욱 강대해지기 시작했다. 당시 두 사람이 권력을 쥐고 있었는데, 한 사람은 알크메오니다이가 출신 클레이스테네스로 퓌티아를 매수했다는 바로 그 사람이다. 또 한 사람은 테이산드로스의 아들 이사고라스로 명문가 출신이지만, 나는 그 가문의 내력은 알 수 없다. 그러나 그의 친족은 카리아의 제우스에게 제물을 바친다. 이 두 사람 사이에 권력투쟁이 벌어지자 열세에 몰린 클레이스테네스는 민중을 제 편으로 끌어들이기 시작했다. 그는 전에는 네 부족뿐이던 아테나이인을 열 개 부족으로 늘렸는데, 이온의 네 아들 겔레온, 아이기코레스, 아르가데스, 호플레스에게서 따온 종전의 부족 이름을 폐지하고 다른 영웅들에게서 새 부족 이름을 따왔다. 아이아스[45]를 제외하고는 모두 아테나이의 영웅이었다. 아이아스의 이름이 포함된 것은 이방인이었지만 이웃이자 동맹군이었기 때문이다.

67 이것은 클레이스테네스가 자신의 외조부인 시퀴온[46]의 참주 클레이스테네스[47]를 모방한 것으로 생각된다. 그의 외조부 클레이스테네스는 아르고스와 전쟁을 한 뒤 시퀴온에서 음송 시인의 경연을 중단시켰다. 그들이 음송하는 호메로스의 서사시들은 도처에서 아르고스와 아르고스인을 찬미하기 때문이다. 시퀴온의 시장에는 탈라오스의 아들 아드라스토스에게 바친 사당이 있었고 지금도 있는데, 클레이스테네스

는 그가 아르고스인이라는 이유로 이 영웅을 국외로 추방하려 했다. 그래서 그가 델포이에 가서 아드라스토스를 추방해도 되겠는지 신탁에 묻자, 퓌티아가 대답했다. "아드라스토스는 시퀴온의 왕이었지만, 그대는 박해자일 뿐이니라." 신이 승낙하지 않자 그는 집으로 돌아가 아드라스토스가 제 발로 시퀴온을 떠나게 할 방도가 없을까 궁리하기 시작했다. 한 가지 방도를 찾아냈다는 생각이 들자 그는 보이오티아의 테바이에 사절을 보내 아스타코스의 아들 멜라닙포스를 시퀴온에 모시고 싶다는 뜻을 전하게 했다. 테바이인이 승낙하자, 클레이스테네스는 멜라닙포스를 시퀴온으로 모셔 와 시청 안에 사당을 정해 주고 그곳의 가장 안전한 곳에다 봉안했다. 여기서 나는 클레이스테네스가 멜라닙포스를 모셔 온 까닭도 아울러 설명해야겠는데, 그것은 멜라닙포스가 아드라스토스의 아우인 메키스테우스와 사위인 튀데우스를 죽인 까닭에 아드라스토스에게는 철천지원수였기 때문이다. 멜라닙포스에게 사당을 정해 준 뒤 클레이스테네스는 아드라스토스에게서 제물과 축제를 빼앗아 멜라닙포스에게 주었다. 시퀴온인은 아드라스토스를 각별히 존중했는데, 시퀴온의 왕 폴뤼보스가 후계자 없이 죽게 되자 외손자인 아드라스토스에게 왕국을 물려주었기 때문이다. 시퀴온인이 아드라스토스에게 경의를 표하는 한 가지 방법은 비극의 합창가무단이 그의 수난을 기리게 하는 것이었다. 비극의 합창가무단은 대개 디오뉘소스를 찬양하지만 시퀴온에서는 아드라스토스를 찬양했다. 클레이스테네스는 이것을 바꾸어 합창가무단은 디오뉘소스에게 돌려주고,

---

45 트로이아 전쟁에 참가한 살라미스 출신 영웅.
46 코린토스 서쪽에 있는 펠로폰네소스반도의 항구도시.
47 기원전 600~570년에 시퀴온을 통치했다.

나머지 다른 의식(儀式)은 멜라닙포스에게 넘겨준 것이다.

68 클레이스테네스는 아드라스토스에 대해 이런 조치를 취했다. 시퀴온 인과 아르고스인은 똑같이 도리에이스족의 부족 이름을 썼는데, 그는 이것도 피하고 싶어 시퀴온인의 부족 이름을 바꿨다. 그러면서 그는 시 퀴온인을 웃음거리로 만들었다. 왜냐하면 어미(語尾)만 다를 뿐 그가 고른 이름들은 '멧돼지' '당나귀' '집돼지'[48]란 말에서 유래했기 때문 이다. 다만 그가 속한 부족에게는 그가 통치자이기 때문에 '백성의 통 치자'라는 뜻의 아르켈라오이[49]라는 이름을 지어 주었다. 그러나 다른 부족에게는 '멧돼지인들' '당나귀인들' '집돼지인들'[50]이란 이름 을 지어 주었다. 이런 이름을 시퀴온인은 클레이스테네스의 치세 때뿐 아니라 그의 사후에도 60년이나 사용했다. 그러나 그 뒤 그들은 도로 휠레이스, 팜퓔로이, 뒤마네스[51]란 옛 이름을 쓰기로 합의했고, 거기에 네 번째로 아드라스토스의 아들 아이기알레우스의 이름을 따 아이기 알레이스[52]란 이름을 추가했다.

69 이상이 시퀴온 참주 클레이스테네스의 행적이다. 그의 외손자로 그와 이름이 같은 아테나이의 클레이스테네스도 내 생각에 그가 도리에이 스족을 경멸하듯 이오네스족을 경멸해 아테나이인이 이오네스족과 같은 부족 이름을 사용하기를 원치 않았던 것 같다. 전에는 모든 권리 를 박탈당한 아테나이 민중을 제 편으로 끌어들이자마자 클레이스테 네스는 부족 이름을 바꾸고 부족의 수를 늘렸다. 그는 전에는 4명이던 부족장[53] 수를 10명으로 늘리고, 구역(區域)[54]을 10개 부족에게 안배했 다. 일단 민중을 제 편으로 삼은 그는 정적들보다 훨씬 우세해졌다.

70 그러자 열세에 몰린 이사고라스가 이에 대응해 라케다이몬의 클레오메네스에게 도움을 청했다. 페이시스트라토스 일족을 포위공격할 때부터 클레오메네스는 그의 친구가 되었고, 클레오메네스는 이사고라스 아내의 정부(情夫)라는 소문이 나돌았다. 먼저 클레오메네스는 아테나이로 전령을 보내 클레이스테네스와 '저주받은 자들'이라는 이유로 다른 수많은 아테나이인의 추방을 요구했다. 그의 이러한 요구는 이사고라스의 지시에 따른 것이었다. 알크메오니다이가와 그 지지자들은 (내가 설명하게 될) 살인에 연루된 것으로 간주되었지만, 이사고라스와 그의 친구들은 이 살인과 무관했기 때문이다.

71 '저주받은 자들'이 그런 이름을 갖게 된 경위는 다음과 같다. 아테나이에 퀼론이라는 올림피아 경기의 우승자가 있었는데 아테나이의 참주가 되겠다는 뜻을 품고 같은 또래 젊은이들의 도움으로 아크로폴리스를 점령하려 했다. 그의 시도는 실패로 돌아가고 그와 그의 대원들은 아테나 여신의 신상 앞에 탄원자들로 앉았다. 당시 아테나이의 실권을 쥐고 있던 앗티케 해군청의 우두머리들이 퀼론과 그의 일행에게 목숨만은 살려 줄 테니 신상 앞을 떠나 재판을 받으라고 설득했다. 그러나 그들은 살해되었고, 그들을 죽인 것은 알크메오니다이가라는 소문이

---

48 그리스어로 각각 hys, onos, choiros이다.
49 Archelaoi.
50 Hyatai, Oneatai, Choiretai.
51 Hylleis, Pamphyloi, Dymanes.
52 Aigialeis.
53 phylarchos.
54 앗티케 지방은 174개 구역(demos)으로 나뉘었다.

나돌았다. 이것은 페이시스트라토스 치세 이전에 일어났던 사건이다.

72 클레오메네스가 사절을 보내 클레이스테네스와 '저주받은 자들'의 추
방을 요구하자, 클레이스테네스는 혼자 떠났다. 그럼에도 클레오메네
스는 많지 않은 병력을 거느리고 아테나이에 나타나 이사고라스가 지
목한 아테나이의 700가족을 '저주받은 자들'이라 하여 추방했다. 그러
고 나서 그는 의회를 해산하려 했고, 300명의 이사고라스 지지자에게
그 기능을 맡기려 했다. 의회가 저항하며 명령에 따르려 하지 않자 클
레오메네스와 이사고라스와 그의 당파가 아크로폴리스를 점령했다.
그러자 나머지 아테나이인이 합심해 이틀 동안 그들을 포위공격했다.
3일째 되는 날 휴전협정이 이루어져 그 가운데 라케다이몬인은 모두
나라를 떠나는 것이 허용되었다. 그리하여 클레오메네스에게 예언이
실현되었다. 즉 그가 아크로폴리스를 점령하려고 올라갔을 때 기도하
기 위해 아테나 신전으로 들어가고 있는데, 그가 문턱을 넘기 전에 여
사제가 자리에서 일어서더니 "라케다이몬에서 온 이방인이여, 물러가
고 신전 안에 들어오지 마시오. 도리에이스족은 이곳에 들어와서는 아
니 되오!"라고 말하는 것이었다. 그래서 그는 대답했다. "여인이여, 나
는 도리에이스족이 아니라 아카이오이족이오." 그렇게 여사제의 경고
를 무시하고 아크로폴리스로 올라갔다가 그는 이번에도 라케다이몬
인과 함께 축출되었다. 나머지는 아테나이인에게 붙잡혀 처형되었다.
그중에는 델포이의 티메시테오스도 있었는데, 그의 행적과 용기에 관
해서라면 나는 아주 많은 이야기를 할 수 있다.

73 포로들이 처형된 뒤 아테나이인은 클레이스테네스와, 클레오메네스
에 의해 추방된 700가족을 도로 불러들였다. 그러고 나서 아테나이인

은 페르시아인과 동맹을 맺기 위해 사르데이스로 사절단을 보냈는데, 자신들이 라케다이몬인과 클레오메네스와 교전 상태에 있음을 알았기 때문이다. 사절단이 사르데이스에 도착해 지시받은 대로 전하는데 사르데이스의 태수로 휘스타스페스의 아들인 아르타프레네스가 아테나이인에게 그들이 대체 누구이며, 어디에 살기에 페르시아인과 동맹을 맺으려는지 물었다. 묻는 말에 아테나이의 사절단이 대답하자 그는 자신의 입장을 이렇게 간단히 요약했다. "아테나이인이 다레이오스왕에게 흙과 물을 바친다면 전하께서는 그들과 동맹을 맺으실 것이오. 그렇지 않다면 그들은 집으로 돌아가야 할 것이오." 사절단은 동맹을 성사시키겠다는 일념에서 제멋대로 아르타프레네스의 조건을 수락했다. 그래서 그들은 아테나이로 돌아갔을 때 엄히 문책을 당했다.

74 한편 클레오메네스는 아테나이인이 말과 행동으로 자기를 모욕했다고 믿고 펠로폰네소스 전역에서 군대를 모았다. 왜 군대를 모으는지 밝히지는 않았지만, 그의 의도는 아테나이 민중에게 복수하고 자기와 함께 아크로폴리스에서 축출된 이사고라스를 아테나이의 참주로 앉히는 것이었다. 클레오메네스는 대군을 이끌고 엘레우시스로 진격했고, 동시에 보이오티아인은 사전 협약에 따라 앗티케의 변경 마을인 오이노에와 휘시아이를 점령했다. 그리고 칼키스인은 다른 방향에서 침입해 앗티케 땅을 황폐화하기 시작했다. 아테나이인은 여러 방향에서 공격당했지만 보이오티아인과 칼키스인은 나중에 대처하기로 하고 우선 엘레우시스에서 펠로폰네소스인과 맞섰다.

75 전투 개시 직전 먼저 코린토스인이 자신들의 행동은 옳지 못하다는 결론을 내리고 뒤돌아서 가 버렸다. 그러자 스파르테의 다른 왕으로 라케

다이몬군의 공동 장군인, 아리스톤의 아들 데마라토스가 전에는 클레오메네스와 사이가 나쁘지 않았음에도 그 뒤를 따랐다. 두 사람 사이에 이런 불화가 있은 뒤 스파르테에서는 두 왕이 동시에 출정해서는 안 된다는 취지의 법안이 통과되었다. 그때까지는 두 왕이 동시에 출정했다. 두 왕 가운데 한 명이 군역(軍役)에서 면제되면서 튄다레오스의 두 아들[55] 가운데 한 명도 국내에 남을 수 있었다. 그때까지는 두 명 다 군대를 돕기 위해 함께 종군했다. 아무튼 이때 엘레우시스에서는 라케다이몬인의 왕들이 서로 불화하고 코린토스인이 대열을 이탈하는 것을 보자 남은 동맹군도 진지를 떠나 집으로 돌아가고 말았다.

76 도리에이스족이 앗티케에 나타난 것은 이번이 네 번째였다. 두 번은 침입하기 위해서였고, 두 번은 아테나이 민중을 돕기 위해서였다. 첫 번째로 침입한 것은 도리에이스족이 메가라를 식민시로 창건했을 때였는데, 이 원정은 코드로스가 아테나이의 왕이었을 때 있었던 일로 보아야 할 것이다. 두 번째와 세 번째로 그들이 스파르테에서 출동한 것은 페이시스트라토스 일족을 축출하기 위해서였다. 네 번째 침입은 지금 클레오메네스가 펠로폰네소스인을 이끌고 엘레우시스로 진격한 것이었다. 그리하여 도리에이스족은 이제 아테나이에 네 번째 침입을 시도하는 셈이다.

77 침략군이 불명예스럽게 해산하자, 아테나이인은 복수심에 불타 먼저 칼키스인을 향해 진격하기로 했다. 칼키스를 돕고자 보이오티아인이 에우리포스 해협으로 다가오자, 아테나이인이 이를 보고 칼키스인보다 먼저 보이오티아인을 공격하기로 결정했다. 그들은 보이오티아인과 싸워 대승을 거두었고, 보이오티아인은 수많은 전사자를 내고 700

명이 포로로 잡혔다. 같은 날 에우보이아섬으로 건너간 아테나이인은 칼키스인과 싸워 이들에게도 이겼고, '말 임자'[56]들의 농지에 4,000명의 소작 이주민을 남겨 두었는데, 칼키스에서 부자들은 '말 임자'들이라고 불린다. 이 전투에서도 그들은 포로들을 잡아 보이오티아 포로들과 함께 포박하고 감금했다. 그들은 나중에 2므나의 몸값을 받고 이들을 풀어 주었다. 포로들이 찼던 족쇄는 아크로폴리스에 걸어 두었는데 우리 시대에도 여전히 페르시아인의 방화[57]에도 불구하고 연기에 그을린 채 서향(西向) 신전[58] 맞은편 성벽에 걸려 있었다. 아테나이인은 몸값의 10분의 1로 청동 사두전차를 하나 만들어 봉헌했는데, 아크로폴리스의 프로퓔라이아[59] 문으로 들어가면 바로 왼쪽에 있다. 거기에 이런 글귀가 새겨져 있다.

아테나이인의 아들들은 보이오티아인과 칼키스인을 전쟁에서 제압하여 무쇠 족쇄를 채워 감옥에 처넣음으로써
그들의 콧대를 꺾어 놓았노라. 그리고 그들 몸값의 10분의 1로 이 말을 만들어 팔라스께 바쳤노라.

78 아테나이는 그렇게 점점 강성해졌다. 그리고 법 앞의 평등이 어느 면에

---

55 나중에 신격화된 쌍둥이 카스토르(Kastor)와 폴뤼데우케스(Polydeukes). 여기서는 그들의 상(像)을 말한다.
56 그리스어 hippobotes는 엄밀히 말해 '말을 먹이는 사람'이라는 뜻이다.
57 페르시아인은 기원전 480년과 479년 아크로폴리스에 방화했다.
58 아테나이의 전설상의 왕 에렉테우스를 모신 에렉테이온(Erechtheion)인지 도시의 수호 여신 아테나 폴리아스(Polias)를 모신 신전을 말하는지 알 수 없다.
59 Propylaia.

서가 아니라 모든 면에서 얼마나 소중한지 밝혀졌다. 왜냐하면 아테나이인이 참주의 지배를 받는 동안에는 전쟁에서 어떤 나라도 능가할 수 없었지만, 참주에게서 벗어나자 세상에서 가장 뛰어난 전사로 거듭났기 때문이다. 이것은 그들이 압제하에서는 주인을 위해 일하기에 일부러 게으름을 부린 반면 자유민이 된 지금은 저마다 자기를 위해 부지런히 일한다는 것을 보여 준다.

79 이상이 아테나이인이 처한 상황이었다. 한편 테바이인은 아테나이인에게 복수하고자 델포이로 사절단을 보내 신탁에 묻게 했다. 퓌티아가 대답하기를, 그들만으로는 복수할 수 없을 것이니, '많은 목소리를 가진 자'에게 알리고 '가장 가까운 자들'에게 도움을 청하라고 했다. 그래서 사절단은 돌아와 민회(民會)를 소집하고 신탁의 대답을 보고했다. '가장 가까운 자들'에게 도움을 청해야 한다는 사절단의 말을 듣고 테바이인은 이렇게 말했다. "우리의 가장 가까운 이웃은 타나그라인과 코로네이아인과 테스페이아인이 아닌가요? 하지만 그들은 언제나 우리 편에 서서 싸웠고, 전쟁에서 늘 우리를 돕고 있어요. 그런데 왜 우리가 그들에게 따로 도움을 청해야 하지요? 신탁이 말하는 것은 그게 아닌 것 같소."

80 그들이 이렇게 토론하고 있는데, 그들 중 한 명이 신탁의 의미를 깨닫고 말했다. "신탁의 뜻을 알 것 같소. 전해 오는 이야기에 따르면, 하신(河神) 아소포스에게는 테베와 아이기나라는 두 딸이 있었다고 하오. 테베와 아이기나는 자매간이니, 내 생각에 신께서는 우리가 복수할 수 있도록 아이기나인에게 도움을 청하라고 말씀하시는 것 같소." 아무도 더 나은 조언을 제시하지 못하자, 테바이인은 지체 없이 아이기나인에

게 사절단을 보내 그들은 자기들의 '가장 가까운 자들'인 만큼 신탁에 따라 도움을 요청하게 했다. 그러자 아이기나인이 아이아코스의 자손[60]을 보내 그들을 돕게 하겠다고 약속했다.

81 테바이인은 아이아코스의 자손의 도움을 믿고 공격을 감행했지만 아테나이인에게 참패하자 다시 아이기나로 사절단을 보내 아이아코스의 자손을 돌려주고 원군을 요청하게 했다. 당시 아이기나인은 한창 번영을 구가하고 있는 데다 아테나이와의 해묵은 적대 관계를 기억하고는 테바이의 요청에 따라 선전포고도 없이 아테나이와 전쟁을 개시했다. 아테나이인이 보이오티아인을 공격하고 있는 동안 아이기나인은 전함을 동원해 팔레론과 여러 해안 마을을 약탈함으로써 아테나이에 막대한 타격을 입혔다.

82 아이기나인이 아테나이인에게 오래전부터 원한을 품게 된 경위는 다음과 같다. 에피다우로스에 흉년이 든 적이 있었다. 그러자 에피다우로스인이 이 재앙에 관해 델포이의 신탁에 물었다. 퓌티아가 그들에게 대답하기를, 그들이 다미아와 아욱세시아[61]의 신상을 건립하면 사태가 호전될 것이라고 했다. 에피다우로스인이 신상들을 청동으로 만들어야 하는지 돌로 만들어야 하는지 묻자, 퓌티아가 그 어느 것도 쓰지 말고 재배한 올리브나무 목재를 쓰라고 했다. 에피다우로스인은 아테나이의 올리브나무를 가장 신성시하고 있던 터라 아테나이인에게 올

---

60 아이아코스는 제우스와 아이기나의 아들로, 아이기나섬의 왕이었다. '아이아코스의 자손'이라 함은 여기서 그들의 상(像)을 말한다.
61 둘 다 풍요의 여신이다.

리브나무를 벨 수 있게 해 달라고 요청했다. 일설에 따르면, 당시 아테나이 말고는 세상 어느 곳에도 올리브나무가 없었다고 한다. 아테나이 인은 에피다우로스인이 아테나 폴리아스[62]와 에렉테우스[63]에게 해마다 공물을 바친다면 그들의 요청을 들어주겠다고 했다. 에피다우로스인은 이에 동의하고 원하는 바를 얻어 올리브나무로 깎은 신상들을 봉안했다. 그러자 에피다우로스에 다시 풍년이 들었고, 에피다우로스인은 아테나이인과의 약속을 이행했다.

83 그때까지 아이기나는 에피다우로스에 종속되어 있었다. 아이기나인은 자기들끼리의 소송사건을 해결하기 위해서도 에피다우로스로 건너가곤 했다. 그러나 아이기나인은 그 뒤로 전함을 건조하기 시작하며 고집불통이 되기 시작하더니 더는 에피다우로스에 종속되려 하지 않았다. 두 도시 사이에 전쟁이 발발하자 아이기나인은 제해권을 쥐고 있던 터라 에피다우로스인에게 큰 타격을 가했다. 그들은 또 다미아와 아욱세시아의 신상을 약탈해 가서 아이기나섬 한가운데 있는 오이아라는 곳에 봉안했는데, 그곳은 도시에서 20스타디온쯤 떨어져 있다. 그곳에서 그들은 제물을 바치고 여인들로 구성된 코로스로 하여금 농지거리를 하게 함으로써 여신들에게 경의를 표했다. 여신마다 남자 열 명이 코레고스[64]로 배정되었다. 코로스의 노래에서는 남자들이 아니라 그 지역의 여인들만이 조롱의 대상이 된다. 에피다우로스에서도 비슷한 의식이 행해지고 있는데, 그곳에서는 비밀 의식도 행해진다.

84 신상들을 탈취당하자 에피다우로스인은 아테나이인과 체결한 협정을 더이상 이행하지 않았다. 이에 분노한 아테나이인이 에피다우로스에 사절단을 보냈는데, 에피다우로스인은 자기들은 잘못한 것이 없음을

입증했다. 신상들이 자국에 봉안되어 있는 동안 협정을 이행했지만, 신상들을 약탈당한 지금 계속해서 공물을 바치는 것은 부당하며, 신상들은 아이기나인이 가져간 만큼 아테나이인은 마땅히 이들에게서 공물을 받아야 한다고 했다. 그러자 아테나이인이 사절단을 아이기나로 보내 신상들의 반환을 요구했다. 그러나 아이기나인은 자기들은 아테나이인과는 아무 상관이 없다고 대답했다.

85 아테나이인에 따르면, 아테나이인은 신상들의 반환을 요구한 다음 약간의 아테나이 시민들을 삼단노선 1척에 실어 아이기나로 보냈다고 한다. 이들은 그곳에 도착하자 아테나이의 목재로 만들어졌다는 이유로 신상들을 대좌에서 들어올려 아테나이로 모셔 가고자 했다. 그렇게 해도 신상들이 꿈쩍하지 않자 그들은 신상들을 끌고 가려고 거기에 밧줄을 맸다. 그들이 밧줄을 당기는 동안 천둥소리와 함께 지진이 일어났다. 신상들을 끌어당기던 삼단노선 선원들은 제정신을 잃었고, 실성한 나머지 적군인 양 서로 죽이다가 결국 단 한 사람만 살아서 팔레론으로 돌아갔다.

86 이상이 아테나이인이 전하는 이야기다. 그러나 아이기나인에 따르면, 아테나이인은 단 한 척의 배를 타고 온 것이 아니라고 한다. (단 한 척 또는 그보다 약간 많은 정도였다면 그들에게 함대가 없다 하더라도 쉽게 막아 낼 수 있었을 것이라는 것이다.) 그들의 주장에 따르면, 아테나

---

62 '도시의 수호 여신 아테나'란 뜻.
63 아테나이의 전설상의 왕.
64 choregos. 코로스의 의상과 훈련 경비 등을 부담하는 부유한 시민.

이인은 사실은 여러 척의 함선을 보내 그들의 나라를 공격하게 했으며, 그래서 그들은 후퇴하며 해전을 피했다는 것이다. 그들은 자신들이 해전에서 수적 열세를 느꼈기 때문에 후퇴했는지, 아니면 처음 의도한 대로 후퇴했는지 분명히 밝히지 못하고 있다. 아이기나인에 따르면, 아무튼 아테나이인은 아무도 저항하는 자가 없자 육지에 상륙한 다음 신상들이 있는 곳으로 갔고, 달리 방법이 없어 밧줄로 신상들을 대좌에서 끌어내리려 하자 두 신상이 같은 행동을 했다고 한다. 나는 믿지 않지만, 다른 사람은 믿을지도 모르겠다. 말하자면 두 신상이 그들 앞에 무릎을 꿇었으며 그 이후로 같은 자세를 유지하고 있다고 한다. 아이기나인에 따르면, 아테나이인은 그렇게 행동했다고 한다. 아이기나인은 아테나이인이 자기들을 침공하려 한다는 것을 미리 알고 아르고스인에게 도움을 요청해 두었다고 한다. 그래서 아테나이인이 아이기나에 상륙했을 때, 몰래 에피다우로스에서 건너온 아르고스인도 도착해 그런 줄 모르고 있던 아테나이인을 기습하여 그들이 함선이 있는 곳으로 돌아가지 못하도록 퇴로를 차단했다고 한다. 그 순간 천둥소리가 나며 지진이 일어났다고 한다.

87 이상이 아르고스인과 아이기나인이 전하는 이야기다. 아테나이인도 단 한 사람만 살아남아 앗티케로 돌아갔다는 점은 시인한다. 차이점이라면 아르고스인은 그가 자신들에 의해 궤멸된 앗티케 군대의 유일한 생존자라고 주장하고, 아테나이인은 자신들이 궤멸된 것은 신의 탓이라고 주장한다는 것이다. 아테나이인에 따르면, 이 유일한 생존자조차 다음과 같이 최후를 맞았다고 한다. 그가 아테나이로 돌아와 비보(悲報)를 전하자, 아이기나로 진격한 남자들의 아내들이 소식을 듣고 그만 혼자 살아남았다는 것에 격분해 그를 에워싸고는 저마다 자기 남편

은 어디 있느냐고 물으며 옷깃을 여미는 데 쓰는 브로치로 차례차례 찔렀다고 한다. 그렇게 그는 최후를 맞았고, 아테나이인에게는 패배 자체보다 여자들의 행위가 더 괴로웠다고 한다. 그러나 그들은 이오니아식 부인복을 도입하는 것 말고 달리 여자들을 처벌할 수 없었다. 그때까지 아테나이 여인들은 코린토스식과 매우 유사한 도리스식 의상을 착용했는데, 이젠 브로치로 고정할 필요가 없는 리넨 키톤[65]을 입어야만 한 것이다.

88 그러나 이러한 의상은 본래 이오니아 것이 아니라 카리아 것이다. 옛날에는 헬라스의 모든 여인이 지금 도리스식이라 불리는 의상을 입었기 때문이다. 아테나이의 조치에 맞서 아르고스인과 아이기나인은 앞으로는 종전보다 반쯤 더 긴 브로치를 착용하고, 두 여신의 신전에는 무엇보다도 브로치를 봉헌하고, 앗티케 것은 도자기라도 신전에 반입하지 말고, 앞으로 그곳에서 마실 때는 자국산 잔을 사용한다는 법안을 통과시켰다. 그 이후로 오늘날에 이르기까지 아르고스와 아이기나 여자들은 아테나이인에 대한 증오심에서 이전보다 반쯤 더 긴 브로치를 착용한다.

89 아이기나인과 아테나이인이 서로 적대감을 품기 시작한 경위는 내가 기술한 바와 같다. 테바이가 도움을 청하자 아이기나인은 전에도 신상들을 보내 주었던 일을 기억하고는 기꺼이 보이오티아인을 도우러 갔고, 앗티케 지방의 해안 지대를 유린했다. 그래서 아이기나인을 향해 진격하려던 아테나이인이 델포이로부터 신탁을 받았는데, 아테나이

---

65 chiton. 소매가 짧고 무릎까지 내려오는 셔츠. 로마의 투니카(tunica).

인은 아이기나인의 침략을 30년 동안 방치하다가 31년째 되는 해 영웅 아이아코스를 위해 신전을 건립한 다음 대(對)아이기나 전쟁을 시작하라는 취지였다. 그러면 그들의 소원이 성취될 것이라고 했다. 그들이 지금 당장 아이기나인을 공격하면 종국에는 승리하겠지만 그사이 30년 동안 수많은 고통을 주고받게 될 것이라고 했다. 이런 경고를 받자 아테나이인은 영웅 아이아코스를 위해 신전을 건립했지만— 그 신전은 지금도 시장에 있다—30년 동안 아이기나인의 침략을 묵묵히 참고 견디라는 요구는 받아들일 수가 없었다.

90 아테나이가 아이기나에 보복을 준비하고 있을 때 라케다이몬 측에서 생긴 새로운 문제가 작전에 지장을 주었다. 라케다이몬인은 알크메오니다이가(家)가 퓌티아와 결탁한 까닭에 퓌티아가 자신들과 페이시스트라토스 일족에게 음모를 꾸몄다는 것을 알아내고는 자신들이 친구들을 아테나이에서 축출한 것을 후회했고, 그렇게 했는데도 아테나이인이 고마워하지도 않는 것에 분개한 것이다. 게다가 그들은 자기들이 아테나이인에게 불쾌한 일을 많이 당할 것이라는 예언들을 발견하고는 흥분되어 있었다. 그들은 전에는 이 신탁들을 몰랐는데 클레오메네스가 아테나이의 아크로폴리스에서 주워 스파르테로 가져온 까닭에 그 내용을 알게 되었다. 원래 이 신탁들은 페이시스트라토스 일족이 갖고 있었는데, 그들이 아테나이에서 추방되며 신전에 남겨 놓고 간 것을 클레오메네스가 주운 것이다.

91 라케다이몬인은 그때 그런 신탁들은 입수한 데다 아테나이가 날로 강성해져 더는 자신들에게 복종하려 할 것 같지 않자, 앗티케 민족이 자유로우면 자신들의 맞수가 될 수 있지만 참주의 억압을 받으면 허약하

고 고분고분해질 것임을 알았다. 일단 이런 점을 깨닫게 되자 라케다이몬인은 [페이시스트라토스 일족이 피신한] 헬레스폰토스 연안의 시게이온으로 사자를 보내 페이시스트라토스의 아들 힙피아스를 소환했다. 힙피아스가 그들의 소환에 응하자 그들은 다른 동맹국에도 사자를 보내 사절단을 보내 주기를 요청했다. 동맹국의 사절단들이 도착하자 스파르테인은 이렇게 말했다. "전우 여러분, 이제야 우리가 실수했음을 알았소. 우리는 거짓 신탁에 놀아나, 아테나이가 우리에게 복종하도록 돕겠다던 절친한 친구들을 그들의 조국에서 추방하고 배은망덕한 민중에게 도시를 넘겨주었지만, 민중은 우리의 도움으로 자유를 찾자마자 오만불손하게도 우리와 우리의 왕을 추방했으니 말이오. 그들은 명성이 높아가며 점점 오만해지고 있는데, 그 점은 그들의 이웃인 보이오티아인과 칼키스인이 뼈저리게 느꼈을 것이며, 다른 이웃도 조심하지 않으면 같은 꼴을 당할 것이오. 우리는 그런 실수를 했고, 그래서 지금 여러분과 힘을 모아 그들을 응징하려는 것이오. 우리가 여기 있는 힙피아스와 여러 도시의 사절단 여러분을 이리로 와 달라고 청한 것은, 우리가 함께 작전을 세우고 함께 군대를 파견해 그분을 아테나이로 복귀시키고, 우리가 그분에게 빼앗은 것을 그분에게 돌려 드리기 위함이오."

92 라케다이몬인은 그렇게 말했지만 대부분의 동맹국은 그들의 제안을 받아들이지 않았다. 하지만 다른 사절단이 침묵을 지키는 동안 코린토스의 소클레아스는 말문을 열었다.

a) "라케다이몬인이여, 만약 그대들이 자유와 평등을 철폐하고 여러 도시에 참주정체를 도입하려 든다면, 하늘이 대지 밑으로 내려가고, 대지가 하늘 위 허공에 걸릴 것이며, 사람들은 바닷물에서 살고 물고기

들은 전에 사람이 살던 곳에서 살게 되겠지요. 세상에 참주정체만큼 불의하고 피에 굶주린 것은 없소. 진실로 그대들이 도시를 참주가 지배하는 것이 좋다고 여긴다면 남을 위해 참주정체를 도입하기 전에 그대들이 먼저 도입하시오. 그대들은 참주정체를 경험해 보지 않았고, 또 참주정체가 스파르테에 도입되지 않도록 극도로 조심하면서 그대들의 동맹국인 우리에게는 무슨 일이 일어나든 무관심하시구려. 그대들도 우리처럼 참주정체를 경험해 보았더라면 참주정체에 관해 지금보다 더 나은 제안을 했을 것이오.

b) 코린토스의 정체는 한때 과두정체였소. 박키아다이가(家) 일족이 나라를 통치했는데, 그들은 자기들끼리만 결혼했소. 박키아다이가의 일원인 암피온에게는 랍다라는 절름발이 딸이 있었소. 박카이다이가의 어느 누구도 그녀와 결혼하려 하지 않자 에케크라테스의 아들 에에티온이 결혼했소. 에에티온은 페트라[66] 구역 출신으로 라피타이족[67]의 왕 카이네우스의 후손이었소. 이 여인에게서도, 다른 여인에게서도 아이가 태어나지 않자 에에티온은 자식이 있겠는지 물어보려고 델포이로 갔소. 그가 신전에 들어서자마자 퓌티아가 다음과 같은 시행으로 말을 걸었소.

에에티온이여, 그대는 존경받아 마땅한데도 누구에게도 존경받지 못하고 있구려. 랍다는 구르는 돌을 낳을 것이니라. 그러면 그 돌이 언젠가 독재자들 위로 굴러떨어져 코린토스를 응징하리라.

에에티온에게 내려진 신탁은 어쩌다가 박키아다이가의 귀에까지 들어갔소. 그들은 코린토스에 관한 이전의 신탁도 이해하지 못했는데, 이전의 신탁은 지금 에에티온이 받은 신탁과 같은 취지로 그 내용은 다음과 같소.

> 독수리가 바위에서 잉태해 날고기를 먹는 강력한 사자를
> 낳을 것인즉 사자는 수많은 이의 무릎을 풀게 되리라.
> 코린토스인이여, 이 점을 명심하라, 아름다운 페이레네 샘과
> 바위투성이의 코린토스에 거주하는 자들이여!

c) 이전의 이 신탁을 박키아다이가 사람들은 해석할 수가 없었소. 그러나 에에티온이 받은 신탁에 관해 듣자 그들은 이전의 신탁이 에에티온의 신탁과 일치한다는 것을 알았소. 그들은 알았지만 말하지 않고 에에티온의 아이가 태어나는 대로 없애기로 작정했소. 그래서 랍다가 출산하자마자 그들은 집안사람 열 명을 에에티온이 사는 마을로 보내 아이를 죽이게 했소. 이들은 페트라에 도착하자 에에티온의 집에 들어가 아이를 보여 달라고 했소. 이들이 왜 왔는지 몰랐던 랍다는 이들이 자기 아버지의 친구로서 아이를 보고 싶어 하는 줄 알고 아이를 안고 와 이중 한 명의 품에 안겨 주었소. 이들은 페트라로 가는 도중 자기들 중 누구든 아이를 맨 먼저 받는 자가 땅바닥에 메어치기로 계획을 세워 놓고 있었소. 랍다가 아이를 안고 와 이 중 한 명에게 건넸을 때 신의 섭리 때문이었는지 아이가 그자를 향해 방긋 웃었소. 아이가 방긋 웃는 것을 보자 측은한 생각이 든 그자는 차마 아이를 죽이지 못하고 두 번째 남자에게 건넸소. 두 번째 남자는 세 번째 남자에게 건넸소. 아이는 열 사람 모두의 손을 거쳤지만 누구도 아이를 차마 죽일 수 없었소. 그들은

---

66 petra('바위').
67 텟살리아 펠리온(Pelion)산 일대에 살던 전설상의 부족.

아이를 어머니에게 돌려주고 집을 나왔소. 그들은 문 앞에 서서 서로 나무랐고, 특히 맨 먼저 아이를 받았던 자를 미리 계획한 대로 실행하지 않았다고 비난했소. 잠시 뒤 그들은 도로 집안으로 들어가 아이를 모두 함께 죽이기로 결의했소.

d) 하지만 에에티온의 아들은 코린토스에 화근(禍根)이 될 운명이었소. 랍다가 문간에 서서 그들이 하는 말을 다 듣고는 남자들이 마음이 바뀌어 다시 아이를 달라 하여 죽일까 두려워 아이를 안고 가 그녀가 아는 가장 은밀한 장소인 상자[68] 속에 숨긴 것이오. 그녀는 남자들이 돌아와 아이를 찾게 될 경우 집안을 샅샅이 뒤질 것을 예상했기 때문이오. 아닌 게 아니라 그들은 돌아와 집안을 샅샅이 뒤졌소. 그러나 아이를 찾을 수 없자, 돌아가서 명령을 내린 자들에게 시키는 대로 빠짐없이 다 실행했다고 보고하기로 결의했소.

e) 그들은 코린토스로 돌아가 그렇게 보고했소. 그 뒤 에에티온의 아들은 무럭무럭 자랐고, 그때 상자 덕분에 위기를 모면할 수 있었기에 큅셀로스라는 별칭을 얻었소. 성인이 되자 큅셀로스는 델포이의 신탁소에 물은 결과 애매모호한 대답을 들었소. 그는 이 애매모호한 신탁을 믿고 코린토스를 공격해 손아귀에 넣었는데, 그 신탁은 다음과 같소.

방금 내 집에 들어온 자는 복받았도다. 명성이 자자한
코린토스의 왕, 에에티온의 아들 큅셀로스는. 그도 그의 아들들도
복받으리라. 하지만 그의 아들들의 아들들은 그러지 못하리라.

이것이 큅셀로스가 받은 신탁이었소. 큅셀로스가 참주가 되었을 때 어떤 사람이 되었는지 말하자면, 그는 수많은 코린토스인을 추방했고, 수많은 코린토스인의 재산을 몰수했으며, 훨씬 더 많은 코린토스인의

목숨을 빼앗았소.

f) 쿱셀로스가 30년 동안 통치하다가 편안하게 죽자 그의 아들 페리안드로스가 그의 뒤를 이어 참주가 되었소. 페리안드로스는 처음에 아버지보다 더 온건했지만, 사자를 통해 밀레토스의 참주 트라쉬불로스와 사귀고부터는 쿱셀로스보다 훨씬 더 피에 굶주렸소. 말하자면 그는 트라쉬불로스에게 사자를 보내 어떻게 도시를 통치해야 가장 좋고 가장 안전한지 의견을 묻게 했소. 트라쉬불로스는 페리안드로스가 보낸 사자를 데리고 도시 밖으로 나가 곡식밭으로 데리고 들어가더니 곡식 사이를 지나가며 사자가 코린토스에서 찾아온 까닭을 되풀이해서 물었소. 그러면서 다른 이삭보다 더 웃자란 이삭이 보이면 모조리 베어 던져 버리는 것이었소. 마침내 곡식 중에서 가장 잘되고 키가 큰 것은 다 망가뜨려 놓았소. 밭을 다 지나자 트라쉬불로스는 페리안드로스의 사자를 말 한마디 없이 돌려보냈소. 사자가 코린토스로 돌아오자 페리안드로스는 트라쉬불로스의 조언이 듣고 싶었소. 사자는 아무 대답도 듣지 못했다고 말했소. 그리고 자기 농토를 망가뜨리는 그런 정신이상자에게 페리안드로스가 그를 보낸 것에 놀랐다며 트라쉬불로스의 행동을 본 대로 전했소.

g) 그러나 페리안드로스는 트라쉬불로스의 행동을 이해했소. 그는 트라쉬불로스가 가장 탁월한 시민들을 죽여 없애라고 조언했음을 알아차렸고, 그때부터 그는 자기 시민들에게 온갖 만행을 저질렀소. 말하자면 쿱셀로스가 죽이고 추방하다 만 것을 페리안드로스가 완수한 것이오. 게다가 하루는 그의 아내 멜릿사를 위해 코린토스의 모든 여자가 옷을 벗게 했소. 그 경위를 설명하자면, 페리안드로스는 친구가 자기

---

68 그리스어로 kypsele.

에게 맡겨 놓은 물건의 위치를 잊어버려 자기가 그 물건을 어디에다 두었는지 아케론[69] 강가의 테스프로토이족 사이에서 죽은 자의 신탁을 구해 오게 했을 때, 멜릿사의 혼백이 나타나 자기는 춥고 헐벗어 맡겨둔 물건이 어디 있는지 암시해 주거나 말해 주고 싶지 않다며 자기와 함께 묻은 옷들은 태우지 않아 아무 소용이 없다는 것이었소. 그녀는 자기가 진실을 말한다는 증거로 페리안드로스가 식은 오븐에 빵 덩어리를 집어넣었다는 점을 상기시켰소. 이런 보고를 받자 페리안드로스는 그 증거가 사실임을 믿고(왜냐하면 그는 죽은 멜릿사와 교합했기 때문이오) 즉시 전령을 시켜 코린토스의 모든 여자는 집에서 나와 헤라 신전으로 모이라는 명령을 내렸소. 여자들은 축제에 가는 양 모두들 가장 좋은 옷으로 갈아입었소. 페리안드로스는 자신의 친위대원들을 몰래 배치해 두었다가 자유민이든 노예든 그들의 성장(盛裝)을 모조리 벗기게 했소. 그리고 옷들을 모두 모아 구덩이에 넣게 한 다음 멜릿사를 부르며 불태웠소. 그러고 나서 그는 두 번째로 사절을 보내 사자의 신탁을 받아 오게 했소. 그제서야 그의 친구가 맡긴 물건을 그가 어디에 두었는지 멜릿사의 혼백이 말해 주었소. 라케다이몬인이여, 참주정체란 그런 것이며, 참주가 하는 짓이란 그런 것이오. 우리 코린토스인은 그대들이 사자를 보내 힙피아스를 불러오게 했다는 것을 알고 놀랐소. 그러나 지금 그대들의 말을 들으니 더욱 놀랍소. 헬라스의 신들의 이름으로 간청하노니, 그대들은 도시들에 참주정체를 도입하지 마시오. 그대들이 포기하지 않고 계속해서 정의에 반해 힙피아스를 복권시키려 한다면, 코린토스인의 지지를 받지 못할 것임을 알아 두시오."

93 코린토스의 사절 소클레아스는 그렇게 말했다. 그러자 힙피아스가 같은 신들의 이름으로 맹세했다. "정해진 날이 다가와 코린토스인이 아

테나이인에게 고통받게 되면 코린토스인이야말로 어느 누구보다도 페이시스트라토스 일족을 아쉬워하게 될 것이오." 힙피아스가 이렇게 대답할 수 있었던 것은 그가 누구보다도 신탁을 잘 알고 있었기 때문이다. 그때까지 침묵을 지키고 있던 다른 동맹국의 사절단은 소클레아스의 거리낌없는 발언을 듣자 모두들 말문을 열고 코린토스인의 의견에 동조하며, 헬라스 도시의 일에 개입하지 말아 달라고 라케다이몬인에게 간청했다.

94 그리하여 라케다이몬인의 계획은 좌절되었다. 힙피아스가 그렇게 쫓겨나자 마케도니아 왕 아뮌타스는 그에게 안테무스 시를 내주었고 텟살리아도 그에게 이올코스에 사는 것을 허락했다. 그러나 힙피아스는 두 제의를 모두 거절하고 시게이온으로 돌아갔다. 시게이온은 페이시스트라토스가 뮈틸레네인에게서 무력으로 빼앗아 아르고스 여인이 낳은 자신의 서자(庶子) 헤게시스트라토스를 참주로 앉혀 놓은 도시였다. 그러나 헤게시스트라토스는 페이시스트라토스가 물려준 것을 지키기 위해 싸우지 않으면 안 되었다. 아킬레이온[70]에 기지를 둔 뮈틸레네인과 시게이온에 기지를 둔 아테나이인이 장기전을 벌였기 때문이다. 뮈틸레네인은 시게이온 지역의 반환을 요구했고, 아테나이인은 그들의 권리 주장에 이의를 제기하며, 아이올레이스족[71]은 옛날의 일리온[72] 땅에 대해 아테나이인이나 그 밖에 메넬라오스를 도와 헬레네의

---

69 서부 그리스의 강. 저승의 강 이름이기도 하다.
70 트로이아 전쟁 때의 그리스 영웅 아킬레우스가 묻힌 곳.
71 당시 뮈틸레네인은 아이올레이스족이었다.
72 트로이아의 다른 이름.

납치를 응징하게 해 준 다른 헬라스인보다 더 많은 권리를 갖고 있지 않다고 주장했다.

95 이 전쟁 기간에는 여러 특이한 사건이 일어났는데, 그중 한 가지는 다음과 같다. 한번은 전투에서 아테나이인이 승리하자 시인 알카이오스가 도주해 자신은 목숨을 건질 수 있었지만, 그의 무구(武具)는 아테나이인이 갖고 가 시게이온에 있는 아테나 신전에 걸어 두었다. 알카이오스는 이 사건에 관해 시를 쓴 다음 친구 멜라닙포스에게 자신의 불운을 알리기 위해 뮈틸레네로 보냈다. 뮈틸레네인과 아테나이인의 전쟁은 퀍셀로스의 아들 페리안드로스에 의해 종식되었다. 양측이 그에게 중재를 부탁했기 때문이다. 종전의 조건은 양측이 저마다 점거하고 있는 지역을 그대로 가진다는 것이었다. 그리하여 시게이온은 아테나이인의 차지가 되었다.

96 힙피아스는 일단 라케다이몬을 떠나 아시아로 돌아오자 아르타프레네스에게 아테나이인을 모함하고 아테나이를 자신과 다레이오스의 지배하에 두기 위해 수단과 방법을 가리지 않았다. 아테나이인은 그런 사실을 알게 되자 사르데이스로 사절단을 보내 페르시아인이 아테나이의 망명자들의 말을 믿지 말도록 촉구하게 했다. 그러나 아르타프레네스는 그들이 살고 싶으면 힙피아스를 도로 데려가야 할 것이라고 말했다. 사절단이 이런 전언을 받아 오자 아테나이인은 거절했고, 페르시아와의 공개적인 적대 관계라는 결과를 감수할 각오를 했다.

97 아테나이인이 그럴 각오로 페르시아인과 사이가 나빠졌던 바로 이 시기에, 밀레토스의 아리스타고라스는 라케다이몬 왕 클레오메네스에

의해 스파르테에서 쫓겨나 아테나이로 갔다. 스파르테 다음으로는 아테나이가 가장 강성했기 때문이다. 그는 민회에 출석해 스파르테에서 한 말을 반복하며 아시아가 부유하다는 점과 페르시아인은 전투할 때 방패나 긴 창을 사용하지 않는 까닭에 손쉽게 제압될 수 있다는 점을 특히 강조했다. 이에 덧붙여 밀레토스는 아테나이의 식민시인 만큼 충분히 그럴 능력이 있는 아테나이가 밀레토스를 보호하는 것이 당연하다고 말했다. 그는 궁한 나머지 온갖 약속을 남발해 결국 아테나이인을 설득하는 데 성공했다. 분명 한 사람을 설득하기보다는 여러 사람을 설득하기가 더 쉬운 것 같다. 라케다이몬의 클레오메네스 한 사람을 설득할 수 없던 아리스타고라스가 아테나이인 3만 명을 설득하는 데 성공했으니 말이다. 아테나이인은 아리스타고라스에게 설득되어 이오니아인을 돕도록 함선 20척을 보내기로 결의하고, 명망 높은 아테나이 시민 멜란티오스를 그들의 지휘관으로 임명했다. 이 20척의 함선은 헬라스인에게도, 이민족에게도 화근이 되었다.

98 함대보다 먼저 출발한 아리스타고라스는 밀레토스에 도착해 이오니아인에게 전혀 도움이 되지 않을 작전계획을 세웠다. 그가 당초 이 계획을 세운 것은 그럴 의도에서가 아니라 다레이오스를 괴롭히겠다는 일념에서였다. 말하자면 그는 메가바조스에 의해 스트뤼몬 강가에서 전쟁 포로로서 프뤼기아로 끌려와 그곳에서 자기들끼리 촌락을 이루고 살던 프뤼기아의 파이오니아인에게 사람을 보낸 것이다. 아리스타고라스가 보낸 사자는 파이오니아인이 사는 곳에 도착하자 이렇게 말했다. "파이오니아인이여, 밀레토스의 참주 아리스타고라스께서는 여러분이 그분의 뜻에 따를 경우 여러분을 구출하라고 나를 보내셨소. 지금 이오니아 전체가 페르시아 왕에게 반기를 들었소. 그러니 그대들에

게는 안전하게 고향으로 돌아갈 길이 열렸소. 여러분이 자력으로 바닷가까지만 간다면 뒷일은 우리가 감당할 것이오." 파이오니아인은 이말을 듣자 크게 기뻐하며 뒤탈이 두려운 소수만 남고 대부분은 처자를데리고 바닷가로 도주한 다음 거기서 배를 타고 키오스로 건너갔다. 파이오니아인이 이미 키오스에 도착했을 때 페르시아의 기병대가 그들을 뒤쫓아 대거 몰려왔다. 파이오니아인을 따라잡는 데 실패하자 페르시아인은 키오스로 사자를 보내 그들에게 돌아오라고 명령했지만 그들은 복종하지 않았다. 키오스인이 그들을 키오스에서 레스보스로 건네주고, 레스보스인이 도리스코스[73]로 데려다주자 그곳에서 그들은걸어서 파이오니아로 돌아갔다.

99 아테나이인이 함선 20척을 이끌고 밀레토스에 도착했을 때 에레트리아의 삼단노선 5척도 따라왔는데, 에레트리아인이 이 원정에 참가한것은 아테나이인을 위해서가 아니라 밀레토스인에게 진 신세를 갚기위해서였다. (에레트리아인이 전에 칼키스인과 전쟁을 할 때 밀레토스인이 에레트리아인을 도운 적이 있었다. 그때 에레트리아인과 밀레토스인과 맞선 칼키스인은 사모스인이 도와주었다.) 아무튼 아테나이인과 에레트리아인이 도착하고 다른 동맹군도 속속 도착하자 아리스타고라스는 사르데이스를 향해 진격했다. 그러나 아리스타고라스는이 원정에 참가하지 않고 아우 카로피노스와 헤르모판토스라는 다른밀레토스인을 장군으로 임명한 다음 자신은 밀레토스에 남았다.

100 이오니아인은 에페소스까지 배를 타고 가서 그곳 에페소스 땅의 코레소스에 함선을 남겨 두고 에페소스인을 길라잡이 삼아 큰 무리를 지어내륙으로 행군했다. 그들은 카위스트로스강을 따라 행군하다가 트몰

로스산을 넘어 목적지에 도착했고 저항하는 자가 아무도 없어 아크로
폴리스를 제외한 온 사르데이스를 점령했다. 아크로폴리스는 아르타
프레네스가 적잖은 군사를 거느리고 몸소 지켰다.

101 그러나 다음과 같은 사정으로 그들은 점령한 도시를 약탈하는 데 실패
했다. 사르데이스에서는 대부분의 집이 갈대로 지어졌고, 벽돌로 지은
집도 지붕은 갈대로 이었다. 한 군사가 한 집에 불을 지르자 순식간에
이 집에서 저 집으로 불길이 옮겨 붙으며 온 도시가 화염에 싸였다. 도
시의 외곽이 모두 화염에 싸이자 뤼디아인과 사르데이스에 남아 있던
페르시아인은 화염에 갇혀 도시 밖으로 나갈 수가 없었다. 그래서 그들
은 팍톨로스 강가의 시장으로 몰려갔다. 팍톨로스강은 트몰로스산에
서 사금(砂金)을 운반하면서 사르데이스의 시장 한가운데를 흐르다가
헤르모스강으로 흘러들고, 헤르모스강은 바다로 흘러든다. 뤼디아인
과 페르시아인은 이 팍톨로스 강가의 시장에 모여 그곳에서 저항할 수
밖에 없었다. 이오니아인은 적군의 일부는 저항하고 일부는 큰 무리를
지어 다가오는 것을 보자 겁이 나서 트몰로스라는 산으로 철수했고, 그
곳에서 밤에 함선이 있는 곳으로 돌아갔다.

102 사르데이스 화재 때 그곳의 토속 여신 퀴베베[74]의 신전도 불타 없어졌
는데, 페르시아인은 훗날 헬라스의 신전을 불태울 때 이때의 일을 핑계
삼았다. 그때 할뤼스강 서쪽에 살던 페르시아인은 사건의 전말을 듣고
는 군대를 출동시켜 뤼디아인을 도우러 갔다. 사르데이스에서 이오니

---

73 트라케 지방의 도시.
74 소아시아의 지모신(地母神) 퀴벨레(Kybele)의 이오니아 이름.

아인이 보이지 않자 그들은 바싹 추격해 에페소스에서 따라잡았다. 이
오니아인은 대오를 갖추고 그들과 맞서 싸웠지만 참패했다. 페르시아
인의 손에 죽은 수많은 전사자 중에는 유명 인사도 있었는데, 경기에서
여러 번 우승자의 관을 써 케오스의 시모니데스가 종종 찬양한 바 있
는, 에레트리아인의 장군 에우알키데스도 그중 한 명이었다. 싸움터에
서 살아남은 자들은 뿔뿔이 흩어져 고향으로 돌아갔다.

103 당시 전투는 그렇게 진행되었다. 그 뒤 아테나이인은 이오니아인의 문
제에서 완전히 손을 떼고 아리스타고라스가 사자를 보내 도와 달라고
여러 번 애원했음에도 시종일관 돕기를 거절했다. 그러나 이오니아인
은 아테나이인과의 동맹 관계를 상실했음에도 (다레이오스에게 이미
저지른 짓이 있어) 왕에 맞서 계속해서 전쟁 준비를 게을리 하지 않았
다. 그들은 헬레스폰토스로 배를 타고 가서 뷔잔티온과 그 지역의 다른
도시들을 모두 복속시켰다. 그런 다음 그들은 헬레스폰토스를 떠나 카
리아 지방 대부분을 동맹국으로 삼았다. 전에는 그들과 동맹을 맺으려
하지 않던 카우노스도 사르데이스가 불탄 뒤 그들 편이 되었다.

104 퀴프로스인도 아마투스인을 제외하고는 모두 자진해 그들 편이 되었
다. 퀴프로스인이 페르시아에 반기를 든 경위는 다음과 같다. 살라미
스 왕 고르고스에게는 오네실로스라는 아우가 있었는데, 케르시스의
아들로 시로모스의 손자요 에우엘톤의 증손이었다. 이 사람은 전에도
페르시아 왕에게 반기를 들라고 여러 번 고르고스에게 촉구했는데, 이
제 이오니아인이 반기를 들었다는 말을 듣자 더욱더 끈질기게 졸라 댔
다. 그래도 고르고스를 설득할 수 없자 오네실로스는 그가 도성 밖으로
나가기를 기다렸다가 자신의 추종자들과 함께 뒤에서 성문을 닫아 버

렸다. 나라를 빼앗긴 고르고스는 페르시아로 망명했고, 살라미스의 통치자가 된 오네실로스는 반란에 가담하도록 모든 퀴프로스인을 설득하려 했다. 그는 다른 퀴프로스인은 모두 설득했다. 그러나 아마투스인이 그의 말을 들으려 하지 않자 그는 그들을 포위공격하기 시작했다.

105 오네실로스가 아마투스를 포위공격하는 동안, 사르데이스가 아테나이인과 이오니아인에게 함락되어 불타 버렸는데 다레이오스왕은 이번 사건의 주모자 겸 주동자는 실은 밀레토스의 아리스타고라스라는 보고를 받았다. 그런 말을 들었을 때 다레이오스는 이오니아인이 반기를 든 대가를 톡톡히 치르리라는 것을 잘 알고 있었기에 그들에 관해서는 아무 언급도 않고 아테나이인이 누구냐고 물었다고 한다. 대답을 듣고 나서는 활을 달라고 하더니 시위에 화살을 얹고는 하늘을 향해 쏘았다고 한다. 그리고 허공을 향해 화살을 쏘며 외쳤다고 한다. "제우스이시여, 제가 아테나이인을 응징할 수 있게 해 주소서!" 그렇게 말하고 나서 그는 시종 가운데 한 명에게 식사 시중을 들 때마다 "전하, 아테나이인을 기억하소서!"라고 세 번씩 외치도록 명령했다고 한다.

106 그렇게 명령하고 나서 다레이오스는 자신이 장기간 붙잡아 둔 밀레토스의 히스티아이오스를 면전으로 불러오게 하더니 말했다. "히스티아이오스여, 듣자 하니 그대가 밀레토스를 맡긴 그대의 대리인이 내게 말썽을 부리고 있다 하오. 그자는 다른 대륙에서 군사들을 끌어들이고, 반드시 대가를 치르게 될 이오니아인을 이에 가담시키고 나서 자기를 따르도록 이들을 설득한 다음 내게서 사르데이스를 빼앗아 갔소. 그대는 그런 일들이 옳다고 생각하시오? 그대가 연루되지 않고서야 어떻게 그런 일이 일어날 수 있겠소? 나중에 후회하는 일이 없도록 그대는

조심하는 것이 좋을 것이오." 히스티아이오스가 대답했다. "전하, 어떻게 그런 말씀을 하시는 것이옵니까? 크든 작든 전하께 고통을 가져다줄 만한 일에 제가 어떻게 연루될 수 있겠나이까? 제가 무엇이 필요하고 무엇이 아쉬워 그런 짓을 하겠나이까? 전하의 것은 다 제 것이고, 저는 또 전하의 계획을 다 들을 자격이 있는 것으로 간주되고 있나이다. 제 대리인이 진실로 전하께서 말씀하신 그런 짓을 했다면 그자는 분명 제멋대로 그렇게 한 것이옵니다. 밀레토스인과 제 대리인이 전하께 말썽을 부린다는 보고를 저는 믿지 않사옵니다. 하오나 그자들이 실제로 그런 짓을 하고 있고, 전하께서 들으신 것이 사실이라면, 전하, 해안 지대를 떠나도록 제게 강요하심으로써 전하께서 어떤 일을 하셨는지 아셔야 하옵니다. 이오니아인은 십중팔구 제가 그들의 시야에서 사라지자 오래전부터 품어 왔던 계획을 실행에 옮긴 것 같기에 드리는 말씀이옵니다. 제가 이오니아에 있었다면 어느 도시도 말썽을 부리지 못했을 것이옵니다. 하오니 전하께서는 제가 되도록 속히 이오니아로 돌아가게 해 주소서. 그러시면 제가 전하를 위해 그곳의 질서를 모두 원상으로 회복하고 이 모든 책동의 주모자인 밀레토스의 제 대리인을 전하께 인도하겠나이다. 제가 이번 일을 전하의 마음에 흡족하도록 처리한다면, 왕가(王家)의 신들의 이름으로 맹세하옵건대, 세상에서 가장 큰 섬인 사르도[75]를 전하께 조공 바치는 나라로 만들기 전에는 제가 이오니아로 가며 입었던 옷을 결코 벗지 않겠나이다."

107 히스티아이오스는 속이기 위해 그런 말을 한 것인데, 다레이오스는 그의 말을 믿고 그를 떠나보내며, 약속한 임무를 완수하고 나면 수사로 돌아오라고 당부했다.

108 사르데이스 사건이 왕에게 보고되자 다레이오스는 활을 쏘고 나서 히
스티아이오스와 만나 이야기했고, 히스티아이오스는 다레이오스에
의해 풀려나 해안 지대로 가고 있었다. 이런 모든 일이 진행되는 동안,
아마투스를 포위공격하던 살라미스의 오네실로스에게 아르튀비오스
라는 페르시아인이 페르시아 대군을 이끌고 바닷길로 퀴프로스에 도
착할 것이라는 보고가 들어왔다. 이런 보고를 받자 오네실로스는 이오
니아 각지로 전령을 보내 도움을 청하게 했다. 그러자 이오니아인은 신
속히 결정을 내리고는 대군을 이끌고 왔다. 이오니아인이 퀴프로스에
도착하자 페르시아인도 배를 타고 킬리키아에서 건너온 다음 뭍길로
살라미스를 향해 진격했다. 한편 포이니케인의 함대는 '퀴프로스의
열쇠들'[76]이라 불리는 곳을 돌고 있었다.

109 그러자 퀴프로스의 참주들이 이오니아인의 장군들을 불러모아 놓고
이렇게 말했다. "이오니아인들이여, 우리 퀴프로스인은 여러분이 [페
르시아인과 포이니케인 중] 어느 쪽과 싸우기를 원하든 선택은 여러분
에게 맡길 것이오. 여러분이 육지에서 대오를 정비하고 페르시아인을
상대로 그대들의 힘을 시험해 보고 싶다면, 지금이야말로 여러분이 배
에서 내려 육지에서 대오를 정비할 때요. 그러면 우리는 여러분의 배에
올라 포이니케인에 맞설 것이오. 그러나 여러분이 포이니케인을 상대
로 힘을 시험해 보고 싶다면, 그렇게 하시오. 둘 중 어느 쪽을 선택하든
여러분은 이오니아와 퀴프로스의 자유를 지키기 위해 최선을 다해 주
시오." 이오니아인들이 대답했다. "이오니아 공동체가 우리를 보낸 것

---

75 사르디니아의 그리스어 이름.
76 Kleides. 퀴프로스섬의 동쪽 끝에 있는 곳.

은 바다를 지키라는 뜻이지, 우리의 함선을 퀴프로스인에게 넘겨주고 육지에서 페르시아인과 싸우라는 뜻이 아니었소. 그러니 우리는 우리의 임무를 최선을 다해 완수할 참이오. 여러분도 페르시아인의 노예로서 당한 수모를 생각하고 최선을 다해 주시오."

110 이오니아인들은 그렇게 대답했다. 페르시아인이 살라미스 평야로 진격해 오자 퀴프로스인의 왕들은 그들에 맞서 군대를 배치했는데, 살라미스와 솔로이의 정예부대는 페르시아인과 맞서게 하고, 퀴프로스의 다른 도시에서 온 군사는 적군의 다른 부대와 맞서게 했다. 오네실로스는 자진해 페르시아군 지휘관 아르튀비오스와 맞섰다.

111 그런데 아르튀비오스는 중무장 보병과 맞설 경우 뒷발로 서도록 훈련된 말을 타고 다녔다. 오네실로스는 그런 소문을 듣고 카리아 출신으로 용감무쌍하기로 이름난 전사였던 자신의 시종과 상의했다. "듣자 하니, 아르튀비오스의 말은 뒷발로 곧추서서 상대가 누구든 두 발로 차고 이빨로 깨물어 해치운다고 하네. 생각해 보고 지체 없이 말해 주게. 자네 같으면 말과 아르튀비오스 중에 어느 쪽을 칠 기회를 노리겠는가?" 그의 시종이 대답했다. "전하, 저는 양쪽 모두든 아니면 어느 한쪽이든 전적으로 전하께서 명령하시는 대로 할 각오가 되어 있사옵니다만, 전하께 최선이라고 생각되는 바를 말씀드리겠나이다. 왕이나 장군은 왕이나 장군과 싸워야 한다는 것이 제 생각이옵니다. (전하께서 장군을 죽이시면 전하께 큰 업적이 될 것이고, 전하께서 그자의 손에 최후를 맞으시면 — 그런 일은 제발 일어나지 말기를! — 그럴 가치가 있는 자에게 죽는다는 것은 반감(半減)된 불행이 되겠지요. 한편 우리 졸병은 졸병이나 말을 상대로 싸워야 하옵니다. 전하께서는 말의 계략을 두려워

마소서. 제가 책임지고 그 말이 다시는 어느 누구 앞에서도 뒷발로 서지 못하도록 해 놓겠나이다.")

112 오네실로스의 시종은 그렇게 말했다. 그 뒤 곧 육지와 바다에서 전투가 시작되었다. 바다에서는 이날 자신들이 최고의 전사임을 보여 준 이오니아인이 포이니케인을 이겼는데, 특히 사모스인이 용맹을 떨쳤다. 육지에서는 양군이 접전을 벌이는 동안 양군의 지휘관에게 다음과 같은 일이 벌어졌다. 아르튀비오스가 말을 타고 오네실로스에게 돌진했을 때 오네실로스는 자신의 시종과 함께 세운 작전에 따라 아르튀비오스를 공격했고, 말이 앞발굽으로 오네실로스의 방패를 차는 순간 카리아인이 언월도를 휘둘러 발굽을 베어 버렸다. 그러자 페르시아군 지휘관 아르튀비오스가 말과 함께 그 자리에서 쓰러졌다.

113 그러나 다른 곳에서는 여전히 전투가 벌어지고 있는 동안, 쿠리온의 참주 스테세노르가 적지 않은 휘하 부대를 이끌고 대열을 이탈했는데, 쿠리온은 아르고스의 식민시라고 한다. 쿠리온인이 이탈하자 살라미스인의 전차 부대가 따라서 이탈했다. 그러자 페르시아인이 퀴프로스인보다 우세해지기 시작했다. 퀴프로스인은 패주하며 수많은 전사자를 냈는데, 그중에는 퀴프로스 반란의 주모자로 케르시스의 아들인 오네실로스와 솔로이의 왕으로 필로퀴프로스의 아들인 아리스토퀴프로스도 포함되어 있었다. 이 필로퀴프로스는 아테나이의 솔론이 퀴프로스를 방문했을 때 지은 시에서 다른 어떤 참주보다 찬양한 바 있는 인물이었다.

114 아마투스인은 오네실로스가 자신들을 포위공격한 분풀이로 그의 목

을 베어 아마투스로 가져가 성문 위에 걸어 두었다. 거기 걸어 둔 머리가 얼마 뒤 속이 비자, 벌떼가 그곳을 차지하더니 벌집으로 메웠다. 그런 일이 일어나자 아마투스인은 신탁에 물어 머리를 내려 매장해 주고 오네실로스를 영웅으로 숭배하되 해마다 제물을 바치면 그들이 번창할 것이라는 대답을 들었다.

115   아마투스인은 오늘날에도 여전히 그렇게 하고 있다. 이오니아인은 퀴프로스 앞바다의 해전에서는 이겼지만 오네실로스의 계획이 실패로 돌아가 살라미스를 제외한 퀴프로스의 모든 도시가 포위공격당하고 있고, 살라미스의 백성도 전왕(前王) 고르고스에게 넘어갔다는 사실을 알게 되자 지체 없이 이오니아로 회항했다. 퀴프로스의 도시 가운데 포위공격을 가장 오래 버텨낸 것은 솔로이였는데, 페르시아인은 성벽 아래로 땅굴을 파 포위공격한 지 5개월째 되던 달 그곳을 함락했다.

116   그리하여 퀴프로스인은 자유민이 된 지 1년 만에 다시 노예로 전락했다. 한편 페르시아군 지휘관으로 세 명 모두 다레이오스의 사위인 다우리세스와 휘마이에스와 오타네스는 사르데이스를 공격한 이오니아인을 추격해 전투에서 이긴 다음 함선 안으로 몰아넣었다. 그리고 그들은 저들끼리 도시들을 나눠 갖고 약탈하기 시작했다.

117   다우리세스는 헬레스폰토스 연안에 있는 도시들로 가서 다르다노스, 아뷔도스, 페르코테, 람프사코스, 파이소스를 하루에 한 곳씩 함락했다. 파이소스를 뒤로하고 파리온 시로 가는 중 카리아인이 페르시아에 반기를 들고 이오니아인과 한통속이 되었다는 보고를 받은 그는 헬레스폰토스를 뒤로하고 군사를 이끌고 카리아로 진격했다.

118 어찌된 일인지 다우리세스가 도착하기도 전에 카리아인은 그가 오고
     있다는 소식을 듣고 이드리아스 지역에서 발원해 마이안드로스강으
     로 흘러드는 마르쉬아스 강가의 '하얀 기둥들'[77]이라는 곳에 모였다.
     카리아인의 이 집회에서 여러 의견이 제시되었는데, 내 생각에는 킨뒤
     에 출신으로 마우솔로스의 아들이자 킬리키아 왕 쉬엔네시스의 사위
     인 픽소다로스가 제시한 의견이 가장 훌륭한 것 같다. 그는 카리아인은
     마이안드로스강을 건너가 강을 등지고 싸워야 한다는 의견을 제시했
     다. 그럴 경우 카리아인은 퇴로가 차단되어 그곳에 버티고 설 수밖에
     없기에 타고난 이상으로 기량을 발휘하리라는 것이었다. 그러나 이 의
     견은 채택되지 않고, 대신 페르시아인이 마이안드로스강을 등지고 싸
     워야 한다는 의견이 채택되었는데, 그럴 경우 페르시아인이 전투에 패
     해 도주하더라도 강물 속으로 들어가는 것 말고는 어디에도 도주할 길
     이 없으리라는 것이었다.

119 그 뒤 곧 페르시아인이 도착해 마이안드로스강을 건너자 카리아인은
     마르쉬아스 강가에서 그들을 맞아 싸웠다. 장시간에 걸쳐 격전이 벌어
     졌는데, 결국 카리아인이 병력의 열세로 패했다. 페르시아인은 2,000
     명쯤 전사하고 카리아인은 1만 명쯤 전사했다. 싸움터에서 도주한 카
     리아인은 라브라운다에 있는 '전쟁의 신 제우스'[78]의 성역에 갇혔는
     데, 그곳은 넓고 성스러운 플라타너스 숲이었다. 우리가 알기로, 카리
     아인은 '전쟁의 신 제우스'에게 제물을 바치는 유일한 민족이다. 그들
     은 그곳에 갇히자 자신들의 안전을 위해 페르시아인에게 항복하는 편

---

77 카리아의 지역.
78 Zeus stratios.

이 더 나을지, 아니면 아시아를 완전히 떠나는 편이 더 나을지 논의했다.

120 그들이 이런 논의를 하고 있을 때 밀레토스인과 그 동맹군이 그들을 도
우러 나타났다. 그러자 카리아인은 이전의 계획들을 버리고 다시 전투
준비를 했다. 그들은 진격해 오는 페르시아인과 맞서 싸웠지만 전보다
더 참패했다. 수많은 전사자가 났는데, 그중에서도 카리아인의 손실이
가장 컸다.

121 그러나 그 뒤 카리아인은 상처가 아물자 다시 싸웠다. 그들은 페르시아
인이 카리아의 도시들로 진격해 온다는 말을 듣고 페다소스[79] 부근의
도로에 매복해 있다가 밤에 그곳을 지나던 페르시아인을 섬멸했다. 페
르시아군의 지휘관인 다우리세스, 아모르게스, 시시마케스뿐 아니라
귀게스의 아들 뮈르소스도 전사했다. 이 매복 작전을 주도한 사람은 뮐
라사 출신으로 이바놀리스의 아들인 헤라클레이데스였다. 그리하여
이들 페르시아인은 섬멸되었다.

122 한편 사르데이스를 공격한 이오니아인을 추격하던 페르시아인의 또
다른 지휘관 휘마이에스는 프로폰티스해에 가서 뮈시아 지방의 도시
키오스[80]를 점령했다. 그는 이 도시를 점령한 뒤 다우리세스가 헬레스
폰토스를 뒤로하고 카리아로 진격했다는 말을 듣고 프로폰티스에서
헬레스폰토스로 군대를 이끌고 가서 일리온[81] 주변에 살던 아이올레
이스족을 모두 복속시키고, 유서 깊은 테우크로스 자손[82]의 살아남은
자손인 게르기테스족도 복속시켰다. 그러나 휘마이에스는 이 부족을
복속시키다가 병이 들어 트로아스[83] 지방에서 죽었다.

123 휘마이에스는 그렇게 죽었다. 그러자 사르데이스의 태수인 아르타프레네스와 페르시아군의 세 번째 지휘관인 오타네스가 이오니아와 이와 인접한 아이올리스 지방으로 진격하라는 명을 받고 가서 이오니아의 클라조메나이 시와 아이올리스의 퀴메 시를 점령했다.

124 이들 도시가 점령되자 밀레토스의 아리스타고라스는 용기 없는 겁쟁이임이 명백히 드러났다. 그는 이오니아에 소란을 일으켜 막대한 고통을 준 장본인임에도 사태가 이렇게 전개되자 다레이오스왕을 이길 수 없다고 보고 도망칠 궁리만 했다. 그는 추종자들을 불러모아 놓고 의논하는 자리에서 자신들이 밀레토스에서 쫓겨날 경우에 대비해 피난처를 마련해 두는 것이 바람직하다며, 사르도와 히스티아이오스가 다레이오스에게 선물로 받아 요새화하려 한 에도노이족의 도시 뮈르키노스 가운데 어느 곳에 식민시를 건설하는 것이 가장 좋겠는지 물었다.

125 이런 질문에 이야기 작가인, 헤게산드로스의 아들 헤카타이오스는 둘 중 어느 곳으로도 가지 말고 대신 낙소스섬에 성채를 짓고 밀레토스에서 쫓겨날 경우 그곳에 조용히 칩거하라는 의견을 제시했다. 그러면 그가 그곳을 기지 삼아 훗날 밀레토스로 돌아올 수 있으리라는 것이었다.

126 헤카타이오스는 그렇게 조언했지만, 아리스타고라스는 뮈르키노스로

---

79 페다사(Pedasa)의 오기(誤記)인 것 같다.
80 Kios.
81 트로이아의 다른 이름.
82 트로이아인들.
83 트로이아 주변 지역.

물러가는 것이 상책이라고 생각했다. 그는 명망 있는 시민인 퓌타고라스에게 밀레토스를 맡기고 동행하기를 자원하는 자들을 모두 데리고 트라케로 항해해 가서 목표로 삼았던 땅을 수중에 넣어 군사기지로 삼았다. 그러나 그곳에서 출격하여, 트라케인은 휴전 조약을 맺고 도시를 떠날 준비가 되어 있었는데도 이웃의 트라케 도시를 포위공격하다가 아리스타고라스도 그의 군대도 트라케인의 손에 죽었다.

VI

에라토

시가(詩歌)의 여신들인 무사 여신 중
에라토는 뤼라 및 뤼라를 반주하는 서정시를 관장한다

1 이오니아 반란의 주동자 아리스타고라스는 그렇게 최후를 맞았다. 한 편 밀레토스의 참주 히스티아이오스는 다레이오스에 의해 풀려나 수 사에서 사르데이스로 갔다. 그가 사르데이스에 도착하자 사르데이스 의 태수 아르타프레네스가 왜 이오니아인이 반란을 일으켰다고 생각 하는지 그에게 물었다. 그는 상황을 전혀 모르는 체 시치미를 떼며 그 런 일이 일어나다니 놀라울 따름이라고 말했다. 그러나 아르타프레네 스는 반란의 진상을 알고 있던 터라 그가 시치미떼는 것을 보자 이렇게 말했다. "히스티아이오스, 이번 사건으로 말하자면, 구두는 그대가 만 들고 아리스타고라스는 그것을 신었을 뿐이오."

2 반란에 관해 이 같은 말을 듣자 히스티아이오스는 아르타프레네스가 내막을 알고 있다는 것에 두려움을 느끼고 밤이 되자마자 해안 지대로 도주했다. 그리하여 그는 세상에서 가장 큰 섬인 사르도를 복속시키겠 다던 약속을 어기고 다레이오스왕을 속였으니, 그가 진심으로 추구한 것은 대(對)다레이오스 전쟁에서 이오니아인의 지휘권을 손에 넣는 것이었다. 키오스섬으로 건너간 히스티아이오스는 다레이오스를 위 해 그들에게 음모를 꾸민다는 혐의로 키오스인에 의해 구속되었지만, 키오스인이 사건의 전말을 듣고 페르시아 왕에 대한 그의 적대감을 확 인하자 그를 풀어 주었다.

3 이때 이오니아인이 히스티아이오스에게 왜 그가 그토록 열심히 아리 스타고라스를 부추겨 페르시아 왕에게 반기를 들게 함으로써 이오니 아에 이런 엄청난 환란을 안겨 주었는지 묻자 그는 진정한 이유는 말하 지 않고, 다레이오스왕이 포이니케인은 이오니아로 이주시키고, 이오 니아인은 포이니케로 이주시킬 계획을 갖고 있기 때문이라고 말했다.

페르시아 왕은 그런 계획을 갖고 있지 않았지만 그는 이오니아인에게 경계심을 불러일으키려 한 것이다.

4 그 뒤 히스티아이오스는 아르타네우스 출신으로 헤르밉포스란 자를 사르데이스에 사자로 보내, 전에 그가 왕에 대한 모반에 관해 의논한 바 있는 몇몇 페르시아인에게 서찰을 전하게 했다. 그러나 헤르밉포스는 서찰을 본래의 수신인에게 전하지 않고 아르타프레네스에게 갖다 주었다. 아르타프레네스는 어떤 일이 벌어지고 있는지 알게 되자 헤르밉포스에게 명해 히스티아이오스의 서찰을 본래의 수신인에게 갖다 주고 페르시아인들이 히스티아이오스에게 전하는 답장을 받아 자기에게 가져오도록 했다. 그리하여 음모가 발각되자 아르타프레네스는 수많은 페르시아인을 처형했다.

5 사르데이스는 혼란에 빠졌고, 히스티아이오스의 계획은 수포로 돌아갔다. 그 뒤 키오스인은 히스티아이오스의 요청을 받아들여 그를 밀레토스로 복귀시키려 했다. 그러나 아리스타고라스에게서 벗어난 것을 기뻐하고 있던 밀레토스인은 자유를 이미 맛본 터라 참주를 다시 나라에 받아들일 생각은 추호도 없었다. 야음을 틈타 억지로 밀레토스로 진입하려던 히스티아이오스는 어떤 밀레토스인에 의해 허벅지에 부상을 당했다. 조국에서 쫓겨난 그는 키오스로 돌아갔다. 그리고 설득해도 키오스인이 함대를 내주려 하지 않자 그는 뮈틸레네로 건너가 함대를 달라고 레스보스인을 설득했다. 그들은 삼단노선 8척을 준비한 다음 히스티아이오스와 함께 뷔잔티온으로 가 그곳을 기지 삼아 흑해에서 나오는 배들을 모조리 나포하기 시작했다. 다만 그 선원들이 히스티아이오스에게 복종하겠다고 약속하는 배들은 나포하지 않았다.

6   히스티아이오스와 뮈틸레네인이 그런 일에 몰두하고 있는 동안, 밀레토스는 수륙 양면으로 공격당할 급박한 위험에 직면해 있었다. 페르시아군 장군들은 군사를 한데 모아 공동전선을 펴며 밀레토스로 진격했는데, 다른 도시는 덜 중요하다고 본 것이다. 해군 중에서는 포이니케인이 가장 전의가 넘쳤고, 최근에 복속된 퀴프로스인과 킬리키아인과 아이귑토스인도 공격에 가담했다.

7   이들이 밀레토스와 나머지 이오니아 지방으로 진격해 온다는 말을 듣고 이오니아의 도시들은 판이오니온[1]으로 사절단을 파견했다. 그곳에 도착해 협의한 결과 그들은 페르시아군에 맞설 육군은 모병하지 않고, 대신 자력으로 밀레토스인이 성벽을 지키도록 하되, 동원 가능한 모든 함선에 뱃사람을 배치한 다음 밀레토스 앞바다의 작은 섬 라데 앞에 신속히 집결해 밀레토스를 수호하기 위한 해전을 벌이기로 결의했다.

8   그 뒤 곧 뱃사람을 배치한 이오니아인의 함선들이 속속 라데 앞바다에 도착했는데, 레스보스에 사는 아이올리스인도 그들과 함께했다. 그들은 다음과 같이 포진했다. 동쪽 날개는 밀레토스인의 80척 함선이 맡고, 그다음에는 프리에네인의 함선 12척과 뮈우스인의 함선 3척이 포진했다. 뮈우스인 다음에는 테오스인의 함선 17척이, 그다음에는 키오스인의 함선 100척이 포진했다. 그들 옆에는 에뤼트라이인과 포카이아인이 각각 8척과 3척의 함선을 포진시켰다. 포카이아인 다음에는 레스보스인의 함선 70척이 포진했다. 끝으로 서쪽 날개는 사모스인의 함선 60척이 맡았다. 삼단노선은 모두 353척이었다.

---

1 소아시아 뮈칼레곶에 있는 온 이오니아인의 성지. 1권 148장.

9 이상이 이오니아인의 함대였고, 이에 맞선 이민족의 함선 수는 600척
   이었다. 그들의 함대가 밀레토스에 도착하고 육군도 모두 당도했을 때
   페르시아군 장군들은 이오니아인의 함선 규모를 보고 그들을 제압하
   지 못하게 되지는 않을까, 그리고 제해권을 장악하지 못해 밀레토스를
   함락하지 못하고 다레이오스에게 추궁을 당하게 되지는 않을까 겁이
   났다. 그들은 이런 생각을 품고, 밀레토스의 아리스타고라스에 의해
   권좌에서 축출되어 페르시아에 피신해 있다가 이번에 밀레토스 원정
   에 가담한 이오니아의 참주들을 불러모았다. 이오니아의 참주들이 다
   모이자 페르시아군 장군들이 이렇게 말했다. "이오니아인들이여, 이
   제야말로 그대들이 저마다 페르시아 왕가에 충성심을 보여 줄 때요. 그
   대들은 저마다 최선을 다해 동료 시민을 이오니아 동맹에서 이탈시키
   시오. 동맹에서 이탈할 경우 그들은 반란을 일으킨 죄로 처벌받지 않을
   것이고, 그들의 신전이나 사유재산이 불타지 않을 것이며, 사는 것이
   이전보다 더 고단해지지는 않을 것이라고 약속하시오. 그러나 우리 제
   의를 거부하고 싸우기를 고집한다면 반드시 나중에 그들에게 재난이
   닥칠 것이라고 위협하시오. 그들이 싸움에 패할 경우 그들은 노예가 되
   고, 남자아이들은 거세되고 여자아이들은 박트라[2]로 끌려갈 것이며
   나라는 남의 손에 넘어갈 것이라고 말이오."

10 페르시아군 장군들이 이렇게 말하자, 이오니아인의 참주들은 저마다
   밤에 동료 시민들에게 사자를 보내 이러한 뜻을 전달하게 했다. 이런
   뜻을 전달받은 이오니아인은 처음에 품은 뜻을 굽히지 않고 배신자가
   되기를 거부했는데, 자기들만이 페르시아인에게서 그런 제의를 받은
   줄 알았기 때문이다. 이것은 페르시아인이 밀레토스에 도착하기 직전
   에 일어난 일이었다.

11 그 뒤 이오니아인은 라데에 집결해 회의를 열었다. 그 자리에서는 여러
    사람이 연설했는데, 포카이아인의 장군 디오니쉬오스도 이렇게 말했
    다. "이오니아인이여, 우리는 지금 백척간두에 서 있소. 우리는 자유민
    으로 남거나 아니면 노예 그것도 탈주한 노예가 될 수도 있기 때문이
    오. 어려움을 감내할 뜻만 있다면 여러분은 당장은 힘들어도 적을 이기
    고 자유민으로 남을 수 있을 것이오. 그러나 여러분이 유약하고 규율을
    지키지 않는다면 나는 여러분이 왕에게 반기를 든 죄로 처벌받게 될 것
    이라고 확신하오. 부탁하건대, 여러분은 자신을 내게 일임해 주시오.
    그러면 여러분에게 확약하건대, 신들께서 공평무사하시다면 적군은
    우리에게 감히 싸움을 걸지 못하거나, 싸우더라도 참패할 것이오."

12 이 말을 듣고 이오니아인은 자신들을 디오뉘시오스에게 일임했다. 그
    는 매번 함선들을 일렬종대로 이끌고 나간 다음, 노 젓는 군사들에게
    적선 사이를 돌파[3]하는 훈련을 시키고 전투원들은 완전무장하게 했으
    며, 하루의 나머지 시간은 함선들이 닻을 내리고[4] 대기하게 했다. 그렇
    게 이오니아인에게 그는 하루 종일 힘든 일을 시켰다. 7일 동안 그들은
    고분고분 그가 시키는 대로 했다. 그러나 8일째 되는 날 그런 힘든 일에
    익숙지 않던 이오니아인이 노고와 햇볕에 지칠 대로 지쳐 저들끼리 다
    음과 같이 쑥덕거렸다. "우리가 대체 어떤 신에게 죄를 지었다고 이런
    벌을 받아야 하는 거죠? 함선이래야 달랑 3척밖에 가져오지 않은 저

---

2 지금의 아프가니스탄에 있던 박트리아 지방의 수도.
3 diekplous. 돌아서서 이물보다 널빤지가 얇은 적선의 고물이나 측면을 충각(衝角)
으로 공격하기 위해.
4 바닷가로 끌어올려 놓는 대신.

포카이아 출신 허풍선이에게 우리를 일임하다니 우리가 실성하고 제정신이 아니었나 봐요. 그는 우리를 넘겨받자마자 참을 수 없는 고통을 가하고 있소. 우리 가운데 여러 명이 이미 병들고, 여러 명이 병들기 직전이오. 세상의 어떤 고통도, 그것이 어떤 것이든, 아니, 미래의 노예 생활조차도 지금 이 고통보다는 더 나을 것이오. 지금 우리가 참고 견디는 것이 노예 생활이니 말이오. 자, 앞으로는 그에게 복종하지 맙시다!" 그렇게 그들은 말했고, 그 뒤로는 당장 아무도 그에게 복종하려 하지 않았다. 그들은 육군인 양 섬에 천막을 치고는 그늘에서 빈둥거리며 승선하려고도, 훈련에 참가하려고도 하지 않았다.

13 이오니아인의 태도를 보고 있던 사모스인의 장군들에게 때마침 쉴로손의 아들 아이아케스가 제의를 해 왔다. 그것은 전에도 아이아케스가 페르시아인의 요청에 따라 보내온 제의로 이오니아 동맹에서 탈퇴하라는 것이었다. 사모스인은 이번에는 제의를 받아들였는데, 이오니아인의 기강이 몹시 해이해진 것을 본 탓도 있지만 페르시아 왕을 이기기란 불가능하다고 판단했기 때문이다. 그들은 설령 자신들이 다레이오스의 현재의 함대에 이긴다 해도 다섯 배나 더 강한 함대가 나타날 것임을 잘 알고 있었다. 그들은 이오니아인이 임무를 회피하는 것을 보자마자 그것을 핑계 삼아 자신들의 신전과 재산을 지키는 것이 상책이라고 생각한 것이다. 사모스인에게 이런 제의를 전달하게 한 아이아케스는 쉴로손의 아들이자 아이아케스의 손자로, 사모스의 참주였지만 이오니아의 다른 참주들과 함께 밀레토스의 아리스타고라스에 의해 권좌에서 축출된 바 있었다.

14 그 뒤 포이니케인의 함대가 공격해 오자 이오니아인도 배를 타고 일렬

종대로 나아갔다. 양측 함대가 맞붙어 싸웠는데 그 뒤 무슨 일이 일어났는지, 이 해전에서 어떤 이오니아인 부대가 비겁했고 어떤 이오니아인 부대가 용감했는지 나는 확실히 말할 수 없다. 그들은 서로 책임을 전가하기 때문이다. 아무튼 사모스인은 아이아케스와 약속한 대로 이때 돛을 올리고 대열을 이탈해 사모스로 귀항했다고 한다. 그러나 그중 11척의 함선 선장들은 상관의 명령에 따르지 않고 그곳에 남아 전투에 참가했다. 훗날 사모스 당국은 이러한 행동을 기려 그들의 이름이 아버지의 이름과 함께 석주(石柱)에 새겨지는 특권을 부여했는데, 이 석주는 지금도 시장에 서 있다. 레스보스인도 이웃에 배치된 함선들이 도주하는 것을 보자 사모스인을 따라 했고, 그러자 대부분의 이오니아인도 같은 짓을 했다.

15 제자리에 굳건히 버티고 서서 해전을 벌인 자 중에서는 키오스인이 가장 큰 피해를 보았는데, 몸을 사리지 않고 있는 힘을 다해 용감히 싸웠기 때문이다. 앞서 말했듯이, 그들은 함선 100척을 제공했고, 각 함선마다 시민 중에서 선발된 40명의 전사가 타고 있었다. 그들은 동맹국이 대부분 배반하는 것을 보고도 비겁자를 따라 하려 하지 않고, 소수 동맹국의 지원만 받으며 적선 사이를 돌파하면서 계속해서 해전을 벌인 끝에 다수의 적선을 빼앗았지만 자신들의 함선도 대부분 잃었다. 그러자 키오스인은 남은 함선을 이끌고 키오스로 도주했다.

16 파손되어 따라갈 수 없는 키오스인의 함선들의 선원들은 적선의 추격을 받으며 뮈칼레곶으로 도주한 다음 그곳 해안에 함선들을 버려 두고 걸어서 행군했다. 에페소스 지역으로 행군하던 키오스인이 그곳에 도착했을 때는 밤이었는데, 마침 그곳 여인들이 테스모포리아[5]제(祭)를

벌이고 있었다. 키오스인의 운명에 관해 아무 소식도 듣지 못한 에페소스의 남자들은 한 무리의 무장한 사내들이 자기들 영토로 침입해 들어오는 것을 보자 키오스인을 자신들의 아내를 납치해 가려는 도둑 떼라고 확신했다. 그래서 온 에페소스인이 구원하러 달려와 키오스인을 죽였다. 이상이 키오스인이 당한 운명이었다.

17 포카이아의 디오뉘시오스는 이오니아 사태가 실패로 끝났음을 알아차리자 나포한 적선 3척을 이끌고 그곳을 떠났다. 하지만 포카이아로 돌아가지 않았으니, 그곳도 나머지 이오니아와 함께 노예가 되리라는 것을 잘 알았던 것이다. 대신 포이니케로 곧장 항해해 가서는 그곳에서 상선(商船) 몇 척을 침몰시켜 적잖은 돈을 손에 넣은 다음 시켈리아로 갔다. 그곳을 기지 삼아 해적질을 했는데 카르케돈인과 튀르레니아인의 배는 약탈해도 헬라스인의 배는 건드리지 않았다.

18 페르시아인은 해전에서 이오니아인에게 승리를 거둔 뒤 육지와 바다에서 밀레토스를 포위공격했다. 그들은 성벽 밑으로 땅굴을 파고 온갖 공성 무기를 동원한 끝에 아리스타고라스가 반기를 든 지 6년째 되던 해 도시를 성채와 함께 완전히 함락했다. 그리하여 밀레토스는 노예가 되었으니, 그들의 수난은 밀레토스에 관해 내려졌던 신탁과 일치했다.

19 아르고스인이 델포이에서 자신들의 도시의 안전에 관해 물었을 때 그들 자신뿐 아니라 덤으로 밀레토스인에게도 관계되는 신탁을 받은 적이 있었다. 아르고스인에 관계되는 부분은 이야기할 차례가 되면 그때 가서 기술하기로 하고,[6] 당시 그 자리에 없던 밀레토스인에 관계되는 부분은 다음과 같다.

그때는, 밀레토스여, 악행의 창안자여, 네가 수많은 자에게
진수성찬이 되고, 자랑스러운 선물이 되리라.
그리고 네 아내들은 수많은 장발족(長髮族)[7]의 발을 씻어 줄 것이고,
디뒤마의 내 신전[8]은 다른 자들이 돌보게 되리라.

이제 이런 운명이 밀레토스인을 따라잡은 것이다. 남자들은 대부분 머리를 길게 기른 페르시아인 손에 죽고, 여자들과 아이들은 노예 축에 끼고, 디뒤마의 성역은 신전도 신탁소도 약탈되고 불탔으니 말이다. 이 성역에 있던 보물에 관해서는 이 이야기의 다른 대목들[9]에서 여러 번 언급한 바 있다.

20 그 뒤 포로가 된 밀레토스인은 수사로 호송되었다. 다레이오스왕은 더 이상 그들에게 해코지하지 않고, 티그리스강이 바다로 흘러드는, 이른바 홍해 해변의 소도시 암페로 옮겨가 살게 했다. 밀레토스 땅 가운데 도시 주변 지역과 평야는 페르시아인이 차지하고, 고지대는 페다사 시 출신 카리아인에게 넘겨주었다.

21 페르시아인에게 이런 수난을 당한 밀레토스인에게 쉬바리스인은 적절한 동정심을 표하지 않았다. 쉬바리스가 크로톤인의 손에 함락되어

---

5 가을에 개최되던 여인들만의 축제.
6 77장.
7 페르시아인.
8 밀레토스 부근 디뒤마에 있던 아폴론 신전. 디뒤마는 1권 46장에서는 브랑키다이라고 불리고 있다.
9 1권 92장, 5권 36장.

도시를 빼앗긴 쉬바리스인이 라오스와 스키드로스에 살고 있을 때 밀레토스의 온 주민은 노소불문하고 삭발을 하고 깊은 애도의 뜻을 표한 적이 있기에 하는 말이다. 우리가 알기로 밀레토스와 쉬바리스만큼 서로 우의가 돈독한 도시는 없었다. 그러나 아테나이인의 태도는 달랐다. 그들은 이때 이런저런 방법으로 밀레토스의 함락에 애도의 뜻을 표했고, 특히 프뤼니코스가 『밀레토스의 함락』이라는 극을 써서 공연했을 때는 전 관객이 울음을 터뜨리며 사실상 자신들 것이나 다름없는 재앙을 상기시켰다는 이유로 그에게 1,000드라크메의 벌금을 물렸다. 그들은 또 앞으로도 이 극을 공연하지 못하게 했다.

22 그리하여 밀레토스에서 밀레토스인이 사라졌다. 한편 사모스인 중에는 자신들의 장군들이 페르시아인에게 취한 태도를 못마땅해하는 부유층이 있었다. 해전이 끝난 직후 그들은 회의를 열고는 남아서 페르시아인과 아이아케스의 노예가 될 것이 아니라 참주 아이아케스가 자신들의 나라에 도착하기 전에 배를 타고 나가 식민시를 건설하기로 결의했다. 마침 이때 시켈리아의 장클레[10]인이 이오니아로 사절단을 보내 칼레 악테[11]로 이오니아인을 초청했기 때문인데, 그들은 그곳에 이오니아인의 식민시를 건설하고 싶었던 것이다. 칼레 악테라 불리는 곳은 튀르레니아[12]와 마주보고 있는 시켈리아의 한 지역으로 시켈리아인이 살고 있었다. 초청받은 이오니아인 중에 그곳으로 출발한 이들은 사모스인뿐이고, 밀레토스의 난민이 그들과 함께했다.

23 새로운 거처를 찾아 떠난 그들에게 다음과 같은 일이 일어났다. 사모스인이 시켈리아로 가는 도중 서부 로크리스[13]에 이르렀을 때 장클레인과 그들의 왕 스퀴테스는 시켈리아의 한 도시를 함락하고 싶어 포위공

격 중이었다. 당시 장클레인과 사이가 나빴던 레기온의 참주 아낙실라오스는 사모스인이 도착했다는 말을 듣고는 그들을 찾아가 그들의 원래 목적지인 칼레 악테는 내버려두고 지키는 남자들이 없는 장클레를 차지하라고 권했다. 그래서 사모스인은 그의 권유에 따라 장클레를 차지했다. 장클레인은 자신들의 도시가 함락되었다는 기별을 받고 도시를 구하러 달려왔고, 자신들의 동맹자인 겔라의 참주 힙포크라테스에게 도움을 청했다. 그러나 군대를 이끌고 구원하러 온 힙포크라테스는 도시를 잃었다는 이유로 장클레의 통치자 스퀴테스와 그의 아우 퓌토게네스를 사슬로 묶어 이뉙스로 보냈다. 그리고 서로 협정을 맺고 맹세를 주고받은 뒤 사모스인에게 남은 장클레인을 넘겨주었다. 그 대가로 사모스인은 그에게 시내에 있는 모든 동산 및 노예의 반을, 그리고 들판에 있는 농작물을 모두 주기로 확약했다. 힙포크라테스는 대부분의 장클레 주민을 포박해 노예로 삼았고, 요인 300명은 처형하도록 사모스인에게 넘겨주었다. 그러나 사모스인은 그러지 않았다.

24 장클레인의 왕 스퀴테스는 이뉙스에서 히메라로 도주한 다음 그곳에서 아시아로 가서 다레이오스왕이 있는 수사로 올라갔다. 다레이오스는 그를 헬라스에서 자기를 찾아온 자 가운데 가장 정직한 사람이라고 간주했다. 왜냐하면 그는 다레이오스왕의 허락을 얻어 시켈리아로 돌아갔다가 시켈리아에서 왕 곁으로 다시 돌아와서 부유한 노인으로서

---

10 지금의 메시나(Messina).

11 '칼레 악테'는 아름다운 해안이라는 뜻이다.

12 대개 이탈리아의 에트루리아 지방을 말하지만 여기서는 이탈리아 서남부를 말한다.

13 '서부 로크리스'는 이탈리아 남부의 도시를 말한다. 모시(母市)인 그리스의 로크리스와 구별하기 위해 '서부'(Epizephyroi)란 이름을 덧붙인 것이다.

페르시아에서 죽었기 때문이다. 사모스인은 그렇게 페르시아의 지배에서 벗어나 더없이 아름다운 장클레 시를 힘들이지 않고 차지했다.

25 밀레토스를 둘러싸고 해전이 벌어진 뒤 포이니케인은 페르시아인의 명을 받들어 쉴로손의 아들 아이아케스를 페르시아를 위해 큰 공을 세운 자로서 사모스로 복귀시켰다. 그리고 다레이오스에게 반기를 든 도시 가운데 사모스만이 도시도 신전도 불타지 않았는데, 그것은 해전 때 사모스인이 함대에서 이탈한 보답이었다. 밀레토스가 함락된 뒤 페르시아인은 즉시 카리아를 점령했다. 카리아의 도시 가운데 더러는 자진해 항복했지만, 더러는 강제로 복속되었다.

26 이런 일들이 벌어지고 있는 동안 뷔잔티온 앞바다에 머물며 흑해에서 나오는 이오니아인의 상선을 나포하고 있던 밀레토스의 히스티아이오스에게 밀레토스가 함락되었다는 소식이 전해졌다. 그는 헬레스폰토스에서의 업무를 아뷔도스 출신으로 아폴로파네스의 아들인 비살테스에게 맡기고 레스보스의 함선을 이끌고 키오스로 향했다. 키오스인 수비대가 그를 통과시켜 주지 않자 그는 코일라라는 곳에서 그들을 공격해 다수를 죽였다. 그러고 나서 그는 폴리크나를 기지 삼아 레스보스인의 도움으로 해전 때문에 이미 약해질 대로 약해진 나머지 키오스인을 제압했다.

27 도시든 민족이든 큰 환란을 앞두고는 반드시 어떤 전조가 나타나기 마련인데, 키오스인에게도 사전에 뚜렷한 전조가 나타났다. 첫째, 그들은 100명의 젊은이로 구성된 합창가무단을 델포이로 보냈는데, 그중 두 명만 돌아오고 나머지 98명은 역병이 붙잡아 갔다. 둘째, 그 무렵에,

그러니까 해전이 벌어지기 직전에 시내에서 읽기와 쓰기를 배우던 아이들 머리 위로 지붕이 무너져 120명의 아이 중 한 명만 살아남았다. 신들이 미리 이런 전조를 보낸 뒤 라데 앞바다의 해전이 도시의 무릎을 꿇렸고, 해전에 이어 히스티아이오스가 레스보스인을 이끌고 와서 약해질 대로 약해진 키오스인을 힘들이지 않고 정복할 수 있었다.

28 키오스를 기지로 삼은 히스티아이오스는 이오니아인과 아이올리스인의 대군을 이끌고 타소스로 진격했다. 그러나 그는 타소스를 포위공격하고 있는 동안 포이니케인이 나머지 이오니아 도시들을 공격하기 위해 밀레토스를 출항했다는 기별을 받았다. 그런 말을 듣자 그는 타소스를 포위한 것을 풀고 전군을 이끌고 레스보스로 향했다. 그러나 레스보스에서 군량이 달리자, 그는 아타르네우스와, 뮈시아 지방에 속하는 카이코스강 유역에서 곡식을 베어 올 요량으로 대륙으로 건너갔다. 이 지역들에서는 당시 페르시아 장군 하르파고스가 대군을 거느리고 주둔해 있었는데, 그가 상륙하자 공격해 생포했고, 그의 부대도 대부분 섬멸했다.

29 히스티아이오스는 다음과 같이 생포되었다. 헬라스인과 페르시아인은 아타르네우스 지역의 말레네에서 장시간 치열한 접전을 벌였는데, 대기 중이던 페르시아 기병대가 헬라스인을 공격했다. 이 기병대가 개입해 승패가 갈렸고, 헬라스인은 등을 돌려 달아났다. 히스티아이오스는 페르시아 왕이 설마 지금의 죄를 물어 자기를 죽이지는 않을 것이라 믿고 다음과 같이 살아 볼 궁리를 했다. 즉 어떤 페르시아인이 그를 따라잡아 찔러 죽이려 하자 그는 페르시아 말로 자기가 밀레토스의 히스티아이오스임을 밝힌 것이다.

30 만약 생포된 그가 곧장 다레이오스왕에게 넘겨졌다면, 내 생각에 그는 아무런 해를 입지 않았을 것이고, 다레이오스는 그를 용서했을 것이다. 그러나 바로 그런 이유에서, 그리고 그가 살아남아 다시 왕 곁에서 득세하지 못하도록, 히스티아이오스를 생포한 하르파고스와 사르데이스의 태수 아르타프레네스는 그를 끌고 사르데이스에 도착하자 그곳에서 그의 몸은 책형에 처하고 그의 머리는 방부 처리해 수사에 있는 다레이오스왕에게 보냈다. 그런 사실을 알게 된 다레이오스는 히스티아이오스를 산 채로 자기 앞에 데려오지 않았다고 그들을 나무랐고, 그들에게 명해 히스티아이오스의 머리를 씻은 다음 자신과 페르시아인에게 큰 공을 세운 사람처럼 예를 갖춰 묻어 주게 했다. 이상이 히스티아이오스에게 일어난 일이다.

31 페르시아 함대는 밀레토스에서 겨울을 나고 이듬해 출항해 대륙 앞바다에 있는 섬들인 키오스, 레스보스, 테네도스를 힘들이지 않고 점령했다. 페르시아인은 이 섬들을 점령할 때마다 그곳 주민을 '저인망식'으로 소탕했다. '저인망식' 소탕이라 함은 섬 북쪽 기슭에서 남쪽 기슭에 이르기까지 손에 손 잡고 인간 사슬을 이룬 뒤 섬 전체를 훑으며 사람들을 사냥하는 것을 말한다. 그들은 대륙에 있는 이오니아인의 도시들도 그렇게 힘들이지 않고 점령했지만, 그곳에서는 '저인망식' 소탕을 하지 않았다. 그곳에서는 그것이 불가능했기 때문이다.

32 이때 페르시아 장군들은 자기들에게 대항해 진지를 구축하던 이오니아인에게 내뱉던 위협을 실행했다. 즉 그들은 도시를 점령하자 가장 잘생긴 소년들을 골라 거세해 내시가 되게 했고, 가장 잘생긴 소녀들은 왕에게 끌고 간 것이다. 게다가 그들은 도시를 신전과 함께 불태워 버

렸다. 그리하여 이오니아인은 세 번째로 노예가 되었는데, 처음에는 뤼디아인에 의해, 나머지 두 번은 페르시아인에 의해 그렇게 되었다.

33 그러고 나서 페르시아 함대는 이오니아를 출발해 헬레스폰토스로 가서는 해협 입구 왼쪽에 있는 도시들을 모두 점령했다. 해협 입구 오른쪽에 있는 도시들은 이미 육지에서 공격한 페르시아인의 수중에 들어가 있었다. 헬레스폰토스의 에우로페 쪽에는 여러 도시가 자리잡고 있는 케르소네소스, 페린토스와 트라케 해안의 여러 성채, 셀륌브리아와 뷔잔티온이 있다. 뷔잔티온인과 그 맞은편 칼케돈인은 포이니케인이 배를 타고 나타나기를 기다리지 않고, 자신들의 도시를 버리고 흑해 해안을 따라 안쪽으로 들어가 그곳의 메삼브리아 시에 정착했다. 포이니케인은 앞서 말한 곳들을 모두 불태워 버린 뒤 프로콘네소스와 아르타케로 가서 이 두 곳에도 불을 질렀다. 그러고 나서 그들은 배를 타고 다시 케르소네소스로 돌아갔는데, 지난번에 갔을 때 파괴하지 못한 도시들을 마저 파괴하기 위해서였다. 그러나 그들은 퀴지코스만은 손대지 않았다. 퀴지코스인은 포이니케인의 함대가 나타나기 전에 다스퀼레이온의 태수로 메가바조스의 아들인 오이바레스와 조약을 맺고 자진해 페르시아 왕의 신하가 되었기 때문이다. 케르소네소스에 있는 다른 도시들은 카르디아를 제외하고는 모두 포이니케인이 복속시켰다.

34 그때까지 이들 도시는 키몬의 아들이자 스테사고라스의 손자인 밀티아데스가 통치하고 있었는데, 이곳의 통치권은 전에 퀩셀로스의 아들 밀티아데스가 다음과 같이 획득한 것이었다. 돌롱코이족이라는 트라케 부족이 케르소네소스를 지배하고 있었는데, 이들이 전쟁에서 압신티오이족에게 몰리자 자신들의 왕을 델포이로 보내 전쟁에 관해 묻게

했다. 그러자 퓌티아가 대답하기를, 신전을 나선 그들을 맨 먼저 손님으로 초대하는 사람을 '창건자'[14]로서 그들의 나라로 모셔 가라고 했다. 돌롱코이족이 델포이를 떠나 '신성한 길'[15]로 해서 포키스와 보이오티아를 지나갔지만 그들을 손님으로 초대하는 사람이 아무도 없어 아테나이 쪽으로 방향을 바꿨다.

35 당시 아테나이에서는 페이시스트라토스가 전권을 쥐고 있었지만, 큅셀로스의 아들 밀티아데스도 영향력이 있었다. 그는 경주용 사두전차를 유지할 수 있을 만큼 재력이 넉넉했고, 아테나이에 정착한 것은 얼마 되지 않았지만 그의 가문을 거슬러 올라가면 아이아코스와 아이기나에게서 비롯되었다. 그의 가문에서 맨 처음으로 아테나이에 정착한 사람은 아이아스의 아들 필라이오스였다. 바로 이 밀티아데스가 자기 집 문간에 앉아 있다가 돌롱코이족이 낯선 옷을 입고 창을 들고 지나가는 것을 보고는 그들을 불렀고, 그들이 다가오자 숙식을 제공하겠다고 했다. 돌롱코이족은 초대에 응했고, 환대받은 다음 그에게 자신들이 받은 신탁에 관해 자초지종을 털어놓으며 신의 뜻에 따르기를 청했다. 그 이야기를 듣자 밀티아데스는 귀가 솔깃했는데, 페이시스트라토스의 통치에 염증을 느끼고 있었고 거기서 벗어나고 싶었기 때문이다. 그는 돌롱코이족의 요청에 부응해도 되는지 신탁에 묻기 위해 지체 없이 델포이로 떠났다.

36 퓌티아가 긍정적인 대답을 하자, 전에 올륌피아의 사두전차 경주에서 우승한 적이 있는, 큅셀로스의 아들 밀티아데스는 원정대에 참가하고 싶어 하는 아테나이인을 모두 모은 다음 돌롱코이족과 함께 출항해 케르소네소스를 차지했다. 그를 초빙한 돌롱코이족은 그를 참주로 앉혔

다. 밀티아데스는 먼저 카르디아 시에서 팍튀에에 이르는 케르소네소스의 지협에 방벽을 쌓았는데, 압신티오이족이 침입해 약탈하는 것을 막기 위해서였다. 이 지협은 너비가 36스타디온이고, 이 지협을 기점으로 케르소네소스의 전체 길이는 420스타디온이다.

37 밀티아데스는 케르소네소스의 목 부분에 방벽을 쌓아 압신티오이족을 견제한 다음 나머지 적 가운데 맨 먼저 람프사코스인을 공격했지만, 람프사코스인이 매복해 있다가 그를 사로잡았다. 그러나 뤼디아 왕 크로이소스는 밀티아데스에 관해 잘 알고 있던 터라 그가 사로잡혔다는 소식을 전해 듣자 람프사코스인에게 사자를 보내 밀티아데스를 놓아주라고 통고하며, 그러지 않으면 '소나무처럼' 그들을 베어 버리겠다고 위협했다. 람프사코스인은 '소나무처럼 베어 버리겠다'는 크로이소스의 위협이 무슨 뜻인지 잘 이해할 수 없었는데, 그들의 원로 중 한 명이 겨우 그 뜻을 깨닫고 모든 수목 가운데 소나무만이 일단 베어지면 다시는 새싹을 틔우지 못하고 완전히 고사해 버린다고 말했다. 그래서 람프사코스인은 크로이소스가 두려워 밀티아데스를 놓아주었다.

38 이렇게 밀티아데스는 크로이소스 덕분에 화를 면할 수 있었다. 그 뒤 그는 자식 없이 세상을 떠나며 이부(異父) 아우 키몬의 아들인 스테사고라스에게 왕권과 재산을 넘겨주었다. 밀티아데스가 죽은 뒤 케르소네소스 주민은 그에게 도시의 '창건자'에게나 바칠 법한 제물을 바쳤

14 oikistes.
15 hiera hodos. 이 길은 델포이에서 동쪽의 포키스, 카이로네아, 테바이를 지나 엘레우시스로 이어지는 길로 그곳에서 아테나이로 가는 더 유명한 '신성한 길'과 만난다.

고, 그를 위해 전차 경주와 육상경기를 개설했다. 그러나 람프사코스인은 아무도 이 경기에 참가하는 것이 허용되지 않았다. 스테사고라스도 람프사코스인과 전쟁을 하던 중에 자식 없이 세상을 떠났다. 그는 시청에 있다가 어떤 사내가 휘두른 도끼에 맞아 죽었는데, 그자는 자신이 탈주병이라고 했지만 사실은 원한을 품은 적이었다.

39 그렇게 스테사고라스는 죽었다. 그러자 페이시스트라토스 일족이 죽은 스테사고라스의 아우로 키몬의 아들인 밀티아데스를 삼단노선에 태워 케르소네소스로 보내 정권을 인수하게 했다. 페이시스트라토스 일족은 그의 아버지의 죽음— 그 경위에 관해서는 나중에 다른 대목[16]에서 기술할 것이다— 과는 무관한 양, 아테나이에 있을 때에도 밀티아데스에게 잘해 주었던 것이다. 밀티아데스는 케르소네소스에 도착하자 형 스테사고라스의 죽음을 애도하는 척 집안에만 틀어박혀 있었다. 이 소문이 케르소네소스 주민의 귀에 들어가자 모든 도시의 권력자가 함께 애도하기 위해 사방에서 모여들었다. 그러자 밀티아데스가 그들을 체포하게 하고 케르소네소스를 차지한 다음 휘하에 용병 500명을 두었고, 트라케 왕 올로로스의 딸 헤게시퓔레를 아내로 맞아들였다.

40 키몬의 아들 밀티아데스는 케르소네소스에 돌아온 지[17] 얼마 안 돼 지난번보다 더 어려운 난관에 봉착했다. 그는 여기서 거론되고 있는 사건들이 일어나기 2년 전에 스퀴타이족을 피해 도주해야 했다. 유목 스퀴타이 부족[18]이 다레이오스왕의 침공에 화가 나 똘똘 뭉쳐 케르소네소스까지 쳐들어왔기 때문이다. 밀티아데스는 그들이 침공해 오기를 기다리지 않고 [케르소네소스에서] 도주했다가, 스퀴타이족이 물러간 뒤에야 돌롱코이족의 인도를 받아 돌아왔다. 이런 것들은 지금의 사건

들이 일어나기 2년 전의 일이다.

41 포이니케인이 테네도스에 도착했다는 말을 들은 밀티아데스는 5척의
    삼단노선에 가진 재산을 모두 싣고 아테나이로 출발했다. 그가 카르디
    아 시를 출발해 '멜라스만'[19]을 지난 다음 케르소네소스를 막 떠나려는
    데 포이니케인 함대가 공격해 왔다. 밀티아데스 자신은 4척의 함선을
    이끌고 임브로스로 도주할 수 있었지만, 다섯 번째 함선은 추격하던 포
    이니케인에게 따라잡혔다. 이 배는 밀티아데스의 맏아들 메티오코스
    가 지휘했는데, 그는 트라케 왕 올로로스의 딸이 낳은 자식이 아니고
    다른 여인의 소생이었다. 배와 함께 메티오코스를 사로잡은 포이니케
    인은 그가 밀티아데스의 아들임을 알게 되자 그를 데리고 페르시아 왕
    에게 올라갔는데, 그러면 왕이 크게 고마워할 줄 알았던 것이다. 왜냐
    하면 선교(船橋)를 허물고 고향으로 돌아가라는 스퀴타이족의 요구를
    들어주자고 이오니아인에게 권유한 이가 바로 밀티아데스였기 때문
    이다.[20] 그러나 포이니케인이 밀티아데스의 아들 메티오코스를 데리
    고 올라오자 다레이오스는 그에게 위해(危害)는커녕 여러 가지로 호
    의를 베풀었다. 왕은 그에게 집과 재산과 페르시아인 아내를 주었고,
    그녀가 낳은 자식은 페르시아인으로 간주되었다. 한편 밀티아데스는

---

16 103장.
17 밀티아데스는 스퀴타이족을 피해 도주했다가 그들이 떠난 뒤(기원전 469년) 돌
    아온다.
18 4권 11장.
19 Melas Kolpos('검은 만'). 케르소네소스 서해안과 맞은편에 있는 트라케 땅 사이
    의 바다.
20 4권 136~137장.

임브로스를 떠나 아테나이에 도착했다.

42 그해[21]에 페르시아인은 더이상 이오니아인에게 적대행위를 하지 않았고, 오히려 이오니아인에게 아주 유리한 일이 일어났다. 사르데이스의 태수 아르타프레네스가 이오니아의 도시들에서 대표단을 불러오게 한 다음, 앞으로 분쟁이 일어나면 서로 침략하고 약탈할 것이 아니라 중재에 의해 해결하기로 협약을 맺도록 강요한 것이다. 그러도록 강요한 다음 그는 그들의 영토를 파라상게스(파라상게스는 30스타디온을 가리키는 페르시아 말이다) 단위로 측량하게 하고, 거기에 따라 각 지역에 조세를 부과했다. 그리고 각 지역은 그때부터 지금까지 아르타프레네스가 사정(查定)한 대로 조세를 부담하고 있다. 더구나 아르타프레네스가 사정한 것은 이전에 사정한 것과 거의 같았다.

43 이런 조치들은 평화에 이바지했다. 이듬해 봄 다레이오스는 다른 장군들은 모두 해임하고 고브뤼아스의 아들 마르도니오스가 육군과 해군의 대군을 이끌고 해안 지방으로 내려가게 했는데, 마르도니오스는 얼마 전에 다레이오스왕의 딸 아르토조스트라와 결혼한 젊은이였다. 마르도니오스는 군대를 이끌고 킬리키아에 도착하자 다른 장수들이 헬레스폰토스로 육군을 이끌고 가게 하고, 자신은 함선에 올라 함대와 함께 나아갔다. 마르도니오스는 아시아의 해안을 따라 항해하다가 이오니아에 도착하자, 오타네스가 일곱 명의 페르시아인에게 페르시아는 민주정체를 채택해야 한다고 주창했다[22]는 사실을 믿지 않는 헬라스인이 들으면 깜짝 놀랄 일을 해치웠다는 것을 나로서는 보고하지 않을 수 없다. 즉 마르도니오스는 이오니아의 모든 참주를 축출하고 이오니아의 도시들에 민주정체를 도입한 것이다. 그러고 나서 그는 헬레스폰

토스로 나아갔다. 그곳에 수많은 함선과 수많은 육군이 집결하자 페르시아인은 배를 타고 헬레스폰토스를 건넌 다음 에레트리아와 아테나이를 목표로 에우로페를 지나갔다.

44 그러나 이 두 도시는 원정의 핑계에 지나지 않고, 페르시아인이 노리는 것은 되도록 많은 헬라스 도시를 복속시키는 것이었다. 그리하여 그들은 손 한번 써 보지 못한 타소스인을 복속시켰고, 이어서 육군을 움직여 기존의 노예 무리에 마케도니아인을 추가했다. 마케도니아 동쪽에 있는 부족은 모두 페르시아인 수중에 들어갔기에 하는 말이다. 함대는 타소스에서 대륙으로 건넌 다음 해안에 바싹 붙어 항해하며 아칸토스까지 나아갔고, 아칸토스에서는 아토스곶을 우회하려 했다. 그들이 우회하는 동안 도저히 손쓸 수 없는 맹렬한 북풍이 덮쳐 그들을 거칠게 다루며 수많은 함선을 아토스에 내동댕이쳤다. 300척의 함선이 파괴되고, 2만 명 이상의 사람이 죽었다고 한다. 더러는 아토스 주위의 바다에 득실대는 바다짐승에게 잡아먹혔고, 더러는 바위에 내던져졌으며, 더러는 헤엄칠 줄 몰라 익사했으며, 더러는 동사했다. 함대는 그런 변고를 당했다.

45 한편 마르도니오스와 마케도니아에 진을 치고 있던 그의 육군은 브뤼고이족이라는 트라케 부족에게 야습(夜襲)을 당했다. 브뤼고이족의 손에 많은 페르시아인이 죽고, 마르도니오스 자신도 부상을 당했다. 그들도 페르시아의 멍에에서 벗어날 수 없었다. 마르도니오스가 그들

---

21 기원전 493년.
22 3권 80장.

을 정복할 때까지는 이 지역들을 떠나지 않았기 때문이다. 그러나 그들을 정복한 뒤 마르도니오스는 군대를 이끌고 철수했다. 육군은 브뤼고이족에게서, 함대는 아토스 앞바다에서 막대한 피해를 보았기 때문이다. 그리하여 이번 원정대는 완전히 실패하고 아시아로 돌아갔다.

46 이듬해[23] 다레이오스는 우선 타소스가 모반을 꾀한다는 이웃나라들의 무고를 믿고 타소스인에게 사자를 보내 그들의 성벽을 허물고 함대를 압데라로 보내라고 명령했다. 밀레토스의 히스티아이오스에게 포위 공격당한 경험이 있는[24] 타소스인이 자신들의 막대한 수입으로 전함을 건조하고 성벽을 강화했기 때문이다. 그들의 수입원은 본토에 있는 그들의 영토와 광산이었다. 스캅테 휠레의 금광으로부터는 연평균 80 탈란톤의 세수가 들어왔고, 타소스섬 자체의 금광으로부터는 그보다 적은 세수가 들어왔는데, 그럼에도 타소스인에게는 곡물세를 징수하지 않고도 여러 광산과 본토에 있는 영토에서 200탈란톤, 많을 때는 300탈란톤의 연수(年收)가 들어왔다.

47 나도 이 광산들을 본 적이 있는데, 타소스와 함께 와서 이 섬에 정착한 포이니케인 — 이 섬의 현재 이름은 포이니케인 타소스에게서 유래한 것이다 — 이 발견한 광산이 그중 가장 놀랍다. 포이니케인이 발견한 이들 타소스 광산은 사모트라케 맞은편 아이뉘라라는 곳과 코이뉘라라는 곳 사이에 있는데, 그곳의 큰 산은 사람들이 금을 찾느라 온통 파헤쳐져 있다. 이에 관해서는 이쯤 해 두자.

48 아무튼 타소스인은 왕의 명령에 따라 자신들의 성벽을 허물고 함선을 모두 압데라로 보냈다.

그다음 다레이오스는 헬라스인이 자기와 싸울지 아니면 항복할지 의중을 떠보기 위해 헬라스 각지로 전령을 보내 왕을 위해 흙과 물을 바칠 것을 요구하게 했다. 그는 이들을 헬라스로 보내는 한편, 이미 조공을 바치고 있는 해안 지대 도시들에는 다른 전령을 보내 전함과 군마(軍馬) 운반선을 건조할 것을 명하게 했다.

49 그래서 조공을 바치는 도시들은 함선을 건조하기 시작했다. 한편 본토의 많은 도시가 헬라스에 온 페르시아 전령에게 페르시아 왕이 요구하는 것을 내주었고, 전령의 요구를 받은 섬 주민도 모두 그렇게 했다. 다레이오스에게 흙과 물을 내준 섬 주민 중에는 아이기나인도 포함되어 있었다. 아이기나인의 이러한 행동은 즉시 아테나이인의 반발을 샀는데, 아테나이인은 페르시아인이 아테나이를 공격해 오면 아이기나인도 공격에 가담할 속셈에서 그렇게 했다고 생각한 것이다. 기회를 놓칠세라 아테나이인은 스파르테로 가서 아이기나인이 헬라스를 배반하는 행위를 했다고 고발했다.

50 이런 고발을 접한 스파르테 왕, 아낙산드리데스의 아들 클레오메네스가 아이기나인 가운데 주동자를 체포하기 위해 아이기나로 건너갔다. 그가 체포하려 하자 몇몇 아이기나인이 반발했는데, 그중에서도 특히 폴뤼크리토스의 아들 크리오스는 클레오메네스가 아이기나인을 단한 명도 쉽게 끌고 갈 수 없을 것이라며, 클레오메네스는 스파르테 당국의 허가를 받고 행동하는 것이 아니라 아테나이인에게 매수된 것이

---

23 기원전 491년.
24 28장.

라고 했다. 그렇지 않으면 그는 체포하기 위해 다른 왕과 함께 왔을 것이라고 했다. 그는 스파르테의 다른 왕 데마라토스의 서찰을 받고 그런 주장을 한 것이다. 클레오메네스는 아이기나를 떠나며 크리오스에게 이름이 뭐냐고 물었다. 크리오스가 이름을 대자 클레오메네스가 말했다. "크리오스,[25] 자네 두 뿔에 청동을 입히는 것이 좋을걸세. 자네 앞길이 험난할 테니 말일세."

51 스파르테에 남아 있던 아리스톤의 아들 데마라토스는 그사이 클레오메네스를 모함했다. 데마라토스도 스파르테의 왕이었지만 출신 가문이 그에 미치지 못했다. 두 가문의 조상이 같은 만큼 데마라토스의 가문은 다른 점에서는 열등하지 않았지만, 에우뤼스테네스의 가문이 장자 가문인 만큼 더 존중된 것이다.

52 그렇게 말하는 시인은 아무도 없지만, 라케다이몬인의 주장에 따르면, 아리스토마코스의 아들로 클레오다이오스의 손자요 휠로스[26]의 증손인 아리스토데모스가 왕이었을 때 그들이 지금 차지하고 있는 나라로 그들을 인도했으며, 아리스토데모스의 아들들이 그렇게 하지 않았다는 것이다. 얼마 뒤 아리스토데모스의 아내가 출산을 했는데, 그녀는 이름이 아르게이아였고, 티사메노스의 아들로 테르산드로스의 손자요 폴뤼네이케스[27]의 증손인 아우테시온의 딸이었다. 그녀는 쌍둥이를 낳았는데, 아리스토데모스는 아이들이 태어나는 것을 보기는 했지만 그 뒤 병이 들어 죽었다고 한다. 당시의 라케다이몬인은 관습에 따라 두 남자 아이 가운데 맏이를 왕으로 삼기로 결의했다. 그러나 두 아이가 똑같이 생겨 그들은 누구를 선택해야 할지 알지 못했다. 그들은 구별이 되지 않았으므로, 아니면 구별해 보려 하기 전에 아이들의 어머

니에게 물었다고 한다. 그녀는 자기도 누가 형이고 누가 아우인지 모른다고 말했다고 한다. 그녀가 정확히 알면서도 그렇게 말한 것은, 어떻게든 두 아이가 다 왕이 되기를 바랐기 때문이라고 한다. 라케다이몬인은 난처해졌고, 곤란한 나머지 델포이로 사절을 보내 이 일을 어떻게 해결해야 할지 신탁에 묻게 했다. 퓌티아가 대답하기를, 두 아이를 다 왕으로 삼되 연장자를 더 존중하라고 했다고 한다. 퓌티아의 이런 대답도 라케다이몬인에게는 문제 해결에 전혀 도움이 되지 않았으니, 그들은 여전히 두 남자아이 가운데 누가 연장자인지 분간할 수 없었기 때문이다. 이때 파니테스라는 멧세니아인이 조언을 해 주었는데, 그 조언이란 어머니가 두 아이 가운데 어느 쪽을 먼저 씻기고 먹이는지 지켜보라는 것이었다고 한다. 그녀가 이때 언제나 같은 순서를 지키는 것으로 밝혀지면 그들은 찾고 구하는 것을 다 가지게 될 것이지만, 그녀가 헷갈리거나 순서를 바꾸면 그녀도 더 아는 것이 없음이 분명하므로, 다른 방법을 찾아보라고 했다. 스파르테인은 멧세니아인이 조언해 준 대로 아리스토데모스의 아들들의 어머니를 지켜보았고, 그녀가 언제나 한 아이를, 즉 장남을 먼저 먹이고 씻긴다는 것을 알아냈다고 한다. 그녀는 왜 사람들이 자기를 지켜보는지 몰랐다고 한다. 그들은 어머니가 우대하던 아이를 데려가 나랏돈으로 양육했다고 한다. 이 아이에게는 에우뤼스테네스란 이름이, 다른 아이에게는 프로클레스란 이름이 붙여졌다고 한다. 이 아이들은 성인이 되자 형제간인데도 평생토록 서로 반목했으며, 이런 반목은 그들의 후손에게까지 이어졌다고 한다.

---

25 숫양이라는 뜻.
26 헤라클레스의 아들.
27 오이디푸스의 아들.

53 이상은 헬라스인 가운데 라케다이몬인만이 전하는 이야기고, 이번에
는 다른 헬라스인이 전하는 이야기를 기술하고자 한다. 다나에의 아들
페르세우스까지 거슬러 올라가는 도리에이스족의 왕들은 그의 아버
지이신 신[28]을 제외하고는 헬라스인에 의해 헬라스인으로 간주되고
있는데, 이는 당연하다. 페르세우스 이후 이 가문은 헬라스인에 속하
기 때문이다. 내가 '페르세우스까지'라고 말하고 더이상 계보를 따지
지 않은 것은, 헤라클레스에게 암퓌트뤼온이 있듯이 페르세우스에게
인간인 아버지는 거명되지 않기 때문이다.[29] 따라서 '페르세우스까지'
란 이 표현은 옳다. 그러나 아크리시오스의 딸 다나에의 선조를 한 세
대씩 따져 올라가면 도리에이스족의 수장들은 순수한 아이귑토스인
임이 밝혀질 것이다.[30]

54 이상은 헬라스인이 전하는 계보이다. 한편 페르시아인이 전하는 이야
기에 따르면, 페르세우스는 자진해 헬라스인이 된 앗쉬리아인이고, 그
의 선조는 헬라스인이 아니라는 것이다. 아크리시오스의 선조는 페르
세우스와는 아무런 혈연관계가 없는 아이귑토스인이라고 하는데, 이
것은 헬라스인의 이야기와 일치한다.

55 이에 관해서는 이쯤 해 두자. 그들이 아이귑토스인임에도 어떻게, 어
떤 업적으로 도리에이스족의 왕이 되었는지는 이미 다른 이들[31]이 보
고한 바 있으므로 나는 언급하지 않겠다. 나는 다른 사람들이 보고하지
않은 것들만 언급하겠다.

56 스파르테인이 자신들의 왕들에게 부여한 특권들은 다음과 같다. 왕들
은 제우스 라케다이몬과 제우스 우라니오스[32]의 두 사제직을 맡는다.

왕들은 원하기만 하면 어떤 나라와도 교전할 수 있다. 어떤 스파르테인도 이를 막을 수 없으며, 막을 경우 그는 신성모독 죄로 저주받게 된다. 왕들은 진격할 때는 앞장서고, 물러갈 때는 후미에 선다. 싸움터에서는 100명의 정선된 전사가 그들을 호위한다. 원정할 때 왕들은 개인적 용도를 위해 원하는 만큼의 가축을 가져갈 수 있으며, 제물로 바쳐진 동물의 가죽과 등심은 왕들 몫이다.

57 이상은 전시(戰時)의 특권이고, 평화시에는 왕들에게 다른 특권이 주어진다. 공적으로 제물을 바칠 때 왕들은 맨 먼저 연회석에 앉는다. 그러면 시중드는 자들은 먼저 왕들을 시중들되 무슨 음식이든 각 왕에게는 다른 참석자가 받는 것의 갑절을 제공해야 한다. 왕들은 맨 먼저 헌주할 권리가 있고, 제물로 바친 동물의 가죽은 왕들 몫이다. 매달 초하루와 초이렛날에는 아폴론 신전에서 제물로 바치도록 각 왕에게 나랏돈으로 흠 없는 가축 한 마리와, 1메딤노스[33]의 보리와 4분의 1 라코니케 액량(液量)[34]의 포도주가 제공된다. 모든 경기에서 왕들은 앞줄 특

28 제우스.

29 헤라클레스의 친아버지는 최고신 제우스이지만, 명목상의 아버지는 인간인 암피트뤼온이다. 그러나 괴물 메두사의 목을 베어 온 페르세우스의 아버지로는 황금 소나기로 변신해 다나에에게 접근한 제우스 외에는 어떤 인간도 거명되지 않고 있다.

30 다나에의 아버지 아크리시오스는 이집트 왕 아이귑토스의 아들 륑케우스(Lynkeus)와 이집트에서 그리스 아르고스로 망명해 온 다나오스의 딸 휘페르메스트라(Hypermestra) 사이에서 태어난 아바스(Abas)의 아들이다.

31 헤카타이오스 같은 '이야기 작가'(logographos)들을 두고 한 말인 것 같다.

32 제우스 라케다이몬은 '라케다이몬인의 조상신 제우스'란 뜻인 것 같다. 제우스 우라니오스는 '하늘의 신 제우스'란 뜻이다.

33 1메딤노스는 52.5리터이다.

34 액량 단위가 명시되어 있지 않아 얼마쯤 되는지 알 수 없지만, 7.25~13.65리터쯤 되는 것으로 보는 이들도 있다.

별석에 앉는다. 왕들은 또 마음에 드는 시민들을 타국의 방문객을 보호하고 접대할 관리[35]로 임명할 수 있으며, 각 왕은 또 두 명의 '퓌티오이들'을 뽑는다. 이들 퓌티오이들은 델포이의 신탁에 묻기 위해 파견되는 사절단으로서 국비로 왕들과 함께 식사한다. 왕들이 식사에 참석하지 않을 경우 각 왕에게 2코이닉스[36]의 보리와 1코튈레[37]의 포도주가 집으로 보내진다. 왕들이 식사에 참석할 경우 그들에게 모든 것이 갑절로 제공된다. 왕들은 사갓집에 초대되어 식사할 때도 똑같은 특권을 누린다. 퓌티오이들도 그 내용을 알고 있기는 하지만 국가가 받은 신탁을 안전하게 보관하는 것은 왕들의 소관이다. 다음과 같은 사항은 왕들이 단독으로 결정한다. 말하자면 상속권이 있는 딸을 약혼시키지 않고 아버지가 죽었을 경우 누구와 결혼시키는지와 공공 도로에 관한 것[38]이 그것이다. 누군가 아이를 입양하고 싶으면 왕들의 입회하에 해야 한다. 왕들은 28명으로 구성된 원로회의[39]에 참석한다. 왕들이 참석하지 않으면 왕들의 특권은 왕들과 가장 가까운 친척 간인 원로들에게 돌아가 그들이 왕들을 위한 두 표와 자신들의 한 표를 행사한다.[40]

58 이상이 왕이 살아 있을 때 스파르테 정부로부터 받는 특권이고, 왕이 죽었을 때는 다음과 같은 특권이 주어진다. 기수들은 라코니케 전역을 돌며 왕의 죽음을 알리고, 여자들은 냄비를 두드리며 시내를 돈다. 그러면 각 세대에서 남자 한 명과 여자 한 명, 이렇게 두 명의 자유민이 애도의 표시로 자신을 더럽혀야 하며,[41] 그러지 않을 경우 무거운 벌금이 부과된다. 왕이 죽었을 때의 라케다이몬인의 관습은 아시아에 거주하는 이민족의 그것과 같다. 그곳의 이민족도 왕이 죽으면 같은 관습을 따르기에 하는 말이다. 말하자면 라케다이몬인의 왕이 죽으면 스파르테인[42] 외에도 일정 수의 페리오이코이들[43]이 라케다이몬 전역에서 올

라와 장례식에 참석해야 한다. 수천 명의 페리오이코이들과 국가노예들[44]과 스파르테인이 한곳에 모이면 남녀 불문하고 열심히 이마를 치고 끝없이 애통해하며 매번 이번에 죽은 왕이야말로 역대 왕 가운데 최고였다고 주장한다. 왕이 전사할 경우 그들은 그의 상(像)을 만들어 훌륭하게 장식한 들것 위에 싣고 장례식장으로 운반한다. 장례식을 치른 뒤 10일 동안은 시장도 열리지 않고 관리를 선출하는 모임도 개최되지 않는다. 이 기간 내내 그들은 애도만 한다.

59 라케다이몬인의 관습이 페르시아의 그것과 유사한 점은 또 있다. 왕이 죽고 새 왕이 등극하면 왕이나 국가에 빚지고 있는 스파르테인의 부채를 탕감해 준다. 페르시아에서도 새로 등극한 왕은 모든 도시의 체납 조세를 탕감해 준다.

60 라케다이몬인이 아이컵토스인과 유사한 점도 있다. 그들의 전령과 피

---

35 proxenois.
36 1코이닉스는 1.3리터이다.
37 1코튈레는 0.27리터이다.
38 공공 도로를 보호하는 것은 왕들의 임무로, 공공 도로에서 일어나는 모든 범행은 왕들이 벌준다.
39 gerousia.
40 이 구절은 의미가 애매모호하여 옛날부터 논란거리가 되어 왔다. 헤로도토스는 여기서 각 왕은 두 표를 던질 수 있다는 것이 아니라, 두 명의 왕의 대리인이 각각 왕을 위한 한 표와 자신의 한 표를 행사한다는 것을 말하고자 하는 듯하다.
41 머리털을 뜯거나 옷을 찢거나 머리에 먼지를 뒤집어씀으로써.
42 Spartiates. 정복자인 도리에이스족의 후손들.
43 perioikoi('주변에 거주하는 자들'). 이들은 도리에이스족에게 정복된 선주민으로, 인신은 자유롭지만 납세와 병역의 의무를 지는 반(半)예속민이다.
44 heilotes.

리 연주자와 요리사는 직업을 아버지에게서 물려받는다. 피리 연주자는 피리 연주자의 아들이고, 요리사는 요리사의 아들이며, 전령은 전령의 아들이다. 누군가 목소리가 맑다 하여 전령 가족을 대치할 수 없으니 전령 직업은 세습된다. 이에 관해서는 이쯤 해 두자.

61 본론으로 돌아가, 클레오메네스가 아이기나에 머물며 헬라스 전체의 이익을 위해 일하는 동안 데마라토스는 아이기나인을 염려해서가 아니라 클레오메네스를 질시해서 그를 모함하고 있었다. 그래서 클레오메네스는 아이기나에서 돌아오자 데마라토스를 왕위에서 축출하기로 결심하고 다음과 같은 사건을 그를 공격하는 구실로 삼았다. 스파르테 왕 아리스톤[45]은 두 번이나 결혼했지만 슬하에 자식이 없었다. 그는 자신에게는 책임이 없다고 여기고 세 번째 아내를 얻었는데, 그가 결혼할 당시의 상황은 이러했다. 그가 각별히 가까이 지내는 친구는 스파르테인이었는데, 이 친구의 아내는 스파르테의 여인 가운데 최고 미인이었다. 하지만 그녀는 최고 추녀에서 최고 미인이 된 것이다. 그녀가 볼품없이 생긴 데다 그녀의 부유한 양친이 못생긴 딸을 재앙으로 여기는 것을 보자 그녀의 유모는 포이보스의 신전을 굽어보고 있는, 테라프네란 곳에 있는 헬레네의 신전[46]으로 날마다 그녀를 안고 나갔다. 유모는 그녀를 그곳으로 안고 나갈 때마다 헬레네 상(像) 앞에 놓고 아이의 추한 모습을 거두어 달라고 여신에게 간청했다. 그러다 하루는 유모가 신전을 떠나려 하는데 한 여자가 나타나 유모에게 품에 안고 있는 것이 무엇이냐고 물었다고 한다. 유모가 아이를 안고 있다고 대답하자, 여자는 아이를 보여 달라고 했고, 유모는 아이의 부모가 누구에게도 아이를 보여 주지 못하게 했다며 보여 주기를 거절했다고 한다. 여자는 아이를 보여 달라고 자꾸 졸라 댔고, 유모는 여자가 아이를 몹시 보고 싶어 하

는 것을 보자 아이를 보여 주었다고 한다. 여자는 아이의 머리를 쓰다듬으며 장차 스파르테 최고의 미인이 될 것이라고 말했다고 한다. 그날부터 소녀의 외모는 바뀌었으며, 그녀가 결혼할 나이가 되자 알케이데스의 아들 아게토스가 그녀와 결혼했는데, 그가 바로 아리스톤의 친구였다.

62 아리스톤은 이 여인을 열렬히 사랑한 나머지 다음과 같은 꾀를 생각해 냈다. 그는 이 여인의 남편인 친구에게 그가 자기 재산 가운데 무엇을 고르든 선물로 주겠다고 약속하며 친구도 똑같이 해 달라고 간청했다. 아게토스는 아리스톤에게 이미 아내가 있음을 본 터라 아내 걱정은 조금도 하지 않고 동의했고, 두 사람은 서약을 확실히 하기 위해 맹세까지 했다. 그리하여 아리스톤은 자신의 보물 가운데 아게토스가 요구하는 것을 주었고, 자신이 요구할 차례가 되자 친구의 아내를 데려가려 했다. 아게토스는 아내 말고 다른 것은 무엇이든 주겠다고 했지만, 계략에 빠져 맹세까지 한 만큼 아내를 데려가게 내버려둘 수밖에 없었다.

63 그리하여 아리스톤은 두 번째 아내와 이혼하고 세 번째 아내를 맞아들였다. 그 뒤 오래지 않아 열 달을 채우기도 전에 새 아내가 아이를 낳았는데, 그 아이가 데마라토스였다. 아리스톤이 에포로스[47]들과 회의를 하고 있는데 하인이 와서 그에게 아들이 태어났다는 소식을 전했다. 그

45 데마라토스의 아버지.

46 헬레네는 훗날 신격화되었다.

47 ephoros. 흔히 '국정 감독관'이라고도 옮겨진다. 스파르테에는 모두 5명의 에포로스가 1년 임기로 선출되었는데 왕들에게도 책임을 추궁할 수 있을 만큼 국정 전반에 걸쳐 막강한 권한을 행사했다.

는 아내를 맞아들인 때를 생각하며 손가락으로 달수를 세어 보더니 "그 애는 내 아들이 아니야"라고 맹세하며 말했다. 에포로스들도 그 말을 들었지만, 당시에는 그 일에 별로 주의를 기울이지 않았다. 소년이 성장하자, 아리스톤은 자기가 그런 말을 한 것을 후회했는데, 데마라토스가 자기 아들이라고 확신하게 되었기 때문이다. 그런 일이 있기 전 스파르테의 온 주민이 아리스톤이야말로 스파르테의 역대 왕 중에 가장 탁월한 왕이라 여기고 아리스톤에게 아들이 태어나게 해 달라고 기도한 적이 있었다. 그래서 그에게 아들이 태어나자 데마라토스[48]란 이름이 붙여졌던 것이다.

64 세월이 흘러 아리스톤이 죽자 데마라토스가 왕이 되었다. 그러나 이런 일들이 클레오메네스와의 불화로 인해 널리 알려져 데마라토스는 왕권을 상실할 운명이었다. 둘 사이의 불화는 애초 데마라토스가 엘레우시스에서 철군했을 때[49] 표출되었고, 이번에는 클레오메네스가 페르시아에 부역한 섬 주민을 응징하고자 아이기나로 건너갔을 때 드러났다.

65 그래서 클레오메네스는 복수하기로 결심하고 데마라토스와 같은 집안으로 메나레스의 아들이자 아기스의 손자인 레오튀키데스와 계약을 맺었다. 클레오메네스가 데마라토스 대신 그를 왕위에 옹립하면 레오튀키데스가 클레오메네스의 아이기나 원정에 참가한다는 내용이었다. 레오튀키데스가 데마라토스와 원수가 된 사정은 이러했다. 레오튀키데스는 데마르메노스의 아들인 킬론의 딸 페르칼로스와 약혼한 사이였는데, 데마라토스가 먼저 음모를 꾸미며 소녀를 빼앗아 아내로 삼았던 것이다. 이때 클레오메네스의 사주를 받은 그는 데마라토스는 아리스톤의 아들이 아니므로 스파르테의 왕이 될 자격이 없다고 맹세했다.

그는 법정에서 데마라토스를 고발하며, 아들이 태어났다는 소식을 하인에게서 듣고 아리스톤이 달수를 세더니 그 애는 자기 아들이 아니라고 맹세하며 내뱉은 말을 상기시켰다. 레오튀키데스는 이 말에 근거해 데마라토스는 아리스톤의 아들이 아니므로 스파르테의 왕이 될 자격이 없다는 것을 증명하려 했다. 그리고 그때 아리스톤과 함께 회의에 참석해 그의 말을 들었던 에포로스들을 증인으로 불렀다.

66 이 일로 옥신각신 언쟁이 계속되자 결국 스파르테인은 데마라토스가 아리스톤의 아들인지 델포이의 신탁에 물어보기로 결정했다. 이 문제를 퓌티아에게 가져가게 한 것은 클레오메네스였는데, 그러는 것이 그의 계획에 부합했기 때문이다. 그는 델포이에서 가장 영향력 있는 인물인, 아리스토판토스의 아들 코본을 제 편으로 삼았다. 코본은 예언녀 페리알로스를 설득해 클레오메네스가 듣고 싶어 하는 말을 하게 했다. 사절단이 질문했을 때 퓌티아가 데마라토스는 아리스톤의 아들이 아니라고 대답했다. 그러나 나중에 모든 것이 밝혀져 코본은 델포이에서 추방되고, 예언녀 페리알로스는 그 자리에서 물러났다.

67 그렇게 하여 데마라토스는 왕위를 잃었다. 그는 다음과 같은 모욕을 당했기 때문에 페르시아로 도주했다. 그는 왕위를 잃고 어떤 선출직에 취임해 있었다. 귐노파이디아이 축제[50]가 다가와 데마라토스가 구경하

48 '백성'이라는 뜻의 데모스(demos)와 '기구(祈求)한', '기구하여 얻은'이라는 뜻의 아라토스(aratos)의 합성어이다.
49 5권 75장.
50 gymnopaidiai. 스파르테에서 해마다 7월에 개최되던 일종의 체육대회. 옷을 벗은 소년들과 성인 남자들이 체조와 무도를 선보였다고 한다.

고 있을 때 그 대신 왕이 된 레오튀키데스가 하인을 보내 그를 조롱하고 모욕할 양으로 왕을 지낸 뒤 관직을 맡으니 기분이 어떠냐고 묻게 했다. 이 질문에 화가 난 데마라토스는 자기는 두 가지를 다 해 보았지만 그는 그렇지 못하다고 대답한 뒤 이 질문이 라케다이몬인에게 엄청난 불행이나 엄청난 행복의 시작이 될 것이라고 했다. 이렇게 말한 뒤 그는 외투에 얼굴을 묻고 관람석을 떠나 집으로 갔다. 그리고 지체 없이 제물 바칠 준비를 한 다음 제우스에게 황소 한 마리를 제물로 바쳤고, 제물을 바치고 나서 어머니를 불러오게 했다.

68 어머니가 오자 그는 어머니의 손에 제물로 바친 동물의 내장 일부를 쥐어 주며 다음과 같이 간청했다. "어머니, 다른 모든 신과 우리 집안의 보호자이신 제우스의 이름으로 간청하오니, 진실을 말씀해 주세요. 누가 제 친아버지예요? 지난번 언쟁 때 레오튀키데스는 어머니께서 아리스톤에게 오시기 전에 이미 전남편에 의해 임신 중이었다고 주장했어요. 그런가 하면 어머니께서 집안의 노예 중 한 명인 노새몰이꾼과 동침했고, 따라서 저는 그자의 아들이라는 더욱더 허무맹랑한 이야기를 하는 자들도 있어요. 신들의 이름으로 간청하오니, 제발 진실을 말씀해 주세요. 설령 어머니께서 앞서 말씀드린 그런 짓 가운데 어느 한 가지를 하셨다 하더라도 어머니만 그러신 것이 아니라 많은 사람이 그랬어요. 그리고 아리스톤은 아이를 낳지 못한다는 소문이 스파르테에 파다해요. 그렇지 않다면 그분의 전처들도 아이를 낳았을 거래요."

69 그가 그렇게 말하자 그의 어머니가 다음과 같이 대답했다. "내 아들아, 진실을 말해 달라고 네가 그토록 간절히 애원하니 모든 걸 네게 털어놓겠다. 아리스톤이 나를 자기집으로 데려온 지 3일째 되는 날 밤에 아리

스톤과 닮은 환영(幻影)이 찾아와 나와 잠자리를 같이하더니 쓰고 있
던 화관(花冠)을 내게 씌워 주었단다. 그러고 나서 환영이 사라지자 이
번에는 아리스톤이 들어오더니 화관을 쓴 나를 보며 화관은 누가 주었
느냐고 물었다. 그래서 '당신이 주어 놓고서'라고 대답했지. 그분이 시
인하려 하지 않아서 나는 그분에게 그러는 것은 아름답지 못하다며 '잠
시 전에 당신이 나를 찾아와 잠자리를 같이한 뒤 화관을 주었잖아요'라
고 맹세하며 말했지. 아리스톤은 내가 맹세하는 것을 보며 이것이 어떤
신의 소행임을 알아차렸지. 화관은 안마당의 문 옆에 있는, 아스트라
바코스라는 영웅의 사당에서 나온 것으로 밝혀졌고, 예언자들도 나와
잠자리를 같이한 것은 바로 이 영웅이라고 말했으니까. 내 아들아, 이
제 너는 네가 듣고 싶어 하던 것을 다 들었다. 너는 이 영웅에게서 태어
나, 영웅 아스트라바코스가 네 아버지이거나, 아니면 아리스톤이 네
아버지다. 그날 밤 내가 너를 잉태했으니까. 적들이 너를 공격할 때 주
로 내세우는 주장, 말하자면 네가 태어났다는 소식을 듣고 아리스톤 자
신이 여러 사람 앞에서 열 달이 다 차지 않았으니 네가 자기 아들이 아
니라고 말했다는 주장에 관해 말하자면, 그것은 그분이 그런 일을 잘
몰라 무심결에 입 밖에 내신 말씀이다. 여자들이 임신을 했다고 모두가
열 달을 다 채워 출산하는 것은 아니다. 9개월 만에, 심지어는 7개월 만
에도 아이를 낳으니까. 내 아들아, 나는 너를 7개월 만에 낳았단다. 노
새몰이꾼들에 관해 말하자면, 레오튀키데스와 그런 소문을 퍼뜨리는
자들의 아내들이나 노새몰이꾼의 아들을 낳아 주라지!"

70 그녀는 그렇게 말했다. 원하던 것을 다 알게 된 데마라토스는 여장(旅
裝)을 챙긴 다음 신탁을 구하러 델포이로 간다고 말하고 엘리스로 갔
다. 라케다이몬인은 그가 국외로 도피한다고 의심하고 추격했다. 데마

라토스는 그들보다 한발 앞서 엘리스에서 자퀸토스로 건너갔다. 라케다이몬인은 거기까지 뒤쫓아 가 그를 체포하려 했다. 그들은 그의 시종들을 붙잡는 데는 성공했지만, 자퀸토스인이 그를 내주려 하지 않았다. 데마라토스는 거기서 다레이오스왕을 찾아 아시아로 건너갔다. 그러자 다레이오스가 그를 대대적으로 영접하며 땅과 도시들을 주었다. 데마라토스는 그런 일을 겪은 뒤 그렇게 아시아로 갔다. 그러기 전에 그는 행동과 조언으로 라케다이몬인 사이에서 여러 차례 이름을 날렸다. 예컨대 그는 올륌피아의 사두전차 경주에서 우승하는 영광을 라케다이몬인에게 안겨 주었는데, 이것은 역대 스파르테 왕 가운데 그만이 이룩한 업적이다.

71 데마라토스가 폐위된 뒤 메나레스의 아들 레오튀키데스가 왕위를 계승했다. 레오튀키데스에게 제욱시데모스라는 아들이 태어났는데, 스파르테인 가운데 그를 퀴니스코스라고 부르는 자들도 더러 있었다. 제욱시데모스는 스파르테 왕이 되지 못했다. 그는 아르키데모스라는 아들을 남기고 레오튀키데스보다 먼저 죽었기 때문이다. 제욱시데모스를 잃은 뒤 레오튀키데스는 재혼했다. 그의 둘째 아내 에우뤼다메는 메니오스의 누이로, 디악토리데스의 딸이었다. 그녀는 레오튀키데스에게 아들은 낳아 주지 못하고 람피토라는 딸을 낳아 주었는데, 이 딸을 레오튀키데스는 제욱시데모스의 아들 아르키데모스와 결혼시켰다.

72 레오튀키데스도 스파르테에서 노년에 이르지 못하고 다음과 같이 데마라토스에게 저지른 죗값을 치렀다. 장군으로서 라케다이몬인을 텟살리아 지방으로 이끌고 간 그는 나라 전체를 복속시킬 수 있었는데도 거액의 뇌물을 받았다. 그는 돈이 가득 든 돈 자루 위에 앉아 있다가 군

영에서 현행범으로 체포되었다. 그 결과 그는 재판을 받게 되어 스파르테에서 추방되었고, 그의 집은 헐렸다. 그는 테게아로 망명해 그곳에서 죽었다.

73 이것은 다 훗날에 일어난 일들이다. 이때는 클레오메네스가 데마라토스를 폐위시키는 음모가 성공하자 지체 없이 레오튀키데스와 함께 아이기나인을 치러 갔는데, 그는 지난번 아이기나에서 받은 모욕 때문에 그들에게 깊은 원한을 품고 있었다. 두 명의 왕이 한꺼번에 오자 아이기나인은 더이상 저항하지 않는 것이 좋겠다고 생각했다. 두 명의 왕은 부와 가문에서 가장 명망이 높은 열 명의 아이기나 남자를 뽑아 데리고 갔는데, 그중에는 아이기나에서 가장 영향력 있는 자들인 폴뤼크리토스의 아들 크리오스와 아리스토크라테스의 아들 카삼보스도 포함되어 있었다. 두 명의 왕은 이들을 앗티케 땅으로 데리고 가 아이기나인의 철천지원수인 아테나이인[51]에게 맡겼다.

74 얼마 뒤 클레오메네스는 자기가 데마라토스에게 음모를 꾸몄다는 사실이 탄로 나자 스파르테인이 두려워 몰래 텟살리아로 빠져나갔다. 거기서 그는 아르카디아로 가서 스파르테에 대항하도록 그곳 주민을 선동함으로써 말썽을 일으키기 시작했으며, 그가 인도하면 어디든 따르겠다고 아르카디아인이 맹세하게 했다. 특히 그는 아르카디아의 요인들이 자기와 함께 노나크리스 시로 가서 그곳의 스튁스[52] 강물에 걸고 맹세하게 하려고 열을 올렸다. 아르카디아인에 따르면, 스튁스의 강물

---

51 5권 81~86장. 양국은 해상무역에서 경쟁 관계에 있어 전부터 사이가 나빴다.
52 저승을 흐르는 강 중 하나. 신들도 엄숙한 맹세를 할 때는 이 강물에 걸고 맹세한다.

은 이 도시에서 솟아난다고 한다. 실제로 그곳의 바위에서는 조금씩 물이 새어 나와 웅덩이로 떨어지고 있고, 웅덩이 주위에는 담이 둘려져 있다. 이 샘이 있는 노나크리스는 페네오스[53] 근처에 있는 아르카디아 지방의 도시다.

75 라케다이몬인은 클레오메네스가 그런 일을 획책한다는 사실을 알게 되자 겁이 나서 그를 스파르테로 데리고 와 이전과 같은 조건으로 왕위에 복귀시켰다. 그러나 클레오메네스는 전에도 정신이 온전하지 못했지만 스파르테로 돌아오자마자 발광(發狂)하여 스파르테인을 만나면 누구든지 지팡이로 얼굴을 쳤다. 그가 미쳐서 이런 짓을 계속하자 그의 친척이 그에게 나무 족쇄를 채웠다. 칼을 쓰고 있던 그는 다른 사람이 아무도 보이지 않자 감시인에게 칼을 달라고 했다. 감시인은 처음에는 거절했지만 클레오메네스가 나중에 풀려나면 혼내 주겠다고 계속 위협하자 국가노예 중 한 명이던 감시인은 결국 그에게 칼을 주었다. 클레오메네스는 칼을 받아들자마자 정강이부터 시작해 제 몸을 훼손하기 시작했다. 그는 정강이에서 허벅지로, 허벅지에서 엉덩이와 옆구리로 올라가며 세로로 제 살을 찢더니 그예 배를 째고 죽었다. 대부분의 헬라스인에 따르면, 그가 그렇게 죽은 것은 그가 퓌티아를 매수해 데마라토스에 관해 그런 말을 하게 했기 때문이라고 한다. 그러나 아테나이인의 주장에 따르면, 그것은 그가 엘레우시스에 침입해 신들의 원림(園林)에 있는 나무를 모두 베었기 때문이라고 한다. 한편 아르고스인에 따르면, 그것은 전투에 패하고 아르고스[54]의 신전으로 도주한 아르고스인을 그가 신전에서 나오게 해 도륙하고 무엄하게도 원림에 불을 지르게 했기 때문이라고 한다.

76 말하자면 클레오메네스는 델포이의 신탁에 물었을 때 아르고스를 함락하게 될 것이라는 대답을 들었던 것이다. 그래서 그는 스파르테군을 이끌고 스튐팔로스호에서 발원한다는 에라시노스강에 이르렀다. 이 호수는 바닥이 보이지 않는 구렁으로 흘러들었다가 아르고스에서 다시 모습을 드러내는데, 거기서부터 이 강물은 아르고스인에 의해 에라시노스라고 불린다. 이 강에 이르자 클레오메네스는 하신(河神)에게 제물을 바쳤다. 강을 건너는 것이 좋지 못하다는 전조가 나타나자, 그가 말하기를 에라시노스가 자기 시민을 배신하려 하지 않는 것은 가상하지만, 그럼에도 아르고스인은 무사하지 못할 것이라고 했다. 그러고 나서 그는 군대를 이끌고 튀레아로 철수해 그곳에서 바다에 황소 한 마리를 제물로 바친 뒤, 군대를 배에 태워 티륀스 땅과 나우플리아 땅으로 이동시켰다.

77 이런 사실을 접한 아르고스인은 자신들의 군대를 돕기 위해 바다 쪽으로 내려갔다. 그들은 티륀스에서 멀지 않은 세페이아란 곳에 라케다이몬인에 맞서 진을 쳤다. 이때 아르고스인은 공개적인 전투는 염려하지 않았지만 계략에 빠질까 봐 두려워하고 있었다. 그들은 이러한 상황과 관련해 신탁을 받았는데, 퓌티아가 밀레토스인과 공통으로[55] 그들에게 내린 신탁의 내용은 다음과 같다.

---

53 여기서는 아르카디아 지방의 도시.
54 아르고스의 영웅 아르고스는 제우스와 포로네우스(Phoroneus)의 딸 니오베(Niobe)의 아들로, 포로네우스가 죽자 아르고스의 왕위를 계승했다고 한다.
55 밀레토스인에 관한 부분은 19장 참조.

언젠가 여자가 남자를 이겨 패주케 하고[56]

아르고스에서 영광을 얻게 되면,

아르고스의 수많은 여인이 비탄하며 두 볼을 할퀴리라.

그러면 후세 사람들이 말하게 되리라. 세 겹으로 똬리를

틀고 있던 무서운 뱀[57]이 창에 제압되어 죽었다고.

이런 일들이 겹쳐 아르고스인은 두려워하고 있었다. 그들은 적군의 전령이 적군에게 명령을 전달하는 대로 행동하기로 결의했다. 그렇게 결의한 아르고스인은 스파르테의 전령이 명령을 전달할 때마다 라케다이몬인이 하는 대로 따라 했다.

78 클레오메네스는 자신의 전령이 명령을 전하는 대로 아르고스인이 따라 한다는 것을 알고 자신의 군사에게 다음번에 전령이 아침 식사를 하라고 알리면 무기를 들고 아르고스인을 공격하라고 지시했다. 라케다이몬인은 그 지시를 이행했으니, 전령이 전달한 명령대로 아침 식사를 하느라 분주한 아르고스인을 습격해 많은 군사를 도륙했다. 그러나 훨씬 많은 아르고스인이 아르고스의 원림으로 도주한 까닭에 라케다이몬인이 그곳에서 그들을 포위하고 지키고 있었다.

79 클레오메네스는 부대 내에 있던 몇몇 탈주병을 심문한 다음 성역(聖域)에 갇혀 있던 아르고스인에게 전령을 보내 일일이 이름을 부르며 그들을 불러내되 이미 그들의 몸값은 받았다고 전하게 했다. 펠로폰네소스인은 포로 한 명당 몸값으로 2므나씩 받게 되어 있었다. 약 50명의 아르고스인이 한 명씩 불려 나오자 클레오메네스가 그들을 죽였다. 성역 안에 남아 있던 나머지 아르고스인은 그런 일이 벌어지고 있는 줄 몰랐

다. 나무가 **빽빽이** 들어차 안에 있는 사람은 밖에서 일어나는 일을 볼 수 없었기 때문이다. 마침내 그들 중 누군가 나무에 올라가 밖에서 벌어지는 일을 보았다. 그 이후에는 불러도 더는 밖으로 나오지 않았다.

80 그러자 클레오메네스는 원림 주위에 장작을 쌓으라고 국가노예들에게 명령했고, 이들은 시키는 대로 원림에 불을 질렀다. 원림이 화염에 휩싸이는 동안 그는 탈주병 가운데 한 명에게 이 원림은 어떤 신에게 바쳐진 것이냐고 물었다. 탈주병이 아르고스에게 바쳐진 것이라고 대답하자, 클레오메네스는 탄식하며 말했다. "예언의 신 아폴론이시여, 그대는 내가 아르고스를 함락하게 될 것이라고 말씀하심으로써 나를 크게 속이셨나이다.[58] 그대의 예언은 이미 이루어진 것 같기에 드리는 말씀입니다."

81 그 뒤 클레오메네스는 군대의 대부분을 스파르테로 돌려보낸 다음 정예군 1,000명을 거느리고 헤라의 신전으로 갔는데, 그곳에 들러 제물을 바치기 위해서였다. 그러나 사제(司祭)가 이방인은 그곳에서 제물을 바칠 수 없다며 제물 바치는 것을 제지했다. 클레오메네스는 국가노예들을 시켜 제단에서 사제를 끌어 내 매질하게 하고는 자신은 제물을 바쳤다. 그러고 나서 그는 스파르테로 돌아갔다.

---

56 여러 해석이 분분하지만 여기서 '여자'란 스파르테(여성명사)를, '남자'란 영웅 아르고스의 나라인 아르고스를 가리키는 것으로 봐야 할 듯하다.
57 아르고스.
58 아폴론은 영웅 아르고스를 두고 그렇게 예언했는데, 클레오메네스는 아르고스 시로 해석한 것이다.

82 그가 돌아오자 그의 정적들이 그를 에포로스들에게 고발했는데, 그들의 주장인즉 그가 아르고스를 쉽게 점령할 수 있었는데도 뇌물을 받고 점령하지 않았다는 것이다. 그의 말이 진실인지 거짓인지 나로서는 확언할 수 없지만, 그는 다음과 같이 대답했다. 그는 아르고스의 신전을 점령했을 때 신의 예언은 이미 이루어졌다고 생각했으며, 자신이 제물을 바쳐 신께서 자신에게 도시를 넘겨주는지 아니면 방해하시는지 알아보기까지는 도시를 공격하는 것이 옳지 않다고 여겼다는 것이다. 그 뒤 그는 헤라 신전에서 좋은 전조를 구하고 있었는데, 신상(神像)의 가슴에서 불길이 솟아나는 것을 보고 아르고스를 점령해서는 안 된다는 확신을 갖게 되었다고 했다. 신상의 머리에서 불길이 솟아났다면 그는 머리에서 발끝까지 도시를 함락했을 것이지만, 가슴에서 불길이 솟아났다는 것은 신께서 그가 행하기를 원하시던 모든 것이 그에 의해 실현되었음을 의미한다는 것이었다. 이런 변론은 스파르테인에게 믿음직하고 그럴듯하게 들렸다. 그래서 그는 다수의 찬성으로 탄핵을 모면했다.

83 아르고스에서는 남자들이 부족해 그들의 노예들이 전권(全權)을 장악한 다음 관직에 취임해 행정 업무를 맡아 보았는데, 이런 상태는 전사자의 아들들이 성인이 되어 아르고스를 돌려받고 노예들을 추방할 때까지 계속되었다. 추방된 노예들은 전투에서 이긴 뒤 티륀스 시를 점령했다. 한동안 양측은 평화롭게 살았지만, 아르카디아의 피갈레이아 출신으로 클레안드로스라는 예언자가 노예들을 찾아가 주인들을 공격하라고 부추겼다. 그래서 장기간에 걸쳐 전쟁이 벌어졌고, 결국 아르고스인이 간신히 이겼다.

84 아르고스인에 따르면, 그래서 클레오메네스가 미쳐서 비명횡사했다는 것이다. 그러나 스파르테인 자신들에 따르면, 클레오메네스가 미친 것은 신과는 아무 상관이 없고, 스퀴타이족과 사귀다가 포도주를 물로 희석하지 않고[59] 마시는 버릇이 생겨 그로 인해 미쳤다는 것이다. 유목 스퀴타이족은 자기들 나라를 침공한 다레이오스에게 한사코 복수하고 싶어 스파르테로 사절단을 보내 자기들과 동맹을 맺고 자기들이 파시스강을 따라 메디아로 침입해 들어갈 동안 스파르테인은 에페소스에서 출발해 내륙으로 올라가 합류하자고 제안했다. 그래서 스퀴타이족이 도착했을 때 클레오메네스는 그들과 필요 이상으로 지나치게 가까이 지내다가 그들에게서 포도주를 물로 희석하지 않고 마시는 버릇이 들었다는 것이다. 스파르테인은 그래서 그가 미쳤다고 생각한다. 그들의 주장에 따르면, 그때 이후로 그들이 여느 때보다 세게 포도주를 마시고 싶으면 '스퀴타이족식으로' 마시고 싶다고 말한다는 것이다. 스파르테인은 클레오메네스에 관해 그렇게 말한다. 그러나 나는 클레오메네스가 데마라토스에게 저지른 죗값을 받은 것이라고 생각한다.

85 클레오메네스가 죽었다는 소식이 전해지자 아이기나인은 아테나이에 억류되어 있는 인질 문제로 레오튀키데스를 고소하기 위해 스파르테로 사절단을 보냈다. 라케다이몬인은 법정에 모여, 레오튀키데스는 아이기나인을 학대한 만큼 아테나이에 억류되어 있는 자들에 대한 보상으로 아이기나에 인도되어야 한다는 판결을 내렸다. 그래서 아이기나인이 레오튀키데스를 연행하려 하는데 스파르테에서 명망이 높은, 레

---

59 고대 그리스인은 거의 언제나 포도주를 물로 희석하여 마셨다.

오프레페스의 아들 테아시데스가 그들에게 말했다. "아이기나인이여, 이게 무슨 짓이오? 시민들이 내주었다고 해서 스파르테의 왕을 연행할 참이오? 지금은 스파르테인이 성이 나서 그런 판결을 내렸지만, 그대들이 지금 이렇게 나오면 그들이 훗날 그대들의 나라로 쳐들어가 쑥대밭으로 만들지 않도록 조심하시오!" 이 말을 듣고 아이기나인은 레오튀키데스를 연행하기를 그만두고 대신 레오튀키데스가 아테나이로 그들을 따라가 그들을 위해 인질을 되찾아 준다는 협정을 맺었다.

86 레오튀키데스가 아테나이에 가서 인질을 돌려 달라고 요구했지만, 아테나이인은 이런저런 핑계를 대며 돌려주기를 거부했는데, 그들은 두 명의 왕에게서 인질을 맡은 만큼 다른 왕의 동의 없이는 인질을 내줄 수 없다는 것이었다.

a) 그들이 인질을 돌려주기를 거부하자 레오튀키데스가 말했다. "아테나이인이여, 둘 중 어느 쪽이든 그대들이 원하는 대로 하시오. 인질을 돌려주면 그대들은 옳은 일을 하는 것이고, 돌려주지 않으면 그 반대되는 짓을 하는 것이오. 보관(保管)과 관련해 나는 그대들에게 전에 스파르테에서 있었던 일을 들려줄까 하오. 스파르테인 사이에 전해 오는 이야기에 따르면, 지금으로부터 3세대 전에 라케다이몬에는 에피퀴데스의 아들로 글라우코스라는 사람이 살았다 하오. 이 사람은 다른 점에서도 제일인자 중 한 명이었지만, 정직성과 관련해서는 당시 라케다이몬에 살던 모든 사람 중 으뜸이라는 평판이 나 있었소. 그런데 언젠가 그에게 다음과 같은 일이 일어났소. 한 밀레토스인이 글라우코스를 만나러 스파르테에 와서 이런 제안을 한 것이오. '글라우코스여, 나는 밀레토스인으로 그대의 정직성으로 덕을 좀 볼까 해서 찾아왔소. 그대는 다른 헬라스 땅은 물론이요 이오니아에서도 정직하기로 소문이 파다하

오. 나는 또 펠로폰네소스는 안정되어 있지만, 이오니아는 늘 위험한 곳이라 그곳에서는 누구나 볼 수 있듯이 재산이 한 사람 손에 머무는 일이 없다는 생각을 갖게 되었소. 일단 이런 생각을 하게 되자 내 전 재산의 반을 돈으로 바꿔 그대에게 맡겨 두는 것이 상책인 것 같았소. 그대에게 맡기면 안전하리라는 것을 알고 있기 때문이오. 그러니 그대는 이 돈을 맡아 주시고 이 부신(符信)들을 보관해 두었다가, 누군가 이 부신들을 갖고 와 돈을 돌려 달라고 하면 그에게 돈을 내주시오.'

b) 밀레토스에서 온 이방인이 이렇게 말하자, 글라우코스는 앞서 말한 조건으로 돈을 맡았소. 오랜 세월이 지난 뒤 돈을 맡긴 사람의 아들들이 스파르테에 와 글라우코스와 면담하고 부신들을 내보이며 돈을 돌려 달라고 했소. 그러나 그는 딱 잡아떼며 대답했소. '나는 그런 기억이 없으며, 그대들이 하는 말을 들어도 도통 무슨 말인지 모르겠소. 그러나 다시 기억이 나면 나는 공정하게 처리할 것이오. 내가 돈을 맡았다면 당연히 돌려줄 것이고, 맡지 않았다면 헬라스 법에 따라 그대들에게 대처할 것이오. 이 문제의 해결을 위해 앞으로 4개월의 유예기간을 내게 주시오.'

c) 그러자 밀레토스인은 돈을 떼였다 싶어 실망해 돌아갔고, 글라우코스는 신탁에 묻기 위해 델포이로 갔소. 그가 거짓 맹세로 돈을 횡령해도 되느냐고 신탁에 묻자, 퓌티아가 그에게 다음과 같이 대답했소.

> 에피퀴데스의 아들 글라우코스여, 거짓 맹세로 이겨
> 돈을 횡령한다면 당장에는 그대에게 덕이 되리라.
> 맹세할 테면 하라. 정직한 사람도 어차피 죽기 마련이니까.
> 하지만 맹세에게는 이름도 없고, 손발도 없는 아들이 있어
> 죄지은 자의 자손을 모두 붙잡아 죽이고 그의 집을

완전히 쑥대밭으로 만들 때까지 날쌔게 뒤쫓는다네.

하지만 맹세를 지키는 사람의 자손은 번창한다네.

그 말을 듣고 글라우코스는 그런 질문을 한 데 대해 신에게 용서를 구했지만, 퓌티아는 신을 시험하는 것이나 죄를 짓는 것이나 같은 것이라고 말했다.

d) 그러자 글라우코스는 밀레토스의 이방인들을 불러오게 하더니 그들의 돈을 돌려주었소. 아테나이인이여, 내가 왜 이 이야기를 그대들에게 들려주었는지 그 까닭을 말하겠소. 오늘날 글라우코스의 자손은 한 명도 살아 있지 않고, 글라우코스에서 비롯된 가구는 하나도 없으며, 그의 가문은 스파르테에서 완전히 사라져 버렸소. 이처럼 기탁물에 관해서는 반환 요청이 있으면 되돌려 주는 것 외에 딴생각을 품지 않는 것이 좋은 것이오." 이런 이야기에도 아테나이인이 움직이지 않자 레오튀키데스는 집으로 돌아갔다.

87 아이기나인은 전에 테바이인을 위해 아테나이에 악행을 저지르고[60] 아직 그 대가를 치르지 않았음에도 아테나이인을 비난하며 자기들이 피해자라고 여기고 아테나이인에게 복수할 준비를 하고 있었다. 아테나이인은 수니온[61]곳에서 4년마다 축제를 개최했는데, 이때 아이기나인이 매복해 있다가 축제선(祝祭船)[62]을 나포해 가서 그 배에 가득 타고 있던 아테나이의 요인들을 투옥했다.

88 아이기나인에게 이런 봉변을 당하자 아테나이인은 지체 없이 전력을 다해 그들을 응징해야 한다고 생각했다. 아이기나에는 크노이토스의 아들 니코드로모스라는 저명인사가 있었는데, 그는 전에 섬에서 추방

된 적이 있어 아이기나인에게 원한을 품고 있었다. 그는 아테나이인이 아이기나인에게 해코지하려 한다는 것을 알고 섬을 아테나이인에게 넘겨주기로 협정을 맺고는, 그가 거사를 하면 그들이 원군을 이끌고 도착할 날짜를 일러 주기로 했다. 니코드로모스는 나중에 아테나이인과 맺은 협정에 따라 이른바 구시가(舊市街)를 점령했다. 그러나 아테나이인은 제때에 도착하지 못했다.

89 아테나이인은 아이기나인과 해전을 벌일 만큼 충분한 함선이 없어 코린토스인에게 함선을 빌려 달라고 요청하느라 기회를 놓쳐 일을 망쳐 놓은 것이다. 당시에는 아테나이인과 사이가 좋던 코린토스인은 아테나이인의 요청을 받아들여 함선 20척을 내주었다. 그러나 무상으로 내주는 것은 법이 금지했으므로 1척당 5드라크메를 받았다. 아테나이인은 이 함선들과 자신의 함선들에 뱃사람을 배치한 다음 모두 70척의 함선을 이끌고 아이기나로 항해했지만, 약정한 날짜보다 하루 늦게 도착했다.

90 제때에 아테나이인이 도착하지 않자 니코드로모스는 배에 올라 아이기나에서 탈주했다. 다른 아이기나인도 그와 함께했는데, 아테나이인은 그들이 수니온에 살 수 있게 해 주었다. 그러자 그들은 그곳을 기지 삼아 출동하며 섬에 사는 아이기나인을 약탈했다.

---

60 5권 81장.

61 앗티케 지방의 동남쪽 끝에 있는 곳. 포세이돈 신전이 있는 이 곳 앞바다에서는 조정 경기가 개최되었다.

62 theoris. 축제 사절단을 실어나르는 아테나이의 국유선.

91 그러나 이것은 나중에 일어난 일이다. 아이기나에서는 부자(富者)들이 니코드로모스에게 이끌려 자기들에게 반기를 든 민중을 제압하고는 사로잡은 반도(叛徒)를 모두 성문 밖으로 끌고 나가 처형하게 했다. 그 결과 그들은 저주받게 되었고, 아무리 그러고 싶어도 제물로는 자신을 정화할 수 없었다. 오히려 그들은 여신을 달래기 전에 섬에서 추방되었다. 그 경위는 다음과 같다. 그들은 사로잡힌 700명의 민중을 처형하기 위해 성문 밖으로 끌고 가고 있었는데 그중 한 명이 사슬을 풀고 데메테르 테스모포로스[63]의 신전 입구로 들어가 그곳에서 문고리를 붙들고 놓지 않았다. 아무리 그를 떼어내려 해도 떼어낼 수 없자 그들은 그의 두 손을 자르고 끌고 갔다. 그래도 그의 두 손은 문고리를 잡고 놓지 않았다.

92 아이기나인은 그렇게 골육상잔을 일삼았다. 아테나이인이 70척의 함선을 이끌고 나타나자 아이기나인은 바다에서 그들을 맞아 싸웠지만 패해 전에도 구원을 청한 아르고스인에게 이번에도 구원을 청했다. 그러나 아르고스인은 이번에는 도와주기를 거절했으니, 클레오메네스에게 나포된 아이기나 함선이 아르골리스 지방에 도착한 다음 그 뱃사람들이 라케다이몬인과 함께 약탈을 자행한 탓에 아이기나에 화가 나있었던 것이다. 이 약탈에는 시퀴온의 함선에서 내린 자들도 가담했다. 그래서 아르고스인은 그들 각 도시에 500드라크메씩 1,000드라크메의 벌금을 물렸다. 시퀴온인은 자신들의 잘못을 인정하고 100드라크메의 벌금을 무는 대신 죄를 면제받기로 아르고스인과 합의를 보았다. 그러나 아이기나인은 자신들의 잘못을 인정하기를 완강히 거부했다. 국가적 차원에서는 아르고스인 가운데 한 명도 아이기나의 요청에 응하지 않았지만, 자원자가 1,000명이나 되었다. 이들은 오종경기의

우승자 에우뤼바테스가 아이기나로 인솔해 갔다. 이들은 대부분 귀향하지 못하고 아이기나에서 아테나이인의 손에 죽었다. 그들의 장군 에우뤼바테스는 세 번이나 일대일로 싸워 매번 상대를 죽였지만, 데켈레이아 구역 출신 소파네스라는 네 번째 상대에게 죽었다.

93 아이기나인은 미처 전열을 가다듬지 못한 틈을 타 아테나이인과 해전을 벌여 승리를 거두고 함선 4척을 뱃사람들과 함께 나포했다.

94 아테나이인과 아이기나인의 전투는 그렇게 전개되었다. 그사이 페르시아 왕도 제 할 일을 하고 있었으니, 그의 시종이 아테나이인을 기억하도록 늘 상기시켰고,[64] 페이시스트라토스 일족이 옆에서 아테나이인을 모함하고 있었기 때문이다. 다레이오스 자신도 이것을 핑계 삼아자기에게 흙과 물을 바치기를 거부한 헬라스인을 복속시키고 싶었다. 그래서 그는 원정에 실패한 마르도니오스를 장군직에서 해임하고 다른 장군들을 임명해 에레트리아와 아테나이로 파견했는데, 메디아 출신 다티스, 아르타프레네스의 아들로 다레이오스의 조카인 아르타프레네스가 그들이다. 이들을 파견하며 다레이오스는 아테나이와 에레트리아를 노예로 만들어 노예들을 자기 앞으로 끌고 오라고 지시했다.

95 이들 새로 임명된 장군은 어전(御前)을 물러 나와 장비를 잘 갖춘 대규모 육군을 이끌고 킬리키아 지방의 알레이온 평야에 도착했다. 그들이

---

63 thesmophoros('입법자'). 농업의 여신 데메테르의 별칭. 그녀가 농사짓는 법을 가르쳐 줌으로써 인간 공동체가 형성되기 시작했다는 뜻에서 붙인 별칭인 듯하다.
64 5권 105장.

그곳에 진을 치고 있는 동안 여러 나라에 할당된 함선이 모두 합류했고, 지난해 다레이오스가 조공을 바치는 속국들에게 준비해 두도록 지시한 군마 수송선도 도착했다. 그들은 말들을 이들 군마 수송선에 싣고, 육군은 함선에 태운 뒤 삼단노선 600척을 이끌고 이오니아로 항해해 갔다. 거기서부터 그들은 곧장 헬레스폰토스와 트라케를 향해 이오니아 지방의 해안을 따라 항해하지 않고, 사모스에서 출발해 이카리오스해(海)로 가서 섬에서 섬으로 항해했다. 그들이 이 길을 택한 것은 지난해 아토스를 우회하다가 큰 손실을 입은 탓에 아마도 아토스를 우회하기가 심히 두려웠기 때문이리라. 그 밖에 아직 그들에게 함락되지 않은 낙소스[65]가 이 길을 택하도록 강요한 것이다.

96 페르시아인이 이카리오스해를 건너 첫 번째 공격 대상으로 삼은 낙소스로 가서 그곳에 상륙하자 낙소스인은 전에 있었던 일을 상기하고는 기다리지 않고 산속으로 도주했다. 페르시아인은 잡은 자들은 모두 노예로 삼고 신전과 도시에 불을 질렀다. 그렇게 한 다음 그들은 다른 섬들로 향했다.

97 그들이 그러는 사이 델로스인도 도주했으니, 델로스를 떠나 테노스로 간 것이다. 함대가 섬에 다가가고 있을 때 다티스가 함대 앞으로 나가 함선들이 델로스 앞바다가 아니라 건너편의 레나이아 앞바다에 정박하게 했다. 델로스인이 어디 있는지 알게 되자 그는 그들에게 전령을 보내 다음과 같이 말하게 했다. "신성한 섬 주민이여,[66] 그대들은 왜 황급히 도주한 것이오? 그대들은 내 의도를 오해한 것 같소. 나는 두 신[67]이 태어난 섬에, 섬뿐 아니라 그 주민에게도 위해를 가할 생각이 추호도 없으며, 대왕께서도 그러지 말라고 지시하셨소. 그러니 그대들은

고향으로 돌아와 그대들의 섬에서 살도록 하시오." 그는 전령을 시켜
델로스인에게 이렇게 말하게 하고 나서 300탈란톤[68]의 유향을 제단에
쌓아 놓고 태우게 했다.

98 그러고 나서 다티스는 이오니아인과 아이올리스인도 포함된 자신의
군대를 이끌고 먼저 에레트리아로 항해해 갔다. 그가 출항한 뒤 델로스
에 지진이 일어났는데, 델로스인에 따르면, 그것은 오늘날까지 처음이
자 마지막 지진이었다고 한다. 그것은 분명 인간에게 닥쳐올 환란을 경
고하기 위해 신께서 보내신 전조였던 것 같다. 왜냐하면 휘스타스페스
의 아들 다레이오스, 다레이오스의 아들 크세르크세스, 크세르크세스
의 아들 아르타크세르크세스로 이어지는 3세대 동안 헬라스에는 다레
이오스 이전 20세대 동안보다 더 많은 환란이 닥쳤기 때문이다. 그중
일부는 페르시아인에게 당한 것이고, 일부는 헬라스의 주도적 국가 간
의 권력투쟁에서 비롯된 것이었다. 그러므로 일찍이 지진이 일어난 적
이 없는 델로스에 지진이 일어났다 해도 놀랄 일이 못 된다. 게다가 그
와 관련해 다음과 같은 예언이 기록되어 있다.

   나는 일찍이 흔들린 적이 없는 델로스를 흔들리라.

헬라스 말로 다레이오스는 에르크시에스,[69] 크세르크세스는 아레이오

---

65 5권 34장.
66 델로스섬은 아폴론과 아르테미스가 태어난 곳이다.
67 아폴론과 아르테미스.
68 약 7,800 킬로그램.
69 erxies('행동하는 자' 또는 '제압하는 자').

스,[70] 아르타크세르크세스는 메가스 아레이오스[71]로 번역될 수 있을 것이다. 이들 왕의 이름을 헬라스 말로 옮길 경우 그렇게 부르는 것이 옳을 것이다.

99 페르시아인은 델로스에서 출항한 뒤 여러 섬[72]으로 가서 군병을 징발하고 섬 주민의 자식들을 인질로 잡아갔다. 그들은 여러 섬을 누비는 가운데 카뤼스토스에 상륙했다. 그곳 주민이 인질을 내놓기를 거부할 뿐 아니라, 이웃 도시, 즉 에레트리아와 아테나이를 공격하는 데 참가하는 것도 거부하자 페르시아인이 그들을 포위공격하고 그들의 농토를 쑥대밭으로 만들었다. 그러자 카뤼스토스인도 결국 페르시아인에게 항복했다.

100 페르시아군이 배를 타고 쳐들어온다는 소식을 들은 에레트리아인은 아테나이인에게 구원을 요청했다. 아테나이인은 그들의 구원 요청을 거절하지 않고, 칼키스에서 '말 임자들'의 땅을 넘겨받은 소작 이주민[73] 4,000명을 원군으로 보냈다. 그러나 에레트리아인의 생각은 건전하지 못했다. 그들은 아테나이인에게 구원을 요청했으면서도 국론이 둘로 분열되어 있었으니, 한쪽은 도시를 버리고 에우보이아의 산속으로 들어가자고 했고, 또 한쪽은 페르시아인으로부터 사리(私利)를 기대하고 배반할 준비를 하고 있었기 때문이다. 에레트리아 요인 중 한 명인, 노톤의 아들 아이스키네스는 양측의 상황이 각각 어떠한지 알아차리고 이미 도착한 아테나이인에게 사태의 자초지종을 자세히 알려 주며 함께 죽지 않으려면 고향으로 돌아가라고 간청했다. 아테나이인은 아이스키네스의 조언에 따랐다.

101 그리하여 아테나이인은 오로포스로 건너가 목숨을 건질 수 있었다. 한
편 페르시아인은 에레트리아 땅의 타뮈나이, 코이레아이, 아이길리아
에 상륙해 그곳을 점령한 다음 즉시 군마를 부리고 적군을 공격할 태세
를 갖추었다. 그러나 에레트리아인은 출동해 싸울 의사는 없었고, 어떻
게든 성벽만은 지키려 했으니, 결국 도시를 떠나지 말자는 의견이 우세
했기 때문이다. 성벽을 무너뜨리려는 공격이 치열하게 전개되어 6일
동안 양측 모두 많은 전사자를 냈다. 7일째 되는 날 에레트리아의 두 저
명인사 알키마코스의 아들 에우포르보스와 퀴네아스의 아들 필라그
로스가 페르시아인에게 조국을 팔았다. 페르시아인은 시내에 들어오
자 사르데이스의 신전을 불태운 데 대한 보복으로 신전을 약탈하고 불
질렀을 뿐 아니라, 다레이오스가 시킨 대로 주민을 노예로 삼았다.

102 페르시아인은 에레트리아를 수중에 넣은 며칠 뒤 아테나이인을 압박
하며 앗티케 땅으로 배를 타고 갔고, 아테나이도 에레트리아 꼴이 될
것을 확신했다. 그곳의 마라톤은 기병대가 작전하기에 최적의 장소일
뿐 아니라 에레트리아와도 가까웠다. 그래서 페이시스트라토스의 아
들 힙피아스는 그곳으로 페르시아인을 안내했다.

103 이 소식을 듣자 아테나이인도 마라톤으로 출동했다. 아테나이군은 10인
의 장군[74]이 지휘했는데, 그중 10번째가 밀티아데스였다. 그의 아버지

---

70 areios('전사').

71 megas areios('위대한 전사').

72 에게해의 퀴클라데스 군도.

73 5권 77장.

74 클레이스테네스의 개혁 이후 아테나이에서는 10개 부족에서 1명씩 모두 10인의
장군(strategos)이 1년 임기로 선출되었다.

키몬은 스테사고라스의 아들로, 힙포크라테스의 아들 페이시스트라토스에 의해 아테나이에서 추방된 적이 있었다. 키몬은 망명 중에 올륌피아의 사두전차 경주에서 우승했는데, 이로써 그는 동복형(同腹兄) 밀티아데스와 같은 위업을 달성했다. 키몬은 그다음 올륌피아 경기에서도 같은 말들로 또다시 우승하자 페이시스트라토스를 우승자로 공포하게 했다.[75] 이렇게 우승을 양도함으로써 키몬은 페이시스트라토스와 화해하고 고향으로 돌아올 수 있었다. 그는 같은 말들로 그다음 올륌피아 경기에서도 우승했지만, 페이시스트라토스의 아들들에게 살해되었다. 페이시스트라토스 자신은 이미 죽고 없었다. 그의 아들들은 밤에 자객을 매복해 두었다가 시청에서 그를 습격하게 했다. 키몬은 아테나이 교외 '코일레를 지나서'[76]라는 거리 건너편에 묻혀 있다. 올륌피아 경기에서 세 번 우승한 그의 암말들은 그의 맞은편에 묻혀 있다. 이런 위업을 달성한 것은 라코니케 출신 에우아고라스의 말들뿐이고, 이 말들 말고는 없다. 키몬이 피살되었을 때, 그의 장남 스테사고라스는 케르소네소스에 있는 숙부 밀티아데스의 집에서 살고 있었고, 케르소네소스의 창건자 밀티아데스의 이름을 따 밀티아데스라고 불리던 차남은 아테나이에 있는 키몬의 집에서 살고 있었다.

104 바로 이 밀티아데스가 그때 아테나이의 장군 중 한 명이었다. 케르소네소스에서 돌아온 그는 두 번이나 죽을 고비를 넘겼는데, 한 번은 포이니케인이 그를 사로잡아 페르시아 왕에게 끌고 가려고 기를 쓰며 임브로스까지 추격해 왔을 때였고, 또 한 번은 포이니케인에게서 벗어난 그가 고향에 돌아와 이제는 안전하다고 믿고 있는데 그의 정적들이 기다리고 있다가 케르소네소스에서 독재를 했다며 그를 법정으로 끌고 갔을 때였다. 이들의 손아귀에서도 벗어난 그는 백성에 의해 선출되어 아

테나이의 장군으로 임명되었다.

105 장군들이 아직 시내에 머물고 있는 동안 맨 먼저 한 일은 아테나이의
     직업적 장거리 주자인[77] 필립피데스를 스파르테에 전령으로 보낸 것
     이었다. 필립피데스 자신의 말에 따르면, 그리고 그가 아테나이인에게
     보고한 바에 따르면, 테게아를 굽어보고 있는 파르테니온산에서 그는
     판[78] 신을 만났는데, 판 신이 필립피데스의 이름을 부르며 다음과 같이
     아테나이인에게 전해 달라고 했다는 것이다. "그대들은 왜 나를 홀대
     하는가? 나는 아테나이인의 친구로 이미 여러 차례 도움을 주었고 앞
     으로도 그리할 텐데." 아테나이인은 이 이야기가 사실이라고 믿고, 훗
     날 사정이 나아지자 아크로폴리스 아래쪽에 판의 신전을 건립하고는
     바로 이 전언 때문에 해마다 제물을 바치고 횃불 축제를 개최한다.

106 그때 아테나이의 장군들에 의해 파견되어 도중에 판 신을 만났다는 이
     필립피데스는 아테나이를 떠난 지 이틀 만에 스파르테에 도착해[79] 당
     국자들에게 말했다. "라케다이몬인이여, 아테나이인은 여러분이 와서
     도와주고 헬라스에서 가장 유서 깊은 도시가 이민족에 의해 노예로 전
     락하는 것을 수수방관하지 않기를 간청하고 있습니다. 벌써 에레트리

---

75 고대 그리스의 전차 경주에서는 말 임자가 경기에 직접 참가하지 않는 경우에도
마부가 아닌 말 임자가 우승자로 전령에 의해 공포되었는데, 말 임자는 자기의 우승
을 다른 사람에게 양도할 수 있었던 것으로 생각된다.
76 dia Koile.
77 먼 곳에 심부름 가는 것을 직업으로 삼는다는 뜻.
78 산과 들과 가축과 목자의 신.
79 아테나이에서 스파르테까지는 240킬로미터쯤 되는데, 이를 이틀 만에 주파하는
것은 쉬운 일이 아닐 것이다.

아가 노예가 되어 헬라스는 유력 도시 하나를 잃은 그만큼 힘이 약해졌으니까요." 그가 명령받은 대로 전하자, 라케다이몬인은 가서 아테나이인을 도와주기로 결의했지만 당장은 그럴 수 없었으니, 법을 어기고 싶지 않았기 때문이다. 말하자면 그날이 그달 초아흐레인데, 만월(滿月)이 아닌 초아흐레[80]에는 출동할 수 없다고 했다.

107 그래서 라케다이몬인은 만월이 되기를 기다렸다. 그사이 페이시스트라토스의 아들 힙피아스가 페르시아인을 마라톤으로 안내했는데, 그는 전날 밤 [자다가] 어머니와 동침하는 꿈을 꾸었다. 그는 이 꿈을 그가 아테나이로 돌아가 다시 정권을 잡고 고향에서 장수하다가 죽을 꿈이라고 해몽했다. 아무튼 꿈을 그렇게 해몽한 그는 페르시아인의 길라잡이로서 먼저 에레트리아의 포로들을 스튀라[81]에 속하는 아이길리아라는 섬에 내려놓은 다음, 함선들이 마라톤에 닿자 그곳에 정박시켰고, 뭍에 내린 병사들을 전투 대열로 배치했다. 그가 군대를 배치하는 일에 열중하고 있는데 갑자기 여느 때보다 더 심하게 재채기가 나고 기침이 났다. 나이 탓도 있고 하여 그는 대부분의 치아가 흔들렸는데 그중 하나가 심한 기침에 빠져나가 모래 속에 떨어져 아무리 찾아봐도 찾을 수 없었다. 치아가 보이지 않자 그는 신음하며 주위에 서 있던 사람들에게 말했다. "이 나라는 우리 것이 아니며, 우리는 결코 이 나라를 정복하지 못할 것이오. 이 땅 가운데 내 몫은 지금 내 치아가 차지하고 있소."

108 힙피아스는 자기 꿈이 그렇게 실현된 것으로 보았다. 그런데 헤라클레스의 성역에 진을 치고 있던 아테나이인에게 플라타이아이인이 전군을 이끌고 도우러 왔다. 플라타이아이인은 자신들의 운명을 아테나이

인에게 맡기고 있었고, 아테나이인은 지난날 그들을 위해 숱한 노고를 마다하지 않았기 때문이다. 플라타이아이인이 아테나이인에게 자신들의 운명을 맡긴 경위는 다음과 같다. 테바이인에게 핍박받고 있던 플라타이아이인은 마침 가까이 와 있던 아낙산드리데스의 아들 클레오메네스와 라케다이몬인에게 자신들의 운명을 맡기려 했지만, 이들은 거절하며 이렇게 말했다. "우리는 멀리 떨어진 곳에 살고 있어, 우리가 도와주려 해도 그대들에게 별로 도움이 되지 못할 것이오. 그대들은 우리가 소문을 듣기도 전에 여러 번 노예가 되었으니 말이오. 우리는 그대들이 아테나이인에게 자신들의 운명을 맡기라고 권하고 싶소. 그들은 그대들의 이웃이고 그대들을 효과적으로 도울 수 있기 때문이오." 라케다이몬인이 이렇게 권한 것은 플라타이아이인에 대한 호의에서가 아니라, 아테나이인이 보이오티아인과의 분쟁에 말려들어 고생하기를 바랐기 때문이다. 라케다이몬인이 그렇게 하라고 권하자, 플라타이아이인은 물리치지 않고 아테나이인이 12신에게 제물을 바칠 때 제단가에 탄원자로 앉아 그들에게 자신들의 운명을 맡겼다. 테바이인이 이 소문을 듣고 플라타이아이인을 공격하려고 출동하자, 아테나이인이 그들을 도우러 갔다. 전투가 개시되기 직전에 마침 근처에 있던 코린토스인이 개입했다. 양측은 코린토스인의 중재를 받아들였고, 코린토스인은 플라타이아이와 테바이의 경계를 획정하며, 테바이인은 보이오티아 연맹에 가입하기를 원치 않는 보이오티아인을 핍박하지 않

---

80 스파르테를 비롯한 도리에이스족 국가에서는 해마다 지금의 8~9월에 해당하는 카르네이오스(Karneios) 달 초이레에서 보름까지 9일 동안 아폴론을 위한 카르네이아(Karneia) 축제가 개최되었는데, 이 기간에는 전쟁을 하지 않았다.
81 에우보이아섬의 서남 해안에 있는 도시.

는다는 조건을 협정에 포함시켰다. 코린토스인은 그렇게 결정하고 나서 떠나갔다. 그러나 아테나이인이 철군을 시작하는데 보이오티아인이 공격을 개시했지만 전투에 패했다. 그러자 아테나이인은 코린토스인이 플라타이아이인에게 정해 준 경계를 넘었고, 경계를 넘은 다음에는 아소포스강을 테바이와 플라타이아이 및 휘시아이의 경계로 삼았다. 앞서 말한 것처럼 그렇게 플라타이아이인은 자신들의 운명을 아테나이인에게 맡겼고, 그래서 그들은 그때 아테나이인을 도우러 마라톤에 온 것이다.

109 아테나이 장군들은 의견이 엇갈렸는데, 일부는 페르시아군과 싸우기에는 수적으로 열세인 만큼 싸우지 말자고 했고, 밀티아데스를 포함한 일부는 싸우자고 했다. 이렇게 의견이 엇갈리며 나쁜 의견이 우세해지자 밀티아데스는 아테나이인에 의해 투표로 선출되고 열한 번째 투표권을 갖고 있는 폴레마르코스[82]— 아테나이인은 옛날에는 폴레마르코스가 장군들과 동등한 투표권을 행사하도록 했기 때문이다 — 를 찾아갔는데, 당시에는 아피드나이 구역의 칼리마코스가 폴레마르코스였다. 밀티아데스는 그를 찾아가 말했다. "칼리마코스여, 아테나이를 노예로 만드느냐, 아니면 아테나이의 자유를 보전해 하르모디오스와 아리스토게이톤[83]조차 남기지 못한 만고불멸의 명성을 남기느냐는 이제 그대에게 달려 있소. 아테나이는 지금 건국 이래 최대 위기에 봉착했소. 아테나이인이 페르시아인에게 질 경우, 힙피아스에게 넘겨져 어떤 고통을 당할지는 이미 결정돼 있소. 그러나 우리 도시가 싸워 이긴다면, 헬라스의 도시 가운데 으뜸가는 도시가 될 것이오. 어떻게 그런일이 일어날 수 있으며, 어째서 그 결정권이 그대에게 있는지 지금부터내가 설명하겠소. 우리 10인의 장군은 적군과 싸우자는 쪽과 싸우지

말자는 쪽으로 의견이 갈려 있소. 그런데 지금 우리가 싸우지 않을 경우 심각한 내분이 일어나 민심이 동요하는 가운데 아테나이인의 마음이 페르시아에 부역하려는 쪽으로 기울지 않을까 두렵소. 몇몇 아테나이인이 이런 불건전한 생각에 사로잡히기 전에 전쟁을 시작한다면, 신께서 공평하실 경우 우리는 전투에서 이길 수 있소. 이 모든 것이 지금 그대에게 달려 있고, 그대가 결정할 일이오. 그대가 내 의견에 동조한다면 우리 조국은 자유를 보전하고 헬라스에서 으뜸가는 국가가 될 것이오. 그러나 그대가 싸우지 말자는 자들과 한편이 된다면 내가 열거한 이익과 정반대되는 것들이 그대에게 주어질 것이오."

110 이런 말로 밀티아데스는 칼리마코스를 제 편으로 만들었다. 폴레마르코스가 가세함으로써 싸우기로 결정되었다. 장군 중에 싸우자고 주장한 이들은 각자 지휘하기로 정해진 날의 지휘권을 밀티아데스에게 이양했다. 밀티아데스는 지휘권을 받아들이면서도 자기가 지휘를 맡은 날이 되기 전까지 나아가 싸우지 않았다.

111 그의 차례가 되었을 때 아테나이인은 다음과 같이 전투대형을 갖추었다. 오른쪽 날개는 폴레마르코스[칼리마코스]가 맡았다. 이것은 폴레마르코스가 오른쪽 날개를 맡는다는 당시의 아테나이인의 관습에 따

---

82 고대 아테나이의 9명의 아르콘(archon) 중 세 번째로, 초기에는 군사 업무를 관장했다.

83 이 두 사람은 페이시스트라토스의 아들인 참주 힙피아스의 아우 힙파르코스를 암살해 아테나이를 참주정체에서 해방한 구원자로 칭송받았다. 여기서 밀티아데스가 이 두 사람을 거명한 것은 이들이 칼리마코스와 마찬가지로 앗티케의 아피드나이 구역 출신이기 때문일 것이다.

른 것이었다. 그다음에는 여러 부족이 통상적 순서에 따라 차례차례 배치되었다. 끝으로 플라타이아이인이 왼쪽 날개에 배치되었다. 이 마라톤 전투 이후로 아테나이인이 4년마다 개최되는 축제[84]에 모여 제물을 바칠 때는 아테나이의 전령은 아테나이인과 더불어 플라타이아이인에게도 복을 내려 주기를 기원한다. 마라톤에서 아테나이군은 페르시아군과 길이가 같도록 포진되었는데, 중앙에는 몇 개의 대열만 배치되어 있어 이것이 아테나이군의 최대 약점이었지만, 양쪽 날개는 아주 튼튼했다.

112   배치가 끝난 뒤 제물들이 길조를 보여 주자 아테나이인은 공격하라는 명령에 따라 페르시아인을 향해 뛰어서 돌격해 들어갔다. 양군 사이의 거리는 8스타디온[85]이 넘었다. 페르시아인은 아테나이인이 뛰어오는 것을 보자 받을 준비를 하며 그들이 전멸하고 싶어 발광하는 줄 알았다. 수적으로 열세인 데다 기병대와 궁수의 지원도 받지 않고 달려오고 있었던 것이다. 페르시아인은 그렇게 생각했다. 그러나 아테나이인은 페르시아인과 맞붙어 싸우게 되자 훌륭하게 싸웠다. 우리가 알기에, 그들은 적군을 향해 뛰어서 돌격한 최초의 헬라스인이고, 페르시아풍 옷과 그것을 입고 있는 자들을 보고도 참고 버틴 최초의 헬라스인이었기 때문이다. 그때까지 헬라스인은 '페르시아인'이라는 말만 들어도 주눅이 들었기에 하는 말이다.

113   마라톤에서의 전투는 장시간 계속되었다. 페르시아인 자신과 사카이 족이 배치된 중앙에서는 페르시아인이 이겼는데, 그들은 이곳에서 헬라스군의 대열을 돌파하며 내륙 쪽으로 추격했다. 그러나 양쪽 날개에서는 아테나이인과 플라타이아이인이 이겼다. 그들은 되돌아선 페르

시아인이 도망치게 내버려두고 양쪽 날개를 오므린 다음 중앙에서 대열을 돌파한 페르시아인과 싸웠다. 여기서도 이긴 아테나이인은 도망치는 페르시아인이 바닷가에 이를 때까지 계속 추격하며 베었고, 바닷가에 이르러서는 적선에 던질 불을 가져오라고 소리지르며 적선을 나포하기 시작했다.

114 이때 혼전 중에 폴레마코스[칼리마코스]가 용감하게 싸우다 전사했고, 장군 가운데 한 명인 트라쉴라오스의 아들 스테실라오스도 전사했다. 이때 에우포리온의 아들 퀴네게이로스[86]도 한 적선의 고물[87]을 잡고 놓지 않다가 도끼에 손이 잘려 쓰러졌다. 그 밖에도 이름난 아테나이인이 많이 전사했다.

115 아테나이인은 이렇게 하여 적선 7척을 나포했지만, 페르시아인은 나머지 함선을 타고 난바다로 나가, 섬에 내려놓았던 에레트리아의 포로들을 배에 다시 태운 다음 아테나이인보다 먼저 도착할 요량으로 수니온곶을 돌아 아테나이를 향했다. 페르시아인이 그런 생각을 하게 된 것은 그들이 바다에 나오자 알크메오니다이가(家) 사람들이 그들과 약속한 대로 방패를 들어 신호를 보냈기 때문이라고 아테나이인은 의심하고 있다.

---

84 아테나이에는 4년마다 개최되는 축제가 다섯 개나 되었는데, 그중에서 가장 큰 축제는 판아테나이아(Panathenaia)제였다.
85 약 반 시간 거리. 그러나 아테나이군은 약간 높은 지대에, 페르시아군은 바다 쪽 약간 낮은 곳에 포진했다.
86 비극 작가 아이스퀼로스의 형. 아이스퀼로스도 이 전투에 참가했다.
87 당시에는 이물이 바다 쪽으로 향하도록 배를 정박시켰다.

116 페르시아인이 수니온곶을 돌고 있을 때, 최대한 빠른 속도로 도성으로 돌아가던 아테나이인은 페르시아인이 들이닥치기 전에 먼저 도성에 도착했다. 마라톤의 헤라클레스 신전에서 돌아온 그들은 퀴노사르게스에 있는 또 다른 헤라클레스 신전 앞에 진을 쳤다. 페르시아인은 당시 아테나이의 외항이던 팔레론[88] 앞바다에 닻을 내리고 한동안 정박해 있다가 아시아로 돌아갔다.

117 마라톤 전투에서 페르시아 측은 약 6,400명이 전사하고, 아테나이 측은 192명만이 전사했다. 양측 전사자 수는 그러했다. 그곳에서 놀라운 일이 일어났는데, 쿠파고라스의 아들 에피젤로스라는 아테나이인이 혼전 중에 용감히 싸우다가 몸의 어느 부위도 날아오는 무기에 부상당하거나 맞지 않았는데도 시력을 잃었는데, 그 이후로 평생 동안 장님이 된 것이다. 내가 전해 들은 바에 따르면, 그는 그 사고에 관해 다음과 같은 이야기를 들려주곤 했다고 한다. 수염이 방패 전체를 가리는 한 중무장한 거인이 그에게 다가왔는데, 이 환영(幻影)은 그의 옆을 지나 옆에 서 있던 사람을 쳐죽이는 것 같더라는 것이다. 나는 에피젤로스가 그렇게 말하더라고 들었다.

118 다티스는 페르시아군을 인솔하고 아시아로 회항하던 도중 뮈코노스 섬에 들러 자다가 꿈을 꾸었다. 그가 어떤 꿈을 꾸었는지 전해지지 않지만, 이튿날 날이 새자 그는 함선을 수색하게 했고, 한 포이니케 함선에서 도금한 아폴론 신상이 발견되자 어디서 훔쳐 온 것이냐고 물었다. 어느 신전에서 난지 알게 되자 그는 자신의 배를 타고 델로스로 갔다. 그사이 델로스인이 돌아온 터라 그는 신상을 신전에 안치하며 칼키스 맞은편에 있는 테바이의 해안 도시 델리온에 갖다주라고 델로스인에

게 일렀다. 다티스는 그렇게 이르고 나서 델로스섬을 떠났다. 그러나 델로스인은 돌려주지 않았고, 20년이 지난 뒤 테바이인 자신이 신탁의 지시를 받고 델리온으로 이 신상을 모셔 갔다.

119 다티스와 아르타프레네스는 아시아에 상륙하자 노예가 된 에레트리아인을 수사로 데리고 갔다. 다레이오스왕은 에레트리아인이 포로가 되기 전에는 그들이 먼저 불의한 짓을 했다며 그들에게 격노했지만, 자기 앞으로 끌려와 완전히 자기 손아귀에 들어온 것을 보자 그들에게 더 이상 해코지하지 않고, 킷시아 지방에 있는 아르데릭카라는 왕실 직할지에 거주하게 했다. 아르데릭카는 수사에서는 200스타디온, 세 가지 물질이 나는 우물에서는 40스타디온 떨어져 있다. 그 우물로부터는 다음과 같은 방법으로 역청과 소금과 기름을 퍼 올린다. 그들은 두레박 대신 반으로 자른 가죽부대를 묶은 두레박으로 물을 퍼 올리는데, 가죽 부대를 우물에 담가 물을 퍼 올린 다음 수조에 붓는다. 그러면 물은 다시 다른 그릇으로 옮겨지며 세 갈래로 갈라진다. 역청과 소금은 금세 굳지만, 기름은…[89] 페르시아인이 라디나케[90]라 부르는 이 기름[91]은 검고 역한 냄새가 난다. 그때 다레이오스왕은 그곳에 에레트리아인을 정착시켰고, 우리 시대에도 그들은 그곳에 살며 자신들의 옛 말을 그대로 쓰고 있다.

---

88 나중에는 페이라이에우스(Peiraieus)가 아테나이의 외항으로 확대 정비되었다.

89 '그릇에 담긴다'는 뜻의 단어들이 훼손된 것 같다.

90 rhadinake.

91 석유.

120 에레트리아인은 그런 일을 당했다. 만월(滿月)이 지나자 2,000명의 라케다이몬인이 아테나이에 왔다. 그들은 제때에 도착하려고 몹시 서둘렀기에 스파르테를 떠난 지 3일 만에 앗티케에 도착할 수 있었다. 그들은 전투에 참가하기에는 너무 늦게 왔지만 페르시아인이 보고 싶어 마라톤으로 가서 싸움터를 살펴보았다. 그러고 나서 그들은 아테나이인과 그들의 업적을 칭찬하고 집으로 돌아갔다.

121 알크메오니다이가(家)가 아테나이를 페르시아인과 힙피아스에게 예속시키고 싶어 페르시아인에게 약속한 대로 방패를 들어 신호를 보냈다는 이야기를 나는 도저히 받아들일 수 없는 터무니없는 이야기라고 생각한다. 왜냐하면 그들은 파이닙포스의 아들로 힙포니코스의 아버지인 칼리아스보다 더, 아니면 적어도 그 못지않게 참주를 증오하고 있음이 밝혀졌기 때문이다. 칼리아스는 페이시스트라토스가 아테나이에서 추방될 때마다[92] 공매에 붙여진 그의 재산을 온 아테나이인 가운데 유일하게 과감히 매입했고,[93] 그 밖에도 그는 매사에 참주를 적대시했다.

122 [이 칼리아스는 여러 이유로 널리 사람들 입에 오르내릴 자격이 있는 사람이다. 그는 앞서 말했듯이 조국의 자유를 위해 열정을 바쳤을 뿐 아니라, 올륌피아에서 경마로 우승하고 사두전차 경주로 이등을 했으며, 그전에 이미 퓌토 경기에서도 우승했다. 그는 많은 비용을 들인 까닭에 헬라스인 사이에 널리 알려졌다. 그는 또 세 딸에게도 얼마나 훌륭한 아버지였던가! 딸들이 시집갈 나이가 되자 그는 딸들에게 각각 푸짐하게 선물을 주었고, 모든 아테나이인 중에서 딸들이 저마다 남편으로 삼고 싶어 하는 남자에게 시집보냈으니 말이다.]

123 알크메오니다이가도 칼리아스만큼, 아니면 그 못지않게 참주를 증오했다. 따라서 나는 그들이 방패로 신호를 보냈다는 이야기를 도저히 받아들일 수 없는 터무니없는 모함이라고 생각한다. 그들은 참주들이 통치하는 기간 내내 망명생활을 했고, 페이시스트라토스 일족은 그들의 공작에 의해 독재 권력을 잃었기 때문이다.[94] 따라서 나는 그들이 아테나이를 해방하는 데 하르모디오스와 아리스토게이톤보다 더 큰 몫을 했다고 판단한다. 이 두 사람은 힙파르코스를 암살함으로써 나머지 페이시스트라토스 일족을 격분하게 했을 뿐, 참주정체를 종식하지 못했다. 그러나 앞서 말했듯이, 퓌티아를 설득해 라케다이몬인에게 아테나이를 해방하라는 신탁을 내리게 한 것이 진실로 알크메오니다이가였다면 그들이야말로 분명 아테나이의 해방자라고 할 수 있기 때문이다.

124 아마도 그들이 아테나이의 민중에게 원한을 품고 조국을 배반하려 했다고 말할 수도 있을 것이다. 그러나 아테나이에서 그들보다 더 명망 있고 더 존경받은 사람은 아무도 없었다. 따라서 그들이 그런 이유로 방패를 들었다는 것은 말도 안 된다. 방패를 들어 신호를 보낸 일이 있었던 것은 부인할 수 없는 엄연한 사실이다. 하지만 나는 방패를 든 자가 누군지에 관해 앞서 말한 것에 더 덧붙일 말이 없다.

125 알크메오니다이가는 오래전부터 아테나이의 명문가였지만, 알크마이온과 메가클레스 때부터 더욱더 명성을 떨쳤다. 메가클레스의 아들 알

92 1권 60~61장.
93 칼리아스 집안은 아테나이에서 가장 부유한 명문가 중 하나였다.
94 1권 59, 61, 64장 및 5권 62장 이하.

크마이온은 델포이의 신탁에 물어보도록 크로이소스가 사르데이스에서 보낸 뤼디아인[95]을 도와주고 정성껏 보살펴 주었다. 크로이소스는 신탁소를 방문한 뤼디아인에게서 알크마이온이 자기에게 호의를 베풀었다는 말을 듣고는 그를 불러오게 했다. 그가 도착하자 한 번에 몸에 지닐 수 있는 만큼의 황금을 선물하겠다고 했다. 그런 선물을 주겠다고 하자 알크마이온은 다음과 같은 꾀를 썼다. 보물 창고로 안내되기 전에 그는 품이 넉넉한 큼직한 키톤[96]을 입고 가장 큰 반장화를 찾아 신었다. 그가 보물 창고에 들어가 사금(砂金) 무더기에 쓰러지자, 먼저 다리와 반장화 사이에 들어갈 수 있는 만큼 금을 쑤셔넣은 다음 키톤의 품을 금으로 가득 채우고 머리털에 사금을 뿌리고 입에도 쑤셔넣었다. 그는 간신히 반장화를 끌고 보물 창고에서 나왔는데, 볼이 미어지고 모든 것이 부풀어 있어 도무지 사람 같아 보이지 않았다. 크로이소스는 그를 보고 웃음을 터뜨리며 그가 갖고 나온 금뿐 아니라 그만큼의 금을 더 주었다. 그리하여 알크메오니다이가는 거부가 되었다. 사두전차를 유지할 수 있게 된 이 알크마이온은 올륌피아에서 우승했다.

126 다음 세대에는 시퀴온의 참주 클레이스테네스가 이 가문의 명성을 더욱 높여 줘, 이 가문은 헬라스인 사이에서 이전보다 더 유명해졌다. 그 경위는 다음과 같다. 아리스토뉘모스의 아들로 뮈론의 손자이며 안드레아스의 증손인 클레이스테네스에게는 아가리스테라는 딸이 있었는데, 그는 이 딸을 모든 헬라스인 중에서 가장 훌륭한 남자에게 시집보내고 싶었다. 그래서 그는 올륌피아 경기에서 사두전차 경주에서 우승한 다음 전령을 시켜 공표하게 했다. "자신이 클레이스테네스의 사위가 될 자격이 있다고 여기는 자는 누구든지 60일 이내에 또는 더 일찍 시퀴온으로 오시오. 클레이스테네스는 60일째부터 기산(起算)해 1년

이내에 딸의 혼사를 결정할 것이기 때문이오." 그러자 자기 자신과 조
국에 긍지를 느끼는 헬라스인은 모두 구혼자로 모여들었다. 클레이스
테네스는 특별히 그들을 위해 경주로와 레슬링 장을 만들어 두게 했다.

127 이탈리아[97]의 쉬바리스에서는 힙포크라테스의 아들 스민뒤리데스가
왔다. 그는 아주 사치스런 생활을 했는데, 당시 쉬바리스는 번영의 절
정기에 있었다. 또 이탈리아의 시리스에서는 현자로 일컬어지던 아뮈
리스의 아들 다마소스가 왔다. 이들이 이탈리아에서 왔고, 이오니오스
만[98]에서 온 자도 있었는데, 에피스트로포스의 아들 암피므네스토스
가 이오니오스만의 에피담노스에서 왔다. 아이톨리아에서는 티토르
모스의 아우 말레스가 왔는데, 티토르모스는 체력에서 모든 헬라스인
을 능가했으며 사람들과의 교제를 피해 아이톨리아 땅의 오지에 가서
살고 있었다. 펠로폰네소스에서는 아르고스인의 참주 페이돈의 아들
레오케데스가 왔는데, 페이돈은 펠로폰네소스에 도량형을 도입했으
며, 올림피아 경기를 주최하던 엘리스인을 쫓아내고 자신이 올림피아
경기를 주재할 만큼 헬라스인 중에서는 가장 오만불손했다. 이 사람의
아들이 왔고, 아르카디아의 트라페주스에서는 뤼쿠르고스의 아들 아
미안토스가 왔으며, 파이온 시에서는 에우포리온의 아들 라파네스라
는 아자니아인이 왔다. 에우포리온은 아르카디아 지방의 전설에 따르
면, 디오스쿠로이들[99]을 손님으로 집에 맞아들였으며, 그때부터는 모

---

95 1권 47, 53, 55장.
96 chiton. 소매가 짧고 무릎까지 내려오는 일종의 셔츠. 로마의 투니카(tunica).
97 남부 이탈리아.
98 Ionios kolpos. 지금의 이오니아해.
99 '제우스의 아들들'이라는 뜻. 제우스와 레다 사이에서 태어난 쌍둥이 형제 카스토
르와 폴뤼데우케스.

든 사람을 환대했다고 한다. 그리고 엘리스에서는 아가이오스의 아들 오노마스토스가 왔다. 이들이 바로 펠로폰네소스에서 온 자들이다. 아테나이에서는 크로이소스를 방문한 알크마이온의 아들 메가클레스와, 아테나이에서 가장 부자이고 가장 잘생긴, 테이산드로스의 아들 힙포클레이데스가 왔다. 그때만 해도 번성하는 도시였던 에레트리아에서는 뤼사니아스가 왔는데, 에우보이아섬에서 온 유일한 구혼자였다. 텟살리아에서는 스코파다이가(家) 사람인 크란논의 디악토리데스가 왔고, 몰롯시아에서는 알콘이 왔다.

128 이들 모두가 구혼자로서 왔다. 이들이 정해진 날짜에 도착하자 클레이스테네스는 먼저 각자의 고국과 가문을 물어본 다음 1년 동안 자기 곁에 붙들어 두고 일대일로 만나거나, 또는 동시에 만나 그들의 용기와 성향과 교육과 성격을 시험해 보았다. 그는 한창나이의 젊은이들을 체육관으로 데리고 가기도 했지만, 정작 중요한 시험은 연회석상에서의 태도였다. 그는 그들을 붙들고 있는 동안 내내 이런 일들을 되풀이하며 융숭하게 접대했다. 그에게는 아테나이에서 온 구혼자들이 마음에 들었는데 둘 중에서도 테이산드로스의 아들 힙포클레이데스가 더 마음에 들었다. 그의 용기도 용기지만 그가 코린토스의 큅셀리다이가(家)와 윗대부터 친척 간이기 때문이었다.[100]

129 마침내 결혼식을 올리고 구혼자 가운데 누구를 좋아하는지 밝힐 날이 다가오자 클레이스테네스는 소 100마리를 제물로 바치고 구혼자들과 온 시퀴온 주민에게 잔치를 베풀었다. 식사가 끝나자 구혼자들은 노래와 연설로 서로 기량을 겨루었다. 술잔치가 이어지자 이 두 가지 경쟁에서 월등한 기량을 선보인 힙포클레이데스가 피리 연주자에게 무곡

(舞曲)을 연주하게 했고, 피리 연주자가 시킨 대로 하자 춤을 추기 시작했다. 그에게는 자신의 춤이 자랑스러웠지만, 옆에서 지켜보던 클레이스테네스는 그가 하는 행동이 도무지 마음에 들지 않았다. 그러나 힙포클레이데스는 잠시 쉬고 나서 식탁을 들여오라고 했고, 식탁이 들어오자 처음에는 라코니케 춤을, 이어 앗티케 춤을 추더니 마지막에는 식탁에 머리를 박고 두 다리를 허공에서 이리저리 흔들어 댔다. 클레이스테네스는 힙포클레이데스가 추는 첫 번째, 두 번째 춤을 보며 그의 춤이 뻔뻔스러워 그를 사위로 삼지 않기로 결심했는데, 그를 야단치고 싶지 않아 참고 견뎠다. 그러나 두 다리를 흔들어 대는 것을 보자 참다못해 말했다. "테이산드로스의 아들이여, 자네는 춤을 추다가 결혼을 놓쳤네!" 힙포클레이데스가 대답했다. "힙포클레이데스에게는 아무래도 좋아요." 그래서 그런 속담이 생겨났다.[101]

130 클레이스테네스는 좌중을 향해 조용하라고 이르고 이렇게 말했다. "내 딸의 구혼자들이여, 나는 여러분 모두에게 경탄하고 있으며, 여러분 가운데 한 명만 선택하고 나머지는 모두 거절하는 대신 가능하기만 하다면 여러분을 모두 기쁘게 해 주고 싶소. 그러나 내게는 시집보낼 여식이 한 명밖에 없어 여러분을 모두 기쁘게 해 준다는 것은 나로서는 불가능하오. 나는 구혼에 성공하지 못한 이들에게는 고맙게도 내 딸에게 구혼해 준 호의에 감사하고 그토록 오랫동안 고향을 떠나 있었던 보상으로 은 1탈란톤씩을 줄 것이오. 나는 내 딸 아가리스테를 알크마이온

100 그가 어떻게 코린토스의 퀍셀리다이가와 친척 간이었으며, 그것이 왜 클레이스테네스의 호감을 샀는지 확실치 않다.
101 그러나 그리스의 알려진 문헌에는 이런 속담이 사용된 곳이 없다.

의 아들 메가클레스와 아테나이인의 관습에 따라 약혼시킬 것이오."
메가클레스가 이를 받아들이자 클레이스테네스에 의해 결혼이 재가(裁可)되었다.

131 구혼자는 그렇게 간택되었고, 그로 인해 알크메오니다이가는 온 헬라스에 명성이 자자했다. 메가클레스와 아가리스테 사이에서 10개 부족제와 민주정체를 아테나이에 도입한 클레이스테네스가 태어났는데, 그의 이름은 시퀴온의 참주였던 외조부에게서 따온 것이다. 메가클레스에게는 클레이스테네스 외에도 힙포크라테스라는 또 다른 아들이 있었다. 힙포크라테스에게는 또 다른 메가클레스와, 클레이스테네스의 딸 아가리스테에게서 이름을 따온 또 다른 아가리스테가 태어났다. 힙포크라테스의 딸인 이 아가리스테는 아리프론의 아들 크산팁포스와 결혼했는데, 그녀는 임신했을 때 자다가 사자를 낳는 꿈을 꾸었다. 며칠 뒤 그녀는 크산팁포스에게 페리클레스를 낳아 주었다.

132 마라톤에서 페르시아인에게 타격을 가한 뒤 밀티아데스는 아테나이에서 전보다 명망이 더 높아졌다. 그래서 그는 아테나이인에게 함선 70척과 군대와 군자금을 요청하며, 어느 나라로 출동한다는 말은 하지 않고, 자기가 하자는 대로만 하면 부자로 만들어 주겠다고만 했다. 그는 힘들이지 않고 황금을 무더기로 가져올 수 있는 나라로 그들을 데려갈 것이라고 했다. 이런 말로 그가 함선을 요구하자 아테나이인은 현혹되어 함선을 내주었다.

133 밀티아데스는 군대를 넘겨받아 파로스[102]로 출항하며, 이는 파로스인이 페르시아군을 지원하도록 마라톤으로 삼단노선 1척을 보냄으로써

먼저 적대행위를 한 데 대한 보복이라고 했다. 그러나 그것은 핑계에 지나지 않았다. 사실은 그는 파로스 출신으로 테이시아스의 아들인 뤼사고라스가 자기를 페르시아 장군 휘다르네스[103]에게 모함한 까닭에 파로스인에게 앙심을 품었던 것이다. 함대를 이끌고 목적지에 도착하자 밀티아데스는 파로스인을 성벽 안에 가두고 자신의 군대로 도시를 포위공격하기 시작했다. 그는 전령을 들여보내 100탈란톤을 요구하며, 만약 그들이 주지 않을 경우 도시가 함락될 때까지 군대를 철수하지 않겠다고 전하게 했다. 그러나 파로스인은 밀티아데스에게 한 푼도 줄 의사가 없었고, 어떻게든 도시를 지킬 궁리만 했다. 무엇보다도 그들은 성벽에서 특히 취약한 부분들을 야음을 틈타 종전보다 두 배나 높게 쌓아올렸다.

134　여기까지는 모든 헬라스인의 이야기가 일치한다. 그 뒷이야기는 파로스인에 따르면 다음과 같다. 난처해진 밀티아데스에게 티모라는 여자 포로가 면담을 신청했는데, 그녀는 파로스 태생으로 지하 신들[104]의 신전에서 봉사하는 하녀였다고 한다. 그녀는 밀티아데스와 대면하게 되자, 만약 그가 진심으로 파로스를 함락하고 싶으면 자기가 시키는 대로 하라고 했다. 어떻게 할지 그녀가 말해 주자, 밀티아데스는 데메테르 테스모포로스의 신전이 있는 도시 앞쪽의 언덕으로 올라갔고, 문이 열리지 않자 담을 뛰어넘어 신성불가침한 물건[105]에 손을 대려 했든, 아

102　질 좋은 대리석 산지로, 퀴클라데스 군도에서 가장 부유한 섬 중 하나였다.

103　여기서는 다레이오스의 쿠데타에 가담한(3권 70장) 사람이 아니라, 그의 아들 (7권 83, 135장)을 가리키는 듯하다.

104　데메테르와 페르세포네.

105　트로이아 전쟁 때 오뒷세우스와 디오메데스가 트로이아를 지켜 주던 아테네 여신상 팔라디온(Palladion)을 훔쳤듯이, 신상을 훔쳐내려 한 것으로 생각된다.

니면 다른 무엇인가를 하려 했든, 그곳에서 무엇인가 하기 위해 신전 안으로 들어갔다고 한다. 신전 입구에 이르자 그는 갑자기 소름이 끼쳐 뒤돌아섰고, 다시 담을 뛰어넘다가 허리를 삐었다고 한다. 무릎을 다 쳤다고 말하는 이들도 있다.

135 그래서 밀티아데스는 아테나이에 금을 가져다주지도 못하고 파로스를 함락하지도 못한 채 비참하게 귀항했다. 그가 한 일이라고는 도시를 26일 동안 포위공격하며 섬을 쑥대밭으로 만든 것이 전부였다. 파로스 인은 여신들에게 봉사하는 하녀인 티모가 밀티아데스의 길라잡이 노릇을 한 줄 알게 되자 그녀에게 그 죄를 묻기 위해, 포위공격이 끝나고 사태가 안정되자 델포이로 사절단을 보냈는데, 조국을 함락하도록 적군의 길라잡이 노릇을 하고 남성은 알아서는 안 되는 것들을 밀티아데스에게 누설한 죄로 여신들을 섬기는 하녀를 처형해야 하는지 묻기 위해서였다. 퓌티아는 티모는 죄가 없으니 죽이지 말라며, 밀티아데스가 비참한 최후를 맞도록 정해져 있었기에 그녀는 그를 불행으로 인도하기 위해 그의 앞에 나타난 것이라고 했다. 퓌티아는 파로스인의 물음에 그렇게 대답했다.

136 밀티아데스가 파로스에서 돌아오자 아테나이인은 그를 비난했다. 특히 아리프론의 아들 크산팁포스는 민중 앞에 그를 고발하며 아테나이 인을 기만한 죄로 사형에 처해야 한다고 주장했다. 밀티아데스는 몸소 출두하긴 했지만 자신을 변호할 수 없었다. 허벅지가 썩어 들어가고 있었기 때문이다. 대신 그가 들것에 누워 있는 동안 그의 친구들이 그를 위해 변론을 하며, 마라톤 전투와 그가 펠라스고이족을 응징한 다음 렘노스섬을 함락해 아테나이인에게 넘겨주었던 일을 누누이 언급했다.

아테나이 민중은 사형을 면제해 주었다는 점에서는 그의 편을 들어주었지만, 그의 과오에 50탈란톤의 벌금을 물렸다. 그 뒤 밀티아데스는 허벅지가 곪고 썩어 세상을 떠났고, 50탈란톤은 그의 아들 키몬이 물었다.

137 키몬의 아들 밀티아데스가 렘노스를 장악하게 된 경위는 이렇다. 언젠가 펠라스고이족이 아테나이인에 의해 앗티케에서 추방되었는데,[106] 나는 그것이 정당한지 아닌지 판단할 위치에 있지 않으며, 내가 할 수 있는 일이란 전해 오는 이야기를 전하는 것뿐이다. 헤게산드로스의 아들 헤카타이오스는 그의 이야기에서 그것은 정당하지 못하다고 말한다. 그의 말에 따르면, 아테나이인은 아크로폴리스 주위에 성벽을 쌓아 준 대가로 펠라스고이족에게 살라고 휘멧토스산 기슭의 땅을 내주었는데 척박하고 보잘것없던 땅이 이제는 잘 개간된 것을 보자 샘이 나고 탐이 나 그럴 만한 이유도 없이 펠라스고이족을 추방했다는 것이다. 그러나 아테나이인 자신은 추방은 정당했다고 주장한다. 펠라스고이족이 휘멧토스산 기슭에 거주하며 그곳을 근거지 삼아 다음과 같은 비행을 저질렀다는 것이다. 말하자면 당시에는 아테나이인뿐 아니라 다른 헬라스인에게도 가사 노예란 것이 없었으므로 아테나이인의 딸들과 [아들들이] 엔네아크루노스[107] 샘까지 물을 길러 다녔는데, 그들이 올 때마다 오만해진 펠라스고이족이 그들을 깔보고 폭행을 저질렀다는 것이다. 그것도 성에 차지 않아 펠라스고이족은 아테나이를 공격할

---

106 기원전 1000년경에 그리스의 선주민인 펠라스고이족이 앗티카에서 추방된 것으로 추정된다.
107 '아홉 샘'이란 뜻.

음모를 꾸미다가 현장에서 붙잡혔다는 것이다. 이런 상황에서 음모를 꾸미다 적발된 펠라스고이족을 죽일 수 있는데도 아테나이인은 그러지 않고 그들이 나라를 떠나도록 경고만 했으니 자신들이 펠라스고이족 보다 도덕적으로 더 우월하다는 것을 보여 주었다는 것이다. 그리하여 펠라스고이족은 렘노스와 다른 곳들을 차지하게 되었다는 것이다. 먼저 것은 헤카타이오스의 주장이고, 나중 것은 아테나이인의 주장이다.

138 당시 렘노스에 살던 이들 펠라스고이족은 아테나이인에게 복수하고 싶었다. 아테나이의 축제일에 관해 잘 알고 있던 그들은 오십노선 몇 척을 준비한 다음 브라우론으로 가서 아르테미스 축제를 벌이고 있던 아테나이 여인을 숨어서 기다리다가, 그중 여러 명을 납치해 렘노스로 돌아가서는 이들을 첩으로 삼았다. 이 여인들은 아이들을 많이 낳았는데 자기들이 낳은 아이들에게는 모두 앗티케 방언과 아테나이의 관습을 가르쳤다. 이 아이들은 펠라스고이족 여인이 낳은 아이들과 섞이려 하지 않았고, 그들 중 한 명이 펠라스고이족 아이에게 얻어맞으면 모두 달려와 서로 도와주었다. 게다가 아테나이 여인들이 낳은 아이들은 자기들이 다른 아이들을 지배해야 한다고 생각했고 실제로 더 우세했다. 펠라스고이족은 이런 사실을 알게 되자 서로 의논했다. 그리고 생각해 보니 걱정스러웠다. 아테나이 여인들이 낳은 아이들이 본처 소생의 아이들에 맞서 똘똘 뭉쳐 서로 돕고 벌써부터 이 아이들을 지배하려 드는데, 이들이 장성하면 무슨 짓을 저지를 것인가? 그래서 펠라스고이족은 앗티케 여인들이 낳은 아이들을 죽이기로 결정하고는 그렇게 했고, 아이들의 어머니들도 죽였다. 이 사건 때문에, 그리고 렘노스 여인들이 토아스를 위시해 남편들을 살해한 이전의 사건[108] 때문에 헬라스에서는 잔혹한 행위는 모두 '렘노스적(的)'이라고 부르는 관습이 생겨났다.

139 펠라스고이족이 자신들의 자식들과 여자들을 살해한 뒤로 땅은 열매를 맺지 못하고, 여인들과 가축 떼도 전만큼 생산하지 못했다. 기근이 들고 아이들이 태어나지 않자 궁지에 몰린 펠라스고이족은 델포이로 사절을 보내 이 재난에서 벗어날 방도를 묻게 했다. 퓌티아가 이르기를, 아테나이인이 그들에게 요구하는 만큼 보상을 하라고 했다. 그래서 펠라스고이족은 아테나이로 가서 자신들의 모든 범행에 대해 보상하겠다는 뜻을 밝혔다. 아테나이인은 시청에 자기들이 가진 것 중에 가장 좋은 긴 의자와 산해진미를 가득 차린 식탁을 갖다 놓고 펠라스고이족에게 그들의 나라를 이런 상태로 넘겨 달라고 요구했다. 펠라스고이족이 대답했다. "만약 배가 북풍을 받으며 그대들의 나라에서 우리 나라로 당일에 건너온다면, 우리는 그대들에게 우리 나라를 넘겨줄 것이오." 아테나이가 렘노스에서 남쪽으로 멀리 떨어져 있어 그런 일은 불가능하다는 것을 알고서 그들은 그렇게 말한 것이다.

140 당시에는 그랬다. 그러나 여러 해 뒤 헬레스폰토스의 케르소네소스가 아테나이의 지배하에 있을 때, 키몬의 아들 밀티아데스가 북서계절풍이 부는 동안 배를 타고 케르소네소스의 엘라이우스에서 렘노스로 건너가, 실현되리라고는 펠라스고이족이 꿈에도 생각지 않던 신탁을 상기시키며 섬을 떠나라고 명령했다. 헤파이스티아 시 주민은 그의 명령에 복종했지만, 뮈리나 시 주민은 케르소네소스가 앗티케 영토임을 인정하기를 거부했다. 아테나이인은 그들이 항복할 때까지 포위공격

---

108 일설에 따르면, 렘노스 여인들이 남편과 동침하기를 거부하자 사랑의 여신인 아프로디테가 그들의 몸에서 악취가 나게 했다고 한다. 그래서 남편들이 트라케에서 첩을 들여오자 아내들이 남편을 모두 죽이기로 했는데, 렘노스 왕 토아스만은 딸 휩시퓔레가 살려 주었다고 한다. 여기서는 토아스도 함께 살해된 것으로 되어 있다.

했다. 그렇게 해서 아테나이인과 밀티아데스는 렘노스를 점유하게 되었다.

VII

폴륌니아

시가(詩歌)의 여신들인 무사 여신 중
폴륌니아는 찬신가(讚神歌)를, 나중에는 무언극(無言劇)을 관장한다

1 휘스타스페스의 아들 다레이오스왕은 사르데이스를 침입한 일[1] 때문에 그러잖아도 아테나이인에게 화가 나 있었는데, 마라톤 전투 소식이 전해지자 노발대발하며 더욱더 열심히 헬라스를 칠 준비를 했다. 그는 당장 모든 도시에 사자를 보내 모병을 지시하는 한편, 각 도시에 이전보다 훨씬 많은 함선과 군마와 군량과 수송선을 조달할 것을 요구했다. 이러한 요구로 말미암아 아시아는 헬라스를 공격할 정예부대를 선발해 준비시키느라 3년 동안 몹시 술렁거렸다. 4년째 되던 해 캄뷔세스에 의해 노예가 된 아이귑토스가 반기를 들자, 다레이오스는 두 곳을 다 치기로 더욱더 마음을 굳혔다.

2 다레이오스가 아이귑토스와 아테나이를 칠 준비를 하고 있는 동안 왕권의 향방을 두고 그의 아들들 사이에 큰 분쟁이 벌어졌다. 왜냐하면 페르시아에서는 왕이 출정하기 전에 후계자를 지명하는 것이 관습이기 때문이다. 다레이오스에게는 왕위에 오르기 전에 첫 번째 부인인, 고브뤼아스의 딸이 낳아 준 아들이 세 명 있었고, 왕위에 오른 뒤 퀴로스의 딸 아톳사가 낳아 준 다른 아들이 네 명 있었다. 처음 세 아들 중에서는 아르토바자네스가 맏이였고, 나중에 태어난 아들들 중에서는 크세르크세스가 맏이였다. 둘은 배다른 형제간이라 서로 반목했다. 아르토바자네스는 다레이오스의 모든 아들 중에 맏이인 자기가 인간의 보편적 관습에 따라 왕위를 계승해야 한다고 주장했고, 크세르크세스는 퀴로스의 딸 아톳사의 아들인 자기가 왕위를 계승해야 한다고 주장하며 페르시아인을 위해 자유를 쟁취한 것은 퀴로스라고 말했다.

---

1 5권 105장.

3 다레이오스가 아직 결정을 내리지 못하고 있을 때, 때마침 아리스톤의 아들 데마라토스가 수사로 올라왔는데, 그는 스파르테의 왕권을 박탈당하고 자진해 라케다이몬을 떠나 망명길에 올랐던 것이다. 전하는 이야기에 따르면, 데마라토스는 다레이오스의 아들들이 서로 반목한다는 말을 듣고 크세르크세스에게 가서 그가 이미 내세운 주장에 덧붙일 의견을 조언했다. 즉 그가 태어났을 때 다레이오스는 이미 왕이 되어 페르시아인을 통치하고 있었지만, 아르토바자네스는 다레이오스가 일개 사인(私人)일 때 태어난 만큼 그가 아닌 다른 사람에게 왕위 계승의 우선권이 주어진다는 것은 적절하지도 정당하지도 않다는 것이었다. 데마라토스에 따르면, 스파르테에서도 아버지가 왕이 되기 전에 먼저 태어난 아들들이 있어도 왕이 된 뒤에 태어난 아들이 있으면 나중에 태어난 아들이 왕위를 계승하는 것이 관습이라는 것이었다. 크세르크세스가 데마라토스가 조언해 준 대로 하자, 다레이오스는 그의 주장이 옳다고 여기고 그를 왕으로 지명했다. 내 생각에, 이런 조언이 없더라도 크세르크세스가 왕이 되었을 것이다. 왜냐하면 모든 실권은 아톳사가 쥐고 있었기 때문이다.

4 다레이오스는 크세르크세스를 페르시아인의 왕으로 지명한 뒤 서둘러 원정 준비를 했다. 그러나 아이귑토스가 반기를 든 다음해[2] 다레이오스는 한창 원정 준비를 하던 중, 반기를 든 아이귑토스인과 아테나이인을 응징하기도 전에 재위 36년 만에 세상을 떠났다. 다레이오스가 죽자 왕위는 그의 아들 크세르크세스가 계승했다.

5 크세르크세스는 처음에 헬라스 원정에는 별로 관심이 없고, 아이귑토스를 공격할 군대를 모집하고 있었다. 궁전에는 고브뤼아스의 아들 마

르도니오스가 있었는데, 그는 크세르크세스의 고종사촌이자 다레이오스의 생질로 크세르크세스에게 페르시아인 중 가장 큰 영향력을 행사했다. 그는 다음과 같이 말하곤 했다. "전하, 페르시아인에게 수많은 악행을 저지른 아테나이인을 응징하지 않는다는 것은 옳지 못하옵니다. 지금 당장은 전하께서 시작하신 일을 계속하는 것이 좋사옵니다. 하오나 아이귑토스의 콧대를 꺾어 놓으신 다음에는 아테나이로 진격하소서. 전하께서 후세에 길이 남을 명성을 얻으시고, 앞으로는 어느 누구도 전하의 나라로 침공할 엄두를 못 내도록 말이옵니다." 이것이 반드시 복수해야 한다는 그의 논리였다. 그는 에우로페는 온갖 과수(果樹)들이 자라고 땅이 비옥한 더없이 아름다운 곳으로 인간 중에서는 오직 페르시아 왕만이 소유할 자격이 있다는 말도 덧붙이곤 했다.

6 마르도니오스가 이렇게 말한 것은 자신이 새로운 모험을 좋아하기도 하지만 헬라스의 태수가 되고 싶었기 때문이다. 결국 그는 그러도록 크세르크세스를 설득하는 데 성공했다. 다른 요인들도 크세르크세스를 설득하는 데 도움이 되었다. 말하자면 알레우아다이가(家) ─ 이들은 텟살리아의 왕족이었다 ─ 의 사절단이 텟살리아에서 와서 페르시아 왕에게 헬라스를 침공하기를 권하며 전폭적인 지원을 하겠다고 약속했다. 또 수사에 와 있던 페이시스트라토스 일족이 알레우아다이가 사람들과 같은 취지의 말을 하며 그를 더 부추겼다. 그들은 신탁 수집가로 무사이오스[3]의 예언을 편찬한 오노마크리토스라는 아테나이인을 데리고 왔다. 그러기 전에 그들은 그와의 묵은 원한을 풀었다. 오노마

---

2 기원전 486년 가을.
3 고대 그리스의 전설적 예언자 겸 가수. 오르페우스의 제자.

크리토스는 페이시스트라토스의 아들 힙파르코스에 의해 아테나이에서 추방된 적이 있는데, 렘노스 앞바다의 섬들이 바닷속으로 사라질 것이라는 내용의 신탁을 무사이오스의 신탁집에 끼워 넣다가 헤르미오네의 라소스에게 적발되었기 때문이다. 그래서 힙파르코스가 친한 사이였던 그를 추방한 것이다. 그런 그가 페이시스트라토스 일족과 함께 수사로 올라갔다. 그가 왕을 알현할 때마다 그들은 그를 치켜세웠고, 그는 자신의 신탁의 일부를 들려주었다. 그는 신탁집 가운데 페르시아인에게 재앙을 예고하는 신탁은 말하지 않고 가장 상서로운 것만 골라 들려주었고, 한 페르시아인이 헬레스폰토스에 다리를 놓게 되어 있다며 크세르크세스가 어떤 경로로 헬라스를 침공할 수 있는지 말해 주었다. 그렇게 오노마크리토스는 자신의 예언을 통해, 페이시스트라토스 일족과 알레우아다이가 사람들은 자신들의 제안을 통해 크세르크세스를 채근했다.

7 크세르크세스는 헬라스를 치기로 결심한 뒤 먼저 다레이오스가 죽은 이듬해 원정군을 보내 반기를 든 아이귑토스인을 토벌하게 했다. 그는 이들을 제압하고 아이귑토스 전체에 다레이오스 때보다 더 가혹한 예속의 멍에를 씌운 다음, 다레이오스의 아들로 자신의 아우인 아카이메네스를 아이귑토스의 태수로 앉혔다. 훗날 아이귑토스의 태수 아카이메네스는 프삼메티코스의 아들 이나로스[4]라는 리뷔에인에게 살해되었다.[5]

8 크세르크세스는 아이귑토스를 정복한 뒤 아테나이 원정에 착수하기 직전에 페르시아의 요인들을 회의에 소집했는데, 그들의 의견도 들어보고 자신의 의도를 공개하기 위해서였다.

a) 그들이 모이자 크세르크세스가 이렇게 말했다. "페르시아인들이여, 나는 여기서 새로운 관행을 도입하려는 것이 아니라, 물려받은 옛관행을 따르고자 할 뿐이오. 옛사람들에게 들은 바에 따르면, 퀴로스께서 아스튀아게스를 권좌에서 축출하고 왕권이 메디아인에게서 우리에게 넘어온 뒤로 우리는 한시도 무위도식하지 않았다고 하오. 그것은 신의 뜻이고, 신의 뜻에 따를 때마다 우리는 번성했소. 퀴로스와 캄뷔세스와 내 선친 다레이오스께서 어떤 일을 하셨으며 어떤 민족을 추가로 복속시켰는지는 여러분도 잘 알고 있으니 여기서 재론할 필요가 없을 것이오. 그래서 나는 왕위에 오르자, 어떻게 하면 내가 선왕들에게 뒤지지 않을지, 어떻게 해야 페르시아인의 권력을 그분들 못지않게 늘릴 수 있을지 고민했소. 고심 끝에 나는 우리가 국위를 빛내고 지금 우리의 국토보다 더 작거나 보잘것없기는커녕 더 비옥한 나라를 차지할 수 있을 뿐 아니라, 동시에 우리의 적들을 응징하고 복수할 방도를 찾았소. 그래서 나는 내 계획을 알리기 위하여 여러분을 소집했소.
b) 나는 헬레스폰토스에 다리를 놓고 에우로페를 지나 헬라스로 진격하여, 아테나이인이 페르시아인과 내 선친께 저지른 모든 악행의 대가를 치르게 할 참이오. 여러분도 아시다시피, 다레이오스께서는 이자들을 치기를 열망하셨지만, 이자들을 응징하시기 전에 세상을 떠나셨소. 나는 그분을 위하여, 그리고 다른 페르시아인을 위하여 아테나이를 함락해 불태우기 전에는 결코 멈추지 않을 것이오. 아테나이인이 먼저 나와 내 선친을 모욕했기 때문이오. 첫째, 그자들은 우리의 노예인 밀레토스의 아리스타고라스와 함께 사르데이스로 진격해 와서 원림과 신

---

4 3권 15장.
5 3권 12장.

제VII권 625

전에 불을 질렀소. 그 뒤 우리가 그자들의 나라에 다티스와 아르타프레네스 휘하의 군대를 상륙시켰을 때 그자들이 우리에게 어떻게 했는지는 여러분도 다 알고 있소.

c) 이런 이유로 나는 그자들을 치기로 결심했소. 생각건대, 이번 원정은 다음과 같은 여러 이점이 있는 것 같소. 우리가 그자들과, 거기 프뤼기아 출신인 펠롭스의 나라[6]에 사는 그자들의 이웃을 정복한다면, 우리는 제우스의 영역인 하늘과 경계가 맞닿도록 페르시아 왕국을 넓힐 수 있소. 그러면 태양이 비추는 곳에서 우리와 국경을 맞대고 있는 나라는 없을 것이오. 나는 여러분의 도움에 힘입어 온 에우로페를 휩쓸며 모든 나라를 한 나라로 만들 테니까요. 우리가 일단 앞서 말한 자들을 제거하고 나면 우리와 싸울 수 있는 도시나 민족은 지상에는 하나도 없다고 들었소. 그러면 우리에게 죄를 지은 자든 죄를 짓지 않은 자든 다같이 예속의 멍에를 짊어지게 될 것이오. 여러분이 나를 기쁘게 해 주고 싶다면 내가 정한 시기에 모두들 흔쾌히 나타나도록 하시오. 가장 잘 준비된 군대를 인솔해 오는 이에게는 우리 나라에서 가장 명예로운 것으로 간주되는 선물을 주겠소. 여러분이 해야 할 일에 관해서는 이쯤 해 두겠소. 여러분이 나를 독단적이라고 여기지 않도록 나는 이 일을 공론에 부칠 것인즉 여러분은 기탄없이 마음속 생각을 말하시오." 그는 하던 말을 이렇게 끝맺었다.

9 그에 이어 마르도니오스가 말했다. "전하, 전하께서는 지금까지 태어난 페르시아인뿐 아니라 앞으로 태어날 페르시아인 중에서도 가장 위대한 분이시옵니다. 전하께서는 구구절절 지당한 말씀을 하셨고, 무엇보다도 에우로페에 사는 저 경멸스런 이오니아인[7]이 우리를 조롱하도록 내버려두지 않겠다고 약속하셨사옵니다. 우리는 사카이족과 인디

아인과 아이티오피아인과 앗쉬리아인과 그 밖에도 많은 다른 큰 민족을 정복해 노예로 삼았는데, 그것은 그들이 페르시아인에게 나쁜 짓을 해서가 아니라 우리가 우리의 세력을 확장하기 위해서였사옵니다. 하거늘 먼저 우리에게 나쁜 짓을 저지른 헬라스인을 우리가 응징하지 않는다는 것은 치욕스런 일일 것이옵니다.

a) 우리가 두려워할 것이 무엇이옵니까? 그자들의 군세이옵니까? 재력이옵니까? 우리는 그자들이 어떻게 싸우는지 알고 있으며, 그자들의 힘이 허약하다는 것을 알고 있사옵니다. 우리는 이오니아인과 아이올리스인과 도리에이스족이라 불리는, 우리 대륙에 거주하는 그자들의 후손을 예속시켰사옵니다. 또 저는 선왕의 명을 받들어 그자들을 치러 몸소 출정한 적이 있사온데, 제가 아테나이에서 멀지 않은 마케도니아까지 진격해도 어느 누구도 나와 맞서 싸우지 않았사옵니다.

b) 듣자 하니 헬라스인은 무식하고 무능해 아주 어리석게 교전하는 버릇이 있다 하옵니다. 그들은 서로 선전포고를 하고 나면 가장 아름답고 가장 평탄한 곳을 찾아내어 그곳에 가서 싸우므로 완전히 섬멸된 패자는 말할 것도 없고, 승리자도 엄청난 피해를 입고 싸움터를 떠나게 되옵니다. 그들은 모두 같은 말을 하기 때문에 가급적 전쟁이 아니라 전령과 사절단을 통해 분쟁을 해결해야 할 것이옵니다. 그리고 결국 전쟁 외에 다른 선택의 여지가 없다면 양측 모두 가장 공격하기 어려운 장소를 찾아내어 거기서 서로를 시험해 보아야 할 것이옵니다. 헬라스인은 그렇게 어리석은 방법으로 싸우기에 제가 마케도니아까지 진격해도

---

6 펠로폰네소스반도. 펠로폰네소스는 '펠롭스의 섬'이라는 뜻이며, 아트레우스의 아버지이자 아가멤논의 할아버지인 펠롭스는 소아시아에서 그리스로 건너갔다.
7 여기서는 '그리스인'이라는 뜻으로 쓰이고 있는 것 같다.

싸울 생각을 못한 것이옵니다.

c) 하거늘 전하, 전하께서 막강한 육군과 전 함대를 이끌고 아시아에서 진격하신다면 누가 전하에 맞서 싸우려 하겠사옵니까? 아마 헬라스인이라도 그렇게 무모한 짓을 하지는 않을 것이옵니다. 하오나 제 판단이 틀려 그자들이 무모하게도 싸움을 걸어 온다면 그자들은 전쟁에 관한 한 세상에 우리에게 적수가 없다는 것을 알게 될 것이옵니다. 아무튼 우리는 무엇이든 시도해 보아야 할 것이옵니다. 저절로 되는 것은 아무것도 없으며, 인간이 얻는 것은 모두 노력의 결과이옵니다.”

10 마르도니오스는 이런 말로 크세르크세스의 제안이 그럴듯하게 보이도록 하고 나서 입을 다물었다. 다른 페르시아인은 제시된 의견과 반대되는 의견을 제시할 용기가 나지 않아 입다물고 있는데 휘스타스페스의 아들 아르타바노스가 자신이 크세르크세스의 숙부라는 것을 믿고 이렇게 말했다.

a) “전하, 서로 상반된 의견이 제시되지 않으면 그중 더 나은 의견을 고르지 못하고 이미 제시된 의견을 따르는 수밖에 없사옵니다. 여러 의견이 제시되어야 고를 수 있는데, 그것은 순금 자체로는 순도를 알 수 없고 다른 금과 함께 시금석에 문질러 봐야 어느 쪽이 더 나은지 알 수 있는 것과 같사옵니다. 저는 전하께는 부친 되고 제게는 형님 되는 다레이오스 대왕께서 스퀴타이족의 나라로 진격하는 것을 만류했사옵니다. 그들은 어디에도 도시를 세우고 정착하지 않는 자들이기 때문이옵니다. 그러나 그분께서는 유목 스퀴타이족을 복속시킬 수 있으리라 믿고는 제 진언을 듣지 않고 진격했다가 용감한 군사를 많이 잃고 돌아오셨사옵니다. 하온데 전하, 전하께서 정벌하시려는 자들은 스퀴타이족보다 훨씬 우수하며, 바다와 육지에서 가장 용감하다는 명성이 자자하

옵니다. 이번 원정에는 위험이 내포되어 있으며, 그것을 전하께 말씀 드리는 것이 제 도리옵니다.

b) 전하께서는 헬레스폰토스에 다리를 놓고 에우로페를 지나 헬라스로 진격하겠다고 말씀하십니다. 하온데 전하께서 육지에서 또는 바다에서, 아니면 양쪽 모두에서 패했다고 가정해 보십시오. 그자들은 용맹스럽기로 이름난 자들이기에 드리는 말씀이옵니다. 다티스와 아르타프레네스가 지휘하는 대규모 병력이 앗티케로 진격해 들어갔을 때 아테나이인 단독으로 격파해 내는 것을 보면 그들의 능력이 어느 정도인지 평가할 수 있사옵니다. 설령 그자들이 육지와 바다 양쪽 모두에서 이기지 못하더라도, 해전에서 우리를 이긴 뒤 헬레스폰토스로 항해해 와서 다리를 해체한다면 이는 실로 위험천만한 일이옵니다, 전하.

c) 이것은 결코 제가 멋대로 상상한 위험이 아니옵고, 전에 선왕께서 트라케의 보스포로스와 이스트로스강에 다리를 놓고는 그것을 건너 스퀴타이족의 나라로 진격했을 때 하마터면 당하실 뻔한 재앙을 염두에 두고 드리는 말씀이옵니다. 그때 스퀴타이족은 이스트로스강의 다리를 지키던 이오니아인에게 다리를 해체하라고 온갖 방법을 다해 간청했사옵니다.[8] 만약 그때 밀레토스의 참주 히스티아이오스가 다른 참주들의 의견에 반대하지 않고 동조했더라면 그것으로 페르시아는 끝장났을 것이옵니다. 국왕의 모든 운명이 단 한 사람에게 달려 있다는 것은 듣기에도 끔찍한 이야기옵니다.

d) 전하께서는 그러실 필요도 없는데 그런 위험을 자초하지 말고 제 진언을 받아들이소서. 지금은 이 회의를 파하소서. 그리고 혼자 심사숙고해 보고 적기라고 여겨질 때 전하께서 상책이라고 생각하는 바를 저

---

8 4권 136장 이하.

희에게 통고해 주소서. 심사숙고하는 것보다 더 유익한 것은 없다고 생각하기에 드리는 말씀이옵니다. 좋은 계획을 세운 자는 설령 어떤 방해를 받는다 해도 계획이 훌륭했다는 사실에는 아무것도 달라진 것이 없고, 계획은 우연에 의해 좌절된 것이옵니다. 하오나 나쁜 계획을 세운 자는 설령 행운의 도움으로 횡재를 한다 해도 계획이 나빴다는 사실에는 아무것도 달라진 것이 없사옵니다.

e) 전하께서도 보시다시피, 신께서는 생물 중에 월등히 큰 것들을 벼락으로 쳐 그것들이 잘났다고 우쭐대지 못하게 하시고, 작은 것들은 조금도 신을 자극하지 않사옵니다. 보시다시피, 신께서는 항상 가장 큰 집과 가장 큰 나무에 벼락을 치시옵니다. 신께서는 월등히 큰 것은 무엇이든 줄이려 하시옵니다. 마찬가지로 수가 적은 군대에 대군이 패할 수도 있사옵니다. 신께서 시기하여 군대에 공포심을 불어넣고 벼락을 던지시면 대군이라도 비참하게 궤멸하기 마련이옵니다. 신께서는 자기 외에 다른 존재가 잘난 체하는 것을 허용하시지 않기 때문이옵니다.

f) 무슨 일이든 서두르면 실패하기 마련이고, 실패는 심각한 재앙으로 이어지기 마련이옵니다. 기다리는 데 복이 있사옵니다. 처음에는 그렇게 보이지 않더라도 나중에는 그렇다는 것을 알게 되옵니다.

g) 전하, 이상이 제가 전하께 드리는 진언이옵니다. 고브뤼아스의 아들 [마르도니오스]이여, 자네는 헬라스인을 비방하기를 삼가시게. 그런 비방은 그자들에게 어울리지 않네. 자네는 헬라스인을 폄하함으로써 그자들을 정벌하시도록 전하를 부추기고 있으며, 자네의 모든 열성이 노리는 것도 분명 그것이네. 제발 그러지 마시게. 모함이란 참으로 무서운 것이네. 모함은 두 사람을 범죄자로 만들고, 한 사람을 그 피해자로 만들기 때문이네. 모함하는 자가 범죄자가 되는 것은 그 자리에 없는 자를 고발하기 때문이며, 그의 말을 믿는 자가 범죄자가 되는 것은

정확한 사실관계를 알아보기 전에 판단하기 때문이네. 그 자리에 없는 자가 두 사람에 의해 피해를 보는 것은, 한 사람은 그를 모함하고, 다른 사람은 그를 나쁘게 여기기 때문이네.

h) 그럼에도 꼭 헬라스인을 치러 가야 한다면, 대왕께서는 이곳 페르시아 땅에 머물러 계시게 하세. 그리고 자네와 나는 우리 자식들을 저당 잡힌 다음, 자네는 원하는 군사를 뽑고 원하는 규모의 부대를 이끌고 원정을 떠나도록 하게. 만약 전하를 위해 자네가 말한 대로 사태가 전개된다면 내 자식들은 죽어도 좋으며, 나도 그 애들과 함께 죽겠네. 그러나 사태가 내 예측대로 전개된다면 그때는 자네 자식들이 같은 운명을 당해야 할 것이네. 그들과 함께 자네도. 만약 자네가 귀향한다면 말일세. 자네가 내가 제안한 내기에 응하지 않고 어떤 일이 있어도 군대를 헬라스로 이끌고 가려 한다면, 내 장담하거니와, 여기 페르시아 땅에 남아 있는 이들에게는 언젠가 마르도니오스가 페르시아에 큰 재앙을 안겨 준 뒤 아테나이인의 나라나 라케다이몬인의 나라 어딘가에서 개 떼와 새떼에게 갈기갈기 찢겼다는— 그전에 그리로 가는 도중에 그렇게 되지 않는다면 말일세— 소식이 들려올 것이네. 그때는 정벌하시도록 전하를 부추기고 있는 그자들이 어떤 자들인지 자네가 알게 될 것이네."

11 아르타바노스가 이렇게 말하자 크세르크세스가 화가 나서 대답했다. "아르타바노스여, 그대는 그런 허튼소리를 했으니 벌을 받아 마땅하지만 내 선친의 아우라서 벌을 면했소. 그대는 비겁한 겁쟁이인 만큼 나는 그대에게 다음과 같은 불명예를 안겨 주겠소. 말하자면 나는 그대를 헬라스 원정길에 대동하지 않을 것이며, 그대는 여자들과 함께 이곳에 남게 될 것이오. 나는 그대의 도움 없이 내가 말한 것들을 모두 실현

할 것이오. 만약 내가 아테나이인을 응징하지 못한다면, 나는 다레이오스의 아들이, 휘스타스페스의 손자가, 아르사메노스의 증손이, 아리아람네스의 고손이, 테이스페스의 6세손이, 퀴로스의 7세손이, 캄뷔세스의 8세손이, 테이스페스의 9세손이, 아카이메네스의 10세손이 아니오. 나는 우리가 가만히 있는다 해도 저들이 가만히 있지 않을 것임을 잘 알고 있소. 아니, 사르데이스에 불을 지르고 아시아로 쳐들어온 저들의 과거 행적으로 미루어 저들은 틀림없이 우리 나라로 쳐들어올 것이오. 지금은 어느 쪽도 물러설 수 없게 되었소. 문제는 우리가 행하느냐 아니면 당하느냐이며, 그 결과 페르시아 전체가 헬라스인의 손에 넘어가느냐, 아니면 헬라스 전체가 페르시아인의 손에 넘어가느냐이오. 이 전쟁에서 그 중간이란 없소. 그러니 먼저 당한 우리가 그들을 응징하는 것이 순리일 것이오. 나는 또 내가 저들을 치러 갈 경우 내게 닥치리라는 그 '위험천만한' 것이 대체 무엇인지 알고 싶소. 저들은 전에 내 선조의 노예였던 프뤼기아인 펠롭스에게 완패해 저들의 백성과 나라가 오늘날까지도 정복자의 이름으로 불리고 있지 않는가!"[9]

12 회의는 그렇게 끝났다. 나중에 밤이 되자 크세르크세스는 아르타바노스가 제시한 의견이 여전히 마음에 걸렸다. 그리고 밤새도록 생각한 끝에 헬라스 원정은 자기에게 도움이 안 된다고 확신하게 되었다. 그는 이렇게 생각을 바꾸고 잠이 들었는데, 페르시아인에 따르면 밤에 꿈을 꾸었다고 한다. 그것은 키가 크고 잘생긴 남자가 크세르크세스에게 다가서서 다음과 같이 말하는 꿈이었다. "페르시아인이여, 그대는 이미 페르시아인들에게 모병하라고 명령해 놓고 생각을 바꿔 헬라스 원정을 취소하려는 것이오? 그렇게 생각을 바꾸면 그대에게 이롭지 못할 것이며, 그대 앞에 서 있는 나도 용서하지 않을 것이오. 낮에 가기로 결

정한 길을 가시오!" 크세르크세스의 꿈속에서 그 남자는 그렇게 말하고 날아가 버렸다.

13 날이 밝자 크세르크세스는 이 꿈은 아랑곳하지 않고 전날에 소집한 페르시아인들을 소집한 다음 이렇게 말했다. "페르시아인들이여, 여러분은 내가 생각을 바꾼 것을 용서하시오. 아직 판단력이 성숙하지 못했고, 원정을 하라고 촉구하는 이들이 나를 한시도 가만히 내버려두지 않고 있소. 나는 아르타바노스의 조언을 듣자 당장 젊은 혈기가 발동해 연장자에게 부적절한 말을 내뱉었소. 그러나 지금은 그가 옳았음을 인정하고 그의 의견을 따를 것이오. 나는 헬라스 원정을 포기하기로 생각을 바꿨으니, 여러분은 이제 전쟁 준비를 그만두시오." 페르시아인들은 이 말을 듣자 기뻐하며 고개를 숙이고 엎드렸다.

14 그러나 밤이 되자 같은 환영(幻影)이 다시 꿈속에 나타나서 자고 있던 크세르크세스에게 말했다. "다레이오스의 아들이여, 그대가 페르시아인들 앞에서 공개적으로 원정 계획을 취소하겠다고 선언하다니, 내 말을 마치 아무것도 아닌 자한테 들은 양 무시해 버리요? 그대가 당장 원정길에 오르지 않으면 그 결과 다음과 같은 일이 생길 것임을 명심해 두시오. 말하자면 그대는 잠깐 사이에 위대하고 강력해졌듯이 그만큼 빨리 도로 비천해질 것이오."

15 크세르크세스는 이런 꿈을 꾸자 겁이 나서 침상에서 벌떡 일어나더니 사람을 보내 아르타바노스를 불러오게 했고, 그가 도착하자 이렇게 말

9 주 6 참조.

했다. "아르타바노스여, 그대가 내게 좋은 조언을 해 주었을 때 나는 잠시 정신을 잃고 어리석게도 그대에게 폭언을 내뱉었소. 오래지 않아 나는 생각을 바꿨고, 그대가 조언해 준 대로 해야 한다는 것을 알게 되었소. 하지만 지금 그러고 싶어도 나는 그럴 수가 없소. 내가 계획을 버리고 생각을 바꾼 뒤로 잠이 들면 자꾸 환영이 나타나 내 마음대로 못하게 하기 때문이오. 잠시 전에도 환영이 나타나 위협하다가 가 버렸소. 만약 환영을 보낸 것이 신이고, 이번 헬라스 원정이 전적으로 신의 마음에 든다면, 같은 환영이 그대에게도 나타나, 내게 한 말과 같은 지시를 할 것이오. 그대가 내 이 옷을 모두 받아 몸에 걸치고 내 왕좌에 앉아 있다가 내 침상에서 잠이 들면 아마도 그런 일이 일어날 것으로 생각되오."

16 이렇게 크세르크세스가 말했다. 처음에 아르타바노스는 자신이 왕좌에 앉는 것이 적절치 못하다 여기고 명령에 따르려 하지 않았지만, 결국 강요에 못 이겨 다음과 같은 말을 하며 명령에 따랐다. "전하, 스스로 현명한 생각을 하는 것이나 유익한 조언을 하는 이의 말을 듣는 것이나 저는 똑같이 높이 평가하옵니다. 전하께서는 이 두 자질을 다 갖추고 계시는데도 주위의 나쁜 무리가 전하를 오도하고 있사옵니다. 그것은 사람들 말처럼, 바다는 사람들에게 더없이 유익한 존재이지만, 바람이 덮쳐 바다가 본성을 드러낼 수 없게 하는 것과도 같사옵니다. 제가 전하께 질책당했을 때 마음 아팠던 것은 질책당했다는 사실보다는, 교만을 조장하는 의견과 가진 것보다 언제나 더 많은 것을 가지도록 마음을 길들이는 것이 얼마나 나쁜지 지적함으로써 교만을 억제하려는 의견, 이 두 가지 의견이 페르시아인들에게 제시되었을 때, 전하께서 전하 자신뿐 아니라 페르시아인들에게도 더 위험한 의견을 채택

하셨다는 것이옵니다. 하온데 전하께서 더 나은 쪽으로 생각을 바꿔 헬라스 원정을 포기하신 지금, 전하의 말씀에 따르면, 어떤 신의 사자가 꿈에 나타나 전하께서 원정을 포기하는 것을 허용하려 하지 않는다 하옵니다. 하오나 내 아들이여, 꿈은 신과는 무관하옵니다. 제가 전하보다 훨씬 더 오래 살았으니, 밤에 인간에게 떠내려오는 꿈들이 무엇인지 설명드릴 수 있을 것이옵니다. 대개는 낮에 생각한 것들이 잘 때 꿈에 나타나곤 하옵니다. 우리는 지난 며칠 동안 이 원정 문제에 골몰했사옵니다. 하오나 이 꿈이 제가 해석한 것과 달리 신과 관계가 있는 것이라면, 전하께서 요약하신 그대로이옵니다. 그 꿈은 제게도 나타나 전하께 내린 것과 같은 명령을 내릴 것이옵니다. 그 꿈은 제가 전하의 옷을 입든 제 옷을 입든, 전하의 침상에 누워 쉬든 제 침상에 누워 쉬든 나타날 것이옵니다. 반드시 나타나겠다면 말씀이옵니다. 전하의 꿈에 나타난 환영이 어떤 종류의 것이든 제가 전하의 옷을 입고 있다고 저를 전하로 여길 만큼 어리석지는 않을 테니까요. 그것이 나를 무시하고, 내 옷을 입든 전하의 옷을 입든 내게는 나타나려 하지 않는지 알아봐야 할 것이옵니다. 그래도 그것이 계속해서 나타난다면 저도 그것이 신과 무관하지 않다고 인정하겠사옵니다. 전하께서 일단 그렇게 결심하고, 제가 전하의 침상에 눕기를 고집하신다면, 저는 그렇게 한 다음 그것이 나타나기를 기다리겠사옵니다. 하오나 그것이 나타날 때까지 제 생각을 바꾸지는 않겠사옵니다."

17 아르타바노스는 그렇게 말한 다음 크세르크세스가 속았음을 입증할 수 있으리라고 믿고 시키는 대로 했다. 그는 왕의 옷을 입고 왕좌에 앉아 있다가 잠자리에 들었다. 그가 잠이 들자 크세르크세스에게 나타났던 것과 똑같은 환영이 나타나 아르타바노스의 머리맡에 서서 이렇게

말했다. "크세르크세스를 염려해 준답시고 그의 헬라스 원정을 만류하는 자가 바로 자네인가? 운명의 흐름을 바꾸려다가는 자네는 지금 당장이나 다가올 미래에 반드시 벌받을 것이네. 명령에 복종하지 않을 경우 크세르크세스가 어떤 고통을 당하게 될지 이미 그에게 말해 두었네."

18 아르타바노스의 꿈에 나타난 환영은 이런 말로 위협하더니 발갛게 단 무쇠로 그의 두 눈을 지지려 했다. 그는 크게 비명을 지르며 벌떡 일어나 크세르크세스 옆에 앉더니 꿈에서 본 대로 이야기하고 다음과 같이 덧붙였다. "전하, 저는 지난날 강자가 약자에게 패망하는 것을 여러 번 보아온 터라 전하께서 젊은 혈기에 휩쓸리시는 것을 막으려 했사옵니다. 퀴로스왕의 맛사게타이족 원정과 캄뷔세스왕의 아이티오피아 원정과 저도 참가한 다레이오스왕의 스퀴타이족 원정을 생각하면 지나친 욕망이 얼마나 위험한지 알 수 있기 때문이옵니다. 이 점을 알고 있던 터라 저는 전하께서 가만히 계시기만 하면 만인이 전하를 가장 행복하신 분으로 기리게 되리라고 생각했사옵니다. 하오나 신께서 우리를 재촉하며 헬라스인을 파멸의 길로 인도하기로 결정하신 듯하오니, 이번에는 제가 양보하고 생각을 바꿀 차례가 된 것 같사옵니다. 전하께서는 신의 계시를 페르시아인들에게 알리시고, 그들더러 처음 명령받은 대로 원정 준비를 계속하라고 이르소서. 그리고 신께서 명령하는 일이므로 전하께서도 한 치의 소홀함이 없으셔야 할 것이옵니다." 그렇게 아르타바노스는 말했다. 크세르크세스는 꿈에 고무되어 이튿날 날이 밝자 페르시아인들에게 사건의 전말을 말했다. 그리고 전에는 혼자 반대 목소리를 높이던 아르타바노스가 이번 거사에 공개적으로 지지 의사를 표명했다.

19 그 뒤 크세르크세스는 전쟁 준비에 몰두하는 동안 세 번째 꿈을 꾸었다. 그것은 어린 가지들이 온 세상을 덮고 있던 올리브 가지로 만든 관(冠)을 그가 쓰고 있다가 그 관이 그의 머리에서 사라지는 꿈이었다. 그가 마고스들[10]에게 꿈 이야기를 하자 마고스들이 해몽하기를, 온 세상과 전 인류가 그에게 종속될 것이라고 했다. 마고스들이 그 꿈을 그렇게 해몽하자 회의에 소집된 페르시아인들은 저마다 제가 다스리는 곳으로 돌아가 열성을 다해 그의 명령을 수행했다. 저마다 크세르크세스가 약속한 선물을 받고 싶었기 때문이다. 그렇게 크세르크세스는 대륙의 방방곡곡을 샅샅이 뒤지며 원정을 위해 군사를 모집했다.

20 크세르크세스는 아이귑토스를 정복한 뒤 만 4년 동안[11] 모병을 하고 원정에 필요한 준비를 하다가 5년째 되던 해, 대군을 이끌고 원정길에 올랐다. 그것은 우리가 아는 한 가장 규모가 큰 군대였다. 스퀴타이족을 공격한 다레이오스의 군대도, 킴메리오이족을 추격해 메디아 땅에 쳐들어와서는 상부 아시아의 거의 전역을 정복하고 점유한— 이 때문에 다레이오스가 훗날 스퀴타이족을 응징하려 한 것이다— 스퀴타이족의 군대도 그와는 비교가 되지 않았다. 그 점에서는 전설에 나오는 아트레우스의 아들들[12]의 일리온[13] 원정군도, 뮈시아인과 테우크로스 자손[14]이 모집해 트로이아 전쟁이 일어나기 전에 보스포로스 해협을 건너 에우로페로 쳐들어가서 트라케의 모든 부족을 정복하고는 이오니오

---

10 점성술에 밝은 페르시아의 사제 계급.
11 기원전 484~481년.
12 트로이아 전쟁 때 그리스군 총사령관인 아가멤논과 메넬라오스.
13 트로이아의 다른 이름.
14 트로이아인들.

스해[15]에 이르고 남쪽으로 페네이오스[16]강까지 내려간 군대도 마찬가지다.

21 이들 군대를 다 합치고 거기에 다른 군대를 더해도 이번 군대 하나에 미치지 못할 것이다. 크세르크세스가 아시아에서 헬라스로 이끌고 가지 않은 부족이 있었던가? 큰 강을 제외하고 그들이 마셔 버려 고갈되지 않은 물이 있었던가? 어떤 부족은 함선을 댔고, 어떤 부족은 보병을 댔으며, 어떤 부족은 기병대를 대도록 요청받았다. 다른 부족은 군마 운반선과 군사를 대고, 다른 부족은 선교(船橋)를 위해 긴 배를 대고, 다른 부족은 군량과 함선을 대야 했다.

22 크세르크세스는 지난번 원정군이 배를 타고 아토스를 우회하다가 큰 피해를 입은 적이 있기에[17] 지난 3년 동안 특히 아토스에 미리 손을 써 두었다. 말하자면 케르소네소스의 엘라이우스를 기지로 삼고 그 앞바다에 삼단노선을 정박시켜 놓은 다음, 여러 부족으로 구성된 부대원들로 하여금 채찍질을 당하며 교대로 운하를 파게 한 것이다. 아토스 주민도 함께 파야 했다. 작업은 메가바조스의 아들 부바레스와 아르타이오스의 아들 아르타카이에스라는 두 페르시아인이 감독했다. 아토스는 바다로 돌출한 크고 이름난 산으로, 사람이 살고 있다. 아토스는 육지와 이어지는 곳에서는 반도처럼 생겼고, 12스타디온 너비의 지협을 이루고 있다. 아칸토스해와 토로네 앞바다 사이에 있는 이 지협은 평야와 야트막한 언덕들로 이루어져 있다. 아토스산이 끝나는 이 지협에 헬라스의 도시 사네가 자리잡고 있다. 사네 남쪽 아토스산 품안에는 디온, 올로픽소스, 아크로토온, 튓소스, 클레오나이가 있는데, 페르시아 왕은 이 도시들을 육지 도시에서 섬 도시로 만들기로 작정한 것이다.

23 이상이 아토스에 자리잡은 도시들이다. 운하를 팔 때 페르시아인은 사네 근처에서 지협을 가로질러 일직선을 긋고 부족별로 구간을 분담시켰다. 그리고 도랑이 깊어지자 일부는 맨 밑바닥에서 계속해서 땅을 팠고, 이들이 파낸 흙을 다른 사람들이 비계(飛階) 위에 서 있는 사람들에게 건네면 이들이 더 위에 있는 사람들에게 건넸다. 그리하여 결국 흙이 맨 꼭대기에 도달하면 또 다른 사람들이 이것을 가져다 버렸다. 포이니케인을 제외한 다른 부족에게는 도랑의 가파른 옆벽이 계속해서 무너져 내리며 노고를 갑절로 늘려 주었다. 그들은 도랑 위쪽 너비와 아래쪽 너비가 같도록 파 내려간 까닭에 그럴 수밖에 없었다. 포이니케인은 다른 일에도 재치가 있었지만 이번 일에서도 마찬가지였다. 그들은 작업 구간을 할당받자 도랑의 윗부분에서는 예정된 운하 너비의 두 배로 파기 시작하다가 깊이 파 내려갈수록 점점 너비를 줄였다. 그리하여 바닥에 이르러서는 그들이 판 운하의 너비가 다른 사람들이 판 것과 같아졌다. 가까운 초원에는 시장과 회의장이 개설되었다. 빻은 곡식 가루는 아시아에서 대량으로 반입되었다.

24 짐작건대 크세르크세스는 자신의 힘을 보여 주고 후세에 기념비로 남기고 싶어 순전히 과시욕에서 운하를 파도록 명령한 것 같다. 함선을 땅 위로 끌게 하면 힘들이지 않고 지협을 건널 수 있었는데도, 그는 삼단노선 2척이 나란히 노를 저으며 통과할 수 있는 너비의 운하를 파게 했으니 말이다. 운하를 파는 데 투입된 자들에게는 또 스트뤼몬강에 다

---

15 여기서는 지금의 아드리아해.
16 그리스 텟살리아 지방의 강.
17 6권 45~46장.

리를 놓으라는 명령이 떨어졌다.

25 크세르크세스는 그렇게 운하를 팠다. 그는 또 파피루스와 백색 아마로 다리에 쓰일 밧줄을 만들게 했다. 이 작업은 포이니케인과 아이귑토스인에게 할당되었는데, 그들은 또 헬라스로 진격하는 도중 사람들과 운반용 동물들이 허기에 시달리는 일이 없도록 군량을 비축해 두는 임무를 맡았다. 먼저 그들이 통과하게 될 지역들을 자세히 알아본 그는 여러 부족을 시켜 아시아 각지에서 화물선과 나룻배로 식량을 실어 오게한 다음 도중의 가장 적당한 곳에다 비축해 두게 한 것이다. 가장 많은양이 트라케의 이른바 '하얀 해안'으로 운반되었고, 그 밖에 페린토스땅의 튀로디자, 도리스코스, 스트뤼몬 강가의 에이온, 마케도니아가 군량 비축소로 선정되었다.

26 이들이 할당된 작업에 골몰해 있는 동안, 전 육군이 캅파도키아 지방의크리탈라에 집결해 크세르크세스와 함께 사르데이스로 출발했다. 크세르크세스는 자기와 함께 뭍길로 행군할 모든 부대는 그곳에 집결하도록 일러두었던 것이다. 어떤 태수가 최상의 장비를 갖춘 군대를 이끌고 와서 왕이 약속한 선물을 받았는지 나는 말해 줄 수 없다. 그런 경쟁이 벌어졌는지조차 모르기 때문이다. 그들은 할뤼스강을 건너 프뤼기아 땅에 들어섰고, 프뤼기아를 통과하다가 켈라이나이에 도착했다. 그곳에서는 마이안드로스강과 마이안드로스보다 작지 않은 카타르락테스라는 또 다른 강이 발원하는데, 카타르락테스는 켈라이나이의 시장에서 솟아나 마이안드로스로 흘러든다. 이 시장에는 실레노스[18]였던 마르쉬아스[19]의 가죽이 걸려 있는데, 프뤼기아의 전설에 따르면 아폴론이 마르쉬아스에게서 벗겨 걸어 둔 것이라고 한다.

27 아튀스[20]의 아들 퓌티오스라는 뤼디아인이 크세르크세스가 켈라이나
이에 도착하기를 기다리고 있다가 그와 그의 전 군대를 융숭하게 접대
하고 나서 전쟁 비용을 대고 싶다고 말했다. 퓌티오스가 그런 제안을
하자 크세르크세스는 가까이 있던 페르시아인에게 퓌티오스가 대체
어떤 사람이며 그런 제의를 할 만큼 돈이 많으냐고 물었다. 그들이 대
답했다. "전하, 그가 바로 선왕 다레이오스께 황금 플라타너스와 포
도나무를 선물한 자이옵니다. 그는 우리가 아는 한 전하 다음으로 가
장 부자이옵니다."

28 크세르크세스는 이 마지막 말을 듣고 놀라움을 금치 못하며 퓌티오스
에게 돈이 얼마나 많으냐고 물었다. 퓌티오스가 대답했다. "전하, 저는
아무것도 숨기지 않을 것이오며, 제 재산이 얼마나 되는지 모른 체하지
않겠나이다. 저는 제 재산이 얼마나 되는지 알고 있기에 솔직히 말씀드
리겠나이다. 저는 전하께서 헬라스 바다[21] 쪽으로 내려오고 계신다는
말을 듣자마자 전하께 전쟁 비용을 대드리려고 제 재산을 조사해 본 결

---

18 실레노스(Silenos)들은 그리스신화에 나오는 숲의 정령으로, 기원전 6세기까지
만 해도 사튀로스(satyros)들과 동일시되곤 했다. 그들은 앗티케 도자기에 말의 귀와
때로는 말의 다리와 꼬리를 갖고 있는 것으로 그려지곤 했다. 그러나 기원전 5세기에
그중 한 명이 개성을 갖게 되었는데 그가 바로 실레노스이다. 그는 배불뚝이 대머리
에 큰 귀와 사자코를 가진 유쾌한 노인으로, 사튀로스의 대장이고 디오뉘소스의 개
인 교사이다. 실레노스는 늘 취해 있지만 지혜롭기로도 유명했다.
19 피리를 잘 불던 마르쉬아스는 음악의 신 아폴론에게 경연(競演)을 자청했다가 져
서 산 채로 가죽이 벗겨졌다고 한다.
20 이 아튀스가 사냥하다 죽은 크로이소스의 아들 아튀스라면(1권 34~35장) 퓌티
오스는 크로이소스의 손자이다.
21 에게해.

과 다 합해 은은 2,000탈란톤이고 금은 다레이코스 스타테르[22]로 4백만에서 7,000이 모자란다는 것을 알게 되었나이다. 이것을 모두 전하께 바치겠나이다. 저는 지금 갖고 있는 노예들과 농토로도 충분히 생계를 꾸려 나갈 수 있나이다."

29 그가 이렇게 말하자 크세르크세스는 그의 말에 마음이 흐뭇해져 대답했다. "뤼디아 친구여, 나는 페르시아 땅을 떠나온 뒤로 내 군대를 접대하려 하거나 내 앞에 나타나 자진해 내게 전쟁 비용을 대겠다는 사람을 그대 말고는 아무도 만난 적이 없소. 그대는 내 군대를 융숭하게 접대했을 뿐 아니라 거금을 내놓겠다고 약속했소. 그래서 나는 그대의 선물에 보답하려 하오. 나는 그대를 내 친구로 삼을 것이며, 내 금고에서 그대에게 4백만 스타테르를 채우는 데 부족한 7,000스타테르를 주어 4백만 스타테르가 다 차도록 해 줄 것이오. 그대가 갖고 있는 것을 그대로 간직하고, 부디 변하지 마시오. 그렇게 하면 그대는 지금도 나중도 결코 후회하는 일이 없을 것이오."

30 이렇게 말하고 크세르크세스는 말한 대로 실행한 뒤 계속해서 앞으로 나아갔다. 그는 아나우아라는 프뤼기아의 도시와 소금이 나는 호수 옆을 지나 프뤼기아의 대도시 콜롯사이에 도착했다. 이곳에서 뤼코스강은 땅이 갈라진 틈으로 사라졌다가 다시 모습을 드러내 5스타디온쯤 흐르다가 마이안드로스강과 합류한다. 군대는 콜롯사이에서 프뤼기아와 뤼디아의 국경을 향해 나아가다가 퀴드라라에 도착했다. 그곳에는 크로이소스가 세운 기둥이 땅에 박혀 있는데, 거기에는 그곳이 국경임을 말해 주는 글자가 새겨져 있다.

31 프뤼기아에서 뤼디아로 들어서면 길이 두 갈래로 갈리는데, 왼쪽 길은 카리아로, 오른쪽 길은 사르데이스로 통한다. 이 오른쪽 갈림길을 가게 되면 어쩔 수 없이 마이안드로스강을 건너 칼라테보스 시로 가야 하는데, 그곳의 기술자들은 위성류와 밀로 꿀을 만든다. 크세르크세스는 이 길을 가다가 플라타너스가 너무나 아름다운 것을 보고는 나무에 황금 장식을 하사한 다음 '불사(不死) 부대'[23]의 대원 중 한 명을 시켜 지키게 했다. 이튿날 그는 뤼디아의 수도에 도착했다.

32 사르데이스에 도착한 크세르크세스는 먼저 헬라스로 전령들을 보내 흙과 물을 요구하고 왕이 도착하면 환대할 준비를 해 두라고 통고했다. 그는 아테나이와 라케다이몬을 제외한 헬라스의 다른 도시들에만 전령을 보냈다. 그가 두 번째로 전령을 보내 흙과 물을 요구한 것은, 전에 다레이오스의 요구를 거절한 도시들이 이번에는 겁이 나 요구에 응하리라고 확신했기 때문이다. 그것을 확인하고 싶어 그는 전령을 보낸 것이다.

33 그런 다음 그는 아뷔도스로 진군할 준비를 하고 있었다. 한편 그의 부하들은 헬레스폰토스 해협에 아시아와 에우로페를 이어 줄 다리를 놓고 있었다. 헬레스폰토스의 케르소네소스에는 세스토스 시와 마뒤토스 시 중간쯤에 바위투성이의 곶이 아뷔도스 맞은편 바다로 튀어나와 있다. 이곳은 얼마 뒤 아리프론의 아들 크산팁포스 휘하의 아테나이인이 세스토스의 태수인 페르시아인 아르타윅테스를 사로잡아 산 채로

---

22 다레이오스 1세의 이름을 딴 주화 단위. 1다레이코스 스타테르는 약 8.35그램이다.
23 페르시아군의 정예부대.

책형에 처한 곳으로, 아르타윅테스는 엘라이우스에 있는 프로테실라오스의 신전으로 여자들을 데려오게 하여 불경한 짓을 일삼곤 했다.[24]

34 다리를 놓는 일을 할당받은 포이니케인과 아이귑토스인은 아뷔도스에서 이 곳을 향해 두 개의 다리를 놓았는데, 이때 포이니케인은 백색 아마 밧줄을, 아이귑토스인은 파피루스 밧줄을 사용했다. 아뷔도스에서 맞은편 해안까지의 거리는 7스타디온이다. 그런데 해협에 다리들이 놓였을 때 세찬 강풍이 일더니 다리를 덮쳐 산산이 부수어 버렸다.

35 이 소식을 들은 크세르크세스는 노발대발하며 헬레스폰토스에게 매 300대를 치고 바닷물에 족쇄 한 쌍을 내리라고 명령했다. 나는 그가 헬레스폰토스에 낙인을 찍도록 낙인 찍는 자들도 보냈다고 들었다. 아무튼 그가 헬레스폰토스에 매를 치며 다음과 같은 야만스런 말을 하게 한 것은 확실하다. "이 쓴 물아, 네게 아무런 해코지를 하지 않으신 우리 주인께 네가 해코지를 한 죄로 우리 주인께서 네게 이런 벌을 내리시는 것이다. 크세르크세스 대왕께서는 네가 원하든 원치 않든 너를 건너가실 것이다. 너처럼 탁하고 짠 강물에 아무도 제물을 바치지 않는 것은 당연한 일이지!" 크세르크세스는 바다를 그렇게 응징하게 하고 나서 헬레스폰토스에 다리를 놓는 일을 감독하던 자들의 목을 베게 했다.

36 이런 반갑잖은 일을 배정받은 자들은 명령받은 대로 했다. 그리고 다른 건설 기사들이 헬라스폰토스에 다음과 같은 방법으로 다시 다리를 놓았다. 즉 그들은 오십노선과 삼단노선을 나란히 묶어 그중 360척은 흑해 쪽 다리를, 314척은 다른 다리를 지탱하게 했다. 이 배들은 밧줄이 팽팽해지도록 흑해와는 직각을 이루고 헬레스폰토스의 조류와는 방

향이 같게 배치되었다. 배들을 그렇게 한데 모은 다음 양쪽에 거대한 닻을 내렸는데, 흑해 쪽 다리에서 닻을 내린 것은 흑해 안에서 불어오는 바람에 대처하기 위함이고, 서쪽의 아이가이온[25]해 쪽 다리에서 닻을 내린 것은 서풍과 남풍에 대처하기 위함이었다. 그들은 오십노선들과 삼단노선들 사이에 간격을 두어 작은 배들이 그것을 지나 마음대로 흑해를 출입할 수 있게 해 놓았다. 그러고 나서 밧줄들을 육지에 고정한 다음 나무 도르래로 팽팽하게 감았는데, 이번에는 각각의 다리에 한 종류의 밧줄만 사용되지 않고 각 다리에 백색 아마 밧줄 두 가닥과 파피루스 밧줄 네 가닥이 사용되었다. 두 종류의 밧줄은 굵기와 품질은 같지만, 1페퀴스에 1탈란톤이 나갈 만큼 아마 밧줄이 더 무겁다. 해협에 다리가 놓이자, 그들은 다리 너비만큼 긴 침목을 베어 와 팽팽한 밧줄들 위에 일렬로 가지런히 서로 묶었다. 그러고 나서 그들은 잔가지를 침목 위에 깔고 편평하게 고른 다음 그 위에 흙을 붓고 발로 흙을 다졌다. 끝으로 운반용 동물과 말이 바다를 내려다보고 놀라는 일이 없도록 양쪽에 울타리를 둘렀다.

37 마침내 다리가 완공되고, 아토스산의 공사도 모두 끝나 운하뿐 아니라 운하 입구가 모래로 메이는 것을 막아 주고 방파제 역할을 해 줄 운하 입구의 제방들도 완공되었다는 보고가 들어오자 사르데이스에서 겨울을 난 크세르크세스의 군대는 봄이 시작되자 만반의 준비를 갖추고 사르데이스를 떠나 아뷔도스로 진군했다. 그들이 막 출발했을 때, 구름 한 점 없는 쾌청한 날씨인데도 해가 하늘에 있는 제자리를 떠나 시

---

24 9권 116장.
25 에게해의 그리스어 이름.

야에서 사라지면서 낮이 밤이 되었다. 크세르크세스는 이 광경을 보자 근심이 되어 이 현상이 무엇을 의미하는지 마고스들에게 물었다. 마고스들이 말하기를, 신께서 헬라스인에게 그들의 도시들이 소멸할 것임을 암시하는 것이라며, 헬라스인에게는 해가, 페르시아인에게는 달이 예언을 하기 때문이라고 했다. 크세르크세스는 이 말을 듣자 크게 기뻐하며 행군을 계속했다.

38 그런데 뤼디아인 퓌티오스는 하늘의 전조에 놀랐다. 크세르크세스의 선물에 고무된 그는 군대를 인솔하고 있던 그를 찾아가 이렇게 말했다. "전하, 전하께 한 가지 청이 있사옵니다. 전하께서는 쉬이 들어주실 수 있사오나, 제게는 중대사이옵니다." 크세르크세스는 퓌티오스가 설마 그런 청을 하리라고는 꿈에도 생각지 않고, 청을 들어줄 테니 필요한 것이 무엇이냐고 물었다. 이 말을 듣자 퓌티오스는 안심하고 이렇게 말했다. "전하, 제게는 아들이 다섯 있사온데, 그들이 모두 전하를 모시고 헬라스로 진군해야 하옵니다. 전하, 부디 이 늙은이를 불쌍히 여겨, 저를 돌보고 제 재산을 관리할 수 있도록 그중 한 명을, 제 장남을 군역에서 면제해 주소서. 다른 네 명은 함께 데려가소서. 그리고 부디 뜻한 바를 모두 이루고 무사히 귀환하시기를!"

39 그러자 크세르크세스가 대로하여 다음과 같이 대답했다. "이런 고약한 사람 같으니라고! 나는 이렇게 내 아들들과 형제와 친척과 친구를 데리고 헬라스로 진군하는데, 그대가 감히 내 앞에서 그대의 아들 이야기를 하는 것인가? 그대는 내 노예이니 아내와 더불어 전 가족을 데리고 나를 따라야 마땅한데도. 알아 두시오, 사람의 마음은 귀 안에 살고 있소. 사람이 좋은 말을 들으면 몸이 기쁨으로 가득차지만, 나쁜 말을

들으면 노여움으로 부풀어 오르오. 그대가 내게 선행을 베풀고 또 다른 선행을 약속했다 하더라도 그대가 선행에서 왕을 능가했다고 자랑하지는 못할 것이오. 그대는 이번에 후안무치한 사람으로 변했으니 그대가 받아 마땅한 것보다 덜 받게 되리라. 그대에게는 나를 환대해 준 공이 있으니 그대와 그대의 네 아들의 목숨은 살려 주겠소. 그러나 그대가 특히 옆에 두고 싶어 하는 남은 아들은 그대로 말미암아 목숨을 잃게 되리라." 이렇게 대답하고 나서 그는 즉시 형리에게 명해 퓌티오스의 장남을 찾아내 두 토막으로 벤 다음 한 토막은 길 오른편에, 또 한 토막은 길 왼편에 갖다 놓아 군대가 그 사이를 지나가게 했다.

40 형리들은 명령에 따랐고, 군대는 그 사이로 지나갔다. 선두에는 수송대원과 운반용 동물이 나섰고, 온갖 부족이 뒤섞인 혼성부대가 그 뒤를 따랐다. 이들 두 집단이 반 이상 지나가자 얼마간의 간격을 두고 왕의 행렬이 나타났다. 1,000명의 페르시아 정예 기병이 왕의 행렬의 선두에 섰고, 역시 정예부대인 1,000명의 창병이 창을 아래로 향한 채 그 뒤를 따랐다. 네사이온산(産) 말이라는 신성한 말 10마리가 더없이 화려한 마구로 장식한 채 그 뒤를 따랐다. 네사이온산(産) 말이라는 이름은 이런 큰 말들이 나는 메디아 지방의 넓은 평야 네사이온에서 따온 것이다. 10마리의 말 뒤에는 백마 8필이 끄는 제우스[26]의 신성한 수레가 따랐다. 마부는 고삐를 들고 걸어서 뒤따라갔다. 사람은 아무도 이 마차를 타서는 안 되기 때문이다. 이번에는 네사이온산 말들이 끄는 수레를 타고 크세르크세스 자신이 뒤따랐다. 그의 옆에는 오타네스의 아들 파티람페스라는 페르시아인 마부가 서 있었다.

---

26 페르시아의 아후라마즈다(Ahuramazda).

41 이렇게 크세르크세스는 사르데이스를 출발했다. 생각이 나면 전차에서 내려 유개(有蓋) 마차로 갈아타곤 했다. 그의 뒤에는 가장 용감하고 가장 집안이 좋은 페르시아 창병 1,000명이 여느 때처럼 창끝을 위로 향한 채 따르고 있었고, 그 뒤에는 1,000명의 페르시아 정예 기병대가, 또 그 뒤에는 남은 페르시아인 중에서 정선된 1만 명의 보병이 따르고 있었다. 이 중 1,000명은 창 자루 끝에 창날 대신 황금 석류를 달고 나머지 9,000명을 에워싸고 있었고, 이들에 둘러싸인 9,000명은 창 자루 끝에 은제 석류를 달고 있었다. 창을 아래로 향한 채 행군하던 자들도 황금 석류를 달고 있었고, 크세르크세스 바로 뒤에서 행군하던 자들은 황금 사과를 달고 있었다. 1만 명의 보병 뒤에는 1만 명의 페르시아 기병대가 따랐다. 그 뒤로 2스타디온의 간격을 두고 나머지 부대가 한데 뒤섞여 행군하고 있었다.

42 그렇게 군대는 뤼디아에서 카이코스강과 뮈시아로 행군했고, 카이코스에서는 카네산을 왼쪽에 끼고 아타르네우스 지방을 지나 카레네 시로 행군했다. 그런 다음 테베 평야를 건너고 아트라뮛테이온과 펠라스고이족의 거주지인 안탄드로스 옆을 지났다. 그리고 이데산을 왼쪽에 끼고 일리온[27] 땅으로 들어섰다. 그들은 밤에 이데산 기슭에서 야영하다가 처음으로 천둥 번개의 기습을 받아 다수가 목숨을 잃었다.

43 군대가 스카만드로스강― 이 강은 군대가 사르데이스를 출발한 뒤로 사람과 가축이 다 마셔 버려 충분히 물을 대줄 수 없었던 첫 번째 강이었다―에 이르렀을 때 크세르크세스는 프리아모스[28]의 성채가 보고 싶어 그 위로 올라갔다. 주위를 둘러본 그는 그곳에서 일어난 사건의 전말을 듣고 나서 일리온의 아테나에게 소 1,000마리를 제물로 바쳤

고, 마고스들은 죽은 영웅들에게 헌주했다. 그날 밤 군대는 공포에 사로잡혔다. 그러나 날이 새자 그들은 로이테이온 시와 오프뤼네이온과, 아뷔도스와 경계를 맞대고 있는 다르다노스를 왼쪽에, 게르기테스족이라 불리는 테우크로스 자손의 땅을 오른쪽에 끼고 행군을 계속했다.

44 군대가 아뷔도스에 도착하자 크세르크세스는 전군을 관병(觀兵)하고 싶었다. 특별히 그를 위해 언덕에 흰 대리석 단(壇)이 만들어져 있었는데, 아뷔도스인이 왕명을 받고 미리 만들어 둔 것이었다. 그곳에 앉아 그는 해안을 내려다보며 육군과 함대를 관병했다. 다 보고 나자 그는 조정 경기가 보고 싶었다. 그래서 조정 경기가 개최되었고, 포이니케의 시돈인이 우승했다. 크세르크세스는 조정 경기도, 군대도 마음에 들었다.

45 헬레스폰토스가 온통 함선으로 덮이고 아뷔도스의 해안과 들판이 사람들로 가득차 있는 것을 보자 크세르크세스는 처음에 자신을 행복하다고 기리다가 나중에는 눈물을 흘렸다.

46 처음에는 거리낌없이 제 의견을 말하며 크세르크세스의 헬라스 원정을 만류한 그의 숙부 아르타바노스는 그가 눈물을 흘리는 것을 보고 물었다. "전하, 전하의 지금 행동과 잠시 전 행동은 판이하옵니다. 잠시 전에는 전하께서 자신을 행복하다고 기리셨는데, 지금은 눈물을 흘리시니 말이옵니다." 크세르크세스가 대답했다. "인생이란 얼마나 짧은

---

27 트로이아의 다른 이름.
28 트로이아 전쟁 때 트로이아 왕.

지 생각하다가 비감(悲感)에 잠겼다오. 여기 있는 저토록 많은 사람 가운데 앞으로 100년 이상 살 사람은 아무도 없으니 말이오." 아르타바노스가 대답했다. "살다 보면 그보다 더 슬픈 일도 많사옵니다. 짧은 인생이지만 저들을 포함한 세상 사람 중에 더 오래 사느니 차라리 죽었으면 싶은 생각이 한 번이 아니라 가끔씩 들지 않을 만큼 행복한 사람은 한 명도 없사옵니다. 사고와 병고에 시달리다 보면 짧은 인생인데도 길어 보이옵니다. 그래서 죽음이 인간에게는 괴로운 인생으로부터의 가장 바람직한 도피처가 되는 것이옵니다. 그것을 보면 신께서 시기하신다는 것을 알 수 있사옵니다. 신께서는 인생이 얼마나 달콤한지 맛만 보여 주시기 때문이옵니다."

47 크세르크세스가 대답했다. "아르타바노스여, 인생은 그대가 말한 그대로니 인생 이야기는 더이상 하지 맙시다. 나쁜 것은 잊도록 합시다. 우리가 지금 손에 쥐고 있는 것은 좋은 것들이니 나쁜 것들은 잊도록 합시다. 말해 보시오. 만약 그대가 그토록 생생한 꿈을 꾸지 않았다면, 처음의 의견을 견지하며 나의 헬라스 원정을 말렸을 것 같소, 아니면 생각을 바꿨을 것 같소? 그 점을 솔직히 말해 주시오." 아르타바노스가 대답했다. "전하, 잘 때 나타난 꿈의 환영이 우리 둘이 바라는 대로 이루어졌으면 좋겠나이다. 하오나 저는 아직도 여전히 두려움에 안절부절못하겠나이다. 그럴 이유는 많지만, 전하께서는 무엇보다도 가장 무서운 적이 둘이나 있음을 제가 보고 있기 때문이옵니다."

48 크세르크세스가 대답했다. "그대는 이상한 사람이구려! 내게 가장 무서운 적이 둘이나 있다니 그게 대체 무슨 뜻이오? 그대는 우리 육군의 수가 부족하다고 여기시오? 헬라스 육군이 우리 육군보다 훨씬 수가

많으리라고 생각하시오? 아니면 우리 함대가 그들의 함대보다 규모가 작다고 생각하시오? 그것도 아니면 육군도 해군도 다 그들보다 규모가 작다고 생각하시오? 이 점에서 우리의 힘이 달린다고 생각되면 되도록 속히 더 모병을 하도록 합시다."

49 아르타바노스가 대답했다. "전하, 제정신이 있는 사람이라면 이런 육군이나 함대를 규모가 너무 작다고 나무라지 못할 것이옵니다. 그리고 전하께서 더 많은 군사를 모병하면 제가 말씀드린 두 적은 더 무서워질 것이옵니다. 두 적이란 바로 육지와 바다이옵니다. 생각건대 바다에는 폭풍이 불 때 전하의 이 함대를 받아 주고 안전하게 지켜 줄 만큼 큰 항구가 어디에도 없사옵니다. 그런 항구가 하나만 필요한 것이 아니라, 전하께서 지나가시게 될 해안을 따라 여러 곳에 있어야 하옵니다. 하온데 그런 항구들이 없는 만큼, 전하께서는 인간은 상황의 지배를 받는 것이지 상황을 지배하는 것이 아님을 아셔야 하옵니다. 그것이 제가 말씀드린 두 적 가운데 하나이고, 다른 적은 지금 말씀드리겠나이다. 육지는 다음과 같은 이유에서 전하의 적이옵니다. 적이 저항하지 않을 경우 전하께서 더 멀리 앞으로 나아가실수록 육지는 그만큼 더 위험해지옵니다. 인간은 성공에 물리지 않기 때문이옵니다. 제가 말씀드리고자 하는 것은, 적이 저항하지 않을 경우 전하께서 더 많은 땅을 얻게 되고 땅을 얻느라 더 많은 시간을 보내실수록 기아에 시달릴 위험이 더 커진다는 것이옵니다. 닥칠 수 있는 모든 것을 숙고해야 하기에 계획을 세울 때는 소심하지만 계획을 수행할 때는 용감한 사람이야말로 가장 유능한 사람일 것이옵니다."

50 크세르크세스가 대답했다. "아르타바노스여, 그대의 말은 구구절절이

옳은 말이오. 하지만 매사에 너무 소심하지 말고, 매사를 너무 숙고하지 마시오. 매사를 너무 숙고하다 보면 아무 일도 할 수 없을 것이오. 매사를 과감히 결행해 위험을 반쯤 감수하는 편이 매사에 소심해 위험을 전혀 감수하지 않는 편보다 더 나을 것이오. 그대가 모든 제안을 반박하며 확실히 안전한 대안을 제시하지 못한다면 그대는 다른 의견을 말하는 자 못지않게 잘못 짚을 수 있소. 그것은 둘이 비긴 것이오. 인간이 어떻게 안전한 길을 알 수 있겠소? 나는 알 수 없다고 생각하오. 이익은 매사를 숙고하며 머뭇거리는 자보다는 대개 행동할 준비가 되어 있는 자에게 돌아가기 마련이오. 페르시아가 얼마나 강력해졌는지 보시오. 선대의 왕들께서 그대처럼 생각했거나 그대 같은 사람의 조언에 귀를 기울이셨다면, 그대는 페르시아가 이토록 발전한 것을 보지 못했을 것이오. 그분들께서는 위험을 감수한 까닭에 페르시아를 이렇게 발전시켜 놓으셨소. 큰일은 큰 위험 없이는 이룰 수 없는 법이오. 그래서 우리는 그분들의 본보기를 따르는 것이오. 우리는 연중 가장 좋은 계절을 택해 행군하고 있으며, 온 에우로페를 정복하고 나서 무사히 귀향할 것이오. 기아에 시달리거나 다른 불상사를 당하지 않고 말이오. 지금 우리는 군량을 넉넉히 운반하고 있고, 어딜 가든 그곳 주민에게서 식량을 얻을 것이오. 우리는 유목민이 아니라 농경민을 향해 진격하고 있으니까요."

51 아르타바노스가 대답했다. "전하, 전하께서 제가 우려해서 드리는 말씀을 듣고 싶지 않으시다면 저의 이 한 가지 조언이라도 들어주소서. 할 일이 많으면 할 말도 많은 법이니까요. 퀴로스의 아드님 캄뷔세스께서는 아테나이를 제외한 온 이오니아를 정복해 조공을 바치는 속국으로 만드셨사온데, 전하께서는 이들 이오니아인을 절대로 그들의 모국

으로 데려가지 마소서. 우리는 그들의 도움 없이도 우리의 적을 제압할 수 있사옵니다. 그들이 우리와 함께 가게 되면 불한당이 되어 자신의 모국을 노예로 만들거나, 아니면 모국이 자유를 얻도록 도와줌으로써 가장 의로운 자들이 될 수밖에 없을 것이옵니다. 그들이 첫 번째 선택을 한다면 우리에게 그다지 큰 도움이 되지 않을 것이지만, 두 번째 선택을 한다면 우리 군대에 큰 해악을 끼칠 수 있사옵니다. 하오니 전하께서는 '시작할 때는 결과가 다 보이는 것이 아니다'라는 옛말이 옳음을 명심하소서."

52 크세르크세스가 대답했다. "아르타바노스여, 그대가 제시한 모든 의견 중 이오니아인이 배신하지 않을까 두렵다는 의견이야말로 가장 잘못된 것이오. 그들이 믿음직스럽다는 가장 확실한 증거를 우리는 갖고 있으며, 그에 대해서는 그대뿐 아니라 다레이오스왕의 스퀴타이족 원정에 참가한 모든 이가 증인이 될 수 있소. 전 페르시아군의 존망이 그들에게 달려 있을 때, 그들은 공정하고 충성스럽게 행동했고 전혀 악의를 품지 않았소. 그 밖에 그들은 우리 나라에 처자와 재산을 남겨 두고 왔으니, 배신할 엄두를 내지 못할 것이오. 그러니 그대는 그런 걱정은 말고 안심하고 내 집과 왕국을 지켜 주시오. 나는 모든 사람 가운데 오직 그대에게 내 왕홀(王笏)을 맡기기에 하는 말이오."

53 크세르크세스는 이렇게 말하고 아르타바노스를 수사로 돌려보낸 다음 페르시아인 중에 가장 명망 있는 자들을 다시 불러오게 했고, 그들이 모두 모이자 이렇게 말했다. "페르시아인들이여, 내가 그대들을 불러모은 것은 그대들이 용맹을 발휘해 우리 선조의 위대하고도 값진 업적을 훼손하는 일이 없도록 해 달라고 부탁하기 위함이오. 우리 모두

한마음으로 뭉쳐 최선을 다합시다. 우리가 추구하는 것은 우리 모두의 공동선(共同善)이기 때문이오. 하여 내 이르노니, 그대들은 용감하게 전쟁을 버텨 내시오. 듣자 하니 우리가 공격하는 자들은 용감한 자들이라 하오. 그렇다면 우리가 그들을 이길 경우, 우리에게 대항할 군대는 세상 어디에도 없을 것이오. 그러니 이제 페르시아 땅을 다스리시는 신들께 기도하고 나서 다리를 건넙시다."

54 그날은 바다를 건널 준비로 보내고, 이튿날 해가 뜨기를 기다렸다가 그들은 다리에 온갖 종류의 향을 피우고 길에 도금양 가지를 뿌렸다. 해가 뜨자 크세르크세스는 황금 잔으로 바다에 헌주하고, 자신이 에우로페 땅의 가장 먼 경계에 닿을 때까지 자신의 에우로페 원정을 방해할 만한 불상사가 일어나지 않게 해 달라고 태양에 기도했다. 기도를 마치자 그는 술잔과 함께 황금으로 만든 희석용 동이와 아키나케스라는 페르시아 칼을 헬레스폰토스에 던졌다. 그가 이 물건들을 태양에 바치는 제물로 바다에 던진 것인지, 아니면 자신이 헬레스폰토스에 매질한 것을 후회하며 그 보상으로 바다에 선물하려는지 나로서는 확언할 수 없다.

55 이런 일들이 모두 끝나자 바다를 건너는 일이 시작되었다. 보병과 전 기병대는 흑해 쪽 다리를 이용했고, 운반용 동물과 하인은 아이가이온 해 쪽 다리를 이용했다. 1만 명의 페르시아 군사로 이루어진 부대가 모두 화관을 쓴 채 앞장서고, 잡다한 부족으로 구성된 혼성부대가 그 뒤를 따랐다. 이 두 집단이 바다를 건너느라 하루가 그렇게 다 지나가고, 이튿날에는 기병대와 창끝을 아래로 내린 창병들이 선두에 섰는데, 이들도 화관을 쓰고 있었다. 그 뒤를 신성한 말들과 신성한 수레가 따르고,

이어서 크세르크세스 자신과 그를 호위하는 창병과 1,000명의 기병이 나타났다. 그 뒤를 나머지 육군이 따랐다. 그와 동시에 함대도 맞은편 해안으로 건넜다. 일설에 따르면, 왕이 맨 마지막으로 건넜다고 한다.

56 에우로페 쪽으로 건넌 크세르크세스는 자신의 군대가 매질을 당하며 건너오는 것을 지켜보고 있었다. 그의 군대는 7일 낮 7일 밤을 한시도 쉬지 않고 바다를 건넜다. 전해 오는 이야기에 따르면, 크세르크세스가 헬레스폰토스를 건넜을 때 그곳 주민 한 명이 이렇게 말했다고 한다. "제우스이시여, 왜 그대는 페르시아인으로 변장하고 제우스라는 이름 대신 크세르크세스라는 이름을 쓰시나이까? 헬라스를 쑥대밭으로 만드는 것이 그대의 소원이라면 혼자서도 그렇게 할 수 있거늘 어찌하여 세상 사람들을 다 데려오시나이까?"

57 페르시아군이 모두 에우로페 쪽으로 건너 행군을 막 시작했을 때 놀라운 전조가 나타났으니, 암말이 토끼를 낳은 것이다. 그 의미가 분명한데도 크세르크세스는 이를 아무렇지도 않게 여겼다. 그 의미란 크세르크세스는 자랑스럽고 위풍당당하게 헬라스 원정길에 오르겠지만 구사일생으로 자기 나라로 도망쳐 오게 되리라는 것이었다. 크세르크세스가 사르데이스에 머물 때에도 다른 전조가 나타났다. 노새가 암수 생식기가 다 달린 새끼를 낳았는데, 수컷 생식기가 암컷 생식기 위에 달려 있었다.

58 크세르크세스는 이 두 전조에도 아랑곳없이 육군을 이끌고 전진했다. 함대는 헬레스폰토스에서 나와 해안을 따라 육군과 반대 방향으로 항해하고 있었다. 말하자면 그들은 사르페돈곶을 향해 서쪽으로 나아갔

는데, 그곳에서 크세르크세스가 도착할 때까지 기다리라는 지시를 받은 것이다. 그러나 육군은 아타마스의 딸 헬레의 무덤을 오른쪽에, 카르디아 시를 왼쪽에 끼고 케르소네소스를 지나 동진했다. 아고라라는 도시의 가운데를 가로지른 뒤 그들은 이른바 멜라스만을 우회하고 이 만에 이름을 대준 멜라스강— 이 강은 군대에 충분히 물을 대주지 못하고 말라 버렸다 — 을 건넌 다음 아이올레스족의 도시 아이노스와 스텐토리스호를 지나 서진하다가 도리스코스에 도착했다.

59 도리스코스는 헤브로스라는 큰 강이 흘러 지나가는, 트라케 해안 지방의 넓은 평야이다. 그곳에는 도리스코스라는 페르시아 왕의 성채가 세워졌고, 다레이오스의 스퀴타이족 원정 이후 다레이오스에 의해 수비대가 배치되었다. 그래서 크세르크세스는 이곳이 군대를 정렬하고 인원 점검을 하기에 적당한 장소라고 여기고 그렇게 했다. 전 함대가 도착하자 크세르크세스는 선장들을 시켜 그들의 함선을 도리스코스 옆 해안으로 끌어올리게 했다. 유명한 세르레이온곶에서 끝나는 이 해안선은 옛날에는 키코네스족이 살았지만, 지금은 살레라는 사모트라케인의 도시와 또 다른 도시 조네가 자리잡고 있다. 선장들은 함선을 말리기 위해 이 해안선을 따라 뭍으로 끌어올렸다. 그사이 크세르크세스는 도리스코스에서 자신의 군사 수를 점검하게 했다.

60 각 부족이 얼마나 많은 인원을 전군에 제공했는지 나는 정확히 말할 수 없다. (그것을 기록해 둔 사람이 아무도 없기 때문이다.) 그러나 육군만 총 170만 명인 것으로 밝혀졌다. 인원 점검은 다음과 같은 방법으로 행해졌다. 한곳에 1만 명을 되도록 빈틈없이 밀집시킨 다음 그 주위에 원을 그리고는 그 1만 명을 내보내고 배꼽 높이로 담을 쌓는다. 그런 다

음 담을 친 공간 안으로 다시 다른 자들을 집어넣는 식으로 전체 인원 수를 점검했다. 인원 점검이 끝난 뒤 군대는 부족별로 편성되었다.

61 원정에 참가한 자들은 다음과 같다. 먼저 페르시아인의 복장을 볼작시면 머리에는 티아라라는 끝부분이 숙여지는 펠트 모자를 쓰고, 몸에는 소매가 달린 다채로운 키톤[29]과… 물고기 비늘처럼 보이는 철판 흉갑을 입고, 다리에는 바지를 입고 있었다. 그들은 통상적인 방패 대신 버들가지로 엮어 만든 방패를 들었는데, 방패 아래에는 화살통이 매달려 있었다. 그들은 또 단창(短槍)과 대궁(大弓)과 갈대로 만든 화살을 들고 다녔고, 혁대에는 오른쪽 허벅지를 따라 단검이 매달려 있었다. 그들의 지휘관은 크세르크세스의 아내 아메스트리스의 아버지 오타네스였다. 옛날에 헬라스인은 페르시아인을 케페네스족이라고 불렀다. 그러나 페르시아인은 자신들을 아르타이오이족이라고 불렀고, 그들의 이웃도 그들을 그렇게 불렀다. 그 뒤 다나에와 제우스의 아들 페르세우스가 벨로스의 아들 케페우스에게 갔다가 그의 딸 안드로메다에게 장가들었을 때, 아들이 태어나자 페르세스라고 이름 지어 주고는 그곳에 두고 왔다. 케페우스에게는 남손이 없었기 때문이다. 페르시아인이란 이름은 페르세스에게서 따온 것이다.

62 메디아인도 페르시아인과 같은 복장을 하고 행군했다. 이 복장은 원래 메디아 것이지, 페르시아 것이 아니었기 때문이다. 그들의 지휘관은 아카이메니다이가(家) 사람인 티그라네스였다. 옛날에는 모두들 메디

---

29 소매가 짧고 무릎까지 내려오는 셔츠의 일종.

아인을 아리오이족이라고 불렀지만, 콜키스의 메데이아[30]가 아테나이를 떠나 아리오이족의 나라에 왔을 때 그들도 이름을 바꾸었다고 메디아인 자신이 전하고 있다. 킷시아인도 펠트 모자 대신 두건을 쓰고 있다는 점 말고는 페르시아식 복장을 하고 행군했다. 킷시아인의 지휘관은 오타네스의 아들 아나페스였다. 휘르카니아인도 페르시아인과 같은 복장을 하고 있었는데, 그들의 지휘관 메가파노스는 훗날 바빌론의 태수가 되었다.

63 앗쉬리아인은 아주 이국적으로 엮은 까닭에 설명하기도 쉽지 않은 청동 투구를 머리에 쓰고 행군했다. 그들은 방패와 창과 아이귑토스 것과 비슷한 단검 말고도 쇠못을 박은 나무 몽둥이를 들고 있었고, 아마포 가슴받이를 착용했다. 그들을 헬라스인은 쉬리아인이라고 부르지만, 이민족은 앗쉬리아인이라고 부른다. 그들의 지휘관은 아르타카이에스의 아들 오타스페스였다.

64 박트리아인은 메디아인의 그것과 아주 비슷한 모자를 머리에 쓰고 행군했고, 갈대로 만든 박트리아산(産) 활과 단창을 들었다. 스퀴타이족인 사카이족은 끝이 뾰족하고 빳빳한 모자를 머리에 쓰고 있었고, 고유의 활과 단검 말고도 사가레스라는 전부(戰斧)를 들었다. 그들은 아뮈르기온 출신 스퀴타이족이지만 사카이족이라고 불린다. 페르시아인은 모든 스퀴타이족을 사카이족이라고 부르기 때문이다. 박트리아인과 사카이족의 지휘관은 다레이오스와 퀴로스의 딸인 아톳사의 아들 휘스타스페스였다.

65 인디아인은 무명으로 만든 옷을 입고 갈대 활과, 끝에 무쇠 촉이 달린

갈대 화살을 들고 있었다. 인디아인은 그렇게 무장하고 있었고, 그들의 지휘관은 아르타바테스의 아들 파르나자트레스였다.

66 아리오이족[31]은 메디아식 활로 무장한 것 외에는 박트리아인과 같았다. 아리오이족의 지휘관은 휘다르네스의 아들 시삼네스였다. 파르티아인, 코라스미오이족, 속도이족, 간다리오이족과 다디카이족은 박트리아인과 같은 무장을 하고 행군하고 있었다. 이 중 파르티아인과 코라스미오이족은 파르나케스의 아들 아르타바조스가, 속도이족은 아르타이오스의 아들 아자네스가, 간다리오이족과 다디카이족은 아르타바노스의 아들 아르튀피오스가 지휘했다.

67 카스피오이족[32]은 모피 옷을 입고 고유의 갈대 활과 단검을 들고 행군했다. 그들은 이렇게 무장하고 있었고, 그들의 지휘관은 아르튀피오스의 아우 아리오마르도스였다. 사랑가이족은 눈부시게 염색한 옷을 입고 무릎까지 오는 장화를 신고 활과 메디아식 창을 들었다. 사랑가이족의 지휘관은 메가바조스의 아들 페렌다테스였다. 팍튀에스족도 모피 옷을 입고 고유의 활과 단검을 들고 있었다. 팍튀에스족의 지휘관은 이타미트레스의 아들 아르타윈테스였다.

68 우티오이족과 뮈코이족과 파리카니오이족은 팍튀에스족처럼 무장하

---

30 영웅 이아손에게 버림받은 그녀는 아테나이의 아이게우스왕의 후처가 되었는데, 그의 아들 테세우스를 독살하려다 발각되어 아시아로 도망쳤다.

31 62장에 나오는 '아리오이족'과는 다른 부족인 것 같다.

32 카스피해 연안 주민.

고 있었다. 이 중 우티오이족과 뮈코이족은 다레이오스의 아들 아르사메네스가, 파리카니오이족은 오이오바조스의 아들 시로미트레스가 지휘했다.

69 아라비아인은 제이라[33] 외투에 혁대를 매고 시위를 풀면 양끝이 반대쪽으로 구부러지는 긴 활을 오른편에 들었다. 아이티오피아인은 표범과 사자 모피를 입고 있었고, 대추야자 나무를 가늘고 길게 잘라 만든 긴 활을 들었는데 길이가 4페퀴스 이상이었다. 그들의 화살들은 짧았고, 촉은 무쇠가 아니라, 인장 반지를 새기는 데 쓰는 돌을 간 것이었다. 그 밖에 그들은 끝에 영양 뿔을 갈아 붙인 창과 못을 박은 몽둥이를 들고 있었다. 싸움터에 나갈 때 그들은 몸의 반은 석고를, 다른 반은 진사(辰砂)를 바른다. 아라비아인과 아이귑토스 남쪽에 사는 아이티오피아인의 지휘관은 다레이오스와, 퀴로스의 딸 아르튀스토네의 아들 아르사메스였다. 다레이오스는 아내 중에서 그녀를 가장 사랑하여 금을 두드려 그녀의 입상을 만들게 했다.

70 아이귑토스 남쪽에 사는 아이티오피아인과 아라비아인은 아르사메스가 지휘했지만, 원정에 참가한 두 부류의 아이티오피아인 중 동방의 아이티오피아인은 인디아인의 부대에 배속되었다. 그러나 이들 아이티오피아인은 말과 머리털만 다를 뿐, 다른 아이티오피아인과 외모에서 차이점이 전혀 없었다. 동방의 아이티오피아인은 머리털이 곧지만, 리뷔에의 아이티오피아인은 세상 어느 민족보다 머리털이 곱슬곱슬하다. 아시아의 아이티오피아인의 무장은 대체로 인디아인의 그것과 같지만 두 귀와 갈기를 붙여 둔 채 벗긴 말 머리 가죽을 머리에 쓰고 있었다. 갈기는 투구의 깃털 장식 노릇을 했고, 말 귀는 꼿꼿이 세워 다녔다.

방어용 무구로 그들은 방패 대신 학(鶴)의 가죽을 들고 다녔다.

71 리뷔에인은 가죽옷을 입고 불에 단련해 창끝이 날카로워진 투창을 들고 왔다. 그들의 지휘관은 오아리조스의 아들 맛사게스였다.

72 파플라고니아인은 엮어 만든 투구를 머리에 쓰고, 자그마한 방패와 길지 않은 창과 그 밖에 투창과 단검으로 무장한 채 행군했다. 그리고 발에는 정강이 중간쯤 올라오는 고유의 장화를 신었다. 리귀에스족, 마티아노이족, 마리안뒤노이족과 쉬리아인은 파플라고니아인처럼 무장하고 있었다. 쉬리아인을 페르시아인은 캅파도키아인이라고 부른다. 파플라고니아인과 마티아노이족은 메가시드레스의 아들 도토스가, 마리안뒤노이족과 리귀에스족과 쉬리아인은 다레이오스와 아르튀스토네의 아들 고브뤼아스가 지휘했다.

73 프뤼기아인의 무장은 파플라고니아인의 그것과 거의 같았다. 마케도니아인에 따르면, 프뤼기아인이 에우로페인으로서 마케도니아인 가까이 살 때에는 브리게스족이라고 불렸지만, 아시아로 이주하면서 거주지와 함께 자신들의 이름도 '프뤼기아인'으로 바꾸었다고 한다. 아르메니아인은 프뤼기아인처럼 무장했는데, 그들은 프뤼기아의 이주민이었기 때문이다. 이들 두 부족은 다레이오스의 사위 아르토크메스가 지휘했다.

74 뤼디아인의 무장은 헬라스인의 그것에 가장 가까웠다. 옛날에 뤼디아

---

33 zeira.

인은 메오네스족이라고 불렸지만, 아튀스의 아들 뤼도스의 이름을 따 뤼디아인으로 개명(改名)했다. 뮈시아인은 고유의 투구를 머리에 쓰고 자그마한 방패와 불에 단련해 창끝이 날카로워진 투창으로 무장하고 있었다. 그들은 뤼디아의 이주민으로 올륌포스산[34]의 이름을 따 올 림피에노이족이라고 불린다. 뤼디아인과 뮈시아인의 지휘관은 다티스와 함께 마라톤에 침입한 아르타프레네스의 아들 아르타프레네스였다.

75 트라케인은 머리에 여우 가죽 모자를 쓰고 행군했는데, 몸에는 키톤 위에 다채로운 제이라를 두르고 있었고, 발에는 정강이까지 올라오는 사슴 가죽 장화를 신고 있었다. 그들은 투창과 가벼운 방패와 짧은 단검을 들고 있었다. 그들은 아시아로 건너간 뒤 비튀노이족이라고 불렸는데, 그들 자신의 말에 따르면, 전에는 스트뤼몬 강가에 살았던 까닭에 스트뤼모니오이족이라고 불렸다고 한다. 그들의 말에 따르면, 그들은 테우크로스 자손과 뮈시아인에 의해 고향에서 쫓겨났다고 한다. 이들 아시아 거주 트라케인은 아르타바노스의 아들 밧사케스가 지휘했다.

76 …[35]족은 무두질하지 않은 작은 소가죽 방패를 들고 있었다. 그들은 각자 뤼키아식 사냥용 창을 두 자루씩 들었고, 머리에는 청동 투구를 쓰고 있었다. 투구마다 역시 청동으로 만든 황소 귀와 뿔이 달려 있었고, 투구 장식도 부착되어 있었다. 그리고 정강이에는 진홍색 각반(脚絆)을 두르고 있었다. 그들의 나라에는 아레스의 신탁소가 있다.

77 메오네스족의 일파로 라소니오이족이라고 불리는 카벨레에스족은 킬리키아인처럼 무장하고 있었다. 그래서 그들의 무장은 킬리키아인 부

대를 언급할 때 기술하고자 한다. 밀뤼아스인은 단창(短槍)을 들었고 외투는 브로치로 여미었다. 그들 중 일부는 뤼키아식 활을 들었고 머리에는 가죽으로 만든 투구를 쓰고 있었다. 이들 모두를 휘스타네스의 아들 바드레스가 지휘했다.

78 모스코이족은 머리에 나무 투구를 썼고, 방패와 날이 긴 단창을 들었다. 티바레노이족과 마크로네스족과 못쉬노이코이족은 모스코이족처럼 무장하고 행군하고 있었다. 그들의 지휘관은 다음과 같다. 모스코이족과 티바레노이족은 다레이오스와 파르뮈스의 아들인 아리오마르도스가 지휘했다. 파르뮈스는 스메르디스의 딸로 퀴로스의 손녀였다. 마크로네스족과 못쉬노이코이족은 헬레스폰토스 연안에 있는 세스토스의 태수였던 케라스미스의 아들 아르타웍테스가 지휘했다.

79 마레스족은 머리에 고유의 엮어 만든 투구를 쓰고 있었고, 작은 가죽 방패와 투창을 들었다. 콜키스인은 머리에 나무 투구를 쓰고 있었고, 무두질하지 않은 작은 소가죽 방패와 단창을 들었고, 그 밖에 칼로 무장하고 있었다. 마레스족과 콜키스인의 지휘관은 테아스피스의 아들 파란다테스였다. 알라로디오이족과 사스페이레스족은 콜키스인처럼 무장하고 행군했는데, 이들은 시로미트레스의 아들 마시스티오스가 지휘했다.

---

34 여기서는 소아시아 뮈시아 지방에 있는 산.

35 부족 이름이 있었을 것으로 추정되는데, 피시다이족(Pisidai)이라는 이름이 있었을 것으로 보는 이들도 있다.

80 홍해[36]에서 온 섬 부족, 말하자면 페르시아 왕이 이른바 '뿌리뽑힌 자들'[37]을 정착시킨 여러 섬의 주민은 복장과 무장이 메디아인에 가장 가까웠다. 이들 섬 주민은 바가이오스의 아들 마르돈테스가 지휘했는데, 그는 1년 뒤[38] 뮈칼레 전투에서 페르시아군을 지휘하다가 전사했다.[39]

81 이상이 보병에 소속되어 뭍길로 행군한 부족이다. 이들 보병을 지휘한 자들의 이름은 이미 말한 바 있는데, 그들의 업무는 부대를 편성하고 인원 점검을 하고 천인대장과 만인대장을 임명하는 것이었다. 백인대장과 십인대장은 만인대장이 임명했다. 그 밖에도 여러 단위의 부대장과 부족장이 있었지만, 지휘관은 앞서 말한 자들이었다.

82 이들 지휘관과 전 보병을 통할하는 최고사령부는 고브뤼아스의 아들 마르도니오스, 헬라스 원정에 반대한 아르타바노스의 아들 트리탄타이크메스— 이 두 사람은 다레이오스의 조카로 크세르크세스의 사촌들이었다— 오타네스의 아들 스메르도메네스, 다레이오스와 아톳사의 아들 마시스테스, 아리아조스의 아들 게르기스, 조퓌로스의 아들 메가뷔조스로 구성되어 있었다.

83 이들이 '1만 명'을 제외한 전 보병의 사령관이었다. 이 1만 명의 페르시아 정예부대는 휘다르네스의 아들 휘다르네스가 지휘했다. 그들은 '불사 부대'[40]라고 불렸는데, 그 까닭은 죽거나 병이 들어 부대에 결원이 생기면 즉시 다른 사람으로 충원되어 부대원은 1만 명을 넘지도 모자라지도 않았기 때문이다. 페르시아인은 장비도 전군에서 가장 훌륭했지만 가장 용감한 전사들이었다. 그들의 장비에 관해서는 이미 언급한 바 있다. 그 밖에도 그들은 보란 듯이 몸에 다량의 금을 차고 다녔다. 그

리고 덮개로 덮은 사륜거들이 그들을 뒤따르고 있었는데, 그 안에는 그들의 첩과 좋은 옷을 입은 수많은 하인이 타고 있었다. 그들의 식량은 다른 군사들을 위한 군량과는 별도로 낙타와 운반용 동물이 날랐다.

84 이들 부족은 모두 말을 탈 줄 알았다. 그러나 기병대를 제공한 것은 그들 모두가 아니라 다음의 부족뿐이었다. 페르시아 기병대는 그중 일부가 청동과 무쇠를 두드려 펴서 만든 투구를 머리에 쓰고 있다는 점 말고는 페르시아 보병과 장비가 같았다.

85 사가르티오이족이라는 유목민이 있는데, 그들은 인종과 언어는 페르시아계(系)이지만, 복장은 페르시아식과 팍튀이케식을 혼합한 것이다. 그들은 기병 8,000명을 제공했다. 이들 기병은 관습에 따라 단검 외에는 청동이나 무쇠로 만든 무기를 지니지 않고, 가죽띠로 꼰 밧줄을 쓴다. 이들은 싸움터에서 이 밧줄에 의존한다. 이들이 싸우는 방법은 다음과 같다. 이들은 적과 어우러져 싸우게 되면 끝에 올가미가 달린 밧줄을 던져 말이든 사람이든 잡히는 것은 무엇이든 자기 쪽으로 끌어당긴다. 그러면 적군은 올가미에 감겨 죽게 된다. 이것이 사가르티오이족의 전투 방식이다. 이들은 페르시아 기병대에 배속되었다.

86 메디아 기병대는 그들의 보병과 장비가 같았고, 그 점은 킷시아 기병대

36 여기서는 페르시아만.
37 anaspastoi. 고국에서 다른 지역으로 강제로 옮겨진 피정복민을 가리키는 말.
38 기원전 479년.
39 9권 102장.
40 athanatoi.

도 마찬가지였다. 인디아 기병대도 그들의 보병과 장비가 같았는데, 더러는 말을 더러는 말이나 야생 당나귀가 끄는 전차를 탔다. 박트리아 기병대도 그들의 보병과 장비가 같았고, 카스피오이족의 기병대도 마찬가지였다. 리뷔에 기병대도 그들의 보병과 장비가 같았는데, 그들도 모두 전차를 몰았다. 카스피오이족[41]과 파리카니오이족의 기병대도 그들의 보병과 장비가 같았다. 아라비아 기병대도 그들의 보병과 장비가 같았는데, 그들은 모두 말 못지않게 날랜 낙타를 몰았다.

87 이들 부족만이 기병대를 제공했다. 낙타와 전차를 제외하고 기병의 수만 8만 명이었다. 다른 기병대는 부대별로 정렬했는데, 아라비아 기병대는 후미에 배치되었다. 말은 낙타를 견디지 못하는지라 말이 놀라지 않게 하기 위해서였다.

88 기병대의 사령관은 다티스의 두 아들 하르마미트레스와 티타이오스였다. 이들과 함께 기병대를 지휘하던 세 번째 기병대 사령관 파르누케스는 병이 나서 사르데이스에 남았다. 그들이 사르데이스를 출발하려 했을 때 그는 불의의 사고를 당했는데, 그가 타고 있던 말의 다리 사이로 개 한 마리가 뛰어들자, 개가 오는 것을 미처 보지 못한 말이 깜짝 놀라 뒷다리로 서며 파르누케스를 내동댕이친 것이다. 말에서 떨어진 뒤 그는 피를 토하기 시작했고, 병은 결국 폐병으로 변했다. 그 말은 그의 하인들이 그가 시킨 대로 지체 없이 처치했는데, 하인들은 주인을 내동댕이쳤던 곳으로 말을 몰고 가 무릎쯤에서 두 다리를 잘라 버렸다. 이리하여 파르누케스는 기병대 사령관직에서 물러나게 되었다.

89 삼단노선의 수는 1,207척이었다. 이들 함선을 제공한 부족은 다음과

같다. 포이니케인은 팔라이스티네[42]에 사는 쉬리아인과 더불어 300척을 제공했는데, 그들의 장비는 다음과 같다. 그들은 머리에 헬라스 것과 흡사한 투구를 쓰고, 아마포로 만든 흉갑을 입고, 테가 없는 방패와 투창을 들고 있었다. 이들 포이니케인은, 그들 자신의 말에 따르면, 옛날에는 홍해[43] 연안에 살았지만 쉬리아의 해안 지대로 옮겨가 지금은 그곳에서 살게 되었다고 한다. 쉬리아의 이 지역은 아이귑토스에 이르기까지 모두 팔라이스티네라고 불린다. 아이귑토스인은 함선 200척을 제공했다. 그들은 머리에 엮어 만든 투구를 쓰고, 넓은 테를 단 옴폭한 방패와 해전용 창과 큼직한 전부(戰斧)를 들고 있었다. 그들은 또 대부분 흉갑을 입고 있었고, 큼직한 단검을 지니고 있었다.

90 그들의 장비는 그러했다. 퀴프로스인은 함선 150척을 제공했는데, 그들의 장비는 다음과 같았다. 그들의 왕족은 머리에 터번을 쓰고, 나머지 다른 사람들은 키톤을 입는 등 헬라스식 복장을 하고 있었다. 퀴프로스의 주민은, 그들 자신의 말에 따르면, 살라미스와 아테나이에서 온 자들, 아르카디아에서 온 자들, 퀴트노스에서 온 자들, 포이니케에서 온 자들, 아이티오피아에서 온 자들로 구성되어 있다고 한다.

91 킬리키아인은 함선 100척을 제공했다. 그들은 머리에 고유의 투구를 쓰고, 큰 방패 대신 무두질하지 않은 작은 소가죽 방패를 들고, 모직 키톤을 입고 있었다. 저마다 투창 두 자루와 아이귑토스의 검(劍)과 흡사

---

41 앞서 카스피오이족이 언급된 까닭에 중복을 피해 '카스페이로이족'(Kaspeiroi) 또는 '카시오이족'(Kasioi)으로 읽는 텍스트도 있다.
42 지금의 팔레스타인.
43 페르시아만.

하게 만든 칼을 가지고 있었다. 킬리키아인은 예전에는 휘파카이오이족이라고 불렸지만, 포이니케인으로 아게노르왕의 아들인 킬릭스의 이름을 따 지금의 이름을 갖게 되었다. 팜퓔리아인은 함선 30척을 제공했는데, 헬라스식으로 무장하고 있었다. 이들 팜퓔리아인은 트로이아가 함락되고 군대가 해산할 때 암필로코스와 칼카스[44]를 따르던 헬라스인의 자손이다.

92 뤼키아인은 함선 50척을 제공했다. 그들은 흉갑을 입고 정강이가리개를 차고, 꽃층층나무 활과 깃털 없는 갈대 화살과 투창을 지니고 있었다. 또 양어깨에 염소 가죽을 두르고 머리에는 빙 돌아가며 깃털을 꽂은 펠트 모자를 쓰고 있었고, 단검과 언월도로 무장하고 있었다. 뤼키아인은 원래 크레테에서 건너갔고 테르밀라이족이라고 불렸지만, 그 뒤 아테나이 사람으로 판디온의 아들인 뤼코스의 이름을 따 지금의 이름을 갖게 되었다.

93 아시아에 사는 도리에이스족은 함선 30척을 제공했다. 그들은 헬라스식으로 무장하고 있었고, 원래 펠로폰네소스에서 건너갔다. 카리아인은 함선 70척을 제공했으며, 언월도와 단검을 지니고 있다는 점 외에는 헬라스식으로 무장하고 있었다. 카리아인이 전에 어떻게 불렸는지는 이 책의 앞부분[45]에서 이미 언급한 바 있다.

94 이오네스족은 함선 100척을 제공했고, 헬라스인처럼 무장하고 있었다. 헬라스인의 말에 따르면, 이오네스족은 펠로폰네소스의 이른바 아카이아 지방에 살고 있었을 때는, 다시 말해 다나오스와 크수토스[46]가 펠로폰네소스에 나타나기 전에는 아이기알로스[47]의 펠라스고이족

이라고 불렸는데, 나중에 크수토스의 아들 이온의 이름을 따 이오네스 족이라고 불렸다고 한다.

95 섬 주민[48]은 함선 17척을 제공했고, 헬라스인처럼 무장하고 있었다. 그들도 원래 펠라스고이족이었지만, 훗날 아테나이에서 건너간 12도시의 이오네스족과 같은 이유에서 이오니아인이라고 불렸다.[49] 아이올레이스족은 함선 60척을 제공했고, 헬라스인처럼 무장하고 있었다. 헬라스인의 말에 따르면, 그들도 전에는 펠라스고이족이라고 불렸다고 한다. 헬레스폰토스 해협의 모든 도시, 다시 말해 폰토스[50] 지방에서 원정에 참가하는 모든 주민은 함선 100척을 제공했다. 이들의 장비는 헬라스인의 것과 같았다. 이들은 이오네스족과 도리에이스족의 이주민이었다. 아뷔도스는 원정에 참가하지 않았으니, 이곳 주민은 고향에 남아 다리를 지키라는 왕명을 받았기 때문이다.

96 그러나 모든 함선에는 페르시아인과 메디아인과 사카이족이 선원으로서 함께 승선하고 있었다. 가장 훌륭한 함선은 포이니케인이 제공한 함선이고, 포이니케 함선 중에서는 시돈의 함선이 가장 훌륭했다. 이

44 트로이아 전쟁 때 그리스군 진영의 예언자.
45 1권 171장.
46 다나오스는 이집트에서 건너와 아르고스의 왕이 된 사람이고, 크수토스는 고전 중이던 아테나이를 도우러 텟살리아에서 왔다가 공주와 결혼하고 왕이 되었다.
47 펠로폰네소스 북부 해안 지대.
48 에게해의.
49 1권 147장.
50 여기서는 흑해뿐 아니라 헬레스폰토스 해협, 프로폰티스해, 보스포로스 해협 주변 지역을 모두 가리키는 것으로 생각된다.

들 부족에게는 보병으로 편성된 부족의 경우와 마찬가지로 저마다 자국민 대장이 있었는데, 이 탐구 보고서에는 필요하지 않다고 생각되므로 그들의 이름은 언급하지 않을 것이다. 첫째, 이들 각 부족의 자국민 대장은 언급할 가치가 없기 때문이다. 둘째, 각 부족에는 그들의 도시 수만큼이나 많은 대장이 있기 때문이다. 그 밖에 이들 자국민 대장은 장군이 아니라, 졸병과 마찬가지로 노예나 다름없었기 때문이다. 개별 부족을 통합하는 실권을 쥔 페르시아인 사령관의 이름은 이미 말한 바 있다.

97 함대의 사령관은 다레이오스의 아들 아리아비그네스, 아스파티네스의 아들 프렉사스페스, 메가바테스의 아들 메가바조스, 다레이오스의 아들 아카이메네스였다. 이오니아 함대와 카리아 함대는 아리아비그네스가 지휘했는데, 그의 아버지는 다레이오스이고 어머니는 고브뤼아스의 딸이었다. 아이귑토스인의 함대는 크세르크세스의 친아우인 아카이메네스가, 그 밖의 다른 함대는 다른 두 사람이 지휘했다. 삼십노선, 오십노선, 소형 선박, 군마 운반선을 합쳐 함선의 수는 총 3,000척이었다.

98 함대 사령관 다음으로 함대에서 가장 명망 있는 자들은 시돈에서 온 아뉘소스의 아들 테트람네스토스, 튀로스에서 온 시로모스의 아들 맛텐, 아라도스에서 온 악발로스의 아들 메르발로스, 킬리키아에서 온 오로메돈의 아들 쉬엔네시스, 뤼키아에서 온 시카스의 아들 퀴베르니스코스, 퀴프로스에서 온 케르시스의 아들 고르고스와 티마고라스의 아들 티모낙스, 카리아에서 온 튐네스의 아들 히스티아이오스와 휫셀도모스의 아들 피그레스와 칸다울레스의 아들 다마시튀모스였다.

99 나머지 지휘관들은 그럴 필요가 없어 여기서 언급하지 않겠지만, 아르테미시아만은 언급하지 않을 수 없다. 여자의 몸으로 그녀가 헬라스 원정에 참가한 것에 감탄을 금할 수 없기 때문이다. 그녀는 남편이 죽고 난 뒤 정권을 장악했고, 다 자란 아들이 있고 전혀 강요받지 않았음에도 자진해 용맹심에서 원정에 참가했으니 말이다. 이름이 아르테미시아인 그녀는 뤽다미스의 딸로 친가 쪽은 할리카르낫소스 출신이고, 외가 쪽은 크레타 출신이었다. 그녀는 할리카르낫소스인, 코스인, 니쉬로스인과 칼뤼드나이인을 지휘했고, 5척의 함선을 제공했다. 그녀의 함선은 시돈인의 함선 다음으로 전 함대에서 가장 훌륭했다. 크세르크세스의 동맹군 중에 그에게 그녀보다 더 훌륭한 조언을 해 주는 자는 아무도 없었다. 그녀의 지휘를 받는다고 언급한 바 있는 도시의 주민은 모두 도리에이스족이라 할 수 있다. 할리카르낫소스인은 트로이젠에서, 다른 도시의 주민은 에피다우로스에서 건너갔기 때문이다.

100 함대에 관해서는 이쯤 해 두자. 군사의 인원 점검과 편성이 끝나자 크세르크세스는 몸소 군사 사이로 전차를 타고 지나가며 사열하고 싶었다. 나중에 그는 실제로 그렇게 했는데, 전차를 타고 각 부족 사이로 지나가며 일일이 질문을 했고, 서기들이 그것을 기록하는 가운데 군대의 한 쪽 끝에서 다른 쪽 끝으로 움직이며 기병도 보병도 모두 사열한 것이다. 그러고 나서 크세르크세스는 함선을 도로 바닷물로 끌어내리게 한 다음 전차에서 내려 시돈의 배로 갈아타고는 황금 차양 아래 앉아서 함선들의 이물 옆을 지나갔다. 여기서도 그는 일일이 보병에게 물었던 것과 같은 질문을 하며 그것을 기록해 두게 했다. 그전에 선장들은 해안에서 4플레트론쯤 배를 타고 나가 이물을 육지 쪽으로 향한 채 일렬로 닻을 내리고 있었고, 승무원들은 마치 전투를 위해서인 양 완전무장

하고 있었다. 그래서 그는 함선들의 이물과 해안 사이로 배를 타고 지나가며 사열한 것이다.

101 그 일을 마치고 일단 배에서 내리자 그는 사람을 보내 이번 헬라스 원정에 참가한 아리스톤의 아들 데마라토스를 불러오게 하더니 다음과 같이 물었다. "데마라토스여, 나는 지금 내가 알고 싶은 것을 그대에게 묻고 싶소. 그대는 헬라스인이며, 그것도 헬라스의 가장 중요하고 가장 강력한 도시 중 한 도시의 출신이라고 그대 자신에게, 그리고 내가 면담한 다른 헬라스인에게 들었소. 그러니 말해 보시오. 헬라스인이 감히 내게 대항할까요? 설령 온 헬라스인과 그 밖에 서방에 거주하는 부족이 다 모인다 해도 공동전선을 펴지 않는 한 내 공격을 제지할 수 없을 것 같은데 말이오. 나는 이에 대해 그대가 어떤 말을 하는지 한번 듣고 싶소." 이런 질문을 받자 데마라토스가 대답했다. "전하, 사실대로 대답할까요, 아니면 마음에 드시는 대답을 할까요?" 그러자 크세르크세스가 그에게 사실대로 말하라며, 그래도 그를 이전보다 덜 총애하지는 않겠다고 약속했다.

102 이 말을 듣고 데마라토스는 이렇게 말했다. "전하, 전하께서 나중에 거짓말로 드러날 것은 말하지 말고 진실만을 말하라고 제게 명령하시니, 말씀드리겠나이다. 헬라스는 원래 가난한 나라로 지혜와 엄격한 법 덕분에 용기를 갖게 되었고, 또 용기 덕분에 가난과 독재를 물리칠 수 있었사옵니다. 저는 도리에이스족의 거주 지역에 사는 모든 헬라스인을 칭찬하지만, 지금 제가 말씀드리고자 하는 것은 그들 모두가 아니라 라케다이몬인에 국한되옵니다. 첫째, 그들은 헬라스를 노예로 만들게 될 전하의 제안을 절대로 받아들이지 않을 것이옵니다. 둘째, 그들은 다

른 헬라스인이 모두 전하에게 투항한다 하더라도 전하에 맞서 싸울 것이옵니다. 그들이 과연 그럴 수 있는지 그들의 수에 관해서는 묻지 마소서. 그들에게 전하와 맞설 사람이 1,000명 또는 1,000명 안팎밖에 없다 하더라도 그들은 전하와 맞서 싸울 것이옵니다.”

103 그 말을 듣고 크세르크세스가 웃으며 말했다. “데마라토스여, 대체 무슨 말을 하는 거요? 1,000명이 이런 대군과 상대한다고! 그대는 자신이 그들의 왕이었다고 말하곤 하는데, 자, 말해 보시오. 그대는 지금 당장 10명을 상대로 싸울 자신이 있소? 물론 없겠지요. 그대가 그대들의 정치제도에 관해 말한 것이 사실이라면, 그대는 그들의 왕인 만큼 그대들의 법에 따라[51] 갑절의 적을 상대해야 할 것이오. 라케다이몬인 한 명이 내 군사 10명을 상대할 수 있다면, 그대는 20명을 상대할 수 있어야 하오. 그래야 그대가 한 말이 앞뒤가 맞소. 그러나 그들이 그대나, 나를 만나러 왔던 다른 헬라스인과 같은 종류의 사람들이고 체격도 같다면 그대가 한 말이 허풍이 되지 않도록 조심하시오. 자, 이 문제를 합리적으로 생각해 봅시다. 1,000명 또는 1만 명 또는 5만 명이 저마다 똑같이 자유롭고 한 명의 지휘를 받지 않는다면 어떻게 이런 대군에 맞설 수 있겠소? 그들이 5,000명이라면 우리는 그들 한 명에 1,000명 이상이 될 것이오. 그들이 우리처럼 한 명의 지휘를 받는다면, 이 한 명이 두려워 실력 이상으로 선전하고 채찍질에 쫓겨 수적으로 더 우세한 적을 공격하겠지요. 그러나 각자가 제멋대로 한다면 그들은 그중 어느 것도 하려 하지 않을 것이오. 생각건대 헬라스인은 수적으로 대등하다 하더라

---

51 스파르테 왕들이 회식 때 갑절의 음식을 배식받는 것을 빗대어 말한 것 같다. 6권 57장.

도 페르시아인만을 상대하기도 어려울 것이오. 그대가 말하는 자질을 가진 것은 페르시아인뿐이며, 그것도 소수만이 갖고 있소. 실제로 내 호위대의 페르시아인 중에는 한꺼번에 세 명의 헬라스인과 싸우기를 원하는 자들이 더러 있지요. 하거늘 그대는 그런 줄도 모르고 허튼소리를 하고 있구려."

104 데마라토스가 대답했다. "전하, 제가 진실을 말씀드리면 전하께서 좋아하시지 않을 줄 처음부터 알았지만, 전하께서 진실을 사실대로 말하라고 강요하시기에 스파르테인의 실정을 말씀드린 것이옵니다. 하지만 제가 그들을 별로 사랑하지 않는다는 것은 전하께서 가장 잘 알고 계시나이다. 그들은 내 왕위와 조상 대대로 내려오는 내 특권을 빼앗고, 나를 나라 없는 망명자로 만들었지요. 하오나 전하의 부왕께서는 저를 받아들여 생계비를 대주시고 집도 마련해 주셨사옵니다. 제정신이 있는 자라면 당연히 이런 호의를 거절하지 않고 진심으로 고마워할 것이옵니다. 저는 열 명 또는 두 명과 싸울 수 있다고 주장하지 않으며, 그럴 필요가 없다면 일대일로도 싸우고 싶지 않나이다. 하오나 그럴 수밖에 없거나 큰 상(賞)이 저를 유혹한다면 저는 혼자서 세 명의 헬라스인을 상대할 수 있다고 주장하는 전사 중 한 명과 기꺼이 싸울 것이옵니다. 라케다이몬인은 일대일로 싸울 때는 누구 못지않게 잘 싸우고 집단으로 싸울 때는 세상에서 가장 용감하옵니다. 그들은 자유롭지만 전적으로 자유롭지는 않사옵니다. 그들의 주인은 법이며, 그들은 전하의 신하들이 전하를 두려워하는 것 이상으로 법을 두려워하옵니다. 아무튼 그들은 법이 명하는 대로 행동하는데, 법의 명령이란 언제나 같사옵니다. 즉 아무리 많은 적군을 만나더라도 싸움터에서 도망치지 말고 대열을 지키며 버티고 서서 이기든 죽든 하라는 것이옵니다. 제가 드리는

말씀이 허튼소리로 들리신다면 이제부터는 입다물겠나이다. 전하께서 말하라고 명령하셨기에 말씀드렸을 뿐이옵니다. 전하, 만사가 전하의 뜻대로 되기를 바라겠나이다."

105 데마라토스는 그렇게 말했다. 크세르크세스는 성내기는커녕 웃으며 그를 고이 돌려보냈다. 이 대화가 있은 뒤 크세르크세스는 다레이오스가 임명한 태수를 해임하고 메가도스테스의 아들 마스카메스를 도리스코스의 태수로 임명한 다음 군대를 거느리고 트라케를 지나 헬라스로 진격했다.

106 그가 도리스코스에 남겨 두고 간 이 마스카메스는 탁월한 인물이었다. 그래서 크세르크세스는 그 자신이나 다레이오스가 임명한 태수 가운데 그를 가장 훌륭한 태수로 여기고, 해마다 그에게 선물을 보냈다. 마찬가지로 크세르크세스의 아들 아르타크세르크세스도 훗날 마스카메스의 자손에게 선물을 보냈다. 이번 원정에 앞서 트라케와 헬레스폰토스 지방에 임명된 페르시아 태수들은 전쟁이 끝난 뒤 도리스코스의 태수를 제외하고는 모두 헬라스인에 의해 축출되었다. 여러 사람이 나서서 도리스코스의 마스카메스를 축출하려고 애썼지만 아무도 성공하지 못했다. 그래서 누가 페르시아 왕이 되건 그에게 계속해서 선물을 보낸 것이다.

107 헬라스인에 의해 축출된 태수 가운데 크세르크세스왕은 에이온의 태수 보게스 외에는 어느 누구도 용감한 사람으로 여기지 않았다. 크세르크세스는 입에 침이 마르도록 그를 칭찬했고, 페르시아에서 살고 있던 그의 아들들을 남달리 우대했다. 보게스는 실제로 크게 칭찬받을 만했

기 때문이다. 밀티아데스의 아들 키몬 휘하의 아테나이인이 에이온을 포위공격했을 때, 그는 휴전협정을 맺고 그곳을 떠나 아시아로 무사히 돌아갈 수 있었지만 비겁하게 살아남았다는 인상을 왕에게 주고 싶지 않아, 그러지 않고 끝까지 버텼다. 성채에 식량이 바닥나자 그는 큰 장작더미를 쌓고 자식과 아내와 첩과 하인을 죽여 불 위에 던졌다. 그런 다음 그는 도성 안에 있던 금과 은을 모두 성벽에서 스트뤼몬강에 쏟아 버리고 나서 자신도 불속으로 뛰어들었다. 그래서 그는 당연한 일이지만 오늘날에도 여전히 페르시아인의 존경을 받고 있다.

108 크세르크세스는 도리스코스를 떠나 헬라스로 행군하며, 도중에 만난 모든 부족을 원정에 참가하도록 강요했다. 앞서 설명했듯이,[52] 텟살리아에 이르는 전 지역이 처음에는 메가바조스에 의해, 나중에는 마르도니오스에 의해 정복되어 노예가 되고 조공을 바치는 속국이 되었기 때문이다. 도리스코스를 출발한 뒤 그는 먼저 사모트라케의 성채 옆을 지나갔는데, 그중 맨 서쪽에 있는 도시는 이름이 메셈브리에이다. 그 옆으로 스트뤼메라는 타소스인의 도시가 있다. 두 도시 사이에 리소스강이 흐르는데, 당시 이 강은 물이 달려 크세르크세스의 군대에 충분히 물을 대주지 못했다. 그 지역은 전에는 갈라이케라고 불렸지만, 지금은 브리안티케라고 불린다. 엄밀히 말해 이 지역도 도리스코스처럼 키코네스족의 영토 안에 있다.

109 크세르크세스는 말라 버린 리소스강의 강바닥을 건넌 뒤 헬라스 도시인 마로네이아, 디카이아, 압데라 옆을 지나갔다. 이때 그는 또 이름난 호수들 옆을 지났는데, 마로네이아와 스트뤼메 사이에 있는 이스마리스호와 트라우오스와 콤프사토스라는 두 강이 물을 쏟아붓는 디카이

아 시 근처의 비스토니스호가 그것이다. 압데라 근처에는 그가 지나갈 만한 이름난 호수가 하나도 없었다. 대신 그는 바다로 흘러드는 네스토스강을 건넜다. 그다음 그는 타소스인이 육지에 세운 도시들 옆을 지나갔다. 그중 한 곳에 둘레가 30스타디온쯤 되는 호수가 있는데, 물고기가 많고 소금기가 아주 많다. 이 호수는 운반용 동물만 마셨는데도 말라 버렸다. 그곳의 도시는 이름이 피스튀로스이다. 크세르크세스는 이들 헬라스 해안 도시를 왼쪽에 끼고 서쪽으로 행군했다.

110 크세르크세스가 그 영토를 통과한 트라케 부족은 파이토이족, 키코네스족, 비스토네스족, 사파이오이족, 데르사이오이족, 에도노이족, 사트라이족이다. 그중 바닷가에 거주하는 부족은 배를 타고 따라갔고, 앞서 언급한 바 있는 내륙 부족은 사트라이족을 제외하고는 모두 강제로 보병에 편입되어 따라갔다.

111 사트라이족은 우리가 아는 한 어느 누구에게도 예속된 일 없이 트라케 부족 가운데 유일하게 오늘날까지 줄곧 독립을 유지해 왔다. 그들은 온갖 수목이 우거진 눈 덮인 고산지대에 사는 용맹무쌍한 전사이기 때문이다. 그들은 유명한 디오뉘소스 신탁소를 갖고 있는데, 그 신탁소는 산꼭대기에 있으며 이 신탁소에서의 예언은 벳소이족이라는 사트라이족의 한 지파(支派)가 풀이한다. 신탁은 델포이에서처럼 예언녀에 의해 전달되며 델포이의 것보다 더 정교하지는 않다.

112 크세르크세스는 이 지역을 뒤로하고 피에리아인의 성채들 옆을 지나

---

52 5권 1~2장, 6권 44~45장.

갔는데, 그중 하나는 이름이 파그레스이고, 다른 하나는 페르가모스이다. 그는 크고 높은 팡가이온산을 오른쪽에 끼고 바로 이 성채들 옆을 지나 나아갔다. 팡가이온산의 금광과 은광은 피에리아인과 오도만토이족과 특히 사트라이족이 채굴한다.

113 팡가이온산 북쪽에는 파이오니아인과 도베레스족과 파이오플라이족이 살고 있다. 그는 이들의 나라 옆을 지나 서쪽으로 나아가 스트뤼몬강과 에이온 시에 도착했는데, 그곳의 태수는 잠시 전에 언급한 보게스였다. 그때만 해도 그는 살아 있었다. 팡가이온산 주변 지역은 퓔리스라고 불리는데, 서쪽으로는 스트뤼몬강의 지류인 앙기테스강까지, 남쪽으로는 스트뤼몬강까지 뻗어 있다. 마고스들이 좋은 전조를 바라고 스트뤼몬강에 백마들을 제물로 바쳤다.

114 하신(河神)에게 그 밖에도 여러 가지 주술(呪術)을 행한 뒤 그들은 에도노이족의 나라에 있는 엔네아 호도이[53]에서 강을 건넜는데, 그곳에서 스트뤼몬강에 다리들이 놓여 있는 것을 발견했기 때문이다. 그곳의 지명이 엔네아 호도이라는 말을 듣고 그들은 그곳의 토착민 소년 9명과 소녀 9명을 생매장했다. 사람을 생매장하는 것은 페르시아의 관습이다. 왜냐하면 크세르크세스의 아내 아메스트리스도 늙었을 때 지하에 산다는 신에게 호감을 사려고 페르시아 명문가 자제 14명을 생매장하게 했다고 나는 들었기 때문이다.

115 군대는 스트뤼몬강을 출발해 서쪽으로 행군해 헬라스의 도시 아르길로스가 자리잡은 해안 지대 옆을 지나갔다. 그곳의 해안 지대와 내륙지방은 비살티아라고 불린다. 그곳에서부터 크세르크세스는 포시데이

온만을 왼쪽에 끼고 이른바 쉴레오스 평야를 건너고 헬라스 도시 스타게이로스[54] 옆을 지나 아칸토스에 도착했다. 그러면서 그는 도로 연변에 사는 각 부족과 팡가이온산 주위에 사는 부족을 함께 데리고 갔는데, 그 방법은 앞서 말한 부족의 경우와 같았으니, 해안 지대에 사는 부족은 함선을 타고 종군했고, 내륙에 사는 부족은 보병으로 종군했다. 크세르크세스왕과 그의 군대가 지나간 길은 트라케에서는 오늘날까지도 경배의 대상이 되어 트라케인은 그 길을 갈아엎거나 그곳에 씨를 뿌리지 않는다.

116 아칸토스에 도착하자 크세르크세스는 그곳 백성이 전의(戰意)에 넘치는 것을 보고, 또 그들이 운하[55] 파는 데 열성적이었다는 말을 듣고는 그들과 우호 동맹을 맺고 메디아식 의복을 한 벌 하사하며 치하했다.

117 크세르크세스가 아칸토스에 머물고 있는 동안 운하 공사를 감독하던 아르타카이에스가 병으로 죽었다. 그는 아카이메니다이가(家) 사람으로 크세르크세스의 신망이 두터웠다. 그는 페르시아에서 가장 키가 컸고(5왕실페퀴스에서 4닥튈로스가 모자랐으니까)[56] 세상에서 가장 목소리가 컸다. 그가 죽자 크세르크세스는 몹시 애석해하며 후히 장례를 치른 뒤 묻어 주게 했다. 전군이 봉분 쌓는 일을 도왔다. 아칸토스인은 신탁의 지시에 따라 이 아르타카이에스를 영웅으로 모시고 그에게 제

---

53 Ennea hodoi('아홉 갈래 길'). 에이온에서 상류 쪽으로 25스타디온쯤 떨어져 있는 이곳에 아테나이인이 기원전 437년에 암피폴리스라는 도시를 세웠다.

54 철학자 아리스토텔레스가 태어난 곳.

55 아토스 운하.

56 약 2미터 35센티미터.

물을 바치며 이름을 부른다. 크세르크세스왕은 아르타카이에스의 죽음을 그만큼 애석해했다.

118 군대를 받고 크세르크세스를 접대한 헬라스인은 완전히 영락해 살던 집을 떠날 수밖에 없었다. 예컨대 타소스인이 육지에 있는 자신들의 도시를 위해 크세르크세스의 군대를 접대하고 식사를 제공했을 때, 타소스섬에서 누구 못지않게 명망이 높은, 오르게우스의 아들 안티파트로스가 그 일을 주선하도록 선임되었는데, 그는 식사 비용으로 은 400탈란톤이 들었다고 장부를 보여 주었다.

119 다른 도시들에서 군대를 접대하는 일을 맡았던 자들이 제출한 금액도 이와 비슷했다. 접대는 오래전에 미리 통고되고 중대사로 간주되었기 때문에 다음과 같이 진행되었다. 명령을 전하며 돌아다니는 왕의 전령에게 통고받자마자 해당 도시의 시민들은 모두들 곡식을 분배받고 밀가루와 보릿가루를 빻는 데 여러 달을 소비했다. 그들은 또 가축도 돈을 주고 살 수 있는 가장 좋은 것을 골라내어 살찌우는가 하면 군대를 접대하려고 뭍에 사는 가금류는 새장에서, 물에 사는 가금류는 연못에서 키웠다. 그들은 금과 은으로 술잔과 포도주 희석용 동이와 그 밖의 다른 식탁용 식기류를 만들었다. 이것들은 왕이나 왕과 함께 식사하는 자들을 위해 만들어졌고, 다른 군사들에게는 음식만 제공하면 되었다. 군대가 도착하면 크세르크세스가 쉴 수 있도록 천막이 쳐졌고, 다른 군사들은 야영을 했다. 식사 시간이 되면 주인들은 죽을 고생을 하고 손님들은 배불리 먹었다. 그런 다음 그들은 그곳에서 밤을 보내고 이튿날 아침 천막을 걷고는 가져갈 수 있는 집기는 모두 챙겨 갖고 떠났고, 한점도 뒤에 남기지 않았다.

120 그래서 그 당시 압데라 시민 메가크레온이 명언을 남겼는데, 그는 압데 라 시민들에게 모두들 아내를 데리고 그들의 신전으로 가서 앞으로 닥 칠 재앙을 반이라도 면하게 해 달라고 신에게 탄원하고, 지나간 재앙에 대해서는 크세르크세스왕이 하루에 두 번 식사하지 않으니 감지덕지 하라고 조언했다. 왜냐하면 압데라 시민들이 저녁 식사 외에 그만큼 푸 짐한 아침 식사까지 준비하라는 명령을 받았다면 크세르크세스가 오 기 전에 도망쳐야 했거나, 아니면 그가 오기를 기다리다가 살림이 거덜 나 세상에서 가장 비참해졌을 것이기 때문이다.

121 아무튼 힘에 부쳤지만 여러 도시의 시민들은 명령받은 대로 이행했다. 아칸토스에서 크세르크세스는 함대를 먼저 내보내며 함대 사령관들 에게 테르메 시에서 대기하라고 명령했는데, 그것이 최단거리라는 것 을 알았기 때문이다. 테르메 시는 테르메만(灣)에 자리잡았는데, 만 이 름은 도시 이름을 딴 것이다. 도리스코스에서 아칸토스까지 육군은 크 세르크세스의 명령에 따라 세 부대로 나뉘어 행군했다. 그중 한 부대는 마르도니오스와 마시스테스 지휘하에 함대와 보조를 맞추며 해안을 따라 행군하게 했고, 두 번째 부대는 트리탄타이크메스와 게르기스 지 휘하에 내륙으로 행군하게 했으며, 세 번째 부대는 스메르도메네스와 메가뷔조스 지휘하에 두 부대 사이를 행군하게 했는데, 크세르크세스 자신은 이 부대와 함께 행군했다.

122 크세르크세스가 먼저 내보낸 함대는 아토스 반도에 파 놓은 운하를 지 나 앗사, 필로로스, 싱고스, 사르테 시가 자리잡은 만으로 나아갔고, 이 도시들에서도 군사를 징발한 다음 테르메만으로 향했다. 함대는 토로 네 땅에 있는 암펠로스곶을 돌아 헬라스 도시들인 토로네, 갈렙소스,

세르뮐레, 메퀴베르나, 올륀토스를 경유하며 이 도시들에서도 선박과 군사를 징발해 갔다. 이 지방은 시토니아라고 불린다.

123 크세르크세스의 함대는 암펠로스곶에서 카나스트라이온곶으로 직행했는데, 카나스트라이온곶은 팔레네반도에서 바다 쪽으로 가장 돌출한 곳이다. 그러고 나서 지금은 팔레네라고 불리지만 전에는 플레그라라고 불렸던 반도에 자리잡은 도시들인 포테이다이아, 아퓌티스, 네아폴리스, 아이게, 테람보스, 스키오네, 멘데, 사네에서 선박과 군사를 징발했다. 그리고 이 지역을 지나 목적지로 나아가며 팔레네반도에서 가깝고 테르메만에 면해 있는 도시들, 말하자면 리팍소스, 콤브레이아, 리사이, 기고노스, 캄프사, 스밀라, 아이네이아에서도 군사를 징발했다. 이 도시들이 위치한 지방은 크롯사이에라고 불린다. 이중 내가 마지막으로 언급한 도시인 아이네이아를 지나며 함대는 어느새 테르메만에 들어서서 뮉도니아 지방으로 향하고 있었다. 마침내 함대는 목적지인 테르메 시와, 뮉도니아 지방과 봇티아이이스 지방의 경계를 이루는 악시오스 강가에 있는 도시들인 신도스와 칼레스트라에 도착했는데, 봇티아이이스 지방에는 좁은 해안 지대에 이크나이 시와 펠라 시가 자리잡고 있다.

124 함대는 악시오스강의 하구에서 테르메 시에 이르는 해안 지대와 그 사이에 있는 도시들의 앞바다에 닻을 내리고 왕이 도착하기를 기다리고 있었다. 한편 크세르크세스와 육군은 아칸토스를 출발해 뭍길로 목적지인 테르메로 직행했다. 그들은 파이오니아 지방과 크레스토니아 지방을 지나 에케이도로스강으로 행군했는데, 이 강은 크레스토니아 지방에서 발원해 뮉도니아 지방을 지나 악시오스강의 늪지대로 흘러

든다.

125 그들이 이 지방들을 통과하고 있을 때 밤마다 사자들이 소굴에서 내려와 군량을 운반하던 낙타들을 습격했다. 사자들은 다른 운반용 동물이나 사람은 해코지하지 않고 낙타만 도륙했다. 도대체 무슨 이유로 사자들이 다른 동물은 내버려두고, 전에는 본 적도 마주친 적도 없는 낙타만 습격했는지 나로서는 이해할 수 없다.

126 이 지방들에는 사자도 많지만, 야생 소도 많아 그것의 엄청나게 큰 뿔이 헬라스로도 수입되곤 한다. 사자의 서식지는 압데라 지역을 흘러가는 네스토스강과 아카르나니아 지방을 흘러가는 아켈로오스강 사이다. 네스토스강 동쪽의 동부 에우로페나 아켈로오스강 서쪽의 다른 대륙 지역에서는 어느 곳에서도 사자를 볼 수 없다. 사자는 이 두 강 사이에서만 발견된다.

127 테르메에 도착하자 크세르크세스는 그곳에 군대를 야영시켰다. 야영하는 그의 군대는 뮉도니아 지방의 테르메에서 뤼디아스강과 할리아크몬강에 이르는 해안 지대를 모두 차지했는데, 이 두 강은 합류해 봇티아이이스 지방과 마케도니아 지방의 경계를 이룬다. 침입자들이 이 지역들에 야영하는 동안 앞서 언급한 강 중에 크레스토니아 지방에서 발원하는 에케이도로스강만이 물이 달려 군대에 물을 충분히 대주지 못했다.

128 크세르크세스는 테르메에서 텟살리아의 거대한 산인 올륌포스와 옷사를 건너다볼 수 있었다. 그리고 두 산 사이에 좁은 협곡이 있어 그 협

곡으로 페네이오스강이 흐르며, 그곳에 텟살리아로 들어가는 길이 있다는 말을 듣자, 배를 타고 가서 페네이오스강의 하구를 시찰하고 싶은 마음이 들었다. 그는 원래는 내륙 쪽 길을 택해 북마케도니아 지방을 경유해 페르라이비아와 곤노스 시로 행군할 참이었는데, 이 길이 가장 안전하다는 말을 들었기 때문이다. 그런 생각이 들자 그는 그대로 실행했으니, 이런 일에 늘 이용하곤 하던 시돈의 함선에 올라 육군은 그곳에 남겨 둔 채 다른 함선들에게 출항하라는 신호를 보냈다. 페네이오스강 하구에 도착한 크세르크세스는 그곳의 경치에 감탄하더니 길라잡이들을 불러 놓고 강물을 다른 데로 돌려 다른 곳에서 바다로 흘러들게 할 수 없는지 물었다.

129 사방이 거대한 산들로 둘러싸인 텟살리아는 옛날에는 호수였다고 한다. 동쪽에는 산자락이 서로 연결되어 있는 펠리온산과 옷사산이, 북쪽에는 올륌포스산이, 서쪽에는 핀도스산이, 남쪽에는 오트뤼스산이 에워싸고 있기 때문이다. 텟살리아는 이 산들의 한가운데에 있는 분지인 셈이다. 이 분지로 많은 강이 흘러드는데, 페네이오스, 아피다노스, 오노코노스, 에니페우스, 파미소스의 다섯 강이 그중 가장 유명하다. 이 강들은 텟살리아를 에워싸고 있는 산들로부터 저마다 별개의 이름을 가지고 흘러내리다가 들판에서 하나의 강으로 합류한 다음 좁은 협곡을 통해 바다로 흘러든다. 그리고 이 강들이 한데 섞이는 지점에서부터는 다른 이름들은 다 없어지고 강은 페네이오스라고만 불린다. 협곡과 배수구들이 아직 없던 옛날에도 이 강들과 보이베이스호는 비록 지금과 같은 별도의 이름은 갖고 있지 않았지만 역시 지금과 같은 양의 물을 흘려 보내 텟살리아 전체를 내해(內海)로 만들었다는 것이다. 텟살리아인에 따르면, 페네이오스강이 흐르는 협곡은 포세이돈이 만들

었다고 하는데, 일리가 있는 말이다. 포세이돈이 지진을 일으키고, 지진으로 인한 땅거죽의 균열은 포세이돈 탓이라고 믿는 사람이라면 이 협곡을 보고는 분명 포세이돈의 작품이라고 말하리라. 내가 보기에도, 산들에 균열이 생긴 것은 지진 탓인 듯하다.

130 페네이오스에는 바다로 흘러들 다른 유출구가 없느냐고 크세르크세스가 묻자 텟살리아를 잘 아는 길라잡이들이 대답했다. "전하, 이 강에는 이 유출구 말고 바다로 흘러들 다른 유출구는 없나이다. 텟살리아 전체가 산으로 둘러싸여 있기 때문이옵니다." 그러자 크세르크세스가 이렇게 대답했다고 한다. "텟살리아인은 영리한 사람들이로구나. 그들은 내게 굴복하기 오래전부터 그 점을 경계하고 있었던 거야. 말하자면 자신들의 나라가 금세 쉽게 함락될 수 있다는 것을 알았던 게지. 제방을 쌓아 페네이오스강이 협곡으로 흘러가는 지금의 물길을 막아 버리고 텟살리아 안으로 흘러들게만 하면 산들 말고는 텟살리아 전체가 물에 잠길 테니 말이야." 이것은 텟살리아의 알레우아다이가(家) 사람들이 헬라스인 중에서 맨 먼저 페르시아 왕에게 항복한 것을 두고 한 말인데, 크세르크세스는 그들이 텟살리아인 전체를 대표해서 친교를 맺었다고 믿은 것이다. 그는 그곳 시찰을 끝낸 뒤 이렇게 말하고 테르메로 회항했다.

131 크세르크세스는 피에리아 지방에 여러 날 머물렀다. 전군이 페르라이비아로 갈 수 있는 길을 내기 위해 그의 군대의 3분의 1이 마케도니아 산속에서 나무를 베어 내고 있었기 때문이다. 이 기간에 흙을 요구하도록 헬라스로 파견된 전령들이 돌아왔는데, 더러는 빈손으로 왔고, 더러는 흙과 물을 가지고 왔다.

132 페르시아 왕에게 흙과 물을 바친 헬라스인은 다음과 같다. 텟살리아인, 돌로피아인, 에니에네스족, 페르라이비아인, 로크리스인, 마그네시아인, 멜리스인, 프티아의 아카이오이족, 테바이인, 테스페이아인과 플라타이아이인을 제외한 나머지 보이오티아인이 그들이다. 이들에 대해 페르시아인의 침공에 맞서기로 한 헬라스인은 엄숙히 맹세했는데, 그 내용은 전쟁이 성공적으로 마무리될 경우 헬라스인임에도 자진해 페르시아인에게 항복한 자들은 가진 재산의 10분의 1을 델포이의 신에게 바쳐야 한다는 것이었다. 헬라스인은 그런 취지의 맹세를 했다.

133 크세르크세스는 아테나이와 스파르테에는 흙을 요구할 전령을 보내지 않았다. 그 이유는 다음과 같다. 전에 다레이오스가 같은 목적으로 전령을 보냈을 때, 아테나이인은 전령들을 구덩이[57] 속에, 스파르테인은 우물 속에 던지며 거기서 왕에게 줄 흙과 물을 가져가라고 한 것이다. 그래서 크세르크세스는 흙과 물을 요구할 전령을 보내지 않았다. 페르시아 전령을 이렇게 조치한 결과 아테나이인에게 어떤 일이 일어났는지 나는 모르겠다. 그들의 나라와 도시가 파괴된 것은 사실이지만, 내 생각에 그것은 그들이 전령들을 그렇게 조치했기 때문이 아닌 것 같다.

134 그러나 라케다이몬인은 페르시아 전령을 학대한 탓으로 아가멤논의 전령 탈튀비오스[58]의 노여움을 샀다. 스파르테에는 탈튀비오스를 모신 사당이 있고, 탈튀비아다이가(家)라고 불리는 탈튀비오스의 후손이 사는데, 스파르테에서의 모든 전령 업무는 이들의 소관이다. 그런데 페르시아 전령들을 그렇게 조치한 뒤로는 스파르테인이 아무리 제물을 바쳐도 길조가 나타나지 않았다. 이런 일이 꽤 오래 지속되자, 라

케다이몬인은 염려되고 걱정되어 여러 차례 집회를 개최한 뒤, 라케다이몬인 중에 스파르테를 위해 목숨을 내놓을 각오가 되어 있는 사람이 없는지 전령을 시켜 알리게 했다. 그러자 아네리스토스의 아들 스페르티아스와 니콜라오스의 아들 불리스라는 가문 좋고 재산 많은 두 스파르테인이 스파르테에서 다레이오스의 전령들을 죽인 대가를 크세르크세스에게 치르겠다고 자원했다. 그리하여 스파르테인은 이들이 처형되도록 페르시아로 파견했다.

135 그들의 용기도 경탄할 만했지만 그들이 한 말도 마찬가지였다. 그들은 수사로 가는 길에 아시아 해안 지대 백성의 사령관인 페르시아인 휘다르네스를 방문했는데, 그는 환대하며 그들에게 물었다. "라케다이몬인이여, 왜 그대들은 왕의 친구가 되기를 피하시오? 지금의 나와 내 지위를 보시면 알겠지만, 대왕께서는 인재를 존중할 줄 아시는 분이시오. 대왕께서는 그대들을 인재로 여기는 만큼, 그대들이 항복하기만 하면 그대들 각자에게 헬라스에 통치할 땅을 주실 것이오." 그들이 대답했다. "휘다르네스여, 그대는 상황을 잘 몰라서 우리에게 그런 조언을 하는 것이오. 그대가 하나는 알고 둘은 모르고 그런 조언을 하시니 말이오. 그대는 노예가 된다는 것이 어떤 것인지는 알아도, 자유가 무엇인지는 전혀 경험해 보지 않아 그것이 달콤한지 아닌지 모르신단 말이오. 그대가 자유를 경험했다면 우리에게 창뿐 아니라 도끼를 들고 자유를 위해 싸우라고 조언했을 것이오."

---

57 사형수들을 내던지던 구덩이.
58 트로이아 전쟁 때 그리스군의 대표적인 전령.

136 그들은 휘다르네스에게 그렇게 대답했다. 그러고 나서는 그의 집을 떠나 수사로 올라가 왕을 알현했다. 먼저 호위병들이 그들에게 왕 앞에 부복(俯伏)하라고 명령하고 강요했지만, 그들은 거꾸로 내던져지는 한이 있더라도 그런 짓은 하고 싶지 않다며, 사람 앞에 부복하는 것은 헬라스의 관습이 아닐뿐더러, 자기들은 그러기 위해 온 것이 아니라고 말했다. 이런 요구를 거부한 뒤 그들은 이렇게 말했다. "메디아인의 왕이시여, 스파르테에서 살해된 저 전령들을 위해 죗값을 치르라고 라케다이몬인이 저희를 보냈나이다." 그들이 그렇게 말하자 크세르크세스는 너그럽게도 자기는 라케다이몬인처럼 처신하고 싶지 않다며, 그들은 전령을 죽여 모든 민족이 신성시하는 규범을 어겼지만, 자기는 자기가 비난하는 방법으로 처신하고 싶지 않거니와, 자기가 보복 살인을 함으로써 라케다이몬인을 죄책감에서 벗어나게 해 주고 싶지 않다고 했다.

137 스파르테인이 이런 조치를 취하자 비록 스페르티아스와 불리스가 살아서 스파르테로 돌아왔음에도 탈튀비오스의 노여움은 곧 가라앉았다. 라케다이몬인에 따르면, 오랜 뒤 펠로폰네소스인과 아테나이인이 전쟁을 벌였을 때 그의 노여움이 재발했다고 한다. 내가 보기에 이것은 분명 신이 개입한 것이다. 탈튀비오스의 노여움이 사절단에게 떨어져 끝장을 볼 때까지 그치지 않았다는 것은 이해할 수 있는 일이다. 그러나 그의 노여움이 하필이면 그것을 가라앉히기 위해 페르시아 왕에게 파견된 자들의 자식들, 말하자면 불리스의 아들 니콜라스와 스페르티아스의 아들 아네리스토스(그는 상선에 전사들을 가득 싣고 가서 티륀스의 식민시 할리에이스를 함락한 사람이다)에게 떨어졌다는 것은 분명 탈튀비오스의 노여움 때문에 신이 개입한 것으로 생각된다. 니콜라스와 아네리스토스는 라케다이몬인에 의해 사절로 아시아에 파견

되었지만, 트라케 왕으로 테레우스의 아들인 시탈케스와 압데라 출신으로 퓌테아스의 아들인 뉨포도로스라는 자에게 배신당해 헬레스폰토스의 비산테에서 포로가 되어 앗티케로 끌려가 아테나이인에 의해 처형된 것이다. 이때 아데이만토스의 아들 아리스테아스라는 코린토스인도 그들과 함께 처형되었다.

이것은 크세르크세스왕의 원정이 있은 지 여러 해 뒤에 일어난 일인 만큼, 나는 이전 이야기로 되돌아가겠다.

138 페르시아 왕의 원정은 명목상으로는 아테나이를 목표로 한 것이지만 실제로는 헬라스 전체를 노린 것이었다. 헬라스인은 오래전부터 그런 줄 알고 있었지만 반응은 각양각색이었다. 그들 중 더러는 페르시아 왕에게 흙과 물을 바치고는 그에게서 아무 해도 입지 않을 것이라고 확신하고 있었다. 그러나 이런 항복의 징표를 바치지 않은 다른 헬라스인은 큰 두려움에 떨었다. 헬라스에는 다가오는 적을 맞아 싸울 만큼 충분한 함선이 없었고, 그들 중 많은 자가 적극적으로 싸우려 하기는커녕 페르시아에 부역(附逆)할 생각만 하고 있었기 때문이다.

139 여기서 나는 많은 사람이 불쾌히 여기게 될 견해를 밝히지 않을 수 없다. 그렇다 하더라도 그것이 진실이라 믿기에 나는 유보하지 않겠다. 만약 아테나이인이 다가오는 위험에 겁을 먹고 나라를 떠났거나, 떠나지 않고 남아 있더라도 크세르크세스에게 항복했다면, 바다에서 페르시아 왕에게 맞서려 한 자는 아무도 없었을 것이다. 바다에서 아무도 크세르크세스에게 맞서지 않았다면 육지에서의 상황은 다음과 같이 되었을 것이다. 펠로폰네소스인이 코린토스의 지협을 가로질러 몇 겹의 방벽을 쌓아 놓았다 하더라도, 페르시아 함대에 의해 도시가 차례차

례 함락된다면 동맹국도 본의 아니게 배신할 수밖에 없게 되어 라케다
이몬인은 고립무원의 궁지에 빠졌을 것이며, 그런 상황에서 그들은 용
전분투하다가 장렬하게 전사했을 것이다. 그들은 그렇게 되든지, 아니
면 그렇게 되기 전에 다른 헬라스인이 페르시아에 부역하는 것을 보고
는 크세르크세스와 협정을 맺었을 것이다. 그러나 어느 경우에든 헬라
스는 페르시아에 예속되었을 것이다. 왜냐하면 페르시아 왕이 제해권
을 장악한다면 지협을 가로질러 쌓아 놓은 방벽이 대체 무슨 소용이 있
는지 나로서는 알 수 없기에 하는 말이다. 따라서 누군가 아테나이인이
야말로 헬라스의 구원자라고 말한다면 결코 틀린 말이 아닐 것이다. 저
울은 아테나이인이 가담하는 쪽으로 기울어지게 되어 있었기 때문이
다. 그런데 아테나이인은 헬라스의 자유를 지키는 길을 택해 페르시아
에 부역하지 않은 나머지 헬라스 전체를 분기시킴으로써 신들의 도움
으로 페르시아 왕을 물리친 것이다. 그들은 무섭고 두려운 델포이의 신
탁에도 불구하고 헬라스를 포기하지 않고 굳건하게 버티고 서서 침입
자들을 맞아 싸웠다.

140 아테나이에서 델포이로 파견된 사절단이 신전 주위에서 정해진 의식
을 마치고 신탁에 묻고자 신전에 들어가 앉았을 때, 아리스토니케라는
퓌티아가 그들에게 다음과 같은 신탁을 내렸다.

가련한 자들이여, 왜 여기 앉아 있는가? 그대들은 집과,
그대들의 도시로 둘러싸인 높은 언덕을 떠나 대지의 끝으로
도망쳐라. 머리도 몸도 굳건하게 버티지 못할 것이며,
아래쪽의 두 발과 두 손과 그 사이에 있는 어떤 것도
살아남지 못하리라. 불과 쉬리아의 전차를 타고 질주하는

날카로운 아레스[59]가 모든 것을 끌어내리리라.

그는 그대들의 성채뿐 아니라 다른 성채도 수없이

파괴하리라. 그는 수많은 신전을 파괴적인 불에 넘겨줄 것인즉,

신전들은 지금 벌써 땀을 비 오듯 흘리며 서서

두려움에 떨고, 지붕에서 검은 피를 쏟고 있으니,

다가오는 피할 수 없는 재앙을 예견했기 때문이니라.

자, 그대들은 이 신전에서 나가 마음속으로 실컷 슬퍼하라!

141 아테나이의 사절단은 이 말을 듣고 크게 낙담했다. 신탁이 예언한 재앙에 그들이 절망하는 모습을 보고 델포이에서 가장 명망 있는 사람 중 한 명인, 안드로불로스의 아들 티몬이 이번에는 탄원자의 나뭇가지를 들고 신전으로 돌아가 탄원자로서 재차 신탁에 물어보라고 조언했다. 아테나이인은 그의 조언을 받아들여 신에게 이렇게 말했다. "왕[60]이시여, 우리가 탄원자로서 들고 온 나뭇가지를 봐서라도 우리 조국을 위해 더 나은 예언을 주소서. 그러지 않으면 우리는 성소에서 나가지 않고 죽을 때까지 이곳에 머물겠나이다." 그들이 그렇게 말하자 예언녀는 다음과 같이 두 번째 예언을 했다.

팔라스[61]가 아무리 많은 말을 하고 교묘한 재치로 애원한다 해도

올륌포스의 주신(主神) 제우스의 마음을 누그러뜨리지 못하리라.

그래서 나는 재차 그대에게 강철처럼 단단한 말을 하리라.

---

59 전쟁의 신.

60 아폴론.

61 아테나 여신의 별칭 중 하나. 아테나는 아테나이의 수호 여신이다.

케크롭스 언덕[62]과 신성한 키타이론산[63] 골짜기 사이에 있는

모든 것이 적의 수중에 들어가게 되리라.

하지만 트리토게네이아[64]여, 멀리 보시는 제우스께서는 그대에게

나무 성벽[65]을 주실 것인즉, 이 나무 성벽만이 파괴되지 않고

그대와 그대의 자식들을 도와주게 되리라. 그대는 대륙에서

기병과 보병의 대군이 다가오기를 가만히 기다리지 말고

등을 돌려 도망쳐. 언젠가는 적군과 맞설 날이 다가오리라.

신성한 살라미스섬이여, 데메테르[66]가 씨를 뿌리거나

수확할 때, 너는 여인들의 자식들을 죽이게 되리라.

142 이번 신탁은 먼젓번 신탁보다 더 온건했고 또 아테나이의 사절단에게
도 그렇게 생각되었다. 그래서 그들은 그것을 적어 가지고 아테나이로
돌아갔다. 사절단이 돌아가 민중에게 보고하자, 신탁의 의미를 둘러싸
고 의견이 분분했다. 대체로 다음의 두 의견이 서로 팽팽하게 맞섰다.
연장자들의 상당수는 아크로폴리스가 살아남을 것임을 신께서 예언
하신 것이라고 주장했다. 지난날 아테나이의 아크로폴리스는 가시나
무 울타리로 둘러싸인 적이 있었는데, 그들은 '나무 성벽'이란 이 가시
나무 울타리를 가리키는 것이라고 결론 내린 것이다. 그러나 다른 사람
들은 신께서 말씀하시는 것은 함선들이라며, 다른 것은 모두 버리고 함
대를 건조하라고 촉구했다. 그러나 '나무 성벽'이 함선을 의미한다고
주장한 자들도 퓌티아의 마지막 두 시행의 의미를 풀이하는 데는 실패
했다.

신성한 살라미스섬이여, 데메테르가 씨를 뿌리거나

수확할 때, 너는 여인들의 자식들을 죽이게 되리라.

'나무 성벽'이 함대를 의미한다고 주장하는 자들의 견해는 이 시행으로 인해 견지될 수 없게 되었다. 왜냐하면 공식적인 신탁 해석자들은 이 시행을 아테나이인이 살라미스 앞바다에서 해전을 벌일 준비를 한다면 패할 것이라는 뜻으로 풀이했기 때문이다.

143 아테나이에는 네오클레스의 아들 테미스토클레스라는 사람이 있었는데, 그는 최근에야 요인 중 한 명으로 부상했다. 그는 이 시행을 해석한 것이 전적으로 옳다고 할 수 없다며, 이 시행이 아테나이인을 가리키는 것이라면 신탁에는 덜 부드러운 표현을 썼을 것인즉, 살라미스의 주민이 죽게 되어 있다면 '신성한 살라미스여'보다는 '비정한 살라미스여'라는 표현이 쓰였을 것이라고 주장했다. 신탁을 제대로 해석할 줄 아는 자에게는 이 신탁이 가리키는 것은 페르시아인이지 아테나이인이 아니라는 것이었다. 그래서 그는 함선이 곧 '나무 성벽'인 만큼 해전 준비를 하라고 조언했다. 아테나이인에게는 테미스토클레스의 그러한 해석이 해전을 하지 말라고 만류하는 공식적인 신탁 해석자들의 해석보다 더 마음에 들었다. 그들의 조언이란 사실상 아테나이인은 일절 저항하지 말고 앗티케 땅을 버리고 다른 데 가서 살라는 것이었다.

144 전에도 테미스토클레스의 판단은 중요한 순간에 최상의 판단으로 인

---

62 케크롭스는 아테나이의 전설상의 왕이다. '케크롭스 언덕'은 아크로폴리스를 말한다.

63 테바이 남쪽에 있는 산.

64 아테나 여신의 별칭 중 하나.

65 teichos xylinon.

66 곡물과 농업의 여신.

정된 적이 있었다. 라우레이온[67] 광산에서 국고로 큰 수입이 들어오자 아테나이인은 각자에게 10드라크메씩 그 돈을 분배하려 했다. 그때 테미스토클레스가 그 돈을 분배하는 대신 그 돈으로 전쟁, 즉 대(對)아이기나 전쟁[68]에 대비해 함선 200척을 건조하도록 아테나이인을 설득했다. 바로 이 전쟁이 해양 강국으로 발돋움하도록 아테나이에 강요함으로써 나중에 헬라스를 구해 주었기에 하는 말이다. 이 함선들은 사실은 건조 당시의 목적대로 대아이기나 전쟁에 사용되지 않았는데, 그것이 오히려 필요할 때 헬라스에 도움이 되었다. 아테나이인은 이미 건조해 둔 이들 기존의 함선 외에 더 많은 함선을 건조할 필요가 있다고 생각했다. 그리하여 신탁에 관해 논의하던 끝에 그들은 헬라스에 침입한 페르시아인에게, 신의 뜻에 따라 함대를 동원해 거국적으로, 그리고 헬라스인 가운데 동조 세력과 힘을 모아 맞서기로 결의했다.

145 아테나이인이 받은 신탁에 관해서는 이쯤 해 두자. 한편 헬라스를 위해 최선을 바라는 헬라스인은 회합을 갖고 서로 언질과 서약을 주고받았는데, 그들은 우선 상호 간의 적대행위와 전쟁을 중단하기로 결의했다. 그들 상호 간에 다소 갈등이 있었는데, 그중 가장 심각한 것은 아테나이인과 아이기나인 사이의 갈등이었다. 다음에 그들은 크세르크세스가 군대와 함께 사르데이스에 머물고 있다는 것을 알고 페르시아 왕의 힘을 탐색하기 위해 아시아에 첩자를 보내기로 결의했다. 그들은 또 대페르시아 공동전선을 펴려는지 알아보기 위해 아르고스에도 사절단을 보내고, 시켈리아의 데이노메네스의 아들 겔론에게도, 케르퀴라에도, 크레테에도 헬라스를 위해 도움을 요청하고자 다른 사절단을 보내기로 결의했다. 그들의 의도는 온 헬라스인이 똑같이 침입자의 위협에 직면한 만큼 온 헬라스를 하나로 결속하고 모두가 공동보조를 취하

자는 것이었다. 겔론은 힘이 막강한 것으로, 헬라스인 가운데 어느 누구보다도 훨씬 막강한 것으로 간주되었다.

146 이렇게 결의한 그들은 적대행위를 중단한 다음 먼저 아시아로 세 명의 첩자를 보냈다. 이들은 사르데이스로 가서 페르시아 왕의 군세를 정탐하던 중 체포되어 그 지역 보병 지휘관들에게 고문받고는 사형선고를 받았다. 그들이 처형될 것이라는 말을 듣자 크세르크세스는 지휘관들의 결정을 나무랐고, 호위병을 몇 명 파견하며 첩자들이 살아 있거든 자기 앞으로 데리고 오라고 명령했다. 호위병들은 첩자들이 살아 있는 것을 보고 왕의 면전으로 데리고 갔다. 왕은 첩자들이 사르데이스에 온 까닭을 알게 되자 호위병에게 명해 첩자들을 데리고 돌아다니며 보병과 기병을 모두 보여 주되 그들이 실컷 보고 나면 어디든 그들이 원하는 곳으로 가도록 해코지하지 말고 보내 주라고 했다.

147 그는 이런 명령을 내리며 그 까닭을 이렇게 설명했다. 그의 설명인즉, 만약 첩자들이 죽는다면 헬라스인은 그의 군세가 얼마나 대단한지 더 알 기회를 잃게 될 것이며, 또 세 명이 죽어도 적에게는 큰 손실이 되지 못할 것이지만, 만약 첩자들이 헬라스로 돌아가면 그의 군세가 엄청나다는 말만 듣고도 헬라스인은 십중팔구 원정이 시작되기도 전에 그들 특유의 자유를 포기하게 될 것이며, 그렇게 되면 페르시아인은 원정하느라 수고할 필요가 없게 되리라는 것이었다. 그는 다른 기회에도 이와 비슷한 취지의 말을 한 적이 있다. 그는 아뷔도스에 있을 때 곡물 운반

67 남앗티케 지방에 있는 유명한 은광.
68 기원전 488~486년경.

선들이 흑해에서 나와 헬레스폰토스 해협을 지나 아이기나와 펠로폰
네소스로 가고 있는 것을 보았다. 이 배들이 적의 배들임을 안 배석자
들은 이 배들을 나포하고 싶어 언제 왕의 명령이 떨어질지 왕의 얼굴만
쳐다보고 있었다. 크세르크세스는 그 배들이 어디로 가는지 물었고,
그들이 "전하, 저 배들은 전하의 적국으로 가고 있나이다. 곡식을 싣고
서 말이옵니다"라고 대답하자 이렇게 대답했다. "우리도 저들과 같은
목적지로 가고 있지 않소? 다른 보급품과 함께 군량을 싣고 말이오. 그
들이 우리를 위해 그곳으로 곡식을 실어나르고 있는데 뭐가 잘못되었
다는 것이오?"

148 첩자들은 그렇게 주위를 둘러본 뒤 풀려나 에우로페로 돌아갔다. 대페
르시아 동맹을 맺은 헬라스인은 첩자를 파견한 데 이어 이번에는 아르
고스로 사절단을 보냈다. 아르고스인 자신의 말에 따르면, 페르시아인
이 헬라스를 공격하리라는 것을 처음부터 알아차린 아르고스인은 헬
라스인이 자기들을 대페르시아전쟁에 끌어들이려 한다는 것을 알고
는 델포이로 사절단을 보내 어떻게 하는 것이 상책인지 신에게 묻게 했
다고 한다. 그리고 그들이 사절단을 파견한 것은 최근에 6,000명의 아
르고스인이 아낙산드리데스의 아들 클레오메네스 휘하의 라케다이몬
인에게 죽었기 때문이라고 했다.[69] 그들의 물음에 퓌티아는 다음과 같
이 대답했다고 한다.

  이웃에게 미움받지만 불사신들에게는 사랑받는 아르고스여,
  너는 창을 쉬게 하고 수세를 취하며 앉았거라.
  그리고 머리를 지켜라. 그러면 머리가 몸을 구하리라.

그들이 퓌티아에게서 이런 예언을 들은 지 얼마 뒤 사절단이 아르고스에 도착하더니 의회에 나가 명령받은 바를 전했다고 했다. 그러자 아르고스인이 대답하기를, 라케다이몬인이 자기들과 30년간의 평화조약을 체결한다면, 그리고 자기들에게 전 동맹군의 반을 지휘할 수 있는 권한을 준다면 요구에 응하겠다며, 자기들이 지휘권을 다 가져야 마땅하겠지만 반쪽 지휘권으로 만족하겠다고 했다 한다.

149 아르고스인의 말에 따르면, 신탁이 자기들에게 헬라스인과의 동맹을 금했음에도 의회가 사절단에게 그렇게 대답했다고 한다. 신탁이 마음에 걸렸지만 그들이 30년간의 평화에 열을 올린 것은 그 기간에 그들의 아들들이 성인이 되기를 바랐기 때문이라고 한다. 그리고 그런 평화조약을 맺지 않았을 경우 기왕의 재앙에 설상가상으로 페르시아인에 의해 또 다른 재앙이 닥친다면 그들이 영영 라케다이몬인의 지배를 받게 되지 않을까 두려웠기 때문이라고 한다. 사절단 가운데 스파르테에서 파견된 자들은 의회의 이런 제의에 대답하기를, 평화조약에 관해서는 더 많은 사람이 모인 자리에서 보고해야 하지만, 지휘권에 관해서는 답변할 권한이 자기들에게 있다며, 아르고스에는 왕이 한 분밖에 없지만 스파르테에는 왕이 두 분 계셔 두 분 가운데 어느 한 분을 지휘권에서 배제할 수 없는데 아르고스의 왕이 스파르테의 두 왕과 대등한 권한을 갖는 것을 방해할 것은 아무것도 없다고 했다. 그러자 아르고스인이 말하기를, 자기들은 스파르테인의 탐욕을 참을 수 없다며 라케다이몬인에게 양보하느니 차라리 페르시아인의 지배를 받고 싶다고 했다. 그러면서 아르고스인은 사절단에게 해지기 전에 아르고스 땅을 떠나라

<hr>

69 기원전 494년. 6권 77장 이하.

며 그러지 않으면 그들을 적군으로 취급하겠다고 선언했다.

150 이상은 아르고스인이 이에 관해 전하는 이야기다. 그러나 헬라스에는 다른 이야기도 유포되고 있다. 그에 따르면, 크세르크세스는 헬라스 원정길에 오르기 전에 아르고스에 전령을 보냈는데, 전령은 아르고스에 도착하자 이렇게 말했다고 한다. "아르고스인이여, 크세르크세스왕께서 그대들에게 이렇게 전하라 하셨소. '우리는 페르세스의 자손이라고 믿고 있는데, 페르세스는 다나에의 아들 페르세우스[70]와 케페우스의 딸 안드로메다의 아들이오. 따라서 우리는 그대들과 같은 핏줄인 만큼, 우리가 우리 조상이나 다름없는 그대들에게 전쟁을 거는 것도 옳지 못하지만 그대들이 다른 사람들과 한편이 되어 우리를 공격하는 것도 옳지 못하오. 그러지 말고 그대들은 가만히 있으시오. 만사가 내뜻대로 되면 나는 어느 누구보다도 그대들을 존중할 것이오.'" 크세르크세스의 전언에 깊은 감명을 받은 아르고스인은 그때는 헬라스인에게 무슨 약속을 하거나 요구를 하지 않다가 나중에 헬라스인이 도와주기를 요청하자 펠로폰네소스 동맹군에 대한 지휘권을 요구했는데, 그것은 라케다이몬인이 그러한 요구를 거절할 줄 알고는 참전하지 않고 가만히 있을 핑계를 대기 위해서였다고 한다.

151 여러 해 뒤 일어난 다른 사건도 이러한 견해와 일치한다고 몇몇 헬라스인은 주장하고 있다. 힙포니코스의 아들 칼리아스와 그의 일행으로 구성된 아테나이의 사절단이 다른 일로 멤논[71]의 도성 수사에 머물 때, 때마침 아르고스의 사절단도 아르고스인이 크세르크세스와 맺은 우호조약이 아직 유효한지, 아니면 그들을 적으로 간주하는지 크세르크세스의 아들 아르타크세르크세스에게 묻기 위해 수사로 파견되었다. 물

론 그 우호조약은 여전히 유효하며 그에게 아르고스보다 더 호감이 가는 나라는 없다고 아르타크세르크세스왕이 대답했다는 것이다.

152 크세르크세스가 과연 아르고스에 전령을 보내 그런 제의를 했는지, 그리고 아르고스의 사절단이 과연 아르타크세르크세스에게 우호조약에 관해 묻기 위해 수사로 올라갔는지 나로서는 단언할 수 없다. 그에 관해 나는 아르고스인 자신들이 말하는 것 외에 다른 견해는 말하고 싶지 않다. 그러나 내가 확실히 알고 있는 것은, 모든 사람이 자신의 비행을 이웃의 비행과 바꾸고 싶어 시장으로 갖고 나간다면 이웃의 비행을 자세히 살펴보고 나서 자기가 갖고 온 비행을 흔쾌히 도로 집으로 가져갈 것이라는 것이다. 바꿔 말해, 아르고스인이 세상에서 가장 수치스런 짓을 한 것은 아니라는 것이다. 나는 들은 것을 전할 의무는 있지만, 들은 것을 다 믿을 의무는 없으며, 이 말은 이 책 전체에 적용된다. 심지어 아르고스인이 라케다이몬인과의 갈등에서 형세가 불리해지자 어떻게든 현재의 고통에서 벗어나고자 페르시아인을 헬라스로 불러들였다는 설(說)도 있기에 하는 말이다.

153 아르고스인에 관해서는 이쯤 해 두자. 동맹군은 겔론과 협상하도록 시켈리아로도 다른 사절단을 보냈는데, 거기에는 라케다이몬인을 대표하는 쉬아그로스도 포함되어 있었다. 이 겔론의 선조는 트리오피온

---

70 보는 이를 돌로 변하게 한다는 괴물 고르고의 목을 베어 온 영웅 페르세우스는 황금 비(雨)로 변신한 제우스가 청동 탑에 갇혀 있던 아르고스의 공주 다나에에게 접근하여 낳은 아들이다.
71 5권 53장, 2권 106장.

앞바다의 텔로스섬 출신이었지만 겔라에 정착했다. 안티페모스가 이 끄는 로도스섬의 린도스인들이 겔라를 창건했을 때[72] 겔론의 이 선조도 동참한 것이다. 세월이 흐르며 그의 자손은 지하의 여신들[73]의 사제가 되었고, 그 직위를 세습했다. 그들의 선조 중 한 명인 텔리네스가 사제가 된 경위는 다음과 같다. 겔라인 일부가 당파싸움에서 져서 겔라에서 내륙 쪽에 있는 막토리온 시로 망명한 적이 있었는데, 텔리네스는 군사를 이끌고 가지 않고 이 여신들에게 바쳐진 도구들만 갖고 가 이들을 겔라로 복귀시켰다. 그가 이 도구들을 어디서 구했는지, 혹시 그때 이미 그것들을 갖고 있었는지 나는 알지 못한다. 아무튼 그는 이 도구들에만 의지해 그의 자손이 여신들의 사제가 된다는 조건으로 망명자들을 복귀시켰다. 내가 들은 바에 따르면, 텔리네스가 그런 일을 해냈다는 것은 놀랍기만 하다. 그런 일은 보통 사람이 아니라 뛰어난 정신력과 남자다운 체력을 가진 자만이 해낼 수 있다고 나는 생각했는데, 시켈리아 주민에 따르면, 텔리네스는 그와는 반대로 여성적이고 유약한 인물이었다고 하니 말이다.

154 아무튼 그는 세습 사제직에 올랐다. 그리고 겔라의 참주 판타레스의 아들 클레안드로스[74]가 7년 동안 통치하다가 죽었을 때, 아니 사뷜로스라는 겔라인에게 살해되자, 클레안드로스의 아우 힙포크라테스가 참주가 되었다. 힙포크라테스가 참주가 되자 사제 텔리네스의 자손인 겔론은 파타이코스의 아들 아이네시데모스를 비롯한 많은 다른 사람과 함께 힙포크라테스의 친위병으로 근무하다가 얼마 안 되어 공적을 인정받아 전 기병대를 지휘하는 기병 대장이 되었다. 힙포크라테스는 칼리폴리스, 낙소스, 장클레, 레온티노이를 포위공격하고 쉬라쿠사이인과 수많은 이민족과 전쟁을 했는데, 이 모든 전투에서 겔론의 활약은

눈부셨다. 앞서 말한 모든 도시 가운데 쉬라쿠사이를 제외하고는 어느 도시도 힙포크라테스에게 예속되는 것을 피할 수 없었다. 쉬라쿠사이 인은 엘로로스 강변 전투에서 패했지만, 코린토스인과 케르퀴라인이 중재에 나서 원래 쉬라쿠사이 영토였던 카마리나 시를 쉬라쿠사이인 이 힙포크라테스에게 넘겨준다는 조건으로 평화조약을 체결하게 함 으로써 그들을 구해 주었던 것이다.

155 힙포크라테스는 그의 형 클레안드로스와 같은 햇수만큼 참주로서 통 치하다가 시켈리아 원주민을 토벌하던 중 휘블라 시 근처에서 죽었다. 그러자 겔론은 겉으로는 더이상 독재자들의 지배를 원치 않는 겔라 시 민에 맞서 힙포크라테스의 아들들인 에우클레이데스와 클레안드로스 를 지지하는 척했지만, 사실은 일단 전투에서 겔라인을 제압하자 힙포 크라테스의 아들들을 권좌에서 축출하고 자신이 참주가 되었다. 이런 횡재를 잡은 겔론은 민중과 퀼뤼리오이들이라 불리는 자신들의 노예 들에 의해 추방된 쉬라쿠사이의 지주계급을 카스메네에서 쉬라쿠사 이로 복귀시키고 쉬라쿠사이마저 손에 넣었다. 겔론이 진격하자마자 쉬라쿠사이 백성이 항복하고 그에게 도시를 넘겨주었기 때문이다.

156 겔론은 일단 쉬라쿠사이를 손에 넣자 겔라를 통치하는 데는 별로 흥미 를 느끼지 못했다. 그래서 아우 히에론에게 겔라를 맡기고 자신은 쉬라 쿠사이를 강화하는 일에 전념했다. 쉬라쿠사이는 금세 번창하기 시작

---

72 기원전 690년.
73 데메테르와 그녀의 딸 페르세포네.
74 그는 기원전 505년에 민중의 지지에 힘입어 참주가 되었다.

했다. 겔론은 먼저 카마리나 시를 파괴하고 카마리나인을 모두 쉬라쿠사이로 이주시킨 다음 쉬라쿠사이의 시민으로 등록했다. 그런 다음 그는 겔라 주민 과반수에 대해서도 같은 조치를 취했다. 그 밖에도 그는 시켈리아의 메가라인을 포위공격해 항복시킨 뒤 전쟁을 일으킨 책임이 있어 마땅히 죽음을 각오하고 있던 부유층을 골라내 쉬라쿠사이로 데려가서는 시민권을 주었다. 한편 이번 전쟁에 아무런 책임이 없고 따라서 불이익을 전혀 예상치 않던 메가라의 민중도 그는 쉬라쿠사이로 데려갔지만 해외에 노예로 내다팔았다. 시켈리아의 에우보이아인들도 그는 똑같이 구별해서 대했다. 그가 이 두 경우에 그렇게 한 것은 민중은 같이 살기에는 아주 배은망덕한 무리라고 여겼기 때문이다. 그리하여 겔론은 강력한 참주가 되었다.

157 그때 쉬라쿠사이에 도착한 헬라스인의 사절단은 겔론을 만나 이렇게 말했다. "라케다이몬인과 [아테나이인과] 그들의 동맹군이 대페르시아전쟁에 참전하도록 그대를 설득하라고 저희를 보냈습니다. 그대도 물론 들으셨겠지만, 페르시아인은 헬라스로 다가오고 있고, 헬레스폰토스에 다리를 놓으려 하며, 아시아의 전 군대를 이끌고 헬라스로 침입하고 있습니다, 그 페르시아인. 말로는 아테나이를 공격한다지만 그의 속셈은 헬라스 전체를 굴복시키는 것입니다. 지금 그대의 힘은 막강하며, 그대가 시켈리아를 통치한다는 것은 곧 헬라스의 적잖은 부분이 그대의 수중에 있음을 의미합니다. 하오니 그대는 헬라스의 자유를 위해 싸우는 자들을 도와주시고, 헬라스의 자유를 위해 함께 싸워주십시오. 헬라스 전체가 하나로 뭉친다면 강력한 세력이 되어, 우리는 침략자에 맞서 싸울 수 있을 것입니다. 그러나 우리 중 일부는 배신을 하고, 다른 일부는 돕기를 거부한다면, 그리하여 헬라스의 성한 부

분이 조금밖에 되지 않는다면, 헬라스 전체가 적의 수중에 떨어지지 않을까 두렵습니다. 설령 크세르크세스가 전투에서 우리를 이긴다 하더라도 설마 그대에게 다가오지는 않겠지 하고 기대하지 말고 미리 조심하십시오. 우리를 돕는 것이 그대 자신을 돕는 것이기 때문입니다. 잘 생각해서 행동하면 대개 좋은 결과가 나오기 마련입니다."

158 그들이 이렇게 말하자 겔론이 격분하여 이렇게 말했다. "헬라스인이여, 감히 내게 와서 나더러 대페르시아전쟁에서 동맹군이 되어 달라고 요청하다니 그대들이야말로 참으로 이기적이오. 나는 얼마 전 카르케돈[75]인과 교전 중이었을 때 이민족과의 전쟁에서 나를 도와 달라고 그대들에게 간청했었소. 나는 또 아낙산드리데스의 아들 도리에우스를 죽인 에게스타인에게 복수하자고 그대들에게 간청했었소. 나는 또 그대들이 막대한 이익을 올리던 무역 거점들을 해방하는 일에 그대들을 돕겠다고 제의했었소. 하지만 그대들은 나를 돕기 위해서도, 도리에우스의 죽음을 복수하기 위해서도 오지 않았소. 모든 것이 그대들에게 달려 있었다면 시켈리아 전체가 이민족의 수중에 들어가고 말았을 것이오. 사태가 호전되어 우리는 사정이 나아졌소. 그리고 이번에는 상황이 바뀌어 전쟁이 그대들에게 다가가자 이 겔론이 생각난 것이오. 그대들이 나를 무시했다고 해서 나도 그대들처럼 처신하지는 않겠소. 나는 그대들을 도울 용의가 있으며, 삼단노선 200척, 중무장 보병 20,000명, 궁수 2,000명, 투석병 2,000명, 경무장 기병 2,000명을 제공하겠소. 나는 또 전쟁이 끝날 때까지 전 헬라스군에 책임지고 군량을 대겠소. 그러나 한 가지 조건이 있소. 즉 대페르시아전쟁에서 헬라스인의 최고사

75 카르타고의 그리스어 이름.

령관은 내가 되어야 한다는 것이오. 이 조건이 충족되지 않으면, 나 자신도 가지 않을 것이고, 다른 사람들도 보내지 않을 것이오."

159 쉬아그로스는 이 말을 듣자 참다못해 이렇게 말했다. "스파르테인이 겔론과 쉬라쿠사이인에게 통수권을 빼앗겼다는 말을 들으면 펠롭스의 손자 아가멤논이 크게 비탄할 것이오.[76] 우리가 통수권을 그대에게 넘겨야 한다는 말씀은 두 번 다시 하지 마십시오. 그대가 헬라스를 돕기를 원한다면, 라케다이몬인의 휘하에서만 그렇게 하실 수 있다는 점을 알아 두십시오. 우리의 지휘에 복종하는 것이 부당하다 생각되면 그대는 우리를 도우러 오지 마십시오."

160 겔론은 쉬아그로스에게서 이런 적대적인 말을 듣자 사절단에게 마지막으로 이렇게 제의했다. "스파르테인 친구여, 사람은 비난받게 되면 화내기 마련이오. 하지만 그대가 불손한 말을 했다고 나까지 거친 말로 대꾸하고 싶지는 않소. 그대들이 그토록 통수권에 집착한다면 내가 통수권에 집착하는 것도 당연한 일일 것이오. 나는 그대들보다 훨씬 더 많은 군대와 함대를 지휘하고 있기 때문이오. 내 제안이 도무지 그대들 마음에 들지 않는다면 내 제안을 조금 완화하도록 하겠소. 그대들이 육군을 지휘하겠다면 나는 해군을 지휘하겠소. 또는 그대들이 해군을 지휘하고 싶다면 나는 육군을 지휘하고 싶소. 그대들은 이 제안을 수락하든지, 아니면 나 같은 동맹군을 얻지 못하고 이곳을 떠나야 하오."

161 겔론이 이와 같은 제안을 하자 아테나이의 사절이 라케다이몬의 사절보다 한발 앞서 다음과 같이 대답했다. "쉬라쿠사이인의 왕이시여, 헬라스가 우리를 그대에게 보낸 것은 지휘관이 아니라, 군대가 필요했기

때문입니다. 하지만 그대는 분명 헬라스의 지휘관이 되지 않는 한 군대를 파견하려 하지 않을 것 같습니다. 그만큼 그대는 통수권에 집착하고 있습니다. 그대가 전 헬라스군의 통수권을 요구하는 동안에는 우리 아테나이인은 침묵을 지키는 것으로 만족했습니다. 라코니케의 사절이 우리를 위해서도 충분히 답변해 줄 수 있으리라는 것을 알고 있었기 때문입니다. 하지만 그대가 전 헬라스군의 지휘권을 요구하다가 생각을 바꿔 해군의 지휘권을 요구하는 지금 그대는 잘 알아 두십시오. 설령 라케다이몬의 사절이 해군의 지휘권을 그대에게 넘기려 해도 우리는 절대 그러지 않을 것입니다. 라케다이몬인이 갖고 싶어 하지 않는다면 해군의 지휘권은 우리 것입니다. 그들이 해군의 지휘권을 갖기를 원한다면, 우리는 막지 않을 것이지만, 다른 사람이 갖도록 내버려두지는 않을 것입니다. 우리 아테나이인이 해군의 지휘권을 쉬라쿠사이인에게 넘길 요량이었다면 우리가 헬라스에서 가장 큰 해군력을 갖고 있다는 것이 무슨 의미가 있겠습니까! 우리 아테나이인으로 말하자면 헬라스에서 가장 유서 깊고 한 번도 거처를 옮기지 않은 유일한 부족입니다. 서사시인 호메로스도 일리온에서 군대를 정렬하고 배치하는 데는 아테나이인[77]을 당할 자가 아무도 없었다고 말했습니다. 그러니 우리가 이런 말을 한다고 해서 비난할 사람은 아무도 없을 것입니다."

162 겔론이 이렇게 대답했다. "아테나이인 친구여, 보아하니, 그대들에게 부족한 것은 지휘관이 아니라 지휘받을 사람들인 것 같소. 그대들은 어

---

76 호메로스에서는 아가멤논은 뮈케나이 왕이고, 그의 아우 메넬라오스는 스파르테 왕이다. 그러나 스테시코로스를 위시한 후기 서정시인들에 따르면, 아가멤논은 아뮈클라이 또는 스파르테에서 살다 죽었다고 한다.

77 메네스테우스(Menestheus). 호메로스, 『일리아스』 2권 552행 참조.

느 것도 포기하지 않고 다 갖기를 원하는 만큼 잠시도 지체 말고 이곳을 떠나 헬라스에 가서 전하시오. 그들에게는 한 해 가운데 봄이 빠졌다고 말이오." [그의 말뜻은, 봄이 한 해 가운데 가장 아름다운 계절이 듯, 그의 군대는 헬라스의 군대 가운데 가장 훌륭한데, 헬라스가 자기와의 동맹을 포기하는 것은 한 해 중에서 봄을 빼 버리는 것과도 같다는 것이었다.]

163 헬라스의 사절단은 그렇게 겔론과의 협상을 끝내고 출항했다. 겔론은 한편으로는 헬라스인이 페르시아군을 제압하지 못할까 염려하면서도, 한편으로는 명색이 시켈리아의 참주인 그가 펠로폰네소스로 가 라케다이몬인의 지휘를 받는다는 것은 용납할 수 없다고 여겼다. 그래서 그는 다른 길을 택했으니, 크세르크세스가 헬레스폰토스를 건넜다는 말을 듣자마자 코스 출신으로 스퀴테스의 아들인 카드모스를 삼단노선 3척과 함께 델포이로 보낸 것이다. 카드모스는 많은 돈과 상냥한 인사말[78]을 준비해 갔는데 전쟁의 귀추를 지켜보다가, 크세르크세스가 이길 경우 그에게 돈과 겔론이 지배하는 곳들의 흙과 물을 바치되, 헬라스인이 이길 경우 그냥 돌아오라는 지시를 받았다.

164 이 카드모스는 전에 아버지가 죽자 코스의 참주가 된 사람이다. 그는 정권이 안정되어 있고 아무런 위험이 없었음에도 순전히 정의감에서 자진해 권력을 코스의 백성에게 넘겨주고 시켈리아로 갔다. 그리고 그곳에서 사모스인에게서 장클레 시를 넘겨받아 멧세네라고 개명한 뒤 정착했다. 그렇게 하여 시켈리아에 오게 된 카드모스가 정직하다는 것을 경험을 통해 알고 있었기에 겔론이 그를 델포이로 보낸 것이다. 그는 전에도 늘 그랬지만 이번에도 자신이 정직한 사람임을 입증해 줄 가

장 명확한 증거를 남겼으니, 그는 겔론이 맡긴 거금을 착복할 수 있음에도 그러지 않고, 헬라스인이 해전에서 이겨 크세르크세스가 철수하자 돈을 다 갖고 시켈리아로 돌아온 것이다.

165 시켈리아에 거주하는 헬라스인은 다른 이야기도 들려준다. 그에 따르면, 겔론은 라케다이몬인의 지휘를 받는 한이 있더라도 헬라스인을 도왔을 것인데, 마침 그때 전에 아크라가스의 통치자 아이네시데모스의 아들 테론에 의해 히메라에서 쫓겨났던 히메라 참주 크리닙포스의 아들 테릴로스가 침공해 왔다고 한다. 포이니케인,[79] 리뷔에인, 이베리아[80]인, 리귀에스족,[81] 엘리스퀴오이족,[82] 사르도[83]인, 퀴르노스[84]인으로 구성된 테릴로스의 군대 30만 명은 안논[85]의 아들 아밀카스[86]가 지휘했는데, 아밀카스는 카르케돈인의 왕이었다. 아밀카스가 테릴로스를 도운 것은 두 사람이 서로 주인과 손님의 관계였기 때문이기도 했지만 무엇보다도 크레테네스의 아들 아낙실라오스가 보인 열성 때문이었다. 테릴로스의 딸 퀴딥페와 결혼한 레기온의 참주 아낙실라오스는 아밀카스에게 제 자식들을 볼모로 맡기면서까지 장인의 시켈리아 원정을 돕고자 아밀카스를 데려온 것이다. 그래서 겔론은 헬라스인을 도와주

78 크세르크세스가 이길 경우 그에게 전할 축하의 말.
79 여기서는 카르타고인들.
80 지금의 동에스파냐.
81 이탈리아 북서부, 지금의 제노바만 연안에 살던 부족.
82 피레네산맥에서 론강 하구에 이르는 해안에 살던 이베리아계 부족.
83 지금의 사르데냐.
84 지금의 코르시카섬.
85 라틴어 이름은 한노(Hanno).
86 라틴어 이름은 하밀카르(Hamilcar).

지 못하고 델포이로 돈을 보냈다고 한다.

166 시켈리아인에 따르면 또 살라미스에서 헬라스인이 크세르크세스를
이긴 날과 같은 날에 겔론과 테론이 시켈리아에서 카르케돈인 아밀카
스에게 이겼다고 한다. 아버지 쪽으로는 카르케돈인이지만 어머니 쪽
은 쉬라쿠사이인인 아밀카스가 카르케돈인의 왕이 될 수 있었던 것은
그의 용기 때문이었다. 그러나 내가 듣기로, 그는 싸우다 패색이 짙어
지자 흔적 없이 사라졌으며, 겔론이 백방으로 수색했지만 그는 산 채로
도 죽은 채로도 모습을 드러내지 않았다고 한다.

167 이에 대해 카르케돈인은 그럴듯한 해명을 하고 있는데, 그에 따르면 이
민족과 헬라스인이 [시켈리아에서] 새벽부터 저녁 늦게까지 싸우고
있는 동안 — 그만큼 오래 끈 전투였다 — 진중에 머물러 있던 아밀카
스는 제물을 바치고 제물로 바친 가축들을 큰 장작불에 통째로 구우며
길조를 구하고 있었다고 한다. 그런데 마침 제물로 바친 가축들에게 술
을 붓다가 그의 군대가 패주하는 것을 보자 불속에 몸을 던졌다고 한
다. 그는 불에 완전히 타 버려 발견되지 않았다는 것이다. 아밀카스가
사라진 것이 포이니케인이 설명한 대로든, 아니면 [카르케돈인과 쉬라
쿠사이인의 말처럼] 다른 사정 때문이었든 포이니케인은 그에게 제물
을 바치고 있으며, 자신들의 모든 식민시에 그를 위해 기념비를 세웠는
데, 그중 가장 큰 것은 카르케돈에 있다. 시켈리아에서 일어난 일들에
관해서는 이쯤 해 두자.

168 한편 케르퀴라인은 헬라스인의 사절단에게 다음과 같이 대답하고 행
동했다. 시켈리아를 방문한 바로 그 사절단이 그들을 방문하여, 겔론

에게 한 것과 똑같은 말로 그들에게 도움을 요청했다. 케르퀴라인은 당장 도와주겠다고 약속하며 헬라스가 망하는 것을 보고도 수수방관할 수는 없다고 했다. 헬라스가 넘어지면 그들은 그 이튿날로 당장 노예가 될 수밖에 없는 만큼, 있는 힘을 다해 헬라스를 도와야 한다고 했다. 대답은 이렇게 그럴듯하게 했지만 원군을 보내야 할 때가 되자 그들은 생각이 바뀌었다. 그들은 60척의 함선에 뱃사람을 배치하고 마지못해 바다로 나가 펠로폰네소스에 도착해서는 퓔로스와 라케다이몬 땅에 있는 타이나론곶 앞바다에 닻을 내리고 역시 전쟁의 귀추를 지켜보았다. 그들은 헬라스인이 이기리라고는 예상하지 못하고 페르시아인이 대승을 거두고 온 헬라스를 지배하게 되리라고 믿었다. 그들이 계획적으로 그렇게 행동한 것은 나중에 크세르크세스에게 다음과 같이 말할 수 있기 위해서였다. "전하, 저희에게는 적잖은 재원이 있고 아테나이인 다음으로 가장 많은 함선을 제공할 능력이 있기에, 이번 전쟁에서 도와달라고 헬라스인이 요청했지만 저희는 전하께 적대행위를 하거나 불쾌한 짓을 하고 싶지 않았나이다." 그들은 이런 말을 함으로써 다른 헬라스 도시보다 우대받기를 기대했고, 아마도 실제로 그렇게 되었을 것이다. 그들은 또 헬라스인에게도 핑계를 준비해 두었다가 나중에 써먹었는데, 원군을 보내지 않았다고 헬라스인이 그들을 나무라자 그들은 60척의 삼단노선에 뱃사람을 배치했지만 북서계절풍[87]으로 인해 말레아곶을 돌 수 없었다고 말한 것이다. 그래서 그들은 살라미스에 도착할 수 없었고, 해전에 동참하지 못한 것은 그들이 비겁해서가 아니라는 것이었다. 그들은 헬라스인 앞에서 그렇게 둘러댔다.

---

87 etesiai(anemoi).

169 한편 크레테인은 도움을 청하기 위해 파견된 헬라스인의 사절단에게
서 도움을 요청받자 다음과 같이 대응했다. 즉 그들은 헬라스를 돕는
것이 자신들에게 더 유리한지 신에게 묻기 위해 공동으로 델포이에 사
절단을 보냈다. 그러자 퓌티아가 대답했다. "이 어리석은 자들이여, 너
희가 메넬라오스를 도운 까닭에 미노스가 화가 나 너희에게 보낸 눈물
로는 성에 차지 않는단 말인가? 그것은 너희가 카미코스에서 미노스
가 죽은 것을 복수하려 했을 때 그들[88]은 너희를 도와주지 않았음에도,
너희는 이방인에 의해 스파르테에서 납치된 여인[89]의 원수를 갚는 데
그들을 도왔기 때문이 아니었느냐!" 크레테인은 이런 대답을 듣자 헬
라스인을 돕기를 거절했다.

170 미노스는 다이달로스[90]를 찾아 지금은 시켈리아라고 불리는 시카니아
에 갔다가 비명횡사[91]했다고 전해지고 있기 때문이다. 얼마 뒤 폴리크
나인과 프라이소스인을 제외한 온 크레테인이 신의 명령에 따라 시카
니아로 대규모 원정대를 파견해 지금은 아크라가스인이 거주하는 카
미코스를 5년 동안 포위공격했다고 한다. 그러나 그들은 카미코스를
함락하지 못하고 굶어 죽을 지경에 이르자 결국 포위를 풀고 귀향길에
올랐다고 한다. 그들은 회항하던 도중 이아퓌기아[92] 앞바다에서 심한
폭풍을 만나 바닷가로 떠밀렸다고 한다. 타고 있던 배들이 난파당해 크
레테로 돌아갈 길이 막히자 그들은 휘리아 시를 세우고 그곳에 머물며
크레테인 대신 멧사피아 지방의 이아퓌기아인이 되고, 섬사람 대신 뭍
사람이 되었다고 한다. 휘리아 시를 기지 삼아 그들은 다른 도시들을
건설했는데, 먼 훗날[93] 타라스인이 이 도시들을 파괴하려다 참패했다.
이때 우리가 알기로 가장 많은 헬라스인이 도륙되었다. 타라스인뿐 아
니라 코이로스의 아들 미퀴토스의 권유로 타라스인을 도우러 갔던 레

기온인도 재앙을 입기는 마찬가지였는데, 레기온인은 3,000명의 전사자를 냈다. 그러나 타라스인의 전사자는 부지기수였다. 이 미퀴토스란 사람은 아낙실라오스의 가신(家臣)이었는데, 그가 죽은 뒤 레기온의 통치자가 되었다. 그가 바로 훗날 레기온에서 추방되어 아르카디아의 테게아에 가 살며 올륌피아에 수많은 입상을 헌정한 사람이다.

171 레기온인과 타라스인에 관한 이야기는 이 책에서는 하나의 부록으로 언급되었을 뿐이다. 프라이소스인에 따르면, 주민이 떠나고 없는 크레테에는 다른 사람들, 특히 헬라스인이 이주해 왔는데, 미노스 사후 3대째 이르러 트로이아 전쟁이 발발하자 크레테인은 분명 메넬라오스에게 적잖은 도움을 준 것 같다. 그들이 트로이아에서 돌아왔을 때 기근과 역병이 그들과 그들의 가축을 엄습하자, 다시 주민이 크레테를 떠났다. 지금의 크레테인은 세 번째 이민자들과 이전 주민 가운데 남아 있던 자들이다. 그래서 퓌티아가 헬라스인을 도우려던 크레테인에게 이 일을 상기시킨 것이다.

88 그리스인들.
89 헬레네가 트로이아의 왕자 파리스에게 납치된 일을 말한다.
90 크레테에 미궁을 지어 준 아테나이 출신 장인(匠人). 그는 테세우스가 괴물 미노타우로스를 죽이고 무사히 미궁에서 나올 수 있도록 실꾸리를 주라고 아리아드네 공주에게 조언한 것이 발각되어 감옥에 갇혔지만 날개를 만들어 달고 아들 이카로스와 함께 크레테를 탈출한다. 이카로스는 너무 높이 난 까닭에 날개를 접합시킨 밀랍이 녹아 바다에 떨어져 익사하고 다이달로스는 시칠리아로 도주한다.
91 미노스는 카미코스 왕 코칼로스(Kokalos)의 궁전에서 다이달로스를 찾아냈지만 코칼로스의 권유로 더운물에 목욕하다가 코칼로스의 딸들이 내보낸 끓는 물에 삶겨 죽었다고 한다.
92 이탈리아반도를 장화에 비긴다면 뒤축에 해당하는 지역.
93 기원전 473년.

172 텟살리아인이 처음에 페르시아에 부역한 것은 달리 선택의 여지가 없
    었기 때문이다. 이는 그들이 알레우아다이가(家)의 음모를 탐탁잖게
    여기고 있었다는 사실을 보면 쉽게 알 수 있다. 왜냐하면 그들은 크세
    르크세스가 에우로페로 건너오려 한다는 말을 듣자마자 이스트모스[94]
    로 사절단을 보냈기 때문이다. 이스트모스에는 헬라스에 우호적인 헬
    라스 도시들의 대표가 모여 있었다. 텟살리아 사절단은 그곳에 도착해
    이렇게 말했다. "헬라스인이여, 텟살리아뿐 아니라 온 헬라스가 전쟁
    으로 말미암아 재앙을 입지 않으려면 올륌포스산을 지나는 고갯길을
    반드시 지켜야 하오. 우리는 그곳을 지키는 일에 동참하고 싶지만, 여
    러분도 상당 규모의 군대를 보내 주어야 하오. 여러분이 군대를 보내
    주지 않으면, 알아 두시오, 우리는 페르시아와 타협할 것이오. 우리가
    다른 헬라스 지역에 비해 앞쪽에 자리잡고 있다고 해서 여러분을 위해
    우리만 죽어야 한다고 요구해서는 안 될 것이오. 여러분이 우리를 돕기
    를 거절한다면 우리에게 그러도록 강요하지는 못할 것이오. 아무리 강
    요해도 불가능한 것이 가능해질 수는 없기 때문이오. 우리는 스스로 살
    길을 찾을 것이오." 텟살리아인은 그렇게 말했다.

173 그러자 헬라스인은 고갯길을 지키기 위해 바닷길로 육군을 파견하기
    로 결의했다. 파견군은 집결하자 배를 타고 에우리포스 해협을 통과했
    다. 그리고 아카이아[95] 지역에 있는 알로스에 도착해 배에서 내린 다음
    함선은 그곳에 두고 텟살리아로 갔다. 템페 계곡에 이르러서는 하부 마
    케도니아와 텟살리아를 연결하며 페네이오스강을 따라 올륌포스산과
    옷사산 사이로 난 고갯길에 진을 쳤다. 그곳에 약 1만 명의 헬라스 중무
    장 보병이 집결하자 텟살리아 기병대가 그들과 합류했다. 라케다이몬
    인 부대는 비록 왕족은 아니지만 폴레마르코스[96]들 중에서 선발된, 카

레노스의 아들 에우아이네토스가 지휘했고, 아테나이인의 부대는 네오클레스의 아들 테미스토클레스가 지휘했다. 그들은 그곳에 며칠밖에 머물지 않았다. 아뮌타스의 아들로 마케도니아 왕인 알렉산드로스가 보낸 사자들이 도착해, 고갯길에서 기다리다가 다가오는 적군에 짓밟히지 말고 고갯길을 떠나기를 권하며 적군의 육군과 함대의 규모를 말해 주었기 때문이다. 사자들이 그렇게 권하자(그들이 보기에 그들의 조언은 쓸 만한 것 같았고, 알렉산드로스도 분명 헬라스에 우호적이었기 때문에) 그들은 거기에 따랐다. 그러나 내 생각에는 상부 마케도니아에서 페르라이비아와 곤노스 시를 경유해 텟살리아로 들어오는 다른 길이 있음을 알고는 겁이 난 탓도 있는 것 같다. 실제로 크세르크세스의 군대는 이 길로 쳐들어왔다. 그리하여 헬라스인은 함선을 두고 온 곳으로 내려가 이스트모스로 돌아갔다.

174 헬라스인이 텟살리아로 출병했을 때 페르시아 왕은 이미 아뷔도스에 머물며 아시아에서 에우로페로 건너려 하고 있었다. 동맹군에게 버림받은 텟살리아인은 더이상 머뭇거리지 않고 기꺼이 페르시아에 부역했고, 전쟁 기간 페르시아 왕에게 누구보다도 유용한 자들이 되었다.

175 헬라스인은 이스트모스로 돌아오자 알렉산드로스의 보고에 기초해 어디서 어떻게 전쟁을 할지 의논했다. 이번에는 테르모퓔라이 고갯길을 지키자는 의견이 우세했다. 이 고갯길은 텟살리아로 들어오는 고갯

---

94 코린토스 지협.
95 여기서는 남텟살리아 지방의 한 지역으로, 정확히는 Achaia Phthiotis.
96 스파르테군은 6개 군단(mora)으로 나뉘어 각각 한 명의 폴레마르코스(pole-marchos)의 지휘를 받았다.

길보다 분명 더 좁고, 게다가 그들의 나라에서 더 가까웠기 때문이다. 테르모퓔라이에서 헬라스인을 죽음과 파멸로 이끌었던 오솔길이 있다는 것은 그들이 그곳에 도착한 뒤 트라키스인에게 듣기까지는 알지 못했다. 그들은 이 고갯길을 지킴으로써 페르시아인이 헬라스로 들어오는 것을 막기로 결정했다. 한편 해군은 히스티아이아 땅의 아르테미시온으로 항해해 가게 했는데, 육군과 해군이 가까이 있으면서 서로의 상황을 파악할 수 있게 하기 위해서였다.

176 이 두 곳의 지형은 다음과 같다. 먼저 아르테미시온부터 살펴보면, 넓은 트라케만이 좁아지며 스키아토스섬과 본토의 마그네시아를 갈라놓는 해협이 된다. 이 해협을 지나면 아르테미스 신전이 있는 에우보이아섬의 해안이 나오는데, 그곳이 아르테미시온이다. 한편 트라키스를 지나 헬라스로 들어오는 고갯길은 가장 좁은 곳은 너비가 반(半)플레트론밖에 안 된다. 사실 이 일대에서 가장 좁은 곳은 이곳이 아니라, 테르모퓔라이 앞쪽과 뒤쪽이다. 테르모퓔라이 뒤쪽에 있는 알페노이에서는 너비가 수레 한 대가 겨우 지나갈 정도밖에 안 되고, 테르모퓔라이 앞쪽 안텔레 근처의 포이닉스 강가에서도 다시 수레 한 대가 지나갈 수 있을 정도밖에 안 된다. 테르모퓔라이 서쪽에는 사람이 오를 수 없는 높고 험준한 산이 오이테산으로 이어지고, 그곳 길의 동쪽에는 늪지대와 바다밖에 없다. 고갯길에는 지역 주민이 '냄비들'[97]이라고 부르는 온천이 있고, 근처에는 헤라클레스의 제단이 있다. 고갯길을 가로질러 성벽이 축조된 적이 있으며, 옛날에는 문으로 닫을 수 있게 되어 있었다. 이 성벽을 축조한 것은 포키스인들로, 텟살리아인이 테스프로티아 지방을 떠나 그들이 지금 점유하고 있는 아이올리스[98]에 살려고 왔을 때 이에 위협을 느꼈던 것이다. 텟살리아인이 포키스인까지 정복

하려 하자 포키스인은 미리 이런 조치를 취했다. 포키스인은 또 온천물을 고갯길로 끌어들여 길이 물에 잠기게 하는 등 텟살리아인이 자신들의 나라로 쳐들어오는 것을 막기 위해 수단과 방법을 가리지 않았다. 원래의 성벽은 오래전에 축조되어 세월이 지나며 이미 대부분 허물어졌다. 그런데 지금 헬라스인은 페르시아인이 헬라스에 들어오는 것을 막기 위해 이 성벽을 다시 일으켜 세우기로 결의했다. 이 길에서 아주 가까운 곳에 알페노이라는 마을이 있는데, 헬라스인은 그곳에서 군량을 조달할 생각이었다.

177 헬라스인에게는 이 두 곳이 적합해 보였다. 헬라스인은 모든 가능성을 검토한 결과 거기서는 페르시아인이 수적 우세도 기병대도 활용하기 어렵다는 점을 알고 헬라스로 쳐들어오는 침략자를 그곳에서 맞아 싸우기로 결정했다. 페르시아인이 피에리아 지방에 도착했다는 소식이 들어오자 헬라스인은 회의를 끝내고 이스트모스에서 출동했는데, 육군은 테르모퓔라이로, 해군은 아르테미시온으로 향했다.

178 헬라스군이 두 패로 나뉘어 출동하는 동안 델포이인은 자신들과 온 헬라스의 미래가 염려되어 아폴론 신에게 신탁을 구했다. 그러자 바람이 헬라스에 중요한 동맹군이 될 터이니 바람에게 기도하라는 신탁이 내려졌다. 델포이인은 이런 신탁을 받자마자 먼저 자유를 위해 싸우기로 한 헬라스인에게 통보했다. 이렇게 통보해 주자 침략자들 앞에서 두려움에 떨고 있던 이들 헬라스인은 그들에게 두고두고 고마워했다. 그런

97 그리스어 이름은 Chytroi.
98 텟살리아의 옛 이름.

다음 델포이인은 튀이아—그곳의 이름은 그곳에 신전을 갖고 있는, 하신 케피소스의 딸 튀이아에게서 따왔다—에 제단을 설치하고 바람의 신들에게 제물을 바쳤다. 이 신탁에 따라 델포이인은 오늘날에도 바람들에게 제물을 바친다.

179 크세르크세스의 함대가 테르메 시에서 출동하면서 10척의 쾌속선이 스키아토스섬으로 직항했다. 그곳에서는 3척의 헬라스 함선이 전위(前衛)를 맡고 있었는데, 1척은 트로이젠에서, 1척은 아이기나에서, 1척은 앗티케에서 온 배였다. 페르시아 함선이 다가오는 것을 보자 이들은 도주했다.

180 그러나 프락시노스가 지휘하던 트로이젠 함선은 추격하던 페르시아인에게 곧 나포되었다. 그러자 페르시아인은 가장 잘생긴 뱃사람을 이물 쪽으로 끌고 가 목을 베었다. 그들은 자기들이 사로잡은 최초의 헬라스인이 그토록 미남인 것을 길조로 여겼다. 그의 이름은 레온[99]이었는데, 그가 그렇게 죽은 것은 아마 그의 이름 탓도 있을 것이다.

181 그러나 아소니데스가 지휘하던 아이기나의 삼단노선은 그렇게 호락호락하지 않았는데, 그것은 뱃사람 중 한 명인 이스케노오스의 아들 퓌테아스가 이날 있는 힘을 다해 용감히 싸웠기 때문이다. 그는 타고 있던 배가 나포된 뒤에도 갈기갈기 찢길 때까지 싸웠다. 그가 쓰러졌어도 죽지 않고 여전히 숨이 붙어 있자, 페르시아 뱃사람들은 그의 용기를 가상히 여겨 어떻게든 그를 살리려고 최선을 다했다. 그들은 그의 상처에 몰약을 발라 주고 고운 아마천으로 지은 옷으로 붕대를 만들어 감아 주었으며, 자신들의 군영으로 돌아갔을 때 전군에 그를 자랑스레 내보

이며 후대했다. 그러나 그 배에 타고 있던 다른 포로들은 노예 취급당했다.

182 헬라스인의 함선 가운데 2척은 그렇게 나포되었다. 한편 아테나이인 포르모스가 지휘하던 세 번째 삼단노선은 도주하다가 페네이오스강 하구에 상륙했다. 배는 페르시아인 수중에 들어갔지만 아테나이 뱃사람들은 그렇게 되지 않았으니, 그들은 배가 바닷가에 얹히자마자 배에서 뛰어내린 다음 텟살리아를 경유해 아테나이로 돌아갔기 때문이다.

183 아르테미시온에 진을 치고 있던 헬라스인은 스키아토스에서 보내온 횃불 신호를 보고 이 사실을 알게 되었다. 이런 소식을 접하자 그들은 겁이 나 에우리포스 해협을 지키고자 아르테미시온에서 칼키스로 정박지를 옮기며, 에우보이아섬의 언덕들에 정찰병을 남겨 두었다. 페르시아 함선 10척 가운데 3척은 스키아토스섬과 마그네시아반도 사이에 있는 이른바 '개미'[100] 암초에 걸려 좌초되었다. 일단 페르시아인이 가져온 돌기둥을 그 암초에 세워 길이 열리자[101] 전 함대가 테르메에서 출동했는데, 페르시아 왕이 테르메를 떠난 지 11일 만이었다. 스퀴로스 사람 팜몬이 해협에 있는 이 암초의 위치를 그들에게 가리켜 주었다. 페르시아 함대는 온종일 항해한 뒤 마그네시아의 세피아스, 또는 카스타나이아 시와 세피아스곶 사이의 해안 지대에 도착했다.

---

99 '사자'(獅子)란 뜻. 사자는 뭇짐승의 우두머리로서 최고의 제물이라고 여긴 듯하다.
100 그리스어 이름은 Myrmex.
101 10척의 배는 소해정(掃海艇) 노릇도 한 것이다.

184 세피아스와 테르모필라이에 도착하기까지 페르시아군은 아무런 손실
도 입지 않았다. 추산컨대, 이때 그들의 병력 수는 여전히 다음과 같았
다. 아시아에서 온 함선은 1,207척인데, 함선당 200명으로 계산하면,
원래 각 부족으로부터 차출한 뱃사람은 241,400명이다. 이들 함선마
다 토착민 뱃사람 외에 페르시아인과 메디아인과 사카이족 뱃사람이
30명씩 타고 있었는데, 이들 추가 인원을 합하면 36,210명이 된다. 이
수치에 나는 오십노선의 뱃사람을 추가할 텐데, 1척당 약 80명으로 산
정하면, 앞서 말했듯이 오십노선은 3,000척이 집결했으므로 이 함선들
의 뱃사람 수는 240,000명쯤 될 것이다. 따라서 아시아에서 온 해군의
수는 총 517,610명에 이른다. 보병은 1,700,000명이고, 기병은 80,000
명이었다. 여기에 나는 아라비아의 낙타 기수와 리뷔에의 전차병을 추
가할 텐데, 그들의 수는 20,000명으로 추산된다. 따라서 해군과 육군을
둘 다 합하면 2,317,610명에 이른다. 이는 크세르크세스가 아시아에서
데려온 전투원만 언급한 것이고, 종군한 하인과 군량 수송선 뱃사람은
포함되지 않았다.

185 여기에 에우로페에서 징용되어 온 군사도 더해 셈해져야 하는데, 그 수
는 어림으로 짐작할 수 있을 뿐이다. 트라케와 트라케 앞바다의 헬라스
인이 함선 120척을 제공했으니, 이 함선들의 승선 인원은 24,000명이
다. 트라케인, 파이오니아인, 에오르디아인, 봇티아이아인, 칼키디케
인, 브뤼고이족, 피에리아인, 마케도니아인, 페르라이비아인, 에니에
네스족, 돌로피아인, 마그네시아인, 아카이아인, 그리고 트라케의 해
안 지대에 사는 자들이 제공한 보병이 짐작건대 300,000명에 이를 것
이다. 이들을 아시아에서 온 자들에 보태면 전투원은 총 2,641,610명
이 된다.

186 전투원의 규모가 이 정도라면, 종군한 하인들과 군량 수송용 소형 선박들의 뱃사람과 그 밖에 군대와 동행한 다른 선박들의 뱃사람도 전투원보다 많았으면 많았지 적지는 않았을 것이다. 이들이 많지도 적지도 않고 전투원과 같은 수인 것으로 잡더라도 그 수는 전투원과 마찬가지로 수백 수십만이 될 것이다. 그렇게 보면 다레이오스의 아들 크세르크세스가 세피아스곶과 테르모퓔라이까지 인솔해 온 인원수는 5,283,220명이라는 결론이 나온다.

187 이상이 크세르크세스 원정대 전체의 남자 숫자이고, 여자 요리사, 첩, 내시의 수는 아무도 정확히 말할 수 없었을 것이다. 그것은 운반용 동물, 짐 나르는 다른 동물, 군대를 따라온 인디아산(産) 개의 경우도 마찬가지다. 이들의 수가 워낙 많아 아무도 그 수를 말할 수 없었을 테니 하는 말이다. 그래서 나는 몇몇 강이 바닥을 드러낸 것에 조금도 놀라지 않는다. 이 수백 수십만 명에게 어떻게 식량을 조달할 수 있었는지가 나는 더 놀랍다. 각자가 매일 1코이닉스의 밀만 받는다 해도 매일 110,340메딤노스가 소요될 것이다. 여인과 내시와 운반용 동물과 개를 위한 식량을 제외하고도 말이다. 이들 수백 수십만 명 가운데 준수한 용모와 헌칠한 키로 크세르크세스와 통수권을 다툴 만한 자는 아무도 없었다.

188 함대가 출동해 카스타나이아 시와 세피아스곶 사이의 마그네시아 해안에 도착했을 때, 먼저 도착한 함선들은 뭍에 계류되었지만, 나머지 함선들은 그것들 뒤에 닻을 내리고 정박했다. 해안이 그리 넓지 않아, 함선들은 이물을 바다 쪽으로 향한 채 8열로 늘어섰다. 그날 밤은 그렇게 보냈다. 그러나 이튿날 이른 아침, 구름 한 점 없고 바람 한 점 없던

날씨가 바뀌기 시작하더니 북동쪽에서 이 지역 주민이 '헬레스폰토스 바람'이라 부르는 강풍이 세차게 불어오면서 바다가 들끓기 시작했다. 바람이 일기 시작한다는 것을 알아차린 자들은 적절한 위치에 닻을 내리고 있었을 경우, 폭풍이 덮치기 전에 함선을 뭍으로 끌어올려 자신들도 살아남고 함선도 구했다. 그러나 앞바다에 있다가 폭풍을 만난 함선들은 펠리온산의 이른바 '아궁이들'[102]이나 해안으로 떠내려갔는데, 더러는 세피아스곶에서, 더러는 멜리보이아 시에서 난파당했고, 더러는 카스타나이아 해안에 내동댕이쳐졌다. 도저히 감당할 수 없는 무서운 폭풍이었다.

189 아테나이인은 예언에 따라 북풍[103]의 신 보레아스에게 도움을 청했다고 하는데, 그들에게 '사위에게 도움을 청하라'는 다른 신탁이 주어졌기 때문이다. 헬라스인의 전설에 따르면, 보레아스는 에렉테우스의 딸 오레이튀이아라는 앗티케 여인과 결혼했다고 한다. 전해 오는 이야기에 따르면, 아테나이인은 이들이 결혼한 뒤 보레아스를 자신들의 사위로 여겼다고 한다. 그래서 아테나이인은 에우보이아의 칼키스에 포진하고 있다가 폭풍이 이는 것을 보자, 아니면 그전에 보레아스와 오레이튀이아에게 제물을 바치며, 전에 아토스 앞바다에서 그랬듯이[104] 와서 자신들을 도와 페르시아 함대를 박살 내 달라고 기원했다. 과연 그래서 보레아스가 정박 중이던 페르시아 함대를 급습했는지 나로서는 단언할 수 없다. 아무튼 아테나이인은 보레아스가 전에도 자기들을 도와주었으며, 이번 일도 그가 한 일이라고 주장하고 있다. 그들은 귀향한 뒤 일릿소스 강가에 보레아스를 위해 신전을 지었다.

190 이때의 조난으로 최소 400척의 함선이 침몰하고, 헤아릴 수 없을 만큼

인명 피해가 나고 막대한 재산이 없어졌다고 한다. 그래서 세피아스곶 근처에 땅을 갖고 있던 크레티네스의 아들 아메이노클레스라는 마그네시아인은 이 해난 사고로 엄청난 이득을 보았다. 그는 나중에 뭍으로 떠밀려 온 엄청난 양의 금잔과 은잔을 주웠고, 그 밖에도 페르시아인의 보물 상자를 발견하여 엄청난 부자가 되었다. 그는 이 횡재로 거부가 되었어도 다른 점에서는 불행했다. 그에게도 재앙이 찾아왔으니, 제 자식을 제 손으로 죽인 것이다.

191 군량 수송선과 다른 화물선의 피해는 헤아릴 수 없을 정도였다. 그러자 함대의 사령관들은 자기들이 이렇게 어려운 처지에 있을 때 텟살리아인이 공격해 오지 않을까 염려되어 함선들 주위에 난파선들의 잔해로 높은 방책(防柵)을 둘렀다. 폭풍은 3일 동안 불었다. 마침내 마고스들이 제물을 바치며 주문(呪文)을 외어 바람을 달래기 시작했다. 그들은 테티스[105]와 다른 네레우스의 딸들에게도 제물을 바쳤다. 그러자 4일째 되는 날 폭풍이 잠잠해지기 시작했다. 아니면 폭풍이 제풀에 잠잠해졌을지도 모르겠다. 그들이 테티스에게 제물을 바친 것은 이곳에서 테티스가 펠레우스에 납치되었고, 세피아스곶 일대가 테티스와 다른 네레우스의 딸들에게 바쳐졌다는 말을 이오니아인에게 들었기 때문이다.

192 4일째 되는 날 폭풍은 잠잠해졌다. 에우보이아섬 언덕에서 망을 보던

102 마그네시아반도의 해안 암벽들. 그리스어 이름은 Ipnoi이다.
103 정확히는 북동풍.
104 6권 44장.
105 인간인 펠레우스와 마지못해 결혼해 트로이아 전쟁 때 그리스 제일의 영웅 아킬레우스의 어머니가 된 여신. 바다의 신 네레우스의 50명의 아리따운 딸 중 한 명.

정찰병들은 폭풍이 불기 시작한 이튿날 언덕에서 뛰어 내려와 헬라스 인에게 페르시아 함대가 난파당한 소식을 자세히 전했다. 이 소식을 들 은 헬라스인은 구원자 포세이돈에게 기도하고 헌주한 다음 급히 아르 테미시온으로 되돌아갔다. 그들은 자기들에 맞설 적의 함선들이 얼마 되지 않을 것이라고 예상했다. 그리하여 그들은 아르테미시온 앞바다 에 다시 포진했다. 그 이후로 지금까지 그들은 구원자[106] 포세이돈이란 명칭을 사용한다.

193 일단 바람이 잠잠해지고 바다가 잔잔해지자 페르시아인은 뭍으로 끌 어올려 놓았던 함선들을 도로 바다로 끌어내리고 해안을 따라 항해하 면서 마그네시아곶을 돌아 파가사이 시로 통하는 만(灣) 안으로 곧장 들어갔다. 마그네시아의 이 만에는 이아손과 아르고호(號)의 동료 선 원들이 [콜키스] 아이아로 황금 양모피를 찾아 떠났을 때 헤라클레스 를 뒤에 남겨 두고 떠난 곳으로 추정되는 곳이 있다. 그들은 물을 길어 오도록 헤라클레스를 뭍으로 보냈는데, 이곳에서 급수(給水)한 다음 난바다로 출항할 예정이었던 것이다. 그래서 그곳은 아페타이[107]라고 불린다. 크세르크세스의 함대는 이곳에 닻을 내렸다.

194 무슨 이유에서인지 페르시아 함선 가운데 15척이 다른 함선들 뒤에 축 처져 항해하다가 헬라스 함대가 아르테미시온에 정박해 있는 것을 보 았다. 페르시아인은 아군의 함대인 줄 알고 곧장 항해해 갔다가 적군의 수중에 들어갔다. 이 페르시아 함대의 지휘관은 아이올리스 지방 퀴메 시 태수였던, 타마시오스의 아들 산도케스였다. 이 산도케스는 전에 왕실 재판관 중 한 명이었을 때 뇌물을 받고 부정한 재판을 한 죄로 다 레이오스왕에게 책형을 선고받은 적이 있었다. 산도케스가 십자가에

매달려 있는 동안 생각에 잠긴 다레이오스는 그가 왕실에 나쁜 일보다는 좋은 일을 더 많이 했다는 결론에 도달했다. 자신의 행동이 지혜롭기보다는 성급했음을 알게 되자 다레이오스는 그를 석방했다. 그리하여 그는 다레이오스왕에게 죽임을 당하는 것을 면할 수 있었지만, 배를 타고 헬라스인 속으로 뛰어든 지금은 다시는 죽음을 피할 수 없는 운명이었다. 헬라스인은 페르시아인이 다가오는 것을 보자 그들이 착각하고 있음을 알아차리고 바다로 나가 힘들이지 않고 적선을 나포했다.

195 헬라스인은 이 함선 중 1척에서 카리아 지방 알라반다 시의 참주였던 아리돌리스를 사로잡았다. 다른 함선에서는 파포스인의 지휘관 데모노오스의 아들 펜튈로스가 사로잡혔는데, 그는 파포스에서 12척의 함선을 이끌고 왔다가 세피아스 앞바다의 폭풍으로 11척을 잃었다. 그리고 남은 1척을 타고 아르테미시온에 왔다가 포로가 된 것이다. 헬라스인은 이들을 심문해 크세르크세스의 군대에 관해 알고 싶었던 모든 정보를 얻어낸 다음 포박해 코린토스의 이스트모스로 보냈다.

196 페르시아 함대는 앞서 말한 산도케스 휘하의 15척을 제외하고는 모두 아페타이에 도착했다. 크세르크세스와 육군은 3일 뒤 텟살리아와 아카이아를 경유해 멜리스에 도착했다. 텟살리아에 체류하는 동안 그는 텟살리아 말들이 헬라스에서 가장 우수하다는 말을 듣고 자신의 말들이 텟살리아 말들과 경주하게 했는데, 이때 헬라스 말들이 많이 처졌다. 텟살리아 강 중에 군대에 물을 충분히 대줄 수 없었던 것은 오노코

---

106 '구원자'(soter)란 별칭은 주로 제우스에게 붙여졌다.
107 '출발지'란 뜻.

노스뿐이었지만, 아카이아에서는 가장 큰 강인 아피다노스조차도 간신히 물을 대줄 수 있었다.

197 크세르크세스가 아카이아의 알로스에 도착했을 때 길라잡이들은 무엇이든 다 알려 주겠다는 생각에서 제우스 라퓌스티오스[108]의 의식에 관한 이 지역 전설을 들려주었다. 그에 따르면 아이올로스의 아들 아타마스가 이노와 공모해 프릭소스를 죽인 지 얼마 안 되어 아카이아인은 신탁의 지시에 따라 프릭소스의 자손에게 벌을 내렸는데, 그들은 이 집안의 최고 연장자에게 시 청사(아카이아인은 시 청사를 시회관[109]이라 부른다)에 들어가는 것을 금하고 파수병을 배치해 두었다는 것이다. 그럼에도 그가 안으로 들어간다면 제물로 바쳐지기 위해서만 밖으로 나올 수 있었다. 길라잡이들에 따르면, 제물로 바쳐지도록 선고받은 많은 자가 겁이 나 타국으로 도주했지만, 얼마 뒤 고향에 돌아왔다가 붙잡히면 시 청사로 보내졌다며, 그가 제물로 바쳐지기 위해 온통 화관(花冠)에 덮인 채 행렬이 뒤따르는 가운데 어떻게 시 청사에서 나왔는지 설명해 주었다. 프릭소스의 아들 퀴팃소로스가 이런 일을 당하게 된 연유는 다음과 같다. 즉 아카이아인이 신탁의 지시에 따라 나라를 정화하기 위해 아이올로스의 아들 아타마스를 제물로 바치려고 하는데 퀴팃소로스가 콜키스의 아이아에서 도착해 그를 구해 주어 이로 인해 그의 자손이 신의 노여움을 사게 되었다는 것이다. 크세르크세스는 이 이야기를 들은 뒤 알로스에 있는 신성한 원림(園林) 근처에 이르자 자신도 들어가지 않고 군사들 역시 아무도 들어가지 못하게 하여 아타마스의 자손의 집과 성역에 경의를 표했다.

198 이상은 텟살리아와 아카이아에서 일어난 일이다. 크세르크세스는 이

지역들을 떠나 날마다 밀물과 썰물이 교체하는 만의 해안을 따라 멜리스로 나아갔다. 이 만 둘레에는 평지가 펼쳐져 있는데, 어떤 곳에서는 넓고, 어떤 곳에서는 아주 좁다. 평지 주위에는 이른바 트라키스의 바위들이라는 접근할 수 없는 높은 산들이 있어 멜리스 땅 전체를 에워싸고 있다. 아카이아에서 이 만으로 접근할 경우 처음 만나는 도시는 안티퀴라인데, 이 도시는 에니에네스족의 나라에서 발원해 바다로 흘러드는 스페르케이오스 강가에 자리잡고 있다. 이 강에서 20스타디온쯤 떨어진 곳에 뒤라스라는 또 다른 강이 있는데, 이 강은 헤라클레스가 화염에 싸여 있을 때[110] 그를 구하기 위해 땅에서 솟아났다고 한다. 거기서 또 20스타디온 떨어진 곳에 멜라스[111]라 불리는 또 다른 강이 있다.

199 트라키스 시는 이 멜라스강에서 5스타디온 떨어져 있다. 트라키스는 이 지역에서 산과 바다 사이가 가장 넓은 곳이다. 실제로 이곳의 평야는 너비가 22,000플레트론이나 된다. 이 지역을 에워싸고 있는 산악 지대에는 트라키스 남쪽으로 협곡이 하나 나 있는데, 아소포스강은 이 협곡을 지나 산기슭을 따라 흘러간다.

---

108 보이오티아 지방 코로네이아 시의 라퓌스티온산에서 인신 제물을 받던 제우스의 별칭.
109 그리스어 이름은 leiton. 시 청사의 그리스어 이름은 prytaneion이다.
110 헤라클레스는 아내가 보내 준 겉옷이 살 속으로 파고들어 가자 고통을 참지 못해 스스로 화장용 장작더미에 올라가 타 죽었다. 소포클레스의 비극 『트라키스의 여인들』(*Trachiniai*) 참조.
111 '검은 강'이라는 뜻.

200 아소포스강 남쪽에는 포이닉스[112]라는 크지 않은 강이 또 하나 있는데, 포이닉스강은 이 산악 지대에서 발원해 아소포스강과 합류한다. 포이닉스강 주변에서 길은 가장 좁아져 겨우 수레 한 대가 지나갈 수 있을 정도이다. 포이닉스강에서 테르모퓔라이까지는 15스타디온이고, 포이닉스강과 테르모퓔라이 중간에 안텔레라는 마을이 있는데, 아소포스강은 그곳을 지나면 곧 바다로 흘러든다. 이 마을 근처에서 땅은 다시 넓어지는데, 그곳에 인보동맹(隣保同盟)[113]의 여신 데메테르의 신전과 인보동맹 회원국의 회합 장소와 암픽튀온 자신의 신전이 자리잡고 있다.

201 그리하여 크세르크세스왕은 트라키스의 멜리스에 진을 치고 헬라스인은 고갯길에 진을 쳤는데, 이 고갯길을 대부분의 헬라스인은 테르모퓔라이라고 부르지만, 이 지역 주민과 인근 주민은 퓔라이[114]라고 부른다. 양군은 이렇게 진을 치되, 크세르크세스는 트라키스 북쪽의 전 지역을, 헬라스인은 남쪽의 헬라스 본토 전체를 장악하고 있었다.

202 테르모퓔라이에서 페르시아 왕을 기다리던 헬라스인은 다음과 같다. 중무장 보병에 관해 말하자면 스파르테에서 300명, 테게아와 만티네이아[115]에서 각각 500명씩 도합 1,000명, 아르카디아의 오르코메노스에서 120명, 나머지 아르카디아 지방에서 1,000명이 파견되었다. 이들 아르카디아인 외에 코린토스에서 400명, 플레이우스에서 200명, 뮈케나이에서 80명이 파견되었다. 이들이 펠로폰네소스에서 파견된 자들이고, 보이오티아에서는 700명의 테스페이아인과 400명의 테바이인이 파견되었다.

203 그 밖에 오푸스의 로크리스[116]인들은 전군(全軍)을, 포키스인은 1,000 명의 중무장 보병을 제공했는데, 헬라스인이 사절단을 보내 도움을 호소했기 때문이다. 헬라스인은 이때 사절을 시켜 자신들은 헬라스 동맹 군의 전위대에 불과하고 동맹군의 나머지 부대는 오늘이라도 도착할 것으로 예상되며, 바다는 또 아테나이인과 아이기나인과 해군에 배속된 다른 헬라스인이 빈틈없이 지키고 있으니 조금도 두려워할 게 없다고 전하게 했다. "무엇보다도 헬라스를 공격하는 것이 신이 아니라 인간이기 때문이오. 태어날 때부터 자기 몫의 행운에 불행이 섞이지 않은 인간은 아무도 없었고, 또 없을 것이오. 그리고 위대한 인간일수록 더 큰 불행을 당하는 법이오. 그러니 침략자도 인간인 만큼 그의 예상은 빗나가고 말 것이오." 이 말을 듣자 로크리스인과 포키스인은 트라키스로 도우러 갔다.

204 각 도시는 독자적인 지휘관을 파견했다. 전군을 지휘하는 가장 경탄할 만한 인물은 아낙산드리데스의 아들 레오니다스라는 라케다이몬인이었다. 그의 가계(家系)는 아낙산드리데스, 레온, 에우뤼크라티데스, 아

---

112 '자줏빛 강' '붉은 강'이라는 뜻. 이 강에는 유황 성분이 많다고 한다.

113 그리스어 이름은 Amphiktyonia. 5권 주 39.

114 '문'이라는 뜻. 테르모퓔라이의 다른 이름. 테르모퓔라이는 '온천이 솟는 고갯길'이라는 뜻이다.

115 테게아와 만티네이아는 아르카디아 지방의 남동부에 있는 도시들이다.

116 그리스 본토 중부 지방에 있는 로크리스는 파르낫소스산 같은 높은 산들에 의해 에우리포스만에 면해 있는 '동(東)로크리스'와 코린토스만에 면해 있는 '서(西)로크리스'로 나뉜다. '동(東)로크리스인'은 그곳의 수도 이름을 따 '오푸스의 로크리스인' (Lokroi Opountioi)이라 불리고, '서(西)로크리스인'은 Lokroi Hespeioi 또는 Lokroi Ozolai라고 불린다. 남이탈리아에도 이들이 개척한 로크리스 시가 있는데 그곳 주민은 Lokroi Epizephyrioi 또는 Lokroi Zephyrioi라고 불린다.

낙산드로스, 에우뤼크라테스, 폴뤼도로스, 알카메네스, 텔레클로스, 아르켈라오스, 헤게실라오스, 도뤼소스, 레오보테스, 에케스트라토스, 아기스, 에우뤼스테네스, 아리스토데모스, 아리스토마코스, 클레오다이오스 그리고 휠로스를 거쳐 헤라클레스로 거슬러 올라간다. 레오니다스는 전혀 예기치 않게 스파르테 왕이 되었다.

205 레오니다스는 클레오메네스와 도리에우스라는 두 형이 있어 애당초 왕이 될 생각은 하지 않았다.[117] 그러나 클레오메네스가 아들 없이 죽고, 도리에우스가 시켈리아에서 죽어 더이상 살아 있지 않자 왕위는 레오니다스에게 넘어갔다. 그는 (아낙산드리데스의 막내아들) 클레옴브로토스보다 손위인 데다 클레오메네스의 딸과 결혼했기 때문이다. 레오니다스는 이때 자신에게 배정된 300명의 전사를 슬하에 아들이 있는 자들 중에서 선발해 테르모퓔라이로 향했다. 그는 또 도중에 앞서 언급한 테바이인[118]도 데리고 갔는데, 이들의 지휘관은 에우뤼마코스의 아들 레온티아데스였다. 레오니다스가 헬라스인 중에서 테바이인만을 서둘러 데려간 것은 이들이 페르시아에 부역하는 것으로 몹시 의심되었기 때문이다. 그래서 그는 그들이 군대를 파견할지 아니면, 헬라스 동맹군을 공공연히 지원하기를 거부할지 알아보기 위해 이번 전쟁에 도움을 요청한 것이다. 그러자 그들은 딴마음을 품고 있으면서도 군대를 파견했다.

206 스파르테인이 이렇듯 레오니다스와 그의 군대를 먼저 내보낸 것은, 그들을 보고 다른 동맹군도 출진하도록 촉구하고, 스파르테인이 머뭇거린다면 이를 본 동맹군이 페르시아에 부역하는 측에 가담할 우려가 있어서 이를 막기 위해서였다. 지금은 카르네이아제(祭)[119] 때문에 그러

지 못하고 있지만 이 축제가 끝나는 대로 그들은 수비대만 스파르테에 남겨 두고 전군을 이끌고 신속히 구원하러 갈 참이었다. 다른 동맹군도 그와 비슷하게 행동할 참이었다. 올륌피아제가 마침 이 시기에 들었기 때문이다.[120] 그들은 테르모퓔라이 전투가 그렇게 빨리 결판나리라고는 꿈에도 생각지 않았고, 그래서 선발대만 내보낸 것이다.

207 그들의 계획은 그러했다. 그러나 그사이 페르시아인이 고갯길로 접근해 오자 테르모퓔라이의 헬라스인은 겁에 질려 퇴각할 궁리를 했다. 펠로폰네소스인은 대개 펠로폰네소스로 돌아가 이스트모스를 지키자는 생각을 하기 시작했지만, 포키스인과 로크리스인이 격렬히 반대하자, 레오니다스는 그곳에 머물되 주변 도시들에 사절을 보내 지금의 병력으로는 페르시아군을 도저히 물리칠 수 없으니 도움을 청하자는 안(案)에 찬성표를 던졌다.

208 헬라스인이 이렇게 의논하고 있을 때 크세르크세스는 헬라스인이 얼마나 많으며 무엇을 하고 있는지 탐색해 오라고 기마 정찰병 한 명을 내보냈다. 그는 텟살리아에 있을 때 이미 라케다이몬인과 헤라클레스의 자손인 레오니다스가 이끄는 소수의 군대가 이 고갯길에 모여 있다는 보고를 받은 바 있었다. 기마 정찰병은 헬라스군 진영에 다가가 살

---

117 5권 39~48장.
118 202장.
119 6권 주 80.
120 이해에는 카르네이아제가 올륌피아제 직전에 시작되었다고 한다. 당시 올륌피아제는 4일 동안 계속되었는데, 기원전 480년 8월 16~19일이거나, 17~20일이었을 것으로 추정된다.

펴보았는데 진영 전체를 다 볼 수는 없었다. 다시 복구해 지키고 있던 성벽 안쪽에 주둔해 있던 헬라스인은 보이지 않았기 때문이다. 그러나 그는 성벽 바깥에 무구를 쌓아 둔 자들은 볼 수 있었는데, 그때 성벽 바깥에 주둔해 있던 이들은 바로 라케다이몬인이었다. 그가 보고 있자니 그중 더러는 옷을 벗고 훈련을 하고, 더러는 머리를 빗고 있었다. 그 모습이 기이했지만 정찰병은 그들의 수를 알아냈다. 또한 필요한 정보를 모두 정확히 알아낸 다음 느긋하게 돌아갔다. 추격하는 자도 없었고, 그를 거들떠보는 자도 없었기 때문이다. 그는 돌아가서 크세르크세스에게 자기가 본 것을 빠짐없이 보고했다.

209 크세르크세스는 정찰병의 보고를 들었지만 헬라스인의 속셈을 알 수 없었으니, 헬라스인이 사생결단의 싸움을 위해 최선을 다해 준비한다는 것이 도무지 이해되지 않은 것이다. 그에게는 그들이 하는 짓이 참으로 가소로워 보였다. 그래서 그는 원정에 동행한 아리스톤의 아들 데마라토스를 불러오게 했다. 그가 도착하자 크세르크세스는 라케다이몬인이 대체 무엇을 하는지 알고 싶어 정찰병의 보고에 관해 자세히 질문했다. 데마라토스가 말했다. "우리가 헬라스로 출동하기 시작했을 때 이미 저는 저들에 관해 전하께 말씀드린 적이 있사옵니다. 하오나 전하, 저는 전하 앞에서 진실을 말씀드리는 것을 가장 큰 명예로 여기는 터라, 앞으로 예상되는 바를 말씀드렸지만 전하께서는 저를 비웃으셨사옵니다. 하오나 다시 한번 말씀드리겠나이다. 저들은 고갯길을 두고 전하와 싸우기 위해 왔고, 그러기 위해 준비하는 중이옵니다. 저들은 목숨을 걸고 싸우러 갈 때는 머리를 손질하는 버릇이 있사옵니다. 하오나 알아 두소서. 전하께서 저들과 스파르테에 아직 남아 있는 자들을 제압하신다면, 팔을 들어 전하에게 맞설 민족은 세상 어디에도 없사

옵니다, 전하. 지금 전하께서 공격하시려는 것은 헬라스에서 가장 아름다운 왕국이요 가장 용감한 전사들이기 때문이옵니다." 크세르크세스는 그의 말이 도무지 믿기지 않아 저렇게 적은 군사로 자기 군대와 싸운다는 것이 어떻게 가능한지 거듭 물었다. 데마라토스가 대답했다. "전하, 제가 말씀드린 대로 되지 않으면 저를 거짓말쟁이 취급하셔도 좋사옵니다."

210 그러나 크세르크세스는 그의 말이 믿기지 않았다. 그는 헬라스인이 하시라도 도망치리라 여기고 4일을 보냈다. 5일째가 되어도 그들이 철수하지 않고 방자하고 어리석게도 버티고 있자, 그는 화가 나 메디아인과 킷시아인을 내보내며 그들을 생포해 자기 앞으로 끌고 오라고 명령했다. 메디아인은 헬라스인을 향해 돌격해 많은 전사자가 났음에도 계속 밀어붙였고, 큰 피해를 입었지만 뒤로 물러서지 않았다. 그리하여 그의 군대에 사람은 많아도 남자는 적다는 것이 모든 사람에게, 특히 왕 자신에게 분명해졌다. 전투는 온종일 계속되었다.

211 메디아인이 큰 피해를 입고 마침내 물러서자, 왕이 '불사 부대'[121]라 부르는, 휘다르네스 휘하의 페르시아인 부대가 대신 공격하기 시작했는데, 그들은 자기들이 맡은 바 임무를 쉽게 해낼 것이라고 확신했다. 그러나 그들도 헬라스인과 뒤엉키자 메디아인 부대보다 나을 것이 없었다. 결과는 마찬가지였다. 그들은 좁은 공간에서 싸우는 데다 헬라스인보다 짧은 창을 쓰고 있어 수적 우세를 활용할 수 없었다. 라케다이몬인은 용감하게 싸웠고, 자신들이 미숙한 전사들과 싸우는 노련한 전

---

121 83장.

사임을 분명히 보여 주었다. 그것은 특히 그들이 등을 돌려 집단으로 도주하는 척하다가 자기들이 도망치는 것을 보고 페르시아인이 요란하게 함성을 지르며 바짝 추격해 오면 따라잡히려는 순간 휙 되돌아서서 그들을 무수히 쓰러뜨렸을 때 분명히 드러났다. 이때 스파르테인도 쓰러졌지만, 그 수는 많지 않았다. 페르시아인은 부대별로 공격해도, 그 밖에 온갖 작전을 써 봐도 고갯길을 장악하려던 시도가 완전히 실패로 돌아가자 마침내 철수했다.

212 이렇게 전투가 벌어지고 있을 때 관전(觀戰)하던 페르시아 왕이 자신의 군대가 염려되어 앉았던 왕좌에서 세 번이나 벌떡 일어섰다고 한다. 그날은 그렇게 전투가 진행되었거니와, 이튿날도 전투는 페르시아인에게 더 유리하게 전개되지 않았다. 그들은 헬라스인이 수가 적은 데다 이미 많은 피해를 입은 까닭에 더는 손을 들어 저항할 능력이 없다고 예상하고 재공격을 감행했다. 그러나 헬라스인은 부대별로 부족별로 대오를 갖추고 싸웠고, 저마다 제자리를 지켰다. 단, 포키스인은 오솔길을 지키기 위해 산 위에 배치되었다. 페르시아인은 오늘도 어제와 달라진 것이 아무것도 없음을 발견하자 퇴각했다.

213 페르시아 왕이 이 난국을 어떻게 타개해야 할지 몰라 난감해하고 있을 때, 에우뤼데모스의 아들 에피알테스라는 멜리스인이 그와 면담하러 왔다. 왕이 크게 포상하리라고 기대하고 그는 테르모퓔라이에 이르는 산속 오솔길을 알려 주었는데, 그럼으로써 그는 그곳 고갯길을 지키고 있던 헬라스인을 죽였다. 나중에 그는 라케다이몬인의 보복이 두려워 텟살리아로 도망쳤는데, 그가 그곳에 있는 동안 인보동맹 회원국 대표들이 퓔라이에서 모임을 갖고 그의 머리에 현상금을 걸었다. 그 뒤 그

는 안티퀴라[122]로 돌아갔다가 아테나데스라는 트라키스인에 의해 살해되었다. 아테나데스가 에피알테스를 죽인 이유는, 나중에 이야기할 것인데,[123] 테르모퓔라이 전투와는 무관하다. 그럼에도 라케다이몬인은 그 일 때문에 그의 명예를 높여 주었다. 그렇게 에피알테스는 나중에야 죽었다.

214 또 다른 이야기가 전해지는데, 페르시아 왕에게 그런 정보를 제공하고 산을 넘어 페르시아인을 안내한 것은 파나고라스의 아들 오네테스라는 카뤼스토스인과 코뤼달로스라는 안티퀴라인이라고 한다. 그러나 나는 믿지 않는다. 첫째, 헬라스인을 대표하는 인보동맹 회원국 대표들이 머리에 현상금을 건 것은 오네테스와 코뤼달로스가 아니라 트라키스인 에피알테스라는 점과, 그들이야말로 사건을 철저히 조사했으리라는 점을 염두에 두어야 할 것이다. 둘째, 우리가 알기에 에피알테스는 그래서 도주한 것이다. 물론 오네테스가 멜리스인이 아니라 하더라도 그곳에 자주 머물렀다면 그 오솔길을 알 수 있었을 것이다. 하지만 산을 넘어 오솔길을 따라 페르시아인을 안내한 것은 바로 에피알테스이며, 그래서 나는 그를 범인으로 기록해 둔다.

215 크세르크세스는 에피알테스의 제의를 흔쾌히 받아들여 당장 휘다르네스와 그의 군대를 파견했다. 그들은 날이 어두워지자 군영을 출발했다. 이 오솔길을 발견한 것은 멜리스 토박이들이었다. 그들은 전에 포키스인을 공격하도록 이 오솔길을 따라 텟살리아인을 안내한 적이 있

---

122 스페르케이오스강 하구에 있는 도시.
123 이 약속은 지켜지지 않았다.

는데, 포키스인이 적군의 침입을 막기 위해 고갯길을 성벽으로 막았을 때였다. 그렇듯 오래전부터 멜리스인은 자기들이 발견한 이 오솔길이 악용될 수 있다는 것을 알았던 것이다.

216 이 오솔길에 관해 설명하자면, 아소포스강이 협곡을 흘러 지나가는 지점에서 시작되는데, 그곳의 산 이름도 오솔길 이름도 똑같이 아노파이아이다. 이 아노파이아는 산등성이를 따라 뻗어 나가다가, 멜리스에서 가다 보면 첫 번째 로크리스 도시인 알페노스에서, 그곳의 이른바 '검은 궁둥이'[124] 바위와 케르코페스들[125]의 거처에서 끝나는데, 그곳이 고갯길이 가장 좁아지는 곳이기도 하다.[126] 오솔길은 그렇게 생겼다.

217 페르시아인은 아소포스강을 건너 오른쪽으로 오이테산을, 왼쪽으로 트라키스산을 보며 밤새도록 행군했다. 동틀 무렵 그들은 산 정상에 도착했다. 앞서 말했듯이 그곳은 1,000명의 포키스 중무장 보병이 지키고 있었는데, 자국을 방어하고 오솔길을 수호하기 위해서였다. 고갯길의 아래쪽은 앞서 언급한 헬라스인이 지키고 있었고, 산 위 고갯길은 자기들이 지키겠다고 포키스인이 레오니다스에게 자청한 것이다.

218 온 산이 참나무 숲으로 덮여 있어, 포키스인은 페르시아인이 올라오는 것을 전혀 눈치채지 못했다. 바람도 불지 않는 데다 당연한 일이지만 나뭇잎이 페르시아인의 발에 밟혀 시끄럽게 바스락거리자 포키스인이 벌떡 일어나 무장을 하는데 어느새 페르시아인이 들이닥쳤다. 페르시아인은 무장한 전사들을 보자 깜짝 놀랐다. 도중에 적과 마주치지 않을 것이라고 예상했는데 군대를 만난 것이다. 휘다르네스는 그들이 혹시 라케다이몬인일까 두려워 에피알테스에게 어느 나라 군대냐고 물

었다. 사실을 알게 되자 그는 페르시아인을 전투대형으로 배치했다. 화살이 비 오듯 쏟아지자 포키스인은 산꼭대기로 도망쳤고, 페르시아인의 공격이 전적으로 자기들을 겨냥한 것이라고 확신하고는 죽도록 싸울 각오를 했다. 그러나 에피알테스와 휘다르네스와 함께한 페르시아인은 포키스인을 무시하고 급히 산 아래로 내려갔다.

219 제물로 바친 동물들의 내장을 살펴보고 나서 테르모퓔라이 고갯길에 주둔한 헬라스인에게 날이 새자마자 죽음이 닥칠 것이라고 맨 먼저 예언한 것은 예언자 메기스티아스였다. 그리고 아직 캄캄한데도 몇몇 탈주병이 와서 페르시아인이 그들을 포위하고 있다고 일러 주었다. 셋째 날이 새자 산꼭대기들에서 정찰병이 달려 내려왔다. 그래서 헬라스인은 회의를 열었는데, 의견은 둘로 갈리었다. 일부는 진지를 떠나지 말자고 했고, 일부는 그에 반대했다. 회의가 파하자 헬라스인 중 일부는 제각기 고향 도시를 찾아 뿔뿔이 흩어졌고, 일부는 레오니다스와 함께 그곳에서 버틸 채비를 했다.

220 일설에 따르면, 레오니다스 자신이 이들 다른 도시에서 온 헬라스인을 살리기 위해 떠나보냈지만, 지키라고 파견된 진지를 포기하는 것은 그 자신과 스파르테인에게는 불명예라고 여겼다고 한다. 나는 단연 이 견해에 찬동한다. 레오니다스는 동맹군이 자진해서가 아니라 마지못해

---

124 Melampygos. 헤라클레스의 별칭.
125 Kerkopes. 두 명의 교활한 난쟁이들. 이들은 '검은 궁둥이' 바위에서 자고 있던 헤라클레스를 덮쳐 그의 무구를 빼앗으려다가 붙잡혀 장대에 거꾸로 매달려 가다가 털이 시커멓게 난 그의 궁둥이를 보고는 '검은 궁둥이'를 조심하라던 어머니의 말이 생각나 웃자 헤라클레스가 재미있어하며 풀어 주었다고 한다.
126 176장.

위험을 함께하려 한다는 것을 알아차리고 떠나보냈지만, 자신이 떠나는 것은 불명예로 여겼다. 그가 그곳에서 버티면 큰 명성을 얻게 될 것이고, 스파르테의 번영은 지속될 것이라고 그는 느낀 것이다. 전쟁 초기에 스파르테인이 전쟁에 관해 델포이의 신탁에 물었을 때, 라케다이몬이 페르시아인에 의해 파괴되거나, 아니면 스파르테 왕이 죽을 것이라고 퓌티아가 예언했기 때문이다. 헥사메트론 시행으로 된 그 예언은 다음과 같다.

광활한 스파르테의 주민이여, 너희의 운명을 들어라.
너희의 크고 영광스런 도성이 페르세우스의 자손[127]의 손에
파괴되든지, 아니면 온 라케다이몬 땅이 헤라클레스의 후손인
자신의 왕의 죽음을 슬퍼하게 되리라.
황소의 힘도, 사자의 힘도 적에게 대항할 수 없으리라.
그는 제우스처럼 강력하나니 단언하건대, 그는 멈추지
않으리라, 둘[128] 중 어느 한 쪽이 갈기갈기 찢기기 전에는.

생각건대, 레오니다스는 이를 생각하며 스파르테인만이 명성을 얻게 하고 싶어 동맹군을 떠나보낸 것 같다. 서로 의견이 갈리자 동맹군이 무질서하게 떠나갔다는 견해보다 나는 이 견해에 찬동하고 싶다.

221 이런 견해를 뒷받침할 유력한 증거가 하나 있는데, 그것은 레오니다스가 예언자 메기스티아스를 떠나보내려 하며 이는 그의 목숨을 살리기 위해서임을 감추려 하지 않았다는 사실이다. 예언자 멜람푸스의 후손이라는 아카르나니아인 메기스티아스는 헬라스군과 함께한 예언자였는데, 제물로 바친 동물들의 내장을 살펴보고 앞일을 예언한 바로 그

사람이다. 떠나도 좋다는 허가를 받았음에도 그는 떠나지 않고, 함께 종군한 자신의 하나뿐인 외아들만 떠나보냈다.

222 이렇듯 다른 동맹군은 레오니다스가 명령한 대로 떠나가고, 테스페이아인과 테바이인만 라케다이몬인과 함께했는데, 테바이인은 원치 않는데도 마지못해 머물렀지만(사실 레오니다스는 그들을 일종의 볼모로 붙잡고 있었던 것이다) 테스페이아인은 흔쾌히 머물렀다. 그들은 레오니다스와 그의 부하들 곁을 떠나기를 거부하고 그곳에 머물러 있다가 스파르테인과 함께 죽었다. 그들의 지휘관은 디아드로메스의 아들 데모필로스였다.

223 해가 뜨자 크세르크세스는 헌주하고 시장이 사람들로 붐빌 때[129]까지 기다렸다가 진격했다. 에피알테스가 그에게 그때까지 기다리라고 조언했는데, 산에서 내려가는 길은 산을 돌아 오르는 길보다 더 곧고 훨씬 짧았기 때문이다. 그렇게 크세르크세스의 군사가 진격해 오자, 자신들이 죽으러 간다는 것을 잘 알고 있던 레오니다스와 헬라스인은 이번에는 저번보다 고갯길이 더 넓어지는 지점까지 전진해 나갔다. 방벽을 지키려던 지난 며칠 동안 그들은 고갯길이 좁아지는 지점으로 물러나 싸웠지만, 이번에는 좁은 목 바깥에서 어우러져 싸웠기 때문이다. 페르시아인은 많은 전사자를 냈다. 부대장들이 채찍을 휘두르며 대원들을 일일이 뒤에서 앞으로 몰아 댔기 때문이다. 바다에 빠져 죽은 자

---

127 페르시아인.
128 스파르테의 국토와 국왕.
129 오전 10~12시.

도 많았지만, 더 많은 자가 전우의 발에 밟혀 죽었다. 죽는 자들에게 관심을 갖는 자는 아무도 없었기 때문이다.[130] 헬라스인은 자기들이 산을 우회해 온 페르시아인의 손에 죽게 될 것임을 알고 있었기에 자신들의 목숨 따위는 아랑곳하지 않고 필사적으로 페르시아인과 싸웠다.

224 헬라스인의 창은 이제 대부분 부러졌다. 그래서 그들은 칼로 페르시아인을 도륙했다. 레오니다스는 이 혼전 중에 용전분투하다가 전사했고, 그와 함께 내가 이름을 알고 있는 다른 저명한 스파르테인도 기억에 길이 남을 인물들로 전사했다. 사실 나는 300명 전원의 이름을 알고 있다. 페르시아의 저명인사들도 그곳에서 전사했는데, 거기에는 다레이오스의 두 아들 아브로코메스와 휘페란테스도 포함되어 있다. 이들은 아르타네스의 딸 프라타구네가 다레이오스에게 낳아 준 아들인데, 아르타네스는 다레이오스왕의 아우로 휘스타스페스의 아들이요 아르사메스의 손자였다. 아르타네스는 딸을 다레이오스에게 시집보낸 뒤 무남독녀 외동딸인 그녀에게 전 재산을 유증(遺贈)했다.

225 이렇듯 크세르크세스의 두 아우는 그곳에서 싸우다 죽었다. 레오니다스의 시신을 둘러싸고 페르시아인과 라케다이몬인 사이에 치열한 전투가 벌어졌는데, 마침내 헬라스인이 분전하여 시신을 끌고 갔고, 네 번이나 적군을 패퇴시켰다. 에피알테스가 군사를 이끌고 올 때까지 양군은 그렇게 접전을 벌였다. 이들이 도착하자 전투 양상이 바뀌었다. 이들의 도착을 안 헬라스인은 도로의 좁은 목으로 물러나 방벽 뒤로 가더니, 테바이인 말고는 모두 한덩어리가 되어 언덕배기에 자리잡고 선 것이다. 이 언덕배기는 지금은 레오니다스를 기념하는 돌 사자상이 서 있는 고갯길 입구에 있다. 이곳에서 헬라스인은 아직 단검이 있으면 단

검으로, 없으면 손과 이로 자신을 방어했고, 페르시아인은 날아다니는 무기로 그들을 묻으며, 일부는 정면에서 공격해 방벽을 허물고, 일부는 사방에서 그들을 포위했다.

226 라케다이몬인과 테스페이아인은 다들 용감하게 싸웠지만 그중에서도 디에네케스라는 스파르테인이 가장 용감하게 싸웠다고 한다. 페르시아인과의 전투가 시작되기 전 그는 어떤 트라키스인에게서 페르시아인이 활을 쏘면 화살들에 해가 가려질 만큼 그들의 수가 엄청나다는 말을 들었다고 한다. 그는 페르시아인의 수가 많은 것에 놀라기는커녕 태연하게 대답했다고 한다. "트라키스 친구여, 그대는 좋은 소식을 전해 주시는구려. 페르시아인이 해를 가려 준다면, 우리는 햇볕이 아닌 그늘에서 싸우게 될 테니 말이오." 이것은 라케다이몬인 디에네케스가 남겼다는 명언 중 하나에 불과하다.

227 디에네케스 다음으로 가장 용감한 라케다이몬인은 오르시판토스의 두 아들 알페오스와 마론 형제였다고 한다. 테스페이아인 중에서는 하르마티데스의 아들 디튀람보스라는 사람이 가장 이름을 날렸다.

228 쓰러진 곳에 그들은 묻혔다. 그리고 그곳에는 이들과, 레오니다스가 일부 동맹군을 떠나보내기 전에 전사한 이들을 위해 말한 다음과 같은 명문을 새긴 기념비가 세워졌다.

　이곳에서 전에 펠로폰네소스에서 온 4,000명이

---

130 이 문장을 '죽는 자는 부지기수였다'로 옮기는 이들도 있다.

3백만의 적군과 맞섰노라.

이것은 그들 모두를 위한 명문이고, 스파르테인만을 위한 명문은 다음과 같다.

지나가는 나그네여, 가서 라케다이몬인에게 전해 주시오. 우리가 그들의 명령을 이행하고 이곳에 누워 있다고.

이것은 라케다이몬인을 위한 명문이고, 예언자를 위한 명문은 다음과 같다.

보라, 여기 전에 스페르케이오스강을 건너온 페르시아인에게 살해된 이름난 메기스티아스의 기념비를.
예언자인 그는 죽음이 다가오는 것을 분명히 보았건만 스파르테의 지휘관 곁을 차마 떠나지 못했다네.

인보동맹에 가입한 여러 나라가 전사자들을 위해 이들 비명을 새기고 묘비를 세웠다. 그러나 예언자 메기스티아스를 위한 비명은 레오프레페스의 아들 시모니데스가 그와의 우정을 생각하여 지어 바친 것이다.

229 이들 300명 가운데 두 명인 에우뤼토스와 아리스토데모스는 심한 눈병에 걸려 레오니다스의 허락을 받고 알페노이에 누워 있었던 까닭에 둘 다 이를 핑계 삼아 무사히 귀향하거나, 귀향을 원치 않을 경우 다른 사람들과 함께 죽을 수 있었다고 한다. 그들에게는 두 가지 가능성이 열려 있었는데 의견의 일치를 보지 못하고 서로 의견이 갈렸다고 한다.

에우뤼토스는 페르시아인이 산을 우회한다는 말을 듣고 무구를 가져오라고 하더니 그것들을 입고 자신의 국가노예[131]에게 자기를 싸움터로 인도하라고 명령했다. 둘이 싸움터에 도착했을 때, 인도하던 자는 도주하고, 뒤따르던 자는 무리 속으로 뛰어들어 가 죽었다. 아리스토데모스 혼자 병이 나 스파르테로 귀향했거나, 두 사람이 함께 귀향했더라면, 스파르테인이 그렇게 분노하지 않았을 것이라고 나는 생각한다. 똑같은 핑곗거리를 갖고 있던 한 명은 전사했는데, 다른 한 명은 죽기를 거부했기에 스파르테인은 아리스토데모스에게 격분할 수밖에 없었다.

230 이처럼 아리스토데모스는 병을 핑계 삼아 스파르테로 무사히 귀향했다고 말하는 사람들이 있는가 하면, 다른 사람들은 그가 군영에서 사절로 파견되었는데 제시간에 싸움터로 돌아올 수 있었음에도 그러기를 원치 않고 도중에 지체함으로써 살아남았지만, 그와 함께한 다른 사절은 제시간에 싸움터로 돌아와 죽었다고 말한다.

231 아무튼 라케다이몬으로 돌아온 아리스토데모스는 치욕과 불명예를 감수해야 했다. 그가 당한 불명예란 스파르테인은 아무도 그에게 불씨를 주거나 말을 걸지 않은 것이고, 그가 당한 치욕이란 그에게 '겁쟁이'란 별칭이 붙은 것이다. 그러나 그는 플라타이아이 전투에서 완전히 명예를 회복했다.

232 300명 중 또 한 사람이 텟살리아에 사절로 파견되었다가 살아남았는

---

131 heilotes.

데, 그의 이름은 판티테스라고 한다. 그는 스파르테로 돌아와 똑같은 불명예를 당하자 목매달아 죽었다고 한다.

233 레온티아데스가 지휘하던 테바이인은 헬라스인과 함께하는 동안에는 어쩔 수 없이 페르시아 왕의 군대에 맞서 싸웠지만, 전세가 페르시아인에게 유리해지는 것을 보자 레오니다스와 함께하는 헬라스인이 언덕배기로 급히 퇴각하는 틈을 타 그들에게서 이탈해 항복의 표시로 손을 내밀며 페르시아인에게 달려갔다. 그리고 자기들은 페르시아에 부역했고 페르시아 왕에게 맨 먼저 흙과 물을 바친 자들 축에 포함되는데도 의사에 반해 마지못해 테르모퓔라이에 온 만큼 — 이것은 틀림없는 사실이었다 — 왕이 입은 피해에는 일절 책임이 없다고 말했다. 그렇게 변명해 그들은 살아남았다. 그들의 말이 사실이라고 텟살리아인이 증언해 주었기 때문이다. 하지만 그들도 모든 일이 다 뜻대로 되지는 않았다. 그들 중 일부는 페르시아인에게 다가가다가 죽고, 그들의 지휘관 레온티아데스를 위시해 대부분은 크세르크세스의 명령에 의해 왕의 낙인이 찍혔기 때문이다. 그의 아들 에우뤼마코스는 나중에 400명의 테바이인을 이끌고 플라타이아이 시를 점령하고 있다가 그곳 시민들에게 살해되었다.

234 테르모퓔라이에서 헬라스인은 그렇게 싸웠다. 그 뒤 크세르크세스는 데마라토스를 불러오게 하더니 다음과 같이 묻기 시작했다. "데마라토스여, 그대는 정직한 사람이오. 사실이 그것을 입증했소. 모든 것이 그대가 말한 대로 되었소. 자, 말해 주시오, 얼마나 많은 라케다이몬인이 남아 있소? 그들 중 얼마나 많은 자가 저처럼 용감하오? 아니면 모두 다 저처럼 용감하오?" 데마라토스가 대답했다. "전하, 라케다이몬에

는 많은 도시가 있어 인구가 아주 많사옵니다. 전하께서 알고 싶어 하시는 것을 말씀드리자면, 라케다이몬의 스파르테 시에는 약 8,000명의 전사가 있사온데, 그들 모두가 이곳에서 싸운 자들 못지않사옵니다. 나머지 라케다이몬인은 저들과 대등하지는 않지만 역시 용감한 자들이옵니다." 크세르크세스가 말을 이었다. "데마라토스여, 어떻게 해야 우리가 가장 힘을 적게 들이고 그들을 제압할 수 있겠소? 말해 주시오. 그대는 그들의 왕이었으니, 그들의 속셈을 속속들이 알고 있을 것이오."

235 데마라토스가 대답했다. "전하께서 진지하게 제게 조언을 청하시니 저로서는 당연히 상책을 말씀드려야 하겠지요. 전하의 함대 가운데 함선 300척을 라코니케 땅으로 보내소서. 그곳 해안의 앞바다에는 퀴테라라는 섬이 있는데, 라케다이몬의 현인(賢人) 킬론[132]은 이 섬은 바다에 떠 있기보다는 바다 밑에 가라앉는 편이 라케다이몬인에게 더 유리할 것이라고 말한 적이 있사옵니다. 그는 이 섬으로 인해 제가 지금 전하께 말씀드리는 것과 같은 어떤 위험이 닥치지 않을까 늘 염려된 것이지요. 전하의 원정을 예견한 것은 아니지만, 누구든 적군이 공격해 오지 않을까 염려된 것이지요. 하오니 전하의 군사가 이 섬을 기지 삼아 라케다이몬인을 괴롭히게 하소서. 일단 본국에서 전투가 벌어지고 나면 나머지 헬라스가 전하의 육군에 점령된다 하더라도 그들이 도우러 갈 것을 염려할 필요가 없으실 것이옵니다. 그리고 일단 나머지 헬라스가 예속되고 나면 라코니케는 허약하고 고립무원의 상태에 빠질 것이옵니다. 하오나 전하께서 그리하지 않으시면 사태는 십중팔구 다음과 같이 전개될 것이옵니다. 펠로폰네소스에는 좁은 지협이 있사옵니다.

---

132 고대 그리스의 일곱 현인 중 한 사람. 1권 59장.

모든 펠로폰네소스인이 전하에 맞서 서로 돕기로 맹세한 만큼, 전하께서는 그곳에서 이곳 테르모퓔라이에서보다 더 격렬한 전투를 치를 각오를 하셔야 하옵니다. 하오나 전하께서 제 진언을 받아들이시면, 이 지협과 펠로폰네소스의 도시들은 싸우지도 않고 전하께 항복할 것이옵니다."

236 이번에는 두 사람이 대담할 때 마침 그 자리에 있던, 함대의 사령관 크세르크세스의 아우 아카이메네스가 다음과 같이 말했는데, 그는 크세르크세스가 데마라토스의 제안을 받아들일까 두려웠던 것이다. "전하, 보아하니, 전하께서는 전하의 성공을 시기하고 전하를 배신할지도 모를 자의 말에 귀를 기울이고 계시는 것 같사옵니다. 더 행복한 자를 시기하고, 더 강한 자를 미워하는 것, 그것이 바로 헬라스인의 버릇이요 즐거움이옵니다. 폭풍으로 우리가 400척의 함선을 잃은 현재 상황에서 전하께서 또 펠로폰네소스를 우회하도록 함대에서 300척의 함선을 내보내신다면 적군은 능히 우리의 맞수가 될 것이옵니다. 우리의 함대가 함께한다면, 적군은 우리를 어쩌지 못할 것이며, 적수가 되지 못할 것이옵니다. 그리고 육군과 해군이 함께 나아간다면 서로 지원할 수 있사옵니다. 하오나 전하께서 둘을 떼어놓으시면 전하께서도 해군을 돕지 못하시고 해군도 전하를 돕지 못할 것이옵니다. 제가 말씀드리고 싶은 것은, 전하께서는 전하께 유리한 계획을 세우되 적군에 관해서는 그들이 전쟁을 할지, 무엇을 할지, 그 수가 얼마인지 관심 두지 마시라는 것이옵니다. 적군은 적군대로 자신들의 일을 처리할 능력이 있사옵니다. 우리가 우리 일을 처리할 능력이 있듯이 말씀이옵니다. 만약 라케다이몬인이 페르시아인에게 맞서 싸우게 된다면, 그들은 이곳에서 입은 상처를 결코 회복하지 못할 것이옵니다."

237 크세르크세스가 대답했다. "아카이메네스야, 네 말이 옳다. 나는 네 말
대로 할 것이다. 비록 네 생각이 그의 생각보다 더 낫긴 해도, 데마라토
스도 내게 상책이라고 생각되는 바를 말한다. 그것은 전에 그가 내게
주었던 조언과 다음과 같은 사실에 비추어 보더라도 판단할 수 있다.
말하자면 같은 나라 사람들끼리라면 서로 성공을 시기하고, 조언해 달
라는 부탁을 받아도 상책이라고 생각되는 바를 말해 주지 않을 수 있겠
지. 그렇지 않은 사람이라면 인품이 고매한 자이겠지만 그런 사람은 드
물지. 그와는 달리 나라가 서로 다른 사람들끼리는 친구가 성공하면 누
구 못지않게 같이 좋아하고, 조언을 요청받으면 상책이라고 생각되는
바를 말해 줄 것이다. 그러니 이민족이자 내 친구인 데마라토스에게 앞
으로 그 누구도 그런 악담을 하지 말지어다."

238 이렇게 말한 뒤 크세르크세스는 시신들 사이를 돌아다녔다. 그가 레오
니다스의 시신에 다가갔을 때, 그것이 라케다이몬인의 왕이자 지휘관
이었다는 말을 듣자 그의 목을 베어 장대에 꽂으라고 명령했다. 다른
증거도 많지만, 이 명령이야말로 레오니다스가 살아 있는 동안 어느 누
구보다도 크세르크세스왕의 미움을 샀다는 가장 유력한 증거라고 나
는 생각한다. 그렇지 않았다면 크세르크세스는 결코 그의 시신을 그렇
게 모욕하지 않았을 것이다. 페르시아인은 내가 아는 어떤 민족보다 용
감히 싸운 전사를 존중하기 때문이다. 아무튼 형리(刑吏)들은 그의 명
령을 이행했다.

239 이제 나는 앞서 내 이야기를 중단한 대목으로 돌아가겠다. 페르시아 왕
이 헬라스 원정에 나서리라는 것을 맨 먼저 안 것은 라케다이몬인이었
다. 그들은 델포이의 신탁소로 사절단을 보내 그곳에서 내가 잠시 전에

언급한 신탁을 받았다. 그러나 그들이 임박한 원정에 관한 정보를 입수한 경위는 기이했다. 페르시아에 망명해 있던 아리스톤의 아들 데마라토스는 내 생각에(그리고 이러한 내 생각은 사리에 맞는다) 라케다이몬인에게 호의적이지 않았다. 그는 호의에서가 아니라 고소해하며 이렇게 행동한 것으로 추정할 수 있다. 크세르크세스가 헬라스를 원정하기로 결심했을 때 수사에 살던 데마라토스는 이를 알고 라케다이몬인에게 알리고 싶었다. 그러나 들킬 위험이 있어 그는 이런 방법으로 전달하는 수밖에 없었다. 즉 두 겹으로 된 서판(書板)의 밀랍을 긁어 내고 서판의 나무에 왕의 의도를 적은 뒤, 서판이 운반되는 도중에 도로를 지키는 파수병의 의심을 사지 않도록 밀랍을 다시 서판에다 녹여 입히는 것이다. 서판이 라케다이몬에 도착했을 때, 라케다이몬인은 그것이 무엇을 의미하는지 알지 못했다. 내가 듣기로, 마침내 클레오메네스의 딸이자 레오니다스의 아내인 고르고가 서판의 비밀을 알아냈다고 한다. "밀랍을 벗기면 나무에 적힌 글을 발견하게 될 것입니다"라고 그녀는 말했다고 한다. 그들은 그녀가 시킨 대로 하여 전언을 찾아내어 읽었고, 그러고 나서 다른 헬라스인에게도 알려 주었다. 아무튼 이 일은 그렇게 된 것이라고 한다.

VIII

우라니아

시가(詩歌)의 여신들인 무사 여신 중 우라니아는 천문학을 관장한다

1 함대에 배정된 헬라스인은 다음과 같다. 아테나이인은 함선[1] 127척을 제공했다. 거기에는 아테나이인뿐 아니라 플라타이아이인도 동승했는데, 이들은 항해에는 미숙했지만 용기와 열성으로 그것을 상쇄했다. 코린토스인은 40척을, 메가라인은 20척을 제공했다. 칼키스인은 아테나이인이 제공한 20척의 함선에 승선해 있었고, 아이기나인은 18척을, 시퀴온인은 12척을, 라케다이몬인은 10척을, 에피다우로스인은 8척을, 에레트리아인은 7척을, 트로이젠인은 5척을, 스튀라인은 2척을, 케오스인은 삼단노선 2척과 오십노선 2척을 제공했다. 오푸스의 로크리스인[2]은 오십노선 7척을 이끌고 도우러 왔다.

2 이상이 아르테미시온에 포진한 자들이고, 각 도시들이 제공한 함선의 수는 이미 말한 바 있다. 오십노선을 제외하고 아르테미시온에 총 271척이 집결했다. 함대의 최고사령관직은 스파르테인 에우뤼클레이데스의 아들 에우뤼비아데스가 맡았다. 동맹군이 아테나이의 지휘관에 복종하기를 거부하며, 라코니케인이 지휘관이 되지 않으면 차라리 참전하지 않겠다고 했기 때문이다.

3 사실 처음에는, 말하자면 겔론을 동맹군으로 삼고자 시켈리아로 사절단을 파견하기 전에는 아테나이인이 함대를 지휘해야 한다는 말이 있었다. 그러나 동맹군이 이에 반대하자 아테나이인이 양보했다. 그들에게는 헬라스가 살아남는 것이 중요했고, 그들이 지휘권을 두고 다투면 헬라스가 망하리라는 것을 알았던 것이다. 그들의 생각은 옳았다. 전

---

1 삼단노선.
2 7권 203장.

쟁이 평화보다 못한 만큼이나 내분은 합심해 전쟁을 하는 것보다 못하기 때문이다. 아테나이인은 이 이치를 깨닫고서 순순히 양보했다. 그러나 그것은 나중에 밝혀지는 것처럼 펠로폰네소스인의 도움이 필요한 동안에 한해서였다. 페르시아 왕의 침략을 물리치고 나서 자신들의 나라를 위해서가 아니라 파우사니아스의 나라를 두고 싸우게 되자 아테나이인은 파우사니아스의 월권을 핑계 삼아 라케다이몬인에게서 통수권을 빼앗았기 때문이다. 하지만 이것은 나중에 일어난 일이다.

4 당시 아르테미시온에 집결한 헬라스인은 수많은 적선이 아페타이에 정박해 있고, 그 일대가 군사들로 가득차 있는 것을 보자 겁이 났다. 페르시아군의 사정은 그들이 예상한 것과는 사뭇 달랐기 때문이다.[3] 그들은 헬라스의 안쪽으로 더 들어갈 생각을 하기 시작했다. 에우보이아인은 그들이 무슨 생각을 하는지 알아차리고 아이들과 하인들을 안전한 곳으로 옮길 때까지 잠시만 기다려 달라고 에우뤼비아데스에게 간청했다. 그가 거절하자, 에우보이아인은 아테나이인의 장군 테미스토클레스를 찾아가 헬라스인의 함대가 그대로 머물러 에우보이아를 위해 싸운다는 조건으로 30탈란톤의 뇌물을 주었다.

5 테미스토클레스는 다음과 같은 방법으로 헬라스인이 아르테미시온에 머물러 있게 했다. 즉 그는 받은 돈 가운데 5탈란톤을 마치 자기 돈인 양 에우뤼비아데스에게 준 것이다. 그는 에우뤼비아데스의 동의를 얻었다. 남은 사람 중에서는 코린토스 장군 오퀴토스의 아들 아데이만토스만이 반대하며 자기는 아르테미시온에 머물지 않고 떠나겠다고 선언했다. 그러나 테미스토클레스가 그에게 한 가지 약속을 했다. "그대는 우리 곁을 떠나지 않을 것이오. 그대가 이곳에 머물면 그대가 동맹

군을 이탈하는 대가로 페르시아 왕이 그대에게 보낼 돈보다 더 많은 돈을 내가 그대에게 줄 테니 말이오." 이렇게 말하고 그는 은 3탈란톤을 아데이만토스의 함선으로 보냈다. 에우뤼비아데스와 아데이만토스는 뇌물을 받고 마음이 바뀌었고, 에우보이아인의 소원은 이루어졌다. 재미를 본 것은 테미스토클레스였다. 그가 나머지 돈을 착복했다는 것을 아는 사람은 아무도 없었고, 돈을 분배받은 두 사람도 그 돈이 바로 그런 목적으로 아테나이에서 온 줄 알았기 때문이다.

6 그리하여 헬라스인은 에우보이아에 머물며 해전을 벌였는데, 그곳에서의 해전은 다음과 같이 진행되었다. 페르시아인이 아페타이에 도착한 때는 이른 오후였다. 그들은 소수의 헬라스 함선이 아르테미시온에 정박해 있다는 것을 이미 들어 알고 있었지만 이제 직접 목격하게 되자 혹시 나포할 수 있을지 공격하고 싶었다. 그러나 정면공격을 하는 것은 바람직해 보이지 않았다. 페르시아인이 다가오는 것을 보면 헬라스인이 도망치려 할 것이고, 야음을 틈타 안전하게 도망칠 가능성도 있었기 때문이다. 그리되면 물론 헬라스인은 도망치려 하겠지만, 페르시아인은 그들의 성화(聖火)를 운반하는 자[4]조차도 살아남지 못하게 할 심산이었다.

7 이런 상황에 페르시아인은 다음과 같이 대처했다. 즉 그들은 전 함대에서 함선 200척을 따로 파견하여 스키아토스섬 바깥쪽으로 해서 적군의 눈에 띄지 않게 에우보이아섬을 돌아 카페레우스곶과 게라이스토

---

3 그들은 폭풍에 페르시아 함대의 일부만 살아남았을 것이라고 생각했다.
4 제물 바칠 때 쓰는 불을 운반하고 관리하는 일을 맡은 자.

스곳을 경유해 에우리포스 해협으로 들어가게 했는데, 파견된 함대는 그쪽에서 진입하여 적군의 퇴로를 차단하고 본 함대는 정면공격을 감행함으로써 적군을 함정에 빠뜨릴 참이었다. 이 작전에 따라 함선 200척을 파견하고 나서 그들은 헬라스인을 공격하지 않고, 에우보이아를 우회하도록 파견된 함대가 목적지에 도착했다는 신호가 오기를 기다릴 참이었다. 그사이 그들은 아페타이에 남아 있던 함선들을 점검했다.

8 페르시아인이 함선들을 점검하는 동안 다음과 같은 일이 일어났다. 페르시아군 진영에는 스퀼리아스라는 스키오네인이 있었는데, 그는 당대 최고의 잠수부로, 펠리온산 앞바다에서 함대가 난파당했을 때[5] 페르시아인을 위해 귀중한 재물을 수없이 건져 주고 자신도 막대한 부를 챙겼다. 이 스퀼리아스는 전부터 헬라스인 편으로 탈주하기로 결심했지만 여태까지 기회가 생기지 않았다. 그가 어떻게 페르시아 군영을 떠나 헬라스인에게 왔는지 나는 정확히 말할 수 없지만, 그가 아페타이에서 잠수해 아르테미시온에 도착할 때까지 물위로 떠오르지 않고 물밑으로 약 80스타디온의 거리를 헤엄쳤다는 이야기는 사실로 믿겨지지는 않는다. 스퀼리아스에 관해 물론 개중에는 진실한 이야기도 있지만, 그 밖에도 허황된 이야기들이 많이 유포되어 있다. 그러나 이 사건과 관련해, 그가 배를 타고 아르테미시온으로 갔다는 것이 내 의견임을 기록해 두고 싶다. 그는 아르테미시온에 도착하자마자 헬라스군 장군들에게 페르시아 함대가 난파당한 경위와 에우보이아섬을 우회하도록 페르시아인이 함선들을 파견한 사실을 알려 주었다.

9 이 말을 듣고 헬라스인은 회의를 개최했다. 긴 토론 끝에 그날은 그대로 머물며 그곳에서 야영을 하되 밤중이 지나면 출발해 에우보이아섬

을 우회하는 적함들을 맞아 싸우자는 의견이 우세했다. 그러나 나중에 아무도 공격해 오는 자가 없자 그들은 오후 늦게 페르시아의 본 함대를 공격했는데 적군의 전술과, 적선들 사이를 돌파하는 자신들의 작전[6]을 시험해 보고 싶었기 때문이다.

10 크세르크세스의 군사들과 장군들은 소수의 함선이 다가오는 것을 보자 헬라스인이 완전히 실성한 줄 알았다. 자기들이 쉽게 이기리라 믿고 출동했는데, 그렇게 믿는 것도 무리는 아니었다. 보아하니 헬라스의 함선들은 적은데 자신들의 함선은 몇 배나 더 많고 더 빨랐기[7] 때문이다. 그 점을 믿고 그들은 헬라스 함대를 가운데로 몰아넣고 에워쌌다. 마지못해 종군했지만 헬라스인에게 호의적인 몇몇 이오니아인은 헬라스인의 함대가 포위되는 것을 걱정스런 눈으로 바라보았고, 그들 중 한 명도 무사히 귀향하지 못할 것이라고 생각했다. 그들에게 헬라스인의 군세는 그만큼 약해 보였던 것이다. 그러나 다른 자들은 이러한 사태를 즐기며, 저마다 제가 먼저 앗티케 함선을 나포해 왕에게 선물을 받으려고 서로 경쟁했다. 페르시아인 사이에서는 아테나이인이 가장 큰 화젯거리가 되었기 때문이다.

11 신호가 떨어지자 헬라스인은 이물은 적선들로 향하고 고물은 중앙으로 모았고, 두 번째 신호가 떨어지자 좁은 공간에 갇힌 채 정면에서 적을 공격해야 함에도 공격을 개시했다. 이 전투에서 그들은 적선 30척

---

5 7권 188~192장.
6 6권 12장.
7 60장.

을 나포했고, 포로들 속에는 살라미스[8] 왕 고르고스의 아우로 명망 높은 장군이던, 케르시스의 아들 필라온도 포함되어 있었다. 적선을 맨 먼저 나포한 헬라스인은 아이스크라이오스의 아들 뤼코메데스라는 아테나이인이었다. 그래서 그는 승리자의 상을 받았다. 해전의 승패가 아직 가려지지 않은 채 밤이 다가와 양군을 갈라놓자, 헬라스인은 아르테미시온으로, 페르시아인은 아페타이로 회항했는데, 전투 결과는 페르시아인의 예상과는 사뭇 달랐다. 이번 해전 때 크세르크세스의 군대에서 복무하는 헬라스인 중에서 유일하게 렘노스의 안티도로스가 헬라스인에게로 탈주했다. 그래서 아테나이인은 그에게 살라미스에 있는 토지를 주었다.

12 밤이 되자 아직 한여름인데도[9] 밤새도록 억수 같은 비가 쏟아지며 펠리온산에서 천둥소리가 요란하게 들려왔다. 시신과 난파선의 파편들이 아페타이로 떠밀려 와 함선의 이물에 엉겨 붙으며 노의 날과 뒤죽박죽이 되었다. 그곳의 군사들은 이런 소음을 듣고 겁이 났고, 재난이 거듭되더니 이제 결국 죽는구나 싶었다. 그들은 해난 사고와 펠리온산 앞바다에서 만난 폭풍에서 채 숨을 돌리기도 전에 격렬한 해전을 벌여야 했고, 해전에 이어 이번에는 억수 같은 비가 쏟아지며 급류가 바다로 쏟아져 들어오고 천둥소리가 요란하게 들려왔기 때문이다.

13 이곳의 페르시아인에게 밤이 무서웠다면, 에우보이아섬을 우회하도록 파견된 페르시아인에게 밤은 더 무서웠다. 같은 밤이라 하더라도 난바다에서 밤을 맞게 된 그들의 최후는 비참했기에 하는 말이다. 그들은 에우보이아의 코일라[10] 앞바다를 항해하던 중 폭풍과 폭우를 만나 어디로 가는지도 모르고 떠밀려 다니다가 바위들에 부딪혀 좌초했기 때

문이다. 이 모든 것은 페르시아 군세가 헬라스인의 군세보다 훨씬 더 많지 않고 대등하게 만드시려는 신의 뜻에서 비롯되었다.

14 그리하여 이들 함선은 에우보이아섬의 코일라에서 최후를 맞았다. 한편 아페타이의 페르시아인은 고대하던 날이 밝아 오자 함선들에 손도 대지 않고, 고난에 시달린 탓에 이제 가만히 있고 싶었다. 헬라스인에게는 앗티케 함선 53척이 구원하러 왔는데, 그것이 그들의 사기를 높여 주었다. 동시에 에우보이아섬을 우회하던 페르시아 함선들이 폭풍으로 전부 파괴되었다는 소식이 들어왔다. 그래서 헬라스인은 전날처럼 오후 늦게까지 기다리다가 킬리키아의 함선들을 공격해 이 함선들을 섬멸한 뒤 밤이 되자 아르테미시온으로 회항했다.

15 페르시아의 장군들은 이토록 적은 함선들에 당하는 것에 화가 나기도 하고, 크세르크세스가 어떻게 나올지 두렵기도 하여 3일째 되는 날 더 이상 헬라스인이 먼저 싸움을 걸어 오기를 기다리지 않고 준비가 완료되자 한낮에 배를 타고 바다로 나갔다. 이 해전과 테르모퓔라이에서의 지상전은 마침 같은 3일 동안에 벌어졌다. 두 전투의 목표는 동일했는데, 그것은 헬라스의 심장부로 들어오는 길목을 지키는 것이었다. 레오니다스와 그의 부대가 고갯길을 지키려고 했듯이, 헬라스 함대는 에우리포스 해협을 지키려 했다. 그리하여 헬라스군은 페르시아인이 헬라스로 들어오지 못하게 하자고 소리쳤고, 페르시아인은 헬라스인을

---

8 여기서는 아테나이 앞바다의 유명한 섬이 아니라, 퀴프로스섬의 도시다.
9 그리스는 겨울이 우기고 여름은 건기다.
10 ta Koila('분지'). 에우보이아섬 서쪽 기슭의 해협.

섬멸하여 통로를 확보하려고 애썼다.

16 크세르크세스의 함대가 전열을 갖추고 공격해 왔을 때 헬라스인은 아르테미시온 앞바다에 꼼짝 않고 머물러 있었다. 그러나 페르시아인이 헬라스인을 포위하려고 초승달 모양의 대형을 갖추자 헬라스인이 출동했고, 그리하여 전투가 시작되었다. 이번 전투에서는 양군의 전력이 호각이었다. 크세르크세스의 함대는 함선들이 크고 많아 서로 뒤엉켜 충돌하는 바람에 힘을 쓰지 못했기 때문이다. 그럼에도 페르시아인은 물러가지 않고 계속해서 싸웠으니, 얼마 안 되는 적선들 앞에서 패주하는 치욕을 당하지 않기 위해서였다. 헬라스 측에도 많은 함선이 파괴되고 많은 전사자가 났지만, 함선과 인명 피해는 페르시아 측이 훨씬 더 컸다. 양군은 그렇게 싸우다가 헤어졌다.

17 이번 해전에서 크세르크세스 측에서는 아이귑토스인이 가장 두각을 나타냈는데, 그들은 여러 무공을 세웠지만 특히 헬라스 함선 5척을 뱃사람들과 함께 나포했다. 헬라스 측에서는 이날 아테나이인이 두각을 나타냈는데, 그중에서도 특히 알키비아데스의 아들 클레이니아스가 그랬다. 그는 뱃사람 200명과 함께 자기 배를 타고 와서는 자비로 종군하고 있었다.

18 양군은 헤어지자 흔쾌히 저마다 자기들 정박소로 서둘러 돌아갔다. 헬라스인은 전투를 끝낸 뒤 시신과 파손된 함선들을 수습할 수 있었지만, 피해가 컸다. 특히 아테나이인의 피해가 컸는데 그들의 함선은 반(半)이나 파손되었다. 그리하여 그들은 헬라스의 안쪽[11]으로 퇴각하기로 결의했다.

19 테미스토클레스는 만약 이오니아인과 카리아인이 페르시아인에게서 이탈한다면 나머지 군대는 쉽게 제압할 수 있을 것 같은 생각이 들었다. 에우보이아인들이 해변으로 가축 떼를 몰고 오는 것을 보자, 그는 장군들을 소집해 놓고, 왕의 정예부대가 왕에게서 이탈하게 할 방책이 자기에게 확실히 있다고 말했다. 그는 그 계획에 관해서는 이 이상 말하지 않고, 현재의 상황에서는 적군보다는 아군이 그 고기를 먹는 편이 더 나으므로 에우보이아인들의 양과 염소들을 원하는 만큼 잡아야 한다고만 말했다. 그 밖에 그는 각 장군은 예하 부대원들에게 명해 화톳불을 피우게 하라고 권하며, 그들이 무사히 헬라스로 돌아갈 수 있도록 해 줄 테니 철수 시간을 택하는 것은 자기에게 맡겨 달라고 부탁했다. 장군들은 그러는 것이 마음에 들어 일단 화톳불을 피워 놓고 나서 즉시 양떼와 염소 떼가 있는 곳으로 갔다.

20 에우보이아인이 이런 일을 당한 것은 자업자득이었다. 말하자면 그들은 바키스[12]의 예언을 허튼소리로 여기고 재산을 안전한 곳으로 옮기지도 않았고, 다가올 전쟁에 대비해 식량을 비축해 두지 않았기에 이런 봉변을 당한 것이다. 이에 관한 바키스의 예언은 다음과 같다.

헬라스 말이 아닌 이민족의 말을 하는 자가 파피루스로 꼰 멍에를
바닷물에 던지면,
명심하고 매매 울어 대는 염소 떼를 에우보이아에서 옮기도록 하라.

---

11 고향에 가까운 바다.
12 보이오티아 지방의 예언자.

그들은 이 말에서 현재를 위해서도, 미래를 위해서도 아무것도 배우지 못했기에 더없이 참혹한 불행을 통해 배워야 했다.

21 헬라스인이 그러고 있을 때 트라키스에서 정찰병이 도착했다. 아르테미시온에는 안티퀴라 출신의 폴뤼아스가 정찰병 노릇을 하고 있었는데, 그의 임무는 (노 젓는 배 1척을 항상 대기시켜 놓았다가) 해군이 패할 경우 테르모퓔라이에 있는 헬라스인에게 알리는 것이었다. 마찬가지로 뤼시클레스의 아들 아브로니코스라는 아테나이인이 레오니다스와 함께하고 있었는데, 그는 육군이 패할 경우 삼십노선을 타고 가 아르테미시온에 있는 헬라스인에게 알릴 준비가 항상 되어 있었다. 그래서 이 아브로니코스가 도착해 레오니다스와 그의 예하 부대가 당한 일을 알려 주었다. 이 소식을 전해 듣자 헬라스인은 철수를 더는 늦추지 않고, 배치된 순서대로 코린토스인이 선두에 서고 아테나이인이 후미를 이룬 채 출발했다.

22 테미스토클레스는 아테나이 함대에서 가장 빠른 함선들을 뽑아 식수(食水)가 있는 곳을 돌아다니며 이튿날 이오니아인이 아르테미시온에 왔을 때 읽을 수 있도록 돌에 전언을 새기게 했다. "이오니아인이여, 여러분이 선조를 향해 진격해 와서 헬라스를 노예로 만든다는 것은 옳지 못한 짓이오. 여러분이 우리에게 넘어오는 것이 여러분에게 가장 바람직할 것이오. 그것이 불가능하다면 여러분은 지금이라도 우리에 대해 중립을 지키고, 카리아인에게도 그러도록 권유해 주시오. 여러분이 둘 중 어느 것도 할 수 없고, 반기를 들기에는 페르시아인에게 너무나 심한 속박을 받고 있다면, 여러분은 우리의 혈통에서 비롯되었고, 우리가 페르시아인과 싸우게 된 것도 원래 여러분 때문이었음[13]을 명심하고, 교

전 시 고의적으로 겁쟁이가 되어 주시오." 내 생각에, 테미스토클레스는 두 가지 의도를 갖고 이런 전언을 새기게 한 듯하다. 즉 크세르크세스가 이 전언에 관해 알지 못할 경우 이오니아인이 그에게 등을 돌리고 헬라스인 편이 되거나, 아니면 크세르크세스가 알게 되어 의심할 경우 이오니아인을 불신하여 더이상 전투에 참가시키지 않으리라는 것이었다.

23 테미스토클레스가 이런 전언을 새기게 한 직후, 한 헤스티아이아[14]인이 배를 타고 페르시아인에게 가서 헬라스인이 아르테미시온에서 철수했음을 알려 주었다. 그의 말이 믿기지 않았던 페르시아인은 그를 감금해 놓고 상황을 정탐해 오도록 쾌속선 선단을 파견했다. 그의 보고가 사실로 확인되자, 이튿날 해 뜰 무렵 전 함대가 아르테미시온으로 이동했고, 그곳에서 한낮까지 머물다가 헤스티아이아로 향했다. 그곳에 도착하자 그들은 헤스티아이아인의 도시를 함락했고, 헤스티아이아 땅의 엘로피아 지역 해안 마을들을 모조리 유린했다.

24 그들이 그곳에 머무는 동안 크세르크세스는 함대로 전령 한 명을 보냈는데, 그전에 그는 테르모퓔라이에서 전사한 자신의 군사들의 시신을 다음과 같이 처리했다. 즉 그는 약 2만 명의 전사자 가운데 1,000명만 남겨 두고, 나머지는 모두 구덩이들을 파고 묻되 구덩이들 위에 나뭇잎과 흙을 뿌려 함대에서 온 자들이 보지 못하게 해 놓았다. 전령은 헤스티아이아로 건너가 군영의 군사가 모두 모인 앞에서 이렇게 말했다.

---

13 5권 97장.
14 에우보이아섬의 도시.

"전우들이여, 크세르크세스 전하께서는 여러분 가운데 누구든 원하는 사람은 주둔지를 뒤로하고 건너와, 능히 전하의 군세를 이길 수 있으리라고 믿었던 어리석은 백성에 맞서 전하께서 어떻게 싸우셨는지 구경하라 하셨소."

25 전령이 이렇게 전하자 구경하기를 자원한 자들이 몰려 배편을 이용하기가 어려울 지경이었다. 그들은 테르모퓔라이로 건너가 시신들 사이를 거닐며 구경했다. 그들은 그곳에 누워 있는 것은 다 라케다이몬인과 테스페이아인이라고 믿었다. 그러나 그들이 본 것 중에는 국가노예인 헤일로테스들도 포함되어 있었다. 에우보이아에서 건너온 자 가운데 크세르크세스가 아군 전사자를 어떻게 처리했는지 모르는 사람은 아무도 없었다. 그의 술책은 사실 가소로웠다. 아군의 시신 1,000구는 들판에 흩어져 있는 것이 보이는데, 적군의 시신 4,000구는 모두 한곳에 무더기로 쌓여 있었던 것이다. 그날은 시신 구경으로 보내고, 이튿날 함대에서 온 자들은 헤스티아이아에 있는 함선들로 돌아가고 크세르크세스와 그의 군대는 진격을 계속했다.

26 아르카디아인 몇 명이 페르시아인 측으로 탈주해 왔는데, 살기가 어려워 일자리를 원하는 자들이었다. 페르시아인은 왕의 면전으로 그들을 끌고 가서 헬라스인이 무엇을 하고 있는지 심문했는데, 페르시아인 한 명이 그들 모두를 위해 물었다. 아르카디아인은 헬라스인이 올륌피아 축제를 개최하고는 육상경기와 경마를 구경하고 있다고 대답했다. 헬라스인은 어떤 상을 타려고 경기를 하느냐고 페르시아인이 묻자, 아르카디아인은 올리브 가지로 엮은 관(冠)을 타기 위해서라고 대답했다. 그러자 아르타바노스의 아들 트리탄타이크메스가 멋진 말을 했지만,

왕은 오히려 이 말 때문에 그를 겁쟁이로 여겼다. 왜냐하면 트리탄타이크메스는 헬라스인이 돈이 아니라 관을 걸고 경기를 한다는 말을 듣고 침묵을 지킬 수가 없어 다들 모인 앞에서 다음과 같이 큰 소리로 말했기 때문이다. "아아, 마르도니오스여, 그대는 어찌하여 돈이 아니라 명예를 위해 경기를 하는 이런 종류의 인간과 싸우도록 우리를 이끌고 왔소이까!"

27 트리탄타이크메스는 그렇게 말했다. 한편 테르모퓔라이에서의 재앙이 일어난 직후 텟살리아인은 포키스로 전령을 보냈다. 그들은 오래전부터 포키스인에게 원한을 품고 있었지만, 지난번 전쟁에서 포키스인에게 패한 뒤로 원한이 더 깊어졌다. 크세르크세스의 원정이 시작되기 몇 년 전 텟살리아인과 그들의 동맹국은 전 병력을 동원하여 포키스에 침입했지만 포키스인에게 패해 큰 손실을 입었던 것이다. 그것은 포키스인이 파르낫소스산에 갇혔을 때, 그들과 함께한 엘리스 출신 예언자 텔리아스가 그들을 위해 다음과 같은 계략을 생각해 냈기 때문이다. 말하자면 그는 포키스 정예부대원 600명에게 몸과 무구에 석고를 칠하게 한 다음 그들을 밤에 텟살리아인에게 내보내며 흰 칠을 하지 않은 자는 누구든 닥치는 대로 죽이라고 지시한 것이다. 처음에 텟살리아의 파수병들은 그들을 보고 환영(幻影)인 줄 알고 도망쳤고, 파수병들에 이어 군대 자체가 도망을 쳤다. 그래서 포키스인은 4,000명을 죽이고 그들의 방패를 손에 넣었는데, 그중 반은 아바이[15]에, 다른 반은 델포이에 봉헌했다. 그리고 이 전투에서 노획한 전리품의 10분의 1로 거대한 상(像)을 몇 개 만들었는데, 그것들은 델포이 신전 앞에 있는 세발솥

---

15 아폴론의 유명한 신탁소가 있던, 포키스 지방의 소도시.

주위에 서 있다. 비슷한 상들을 그들은 아바이에도 봉헌했다.

28 이렇듯 포키스인은 자신들을 포위한 텟살리아의 보병 부대를 물리쳤을 뿐 아니라 자신들의 나라로 침입한 그들의 기병대도 섬멸하다시피 했다. 즉 그들은 휘암폴리스 근처의 고갯길에 도랑을 널찍이 파고 빈독들을 묻은 다음 지면과 같아 보일 때까지 그 위에 흙을 붓고는 텟살리아인이 쳐들어오기를 기다렸다. 그래서 텟살리아인이 포키스인을 쓸어 버리려고 돌진하다가 독들에 빠지자, 말들은 다리가 부러졌다.

29 이 두 사건으로 텟살리아인은 포키스인에게 원한을 품었던 터라 전령을 보내 다음과 같이 말하게 했다. "포키스인이여, 지금이야말로 그대들이 우리의 적수가 못 됨을 인정하시오. 우리는 지난날 헬라스 편이었을 때도 그대들보다 언제나 영향력이 컸지만, 페르시아인 편이 된 지금의 영향력은 더욱 커져 그대들이 나라를 잃고 노예로 전락하느냐의 여부는 우리에게 달려 있소. 우리는 지금 그대들을 우리 마음대로 할 수 있지만 지난날의 잘못을 따지지 않을 테니, 그 대가로 은 50탈란톤을 지불하시오. 그러면 우리는 책임지고 그대들의 나라가 앞으로 닥칠 위험에서 벗어나게 해 주겠소."

30 텟살리아인은 그들에게 이렇게 전하게 했다. 포키스인은 이 지역에서 페르시아에 부역하지 않은 유일한 부족이었는데, 생각건대 그것은 순전히 텟살리아인에 대한 증오심 때문이던 같다. 따라서 만약 텟살리아인이 헬라스인 편을 들었더라면 포키스인은 아마도 페르시아에 부역했을 것이다. 아무튼 텟살리아인이 이런 제안을 하자 포키스인은 돈을 주지 않겠다며, 자기들도 원하기만 하면 텟살리아인처럼 페르시아에

부역할 수 있지만 결코 자진해 헬라스의 배신자가 되고 싶지 않다고 말했다.

31 전령이 이런 대답을 가지고 돌아오자 텟살리아인은 포키스인에게 화가 나 그곳의 페르시아인들에게 길라잡이 노릇을 했다. 그들은 트라키스에서 먼저 도리스로 쳐들어갔다. 그곳 도리스 땅에는 멜리스에서 포키스까지 약 30스타디온 너비의 좁은 땅이 길게 뻗어 있는데, 옛날에는 드뤼오피스라고 불렸으며 펠로폰네소스에 사는 도리에이스족의 원(原)고향이다. 페르시아의 침입자들은 이 도리스 지방은 해코지하지 않았는데, 그곳 주민이 페르시아에 부역했고, 또 텟살리아인이 반대했기 때문이다.

32 그들은 도리스를 지나 포키스로 쳐들어갔지만 그곳 주민을 잡는 데는 실패했다. 포키스인 가운데 일부는 파르낫소스산의 봉우리들로 올라갔다. 티토레아라는 파르낫소스산의 봉우리는 많은 인원을 수용할 수 있을 만큼 널찍했는데, 이 봉우리는 네온 시 옆에 홀로 우뚝 솟아 있다. 그들은 소지품을 챙겨 들고 그곳으로 피신한 것이다. 그러나 그중 대부분은 고향을 떠나 크리사 평야가 굽어보이는 암핏사 시를 향해 오졸라이 로크로이들[16]의 나라로 갔다. 텟살리아인의 안내를 받은 페르시아인은 포키스 전역을 유린했다. 그들은 가는 곳마다 닥치는 대로 태우고 베었으며, 도시와 신전에 불을 질렀다.

33 그들은 포키스를 지나가며 케피소스 강가 일대를 쑥대밭으로 만들었

---

16 서(西)로크리스인.

다. 드뤼모스 시, 카라드라, 에로코스, 테트로니온, 암피카이아, 네온, 페디에이아, 트리테이아, 엘라테이아, 휘암폴리스, 파라포타미오이가 불에 타 평지가 되었는데, 부유한 아폴론 신전에 많은 보물과 봉헌물을 보유한 아바이도 마찬가지였다. 지금처럼 그때 그곳에는 신탁소도 있었는데, 이 성소도 약탈하고 불질렀다. 그들은 몇몇 포키스인을 산속까지 추격해 잡았고, 몇몇 부녀자를 죽을 때까지 윤간했다.

34 페르시아인은 파라포타미오이를 지나 파노페우스에 도착해 그곳에서 군대를 둘로 나누었다. 훨씬 더 크고 더 강력한 부대는 크세르크세스와 함께 아테나이를 향해 진격하며 일단 보이오티아 지방의 오르코메노스 지역으로 쳐들어갔다. 보이오티아 지방의 주민은 전부 페르시아에 부역하고 있었다. 그래서 그들의 도시들을 알렉산드로스가 파견한 마케도니아인들이 구해 주었는데, 이들은 보이오티아인이 페르시아인 편임을 크세르크세스에게 명백히 보여 줌으로써 이들 도시를 구해 주었던 것이다.[17]

35 페르시아인의 이 부대가 이 방향으로 진격하는 동안, 다른 부대는 길라잡이들과 함께 파르낫소스산을 오른쪽에 끼고 델포이의 성역을 향해 출동했다. 이들 역시 점령한 포키스 땅을 모조리 쑥대밭으로 만들며, 행군 도중 파노페우스인과 다울리스인과 아이올리다이인의 도시들을 불태웠다. 이 부대가 본대에서 갈라져 이 방향으로 온 것은 델포이의 성역을 약탈해 그곳의 보물들을 크세르크세스왕에게 바치기 위해서였다. 내가 듣기로, 크세르크세스는 델포이의 성역에 있는 중요한 물건들은, 특히 알뤼앗테스의 아들 크로이소스가 봉헌한 물건들은, 하도 자주 들어 자기집에 두고 온 물건들보다 더 잘 알고 있었다고 한다.

36 델포이 주민은 이 소식을 듣자 완전히 공황 상태에 빠졌고, 너무나 두
려워 신성한 물건들을 땅에 묻어야 할지, 아니면 다른 곳으로 옮겨야
할지 신탁에 물었다. 신께서는 당신의 것은 당신이 능히 지킬 수 있으
니 그 물건들은 손대지 말라고 하셨다. 이 말을 듣자 델포이인은 이번
에는 자신들 걱정을 했다. 자식들과 아이들은 바다 건너 아카이아 지방
으로 보내고 그들 자신은 대부분 파르낫소스산 꼭대기로 올라갔으며,
재물은 코뤼키온 동굴에 감춰 두었다. 그리고 나머지는 로크리스의 암
핏사로 피신했다. 델포이의 전 주민은 도시를 떠나고, 60명의 남자와
신탁 사제[18] 한 명만 남았다.

37 어느새 신전이 보일 만큼 페르시아인이 가까이 접근해 왔을 때, 이름이
아케라토스인 신탁 사제는 인간은 아무도 손댈 수 없는 신성한 무기들
이 신전 건물 안에서 밖으로 운반되어 신전 건물 앞에 놓여 있는 것을
보았다. 그는 도시에 남아 있던 델포이인에게 가서 이 이변을 알려 주
었다. 페르시아인이 아테나 프로나이아[19]의 신전으로 서둘러 다가왔
을 때 이미 일어난 것보다 더 놀라운 이변이 일어났다. 무기들이 저절
로 신전 앞에 놓여 있었다는 것도 실로 놀라운 일이지만, 그다음에 일
어난 일은 지금까지 일어난 놀라운 일 가운데 가장 놀라운 일이었기 때
문이다. 말하자면 페르시아인이 아테나 프로나이아의 신전에 접근하
고 있을 때, 그들에게 하늘에서 벼락이 떨어지고, 파르낫소스산에서
바위 봉우리 두 개가 떨어져나와 굉음을 내며 그들에게 돌진해 그들을

---

17 마케도니아의 알렉산드로스는 페르시아인에게 충성심을 보여 주고 보이오티아
인의 환심을 사고 싶었던 것이다.
18 예언녀 퓌티아의 신탁을 기록하는 사제.
19 '(델포이의 아폴론 신전) 앞에 있는 아테나'라는 뜻.

상당수 죽이는가 하면, 프로나이아의 신전에서 요란한 소리와 전쟁의 함성이 들려온 것이다.

38 이런 일들이 잇달아 일어나자 페르시아인은 공황 상태에 빠져 달아나기 시작했다. 델포이인은 그들이 도망치는 것을 보자마자 산에서 내려와 추격하며 다수를 죽였다. 살아남은 자들은 곧장 보이오티아로 도망쳤다. 내가 듣기로, 이들 도주한 페르시아인은 앞서 말한 이변들 외에 또 다른 이변을 목격했다고 주장했다고 한다. 그들의 주장에 따르면, 중무장한 초인적인 전사 두 명이 그들을 맹렬히 추격하며 도륙했다는 것이다.

39 델포이인에 따르면, 이 두 사람은 델포이 지역의 영웅들인 퓔라코스와 아우토노오스였다고 한다. 그들의 성역은 신전 가까이 있는데, 퓔라코스의 성역은 아테나 프로나이아 신전 위쪽을 지나는 길가에 있고, 아우토노오스의 성역은 휘암페이아 암벽 밑 카스탈리아 샘 근처에 있다. 파르낫소스산에서 굴러떨어진 바윗덩이들은 지금도 여전히 아테나 프로나이아의 성역에 보존되어 있는데, 페르시아인 사이를 휩쓸며 그곳으로 굴러 내려온 것이다. 페르시아인의 이 부대는 그렇게 델포이의 신전에서 쫓겨갔다.

40 헬라스인의 함대는 아르테미시온을 떠난 뒤 아테나이인의 요청에 따라 살라미스로 뱃머리를 돌렸다. 아테나이인이 그렇게 요청한 것은 아이들과 여자들을 앗티케에서 피난시키고, 또 앞으로 어떻게 할지 의논하기 위해서였다. 상황이 바뀌어 예상이 빗나간 만큼 그들은 새로운 작전계획을 세워야 했기 때문이다. 말하자면 그들은 펠로폰네소스인이

총동원되어 보이오티아에서 페르시아인의 공격을 기다리고 있는 줄 알았는데, 그런 일은 아예 일어나지 않았고, 대신 펠로폰네소스인은 이스트모스[20]를 가로질러 방벽을 쌓고 있으며 이들의 초미의 관심사는 펠로폰네소스가 살아남는 것인 만큼 다른 것은 다 포기하고 펠로폰네소스만 지키려 한다는 말을 들었다. 그래서 아테나이인은 이 말을 듣자 헬라스인의 함대가 살라미스로 향하도록 요청한 것이다.

41 헬라스인의 다른 함선들은 살라미스로 향하고, 아테나이인은 자신들의 나라로 향했다. 그곳에 도착하자마자 그들은 아테나이인은 저마다 자식들과 하인들을 최선을 다해 안전한 곳으로 옮기라고 전령을 시켜 통고했다. 그러자 대부분은 가족을 트로이젠으로 보냈지만, 더러는 아이기나로, 더러는 살라미스로 보냈다. 피난은 신속히 이루어졌는데, 그것은 그들이 신탁[21]에 따르고 싶었기 때문이기도 하지만, 무엇보다 다음과 같은 이유 때문이었다. 아테나이인에 따르면, 신전 안에는 아크로폴리스의 지킴이로 큰 뱀 한 마리가 사는데, 마치 실제로 존재하는 것처럼 여겨져 그 뱀에게 매달 꿀케이크가 제물로 바쳐졌다고 한다. 전에는 그 꿀케이크가 늘 먹어 치워졌는데, 이번에는 건드리지도 않은 채 그대로였다. 여사제가 이 사실을 알리자 아테나이인은 아테나 여신도 아크로폴리스를 떠난 줄 알고 더욱더 도시를 떠나고 싶어 했다. 그리하여 모든 것이 안전한 곳으로 옮겨진 뒤 그들은 함대에 합류했다.

42 아르테미시온을 출발한 헬라스인의 함대가 살라미스에 도착하자, 나

---

20 코린토스 지협.
21 7권 141장.

머지 함대도 이 소식을 듣고 트로이젠에서 합류했는데, 이들은 트로이젠의 항구인 포곤에 집결하라는 명령을 받았다. 그리하여 살라미스에는 아르테미시온 해전 때보다 더 많은 도시에서 파견된 훨씬 더 많은 함선이 집결했다. 함대의 사령관은 아르테미시온 해전 때와 마찬가지로 스파르테인 에우뤼클레이데스의 아들 에우뤼비아데스였다. 그러나 그는 왕족은 아니었다. 훨씬 많고, 가장 빠른[22] 함선을 제공한 것은 아테나인이었다.

43 이 함대의 구성원은 다음과 같다. 우선 펠로폰네소스로부터는 라케다이몬인이 함선 16척을, 코린토스인은 아르테미시온 해전 때와 같은 수[23]의 함선을 제공했다. 시퀴온인은 15척, 에피다우로스인은 10척, 트로이젠인은 10척, 헤르미오네인은 3척을 제공했다. 이 도시에 사는 사람들은 헤르미오네만 제외하고 모두 도리에이스족이거나 마케드논족으로 에리네오스와 핀도스와 드뤼오피스에서 마지막으로 펠로폰네소스로 이주한 자들이다. 헤르미오네인은 드뤼오피스인으로 지금은 도리스라고 불리는 지방에서 헤라클레스와 멜리스인에 의해 쫓겨났던 것이다.

44 이상이 펠로폰네소스에서 온 함대의 구성원이다. 펠로폰네소스 외의 본토에서 온 자 가운데 아테나이인은 단독으로 다른 것을 다 합친 것만큼이나 많은 180척의 함선을 제공했다. 살라미스에서는 플라타이아이인이 아테나이 함선들을 타고 함께 싸우지 않았기에 하는 말이다. 그 까닭은 헬라스인이 아르테미시온을 떠나 회항하던 중 칼키스에 이르렀을 때 플라타이아이인이 하선하여 보이오티아 지방으로 건너가 가족들을 피난시키기 시작하느라 제때에 돌아오지 못했기 때문이다. 펠

라스고이족이 지금 헬라스라고 불리는 곳을 차지하고 있었을 때 아테나이인은 원래 펠라스고이족이었다. 아테나이인은 처음에 크라나오이족으로 알려져 있다가, 그 뒤 케크롭스[24] 왕의 치세 때는 '케크롭스의 자손'[25]이라 불렸다. 그리고 나중에 에렉테우스가 왕이 되자 아테나이인으로 개명했다가, 크수토스의 아들 이온이 그들의 장군이 되자 그의 이름을 따 이오네스족이라고 불렸다.

45 메가라인은 아르테미시온 해전 때와 같은 수[26]의 함선을 제공했다. 암프라키아인은 5척의 함선을 타고, 레우카스인은 3척의 함선을 타고 구원하러 왔는데, 이 두 곳 사람들은 원래 코린토스에서 간 도리에이스족이었다.

46 섬 주민 가운데 아이기나인은 함선 30척을 제공했다. 그들은 더 많은 함선에 뱃사람을 배치했지만, 다른 함선은 자신들의 나라를 수호하는 데 쓰고, 가장 빠른 함선 30척으로 살라미스에서 싸웠다. 아이기나인은 원래 에피다우로스에서 건너온 도리에이스족이다. 이 섬은 전에는 오이노네라고 불렸다. 아이기나인 다음으로 칼키스인은 아르테미시온 해전 때와 마찬가지로 20척을, 에레트리아인은 7척을 제공했는데, 이 두 곳 주민은 이오네스족이다. 그들 다음에는 케오스인이 그때와 같

---

22 그리스어 arista pleousas는 직역하면 '가장 훌륭하게 항해하는' 또는 '가장 잘 항해하는'이 될 것인데, 주로 배의 속도를 가리키는 말인 듯하다.

23 40척. 1장.

24 앗티케 지방의 첫 번째 왕.

25 Kekropidai.

26 20척. 1장.

은 수의 함선을 제공했는데, 이들은 원래 아테나이에서 건너온 이오네스족이다. 낙소스인은 함선 4척을 제공했다. 이 함선들은 다른 섬들의 함선과 마찬가지로 시민들에 의해 페르시아 편에 가담하도록 파견되었는데, 명망 있는 시민으로 당시 한 삼단노선의 선장이던 데모크리토스의 권유로 명령을 무시하고 헬라스인 편에 가담한 것이다. 낙소스인은 아테나이에서 건너온 이오네스족이다. 스튀라인은 아르테미시온 해전 때와 같은 수의 함선을 보냈고, 퀴트노스인은 삼단노선 1척과 오십노선 1척을 보냈다. 이 두 곳 주민은 드뤼오피스[27]인이다. 세리포스인과 시프노스인과 멜로스인도 참전했는데, 섬 주민[28] 중에 페르시아 왕에게 흙과 물을 바치지 않은 자는 이들뿐이었다.

47 이들 참전자는 모두 테스프로토이족의 나라와 아케론강 이동(以東)에서 왔다. 테스프로토이족은 가장 먼 곳에서 참전한 암프라키아인 및 레우카스인과 국경을 맞대고 있으니 하는 말이다. 이들보다 더 먼 곳에 사는 자 중에서는 크로톤인만이 위기에 처한 헬라스를 구원하도록 함선 1척을 보냈는데, 이 함선은 퓌토[29] 경기에서 세 번 우승한 파윌로스란 사람이 지휘했다. 크로톤인은 원래 아카이아에서 건너갔다.

48 모든 참전자는 삼단노선을 제공했지만, 멜로스인과 시프노스인과 세리포스인은 오십노선을 제공했는데, 원래 라케다이몬에서 건너간 멜로스인은 2척을, 원래 아테나이에서 건너간 이오네스족인 시프노스인과 세리포스인은 각각 1척씩 제공했다. 함선의 수는 오십노선을 제외하고 모두 378척이었다.

49 앞서 말한 도시에서 파견된 장군들이 살라미스에 모이자 일단 회의를

열었다. 에우뤼비아데스는 누구든 원하는 사람은 헬라스인이 장악한 지역 중 어느 곳이 해전에 가장 적합하다고 생각되는지 기탄없이 의견을 말하라고 제안했다. 앗티케는 이미 포기한 상태라 제외되었다. 발언자 대부분의 의견은 이스트모스로 항해해 가서 펠로폰네소스 앞에서 해전을 벌이자는 쪽으로 모아졌다. 그들의 논지는, 그들이 살라미스에 머물다가 패하면 섬에서 포위공격당해 고립무원의 궁지에 빠질 것이지만, 이스트모스 근처에서는 자신들의 해안으로 피신할 수 있다는 것이었다.

50 펠로폰네소스에서 파견된 장군들이 이런 논지를 펴고 있을 때, 한 아테나이인이 와서 페르시아군이 이미 앗티케에 도착해 앗티케 전역에 불을 지르고 있다는 소식을 전했다. 크세르크세스와 그의 군대는 보이오티아 지방을 통과하며 이미 펠로폰네소스로 피난한 테스페이아인과 플라타이아이인의 도시를 불지르고 나서 아테나이에 도착해 닥치는 대로 유린하고 있었던 것이다. 크세르크세스가 테스페이아와 플라타이아이에 불을 지른 것은 그곳 주민이 페르시아에 부역하기를 거부했다는 말을 테바이인에게 들었기 때문이다.

51 페르시아인이 원정의 출발점인 헬레스폰토스 해협에서 앗티케까지 행군하는 데 3개월이 걸렸는데, 해협을 건너 에우로페로 진입하는 데 추가로 1개월이 더 걸렸다. 그들은 칼리아데스가 아테나이의 집정관

---

27 도리스의 옛 이름. 31장.
28 에게해의 섬 주민.
29 델포이의 옛 이름. 퓌토 경기는 올륌피아 경기, 네메아 경기, 이스트모스 경기와 더불어 고대 그리스의 4대 경기 중 하나였다.

이었을 때 앗티케에 도착했다. 그들이 점령했을 때 도성은 비어 있었다. 그들은 시내에서 소수의 아테나이인만이 신전 안에 있는 것을 발견했는데, 신전지기와 빈민인 이들은 침입자들을 막기 위해 아크로폴리스의 문을 잠그고 그 앞에 목책(木柵)을 쳐 놓고 있었다. 이들이 함께 살라미스로 가지 않은 것은 가난하기 때문이기도 했지만, '나무 성벽'은 함락되지 않을 것이라는 퓌티아의 신탁[30]의 의미를 자기들만이 제대로 이해했다고 믿었기 때문이기도 했다. 신탁이 말한 피난처란 자신들의 목책이지 함대가 아니라고 확신한 것이다.

52 페르시아인은 아크로폴리스 맞은편에 있는, 아테나이인이 아레스의 언덕[31]이라 부르는 언덕을 점령하고 다음과 같이 포위공격을 개시했다. 그들은 삼 부스러기를 감은 화살에 불을 붙여 목책을 향해 쏘았다. 포위공격당한 아테나이인은 목책이 무용지물이 되자 절망감에 빠졌지만 그래도 항전을 계속했다. 그들은 또 페이시스트라토스 일족이 제시한 항복 조건을 받아들이기를 거부하고 다른 방법으로 항전을 계속했는데, 특히 페르시아인이 성문들로 접근해 올 때 바윗덩이들을 굴렸다. 그래서 크세르크세스는 그들을 제압할 수 없어 한동안 난감해했다.

53 그러나 결국 페르시아인은 아크로폴리스로 올라가는 진입로를 발견함으로써 이 난제를 해결했다. 신탁에 따르면, 본토의 앗티케 전역이 페르시아인의 수중에 들어갈 운명이었기 때문이다.[32] 아크로폴리스 앞쪽,[33] 성문들과 오르막길 뒤, 케크롭스의 딸 아글라우로스의 사당 근처에는 파수병이 배치되지 않은 곳이 있는데, 매우 가파른 지역이라 감히 누구도 기어오를 수 없으리라고 생각한 것이다. 하지만 몇몇 페르시

아인이 그곳으로 해서 올라간 것이다. 그들이 아크로폴리스 위에 나타난 것을 보자, 아테나이인은 더러는 성벽 아래로 몸을 던져 자살했고, 더러는 신전 안으로 도망쳤다. 위로 올라온 페르시아인은 먼저 성문 쪽으로 가서 성문을 열고 나서 살려 달라고 애원하는 자들을 도륙했다. 이들을 모두 도륙한 뒤 그들은 신전을 약탈하고 아크로폴리스 전체에 불을 질렀다.

54 아테나이를 완전히 점령하자 크세르크세스는 아르타바노스에게 자신의 성공을 알리기 위해 수사로 기마병 사자를 보냈다. 사자를 보낸 이튿날 크세르크세스는 자신의 원정에 합류한 아테나이의 망명자들을 불러모은 다음 아크로폴리스로 가서 그들 방식대로 제물을 바치라고 명령했다. 아마 꿈속에서 그렇게 하라는 지시를 받았거나, 아니면 신전을 불사른 것에 양심의 가책을 느꼈던 것 같다. 아테나이의 망명자들은 그가 명령한 대로 행했다.

55 내가 왜 이 일을 언급하는지 그 까닭을 말하겠다. 아테나이의 아크로폴리스에는 대지에서 태어났다는 에렉테우스의 신전이 있고, 그 안에는 올리브나무 한 그루와 짠물이 나는 샘이 하나 있다. 아테나이인에 따르면, 포세이돈과 아테나가 이 땅의 영유권을 두고 다툴 때 증거로 내세운 것들이라고 한다.[34] 이 올리브나무가 신전의 다른 부분들과 함께 침

30 7권 141장.
31 Areios pagos.
32 7권 141장.
33 여기서 '앞'은 서쪽이나 동쪽이 아니라 북서쪽을 말한다.
34 아테나이인은 올리브나무를 준 아테나를 자신들의 수호신으로 삼았다.

입자의 방화로 불타 버리고 말았다. 그런데 화재 이튿날 왕의 지시를 받고 제물을 바치러 신전에 올라갔던 아테나이인은 그루터기에서 새싹이 1페퀴스쯤 돋아나 있는 것을 보았다. 그들은 크세르크세스에게 이 사실을 보고했다.

56 아테나이의 아크로폴리스가 함락되었다는 소식이 전해지자 살라미스에 있던 헬라스인은 공황 상태에 빠져, 몇몇 장군은 작전계획에 관한 최종 결정을 기다리지도 않고 함선들이 있는 곳으로 달려가 신속히 철수하려고 돛을 올렸다. 한편 남아 있던 장군들은 이스트모스 앞에서 해전을 벌이기로 결정했다. 밤이 되자 그들은 회의를 파하고 저마다 자기 함선들이 있는 곳으로 갔다.

57 테미스토클레스가 자기 함선으로 돌아오자 므네시필로스라는 아테나이인이 장군들이 어떤 결정을 내렸냐고 그에게 물었다. 함대를 이스트모스 쪽으로 이끌고 가 펠로폰네소스 앞에서 해전을 벌이기로 결정했다고 테미스토클레스가 말하자, 므네시필로스가 말했다. "안 됩니다. 함대가 일단 살라미스를 떠나면, 장군님께서 해전을 벌여 지키셔야 할 조국은 하나도 남지 않을 것입니다. 제각기 제 고향으로 흩어질 것이며, 에우뤼비아데스도 그 밖의 어느 누구도 함대가 분산되는 것을 막지 못할 것입니다. 그런 어리석은 작전 때문에 헬라스는 망하고 말 것입니다. 장군님께서 이 결정을 번복할 수 있는 방책이 있다면, 어떻게든 에우뤼비아데스가 마음을 바꿔 이곳에 머물도록 설득할 수 있다면 그렇게 하십시오."

58 테미스토클레스는 이 제안에 마음이 크게 움직여 아무 대꾸도 않고 에

우뤼비아데스의 배가 있는 곳으로 갔다. 그곳에 도착하자 그는 공동의 관심사에 관해 사령관과 면담하고 싶다고 말했다. 에우뤼비아데스가 그에게 배로 올라와 용건을 말하라고 하자 그의 곁에 앉은 테미스토클레스는 므네시필로스가 한 말을 마치 자기 의견인 양 되풀이하며 거기에 살을 붙였다. 에우뤼비아데스는 그의 간절한 호소에 마침내 마음이 움직여 배에서 내려 장군들의 회의를 소집했다.

59 장군들이 다 모이자, 에우뤼비아데스가 소집 이유를 설명하기도 전에 테미스토클레스는 사태가 다급한 만큼 열변을 토하기 시작했다. 그러나 코린토스 장군 오퀴토스의 아들 아데이만토스가 그의 말을 가로막으며 이렇게 말했다. "테미스토클레스여, 경주할 때 너무 일찍 출발선에서 뛰어나가는 자는 채찍으로 얻어맞게 되어 있소." 그러자 테미스토클레스가 "경주에서 처지는 자는 관(冠)을 쓰지 못하는 법이오"라고 응수했다.

60 그는 이때 코린토스인에게 이렇듯 부드럽게 응수했다. 그는 또 에우뤼비아데스 앞에서 했던, 그들이 일단 살라미스를 떠나면 함대가 분산될 것이라는 말을 그에게 되풀이하지 않았는데, 동맹군 앞에서 어느 누구를 비방하는 것은 적절치 않았기 때문이다.

a) 대신 그는 다른 논거를 제시하며 이렇게 말했다. "이제 헬라스를 구하는 것은 그대에게 달려 있소. 그대가 여기 있는 다른 사람들의 말을 듣고 함대를 이스트모스로 철수하는 대신, 내 조언을 받아들여 여기 이곳에 버티고 서서 해전을 벌인다면 말이오. 내 말을 듣고 두 가지 경우를 비교해 보시오. 이스트모스 가까이서 전투가 벌어지면 난바다에서 해전을 해야 하므로 우리는 대단히 불리하오. 우리의 함선들은 더 무겁

고 수적으로도 열세이기 때문이오. 그리고 우리가 그곳에서 이긴다 하더라도 그대는 살라미스와 메가라와 아이기나를 잃게 될 것이오. 왜냐하면 적의 육군이 함대를 뒤따라온다면 그대는 그들을 펠로폰네소스로 끌어들여 헬라스 전체가 위험해질 테니 말이오.

b) 그와는 달리 그대가 내 조언에 따른다면 여러 이점을 발견하게 될 것이오. 첫째, 소수의 함선으로 많은 적선과 좁은 곳에서 싸우게 되면 우리는 아마 대승할 것이오. 좁은 곳에서는 우리가 유리하고, 넓은 곳에서는 적군이 유리하기 때문이오. 둘째, 그래야만 우리가 처자식들을 피난시켜 놓은 살라미스가 살아남을 수 있소. 끝으로, 이것은 그대들 모두에게 초미의 관심사일 텐데, 그대가 이곳에 머물며 이곳에서 해전을 벌이면 이스트모스 앞바다에 머물러 있는 것만큼이나 펠로폰네소스를 효과적으로 방어하게 될 것이며, 적군을 펠로폰네소스로 끌어들이지 않게 될 것이오. 그대가 현명하다면 말이오.

c) 우리가 기대한 대로 우리의 함선으로 승리하게 되면, 페르시아인은 그대들의 이스트모스에 나타나지 않을 것이오. 그들은 앗티케 너머로는 진격하지 못하고 무질서하게 퇴각할 것이오. 그러면 우리는 메가라와 아이기나와 살라미스가 살아남음으로써 이득을 볼 것인데, 신탁은 살라미스에서 우리가 적군을 이길 것이라고 약속했었소.[35] 우리가 이치에 맞는 계획을 세우면 성공하기 마련이고, 이치에 맞지 않는 계획을 세우면 신께서도 우리 뜻을 이루어 주시려 하지 않는 법이오."

61 테미스토클레스가 이렇게 말하자 코린토스의 아데이만토스가 또 다시 항의하며, 나라 없는 자는 잠자코 있으라고 요구했고, 에우뤼비아데스가 나라 없는 자를 표결에 참여시키는 것을 제지하려 했다. 그리고 테미스토클레스는 자기에게 나라가 있다는 것을 밝히고 나서 의견을

개진하라고 했다. 그가 이렇게 큰소리친 것은 아테나이가 적군에 함락되어 점령당하고 있었기 때문이다. 그러자 테미스토클레스가 그와 코린토스인을 싸잡아 매도하며, 아테나이인은 아직도 200척의 함선에 뱃사람들을 배치하고 있는 이상 그들의 나라보다 더 큰 도시와 나라를 갖고 있다고 분명히 밝혔다. 아테나이의 공격을 막아 낼 수 있는 헬라스 국가는 하나도 없기 때문이라고 그는 말했다.

62 이렇게 말하고 나서 그는 다시 에우뤼비아데스를 향해 더 힘주어 말했다. "그대가 이곳에 머물러 남아(男兒)가 되어 준다면 일이 잘 풀릴 것이나, 그러지 않으면 그대는 헬라스를 완전히 망하게 할 것이오. 이 전쟁에서는 모든 것이 함대에 달려 있소. 그대는 내가 권하는 대로 하시오. 그대가 그러지 않으면 우리는 당장 가족들을 모은 다음 배에 태우고 이탈리아의 시리스[36]로 갈 것이오. 이 도시는 오래전부터 우리 것이고, 그곳은 아테나이인의 식민시가 될 운명이라는 예언들도 있기 때문이오. 그대들이 우리 같은 동맹군을 잃고 나면 그때는 내 말이 생각날 것이오."

63 테미스토클레스의 이 말을 듣고 에우뤼비아데스는 생각을 바꿨다. 아마도 무엇보다 그가 함대를 이스트모스로 이동시키면 아테나이인이 그들 곁을 떠나지 않을까 우려되었기 때문일 것이다. 아테나이인이 떠난다면 나머지 헬라스인만으로는 전투를 수행할 수 없었던 것이다. 그래서 그는 그곳에 그대로 머물러 바다에서 결전을 벌이자는 의견을 채

---

35 7권 141장.
36 이탈리아 남부 투리오이와 타라스 사이에 있는 도시.

택했다.

64 이런 논쟁 끝에 에우뤼비아데스가 일단 마음을 정하자 살라미스의 헬라스인은 그곳에서 싸울 준비를 했다. 날이 밝아 해가 뜨자 육지에서도 바다에서도 지진이 일어났다. 헬라스인은 신들께 기도하고 아이아코스의 자손[37]에게 도움을 청하기로 결정했고, 결정하자마자 그대로 시행했다. 그들은 모든 신에게 기도하고 나서 그곳 살라미스[38]로부터 아이아스와 텔라몬을 불렀고, 아이아코스와 그의 다른 자손의 화상(畫像)을 모셔 오도록 아이기나섬으로 배 1척을 보냈다.

65 테오퀴데스의 아들 디카이오스라는 아테나이인이 있었는데, 그는 망명자로 이때 페르시아인 사이에서 명망 있는 인물이었다. 그의 말에 따르면, 그는 이미 아테나이인이 떠나고 없던 앗티케 땅이 크세르크세스의 육군에 의해 유린되는 동안, 마침 라케다이몬의 데마라토스와 함께 트리아 평야에 있었다고 한다. 그때 엘레우시스 쪽에서 3만 명이 일으킬직한 구름 먼지가 다가오는 것을 보고, 대체 어떤 사람들이 저런 구름 먼지를 일으키는 것일까 하고 둘이서 놀라고 있는데 갑자기 고함소리가 들렸고, 그 소리는 마치 엘레우시스 비의(秘儀) 때의 환호성 '이악코스'[39]처럼 들렸다는 것이다. 그러자 엘레우시스 비의에 관해 아무것도 모르는 데마라토스가 저게 대체 무슨 소리냐고 묻기에 그는 다음과 같이 대답했다고 한다. "데마라토스여, 페르시아 왕의 군대에 틀림없이 대재앙이 닥칠 것이오. 앗티케는 지금 비어 있는 만큼, 저것은 아테나이인과 그들의 동맹군을 돕고자 엘레우시스에서 들려오는 신의 목소리가 분명하오. 저 목소리가 펠로폰네소스로 향하면 왕과 그의 육군이 위험해질 것이고, 살라미스에 있는 함선들 쪽으로 향하면, 왕은

아마 함대를 잃게 될 것이오. 엘레우시스 비의는 아테나이인이 어머니와 소녀[40]를 위해 해마다 개최하는데, 아테나이인이든 다른 헬라스인이든 원하는 사람은 누구나 입문(入門)할 수 있소. 그대가 듣고 있는 저 소리는 축제 때 지르는 환호성이오." 그러자 데마라토스가 대답했다고 한다. "그대는 조용히 하고 이 이야기를 어느 누구에게도 말하지 마시오. 그대의 이 말이 왕의 귀에 들어가면 그대는 목숨을 잃게 될 것이며, 나도 이 세상 어느 누구도 그대를 구할 수 없을 것이오. 그대는 잠자코 있으시오. 페르시아군에 관한 일은 신들께서 염려하실 것이오." 데마라토스가 그렇게 경고했을 때, 먼지와 소음은 구름으로 변해 공중으로 솟구치더니 살라미스에 있는 헬라스인의 함대 쪽으로 떠갔다고 한다. 그래서 그들은 크세르크세스의 함대가 결딴날 것임을 알았다고 한다. 테오퀴데스의 아들 디카이오스는 이런 이야기를 하며 데마라토스를 위시하여 여러 사람을 증인으로 내세우곤 했다.

66 크세르크세스의 함대에 승선한 뱃사람들은 전사한 라코니케인들을 보고 나서 트라키스에서 헤스티아이아로 건너와 그곳에서 3일 동안 머물다가 에우리포스 해협을 경유하여 3일 만에 팔레론에 도착했다. 뭍길과 바닷길로 아테나이에 침입한 페르시아군은 세피아스곶과 테

---

37 여기에는 아이아코스의 아들들인 펠레우스와 텔라몬 외에도 그들의 아들들인 아킬레우스와 아이아스도 포함된다.

38 텔라몬과 펠레우스는 배다른 아우 포코스를 죽이고 아버지 아이아코스에 의해 아이기나에서 추방되자 텔라몬은 살라미스로 가서 그곳 왕이 되고, 펠레우스는 텟살리아의 프티아로 가서 그곳 왕이 된다.

39 엘레우시스 비의 때 두 여신 데메테르와 페르세포네와 함께 경배의 대상이 되는 신. 디오뉘소스, 일명 박코스라는 설도 있지만 확실치 않다.

40 데메테르와 페르세포네.

르모퓔라이에 도착했을 때보다 결코 그 수가 적지 않았다고 나는 생각한다. 그들이 폭풍과 테르모퓔라이 전투와 아르테미시온 해전에서 입은 인명 피해는 나중에 합류한 병력에 의해 복구되었기 때문인데, 곧 멜리스인, 도리스인, 로크리스인, 보이오티아인(그들은 테스페이아인과 플라타이아이인을 제외하고는 전 병력이 종군했다), 카뤼스토스인, 안드로스인, 테노스인, 앞서 말한 다섯 섬[41]을 제외한 모든 섬의 주민이 그들이다. 페르시아인이 헬라스의 안쪽으로 진격할수록 더 많은 부족이 그 뒤를 따랐기 때문이다.

67 이들 부대가 파로스인을 제외하고(파로스인은 퀴트노스섬에 처져 전쟁의 추이를 관망하고 있었다) 모두 아테나이 땅에 도착하고, 함대도 팔레론에 입항했을 때, 크세르크세스는 방금 입항한 자들과 만나 그들의 의견을 청취하고 싶어 몸소 함선들이 있는 곳으로 내려갔다. 그가 와서 자리에 앉자 그의 부름을 받고 나타난 여러 부족의 왕들과 함장들이 그가 정해 준 순서대로 앉았는데, 먼저 시돈 왕이 앉고, 다음에는 튀로스 왕이, 다음에는 다른 사람들이 앉았다. 그들이 서열에 따라 자리에 앉자, 크세르크세스는 마르도니오스를 보내 그들 한 사람 한 사람을 떠보려고 자기가 해전을 해야 하는지 말아야 하는지 차례차례 묻게 했다.

68 마르도니오스는 빙 돌아가며 먼저 시돈 왕에게 묻고 이어서 다른 사람들에게 물었다. 그들은 이구동성으로 싸우라고 말했지만, 아르테미시아는 이렇게 말했다.
a) "마르도니오스여, 에우보이아 앞바다의 해전에서 결코 비겁하지도 않았고 전공(戰功)이 가장 미약하지도 않았던 내가 이런 진언을 하더

라고 전하께 전해 주시오. '전하, 전하께 가장 이롭다고 생각되는 바를 솔직히 말씀드리는 것이 제 의무이옵니다. 하여 드리는 말씀이온데, 함선을 아끼고 해전을 피하소서. 바다에서는 마치 남자가 여자보다 더 강한 것만큼이나 이곳 백성이 전하의 백성보다 더 강하기 때문이옵니다. 전하께서 굳이 해전을 하셔야 할 이유가 도대체 어디 있나이까? 이번 원정의 목표였던 아테나이는 전하의 수중에 있으며, 나머지 헬라스도 전하의 것이 아니옵니까? 전하의 길을 가로막을 자는 이제 아무도 없나이다. 전하께 저항하던 자들은 모두 응분의 대가를 받았사옵니다.

b) 우리의 적들이 앞으로 어떻게 될지 제 생각을 전하께 말씀드리겠나이다. 전하께서 해전에 응하지 않고 함대를 해안 가까이 붙들어 두며 앗티케에 머물거나 펠로폰네소스로 진격하시면, 만사가 절로 전하의 뜻대로 될 것이옵니다. 헬라스인은 장기간 전하에 맞설 수 없는 만큼 뿔뿔이 흩어져 제각기 고향 도시로 도망칠 것이옵니다. 듣자 하니, 이 섬에는 그들에게 식량이 없으며, 전하께서 뭍길로 펠로폰네소스로 진격하시면 그곳 출신 부대는 아마도 동요하지 않고 태평스레 아테나이를 위해 해전을 하려 하지는 않을 것이옵니다.

c) 하오나 전하께서 당장 해전을 벌이려 하신다면 함대의 패배가 육군의 파멸로 이어지지 않을까 두렵나이다. 그리고 전하께서는 이 점을 명심하소서. 좋은 주인의 종은 나쁘고, 나쁜 주인의 종은 대개 좋은 법이옵니다. 전하께서는 세상에서 가장 훌륭한 주인이시지만, 전하의 동맹군으로 자처하는 자는 나쁜 자들이옵니다. 이들 아이귑토스인, 퀴프로스인, 킬리키아인, 팜퓔리아인은 아무짝에도 못 쓸 자들이옵니다.'"

41 46장.

69 아르테미시아가 마르도니오스에게 이렇게 말하자 그녀에게 호의적인
   자들은 그녀가 해전을 만류하다가 왕에게 벌받지 않을까 걱정했고, 동
   맹군 중에서 그녀가 특별히 왕에게 우대받는 것을 못마땅해하고 시기
   하던 자들은 그녀가 처형될 것이라 믿고 그녀의 답변을 듣고 쾌재를 불
   렀다. 각자의 의견이 크세르크세스에게 전달되자 그는 아르테미시아
   의 의견이 마음에 들어, 전에도 그녀를 현명하다고 여겼지만 이제는 그
   녀를 더욱더 존중했다. 그럼에도 그는 다수의 의견에 따르라고 명령했
   다. 그는 에우보이아 앞바다에서는 자기가 현장에 없어 그들이 최선을
   다하지 않았다고 믿고, 이번에는 해전을 몸소 관전할 준비를 했다.

70 그리하여 출항하라는 명령이 떨어지자 그들은 함선들을 살라미스로
   이동시켜 시간을 갖고 느긋하게 부대별로 나누어 전투대형을 갖추었
   다. 그러나 밤이 다가오고 있어 그날은 싸울 만큼 낮 시간이 충분히 남
   아 있지 않아 이튿날 싸울 준비를 했다. 헬라스인은 겁에 질렸는데, 특
   히 펠로폰네소스인이 심했다. 그들은 살라미스에 머물며 아테나이 땅
   을 위해 싸우려다가 패전할 경우 고국은 무방비 상태로 방치해 둔 채
   자신들은 섬에 갇혀 포위공격당하는 처지가 되기 때문이었다.

71 한편 그날 밤 페르시아 육군은 펠로폰네소스로 진격했다. 그러나 페르
   시아인이 뭍길로 침입하는 것을 막기 위해 가능한 모든 조치가 취해졌
   다. 펠로폰네소스인은 레오니다스와 그의 부대가 테르모필라이에서
   전사했다는 소식을 듣자마자 그들의 도시에서 달려와 이스트모스에
   진을 쳤기 때문이다. 그들의 총사령관은 아낙산드리데스의 아들로 레
   오니다스의 아우인 클레옴브로토스였다. 이스트모스에 진을 친 그들
   은 스케이론 도로[42]를 끊고 협의 끝에 이스트모스를 가로질러 방벽[43]을

쌓기 시작했다. 그들은 수천 명인 데다 저마다 제 몫을 해냈기 때문에 공사는 빠르게 진척되었다. 석재, 벽돌, 통나무, 모래주머니가 계속 운반되었고, 도우러 온 자들은 쉬지 않고 밤낮으로 작업에 매달렸다.

72 헬라스인 중에 전 병력을 이끌고 이스트모스로 달려온 자들은 다음과 같다. 라케다이몬인, 온 아르카디아인, 엘리스인, 코린토스인, 시퀴온인, 에피다우로스인, 플레이우스인, 트로이젠인, 헤르미오네인이 그들이다. 이들은 위험에 처한 헬라스를 염려해 구원하러 왔지만, 그 밖의 다른 펠로폰네소스인은 올림피아 축제와 카르네이아 축제[44]가 지났는데도 전쟁에 전혀 관심이 없었다.

73 펠로폰네소스에는 일곱 부족이 살고 있다. 그중 아르카디아인과 퀴누리아인은 원주민으로 예나 지금이나 같은 곳에서 살고 있다. 그중 한 부족인 아카이아인은 거처를 옮기긴 했지만 펠로폰네소스를 떠난 적이 없다. 나머지 네 부족, 즉 도리에이스족과 아이톨리아인과 드뤼오피스인과 렘노스인은 이주해 온 자들이다. 도리에이스족의 도시는 많기도 하고 잘 알려져 있지만, 아이톨리아인의 도시는 엘리스 하나뿐이며, 드뤼오피스인의 도시는 헤르미오네와, 라코니케의 카르다뮐레에서 가까운 아시네이며, 파로레아타이족은 모두 렘노스인이다. 펠로폰네소스의 원주민 중에서는 퀴누리아인만이 이오네스족인 것 같은데,

---

42 스케이론은 지나가는 나그네들을 시켜 자기 발을 씻게 하다가 차서 바닷물에 익사하게 했다는 노상강도이다. '스케이론 도로'는 엘레우시스와 메가라를 지나 이스트모스로 들어가는 길로, 가파른 암벽들 옆으로 나 있다.
43 오늘날에도 흔적이 남아 있는 이 성벽의 길이는 약 7킬로미터이다.
44 이들 축제 기간에는 전쟁을 하지 않거나 휴전하는 것이 관행이었다.

그들은 아르고스의 지배를 받게 되자 세월이 흐르며 완전히 도리에이스족이 되었다. 그들은 오르네아이와 그 근처에 거주한다. 이들 일곱 부족의 도시 가운데 앞서 말한 도시들을 제외한 다른 도시들은 모두 중립을 지켰다. 하지만 솔직히 말해, 중립을 지키는 것은 페르시아에 부역하는 것과 같다.

74 그래서 이스트모스의 헬라스인은 방벽 쌓는 일에 전념했는데, 그들은 사활이 걸린 경주를 하고 있었고 함대에 큰 기대를 걸지 않았다. 살라미스의 펠로폰네소스인은 그들이 열심히 공사를 하고 있다는 말을 듣기는 했어도 두려움을 떨쳐 버릴 수 없었는데, 자신들보다 펠로폰네소스가 더 염려되었다. 처음 얼마 동안에는 사람들이 한데 모여 에우뤼비아데스가 믿을 수 없을 만큼 어리석다고 수군거렸지만, 결국에는 불만이 공공연히 폭발했다. 그리하여 회의가 소집되어 같은 안건에 관해 수많은 말이 오갔는데, 일부는 그곳에 머물러 이미 적의 수중에 떨어진 나라를 위해 싸우느니 차라리 펠로폰네소스로 가서 그곳을 위해 목숨 걸고 싸워야 한다고 주장했다. 그러나 아테나이인과 아이기나인과 메가라인은 그곳에 머물러 적을 격퇴해야 한다고 주장했다.

75 이 토론에서 테미스토클레스는 자신의 주장이 펠로폰네소스인의 주장에 밀릴 것 같은 느낌이 들자 몰래 회의장을 빠져나와 페르시아인의 군영으로 밀사를 보냈다. 그가 전할 말을 일러 주고 나서 작은 배에 태워 보낸 밀사는 시킨노스라는 그의 하인으로, 그의 아이들의 가정교사였다. 전쟁이 끝난 뒤 테스페이아가 새 시민들을 받아들이고 있을 때 테미스토클레스는 그가 테스페이아 시민이 되게 해 주고 또 그를 부자로 만들어 주었다. 시킨노스는 그때 작은 배를 타고 건너가 페르시아

장군들에게 말했다. "저는 아테나인의 장군께서 다른 헬라스인 몰래 보내신 밀사입니다. (그분께서는 대왕께 호의적이라 헬라스인보다는 그대들이 전쟁에서 이기기를 바라고 계십니다.) 그분께서는 저더러, 헬라스인은 겁에 질려 도망칠 궁리만 하고 있으니, 그들이 도망치도록 수수방관하지만 않는다면 그대들이 가장 빛나는 승리를 거두게 될 것이라고 그대들에게 전하라 하셨습니다. 그들은 서로 분열되어 있어 그대들에게 대항하지 못할 것이기 때문입니다. 그대들은 그들이 그대들에게 호의적인 자들과 그렇지 않은 자들로 나뉘어 저들끼리 해전을 벌이는 것을 보게 될 것입니다." 이런 전언을 전한 뒤 시킨노스는 그곳을 떠났다.

76 그들은 이 전언이 사실인 줄 알고 살라미스와 본토 사이에 있는 작은 섬 프쉿탈레이아에 다수의 페르시아인을 상륙시켰고, 이어서 한밤중이 되자 헬라스인을 포위하기 위해 함대의 서쪽 날개를 살라미스로 진출시키는 한편, 케오스와 퀴노수라 가까이 포진하고 있던 함선들도 전진하여 무니키아에 이르기까지 해협 전체를 봉쇄하게 했다. 그들은 헬라스인이 도주하는 것을 막기 위해 함대를 바다로 진출시켰으니, 헬라스인을 살라미스에 가두어 놓고 아르테미시온 해전의 대가를 치르게 할 참이었다. 그리고 그들이 프쉿탈레이아라는 작은 섬에 페르시아인 부대를 상륙시킨 것은, 이 섬이 싸움터가 될 해협에 자리잡고 있어 전투가 끝난 뒤 사람들과 부서진 배들이 주로 그곳으로 떠내려올 것이므로 그곳에서 아군의 목숨을 구하고 적군을 도륙하기 위해서였다. 그들은 적군에게 들키지 않으려고 조용히 이런 일들을 했고, 이런 준비를 하느라 밤새 한잠도 못 잤다.

77 나는 신탁의 진실성을 부인하고 싶지 않다. 신탁의 말씀이 명명백백한데 내가 어찌 불신하고 싶겠는가! 다음 시행을 생각해 보시라.

> 그들이 자랑스러운 아테나이를 함락하고 나서 광기 어린
> 희망에 들떠 황금 칼을 차신 아르테미스의 신성한 해안과
> 바다로 둘러싸인 퀴노수라섬을 선교(船橋)로 연결한다면,
> 고귀하신 정의의 여신[45]께서 교만[46]의 아들을, 무엇이든
> 할 수 있다고 믿고 광란하는 강력한 포만(飽滿)을 제압하시리라.
> 청동이 청동과 맞부딪치고, 아레스가 피로 바다를
> 붉게 물들일 테니까. 그때는 멀리 보시는 제우스와
> 고귀한 승리의 여신[47]에 의해 헬라스에 자유의 날이 밝아 오리라.

바키스가 이처럼 명명백백한 예언을 남겼는데 이 말의 진실성을 나는 감히 부인하고 싶지 않거니와 남이 부인하는 것도 용납하고 싶지 않다.

78 한편 살라미스의 장군들은 격론을 벌이고 있었다. 그들은 자신들이 페르시아 함대에 포위된 줄도 모르고, 적의 함대가 낮에 포진하고 있는 것을 본 그 자리에 있으리라고 믿었다.

79 장군들이 논쟁을 벌이고 있을 때, 뤼시마코스의 아들 아리스테이데스라는 사람이 아이기나에서 살라미스로 건너왔다. 그는 아테나이인으로 민중에 의해 도편추방(陶片追放)되었다. 하지만 그의 성격에 관해 들은 바에 따르면, 그는 아테나이에서 가장 훌륭하고 가장 정의로운 인물이라고 생각된다. 그는 회의장으로 가서 테미스토클레스를 따로 불러냈는데, 테미스토클레스는 그의 친구가 아니라 최대 정적이었다. 그러

나 그는 이 엄청난 위기에 직면하여 그런 일들을 잊고 테미스토클레스와의 면담을 요청했다. 그는 이미 펠로폰네소스인이 이스트모스로 회항하려 한다는 것을 알고 있었다. 테미스토클레스가 밖으로 나오자 그는 이렇게 말했다. "다른 경우도 마찬가지지만 지금과 같은 경우, 우리는 다투되 우리 둘 중 누가 조국에 더 많이 기여하는지를 두고 다투어야 할 것이오. 지금 그대에게 말해 두고 싶은 것은, 펠로폰네소스인이 이곳에서 출항하는 문제에 관해 말을 많이 하든 적게 하든 매한가지라는 것이오. 코린토스인과 에우뤼비아데스가 아무리 그러고 싶어도 이곳을 떠날 수 없다는 것을 내 눈으로 확인했소. 적에게 우리는 완전히 포위되었기 때문이오. 그대는 회의장으로 돌아가 이 소식을 전하시오."

80 테미스토클레스가 대답했다. "그것은 참으로 좋은 조언이오. 그리고 그대는 좋은 소식을 전해 주었소. 내가 바라던 바가 이루어졌다고 그대가 직접 목격하고 나서 내게 전해 주니 말이오. 알아 두시오. 페르시아인의 그런 행동은 내가 사주한 것이오. 헬라스인이 자진해 싸우려 하지 않아, 싫다는 그들을 나는 억지로라도 싸우도록 강요할 수밖에 없었소. 그대는 이런 좋은 소식을 가져왔으니 그대가 직접 그들에게 전하도록 하시오. 내가 전하면 그들은 거짓말하는 줄 알고 내 말을 믿지 않을 것이오. 그들은 페르시아인이 실제로 하고 있는 짓을 하고 있지 않다고 할 테니까요. 그대가 가서 상황을 직접 설명하시오. 그들이 그대의 말을 믿으면 가장 좋고, 그들이 믿지 않는다 하더라도 우리에게는 매한가

---

45 Dike.
46 Hybris.
47 Nike.

지요. 그대의 말처럼 우리가 사방으로 포위되어 있다면 어차피 우리는 빠져나갈 수 없을 테니까요."

81 그래서 아리스테이데스는 안으로 들어가 자기는 아이기나에서 오는 길에 헬라스 함대가 크세르크세스의 함선들로 완전히 포위되어 있어 간신히 적군의 초계정들을 벗어날 수 있었다고 말하며, 그러니 적군을 물리칠 준비를 하라고 그들에게 조언했다. 아리스테이데스가 이렇게 말하고 회의장을 떠나자 안에서는 다시 갑론을박(甲論乙駁)이 시작되었다. 대부분의 장군은 그 소식을 믿지 않았기 때문이다.

82 그러나 그들이 여전히 아리스테이데스의 보고를 긴가민가 의심하고 있을 때, 소시메네스의 아들 파나이티오스가 지휘하는 테노스인의 삼단노선 1척이 탈주해 와서 진상을 낱낱이 전했다. 이런 행위 때문에 델포이의 세발솥에는 페르시아인을 무찌른 이들 속에 테노스인의 이름도 새겨진 것이다. 이 함선이 살라미스의 헬라스인에게로 탈주해 오고, 그리고 전에 헬라스인이 아르테미시온에 머물 때 렘노스 함선 1척이 탈주해 옴으로써 이제 헬라스 함대는 380척을 채웠는데, 전에는 거기서 2척이 모자랐었다.

83 헬라스인은 이제야 테노스인의 보고를 사실이라 믿고 전투준비에 들어갔다. 날이 새자 전 해군이 소집되었다. 테미스토클레스는 이때 어느 누구보다도 훌륭한 연설을 했는데, 그는 시종일관 인간 본성과 기질의 좋은 면과 나쁜 면을 대비시키며 그들에게 좋은 면을 선택하라고 권하고 나서 승선하라는 명령으로 연설을 끝냈다. 그들이 승선하자마자, 아이아코스 자손을 모셔 오도록 파견된 삼단노선이 아이기나에서 도

착했다. 그러자 헬라스인의 전 함선이 발진했고, 페르시아인이 즉시 그들을 공격했다.

84 그러자 대부분의 헬라스 함선은 후진하며 해안 쪽으로 뱃머리를 돌리기 시작했다. 그러나 아메이니아스라는 팔레네 구역[48] 출신 아테나이인은 앞으로 치고 나가 적선을 들이받았다. 그의 함선이 적선과 뒤얽혀 서로 떨어질 수 없게 되자, 다른 헬라스 함선들이 아메이니아스를 도우러 와서 전투에 합류했다. 아테나이인의 주장에 따르면, 해전은 그렇게 시작되었다고 한다. 그러나 아이기나인의 주장에 따르면, 해전을 시작한 것은 아이아코스의 자손을 모셔 오도록 아이기나로 파견된 함선이라고 한다. 또 다른 설에 따르면, 한 여인의 환영(幻影)이 나타나 헬라스인의 함대 전체가 들을 수 있는 큰 소리로 먼저 "이상한 사람들 같으니라고! 그대들은 대체 언제까지 노를 뒤로 저을 참인가?"라고 나무라고 나서 격려해 주었다고 한다.

85 아테나이인과 대진(對陣)하고 있는 이들은 포이니케인이었는데, 이들이 페르시아 함대의 엘레우시스 쪽 서쪽 날개를 맡은 것이다. 라케다이몬인과 대진하고 있던 이들은 이오니아인이었는데, 이들이 페이라이에우스 쪽 동쪽 날개를 맡았다. 이오니아인 중 몇몇은 테미스토클레스의 요청에 따라 고의로 열심히 싸우지 않았지만, 대부분은 그렇지 않았다. 헬라스 함선들을 나포한 이오니아인 함장의 이름을 상당수 댈 수 있지만, 나는 두 사람만 언급하겠다. 안드로다마스의 아들 테오메스토르와 히스티아이오스의 아들 퓔라코스가 그들인데 둘 다 사모스인이

---

48 앗티케 지방은 174개 구역(區域 demos)으로 나뉘어 있었다.

다. 이들을 언급하는 것은 이런 업적에 힘입어 테오메스토르는 페르시아인에 의해 사모스의 태수로 임명되고, 퓔라코스는 왕의 은인(恩人)들 명단에 이름이 오르고 방대한 토지를 하사받았기 때문이다. '왕의 은인들'[49]은 페르시아 말로는 '오로상가이'[50]라 불린다.

86 이 두 사람은 그렇게 싸웠다. 그러나 대부분의 페르시아 함선은 살라미스에서 아테나이인이나 아이기나인에 의해 파괴되었다. 헬라스인은 질서정연하게 대열을 유지하며 해전을 벌였는데, 어느새 페르시아인은 대열이 무너진 채 작전계획도 없이 싸우고 있었으니 당연한 결과였다. 하지만 이날 페르시아인은 에우보이아 앞바다에서보다 훨씬 선전했다. 그들은 크세르크세스가 두려워 저마다 최선을 다했고, 저마다 왕이 자기를 보고 있다고 생각했다.

87 나는 페르시아인이나 헬라스인 개개인이 어떻게 싸웠는지 확실히 말할 수 없다. 다만 이날 아르테미시아가 보여 준 태도로 인해 왕은 그녀를 더 총애하게 되었다. 페르시아 왕의 함대가 일대 혼란에 빠졌을 때, 그녀의 함선은 한 앗티케 함선의 추격을 받았다. 앞에는 우군의 함선들이 가로막고 있고, 그녀의 함선은 적선들 가장 가까이에 있어 도주조차 불가능하자 그녀는 다음과 같은 작전을 세웠고, 그 작전은 성공했다. 말하자면 그녀는 앗티케 함선에 추격당하자 우군의 함선을 들이받았는데, 거기에는 칼륀다인과 칼륀다 왕 다마시튀모스가 타고 있었다. 두 사람이 헬레스폰토스에 체류하는 동안 서로 사이가 나빠졌는지, 아니면 그녀가 고의로 그랬는지, 아니면 칼륀다 함선이 그때 우연히 걸려들었는지 나로서는 말할 수 없다. 아무튼 그 함선을 들이받아 격침시킨 것이 그녀에게는 일거양득이었다. 첫째, 앗티케 함선의 함장은 그녀가

페르시아인이 탄 함선을 들이받는 것을 보자 아르테미시아의 함선을 헬라스 함선이거나, 아니면 우군 편에서 싸우는 페르시아의 탈주선인 줄 알고 다른 함선을 공격하기 위해 뱃머리를 돌렸다.

88 이렇듯 적의 손에서 벗어나 살아남았다는 것이 그녀의 첫 번째 이득이 었다. 두 번째 이득은 왕에게는 이롭지 못한 행위를 했는데도 크세르크 세스에게 그녀는 더욱더 신임을 받게 되었다는 것이다. 관전(觀戰)하고 있던 크세르크세스에게 그녀의 함선이 다른 함선을 들이받는 것이 눈에 띄었는데 그의 측근 중 한 명이 이렇게 말했다고 한다. "전하, 아르테미시아가 선전하며 적선을 침몰시키는 것이 보이시나이까?" 과연 아르테미시아가 그렇게 했느냐고 그가 묻자, 그들은 그렇다고 대답했다. 그녀의 함선의 기장(旗章)을 선명히 볼 수 있었기 때문이다. 그래서 그들은 그녀가 파괴한 함선을 적선으로 여겼던 것이다. 아르테미시아는 앞서 말했듯이 다른 점에서도 운이 따랐지만, 가장 운이 좋았던 것은 파괴된 칼륀다 함선에 승선한 자 가운데 살아남아 그녀를 고발한 자가 단 한 사람도 없었다는 것이다. 그러자 크세르크세스는 그들에게 "우리 군대에서는 남자들은 여자가 되고, 여자들이 남자가 되었구려"라고 대답했다고 한다. 크세르크세스는 그렇게 말했다고 한다.

89 이번 격전에서 다레이오스의 아들이자 크세르크세스의 아우로 장군이던 아리아비그네스를 비롯해 페르시아인과 메디아인과 다른 동맹국의 이름 있는 자들이 다수 전사했다. 그러나 헬라스인 측의 사상자는

---

49 hoi euergetai basileos.
50 orosangai.

그리 많지 않았다. 헬라스인은 헤엄칠 줄 알아, 타고 있던 함선이 파괴된 경우 백병전에서 살아남은 자는 살라미스로 모두 헤엄쳐 갔기 때문이다. 그러나 페르시아인은 대부분 헤엄을 칠 줄 몰라 바닷물에 빠져 죽었다. 가장 많은 함선이 파괴된 것은 맨 앞에 배치된 함선들이 도주할 때였다. 왜냐하면 후미에 배치된 자들은 자신들도 무언가를 할 수 있다는 것을 왕에게 보여 주려고 앞에 있는 함선들을 지나 함선들을 전진시키다가, 후퇴하는 아군의 함선들과 서로 충돌했기 때문이다.

90 이 혼전 중에 이런 일도 일어났다. 함선을 잃은 일부 포이니케인이 왕을 찾아가 자기들이 함선을 잃은 것은 이오니아인이 배반했기 때문이라고 모함했다. 그러나 결과적으로 이오니아인의 장군들은 처형되지 않고 그들을 모함한 포이니케인은 응분의 벌을 받았다. 그 경위는 다음과 같다. 이들이 모함하고 있을 때 사모트라케[51]의 함선 1척이 앗티케의 함선을 들이받았다. 앗티케 함선이 침몰하기 시작하자 아이기나 함선 1척이 돌진해 와서 사모트라케의 함선을 침몰시켰다. 그러자 투창에 능한 사모트라케인이 침몰해 가는 함선에서 투창을 던져 자신들의 함선을 침몰시킨 적선의 뱃사람들을 때려누이고 적선에 올라 자신들이 차지했다. 이 사건이 이오니아인을 살려 주었다. 크세르크세스는 사모트라케인의 영웅적인 행동을 보자 대로하여 포이니케인 쪽으로 향하더니 모든 책임을 그들에게 전가하며 겁쟁이인 그들이 더 용감한 자들을 모함하는 일이 없도록 그들의 목을 베라고 명령했다. 크세르크세스는 살라미스 맞은편 이른바 아이갈레오스 언덕의 기슭에 앉아 관전하다가 자신의 부하 중에 이번 해전에서 두각을 나타내는 자가 있으면 그에 대해 물었고, 그러면 그의 서기들이 그와 그의 아버지와 그의 고향의 이름을 적었다. 포이니케인이 이런 불운을 당한 데는 이오니아

인에게 우호적인 아리아람네스라는 페르시아인이 그 자리에 있었던 것도 일조했다.

91 그래서 형리들은 포이니케인에게로 향했다. 그사이 페르시아인은 도망쳐 팔레론 쪽으로 달아나려 했지만, 아이기나인이 해협[52]에서 기다리고 있다가 주목할 만한 업적을 남겼다. 아테나이인이 혼전 중에 대항하는 함선이든 도주하는 함선이든 적선을 닥치는 대로 파괴하는 동안, 아이기나인은 해협을 통과하려던 함선들을 닥치는 대로 파괴했기 때문이다. 그리하여 아테나이인에게서 도망친 페르시아 함선은 곧장 아이기나인에게 걸려들었다.

92 이때 적선을 추격하던 테미스토클레스의 함선이 크리오스[53]의 아들 폴뤼크리토스라는 아이기나인의 함선과 만났다. 폴뤼크리토스의 함선은 그때 시돈의 함선을 들이받았는데, 시돈의 함선은 스키아토스 앞바다를 초계한 아이기나 함선을 나포한 바로 그 함선으로 거기에는 이스케노오스의 아들 퓌테아스가 타고 있었다. 페르시아인은 그때 만신창이가 된 그의 용기를 가상히 여겨 죽이지 않고 자신들의 함선에 태우고 다녔던 것이다.[54] 페르시아인이 퓌테아스를 태우고 다니던 이 시돈의 함선이 나포됨으로써 퓌테아스는 무사히 아이기나로 돌아갈 수 있었다. 아무튼 폴뤼크리토스는 앗티케 함선을 보자 기장을 보고 그것이

---

51 트라케 앞바다에 있는 사모트라케섬은 이오니아 지방에 속하는 사모스인의 식민지였다.

52 프쉿탈레이아섬과 앗티케 사이.

53 6권 50, 73장.

54 7권 181장.

기함(旗艦)임을 알고 테미스토클레스를 큰 소리로 부르며 페르시아에 부역했다고 아이기나인을 모욕한 그를[55] 조롱했다. 폴뤼크리토스는 시돈의 함선을 들이받고는 그렇게 테미스토클레스를 조롱했다. 무사히 도망쳐 온 페르시아인 뱃사람들은 육군의 엄호를 받으며 팔레론에 도착했다.

93 이 해전에서 헬라스인 가운데 가장 이름을 날린 이들은 아이기나인이고, 그다음이 아테나이인이었다. 그리고 아이기나의 폴뤼크리토스와, 아나퀴로스 구역의 에우메네스와 팔레네 구역의 아메이니아스라는 아테나이인이 개인으로서 가장 이름을 날렸는데, 아메이니아스는 아르테미시아를 추격한 자이다. 아메이니아스는 그 배에 아르테미시아가 타고 있는 줄 알았다면 그녀를 사로잡든지, 아니면 자신이 사로잡힐 때까지 멈추지 않았을 것이다. 아테나이의 함장들에게는 그녀를 생포하라는 특명이 내려졌고, 그 밖에 그녀를 생포하는 자는 10,000드라크메의 상금을 받게 되어 있었기 때문이다. 아테나이인은 한갓 여인이 자신들의 도시를 공격하는 것에 분개한 것이다. 그러나 그녀는 앞서 말했듯이 도망쳤고, 함선이 파괴되지 않은 그 밖의 다른 자들과 더불어 지금은 팔레론에 가 있었다.

94 아테나이인에 따르면, 코린토스 장군 아데이만토스는 해전이 시작되자마자 겁에 질려 돛을 올리고 달아났고, 코린토스인도 기함이 도주하는 것을 보자 덩달아 도주했다고 한다. 그러나 그들이 살라미스에 있는 아테나 스키라스의 신전 근처에 이르렀을 때 쾌속선을 만났는데, 이 쾌속선은 신이 보내신 것임이 틀림없다. 그것을 보냈다는 사람이 아무도 나타나지 않았고, 이 쾌속선을 만나기 전에는 코린토스인이 나머지 함

대가 어떻게 되었는지 전혀 모르고 있었기 때문이다. 그래서 그들은 이 일에 신이 개입했다는 결론을 내렸던 것이다. 쾌속선이 코린토스인의 함선들 가까이 다가왔을 때 쾌속선의 뱃사람들이 이렇게 말했다고 한다. "아데이만토스여, 그대는 헬라스인을 배신하고 뱃머리를 돌려 달아나고 있지만, 헬라스인은 더 바랄 것이 없을 정도로 적에게 승리를 거두고 있소." 아데이만토스가 그 말을 믿지 않자, 그들은 코린토스인이 자기들을 인질로 잡고 있다가 헬라스인이 승리한 것으로 밝혀지지 않으면 죽여도 좋다고 덧붙였다. 그래서 그와 그의 일행이 뱃머리를 돌려 함대로 돌아갔지만, 이미 전투가 끝난 뒤였다. 코린토스인에 관해 아테나이인은 그렇게 말한다. 그러나 코린토스인은 이를 부인하며 자신들이 이 해전에서 가장 용감하게 싸웠다고 주장하고 있으며, 다른 헬라스인들도 그렇다고 증언해 주고 있다.

95 내가 잠시 전에 가장 훌륭한 인물이라고 언급한 아테나이인 뤼시마코스의 아들 아리스테이데스는 살라미스 앞바다에서 격전이 벌어지고 있는 사이 다음과 같은 일을 했다. 즉 그는 살라미스 해안에 배치되어 있던 아테나이의 중무장 보병을 다수 이끌고 프쉿탈레이아섬으로 건너가 이 섬에 주둔해 있던 페르시아인을 모조리 도륙했다.

96 해전이 끝난 뒤 헬라스인은 아직도 그곳에 남아 있던 선체의 파편들을 살라미스 해안으로 끌고 가 다음 해전에 대비했다. 그들은 페르시아 왕이 남은 함선을 이용하여 다시 공격해 오리라고 믿었던 것이다. 그러나 선체의 파편들은 대부분 서풍에 앗티케 지방의 이른바 콜리아스 해안

55 6권 49장.

으로 밀려갔다. 그리하여 이 해전에 관한 바키스와 무사이오스의 예언이 모두 이루어졌을 뿐 아니라, 여러 해 전에 아테나이의 예언자 뤼시스트라토스가 말했지만 헬라스인이 이해하지 못한 이들 선체의 파편들에 관한 다음과 같은 예언도 이루어졌다.

콜리아스의 여인들은 노(櫓)로 보리를 볶으리라.[56]

그러나 이는 페르시아 왕이 떠난 뒤에 일어날 일이었다.

97 크세르크세스는 자신에게 닥친 재앙의 심각성을 깨닫자, 헬라스인이 어떤 이오니아인의 사주를 받거나 스스로 생각해 내어 헬레스폰토스로 가서 선교들을 해체하지 않을까, 그러면 에우로페에 갇혀 자신은 파멸할 위험에 처하지 않을까 겁이 나서 퇴각할 계획을 세웠다. 하지만 그는 자신의 계획이 헬라스인에게도 아군에게도 노출되는 것을 꺼려 살라미스로 건너갈 둑길을 만들게 했다. 그는 선교도 되고 방벽도 되도록 포이니케의 상선들을 한데 묶게 했다. 그는 다시 해전을 벌이려는 양 다른 전쟁 준비도 서둘렀다. 이것을 본 사람이라면 누구나 그가 진심으로 그곳에 남아 전쟁 준비를 한다고 확신했다. 그러나 마르도니오스만은 크세르크세스의 의중을 누구보다도 잘 알던 터라 거기에 속지 않았다.

98 크세르크세스는 이렇게 하는 한편 페르시아로 사자를 보내 패전 소식을 전하게 했다. 필멸(必滅)의 존재 가운데 이들 페르시아의 사자보다 더 빨리 달리는 것은 없는데, 이것은 페르시아인이 독자적으로 생각해 낸 것이다. 하루에 말 한 필과 사람 한 명이 배정되도록 전체 여정(旅

程)에 소요되는 일수(日數)만큼 많은 말과 사람이 하루 간격으로 배치되어 있다고 한다. 눈도, 비도, 더위도, 밤도 이들에게 할당된 구간을 최대한 빨리 질주해 내는 것을 제지하지 못한다고 한다. 첫 번째 주자(走者)가 전달 사항을 두 번째 주자에게 인계하면, 두 번째 주자는 세 번째 주자에게 인계한다. 그렇게 이 사람에서 저 사람으로 전달 사항이 계속해서 인계되는데, 그 방식은 헬라스에서 헤파이스토스 축제 때 벌어지는 횃불 경주와도 같다. 이 말달리기를 페르시아인은 앙가레이온[57]이라고 부른다.

99 크세르크세스가 아테나이를 점령했다는 첫 번째 소식이 수사에 도착했을 때, 고향에 남아 있던 페르시아인들은 너무나 기뻐 길마다 도금양 가지를 뿌리고 향을 피우고 제물을 바친 뒤 잔치를 벌이며 즐겼다. 그러나 첫 번째 소식에 이어 두 번째 소식이 전해지자 그들은 충격을 받아 모두들 입고 있던 옷을 찢고 하염없이 울며불며 마르도니오스에게 책임을 돌렸다. 그러나 페르시아인들이 이렇게 상심한 것은 함대를 잃어서가 아니라, 크세르크세스의 일신이 염려되었기 때문이다.

100 페르시아인들의 이런 상태는 그때로부터 크세르크세스가 몸소 돌아와 안심을 시킬 때까지 내내 계속되었다. 한편 마르도니오스는 크세르크세스가 해전 결과에 몹시 상심해 있는 것을 보고 아테나이에서 도주할 계획을 세우는 것은 아닌지 의심했다. 그래서 헬라스를 원정하도록 자신이 왕을 설득한 만큼 처벌받지 않을까 염려되어, 이번 기회에 헬라

---

56 껍질이 잘 까지도록.

57 angareion.

스를 정복하든지, 아니면 큰일을 위해 명예롭게 생을 마감하는 모험을 시도하는 쪽이 더 좋겠다고 생각했다. 이런 계산을 하며 그는 크세르크세스에게 다음과 같은 제안을 했다. "전하, 이번 일로 상심하거나 너무 낙담하지 마소서. 우리에게 이번 전쟁의 승패는 함선들이 아니라 인마(人馬)에 달려 있사옵니다. 저들은 자기들이 이미 완승을 거둔 줄 알고 어느 누구도 배에서 내려 전하에게 대항하는 모험을 하지 않을 것이며, 그 점은 본토에 사는 자들도 마찬가지옵니다. 우리에게 대항한 자들은 그 대가를 치렀사옵니다. 하오니 좋다고 생각되면 당장 펠로폰네소스를 공격하게 해 주소서. 하오나 기다리고 싶으면 그러실 수도 있사옵니다. 아무튼 낙담하지는 마소서. 헬라스인은 지금과 전에 저지른 죗값을 반드시 치르고 전하의 노예가 될 수밖에 없사옵니다. 기다리시는 것이 상책이옵니다. 하오나 전하께서 이미 철군하기로 결심하셨다면 제게 한 가지 대안이 있사옵니다. 전하, 전하께서는 페르시아인이 헬라스인의 웃음거리가 되게 하지 마소서. 우리가 패배한 것은 결코 페르시아인 탓이 아니며, 전하께서는 우리가 겁쟁이라고 말씀하지 못하실 것이옵니다. 포이니케인과 아이컵토스인과 퀴프로스인과 킬리키아인이 겁쟁이들이던 반면, 이번 패전은 페르시아인과는 무관하옵니다. 페르시아인에게는 아무 잘못도 없으니 제 진언을 들어주소서. 전하께서 이곳에 머물지 않기로 결심했다면, 군대의 대부분을 이끌고 귀국하되, 제게 30만 정병(精兵)을 뽑게 해 주신다면 헬라스를 노예로 만들어 전하께 바치겠나이다."

101 실의에 빠져 있던 크세르크세스는 이 제안이 마음에 들었다. 그는 기뻐하며 마르도니오스에게 다른 사람들과 상의해 보고 둘 중 어느 쪽을 택할지 알려 주겠다고 말했다. 그는 페르시아인의 회의를 열고 의견을 들

던 도중 아르테미시아도 회의에 소집해야겠다는 생각이 떠올랐다. 지난번에 그녀만이 올바른 조언을 해 주었기 때문이다. 그녀가 오자 다른 사람들 즉 페르시아의 조언자들과 경호원들을 내보내고 그는 이렇게 말했다. "마르도니오스는 나더러 이곳에 머물러 펠로폰네소스를 공격하라며, 페르시아인과 육군은 이번 패전에 아무 책임이 없으며 그들은 자신들의 능력을 내게 행동으로 보여 주고 싶어 한다고 말하고 있소. 그는 내가 이 계획을 실행에 옮기기를 요청하고 있으며, 아니면 내가 나머지 군대를 이끌고 귀국하는 동안 그가 30만 정병으로 헬라스를 노예로 만들어 바치고 싶다고 하오. 해전이 벌어지기 전에 그대는 훌륭한 조언을 하며 해전을 벌이지 말라고 만류했소. 그러니 이번에도 내가 둘 중 어느 쪽을 선택해야 훌륭한 조언을 따르는 것인지 말해 주시오."

102   그가 그렇게 조언을 청하자 그녀가 말했다. "전하, 어느 것이 상책인지 전하께 말씀드리기가 어렵사옵니다. 하오나 현재 상황에서는 전하께서는 철군하시고, 마르도니오스가 자원해 그렇게 하겠다면 그가 원하는 병력과 함께 이곳에 남게 하는 것이 상책인 것 같사옵니다. 그가 정복하고 싶어 하는 것을 실제로 정복하고, 그의 뜻대로 일이 진행된다면, 전하, 그것은 전하의 업적이 될 것이옵니다. 그렇게 한 것은 전하의 종들이기 때문이옵니다. 설령 마르도니오스의 뜻과 정반대되는 일이 일어난다 하더라도, 전하와 전하 집안의 권세가 무사한 한, 그것은 그리 큰 재앙은 아닐 것이옵니다. 전하와 전하 집안이 무사한 한, 헬라스인은 앞으로도 자신들의 목숨을 위해 수많은 경주를 하게 될 것이기 때문이옵니다. 마르도니오스에게 불상사가 일어난다 하더라도, 그것은 그리 중요하지 않으며, 헬라스인이 승리한다 하더라도, 그들이 없앤 것은 전하의 종이므로, 승리한 것이 아니옵니다. 전하께서는 아테나이

를 불태우겠다는 원정의 목적을 이미 달성했으니 귀국하셔도 될 것이
옵니다."

103 크세르크세스는 그녀의 이 제안이 마음에 들었다. 그녀의 말은 그의 의
도와 일치했기 때문이다. 세상의 모든 남녀가 다 그에게 남아 있기를
권했다 하더라도 그는 아마 남아 있지 않았을 것이다. 그만큼 그는 겁
이 났던 것이다. 그는 아르테미시아를 칭찬하고 나서 그녀가 그의 자식
들을 데리고 에페소스로 돌아가게 했는데, 그의 서자(庶子) 몇 명이 원
정길에 동행했던 것이다.

104 그가 자기 아이들을 돌보도록 딸려 보낸 사람은 헤르모티모스로, 그는
왕에게 가장 총애받는 페다사 출신 내시였다. [페다사 시는 할리카르
낫소스 시 북쪽에 있는데, 그곳에서는 다음과 같은 이상한 일이 일어난
다고 한다. 즉 이 도시와 그 주변에 사는 모든 사람에게 일정 기간 내에
재앙이 닥치려 하면 그곳의 아테나 여사제에게 긴 수염이 난다는 것이
다. 그런 일이 벌써 두 번이나 일어났다. 헤르모티모스는 이곳 페다사
출신이었다.]

105 우리가 아는 한 어느 누구도 자신에게 가해진 모욕에 대해 이 헤르모티
모스보다 더 무섭게 복수한 자는 아무도 없다. 말하자면 헤르모티모스
는 전쟁 포로가 되어 매물(賣物)로 나왔다가 파니오니오스라는 키오
스인에게 팔렸다. 파니오니오스는 가장 잔혹한 방법으로 생계를 유지
하고 있었는데, 미소년들을 구해 거세한 다음 사르데이스와 에페소스
의 시장으로 데리고 나가 비싼 값에 팔곤 한 것이다. 타국에서는 내시
들이 전적으로 믿을 수 있다 하여 온전한 남자들보다 더 값이 나갔다.

파니오니오스는 거세하는 것이 생업인지라 많은 사람을 거세했는데, 그중 한 명이 헤르모티모스였다. 그는 불행 중 다행으로 사르데이스에서 다른 진상품들과 함께 왕에게 보내졌고, 그 뒤 오래지 않아 모든 내시 중에서 크세르크세스에게 가장 총애받았다.

106 크세르크세스가 페르시아군을 아테나이로 출동시키기 위해 사르데이스에 머물고 있는 동안 헤르모티모스는 공무(公務)로 뮈시아 지방의 아타르네우스라는 지역에 갔다가 키오스인이 사는 그곳에서 파니오니오스를 만났다. 헤르모티모스는 그를 알아보고는 정담(情談)을 길게 늘어놓으며 먼저 그의 덕분에 받게 된 여러 혜택을 열거하더니 이어서 그가 가족을 데리고 아타르네우스로 이사해 오면 그의 은혜에 빠짐없이 보답하겠다고 약속했다. 파니오니오스는 헤르모티모스의 제안을 흔쾌히 받아들이고 자식들과 아내를 데려왔다. 헤르모티모스는 그와 그의 온 가족이 수중에 들어오자 이렇게 말했다. "세상에 너만큼 불경한 방법으로 생계를 유지하는 사람은 아무도 없다. 나나 내 가족 가운데 한 명이 너나 네 가족 가운데 한 명에게 대체 무슨 몹쓸 짓을 했기에 네가 남자였던 나를 쓸모없는 인간으로 만들어 놓았단 말이냐? 그당시 네가 한 짓을 신들께서 모르실 줄 알았더냐? 불경한 짓을 한 너를 정의와 법을 따르는 신들께서 내 손에 넘겨주셨으니, 내가 네게 복수하더라도 너는 나를 원망하지 마라." 헤르모티모스는 이렇게 꾸짖고 나서 아이들을 방안으로 데려오게 하더니 그에게 네 아들을 손수 거세하도록 강요하자, 그는 그러지 않을 수 없었다. 이어서 헤르모티모스는 아들들을 강요해 아버지를 거세하게 했다. 헤르모티모스는 파니오니오스에게 그렇게 복수한 것이다.

107 크세르크세스는 에페소스로 데려가도록 자기 아들들을 아르테미시아에게 맡긴 다음 마르도니오스를 불러 놓고 원하는 만큼 군대에서 인원을 선발해 그의 제안에 상응하는 행동을 하라고 명령했다. 그날 낮에는 다른 일은 없었다. 그러나 그날 밤 왕의 지시에 따라, 장군들은 팔레론에서 헬레스폰토스로 회항하기 시작했는데, 철군하는 왕이 건널 수 있도록 선교를 지키기 위해 저마다 최대한 빨리 달렸다. 조스테르[58]곶 근처에 이른 페르시아인은 작은 곶들이 육지에서 뻗어 나와 있는 것을 보고 적선들인 줄 알고 멀리 도망쳤다. 그러나 나중에 그것이 함선들이 아니라 바위들이라는 것을 알고 다시 모여 항해를 계속했다.

108 이튿날 날이 밝자 헬라스인은 육군이 그 자리에 있는 것을 보자 함대도 팔레론에 있는 줄 알고 앞으로 벌어질 해전에 대비해 자신들을 지킬 준비를 했다. 그러나 적의 함대가 떠났음을 알게 되자 추격에 나서기로 했다. 안드로스섬까지 추격했는데도 크세르크세스의 함대가 눈에 띄지 않자 안드로스에 입항해 작전 회의를 열었다. 테미스토클레스는 선교를 파괴하기 위해 섬들 사이를 지나 페르시아 함대를 추격하며 곧장 헬레스폰토스로 항해해야 한다는 의견을 제시했다. 에우뤼비아데스는 반대로 선교를 해체하는 것은 헬라스인에게 최대의 재앙이 될 것이라는 의견을 제시했다. 그 이유인즉 만약 페르시아 왕이 퇴로가 차단되어 어쩔 수 없이 에우로페에 머물게 된다면 결코 가만있지 않을 것인데, 가만있다가는 아무 일도 되지 않고, 고향으로 돌아갈 수도 없고, 군사도 굶어 죽기 시작할 것이기 때문이라는 것이었다. 그래서 그가 적극적 공세를 취하면 에우로페 전역의 도시와 민족이 정복되거나, 아니면 그전에 강화조약을 맺고 차례차례 그에게 넘어가게 될 것이고, 그렇게 되면 페르시아인은 해마다 헬라스인이 농사지은 것으로 살아갈 수 있

으리라는 것이었다. 크세르크세스는 해전에서 패한 지금 에우로페에 머물려 하지 않을 것으로 생각되는 만큼, 그가 고향에 돌아갈 때까지 도망치게 내버려두어야 한다는 것이었다. 그때부터는 그의 나라가 전쟁터가 되리라는 것이었다. 펠로폰네소스인의 다른 장군들도 그의 의견에 동조했다.

109 테미스토클레스는 헬레스폰토스로 항해하도록 다수의 장군을 설득할 수 없다는 것을 알게 되자 작전을 바꿔 아테나이인에게 다음과 같이 말했는데, 그것은 페르시아인이 도망치는 것에 그들이 가장 불만이 많았고, 다른 동맹군이 동행하기를 거부할 경우 단독으로라도 헬레스폰토스로 항해할 각오가 되어 있었기 때문이다. "나 자신도 자주 경험하고, 또 더 자주 들은 바에 따르면, 싸움에 패해 궁지에 몰린 적은 다시 싸움을 시작해 이전의 비겁함을 벌충하곤 하지요. 우리 아테나이인과 온 헬라스가 구름처럼 몰려온 침략자들을 물리친 것은 실로 요행이었소. 그러니 우리는 도망치는 그들을 더는 추격하지 맙시다. 이런 위업을 달성한 것은 우리가 아니라, 한 인간이, 그것도 불경한 무법자가 아시아와 에우로페를 동시에 통치하는 것을 시기하신 신들과 영웅⁵⁹들이었소. 그는 신성한 것과 세속적인 것을 가리지 않고 불지르고 신상들을 내동댕이쳤소. 그는 또 바다에도 매질을 하며 거기에 족쇄를 던져 넣었소. 지금 우리는 만사형통하니, 헬라스에 머물며 우리 자신과 가족을 돌보도록 합시다. 타국의 침략자들이 완전히 격퇴된 지금 저마다 자기집을

58 팔레론 남쪽에 있는 앗티케 지방의 곶〔岬〕. 레토가 델로스섬에서 아폴론과 아르테미스 남매를 낳을 준비를 하느라 그곳에서 허리띠(zoster)를 풀었기 때문에 그런 이름을 갖게 되었다고 한다.
59 고대 그리스인은 옛 영웅들이 나라를 지켜 주는 것으로 믿었다.

수리하고 들판에 씨를 뿌리도록 합시다. 그러다가 봄이 되면 헬레스폰 토스와 이오니아로 배를 타고 가도록 합시다." 그가 이렇게 말한 것은 그가 언젠가 아테나이인과 사이가 나빠질 경우—나중에 실제로 그런 일이 일어났다[60]—에 대비해 피난처를 확보해 놓으려고 페르시아 왕의 호감을 사 두고 싶었기 때문이다.

110 테미스토클레스는 이런 말로 아테나이인을 기만했지만, 아테나이인은 설득되었다. 그들은 전에도 그를 현명한 사람이라고 여겼지만, 지금은 그가 진실로 현명하고 유익한 조언자임이 드러난 터라, 그들은 무엇이든 그가 시키는 대로 할 각오가 되어 있었다. 그들이 설득되었다 싶자 테미스토클레스는 아무리 고문당해도 자신이 왕에게 전하는 전언을 누설하지 않을 것으로 믿어지는 심복 몇 명을 조각배에 태워 보냈는데 거기에는 그의 하인 시킨노스도 포함되어 있었다. 그들이 앗티케에 도착했을 때 나머지는 배 안에 남아 있고 시킨노스만 배에서 내려 크세르크세스를 만나 이렇게 말했다. "아테나이인의 장군으로 헬라스의 전 동맹군 중에서 가장 용감하고 가장 현명하신, 네오클레스의 아들 테미스토클레스께서 저를 보내시며, 아테나이의 테미스토클레스께서는 전하께 호의를 보이고자 헬라스인이 전하의 함대를 추격하고 헬레스폰토스의 선교를 파괴하려는 작전을 수행하지 못하도록 제지했다고 말씀드리라 하셨사옵니다. 이제 전하께서는 편안히 귀국하실 수 있사옵니다."

111 이렇게 전하고 나서 그들은 안드로스로 돌아갔다. 헬라스인은 더이상 페르시아 함대를 추격하지도 않고 다리를 끊기 위해 헬레스폰토스로 항해하지도 않기로 결정하자 안드로스 시를 함락할 의도로 포위공격

하기 시작했다. 테미스토클레스가 안드로스인을 필두로 하여 섬 주민에게 재정 지원을 요청했을 때 안드로스인이 거절했기 때문이다. 테미스토클레스가 아테나이인은 '설득'과 '강요'[61]라는 두 위대한 신을 모시고 온 만큼 돈을 조금 내야 좋을 것이라고 하자 안드로스인들이 대답했다. "두 유용한 신을 모시고 왔으니 아테나이는 틀림없이 위대하고 번창할 것이오. 그러나 우리 안드로스인은 세상에서 가장 농토가 적은데다, 쓸모없는 두 신 '가난'과 '무능'[62]이 이 섬을 떠나지 않고 항시 머물러 있소. 이 두 신을 우리 안드로스인이 모시고 있는 한 돈은 낼 수 없소. 아테나이의 능력이 아무리 세다 한들 안드로스의 무능보다 셀 수는 없기 때문이오." 이렇게 대답하며 돈을 내지 않은 까닭에 안드로스인은 포위공격당했다.

112 그러나 언제나 돈 욕심이 많은 테미스토클레스는 다른 섬에도 페르시아 왕에게 보낸 바로 그 사자들을 보내 돈을 요구하며, 만약 요구를 들어주지 않으면 자기가 헬라스 함대를 이끌고 와서 그들의 도시를 포위공격해 함락할 것이라고 위협하게 했다. 이렇게 위협하여 그는 카뤼스토스인과 파로스인에게서 거액을 받아 내는 데 성공했는데, 이들은 안드로스가 페르시아에 부역한 탓에 포위공격당하고 있고, 테미스토클레스가 헬라스의 장군 중에 가장 명망이 높다는 것을 알고 겁이 나 돈을 보낸 것이다. 다른 섬도 돈을 냈는지 확언할 수 없지만, 카뤼스토스인과 파로스인뿐 아니라 다른 섬 주민도 돈을 냈으리라고 나는 생각한

---

60 테미스토클레스는 기원전 470년 너무 잘난 체한다 하여 아테나이에서 도편추방되었다.

61 Peitho와 Ananke.

62 Penia와 Amechania.

다. 카뤼스토스인은 돈을 주고도 재앙을 연기할 수 없었지만, 파로스인은 테미스토클레스를 매수해 헬라스군의 공격을 피할 수 있었다. 그렇게 테미스토클레스는 안드로스섬을 기지 삼아 다른 장군들 몰래 섬 주민에게서 돈을 갈취했다.

113 크세르크세스와 함께한 자들은 해전을 치른 지 며칠 뒤, 왔을 때와 같은 경로로 해서 보이오티아 지방으로 철수했다. 겨울은 전쟁하기에 적절치 않은 계절이라 텟살리아에서 겨울을 나고 봄이 시작되면 펠로폰네소스를 공격하는 것이 상책이라고 여긴 마르도니오스가 왕을 일단 그리로 모시기로 결심한 것이다. 군대가 텟살리아에 도착하자 마르도니오스는 그곳에서 자신의 부대원을 선발했다. 그는 먼저 이른바 '불사 부대'에 속한 페르시아인을 전원 선발했다. 그러나 왕의 곁을 떠나지 않겠다는 그들의 대장 휘다르네스는 제외되었다. 이어서 그는 남은 페르시아인 중에서 흉갑병과 1,000명의 기병과, 메디아인, 사카이족, 박트리아인, 인디아인이 제공한 보병대와 기병대를 선발했다. 그는 이들 부족은 모두 선발했지만, 다른 동맹군 중에서는 얼굴이 잘생겼거나 용감하다고 알려진 자들만 조금씩 차출했다. 그의 부대원 가운데 가장 수가 많은 부족은 목걸이와 팔찌를 차는 페르시아인이고, 다음은 메디아인이었다. 이들은 페르시아인보다 수는 적지 않았지만 체력은 약했다. 그리하여 그의 부대원들은 기병대를 포함해 모두 30만 명이 되었다.

114 마르도니오스가 자신의 부대원들을 선발하고, 크세르크세스가 텟살리아에 머물고 있을 때, 델포이에서 라케다이몬인에게 신탁이 도착했는데, 크세르크세스에게 레오니다스의 사망 보상금을 요구하고 그가

주는 것을 수령하라는 내용이었다. 스파르테인은 지체 없이 전령을 보냈다. 텟살리아에서 페르시아의 전군을 만난 전령은 왕을 알현하자 이렇게 말했다. "페르시아의 왕이시여, 라케다이몬인과 스파르테의 헤라클레스 자손은 헬라스를 지키다 전사하신 자신들의 왕의 사망 보상금을 요구하옵니다." 크세르크세스는 웃으며 한동안 말이 없다가 마침 옆에 서 있던 마르도니오스를 가리키며 말했다. "여기 있는 마르도니오스가 그들에게 합당한 보상을 해 줄 것이네."

115 라케다이몬인의 전령은 이 말을 답변으로 받아들이고 집으로 돌아갔다. 크세르크세스는 마르도니오스를 텟살리아에 남겨 두고 서둘러 헬레스폰토스로 행군해 45일 만에 선교에 도착했지만, 그가 데려온 것은 데려간 군대의 극히 일부에 지나지 않았다. 행군 도중 어떤 곳의 어떤 부족에게 가게 되건 그들은 그곳의 곡식을 빼앗아 먹었다. 곡식이 없으면 그들은 땅에서 자란 풀을 먹었고, 야생하는 나무든 재배한 나무든 가리지 않고 나무껍질을 벗기고, 나뭇잎을 훑었다. 그들은 배가 고파 아무것도 남겨 두지 않았다. 게다가 역병(疫病)이 군대를 엄습하여, 행군하는 내내 그들은 이질로 죽어 갔다. 크세르크세스는 또 병든 대원들을 뒤에 남기며 이들을 보살피고 부양하도록 지나가는 도시들에 맡겼는데, 더러는 텟살리아에, 더러는 파이오니아의 시리스에, 더러는 마케도니아에 남았다. 그는 헬라스로 진격할 때 제우스의 신성한 마차[63]를 시리스에 두고 갔는데 돌아오는 길에는 그것을 돌려받지 못했다. 파이오니아인이 그것을 트라케인에게 넘겨주었기 때문이다. 그가 그것을 돌려 달라고 하자 파이오니아인은 스트뤼몬강의 수원 주위에 사는

---

63 7권 40, 55장.

내륙의 트라케인이 풀을 뜯고 있던 암말들을 빼앗아 갔다고 말했다.

116 시리스는 비살티아인과 크레스톤인의 왕인 한 트라케인이 참으로 끔찍한 짓을 저지른 곳이기도 하다. 그는 자진해 크세르크세스의 노예가 되고 싶지 않다며 로도페산으로 피신했는데, 아들들에게도 헬라스 원정에 참가하지 말라고 일러두었다. 그러나 그의 아들들은 아버지의 말을 새겨듣지 않고 전쟁을 구경하고 싶어 크세르크세스의 원정에 참가했다. 그들 여섯 명이 모두 무사히 돌아오자 아버지는 그들을 벌주기 위해 눈알을 도려냈던 것이다.

117 그의 아들들은 그런 대가를 받았다. 한편 페르시아인은 트라케를 떠나 헬레스폰토스 해협에 도착하자, 배를 타고 서둘러 해협을 건너 아뷔도스로 갔다. 그들이 가서 보니 선교가 폭풍에 풀려 있었기 때문이다. 그들은 아뷔도스에 머물러 있는 동안 행군할 때보다 먹을거리가 풍부했지만, 폭식을 하고 식수도 바뀌어 살아남은 대원들이 많이 죽었다. 나머지는 크세르크세스와 함께 사르데이스로 갔다.

118 일설에 따르면, 크세르크세스는 아테나이에서 퇴각하다가 스트뤼몬 강가의 에이온에 이르렀을 때 더이상 뭍길로 행군하지 않고, 남은 군사를 헬레스폰토스로 인솔하도록 휘다르네스에게 맡긴 다음 자신은 포이니케 함선에 올라 아시아로 향했다고 한다. 항해 도중 스트뤼몬 바람이라는 강풍이 갑자기 불어와 큰 파도가 일기 시작했다. 그 함선의 갑판에는 크세르크세스와 동행한 페르시아인들이 가득 타고 있는 데다 폭풍이 점점 거세어지자 왕은 겁에 질려 큰 소리로 키잡이를 부르며 살아남을 방도가 있는지 물었다. 키잡이가 대답했다. "전하, 방도가 없나

이다. 이 수많은 승객에서 벗어나시지 않는 한." 이 말을 듣자 크세르크
세스는 말했다고 한다. "페르시아인이여, 지금이야말로 그대들이 왕
에게 충성심을 보여 줄 수 있는 기회요. 내 목숨은 그대들 손에 달려 있
는 것 같으니 말이오." 왕이 이렇게 말하자 페르시아인들은 왕 앞에 부
복하고 나서 바닷물로 뛰어들었고, 그제야 가벼워진 함선은 무사히 아
시아에 도착했다고 한다. 크세르크세스는 뭍에 내리자마자 왕의 목숨
을 구해 준 대가로 키잡이에게 황금 화관을 하사한 다음, 그토록 많은
페르시아인의 목숨을 빼앗은 대가로 그의 목을 베게 했다고 한다.

119 크세르크세스의 귀국에 관한 이 두 번째 설은, 특히 페르시아인의 운명
과 관련해 내게는 전혀 신빙성이 없어 보인다. 설령 키잡이가 크세르크
세스에게 그런 말을 했다 하더라도, 왕은 그러한 조치 대신 페르시아인
그것도 페르시아의 요인들인 갑판의 승객은 배 안으로 들여보내고 전
부 포이니케인인 노 젓는 자 중에서 같은 수의 인원을 바닷물에 던졌을
것이라고 내가 주장한다면 이에 이의를 제기할 사람은 만(萬)에 한 명
도 없을 것이기 때문이다. 천만에. 크세르크세스는, 내가 앞서 말했듯
이, 남은 군대를 이끌고 뭍길로 해서 아시아로 돌아갔음이 틀림없다.

120 이를 뒷받침할 유력한 증거가 있다. 크세르크세스는 후퇴하던 도중 압
데라에 들러 그곳 주민과 우호조약을 맺고 그들에게 황금 단검과 황금
으로 수놓은 두건[64]을 하사했다는 것이 분명하기 때문이다. 나는 그들
의 말을 믿지 않지만 압데라인에 따르면, 크세르크세스는 아테나이에
서 퇴각한 이후로 그곳에서 처음으로 이제는 안전하다 싶어 허리띠를

---

64 tiara.

풀었다고 한다. 게다가 압데라는 그가 배를 탔다는 스트뤼몬과 에이온보다 헬레스폰토스에 더 가깝다.

121 헬라스인은 안드로스를 함락할 수 없자 카뤼스토스로 가서 그곳을 유린하고 나서 살라미스로 돌아갔다. 그들은 먼저 전리품 중에서 신들에게 바칠 만물을 골랐다. 거기에는 포이니케의 삼단노선 3척도 포함되어 있었는데, 그중 1척은 이스트모스에서 봉헌되었고(그것은 아직도 그곳에 남아 있다), 다른 1척은 수니온곶에서, 또 다른 1척은 그곳 살라미스에서 아이아스에게 봉헌되었다. 그러고 나서 그들은 전리품을 분배하고 만물들을 델포이로 보냈는데, 이 만물들로는 손에 선수(船首)를 들고 있는 12페퀴스 높이의 남자 입상이 만들어졌다. 그것은 마케도니아의 알렉산드로스의 황금 입상이 서 있는 곳에 서 있었다.

122 헬라스인은 이 만물들을 델포이로 보내며 신께서 받으신 만물들이 충분하고 만족스러운지 공동으로 물었다. 신께서 다른 헬라스인에게는 충분히 받았지만 아이기나인에게는 충분히 받지 못하셨다며, 그들이 살라미스 해전에서 받은 무훈상에서 자신의 지분을 요구했다. 이 대답을 듣고 아이기나인은 청동 돛대에 고정된 세 개의 황금 별을 봉헌했는데, 그것은 신전 안쪽 구석, 크로이소스가 봉헌한 황금 포도주 희석용 동이[65] 바로 옆에 있다.

123 전리품 분배가 끝나자 헬라스인은 이스트모스로 항해해 갔는데, 그곳에서 이번 전쟁에서 가장 상을 받을 자격이 있는 것으로 밝혀진 사람에게 상을 수여하기 위해서였다. 이스트모스에 도착하자 장군들은 전체에서 일등상을 탈 사람과 이등 상을 탈 사람을 뽑기 위해 포세이돈의

제단에서 투표를 했는데, 그들은 저마다 자기가 가장 용감했다고 생각하고 자기에게 투표했다. 이등 상의 표는 대부분 테미스토클레스에게 돌아갔다. 그리하여 그들은 저마다 일등상 한 표씩밖에 얻지 못했는데, 테미스토클레스는 이등 상 표에서 훨씬 앞섰다.

124 그러자 헬라스인은 시기심에서 최종 판결을 내리기를 거부하고 상도 수여하지 않은 채 제각기 고향으로 뿔뿔이 흩어졌다. 그럼에도 테미스토클레스가 모든 헬라스인 가운데 가장 현명하다는 소문이 온 헬라스에 좍 퍼졌다. 투표에서 이겼음에도 살라미스에서 싸웠던 이들에게서 상을 받지 못하자 그는 거기 가면 인정받을까 싶어 곧장 라케다이몬으로 갔다. 라케다이몬인은 그를 정중히 맞아 융숭히 대접했다. 그들은 무훈상인 올리브 가지 관은 에우뤼비아데스에게 주었지만, 테미스토클레스에게도 그의 현명함과 기민함을 인정하여 올리브 가지 관을 주었다. 그들은 또 그에게 스파르테에서 가장 아름다운 전차를 선물했다. 그들은 그에게 많은 찬사를 보냈고, 그가 떠날 때 '기사'(騎士)라고 불리는 300명의 스파르테인 정예부대가 테게아 국경까지 호송하게 했다. 테미스토클레스는 우리가 아는 한 스파르테인이 호송해 준 유일한 인물이다.

125 테미스토클레스가 라케다이몬에서 아테나이로 돌아왔을 때, 테미스토클레스의 정적이라는 것 말고는 별로 알려진 것이 없는 아퓌드나이 구역 출신의 티모데모스란 자가 미치도록 샘이 나 시비를 걸었는데, 그의 라케다이몬 방문을 비판하며 그가 라케다이몬인에게 존경받은 것

65 1권 51장 참조.

은 아테나이 덕분이지 그 자신의 공적 때문이 아니라고 말했다. 티모데모스가 계속해서 그런 말을 하자 테미스토클레스가 말했다. "옳은 말이오. 내가 벨비나[66] 출신이었다면 스파르테인에게 그렇게 존경받지 못했겠지요. 하지만 친구여, 그대는 아테나이 출신이지만 그들에게 그렇게 존경받지 못했을 것이오."

126 그 일은 그렇게 끝났다. 한편 페르시아인 사이에서 이미 명망이 높았지만 나중에 플라타이아이 전투로 인해 더욱더 명망이 높아진, 파르나케스의 아들 아르타바조스는 마르도니오스가 선발한 군사 가운데 6만 명을 이끌고 선교가 있는 곳까지 왕을 호송했다. 왕이 일단 해협을 건너 아시아로 가자 아르타바조스는 되돌아가다가 팔레네 부근에 이르러 포테이다이아인이 반기를 든 것을 보았다. 그곳 주민과 팔레네반도의 그 밖의 다른 도시들 주민은 페르시아 왕이 지나가고 페르시아 함대가 살라미스에서 도주하자마자 반기를 든 것이다. 이런 상황에서 마르도니오스와 함께 텟살리아와 마케도니아에서 겨울을 나고 있던 본대(本隊)로 급히 돌아갈 이유도 없고 하여 아르타바조스는 반기를 든 포테이다이아인을 노예로 삼는 것이 마땅하다고 생각했다.

127 그래서 아르타바조스는 포테이다이아를 포위공격하기 시작했다. 올륀토스인도 왕에게 반기를 들 것 같은 의심이 들어 그는 올륀토스도 포위공격했다. 올륀토스 시는 마케도니아인에 의해 테르메만에서 쫓겨난 봇티아이족이 차지하고 있었다. 아르타바조스는 포위공격 끝에 도시를 함락하고 봇티아이족을 근처 호수로 끌고 가 거기서 도륙하게 했다. 그리고 그는 도시를 다스리라고 토로네 출신의 크리토불로스와 칼키디케인에게 넘겨주었다. 그리하여 칼키디케인이 올륀토스를 차지

하게 되었다.

128 올륀토스를 함락한 뒤 아르타바조스는 포테이다이아에 전력을 기울였다. 그가 그러고 있는 사이 스키오네인의 장군 티목세이노스가 도시를 팔아넘기겠다고 제의해 왔다. 어떻게 협상이 시작되었는지 기록이 남아 있지 않아 나도 말할 수 없다. 사건은 결국 다음과 같이 전개되었다. 티목세이노스가 아르타바조스에게, 또는 아르타바조스가 티목세이노스에게 쪽지를 써서 보내고 싶을 때는 화살대의 홈이 파진 부분에 쪽지를 감고 거기에 꽂혀 있는 깃털로 가린 다음 화살을 약속된 장소에 쏘아 보내곤 했다. 그러나 티목세이노스의 음모는 발각되고 말았다. 아르타바조스가 약속된 장소에 화살을 쏜다는 것이 빗나가 어떤 포테이다이아인의 어깨를 맞혔기 때문이다. 그러자 전시에 흔히 그러하듯, 부상자를 도우러 몰려든 사람들이 지체 없이 화살을 뽑다가 쪽지를 발견하고는 장군들에게 가져갔다. 그곳에는 팔레네반도의 다른 도시에서 원군을 이끌고 온 장군들도 있었던 것이다. 장군들은 쪽지를 읽고 배신자가 누군지 알아냈지만, 스키오네인이 앞으로 두고두고 배신자로 간주되지 않도록 스키오네 시를 고려해 티목세이노스의 반역죄를 공표하지 않기로 결정했다.

129 그리하여 티목세이노스의 음모는 발각되었다. 아르타바조스가 3개월 동안 도시를 포위공격했을 때, 심한 간조(干潮)가 일어나더니 장시간 바닷물이 빠진 상태로 머물러 있었다. 페르시아인은 바닷물이 얕아진 것을 보자 해안을 따라 팔레네로 진격했다. 그들이 5분의 2쯤 가고 팔

---

66 수니온곶 앞바다의 작은 섬.

레네까지 가려면 아직 갈 길이 5분의 3쯤 남았을 때, 밀물이 세차게 밀려왔다. 그곳 주민에 따르면, 전에도 그곳에는 큰 밀물이 잦았지만 그렇게 큰 밀물은 처음이었다고 한다. 페르시아인 중에 헤엄칠 줄 모르는 자들은 모두 익사했고, 헤엄칠 줄 아는 자들은 포테이다이아인이 배를 타고 나와 도륙했다. 포테이다이아인에 따르면, 그런 밀물이 일어나 페르시아인들이 죽은 것은 바다에서 죽은 바로 그 페르시아인들이 교외에 있는 포세이돈 신전과 신상을 모독했기 때문이라고 한다. 내 생각에 이 사건은 그렇게 해석하는 것이 옳은 것 같다. 아르타바조스는 살아남은 자들을 이끌고 마르도니오스가 있는 텟살리아로 돌아갔다.

130 페르시아 왕을 호송한 부대원들은 이런 변을 당했다. 크세르크세스의 살아남은 함대는 살라미스에서 도망쳐 아시아에 도착하자 왕과 그의 육군을 케르소네소스반도에서 아뷔도스로 건네준 다음 퀴메에서 겨울을 났다. 봄이 시작되자마자, 함선들의 일부가 겨울을 난 사모스섬에 함선들이 집결했다. 이제 뱃사람들은 대부분 페르시아인과 메디아인으로 구성되어 있었다. 함대 사령관직은 바가이오스의 아들 마르돈테스, 아르타카이에스의 아들 아르타윈테스, 그리고 그의 요청에 따라 그의 조카 이타미트레스가 맡았다. 그들은 심각한 타격[67]을 받아 감히 서쪽으로 나아가지 못했고, 그러도록 강요하는 사람도 없었다. 오히려 그들은 사모스 앞바다에 머물며 이오니아 지방이 반기를 들지 못하도록 감시하고 있었다. 그들의 함대는 이오니아 함선을 포함해 함선 300척으로 구성되어 있었다. 페르시아인은 분명 헬라스인이 이오니아에 오리라고는 생각지 않았고, 헬라스인이 살라미스에서 도주하던 페르시아 함대를 더이상 추격하지 않고 오히려 페르시아 함대에서 벗어난 것을 다행으로 여긴 점으로 미루어 그들이 자기들 나라를 지키는 것으

로 만족하리라고 보았다. 페르시아 함대는 해전에서는 이길 자신이 전혀 없었지만, 육지에서는 마르도니오스가 대승하리라고 믿었다. 그래서 그들은 사모스에 있는 동안 어떻게 하면 적군에게 피해를 줄 수 있을까 의논하는 한편, 마르도니오스의 일이 어떻게 되나 귀를 기울이고 있었다.

131 봄이 되자 헬라스인은 마르도니오스가 텟살리아에 주둔하고 있는 만큼 행동을 개시하지 않을 수 없었다. 육군은 아직 집결하지 않았지만, 함대는 아이기나 앞바다로 갔는데, 함선의 수는 110척이었다. 육해군 총사령관직은 레오튀키데스가 맡았는데, 그의 가계(家系)는 메나레스, 헤게실라오스, 힙포크라티데스, 레오튀키데스, 아낙실라오스, 아르키데모스, 아낙산드리데스, 테오폼포스, 니칸드로스, 카릴라오스, 에우노모스, 폴뤼덱테스, 프뤼타니스, 에우뤼폰, 프로클레스, 아리스토데모스, 아리스토마코스, 클레오다이오스, 헤라클레스의 아들인 휠로스를 거쳐 헤라클레스까지 거슬러 올라간다. 그는 스파르테의 두 왕가 가운데 두 번째 왕가[68] 출신이다. 앞서 열거한 그의 선조 가운데 레오튀키데스에 가까운 일곱 분을 제외하고는[69] 모두 스파르테의 왕이었다. 아테나이인은 아리프론의 아들 크산팁포스[70]가 지휘했다.

132 함선들이 모두 아이기나에 모였을 때, 이오니아의 사절단이 헬라스인의 군영에 도착했는데, 그들은 또 얼마 전에 스파르테에 가서 라케다이

---

67 살라미스 해전에서.
68 스파르테의 또 다른 왕가는 아기스(Agis)의 자손이다.
69 즉 테오폼포스부터는.
70 페리클레스의 아버지.

몬인에게 이오니아를 해방해 달라고 요청한 적이 있었다. 사절단에는 바실레이데스의 아들 헤로도토스[71]도 포함되어 있었다. 그들은 키오스 참주 스트랏티스를 암살할 목적으로 비밀결사를 조직했는데 원래는 일곱 명이었다. 그중 한 명이 비밀을 누설하는 바람에 음모가 발각되자, 나머지 여섯 명은 은밀히 키오스를 탈출해 스파르테에 갔다가, 그때 이오니아로 와 달라고 헬라스인에게 간청하려고 아이기나로 간 것이다. 그러나 그들은 헬라스인을 델로스까지밖에 데려갈 수 없었다. 더 멀리 가는 것은 헬라스인에게는 안전하지 못한 것 같았다. 그들은 그쪽 지리를 몰랐고, 도처에 적이 있는 것같이 생각되었다. 그들에게는 사모스가 헤라클레스의 기둥들[72]만큼이나 멀게 느껴졌다. 그리하여 페르시아인은 겁에 질려 사모스 서쪽으로는 감히 진출하지 못했고, 헬라스인은 키오스인의 간청에도 불구하고 델로스 동쪽으로는 진출하지 못했다. 이렇듯 공포가 양측의 중간 지대를 지켜 주었다.

133 헬라스인이 델로스로 항해해 가는 동안, 마르도니오스는 여전히 텟살리아에서 겨울을 나고 있었다. 그는 그곳을 기지로 삼고 있는 동안 뮈스라는 에우로포스 출신 남자를 내보내 사방의 신탁소를 돌아다니며 알아낼 수 있는 것은 무엇이든 다 물어보게 했다. 마르도니오스가 신탁소들에서 무엇을 알아내고 싶어 그런 지시를 했는지 기록이 남아 있지 않아 단언할 수 없지만, 내 생각에는 바로 당장의 상황에 관해 알아보기 위해 파견한 것 같다.

134 뮈스는 분명 레바데이아로 가서 그곳의 토착민 중 한 명을 매수해 트로포니오스의 동굴로 내려갔고, 포키스의 아바이에 있는 신탁소에도 간 것 같다. 그러나 그가 맨 처음 찾은 곳은 테바이다. 그곳에서 그는 아폴

론 이스메니오스의 신탁소(그곳에서는 올륌피아에서처럼 제물의 내장을 보고 예언을 한다)에 물었을 뿐 아니라, 테바이인이 아닌 어떤 이방인을 매수해 그자가 암피아라오스의 신전으로 들어가 거기서 잠을 자게 했다.[73] 테바이인은 암피아라오스의 신탁소에 물어볼 수 없기 때문이다. 왜냐하면 암피아라오스가 예언을 통해 그들에게 자기를 예언자로 삼을지, 아니면 동맹자로 삼을지 양자택일하라고 요구하자, 그들은 그를 동맹자로 삼기를 택했고, 그래서 테바이인은 아무도 신전 안에서 잠을 잘 수 없기 때문이다.

135 그때 테바이인에 따르면 아주 기이한 일이 일어났다고 한다. 에우로포스 출신 뮈스는 각지의 신탁소를 돌아다니다가 아폴론 프토오스의 성역을 찾았다고 한다. 프토온이라 불리는 이 신전은 테바이인의 영토 안에 있는데, 코파이스호(湖)가 내려다보이는 산 위 아크라이피아 시 바로 옆에 자리잡고 있다. 이 뮈스란 자가 이 신전을 찾았을 때 세 명의 테바이인을 대동했는데, 이들은 신탁을 받아 적도록 테바이 시 당국이 파견한 자들이었다. 그런데 느닷없이 수석 사제가 타국어로 말하기 시작했다. 뮈스와 동행한 테바이인은 헬라스 말 대신 타국어를 듣자 깜짝 놀라 어떻게 해야 할지 알지 못했다. 그러나 에우로포스 출신 뮈스는 그들이 갖고 온 서판을 낚아채더니 예언자가 말한 것을 거기에 적으며 예언자는 카리아 말을 하고 있다고 설명했다. 그리고 그는 적고 나서 텟살리아로 돌아갔다고 한다.

---

71 그에 관해서는 달리 알려진 것이 없다.
72 지금의 지브롤터 해협.
73 예언자 암피아라오스는 살아 있을 때 자면서 예언을 했다고 한다.

136 마르도니오스는 뮈스가 적어 온 신탁들을 모두 읽고 나서 마케도니아
인인 아뮌타스의 아들 알렉산드로스를 아테나이에 사절로 보냈다. 그
가 알렉산드로스를 사절로 고른 것은, 페르시아인이 알렉산드로스에
게는 인척(姻戚)이었기 때문이다. 아뮌타스의 딸로 그의 누이인 귀가
이아는 부바레스라는 페르시아인에게 시집가서 외조부와 이름이 같
은 아시아의 아뮌타스를 낳아 주었고, 크세르크세스는 그에게 프뤼기
아의 대도시 알라반다를 영지로 하사한 것이다. 마르도니오스가 그를
파견한 또 다른 이유는 알렉산드로스가 아테나이인의 현지인 영사(領
事)[74]로서 그들의 후원자임을 알고 있었기 때문이다. 그렇게 하면 그는
아테나이인을 십중팔구 제 편으로 끌어들일 수 있으리라고 믿었는데,
그가 그러고 싶었던 것은 아테나이인이 인구도 많고 용감한 부족이고,
페르시아인이 해전에서 패한 것도 주로 그들 탓이라는 것을 알고 있었
기 때문이다. 마르도니오스는 아테나이인만 제 편으로 삼는다면 손쉽
게 제해권을 장악할 수 있을 것이라고 — 아닌 게 아니라 실제로 그렇
게 됐을 것이다— 확신했고 육지에서는 이미 자기가 훨씬 우세하다고
믿었다. 그래서 그는 자기가 틀림없이 헬라스인에게 이기리라고 생각
했다. 아마 신탁들도 그에게 아테나이인을 동맹군으로 삼기를 권하며
그런 예언들을 했을 것이며, 그는 예언들에 따라 알렉산드로스를 사절
로 파견했을 것이다.

137 이 알렉산드로스의 7대조는 다음과 같은 방법으로 마케도니아의 왕권
을 손에 넣었다. 테메노스의 자손인 삼형제 가우아네스와 아에로포스
와 페르딕카스가 아르고스에서 추방되어 일뤼리콘에 살러 갔다가, 일
뤼리콘에서 마케도니아의 내륙으로 넘어가 레바이아 시에 도착했다.
그곳에서 그들은 왕에게 품을 팔았는데, 한 명은 말을, 한 명은 소를, 막

내인 페르딕카스는 양떼와 염소 떼를 먹였다. 그러면 왕비가 그들을 위해 손수 식사 준비를 하곤 했는데, 옛날에는 백성뿐 아니라 왕도 가난했기 때문이다. 그런데 빵을 구울 때마다 언제나 어린 페르딕카스의 빵이 보통 크기의 두 배가 되었다. 그런 일이 계속 되풀이되자 결국 왕비는 남편에게 말했다. 왕은 이 소식을 듣자마자 뭔가 예사롭지 않은 전조라는 생각이 들어 세 품팔이꾼을 불러 놓고 자기 나라를 떠나라고 명령했다. 그들은 품삯을 주면 떠나겠다고 했다. 마침 굴뚝을 통해 집안으로 햇빛이 쏟아져 들어왔는데, 품삯이란 말을 들은 왕은 멍청하게도 햇빛을 가리키며 말했다. "이게 너희에게 합당한 품삯이니, 이것을 내가 너희에게 품삯으로 주노라." 두 형인 가우아네스와 아에로포스는 그 말을 듣고 어리둥절해하며 서 있는데, 막내는 "전하, 우리는 전하께서 주시는 것을 받겠나이다"라고 말하고, 마침 몸에 지니고 있던 칼로 마루 위에 비친 둥근 햇빛 주위에 세 번 금을 긋고 나서 그 햇빛을 옷섶에 세 번 주워 담더니 형들과 함께 그곳을 떠났다.

138 그들이 떠난 뒤 왕의 조언자 중 한 명이 왕에게 소년이 취한 행동의 의미를 설명하며 셋 중 막내이긴 하지만 소년은 왕의 선물을 받아들이며 자기가 하는 행동의 의미를 잘 알고 있었다고 말해 주었다. 이 말을 듣자 왕은 화가 나 기병들을 파견하며 삼형제를 추격해 죽이라고 했다. 이 지역에는 아르고스에서 온 이들 삼형제의 자손이 지금까지도 구원자로 여겨 제물을 바치는 강이 하나 있는데, 그 까닭은 이들 테메노스의 자손이 강을 건너자마자 그 강이 너무나 세차게 흘러 기병이 건널 수 없었기 때문이다. 형제들은 마케도니아의 다른 지역으로 가서 고르

74 proxeinos.

디아스의 아들 미다스의 정원으로 알려진 곳 부근에 정착했는데, 그곳에는 꽃잎이 60개나 되고 여느 장미보다 향기가 훨씬 강한 야생 장미들이 자라고 있다. 마케도니아인에 따르면, 이 정원에서 실레노스가 사로잡혔다고 한다.[75] 정원은 베르미온이라는 산의 기슭에 자리잡았는데, 이 산은 겨울에는 추워서 아무도 넘을 수 없다. 삼형제는 일단 이 지역을 장악하고 나서 그곳을 기지 삼아 나머지 마케도니아 지방을 정복했다.

139 이 페르딕카스에서 알렉산드로스에 이르는 계보는 다음과 같다. 알렉산드로스는 아뮌타스의 아들이고, 아뮌타스는 알케테스의 아들이고, 알케테스는 아에로포스의 아들이며, 아에로포스는 필립포스의 아들이고, 필립포스는 아르가이오스의 아들인데, 이 아르가이오스의 아버지가 마케도니아의 왕권을 손에 넣은 페르딕카스이다.

140 a) 아뮌타스의 아들 알렉산드로스의 계보는 그러했다. 알렉산드로스는 마르도니오스에 의해 파견되어 아테나이에 도착하자 이렇게 말했다. "아테나이인이여, 마르도니오스는 〈나는 아테나이인이 내게 저지른 모든 과오를 용서하노라. 그러니 마르도니오스여, 그대는 그들에게 나라를 돌려주고, 그에 덧붙여 그들이 원하는 땅을 더 골라 갖게 하고 그들의 자유와 독립을 보장해 주도록 하라. 그리고 그들이 내 조건을 수락한다면, 그대는 내가 불태워 버린 그들의 신전을 모두 재건해 주도록 하라.〉는 내용의 전언을 왕에게서 받았다며 다음과 같이 전하게 했소. '나 마르도니오스는 이런 지시를 받았고, 그대들이 막지 않는다면 반드시 거기에 따라야 하오. 그래서 내 그대들에게 묻노니, 그대들은 왜 미친 듯이 왕에게 항전하는 것이오? 그대들은 결코 왕을 제압할 수 없을 것이며, 오래

버티지 못할 것이오. 그대들은 크세르크세스의 군대가 얼마나 규모가 크며, 얼마나 많은 일을 해냈는지 보았고, 또한 내가 지금 거느리는 군세도 잘 알고 있소. 설령 그대들이 우리를 제압하고 패퇴시킨다 하더라도 ─ 그대들이 제정신이라면 설마 그런 기대는 갖지 않겠지만 ─ 몇 배나 많은 또 다른 군대가 나타날 것이오. 그대들은 왕의 적수가 아니니 자신들을 왕의 적수라고 생각하다가 나라를 잃고 언제까지나 목숨을 걸고 싸우는 위험을 자초하지 말고, 왕과 화해하시오. 왕께서 그런 방침을 굳힌 지금이야말로 그대들은 가장 유리한 조건으로 왕과 화해할 수 있소. 그러니 그대들은 우리와 공명정대하게 동맹을 맺고 자유민으로 남도록 하시오.'

b) 이것이 마르도니오스가 그대들에게 전하라고 내게 지시한 전언이오. 내가 개인적으로 그대들에게 호의를 갖고 있는 것에 관해서는 언급하지 않겠소. 그대들은 그에 관해서는 오래전부터 알고 있기 때문이오. 하지만 나는 마르도니오스의 제안을 받아들이라고 그대들에게 권하고 싶소. 나는 그대들이 크세르크세스와 언제까지나 싸울 수는 없다고 생각하며, 그렇게 생각한다면 이런 전언을 갖고 그대들에게 오지도 않았을 것이오. 정말이지, 왕에게는 인간의 한계를 넘어서는 힘이 있고, 그의 팔은 대단히 길다오. 만약 그대들이 지금과 같은 유리한 조건으로 페르시아인과 강화조약을 맺지 않는다면 나는 그대들이 심히 염

---

75 반인반수인 실레노스는 주신 디오뉘소스의 개인 교사로 샘물에 타 놓은 포도주를 마시고 취해 미다스왕에게 붙잡히게 되는데, 사람은 태어나지 않는 것이 최선이고, 태어났으면 빨리 죽는 것이 차선이라는 등 미다스와 철학적 대화를 나눈 뒤 풀려난다. 그래서 디오뉘소스가 이에 보답하고자 미다스에게 소원을 들어주겠다고 하자 미다스는 자기 손이 닿는 것은 무엇이든 황금으로 변하게 해 달라고 했다고 한다. 헤로도토스의 이 구절에 따르면, 프뤼기아인에게 전승된 이 이야기는 그들이 소아시아로 이주하기 전 마케도니아에 살 때 이미 널리 퍼진 것으로 보인다.

려되오. 모든 동맹국 중에서 그대들이 군용도로에 가장 가까이 살고 있고, 그대들이 차지하고 있는 나라는 두 적대 세력 간의 전쟁터로는 안성맞춤이라 그대들만 늘 피해를 보아 왔기 때문이오. 그러니 마르도니오스가 제안한 대로 하시오. 대왕께서 헬라스인 가운데 그대들의 과오만 용서하고, 그대들하고만 친구가 되기를 원한다니 그대들에게 이 얼마나 유리하오!"

141 알렉산드로스는 이렇게 말했다. 라케다이몬인은 알렉산드로스가 페르시아 왕과 아테나이인이 강화조약을 맺게 하기 위해 아테나이에 갔다는 말을 듣자, 자신들이 다른 도리에이스족과 함께 페르시아인과 아테나이인에 의해 펠로폰네소스에서 쫓겨나게 될 것이라는 예언[76]을 상기하고는 아테나이인이 페르시아인과 정말로 강화조약을 맺을까 두려워 즉시 아테나이에 사절단을 보내기로 결의했다. 그리하여 양측의 사절단이 한자리에 앉게 되었다. 협정을 맺으려고 페르시아인의 사절이 왔다는 말을 듣게 되면 라케다이몬인이 지체 없이 사절단을 파견할 것이라는 것을 잘 알고 아테나이인이 협상을 지연했기 때문이다. 아테나이인은 자신들의 의도를 라케다이몬인에게 공개적으로 밝히고자 일부러 기다렸던 것이다.

142 알렉산드로스가 말을 마치자 스파르테 사절단이 말을 받았다. "라케다이몬인은 우리를 파견하며 그대들이 헬라스에 배신행위를 하지 말고 페르시아 왕의 제안을 수락하지 말도록 요청하게 했소이다. 그런 짓을 하는 것은 물론 다른 헬라스인에게도 도리에 어긋나고 불명예스럽지만, 그대들에게는 특히 그렇소. 거기에는 여러 이유가 있소. 이번 전쟁은 우리가 원치 않았는데도 그대들이 일으켰으며, 지금은 헬라스 전

체가 말려들었지만, 처음에 이 전쟁은 그대들의 나라를 노렸소이다. 이 모든 점을 도외시한다 하더라도 헬라스인이 노예가 되는 데 책임이 있다는 것은 아테나이로서는 참을 수 없을 것이오. 지난날에도 그대들은 늘 수많은 사람을 노예 상태에서 해방해 주곤 했기 때문이오. 그러나 우리는 그대들의 딱한 사정에 연민의 정을 느끼오. 그대들은 두 번 거푸 농사지은 것을 약탈당했고, 오래전부터 재정이 파탄났기 때문이오. 이를 보상하고자 라케다이몬인과 그들의 동맹국은 전쟁에 도움이 안 되는 그대들의 여인과 가족을 전쟁이 지속되는 동안 부양할 용의가 있소이다. 그대들은 마르도니오스의 제안을 전달하는 마케도니아의 알렉산드로스의 감언이설에 넘어가지 마시오. 그는 그렇게 할 수밖에 없소. 그는 독재자인지라 독재자와는 한통속이오. 그대들은 그의 선례를 따르지 마시오. 그대들에게 양식(良識)이 있다면 절대로 그러지 마시오. 그대들도 아시다시피, 이들 이민족은 신뢰할 수도 없고 정직하지도 않기 때문이오." 사절단은 그렇게 말했다.

143 그러자 아테나이인이 알렉산드로스에게 다음과 같이 대답했다. "페르시아가 우리보다 몇 배나 더 힘이 세다는 것은 우리도 알고 있소. 그러니 그대는 불쾌하게 그 점을 되풀이해서 말할 필요가 없소. 하지만 우리는 힘닿는 데까지 우리의 자유를 위해 싸울 것이오. 그대는 페르시아와 강화조약을 맺도록 우리를 설득하려 애쓰지 마시오. 우리는 그대의 말을 듣지 않을 것이오. 그대는 마르도니오스에게 아테나이인의 전언을 전하시오. 태양이 현재의 궤도를 유지하는 한 우리는 결코 크세르크세스와 강화조약을 맺지 않을 것이오. 우리는 그가 무엄하게도 그 신전

76 5권 90장.

제VIII권 **823**

과 신상을 불태워 버린 신들과 영웅들의 도움을 믿고 나아가 그에 맞서 우리 자신을 지킬 것이오. 그러니 그대는 앞으로 이런 제안을 갖고 아테나이인 앞에 나타나지 마시오. 우리에게 도움을 주는 척하며 우리더러 도리에 어긋난 짓을 하라고 유혹하지 마시오. 그대는 우리의 현지인 영사요 친구인 만큼, 우리는 그대가 아테나이인에게 봉변당하는 것을 보고 싶지 않소이다."

144 아테나이인은 알렉산드로스에게 그렇게 말하는 한편 스파르테 사절단에게는 이렇게 말했다. "우리가 페르시아 왕과 강화조약을 맺지 않을까 라케다이몬인이 두려워하는 것은 당연한 일이오. 하지만 아테나이인의 기질을 잘 아는 그대들이 그런 두려움을 느낀다는 것은 수치스런 일이오. 그대들도 아시다시피, 이 세상의 황금과 더없이 경관 좋고 비옥한 토지를 다 준다 해도 우리는 결코 페르시아에 부역하여 헬라스를 노예로 만들지 않을 것이오. 우리가 그러고 싶어도 그러지 못할 중대한 이유들이 있소. 우선 첫째, 우리 신들의 신상과 집이 불에 타 허물어졌소. 이를 위해 우리는 그런 짓을 저지른 자와 강화조약을 맺기보다는 있는 힘을 다해 반드시 복수해야 하오. 둘째, 우리는 모두 헬라스인이오. 우리는 한 핏줄이고, 같은 말을 쓰고, 같은 신전을 사용하고, 같은 축제를 개최하며, 생활방식 또한 같소이다. 아테나이인이 이 모든 것을 배반한다는 것은 수치스런 짓이오. 그러니 그대들이 지금까지 몰랐다면 알아 두시오. 아테나이인은 단 한 사람이라도 남아 있는 한 크세르크세스와 강화조약을 맺지 않을 것이오. 우리 재정이 파탄 난 동안 우리 가족들을 부양해 주겠다는 그대들의 사려 깊은 배려에 우리는 심심한 사의를 표하오. 그대들로서는 최대한 호의를 보인 것이긴 하지만, 우리는 그대들에게 신세지지 않고 최선을 다해 버텨 볼 것이오. 상

황이 이러하니 그대들은 되도록 빨리 군대를 보내 주시오. 추측건대, 머지않아 페르시아인이 우리 나라에 침입할 것이기 때문이오. 그는 우리가 그의 제안을 거절했다는 전언을 듣자마자 나타날 것이오. 그가 앗티케에 오기 전에 우리가 보이오티아로 출동하는 것이 상책이오." 사절단은 아테나이인의 이런 대답을 듣고 나서 스파르테로 돌아갔다.

IX

칼리오페

시가(詩歌)의 여신들인 무사 여신 중 칼리오페는 서사시를 관장한다

1 알렉산드로스가 돌아와 아테나이인의 회답을 전하자 마르도니오스는
   군대를 이끌고 텟살리아를 출발해 신속히 아테나이로 진격했다. 그는
   경유하는 모든 지역에서 군사를 징발했다. 텟살리아의 지도자들[1]은 지
   난날 자신들의 행동을 후회하기는커녕 페르시아인을 더욱더 격려했
   고, 라리사의 토락스[2]는 크세르크세스가 아시아로 퇴각할 때 동행했을
   뿐더러 마르도니오스가 헬라스를 침공하도록 공공연히 자기 영지를
   통과하게 해 주었다.

2 군대가 보이오티아 지방에 도착하자, 테바이인은 마르도니오스를 그
   곳에 붙들어 두려고 했다. 그들은 그가 진을 치기에 그곳보다 더 적합
   한 곳은 없다며, 더 진격하지 말고 보이오티아 지방을 기지 삼아 싸우
   지 않고도 온 헬라스를 복속시킬 궁리를 하라고 조언했다. 헬라스인이
   이전처럼 단결한다면 세상 사람들이 다 덤벼들어도 무력으로 제압하
   기는 어려울 것이라며, 그들은 이렇게 말했다. "하지만 그대가 우리 조
   언에 따른다면 힘들이지 않고 그들의 작전계획을 다 망쳐 놓을 수 있
   소. 각 도시의 유력자들에게 돈을 보내시오. 그러면 그대는 헬라스인
   을 분열시킬 수 있을 것이며, 그러면 그대 편이 된 자들의 도움으로 그
   대에게 반대하는 자들을 쉽게 제압할 수 있을 것이오."

3 테바이인은 그렇게 조언했지만, 마르도니오스는 그들의 조언을 받아
   들이지 않았으니, 다시 한번 아테나이를 함락하고 싶은 무서운 욕망에
   사로잡혀 있었기 때문이다. 그것은 그가 사려 깊지 못한 탓도 있지만,

---

1 대토지 소유자인 귀족들.
2 알레우아다이가(家)의 한 사람.

섬에서 섬으로 잇달아 봉화를 올려 사르데이스에 있는 크세르크세스에게 자신이 재차 아테나이를 함락했음을 알리겠다는 욕심 때문이기도 했다. 그가 앗티케에 도착했을 때 이번에도 그곳에 아테나이인은 보이지 않았다. 그는 그들이 대부분 살라미스에 가 있거나 함선 위에 있음을 알게 되었다. 그래서 그는 빈 도성을 함락했다. 크세르크세스가 아테나이를 함락한 지 10개월 만에 마르도니오스가 이번에 다시 아테나이를 함락한 것이다.

4 마르도니오스는 아테나이에 머무는 동안 무뤼키데스라는 헬레스폰토스인을 시켜 전에 마케도니아의 알렉산드로스가 아테나이인에게 전한 것과 같은 제안을 살라미스로 전달하게 했다. 아테나이인이 자기에게 호감을 품고 있지 않다는 것을 알면서도 그가 재차 이런 제안을 전달하게 한 것은 앗티케 전역이 함락되어 그의 수중에 든 지금은 그들도 고집을 조금 버리겠지 싶어서였다. 그래서 그는 무뤼키데스를 살라미스로 파견했다.

5 살라미스에 도착한 무뤼키데스는 마르도니오스의 전언을 의회에 전달했다. 그러자 의회 의원 중 한 명인 뤼키데스가, 무뤼키데스가 가져온 제안을 받아들여 민회에 회부하는 것이 좋을 것 같다는 의견을 개진했다. 그가 이런 의견을 개진한 것은, 그가 마르도니오스에게 매수되었기 때문이거나 그 제안이 마음에 들었기 때문일 것이다. 아테나이인은 의회 의원들뿐 아니라 회의장 밖에 있던 자들도 이 말을 듣자 당장 격분해 뤼키데스를 에워싸더니 돌로 쳐죽였다. 그러나 그들은 헬레스폰토스인[무뤼키데스]은 해코지하지 않고 돌려보냈다. 살라미스에서 뤼키데스가 촉발한 사건의 전말을 알게 된 아테나이 여인들도 서로 부

추기며 누가 시키지도 않았는데 떼 지어 뤼키데스의 집으로 몰려가 그의 아내와 자식들을 돌로 쳐죽였다.

6 아테나이인은 다음과 같이 살라미스로 건너갔다. 그들은 펠로폰네소스에서 원군이 올 줄 알고 얼마 동안 앗티케에 머물렀다. 그러나 펠로폰네소스인이 너무 꾸물대며 뭉그적거리는 데다 페르시아인이 벌써 보이오티아에 와 있다는 소문이 돌자 재산을 모두 챙겨 가지고 살라미스로 건너갔다. 그들은 라케다이몬으로 사절단을 보내, 라케다이몬인이 자기들과 힘을 모아 보이오티아에서 마르도니오스를 맞는 대신 그가 앗티케 지방에 침입하는 것을 보고도 수수방관했다고 나무라는 동시에, 자기들이 페르시아 편이 될 경우 페르시아인이 자기들에게 얼마나 많은 것을 주기로 약속했는지 상기하게 했다. 사절단은 또 라케다이몬인이 아테나이를 돕기를 거절한다면 아테나이로서는 부득이 자구책을 강구할 수밖에 없다고 그들에게 경고하라는 지시도 받았다.

7 이때 라케다이몬인은 휘아킨토스제(祭)[3]를 개최 중이라 신에게 봉사하느라 여념이 없었다. 그 밖에도 그들이 이스트모스를 가로질러 쌓고 있던 방벽이 거의 완성되어 그 위에 성가퀴를 덧쌓는 중이었다. 아테나이 사절단은 메가라와 플라타이아이 사절단과 함께 라케다이몬에 도착해 에포로스들 앞에서 이렇게 말했다.

a) "아테나이인은 우리를 보내며, 페르시아 왕은 우리 나라를 되돌려

---

3 Hyakinthia. 아폴론이 던진 원반에 맞아 불의의 죽음을 당한 미소년 휘아킨토스와 아폴론을 위해 라케다이몬의 아뮈클라이(Amyklai) 마을에서 초여름에 3일 동안 개최되던 축제.

줄 뿐 아니라, 우리와 대등한 조건으로 공명정대하게 동맹을 맺기를 원하며, 게다가 우리가 가진 땅에 우리가 원하는 땅을 덧붙여 주려 하고 있다고 전하라 했소이다. 우리는 모든 헬라스인이 경배하는 제우스에 대한 경외심에서, 그리고 우리가 헬라스를 배반한다는 것은 생각만 해도 끔찍해서 그의 제안을 받아들이지 않고 거절했소이다. 우리가 부당하게도 다른 헬라스인에게 배신당하고 있고, 또 우리가 페르시아인과 싸우기보다는 강화조약을 맺는 편이 우리에게 더 유리하다는 것을 잘 알고 있으면서도 말이오. 하지만 우리는 결코 자진해 페르시아인과 강화조약을 맺지 않을 것이오. 이렇듯 우리가 헬라스인을 대하는 태도는 올곧소.

b) 그러나 그대들은 얼마 전에는 우리를 찾아와 페르시아인과 강화조약을 맺지 말라고 전전긍긍하며 간청하더니, 이제는 우리가 결코 헬라스를 배신하지 않을 것이라는 우리 마음을 분명히 알고부터는, 게다가 그대들이 이스트모스에 쌓고 있는 방벽이 완성되다시피 하자, 그대들은 아테나이인을 안중에 두지도 않고 있소이다. 그대들은 우리와 함께 보이오티아로 진격해 그곳에서 페르시아인을 맞기로 약속했건만 약속을 어기고 페르시아인이 앗티케에 침입하는 것을 수수방관했소. 지금 아테나이인은 그대들에게 분개하고 있소. 그대들의 처신이 적절치 못했기 때문이오. 그래서 그들은 그대들이 우리와 함께 앗티케에서 페르시아인을 맞도록 군대를 신속히 파견해 주기를 요청하고 있소. 보이오티아를 잃은 지금 우리 나라에서는 트리아 평야가 싸움터로서 우리에게 가장 유리하기 때문이오."

8 에포로스들은 이 말을 듣고 답변을 이튿날로 미루었고, 이튿날이 되자 그 이튿날로 미루었다. 그들은 이렇듯 오늘에서 내일로 연기하기를 10

일 동안 했다. 그동안 온 펠로폰네소스인이 이스트모스에 방벽 쌓는 일에 열심히 매달려 방벽이 거의 완성되다시피 했다. 마케도니아의 알렉산드로스가 아테나이에 왔을 때는 아테나이인이 페르시아 편으로 넘어갈까 전전긍긍하던 라케다이몬인이 이번에는 왜 아테나이인을 안중에 두지도 않았던 것일까? 이스트모스에 방벽이 완성된 지금은 아테나이인이 더이상 필요치 않다고 그들이 생각했다는 것 말고는 나로서는 다른 이유를 댈 수 없다. 알렉산드로스가 앗티케에 왔을 때는 그들은 아직 방벽을 완성하지 못했고, 그래서 페르시아인이 두려워 열심히 거기에 매달렸던 것이다.

9 그러나 결국 스파르테인은 아테나이인에게 답변을 하고 군대를 파견하게 되는데, 그 경위는 다음과 같다. 사절단과 마지막 회담이 있기 전날, 라케다이몬에서 가장 영향력 있는 이방인인 테게아 출신 킬레오스가 아테나이인이 한 말을 에포로스들에게서 다 듣고 나서 그들에게 이렇게 말했다. "에포로스들이여, 지금은 일이 이렇게 되어 있소. 만약 아테나이인이 우리 편이 되지 않고 페르시아의 동맹군이 된다면, 우리가 이스트모스를 가로지르는 아무리 견고한 방벽을 쌓았다 하더라도 펠로폰네소스로 들어오는 큰 문들이 페르시아인에게 활짝 열려 있는 셈이오. 그러니 그대들은 아테나이인이 헬라스를 파멸시킬 다른 결정을 내리기 전에 그들의 요구를 들어주도록 하시오."

10 그는 에포로스들에게 이렇게 조언했다. 에포로스들은 그의 말뜻을 알아듣고, 여러 도시에서 온 사절단에게 알리지 않고 그날 밤으로 스파르테인 5,000명을 파견하며 그들 각자에게 7명의 국가노예를 딸려 보냈는데 이 원정대의 지휘권은 클레옴브로토스의 아들 파우사니아스에게

맡겼다. 지휘권은 원래 레오니다스의 아들 플레이스타르코스의 몫이었지만, 그는 아직 어린 데다, 파우사니아스가 그의 후견자이자 사촌이었다.[4] 파우사니아스의 아버지이자 아낙산드리데스의 아들인 클레옴브로토스가 더이상 살아 있지 않았기 때문이다. 그는 이스트모스에 방벽을 쌓은 군대를 이끌고 귀환한 뒤 요절했다. 클레옴브로토스가 이스트모스에서 군대를 철수한 이유는 페르시아인과 관련해 제물을 바치고 있을 때 하늘의 해가 어두워졌기[5] 때문이다. 파우사니아스는 동료 지휘관으로 역시 왕족인, 도리에우스[6]의 아들 에우뤼아낙스를 뽑았다. 그리하여 파우사니아스 휘하의 이들 부대가 스파르테를 출발했다.

11 이튿날 날이 새자 사절단은 군대가 출동했다는 것도 모르고 자신들도 스파르테를 떠나 저마다 고향으로 돌아갈 양으로 에포로스들에게 갔다. 그들은 가서 이렇게 말했다. "라케다이몬인이여, 그대들은 여기 머물러 휘아킨토스제나 개최하며 즐기시오. 동맹군을 배신하며 말이오. 아테나이인은 그대들에게 모욕당하고 원군이 없어 페르시아인과 최대한 유리한 조건으로 화해할 수밖에 없소이다. 그들과 화해하게 되면 우리는 분명 페르시아 왕의 동맹군이 되어 어디든지 그들이 인도하는 대로 그들과 동행하게 될 것이오. 그때는 그대들이 취한 행동의 결과가 무엇인지 그대들도 알게 될 것이오." 그러자 에포로스들이 이방인—그들은 이민족을 이방인[7]이라고 불렀다—을 향해 진격 중인 군대가 아마 오레스테이온쯤에 도착했을 것이라고 맹세하며 말했다. 그런 줄도 모르고 있던 사절단은 그게 무슨 뜻이냐고 물었고, 자초지종을 듣자 깜짝 놀라더니 길을 떠나 스파르테인을 뒤쫓아갔다. 5,000명의 라케다이몬 페리오이코이들[8]로 구성된 정예부대가 그들과 동행했다.

12 그들은 이스트모스로 달려가고 있었다. 아르고스인은 파우사니아스 휘하의 부대가 스파르테를 출발했다는 것을 알자마자 그들이 구할 수 있는 가장 빠른 급사(急使)[9]를 앗티케로 보냈다. 그들은 전에 스파르테인이 스파르테에서 출동하는 것을 제지하겠다고 마르도니오스에게 자청해 약속한 것이다. 급사는 아테나이에 도착하자 이렇게 말했다. "마르도니오스여, 아르고스인이 저를 보내, 젊은이들이 라케다이몬에서 출동했으며 아르고스인은 그들의 출동을 막을 수 없었다고 전하게 했습니다. 이런 상황에 잘 대처하시기 바랍니다."

13 이렇게 말하고 급사는 돌아갔고, 마르도니오스는 이 말을 듣자 더는 앗티케에 머물고 싶지 않았다. 그는 이 전갈을 받기 전에는 아테나이인이 어떻게 나올지 궁금해하며 기다렸으며, 그동안 내내 그들이 자기와 강화조약을 맺게 되리라 기대하고 앗티케 땅을 해코지하지도, 유린하지도 않았다. 그러나 그는 그들을 설득하는 데 실패하고 사태의 전모를 파악하게 되자, 파우사니아스와 그의 부대가 이스트모스에 도착하기 전에, 아테나이를 불태우고, 성벽이건 집이건 신전이건 똑바로 서 있는 것은 모조리 부수고 허문 다음 철수했다. 그가 철수한 데는 두 가지

---

4 스파르테에서는 왕이 죽으면 장남(여기서는 클레옴브로토스의 아들인 파우사니아스)이 아니라 아우가, 아우가 없으면 맏형(여기서는 레오니다스)의 아들이 왕위를 계승했음을 알 수 있다.

5 기원전 480년 10월 2일의 부분일식.

6 5권 41장, 7권 158장.

7 '이민족'은 barbaros(복 barbaroi)를, '이방인'은 xeinos(복 xeinoi)를 옮긴 것이다.

8 '주변에 거주하는 자들'이라는 뜻. 도리에이스족에게 정복된 선주민. 이들은 인신의 자유가 있었지만, 납세와 병역의 의무도 있었다.

9 hemerodromos('낮에 달리는 자' '장거리 주자').

이유가 있었는데, 첫째, 앗티케의 지형이 기마전에는 적합하지 않았기 때문이고, 둘째, 그가 패전할 경우 소수의 병력으로도 페르시아군이 통과하는 것을 저지할 수 있는 좁은 고갯길밖에는 퇴로(退路)가 없었기 때문이다. 그래서 그는 테바이로 철수해 우호적인 도시 옆에서, 그리고 기마전에 적합한 지형에서 싸우기로 결심한 것이다.

14 마르도니오스는 철수하기 시작했지만 도중에 1,000명의 라케다이몬인으로 구성된 또 다른 부대가 선발대로 메가라에 도착해 있다는 보고를 받았다. 이런 보고를 받자 그는 가능하다면 이들을 먼저 쳐부수고 싶어 이런저런 궁리를 하다가 군대를 되돌려 메가라로 이끌고 갔다. 그의 기병대가 선발대로 가서 메가라 땅을 유린했다. 이것이 에우로페에서 페르시아군이 도달한 맨 서쪽 지점이다.

15 이어서 마르도니오스는 헬라스인이 이스트모스에 집결했다는 보고를 받았다. 그러자 그는 데켈레이아 구역을 지나 퇴각했다. 보이오티아 연맹의 지도자들이 이웃에 사는 아소포스인들을 길라잡이로 불러왔는데, 이들이 그를 스펜달레 구역으로, 이어서 타나그라로 길을 안내한 것이다. 그는 타나그라에서 하룻밤을 야영한 뒤 이튿날 테바이 땅의 스콜로스로 갔다. 스콜로스에서 그는 테바이인이 페르시아 편임에도 들판의 나무를 모두 베게 했는데, 적의에서 그런 것이 아니라, 군대를 위해 방벽을 만들어 주고, 전투가 그의 뜻대로 끝나지 않을 경우 피난처를 마련해 주고 싶어 만부득이 그렇게 한 것이다. 마르도니오스의 군대는 에뤼트라이에서부터 휘시아이를 거쳐 플라타이아이 땅에 이르는 지역에 걸쳐 아소포스강을 따라 포진하고 있었다. 그러나 방벽은 그전 구간에 걸쳐 세워진 것은 아니고, 각 변이 10스타디온쯤 되는 사각

형이었다.

페르시아인이 이런 공사에 열중하고 있는 동안 프뤼논의 아들 앗타기노스라는 테바이인이 거창한 연회를 준비한 다음 마르도니오스뿐 아니라 50명의 페르시아 요인을 초대했고, 그러자 그들도 초대에 응했다. 연회는 테바이에서 열렸다.

16 다음 이야기는 오르코메노스의 명사 중 한 명인 오르코메노스의 테르산드로스에게서 내가 직접 들은 것이다. 테르산드로스에 따르면, 그도 50명의 테바이인과 함께 이 연회에 초대받았는데, 페르시아인과 테바이인이 따로따로 앉은 것이 아니라, 긴 의자 하나에 페르시아인 한 명과 테바이인 한 명이 함께 앉았다고 한다. 식사가 끝나고 술잔치가 시작되자 그와 합석한 페르시아인이 헬라스 말로 그에게 어디 출신이냐고 묻기에 오르코메노스 출신이라고 대답했더니 페르시아인이 이렇게 말했다고 한다. "나는 그대와 식사도 함께하고 헌주도 같이 했으니 내 통찰력을 기념할 만한 말을 그대에게 남기고 싶소. 그러면 그대는 미리 경고받고 그대의 안전을 위해 적절한 조치를 취할 수 있소. 그대는 여기서 식사하고 있는 이 페르시아인과, 우리가 강가에 진을 치게 하고 남겨 두고 온 저 페르시아 군대가 보이시오? 그대는 머지않아 그들 모두 가운데 소수만이 살아남은 것을 보게 될 것이오." 페르시아인이 그렇게 말하고 눈물을 뚝뚝 흘리자 테르산드로스가 놀라서 대답했다고 한다. "그렇다면 마르도니오스와 그의 휘하 다른 장수들에게 그것을 알려야 되는 것 아닌가요?" 페르시아인이 대답했다고 한다. "친구여, 신께서 결정하신 일을 인간은 바꿀 수 없는 법이오. 바른말을 해도 아무도 믿으려 하지 않으니까요. 많은 페르시아인이 그런 줄 알고 있지만, 우리는 어쩔 수 없이 우리의 지휘관에게 복종해야 하오. 잘 알

면서도 아무것도 할 수 없는 것보다 인간에게 더 쓰라린 고통은 없지요." 이런 이야기를 나는 오르코메노스의 테르산드로스에게 들었는데, 그는 또 플라타이아이 전투가 개시되기 전에 다른 사람들에게도 이 이야기를 전했다고 덧붙였다.

17 마르도니오스가 보이오티아 지방에 진을 치고 있는 동안, 이 지방에 살며 페르시아에 부역한 헬라스인은 모두 그에게 병력을 제공했고, 아테나이에 침입할 때도 전부 가담했다. 그러나 포키스인만은 가담하지 않았다. 그들도 페르시아에 열심히 부역했지만 자진해서가 아니라 마지못해 그렇게 했다. 페르시아군이 테바이에 도착한 지 며칠 뒤 1,000명의 포키스인 중무장 보병대가 도착했는데, 그들의 지휘관은 하르모퀴데스라는 아주 명망 높은 포키스인이었다. 이들이 테바이에 도착하자 마르도니오스는 [기병들을] 보내 들판에 따로 진을 치라고 그들에게 일렀다. 그들이 그렇게 하자마자 페르시아의 전 기병대가 나타났다. 그러자 마르도니오스가 창을 던져 그들을 도륙할 것이라는 소문이 페르시아군 내의 헬라스인 부대 사이에 좍 퍼졌다. 같은 소문이 포키스인 사이에도 퍼지자 그들의 장군 하르모퀴데스는 이렇게 그들을 격려했다. "포키스인이여, 저자들은 분명 우리를 계획적으로 죽이려 하고 있소. 추측건대 이는 텟살리아인의 농간 탓인 듯하오. 이제야말로 여러분 각자가 용기를 보여 주어야 할 때요. 가장 수치스런 죽음을 순순히 받아들이느니 여러분 자신을 지키기 위해 행동하다가 죽는 편이 더 낫기에 하는 말이오. 헬라스인을 죽이려고 음모를 꾸미는 것이 이민족에게 무엇을 의미하는지 그들 각자에게 알려 줍시다!"

18 하르모퀴데스는 이런 말로 대원들을 격려했다. 기병대는 그들을 에워

싸더니 죽일 듯이 덤벼들었다. 그들은 화살을 쏘려고 활을 당겼고, 몇몇은 화살을 쏘기도 했을 것이다. 한편 포키스인은 굳건히 버티고 서서 사방을 향해 최대한 밀집대형을 이루었다. 그러자 기병대가 말머리를 돌려 돌아갔다. 기병대는 텟살리아인의 요청을 받고 포키스인을 죽이러 왔다가 포키스인이 방어 태세를 취하는 것을 보자 패배할까 두려워 (마르도니오스의 지시에 따라) 철수했을 수도 있고, 마르도니오스가 그들을 시켜 포키스인의 용기를 시험해 보았을 수도 있다. 나는 어느 쪽이 사실인지 말할 위치에 있지 않다. 아무튼 기병대가 퇴각하자 마르도니오스는 전령을 보내 포키스인에게 다음과 같이 전하게 했다. "안심하시오, 포키스인이여. 그대들은 내가 들은 바와는 달리 용감한 자들임을 보여 주었소. 그대들은 이번 전쟁에서 우리 편이 되어 열심히 싸워 주시오. 호의를 호의로 갚는 데서 그대들은 나와 대왕을 능가하지 못할 테니 말이오." 이상이 포키스인이 관련된 이번 사고의 결말이었다.

19 라케다이몬인은 이스트모스에 도착하자 그곳에 진을 쳤다. 정의를 사랑하는 나머지 펠로폰네소스인도 그 소문을 듣고 뒤에 처지지 않기로 결심했다. 하지만 그중 일부는 스파르테인이 출동하는 것을 보고 나서야 그렇게 했다. 이스트모스에서 제물을 바친 그들은 길조가 나타나자 함께 전진해 엘레우시스에 도착했고, 그곳에서도 다시 제물을 바쳤다. 다시 길조가 나타나자 그들은 계속해서 전진했는데, 살라미스에서 건너와 엘레우시스에서 그들과 합류한 아테나이인도 동행했다. 그들은 보이오티아의 에뤼트라이에 도착해 페르시아군이 아소포스 강가에 진을 치고 있다는 것을 알아냈다. 그들은 이 점을 감안하여 페르시아인 맞은편, 키타이론산 기슭에 진을 쳤다.

20 헬라스인이 언덕에서 평야로 내려오기를 계속 거부하자 마르도니오스는 전 기병대를 내보내 그들을 공격하게 했다. 기병대의 지휘관은 페르시아인 사이에서 명망 높은 마시스티오스(헬라스인은 그를 마키스티오스라고 불렀다)였는데, 그는 황금 고삐를 비롯해 화려한 마구로 장식된 네사이온산(産) 말[10]을 타고 있었다. 페르시아 기병대는 부대별로 나뉘어 헬라스인에게 파상공격을 퍼부어 큰 타격을 입힌 다음 그들을 여자들이라고 조롱했다.

21 이때 메가라인은 마침 전체 싸움터에서 가장 공격당하기 쉬운 지점에 주둔하고 있어 적의 기병대에게 가장 심하게 공격당했다. 그들은 페르시아 기병대에게 심하게 몰리자 헬라스군 장군들에게 전령을 보냈고, 전령은 도착해 이렇게 말했다. "나는 메가라인의 전언을 갖고 왔습니다. '동맹군이여, 우리는 더이상 단독으로 페르시아 기병대에 대항하며 처음에 맡았던 자리를 지킬 수 없소이다. 여태까지는 심한 압박에도 용기와 인내심으로 자리를 지켰지만, 이제는 그대들이 증원부대를 보내 주시지 않는다면, 알아 두시오, 우리는 대열을 이탈할 것이오." 전령이 그렇게 전하자 파우사니아스는 다른 부대가 그리로 가서 메가라인과 교대할 의향이 있는지 헬라스인에게 물었다. 다른 사람들이 아무도 자원하지 않자, 아테나이인이, 정확히 말해 람폰의 아들 올림피오도로스가 지휘하는 300명의 아테나이인로 구성된 정예부대가 그 일을 맡았다.

22 그리하여 이들이 에뤼트라이에 포진하고 있는 모든 다른 헬라스인을 지키는 일을 자원해 맡게 되었는데, 그들은 궁수(弓手)들도 데리고 갔다. 오랜 격전 끝에 전투는 다음과 같이 끝났다. 기병대가 부대별로 나

뉘어 파상공격을 계속하는 동안 앞장서서 달리던 마시스티오스의 말이 옆구리에 화살을 맞자 고통을 참지 못해 뒷발로 서며 마시스티오스를 내던졌다. 마시스티오스가 땅바닥에 눕자 아테나이인이 즉시 그에게 달려들어 말은 빼앗고 저항하던 그는 죽였다. 처음에는 그를 죽일 수가 없었다. 몸에 황금 비늘갑옷을 입고 그 위에 자줏빛 옷을 입고 있어 아테나이인이 계속해서 그의 갑옷을 쳐도 아무 소용이 없었다. 결국 누군가 그 이유를 알고 그의 눈을 찔렀다. 그러자 마시스티오스는 쓰러져 죽었다. 그러나 페르시아의 다른 기병들은 이 과정을 보지 못했다. 그들은 그가 말에서 떨어지는 것도, 목숨을 잃는 것도 보지 못했으니, 다시 공격하기 위해 말머리를 돌려 물러나느라 바빠 무슨 일이 일어나고 있는지 알아차리지 못한 것이다. 그러나 그들이 멈춰 섰을 때 그가 없다는 것을 깨달았다. 그들에게 명령을 내리는 자가 아무도 없었기 때문이다. 일단 사태를 파악하자 그들은 서로 격려하며 시신을 찾아오려고 기병대 전체가 앞으로 말을 몰았다.

23   이제 기병대가 부대별로 파상공격을 하는 것이 아니라 모두 한꺼번에 공격해 오는 것을 보자 아테나이인은 큰 소리로 다른 부대에 도움을 요청했다. 전 보병 부대가 구원하러 오는 사이 시신을 둘러싸고 격전이 벌어졌다. 증원부대가 도착하기 전에는 300명의 아테나이인이 고전을 면치 못해 마시스티오스의 시신을 잃을 뻔했지만, 일단 대부대가 그들을 구원하러 오자 기병대는 더이상 버틸 수 없었다. 그들은 시신을 찾아오지 못했을뿐더러 마시스티오스에 덧붙여 자신들도 상당수 전사했다. 그들은 2스타디온쯤 물러난 뒤 멈춰 서서 대책을 협의했지만, 지

10 7권 40장.

휘관이 없어 마르도니오스가 있는 곳으로 후퇴하기로 결의했다.

24 기병대가 페르시아군 진영에 도착하자 전군이, 특히 마르도니오스가 마시스티오스의 죽음에 깊은 애도의 뜻을 표하며 자신의 머리털뿐 아니라 말들과 운반용 동물들의 갈기를 깎았고[11] 끊임없이 호곡(號哭)했다. 페르시아인과 페르시아 왕이 마르도니오스 다음으로 가장 존중하던 인물이 죽었기에 곡소리가 보이오티아 전역에 울려 퍼졌다.
페르시아인은 이처럼 그들 방식대로 죽은 마시스티오스에게 경의를 표했다.

25 한편 헬라스인은 자신들이 페르시아 기병대의 공격을 버텨 냈을 뿐 아니라 사실상 그들을 격퇴했다는 사실에 크게 사기가 올라 있었다. 그들은 먼저 시신을 달구지에 싣고 군대의 대열 앞을 지나갔다. 마시스티오스는 헌칠하고 준수했다. 그래서 그들은 그렇게 한 것이다. 그러자 모두들 마시스티오스를 보려고 대열을 이탈했다. 그런 다음 그들은 언덕에서 내려가 플라타이아이로 진출하기로 결의했다. 플라타이아이 일대는 진을 치기에는 에뤼트라이 일대보다 훨씬 적합했기 때문이다. 무엇보다도 그곳에는 물이 넉넉했다. 그래서 그들은 플라타이아이로, 특히 그곳에서 솟는 가르가피아 샘으로 가서 부대별로 따로 진을 치기로 결의한 것이다. 헬라스인은 무구를 챙겨 들고 키타이론산 기슭을 따라 휘시아이 옆을 지나 플라타이아이 땅으로 가서 그곳에서 부족별로 진을 쳤다. 그들은 가르가피아 샘과 영웅 안드로크라테스의 성역 부근 땅을 차지했는데, 그곳은 야트막한 야산들과 평지로 이루어져 있었다.

26 부대를 배치하는 동안 테게아인과 아테나이인 사이에 격렬한 설전(舌

戰)이 벌어졌다. 양측 모두 최근의 업적과 지난날의 업적을 내세우며 한쪽 날개[12]는 자기들이 맡아야 한다고 주장했기 때문이다. 테게아인은 이렇게 말했다. "그 자리는 예나 지금이나 우리의 특권이오. 펠로폰네소스인이 함께 출전할 때마다, 동맹군은 그 자리를 우리에게 할당해주었소. 어제오늘의 일이 아니라, 그것은 에우뤼스테우스[13]가 죽은 뒤 헤라클레스의 자손이 펠로폰네소스로 귀환하려 하던 때로 거슬러 올라가오. 그때 우리는 이 특권을 다음과 같이 얻게 되었소. 우리가 당시 펠로폰네소스에 거주하던 아카이오이족과 이오네스족과 함께 이스트모스로 가서 귀환하는 자들에 맞서 진을 치고 있었을 때, 전하는 바에 따르면, 휠로스[14]는 군대가 군대와 싸우는 위험한 짓을 벌일 것이 아니라, 펠로폰네소스인의 군대에서 그들이 가장 용감하다고 생각하는 자를 뽑아 양측이 합의한 조건으로 자기와 일대일로 싸우자고 제안했다고 하오. 펠로폰네소스인이 이에 동의하자 양측이 협정을 맺었는데, 만약 휠로스가 펠로폰네소스인의 투사를 이기면 헤라클레스의 자손이 선조의 고향으로 귀환하되, 만약 휠로스가 지면, 헤라클레스의 자손은 다시 군대를 이끌고 떠나 100년[15] 안에는 펠로폰네소스로 귀환하는 것을 시도하지 않는다는 내용이었소. 그래서 모든 동맹군 중에서 자원자 한 명이 뽑혔는데, 그는 바로 페게우스의 손자요 에에로포스의 아들인 에케모스였소. 우리의 장군이자 왕이던 그는 일대일로 싸워 휠로

---

11 애도의 표시로.

12 왼쪽 날개. 오른쪽 날개는 스파르테인이 맡았기 때문이다.

13 헤라클레스에게 12고역을 시킨 뮈케나이 왕. 헤라클레스가 죽은 뒤에는 보복이 두려워 그의 자식들을 박해했다.

14 헤라클레스의 아들.

15 '세 번 추수한 뒤' 귀향하라는 말을 헤라클레스의 자손은 '3년 뒤'로 해석했는데 사실은 '3세대 뒤'라는 뜻이던 것이다.

스를 죽였소. 이 업적으로 인해 당시 펠로폰네소스인은 지금도 우리가 누리고 있는 여러 중요한 특권을 주었는데, 그중 하나가 바로 연합하여 출전할 때는 우리가 항상 두 번째 날개를 맡는다는 것이었소. 라케다이몬인이여, 우리는 그대들에게는 맞서지 않겠소. 그대들이 어느 쪽을 원하건 우리는 양보할 것이오. 그러나 다른 쪽 날개를 맡는 것은 예전에도 그랬듯이 우리의 특권이라고 주장하는 바이오. 앞서 말한 우리의 그러한 업적을 도외시하더라도 그 자리를 맡기에는 아테나이인보다는 우리가 더 적합하오. 스파르테인이여, 우리는 그대들을 상대로 여러 차례 잘 싸웠고,[16] 다른 나라를 상대로 해서도 마찬가지였소. 그래서 아테나이인이 아니라 우리가 한쪽 날개를 맡는 것이 마땅하오. 아테나이인은 예나 지금이나 우리에 필적할 만한 업적을 이룩하지 못했기 때문이오."

27 테게아인이 이렇게 말하자 아테나이인이 다음과 같이 대답했다. "우리가 알기로, 우리가 여기 모인 것은 페르시아인과 싸우자는 것이지 입씨름이나 하자는 것이 아니오. 하지만 테게아인이 우리 두 나라가 유사이래로 과거와 현재에 이룩한 모든 업적을 여기서 제시하자고 도전하니, 우리도 그대들[17]에게 어떻게 우리가 인정받은 전사(戰士)로서 아르카디아인[18]보다 더 우월한 위치를 점할 권리를 조상에게서 물려받았는지 밝히지 않을 수 없소이다. 첫째, 테게아인이 그 지도자를 이스트모스에서 죽였다고 주장하고 있는 헤라클레스의 자손에 관해 말하자면, 뮈케나이인의 노예가 되는 것을 피해 망명 중이던 그들이 찾아간 헬라스의 모든 나라가 그들에게 피난처 제공하기를 거절했소이다. 그들을 받아 준 건 우리뿐이었소. 우리는 그 뒤 그들과 힘을 모아 당시 펠로폰네소스를 지배하던 자들과 싸워 이겨 에우뤼스테우스의 콧대를

꺾어 놓았소.[19] 둘째, 아르고스인이 폴뤼네이케스와 함께 테바이를 공격하다가 죽어 그곳에 묻히지도 못하고 누워 있을 때, 우리는 카드모스의 자손[20]을 향해 진격한 다음 시신들을 찾아와 우리의 엘레우시스 땅에 묻어 주었던 것을 내세울 수 있소.[21] 우리는 또 아마조네스족[22]이 테르모돈강에서 앗티케 땅에 침입했을 때 그들을 맞아 성공적으로 싸웠소.[23] 그리고 트로이아 전쟁 때도 우리는 어느 나라와 견주어도 손색없었소. 하나 이런 일들을 일일이 거론하는 게 무슨 소용이겠소. 그때 용감한 자들이 지금은 보잘것없는 자들일 수 있고, 그때 보잘것없던 자들이 지금은 더 나아졌을 수도 있으니 말이오. 지난날의 업적에 관해서는 이쯤 해 둡시다. 우리는 다른 헬라스인 못지않게 많은 업적을 이룩했지만, 설령 우리가 다른 업적을 아무것도 이룩하지 못했다 하더라도, 우리는 마라톤에서 이룩한 업적만으로도 이런 특권뿐 아니라 그에 덧붙여 다른 특권을 누릴 자격이 있소이다. 그때 우리는 다른 헬라스인의 도움 없이 단독으로 페르시아인과 싸워 그처럼 엄청난 일을 떠맡았음에도 64개 부족을 무찌르고 이겼소. 이 업적 하나만으로도 두 번째 날개를 맡을 자격이 있지 않나요? 하지만 지금은 대열에서 자리다툼이

16 1권 66장 이하.
17 스파르테인.
18 테게아인. 테게아는 아르카디아 지방의 한 도시다.
19 에우리피데스의 비극 『헤라클레스의 자녀들』(Herakleidai) 참조.
20 테바이인. 카드모스는 테바이 시의 전설적인 건설자이다.
21 에우리피데스의 비극 『탄원하는 여인들』(Hiketides) 참조.
22 4권 110~117장.
23 아테나이 왕 테세우스가 호전적인 여인족인 아마조네스족의 여왕 안티오페 또는 힙폴뤼테를 납치해 오자 그 보복으로 아마조네스족이 흑해 남쪽 기슭의 테르모돈강 연안에서 아테나이로 쳐들어왔지만 격퇴당했다고 한다.

나 할 때가 아니오. 라케다이몬인이여, 그대들이 우리를 어디에 배치
해 적군의 어느 부대와 맞서게 하든 우리는 기꺼이 그대들의 명령에 따
를 것이오. 어디에 배치되든 우리는 최선을 다할 것이니 그대들은 명령
을 내리시오. 그러면 우리는 거기에 복종할 것이오.”

28 아테나이인이 이렇게 대답하자, 아르카디아인보다는 아테나이인이
날개를 맡을 자격이 있다는 고함소리가 라케다이몬인의 전 진영에서
들려왔다.

그리하여 아테나이인이 테게아인을 제치고 날개를 맡게 되었다. 그러
고 나서 헬라스인은 후속 부대와 선착 부대를 합쳐 다음과 같이 포진했
다. 오른쪽 날개는 10,000명의 라케다이몬인이 맡았다. 이중 5,000명
은 스파르테인으로, 1인당 7명씩 총 35,000명의 경무장한 국가노예가
이들을 호위했다. 스파르테인은 자신들 옆에 테게아인이 서게 했는데,
그들의 특권과 용기를 인정한 것이다. 테게아인 부대는 1,500명의 중
무장 보병으로 구성되어 있었다. 그들 다음에는 코린토스인 5,000명이
섰는데, 이들은 파우사니아스의 허가를 받아, 팔레네반도의 포테이다
이아에서 종군한 300명을 자신들 옆에 세웠다. 다음에는 에르코메노
스에서 온 아르카디아인 600명이, 다음에는 시퀴온인 3,000명이 섰다.
이들 다음에는 에피다우로스인 800명이, 다음에는 트로이젠인 1,000
명이, 다음에는 레프레온인 200명이, 다음에는 뮈케나이인과 티륀스
인 400명이, 다음에는 플레이우스인 1,000명이 섰다. 이들 옆에는 헤
르미오네인 300명이 섰고, 이들 다음에는 에레트리아인과 스튀라인
600명이, 다음에는 칼키스인 400명이, 다음에는 암프라키아인 500명
이 섰다. 이들 다음에는 레우카스인과 아낙토리온인 800명이, 다음에
는 케팔레니아의 팔레인 200명이 섰다. 이들 다음에는 아이기나인 500

명이 배치되었고, 이들 옆에는 메가라인 3,000명이, 다음에는 플라타이아이인 600명이 섰다. 그리고 마지막으로 아테나이인이 앞쪽에 섰다. 왼쪽 날개를 맡은 이들 8,000명은 뤼시마코스의 아들 아리스테이데스가 지휘했다.

29 스파르테인 1인당 7명씩 배정된 국가노예를 제외하고 이들은 모두 중무장 보병이었는데, 모두 합해 38,700명이었다. 이것은 페르시아인에 맞서기 위해 모인 중무장 보병의 수이고 경무장 보병의 수는 다음과 같다. 스파르테인 1인당 7명씩, 3,500명이 스파르테군과 함께했는데, 그들은 모두 무장을 하고 있었다. 그 밖의 다른 라케다이몬인과 헬라스인의 경무장 보병도 중무장 보병과 일대일의 비율이었으니까, 34,500명이었다.[24] 따라서 경무장한 보조원 수는 69,500명에 달했다.

30 플라타이아이에 집결한 헬라스군의 총수는 중무장 보병과 경무장 보병을 합해 110,000명에서 1,800명이 모자랐다. 그러나 그곳에 와 있던 테스페이아인을 합하면 총수는 정확히 110,000명이 된다. 테스페이아인 가운데 살아남은[25] 1,880명이 헬라스군 진영에 와 있었기 때문이다. 그러나 이들은 무기를 갖고 있지 않았다.

31 이들은 모두 아소포스 강가에 진을 쳤다. 마르도니오스 휘하의 페르시아인은 마시스티오스의 죽음을 애도하고 나서 헬라스인이 플라타이

---

24 헤로도토스의 계산 방법을 따르면 800명이 더 많다. 중무장 보병의 수는 스파르테인을 제외하면 33,700명이고, 중무장 보병 1명당 경무장 보병 1명씩이라면 경무장 보병의 총수는 34,500명이 아니라 33,700명이다.
25 테르모퓔라이 전투에서.

아이에 와 있다는 말을 듣고 자신들도 그곳을 흐르는 아소포스강 쪽으로 이동했다. 그곳에서 그는 자신의 군대를 헬라스인에 맞서 다음과 같이 배치했다. 그는 라케다이몬인 맞은편에 페르시아인을 배치했다. 그러나 페르시아인이 라케다이몬인보다 훨씬 수가 많아 더 많은 열(列)로 늘어섰고 테게아인까지 맡았다. 그는 배치할 때 최정예부대를 뽑아 라케다이몬인을 상대하게 하고, 더 약한 부대는 그들 옆에 배치해 테게아인을 상대하게 했다. 그가 그러도록 테바이인이 일러 주고 가르쳐 주었다. 페르시아인 다음에 그는 메디아인을 배치했는데, 이들은 코린토스인, 포테이다이아인, 에르코메노스인, 시퀴온인과 마주섰다. 메디아인 다음에 그는 박트리아인을 배치했는데, 이들은 에피다우로스인, 트로이젠인, 레프레온인, 티륀스인, 뮈케나이인, 플레이우스인과 마주섰다. 박트리아인 다음에 그는 인디아인을 배치했는데, 이들은 헤르미오네인, 에레트리아인, 스튀라인, 칼키스인과 마주 섰다. 인디아인 다음에는 사카이족을 배치했는데, 이들은 암프라키아인, 아낙토리온인, 레우카스인, 팔레인, 아이기나인과 마주섰다. 사카이족 다음에 그는 아테나이인, 플라타이아이인, 메가라인을 상대하도록 보이오티아인, 로크리스인, 멜리스인, 텟살리아인과 1,000명의 포키스인을 배치했다. 포키스인이 모두 페르시아에 부역한 것이 아니라, 그중 일부는 파르낫소스산을 기지 삼아 마르도니오스의 군대와 그의 편이 된 헬라스인을 약탈함으로써 헬라스인을 도왔기 때문이다. 마르도니오스는 마케도니아인과 텟살리아 주변에 사는 자들[26]도 아테나이인과 맞서도록 배치했다.

32 나는 마르도니오스가 배치한 부족 가운데 가장 유력하고 유명하고 중요한 부족만을 여기서 거명했다. 거기에는 다른 부족도 섞여 있었는

데, 프뤼기아인, 뮈시아인, 트라케인, 파이오니아인 등이 그들이다. 그밖에 아이티오피아인과 헤르모튀비에스와 칼라시리에스[27]라 불리는 아이귑토스인도 있었다. 이들은 칼로 무장하고 있었는데 아이귑토스에서는 이들만이 전사(戰士)이다. 마르도니오스가 아직도 팔레론에 있을 때 이들 아이귑토스인을 배에서 내리게 했지만 이들은 원래 함선에서 근무했었다. 크세르크세스와 함께 아테나이에 온 보병 부대에는 아이귑토스인이 포함되어 있지 않았기에 하는 말이다. 앞서도 말했듯이,[28] 페르시아군은 300,000명이었다. 마르도니오스의 동맹군이 된 헬라스인의 수는 아무도 알지 못한다. 그들의 수는 한 번도 조사된 바가 없기 때문이다. 그러나 짐작건대, 그들은 그곳에 50,000명쯤 모인 것으로 추정된다. 이렇게 배치된 페르시아군은 모두 보병이고, 기병대는 따로 배치되었다.

33 그들이 모두 부족별로 부대별로 배치를 완료하고 이튿날 양측은 제물을 바쳤다. 헬라스인을 위해서는 안티오코스의 아들 테이사메노스가 제물을 바쳤는데, 그는 예언자로서 헬라스군과 동행했기 때문이다. 그는 엘리스 출신으로 이아미다이가(家)에 속했지만 라케다이몬인은 그를 자신들의 완전시민으로 삼았는데, 그 경위는 다음과 같다. 테이사메노스가 자기에게 자식들이 생길지 델포이의 신탁에 물었을 때, 퓌티아는 그가 가장 중요한 결전에서 다섯 번 우승할 것이라고 예언했다. 그는 신탁의 뜻을 오해하고는 체육 경기에서 우승하게 될 줄 알고 연습에 열중했다. 그는 오종경기 연습을 열심히 했지만 안드로스의 히에로

---

26 7권 132, 185장.
27 2권 164~167장.
28 8권 113장.

뉘모스와 맞선 레슬링 한 종목에서 져 올림피아에서 우승하는 데 실패했다. 그러나 라케다이몬인은 그가 받은 신탁이 경기가 아니라 전투를 의미한다는 것을 알아차리고는 헤라클레스의 자손인 자신들의 왕들과 함께 자신들의 전쟁 지휘관이 되어 달라며 뇌물로 그를 매수하려 했다. 테이사메노스는 스파르테인이 자신을 친구로 삼는 것을 얼마나 중요시하는지 알았고, 그것을 알자 값을 올려, 자기를 그들의 모든 권리를 가진 완전시민으로 삼아야만 그들의 친구가 될 수 있으며, 다른 조건으로는 될 수 없다고 그들에게 말했다. 처음에 스파르테인은 그의 요구를 듣고 분개해 그에게 요청한 것을 철회했지만, 결국 페르시아군의 침입이라는 무서운 위협에 직면하자 그를 찾아가 그의 요구를 들어주었다. 그들이 마음이 바뀐 것을 알자 그는 그런 조건만으로는 만족할 수 없고, 자기 아우 하기아스도 자기와 똑같은 조건으로 스파르테 시민이 되어야 한다고 주장했다.

34 왕권을 요구하는 것과 시민권을 요구하는 것이 같다고 생각할 수 있다면, 그의 이런 요구는 멜람푸스[29]의 선례를 따른 것이다. 아르고스 여인들이 발광하여 아르고스인이 보수를 줄 테니 퓔로스에서 와서 여인들의 병을 낫게 해 달라고 했을 때, 멜람푸스는 왕국의 반(半)을 달라고 요구했기 때문이다. 아르고스인은 요구가 지나치다 싶어 떠났지만, 나중에 더 많은 여인이 발광하자, 그의 조건을 받아들이고 그가 요구하는 것을 줄 각오로 다시 퓔로스로 갔다. 그는 그들의 마음이 바뀐 것을 보자 더 많은 것을 요구했으니, 그들이 그의 아우 비아스에게도 왕국의 3분의 1을 주지 않으면 그들의 청을 들어주지 않겠다고 말한 것이다. 아르고스인은 절망의 구렁텅이에 빠져 있던 터라 이 가외(加外)의 요구도 들어주지 않을 수 없었다.

35 마찬가지로 스파르테인도 테이사메노스가 절실히 필요하여 그의 요구를 다 들어주었다. 스파르테인이 일단 요구를 들어주자 이제 스파르테인이 된 엘리스의 테이사메노스는 예언자로서 가장 중요한 결전에서 그들이 다섯 번 승리하도록 도와주었다. 이방인으로서 스파르테의 완전시민이 된 이는 세상에 이들 형제뿐이었다. 다섯 번의 결전이란 첫째, 이번의 플라타이아이 전투, 둘째, 테게아인 및 아르고스인과 싸웠던 테게아 전투, 셋째, 만티네이아인을 제외한 온 아르카디아인과 싸웠던 디파이에스 전투, 넷째, 이토메 근처에서 벌어진 멧세니아인과의 전투, 마지막으로 아테나이인과 아르고스인의 연합군과 싸운 타나그라 전투였다. 이것이 다섯 결전의 마지막이었다.

36 그래서 이때 스파르테인이 데리고 온 바로 이 테이사메노스가 플라타이아이에서 헬라스인을 위해 예언자 노릇을 하고 있었다. 제물의 내장을 살펴보니, 헬라스인이 방어하면 길하고 아소포스강을 건너가 적군을 공격하면 불길하다는 전조가 나타났다.

37 마르도니오스는 공격하고 싶었지만, 제물의 내장을 살펴보니 그에게도 지키면 길하고 공격하면 불길하다는 전조가 나타났다. 마르도니오스도 엘리스인 헤게시스트라토스를 예언자로 데리고 다니며 헬라스식으로 제물을 바치게 한 것이다. 헤게시스트라토스는 텔리아다이가(家)[30]에서 가장 명망 있는 자로, 스파르테인은 전에 그에게 여러 고약한 일을 당했다 하여 그를 처형할 양으로 포박해 두고 있었다. 생사의 갈림길에 서

29 필로스의 유명한 예언자.
30 이아미다이가(33장)와 더불어 가장 유명한 예언자 집안이던 듯하다.

있는 데다 죽음보다 더 끔찍한 고문이 예기되는 절망적인 상황에서 그는 차마 말로 표현할 수 없는 짓을 했다. 그는 한쪽 발에 쇠테를 두른 통나무 족쇄를 차고 있었는데, 우연히 감옥에 차입된 칼날을 입수하게 되자 지체 없이 우리가 들은 어떤 행동보다도 더 용기가 필요한 짓을 하기 시작했다. 그는 먼저 재어 보고 나서 족쇄에서 발을 빼내기 위해 발의 일부를 잘라 버린 것이다. 그런 다음 간수들의 눈을 피해 벽에 구멍을 뚫고 밤에는 걷고 낮에는 덤불 밑에 기어들어 가 쉬며 테게아로 도주했다. 라케다이몬인은 전력을 다해 그를 찾았지만, 도주한 지 세 번째 밤에 그는 테게아에 도착했다. 라케다이몬인은 그의 반쯤 잘라 낸 발 조각이 남아 있는 것을 보고 그의 대담함에 혀를 내둘렀지만 그를 찾을 수는 없었다. 그때 그는 그렇게 라케다이몬인을 피해 당시에는 라케다이몬인과 사이가 나빴던 테게아로 피신한 것이다. 비록 목발을 짚기는 했어도 상처가 나은 그는 그때부터 공공연히 라케다이몬인의 적이 되었다. 그러나 라케다이몬인에게 품은 이런 지속적인 적대감은 결국 그에게 이롭지 못했다. 그는 자퀸토스에서 예언자로 봉사하다가 라케다이몬인에게 붙잡혀 처형되었기에 하는 말이다.

38 하지만 헤게시스트라토스가 죽은 것은 플라타이아이 전투 이후에 일어난 일이다. 이때는 그는 거액을 받고 마르도니오스에게 고용되어 아소포스 강가에서 열심히 제물을 바쳤는데, 라케다이몬인이 미운 데다 돈을 벌었기 때문이다. 페르시아인뿐 아니라 그들과 함께하는 헬라스인(그들에게도 레우카스의 힙포마코스라는 자신들의 예언자가 있었다)도 적을 공격하면 불리하다는 경고를 받은 데다, 헬라스군에는 증원부대가 계속 유입되어 그 수가 자꾸 늘어나자 헤르퓌스의 아들 티마게니다스라는 테바이인이 키타이론산의 고갯길들을 점령하기를 권하

며, 그렇게 하면 계속해서 날마다 유입되고 있는 헬라스인을 많이 사로잡을 수 있을 것이라고 했다.

39 티마게니다스가 마르도니오스에게 이런 조언을 했을 때는 이미 양군이 서로 대치하고 있은 지 8일째였다. 마르도니오스는 좋은 계책이라고 여기고 플라타이아이로 통하는 키타이론산의 고갯길들로 밤에 기병대를 파견했는데, 이 고갯길들을 보이오티아인은 '세 머리'라 부르고, 아테나이인은 '참나무 머리들'[31]이라고 부른다. 기병대를 파견한 것은 성과가 없지 않았으니, 그들은 펠로폰네소스에서 헬라스군 진영으로 군량을 운반하기 위해 들판으로 내려오던 운반용 동물들을 마부들과 함께 사로잡은 것이다. 페르시아인은 이런 전리품을 일단 챙긴 후 사람과 동물을 가리지 않고 무자비하게 도륙했다. 물릴 때까지 도륙을 일삼다가 그들은 살아남은 것들을 에워싸고 마르도니오스가 있는 군영으로 몰고 갔다.

40 이런 사건이 일어난 뒤 또 이틀이 지났다. 그러나 어느 쪽에서도 전투를 개시하려 하지 않았다. 페르시아인은 헬라스인을 떠보기 위해 아소포스강까지 진출했지만 어느 쪽도 실제로 강을 건너지는 않았다. 마르도니오스의 기병대는 계속해서 공격을 가하며 헬라스인을 괴롭혔는데, 이는 페르시아에 적극적으로 부역하는 호전적인 테바이인이 적을 공격할 수 있는 거리 안으로 기병대를 안내하면 그때부터는 페르시아인과 메디아인이 나서서 용맹을 떨쳤던 것이다.

---

31 Dryos kephalai.

41 처음 10일 동안에 일어난 일은 이것이 전부였다. 양군이 플라타이아이에서 대치한 지 11일째 되는 날, 헬라스인은 점점 수가 늘어나는데 가만있는 것이 마르도니오스는 몹시 못마땅했다. 그래서 고브뤼아스의 아들 마르도니오스와 어느 페르시아인 못지않게 크세르크세스의 신망이 두터운 파르나케스의 아들 아르타바조스가 만나 의논을 했다. 아르타바조스의 의견은, 전군을 이끌고 되도록 빨리 지금의 군영을 버리고 군량과 운반용 동물을 위해 꼴이 많이 비축되어 있는 테바이 성안으로 들어가자는 것이었다. 그러면 그들은 그곳에 느긋하게 앉아 원정의 목적을 달성할 수 있을 것인데, 그들에게는 주조한 또는 주조하지 않은 다량의 금은과 술잔들이 있는 만큼, 헬라스인 사이에, 특히 각 도시의 요인들에게 아낌없이 돈을 뿌리면 헬라스인은 곧 자유를 포기하게 될 것이고, 그러면 굳이 위험을 무릅쓰고 싸울 필요가 없다는 것이었다. 그의 의견은 테바이인의 의견과 일치하는 것으로, 그도 선견지명이 있었기 때문이다. 그러나 마르도니오스의 의견은 강력하고 완고하고 비타협적이었다. 그의 주장인즉 페르시아군이 헬라스군보다 훨씬 강하다고 생각되는 만큼 적군이 더이상 늘어나는 것을 수수방관만 할 것이 아니라 최대한 빨리 교전해야 하며, 헤게시스트라토스의 제물은 거기서 억지로 좋은 전조를 얻어내려고 하느니 차라리 무시해 버리고 페르시아의 관습[32]에 따라 전투를 개시해야 한다는 것이었다.

42 그가 이런 의견을 제시하자 아무도 반대하는 이가 없어 그의 의견대로 되었다. 왕에게서 군대의 통솔권을 부여받은 이는 마르도니오스이지 아르타바조스가 아니었기 때문이다. 그래서 마르도니오스는 부대장들과, 자기와 함께하는 헬라스인의 지휘관들을 소집한 다음 페르시아군이 헬라스에서 파멸할 것이라는 신탁을 알고 있는지 물었다. 소집된

지휘관들이, 더러는 그런 신탁을 몰라서, 더러는 그런 신탁을 알고는 있었지만 입 밖에 내는 것은 안전하지 못하다고 여기고 침묵을 지키고 있자, 마르도니오스가 말했다. "여러분이 아무것도 모르고 있거나, 아니면 감히 말하려 하지 않으니 잘 알고 있는 내가 말하겠소. 페르시아인은 헬라스에 가서 델포이의 신전을 약탈할 것인데, 약탈한 뒤에는 모두 파멸하게 되어 있다는 신탁이 있소. 그러나 우리는 이것을 알고 있기에 신전을 약탈하지 않고 그 옆을 통과할 것이며, 그러면 우리는 파멸을 피할 수 있소. 그러니 여러분 중에 페르시아인에 호의적인 자들은 모두 기뻐하시오. 우리는 헬라스인을 정복하게 될 테니 말이오." 그러고 나서 그는 그들에게 이튿날 새벽에 전투가 시작될 터이니 만반의 준비를 갖추라고 일렀다.

43 마르도니오스에 따르면 페르시아인과 관련이 있다는 이 신탁은 사실은 페르시아인이 아니라, 일뤼리콘의 엥켈레에스족[33] 군대와 관련이 있는 것으로 나는 알고 있다. 플라타이아이 전투와 관련이 있는 것은 바키스의 예언으로, 그 내용은 다음과 같다.

테르모돈[34] 강가와 풀이 무성한 아소포스 강가에
헬라스인이 모이면 낯선 말을 하는 자들은 비명을 지르리라.
그러면 그곳에서 활을 든 메디아인[35]이 때가 되기도 전에

---

32 적의 눈치만 살피지 않고 당당하게 선제공격을 한다는 일반적인 의미인 것 같다.
33 일뤼리콘의 한 부족인 엥켈레에스족이 델포이를 약탈한 뒤 파멸했다는 이야기는 에우리피데스의 비극 『박코스 여신도들』 1336~1338행 참조.
34 여기서는 소아시아 파플라고니아 지방이 아니라 보이오티아 지방에 있는 강이다.
35 페르시아인.

수없이 쓰러지리라, 죽음의 날이 그들을 덮치면.

이 예언뿐 아니라 이와 비슷한 무사이오스의 예언도 페르시아인과 관련이 있는 것으로 나는 알고 있다. 테르모돈강은 타나그라와 글리사스 사이를 흐른다.

44 마르도니오스가 신탁에 관해 묻고 지휘관들을 격려한 뒤 밤이 되자 파수병들이 배치되었다. 밤이 깊어 양쪽 군영이 조용해지고 사람들이 대부분 잠든 것 같았을 때, 마케도니아인의 장군이자 왕인, 아뮌타스의 아들 알렉산드로스가 말을 타고 아테나이인의 파수병들에게 달려와 장군들과의 면담을 요청했다. 파수병들은 대부분 그 자리에 머물러 있었지만, 그중 몇 명은 장군들에게로 달려가 페르시아 군영에서 누군가 말을 타고 와서는 다른 말은 하지 않고 장군들의 이름을 말하며 그분들과의 면담을 요청하더라고 보고했다.

45 장군들은 이런 보고를 받자 지체 없이 파수병들을 따라나섰고, 그들이 도착하자 알렉산드로스가 이렇게 말했다. "아테나이인이여, 내가 지금 우정의 징표로 그대들에게 말하고자 하는 것을 그대들은 파우사니아스 외에 어느 누구에게도 발설하지 마시오. 그렇지 않으면 나는 끝장이오. 내가 헬라스 전체를 진심으로 염려하지 않는다면 이렇게 말하러 오지도 않았을 것이오. 혈통을 따지면 나도 헬라스인인지라 헬라스가 자유를 잃고 노예가 되는 것을 보고 싶지 않소. 그래서 하는 말인데, 마르도니오스와 그의 군대는 제물에서 길조를 얻을 수 없다는 결론을 내렸소. 길조를 얻었더라면 벌써 오래전에 전투가 시작되었을 것이오. 그러나 그는 이제 전조를 무시하고 내일 새벽에 공격을 개시하기로 결

심했소. 짐작건대, 그대들의 군대가 자꾸 증강되는 것이 두려웠던 것 같소. 그대들은 이에 대비해 두시오. 그러나 마르도니오스가 교전을 연기할 경우 그대들은 그 자리에 버티고 있으시오. 그에게는 수일분 군량밖에 남아 있지 않기 때문이오. 전쟁이 그대들의 뜻대로 끝날 경우, 그대들은 마땅히 나를 기억하고 내 자유를 염려해 주어야 할 것이오. 나는 헬라스를 위해 이런 위험한 모험을 했으니 말이오. 말하자면 내가 자진해 이런 짓을 한 것은, 그대들이 불시에 페르시아인에게 기습당하는 일이 없도록 마르도니오스의 의도를 그대들에게 알려 주고 싶었기 때문이오. 나는 마케도니아의 알렉산드로스요." 이렇게 말하고 그는 페르시아 군영의 자기 위치로 돌아갔다.

46   아테나이의 장군들은 오른쪽 날개로 가서 알렉산드로스에게 들은 것을 파우사니아스에게 보고했다. 그는 이 보고를 듣자 페르시아인이 두려워 이렇게 말했다. "내일 새벽에 전투가 시작될 것이라면 그대들 아테나이인이 페르시아인과 맞서고, 우리는 보이오티아인 및 지금 그대들과 대치하고 있는 다른 헬라스인과 맞서는 것이 더 좋겠소. 그 이유는 다음과 같소. 그대들은 마라톤에서 싸워 본 적이 있어 페르시아인의 작전을 잘 알고 있지만, 우리는 아직 저들과 겨루어 보지 않아 저들을 잘 모르오. 그러나 보이오티아인과 텟살리아인이라면 우리가 잘 알고 있소. 그러니 그대들은 무기를 챙겨 들고 이쪽 날개로 옮기시오. 우리는 왼쪽 날개로 갈 것이오." 그러자 아테나이인이 대답했다. "우리도 당초 페르시아인이 그대들 맞은편에 배치되는 것을 보고 그대들이 지금 말한 것과 같은 제안을 하고 싶었지만, 그런 제안이 그대들 마음에 들지 않을까 두려웠소. 그러나 지금 그대들이 자청해 그런 제안을 하니, 우리는 기꺼이 그대들의 제안을 받아들여 그 제안대로 할 용의가

있소이다."

47 양측 모두 그 제안이 마음에 들어 날이 밝기 시작하자 서로 자리를 바꾸었다. 그러나 보이오티아인이 무슨 일이 벌어지고 있는지 알아차리고 마르도니오스에게 보고했다. 이 보고를 받자마자 그도 자리를 바꿔 페르시아인을 다시 라케다이몬인 맞은편으로 데려다 놓았다. 파우사니아스는 이 사실을 알자 적군 몰래 움직일 수 없음을 깨닫고 스파르테인을 도로 오른쪽 날개로 물렸다. 그러자 마르도니오스도 페르시아인을 왼쪽 날개로 물렸다.

48 그리하여 그들이 원위치로 가서 서자 마르도니오스가 스파르테인에게 전령을 보내 다음과 같이 말하게 했다. "라케다이몬인이여, 이곳 사람들은 모두 그대들을 가장 용감한 사람들이라고 말하고 있소. 그들은 그대들이 싸움터에서 도망치거나 대열을 이탈하지 않고 끝까지 버티고 서서 적들을 죽이든지, 아니면 자신들이 죽는다고 찬탄하고 있소. 그러나 그것은 전혀 사실이 아니오. 전투가 시작되기도 전에, 우리가 접근전을 시작하기도 전에 그대들이 제자리를 떠나 도망치는 것을 보았기에 하는 말이오. 그대들은 지금 아테나이인을 앞으로 내보내고 자신들은 우리의 노예들과 맞서고 있소. 그런 것들은 결코 용감한 자들이 취할 행동이 아니오. 우리는 그대들에게 완전히 속았소. 우리는 그대들의 명성으로 미루어 그대들이 우리에게 전령을 보내 페르시아인과 일대일로 싸우고 싶다고 도전하리라 기대했고, 그러면 거기에 응할 각오가 되어 있었소. 그러나 지금 우리는 그대들이 그렇게 도전해 오기는커녕 몸을 사리는 것을 보았소. 지금 그대들이 도전해 오지 않으니 우리가 도전하겠소. 그대들은 이곳에서 가장 용감한 자들로 인정받고 있

으니 헬라스를 대표하여, 우리는 아시아를 대표하여 양군이 같은 병력으로 대결해 보지 않겠소? 나머지 군대도 서로 싸워야 한다고 생각한다면 그들은 나중에 싸우게 하시오. 그러나 그대들이 그럴 필요 없이 양군이 싸우는 것으로 충분하다고 여긴다면, 우리가 결전을 하되 그 승리는 이긴 쪽 전군의 몫으로 합시다."

49 전령은 이렇게 전하고 잠시 기다렸지만 아무 대답이 없자 돌아가 마르도니오스에게 경위를 보고했다. 그러자 그는 기분이 좋았고, 공허한 승리에 고무되어 기병대에게 헬라스인을 공격하라고 명령했다. 기병대는 창을 던지고 활을 쏘며 전 헬라스군을 몹시 괴롭혔다. 말을 탄 사수들은 대적하기가 어려웠기 때문이다. 기병대는 헬라스 전군에 물을 대주던 가르가피아 샘을 오염시키고 망쳐 놓았다. 샘은 라케다이몬인이 배치된 곳에서는 가까웠지만, 여기저기 배치된 다른 헬라스인에게는 멀었고, 오히려 아소포스강이 더 가까웠다. 그러나 페르시아 기병대가 활을 쏘아 대는 바람에 강에서 물을 길어 올 수가 없게 된 그들은 아소포스강에 접근할 수 없자 샘으로 가야 한 것이다.

50 군영에 물이 떨어지고 군사들이 페르시아 기병대에 시달리는 등 곤경에 처하게 되자 헬라스의 장군들이 모여 이런저런 문제들을 의논하려고 오른쪽 날개로 파우사니아스를 찾아갔다. 그들의 사정은 더 딱했으니, 군량이 바닥난 것이다. 군량을 운반해 오도록 펠로폰네소스로 보낸 하인들이 기병대에 길이 막혀 군영에 도착할 수 없었기 때문이다.

51 장군들은 회의 끝에 만약 페르시아인이 그날 공격해 오지 않을 경우 '섬'으로 이동하기로 결정했다. 이 '섬'은 플라타이아이 시 앞에 있는데, 아

소포스와 당시 그들이 진을 치고 있던 가르가피아 샘에서 10스타디온 떨어져 있다. 그곳은 일종의 내륙 섬이다. 키타이론산에서 평야로 흘러내리는 강이 두 갈래로 나뉘어 3스타디온쯤 따로 흐르다가 다시 합류해 오에로에라는 강이 된다. 토착민들은 오에로에를 아소포스의 딸로 여긴다. 그들이 그곳으로 옮기기로 결정한 것은, 그곳에는 물이 넉넉하고, 기병대가 자기들과 정면으로 맞서고 있는 지금처럼 심하게 자기들을 괴롭힐 수 없을 것이기 때문이었다. 그들은 자기들이 이동하는 것을 페르시아인이 눈치채지 못하도록, 그래서 기병대가 뒤쫓아와 자기들을 괴롭히지 못하도록 그날 밤 두 번째 야경(夜警) 때 이동하기로 결정했다. 그들은 또 아소포스의 딸 오에로에가 키타이론산에서 흘러내리다가 갈라지면서 생긴 그곳에 일단 도착하면, 밤에 군대의 반을 키타이론산으로 보내, 군량을 운반해 오도록 파견되었다가 키타이론산에 갇혀 있는 하인들을 구출해 오게 하기로 결정했다.

52 그들은 그렇게 결정한 뒤 그날은 온종일 줄곧 기병대의 공격에 시달렸다. 날이 저물어 기병대가 물러가고 밤이 되며 출발하기로 약속한 시간이 다가오자, 군대의 대부분이 이동하기 시작했다. 그러나 정해진 장소로 갈 의향은 없었으니, 그들은 출발하자마자 페르시아 기병대에서 벗어나겠다는 일념에서 플라타이아이 시로 달아나다가 헤라 신전에 이르렀다. 가르가피아 샘에서 20스타디온 떨어져 있는 헤라 신전은 플라타이아이 시 앞에 자리잡고 있다.

53 그들은 헤라 신전 옆에 진을 쳤다. 파우사니아스는 그들이 군영을 출발하는 것을 보고 그들이 약속된 장소로 가는 줄 알고 라케다이몬인에게 무기를 챙겨 들고 앞서간 자들의 뒤를 따르라고 명령했다. 그러자 다

른 지휘관들은 기꺼이 파우사니아스의 명령에 따랐지만, 피타네 구역 부대를 지휘하는 폴리아데스의 아들 아몸파레토스만은 '이방인들'[36] 앞에서 도주함으로써 스파르테에 치욕을 안기고 싶지 않다고 말했다. 아닌 게 아니라 그는 앞서 회의 때 참석하지 않은 까닭에 군대가 출발하는 것을 보고 놀라움을 금치 못했다. 파우사니아스와 에우뤼아낙스는 그의 명령 불복종이 불쾌했지만, 더 불쾌한 것은 그가 계속해서 고집을 피우면 그들이 다른 헬라스인과의 약속을 지키기 위해 출발할 때 피타네 구역 부대를 뒤에 두고 떠날 수밖에 없을 텐데, 그럴 경우 뒤에 남겨진 아몸파레토스와 그의 부대는 궤멸할 것이기 때문이다. 이런 생각이 들자 두 사람은 라케다이몬 군대를 세우고, 그렇게 해서는 안 된다고 아몸파레토스를 설득하려 했다.

54 두 사람이 라케다이몬인과 테게아인 가운데 유일하게 뒤에 남은 아몸파레토스를 설득하려 하는 동안, 아테나이인은 원래 배치된 위치에 그대로 머물러 있었으니, 말 다르고 생각 다른 라케다이몬인의 성향을 잘 알고 있었기 때문이다. 군대가 이동하기 시작하자, 아테나이인은 기병 한 명을 보내 스파르테인이 출발 준비를 하는지, 아니면 출발할 의사가 전혀 없는지 살펴보고, 파우사니아스에게 자기들은 어떻게 해야 하는지 물어보게 했다.

55 전령이 라케다이몬인에게 가서 보니 그들은 제자리에 있고 그들의 지휘관들은 서로 말다툼을 하고 있었다. 에우뤼아낙스와 파우사니아스가 아몸파레토스와 그의 대원들이 다른 라케다이몬인의 지원 없이 혼

---

36 xeinoi.

자 남으면 위험하다고 그를 설득하려 했지만 실패하자 말다툼이 벌어졌는데, 바로 그때 아테나이인의 전령이 들어선 것이다. 말다툼이 벌어지자 아몸파레토스는 두 손으로 바윗덩이 하나를 집어 들어 파우사니아스의 발아래 내려놓더니 자기는 이 바윗덩이를 투표석(投票石) 삼아 '이방인들' — 이민족[37]을 두고 한 말이다 — 앞에서 도주하는 데 반대한다고 말했다. 그러자 파우사니아스가 그를 제정신이 아닌 미치광이라고 부르며, 명령받은 대로 질문한 아테나이인의 전령에게 자신의 어려운 처지를 아테나이인에게 전하라고 명령했다. 그리고 그는 아테나이인이 라케다이몬인 쪽으로 이동하여, 철군에 관한 한 라케다이몬인이 하는 대로 따라 하기를 요구했다.

56 전령은 아테나이인에게 돌아갔다. 그러나 스파르테인은 날이 샐 때까지 이견을 해소하지 못했다. 그동안 내내 군대를 붙들어 두고 있던 파우사니아스는 이제 다른 라케다이몬인이 출발하면 아몸파레토스도 뒤에 남지 않을 것이라고 판단했는데, 그것은 옳은 판단이었다. 그래서 그는 출발 신호를 보내고 나서 다른 라케다이몬인을 모두 이끌고 언덕을 따라 이동하기 시작했다. 테게아인이 그 뒤를 따랐다. 아테나이인 역시 명령받은 대로 출발했지만 라케다이몬인과 다른 길을 택했다. 라케다이몬인은 페르시아 기병대가 두려워 언덕들과 키타이론산 기슭을 따라 이동했지만, 아테나이인은 들판으로 내려온 것이다.

57 아몸파레토스는 처음에 파우사니아스가 설마 자신과 자신의 부대를 뒤에 남겨 두지 않을 것이라 믿고 그곳에 남아 원래 위치를 떠나지 않겠다고 고집했다. 그러나 파우사니아스가 부대를 이끌고 얼마쯤 이동하자 그는 그들이 실제로 자기를 버린다는 것을 알고 부대원들에게 무

기를 챙겨 들라고 명령한 다음 보통 걸음으로 다른 부대가 간 방향을 뒤따르게 했다. 다른 부대는 4스타디온쯤 나아간 뒤, 엘레우시스의 데 메테르 신전이 있는 아르기오피온이라는 곳의 몰로에이스 강가에 멈춰 서서 아몸파레토스의 부대를 기다리고 있었다. 파우사니아스의 부대가 그곳에서 기다린 것은, 아몸파레토스와 그의 부대가 정말로 배치된 위치를 떠나기를 거부하고 그곳에 머물러 있다가 위급해지면 돌아가 도와주기 위해서였다. 아몸파레토스와 그의 부대가 나머지 라케다이몬인의 부대와 합류했을 때 페르시아군의 전 기병대가 공격해 왔다. 페르시아 기병대는 전부터 늘 하던 대로 했는데, 헬라스인이 지난 며칠 동안 진을 치고 있던 곳이 비어 있는 것을 보고 계속 앞으로 말을 달려 라케다이몬인을 따라잡은 다음 공격한 것이다.

58 마르도니오스는 헬라스인이 밤에 철수했다는 말을 듣고 그들이 진을 친 곳이 비어 있는 것을 보자 라리사의 토락스와 그의 아우들인 에우뤼 필로스와 트라쉬데이오스를 불러 놓고 말했다. "알레우아스의 아들들이여, 그대들은 저곳이 비어 있는 것을 보고도 더 할 말이 있소? 라케다이몬인의 이웃인 그대들은 그들이 싸움터에서 도망치지 않으며 전쟁에는 으뜸가는 자들이라고 말하곤 했소. 그런데 어제는 그들이 대열 내의 위치를 바꾸는 것을 그대들이 보았고, 이번에는 그들이 간밤에 도주한 것을 우리 모두가 보고 있소. 이로써 막상 세상에서 가장 용감한 전사들과 자웅을 겨루지 않을 수 없게 되자 그들은 사실은 아무것도 아니며, 헬라스인 사이에서나 그동안 두각을 나타냈음이 백일하에 드러났소. 나는 그대들이 그들을 칭찬하는 것은 용서할 수 있소. 그대들은 페

---

37 barbaroi.

르시아에는 와 본 적이 없고 그들에 관해서는 조금은 알기 때문이오. 그러나 나는 그만큼 더 아르타바조스를 이해할 수 없소. 그는 라케다이몬인이 두려운 나머지 군영을 떠나 테바이 성채로 들어가 스스로 그곳에서 포위공격당하자는 비겁한 조언을 했으니 말이오. 나는 반드시 이를 대왕께 아뢸 것이오. 이에 관해서는 나중에 논의하게 될 것이오. 우리에게 급선무는 라케다이몬인이 뜻대로 도망치지 못하게 하는 것이오. 그러니 우리는 그들을 따라잡을 때까지 추격해 그들이 페르시아인에게 행한 온갖 악행의 대가를 치르게 해야 하오."

59 이렇게 말하고 그는 급히 페르시아인을 이끌고 아소포스강을 건너 헬라스인이 도주하려는 줄 알고 그들을 추격했다. 그는 라케다이몬인과 테게아인만을 추격했는데, 들판으로 향하고 있던 아테나이인은 언덕에 가려 보이지 않았기 때문이다. 침략군의 다른 부대의 지휘관들도 페르시아인이 헬라스인을 추격하는 것을 보자 즉시 출발 신호를 내리고, 질서도 대오도 지키지 않은 채 되도록 빨리 헬라스인을 추격했다. 이처럼 그들은 헬라스인을 섬멸할 줄 알고 고함을 지르며 떼 지어 공격했다.

60 기병대가 공격해 오자 파우사니아스는 기병 한 명을 아테나이인에게 보내 다음과 같이 전하게 했다. "아테나이인이여, 헬라스가 자유를 지키느냐 아니면 노예가 되느냐 하는 결전이 임박한 지금, 우리들 라케다이몬인과 그대들 아테나이인은 동맹군에게 배신당했소. 그들은 간밤에 도주했소이다. 지금 우리가 해야 할 일은 분명하오. 그것은 우리가 힘닿는 데까지 우리 자신을 지키고 서로 돕는 것이오. 기병대가 그대들을 공격했다면, 그대들을 구원하는 것은 당연히 우리와, 헬라스를 배반하지 않은 테게아인의 의무였을 것이오. 하지만 지금 적군이 모두 우

리 쪽으로 다가왔으니, 그대들이 가장 곤경에 처한 우리를 구원하러 오는 것이 도리일 것이오. 사정이 있어 그대들이 몸소 올 수 없다면 그대들의 궁수들을 보내 주시면 고맙겠소. 우리는 그대들이 이 전쟁에 누구보다도 열성적이라는 것을 잘 알고 있소. 그러니 그대들은 이런 요청도 들어줄 것으로 믿소."

61 아테나이인은 이 말을 듣자 힘닿는 데까지 도와주려고 출발했지만 도중에 자신들 맞은편에 배치되어 있던 친(親)페르시아 헬라스인의 공격을 받아 곤급한 처지에 놓이게 되어 라케다이몬인을 구원하러 갈 수 없었다. 그래서 라케다이몬인과 테게아인은 고립무원의 궁지에 빠지게 되었는데, 라케다이몬인은 경무장 보병을 포함해 50,000명이고, 한사코 라케다이몬인과 떨어지지 않으려는 테게아인은 33,000명이었다. 그들은 마르도니오스와 그곳에 와 있는 그의 부대와 교전하기 위해 제물을 바쳤지만 전조는 불길했다. 제물을 바치는 동안 많은 전사자가 났고, 부상자는 더 많았다. 페르시아인이 가는 가지로 엮어 만든 방패들로 울을 치고 헬라스인에게 화살을 비 오듯 쏘아 댔기 때문이다. 그래서 스파르테인이 궁지에 몰린 데다 전조마저 불길하자 파우사니아스는 플라타이아이의 헤라 신전을 바라보며 승리하게 되리라는 헬라스인의 희망이 물거품이 되지 않게 해 달라고 기도했다.

62 파우사니아스의 기도가 채 끝나기도 전에 테게아인이 먼저 페르시아인을 향해 진격했다. 그리고 파우사니아스의 기도가 끝나자마자, 제물에서 라케다이몬인에게 길조가 나타났다. 그리하여 상황이 유리해지자 라케다이몬인도 페르시아인을 향해 진격했고, 페르시아인은 활을 내려놓고 그들과 맞섰다. 처음에는 잔가지로 엮어 만든 방패들로 쳐 놓

은 울을 둘러싸고 전투가 벌어졌지만, 이 울이 무너지자 데메테르 신전 주위에서 오랫동안 격전이 계속되었다. 그러다가 결국 육탄전이 벌어졌는데, 페르시아인이 헬라스인의 창을 잡고 분질러 버렸기 때문이다. 용기와 힘에서 페르시아인은 헬라스인에 뒤지지 않았다. 그러나 그들은 중무장을 하지 않았고, 훈련도 되어 있지 않았으며, 전술에서도 적수가 되지 못했다. 그들은 혼자서 또는 열 명 남짓 떼를 지어 돌진하다가 도륙되곤 했다.

63 마르도니오스는 1,000명의 가장 용감한 페르시아인으로 구성된 정예 부대에 둘러싸인 채 백마를 타고 싸우고 있었는데, 그가 나타나는 곳에서는 어디서나 페르시아인이 적군을 가장 격렬하게 밀어붙였다. 그리고 마르도니오스가 살아 있는 동안에는 그들은 적군과 맞서 자신들을 지키며 수많은 라케다이몬인을 쓰러뜨렸다. 그러나 마르도니오스가 죽고 그를 에워싸고 있던 페르시아의 최정예부대가 궤멸하자 나머지는 등을 돌려 라케다이몬인 앞에서 도주했다. 그들이 궤멸한 것은 무엇보다도 그들이 중무장을 하지 않았기 때문이다. 그들은 말하자면 경무장 보병으로서 중무장 보병과 싸운 것이다.

64 이렇게 마르도니오스는 신탁이 예언한 대로[38] 레오니다스를 죽인 대가를 스파르테인에게 치렀던 것이다. 그리고 아낙산드리데스의 손자요 클레옴브로토스의 아들인 파우사니아스는 우리가 아는 한 가장 영광스런 승리를 거두었다. 파우사니아스와 레오니다스는 조상이 같은 분들인지라,[39] 파우사니아스의 아낙산드리데스 이전 조상의 이름은 레오니다스 이야기를 할 때[40] 이미 언급한 바 있다. 마르도니오스는 스파르테의 저명인사 아림네스토스의 손에 죽었는데, 아림네스토스는

페르시아전쟁이 끝나고 얼마 뒤 300명의 대원을 이끌고 가서 스테뉘클레로스에서 멧세니아의 전군과 싸우다가 그도 죽고 그의 300명도 모두 죽었다.[41]

65 페르시아인은 플라타이아이에서 라케다이몬인에게 격퇴되자 무질서하게 자신들의 군영과, 자신들이 테바이 영토에 세워 놓은 목책으로 도주했다. 한 가지 놀라운 사실은, 데메테르의 원림(園林) 근처에서 전투가 벌어졌음에도 나중에 밝혀졌듯이, 페르시아인은 단 한 명도 성역으로 들어가거나 그 안에서 죽지 않고, 대부분 성역 부근의 축성(祝聖)되지 않은 땅에서 죽었다는 것이다. 신들에 관한 일에 의견을 말해도 된다면, 내 생각에, 페르시아인이 엘레우시스에 있는 자신의 신전을 불태운 까닭에 여신께서 그들을 멀리하신 것 같다.

66 플라타이아이 전투는 그렇게 끝났다. 파르나케스의 아들 아르타바조스는 처음부터 크세르크세스가 마르도니오스를 뒤에 남겨 둔 것이 못마땅했고, 이번에도 전쟁을 하지 말라고 여러 번 만류하려 했지만 아무 소용이 없었다. 그래서 그는 마르도니오스의 작전에 불만을 품고 다음과 같이 했다. 그는 병력이 40,000명이나 되는 상당히 큰 규모의 부대를 거느리고 있었는데, 전투가 시작되자 그 결과를 분명히 예견하고는 그들에게 정상적인 전투대형을 이룬 채 자기가 어디로, 어떤 속도로 인도하든 따라오라고 일러두었다. 이렇게 일러둔 다음 그는 싸움터로 가

38 8권 114장.
39 레오니다스는 아낙산드리데스의 아들로, 파우사니아스의 삼촌이다.
40 7권 204장.
41 이른바 제3차 멧세니아 전쟁(기원전 465~455년) 초기.

는 양 부대를 인솔하고 나갔다. 그러나 도중에 페르시아인이 패주해 오는 것을 보자 그는 대형을 바꿔, 목책이나 테바이인의 성벽 쪽이 아니라 포키스 쪽으로 최대한 빨리 싸움터에서 달아나기 시작했는데, 되도록 빨리 헬레스폰토스에 도착하고 싶었기 때문이다.

67 아르타바조스와 그의 부대는 그쪽 방향으로 달아났다. 페르시아 왕의 편이 된 다른 헬라스인은 일부러 겁쟁이가 되었지만 보이오티아인은 아테나이인과 장시간 싸웠다. 테바이인 중에 페르시아에 부역하는 자들이 열심히 싸우고 일부러 겁쟁이가 되지 않았기 때문이다. 그래서 그 가운데 가장 용감한 요인 300명이 아테나이인의 손에 죽었다. 보이오티아인 역시 격퇴되자 테바이로 달아났지만, 페르시아인과 페르시아 측 다른 동맹군과는 다른 방향을 택했다. 이들 동맹군은 어느 누구와도 싸워 보지 않고, 아무것도 보여 주지 않은 채 달아나기 시작한 것이다.

68 침략군의 승패는 전적으로 페르시아인에게 달려 있었음이 분명하다. 이때도 이들 동맹군은 페르시아인이 달아나는 것만 보고 적군과 맞붙어 보지도 않고 달아났기에 하는 말이다. 그들은 기병대, 특히 보이오티아의 기병대를 제외하고는 모두 달아났다. 그러나 기병대는 줄곧 적군 가까이 바싹 붙어, 달아나는 전우들을 헬라스인에게서 지켜 줌으로써 달아나는 자들에게 도움을 주었다. 헬라스인은 승승장구하며 추격의 고삐를 늦추지 않고 크세르크세스의 군사들을 도륙했다.

69 페르시아군이 패주하기 시작하자, 전투가 벌어져 파우사니아스의 부대가 승리했다는 소문이 헤라 신전 옆에 자리잡고 서서 전투에 참가하지 않던 다른 헬라스인에게도 전해졌다. 그들은 소문을 듣자마자 대오

를 갖추지 않고 무질서하게 출동했다. 코린토스인과 그들 옆에 배치된 부대들은 위쪽 길로 해서 언덕과 산기슭을 따라 곧장 데메테르 신전으로 향했고, 메가라인과 플레이우스인과 그들 옆에 배치된 부대들은 들판의 가장 평탄한 길로 해서 나아갔다. 그러나 메가라인과 플레이우스인이 적군에 다가갔을 때, 티만드로스의 아들 아소포도로스가 지휘하는 테바이 기병대가 그들이 무질서하게 달려오는 것을 보고는 그들 쪽으로 말을 달려 공격해 그 가운데 600명을 땅에 누이고 나머지는 키타이론산 쪽으로 추격해 흩어 버렸다.

70 이들은 그렇게 불명예스럽게 죽었다. 한편 페르시아인과 다른 무리는 목책 안으로 피신하자 라케다이몬인이 도착하기 전에 탑들 위로 올라갔고, 그곳에 올라가자 방벽을 최대한 강화했다. 그래서 그곳에 도착한 라케다이몬인은 고전을 면치 못했다. 아테나이인이 도착할 때까지는 공성전에 서툰 라케다이몬인보다 방어하는 페르시아인이 훨씬 우세했기 때문이다. 그러나 일단 아테나이인이 가세하자 장시간 격전이 벌어졌다. 아테나이인이 결국 용기와 인내력에 힘입어 방벽에 올라가 그것을 허물자, 그곳으로 헬라스인이 쏟아져 들어갔다. 맨 먼저 들어간 이들은 테게아인으로, 그들은 마르도니오스의 막사를 약탈하고, 거기서 다른 물건들과 함께 말구유를 하나 가지고 나왔다. 한번 구경할 만한 가치가 있는 온통 청동으로 된 마르도니오스의 이 말구유를 테게아인은 아테나 알레아의 신전에 봉헌하고, 갖고 온 다른 물건들은 헬라스인 공동의 노획물 보관소에 갖다 놓았다. 일단 방벽이 무너지자 침략군은 대열을 재정비하기는커녕 항전할 생각도 않고 좁은 공간에 수만 명이 갇힌 채 두려움에 떨고 있었다. 그래서 헬라스인이 마음껏 도륙할 수 있게 되자, 아르타바조스가 달아날 때 데려간 40,000명을 빼고

300,000명 중에서 3,000명도 살아남지 못했다. 이 전투에서 스파르테 출신 라케다이몬인은 모두 91명이, 테게아인은 16명이, 아테나이인은 52명이 죽었다.

71 페르시아인의 보병과 사카이족의 기병대가 침략군 가운데 가장 잘 싸웠으며 개별 전사 중에서는 마르도니오스가 가장 잘 싸웠다고 한다. 헬라스인 중에서는 테게아인과 아테나이인이 잘 싸웠지만, 용기에서는 라케다이몬인이 월등했다. 내가 이렇게 주장하는 것은, 다른 헬라스인도 자신들과 맞선 적군의 부대를 패퇴시켰지만 라케다이몬인은 적군의 최강 부대와 맞서 이겼기 때문이다. 내 생각에, 월등히 가장 잘 싸운 이는 아리스토데모스로, 그는 테르모퓔라이 전투에서 300명 가운데 혼자 살아남아 욕먹고 명예를 잃었던 바로 그 사람이다.[42] 그다음으로 용감히 싸운 이들도 스파르테인으로 포세이도니오스, 필로퀴온, 아몸파레토스가 그들이다. 하지만 언젠가 그 가운데 실제로 누가 가장 용감했는지 논쟁이 벌어졌을 때, 현장을 목격한 스파르테인의 판단에 따르면, 아리스토데모스는 앞서 말한 이유에서 분명 죽기를 바라고 미친 사람처럼 대열에서 뛰쳐나가 큰 전공을 세웠지만, 포세이도니오스는 죽기를 바라지 않고도 용감히 싸웠으니, 둘 중 그가 더 용감했다는 것이다. 어쩌면 그들은 시기심에서 그런 말을 했을 것이다. 이 전투에서 전사한 자 가운데 내가 앞서 언급한 자들에게는 아리스토데모스를 제외하고는 모두 명예가 수여되었지만, 아리스토데모스에게는 앞서 말한 이유에서 죽기를 원했다 하여 아무런 명예도 주어지지 않았다.

72 이들이 플라타이아이에서 가장 이름을 날린 자들이었다. 칼리크라테스도 거기에 포함되었을 것이나 그는 싸움터 밖에서 죽었다. 헬라스군

에서 라케다이몬인뿐 아니라 모든 헬라스인 가운데서 당대 최고 미남이던 그는 파우사니아스가 제물을 바칠 때 대열 내의 제 위치에 앉아 있다가 화살에 옆구리를 맞았다. 그래서 그는 다른 사람들이 싸우는 동안 대열 밖으로 운반되어 힘겹게 죽으며 플라타이아이의 아림네스토스에게 헬라스를 위해 죽는 만큼 죽는 것이 괴로운 것이 아니라, 그러기를 바랐건만 팔을 휘둘러 그다운 전공을 세우지 못한 것이 괴롭다고 말했다.

73 아테나이인 중에서 이름을 날린 것은 데켈레이아 구역 출신인, 에우튀키데스의 아들 소파네스였다. 아테나이인 자신에 따르면, 데켈레이아 구역민은 만고에 길이 남을 업적을 남겼다고 한다. 말하자면 옛날에 튄다레오스의 아들들이 헬레네를 도로 데려가려고 대군을 이끌고 앗티케에 침입해 그녀를 어디 숨겨 두었는지 몰라 마을들을 샅샅이 뒤졌을 때, [43]데켈레이아 구역민들(일설에 따르면 데켈로스[44] 자신이었다고도 한다)이 테세우스의 오만한 행동에 분개하여, 또 아테나이인의 나라 전체가 염려되어 사실을 모두 말하고 그들을 아피드나이 구역으로 안내했고, 그러자 그곳 토박이 티타코스가 아피드나이 구역을 튄다레오스의 아들들에게 넘겨주었다고 한다. 이때의 공로로 데켈레이아 구역민에게는 스파르테에서 조세 면제와 축제 때 앞자리에 앉는 특권이 주어졌는데, 이런 특권을 그들은 오늘날까지도 누리고 있다. 그로부터

---

42 7권 229~231장.

43 카스토르와 폴뤼데우케스 일명 디오스쿠로이들은 스파르테 왕 튄다레오스의 쌍둥이 아들들로, 헬레네의 오라비들이다. 헬레네가 아테나이 왕 테세우스에게 납치되자 그녀를 찾아 나섰던 것이다.

44 데켈레이아 구역의 창건자.

오랜 뒤 아테나이인과 펠로폰네소스인 사이에 전쟁이 발발했을 때 라케다이몬인은 앗티케의 다른 구역은 유린했어도 데켈레이아 구역은 손대지 않았다.[45]

74 소파네스는 이 구역 출신으로, 그날 아테나이인 중에서 가장 용감하게 싸웠다. 그에 관해서는 두 가지 이야기가 전해 오고 있다. 일설에 따르면, 그는 무쇠 닻을 청동 사슬로 흉갑의 혁대에 연결시켜 놓고 다니며 적군에게 다가갈 때는 그들의 공격으로 자신이 대열에서 이탈하지 못하도록 닻을 내리되, 적군이 도주할 때는 닻을 끌어올리고 그들을 추격했다고 한다. 이것이 한 가지 이야기다. 첫 번째 이야기와 모순되는 두 번째 이야기에 따르면, 무쇠 닻을 가슴받이에 연결하고 다닌 것이 아니라 한시도 가만있지 않고 끊임없이 이쪽저쪽으로 움직이는 그의 방패에 닻을 문장으로 그려 넣은 것이라고 한다.

75 소파네스는 또 다른 빛나는 업적을 남겼는데, 아테나이인이 아이기나를 포위했을 때,[46] 오종경기 우승자인 아르고스의 에우뤼바테스에게 도전해 그를 죽인 것이다. 그러나 소파네스도 훗날 글라우콘의 아들 레아그로스와 함께 아테나이군을 지휘하던 중 다톤에서 그곳의 금광 영유권을 둘러싸고 싸우다가 에도노이족의 손에 죽었다.[47]

76 페르시아인이 플라타이아이에서 헬라스인에게 패했을 때, 테아스피스의 아들 파란다테스[48]라는 페르시아인의 첩이던 한 여인이 헬라스인 쪽으로 탈주해 왔다. 페르시아인은 끝장나고 헬라스인이 이겼음을 알아차린 그녀는 수많은 황금 장식으로 치장하고 자신은 물론이요 하녀들도 가진 옷가지 가운데 가장 고운 옷을 입게 한 다음 사륜거에서

내려 아직도 도륙 중이던 라케다이몬인에게 갔다. 그녀는 그곳에서 모든 작전을 통할하고 있던 파우사니아스를 보자 그의 이름과 조국을 여러 번 들어 익히 알고 있던 터라 그가 파우사니아스임을 알자 그의 무릎을 잡으며 이렇게 말했다. "스파르테 왕이시여, 탄원하옵건대, 전쟁 포로인 저를 노예 상태에서 구해 주소서. 그대는 신들도 영웅들도 존중하지 않는 여기 이자들을 죽여 주었다는 점에서 제게는 이미 은인이었사옵니다. 저는 코스섬 출신으로 헤게토리데스의 딸이자 안타고라스의 손녀이온데, 페르시아인이 저를 코스에서 강제로 붙잡아 갔나이다." 파우사니아스가 대답했다. "여인이여, 안심하시오. 그대는 내 탄원자인 만큼, 특히 그대가 정말로 그대의 말처럼 코스 사람 헤게토리데스의 딸이라면, 그대에게는 아무 일도 없을 것이오. 그는 그 지방에서는 나와 가장 가까운 친구이기 때문이오." 그러고 나서 그는 그녀를 그 자리에 있던 에포로스들에게 맡겨 두었다가 나중에 그녀의 요청에 따라 아이기나로 보내 주었다.

77 이 여인이 도착한 직후에 만티네이아인이 도착했지만, 이미 상황이 끝난 뒤였다. 그들은 한발 늦어 전투에 참가하지 못하게 된 것을 알고 몹시 실망하며 자신들은 벌을 받아 마땅하다고 말했다. 그들은 아르타바조스와 함께하는 페르시아인들이 도주 중임을 알고 텟살리아까지 추

45 기원전 431~425년 스파르테인이 앗티케 지방에 침입한 일을 말한다. 이로 미루어 헤로도토스는 그때까지는 살았던 것이 확실하다. 아울러 스파르테 왕 아기스가 데켈레이아 구역을 함락하고 약탈함으로써 아테나이에 결정적인 타격을 가한 기원전 413년까지는 그가 살지 않았던 것이 확실하다.
46 6권 85~93장.
47 기원전 465년경.
48 다레이오스의 조카. 4권 43장, 7권 79장.

격하려 했지만, 라케다이몬인은 그들이 도망자들을 추격하는 것에 반대했다. 나중에 귀향했을 때 그들은 자신들의 군 지휘관들을 국외로 추방했다. 만티네이아인에 이어 엘리스인이 도착했다. 그들도 똑같이 실망하며 떠나갔는데, 그들도 귀향하자 지휘관들을 추방했다. 만티네이아인과 엘리스인에 관해서는 이쯤 해 두자.

78 플라타이아이의 아이기나인 군영에는 퓌테아스의 아들 람폰이라는 사람이 있었는데, 그는 아이기나의 요인 중 한 명으로 파우사니아스를 찾아와 실로 불경하기 짝이 없는 제안을 했다. "클레옴브로토스의 아드님이시여, 그대는 위대하고도 아름다운 대업(大業)을 완수했사옵니다. 신께서 그대가 헬라스를 구해 우리가 알고 있는 어느 누구보다도 더 큰 명성을 얻게 해 주신 것이옵니다. 그대의 명성을 더욱 드높이고 앞으로 어떤 이민족이든 헬라스인에게 또다시 포악한 짓을 할 엄두를 내지 못하도록 이에 덧붙여 한 가지 할 일이 남아 있사옵니다. 마르도니오스와 크세르크세스는 테르모퓔라이에서 전사하신 레오니다스의 목을 베어 장대에 꽂았나이다. 마르도니오스에게 똑같은 벌을 내린다면 그대는 온 스파르테인을 비롯해 모든 헬라스인에게 칭송받게 되실 것이옵니다. 그리고 마르도니오스를 책형에 처하심으로써 그대는 숙부님이신 레오니다스의 원수를 갚게 되실 것이옵니다." 그는 이런 제안을 하면 파우사니아스가 좋아할 줄 알았다. 그러나 파우사니아스는 다음과 같이 대답했다.

79 "아이기나 친구여, 그대의 호의와 배려는 고마우나 그대는 잘못 판단했소. 그대는 처음에 나와 내 조국과 내 업적을 치켜세웠다가, 나더러 시신을 모욕하라고 권하고, 내가 그렇게 하면 명성이 드높아질 것이라

고 말함으로써 도로 아무것도 아닌 것으로 비하하고 말았으니 말이오. 그런 짓은 헬라스인이 아니라 이민족에게나 어울리며, 이민족이 그런 짓을 저질러도 우리는 불쾌하오. 그런 짓까지 해야 한다면 나는 차라리 아이기나인과 그런 짓을 좋아하는 자들의 칭찬은 사양하겠소. 도리에 맞는 말과 행동을 한다고 스파르테인이 나를 칭찬해 주면 나는 그것으로 족하오. 그리고 일러두건대, 그대가 나더러 원수를 갚아 드리라고 하는 레오니다스 님의 원수는 충분히 갚았소. 그분과 테르모퓔라이에서 전사한 모든 분은 여기 누워 있는 무수한 목숨으로 충분한 보상을 받은 것이오. 그러니 그대는 다시는 나를 찾아와 이런 제안이나 조언을 하지 말고, 벌받지 않고 무사히 돌아가는 걸 고마운 줄 아시오."

80 이 말을 듣고 람폰은 돌아갔다. 파우사니아스는 누구도 전리품에 손대지 말라는 포고령을 내리고 국가노예들에게 명해 값진 물건들을 한데 모으게 했다. 국가노예들은 페르시아의 군영을 이리저리 다니며 금과 은으로 장식된 천막과, 금과 은을 입힌 긴 의자들과, 황금으로 만든 포도주 희석용 동이들과 접시들과 잔들을 찾아냈다. 그들은 또 사륜거에서 자루들을 발견했는데, 거기서는 금과 은으로 만든 냄비들이 나왔다. 그들은 또 누워 있는 시신에서 팔찌와 목걸이와, 황금으로 만들었을 경우 단검[49]을 벗겼다. 그러나 화려하게 수놓은 옷은 거들떠보지도 않았다. 이때 국가노예들은 값진 물건을 많이 훔쳐 아이기나인에게 팔았지만, 감출 수가 없어 인도(引渡)한 것도 많았다. 아이기나인의 큰 부(富)는 거기서 비롯되었는데, 국가노예들에게 청동 값을 주고 황금을 사들였기 때문이다.

---

49 akinakeis.

81 값진 물건들이 한곳에 모이자, 그들은 그중에서 델포이의 신과 올륌피아의 신과 이스트모스의 신을 위해 각각 10분의 1씩 떼어놓았다가, 처음 10분의 1로는 황금 세발솥을 만들어 봉헌했는데, 청동 삼두사(三頭蛇) 위에 얹혀 있는 이 세발솥은 지금 제단 바로 옆에 있다. 두 번째 10분의 1로는 높이 10페퀴스짜리 청동 제우스상이 제작 봉헌되었고, 세번째 10분의 1로는 높이 7페퀴스짜리 청동 포세이돈상이 제작 봉헌되었다. 그것을 떼어놓고 나서 나머지 전리품들은 분배되었는데, 각자 공적에 따라 페르시아인의 첩, 금은과 다른 귀중품, 운반용 동물을 분배받았다. 플라타이아이의 영웅들에게 얼마나 많은 전리품이 상으로 주어졌는지 아무도 전하는 사람이 없지만, 나는 그들에게 상이 주어졌으리라고 생각한다. 파우사니아스에게는 여인, 말, 돈, 낙타 및 기타 전리품 들이 모두 10곱절씩 주어졌다.

82 크세르크세스는 헬라스에서 도주할 때 자신의 집기들을 마르도니오스에게 남겼다고 한다. 파우사니아스는 마르도니오스의 천막과 금은으로 된 집기와 수놓은 커튼을 보자 마르도니오스의 빵 굽는 하인들과 요리사들에게 명해 그들이 마르도니오스에게 올리던 것과 똑같은 식사를 차리게 했다고 한다. 그들이 시킨 대로 하자, 파우사니아스는 화려한 덮개로 덮은 금과 은으로 만든 긴 의자들과 금과 은으로 된 식탁들과 진수성찬을 보고 눈앞에 펼쳐진 좋은 것들에 놀라움을 금치 못하며, 장난삼아 자신의 하인들에게 명해 라코니케식 식사를 준비하게 했다고 한다. 식사가 준비되자 파우사니아스는 두 가지 식사가 판이한 것을 보고 웃으며 헬라스 장군들을 불러오게 하더니 그들이 모이자 두 가지 식사를 가리키며 말했다고 한다. "헬라스인이여, 내가 그대들을 이리로 불러모은 것은 페르시아 왕이 얼마나 어리석은지 그대들에게 보

여 주기 위함이오. 그는 이런 식사를 하면서도 우리의 이런 빈약한 식사를 빼앗으러 왔으니 말이오." 파우사니아스는 헬라스의 장군들에게 그렇게 말했다고 한다.

83 그런 일이 있은 지 얼마 뒤 다수의 플라타이아이인이 금은과 다른 귀중품이 든 궤짝들을 발견했다. 그리고 세월이 더 흘러 전사자들이 살을 벗었을 때 기이한 현상이 나타났다. 플라타이아이인이 유골들을 한곳에 모았을 때, 이음매가 전혀 없이 단 하나의 뼈로 이루어진 두개골이 발견되는가 하면, 앞니와 어금니 할 것 없이 위턱의 이빨들이 모두 하나의 뼈로 자란 턱이 나왔으며, 키가 5페퀴스나 되는 남자의 뼈도 나왔다.

84 마르도니오스의 시신은 전투 이튿날 없어졌는데, 누가 훔쳐갔는지 나로서는 확언할 수 없다. 하지만 나는 이러저러한 곳의 이러저러한 사람이 마르도니오스를 묻어 주었다는 이야기를 많이 들었으며, 그 대가로 마르도니오스의 아들 아르톤테스에게서 큰 선물을 받은 사람들도 많이 알고 있다. 그러나 그중 누가 그의 시신을 빼돌려 묻어 주었는지 확실히 알아낼 수 없었다. 에페소스 사람 디오뉘소파네스가 그를 묻어 주었다는 소문이 있기는 하지만. 아무튼 마르도니오스는 그렇게 묻혔다.

85 헬라스인은 플라타이아이에서 전리품을 분배한 뒤 각 도시별로 자신들의 전사자들을 매장했다. 라케다이몬인은 세 개의 무덤을 만들어, 한 무덤에는 포세이도니오스, 아몸파레토스, 필로퀴온, 칼리크라테스 같은 에이렌[50]들을 묻었다. 이처럼 한 무덤에는 에이렌들을, 다른 무덤

---

50 eiren 원전 iren. 스파르테의 미혼 젊은이.

에는 나머지 스파르테인들을, 세 번째 무덤에는 국가노예들을 묻었다. 그들은 그렇게 매장했다. 그러나 테게아인은 별도로 모든 전사자를 한 무덤에 매장했고, 아테나이인도 자신들의 전사자들을, 그리고 메가라인과 플레이우스인도 기병대에 죽은 전사자들을 함께 묻어 주었다. 이들이 만든 무덤에는 실제로 시신이 묻혀 있지만, 플라타이아이에 있는 다른 무덤들은 듣자 하니 이 전투에 참가하지 않은 것을 부끄러이 여긴 도시들이 후세 사람을 속이기 위해 만든 빈 무덤이라고 한다. 실제로 그곳에는 아이기나인의 무덤이라는 것이 있는데, 듣자 하니 이것은 아이기나인의 현지인 영사인, 아우토디코스의 아들 클레아데스라는 플라타이아이인이 아이기나인의 요청을 받고 전투가 끝난 지 10년 뒤에 만든 것이라고 한다.

86 헬라스인은 플라타이아이에 전사자들을 매장하자마자 회의를 열고 테바이로 진격해 페르시아에 부역한 자들, 특히 주모자인 티마게니다스와 앗타기노스의 인도를 요구하되 인도하지 않을 경우 도시를 함락하기 전에는 철수하지 않기로 결의했다. 그들은 이렇게 결의하고 전투가 끝난 지 11일째 되는 날 테바이로 진격해 포위하고는 테바이인에게 부역자들을 인도해 줄 것을 요구했고, 테바이인이 인도하기를 거부하자 그들의 국토를 쑥대밭으로 만들고 성벽을 공격했다.

87 헬라스인의 약탈이 멈추지 않고 20일째 계속되자 티마게니다스가 테바이인에게 이렇게 말했다. "테바이인이여, 헬라스인은 테바이를 함락하든지, 아니면 우리를 인도할 때까지는 포위공격을 풀지 않기로 결의한 만큼, 우리 때문에 보이오티아가 더 이상 고통받아서는 안 될 것이오. 만약 헬라스인이 원하는 것이 돈이고 우리를 인도하라는 요구는 구

실에 지나지 않는다면 그대들은 공금에서 그들에게 돈을 주도록 하시오. 우리는 공동체의 승인을 받아 페르시아에 부역한 것이지, 우리만 그렇게 한 것이 아니기 때문이오. 그러나 그들이 정말로 우리의 신병 인도를 원해서 포위공격하고 있는 것이라면, 우리는 몸소 그들에게 출두해 재판받을 것이오." 그러자 테바이인은 시의적절한 좋은 생각이라고 여기고 지체 없이 파우사니아스에게 전령을 보내 테바이인은 그들을 인도하기를 원한다고 전하게 했다.

88 양측이 이러한 조건으로 협정을 맺었을 때, 앗타기노스는 도성에서 도주했다. 그래서 그의 아들들이 잡혀 왔을 때, 파우사니아스는 페르시아에 부역한 책임을 묻기에는 그들이 너무 어리다는 이유로 방면했다. 테바이인이 인도한 다른 자들은 재판받게 되리라 생각했고, 그럴 경우 뇌물을 써서 방면될 수 있을 것이라고 확신했다. 그러나 그러잖아도 그런 의심을 품고 있던 파우사니아스는 그들을 넘겨받자 동맹군을 모두 떠나보낸 뒤 그들을 코린토스로 연행해 그곳에서 처형했다. 이상이 플라타이아이와 테바이에서 일어났던 일들이다.

89 파르나케스의 아들 아르타바조스는 플라타이아이에서 달아나 어느새 멀리 가 있었다. 그가 도착하자 텟살리아인은 그를 연회에 초대해 다른 부대는 어떻게 되었는지 묻기 시작했는데, 그들은 플라타이아이에서 무슨 일이 있었는지 전혀 모르고 있었던 것이다. 아르타바조스는 전투에 관해 숨김없이 사실대로 다 말하면 아마 자신도 자신의 부대도 죽임을 당할 것이라는 것을 알고 있었다. 무슨 일이 있었는지 듣게 되면 텟살리아인은 누구나 자신을 공격하리라고 그는 생각한 것이다. 이런 계산에서 전에 포키스인에게 아무 말도 하지 않았던 그는 이번에는 텟살

리아인에게 이렇게 말했다. "텟살리아인이여, 보시다시피 나는 최대한 서둘러 트라케를 향해 가고 있는 중이오. 내가 이렇게 길을 재촉하는 것은 급한 임무를 띠고 여기 이 군사들과 함께 군영에서 파견되었기 때문이오. 마르도니오스 자신과 그의 군대도 곧 내 뒤를 따라올 터이니, 그대들은 언제든지 그를 맞을 준비를 하시오. 그대들은 그를 환대하고 호의를 보이도록 하시오. 그러면 나중에 이를 후회하지 않을 것이오." 이렇게 말하고 그는 군대를 이끌고 내륙의 지름길로 해서 급히 텟살리아와 마케도니아를 지나 트라케로 향했는데, 아닌 게 아니라 그는 급했던 것이다. 결국 그는 뷔잔티온에 도착했다. 그러나 도중에 부하들을 많이 잃었는데, 일부는 트라케인 손에 죽고, 일부는 배고프고 지쳐서 죽었다. 뷔잔티온에서 그와 그의 살아남은 부하들은 배를 타고 해협을 건너 아시아로 갔다.

90 아르타바조스는 그렇게 아시아로 돌아갔다. 페르시아인은 플라타이아이에서 패하던 바로 그날 이오니아의 뮈칼레에서도 패했다. 라케다이몬의 레오튀키데스가 지휘하는 헬라스 함대가 델로스에 정박하고 있을 때, 트라쉬클레스의 아들 람폰과 아르케스트라티데스의 아들 아테나고라스와 아리스타고라스의 아들 헤게시스트라토스가 사모스에서 사절단으로 왔다. 사모스인은 이들을 페르시아인과, 페르시아인이 사모스의 참주로 앉힌, 안드로다마스의 아들 독재자 테오메스토르 몰래 파견한 것이다. 이들이 헬라스의 장군들 앞에 인도되자 헤게시스트라토스가 온갖 논리를 동원해 길게 말을 늘어놓았다. "이오니아인은 여러분을 보기만 해도 페르시아에 반기를 들 것이며, 페르시아인은 버티지 못할 것입니다. 그러나 그들이 정말로 버틴다면, 여러분은 그런 좋은 사냥감을 다시는 찾지 못할 것입니다. 헬라스인이 공동으로 숭배

하는 신들의 이름으로 간청하건대, 똑같이 헬라스인인 우리를 노예 상태에서 구해 주시고 페르시아인을 물리쳐 주십시오. 그것은 여러분에게는 쉬운 일입니다. 그들의 함선에 승선한 뱃사람들은 서툴러 여러분의 적수가 되지 못하기 때문입니다. 혹시 우리가 여러분을 함정으로 인도할까 두려우시다면 우리는 기꺼이 여러분의 배에 인질로 동승하겠습니다."

91 사모스에서 온 손님이 이렇게 간절히 애원하자, 레오튀키데스는 그의 대답에서 어떤 전조를 구하고 싶었기 때문이든, 아니면 신의 개입으로 우연히 그랬든 간에 "사모스에서 온 손님이여, 그대의 이름이 무엇이오?"라고 물었다. 그가 "나는 헤게시스트라토스입니다"라고 대답하자 레오튀키데스는 그의 말을 가로막으며 이렇게 말했다. "사모스에서 온 친구여, 나는 그대의 이름[51]을 길조로 받아들이겠소. 자, 출항하기 전에 그대와 그대의 일행은 사모스인이 우리의 열렬한 지지자들이 될 것이라고 서약해 주시오."

92 그가 그렇게 말하자 그대로 실행되었다. 사모스인은 즉시 헬라스인의 동맹군이 되겠다고 서약하고 맹세했기 때문이다.

그러고 나서 그들은 출항했다. 그러나 레오튀키데스는 헤게시스트라토스에게 그의 이름이 조짐이 좋다 하여 헬라스인과 함께 출항하라고 명령했다. 헬라스인은 하루 더 머물다가 이튿날 제물을 바쳤는데, 길조가 나타났다. 예언자는 이오니오스만(灣)[52]에 있는 아폴로니아 출신

---

51 헤게시스트라토스는 '군대의 지휘관 또는 선도자'란 뜻이다.
52 지금의 이오니아해.

으로, 에우에니오스의 아들 데이포노스란 사람이었다. 그의 아버지 [에우에니오스]에게는 다음과 같은 일이 일어났다.

93 이 아폴로니아에는 태양신에게 바쳐진 양떼가 있었는데, 이 양떼는 낮에는 라크몬산에서 발원해 아폴로니아 땅을 지나 오리코스호 옆에서 바다로 흘러드는 강가에서 풀을 뜯고, 밤에는 시민 중에서 가장 부유하고 가장 명망 있는 집안에서 선출된 시민들이 저마다 1년 임기로 지킨다. 아폴로니아인은 어떤 신탁으로 인해 이 양떼를 소중히 여기고 있기 때문이다. 양떼는 밤에는 도시에서 멀리 떨어진 동굴에서 잠을 잔다. 그때는 에우에니오스가 파수꾼으로 선출되었는데, 하루는 그가 파수를 보다가 잠이 든 사이 늑대들이 동굴 안으로 들어가 양 60마리 정도를 죽였다. 그는 이 사실을 알고 다른 양떼를 사서 죽은 양떼를 대신할 요량으로 어느 누구에게도 말하지 않고 비밀로 했다. 그러나 결국 이 사실을 알게 된 아폴로니아인들은 그를 법정에 세우고, 파수를 보다가 잠이 든 죄로 그의 두 눈을 빼앗는다는 판결을 내렸다. 그들이 에우에니오스를 장님으로 만들자마자 가축 떼도 새끼를 낳지 않고 땅에서도 이전처럼 소출이 나지 않았다. 사절단이 델포이와 도도네에 가서 왜 자신들에게 이런 재앙이 닥쳤는지 신탁소에 물었을 때 그들은 같은 대답을 들었는데, 그들이 부당하게도 신성한 양떼의 감시인인 에우에니오스를 눈멀게 했기 때문이라는 것이었다. 신들께서 말씀하시기를, 늑대들을 보낸 것은 바로 신들이며, 에우에니오스에게 그가 요구하고 정당하다고 여기는 보상을 해 주기 전에는 아폴로니아를 응징하기를 그만두지 않을 것이고, 그들이 일단 보상하고 나면 신들도 에우에니오스에게 많은 사람이 행복하다고 기리게 될 선물을 주실 것이라고 했다.

94 이런 신탁이 주어지자, 아폴로니아인은 이를 철저히 비밀로 하고 몇몇 시민에게 이 일의 처리를 일임했다. 위임받은 자들은 이 일을 다음과 같이 처리했다. 이들은 벤치에 앉아 있던 에우에니오스에게 다가가 옆에 앉아서는 이런저런 이야기를 하다가 마침내 그의 불행을 동정하는 말을 했다. 이야기가 이에 이르자 그들은 만약 아폴로니아인이 자신들의 잘못을 보상하려 한다면 그는 어떤 보상을 택하겠느냐고 물었다. 신탁에 관해 모르고 있던 터라, 그는 아폴로니아에서 가장 아름다운 땅 두 필지와(그리고 그는 그 소유자로 알고 있던 시민의 이름을 댔다) 이에 덧붙여 그가 시내에서 가장 아름다운 것으로 알고 있던 집을 준다면 만족한다고 말했다. "이 두 가지만 갖게 된다면" 하고 그는 말을 이었다. "나는 앞으로 원한을 풀고 적절히 보상받았다고 여길 것이오." 에우에니오스가 이렇게 말하자 그 옆에 앉았던 자들이 대답했다. "에우에니오스여, 아폴로니아인은 자신들이 받은 신탁에 따라 그대를 눈멀게 한 데 대한 보상으로 그것들을 그대에게 줄 것이오." 에우에니오스는 사건의 전말을 알게 되자 속았다고 분개했지만, 아폴로니아인들은 그가 선택한 땅과 집을 임자들에게서 매입해 그에게 주었다. 그리고 그는 그때부터 예언의 능력을 부여받아 이름을 날렸다.

95 코린토스인이 데려온 바로 이 에우에니오스의 아들 데이포노스가 헬라스 함대를 위해 예언한 것이다. 나는 또 데이포노스가 사실은 에우에니오스의 아들이 아니라 그의 이름을 사칭하며 온 헬라스를 돌아다니면서 돈을 받고 예언했다는 말도 들었다.

96 제물에서 길조가 나타나자 헬라스 함대는 델로스를 출발해 사모스로 향했다. 그들은 사모스섬의 칼라모이에 이르자 그곳의 헤라 신전 앞바

다에 닻을 내리고 해전 준비를 서둘렀다. 그사이 페르시아인은 헬라스인이 다가온다는 말을 듣고, 고향으로 보낸 포이니케인의 함선들을 제외한 전 함대를 이끌고 대륙 쪽으로 향했다. 그들은 회의 끝에 자신들이 바다에서는 헬라스인의 적수가 되지 않는 만큼 해전을 하지 않기로 결의한 것이다. 그들이 대륙 쪽으로 항해한 것은, 크세르크세스의 명령에 따라 본대(本隊)와 떨어져 이오니아를 지키기 위해 뮈칼레에 남아 있던 육군의 보호를 받기 위해서였다. 이들 육군은 60,000명으로, 페르시아인 가운데 가장 용모가 준수하고 키가 큰 티그라네스가 지휘했다. 그래서 함대의 사령관들은 육군의 보호를 받으며 함선들을 해안으로 끌어올리고, 자신들과 함선들의 피난처가 되도록 방벽을 쌓기로 결의했다.

97 그들은 사모스에서 출항할 때 그럴 계획이었다. 그들은 뮈칼레에 있는 존엄하신 여신들[53]의 신전 옆을 지나 가이손과, 엘레우시스의 데메테르 신전이 있는 스콜로포에이스에 도착했다. 그곳에는 엘레우시스의 데메테르 신전이 있는데, 밀레토스 시를 건설하려고 코드로스[54]의 아들 네일레오스와 동행하던 파시클레스의 아들 필리스토스가 건립한 것이다. 그곳에서 그들은 함선들을 해안으로 끌어올리고 주위의 과수(果樹)들을 베어 돌과 나무로 방벽을 두른 다음 방벽 주위에 말뚝을 박았다. 그렇게 그들은 포위공격 또는 승리에 대비하고 있었다. 그들은 이 두 가지 가능성을 다 염두에 두고 대비했기에 하는 말이다.

98 헬라스인은 페르시아인이 대륙 쪽으로 빠져나갔다는 것을 알고 어떻게 해야 할지, 되돌아가야 할지, 아니면 헬레스폰토스로 항해해 가야 할지 난감했다. 결국 그들은 그 어느 것도 하지 않고, 대륙 쪽으로 항해

하기로 결의했다. 그들은 적선에 오르기 위한 널빤지 등 해전에 필요한 장비를 모두 갖춘 다음 뮈칼레로 항해했다. 그들이 적진에 다가가도 출격하는 함선은 1척도 보이지 않았다. 대신 적선들이 방벽 안쪽 해안에 끌어올려져 있고, 강력한 육군이 해안을 따라 배치되어 있는 것이 보였다. 그래서 레오튀키데스는 자신의 함선을 타고 되도록 해안 가까이 다가가더니 전령을 시켜 다음과 같이 이오니아인에게 외치게 했다. "이오니아인이여, 여러분 중에 내 말이 들리는 이는 명심해 두시오. 걱정마시오. 페르시아인은 내가 여러분에게 말하는 것을 알아듣지 못할 것이오. 일단 전투가 시작되면 여러분은 먼저 여러분의 자유를, 다음에는 우리의 암호 '헤라'[55]를 기억하시오. 지금 내 말이 들리는 이는 듣지 못한 이에게 전해 주시오." 레오튀키데스의 이런 조치는 아르테미시온에서 테미스토클레스가 취한 조치[56]와 같은 것이었다. 페르시아인이 듣지 못할 경우 이오니아인을 설득하고, 페르시아인이 들을 경우 그들이 헬라스인을 불신하게 하려는 것이었다.

99 레오튀키데스가 이오니아인에게 이렇게 권고하고 나서 헬라스인은 함선들을 해안에 대고 배에서 내린 다음 전열을 갖추기 시작했다. 페르시아인은 헬라스인이 전투준비를 하고 있고 이오니아인에게 호소하는 것을 보자 먼저 사모스인의 무장을 해제했는데, 그들이 헬라스 편이라고 의심했기 때문이다. 앗티케에 남아 있다가 크세르크세스의 군대에 붙잡힌 몇몇 아테나이 전쟁 포로가 페르시아 함선에 실려 왔을 때

---

53 Potniai. 여기서는 데메테르와 페르세포네.
54 아테나이 왕.
55 헤베(Hebe)로 읽는 사본도 있다.
56 8권 22장.

사모스인이 그들을 사서 길양식까지 주어 모두 아테나이로 돌려보냈기 때문이다. 크세르크세스의 적들을 500명이나 자유의 몸으로 만들어 주었다는 것이, 페르시아인이 사모스인을 의심하는 주된 이유였다. 페르시아인이 취한 두 번째 조치는, 뮈칼레의 산꼭대기로 통하는 고갯길의 경비를 밀레토스인에게 맡기는 것이었다. 밀레토스인이 그곳 지리에 밝다는 것이 이유였지만, 사실은 그들을 군영 안에 두지 않기 위해서였다. 페르시아인은 기회만 생기면 반기를 들 것으로 의심되는 이오니아인의 부대에 대해 이렇듯 예방 조치를 취한 다음 잔가지로 엮어 만든 방패들을 밀집시켜 자신들을 위해 울이 되게 했다.

100 헬라스인은 준비를 마치자 페르시아인을 향해 진격했다. 그들이 진격하는 동안 온 군영에 소문이 파다했고, 파도가 부서지는 물가에 전령 지팡이가 놓여 있는 것이 보였다. 대열들 사이에 파다한 소문이란 헬라스인이 보이오티아 전투에서 마르도니오스의 군대를 격파했다는 것이었다. 인간사에 신께서 개입하신다는 분명한 증거는 많지만, 이번 소문도 페르시아인이 플라타이아이에서 참패했고 뮈칼레에서 참패하게 될 바로 그날 뮈칼레의 헬라스인에게 전해져 그들의 사기를 드높여 주고 더욱더 위험을 감수하고 싶은 마음이 들게 해 주었던 것이다.

101 또 다른 우연의 일치는 두 번 다 싸움터 옆에 엘레우시스의 데메테르 성역이 있었다는 것이다. 플라타이아이 전투는 앞서 말했듯이,[57] 데메테르 신전 바로 옆에서 벌어졌고, 뮈칼레에서도 같은 일이 벌어지게 되어 있었다. 파우사니아스 휘하의 부대가 플라타이아이에서 승리했다는 소문이 도착했다는 것은 시간적으로도 맞아떨어진다. 플라타이아이 전투는 그날 일찍 벌어졌고, 뮈칼레 전투는 오후에 벌어졌기 때문이

다. 두 전투가 같은 달 같은 날 벌어졌다는 것은 얼마 뒤 조사해 본 결과 분명해졌다. 소문이 도착하기 전에 헬라스인은 크게 염려했는데, 자신들을 위해서라기보다, 헬라스가 마르도니오스에 걸려 넘어지지 않을까 해서 고향의 헬라스인을 위해 그랬던 것이다. 그러나 일단 그 이상한 소문이 입에서 입으로 퍼지자 그들은 더 대담하게 더 빨리 진격했다. 그리하여 헬라스인도 페르시아인도 전의에 불탔으니, 섬들[58]과 헬레스폰토스가 상(賞)으로 걸려 있었기 때문이다.

102 헬라스군의 절반쯤 되는 아테나이인과 그들 곁에 배치된 자들은 해안과 평지를 지나 진격하고, 라케다이몬인과 그들 곁에 배치된 자들은 협곡과 언덕을 지나 진격해야만 했다. 그래서 라케다이몬인이 언덕들을 우회하고 있는 사이 오른쪽 날개는 이미 교전 중이었다. 잔가지로 엮어 만든 방패들의 울이 똑바로 서 있는 동안에는 페르시아인은 자신들을 지켰으며 결코 헬라스인 못지않았다. 그러나 아테나이인과 그들 옆에 배치된 자들이 라케다이몬인이 아닌 자신들이 승리하고 서로 격려하며 더 세차게 밀어붙이자 전투의 양상이 바뀌었다. 잔가지로 엮은 방패들의 울을 돌파하고 그들이 한꺼번에 덤벼들자 페르시아인은 그들을 맞아 한동안 잘 버티는가 싶더니 결국 방벽 안으로 도주하기 시작했다. 아테나이인, 코린토스인, 시퀴온인, 트로이젠인(그들은 이런 순서로 배치되어 있었다)이 그들을 바짝 추격하며 그들과 함께 방벽 안으로 몰려들어 갔다. 방벽마저 함락되자 페르시아인을 제외한 다른 적군 부대는 모두 싸움을 포기하고 도주했다. 페르시아인은 작은 집단을 이루

---

57 62, 65장.
58 에게해의 섬들.

어, 계속해서 방벽 안으로 밀려드는 헬라스인을 맞아 싸웠다. 페르시아군 지휘관 중 두 명은 도주하고, 두 명은 죽었다. 함대를 지휘하던 아르타윈테스와 이타미트레스는 도주하고, 육군을 지휘하던 마르돈테스와 티그라네스는 전사한 것이다.

103 페르시아인이 아직도 싸우고 있을 때, 라케다이몬인이 나머지 헬라스군과 함께 도착해 남은 전투를 마무리했다. 이 전투에서는 헬라스 측에도 많은 전사자가 났는데, 특히 지휘관 페릴라오스를 잃은 시퀴온인 사이에서 전사자가 많았다. 페르시아군에서 복무하다가 무장해제당한 사모스인은 처음부터 전세가 백중지세인 것을 보고는 있는 힘을 다해 헬라스인을 도왔다. 사모스인이 그러는 것을 보자 다른 이오니아인도 페르시아인에게 반기를 들고 그들을 공격했다.

104 페르시아인이 밀레토스인에게 고갯길들의 경비를 맡긴 것은, 자신들의 안전을 고려해 만약 지금과 같은 재앙이 닥칠 경우 그들을 길라잡이 삼아 무사히 뮈칼레의 산꼭대기로 도주할 수 있기 위해서였다. 이것이 밀레토스인에게 그런 임무를 맡긴 한 가지 이유이고, 다른 이유는 그들이 군영 내에서 반란을 일으키지 못하게 하기 위해서였다. 그러나 밀레토스인은 명령과는 정반대되는 짓을 했으니, 그들은 도주하는 페르시아인을 적군 한가운데로 통하는 엉뚱한 길로 안내하더니 결국 가장 가혹한 적으로 돌변해 페르시아인을 마구 도륙한 것이다. 그리하여 이오니아는 재차 페르시아에 반기를 들었다.

105 이 전투에서 헬라스인 중에서는 아테나이인이 가장 용감하게 싸웠고, 아테나이인 중에서는 팡크라티온[59]으로 단련된, 에우토이노스의 아들

헤르모뤼코스가 가장 용감하게 싸웠다. 이 헤르모뤼코스는 훗날 아테나이와 카뤼스토스 사이에 전쟁이 발발했을 때 카뤼스토스 땅의 퀴르노스에서 전사해 게라이스토스곶에 묻혔다. 아테나이인 다음으로는 코린토스인과 트로이젠인과 시퀴온인이 가장 용감히 싸웠다.

106 헬라스인은 저항하거나 도주하는 페르시아인을 대부분 도륙한 다음 그들의 함선과 방벽 전체에 불을 질렀다. 그러나 그전에 그들은 전리품을 바닷가로 옮기고 돈궤도 몇 개 발견했다. 방벽과 함선을 불태운 뒤 그들은 출항했다. 사모스에 도착하자 헬라스인은 자신들이 이오니아 주민을 소개(疏開)시키고 이오니아를 페르시아인에게 넘겨줄 경우 자신들의 통제하에 있는 헬라스의 어느 곳에 이오니아 주민을 재정착시켜야 할지 의논했다. 헬라스인이 언제까지나 이오니아를 지킨다는 것은 불가능해 보였고, 헬라스인이 보호해 주지 않을 경우 페르시아인이 이오니아인을 응징하지 않고 그냥 내버려둘 리가 만무했기 때문이다. 이에 대해 펠레폰네소스의 지도자들은 페르시아에 부역한 헬라스 도시들의 무역 거점들을, 그곳 주민을 내쫓은 다음 이오니아인에게 주자고 제안했다. 그러나 아테나이인은 이오니아 주민을 소개시키는 것에 극력 반대했고, 펠로폰네소스인이 아테나이의 식민시들에 관해 심의하는 것을 달가워하지 않았다. 아테나이인이 극력 반대하자 펠로폰네소스인도 결국 양보했다. 그리하여 그들은 사모스인, 키오스인, 레스보스인, 그 밖에 헬라스 편에 섰던 다른 섬 주민과 동맹을 맺으며, 그들이 동맹에 충실하고 동맹에서 이탈하지 않겠다고 서약하고 맹세하게 했다. 동맹을 맺은 뒤 그들은 선교(船橋)를 해체하러 헬레스폰토스로

---

59 pankration. 레슬링과 권투를 합친 격렬한 경기.

항해했다. 그들은 선교들이 여전히 온전한 줄 알았다. 그래서 그들은 헬레스폰토스로 항해한 것이다.

107 도망쳐 뮈칼레의 언덕들에 피신한 얼마 안 되는 페르시아인은 사르데이스로 돌아갔다. 패배를 현장에서 목격한 다레이오스의 아들 마시스테스가 행군 도중 아르타윈테스 장군에게 심한 욕설을 퍼부으며, 그의 지휘 방식은 여자의 지휘 방식보다 더 비겁하며, 왕가에 그런 피해를 끼친 자는 어떤 벌을 받아도 마땅하다고 했다. 그런데 페르시아인 사이에서는 여자보다 더 비겁하다는 말보다 더 큰 욕이 없다. 아르타윈테스는 한동안 듣고 있다가 격분해 마시스테스를 죽이려고 단검을 뽑았다. 그때 할리카르낫소스 출신으로 프락실라오스의 아들인 크세이나고라스가 아르타윈테스 뒤에 서 있다가 아르타윈테스가 마시스테스에게 덤벼드는 것을 보고는 그의 허리를 잡고 들어올려 땅에 메어쳤다. 그사이 마시스테스의 호위병들이 마시스테스의 앞을 막아섰다. 크세이나고라스는 그 공로로 마시스테스는 물론이요 아우를 구해 주었다 하여 크세르크세스에게서도 고맙다는 말을 들었다. 실제로 크세이나고라스는 그 공로로 왕에 의해 킬리키아 전역을 다스리는 태수로 임명되었다. 행군 도중 더 이상 다른 일은 일어나지 않았고 페르시아인은 사르데이스에 도착했다. 사르데이스에는 해전에서 패해 아테나이에서 도망쳐 온 왕이 줄곧 체류하고 있었다.

108 크세르크세스는 사르데이스에 체류하는 동안 역시 그곳에 와 있던 마시스테스의 아내를 사랑하게 되었다. 그는 여러 번 전갈을 보냈지만 그녀를 설득할 수 없었다. 그렇다고 아우 마시스테스를 생각해 폭력을 쓰지도 못했다. (그래서 그녀도 거절한 것이다. 그녀는 자신에게 폭력을

쓰지 못할 것임을 알고 있었기 때문이다.) 다른 길이 다 막히자 크세르크세스는 자기 아들 다레이오스를 이 여인과 마시스테스 사이에서 태어난 딸과 결혼시켰다. 그렇게 하면 그는 마시스테스의 아내를 더 쉽게 유혹할 수 있을 것이라 여긴 것이다. 그는 통상적인 관행에 따라 두 사람을 약혼시킨 다음 수사로 갔다. 수사에 도착해 다레이오스의 아내를 집안으로 맞아들이자 그는 마시스테스의 아내는 완전히 잊어버리고 마시스테스의 딸인 다레이오스의 아내를 사랑하기 시작해 그녀를 손에 넣었다. 그녀의 이름은 아르타윈테였다.

109 그러나 얼마 뒤 비밀이 탄로 났는데 그 경위는 다음과 같다. 크세르크세스의 아내 아메스트리스가 크고 다채롭고 보기 좋은 겉옷을 한 벌 손수 짜서 크세르크세스에게 선물로 주었다. 그는 그 옷이 마음에 들어 그것을 입고 아르타윈테를 찾아갔다. 그는 그녀와도 즐긴 뒤 그녀가 베푼 사랑에 대한 보답으로 그녀가 원하는 것이면 무엇이든 주겠다고 말했다. 그녀가 원하는 것은 무엇이든 가질 수 있다고 그는 확언했다. 그러자 그녀는 온 집안을 망칠 운명을 타고났는지라, 크세르크세스에게 물었다. "제가 원하는 것이면 정말로 무엇이든 주시겠나이까?" 그는 그녀가 설마 실제로 요구한 것을 요구할 줄 모르고 그렇다고 약속하고 맹세했다. 그가 맹세하자 그녀는 겁도 없이 겉옷을 요구했다. 크세르크세스는 겉옷을 그녀에게 주고 싶지 않아 그녀를 말려 보려고 별의별 짓을 다했다. 아메스트리스가 그러잖아도 그를 의심하고 있는데 이제는 명확한 증거를 갖게 될 것이 두려웠기 때문이다. 그는 그녀에게 도시들과 무한한 황금과 그녀만이 지휘할 수 있는 군대(이것은 전형적인 페르시아식 선물이다)를 주겠다고 제의했다. 그래도 그녀를 설득할 수 없자 그는 결국 겉옷을 내주었고, 그녀는 그 선물이 너무 마음에 들어

그것을 입고 다니며 뽐내곤 했다.

110 아메스트리스는 그녀가 겉옷을 갖고 있다는 것을 알았지만, 그녀를 원
망하지 않고, 이 모든 것이 그녀의 어머니인 마시스테스의 아내 탓이자
소행이라고 생각하고는 마시스테스의 아내의 목숨을 노렸다. 그녀는
남편 크세르크세스가 왕의 연회를 개최하기를 기다렸다. (이 연회는
해마다 한 번씩 왕의 생일에 개최되었다. 이 연회는 페르시아 말로 '튁
타'[60]라고 하는데, 헬라스 말로는 '완전한'이라는 뜻이다. 1년 중 이날만
큼은 왕이 머리에 기름을 바르고 페르시아인에게 선물을 나눠준다.)
아메스트리스는 이날이 오기를 기다렸다가 크세르크세스에게 마시스
테스의 아내를 선물로 달라고 요구했다. 크세르크세스는 그녀가 요구
하는 이유를 알고는 자신의 제수(弟嫂)를 넘겨주어야 한다는 생각에
충격을 받고 두려움에 휩싸였다. 무엇보다도 그의 제수는 이번 일과 무
관했기 때문이다.

111 그러나 그녀가 고집을 피우는 데다 왕이 개최하는 연회에서는 어떤 요
구도 거절해서는 안 된다는 관습이 있기 때문에 그는 결국 정말 마지못
해 승낙했다. 그는 여인을 아내에게 넘겨주며 마음대로 하라고 말하고
아우를 불러오게 하더니 이렇게 말했다. "마시스테스야, 너는 다레이
오스의 아들이자 내 아우일 뿐 아니라 신사야. 너는 지금의 아내와 헤
어지도록 하라. 대신 내 딸을 줄 테니 아내로 삼도록 하라. 지금의 아내
는 버리도록 하라. 그 결혼은 내 마음에 들지 않아." 마시스테스가 그
말을 듣고 깜짝 놀라 이렇게 말했다. "전하, 저더러 아내를 버리고 전하
의 따님과 결혼하라 하시니 무슨 그런 당치않은 말씀을 하시나이까?
지금의 아내에게서 저는 이미 다 자란 아들들과 딸들을 얻었고, 그중

한 명을 전하께서는 자부(子婦)로 삼으셨사옵니다. 게다가 그녀는 아주 제 마음에 드옵니다. 전하의 사윗감으로 간주된다는 것은 제게 큰 영광이오나, 저는 전하께서 요구하는 이런 일들은 어느 것도 하지 않겠나이다. 전하의 따님에게는 저 못지않은 훌륭한 사윗감이 나타날 것이오니, 저는 제 아내와 계속해서 살게 해 주소서." 그가 이렇게 대답하자 크세르크세스는 화를 내며 이렇게 말했다. "마시스테스, 이건 자업자득이야. 나는 너를 내 사위로 삼지 않을 것이며, 너는 네 아내와 더이상 살지 못할 것이야. 그러면 너는 사람들이 네게 주는 것을 받는 법을 배우게 되겠지." 이런 말을 듣자 마시스테스는 "전하, 전하께서 설마 저를 죽이시는 것은 아니겠지요"[61]라고 말하고 방에서 뛰쳐나갔다.

112 크세르크세스가 아우와 이런 이야기를 주고받는 사이에 아메스트리스는 크세르크세스의 호위병들을 불러와 그들의 도움으로 마시스테스의 아내를 절단했다. 아메스트리스는 그녀의 두 젖가슴을 잘라 내어 개 떼에게 던져 주고, 그녀의 코와 두 귀와 두 입술과 혀를 잘라 낸 다음 절단된 그녀를 집으로 돌려보냈다.

113 마시스테스는 아직 이 일에 관해 아무것도 듣지 못했지만 뭔가 불길한 예감이 들어 집으로 달려갔다. 아내가 망가진 것을 보자 그는 먼저 아들들과 의논한 다음 아들들과 몇몇 다른 사람을 데리고 박트라로 출발했는데, 반기를 들도록 그곳 주민을 선동해 왕에게 되도록 큰 피해를

---

60 tykta.

61 아내에게 이미 불상사가 일어났으리라는 예감이 들어서 한 말로 생각된다. 이 문장을 '내 목숨이 붙어 있는 한 복수하겠다'는 뜻으로 해석하는 이들도 있다.

안겨 주기 위해서였다. 그가 제때에 박트라인과 사카이족에게 도착했다면 아마도 그의 계획은 성공했을 것이다. 그들은 그를 좋아했고, 그는 박트리아의 태수였기 때문이다. 그러나 크세르크세스가 그의 의도를 알고는 그가 그곳으로 가고 있을 때 군대를 보내 그와 그의 아들들과 추종자들을 죽이게 했다. 이것이 크세르크세스의 사랑과 마시스테스의 죽음에 관한 이야기다.

114 뮈칼레를 출항해 헬레스폰토스로 향하던 헬라스인은 역풍을 만나 처음에 렉톤곶 앞바다에 닻을 내렸지만, 그 뒤 아뷔도스에 도착했다. 그들은 선교(船橋)가 아직도 온전할 줄 알았다. 무엇보다도 그래서 헬레스폰토스로 갔던 것인데, 막상 가서 보니 선교는 이미 해체되어 있었다. 레오튀키데스 휘하의 펠로폰네소스인은 헬라스로 돌아가기로 결의했지만, 크산팁포스 휘하의 아테나이인은 그곳에 남아 케르소네소스를 공격하기로 결의했다. 그래서 펠로폰네소스인은 고향으로 회항했지만, 아테나이인은 아뷔도스에서 해협을 건너 케르소네소스로 가서 세스토스를 포위공격했다.

115 세스토스 시에는 이 일대에서 가장 튼튼한 성채가 있었다. 그래서 헬라스인이 헬레스폰토스에 왔다는 소문을 듣고 인근 도시들에서 사람들이 모여들었다. 그중에는 카르디아 시에서 온 오이오바조스라는 페르시아인도 있었는데, 그는 선교에서 뜯어낸 밧줄들을 그곳에 보관하고 있다가 세스토스로 가져왔다. 세스토스의 주민은 원래 아이올레이스족이었지만, 그때에는 페르시아인과 다른 동맹국의 주민도 다수 섞여 있었다.

116 이 지역의 통치자는 크세르크세스가 태수로 임명한 아르타윅테스라
는 페르시아인인데 그는 교활하고도 무도한 자로 아테나이로 진격하
던 왕을 속여 엘라이우스에서 이피클로스의 아들 프로테실라오스[62]의
보물을 훔쳤다. 말하자면 프로테실라오스는 케르소네소스의 엘라이
우스에 묻혔는데, 그의 무덤은 성역으로 둘러싸여 있고, 성역 안에는
금잔, 은잔, 청동, 옷을 포함해 다른 봉헌물들이 보관되어 있었다. 아르
타윅테스는 왕의 허락을 받아 이것들을 훔쳤는데 다음과 같은 말로 왕
을 속인 것이다. "전하, 이곳에는 전하의 나라를 침공하다가 그 첫값으
로 죽임을 당한 한 헬라스인의 집이 있나이다. 그의 집을 제게 주소서.
그러면 다들 전하의 나라를 침공해서는 안 된다는 것을 알게 될 것이옵
니다." 이런 말에 쉽게 설득당해 크세르크세스는 그에게 그 사람의 집
을 주었는데, 아르타윅테스의 속셈을 전혀 알아채지 못한 것이다. 프
로테실라오스가 왕의 나라를 침공했다고 아르타윅테스가 말했을 때
마음속에 품고 있던 생각은, 페르시아인은 아시아 전체를 자신들과 그
때그때의 페르시아 왕에게 속하는 것으로 간주한다는 것이었다. 그는
그 '집'을 받은 뒤 보물들을 엘라이우스에서 세스토스로 옮겼고, 성역
에는 씨를 뿌려 농사를 짓게 했다. 그리고 그는 엘라이우스에 갈 때마
다 성역에서 여인들과 살을 섞곤 했다. 지금 그는 아테나이인에게 포위
공격당했는데, 포위공격은 그가 전혀 예상하지 못한 것이었다. 그는
헬라스인이 그곳에 나타나리라고는 꿈에도 생각지 않고 있던 터라 기
습을 당한 셈이었다.

117 포위공격이 늦가을까지 계속되자, 아테나이인은 고향에서 멀리 떨어

---

62 트로이아 전쟁 때 맨 먼저 트로이아에 상륙하다가 전사한 그리스군 장수.

져 있는 데다 성채를 함락하지 못해 초조해진 나머지 장군들에게 자신들을 고향으로 데려다주기를 요구했다. 그러나 장군들은 도시를 함락하거나 아니면 아테나이 당국이 소환하기 전에는 그럴 수 없다고 말했다. 그들은 현재의 상태를 감수할 수밖에 없었다.

118 성벽 안에 있는 자들도 최악의 상황에 처해 침대의 가죽끈을 삶아 먹었다. 가죽끈도 떨어지자 아르타왹테스와 오이오바조스를 위시한 페르시아인은 야음을 틈타 적병이 가장 적은 성채의 뒤쪽으로 내려가 도주했다. 날이 새자 케르소네소스인은 자신들의 성탑들에서 아테나이인에게 무슨 일이 일어났는지 신호를 보내고 성문을 열었다. 대부분의 아테나이인은 도망자들을 추격했고, 나머지는 도시를 점령했다.

119 오이오바조스는 트라케까지 도주했지만, 트라케의 압신티오이족이 그를 붙잡아 플레이스트로스라는 지역 신에게 그들 고유의 방식대로 제물로 바쳤다. 그들은 그와 함께한 자들도 죽였지만 제물로 바치지는 않았다. 나중에 도주하기 시작한 아르타왹테스 일행은 아이고스 포타모이를 조금 지난 지점에서 따라잡혀 장시간 저항했지만 더러는 죽고 더러는 사로잡혔다. 헬라스인은 포로들을 한데 묶어 세스토스로 끌고 갔는데, 거기에는 아르타왹테스와 그의 아들도 포함되어 있었다.

120 케르소네소스인에 따르면, 이들 포로를 감시하는 자 가운데 한 명에게 다음과 같은 놀라운 일이 일어났다고 한다. 즉 그가 소금에 절인 물고기들을 굽고 있는데, 불 위에 놓여 있던 물고기들이 갓 잡은 물고기처럼 갑자기 뛰어오르며 펄떡거렸다는 것이다. 불 가에 모여 있던 사람들이 어리둥절해하자, 그것을 본 아르타왹테스가 물고기들을 굽고 있던

자를 부르며 말했다. "아테나이에서 온 친구여, 그대는 이 전조를 보고 놀랄 필요가 없소. 그것은 그대에게 나타난 것이 아니라, 내게 나타난 것이니까. 이것은 엘라이우스의 프로테실라오스가 자기는 비록 물고기처럼 죽고 말았지만 자기에게 해코지한 자에게 복수할 힘을 신에게서 부여받았음을 보여 주려는 것이라오. 그래서 나는 다음과 같은 벌금을 나 자신에게 부과하겠소. 나는 성역에서 보물들을 가져간 보상금으로 100탈란톤을 신[63]에게 내놓을 것이며, 또 내가 살아남을 경우 나와 내 아들을 살려 준 대가로 아테나이인에게 200탈란톤을 내놓겠소." 그러나 이런 약속도 아테나이인의 장군 크산팁포스를 움직이지 못했다. 엘라이우스인이 프로테실라오스의 원수를 갚기 위해 그의 처형을 요구했고, 장군 자신도 그럴 의향이었기 때문이다. 그래서 아테나이인은 크세르크세스가 해협을 가로질러 설치한 다리가 끝나는 해안으로 그를 끌고 내려가(일설에 따르면 마뒤토스 시가 내려다보이는 언덕으로 끌고 올라가) 널빤지에 못 박은 뒤 매달았다. 그리고 그의 아들은 그가 보는 앞에서 돌로 쳐서 죽였다.

121 그러고 나서 아테나이인은 헬라스로 회항했다. 그들이 가져간 전리품 중에는 선교에 쓰인 밧줄들도 있었는데, 그들은 이것을 자신들의 성역들에 봉헌하고자 한 것이다. 이 해에는 더이상 별다른 일은 일어나지 않았다.

122 책형에 처해진 이 아르타윅테스는 아르템바레스의 손자로, 아르템바레스가 내놓은 제안이 페르시아인들의 동의를 받아 퀴로스 앞에 제출

---

63 프로테실라오스.

된 적이 있었는데 그 내용은 다음과 같다. "제우스께서 페르시아인에게, 그리고 남자들 중에서는 퀴로스여, 그대에게 통치권을 주셨으니, 그대가 아스튀아게스를 정복한 지금 우리는 지금 차지하고 있는 이 좁고 울퉁불퉁한 곳을 떠나 더 나은 곳을 차지하도록 합시다. 우리 이웃에는 많은 나라가 있고, 더 먼 곳에도 많은 나라가 있습니다. 우리가 그중 하나를 취하면 더 많은 사람에게 더 많은 칭찬을 듣게 될 것입니다. 그것은 지배 민족에게는 당연한 일입니다. 우리가 수많은 민족과 아시아 전체를 지배하고 있는 지금보다 더 좋은 기회가 언제 오겠습니까?" 퀴로스는 이 제안을 듣고 대단한 것으로 여기지는 않았지만 그 제안대로 밀고 나가라며, 그럴 경우 지배 민족에서 피지배 민족이 될 각오를 하라고 경고했다. "부드러운 나라에서는 부드러운 남자들이 태어나는 법. 놀라운 곡식들과 용감한 전사들이 같은 땅에서 태어나기란 불가능하기 때문이오"라고 그는 말했다. 그래서 페르시아인들은 그의 말이 옳음을 인정하고 물러났고, 자신들의 견해가 퀴로스의 견해보다 못하자, 평야를 경작하며 남의 노예가 되느니 척박한 땅에 살며 지배자가 되기를 택한 것이다.

부록

참고문헌

I. 텍스트

A. D. Godley, 4vols., (Loeb), 1922~1938.

K. Hude, 2vols., (Oxford), 1926/7.

Ph-E. Legrand, 11vols., (Budé), 1945~1954.

H. B. Rosen, 2 Bde., (Teubner), 1987 & 1997.

II. 주석

D. Asheri/A. Lloyd/A. Corcella, Books I-IV, (Oxford), 2007.

A. M. Bowie, Book VIII, (Cambridge), 2007.

M. A. Flower/J. Marincola, Book IX, (Cambridge), 2002.

W. W. How/J. Wells, Books I-IX, 2vols., (Oxford)^{2}1928.

H. Stein, Books I-IX, 5Bde., (Berlin),$^{4\text{-}6}$1893-1908.

III. 번역

영어판

D. Grene(University of Chicago Press 1987), R. Waterfield(Oxford 1998), A. De Sélincourt(Penguin Books 2003), A. L. Purvis(New York 2007), W. Blanco(W. W. Norton & Company 1992).

독일어판

Chr. Bähr(Marixverlag 2007), Th. Braun(Insel Verlag 2001), A. Horneffer(Kröner Verlag^{3}1963).

IV. 사전

J. E. Powell, *A Lexicon to Herodotus*, Cambridge, 1938.

V. 연구서

R. Bichler, *Herodots Welt*, Berlin, 2000.

C. Dewald/J. Marincola, *The Cambridge Companion to Herodotus*, Cambridge, 2006.

H. Erbse, *Studien zum Verständnis Herodots*, Berlin & New York, 1992.

D. Fehling, *Herodotus and his 'Sources'*, Leeds, 1989.

F. Hartog, *The Mirror of Herodotus*, Berkeley & London, 1988.

F. Jacoby, 'Herodot', in: *Paulys Realenzyklopädie der classischen Altertumswissenschaften*, Suppl. 2, 205-520.

D. Lateiner, *The Historical Method of Herodotus*, Toronto, 1989.

W. Marg(Hrsg.), *Herodot, Eine Auswahl aus der neueren Forschungen*, Darmstadt, ³1982.

M. Pohlenz, *Herodot, Der erste Geschichtsschreiber des Abendslands*, Darmstadt, 1961.

W. K. Pritcett, *The Liar School of Herodotus*, Amsterdam, 1993.

W. Schadewaldt, *Die Anfänge der Geschichtsschreibung bei den Griechen: Herodot, Thukydides*, Frankfurt a. M., 1992.

A. J. Woodman, *Rhetoric in Classical Historiography: Four Studies*, London & Portland, 1988.

도량형 환산표

(장소와 시대에 따라 다르다. 다음은 앗티케 지방에서 사용하던 것을 환산한 것으로 모두 근삿값이다)

I. 무게 및 주화

무게

1오볼로스(obolos)	0.7그램
1드라크메(drachme)	4.3그램
1므나(mnae)	431그램
1탈란톤(talanton)	26킬로그램

주화(鑄貨)

1탈란톤 = 60므나 = 6,000드라크메 = 36,000오볼로스

또는

6오볼로스	= 1드라크메
100드라크메	= 1므나
60므나	= 1탈란톤

II. 길이

1닥튈로스(daktylos)	1.85센티미터
1팔라이스테(palaiste)	7.4센티미터
1푸스(pous)	29.6센티미터
1페퀴스(pechys)	44.4센티미터
1왕실(basileios) 페퀴스	49.95센티미터
1오르귀이아(orgyia)	1.8미터

1플레트론(plethron)	29.6미터
1스타디온(stadion)	177.6미터
1파라상게스(parasanges)	5.33킬로미터
1스코이노스(schoinos)	10.66킬로미터

III. 액량(液量)

1암포레우스 = 12쿠스 = 144코튈레 = 864퀴아토스

1퀴아토스(kyathos)	45밀리리터
1코튈레(kotyle)	270밀리리터
1쿠스(chous)	3.25리터
1암포레우스(amphoreus)	39리터

IV. 건량(乾量)

1메딤노스(medimnos) = 48코이닉스(choinix) = 192코튈레

1코튈레	270밀리리터
1코이닉스	1.08리터
1메딤노스	51.84리터

찾아보기

(지명에는 그곳 주민도 포함시켰다. 예: 이오니아인은 이오니아에, 라케다이몬인은 라케다이몬에, 아테나이인은 아테나이에 포함시켰다)

길리가마이족(Giligamai 북아프리카 부족) **IV** 169-70

(ㄴ)

나사모네스족(Nasamones 북아프리카 부족) **II** 32-3; **IV** 172-3, 175, 182, 190

나우스트로포스(Naustrophos 에우팔리노스의 아버지) **III** 60

나우크라티스(Naukratis 하부 이집트의 도시) **II** 97, 135, 178, 179

나우플리아(Nauplia 아르골리스만의 항구도시) **VI** 76

나토스(Nathos 이집트의 지역) **II** 165

나파리스(Naparis 스퀴티스의 강) **IV** 48

낙소스(Naxos 에게해의 섬) **I** 61, 64; **V** 28, 30-4, 36-7; **VI** 95-6; **VII** 154; **VIII** 46

남해(南海 notie thalassa) **III** 17(인도양); **IV** 13(흑해)

'냄비들'(Chytroi 온천들) **VII** 176

네레우스의 딸들(Nereides 바다의 신 네레우스의 딸들) **II** 50; **VII** 191

네사이온 평야(Nesaion pedion 메디아 지방의 평야) **VII** 40

네사이온산(産) 말(Nesaioi hippoi) **III** 106; **VII** 40; **IX** 20

네스토르(Nestor 넬레우스의 아들) **V** 65

네스토스(Nestos 트라케 지방의 강) **VII** 109, 126

네아폴리스(Neapolis 이집트의 도시) **II** 91

네아폴리스(팔레네반도의 도시) **VII** 123

네오클레스(Neokles 테미스토클레스의 아버지) **VII** 143, 173; **VIII** 110

네온(Neon 포키스 지방의 도시) **VIII** 32-3

네온테이코스(Neonteichos 아이올리스 지방의 도시) **I** 149

네우로이족(Neuroi 스퀴타이족의 이웃 부족) **IV** 17, 100, 102, 105, 119

네우리스(Neuris 네우로이족의 나라) **IV** 51, 125

네일레오스(Neileos 코드로스의 아들) **IX** 97

네일로스(Neilos 나일강) **II** 10-34, 72, 90, 93, 97, 99, 113, 124, 127, 138, 149-50, 154-5, 158, 179; **III** 10; **IV** 39, 42, 45, 50, 53

네코스(Nekos 프삼메티코스의 아들) **II** 158-9; **IV** 42

네코스(프삼메티코스의 아버지) **II** 152

넬레우스의 후손(Neleidai) **V** 65

노나크리스(Nonakris 아르카디아 지방의 도시) **VI** 73

노아스(Noas 원전 Noes 트라케의 강) **IV** 49

라이오스(Laios 오이디푸스의 아버지) **IV** 149; **V** 43, 59-60

라케다이몬(Lakedaimon 대개 스파르테의 다른 이름) **I** 4, 6, 51, 56, 59, 65-70, 77, 82, 152-3; **II** 80, 167; **III** 39, 44-57, 148; **IV** 77, 145-8, 150, 178; **V** 32, 38-42, 48-50, 54, 63-5, 70, 72-3, 75, 90-3, 96-7; **VI** 52, 58-60, 67, 70, 75, 77-8, 85-6, 92, 106, 108, 120, 123; **VII** 3, 10, 32, 102, 104, 134-7, 139, 148-50, 152-3, 157, 159, 163, 165, 168, 173, 204, 208-9, 211, 213, 218, 220, 222, 225-8, 231, 234-6, 238-9; **VIII** 1, 3, 25, 43, 48, 65, 72, 85, 114-5, 124-5, 132, 141-4; **IX** 6-12, 14, 19, 26-9, 31, 33, 37-8, 46-9, 53-63, 65-6, 70-3, 76-7, 85, 90, 102-3

라코니케(Lakonike 스파르테의 주변 지역) **I** 68-9; **III** 134; **VI** 57-8, 103, 129; **VII** 161, 235; **VIII** 2, 66, 73; **IX** 82

라크리네스(Lakrines 스파르테인) **I** 152

라크몬(Lakmon 산) **IX** 93

라파네스(Laphanes 아자니아인) **VI** 127

라피타이족(Lapithai 텟살리아의 전설상의 부족) **V** 92

람포니온(Lamponion 트로아스 지방의 도시) **V** 26

람폰(Lampon 아이기나인) **IX** 78-80

람폰(아테나이인) **IX** 21

람폰(사모스인) **IX** 90

람프사코스(Lampsakos 헬레스폰토스의 아시아 쪽 도시) **IV** 138; **V** 117; **VI** 37-8

람프시니토스(Rhampsinitos 이집트 왕) **II** 121-2, 124

람피토(Lampito 레오튀키데스의 딸) **VI** 71

랍다(Labda 암피온의 딸) **V** 92

랍다코스(Labdakos 라이오스의 아버지) **V** 59

레기온(Rhegion 이탈리아반도 서남단의 도시) **I** 166-7; **VI** 23; **VII** 165, 170-1

레나이아(Rhenaia 델로스 건너편 섬) **VI** 97

레로스(Leros 에게해 동쪽 섬) **V** 125

레리사이(Lerisai 아이올리스 지방의 도시) **I** 149

레바데이아(Lebadeia 보이오티아 지방의 도시) **VIII** 134

레바이아(Lebaia 마케도니아 내륙 도시) **VIII** 137

레베도스(Lebedos 이오니아 지방의 도시) **I** 142

레스보스(Lesbos 에게해 북동쪽 섬) **I** 23-4, 151, 160, 202; **IV** 61, 97; **V** 26, 98; **VI** 5, 8, 14, 26-8, 31; **IX** 106

레오니다스(Leonidas 원전 Leonides 스파르테 왕) **V** 41; **VII** 204-8, 217, 219-25, 228-9; **VIII** 15, 21, 71, 114; **IX** 10, 64, 78-9

레아그로스(Leagros 아테나이인) **IX** 75

레아르코스(Learchos 아르케실라오스의 아우) **IV** 160

레오보테스(Leobotes 스파르테 왕) **I** 65; **VII** 204

레오케데스(Leokedes 아르고스인) **VI** 127

레오튀키데스(Leotychides 원전 Leutychides 아낙실라오스의 아들) **VIII** 131

레오튀키데스(메나레스의 아들) **VI** 65, 67-9, 71-3, 85-7; **VIII** 131; **IX** 90-2, 98-9, 114

레오프레페스(Leoprepes 스파르테인) **VI** 85

레오프레페스(케오스인) **VII** 228

레온(Leon 스파르테 왕) **I** 65; **V** 39

레온(트로이젠인) **VII** 180

레온티노이(Leontinoi 시칠리아의 도시) **VII** 154

레온티아데스(Leontiades 테바이 장군) **VII** 205, 233

레우카스(Leukas 이오니아해의 섬) **VIII** 45, 47; **IX** 28, 31, 38

레우콘(Leukon 북아프리카 마을?) **IV** 160

레이프쉬드리온(Leipsydrion 파이오니아 북쪽 지방) **V** 62

레토(Leto 여신) **II** 59, 83, 155-6

렉톤(Lekton 트로아스 지방의 곶) **IX** 114

렐레게스(Leleges 소아시아의 선주 부족) **I** 171

렘노스(Lemnos 에게해 북쪽 섬) **IV** 145; **V** 26-7; **VI** 136-40; **VII** 6; **VIII** 11, 73

로도스(Rhodos 에게해 동쪽 섬) **I** 174; **II** 178; **VII** 153

로도페(Rhodope 트라케 지방의 산) **IV** 49; **VIII** 116

로도피스(Rhodopis 창녀) **II** 134-5

로이코스(Rhoikos 사모스인) **III** 60

로이테이온(Rhoiteion 트로아스 지방의 곶) **VII** 43

로크리스(Lokris 그리스 중부 지방)
  a) 오푸스의 로크리스인(Lokroi Opountioi=동東 로크리스인) **VII** 132, 203, 207, 216; **VIII** 1, 66; **IX** 31 b) 로크로이 오졸라이(Lokroi Ozolai=서西 로크리스인) **VIII** 32, 36 c) 서부 로크리스인(Lokroi Epizephyroi=시칠리아의 로크리스 이주민) **VI** 23

로토파고이족(Lotophagoi '로토스를 상식常食하는 사람'이라는 뜻. 북아프리카 부족) **IV** 177-8, 183

리노스(Linos 노래) **II** 79

리데(Lide 언덕) **I** 175

리메네이온(Limeneion 밀레토스의 들판) **I** 18

리뷔에(Libye 지금의 북아프리카) **I** 46; **II** 8, 12, 15-20, 22, 24-6, 28, 32-4, 50, 54-6,
    65, 77, 91, 99, 119, 150, 161; **III** 12-3, 17, 19, 91, 96, 115; **IV** 29, 41-5, 145, 150-
    1, 153, 155-61, 167-105; **V** 42-3; **VII** 70-1, 86, 165, 184

리사이(Lisai 테르메만의 도시) **VII** 123

리소스(Lisos 강) **VII** 108-9

리카스(Lichas 원전 Liches 스파르테인) **I** 67-8

리팍소스(Lipaxos 테르메만의 도시) **VII** 123

리폭사이스(Lipoxais 스퀴타이족) **IV** 5-6

린도스(Lindos 로도스섬의 도시) **I** 144; **II** 182; **III** 47; **VII** 153

(ㅁ)

마고스(Magos 복수형 Magoi 페르시아의 사제 계급) **I** 101, 107-8, 120, 128, 132, 140;
    III 61-80, 88, 126, 140, 150; **IV** 132; **VII** 19, 37, 43, 113, 191

마그네시아(Magnesia 카리아 지방의) **I** 161

마그네시아(텟살리아 지방의) **VII** 132, 176, 183, 185, 188, 190, 193

마네로스(Maneros '리노스'의 이집트어 이름) **II** 79

마네스(Manes 뤼디아인) **I** 94; **IV IV** 45

마뒤에스(Madyes 스퀴타이족의 왕) **I** 103

마뒤토스(Madytos 헬레스폰토스의 도시) **VII** 33; **IX** 120

마라톤(Marathon) **I** 62; **VI** 102-3, 107-20, 132, 133, 136; **VII** 1, 74; **IX** 27, 46

마라피오이족(Maraphioi 페르시아의 부족) **I** 125; **IV** 167

마레이아(Mareia 이집트의 도시) **II** 18, 30

마레스족(Mares 아시아의 부족) **III** 94; **VII** 79

마로네이아(Maroneia 트라케의 헬라스 도시) **VII** 109

마론(Maron 스파르테인) **VII** 227

마르도니오스(Mardonios 페르시아 장군) **VI** 43-5, 94; **VII** 5-6, 9-10, 82, 108, 121; **VIII**
    26, 67-9, 99-102, 107, 113-5, 126, 129-31, 133, 136, 140, 142-3; **IX** 1-6, 12-8,
    20, 24, 31-2, 37-45, 47-9, 58, 61, 63-4, 66, 70-1, 78, 82, 84, 89, 100-1

마르도이족(Mardoi 페르시아의 부족) **I** 84, 125

뮈엑포리스(Myekphoris 이집트의 주 이름) **II** 166

뮈우스(Myous 카리아 지방의 도시) **I** 142; **V** 36; **VI** 8

뮈칼레(Mykale 사모스섬 맞은편 곳) **I** 148; **VI** 16; **VII** 80; **IX** 90, 96-107, 114

뮈케나이(Mykenai 아르골리스 지방의 도시) **VII** 202; **IX** 27-8, 31

뮈케리노스(Mykerinos 이집트 왕) **II** 129-34, 136

뮈코노스(Mykonos 에게해의 섬) **VI** 118

뮈코이족(Mykoi 아시아의 부족) **III** 93; **VII** 68

뮈틸레네(Mytilene 레스보스섬의 도시) **I** 27, 160; **II** 135, 178; **III** 13-4; **IV** 97; **V** 11, 37-8, 94-5; **VI** 5-6

뮉도니아(Mygdonia 테르메만의 지역) **VII** 123-4, 127

뮌도스(Myndos 카리아의 해안 도시) **V** 33

뮐라사(Mylasa 카리아의 도시) **I** 171; **V** 37, 121

뮐릿타(Mylitta 여신) **I** 131, 199

므네사르코스(Mnesarchos 퓌타고라스의 아버지) **IV** 95

므네시필로스(Mnesiphilos 아테나이인) **VIII** 57-8

미노스(Minos 크레테 왕) **I** 171, 173; **III** 122; **VII** 169-70

미노아(Minoia 원전 Minoe 시칠리아의 도시) **V** 46

미뉘아이족(Minyai 보이오티아 지방에 살던 옛 아이올레이스족) **I** 146; **IV** 145-6, 148, 150

미다스(Midas 원전 Mides 전설적인 프뤼기아 왕) **I** 14, 35, 45; **VIII** 138

미퀴토스(Mikythos 코이로스의 아들) **VII** 170

미트라(Mitra 여신) **I** 131

미트라다테스(Mitradates 소치기) **I** 110, 121

미트로바테스(Mitrobates 페르시아인) **III** 120, 126-7

민(Min 이집트 왕) **II** 4, 99-100

밀레토스(Miletos 이오니아 지방의 도시) **I** 14-5, 17-22, 25, 46, 74, 92, 141-3, 146, 157, 169-70; **II** 33, 159, 178; **III** 39; **IV** 78, 137-8, 141; **V** 11, 23-4, 28-38, 49, 54, 65, 92, 97-9, 105-6, 120, 124-6; **VI** 1, 5-11, 13, 18-22, 25-6, 28-9, 31, 46, 77, 86; **VII** 8; **IX** 97, 99, 104

『밀레토스의 함락』(*Miletou halosis* 드라마) **VI** 21

밀론(Milon 레슬링 선수) **III** 137

밀뤼아스(Milyas 뤼키아의 옛 이름) **I** 173; **III** 90; **VII** 77

밀티아데스(Miltiades 키몬의 아들) **IV** 137-8; **VI** 34, 39-41, 103-4, 109-110, 132-7, 140; **VII** 107

밀티아데스(큅셀로스의 아들) **VI** 34-8, 108

(ㅂ)

바가이오스(Bagaios 아르톤테스의 아들) **III** 128

바가이오스(마르돈테스의 아버지) **VII** 80; **VIII** 130

바드레스(Badres 파사르가다이족) **IV** 167, 203

바드레스(휘스타네스의 아들) **VII** 77

바르케(Barke 박트리아 지방의 마을) **IV** 204

바르케(북아프리카의 도시) **III** 13, 91; **IV** 160, 164-5, 167, 171, 186, 200-5

바뷜론(Babylon) **I** 74, 77, 93, 106, 153, 178-200; **II** 100, 109; **IV** 198; **VII** 62

바실레이데스(Basileides 키오스인) **VIII** 132

바칼레스족(Bakales 북아프리카의 부족) **IV** 171

바키스(Bakis 보이오티아 출신 예언자) **VIII** 20, 77, 96; **IX** 43

박코스(Bakchos 주신酒神 디오뉘소스의 다른 이름) **II** 81; **IV** 79; **V** 92

박키아다이가(家)(Bakchiadai 코린토스의 가문) **V** 92

박트라(Baktra 박트리아 지방의 수도) **VI** 9; **IX** 113

박트리아(Baktria 지금의 아프가니스탄) **I** 153; **III** 92, 102; **IV** 204; **VII** 64, 66, 86; **VIII** 113; **IX** 31, 113

밧사케스(Bassakes 페르시아 장군) **VII** 79

밧토스(Battos 퀴레네 시의 건설자) **IV** 150, 153-9, 202

밧토스('행복 왕') **II** 181; **IV** 159-60

밧토스(절름발이 왕) **IV** 161-2, 205

밧토스가(家)(Battiadai 퀴레네의 왕가) **IV** 202

밧토스들(Battoi) **IV** 163

베르미온(Bermion 마케도니아의 산) **VIII** 138

벨로스(Belos 신) **I** 181; **III** 158

벨로스(알카이오스의 아들) **I** 7; **VII** 61

벨비나(Belbina 수니온곶 앞바다의 작은 섬) **VIII** 125

벳소이족(Bessoi 트라케의 부족) **VII** 111

보게스(Boges 페르시아 태수) **VII** 107, 113

트리톤(강) **IV** 178, 180, 191

트몰로스(Tmolos 산) **I** 84, 93; **V** 100-1

트무이스(Tmouis 이집트의 주) **II** 166

티그라네스(Tigranes 페르시아 장군) **VII** 62; **IX** 96, 102

티그리스(Tigris 원전 Tigres 강) **I** 189, 193; **II** 150; **V** 52; **VI** 20

티륀스(Tiryns 아르골리스의 도시) **VI** 76-7, 83; **VII** 137; **IX** 28, 31

티마고라스(Timagoras 퀴프로스인) **VII** 98

티마레테(Timarete 도도네의 여사제) **II** 55

티만드로스(Timandros 아소포도로스의 아버지) **IX** 69

티마게니다스(Timagenidas 테바이인) **IX** 38-9, 86-7

티메시오스(Timesios 클라조메나이인) **I** 168

티메시테오스(Timesitheos 델포이인) **V** 72

티모(Timo 여자 포로) **VI** 134-5

티모낙스(Timonax 퀴프로스인) **VII** 98

티모데모스(Timodemos 아테나이인) **VIII** 125

티몬(Timon 델포이인) **VII** 141

티바레노이족(Tibarenoi 아시아의 부족) **III** 94; **VII** 78

티비시스(Tibisis 강) **IV** 49

티타이오스(Tithaios 페르시아인) **VII** 88

티타코스(Titakos 앗티케인) **IX** 73

티토레아(Tithorea 산봉우리) **VIII** 32

티토르모스(Titormos 아이톨리아인) **VI** 127

(ㅍ)

파가사이(Pagasai 텟살리아의 도시) **VII** 193

파그레스(Phagres 피에리아인의 성채) **VII** 112

파나고라스(Phanagoras 원전 Phanagores 오네토스의 아버지) **VII** 214

파나이티오스(Panaitios 테노스인) **VIII** 82

파네스(Phanes 할리카르낫소스인) **III** 4, 11

파니오니오스(Panionios 키오스인) **VIII** 105-6

파니테스(Panites 멧세니아인) **VI** 52

파노페우스(Panopeus 포키스의 도시) **VIII** 34-5

남이탈리아와 시칠리아 지도

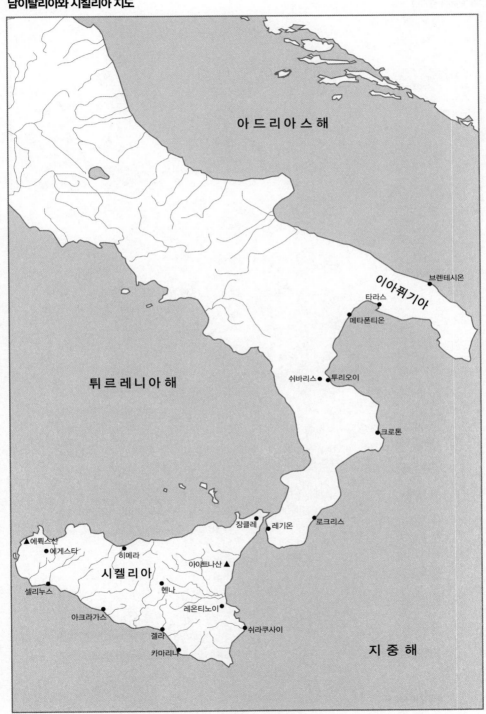

아 드 리 아 스 해

이아퓌기아

브렌테시온

타라스

메타폰티온

튀 르 레 니 아 해

쉬바리스 • 투리오이

크로톤

장클레 • 레기온

로크리스

▲에뤽스산

• 에게스타

히메라

아이트나산 ▲

시 켈 리 아

셀리누스

헨나

아크라가스

레온티노이

겔라

쉬라쿠사이

카마리나

지 중 해

에게해의 세계 1

파이오니아

로도페스산맥

아드리아스해

일뤼리콘

마케도니아

악시오스강

스트뤼몬강

네스토스강

팡가이온산 ▲

필립포이 ●

압데라 ●

아폴로니아 ●

펠라 ● 테르메

스타게이라

칼키디케

에페이로스

카오니아

피에리아

올림포스산 ▲

팔레네반도

아토스산 ▲

부트로톤

케르퀴라 ●

케르퀴라

도도네 ●

테스프로토티아

트릭케 ●

라리사 ●

옷사산 ▲

세피아스곶

펠리온산 ▲

아이가이온해

페라이 ●

이올코스 ●

핀도스산 ▲

파르살로스 ●

파가사이 ●

마그네시아 반도

아르테미시온곶

스퀴로스 ●

파르낫소스산 ▲

이스트모스

뮈르토온해

키클라데스군도

이오니오스해

퀴도니아 ●

크레테

에게해의 세계 2

폰토스 에우크세이노스
(흑해)

트 라 케

네스토스강

헤브로스강

보스포로스 해협

마로네이아

뷔잔티온
칼케돈

타소스

프로폰티스해

사모트라케

임브로스

케르소네소스반도

세스토스 람프사코스

뷔지코스

헬레스폰토스 해협

아뷔도스

그라니코스강

렘노스

테네도스

트로이아

트로아스

▲ 이데산

아이올리스

뮈시아

비튀니아

하르라뮛테이온

파플라고니아

페르가몬

뮈틸레네

카이코스 강

헤르모스강

레스보스

키오스

퀴메

포카이아

▲ 시퓔로스산

사르데이스

스뮈르나

▲ 트몰로스산

클라조메나이

카위스트로스강

콜로폰

클라로스

에페소스

뤼디아

아

사모스

마이안드로스강

이

사모스

뮈칼레곶

오

니

밀레토스

카리아

뤼키아

아

낙소스

해

할리카르낫소스

크산토스강

코스

크산토스

퀴클라데스 군도

아모르고스

코스

크니도스

로도스

니쉬로스

텔로스

아스튀팔라이아

로도스

린도스

카르파토스

카

크레테

르

파

크놋소스

토

스

고르튀스

해

파이스토스

그리스 지도 1

코로네이아

암프라키아

암필로키아

악티온

스페르케이오스강

멜라스

오이테산 ▲   트라키스   테르모퓔라이
                안텔레
레우카스

텟 살 리 아

로크리스

도 리 스   케피소스강

파르낫소스산 ▲   카이로네이아

아 이 톨 리 아

아켈로오스강

델포이

로크리스

플레우론   나우팍토스

헬리콘산

이타케

칼뤼돈

코린토스만

케팔레니아

파트라이

에키나데스섬들

아 카 이 아

에뤼만토스산 ▲

퀼레네산 ▲

시퀴온

자퀸토스

엘리스

펜네이오스강

스튐팔로스호

코린토스

네메아

엘리스

오르코메노스

뮈케나이

아 르 카 디 아

올륌피아

알페이오스강

만티네이아   아르고스

아르골리스

레르나

티륀스

이 오 니 오 스 해

뤼카이온산 ▲

테게아

나우플리아

펠로폰네소스반도

에우로타스강

스트로파데스섬들

멧세네

타위게토스산맥

멧세니아

스파르테/라케다이몬
아뮈클라이

퓔로스

스팍테리아

라코니케

멧세니아만

라코니케만

타이나론곶

아이가이온해

아르테미시온곶

스퀴로스

에우보이아

2푸스

칼키스

코파이스호   아울리스
보여오티아   에레트리아

아스크라   테바이
테스페이아   아소포스강
플라타이아이

파르네스산   마라톤
펜텔리콘산

엘레우시스   카뤼스토스
메가라   아테나이   브라우론

살라미스   페이라이에우스   옷티케
페어라이에우스   휘메토스산

이스트모스   사로   안드로스
아이기나   니코   테노스
스만   라우레이온산

아르골리스   수니온곶   뮈코노스
에피다우로스   케오스   쉬로스   델로스

트로이젠   칼라우레이아
퀴트노스   퀴클라데스제도

헤르미오네
세리포스   파로스   낙소스

뮈르토온해   시프노스

아   이오스
르
골   멜로스
리
스
만

에피다우로스 항

말레아곶   테라

퀴테라